侵权法人文译丛

丛书主编 李 昊

Basic Questions of Tort Law: from a Comparative Perspective

侵权责任法的基本问题

（第二卷）

比较法的视角

〔奥地利〕海尔姆特·库齐奥（Helmut Koziol） 主编

张家勇 昝强龙 周奥杰 译

著作权合同登记号 图字:01-2020-3505

图书在版编目(CIP)数据

侵权责任法的基本问题. 第二卷,比较法的视角/(奥)海尔姆特·库齐奥主编;张家勇,昝强龙,周奥杰译. —北京:北京大学出版社,2020.11
(侵权法人文译丛)
ISBN 978-7-301-31349-7

Ⅰ. ①侵⋯　Ⅱ. ①海⋯ ②张⋯ ③昝⋯ ④周⋯　Ⅲ. ①侵权法—研究　Ⅳ. ①D913.704

中国版本图书馆 CIP 数据核字(2020)第 104450 号

Basic Questions of Tort Law: form a Comparative Perspective
© 2015, Jan Sramek Verlag KG
This Chinese translation is published by arrangement with the original publisher, Jan Sramek Verlag KG.

书　　　名	侵权责任法的基本问题(第二卷):比较法的视角 QINGQUAN ZERENFA DE JIBEN WENTI (DI-ER JUAN): BIJIAOFA DE SHIJIAO
著作责任者	〔奥地利〕海尔姆特·库齐奥(Helmut koziol) 主编 张家勇　昝强龙　周奥杰 译
策 划 编 辑	周　菲
责 任 编 辑	周　菲
标 准 书 号	ISBN 978-7-301-31349-7
出 版 发 行	北京大学出版社
地　　　址	北京市海淀区成府路 205 号　100871
网　　　址	http://www.pup.cn
电 子 信 箱	law@pup.pku.edu.cn
新 浪 微 博	@北京大学出版社　@北大出版社法律图书
电　　　话	邮购部 010-62752015　发行部 010-62750672 编辑部 010-62752027
印 刷 者	三河市北燕印装有限公司
经 销 者	新华书店
	965 毫米×1300 毫米　16 开本　47.25 印张　1011 千字 2020 年 11 月第 1 版　2020 年 11 月第 1 次印刷
定　　　价	95.00 元

未经许可,不得以任何方式复制或抄袭本书之部分或全部内容。
版权所有,侵权必究
举报电话:010-62752024　电子信箱:fd@pup.pku.edu.cn
图书如有印装质量问题,请与出版部联系,电话:010-62756370

前言

本卷是"侵权责任法的基本问题"项目第二部分的英文版,该项目受奥地利国家科学基金(FWF)资助。《侵权责任法的基本问题(第一卷):德语国家的视角》(2012年英文版)(中译版本由北京大学出版社2017年出版)从德语国家的法律视角讨论,本卷则从七个代表性的法律制度的角度回应第一卷提出的问题,并给出比较结论。在选择这七个法律制度时,我们谨慎地确保它们对欧洲法律传统(European legal families)的代表性。由于欧盟东部成员不具有这种意义上的统一性,因而为了反映最新的法典编纂情况,在欧盟东部地区选择了两个法律制度。美国法提供了富有影响的法律观念,其普通法也在相当程度上发端于欧洲的共同法传统,将其纳入讨论范围也是很有意义的。日本法作为亚洲的对照制度,将欧洲法律观念与自我的独立发展密切结合,故对欧洲来说具有特殊的意义。所选法律制度的多样性为比较法的讨论提供了广阔的基础,同时亦保持了比较的可行性。

各法律制度的独特性也反映在国别报告的报告者们编制报告的方式上:观点的阐释方式与风格有明显不同,这有助于读者辨析相关法律制度背后的基本思想。在准备讨论第一卷中详细阐述的观点时,无论如何无须采取统一的方式,借此也展现出不同文化的差异性。鉴于这些国别报告表现出很大的差异,比较结论的撰写肯定面临相当大的困难,但这无疑也使之更具吸引力。不过,这意味着,各法律制度不会始终得到相同程度的考虑。并且,这种情况还由于所有报告无法同时得到分析而加重:有些报告令人遗憾地比预定时间提交得晚,由于这种明显的迟延,为了使这种迟延保持在研究项目可容许的时间限度内,撰写比较结论的工作不得不在所有国别报告全部提交之前开始。

在比较结论中,我力图将本研究中所提出的各种法律制度的全部思想都纳入其中,并找到有关这些法律制度的进一步发展及其一体化(harmonisation)讨论的出发点。在最后的评论中,要将国别报告中阐述的思想全部纳入,甚至只是将所有重要的基本问题全部纳入,当然都是不可能做到的。因此,就哪些问题进行详细讨论,其选择在某种意义上就可能显得有些武断。不过,我还是试图挑选那些通常不被讨论的观点,以及包括法律政策在内的基本问题。国别报告中包含了很多有价值的思想,它们有待比较法学者、专家们去发现。

我提出讨论的观点既针对那些从事法律协调工作的人士,也针对那些在国家法范围内想要完善其国内法律制度,并逐渐促成不同法律制度彼此接近的立法者、法官和学者们。我确信,对于那些在比较法领域内从事工作的律师们,这些广泛的富有启发性的国别报告也将为他们提供丰富的信息资料。

需要指出的是,本卷始终需要参引《侵权责任法的基本问题(第一卷):德语国家的视角》(2012年英文版),该卷奠定了整个研究项目的基础。我同时还要强调的是,本卷的比较结论部分尽管篇幅很长,但无论如何都不可能充分完整地展现各国别报告的详细内容。为了真正领悟各国别报告以及它们呈现的理论框架,有必要认真阅读各国别报告。

要是没有很多人的惠助,这个项目是不可能完成的。首先,要感谢奥地利国家科学基金为本项目提供的必要资金支持。其次,无疑要衷心感谢所有国别报告的报告者们,为了撰写报告,他们尽力参与到德国法族这种异质的法律传统中,还要应对自己业已超负荷的工作重担。我也要感谢我所在的欧洲侵权法与保险法中心的工作人员在项目操作及文稿处理方面尽心可靠的工作,他们是 Edina Bushe-Tóth、Donna Stckenhuber、Kathrin Karner-Strobach 以及 Vanessa Wilcox。另外,非常感谢 Vanessa Wilcox 女士为本书制作了索引。我还要特别感谢 Fiona Salter-Townshend 女士对日本法报告和比较结论的出色翻译。出版人 Jan Sramek 以及他的团队再次表现出细致而专业的出版技能,跟他们的合作是令人愉快的。

海尔姆特·库奇奥

于维也纳 & 格拉茨 二〇一五年四月

目录

第一章　法国法视野下侵权责任法的基本问题 …………………… （1）
- 第一节　导论 ……………………………………………………… （1）
- 第二节　权益保护体系下的损害赔偿法 ………………………… （8）
- 第三节　侵权法的任务 …………………………………………… （21）
- 第四节　侵权法在债法体系中的地位 …………………………… （25）
- 第五节　损害赔偿请求权的基本要件 …………………………… （32）
- 第六节　归责要素 ………………………………………………… （56）
- 第七节　归责限制 ………………………………………………… （79）
- 第八节　损害赔偿 ………………………………………………… （83）
- 第九节　损害赔偿请求权的时效期间 …………………………… （89）

第二章　挪威法视野下侵权责任法的基本问题 …………………… （94）
- 第一节　导论 ……………………………………………………… （94）
- 第二节　权利保护体系下的损害赔偿法 ………………………… （102）
- 第三节　侵权法的任务 …………………………………………… （108）
- 第四节　介于侵权与债务不履行之间的领域 …………………… （109）
- 第五节　损害赔偿请求权的基本要件 …………………………… （111）
- 第六节　归责要素 ………………………………………………… （122）
- 第七节　归责限制 ………………………………………………… （140）
- 第八节　损害赔偿 ………………………………………………… （144）
- 第九节　损害赔偿请求权的时效期间 …………………………… （149）

第三章　波兰法视野下损害赔偿法的基本问题 …………………… （151）
- 第一节　导论 ……………………………………………………… （151）

第二节　权益保护体系下的损害赔偿法 …………………………（156）
　　第三节　侵权法的任务 ……………………………………………（171）
　　第四节　侵权与债务违反之间的领域 ……………………………（173）
　　第五节　损害赔偿请求权的基本要件 ……………………………（178）
　　第六节　归责要素 …………………………………………………（198）
　　第七节　归责限制 …………………………………………………（220）
　　第八节　损害赔偿 …………………………………………………（226）
　　第九节　损害赔偿请求权的时效期间 ……………………………（229）

第四章　匈牙利法视野下侵权责任法的基本问题 ………………（231）
　　第一节　导论 ………………………………………………………（231）
　　第二节　权益保护体系下的损害赔偿法 …………………………（239）
　　第三节　侵权法的任务 ……………………………………………（254）
　　第四节　介于侵权与债务不履行之间的领域 ……………………（257）
　　第五节　损害赔偿请求权的基本要件 ……………………………（262）
　　第六节　归责要素 …………………………………………………（280）
　　第七节　归责限制 …………………………………………………（300）
　　第八节　损害赔偿 …………………………………………………（304）
　　第九节　损害赔偿请求权的时效期间 ……………………………（308）
　　附录:2013年关于民法典的第五号法律 …………………………（311）

第五章　英国及英联邦法视角下侵权责任法的基本问题 ………（321）
　　预备性评论 …………………………………………………………（321）
　　第一节　导论 ………………………………………………………（324）
　　第二节　权益保护体系下的损害赔偿法 …………………………（334）
　　第三节　侵权法的任务 ……………………………………………（343）
　　第四节　侵权与债务不履行中间的领域 …………………………（347）
　　第五节　损害赔偿请求权的基本要件 ……………………………（348）
　　第六节　责任要素 …………………………………………………（370）
　　第七节　责任限制 …………………………………………………（380）

第八节　损害赔偿 …………………………………………（384）
第九节　损害赔偿请求权的时效期间 …………………（386）

第六章　美国法视野下损害赔偿法的基本问题 …………（389）
预备性评论 ……………………………………………………（389）
第一节　导论 ……………………………………………（396）
第二节　权益保护体系下的损害赔偿法 ………………（399）
第三节　侵权法的任务 …………………………………（411）
第四节　侵权和债务不履行之间的领域 ………………（415）
第五节　赔偿请求权的基本要件 ………………………（416）
第六节　归责要素 ………………………………………（435）
第七节　归责限制 ………………………………………（456）
第八节　损害赔偿 ………………………………………（463）
第九节　损害赔偿请求权的时效期间 …………………（465）

第七章　日本法视野下损害赔偿法的基本问题 …………（469）
第一节　权益保护体系下的损害赔偿法 ………………（469）
第二节　侵权法的任务 …………………………………（480）
第三节　侵权法的结构 …………………………………（482）
第四节　合同责任与侵权责任 …………………………（494）
第五节　侵权责任的基本要件 …………………………（505）
第六节　归责要素 ………………………………………（525）
第七节　归责限制 ………………………………………（566）
第八节　损害赔偿 ………………………………………（577）
第九节　损害赔偿请求权的时效期间 …………………（591）

第八章　比较法结论 …………………………………………（601）
绪论 ……………………………………………………………（601）
第一节　导论 ……………………………………………（625）
第二节　权益保护体系下的损害赔偿法 ………………（647）

第三节　侵权法的任务 …………………………………………（659）
第四节　侵权与债务违反之间的领域 …………………………（672）
第五节　损害赔偿请求权的基本要件 …………………………（676）
第六节　归责要素 ………………………………………………（691）
第七节　责任限制 ………………………………………………（719）
第八节　损害赔偿 ………………………………………………（729）
第九节　损害赔偿请求权的时效期间 …………………………（733）

译后记 ……………………………………………………………（745）

第一章
法国法视野下侵权责任法的基本问题

Oliver Moréteau

□ 第一节 导论

一、受害人自负风险与损害转嫁

任何人需自己承担一般生活风险,这个思想或见于哲学文献中,但不是评论法国侵权法的出发点。没有哪本侵权法著作会以声称受害人原则上需自己承担损害结果的方式开始其讨论。经典研究都采用行为中心的做法:仅当我有过错地做了不当或不法之事时,我才需承担责任。Planiol的著作直接从有过错的不当行为(faute)开始讨论,然后再论及无过错责任。不过,他也写道:"既然过错是一种违法行为,由此产生一项重要后果:如果我有权做某行为,我做这个行为就没有过错;如果我有权不做某行为,我就不会因为未做该行为而有过错。由此可知,我不对任何人负有义务,无论他人所受损害是因这种作为还是不作为所致都无关紧要。"[1]简而言之,人们可以换一种表达方式说,受害人原则上应当自己承担其所受损害。

库奇奥写道:"不过,目前社会上明显有越来越多的人受到某种不真

1/1

1/2

---

[1] M. Planiol, Traité élémentaire de droit civil, vol Ⅱ/1, for English translation see also Louisiana State Law Institute (1959) no 870, 476.

实的有关'流奶与蜜之地'的政治幻想的影响*，认为个人可以免受任何风险；总有人应当为个人所受损害负责，从而，受害人的损失始终都可以得到赔偿。然而，这忽视了一个不可否认的事实，即对受害人的赔偿并没有消除损害的存在，仅仅是将其转嫁给其他人，因此，损害只是被转移，其他人因为承担赔偿责任而承担了该损失。"〔1〕

1/3　　单纯从侵权法的角度看，情况的确是这样，尽管受害人最终还是承担了相当多的损害。不过，当侵权法和保险以及风险社会化现象相互交织时，我们就可以讨论损害赔偿成本的转移以及由受害人自负损害的问题了。已投保的损害风险被包括得到赔偿的受害人在内的所有参保人分散承担了。具有风险社会化效果的社会保险亦复如此。就"流奶与蜜之地"的政治幻想而言，法国人民相信，如果社会成员同意共同分担风险，并接受一种互助团结模式，那社会会变得更好。至少在过去大约三十至六十年间，这被证明为是一个可持续的政治决策。这样说当然不表示赞同法国侵权法在这方面毫无节制的做法，这在接下来的讨论中将再次提及。

1/4　　当代思想已经发展出如下观念，即必须保护个人的身体完整及某些其他利益，如所有权和人格权。这种以受害人为中心的观念〔2〕推动了严格责任的发展，其在20世纪中期被引入到法国法的很多领域，最著名的例子是物品致害及道路交通事故责任。

1/5　　同时，社会保险的一般化使所有遭受人身伤害的受害人可以获得免费的或者花费不多的医疗服务，而不会面临大量损害得不到赔偿的问题。对受害人来说，社会保险机构对侵权人享有的追偿权是无关紧要的，因其只获得了最低限度的赔偿。此外，受害人大多数的财产权益都受到自我损害保险即第一人保险与第三者责任保险（或者两种保险的结合）的保障，受害人并不参与保险公司提起的追偿诉讼。原则上，从侵权法的角度讲，称受害人必须自负损害当然是正确的，但如从更加广泛的角度考察受害人的补偿问题，法国法采纳的原则似乎构成某种例外。

---

*　"流奶与蜜之地"语出《圣经·出埃及记》，称以色列人遭到埃及新王的压迫，耶和华即上帝要带他们出埃及，许以美好、宽阔的流奶与蜜之地。"流奶与蜜之地"指迦南地，也就是今巴勒斯坦地区，也即美好丰饶之地。——译者注

〔1〕 H. Koziol, Basic Questions of Tort Law from a Germanic Perspective I (2012) no 1/2.

〔2〕 B. Starck, Essai d'une théorie générale de la responsabilité civile considérée en sa double fonction de garantie et de peine privée (doctoral dissertation Paris 1947).

因法国侵权法观念在相当程度上从矫正正义转向了分配正义,故民事责任不再被看作是对行动自由的限制。自命的人权国度(pays des droits de l'homme)变成了天赋权利的国度(pays des droits acquis)。被广泛接受的看法是,部分保险费被用作没有参保的机动车驾驶人、无清偿能力的犯罪人或恐怖分子所致损害的赔偿基金,对灾难事故受害人的补偿被认为是涉及国家团结的事情。[1]

损害的预防不被看作是侵权法的主要目的。[2]尽管不否认侵权法具有预防功能,但这种功能被认为主要与刑法相关。1985年法令通过强化道路交通事故的严格责任,使因严重醉酒而卧倒在机动车道上的行人也能够从谨慎驾驶的司机处获得赔偿(当然是通过其保险支付赔偿金,这也意味着由所有同等情况下的被保险人支付赔偿金)。不过,限速规定被严格执行,酒驾将受到严厉制裁,道路基础设施也得到极大改善,这使得因机动车事故造成的死亡率及相关损害都大幅降低,尽管道路交通在不断发展,但法国的道路交通比以往任何时候都更加安全。

二、保险方案替代责任法?

广泛的保险保障并不会当然引致不谨慎行为。按照保险法建构的奖惩制度(system of bonus-malus),疏忽大意的驾驶人最终将支付高得多的保险费,而没有事故责任记录的谨慎驾驶人承担的保险费将有机会减半。水灾受害人也可以获得赔偿,但每一次增加的水灾事故都将增加保险扣除额,直到地方政府采纳了预防损害风险的计划,激励居民移居到更加安全的地方,或者迫使地方政府疏浚水道或改善排水系统。[3]对于那些在特别危险地区进行建筑的人,也存在类似限制甚或排除技术性灾害

---

[1] O. Moréteau, Policing the Compensation of Victims of Catastrophes: Combining Solidarity and Self-Responsibility, in: W. H. van Boom/M. Faure (eds), Shifts in Compensation between Private and Public Systems (2007) nos 39 and 44.

[2] See A. -D. On, Prevention and the Pillars of a Dynamic Theory of Civil Liability: A Comparative Study on Preventive Remedies (LL. M. Thesis, Louisiana State University, Baton Rouge, 2013).

[3] Moréteau in: van Boom/Faure (eds), Shifts in Compensation between Private and Public Systems no 64.

受害人的保险保障。[1]

1/9 　　的确,社会保险和私人保险并不保障所有类型的损失,而侵权法也只是保护那些有能力暂时承受损失,直到他们获得全部赔偿为止的富有人群,尽管其付出的律师费仍然不能获得赔偿。[2]

1/10 　　法国的社会保障制度可能会面临破产的危险,但没有证据表明这是由于对意外损害无须负责的原因所致,不如说是因为管理不当以及逐渐攀升的医疗成本。就保险业的情况来看,其仍然是法国经济行为中的活跃成分,保险费对于大多数人来说也处于可承受范围内。

1/11 　　在法国,没有人会争辩说,损害的公平补偿必须将保险与侵权法结合起来,相关的法律机制必须避免让受害人为获得赔偿诉讼的不确定结果而等待数月甚至数年,至少在人身损害和财产权损害情形是这样。就人身损害和财产权损害而言,损害减轻方面的迟延常常是因为受害人没有经济能力去获得及时适当的医疗处置,或者修缮或替换被损坏的所有物所致。当社会福利制度不发达时,损害减轻原理在法律制度中就受到欢迎,这毫不令人奇怪。尽管今天的法国学者认为在民法典中引入损害减轻条款是合理的[3],但他们倾向于将人身损害排除于外[4],考虑到社会团结的问题,人们对此就不会觉得吃惊。从法和经济学的角度看,为受害人提供直接而充分的医疗服务,是减轻整个事故成本的一种方式,这种成本在任何社会形式中都始终存在,并且,当未能及时提供适当的医疗服务时,这种成本将趋于上升。

1/12 　　单纯从侵权法角度看,很多人可能会认为法国制度是不合理的。这里将尝试从整体视角,来观察《侵权责任法的基本问题(第一卷):德语国家的视角》(2012年英文版)(以下简称为《侵权责任法的基本问题(第一卷)》)中讨论的赔偿(或补偿)(compensation)问题。[5]赔偿(或补偿)概念

---

[1] Idem at no 63.

[2] 《民事诉讼法》第700条允许诉讼当事人要求律师费用的赔偿,是否允许由法院裁决。尽管胜诉方有机会获得部分费用的赔偿,但法国没有"败诉者负担全部费用"的规定。

[3] O. Moréteau, The Draft Reforms of French Tort Law in the Light of European Harmonization, in: P. Mangowski/W. Wurmnest (eds), Festschrift für Ulrich Magnus (2014) 77 ff, 88 f.

[4] Idem.

[5] Prof. Viney gives a masterful presentation of the general evolution in G. Viney, Introduction à la responsabilité³ (Librairie générale de droit et de jurisprudence, LGDJ) (2008) (see Title I).

在欧洲大陆的民法传统中是非常重要的。它意指消灭两个人相互负担的等额金钱义务。保险或社会保险机制意味着,人们交出他们财富中的某个边际数额,以补偿或抵消在侵权诉讼中将以更大成本负担的其可能无法承受的损失,时间因素也会限制他们减轻损害的能力。这种预防措施补偿或抵消了(普通读者通常是这样使用这个概念的)损害的成本,只有少部分损害可能需要利用法律诉讼获得赔偿。由此,允许保险公司或社会保险机构针对已确定的侵权人提起追偿之诉就是公平的,因为这将有助于缓解预防制度的相关运作成本。

这意味着,至少从实用的角度看,法国的民事责任不再是中心化的而实际上只是边缘性的救济机制。在讨论法国侵权法或进行比较法的分析时,这是应当注意的。 1/13

三、严格界定与刚性规范抑或动态过渡与弹性规整?

就如在其他法律制度中一样,僵化不是法国民事责任法的特征。库奇奥教授提出的过错责任和严格责任作为两端,中间为渐变区域的看法[1],也适用于法国法。例如,对造成损害的物负有照管义务之人的严格责任,可因受害人与有过错而减轻。同样,尽管法国法似乎采纳严格的不竞合规则,存在合同法可被优先适用的倾向,但合同责任与侵权责任之间的界分仍然是非常清楚的。[2] 1/14

普通法已发展出诸如损害减轻和惩罚性赔偿之类的规则,这已慢慢影响到法国的法律思想,曾经被奉为金科玉律的受害人应受完全赔偿的原则,已让位于更加弹性化的规则。[3] 1/15

---

[1]《侵权责任法的基本问题(第一卷)》,边码 1/21。
[2] 最近医疗疏失责任方面有向侵权责任退让的情况:Cass Civ 1, 3 June 2010, Bulletin des arrêts de la Cour de cassation (Bull) I no 128, Recueil Dalloz (D) 2010, 1522 note P. Sargos; Revue Trimestrielle de Droit Civil (RTD Civ) 2010, 571, observations P. Jourdain; O. Moréteau, France, in: H. Koziol/B. C. Steininger (eds), European Tort Law 2010 (2011) 175, nos 4—10.
[3] 最近的债法或侵权法改革建议为惩罚性赔偿留出了空间:"卡塔拉草案"第 1377 条 (O. Moréteau, France, in: H. Koziol/B. C. Steininger [eds], European Tort Law 2005 [2006] 270, nos 1—11 and H. Koziol/B. C. Steininger [eds], European Tort Law 2006 [2008] 196, nos 1—8); art 54 of the Terré draft (O Moréteau, France, in: K. Oliphant/B. C. Steininger [eds], European Tort Law 2011 [2012] 216, nos 1—11 and O. Moréteau/A. D. On, France, in: K. Oliphant/B. C. Steininger [eds], European Tort Law 2012 [2013] 229, nos 1—17). See also Moréteau in: Magnus-FS 88.

1/16　　法国从未承认受绝对保护的权利和不受保护的权利的区分,《法国民法典》也从来没有界定过受保护利益的范围。原则上,依据《法国民法典》[1],只要满足了侵权责任的所有其他构成要件,无论何种类型的损害都是可以赔偿的,损害概念在历史上就是一个留给法院根据具体情况加以界定的非常弹性的概念。《法国民法典》不对损害作类型区分。这可能会和波塔利斯(Portalis)的看法相反,后者认为法典应当为社会和技术发展预留空间,对司法保持必要的信赖。[2]在这方面,尽管法国法通常被看作是非常实证且立法中心化的制度,人们仍应注意,法国侵权法发展的推动力量始终源于司法与学者之间持续密切的对话中。和欧洲其他司法管辖区不同,法国理论不是教义性而更多是务实性的。当人们从理论文献的形式和风格观察时,它们乍看上去有些形式化。然而,法国(侵权法)学者整体上是见识广博的,他们尤其会在文献注释中讨论相关解决方案的经济和社会意义。有时候人们会认为法国人对"法和……"之类的交叉学科,尤其是法和经济学以及女权主义研究缺乏兴趣。或许如此,但那是因为法国人已在这方面做了长期的研究,也不需要为这种研究贴上某种标签。人们不应混淆形式主义和教条主义。法国人是拘泥于形式的现实主义者。他们乐意根据任何变化中的社会需要,对他们的制度保持开放并加以发展。

1/17　　在法律实践中,法国法不喜欢全有全无的做法,倾向于对民法典少数开放性的一般条款作实用性地利用。比较过失的损害分担在司法实践中很常见,尤其是在物品致害情形,尽管并未使用这样的术语。当为减轻物之照管人的严格责任而考虑受害人的过失时[3],法官也必定会考虑行为人(即被告)的过失,这表明在有关物品致害的法国司法实践中,的确存在介于过错责任和所谓严格责任之间的灰色领域。当纯化论者和教条论者说,责任分担应当是有关因果关系而非过错的问题,他们可能是正确的。不过,当考察法院的法律实践,尤其是在将《法国民法典》第 1384 条适用

---

[1] 特别法可能规定有更多限制条件。参见 1985 年 7 月 5 日发布之第 85-677 号法令,其意在交通事故受害人的境况,并加快赔偿进程。

[2] See exerpts of his Discours préliminaire du premier projet de Code civil, 1801, in A. Levasseur, Code Napoleon or Code Portalis? (1969) 43 Tulane Law Review (Tul L Rev) 762, 767—774.

[3]《法国民法典》第 1384 条第 1 款。

于道路交通事故损害[1],如机动车驾驶人高速通过红灯,在保护线外撞到了一个心不在焉穿越道路的行人时,可以发现,为减少受害人的赔偿额,事实上法官可能会更多关注过错而非因果关系。

同样,对丧失的机会予以赔偿是将比例责任引入法国法的一种方式。[2]当行为人的过错阻止了受害人缔结合同时,不是认定"受害人可以获得预期利益的完全赔偿",或者"因受害人不能证明是行为人的过错造成了该损失,故其不能获得任何赔偿",而是认为受害人可以主张被告过错造成了机会丧失。机会的丧失可被视为一种损害类型[3],只要原告被剥夺了现实确定的有利机会,赔偿额就可能是其他法律制度所认可的全部损害的1%—99%之间的任何金额。[4]

另一个测试弹性规则的标准是法国最高法院的牢固倾向。最高法院肩负维护民法典完整性,并确保在全国范围内对其作统一解释的职能,它宣称,损害的范围、过失的有无、受害人的过失程度及其因果作用等,均属于下级法院自由评定或裁量的事实。在其他司法管辖区被当作法律问题的东西,在法国可能被看作事实问题,这限制了最高法院重新评价的范围。最高法院自我限制和尊重下级法院裁决的做法有助于避免诉讼泛滥,毕竟法国现有制度允许所有诉讼当事人到最高法院去挑战任何确定判决的合法性。最高法院在自我限定重新评价范围方面显示了高超的技巧。有时候,它通过扩张"事实"概念而限制由其重新评价的法律问题的范围,以此限制其控制范围(并限制其可以承受的案件数量)。当其自我限制表现出不足时,通过提醒下级法院,其无论如何有变更属性认定(*dénaturation*)的权力,也即有权改变对事实的法律定性的错误,很容易地就借此扩大了自己的重新评判的权力。这种隐蔽的裁量方式吸引了像Mario Rotondi那样的比较法学者。[5] 这是完全非教条化的做法,它在

---

[1] 也即在1985年颁行特别法前50年里。

[2] O. Moréteau, Causal Uncertainty and Proportional Liability in France, in: I. Gilead/M. D. Green/B. A. Koch (eds), Proportional Liability: Analytical and Comparative Perspectives (2013) no 2.

[3] 由于民法典没有界定损害类型,所以这很容易做到。

[4] Cass Civ 1, 4 June 2007, La semaine juridique: Juris Classeur Périodique (JCP) 2007, I, 185, observations P. *Stoffel-Munck*, commented on by O. Moréteau, in: H. Koziol/B. C. Steininger (eds), European Tort Law 2007 (2008) 274, no 8 ff.

[5] M. Rotondi, Considérations en fait et en droit, RTD Civ 1977, 3.

无须改变法律的情况下保持了规则的更大弹性和流动性。法国人以精巧的隐蔽方式操控着明显僵化的制度。法官和学者都无意揭示这种公开有效的权力运作；这让他们可以在后台操控，而不会引发政治上的关注。这是拥有一套僵化制度的遗留物：制度漏洞必须加以确定，僵硬的制度边界必须不断被测试以容许更大弹性。尤其是在试图就侵权责任法的基本问题作有效回应时，必须保持机智，不要被抓住！

第二节　权益保护体系下的损害赔偿法

一、概说

1/20　　法国没有与"损害赔偿法"具有相同含义的用语。在法国理论界，以本节这种组合方式看待问题是不常见的。这不是说法国法没有损害赔偿方面的规定。比如，有一本有名的著作叫"Droit du dommage corporel, Systèmes d'indemnisation"(《人身损害法与补偿制度》)[1]，其内容毫不令人惊奇地超出了单纯侵权法的范围，包括了保险法及其他法律领域的主题，只不过集中关注的是人身损害而已。最近的发展显示，法国也试图将损害赔偿扩张到不法收益的剥夺上去，主张惩罚性赔偿有其正当性。不过，得利剥夺[2]或惩罚性赔偿[3]方面的发展不应当过于偏离主题。法国法中的损害赔偿功能仍然主要是补偿性的。

1/21　　接下来要讨论的是，在不当侵害权利和法益时，受害人可以利用的与损害赔偿有关的其他救济措施，并依循库奇奥教授给予我们的建议，从构成要件不太严格的损害赔偿请求权（在广义上包括不当得利返还请求权在内）出发，再讨论损害赔偿需满足更加严格的适用条件才有可能的情况。

---

[1] *Y. Lambert-Faivre/S. Porchy-Simon*, Droit du dommage corporel, Systèmes d'indemnisation⁷ (2012).

[2] *F. Terré* (ed), Pour une réforme du droit de la responsabilité civile (2011) 199—201, discussing draft art 54; Avant-projet de réforme du droit des obligations et du droit de la prescription, 22 September 2005, draft art 1371.

[3] 参见法国法院对准予惩罚性赔偿的外国法院判决的承认，该承认引起了一些问题。

二、返还请求权

就如在其他法律制度中一样,如库奇奥教授所称,返还或"恢复原状"请求权允许原告要求被告返还其无权保有的财物或金钱。[1] 根据法国法的规定,这包括返还不当受领之物(répétition de l'indu)[2] 以及无正当原因的得利(enrichissement sans cause),它们在传统上被当作"准合同"类型,并因此属于债法的构成部分。[3] 多数返还请求权都与财产法交织在一起,在其中,原告被不正当地剥夺了所有物或其产出物(revendication)。当这些物品被损毁时,将代之以金钱损害赔偿。

三、不作为请求权

《法国民事诉讼法》第 808 条规定:"紧急情况下,大审法院院长得紧急命令采取不会遇到严重争议的任何措施,或者命令采取由存在的争议证明有必要的一切措施。"

第 809 条又规定:"为防止即将发生的损害或者为制止明显非法的扰乱,法院院长始终得紧急命令采取任何必要的保全或恢复原状措施,即使存在严重争议,亦同。在对债务的存在没有严重争议的情况下,法院院长得同意给予债权人预付款,或者命令履行债务,即使所涉及的是作为之债,亦同。"

这些规定经常适用于媒体侵权情形,以防止诽谤行为或者侵害隐私权或肖像权的行为。[4] 这些权利受《法国民法典》第 9 条预防性强制令的保护:"任何人均享有私生活受到尊重的权利。在不影响对所受损害给予赔偿的情况下,法官得规定采取诸如对有争议的财产实行保管、扣押或其他适于阻止或制止妨害私生活隐私的任何措施;如情况紧急,这种措施

---

[1]《侵权责任法的基本问题(第一卷)》,边码 2/6。
[2]《法国民法典》第 1376 条。
[3] M. Fabre-Magnan, Droit des obligations, Responsabilité civile et quasi-contrats² (2010) 1—3, 433.
[4] K. Anterion/O. Moréteau, The Protection of Personality Rights against Invasions by Mass Media in France, in: H. Koziol/A. Warzilek (eds), The Protection of Personality Rights against Invasion by Mass Media (2005) no 34 f.

得依紧急审理命令之。"

1/26 　　这不意味着预防性强制令只能排他性地主要适用于非物质损害情形。它们也可以适用于其他侵权行为，如同时造成物质损失和非物质损失的侵权行为。[1] 不过，在讨论侵权法时，极少有侵权法学者会言及预防措施和不作为请求权，这是可以理解的，因为这些程序性的措施并非侵权法的构成部分。[2]

四、自卫权

1/27 　　自卫（auto-défense）在法国法中被称为正当防卫（légitime défense）。[3] 不过，也可以为了方便而使用这个术语。法国侵权法文献中很少讨论自卫问题，它典型地存在于犯罪情形。犯罪行为的受害人可以在刑事法庭以自诉（与由检察官提起的"公诉"相对）的方式提出侵权请求权，自卫问题通常在刑事诉讼程序中被讨论。

1/28 　　自卫在刑法典中被界定。[4] 它不再是一种正当理由（fait justificatif），而只是阻却责任的事由（cause d'irresponsabilité），既阻却刑事责任，也阻却民事责任，不论是过错责任[5]还是物的严格责任。[6] 与奥地利法非常相似[7]，这种防卫必须符合比例原则[8]，以使之得以被证明为正当防卫（légitime défense）。

五、排除妨害请求权

1/29 　　当某些不法侵害他人权利的行为已经发生时，使用这些强制令就是

---

[1] *Fabre-Magnan*, Droit des obligations, Responsabilité civile et quasi-contrats² 43.
[2] 例外请参见 *Fabre-Magnan*, Droit des obligations, Responsabilité civile et quasi-contrats² 42 ff.
[3] *G. Viney/P. Jourdain*, Les conditions de la responsabilité³ (2006) no 563.
[4] Art L122-5 to L122-7 Code pénal.
[5] Cour de cassation, Chambre criminelle (Cass Crim) 13 December 1989, Bull Crim no 478.
[6] Cass Civ 2, 10 June 1970, D 1970, 691. See *P. le Tourneau*, Droit de la responsabilité civile et des contrats⁹ (2012) no 1978 ff.
[7] 《侵权责任法的基本问题（第一卷）》，边码 2/13。
[8] See *le Tourneau*, Droit de la responsabilité civile et des contrats⁹ no 1980.

合理的。它们也具有防止类似侵害行为再次发生,或者防止将来产生损害的作用。

这不应与过去所称的恢复原状(Naturalrestitution)的救济方式相混淆。很少发生法院命令恢复原状的情形。但是,恢复原状的损害赔偿(Naturalersatz)在司法实践中并不少见:大量的加害人有时会先行救助受害人,或自愿修理受损之物,以避免引发诉讼。不过,受害人通常会就没有或不能恢复原状的损害诉请赔偿。

法律上的规定是,法官可以选择准予损害赔偿或者授予要求加害人为或不为某种行为的强制令。[1]然而,由于法国诉讼法并没有为执行这种强制令提供有效的手段,法官倾向于将损害赔偿或者"逾期罚金"(astreinte)(即按照迟延天数向对方当事人支付的罚金)作为威慑手段,尽管后者更经常用于不履行合同义务的场合。

与不作为请求权类似,排除妨害请求权更多是作为诉讼中的临时性措施而被主张的。它们由民事诉讼法调整[2],该法规定,即使存在严重争议,排除妨害请求权也可以依简易程序(référé,紧急审理程序)确定。相关的情形涉及移除有毒废料之类的不法妨害源[3],或者删除侵害他人人格权的电影片段等[4]。临时性措施通常不会被上诉,而原告也会放弃主请求,因为其期望至少部分(有时是全部)得到了满足。

尽管法国侵权法并未建立一套有关受保护权益的层级结构,但是,受高度保护的权利似乎比那些不太重要的权利更容易获得强制令的保护。所有权属于受高度保护的权利[5],任何侵入邻地或者由邻地溢出之物都使所有权人有权依紧急审理程序(référé)或占有诉讼请求排除妨害,不管

---

[1] *G. Viney/P. Jourdain*, Les effets de la responsabilité² (2001) no 39,引用了许多案例。

[2] 前引第 808 条、第 809 条。

[3] Cass Civ 3, 17 December 2008, D 2009, 701, note *M. Boutonnet*, commented by *O. Moréteau*, France, in: H. Koziol/B. C. Steininger (eds), European Tort Law 2009 (2010) 198, nos 35—42 (涉及 Erika 号邮轮沉没产生的油污)。

[4] Such as in the film *Le pull-over rouge*, Cours d'appel (CA) Paris, 9 November 1979, D 1981, 109; *le Tourneau*, Droit de la responsabilité civile et des contrats⁹ no 1620 gives many other examples.

[5] 《法国民法典》第 544 条称为"绝对地"。

相关成本如何。[1]占有诉讼的原告范围很广(证明存在占有即为已足，无须证明享有所有权)，但法国法认为，从长远来看，当前占有人比遥远的所有权人更有利于保护财产所有权，最终来说，对占有人的保护也将使所有权人受益。基于这样的理由，出租人也可以提起占有诉讼，尽管依法国法，承租人并非理论上的占有人，而仅仅是持有人(corpus)(事实支配)，因其无相信自己享有完全所有权的意思(animus)。[2]

1/34　　对于名誉和隐私的保护也同样如此，如权利人有权要求删除电视节目或电影中的某个侵权片段。[3]

1/35　　在这些情形下，因法院直接保护的是财产所有权或者人格权，故其并不审查侵权损害赔偿之诉的要件是否全部满足：只要存在侵害前述权利的证据即为已足。不过，在居民(不论是所有权人还是承租人)抱怨邻地存储的有毒废料引发不便时，法院也会这样做：在这类情形，涉及的不是财产权受保护问题，而是典型的相邻妨害问题(trouble de voisinage)，这种侵权诉讼的要件必须得到全部满足。[4]

六、侵害型不当得利

1/36　　使用他人财产获得好处的人必须将这种好处交还给该财产的所有权人。假设我为第三人保管一套家具：除非得到权利人的同意，我不得将该家具出租，否则，由此取得的租金应归家具所有权人。当然，法国法可能会认为，这种不当利益应依不当得利的原理予以返还。这个原理不是基于民法典的规定，而是派生于非债清偿规定的类推适用[5]，同时以罗马

---

〔1〕参见《法国民法典》第 2278、2279 条与《法国民事诉讼法》第 1264—1267 条。(不过，《法国民法典》第 2278、2279 条与所有权保护并无关系，而《法国民事诉讼法》第 1264—1267 条也仅涉及所有权诉讼资格问题，故怀疑作者这里引用有误。——译者注)

〔2〕《法国民法典》第 2278 条；P. Malaurie/L. Aynès, Droit Civil. Les Biens (2005) no 504；J. Djoudi, Action Possessoire, in：Répertoire de droit civil (2013) no 16.

〔3〕See art 9 Civil Code cited above. See also le Tourneau, Droit de la responsabilité civile et des contrats⁹ no 1620.

〔4〕Cass Civ 2, 20 October 1976, Bull Civ Ⅱ, no 280：法院命令重修经合法批准建造的猪舍，因为其已超期经营且因设施缺陷造成排放恶臭和污物。See le Tourneau, Droit de la responsabilité civile et des contrats⁹ no 7180.

〔5〕《法国民法典》第 1235 条。

法中的"利益转化物诉讼"(actio de in rem verso)[1]为基础。尽管这种法律救济原则上以无原因得利的法理为基础,但其基础更多在于财产法。一般认为,所有权人享有使用、收益和处分的权利;相应地,自然孳息和法定孳息也归于所有权人。不过,物之善意占有人可以保留该等孳息,尽管其负有将原物返还其所有权人的义务。[2]

在诸如占有人恶意行为或违反忠实义务的情形,这种请求权与附带提起的损害赔偿请求权具有明显的差异,而与本章开头提及的返还请求权较为接近。问题的关键不在于评估过错所造成的损害大小,而在于确保归属于原告之物能够全部返还于他,要么返还原物,要么在物毁损灭失时返还其价值。被告如果存在过错,他当然要就其不法侵占财产的行为所致损害承担赔偿责任,但这种责任附属于返还请求权。 1/37

这是在财产法中存在道德因素的情形:只有占有时存在恶意的当事人才需返还原物及占有期间的孳息。实际上,善意买受人被允许保留这种孳息。用侵权法的表达方式来说,这意味着,如果占有人无过错,合法所有权人原则上就应承担因其所有物被剥夺所产生的收入损失。这个规则是公平的。负有赔偿义务的人只能是不法且有过错地侵占或处分他人之物的人。当直接占有人被确认后,已获得返还的合法所有权人将对其提起侵权之诉。 1/38

罗马法律传统倾向于采纳分配理论(Zuweisungstheorie),但是,剥夺他人所有之物得同时被视为本身违法的。由于这种诉讼是以交出不当利益而非损害赔偿为目的的返还之诉,故无须证明过错。不过,当得利之人存在不诚实的情况时,则存在依侵权法主张附带的侵权损害赔偿之可能性。就如在德国法族中一样,欺诈或不诚实情况的存在实际上会改变这种争议的属性,使其具有完全的侵权特征。相应的金钱给付就更像是赔偿而非得利剥夺,但在本质上其仍然具有得利剥夺的属性。 1/39

相反,假如我通过破坏竞争对手的机器设备而使自己获得竞争优势,这乍看上去是纯粹侵权性的,尽管它非常类似于窃者入室盗窃珠宝与计 1/40

---

[1] *Fabre-Magnan*, Droit des obligations, Responsabilité civile et quasi-contrats² 446—452.

[2] 比如,当被宣告死亡的人重新出现时,他要求返还已经被分配之财产就属于这种情况。善意继承人在法院作出死亡宣告后获得的相关孳息可以继续保留。参见《法国民法典》第130、131条。

算机设备的行为,我可能因这种不当行为而获取了某种经济上的好处。对毁坏设备与破门而入的赔偿将以损害赔偿的方式进行,它与得利返还没有关系,当然在盗窃情形会涉及对所盗之物的返还。问题是,受害者可以要求获得相关不当利益吗?

1/41　　将这项救济看成是得利剥夺而非损害赔偿,将使受害人处于更加有利的地位,并增强威慑效果,如窃贼以高于市价或规定价格的价格转售其从药店盗窃之药品时即是如此。得利请求权能够更有效地剥夺不法得利[1],而损害赔偿则不能超过受害人实际所受损害,也即赔偿额不会超过被损毁之物的市场价值。

1/42　　我们是否可以认为,为了人为创造一种独占地位而毁坏受害人的机器设备,或者基于同样目的而诋毁竞争对手声誉的人,不应当只能依侵权要求损害赔偿,而应能够依不当得利法要求返还得利?不当得利法有助于剥夺不法得利。库奇奥教授实际上赞同这种看法[2],这乍看上去有些不合逻辑,但却是公平且极富意义的。毁损机器设备的情形涉及的是对财产损害的赔偿;诋毁他人声誉的情形涉及的是对声誉损害的有限赔偿。这两种情形都不具备剥夺不法得利的效果,而且,经济损失的赔偿也因极大地受制于因果关系而是有限的。不当得利法赞成全部剥夺,因而,在这种情况下也表现出更加有力的救济效果和威慑效果。

1/43　　库奇奥教授引用了知识产权方面的例子,依据奥地利法,因专利侵权所获收入应收归专利权人享有,而在同样情形,德国法仅允许补偿性的损害赔偿。[3]法国法在这种情形下也开启了得利剥夺的可能性:知识产权法指示法官在确定专利侵权的损害赔偿时考虑所有不利的经济后果,包括原告所失利益和被告所获收益。[4]法典的用语还是有些模糊:它使用的是损害赔偿概念,但其概念核心则与不当得利有关。[5]也就是说,法

---

〔1〕 尽管刑法可能会介入,没收相关非法所得。
〔2〕 《侵权责任法的基本问题(第一卷)》,边码2/33以下。
〔3〕 同上书,边码2/38以下。
〔4〕 Code de la propriété intellectuelle, art L615-7: Pour fixer les dommages et intérêts, la juridiction prend en considération les conséquences économiques négatives, dont le manque à gagner, subies par la partie lésée, les bénéfices réalisés par le contrefacteur et le préjudice moral causé au titulaire des droits du fait de l'atteinte.
〔5〕 它也给原告保留了选择权,其可以要求支付不少于获得相关权利的许可使用费的赔偿金额(《知识产权法典》第615-7条第2款)。

国法表面上将其看作侵权,但实际上处理的则是不当得利问题。

七、债权人撤销权(保利安之诉)

与其他罗马法传统相似,法国法继受了保利安之诉,允许债权人撤销无清偿能力的债务人诈害其债权人的交易行为。[1] 这不是一种损害赔偿之诉,但是它使债权人免于在债务人责任财产不足时遭受不当损害。在这个意义上,其兼具预防性与恢复性,但其在法国法上与奥布里和劳(Aubry and Rau)所称的财产理论(doctrine of patrimony)有关。[2] 这种诉讼的目的是为了保护债权人的财产权利,尤其在债权缺乏相应担保时如此,因为债权人对债务人的所有财产享有因一般担保所生的利益。[3] 库奇奥教授将这个诉讼正确地与不当得利原则联系起来。相关的金钱利益将流向其本应归属之处。这项措施可以被看作是法国规则与财产理论相关的道德基础,目的在于避免或缓解欺诈行为的不当后果。

八、损害赔偿请求权

尽管损害赔偿请求权最先是侵权相关题材的经典表达方式,但其经库奇奥教授的讨论而得以极大地推进。虽然他认为,损害赔偿的结果使相关损害负担被转嫁给受害人之外的其他人,这个观点不是很合于传统认识,但他有关损害赔偿主要是补偿性的,附带具有惩罚性的看法与罗马法传统的看法则是一致的。[4] 在这方面,法国侵权法仍然植根于亚里士多德的矫正正义思想传统中。

九、"惩罚性赔偿"?

和其他欧洲大陆法国家一样,法国法也不承认惩罚性赔偿。普通法

---

[1]《法国民法典》第 1167 条。
[2] C. Aubry/C. Rau, Droit civil français, vol 2, Property (Louisiana State Law Institute, English translation) (1966). See N. Kasirer, Translating Part of France's Legal Heritage: Aubry and Rau on the Patrimoine, 38 Revue générale de droit (Rev gén) 2008, 453.
[3]《法国民法典》第 2285 条。
[4]《侵权责任法的基本问题(第一卷)》,边码 2/49。

接受这一制度的前提是,补偿性损害赔偿不足以使侵权法充分发挥其预防功能。库奇奥教授讨论了知识产权侵权情形提高赔偿标准的需要,认为赔偿和得利剥夺都不足以防止对这类权利的不当利用行为。故此,与其讨论法国法中是否存在这种惩罚性赔偿,不如对这个问题只作整体概观。

1/47　　考虑到美国不愿发展福利政府,且不愿施行严格的且花费不菲的管制制度,惩罚性赔偿就有其特别意义了。它们旨在监管各行各业,并创设促其采取这些行业不会自发采取的安全保障措施的激励,尤其是当其只需赔偿少数缺陷产品的受害人,相关花费比采取预防措施花费更少时就更是如此。就此而论,对不可预料的惩罚性赔偿的畏惧将会产生正面激励。

1/48　　在严格管制的欧洲大陆国家,惩罚性赔偿则无须广泛使用,只是偶尔在一些情形中使用惩罚性因素而已。在法国法中,它们被用作对欠缺有效的法庭指令执行机制的替代手段。非物质损害赔偿在本质上虽不具有补偿性,但并非全无惩罚因素。此外,在合同法司法实践中,法国法院通常会在命令债务人执行某项债务时使用"逾期罚金"(astreinte),这意味着当事人(通常为缔约一方)将会因建设项目而按日支付一定金额的罚金。

1/49　　惩罚性赔偿补救或消除了其他旨在预防损害的法律机制(如刑法、安全规定以及某些执行机制)的缺陷。格哈德·瓦格纳(Gerhard Wagner)建议将它们称作"预防性损害赔偿"[1],这或许有助于确定其威慑和预防功能,但这并未除去其作为私法上罚金的惩罚性因素。相反,如果其目的在于剥夺得利,不当得利法上的救济措施将更为适当,由此应代之以使用返还概念。

十、保险合同法

1/50　　一般而言,保险表现为一种有计划的风险分配。[2]法国人总体上认为,发展普遍性的社会保障与强制保险并结合赔偿基金的扩展,是确保人们在面临不论是否由不当行为所引起的损害事件时,不致面临严重不利

---

[1]《侵权责任法的基本问题(第一卷)》,边码 2/63,脚注[197]。
[2] 同上书,边码 2/68。

后果的最佳方式。人们可能会认为,风险的集体承担(collectivisation of risks)是一项稳定持续的政治抉择,是自第二次世界大战后出现的社会化合同(social contract)的组成部分。被赋予宪法价值的团结观念[1]就压制了个人主义。整体而言,法国人宁愿牺牲个人获得完全赔偿的可能性,也不愿放弃风险防范思想,即使是以只能获得更低赔偿为代价也在所不惜,尤其是,他们知道,法院在评定损害赔偿额时从来都不会太过慷慨大度。

尽管不可否认,第三者责任保险"在相当程度上妨碍了侵权法的预防功能,甚至有可能取消该功能"[2],法国人还是认为,预防功能不必与赔偿机制相关联。在建议对道路交通事故受害人的赔偿采取严格责任方案时,André Tun 就坚持认为,侵权法旨在赔偿而非威慑。[3] 预防功能交由刑法或保险法等其他法律机制去实现。法国的经验证明,借助刑法和保险费率计算方面的激励来严格执行道路交通规则,是一种充分有效的替代手段。

1/51

接受法律的其他部分将有助于实现威慑目标的事实,不会造成对侵权法预防功能的否定,但侵权法的预防功能趋于边缘化,且多在一些新型侵权类型中得到较大发展,直到它们因保险的扩展和风险社会化而减弱。

1/52

十一、社会保障法

社会保障制度的目的是"保障生存"[4],至少包括一定范围内的治疗费用和收入损失。库奇奥教授指出其与侵权法存在交叉关系,但恰如上述,团结因素是法国实践的基本组成部分。[5]

1/53

当患者因意外事故所致损害后果而接受医疗治疗服务时,他必须填写社会保障申请表,它要求患者或其代理人表明,该意外事件是否由第三人造成,如果是,则必须提供所有相关信息。如果侵害发生在道路交通事

1/54

---

[1] 1946 年《宪法》序言,在 1958 年的现行《宪法》序言中被引用。
[2] 《侵权责任法的基本问题(第一卷)》,边码 2/70。整体性的对比分析参见 G. Viney, Introduction à la responsabilité³ Title I, chapter 2,并指明了当前的发展情况。
[3] A. Tunc, La sécurité routière, Esquisse d'une loi sur les accidents de la circulation (1966). See Viney/Jourdain, Les conditions de la responsabilité³ no 965.
[4] 《侵权责任法的基本问题(第一卷)》,边码 2/74。
[5] 同上书,边码 1/3 和 1/11。

故中,社会保障机构对于负有责任的第三人或其保险人享有追偿权,包括其向受害人支付的住院费、医疗费和疾病补助费等。[1]《社会保障法》用了整整一章专门处理对第三人的追偿权问题,对于社会保障机构已向受害人支付的费用,限制其行使代位求偿权的范围,让受害人保留就超出社会保障范围的损害要求赔偿的权利。[2]

十二、对犯罪行为或灾害受害人的补偿

1/55　　犯罪行为的受害人只有有限的机会能够从不法行为人处获得赔偿。不过,法国刑事诉讼法允许受害人在刑事审判庭提起民事诉讼(plainte avec constitution de partie civile),这极大地降低了诉讼成本:受害人可以使用刑事指控和经法庭调查查明的证据。如果发生赔偿不能的情况,不管是因为不法行为人无法确定,还是因为其穷困而无偿付能力,刑事赔偿基金就可以提供相应补偿。为保障未投保的机动车驾驶人造成的受害人损害得到赔偿而创设的赔偿基金,现在已用于保障那些不能从犯罪人处获得赔偿的犯罪行为的受害人。[3]

1/56　　就灾害受害人而言,法国不认同德国法上的那种顾虑,认为帮助大规模灾害受害人会造成不平等对待问题。就在第二次世界大战之后不久,法国宪法序言将国家灾害情形下的民族团结置于优先地位。[4] 在法国人看来,认为灾害受害人比个别受害人得到了更好的赔偿是不正确的。在这方面,法国法想要确保灾害损害风险不具有可投保性,而让受害人享有民族团结的好处,就如同其作为个别事故的受害人一样。它要求所有机动车或住宅所有权人必须购买自然灾害所引发的财产损害的强制保险,其依官方宣告的国家灾害而发生保障效力。在再保险以及国家的再保险系统无法发挥保障功能时,由政府作为最终的担保人,该制度据此得以将一半的费用转移出去。类似的制度也用以解决技术性灾害事故造成

---

〔1〕 1985年7月5日第85-677号法令第29条。
〔2〕《社会保障法》(Code de la sécurité sociale)第376-1条。
〔3〕 le Tourneau, Droit de la responsabilité civile et des contrats⁹ no 240.
〔4〕 1946年《宪法》序言,在1958年的现行《宪法》序言中被引用。

的损害赔偿问题。[1] 这些方案针对所有的受害人以同样的方式运作,不管灾害是因侵权性的作为或不作为造成,还是因之使损害加重。只要可以提起侵权诉讼,受害人就可以获得额外补偿,但他们像在强制保险和社会保障情形一样受到平等对待。

认为救助灾害受害人会创设使人转向更具风险的行为领域的激励措施,这个看法是错误的,其理由至少有两个。首先,很多经济活动只能在存有风险的地区(如洪泛区海港或大都市等)开展与发展。其次,引导人们不留在危险区域,或者迫使政府采取减轻风险计划的激励措施也可以被创设出来。

总体来说,法国预防和赔偿灾害受害人的制度至今仍是一种最为有效的模式。[2] 它分散了风险并利用必要的激励措施将风险最小化,且主要建立于私人保险基础上。政府管制的目的仅在于使高风险具有可投保性,并以政府担保的兜底方式管理再保险系统。法经济学者逐渐承认,民族团结可以为纯粹市场机制的例外提供正当理由,只要相关政策的目标是保持高风险的可投保性。[3] 这不意味着该制度可以战胜更大范围的灾害事故:预测气候变化所引发的结果还言之尚早,而超级风暴和大洪水的增多、海平面的升高以及水资源的短缺都令人忧虑。没有哪个政府就此提出了可持续的解决方案,而相关的补偿给付也仅有可能减轻灾害后果的强度。[4]

十三、得利剥夺请求权

有些情形下的不法收益会被剥夺,但并非像在传统的不当得利情形那样,是为了遭受损失的当事人的利益而这样做,这是不合理的。在不法

---

[1] 更多细节,请参见 O. Moréteau/M. Cannarsa/F. Lafay, France, in: M. Faure/T. Hartlief (eds), Financial Compensation for Victims of Catastrophes: A Comparative Legal Approach (2006) 81—118; Moréteau in: van Boom/Faure (eds), Shifts in Compensation between Private and Public Systems 199—218, also published in D. A. Farber/M. G. Faure (eds), Disaster Law (2010) chapter 18.

[2] 同上书。

[3] R. van den Bergh/M. Faure, Compulsory Insurance of Loss to Property Caused by National Disasters: Competition or Solidarity 29 World Competition Law and Economic Review 2006, 25—54, at 51.

[4] 更为一般性的讨论,参见 J. Spier, Shaping the Law for Global Crises (2012).

行为的主要受害主体是自然环境,或者有成千上万的消费者,每个消费者都只遭受了较小损害的场合(如限制竞争情形),情况就可能是这样的。这种情形下,一般共识是,被剥夺的利益应当归慈善机构、非营利组织或者政府。法国法支持非营利组织在刑事法庭提起民事诉讼,只要它们能够证明不法行为损害了它们所维护的利益即可。[1] 在竞争法领域就是这种情况,它通常由欧盟推动。

十四、刑法

1/60　　在此提及刑法的唯一原因是,它服务于威慑目的,不论是特殊的(防止同一不法行为人再次实施犯罪行为),还是一般的(增强公众对法律的遵守)。不过,恰如所见,侵权法与刑法的确存在交叉,至少在法院审判中存在这样的情况(plainte avec constitution de partie civile——刑事控告中的民事诉求)。

十五、小结

1/61　　对于被训练将文章拆成两个部分然后再拆成两个小部分这类技巧的法国学者而言,这项作业看起来就像是一个随意的目录清单。不过,法国侵权法学者不会对众多不同规则和机制的交叉与相互作用感到吃惊。甚至公法因素的重要性也不会令人惊讶,不论那些公法类型是依德国标准(包括刑法和社会保障法)还是法国标准(将刑法和社会保障法保留在私法领域)加以界定的。法国法习惯于让行政法发展出一套规制公共机构侵权行为的独立规则体,并将其置于法国最高行政法院(the Conseil d'État)的监管之下。

1/62　　"需要更多关注的是,如何将请求权的构成要件与其法律后果相匹配,这尤其体现在:法律后果越严重,则其构成要件也应更为严格"[2],在利用传统"民法典"机制调整大多数人际关系和社会关系的世界里,这个

---

〔1〕 *P. Albertini*, Rapport sur l'exercice de l'action civile par les associations, Assemblée nationale (1999). 也请参见《法国民事诉讼法》第31条。

〔2〕《侵权责任法的基本问题(第一卷)》,边码2/95。

结论是合理的。不过,在一个公法与私法要素交错结合的复杂社会里,促进社会团结被当作公共利益的关键因素,解决方案的实用性要胜过其教义性。

尽管如此,根据法国法,严格责任最后与保险相结合,使侵权人更易于承担责任,但通过强制保险减轻了相关后果,而在未被保险或不可投保的高风险领域,过错责任仍继续得到发展。据此可以认为,请求权的构成要件与其法律后果相符,尽管还需作更多调查以验证情况是否总是如此。最后但并非最不重要的是,本书作者不反对明确区分损害赔偿请求权(不论是基于合同还是侵权)与返还请求权的必要性,不管它们的目的是剥夺不法利益还是救济不当得利。侵权法的任务的确须予澄清。

第三节 侵权法的任务

一、补偿功能

欧洲所有民法制度都认为,侵权法旨在"为受害人就其所受损害提供赔偿"。[1] 没有任何明智的法国法学家会反对这个看法。即使是在侵权法服务于预防功能的情形,正如低地的土地所有人为了避免相邻高地土地所有人不合理挖掘行为造成的高度滑坡危险而修建防护墙,并就此花费要求赔偿一样,法院实际上就受害人实际遭受的损害准予赔偿:合理花费不是因为别的原因,而正是为了避免急迫而严重的危险而付出的。[2] 纯粹假想的损害是不应给予赔偿的,尽管法国低级法院在这种情

---

[1]《侵权责任法的基本问题(第一卷)》,边码 3/1,将"Schadenersatzrecht"译为"law of damages"(损害赔偿法)。

[2] Cass Civ 2, 15 May 2008, Bull Civ II, no 112, RTD Civ 2008, 679, observations P. Jourdain; JCP 2008, I, 186, no 1, observations P. Stoffel-Munck; D 2008, 2900, observations P. Brun/P. Jourdain; O. Moréteau, France, in: H. Koziol/B. C. Steininger (eds), European Tort Law 2008 (2009) 264, nos 56—58.

形偶尔会命令被告采取预防措施,依据的则是并不可靠的预防原则。[1]所有人都赞成,"补偿观念明确表达了侵权法的目的"。[2]这种看法在法国侵权法文献中普遍可见。

1/65　　依法国法,损害赔偿可以适用于任何形式的损害,《法国民法典》对于各种损害类型没有加以区分,包括纯粹经济损失和非物质损失(dommage moral)在内。不过,非物质损失在法国学理上不太容易被接受。基于天主教文化传统,因精神痛苦而谋取金钱(battre monnaie avec ses larmes)的思想[3]是令人不安的。非物质损害赔偿至今在学理上仍然遭受批评。[4]早些时候,乔治·里佩尔(Georges Ripert)主张,这种赔偿其实不是真的赔偿,而是对不法行为人作出的私法上的惩罚。[5]尽管仍然存在理论上的挑战[6],但法国最高法院还是自1833年作出的指导性判决后就此形成了稳定的司法意见。[7]法院最近裁决,没有被告知术后可能发生无生育能力之风险的患者,可以要求非物质损害赔偿。[8]虽然法院不被允许公开援引非正式的法律渊源,但基于对上诉法院判决意见加以整理而建立的数据库,仍然有助于评估失去母亲、未成年子女或者兄弟姐妹时的损失额。[9]有时候,一次性支付赔偿金的判决相当于一种惩罚措施。[10]

1/66　　在最近的案例中,法国最高法院商事审判庭承认了法人要求非物质

---

[1] 近年来,低级法院命令移除电话中转天线,并就可能存在健康损害风险的担忧准予赔偿:CA Versailles, 4 February 2009, D 2009, 499, commented by Moréteau in: Koziol/Steininger (eds), European Tort Law 2009, 198, nos 3—11. 在最近,权限裁定法院[the Tribunal des conflits(TC)]在就纯粹管辖权问题咨询了法国最高法院后裁定,普通法院在不违反权力分割原则的情况下,无权命令移除经正当批准设置的中转天线:TC 14 May 2012, Bull TC nos 12—17, commented by On in: Oliphant/Steininger (eds), European Tort Law 2012, 229, nos 27—42.

[2] 《侵权责任法的基本问题(第一卷)》,边码3/2。

[3] le Tourneau, Droit de la responsabilité civile et des contrats⁹ no 1553.

[4] C. Atias, Philosophie du droit² (2004) no 64.

[5] G. Ripert, La règle morale dans les obligations civiles (1947) nos 181 and 182.

[6] See also le Tourneau, Droit de la responsabilité civile et des contrats⁹ no 95; B. Beigner, L'honneur et le droit (1995) no 1605.

[7] Cour de cassation, Chambres réunies (Cass Réun) 25 June 1833, cited in le Tourneau, Droit de la responsabilité civile et des contrats⁹ no 1554.

[8] Cass Civ 1, 3 June 2010, no 09-13591, Bulletin des arrêts de la Cour de cassation (Bull) I no 128, D 2010, 1522 note P. Sargos; RTD Civ 2010, 571, observations P. Jourdain; Moréteau in: Koziol/Steininger (eds), European Tort Law 2010, 175, nos 4—10.

[9] le Tourneau, Droit de la responsabilité civile et des contrats⁹ no 1555.

[10] Idem.

损害赔偿的权利。[1] 在这方面存在长期争论,最终的解决方案得到了学理的明确支持。[2] 据称,它可能对法人本质而非其财产造成损害(dans son être et non dans son avoir)。[3] 学者在债法改革的一个建议草案中接受了这种错误倾向。[4] 普拉尼奥(Planiol)和里佩尔(Ripert)为反对意见提供了有力的支援:他们明智地指出,法人不可能感受痛苦,因此,其不可能被称为非物质损害的受害者。[5] 当法院准予这种损害赔偿时,它们要么是想就那些无法评估的物质损害(实际上是某种经济损失)给予赔偿,要么是想借非物质损害赔偿之名,对被告给予非刑罚的制裁。[6]

尽管没有发现将非物质损害赔偿与过错的严重性相关联的相关文献,但惩罚理论似乎要求确立这种关联关系。这并不与如下的司法裁判规则冲突[7],即在故意侵权情形,如果非物质损害较大,损害的评定就无须考虑过错的严重性。

二、预防功能与权利延续功能

在法国侵权法文献中,民事责任的预防功能是被承认的。[8] 恰如库奇奥教授所言:"在造成损害的情况下,加害人面临承担赔偿义务的危险毫无疑问会产生一种**避免加害他人的一般性激励效果**。"[9] 法国学者赞

---

[1] Cour de cassation, Chambre commerciale (Cass Com) 15 May 2012, no 11-10278, Bull IV no 101, D 2012, 2285, note B. Dondero; JCP 2012, no 1224, observations C. Bloch; Moréteau in: Oliphant/Steininger (eds), European Tort Law 2012, 229, nos 43—47. 一对在比萨行业从业数十年的夫妇,将他们公司的股份转让给他人。该夫妇违反了转让协议中的不竞争条款,在同一街区又开设了一家售卖比萨的门店。股权受让方诉请赔偿,范围包括经济损失和非物质损失。上诉法院关于法人组织不可能遭受非物质损失的裁决被最高法院撤销,后者裁定,法人也可能遭受非物质损害,尽管并未就此提供论证或给出附加的指示。

[2] P. Malaurie/L. Aynès/P. Stoffel-Munck, Les obligations^5 (2011) no 248.

[3] P. Stoffel-Munck, Le préjudice moral des personnes morales, Libre droit, Mélanges en l'honneur de Philippe le Tourneau (2008) 959, 967.

[4] Terré (ed), Pour une réforme du droit de la responsabilité civile art 68 and discussion at 223 f.

[5] M. Planiol/G. Ripert, Traité pratique de droit civil français, vol VI; P. Esmein, Obligations, Part I^2 (1952) no 552.

[6] Ibidem.

[7] le Tourneau, Droit de la responsabilité civile et des contrats^9 no 2572.

[8] Viney, Introduction à la responsabilité^3 no 40.

[9] 《侵权责任法的基本问题(第一卷)》,边码 3/4。

同预防功能是次于补偿功能的看法[1],在这个问题上,他们不认可法经济学者的见解:惩罚而非补偿更能有效地发挥威慑效果。Muriel Fabre-Magnan 在其著作中用了大量篇幅讨论并挑战了法经济学的解决办法,她的看法,即数字不能说明任何问题,社会现实不能被减缩为某种数学公式,是法国怀疑主义的最佳映照[2]:人类行为受财富最大化动机驱动的法经济学信条过于简化了,不能解释任何东西。大多数学者对这种信条要么不加理会,要么明确表示拒绝。[3]

1/69　　第三者责任保险的广泛利用对预防功能的降低是不可否认的,但库奇奥教授注意到,这种弱化可以通过适当利用奖惩制度(bonus-malus system)予以缓解[4],这种制度在法国机动车保险实践中是被强制采纳的。[5]

1/70　　"权利延续思想"(Rechtsfortsetzungsgedanke)将赔偿请求权看作是被侵害权利的延续,这意味着受害人所受财产损害以客观市场价值的形式得到了最低限度的赔偿,即使在损害发生时,受害人并未对该财产加以利用。[6] 这个看法有助于增进对侵权法预防功能的认识[7],就此似乎无法否认。

三、制裁功能

1/71　　尽管在罗马法和古代法以及某种意义上的过错责任中,民事责任的制裁功能是很重要的,但在近代以后伴随严格责任的发展和风险社会化,其已丧失了重要性。在一些国际文件中,除非加害人存在故意或重大过失,否则受害人就只能获得限额赔偿,甚至相对人将完全免责,这或许可

---

[1] *Tunc*, La sécurité routière, Esquisse d'une loi sur les accidents de la circulation (1966). *Viney/Jourdain*, Les conditions de la responsabilité³ no 965.

[2] *Fabre-Magnan*, Droit des obligations, Responsabilité civile et quasi-contrats² 44—47.

[3] 就此完全不予涉及的情况,如 *G. Viney*, Introduction à la responsabilité³ (2008)。

[4] 《侵权责任法的基本问题(第一卷)》,边码 3/7。

[5] 《法国保险法》第 121-1 条;也请参见 *Viney*, Introduction à la responsabilité³ no 64,其对法国的执行情况作有批判性评论。

[6] *le Tourneau*, Droit de la responsabilité civile et des contrats⁹ nos 2524—2533.

[7] 《侵权责任法的基本问题(第一卷)》,边码 3/8。

以看作是制裁思想的某种残留形式。[1] 人们还可以在不履行合同义务情形看到其仍在发挥作用，恶意违约方不仅要赔偿可预见的损害，而且还要赔偿不可预见的损害，当然，这不意味着损害赔偿额与损害确定性的证明无关。[2]

第四节　侵权法在债法体系中的地位

不履行合同义务是作为不同于侵权责任的合同责任单独处理，还是作为"民事责任"一体处理，法国理论对这个问题存在不同认识。[3]《法国民法典》将它们分别进行处理。[4] 改革法国债法的"卡塔拉草案"（Catala draft）将两种责任类型作为一个整体统一处理。[5] 相反，"泰雷草案"（Terré draft）仍然按照民法典的现有结构改革合同债务与侵权债务，对两种制度分别加以处理。[6] 尽管两种制度都涉及所受损失（damnum emergens）的赔偿，但合同责任还涉及所失利益（lucrum cessans）的赔偿，这使其与侵权责任明显有别。虽然在逻辑上二者彼此独立，但两种

---

[1] 参见油污事件（Erika 号油轮沉船事件），Cass Crim，25 September 2012，no 10-82938，Bull Crim no 198，D 2012，2711，note P. Delebecque；RTD Civ 2013，119，observations P. Jourdain. Commented by Moréteau in：Oliphant/Steininger（eds），European Tort Law 2012，229，nos 48—55.《国际油污损害民事责任公约》（The International Convention on Civil Liability for Oil Pollution Damage）（第 3 条第 4 款 c 项）对承运人而非货主施予民事责任。石油公司作为租船者不承担责任，"除非损害是因其作为或不作为所致，且具有造成该种损害之意图，或者在认识到有可能发生该种损害时存在疏忽大意"。

[2]《法国民法典》第 1150 条。

[3] 相关情况的概况及完整的参考文献，参见 le Tourneau，Droit de la responsabilité civile et des contrats⁹ no 805. 作者赞同统一调整观点。

[4] 合同责任：第 1146—1155 条；侵权责任：第 1382—1386 条。

[5] Avant-projet de réforme du droit des obligations et du droit de la prescription，22 September 2005—cited herinafter：Catala draft，commented on by Moréteau in：Koziol/Steininger（eds），European Tort Law 2005，270，nos 1—11. See draft art 1340.

[6] Terré（ed），Pour une réforme du droit de la responsabilité civile—cited herinafter：Terré draft，commented in O. Moréteau，A New Draft Proposal to Reform French Tort Law，under the Supervision of Professor François Terré，in：Oliphant/Steininger（eds），European Tort Law 2011，216，no 1 f.

制度在很多地方也相互交叉,从而提供了令人着迷的比较研究领域。[1]

一、侵权、违约与灰色地带

1/73　　在先前的论述中,我以隐喻的方式讨论了这个主题,将侵权、合同与返还比喻为多个天体。我写道[2]:

在法国法中,合同是有着强大引力的巨大星体。法国法中的合同很容易创设为第三人利益的权利。法国法发展出链式合同概念,允许处于合同链末端的当事人对处于始端的当事人提起直接诉讼。比如,当出售的货物有瑕疵时,即使最终的买受人是从零售商处购得该货物,而零售商又从批发商处买得该货物,批发商则从生产商处获得该货物,最终买受人也可以直接起诉生产商。此外,许多合同都据说含有默示的合同性安全保护义务(implied contractual obligation de sécurité),承运人、医师以及货物供应商因此必须赔偿受害人的人身损害及附随损失。

1/74　　我还进一步阐释了法国法中的合同义务[3]:

法国法区分两种合同义务类型。结果债务(obligation de résultat)是一种典型的合同义务,债务人必须履行并实现所允诺的效果。出卖人交付标的物的义务,以及货物运输合同中将货物由始发地运到目的地的义务都属于这种债务类型。当事人只要违反这种义务就应当承担合同责任,而无须证明其存有过失。不过,在某些情形下,当事人并无义务达到某种结果,而仅负有尽适当注意的行为义务,这种义务被称为手段债务(obligation de moyens)。若旅客上列车时在布满积雪的站台滑倒受伤,旅客承运人就因违反这种类型的义务而需承担责任。为此,有必要证明过失的存在,如承运人在维护列车站台方面存在疏失。[4]

---

〔1〕 O. Moréteau, Revisiting the Grey Zone between Contract and Tort: The Role of Estoppel and Reliance in Mapping out the Law of Obligations, in: H. Koziol/B. C. Steininger (eds), European Tort Law 2004 (2005) 60 ff.

〔2〕 Moréteau, France, in: Koziol/Steininger (eds), European Tort Law 2004, 274, no 12.

〔3〕 Moréteau in: Koziol/Steininger (eds), European Tort Law 2004 no 19.

〔4〕 当损害发生在旅客登上列车与其下车之间的期间时,法院将这种被称为安全保护义务(obligation de sécurité)的义务当作结果债务对待。所有这些规则都是法院在最少(如果有的话)法典依据的情况下构造出来的。See O. Moréteau, Codes as Straight-Jackets, Safeguards and Alibis, 20 North Carolina Journal of International Law 273, 285 (1995).

医疗损害责任是这方面的适例。在法国,医疗损害责任以合同为基础。执业医师原则上不承担"结果债务",因为在大多数情形中,医师都没有治愈病人的义务。在医疗合同中,这种义务可能仅存于牙医允诺矫正牙齿之类的情形中。医师一般只负担"手段债务",他们只需按已有科学认知水平依适当注意实施医疗行为。这个标准由法国最高法院在其1936年裁决的标志性案件即梅西埃案(Mercier case)中确立[1],并被各级法院一再坚持。原则上,受害人必须证明医疗过失的存在。不过,在某些案件中,法院采纳举证责任倒置,认为过失是被推定的。有意思的是,在英格兰,类似的案件不是以合同,而是以过失侵权为基础。只要当事人之间的特殊关系是源于患者与执业医师之间的合同,患者在证明注意义务方面就并无困难。不过,要确定医师违反了这种义务,从而其行为存在过失,可能是非常困难的。[2]

在此期间,法国最高法院改变了对医疗义务特征的认识,将其从合同义务的定性改为源于《公共卫生法》(the Code of Public Health)的法定义务[3],违反这种义务构成侵权行为[4]。但是,这并没有改变该种债务的现有规定,包括诉讼时效在内,因为2008年的时效制度改革将侵权时效与合同时效在这方面作了统一规定。[5]

1/75

库奇奥教授在界定合同与侵权之间的"第三条道路"(third lane)时引用了德国和瑞士的理论。[6] 卡纳利斯(Canaris)(德国)[7]和洛泽尔(Loser)(瑞士)[8]将中间责任(in-between liability)建立在信赖原理基础之上(Vertrauenshaftung—信赖责任),就如我在博士论文中经由禁反言的研究所做的那样。[9] 在我"灰色地带"的论文中,我建议不按侵权、合同和返还的三分形式构建债务体系,而是添加信赖或禁反言作为第四种

1/76

---

[1] Cass Civ 30 May 1936,[1936] Dalloz,I,88.
[2] *Moréteau* in:Koziol/Steininger (eds),European Tort Law 2004,274,no 20.
[3] 《公共卫生法》(Code de la santé publique)第1142-1条。
[4] Cass Civ 1,3 June 2010,*P. Sargos*;RTD Civ 2010,571 (above FN 13).
[5] Law no 2008-561 of 17 June 2008 Reforming Civil Prescription,*Moréteau* in:Koziol/Steininger (eds),European Tort Law 2008,264,nos 1—12.
[6] 《侵权责任法的基本问题(第一卷)》,边码4/6。
[7] *C.W. Canaris*,Die Vertrauenshaftung im deutschen Privatrecht (1971).
[8] *P. Loser*,Die Vertrauenshaftung im schweizerischen Schuldrecht (2006).
[9] *O. Moréteau*,L'estoppel et la protection de la confiance légitime (1990) (〈http://digitalcommons.law.lsu.edu/faculty_scholarship/12/〉).

形式,并对所有四种形式之间的联系作了说明。信赖或禁反言不只是介于合同法与侵权法之间的"第三条道路"或者"核心领域"。[1] 它与返还法也存在交叉关系[2]：

1/77　　债法的四分体系可以在松散的意义上用下列语词加以描述,并在其后指示其基本功能：

- 合同法：与履行义务相关；
- 侵权法：与赔偿义务相关；
- 返还法：与返还义务相关；
- 禁反言(失权)：与不可否认的义务有关。

1/78　　所有四组术语意在为比较目的而指明债法的基本功能。恰如所见,在对它们逐个加以考察时,每一个分支都会对其他三个分支造成干扰(因而在文献和术语使用上存在严重的混淆)。

1/79　　这个分析框架在本质上是比较性的,它或许在描述任何中间灰色领域或者库奇奥教授所称的"中间领域"(interim area)[3] 方面能够有所助益。

二、灰色地带或"中间领域"的情形

1/80　　在那些不属于侵权法或合同法规范的典型情形,而是介于两者之间的情形中,尽管存有例外,但其中很多依法国的法学理论都被当作合同问题处理。法国法院长期以来都倾向于扩张合同债务的范围,使之能够服务于第三人的利益。例如,依链式合同或合同群理论,出卖人对于买受人负有的担保义务被扩大到转买受人,合同利益被扩及于家庭成员或亲属之类非合同当事人的使用人,依据的是为第三人利益的默示约定。链式合同或合同群理论在相当程度上被放弃了,法国最高法院现在坚持《法国民法典》第1165条规定的合同相对性效力[4],至少在大多数情形下,都不再允许因合同不履行而受害的第三人依他人之间的合同诉请承担合同

---

[1]《侵权责任法的基本问题(第一卷)》,边码4/6所使用的术语。

[2] Moréteau in: Koziol/Steininger (eds), European Tort Law 2004, 274, no 63 f.

[3]《侵权责任法的基本问题(第一卷)》,边码4/9—17。

[4] Cour de cassation, Assemblée plénière (Cass Ass Plén) 12 July 1991, D 1991, 549; JCP 1991, Ⅱ, 21743, note G. Viney, RTD Civ 1991, 750, observations P. Jourdain. The owner may not sue a subcontractor, though there is a chain of contract between owner-contractor and contractor-subcontractor.

责任。因缺陷产品而受害的第三人无论如何都不再需要依赖合同担保约定,而是受惠于欧洲经济共同体1985年发布的产品责任指令这一特别制度。

此外,在运输合同、医疗合同以及具有娱乐场所、餐厅及其他向社会公众开放的一般设施的合同中,法国法院很快从中推导出未经磋商的保护合同相对人安全的默示义务(obligation de sécurité,安全保护义务)。[1] 结果债务和手段债务的理论区分允许进行逐案调整。当法院支持传统的无过错合同责任(类似于侵权法上的严格责任)时,结果债务就被确认;当债务人明显不负有确保产生特定结果的义务,而只需尽最大努力即可时,这种义务就被认为是"手段性的",合同责任的认定必须证明过失的存在。在这些情形下,责任构成要件与过错责任侵权相当。如前所述,医疗损害责任已倾向于从合同领域撤出,而被当作侵权责任处理。

1/81

合同要求依诚信原则履行义务[2]的一般要求,被认为创设了一项协作义务。[3] 它使法院能够确认不损害相对方利益的合同义务。[4] 雇员负担的忠实义务即为其例:它由《法国民法典》第1135条规定推导出来,该条规定:"契约不仅对其中所表述的事项具有约束力,而且对公平原则、习惯以及法律依据债的性质所赋予的全部结果具有约束力。"

1/82

人们可能会注意到协作、忠实、诚信与信赖之间存在明显联系。只要它们能与既存合同发生关联,合同责任就可能被确认。

1/83

灰色或中间领域能够被当作侵权而非合同处理的相反事例是前合同责任。第一种情形是,法院确信在磋商过程中,当事人已经达成前合同协议(avant-contrat),破坏磋商可以被当作不履行前合同协议,从而引发合同责任。第二种情形是,依据法庭查明的事实,尽管不存在前合同协议,但当事人之间已经形成明显的信任关系,且非常接近于成立合同关系。由于一方当事人明确表达了缔约意图,另一方当事人信赖这种表示且花费了交易费用,要是没有这种表示和引发信赖的情况,这些花费可能就是不合理的。在这种情形下,中断磋商可能引发侵权责任。因此,法国法下

1/84

---

[1] Viney/Jourdain, Les conditions de la responsabilité³ no 500.
[2]《法国民法典》第1134条。
[3] Y. Picod, Le devoir de loyauté dans l'exécution du contrat (1989).
[4] M. Fabre-Magnan, Droit des obligations I: Contrat et engagement unilatéral³ (2012) 69.

的缔约过失或前合同责任既可能是合同性的,也可能是侵权性的。不过,人们可以看到,由于法国法院不喜欢将责任建立在单方的意图表示基础上,所以它们具有确认前合同协议的明显倾向。在笔者看来,当系统性地将意愿表示作为缔约过失责任的正当根据时,法国理论就犯了错误,因为,在欠缺明确的协议或单方法律行为时,这种责任就是侵权性而非合同性的。坚持认为责任是以信赖为基础(Vertrauensprinzip-信赖原理)而非以意图为基础的学者,在今天仍然属于少数。[1]

三、请求权竞合问题

1/85　　如果民事责任既可以是合同性的也可以是侵权性的,原告能够从选择中得到好处吗?在讨论这个问题时,库奇奥教授不再谈论"中间领域",转而谈论"核心领域"了。[2] 这个问题在法国理论上存在争议。民法典结构中所反映的合同责任与侵权责任的区分,在近年已经发生改变。一些学者认为,合同责任从来就没有存在过。[3] 改革法国债法的"卡塔拉草案"的起草者们没有走得那么远,而是建议将所有关于合同责任与合同外责任的规则在民法典中集中加以规定,但不意味着它们的性质相同。[4] 很多学者反对集中规定,包括改革合同法与侵权法的"泰雷草案"的起草者在内,他们将合同责任和侵权责任规定在民法典中的不同地方。[5]

1/86　　法院没有放弃传统的做法,仍然裁定原告没有选择合同责任和侵权责任的权利。每一种责任都有其专门规定,有必要确定应当适用的诉因。[6] 在每一个案件中,法官都应当确定适当的审理路径。这项制度被称为"不竞合规则"(règle du non-cumul),但实际上,这首先是指,原告不

---

[1] E. Levy, Responsabilité et contrat, Revue critique de législation et jurisprudence 1899, 361; idem, La confiance légitime, RTD Civ 1910, 178; A. Albarian, De la perte de confiance légitime en droit contractuel, Essai d'une théorie (2010); Moréteau, L'estoppel et la protection de la confiance légitime (1990).

[2] 《侵权责任法的基本问题(第一卷)》,边码4/20。

[3] P. Rémy, La responsabilité contractuelle, histoire d'un faux concept, RTD Civ 1997, 323; le Tourneau, Droit de la responsabilité civile et des contrats⁹ nos 802—813.

[4] 《侵权责任法的基本问题(第一卷)》,边码1/72。

[5] 同上书。

[6] P. Malaurie/L. Aynes/P. Stoffel-Munck, Les obligations (2004) nos 997—1011.

得选择适用这种或那种制度;其次是指,原告不得将合同责任和侵权责任合并主张,或者不得在主张合同损害赔偿的同时又主张侵权损害赔偿。[1] 2008年的时效法改革将两种制度并置,限制了当事人利用制度差异而获取策略性利益。[2] 法国法制度并没有完全接受"统一的请求权基础"(einheitlichen Anspruchsgrundlage)思想。[3] 尽管"卡塔拉草案"支持统一规定侵权责任和合同责任,但其并未放弃"不竞合规则",从而,不论是约定的损害清算方法,还是限制或免除责任的约定,相应的合同条款都不能被规避。[4] 不过,"卡塔拉草案"允许遭受身体伤害的受害人选择更有利的责任制度。[5]

库奇奥教授讨论了请求权竞合问题,尤其关注当事人承担责任需要满足的构成要件。他不坚持损害赔偿的范围,或者确切地说,原告是只能就其所受损失获得赔偿(所受损失、信赖赔偿、消极利益的保护等),还是可以替代主张或附带主张合同期待利益的赔偿,如从转售已订购但未交付的货物中获取的利润(所失利益、期待利益赔偿、积极利益的保护),均非所问。然而,这个问题是很重要的,因为对被剥夺期待利润的经济损失的赔偿,只有在不履行典型的合同义务情形才是可能的。[6] 库奇奥教授讨论赔偿范围的唯一地方是关于非物质损失的赔偿。[7] 根据法国法的规定,非物质损失不仅能够依侵权责任获得赔偿,而且能够依合同获得赔偿。人们可能会认为,这是因为很多就身体伤害要求赔偿的诉讼都以不履行合同上的安全保护义务为基础。然而,这似乎是更为普遍的做法。尽管在法律文献中没有太多讨论,也欠缺民法典上的明确依据[8],但在

---

[1] *P. Malaurie/L. Aynes/P. Stoffel-Munck*, Les obligations (2004) nos 997—1011.

[2] 2008年7月17日第2009-561号法令,在下文边码1/215以下将予讨论。现在对人诉讼(personal action)的诉讼时效为5年,但人身伤害的诉讼时效例外为10年,自侵害结束时起算。

[3] 《侵权责任法的基本问题(第一卷)》,边码4/19。

[4] "卡塔拉草案"第1341条。

[5] "卡塔拉草案"第1341条第2款。

[6] 《法国民法典》第1149条规定:"应当给予债权人的损害赔偿,一般来说,为债权人所遭受的损失以及其丧失可得利益……"

[7] 《侵权责任法的基本问题(第一卷)》,边码4/24。

[8] 与《路易斯安那州民法典》第1998条的规定不同,后者明确规定,当合同旨在满足非物质利益,或者违反合同的债务人故意通过不履行来伤害债权人的感情时,准予非物质损害排除。

不履行典型合同义务的情形下,法国法允许提起非物质损失的赔偿之诉。[1]

1/88　　库奇奥教授试图评估侵权责任与合同责任何者的保护范围更为广泛。[2]答案是复杂且变动的,取决于观察的角度以及所考察的法国法的特定发展阶段。有一段时间,运输事故的受害人为了获得合同安全保护义务的好处,更倾向于对公共承运人提起合同之诉,但要是法庭将这种义务认定为手段债务而非结果债务,就如在过错侵权情形一样(《法国民法典》第 1382 条),将要求提供存在过错的证据。不过,当法院发展了物之照管人的严格责任(第 1384 条)之后,侵权责任就变得更有吸引力了。当 1985 年的《道路交通事故法》作出了有利于受害人的绝对责任特别规定后,情况就更是如此。

1/89　　一般来说,尽管在不履行合同义务情形,受害人可以获得期待利益的损害赔偿,但侵权行为的受害人则可能会逃避限制赔偿额的合同条款。法国的"不竞合"(最好是使用"无选择权")制度[3]防止受害人通过选择操控救济措施。法国法无疑可被视为是只能适用单一责任制度的制度模式,尽管这不意味着相关的责任构成要件会有明显差异。

□ 第五节　损害赔偿请求权的基本要件

1/90　　从法国的角度看,库奇奥教授从损害原因(第五章)再到违法性(第六章)的讨论顺序是颠倒的。法国传统的看法是从过错到因果关系,最后处理损害问题,但有些当代法国学者也从损害开始,然后转到因果关系,而将过错和严格责任留待其他章节讨论。[4]如果考虑到侵权法的补偿功能而不管具体制度为何,从损害开始是完全合理的。[5]

---

[1] *Malaurie/Aynes/Stoffel-Munck*, Les obligations no 961.

[2] 《侵权责任法的基本问题(第一卷)》,边码 4/22。

[3] *le Tourneau*, Droit de la responsabilité civile et des contrats⁹ nos 1016—1031,其使用的术语是"无选择权规则"(règle de non-option)。

[4] *le Tourneau*, Droit de la responsabilité civile et des contrats⁹ Part 1, Title 2, nos 1300—3200。

[5] 《侵权责任法的基本问题(第一卷)》,边码 5/1。

一、损害

(一) 定义

法国法认为,损害的存在是主张损害赔偿请求权的前提条件。这当然排除惩罚性赔偿的情形,因为它们本质上不具有补偿性。[1] 在法国的文献中(尽管未反映在当代立法中)[2],损害赔偿明显独立于以返还为内容的不当得利。

1/91

《法国民法典》虽然要求有损害的存在,但并未对其加以界定。[3]《欧洲侵权法原则》在"可赔偿损害"的标题下所给出的界定也为法国法所认可:"损害须是对受法律保护的利益造成的物质或非物质损失。"[4] 不过,法国学理使用的是不同表达方式。

1/92

法国区分 dommage(损害)和 préjudice(损害)。"Dommage"是对拉丁词"damnum"(损害)的翻译,意指可得利益的丧失(lucrum)。"Damnum"与"lucrum"没有法律上的区分意义。[5] Mazeaud 解释说,依阿奎利亚法,"Damnum"意指对物造成的损害,不论其是否对所有权人造成了"préjudice"(损害)。[6] "Préjudice"是一个法律术语("praejudicium"派生于拉丁词"jus"),描述的是损害结果[通常称为"lésion"(损害)]。"préjudice"与可赔偿损害相当。比如,身体伤害(damnum)可能引发数种财产损害(patrimoniaux préjudices)(如收入损失、医疗费用等),以及非物质损害(préjudices extrapatrimoniaux)(如疼痛和痛苦、愉悦的丧失)结果。[7] 在英语中,我们会说,身体伤害可能会造成物质和非物质损害,在这种意义上,损害意指可赔偿损害。正如损害常常与可赔偿损害相混淆

1/93

---

[1]《侵权责任法的基本问题(第一卷)》,边码 1/46。
[2] 同上书,边码 1/43。应注意的是,这仅见于特别法中。
[3]《法国民法典》第 1382 条。库奇奥解释说,只有少数法律制度界定了损害,其中包括奥地利在内(见《奥地利民法典》第 1293 条);《侵权责任法的基本问题(第一卷)》,边码 5/2。
[4]《欧洲侵权法原则》第 2:101 条。
[5] R. Rodière, note on Cass Civ 1, 21 October 1952, JCP 1953, 7592, cited in le Tourneau, Droit de la responsabilité civile et des contrats⁹ no 1305.
[6] H. Mazeaud/L. Mazeaud, Traité théorique et pratique de la responsabilité civile⁴, vol 1 (1947) no 208, FN 1.
[7] le Tourneau, Droit de la responsabilité civile et des contrats⁹ no 1305.

一样,法国也常将"dommage"和"préjudice"混淆。前者是指事实,后者本质上是指法律后果。[1] 在很多学者看来,这个区分是很重要的[2],如在国际私法领域就是这样:损害事件可能发生在某个司法管辖区内(事故发生国),而可赔偿损害则发生在另一个司法管辖区内。[3] le Tourneau 坚称,侵害(harm)或损害(dommage)可能不会产生受害人的所得。第一个例子是,如果我有义务拆除我所有的一座破旧的建筑物,而一辆卡车撞倒了这栋建筑物,从而使我省去了拆除费用。第二个例子是,某个事故的受害人因为身体伤害不得不放弃原来的工作,而接受一份新的工作,结果发现新工作对其更为有利。[4] 必须区分"dommage"和"préjudice"的看法并未获得普遍赞同。Viney 指出,这两个用语在民法典和法院判决中,以及在大量的重要学术著中可以互换使用[5];她不相信该区分具有重大的实践效果[6]。

法国法学家们可能会赞同如下看法,即可赔偿损害"必须是对法律制度承认并给予保护的利益造成的不利影响"。[7] 这极好地反映了法国侵权法著作中的通行观念,即"对法律所保护利益的侵害"(atteinte à un intérêt juridiquement protégé)。[8] 再一次,这不见之于民法典的规定,民法典甚至根本没有使用过"préjudice"这个词。就如在奥地利一样,"这个要件源自我们法律制度的基本原则"[9],故而可以被看作是共同核心要素。和其他法律制度一样,法国法不保护窃贼及其他诈骗行为人就其不

---

[1] 参考《侵权责任法的基本问题(第一卷)》,边码 6/6,也坚持认为损害不是一个经济概念。

[2] L. Cadiet, Les métamorphoses du préjudice, in: J. R. Savatier, PUF (1998) 37; P. Brun, Responsabilité civile extracontractuelle² (2014) no 215.

[3] Cass Civ 1, 28 October 2003, D 2004, 223, note P. Delebecque, RTD Civ 2004, 96, observations P. Jourdain.

[4] le Tourneau, Droit de la responsabilité civile et des contrats⁹ no 1305.

[5] Viney/Jourdain, Les conditions de la responsabilité³ no 246-1.

[6] Ibidem.

[7] 《侵权责任法的基本问题(第一卷)》,边码 5/3。

[8] 在 20 世纪 30 年代至 70 年代期间,在情妇因为伴侣在侵权事件中死亡而作为间接受害人(par ricochet)要求赔偿的案件中,法国最高法院为了否定情妇的赔偿请求权,增加了"合法的"限制语(intérêt légitime juridiquement protégé-受法律保护的利益)。这个要求在 1970 年被放弃,参见 Cass Mixte 27 February 1970, D 1970, 201, note R. Combaldieu, JCP 1970, Ⅱ, 16305, conclusions R. Lindon, note P. Parlange, RTD Civ 1970, 353, observations G. Durry. See Viney/Jourdain, Les conditions de la responsabilité³ no 272.

[9] 《侵权责任法的基本问题(第一卷)》,边码 5/4。

法取得之物所遭受的损失；不合法的损害是不可赔偿的[1]，因为，制止不法乃是被认可的侵权法任务之一。[2]

就如在其他司法管辖区一样，法国侵权法保护主观权利，这使得很难理解对诸如环境利益之类的一般利益造成的损害。[3]这已触及私法的边界了。法国允许向公共机构或者为维护相关一般利益的非营利组织支付赔偿金。[4]这些利益是否应当被分配给公共部门[5]还有待观察。还需要进行进一步的比较研究以便提出更具创造性的解决方案，如美国设置的公共信托[6]，或者玻利维亚或厄瓜多尔等国所认可的观念，即大自然享有可被侵害并须予赔偿的权利。[7]

1/95

(二) 物质损害与非物质损害

法国法依据财产权理论，对财产损害(préjudice patrimonial)与非物质损害(non-pecuniary damage)加以区分。非物质损害见于身体伤害情形，但也可能表现为"精神性"损害(dommage moral-精神损害)，如侵害人格权所生损害。它也可能与物之损害有关，如因失去心爱的宠物而感到

1/96

---

[1] *M. Puech*, L'illicéité dans la responsabilité civile extracontractuelle (1973).

[2] *C. Bloch*, La cessation de l'illicite (2008).

[3] *le Tourneau*, Droit de la responsabilité civile et des contrats⁹ no 1482.

[4] 例如，在 Erika 号油轮沉船事故造成的严重油污事件中就是如此(Tribunal de Grande Instance [TGI] Paris, 16 January 2008, commented on by *Moréteau* in: Koziol/Steininger [eds], European Tort Law 2008, 264, nos 48—55, upheld on appeal and confirmed on this point by the Court of Cassation: Cass Crim, 25 September 2012, no 10-82938, Bull Crim no 198, D 2012, 2711, note *P. Delebecque*; RTD Civ 2013, 119, observations *P. Jourdain*. Commented on by *Moréteau* in: Oliphant/Steininger [eds], European Tort Law 2012, 229, nos 48—55)。被告应将损害赔偿金支付给"地方当局，法律在涉及环境问题方面授予其特别权限，使其在一定地域内负有保护、管理和维护环境的特殊责任"。只有那些证明了对敏感地区造成了实际损害的地方当局才可以获得赔偿。就其目的而言，鸟类保护协会(Ligue de protection des oiseaux)也是适格的。巴黎初级法院注意到影响成千上万在该地区过冬的鸟类的大范围灾害事件，以及鸟类保护协会在数个月内照顾这些候鸟并在联系地方当局和民众方面所发挥的有效作用，同时也注意到其国内和国际代表身份。这类损害基本上是从纯客观角度加以考虑的，而不会关注具体的受害人身份。这种赔偿在之前就得到承认，但从未有如此之高的赔偿额：*L. Neyret*, La réparation des atteintes à l'environnement par le juge judiciaire, D 2008, 170, at 172.

[5] 就如在《侵权责任法的基本问题(第一卷)》，边码 5/5 中所建议的那样。

[6] 参见美国 1990 年的《油污法》。*O. Moréteau*, Catastrophic Harm in United States Law: Liability and Insurance, American Journal of Comparative Law 69, 92 (2010).

[7] *S. Monjean-Decaudin*, Constitution et équatorianité: la Pacha Mama proclamée sujet de droit, 4 Revue histoire(s) de l'Amérique latine 2010, no 3.

痛苦。[1]

1/97　　法国法长期抵制赔偿非物质损害的思想。[2] Esmein 谴责将精神痛苦商业化的做法[3],其他人则指出认定这种损害的确定性方面存在的困难,更别提损害评估方面的问题了。[4] 恰如前述[5],在具有天主教文化传统的国家里,因精神痛苦而谋取金钱(attre monnaie avec ses larmes)[6]的思想是令人不安的。尽管相关争论还未完全消失[7],非物质损害赔偿在今天已成为共同的做法。[8] 法国最高法院自1833年作出的指导性判决[9]后已就此形成了"稳定的司法意见",作为一项原则,非物质损害必须和其他别的损害一样得到赔偿,不论其程度(gravité-严重性)及特殊性质(consistance-可靠性)如何。[10] 恰如前文所述[11],尽管不允许法院公开援引非正式依据,但基于对上诉法院判决的整理而建立的数据库,将有助于评估丧失母亲、未成年子女或兄弟姐妹所受损失。[12] 一次性支付赔偿金的做法也相当于一种惩罚措施。[13]

1/98　　当遭受身体伤害的受害人处于无意识或者植物人状态时,是否能够

---

[1] 长期以来这种损害赔偿是被否定的,但在著名的 Lunus 案中(Lunus 是丢失的狗的名字)得到承认:Cass Civ 1, 16 January 1962, D 1962, 199 note *R. Rodière*, JCP 1962, 12557 note *P. Esmein*. See *le Tourneau*, Droit de la responsabilité civile et des contrats⁹ no 1565, also citing, at no 1566, Cass Civ 25 January 1989, D 1989, 253 note *P. Malaurie*, 在该案中,因丢失旅行照片所遭受的精神痛苦也得到赔偿。

[2] 参见下列博士论文:*A. Dorville*, De l'intérêt moral dans les obligations (1901); *F. Givord*, La réparation du préjudice moral (1938); *R. Nerson*, Les droits extra-patrimoniaux (1939).

[3] *P. Esmein*, La commercialisation de la douleur morale, D 1954 Chron 113.

[4] *le Tourneau*, Droit de la responsabilité civile et des contrats⁹ nos 1553 and 1555.

[5] 上文边码 1/65。

[6] *le Tourneau*, Droit de la responsabilité civile et des contrats⁹ no 1553.

[7] *le Tourneau*, Droit de la responsabilité civile et des contrats⁹ nos 95 and 1554,其希望非物质损害赔偿消失。

[8] *G. Mémeteau*, La réparation du préjudice d'affection ou: la pierre philosophale, Gazette du Palais (Gaz Pal) 1978, 2, 400. See also *Viney/Jourdain*, Les conditions de la responsabilité³ no 253.

[9] Cass Réun 25 June 1833, cited in *le Tourneau*, Droit de la responsabilité civile et des contrats⁹ no 1554.

[10] Cass Civ 2, 7 July 1983, Gaz Pal 1984, 1, panorama 64; *le Tourneau*, Droit de la responsabilité civile et des contrats⁹ no 1554.

[11] 上文边码 1/65。

[12] *le Tourneau*, Droit de la responsabilité civile et des contrats⁹ no 1555.

[13] *Idem*.

获得非物质损害赔偿,在20世纪80年代是一个存在争议的问题。[1] 主观论者坚持认为,赔偿应以受害人有意识为必要,而客观论者则主张,这不是一项法律要件,非物质损害赔偿无须考虑身体或精神痛苦的证明问题。法国最高法院赞同客观立场,裁定损害赔偿不应视受害人的主观感受而定,而应当由法官针对诉称的损害作客观判定。[2] 这个看法的道德基础是,尽管受害人处于植物人状态,但他仍然是一个人,并能够感受愉悦或痛苦。无法四处走动或与看护人或心爱之人交流,毫无疑问属于实际损害。否定对据称无意识者的赔偿相当于认为这种受害人已经死亡,或者是某种物品,这有违人之尊严。从严格的法律立场看,问题的争议存在于损害的确定性方面:可能提出的观点是,损害的存在是不确定的。重要的是,原告应证明存在毫无争议的损害,如无法行动,产生了意识,或者可以表达思想和情感等。

在最近同一天裁决的两个案例中[3],两个道路交通事故的受害人之一在一小时后死亡(第一个案例),另一个在两周后死亡(第二个案例)。他们的继承人就受害人在事故发生至死亡期间遭受的丧失生命的痛苦要求精神损害赔偿。由于受害人完全丧失了意识,且无证据表明受害人对所处情境有所认识,故而两个诉讼中的原告请求均被驳回。法国最高法院维持了这个裁决,表示尊重下级法官对损害确定性的认定。毕竟,相关情感的存在是推测性的,且欠缺确定性。2013年的一项裁决使一些人怀疑,法国最高法院是否会重新采纳主观方法[4]:该院认可了上诉法院将对受害人精神痛苦的赔偿金减半(5000欧元而非原定的1万欧元)的裁决,因为,基于对下级法院关于案件事实的认定,受害人几乎是即刻死亡的。驳回基于生存机会丧失要求赔偿的诉讼请求的裁决被维持。上诉审法官适切地指出,考虑到人类生命的偶然性特征以及疾病风险等因素,任何关于生存至某个统计年龄的权利都是不够确定的。判决中不存在主观考量因素。

---

[1] See *le Tourneau*, Droit de la responsabilité civile et des contrats⁹ nos 1557—1561 for a full discussion and references.

[2] Cass Crim 5 January 1994, Bull Crim no 5, JCP 1995, Ⅳ, 862.

[3] Cass Crim 5 October 2010, D 2011, 353, note *J. J. Lemouland/D. Vigneau*, JCP 2011, 435 note *C. Bloch*, RTD Civ 2011, 353, observations *P. Jourdain*.

[4] Cass Crim 26 March 2013, JCP 2013, 675, note *D. Bakouche*.

1/100 　　间接受害人也可能就其遭受的非物质损害——如因失去亲爱之人所受痛苦，或者因为直接受害人处于植物人状态而遭受的精神痛苦等——主张赔偿。[1]

1/101 　　对身体伤害的赔偿通常伴随对非物质损害的赔偿。[2] 官方确认的赔偿清单（Nomenclature Dintilhac）包括功能欠缺或障碍、疼痛、容颜损害（préjudice esthétique）、性功能障碍以及先前疾病造成的损害等，这份清单在反对者看来长得可怕，且没有考虑到人的统一性。[3] 它清晰地反映了我们人类面临的多种可能的悲惨境况。

1/102 　　与人格权的侵害相关的非物质损害是一个需要专门处理的重大问题，就此产生了丰富的研究文献。[4] 对这种损害的金钱赔偿可能是制裁人格权侵权行为的唯一方式，就此并无争议，为同时实现制裁与预防的目的，必须判予足够高的赔偿额。[5] 问题在于这种权利的货币化（库奇奥教授称之为商品化）。[6] 财产权与非财产权之间的界限是模糊不清的（a thin one），不容易确定。[7] 每个人依法国法[8]都享有的肖像权和隐私权可以作为例证。1975年发生在巴黎的一个重要案件是关于超级巨星凯瑟琳·德纳芙（Catherine Deneuve）的，她起诉了一家刊登其裸体照片的男性杂志，该杂志还以《超级巨星凯瑟琳·德纳芙》为题登载了有关其私密生活的报道。[9] 当她还是个职业模特时，偶尔会有裸体拍摄，她在某个时候曾同意刊登其照片。那时刊登其照片的杂志社将这些照片转售给

---

　　[1] Cass Civ 1, 29 November 1989, Bull Civ I, no 369; see le Tourneau, Droit de la responsabilité civile et des contrats⁹ no 1562 for critical comments.

　　[2] 两篇博士论文（L. Cadiet, Le préjudice d'agrément, Poitiers, 1983; M. Guidoni, Le préjudice esthétique, Paris I, 1977）和很多专题论文讨论了这个问题，相关情况参见 le Tourneau, Droit de la responsabilité civile et des contrats⁹ no 1581.

　　[3] 更多细节请参见 le Tourneau, Droit de la responsabilité civile et des contrats⁹ no 1583; see nos 1581—1596, 有全面的概览。

　　[4] 从一个长长的清单中（le Tourneau, Droit de la responsabilité civile et des contrats⁹ no 1603），一份比较研究报告被挑选出来：O. Berg, La protection des intérêts incorporels en droit de la réparation des dommages, Essai d'une théorie en droit français et allemand (2006).

　　[5] 《侵权责任法的基本问题（第一卷）》，边码5/10.

　　[6] 《侵权责任法的基本问题（第一卷）》，边码5/13.

　　[7] 这个讨论常常逐字引用我撰写的一篇书评中的摘录，参见 N. R. Whitty/R. Zimmermann (eds), Rights of Personality in Scots Law: A Comparative Perspective, 4 Journal of Civil Law Studies 217 (2011).

　　[8] 《法国民法典》第9条.

　　[9] Paris 14 May 1975, D 1976, 291, note R. Lindon.

了另一家杂志社，后者在多年后再次刊发了这些照片，此时，凯瑟琳·德纳芙已成为一位偶像级的令人尊敬的女演员。尽管这家杂志拥有这些照片的所有权，但凯瑟琳·德纳芙被允许反对刊载，并主张其肖像权遭受了侵害。[1]法院认为，杂志社在刊载前应当先取得她的同意。任何熟悉法国案例的律师或学者都知道，一个人保护其隐私或肖像权的意愿越强烈，她在这种权利被侵犯时获得更高赔偿额的可能性就更大。相反，那些通常容忍刊发其小道传闻或拍摄于私人生活领域之照片的名人们，尽管并不丧失获得保护的权利——毕竟这种权利是不可让与和放弃的——但很可能只能得到最低限度的或者名义上的损害赔偿。考虑到那些小报会因刊发小道传闻而最大程度上增加其发行量，名人们通过容忍侵害行为，将发表权依一定条件事先加以出售，或者事后主张侵权损害赔偿，就可以将他们的私生活和肖像货币化，法国法院为了达到预防效果，准予赔偿的金额通常会足够高。

库奇奥教授几乎赞同对法人组织给予非物质损害赔偿，理由是它们也享有人格权。他引用费勒(Fellner)著作中的观点[2]，后者指出，"人格权旨在规制社会共存关系，而法人组织也是这个社会的成员，并参与法律关系"[3]。两项观点都无法否认，但它们之间存在松散的联系。这个看法可能忽略了人格权与人类尊严之间的明显联系。尊严涉及的是自尊以及与人之为人相关的亲密情感。法人组织并不享有这种情感，它们对其存在并无意识。[4]人格权超乎人格概念之外，后者只是一个人为的法律构造。它们回应了我们作为人类的本质。法人组织是基于特定目的的法律拟制，使人类可以交易并维护集体利益。人们不能给资合组织授予政治选举投票权，因为这涉及某种不可让与的权利，其转让将导致某种奴役状态，或者类似于某种父母对子女的权利，尽管公司之间也存在母子公司的关系。作者在此强烈反对美国联邦最高法院承认法人组织言论自由权

---

〔1〕 并行刊载的文章讲述了该女星的爱情故事，这些故事在此前已经向公众作了披露，但法院也同样认其构成侵权，因为，她在最近几年里表现得非常谨慎，不容忍任何有关其暧昧关系的流言蜚语。她被允许就肖像和隐私侵权获得实质性的损害赔偿。

〔2〕 M.-L. *Fellner*, Persönlichkeitsschutz juristischer Personen (2007).

〔3〕 《侵权责任法的基本问题（第一卷）》，边码5/22。

〔4〕 基于这个原因，我极不喜欢用"*personne morale*"（法人）这个法语词去指称法人组织（legal entities）。

的裁决[1],它允许大型企业或财团的控制人让公司无限额出资资助竞选活动。作为社会成员和法律关系参与者的资合组织变成了完全意义上的公民了吗?就此而言,承认法人组织享有政治权利或人格权之类基本权利的做法,最终将危害对人权的保护。

1/104　　法国法院尽管没有走到授予法人人格权的地步,但其承认法人可以获得非物质损害的赔偿。[2] 虽然在纯粹经济损失难以评估的情形,这样做可以达成某些实践目的[3],但相关的法学理论仍是建立在错误的本体论基础之上的。

1/105　　库奇奥教授详细讨论了闲暇时间与假期遭破坏的赔偿问题,他认为很难区分物质与非物质损害。[4] 至少大致来看,法国法对这个问题即使有所涉及,也不是很多。很明显,当某个标的物(如一辆轿车)被损坏时,租用替代品涉及的是物质损害。不过,要是受害人没有租车,如何赔偿其因单纯的使用丧失所受损害?[5] 依法国法,赔偿须为全部损失但不得超过实际损失。[6] 因此,很难想象,当受害人使用了替代性的出行方式而没有付出任何额外费用时,法院如何能够给予租车费用的赔偿呢?一个真实的生活实例是:我和家人在意大利托斯卡纳地区旅行期间,我们的轿车在一起交通事故中被损坏了。过错方无疑应当赔偿一周的汽车租用费用,这是责任保险保障的物质损害。但是,在我们待在意大利的接下来的一周里,轿车无法被完全修好。于是,我们放弃了再花一周驾车去湖区和提洛尔度假的计划,驾车返回里昂,把车完全修好再继续开始正常的生活。我和我的家庭被剥夺了一周的休假。我们遭受的是非物质损失(不幸被剥夺了1/3的假日时光),还是物质损失(依我们的消费方式,额外一周假期对应的合理费用)呢?除非我们不顾面临的困境而继续我们为期

---

[1] *Citizen United v. Federal Election Commission*, 558 United States Supreme Court Reports (US) 310 (2010).

[2] *V. Wester-Ouisse*, Le préjudice moral des personnes morales, JCP 2003, I, 145.

[3] *Viney/Jourdain*, Les conditions de la responsabilité³ no 260, citing cases of harm to reputation, wrongful disclosure of business secrets. In all these cases, some patrimonial interest is infringed, causing pure economic loss.

[4] 《侵权责任法的基本问题(第一卷)》,边码5/23。

[5] 同上书,边码5/24。

[6] » La réparation du dommage ne peut excéder le montant du préjudice « Cass Civ 2, 21 June 2001, Bull Civ II no 212; *le Tourneau*, Droit de la responsabilité civile et des contrats⁹ no 2545.

三周的假期,并实际上支出了额外费用(额外的租车费用加上在意大利把车完全修好的费用,或者不修车直接返回里昂),否则就没有额外的物质损害。这就是我们作为受害人面临的境况:要么将损失最大化并享有可能的赔偿机会,要么尽量减少损失。对减轻损害的受害人给予赔偿或许是公平的,但如果准予赔偿的话,其性质却是模糊不清的:要是给予的赔偿包括了一周假期的花费,那应该是物质损害的赔偿,但要是赔偿额明显很低的话,赔偿的就似乎是非物质损害。当然,实际上并没有诉讼被提起,相关请求权也已过了诉讼时效期间。

若我要求赔偿一周假期的花费,我可能面临的抗辩是,相关损失并非直接损失。[1] 毕竟,引发诉请赔偿的损失的直接原因是我自己缩短假期的决定。不过,由于我的决定是合理的,它就并不会中断因果关系的链条。我可以要求赔偿与额外的精神压力和为减轻这种压力而延展假期的机会丧失相关的非物质损害。在这种情形,"损害"(dommage or damnum)与"损害结果"(préjudice or praejudicium)的区分就有其合理性:"损害"(damnum)是轿车的损坏。就物质损害而言,"损害结果"(préjudice)或者可赔偿损害包括拖车费和修理费外加其他杂费(如另行租车的费用)。赔偿还可能涉及某些非物质损害,以使受害人能够享受某些额外的欢乐时光,在具体情况下,这可能是公平的。将额外一周假期的全部花费都作为物质损害加以赔偿则是不对的,因为,这些花费并没有实际支出,受害人反而因此而节省了费用。

(三) 完全赔偿原则

从法国法的角度看,实际可计算之损害的赔偿无须多言。尽管民法典没有明文规定,但完全恢复(恢复原状)或完全赔偿(以替代性损害赔偿方式)的思想仍是损害赔偿的基本原则。[2] 也即损害赔偿额的评定无须考虑造成损害的过错程度。[3]

---

〔1〕 就此可参见 le Tourneau, Droit de la responsabilité civile et des contrats⁹ nos 1704 and 2545.

〔2〕 le Tourneau, Droit de la responsabilité civile et des contrats⁹ no 2521 ff.

〔3〕 » L'évaluation du dommage doit être faite exclusivement en fonction du préjudice subi «: Cass Civ 2, 21 July 1982, Bull Civ II , no 109; Cass Com, 3 April 1979, Bull Civ IV no 125; le Tourneau, Droit de la responsabilité civile et des contrats⁹ no 2522.

1/108　　意外生育的案件令法国学者颇感困扰[1],这和在欧洲其他国家的情况相似[2]。生育子女本身不构成损害,这为行政法院[3]和普通法院[4]所共同确认。但是,两个法院均承认,在例外情形下[5],或者在怀孕的通常花费外还有其他特别损害时,仍可主张损害赔偿[6]。

1/109　　例外源于以下事实,即不是生育和抚育子女造成了损害,而是与具体子女的生育关联的特殊精神痛苦,如因强奸或乱伦而导致的怀孕。[7] 行政法院也承认,残疾或畸形子女的生育会扰乱正常生活条件,并因而成为一种可赔偿的损害。[8] 当子女之残疾系因侵权行为人或者医疗疏失所致时,它就可以得到赔偿。[9] Viney 的看法是,若母亲因而陷于经济困境,则其应获赔偿。[10]

1/110　　最后但并非最不重要的是,在非常有名但极富争议的 Perruche 案中[11],法国最高法院全体会议承认,在不当生命(wrongful life)情形,已出生子女享有诉权和要求赔偿的权利。在受孕期间,某个异常情况被误诊,母亲要是清楚真实情况,在怀孕早期,她可能就会选择流产而非甘冒生育残疾子女的风险。她得到了赔偿[12],但以子女名义提起的诉讼是有问题的,因为,赔偿归根结底是单纯基于子女活着出生的事实。不过,法院认为,子女"有权就其因这种身体残疾和医师不履行义务所致损害要求

---

[1] Viney/Jourdain, Les conditions de la responsabilité³ no 249-2.

[2]《侵权责任法的基本问题(第一卷)》,边码 5/39 以下。

[3] Conseil d'Etat (CE), 2 July 1982, D 1984, 425 note J. B. d'Onorio. Administrative courts have jurisdiction when the medical procedure (abortion or sterilization) was performed at a public hospital.

[4] Cass Civ 1, 25 June 1991, D 1991, 566 note P. le Tourneau, RTD Civ 1991, 753, observations P. Jourdain.

[5] CE, 2 July 1982, above FN 214.

[6] Cass Civ 1, 25 June 1991, above FN 215.

[7] Viney/Jourdain, Les conditions de la responsabilité³ no 249-2.

[8] CE, 27 September 1989, D 1991, 80, note M. Verpeaux; CE, 17 January 1990, D 1990, 254, Conclusions B. Stirn.

[9] CE, 27 September 1989, above; Cass Civ 1, 10 July 2002, Bull Civ I no 197; see Viney/Jourdain, Les conditions de la responsabilité³ no 249-3,他坚持认为,因果关系必须得到明确认定。

[10] Viney/Jourdain, Les conditions de la responsabilité³ no 249-2.

[11] Cass Plén, 17 November 2000, D 2001, 332, notes D. Mazeaud/P. Jourdain, JCP 2001, Ⅱ, 10438 Conclusions J. Sainte-Rose and note F. Chabas.

[12] 参见上文援引的案例情况。

赔偿",医师的义务是在产前检查时尽适当注意,以使怀孕行为可以在法律允许的阶段中被终止。[1]尽管法院将身体残疾而非错误生命作为可赔偿的损害,但公共舆论仍然对此表示愤怒。[2]立法机关最终推翻了这项裁决,2002年颁布的一项法令规定,"任何人都不得将单纯的出生事实当作损害"[3],并就那种案件中存在的严重身体残疾通过国家救助而非侵权法的方式给予补偿。

二、因果关系

《法国民法典》有关侵权责任的相关规定未涉及因果关系问题,而只是通过一再使用"造成"这一动词而使之成为责任构成的要件。[4]为使其同时适用于合同责任和合同外责任,对有关违约责任的规定还需作必要补充说明。[5]《法国民法典》第1151条规定:"即使债务不履行是由于债务人故意所致,对债权人所遭受的损失及丧失的可得利益,仍然仅以因契约不履行而随即发生的直接结果为限。"这是非常含糊的表述,与其他罗马法传统的法典规定极为相似:《波兰民法典》将赔偿责任限于不法作为或不作为所产生的通常结果[6];意大利类推刑法的规定,认为随后发生的损害原因(subsequent causes)若其本身足以解释相关损害,则中断

---

[1] Translated by O. Moréteau, France, in: K. Oliphant/B. C. Steininger (eds), European Tort Law: Basic Texts (2011) 89 f.

[2] See Viney/Jourdain, Les conditions de la responsabilité³ no 249-6,尽管是基于因果关系上的理由来捍卫法院的裁决。

[3] 2002年3月4日发布之2002-303号法令第1条,其涉及医疗中患者的权利和健康照顾制度的性质问题。Moréteau in: Oliphant/Steininger (eds), European Tort Law: Basic Texts 90.

[4] 《法国民法典》第1382条规定:人的任何行为给他人造成损害时,因其过错致该行为发生之人应对损害负赔偿责任。第1383条规定:任何人不仅对因其行为造成的损害负赔偿责任,还对因其懈怠或疏忽大意造成的损害负赔偿责任。第1384条第1款规定:任何人不仅对因自己的行为造成的损害负赔偿责任,还对应由其负责之人或由其照管之物造成的损害负赔偿责任。See Moréteau in: Oliphant/Steininger (eds), European Tort Law: Basic Texts 85 ff.

[5] Viney/Jourdain, Les conditions de la responsabilité³ no 348.

[6] 《波兰民法典》第361条,其引用参见Viney/Jourdain, Les conditions de la responsabilité³ no 348。

此前的致害原因与损害之间的因果联系[1];葡萄牙则采纳"必要条件"说[2]。法国和其他罗马法的传统制度非常相似,人们在适用法律时必须参考法学理论。法国法院不是到复杂的理论中去寻求启示,而是出于实用目的,在其中寻求应对复杂问题的解决方案。

(一) 因果关系学说:难解的争论

"原因"概念首先是哲学上的用语。然而,因果关系的哲学或科学界定在法律中几乎没有什么用处。与哲学家和科学家们试图从已知的或已经观察到的现象推知其未知的原因不同,法学家们则是要确定两个已知事实,即致害事件与实际损害之间的因果联系。[3] 因果关系问题在法国理论上有着大量讨论文献。[4] 不过,法国学者不愿对法律上的因果关系加以界定,而更喜欢引用汤尼·奥诺尔(Tony Honoré)采纳的那种普通法实用方法。[5] 里佩尔写道:"因果关系早已是那些极富才华的学术研究的对象,但迄今并未找到对这个一般问题的解决办法,或许这个问题永无解决之道。"[6] Starck 和 Esmein 赞同因果关系问题无法作纯粹学理的分析。[7] 奥诺尔强调,风险原理在法国比在其他司法管辖区更具影响力,法国人既将其作为过错的替代物,也将其作为因果关系的替代物。[8] 不过,在 Viney 看来,风险分析在法律理论上的影响是有限的。[9] "规范保护目的"理论(relativité aquilienne)具有更大的影响。它以法律政策为取向,并对拟适用的规范作客观分析;它强调认定的损害应当是规范目的

---

[1] Cited by *Viney/Jourdain*, Les conditions de la responsabilité³ no 348.

[2] Ibidem citing *A. M. Honoré*, International Encyclopedia of Comparative Law, vol XI, chapter 7 (1982) no 46.

[3] *Viney/Jourdain*, Les conditions de la responsabilité³ no 333.

[4] G. Marty, La notion de cause à effet comme condition de la responsabilité civile, RTD Civ 1939, 685. 存在大量讨论因果关系的博士论文,所有关于"民事责任"(responsabilité civile)的著作也会讨论这个问题。相关参考文献请参见 *Viney/Jourdain*, Les conditions de la responsabilité³ 332 f.

[5] *Honoré*, International Encyclopedia of Comparative Law, vol XI, chapter 7. See also *K. L. A. Hart/T. Honoré*, Causation in the Law² (1985).

[6] G. Ripert, note D 1945, 237.

[7] B. Starck, Droit civil, Obligations¹ (1972) no 747; *P Esmein*, Le nez de Cléopâtre ou les affres de la causalité, D 1964, chr 205.

[8] *Honoré*, International Encyclopedia of Comparative Law vol XI, nos 49 f and 94—96.

[9] *Viney/Jourdain*, Les conditions de la responsabilité³ no 336.

上意欲赔偿的损害。[1] 法国最高法院刑事审判庭赞同这个做法,例如,当刑法目的在于保护一般利益而非私人个别利益时,其拒绝对相关犯罪受害人给予赔偿。[2] 法国学术界不太愿意接受规范目的的解决方案,认为其和因果关系本身一样难以操作。[3]

因受德国学说的影响[4],法国学者力图弄清楚因果关系的某些方面。有两种因果关系的理论具有特别的影响力。按照第一种理论,损害是由许多事件造成的,它们源自人的作为或不作为以及外部客观情况。当这些事件中的一个成为损害的必要条件时,它就被视为损害的原因。自然地,无关的原因就不被考虑。这个理论被称为"条件等价说"(équivalence des conditions)。[5] 该理论受到赞成"近因说"(proximité des causes)的学者的批评,这些学者认为,因果关系只能存在于最紧密联系的相关事件中,认定基础在于时间因素、对损害结果的作用、致害可能性或可预见性。[6] 然而,"近因"(causa proxima)思想在法国不是很成功,有效原因或直接原因理论也是如此。[7]

同样流行的另一个理论是相当因果关系说(causalité adéquate)。[8] 在多个原因中,只有客观上具有造成损害结果的可能性的原因才被看作是法律原因。这以某种客观必要性为基础,并将依据科学及经验的认定结论作为前提。[9] 这个理论的长处是避免了原因的淡化:实际上,条件等价说似乎暗示说,每个条件本身什么都不是,因果关系存在于它们的结合形式之中。不过,它对损害发生可能性与可预见性的关注可能会造成相关认定更具规范性,而逐渐偏离事实上的因果关联。它含有强烈的规范性色彩,可能会在某种程度上造成因果关系与过错的混淆。[10]

---

[1] J. Limpens, La théorie de la relativité aquilienne en droit comparé, in: Mélanges offerts à R. Savatier (1965) 539; D. Philippe, La théorie de la relativité aquilienne, in: Mélanges Roger O. Dalcq (1994) 467.

[2] Viney/Jourdain, Les conditions de la responsabilité³ no 336.

[3] Ibidem.

[4] Viney/Jourdain, Les conditions de la responsabilité³ no 338.

[5] 该理论受到德国学者 von Buri 的启发,对其阐述请参见 P. Marteau, La notion de causalité dans la responsabilité civile, Aix-en-Provence (1913)。

[6] Viney/Jourdain, Les conditions de la responsabilité³ no 340.

[7] Ibidem.

[8] Viney/Jourdain, Les conditions de la responsabilité³ no 343.

[9] 《侵权责任法的基本问题(第一卷)》,边码5/60。

[10] Viney/Jourdain, Les conditions de la responsabilité³ no 344.

1/115　　　不论是从逻辑还是实践的角度看,两种理论都不令人十分满意。在认定因果关系是否事实上存在时,条件等价说似乎更好,但是,当涉及证明问题时,相当因果关系说可能更有帮助。[1] 在可能或可预见的损害并不必然发生(可能存在满足了过错与因果关系要件却未有损害发生的情况)的意义上,条件等价说的确更为准确,尽管如此,由于各种原因的不幸结合,某个规范上系属正常的情况可能会导致毁灭性的损害。如此一来,对于损害发生所必要的事实就必然助成因果关系的满足。可预见性或致害可能性或许是因果关系的表征,但必要性却限定了人们想要证明的内容,使单纯的表征归于无用。[2] 然而,当事人不会仅仅因为存在必要因果联系就要承担责任,还需要有适当的方式去解释,损害为何会发生,如其系过错或物的缺陷之结果。[3] 在证明因果关系的存在时,会存在无数的情境,人们对其几乎不可能声称,要是没有相关情况,损害将不会发生。Viney 和 Jourdain 举出了几个例证。[4] 在患者发现自己的境况变糟时,我们能够确定那是由于所指控的医疗过失所致吗?我们能够肯定地说,某种疾病是由附近的核工厂造成的吗?或者说汽车要是被恰当上锁时,它本来就不会被盗吗?毕竟盗取一辆上了锁的汽车不是那么困难。在这些情形下都使用了建立在发生可能性与可预见性基础上的假定,因果关系的相当性因而发挥了支持作用。当从理论转向实践时,这个方法就变得很实用了。

(二) 因果关系的司法实践:实用方法

1/116　　　法国最高法院审查了下级法院认定因果关系的情况,正确地拒绝将其作为保留给下级法院裁决的纯粹事实问题。学理上的讨论表明,因果关系问题将事实与规范关联。法国最高法院唯一尊重下级法院裁决权的是有关因果关系的证据认定[5],但不意味着最高法院放弃了所有对证据的评价权力。[6] 在最近的案例中,最高法院强调,因果关系的证明可以

---

[1] Viney/Jourdain, Les conditions de la responsabilité³ no 345.
[2] Viney/Jourdain, Les conditions de la responsabilité³ no 346.
[3] Viney/Jourdain, Les conditions de la responsabilité³ no 346-1.
[4] Viney/Jourdain, Les conditions de la responsabilité³ no 347.
[5] Viney/Jourdain, Les conditions de la responsabilité³ no 349 note 51 cite several cases, including Cass Civ 2, 14 June 1995, Bull Civ Ⅱ, no 187.
[6] Viney/Jourdain, Les conditions de la responsabilité³ no 349.

从相关事实和客观情况中加以推导,由此,法官可以推定因果关系的存在,典型的情形是涉及科学和技术问题的医疗损害案件。[1]

可以举出很多法国最高法院行使其评价权力的案例[2]:它以一种非常实用化的方式进行裁决,避免宣告一般规则,或者作出一般性的表述。[3] Viney 和 Jourdain 认为,为了理解相关因果关系的裁判规则的内容和界限,需要作仔细分析和对比许多案例。[4] 他们发现,这项工作非常复杂,因为最高法院倾向于将过错和因果关系的判定合并处理,特别是当其认为下级法官"可能已经认定(或者未认定)过错以及与损害关联的因果关系存在(或不存在)"时。[5] 这是最高法院的简洁处理方式对阐释者无法提供帮助的又一个领域,但其为法律实践中的必要调整留下了空间。

只要能够证明即使不存在所指控的事实,损害仍会发生,法国法院就不会认定责任。[6] 不过,若相关事实造成损害加重(aggravation du dommage),它仍将被视为致害原因。[7] 也即,要称为致害原因,相关事件必须助成损害的发生或加重。原则上,所有造成或加重损害的必要条件都可能被当作致害原因。只要侵权行为人的行为也是损害发生的必要条件,外部原因的介入就不会妨碍其责任成立。在著名的 Lamoricière 号轮船沉船案中[8],船舶所有人在海上风暴期间使用劣质燃煤被认为具有过错,但考虑到极为恶劣的气候条件,其责任被部分免除(达 4/5)。最近的很多案件则拒绝在类似情况下免除责任,而让侵权行为人承担全部责任

1/117

1/118

---

[1] Cass Civ 1, 26 September 2012, Bull I no 187, commented by *Moréteau* in: Oliphant/Steininger (eds), European Tort Law 2012, 229, nos 20—26. Cass Civ 3, 18 May 2011, Bull Ⅲ no 80, commented by *Moréteau* in: Oliphant/Steininger (eds), European Tort Law 2011, 216, nos 12—22.

[2] *Viney/Jourdain*, Les conditions de la responsabilité³ no 349, notes 53 and 54.

[3] *Viney/Jourdain*, Les conditions de la responsabilité³ no 350.

[4] Ibidem.

[5] Ibidem, in fine.

[6] *Viney/Jourdain*, Les conditions de la responsabilité³ no 353,在其引用的许多判决中,法院都采纳了"必要条件"说。

[7] *Viney/Jourdain*, Les conditions de la responsabilité³ no 353-1, citing Cass Civ 1, 29 January 1985, Gaz Pal 1985, 1, 264,在该案中,由于旅店管理人员的过错,不明原因的火灾蔓延开来,并致受害人受到伤害。

[8] Cass Com, 19 June 1951, Sirey (S) 1952, 1, 89 note *R. Nerson*, D 1951, 717, note *G. Ripert*, RTD Civ 1951, observations *H. Mazeaud*.

(responsabilité intégrale)，只要外在情况是可以预见和克服的，从而不构成不可抗力(force majeure)即可。[1]

1/119　　当多个原因相继发生时，法国司法实践并不受制于近因理论。[2] 不过，可以找到某些案例，其中，时间上最近的原因被视为应负全部责任，比如，当救护车在运送第一起交通事故的受害人过程中，发生了第二次撞车事故，导致该受害人死亡时：既已存在的状况不被考虑，第二个事故中的驾驶人须承担全部责任。[3] 在存在多个原因的复杂案例中，过错似乎比因果关系更为重要。当两个驾驶人在公共道路赛车(其中一个处于醉酒状态)时，所涉及的就是这种情况。[4] 尽管醉酒的驾驶人超越了另一辆汽车，但第二个"赛车手"未能注意到当时的特殊情况，在试图超越其对手时与该车相撞，同时也撞上了对面驶来的第三辆汽车。这个事故造成多人死亡和受伤，特别是涉及两位被告车内的乘客，其中一个"赛车手"自己也死亡了。活着的"赛车手"被提起刑事指控，受害人要求损害赔偿的民事诉讼同时在刑事法庭加以审理。上诉法院认定，由于难以确定被告行为和损害之间的因果关系，因此被告无罪。法官解释说，活着的有过失驾驶人的行为比撞上他的对手的超车行为更为"正常"，并受到了其朋友态度的"引导"。

1/120　　最高法院没有接受这套说理。它认为，被告违反《公路法》的各种行为具有一个"总体特征"(global character)，"自动地适用于相关行为不可分割的相互联系中"。上诉法院本来应当认识到，"即使无法确定他们每个人所实施行为的直接参与作用，但他们通过参加一项危险活动并且不明智地创设了对受害第三人的重大致害风险，实施了一项具有共同过错(faute commune)的活动，为此，[活着的'赛车手']应当以赔偿的方式分

---

[1] Cass Civ 2, 30 June 1971, Bull Civ Ⅱ, no 240,在该案中，全部责任被施予对汽车负有照管义务的驾驶人，而事故是因为道路结冰所致。See also *Viney/Jourdain, Les conditions de la responsabilité*³ no 414. See also Cass Civ 2, 18 March 1998, Bull Civ Ⅱ, no 97, commented in *B. Winiger/H. Koziol/B. A. Koch/R. Zimmermann* (eds), Digest of European Tort Law, vol Ⅰ: Essential Cases on Natural Causation (2007) 6b/5, nos 1—9.

[2] *Viney/Jourdain, Les conditions de la responsabilité*³ no 355 and the cases cited therein.

[3] Cass Crim, 14 June 1990, Bull Crim, no 244, commented in *Winiger/Koziol/Koch/Zimmermann* (eds), Digest of European Tort Law Ⅰ 11/6, nos 12—16.

[4] Cass Crim, 5 January 1988, Bull Crim, no 7, commented in *Winiger/Koziol/Koch/Zimmermann* (eds), Digest of European Tort Law Ⅰ 5/6, nos 1—15.

担损害结果"。据此,活着的驾驶人应当为两个驾驶人的共同行为结果承担赔偿责任,因其属于"共同过错",依法国法应负连带责任。

同样,在被盗窃的汽车发生交通事故的情形,汽车所有权人的过失为窃贼提供了便利,此时,窃贼的过错将压倒所有权人的过失,从而,只有窃贼的过错被看作是损害的原因。[1] 因此,这涉及 Dejean de La Bâtie 提出的"有因果关系的过错"(faute causale)概念,其将过错和因果关系明显联系起来。[2] 这让我们回到相当性(adequacy)的思想上去,这种思想在无过错责任情形也可以发现。当损害是由某人照管之物所造成时,若物处于运动中(如自行车造成的损害),与损害相关的物的致害作用就被推定,因为在产生损害的过程中,它一定发挥了某种"积极作用"。如果物不处于运动中,受害人就必须证明该物处于异常状态。在最近的一个案例中[3],受害人在行走中被一个10厘米高的混凝土路缘石绊倒受伤,这个路缘石是为了隔开停车场和商场的人行道入口而设置的。受害人依《法国民法典》第1384条第1款起诉了商场的所有权人,声称损害原因是这个路缘石的存在,其处于该所有权人的照管之下。原告的诉讼请求被驳回,最高法院维持原判:路缘石设置处于良好状态,它被漆成白色,因此可被正常谨慎之人注意到,而且,无须跨越路缘石就可以进入商场。据此,路缘石的存在对于受害人的跌倒没有发挥积极作用。人们可能会注意到,这样的说法几乎等于认定商场所有权人不存在有因果关系的过错。法国法上的物的责任并不完全属于严格责任。

(三) 因果关系要件的弱化

在一些特殊案例中,当存在多数侵权行为人或者因果关系不确定时,各种相关理论中的因果关系要件就存在被弱化的情况。[4]

---

[1] 在很多被引用的案例中(*Viney/Jourdain*, Les conditions de la responsabilité³ no 357, see Cass Civ 2, 10 January 1962, Bull Civ II, no 47, and Cass Civ 2, 21 March 1983, Bull Civ II, no 84),损害是由被盗飞机造成的。

[2] Cited by *Viney/Jourdain*, Les conditions de la responsabilité³ no 358.

[3] Cass Civ 2, 29 March 2012, no 10-27553, Bull II no 66, commented by *Moréteau* in: Oliphant/Steininger (eds), European Tort Law 2012, 229, nos 56—59.

[4] 《侵权责任法的基本问题(第一卷)》,边码5/73以下。

1. 多数侵权人,并存原因与择一原因

1/123　　法国司法实践并不认为,仅仅因为一个或多个侵权行为人不明,受害人就可能得不到足够的赔偿。出于公平的考虑,法国法也会试图避免将全部赔偿负担都转嫁给已确定身份的侵权行为人。[1]

1/124　　狩猎事故提供了一个经典的例证。对此需要运用某种逆向思维(some reverse engineering)来理解有关这类事故中受害人赔偿的法律规则。受害人必须得到赔偿。如果无法确定侵权行为人,赔偿由赔偿基金负担。[2] 如果某个狩猎人有过射击行为,他就可能被认定应当负责,除非他能够证明其猎枪指向的是另一个不同方向,射出的是另一种类型的子弹,或者当时猎枪是坏的[打不到受害人]。于是,责任就落在其他确定了身份的狩猎者身上,或者受害人只能向赔偿基金提出赔偿申请。如果多个狩猎者都有可能造成该损害,他们可能要基于如下理论之一而被认定应当担责:如果作为一个整体而行动,并具有共同过咎,则承担过错责任[共同过错(faute commune)或集体过错(faute collective)][3];如果两支猎枪同时射击且至少两粒子弹击中了受害人,则承担子弹照管人责任[4];或者在存在对子弹的集体或共同照管义务时,依第1384条第1款承担物的严格责任。[5] 如果只有一个狩猎者被确定,他就极可能要承担全部责任,这被认为是不公平的,因为,每个狩猎者都必须依法投保第三者责任保险。如果这个狩猎者未予投保或者无清偿能力,就应当通过赔偿基金加以救济。

1/125　　近年发生的 DES 或者 *Distilbène case* 案[6]涉及的情况与狩猎案极为类似。一位患有阴道癌的妇女声称,她患癌是因为其母亲在怀孕期间服用了一种通过抑制食欲而减肥的药物(diethylstilboestrol or DES)所

---

[1] 这方面的讨论,常常被逐字援引的观点参见 Moréteau in: Gilead/Green/Koch (eds), Proportional Liability: Analytical and Comparative Perspectives 141。

[2] 1951年,为了救济在机动车事故中侵权人无法确定的受害人,一项赔偿基金被创设出来。1966年7月11日的法令将该基金扩大适用于在狩猎事故中侵权人无法确定的情形。

[3] 较老的系列案例始于1950年。See Cass Civ 2, 2 April 1997, Bull II, no 112; see *le Tourneau*, Droit de la responsabilité civile et des contrats⁹ no 1724.

[4] Cass Civ 2, 5 February 1960, D 1960, 365, note *H. Aberkane*.

[5] Cass Civ 2, 9 October 1957, JCP 1957, 10308, note *R. Savatier*.

[6] Cass Civ 1, 24 September 2009, Bull I, no 187, D 2010, 49, note *P. B.*, RTD Civ 2010, 111, observations *P. Jourdain*; commented by *Moréteau* in: Koziol/Steininger (eds), European Tort Law 2010, 175, nos 29—37, 在目前的文本中被大量复述(通常是逐字逐句地)。

致。没有证明治疗细节的证据:没有处方,没有病历(为这位妇女的母亲提供医疗服务的医师已经死亡,相关病历不在了)。不过,专家们确认,原告的病理特征属于其母亲在孕期服用DES的结果。此外,受害人的父母证明,母亲在怀孕当时的确服用了这种药品,这也为其他证人证言所证实。受害人起诉了优时比制药公司(UCB Pharma)和诺华制药公司(Novartis),这两家公司当时生产这种药品并在法国市场出售,其中一家公司销售的药品名称是Distilbène,而另一家公司使用的是通用名称。不过,两家公司当时都用过Distilbène名称,即使是在描述通用名称DES时也是这样。受害人无法证明两家公司中何者生产了她母亲服用的药品。法国最高法院裁定,两个被告必须各自证明其产品没有造成该损害,由此创设了一项不可推翻的因果关系推定。两家生产商只是碰巧同时供应同样的商品,而非像体育活动或典型的狩猎情形那样组成一个整体。判决以两个被告造成损害的可能性为基础。最高法院似乎是以50-50的比例进行裁决,这在具体情况下可能是不公平的。根据当时的情况,优时比制药公司的市场占有率是80%—90%,而诺华制药公司只有10%—20%。虽然连带责任不应被排除,但诺华公司的分担比例不应超过20%。

　　有意思的是,这个案例被归入《欧洲侵权法原则》关于因果关系的两个不同规定之下。[1] 它可以被看作是并存原因的情况。《欧洲侵权法原则》第3:102条规定:"当存在多项活动时,如同一时间每项活动都可以单独造成损害,则每项活动都是受害人所受损害的原因。"由于存在多个侵权行为人,这将导致连带责任的承担。[2]《欧洲侵权法原则》第3:103条第2款(择一原因)可能更为合适[3],即:"当存在多数受害人,但不能确定某一特定受害人所受损害是否由某一项活动引起时,尽管该活动可能没有给全体受害人造成损害,也应根据该活动给某一特定受害人造成损

---

[1]《侵权责任法的基本问题(第一卷)》,边码5/84及其下也有讨论,尽管是在无清偿能力的语境下讨论的。

[2] 这种情形可归入《欧洲侵权法原则》第9:101条第1款b项:"(1)受害人遭受的全部损害或可明确区分的部分损害归责于两个或两个以上的行为人时,行为人负连带责任。有下列情形之一的,行为人负连带责任:……(b)某人的单独行为或活动造成了受害人的损害,而同一损害也可归因于另一人。"

[3] le Tourneau, Droit de la responsabilité civile et des contrats⁹ no 1732-2,在"择一原因"下讨论了这个案例。

害的可能性,认定其为全体受害人所受损害的原因。"*欧洲侵权法小组赞成,在大规模侵权情形,不应对受害人施予过重的证明负担[1],这也正是法国最高法院在创设因果关系推定时所考虑的因素。法院并未从责任是共同还是连带的思路出发进行裁决。从逻辑上讲,择一因果关系应当排除连带责任。[2]

1/127　　在上述案例中,我们不知道受害人母亲是否只服用了某一家公司的药,也不知道是哪一家公司的药(择一原因)。她在怀孕期间可能先用了其中一家公司的药,然后又用了另一家公司的药[3],这种情形则属于并存原因。好消息是,两个条文导向的结果是相同的,尽管"择一原因"条文更偏向于份额责任,这看起来与本案中的最佳解决方案更为相似。法国最高法院的裁判依从了《欧洲侵权法原则》,尽管判决是在"比较立法协会"(Société de législation comparée)的"原则"法文版出版之前作出的。[4]

1/128　　同样由最高法院第一民事庭于2010年6月17日裁决的另一起案件[5],确认了该院依仗因果关系推定的意愿。某人在两家不同医院住院期间得了传染病,但无法证明他实际是在哪家医院被传染的。法庭裁定:"存在住院期间被传染的证据,但疾病可能是在多家医疗机构内被传染的,被要求承担责任的每一家医疗机构都应当证明其不可能造成传染[否则就应承担责任]。"尽管案件事实不同,但这正是Distilbène case案中法院的裁决意见,涉及《欧洲侵权法原则》中规定的择一原因问题。[6]

1/129　　当存在多个侵权行为人时,法国法院令各侵权行为人就全部损失承担连带责任,并让有过失的受害人自负部分损失。当各责任人应负份额无法确定时,法院令其平等分担。举例而言,原告受到了多只狗的攻击,

---

　　* 英文版条文引用有误,译文根据德文版作出更正,特此说明。

　　[1]《欧洲侵权法原则》第3:103条,相关评论参见 J. Spier in: European Group on Tort Law, Principles of European Tort Law (2005) 49 no 9。

　　[2] 连带责任意味着存在多个原因: le Tourneau, Droit de la responsabilité civile et des contrats⁹ no 1736. 也请参见《欧洲侵权法原则》第9:101条b项。

　　[3] 医生有时会为了节约费用而换用同一类型的其他药品。

　　[4] O. Moréteau (ed), Principes du droit européen de la responsabilité civile, Textes et commentaires, translation by M. Séjean (2011).

　　[5] Cass Civ 1, 17 June 2010, Bull I no 137, D 2010, 1625 note I. Gallmeister, RTD Civ 2010, 567, observations P. Jourdain, JCP 2010, no 1015, Sirey (S) 1917, observations C. Bloch.

　　[6]《欧洲侵权法原则》第3:103条。

它们分属不同的所有权人。除非某个所有权人能够证明,她的狗太小了,不可能造成重大的伤害,否则,法庭就不可能作不同份额划分。三只狗中只有两只狗的所有权人能够被证明存有过失的事实,在法国法中不会影响责任的承担或分担。相关责任是严格责任,责任基础在于对动物的所有或者使用。[1]

在石棉案件中,假如受害人在一个负有责任的雇主那里工作了五年,而在另一个负有责任的雇主那里工作了二十年,法庭可能会依据工作年限长短分摊责任,除非能够证明某个雇主那里的卫生条件明显更加糟糕。法国最高法院把责任分摊看作是事实问题,不会对其提供特别指示。[2]

2. 因果关系不确定与机会丧失

只要法国法院认定被告的行为剥夺了对受害人有利的机会,向受害人对此无从另寻救济之途,它们通常就会适用机会丧失原理(perte d'une chance)。机会丧失被视为直接且确定的损害。法国人发现,从因果关系转移到损害非常方便。[3] 不必像《欧洲侵权法原则》第3:101条到第3:106条那样承认因果关系是部分或不确定的,法国法院将机会损失看作是某种损害项目,应当给予充分赔偿。[4] 从理论的角度看这样做不太合乎正统,它服务于实用目的,并已扩及于民法传统中罗马和德国分支的其他国家。[5]

机会损失通常被适用于医疗损害案件。如前所述[6],在医疗损害案件中,因果关系问题因科学上的不确定性而非常棘手。在最近的一个案例中[7],一个孩子在一家诊所出生,因神经紊乱而伴有严重且多个残障情况。孩子父母起诉了负责孕期诊疗的全科医生和妇科医生。他们同时

1/130

1/131

1/132

---

[1] 《法国民法典》第1385条规定:"动物的所有人,或者使用人在使用期间,对动物造成的损害应负赔偿责任,不论该动物在其管束之下,还是走失或逃逸。"See Moréteau in: Oliphant/Steininger (eds), European Tort Law: Basic Texts 85 ff.

[2] Moréteau in: Gilead/Green/Koch (eds), Proportional Liability no 20.

[3] Viney/Jourdain, Les conditions de la responsabilité³ no 370.

[4] Moréteau in: Gilead/Green/Koch (eds), Proportional Liability no 2.

[5] 《侵权责任法的基本问题(第一卷)》,边码5/93及以下。

[6] 同上书,边码1/115。

[7] Cass Civ 1, 28 January 2010, Bull I, no 19, D 2010, 947, note G. Maitre, JCP 2010, no 474, note S. Hocquet-Berg, RTD Civ 2010, 330, observations P. Jourdain; commented by Moréteau in: Koziol/Steininger (eds), European Tort Law 2010, 175, nos 20—28, largely reproduced (often verbatim) in the present text. See also Moréteau in: Gilead/Green/Koch (eds), Proportional Liability nos 23—25.

起诉了母亲分娩所在的诊所,以及作为该诊所雇员的助产士。所有的被告都因在怀孕和分娩期间存有过错或过失,被判令承担连带责任。他们证明了医生当时不知道母亲存在某种身体状况,依专家的意见说,这种状况会对婴儿残疾产生决定性但无法衡量的影响。不过,法国最高法院认为,被告的过错只是该损害的部分原因,因此仅需对新生儿丧失更低程度的脑损伤的机会损失负连带责任,而"无须考虑在引发残疾的最初根源方面存在的不确定性程度"。基于下级法院的认定,受害人最终获得了75%的损害赔偿。

1/133　　这是一种典型的情形,损失在某种程度上(但具体程度并不清楚)源于受害人方面,因为母亲已经遭受既有身体状况的不利影响了。这个问题在欧洲侵权法小组中受到详细讨论。按照《欧洲侵权法原则》第3:106条之规定,"受害人必须承担与其自身领域内的活动、事件或其他情况可能造成的损害相应的损失"。该条评论举了一个受害人患有严重疾病的医疗损害事例,其中,"疾病很可能有'自然的'原因。医生仅就其不当治疗行为可能造成的疾病承担责任"〔1〕。

1/134　　将机会损失原理用于我们这里提到的案件能够产生类似的结果。与其对机会损失的非正统利用感到遗憾〔2〕,在面临无确切证据的挑战时,人们倒不如信任法官会对分配给被告的责任比例作出合理评估。在这类颇富疑义的案例中,部分责任无疑要比"全有全无"的处理方式更优。法国的实用主义偏爱拟制而非对法律教义的坚守。

1/135　　法国法只允许赔偿实际发生且确定的损失。〔3〕未来不确定的损失是不允许给予赔偿的,除非能够被视为某种机会损失。〔4〕法国理论确认

---

〔1〕《欧洲侵权法原则》第3:106条,相关评论请参见 Spier in: European Group on Tort Law, Principles of European Tort Law 58 no 13。

〔2〕 See P. Jourdain, RTD Civ 2010, 330.

〔3〕 接下来的几段改写自 Moréteau in: Gilead/Green/Koch (eds), Proportional Liability nos 26—30.

〔4〕 最高法院承认,在某些情况下,损害赔偿是有条件的;某位患者在经历过失的输血后被诊断感染了艾滋病,其获得损害赔偿是有条件的,即存在该患者染上艾滋病是因输血感染所致的医学证据:Cass Civ 2, 20 July 1993, Bull Civ Ⅱ, no 274, RTD Civ 1994, 107, observations P. Jourdain. 同样,在不动产交易部分由于公证员的过错而被宣告无效时,除非买方能够证明其无法由卖方收回已付价款,否则公证员就不会承担损害赔偿义务,这再一次使得相关赔偿是有条件的:Cass Civ 1, 29 February 2000, Bull Civ I, no 72, RTD Civ 2000, 576, observations P. Jourdain.

了两种类型的未来损失。[1] 当其作为可责难行为之结果而可能存在时，则为潜在损失（préjudice virtuel）：其在未来发生的所有条件都已满足，就如同胚胎包含了未来发展成人的所有必要条件一样。当其存在取决于某些事件的发生与否时，则为或然损失（préjudice éventuel），非常类似于不同性别且有生育能力的两个人通过性交而可能受孕生子/女的情况。如果某总裁因为意外事故而不能缔结预计中的合同，相关损失就被视为是或然性的，因为没有人知道，要是该总裁没有被阻止参与缔约磋商，合同是否就会被缔结。[2] 相关的判定标准是很模糊的，人们想要确定的是，该总裁目前是否肯定被剥夺了某种有利的缔约机会，也就是按照最新的司法判例所确定的标准，判定是否存在机会损失。[3]

要想作为机会损失得到赔偿，相关损失必须是潜在的而非或然性的。当未来损害的发生是不确定的，且未来损害的范围也不确定时，涉及的就是这种情况。与其去考虑诉称的损害并讨论不确定因果关系，法国人更愿意认为，加害人剥夺了受害人享有某种不确定好处和获利的机会，并将这种机会丧失视为损害。 1/136

在公司总裁因意外事故而被阻止合同之缔结的事例中，未来损害的发生是不确定的：没有人能够确定地认为该项交易必定会完成。只要法官认定原告目前被确定地剥夺了某种有利机会，法国法就会准予部分赔偿。恰如上文所述，赔偿额的分摊以损害项目之组成部分的形式进行。 1/137

这种情形下的机会损失的赔偿并未造成不合理的诉讼泛滥。不过，机会损失的赔偿也没有对律师或医师等职业活动中的不当行为造成已知的威慑效果的提升。在一些有疑义的案件中，法庭更可能将相关损失说成是或然损失并予以拒绝，在总裁案中最终就是这种情况。 1/138

尽管已经造成了损害，但该损害的未来范围尚未可知的情况也很常见。因人身伤害而致残的受害人面临的就是这种情况。一只眼睛失明，手臂功能受限，或者生育能力丧失等，无疑都是实际存在的损害。然而，这些损害在将来的损害范围却是未知的。丧失生育能力的年轻人可能通过选择生活方式而使这种损害不致造成妨碍，但也可能被剥夺拥有一个 1/139

---

[1] le Tourneau, Droit de la responsabilité civile et des contrats⁹ no 1414.

[2] Cass Civ 2, 12 June 1987, Bull Ⅱ, no 128, RTD Civ 1988, 103, observations J. Mestre.

[3] 参见 Cass Civ 1, 28 January 2010 (FN 292) 案的相关讨论以及本书前述说明。

或小或大家庭的机会。这种未知的损害可被看作是潜在损害,因为损害条件业已全部存在了。它可以作为机会损失获得赔偿。

1/140 　　不过,法国法院有可能会准予赔偿"兴趣损害"(préjudice d'agrément)之类的损失。这种损害可能包括参加某种特定活动的损失,如从事体育运动或拉小提琴等可能性,前提是受害人在这些方面已经开始了某种练习。[1] 然而,Geneviève Viney 对于就"兴趣损害"所作的这种狭隘理解表示担忧,认其为"精英式的"(elitist)[2],支持采取法院有时所使用的界定方式[3],将其扩大适用于就通常生活所作的一般安排。这是某种非物质损害形式,其评估肯定是存在问题的,在当事人的眼里,相关赔偿可能永远都是不充分的。

第六节　归责要素

一、法国法中的违法性与过错

1/141 　　从法国人的角度看,违法性不是外在于过错的构成要件,而是过错的构成要素。与《意大利民法典》不同,后者由于受到德国的影响,明确要求违法性是过错之外的责任构成要件[4],《法国民法典》则只规定过错而未提及违法性问题。[5] 在讨论过错问题时,传统理论认为其含有某种客观因素(illicéité,意指违法性)和主观因素(imputabilité,可归责性,也即道

---

[1] *le Tourneau*, Droit de la responsabilité civile et des contrats⁹ no 1586.

[2] *G. Viney*, Responsabilité civile (Chronique d'actualité), JCP 1995, I, 3853, no 22.

[3] Cass Crim, 2 June 1964, D 1964, 629 (» joies légitimes que l'on peut attendre de l'existence «); Cass Crim, 5 March 1985, Bull Crim, no 105, D 1986, 445, note *H. Groutel* (» privation des agréments d'une vie normale «).

[4] 《意大利民法典》第 2043 条规定:行为人应就任何因故意或过失不法侵害他人受保护利益的行为所致损害承担赔偿责任。*E. Bargelli*, Italy, in: K. Oliphant/B. C. Steininger (eds), European Tort Law: Basic Texts (2011) 135.

[5] 《法国民法典》第 1382 条规定:人的任何行为给他人造成损害时,因其过错致该行为发生之人应当赔偿损害。第 1383 条规定:任何人不仅应对因其行为造成的损害负赔偿责任,还对因其懈怠或疏忽大意造成的损害负赔偿责任。*Moréteau* in: Oliphant/Steininger (eds), European Tort Law: Basic Texts 85.

德层面的因素)。[1]最近的理论发展对主观因素的相关性或有用性表示怀疑,因为法律承认儿童和精神病人有可能要就其不法行为承担责任。客观过错的理论造成了认识混淆:在某些学者看来,过错就是指违法性,或者说,违法性成了过错的唯一构成因素。[2]不论如何看待这个问题,它都表明违法性是且仍将是过错责任的核心要素。

违法性也是物之照管人的无过错责任以及为他人行为所负责任的重要构成因素。[3]这样的说法听上去不可接受,或者至少从研究法国法的学者角度看是成问题的,要是学生在试卷上这么写的话,他们会在其上画红圈标示。因为,依照法国学理的看法,违法性被看作是过错的构成因素,它如何可能在无过错责任中发挥作用呢?从比较法的角度将有助于揭开这个法律制度的谜团。我们将发现,违法性在这种情形下仍发挥了关键作用,尽管是以某种间接的方式发挥作用的。

(一) 违法性作为过错的核心要素

人们通常认为,过错暗示了某种作为或不作为的存在,行为人的这种行为是违法的(illicite)并可归责的(imputable)。[4]它含有某种客观因素以及主观因素,前者涉及某种道德义务或法律义务的违反,后者则被称为过咎(culpabilité)或者可归责性(imputabilité),可归责性表明侵权行为人的相关行为在精神上是可被谴责的。[5]围绕这些观念存在大量的理论研究文献和学术论战,法国法最近的发展也无助于澄清问题。本节不欲加入论战并选边站队,而是集中关注核心观念,对当代的理论演变从外部加以阐析。

1. 客观因素的持久性

Planiol 将过错界定为"对既存义务的违反"[6],以下有关过错的所有

---

[1] *Viney/Jourdain*, Les conditions de la responsabilité³ no 442 f; *Fabre-Magnan*, Droit des obligations, Responsabilité civile et quasi-contrats² 87—98.

[2] *le Tourneau*, Droit de la responsabilité civile et des contrats⁹ no 6716 f.

[3] 《法国民法典》第1384条第1款规定:任何人不仅对因自己的行为造成的损害负赔偿责任,而且对应由其负责之人或由其照管之物造成的损害负赔偿责任。

[4] *Viney/Jourdain*, Les conditions de la responsabilité³ no 442.

[5] Ibidem.

[6] *M. Planiol*, Traité élémentaire de droit civil¹¹, vol 2 (1939) no 863:»La faute est *un manquement à une obligation préexistante*…«.

讨论都将以此为出发点。他是第一个提出违法性维度以及义务违反思想的法国学者。[1] 尽管《法国民法典》没有明确要求注意义务的存在,但人们通常都承认,过错要么意味着违反了成文法规定的义务[2],要么意味着违反了更为一般性的义务,如在具体情况下负勤勉谨慎的行为义务(devoir général de prudence et de diligence)。[3] 就此而论,依据法国法,违反强制性法律规定的行为都被认为是有过错的,当就此类行为规定有刑罚制裁时尤其如此。[4] 但是,这不意味着法国法和德国制度就此存在明显不同,因为,过错在此被看作是违法性的同义语,其仅仅关注了过错的客观因素。[5] 如果欠缺主观因素,将不成立任何刑事犯罪,因为,刑事犯罪除去法定要素(nullum crimen, nulla poena sine lege,法无规定不为罪,法无规定不处罚)外,还要求具备实质性的伦理要素,即故意或过失。

1/145　我们可以说这种违反行为本身并非是违法的,而只是过错的构成因素而已,尽管说它们是违法性的构成因素或许更为恰当,仅当存在主观因素时,它们才能引致责任,除非像在儿童和精神病人肇致损害的情形那样,法律不要求具备主观因素。

1/146　同样,侵害被清晰界定的主观权利也被认为是有过错的,尤其是当这种权利受到强有力保护时[6]:这适用于人格权[7]和财产权(物权)的保护。[8] 侵害这种权利本质上是不法的,法国最高法院要么将其视作过错(援引《法国民法典》第1382条),要么将其视作对主观权利的侵害,援引相关规定作为其法律基础(《法国民法典》第9条与隐私权保护有关,第544条与所有权保护有关)。[9] 这些规定明确指出了违法性(illicéité),即使法院和学者们更乐意以过错称之,但它仍是纯粹客观的因素。对既

---

[1] Puech, L'illicéité dans la responsabilité civile extra-contractuelle (1973).

[2] Viney/Jourdain, Les conditions de la responsabilité³ no 447 f.

[3] S. Galand-Carval, Fault under French Law, in: P. Widmer, Unification of Tort Law: Fault (2005) no 10.

[4] Viney/Jourdain, Les conditions de la responsabilité³ no 448.

[5] le Tourneau, Droit de la responsabilité civile et des contrats⁹ no 6716.

[6] J. Deliyannis, La notion d'acte illicite (doctoral thesis 1951) 82 f, cited by Viney/Jourdain, Les conditions de la responsabilité³ no 449.

[7] Viney/Jourdain, Les conditions de la responsabilité³ no 449.

[8] Ibidem.

[9] Ibidem citing Cass Civ 1, 5 November 1996, Bull Civ I, no 378; Cass Civ 1, 25 February 1997, Bull Civ I, no 73; Cass Civ 3, 25 February 2004, Bull Civ III, no 41,所有案例都与隐私侵权有关。

有义务的违反,或者对既存权利的侵害,就标示出违法因素(违法性)。当基本权利被侵犯时,法国法不要求存在主观因素(可归责性)的证据,这能够合理地给予这种权利以优先保护。依循民法典序编*对隐私权保护的认可[1],理论上承认了人格权的存在[2],这有助于阐释这部分法律规则。法官们不再需要援引第1382条去制裁侵害隐私的行为,也无须去审查可归责性的存在:在人格权被侵害时,违法性即已足够,只需援引《法国民法典》第9条就可以了。无须证明过错的存在,甚至也无须证明有损害[3],对这种权利的侵害已经证成了救济权利。[4]一些新的规定也被添加到《法国民法典》中,法院可以将其作为直接保护人的尊严、身体及其他人格要素的依据。[5]

在讨论这种基本权利的侵害时,非法语读者可能会期望法官采取利益平衡的处理方式,因为这样可以和行为人享有的同样受保护的权利较好地协调一致。比如,对隐私、肖像等人格权的保护,会对信息自由或新闻自由施加限制。但是,法国人不这样看问题。在未经个人事先许可的情况下,大众传媒不得干预他人的人格权,这种许可不可推定,并应作限制性解释。[6]这些规则同样适用于像摇滚歌星、政治家等公众人物以及普通民众,法律给予每个人的保护是相同的。[7]不过,法院认为,披露某些无关紧要的事实,如摩纳哥公主生育了第四个孩子,将不会被认为系不当行为。[8]当公众人物在履行职业义务或公共义务时,在公开场所拍摄

---

* 第9条处于第一卷第一编"民事权利",并非序编。

〔1〕《法国民法典》第9条(1970年7月17日第70-643号法令)规定:任何人都享有私生活受到尊重的权利。在不影响对所受实际损害给予赔偿的情况下,法官得规定采取诸如对债务人财产实行强制管理、扣押或其他任何适当措施,以阻止或者制止对私生活隐私的侵犯;在紧急情况下,这些措施得依紧急审理命令之。

〔2〕 Nerson, Les droits extra-patrimoniaux (1939).

〔3〕 le Tourneau, Droit de la responsabilité civile et des contrats⁹ no 1618.

〔4〕 Cass Civ 1, 5 November 1996, Bull Civ I, no 378, RTD Civ 1997, 633, observations J. Hauser.

〔5〕《法国民法典》第16条(1994年7月29日第94-653号法令)规定:法律确保人的至上地位,禁止对人之尊严的任何侵犯,并且保证每一个人自生命开始时即受到尊重。第16-1条规定:每个人都享有身体受到尊重的权利。人的身体不得侵犯。人体、身体各组成部分以及人体分出物,不得作为财产权利之标的。

〔6〕 CA Paris, 14 May 1975, D 1976, 292 (C. Deneuve case). See le Tourneau, Droit de la responsabilité civile et des contrats⁹ no 1624.

〔7〕参见《法国民法典》第9条。

〔8〕 Cass Civ 1, 3 April 2002, Bull Civ I, no 110, D 2002, 3164, note C. Bigot.

其肖像,其肖像将不受保护(这也适用于普通社会公众)[1],只要该肖像具有信息特征即可。[2] 但是,当涉及隐私问题时,如有关共和国总统的婚外关系,一般公众不得主张知情权,因为这被视为是严格的私人事务。[3]

1/148　　同样,《法国民法典》第9-1条也强化了无罪推定的保护效果[4],刊登戴手铐者的照片将面临刑事指控[5],尽管社会公众有权了解针对公众人物的刑事诉讼程序的进展情况。当前财政部部长、时任国际货币基金组织董事多米尼克·施特劳斯—卡恩(Dominique Strauss-Kahn)戴着手铐的照片被公开,因其被逮捕并被控于2011年5月13日在曼哈顿一间豪华酒店强奸一名少女时,法国人震惊了。[6] 干预无罪推定被视为是对个人名誉的侵犯,个人名誉具有人格权特征,因此受到严格的保护。[7] 不过,对法院裁判作仔细研究后会发现,新闻自由也不是完全被牺牲。单纯披露某个刑事被告身份的行为并不被禁止,只要不存在对被告人抱持明显偏见的文字即可。[8]

1/149　　这产生了一个遗留问题。违反更为一般性的义务,如在具体情况下负勤勉谨慎的行为义务(devoir général de prudence et de diligence),其后果如何呢?《法国民法典》第1382条这种一般条款的妙处在于,就如在罗马法和古代法中那样,根本无须去尝试寻找既存规定或既有的特殊侵

---

[1] le Tourneau, Droit de la responsabilité civile et des contrats[9] no 1635.

[2] le Tourneau, Droit de la responsabilité civile et des contrats[9] no 1642.

[3] 前总统密特朗(Mitterrand)的双重生活一直不为人知,直到其葬礼那天,其私生女玛莎琳·彭若(Mazarine Pingeot)出现于送葬队伍中。更近的事例是,总统弗朗索瓦·奥朗德(François Hollande)拒绝公开评论其与女星朱莉·嘉叶之间的私人交往,这造成法国第一夫人离开爱丽舍宫。

[4]《法国民法典》第9-1条(1993年1月4日第93-2号法令)规定:任何人都享有对其尊重无罪推定的权利(2000年6月15日第2000-516号法令)。"在法院作出判决前,一个人被公开作为受司法调查或预审之有罪事实的罪犯介绍时,法院得命令,甚至得以紧急审理方式命令,采取插入更正声明或发布公告之类方式,以制止对无罪推定的违反,且不妨碍对所受损害提起赔偿之诉,由此引起的全部费用,由负有违反责任的自然人或法人承担"。

[5] 1881年7月29日关于新闻自由的法律第35条,其后被2000年12月19日第2000-916号条例所修订。

[6] Dominique Strauss-Kahn: sept jours pour une descente aux enfers, Le Monde. fr, 22 May 2011.

[7] le Tourneau, Droit de la responsabilité civile et des contrats[9] no 1648.

[8] le Tourneau, Droit de la responsabilité civile et des contrats[9] no 1649, citing Cass Civ 1, 10 October 1999, Bull Civ I, no 286.

权行为。但是,判定标准借鉴自罗马法,就如法国法院通常使用"善良家父"(bon père de famille)这个在民法典多个条文中被提及的概念一样。[1]"善良家父"代表"通常谨慎勤勉之人,他既不极端警觉,也不异常疏忽,既非英雄,也非胆怯之人,既不是纯粹的利己主义者,也不是特别的忘我利他之人,毋宁是介于两者之间的普通人"。[2] 其常与普通法上的正常理智之人(以前称为"reasonable man",最近改称"reasonable person"[3])并论。生态学者提议法国国民议会投票废止"善良家父"标准,代之以合理性标准(reasonableness test),以消除其中的性别歧视因素。[4] 传统标准传达了某种人们应当关心其后代利益的思想。抛弃生育繁殖因素将消除该标准的未来定向维度。正在进行中的改革忽视了如下事实,即对父母关系的参引非常有助于环境保护,"reasonable person"(合理人)概念并不包含将来后代的含义。[5] 就目前来看,人们可以肯定地说,法国最高法院采纳的是"善良家父"标准。[6] 这个概念并非在纯粹抽象的意义上被使用,而是考虑了相关具体情况,使之能够随年龄、职业能力和专业知识等因素而相应调整[7],与《欧洲侵权法原则》规定的"必要行为标准"非常一致。[8]

遵守规则的行为(如在体育活动中那样)并不必然可以使行为人免于

---

[1] 参见《法国民法典》第1137条和第1880条。

[2] Fabre-Magnan, Droit des obligations, Responsabilité civile et quasi-contrats² 89 f. For full references, see Viney/Jourdain, Les conditions de la responsabilité³ nos 462—472, and N. Dejean de La Bâtie, Appréciation in abstracto et appréciation in concreto en droit civil français (1965).

[3] Fabre-Magnan, Droit des obligations, Responsabilité civile et quasi-contrats² 90.

[4] 2014年1月21日的表决; see O. Moréteau, Faut-il éliminer le » bon père de famille « du Code civil? ⟨http://jurexpat.blog.lemonde.fr/⟩ (last visited 20. 2. 2014).

[5] O. Moréteau, Post Scriptum to Law Making in a Global World: From Human Rights to a Law of Mankind, 67 Louisiana Law Review, 1223, at 1228 (2007). See also O. Moréteau, Le standard et la diversité, in: M. Bussani/M. Graziadei (eds), Law and Human Diversity (2005) 71.

[6] Cass Civ 1, 7 July 1992, Bull Civ I, no 222.

[7] Fabre-Magnan, Droit des obligations, Responsabilité civile et quasi-contrats² 90 f, with sport-related examples.

[8] 《欧洲侵权法原则》第4:102条规定:(1)必要行为标准是指理性人在具体情景应遵守的标准,它尤其取决于行为所涉受保护利益的性质和价值、活动的危险性、行为人可被期待的专业知识、损害的可预见性、相关当事人之间关系的密切性或特殊的信赖关系,以及预防措施或其他替代方法的可获得性及其费用。(2)因行为人的年龄、精神或身体残障,或其他特殊情况而不能期望行为人遵守时,上述标准可作相应调整。

承担责任,因为,法官可能认为,相关行为并未满足合理性标准,因而是违法的。[1] 同样,当行使主观权利的行为碰巧是恶意的且不合理时,其可能会被认为属于权利滥用(abus de droit)[2],即使相关权利受到较高程度的保护亦然。[3] 恶意或故意过错将我们引向了主观归责因素。

2. 主观因素的退避

过错的主观因素存在于行为人对其行为的认知中。[4] 法国学者普遍认为,过错必定包含主观因素,一些人称其为"道德"(moral)因素,另一些人则称其为"精神"(psychological)因素。[5] 不论使用何种用语,这个传统都可以追溯至教会法[6],并发源于波蒂埃(Pothier)于18世纪提出的民事责任的哲学基础以及理性思想。[7] 行为人具有完整的意识与理解其所为之事的能力,这使其行为因而具有可归责性。[8] 这种理解与"自由意志"(libre arbitre)的哲学进路相符。尽管自20世纪30年代开始已有有力学说对其提出挑战,但它至今仍然盛行于法国理论与公共舆论中。按照"客观主义"理论,违法性足以标示过错,可归责性是不必要的,从而,法人组织能够像责任人一样具有过错。[9] 客观论者倾向于赞同将风险理论而非过错作为侵权法的基础,这并不出人意料。一个人应当对其创设的风险(risque créé)或从中受益的风险(risque profit)负责。[10]

---

[1] Cass Civ 2, 10 June 2004, Bull Civ Ⅱ, no 296, RTD Civ 2005, 137 observations P. Jourdain. 相反,法院可能会认为,尽管游戏规则被违反,仍然不具有违法性,当所涉规则本质上乃技术性规则时,情况就大体是这样:Cass Civ 2, 13 May 2004, Bull Civ Ⅱ, no 232.

[2]《魁北克民法典》就含有非常好的关于权利滥用的规定,体现了法国法中被完全接受的标准。《魁北克民法典》第7条规定:任何权利均不得以故意加害他人或者违反诚信要求的过分且不合理的方式行使。

[3] 如所有权:参见著名案例 Clément-Bayard, Cour de cassation, Chambre des requêtes (Cass Req) 3 August 1915, Dalloz Périodique (DP) 1917, 1, 79.

[4] Fabre-Magnan, Droit des obligations, Responsabilité civile et quasi-contrats² 94.

[5] Viney/Jourdain, Les conditions de la responsabilité³ no 444 cite Savatier, Esmein, Rodière, Starck and Carbonnier.

[6] Viney/Jourdain, Les conditions de la responsabilité³ no 444.

[7] H. A. Schwarz-Liebermann von Wahlendorf, Éléments d'une introduction à la philosophie du droit (1976).

[8] Terré/Simler/Lequette, Droit civil, Obligations⁸ no 722.

[9] Viney/Jourdain, Les conditions de la responsabilité³ no 444, citing H. and L. Mazeaud, A. Tunc, G. Marty, P. Raynaud, N. Dejean de La Bâtie, F. Chabas, P. le Tourneau as objectivist scholars.

[10] Viney, Introduction à la responsabilité³ no 49 f, citing R. Saleilles and L. Josserand.

客观趋向已经在实证法中得到支持。1968年,《法国民法典》中增加了一项规定,使精神紊乱的加害人也要承担全部责任[1],而不管相关责任是否基于过错。[2] 法院也已遵循这一指示,法国最高法院全体会议在1984年作出决议,无辨识能力的儿童也要依《法国民法典》第1382条承担过错责任,对于处于他们照管之下的物所致损害亦应依《法国民法典》第1384条承担责任。[3]

对过错客观方面的强调被错误地说成是客观主义方法的胜利了。[4] Viney和Jourdain提出一项更为审慎的解释方案。[5] 法国最高法院出于一致性的考虑,想要将立法有关精神紊乱者造成损害的规定扩大适用于儿童。精神紊乱者和儿童都必须对他们的不法行为负责,而无须考虑他们欠缺辨识能力的情况。尽管这种对称处理从实践角度看是否合理尚未可知,但其在理论上招致严厉批评则并不令人感到奇怪。Viney恰当地注意到,由于大多数未成年人没有经济能力(impecuniosity),所以法国最高法院的这种做法实乃无用之举:将责任施于他们的父母或者照管人显然更加明智。[6] 如果允许对未成年人提起诉讼,其要件应以公平原则所要求者为限,就如在德语国家一样,此时应考虑当事人的经济状况。[7] 一般而言,父母在购买家庭财产保险或租赁财产保险时,会对处于其照管之下的未成年子女所致损害购买责任保险。既然《法国民法典》已经规定父母应对其未成年子女造成的损害承担责任,为何还要将这种责任转移

---

[1]《法国民法典》第489-2条(经2007年3月5日第2007-308号法令修订为现第414-3条),经1968年1月3日第68-5号法令补充为:给他人造成损害的处于精神紊乱状态之人仍应承担赔偿责任。

[2] Cass Civ 2, 4 May 1977, Bull Civ II, no 113, D 1978, 393, note *R. Legeais*, RTD Civ 1977, 772, observations *G. Durry*.

[3] Cass Plén, 9 May 1984, JCP 1984, II, 20255, note *N. Dejean de La Bâtie*, D 1984, 525, note *F. Chabas*, RTD Civ 1984, 508, observations *J. Huet. See Viney/Jourdain*, Les conditions de la responsabalité³ no 593.

[4] *H. L. J. Mazeaud/F. Chabas*, Leçons de droit civil⁸, vol 2.2 (1991) no 448. *H. Mazeaud*, La faute objective et la responsabalité sans faute, D 1985, chron 13.

[5] *Viney/Jourdain*, Les conditions de la responsabalité³ no 593.

[6] *Viney/Jourdain*, Les conditions de la responsabalité³ no 593. For a full discussion, see *L. Francoz-Terminal/F. Lafay/O. Moréteau/C. Pellerin-Rugliano*, Children as Tortfeasors under French Law, in: M. Martín-Casals (ed), Children in Tort Law I: Children as Tortfeasors (2006) nos 113—119.

[7]《德国民法典》第829条,《奥地利民法典》第1320条;《侵权责任法的基本问题(第一卷)》,边码6/11。

给未成年人呢?

1/154 据此,似乎可以像 Muriel Fabre-Magnan 那样断言,客观过错概念的采纳意味着可归责性要件的死亡,道德化的过错已经消逝,法国法上的过错实际上就相当于违法性,别无其他。[1] 不过,这样的认识可能会将立法和司法远远推到其意欲的和实际的效果之外。尽管并非不合逻辑,但前述看法否定了法国法重要的实用特征以及法国人的健全认识,他们仍然将过错与道德观念紧密相连。

1/155 可归责性仅具有限的适用范围,在违法性的存在被证明时,即通常推定存在可归责性。除非是在保护像所有权和人格权之类特别重要的权利时,或者在少数适用客观过错(faute objective)的情形下,过错并不减缩为纯粹的违法性。在依《法国民法典》第 1382 条、第 1383 条裁决的绝大多数案例中,可归责性都仍然是一项责任构成要件。从比较法的角度看,法国法与其他法律制度并不像乍看上去那样可能存在差异。法国人可能会认为,过错包括违法性和可归责性(尽管是以有限的形式),这从法国视角看的确如此。从外部视角看,人们可以有把握地断言,法国有两套过错责任的构成要件:违法性(illicéité)和过错(imputabilité-可归责性),后者包括故意和过失,且在很多情形下是被推定的。

(二) 违法性在无过错责任情形的间接作用

1/156 无过错责任随 Jand'heur 案[2]而在法国获得了极大支持,其强调对处于某人照管之下的物所承担的责任并不建立在过错推定基础上,其免责事由仅限于不可抗力(force majeure)。特别法将严格责任扩及于机动车致害[3]或缺陷产品致害[4]情形。以下讨论将说明,这些发展并未使法国侵权法中的违法性变得无关紧要。即使是在过错责任逐渐弱化的背景下(无过错责任的发展对此施予了离心力),法国侵权法也很少赞成纯粹的严格责任或者绝对责任,它们仅仅存在于特别法中。[5] 法国

---

[1] *Fabre-Magnan*, Droit des obligations, Responsabilité civile et quasi-contrats² 98.
[2] Cass Réun, 13 February 1930, DP 1930, 1, 57, note *G. Ripert*, S 1930, 1, 121, note *P. Esmein*. See Viney/Jourdain, Les conditions de la responsabilité³ no 632.
[3] 1985 年 7 月 5 日第 85-677 号法令。
[4] 1998 年 5 月 19 日第 98-389 号法令。
[5] 如道路交通事故情形的严格责任(1985 年 7 月 5 日第 85-677 号法令)以及产品责任(1998 年 5 月 19 日第 98-389 号法令)。

法院在依《法国民法典》第1384条确定责任,并声称责任源自某人照管之下的某物时,其承认该种责任可以因考虑受害人的过错而减轻(关于受害人过错的考虑施予了离心力)。这种案件中的责任分担使法院间接采纳了比较过失的方法。这种情况偏离了法国有关照管物致害责任之作为无过错责任(responsabilité sans faute)的传统理论,表明过错和违法性以微妙而间接的方式被重新纳入考量的状况。

1. 在隐蔽的比较过失情形下的过错回归

第1384条处理的是替他人行为承担的责任(如父母为未成年子女、雇主为雇员等)[1],以及由某物(如动物或者倒塌的建筑物)所致损害承担的责任。[2] 它开始于一项引导性规定:"任何人不仅对因自己的行为所致损害承担赔偿责任,而且对应由其负责之人的行为或者由其照管之物所致损害承担赔偿责任。"有证据显示,《法国民法典》的起草人从来没有想过要赋予前述规定以规范效力,他们更希望将相关责任确定为过错责任。[3] 然而,在1896年的Teffaine案[4]中,法国最高法院裁决,前述规定包含了有关照管物的独立责任原则,从而创设了第1382条确立的过错责任的例外规则,物之照管人可能会因某种物之潜在缺陷而承担责任。在Teffaine案中,损害系因有缺陷的拖船引擎爆炸所致。法院后来试图将这个新的责任原理限于"物的行为"(锅炉爆炸、汽车刹车存在缺陷等),而不包括"人的行为"(汽车驾驶人所致损害)。在著名的Jand'heur案中,一个小孩遭一辆货车碾压。下级法院排除了《法国民法典》第1384条的适用,因为损害不是由于机动车的缺陷所致,而是由于驾驶人的行为所致。法国最高法院不赞同该裁决,坚持认为该条并没有区分肇致损害的物是或不是人之行为的结果。[5] 自此之后,第1384条适用于所有机动车造成的损害事故,仅仅是基于某物(机动车)与受害人有关且造成了

---

[1] 《法国民法典》第1384条第2-7款。

[2] 《法国民法典》第1382条、第1386条。

[3] *Viney/Jourdain*, Les conditions de la responsabilité³ no 628. For an overview, see F. *Leduc* (ed), La responsabilité du fait des choses; réflexions autour d'un centenaire (1997).

[4] Cass Civ, 18 June 1896, S 1897, 1, 17, note A. *Esmein*, D 1897, 1, 433, note R. *Saleilles*.

[5] Cass Réun, 13 February 1930, DP 1930, 1, 57 note G. *Ripert*, S 1930, 1, 121, note P. *Esmein*/L. *Josserand*, La responsabilité du fait des automobiles devant les Chambres réunies de la Cour de cassation, Dalloz Hebdomadaire (DH) 1930, 25.

损害的事实即为已足。很明显,这个解决方案不再适用于道路交通事故,这类事故现在受 1985 年 7 月 5 日的特别法调整。尽管如此,第 1384 条仍然适用于其他所有照管物致害情形,不论其是否系因人的行为引致。

1/158　　一旦物的行为得以证明且物之照管人身份被确认[1],后者就应承担责任,除非其证明损害系因属于无法预见且不可避免的不可抗力的外在原因所致。[2] 这可能是其他人的行为,或者是意外事件,或者是受害人自己的行为。[3] 不可抗力完全免除物之照管人的责任。不过,责任仍可因受害人的过错而减轻,即使这是可以预见且能够避免的亦然。[4] 这意味着,责任可能会被分担,而据称此种分担仅需考虑受害人的过失。这适用于某位陪伴旅客的女士在走下已经启动的列车时摔倒受伤的过错情形[5],也适用于某位被阻止进入公共场所,仍猛力推动玻璃门致其破损而因此受伤的人的行为。[6] 人们不能公开讨论这类情形中的比较过失,因为,法院为了避免判决被撤销,一定会克制对当事人过错的讨论。不过,人们可以适当地推断,下级法官可能会比较双方当事人的过错程度。不管情况是否真的如此,这些情形都表明,过错至少以间接的方式在所谓的无过错责任中发挥了作用。在 1985 年有关道路交通事故的法律颁行前,在依第 1384 条确定责任时,这个事实是很明显的。要求介入的保险公司或者代位受害人的人,在撞车事故中通常都会就各方当事人的相应过错提出争讼,这导致责任在很多情形下都被分担。[7]

1/159　　这导致最高法院第二民事庭在 1982 年夏天裁决,受害人的过错不再能够产生部分免责的效果,除非能够证明其属于不可预见且不可避免(这会导致全部免责的效果),否则不予考虑。[8] 在该案中,两名受害人在交

---

[1] 物之所有权人被推定为物之照管人,除非其证明其他人在损害发生时对物存在使用、支配以及控制的情况:Franck case, Cass Réun, 2 December 1941, Dalloz Critique (DC) 1941, note G. Ripert。

[2] Viney/Jourdain, Les conditions de la responsabilité³ no 702。

[3] 相关案例的援引,参见 Viney/Jourdain, Les conditions de la responsabilité³ no 702。

[4] Viney/Jourdain, Les conditions de la responsabilité³ no 702, 426. Cass Civ 2, 8 March 1995, Bull Civ Ⅱ, no 82。

[5] Cass Civ 2, 23 January 2003, Bull Civ Ⅱ, no 17, RTD Civ 2003, 301, observations P. Jourdain。

[6] CA Besançon, 8 November 2010, JCP 2011, no 166。

[7] Viney/Jourdain, Les conditions de la responsabilité³ no 702。

[8] Desmares case, Cass Civ 2, 21 July 1982, D 1982, 449 note C. Larroumet, JCP 1982, Ⅱ, 19861, note F. Chabas。

通高峰期穿越四车道的大街,而未注意来往的车辆情况。他们在街上出现是可以预见的,驾驶人基于车辆照管义务而被判令承担全部责任。这个案件引起了激烈的争论,并遭到了严厉的批评。它所引致的争论最终导致 1985 年 7 月 5 日法令的颁行。在新法颁行不久之后,最高法院改变了其传统做法,承认受害人过失可以产生部分免责的效果。它涉及的案情是,受害人不顾行为人的一再警告,仍然站在所有人正在用电锯修剪树枝的树下,结果被掉落的树枝所伤[1],该案提供了比较过失适用的典型场景。

比利时最高法院采取了不同的做法。完全相同的《比利时民法典》第 1384 条第 1 款仅适用于缺陷物遭到损害的情形。由受害人提出的缺陷证明创设了绝对的过错推定,它只能通过证明损害系由外部事件所造成而被推翻。[2]

1/160

2. 在物存在消极但异常作用情形下的违法性回归

有关物之行为的众多争论中,其中之一是物是否必须在造成损害时存在积极作用。有些法院要求受害人证明物发挥了积极作用(rôle actif de la chose)[3],而另一些法院则似乎是推定存在这种积极作用,而允许被告将消极作用(rôle passif de la chose)作为抗辩理由。[4] 当物处于运动中或者爆炸时,其积极作用似乎就被推定存在。[5]

1/161

当某物不在运动中(chose inerte)时,其仍然可能会被认为发挥了积极作用。在 1985 年新法令颁布前,以异常方式停放的汽车就是这样的情况,其他驾驶人可能会对其所处位置深感意外。[6] 如果楼梯的台阶很滑或者照明不足,对其负有照管义务之人就要依《法国民法典》第 1384 条承担责任。[7] 法国最高法院要求,须存在静止之物具有"造成"相关损害的

1/162

---

〔1〕 Cass Civ 2, 6 April 1987, D 1988, 32, note C. Mouly.

〔2〕 H. de Page, Traité élémentaire de droit civil belge², vol 2 (1948) no 1002. 有关比利时对物之致害责任的法国法理起源,参见 Mazeaud/Chabas, Leçons de droit civil⁸, vol 2.2, no 514。

〔3〕 Cass Civ 2, 6 May 1993, Bull Civ II, no 168.

〔4〕 Cass Civ 2, 10 January 1985, Bull Civ II, no 9.

〔5〕 Viney/Jourdain, Les conditions de la responsabilité³ no 666.

〔6〕 相关案例的引用情况参见 by Viney/Jourdain, Les conditions de la responsabilité³ no 674, see Cass Civ 2, 22 November 1984, JCP 1985, II, 20477, note N. Dejean de La Bâtie。

〔7〕 这方面被援引的许多案例,参见 Viney/Jourdain, Les conditions de la responsabilité³ no 674 note 225。

某种异常特征的证据。在最近的一个案例中[1],受害人被一个 10 厘米高的混凝土路缘石绊倒受伤,这个路缘石是为了隔开停车场和商场的人行道入口而设置的。由于该路缘石设置良好,被漆为白色,因此能够被通常谨慎之人看到,考虑到无须跨过该路缘石就可以进行商场,该路缘石对于受害人的跌倒就没有发挥积极作用。

1/163　　这些案例说明:当被诉称造成损害之物处于静止状态时,要触发《法国民法典》第 1384 条所规定的民事责任,只有当其未被适当维护、标示、着色或放置,也即处于异常状态时,才能被认为发挥了某种积极作用。换言之,该物之照管人除非做了与之相关的不当之事,否则就不会承担责任。尽管在法国相关案例与文献中并未作如此说明,但是,受害人为了在因静止之物而遭受损害情形能够获得赔偿,就必须证明违法性的存在。

二、法国法中违法性的三个层次

1/164　　从比较法的发展角度看,对违法性的理解只能采取灵活的方式。[2] 库奇奥教授建议就行为的不当性(incorrectness)问题采取三层次判断方法。

1/165　　行为不当性的第一个层次是"结果不法理论"。库奇奥教授介绍说,其目标在于保护某些位阶较高的利益,"如生命、健康、自由和所有权"[3],防止对其造成损害。从法国人的角度看,这与以受害人保护为取向的"保障理论"(théorie de la garantie)相似,强调受害人利益应予保护,对其侵害应予赔偿的思想,法律伦理因素存在于对更高位阶利益的侵害之中。[4] 在法国法中,这个做法对于认定无过错责任或严格责任是有帮助的,在涉及身体完整与所有权时似乎就得到认同。[5] 不过,当涉及非物质损害时,它则不再适用,就此有必要回归更为传统的侵权法原理。在

---

[1] Cass Civ 2, 29 March 2012, JCP 2012, no 701, note A. Dumery, commented by Moréteau in: Oliphant/Steininger, European Tort Law 2012, 229, nos 56—59.

[2] 《侵权责任法的基本问题(第一卷)》,边码 6/6。

[3] 同上书,边码 6/7。

[4] Starck, Essai d'une théorie générale de la responsabilité civile considérée en sa double fonction de garantie et de peine privée (1947); Viney, Introduction à la responsabilité³ no 54.

[5] 机动车交通事故的严格责任和缺陷产品所致损害的赔偿实际上都限于对生命、健康和所有权的赔偿。

这些情形下,法国人会赞同如下看法,即"这种违法结果(……)本身并不适合作为决定性的侵权法责任认定标准"[1],尽管该违法性可以作为像正当防卫之类的自卫权或者不作为请求权的正当理由。[2] 然而,这不应让人觉得,严格责任就欠缺法律伦理因素,正如该作者所暗示的那样。[3] 道路交通应优先保护人的生命并非只是纯粹的法律选择,它还含有道德判断在内。人类不作为行人、公共交通使用人或机动车驾驶人而使用公共道路与街道就无法生存和繁衍。行动自由被认为是一项人的基本权利。随着机动车在道路交通中的使用,我们这代人就生活在比马车时代更大的受害风险之中。作为应对,像法国、以色列或新西兰等司法管辖区就采纳了严格责任制度与社会化的赔偿方案。在这种严格责任制度环境下活动的潜在加害人知道相关游戏规则,不得不尽最大谨慎以避免造成他人身体伤害或财产损害,并避免仅仅因为与其他机动车或者行人相撞的事实而使自己承担责任。所有的机动车驾驶人都是潜在的加害人,既保护他人又被他人所保护。非机动车驾驶人都受到法律的保护,除非他们存在不可原宥的过失,使之得被视为事故发生的唯一原因。[4] 这里存在某种强烈的社会连带因素(solidarity element):共享道路的使用利益,也共担相关的使用风险。

在赔偿机会取决于过错责任基础时,行人是否需要更加谨慎呢?保险公司的统计资料显示,人的预期寿命越短,其行为就越谨慎。不管所处环境如何,青少年都趋于粗心大意一些。他们对其他人的影响与其他人对他们的影响是一样的。在另一端,尽管老年人在统计上更为谨慎些,但他们是脆弱的,且反应迟缓,这使得他们更容易受害于意外事故。因此,法国法给予青少年、老年人和残疾人以附加保护。[5] 法国理论称之为

---

[1] 《侵权责任法的基本问题(第一卷)》,边码6/8。
[2] 同上书,边码6/9。
[3] 同上书,边码6/8。
[4] 1985年7月5日第85-677号法令,第3条。
[5] 第3条[1985年7月5日第85、677号法令]规定:"除陆上机动车驾驶人外,受害人因人身伤害所受损害应予赔偿,且不得以其自身过错提出抗辩,除非其不可宽恕的过错是事故发生的唯一原因。若前段所涉受害人不满16周岁,或者超过70周岁,或者不论年龄如何,持有永久失能或伤残至少达80%的证明,他们在任何情况下都可就人身伤害所生损害获得赔偿。不过,在前两段规定的情形下,若受害人故意造成损害发生,则他不得向引致事故发生之人要求赔偿其所受人身损害。"

"特权受害人"(victimes superprivilégiées)。[1]

1/167 行为不当性的第二个层次被称为"在特定情形下的疏忽大意",并按照客观标准加以判断。[2] 这种"行为不法理论"与普通法司法管辖区,尤其是英国法中的注意义务之违反原理是一致的。尽管《法国民法典》没有明确要求存在注意义务,但人们一般承认,过错意味着违反了成文法规定的义务,或者是违反了更为一般性的行为义务,如上文所论,在所有情况下都以谨慎勤勉的方式行为的义务(devoir général de prudence et de diligence)。[3] 违反既存义务,或者侵犯既有权利,这就标示了违法因素(违法性),对此,《意大利民法典》有明确的要求[4],而《法国民法典》也隐含此种要求。大多数学者都接受违法性(l'illicite)乃责任构成要件的看法[5],这使得法国法在过错责任范围内支持行为不法理论。违法性乃客观要素,而可归责性指的是过咎(culpa),乃主观要素。[6]

1/168 行为不当性的第三个层次考察的是,"客观上的疏失行为是否得基于特定不法行为人的主观能力和具体情况而成为对其加以责难的基础"。[7] 它指向的是过错的主观维度。不可否认,这是"更为重要的归责要素",在许多最终由刑事法庭审结的涉及过错责任的案件中,审案法官基于非常主观的情况作出了[刑事]判决,受害人向其提出[民事]赔偿请求权,结果无疑就是这样。在其他情况下,就如本节前文所述,法国法院倾向于在认定行为人的行为违法时,推定主观因素的存在。

三、针对轻微侵害的保护

1/169 人们通常不会就微小损害提起诉讼,诉讼的成本和耗费的精力可能会超出预期的赔偿。不过,有些人仍会无视损害程度而进行诉讼,只是为了明确其对权利的捍卫,而非寻求金钱赔偿。这常常发生在因犯罪行为

---

[1] F. Chabas, Le droit des accidents de la circulation après la réforme du 5 juillet 1985² (1988) no 179.
[2] 《侵权责任法的基本问题(第一卷)》,边码 6/10。
[3] Galand-Carval in: Widmer, Unification of Tort Law: Fault 89, no 10.
[4] 《法国民法典》第 2043 条。
[5] Viney/Jourdain, Les conditions de la responsabilité³ no 443.
[6] Ibidem no 442.
[7] 《侵权责任法的基本问题(第一卷)》,边码 6/12。

造成损害的场合,只要受害人提出了民事诉讼(plainte avec constitution de partie civile),公诉人就无权撤回指控。许多受害人都会寻求表达看法和赢取公众对其遭受了不法侵害的事实加以关注的机会。[1] 当发生对名誉、隐私、肖像等人格权的侵害时,许多受害人都会对仅给予名义赔偿,但同时将确认权利被侵害的事实在媒体上公开感到满意。[2] 损害赔偿不仅仅与金钱相关,尤其在涉及非财产权保护时更是这样。

《法国民法典》中并不存在"琐利限制规则"(de minimis rule)。对于微额请求也须践行正义。琐利标准可能存在于合同实践中,它们构成交易习惯。它们通常依合同解决,就如在不动产交易中,公寓或住宅的期房售卖人(vente en l'état futur d'achèvement)规定有 5% 的销售折让,或者在原材料和大宗货物买卖中,允许存在 3%—5% 的短装数量一样。在侵权法中,该规则仍允许完全赔偿(réparation intégrale),在涉及基本权利被侵害时,可能会准予名义赔偿(以欧元赔付,以前是以法郎赔偿)。

1/170

在轻微的相邻妨害(trouble de voisinage)情形拒绝给予赔偿或否定停止侵害请求权,被某些人看作是对琐利限制规则的适用。[3] 它实际上反映的是,在该种情况下不存在不法妨害的事实。因为,被指控的妨害处于近邻之间通常须予容忍的不便限度内。妨害的标准是其已属异常(inconvénients anormaux de voisinage),尽管这被法国最高法院视为是事实问题,但其明显属于法律问题。恰如前述[4],法国最高法院在其想要缩减审查范围时,将倾向于放大其认为属于事实问题的范围。[5] Viney 注意到,法国最高法院并未放弃其就这些问题的所有审查权力,因为它有时会干涉下级法院对于异常情况的认定。[6] 该法律领域的专家认为,对此应当作**具体**判断,要考虑相关区域的类型和性质、人口密集度、是纯粹的居住区还是混合建筑区等情况。[7] 同时,应当容忍的阈值(le seuil de

1/171

---

[1] 在美国,围绕受害人表达看法的思想形成了丰富的文献。See C. Guastello, "Victim Impact Statements: Institutionalized Revenge", 37 *Arizona State Law Journal* 1321 (2005).

[2] *le Tourneau*, Droit de la responsabilité civile et des contrats⁹ no 1620.

[3] 《侵权责任法的基本问题(第一卷)》,边码 6/19; *le Tourneau*, Droit de la responsabilité civile et des contrats⁹ no 7183。

[4] 《侵权责任法的基本问题(第一卷)》,边码 1/19。

[5] *le Tourneau*, Droit de la responsabilité civile et des contrats⁹ no 7184.

[6] *Viney/Jourdain*, Les conditions de la responsabilité³ no 954.

[7] Ibidem.

tolérance)须以审慎的事实分析为基础,这最终是一个法律问题,并依循一定标准加以认定。[1] 当人们在适用这种标准时,就采取了某种客观视角。[2] 这是否意味着可以取消主观认知呢?有些受害人对于噪音更为敏感。原则上,为了减少赔偿,法院将拒绝考虑受害人的特殊体质。[3] 这不意味着法院在确信受害人更为敏感时,不会为了增加赔偿而考虑这种特殊体质。[4] 假定某个恶意的不法行为人明知其邻居对噪音特别敏感,或者患有某种过敏症,而故意对受害人施以噪音,或者在窗台栽种易于引致过敏症的植物。尽管相关妨害可能明显不属于异常情况,但法院仍可能会准予赔偿。不过,这类裁判应当更多基于《法国民法典》第1382条的一般条款或权利滥用作出,而非依据"相邻妨害"(trouble de voisinage)原理作出。

1/172　　微额损害赔偿请求通常会被保险公司拒绝。标准的保险条款为限制请求数量,会添加重要的扣减项(免赔额)。放弃扣减代价高昂,有时会作为优惠提供给某些客户。被保险人更喜欢减少保费支出。扣减项类似于患者承担的"自付费",后者只能报销部分医疗费用(通常为70%),尽管许多人会购买补充医疗保险,以获得全额报销。[5]

1/173　　从经济角度看,保险扣除额是合理的,但其不能阻止受害人对未获保险赔偿部分诉请赔偿。就此,1985年欧共体指令对缺陷产品致害的损害赔偿请求权施予500欧元限额规定是有问题的。法国并不将这种门槛规定看作是一体化的条件,而愿意给予受害人更多保护。[6] 在欧盟委员会针对法国提起诉讼后,欧洲法院迫使法国令人遗憾地接受了500欧元的限额规定。[7]

---

[1] Viney/Jourdain, Les conditions de la responsabilité³ no 953,作者将这种责任看成是"客观"责任,因为其考虑的重点是妨害行为的异常性。

[2] Moréteau, in: Bussani/Graziadei (eds), Law and Human Diversity 71.

[3] le Tourneau, Droit de la responsabilité civile et des contrats⁹ no 1787.

[4] le Tourneau, Droit de la responsabilité civile et des contrats⁹ no 7186 f.

[5] 长期患病的患者可以主张全额保险赔偿(longue maladie)。

[6] 《法国民法典》第1386-2条最初是依1998年5月15日第98-389号法令起草的。

[7] Cour de Justice des Communautés Européennes (CJCE) 25 April 2002, C-183/00, D 2002, 1670, observations C. Rondey. Viney/Jourdain, Les conditions de la responsabilité³ no 776.

四、针对纯粹经济利益的保护

依库奇奥教授所言:"所谓纯粹经济利益的损害,是指非因侵害受绝对保护的法益(主要是人格权、物权、知识产权等)而使他人财产方面遭受的不利改变。"[1]这类权益只能得到有限的保护,"因为它们与业已确定且法律认可的利益侵害无关"[2],库奇奥教授进一步补充道:"这些利益难以为第三人所识别,若对其提供广泛的保护,将会产生漫无边际的赔偿义务之风险。"[3]

1/174

法国法并无此种限制,甚至根本就没有纯粹经济损失的概念。[4] 民法典并未对可赔偿损害加以界定,依法国法,任何可查明的损害都可以得到赔偿,只要它具有确定性和直接性即可。出现不计其数的受害人的"恐怖代表"(horror pleni)之风险[5]似乎应通过因果关系要件加以缓解。[6] 法国法贯彻完全赔偿原则(réparation intégrale),同时亦通过谨慎使用责任构成要素而避免产生负面后果。假如一辆汽车因油料耗尽,在交通高峰时段停在某条交通繁忙的城市隧道中无法挪动,并造成巨大的交通拥堵。成千上万的人面临迟延风险:有的人可能错过有利可图的商机,另一些人可能无法按时参加考试,还有一些人则可能错过航班或者彩票验证机会。假如他们之中的一个人对这个有过失的汽车驾驶人提起诉讼,因为他忘了在开车前给油箱加满油,法院将会认定,损害不是被告过失的直接结果,或者在承认因果关系存在的情况下,认为其只是造成某种机会损失,从而只能准予最低限度的赔偿[7],或者可能裁定,在交通繁忙的隧道中行车的行为就默示承担了相关风险。

1/175

同样,因心爱之人去世而丧失扶养的间接受害人(victime par ricochet)提出的赔偿请求权也仅限于那些遭受了人身损害或直接损失的人,

1/176

---

[1]《侵权责任法的基本问题(第一卷)》,边码6/17。
[2] 同上书。
[3] 同上书。
[4] *Lapoyade Deschamps*,RIDC 1998,367.
[5]《侵权责任法的基本问题(第一卷)》,边码6/49。
[6] *Lapoyade Deschamps*,RIDC 1998,368.
[7] Ibidem 371.

即死者的近亲属与最亲密的朋友,商业伙伴和债权人不包括在内。[1] 一般而言,因果关系是防止不合理或过度赔偿请求的主要手段。[2]

1/177　　所有这些表明,基本类似于普通法或德语司法管辖区的情况,纯粹经济损失的赔偿主要存在于合同领域,其立法限制见于民法典之中。[3] 法国法中并无任何经验显示,完全赔偿原则应当对合同外的纯粹经济损失予以限制,而在合同情形,当债务人不存在恶意时,赔偿则仅限于可预见损失。[4] 因果关系和损害的确定性在这方面发挥了限制作用。

1/178　　有意思的是,法国文献中并不存在对赔偿请求泛滥的担忧(floodgate syndrome)。这种担忧形成于那些对损害赔偿请求权加以严格限制或限定的司法管辖区中。[5] 在普通法中,损害赔偿的获得在历史上受诉因(令状)的限制,后来则受有约束力先例的限制。没有令状就不允许提起诉讼;没有先例,也不允许给予救济。对新情况开启新救济当然是可能的,但会遭受保守立场的敌视,并会忧惧不可预料之后果。既然责任的发展不存在一般的或概念上的边界限定,对意外后果的忧虑就顺其自然好了,因为侵权法的发展在理论上是充分开放和具有扩张性的。德语国家存在对受保护利益加以明确界定的传统,同时对某些未被列举的利益也给予某种开放性的保护。[6] 当出现某种新的利益时,对赔偿请求泛滥的担忧就活跃起来。《法国民法典》第1382条的一般条款对赔偿请求给予了极为广阔的可能空间,而不是只提供严格限定的途径或进行限定性的保护对象列举。救济途径可能需要予以控制。像大海大湖一样的法律制度是没有泛滥之忧的。这就是为何法国法无须"纯粹经济损失赔偿责任的十项基本规则"也运作良好的原因所在[7],尽管法国的法官和学者无疑会赞同那些限制规则的合理性。如果按照这种有价值的指示对法国司法案例加以分析,人们会发现,法国法院在其所作的判决中,没有偏离西

---

[1] *Lapoyade Deschamps*, RIDC 1998, 375.

[2] Ibidem 379 f.

[3] Ibidem 373 f.

[4] 《法国民法典》第1150条。

[5] J. *Gordley*, "The Rule against Recovery in Negligence for Pure Economic Loss: An Historical Accident?" in: M. Bussani/V. V. Palmer (eds), *Pure Economic Loss in Europe* (2003) 25, concludes at 55,指出,该规则"当初在德国和英格兰被采纳的理由,在今天已没有说服力"。

[6] 《德国民法典》第823条、第826条。

[7] 《侵权责任法的基本问题(第一卷)》,边码6/62—72。

方法律制度的共同核心。[1]

五、为他人行为负责

尽管《法国民法典》没有条文规定,"任何人对其未参与的第三人的违法行为,通常不承担责任"[2],但依法国法,为他人行为承担责任仅限于法律有明确规定的情形。

《法国民法典》第 1384 条规定:"任何人不仅对因自己的行为造成的损害负赔偿责任,而且对应由其负责之人的行为……负赔偿责任"(第 1 款),同时还规定:"父与母,在其行使亲权的范围内,对与他们共同生活的未成年子女造成的损害,负连带赔偿责任。"(第 4 款)"主人与雇主,对其家庭佣人和雇员在履行他们的受雇职责中造成的损害,负赔偿责任。"(第 5 款)"教师与工匠,对小学生或学徒在首期监管的时间内造成的损害,负赔偿责任。"(第 6 款)第 7 款规定,如父母或工匠能够"证明其不能阻止引起损害的行为",则免除他们的责任。[3] 第 8 款规定,在涉及教师责任的诉讼中,应由原告就受到指控的过失负证明责任。在 1991 年的标志性案件中[4],法国最高法院由《法国民法典》第 1384 条第 1 款推导出一项为他人行为负责的一般原则,判令康复中心要对处于其照管下的残疾病人自发引起的森林火灾所致损害承担责任。

关于为事务辅助人承担的责任(liability for auxiliaries),《法国民法典》第 1384 条第 5 款的适用范围是非常一般化的。在适用不竞合规则(non-cumul rule)时,对于源自合同债务的责任不能无视前述规定,因为,法院在处理合同责任时也会援引该规定[5]:法国法认可为辅助人行为负责的合同

---

[1] Bussani/Palmer (eds), Pure Economic Loss in Europe (2003).
[2] 《奥地利民法典》第 1313 条。
[3] 法国司法实践的做法是父母对与他们一起生活的未成年子女直接造成的任何损害都要承担严格责任(无免责可能),而不管该未成年子女是否有过错:Cass Plén, 13 December 2002, D 2003, 231, note P. Jourdain. This rule has been criticized: see Viney/Jourdain, Les conditions de la responsabilité³ no 869 f; Francoz-Terminal/Lafay/Moréteau/Pellerin-Rugliano in: Martín-Casals (ed), Children in Tort Law I: Children as Tortfeasors 167。
[4] Blieck case, Cass Plén, 29 March 1991, JCP 1991, Ⅱ, 21673, note J. Ghestin, D 1991, 324, note C. Larroumet, RTD Civ 1991, 541, observations P. Jourdain. See, for a full discussion, Viney/Jourdain, Les conditions de la responsabilité³ nos 789-8 to 789-30.
[5] Viney/Jourdain, Les conditions de la responsabilité³ nos 791-2 and 813.

责任一般原则,它包括《法国民法典》第1384条第5款规则在内。[1]

1/182　　根据法国法,本人的责任必须以辅助人的**客观不当行为**为基础[2],这是毫无疑问的:只要证明辅助人在其职责范围内,实施了他自己独立行为时会承担责任的行为就够了。[3] 辅助人追求的是本人的利益,且辅助人的行为处于本人的责任范围内。[4] 法国法不再将本人的责任建立在其对选任或监督辅助人的推定过错基础上。[5] 法国学者将风险思想(Savatier)、受害人权利保障(Starck,Larroumet)、本人的法定代位(Mazeaud)、公平与社会利益思想(Rodière)或者对辅助人施予的监管权(Julien)等作为可能的规范基础。[6] Viney补充了本人偿付能力的相关性,并强调,法律不只把本人看作个人,而是以作为经济单元的企业为目标[7],是一种接近欧洲侵权法小组所接受的企业责任概念的思想。[8]

1/183　　当损害是由辅助人的过错造成时,没有必要将辅助人和本人一同起诉。尽管在辅助人遭到刑事指控时,受害人往往倾向于在附带民事诉讼中同时起诉本人。[9] 过去,本人承担责任并不使辅助人免于被受害人提起法律诉讼。[10] 在Rochas案中[11],辅助人在履行其职责时,得免于被本人追偿,本人的追偿权限于辅助人存在超出其所负义务外的自身过错(faute personnelle)情形。Costedoat案将事情作了进一步的推进。[12] 农民们和一家公司订立用直升机播撒除草剂的合同。作为该公司雇员的飞行员在一个有风的日子做这件事,飘散的除草剂造成了附近的种植园的

---

[1] *Viney/Jourdain*, Les conditions de la responsabilité³ nos 791-2 and 822.
[2] 《侵权责任法的基本问题(第一卷)》,边码6/96。
[3] *Viney/Jourdain*, Les conditions de la responsabilité³ no 807.
[4] 《侵权责任法的基本问题(第一卷)》,边码6/97。
[5] *Viney/Jourdain*, Les conditions de la responsabilité³ no 791-1.
[6] Ibidem, citing all references.
[7] Ibidem.
[8] 《欧洲侵权法原则》第4:202条第1款。《侵权责任法的基本问题(第一卷)》,边码6/192。
[9] *Viney/Jourdain*, Les conditions de la responsabilité³ no 811.
[10] Ibidem. Principal and auxiliary are then liable in solido: Cass Civ 2, 28 October 1987, Bull Civ Ⅱ, no 214.
[11] Cass Com, 12 October 1993, D 1994, 124, note *G. Viney*, JCP 1995, Ⅱ, 22493, note *F. Chabas*, RTD Civ 1994, 111, observations *P. Jourdain*.
[12] Cass Plén, 25 February 2000, JCP 2000, Ⅱ, 10295, note *M. Billiau*, D 2000, 673, note *P. Brun*, RTD Civ 2000, 582, observations *P. Jourdain*.

损害。遭受了损害的所有权人同时起诉了飞行员和该公司,下级法院认定二者均须承担责任:飞行员存在过失,因为其本来不应在有风的日子播撒除草剂。最高法院全体会议明确反对,裁定辅助人在其职责范围内行为时,无须对第三人负责。Viney 认为,只有在不牺牲受害人利益的情况下,才有可能让辅助人免予责任承担:辅助人对于受害人的免责过于宽泛了。当辅助人存在过错时,受害人应当能够对其享有诉因,即使其是在职责范围内行为亦然。Costedoat 案的裁判规则的适用范围后来被限制了,至少是在辅助人的过错同时满足刑事犯罪的要件时,即使相关过错并非故意,但只要足够严重,最高法院刑事庭也允许受害人对辅助人主张赔偿。[1]

民法典债法改革草案[2]倾向于对"归责于上"(respondeat superior)原则的一般适用加以限制,并改进为他人行为负责规则的适用范围,以在某种程度上顾及如下考虑,即委托他人行为并不必然会增加致害风险,在委托更有能力之人处理事务时,反而会减少风险。[3]"泰雷草案"[4]使用现代用语界定了对辅助人行为负责规则的适用范围。[5]它引入二元化的处理办法,依本人和辅助人是否受雇佣合同约束而对其加以区分,当他们之间存在这种合同时,即将其称为雇主和雇员。

1/184

当存在雇佣合同时,应由雇主承担责任,除非能够证明雇员方面存在滥用职责(abus de fonction)的情况,也即雇员是为了某种与受雇职责无关的目的而越权行为。[6]同时还规定,雇员应对其故意行为承担责任,这不意味着雇主在这种情况下总能免责。改革草案就针对受害人的免责提供了如下建议方案。当雇员不存在故意行为时,"泰雷草

1/185

---

[1] Cass Crim, 28 March 2006, JCP 2006, II, 10188, note *J. Mouly*, RTD Civ 2007, 135, observations *P. Jourdain*. See also *Moréteau*, in: Koziol/Steininger (eds), European Tort Law 2006, 196, nos 42—47, discussing CA Lyon, 19 January 2006, D 2006, 1516, note *A. Paulin*.

[2] *Moréteau* in: Magnus-FS 77.

[3] 《侵权责任法的基本问题(第一卷)》,边码 6/119。

[4] "泰雷草案"第 17 条。

[5] 古旧用语"commettant"(委托人)和"préposé"(职员)在"泰雷草案"第 17 条中被"employeur"(雇主)和"salarié"(雇员)所替代,但在"卡塔拉草案"中则没有这样的改变("卡塔拉草案"第 1359 条)。

[6] "泰雷草案"第 17 条。

案"[1]和"卡塔拉草案"[2]都排除了在受雇范围内行为的雇员的责任。"卡塔拉草案"恰当地补充了一项例外,当受害人不能从雇主或保险公司那里获得赔偿时,雇员仍应负责[3],这是一个《欧洲侵权法原则》尚未作出决定的问题。[4]

1/186　若不存在雇佣合同,本人的责任以纯粹的过失推定为基础,辅助人要就自己的过错承担责任。[5] 这至少考虑到了,"归责于上"原则在这种情况下的适用并非总是合理的。[6]

1/187　"泰雷草案"同样提供了一种有意义的结构变革,这也被欧洲侵权法小组讨论过,尽管没能在《欧洲侵权法原则》中得到贯彻。为他人行为的责任处理的不是像过错责任或物之活动的责任之类的责任类型,它处理的是损害赔偿责任的归责问题,即将责任负担转嫁给其他人。草案将为他人行为的责任限定于法律有明确规定及存在侵权行为的情形。[7] 就父母对未成年子女承担的责任来说,这是一个很大的改变,这种责任已扩及未成年人实施侵权行为的情形之外,包括儿童因客观过错而承担责任等情形。令人好奇的是,该草案在限制父母对"未成年子女的行为"承担责任方面是否走得太远,它似乎排除了对物、动物或建筑物的活动所致损害的赔偿责任,这可能限制过度了[8],"卡塔拉草案"尽管也作了类似规定,但并未作如此限制。[9] 就对辅助人行为的责任而言,在辅助人行为不违法时,预期的改变限制了对本人施予责任的风险。[10]

1/188　"卡塔拉草案"设置了专门规定,允许受害人对那些负有规范或组织独立雇员活动职责的组织,或者像特许经营者或母公司等对他人享有控

---

[1] "泰雷草案"第17条第3款。
[2] "卡塔拉草案"第1359.1条。
[3] 这个观点也见于《侵权责任法的基本问题(第一卷)》,边码6/100。
[4] 《欧洲侵权法原则》第6:102条。但是,雇员在这种情况下可以请求赔偿金酌减(《欧洲侵权法原则》第10:401条)。
[5] "泰雷草案"第18条。
[6] 《侵权责任法的基本问题(第一卷)》,边码6/120。
[7] "泰雷草案"第13条,与《奥地利民法典》第1313条相当。与之相对,"卡塔拉草案"像《欧洲侵权法原则》一样,将为他人行为的责任处理得像是独立的责任类型一样(第三人行为,第1355—1360条)。
[8] "泰雷草案"第14条。
[9] "卡塔拉草案"第1356条。
[10] 《侵权责任法的基本问题(第一卷)》,边码6/118。

制权的组织提起赔偿之诉。[1] 依法国法,在劳务合同情形,通常不存在适用为他人行为负责之规则的可能性,因为,企业独立开展相关活动,不存在受他人监管(absence de rapport de préposition)的问题。[2] 这同样适用于委托代理情形:《法国民法典》第 1384 条第 5 款原则上不适用于本人与受托人之间的关系。[3] 不过,在受托人在本人监管下行为的特殊情形下[4],受托人当然也属于本人之雇员,从而构成例外:一个人可以同时是某个法人的雇员和受托人。[5] 尽管这种法律效果并无特别的规定可资援引,但法人通常应就其依法设立的机关的活动承担责任。[6] 不过,这种效果实际上与本人为其辅助人承担的责任是相同的,这就解释了为何法国法并不关注法人机关与辅助人的区分问题。[7] 确定无疑的是,法人机关的不当行为可以归责于其所属法人[8],但这并不排除法人机关自身的责任。[9]

□ 第七节 归责限制

本章讨论"过度归责"的问题。[10] 德国的"相当性理论"(Äquivalenztheorie)不仅使加害人要对直接损害负责,而且要对受害人遭受的间接损害负责,这可能是不公平或者不合理的。[11] 法国法接受了"条件等价说"(équivalence des conditions),但通过结合同样源自德国的相当因果关系理论(causalité adéquate)来缓和其效果,法国法院以一种实用方式将二者结合在一起。[12] 法国学理不认为有必要对自然因果关

---

[1] "卡塔拉草案"第 1360 条。
[2] Viney/Jourdain, Les conditions de la responsabilité³ no 795-2.
[3] Ibidem no 795-1.
[4] Ibidem.
[5] Cass Civ 1, 27 May 1986, Bull Civ I, no 134.
[6] Viney/Jourdain, Les conditions de la responsabilité⁴ no 850.
[7] Ibidem.
[8] Viney/Jourdain, Les conditions de la responsabilité³ no 854.
[9] Ibidem no 855.
[10] 《侵权责任法的基本问题(第一卷)》,边码 7/1。
[11] 同上书,边码 7/1-2。
[12] 参见同上书,边码 1/137 的讨论。

系与法律因果关系加以区分,尽管学者们清楚地知道,等价性更偏重事实方面,而相当性则偏重法律方面。[1]

1/190　　法国人将因果链看作是一个连续统一体(continuum)。[2] 新行为的出现通常会造成责任分担,除非这种新行为中断了因果链。当"介入行为"(novus actus)比原来的行为过错更轻时,责任将会被分担。[3] 如果受害人或第三人的后续行为至少与不法侵害人的最初行为一样严重[4],因果链就被中断了。这暗含了某种价值判断。受害人中断因果链的例子是,过失致害事件的受害人全速奔跑追赶侵权行为人,结果死于心脏病突发事件,过失致害事件的侵权行为人对于受害人的死亡无须负责。[5] 最近一个案例提供了第三人中断因果链的例证。[6] 在一个私人家庭庆典活动中,女主人在楼下点燃蜡烛。她随后回到卧室,而没有提醒要注意点燃的蜡烛,因而存在行为过失。有一个客人随后将燃着的蜡烛拿往楼上,聚会在那里通宵进行,其中一支蜡烛在凌晨时引发了致命火灾。下级法院认定,女主人最初的过失对于最终的灾难事故具有促成作用,但最高法院认为,第三人将蜡烛拿上楼,且没有确保在适当时候将其熄灭,这种过错行为中断了因果链条。最初的过失不再被视为直接原因,我们完全同意库奇奥教授的看法[7],认定随后发生的过错构成损害发生的充分原因。

1/191　　相当性理论最初被理解为有关因果关系的理论,但最好看作是基于价值判断的责任限制理论[8],这一点是无须怀疑的。它可以通过考察那些通常以证据的考量为基础的案例而从正面加以阐明,在这些案例中,某个特定的过错或行为被视为损害发生的充分原因;它也可以从反面加以阐明,在某些情形下,尽管在单纯侵害像人格权之类受法律高度保护的利

---

[1]《侵权责任法的基本问题(第一卷)》,边码1/113。

[2] R. Pothier, Traité des obligations (1761) no 166, talked about »la suite nécessaire«. See le Tourneau, Droit de la responsabilité civile et des contrats⁹ no 1776 f.

[3] Ibidem.

[4] le Tourneau, Droit de la responsabilité civile et des contrats⁹ no 1777.

[5] Ibidem no 1778, citing Cass Crim, 2 December 1965, Gaz Pal 1966, 1, 132, 以及其他一些示例。

[6] Cass Civ 2, 28 April 2011, Bull Civ Ⅱ, no 95, RTD Civ 2011, 538, observations P. Jourdain. See also le Tourneau, Droit de la responsabilité civile et des contrats⁹ no 1778.

[7]《侵权责任法的基本问题(第一卷)》,边码7/6。

[8] 同上书,边码7/7。

益外并未造成技术意义上的损害,但仍然被认为有责任存在。尽管没有实际损害发生,但基于价值判断,这种权益侵害必须加以制裁,从而必须判予名义赔偿金(通常在预防性措施外附加判决)。不法行为人存在故意行为的事实[对于责任的认定]也会发生很大的影响。[1]

正如德国学者传统上理解的那样,相当性理论的不足在于,它会造成"全有全无"(all-or-nothing)的结果[2],但它不存在于法国法中,法国法虽非总是立基于稳固的逻辑预设之上,传统上却一直采取分层处理的做法。法国人对因果关系的弹性化处理在前面已经作了介绍,其颇具特色地极愿采纳按份责任的方式,同时还使用机会损失等其他方法,后者提供了方便的拟制手段。[3] 相当性理论实际上可以以更好的方式加以运用:他可以依赖责任基础而接纳分层处理的做法[4],从而产生更合逻辑且更可预见的效果。在一个依逻辑组织起来的制度中,这可以极佳地加以运用。不过,当代的法国法还不是这样,它将过错责任、无过错责任以及严格责任随意地组合在一起。令人欣慰的是,在最高法院的谨慎引导下,法国法院通常都能够做出合理而灵活的应对。当重大的替代或并存原因也对损害的发生有促成作用时,法国司法实践会限制责任,并实行可推翻的因果关系推定,尤其是在涉及受高度保护的利益如人的生命时如此。[5]

1/192

合法替代行为的特殊问题值得特别关注:"问题是,不法行为人是否在即使其作出合法行为时仍会造成同样损害的情况下,还是应对其所致损害承担责任。"[6]库奇奥教授举了一个例子,一位轿车司机在驶越一位骑车人时,预留的避让空间太小,从而撞伤了后者,但即使留够避让空间,损害仍会发生,因为骑车人喝醉了,无法正常骑行。[7] 依法国特别法的规定,机动车驾驶人应承担严格责任,即使是在不可抗力(如遭遇不可预料的强风)或受害人存在过错时亦然,除非在极少数情况下,受害人存在不可原谅的过错,且属于事故发生的唯一原因。[8] 在 1985 年法令施行

1/193

---

[1] 《侵权责任法的基本问题(第一卷)》,边码 7/11。
[2] 同上书,边码 7/12。
[3] 同上书,边码 1/131 以下。
[4] 同上书,边码 7/12。
[5] 同上书,边码 1/125 及 128。
[6] 同上书,边码 7/22。
[7] 同上。
[8] 1985 年 7 月 5 日第 85-677 号法令,第 2 条、第 3 条。

前,机动车驾驶人的责任基础是对造成损害之物的照顾义务[1],但受害人的过错也会被考虑,要么在其被认为构成不可抗力时(也即受害人过错不可预见,且损害事故不可避免;这同样适用于遭遇强风的情形)免除机动车驾驶人的责任,要么在其可预见且可避免时减轻机动车驾驶人的责任。[2] 在早先适用过错责任的情况下,结果是一样的。[3]

1/194　　另一个例子是,一位医生在没有告知患者相关风险的情况下就为其做了手术,但没有发生医疗过失。医生抗辩说,即使其告知了所有风险,患者还是会同意做手术,这样的抗辩依法国法不能成立。法国最高法院最近推翻了下级法院驳回医疗责任的一个判决[4]:法院起码应当考虑非物质损害赔偿的可能性,这种损害源自患者对于手术的毫无准备,以及在涉及受到高度保护的利益(对于个人身体的自决权)场合,其被剥夺了自由选择、听取其他人的意见等相关机会。[5] 该案的评论者认为,在最高法院看来,考虑到涉案受保护利益的重要性,违反这个行为规则应当受到制裁[6];该行为规则的目的不只是意在防止损害,而更多在于预防某些类型的行为,这样的解释是合理的。[7] 在该案中,非物质损害赔偿看上去是某种形式的惩罚,目的在于实现预防功能。相反,为了提高预防效果,将更多的赔偿负担施予医生一方,也即将所有的损害后果都归诸于手术的负面效果,那也是不妥当的。这里实际上欠缺因果关系,因为,即使患者得到充分告知,损害还是会发生。[8] 不过,要是对一个明显不当的行为不予制裁,对于非物质损害不给予赔偿,那同样是错误的。法国的做法提供了某种令人满意的折中解决方案,并具有逻辑上的根据。

1/195　　库奇奥教授正确地提出了与之相似的超越因果关系问题(不可抗力

---

〔1〕《法国民法典》第 1384 条第 1 款。

〔2〕上文边码 1/158。

〔3〕《法国民法典》第 1382、1383 条。

〔4〕 Cass Civ 1, 3 June 2010, no 09-13591, Bull Civ I, no 128, D 2010, 1522 note P. Sargos; RTD Civ 2010, 571, observations P. Jourdain; JCP 2010, no 1015, observations P. Stoffel-Munck; Moréteau in: Koziol/Steininger (eds), European Tort Law 2010, 175, nos 4—10. 为了避免导尿管引发感染的风险,外科医生对患者施行了前列腺瘤切除手术,而没有告知患者存在勃起障碍风险。手术一切正常,但患者发生性无能症候。

〔5〕《侵权责任法的基本问题(第一卷)》,边码 7/33。

〔6〕 Jourdain, RTD Civ 2010, 571。

〔7〕《侵权责任法的基本问题(第一卷)》,边码 7/26。

〔8〕同上书,边码 7/24。

案型）。[1] 尽管在《法国民法典》确立的责任类型中，一旦不可抗力抗辩被成功提出，将导致责任被全部免除，人们还是希望，基于预防的考虑，还是应当对不当行为人施予某种形式的惩罚。这可能只会发生于刑事犯罪场合。德国见解就此提供了另一种有意思的视角，其认为以增加致害危险的方式行为的当事人创设了一种具体危险，并实施了不法行为，因而须承担全部解释或说明风险（Aufklärungsrisiko）[2]，这意味着因果关系的证明负担倒置。也即，不法行为人应当证明，危险的增加在讼争案件中并没有产生相应后果。特别是在针对医疗过失之类涉及专业人士的诉讼中，相关问题可能是非常技术性的，这种看法将是合乎情理的。

库奇奥教授还写道："在有意地选择采取违法行为时，预防思想具有重要的作用，从而，即使对行为规则的违反不那么严重，令加害人承担全部责任也是合理的。"[3] 尽管在认定责任是否成立时，过错的强度或严重性无须予以考虑[4]，但几乎没有疑问的是，初审法院的法官在这种情况下还是倾向于认定或推定因果关系的存在。此外，故意或重大过失（"faute loured"，被认为等同于故意[5]）的存在将对被告非常不利，其可能会丧失法律规定的责任限额利益[6]，或者是合同上的责任减免条款的好处[7]。

□ 第八节 损害赔偿

一、完全赔偿作为基本原则的神话

法国法坚定地支持完全赔偿。尽管并未被规定在《法国民法典》的侵

---

[1]《侵权责任法的基本问题（第一卷）》，边码 7/29。
[2] 同上书，边码 7/28, citing M. Karollus.
[3] 同上书，边码 7/34。
[4] Viney/Jourdain, Les conditions de la responsabilité³ no 596.
[5] Ibidem no 606.
[6] 法国法上存在一种不寻常的情况，即使在严格责任情形也不存在责任限额问题。Viney 引用了海上运输的例子，参见 Viney/Jourdain, Les conditions de la responsabilité³ no 604。
[7] Ibidem.

权条文中，完全赔偿仍然是法国侵权法的基本原则（principe de la réparation intégrale）。[1] Viney 和 Jourdain 建议在用语上更为准确地将损害与赔偿并论（équivalence entre dommage et réparation）。[2] 在评定赔偿额时，法国学者将其视为主要的指导标准。[3] 法国最高法院反复强调，民事责任的目的在于恢复原状，即尽可能完全恢复被损害事件打破的平衡状态，使受害人恢复到没有损害事件时其本来可能会处于的状态。[4] 尽管可以找到一些证明这种效果的例证，但更加细致的考察表明，这种所谓的原则最多不过是雄心勃勃的指导方针而已，常常是被挫败而非实现，即使偶尔实现，结果也令人沮丧。

1/198　　下文将会表明，这或许会让许多读者感到吃惊，法国法中的无形动力很可能是库奇奥教授所描述的原则，在其著作的最令人印象深刻且有说服力的段落之一中，他指出："加害人方面的归责理由越强，赔偿的范围就越广泛。"[5] 这是不应被忽视的事实，即其与人们的一般看法相符：社会学研究表明，超过 70%的人认为赔偿额应当与过错程度相关。[6]

（一）所谓的完全赔偿原则

1/199　　在找寻支持完全赔偿的论据时，主流学者援引实例证明，现实中，尤其是在人身损害情形，完全赔偿原则并未得到贯彻。法院常规性地诉诸伤残程度的做法完全是任意的，并没有考虑受害人的个人情况。Viney 和 Jourdain 赞赏巴黎一家法院的判决，该判决支持对具有严重残疾的受害人的身体伤害给予赔偿，该判决否定了要求考虑本已存在的身体残疾

---

[1]　参见上文边码 1/107 的讨论。《法国民法典》第 1149 条规定："应当给予债权人的损害赔偿，一般来说，为其遭受的损失和丧失的可得利益……"尽管其调整的是合同责任，但通常也被引用来支持该原则。

[2]　Viney/Jourdain, Les effets de la responsabilité² no 57.

[3]　Ibidem at note 3.

[4]　Viney/Jourdain, Les effets de la responsabilité² no 57: « Le propre de la responsabilité est de rétablir, aussi exactement que possible, l'équilibre détruit par le dommage et de replacer la victime dans la situation où elle se serait trouvée si l'acte dommageable n'avait pas eu lieu«, citing several cases including Cass Civ 2, 20 December 1966, D 1967, 169. 人们可能注意到，这个表述非常有利于支持恢复原状，但并没有被提及，法国最高法院将其非常简短的说理限制在上诉请求的范围内，该请求似乎只与损害赔偿有关。

[5]　《侵权责任法的基本问题（第一卷）》，边码 8/8。

[6]　J. L. Aubert/G. Vermelle (eds), Le sentiment de responsabilité (1984) 31.

的诉求。[1] 在该法院看来,为了确保受害人可能享有的最佳生活条件,赔偿应当与受害人的实际需要相协调,对其个人具体情况予以考虑。可以说,如果完全赔偿的原则像法国最高法院和理论上所说的那样是合理的,这正是法院在每个人身伤害案件中应当采取的做法。为何要将其限于存在严重身体残疾的受害人呢?

完全赔偿最多为一种虚构,这也反映在另一个领域即非物质损害赔偿中,在此"它完全丧失意义",并且"产生了最严重的困难"。[2] 这种损害在本质上就无法准确评估,更谈何完全或全面赔偿?全面赔偿至多意味着,每种赔偿项目都要加以考虑。它不可能是指完全赔偿。主流学者认为,在轻微过失或无过错责任情形,如果没有保险保障,完全赔偿对于加害人可能是极为严苛的。[3]

最接近完全赔偿的唯一情形是涉及财产损害以及纯粹经济损失的场合。在前者,替代赔偿是可能的;在后者,至少在经济损失可以准确评估的情形是这样。不过,即使在这些情形下,也存在相反情况,一个有名的案件可以对此作典型说明。1955 年,一位艺术品收藏者在一家纽约画廊购买到一幅梵·高的油画,名为 Jardin à Auvert,购买价为 15 万法国法郎。1981 年,该油画的所有权人申请出境许可,因为他想要将这幅画运往日内瓦。许可被否决,他将该画提交给一家法国拍卖机构拍卖,最后售价为 5500 万法国法郎。他起诉了法国政府,诉称由于他们将该油画认定为国家遗产,他丧失了将其出售给外国买家的机会,评估损失为 2.5 亿法国法郎。法国政府被判令承担 1.45 亿法国法郎的赔偿责任。[4] 该判决遭到强烈批评[5]:将投机性损失(speculative loss)转嫁给法国纳税人是不公平的。[6] 财政部(the Public Treasury)最终败诉,法国最高法院指出,下级法院参照法国政府认定该画为国家遗产时可比物品在国际艺术品市场的售价,将其与在法国的实际售价比较,以此评估损失额的做法是

1/200

1/201

---

[1] TGI Paris, 6 July 1983, D 1984, 10, note Y. Chartier. Viney/Jourdain, Les effets de la responsabilité no 58.

[2] Viney/Jourdain, Les effets de la responsabilité² no 58-1.

[3] Ibidem, talking about « un enfer de sévérité «.

[4] CA Paris, 6 July 1994, D 1995, 254, note B. Edelmann.

[5] A. Bernard, Estimer l'inestimable, RTD Civ 1995, 271; G. de Geouffre de la Pradelle/S. Vaisse, Estimer la doctrine: l'art… et la manière, RTD Civ 1996, 313.

[6] Viney/Jourdain, Les effets de la responsabilité² no 58-1.

适当的。[1]

1/202　　这个案件可能是由错误的法院基于错误的理论作出的错误判决。它看上去更像是不当得利请求权,法兰西共和国通过将该画认定为国家遗产而将其保留在自己的领土范围内,从而创设了其国家博物馆对该画主张先买权的可能性,致使随后的售价远低于国际市场的售价(得利方面),先前的所有权人被剥夺了依国际艺术品市场计价的商业价值(受损方面)。该案本来应当由行政法院审理,国家是因为行使政府权力造成损失而被诉。要是人们认识到,在失去子女或配偶时,原告或许只能获得这种赔偿额的1‰或2‰,则将该案看成是侵权案件会令人觉得不舒服。Viney 和 Jourdain 赞同,纯粹财产法上的利益不应优于医疗保健费用和收入能力损失的保护;他们在批评该判决时认为,可以存在某种受保护利益的位阶划分。[2] 他们提到了正当期待的概念,并表达了优先考虑公平赔偿或充分赔偿的立场。[3]

(二) 完全赔偿的诸多限制

1/203　　完全赔偿极难变为现实。金钱无法充分补偿失去心爱之人或健康所造成的损失,许多极为严重的损失都得不到足够的赔偿。金钱或许可以补偿收入损失,但无法替代某些人从他们的工作中获得的成就感。非物质损失影响到人之本性,但无法适当地加以评估与赔偿。财产损害与经济损失也不过是具有某种合理确定性的损害项目而已。

1/204　　此外,还有其他一些限制完全赔偿的因素,它们和包括财产损害与经济损失在内的各种损害类型一起发挥作用。首先应提及的是有关赔偿限额的立法,尽管它们主要见于合同债务领域。不过,人们不应忽视如下事实,即依特别法确定的道路交通事故责任[4],在其中,人身比财产受到更高程度的保护。完全严格的责任仅适用于人身伤害[5],受害人的过错只影响财产损害赔偿[6]。另外还须提及受害人的促成过失。它不仅在过

---

[1] Cass Civ 1, 20 February 1996, Bull Civ I, no 97.
[2] Ibidem.
[3] Ibidem.
[4] 1985年7月5日第85-677号法令。
[5] 1985年7月5日第85-677号法令第3条。
[6] 1985年7月5日第85-677号法令第5条。但是,依医疗指示获得的物品和设备例外,它们被看作是人身损害,如轮椅、假体以及其他医疗器械等,都被当作身体的延伸部分。

错责任情形,而且在所谓无过错责任如物之照管人责任情形,都发挥着重要影响。[1]在为他人行为负责情形,若雇员仅有"轻过失"(culpa levis)或"最轻过失"(culpa levissima),则其根本无须承担责任。[2]

(三) 隐蔽的分担原则

完全赔偿乃是虚构,或最多属于某种尽管常常引人误解但仍属实用的司法方针。据此可以推知,法国法院遵循一项隐蔽的原则,即损害赔偿必须基于致害行为的严重性而加以分担,这或许就有些过度了。库奇奥教授提出的建议,即"加害人方面的归责理由越强,则损害赔偿的范围就越广泛",[3]可以作为一种假定,通过对法国司法实践作深入研究来恰当地加以验证。前文的讨论已经揭示了许多因素,它们应当由法国学者与国外的比较法学者对其作更加深入的探究。 1/205

第一个因素是,在故意致害情形,存在认可非物质损害赔偿的明显倾向。[4]若被侵害的权利涉及基本权利,如前文讨论过的人格权,这种赔偿额也会很高。[5] 1/206

第二个因素是,在考虑受害人过错的所有情况下,法官不管愿不愿意(nolens volens)都会进行比较过失的分析,对案件的裁决不是基于纯粹的自然因果关系因素,而是基于相关的过错程度。这不仅适用于过错责任,也适用于无过错责任,如依据《法国民法典》第1384条第1款裁决的案件。[6] 1/207

第三个因素是,条件等价说与相当性理论在因果关系的判定方面相互影响,从法律上将自然因果关系与违法性联系起来,从而非常有利于进行价值判断,引导法官在目标行为可憎之时承认因果关系,或在涉及受高度保护的利益时推定因果关系的存在。[7] 1/208

第四个因素涉及因果关系不确定时的责任分担规则。将相关侵害当作机会损失或损害项目而给予完全赔偿,乃是一种纯粹的拟制,掩盖了其 1/209

---

[1] 《侵权责任法的基本问题(第一卷)》,边码1/158 的讨论。
[2] 同上书,边码1/185 的讨论。
[3] 同上书,边码8/8。
[4] 同上书,边码1/65 及67。
[5] 同上书,边码1/102。
[6] 同上书,边码1/158。
[7] 同上书,边码1/115 及以下。

作为所谓的完全赔偿原则之例外的事实。实际上,受害人只获得了部分赔偿。[1]

二、赔偿类型

1/210　　与德国法制度不同[2],法国法中不存在恢复原状(réparation en nature)优先的原则。[3] 这不意味着该原则被忽视。许多案例显示,法国法院针对不法扣押财产、侵占或毁坏所有物的行为,都支持返还财产以及恢复不动产原状的请求。[4] 若承认在因成本过高或难以执行等原因而使恢复原状变得不适当时可以放弃该原则,则恢复原状优先的原则可资赞同。[5] 如前所述,法国法官被鼓励以紧急命令方式采取预防措施,以禁止可能造成损害的行为。[6]

1/211　　就损害的评定而言,在诸如人身损害情形,应对相关损失作具体评估,或者依据客观标准进行评估。[7] 法官就一次总付(a lump sum)还是分期支付享有裁量权。[8]

三、赔偿义务的减轻

1/212　　一些法律制度允许法官在例外情形,尤其是当完全赔偿将对责任人产生无法承受的负担时,裁定减少赔偿额。[9] 这类规定见于瑞士[10]与荷兰[11]。欧洲侵权法小组设计了一个责任减轻条款:"在例外情形,根据当事人的经济状况,完全赔偿将对被告造成难以承受的负担时,损害赔偿可以减轻。判断是否减轻损害,尤其应考虑责任基础(第1:101条)、该利

---

[1]《侵权责任法的基本问题(第一卷)》,边码1/131以下。
[2] 同上书,边码8/11,引用《奥地利民法典》第1323条,《德国民法典》第249条。
[3] Viney/Jourdain, Les effets de la responsabilité² no 14.
[4] Ibidem no 28-1.
[5]《侵权责任法的基本问题(第一卷)》,边码8/13。
[6] 同上书,边码1/43以下。
[7] 同上书,边码1/199。
[8] Viney/Jourdain, Les effets de la responsabilité² no 73 f.
[9]《侵权责任法的基本问题(第一卷)》,边码8/24。
[10]《瑞士债务法》第44条第2款。
[11]《荷兰民法典》第6:109条。

益的保护范围(第 2:102 条)以及损害的大小。"[1]

然而,这种责任减轻规定明显与所谓的完全排除原则相冲突,而应和了前文讨论的分担原则。Viney 和 Jourdain 承认,在发生难以预见的未予投保的损害时,若加害行为不具有可责难性,而损害又极为严重,则完全赔偿可能成为过重的负担。[2] 虽然法国立法上没有规定这方面的司法裁量权[3],但这不妨碍法院进行衡平裁判。完全赔偿在像法国之类的司法管辖区中,可能是难以忍受的,只有商人可以借助破产程序获得保护。[4]

就此,《欧洲侵权法原则》的正式评注提道:"在某些法律制度中,原告起诉侵权行为人的目的是为了确保对后者提起刑事指控,受害人在刑事指控外附带提起损害赔偿的民事诉讼,责任减轻条款也使这种做法有了合理性。在某些法律制度中,检察官在此情况下有义务进行追诉,且不得撤回指控。民事诉讼的目的或许是对侵害事实的正式确认,而非意在完全赔偿。在某些情况下,完全赔偿会对被告构成难以承受的负担。"[5] 这明显适用于法国的情况。

□ 第九节 损害赔偿请求权的时效期间

法国时效法依 2008 年 6 月 17 日法令(loi portant réforme de la prescription en matière civile-民事时效改革法)[6] 完全重写了《法国民法典》第三卷的两编:第 20 编(消灭时效)与第 21 编(占有和取得实效)。新法部分以关于"债务法与时效改革法"的"卡塔拉草案"为基础。这可以看作是个好消息,无论如何,这使得法国与欧洲其他法律制度更趋一致。在某

---

〔1〕《欧洲侵权法原则》第 10:401 条。
〔2〕 Viney/Jourdain, Les effets de la responsabilité² no 58-1.
〔3〕 Ibidem no 59,其提及,当精神病人的责任被纳入法律(1968 年 1 月 3 日法令)中后,允许法官减少赔偿额的草案建议被取消。
〔4〕《欧洲侵权法原则》第 10:401 条,评注 6(O. Moréteau)。
〔5〕 同上书,评注 9。
〔6〕 2008 年 6 月 17 日第 2009-561 号法令,其评论请参见 Moréteau in: Koziol/Steininger (eds), European Tort Law 2008, 264, nos 1—12,在本节中常被逐字引用;F. X. Licari, Le nouveau droit français de la prescription extinctive à la lumière d'expériences étrangères récentes ou en gestation (Louisiane, Allemagne, Israël), RIDC 2009, 739.

种程度上,新法对这一长期被忽视但高度复杂的法律领域进行了简化处理。

1/216　消灭时效的本质像过去一样仍然存在争议。《法国民法典》第 2219 条给出的定义是:"消灭时效是指因权利人在一定时间内不行为而引起某种权利消灭的一种方法。"这种表述是不准确且含混不清的,因为该定义并未表明是实体权利消灭,还是提起诉讼的程序权利消灭。这是法国形式主义而非法学教育之结果。[1] 新法仍将消灭时效(权利之消灭)与取得时效并置,在《法国民法典》第 2258 条将后者界定为"因占有之效力而取得某项财产或权利的方法"。将"权利之消灭"与"权利之取得"并置,形成一种优雅的二元区分,或"法式园林"般的对称结构,也即法国的法学家们所喜爱的法典样式。细致的分析表明,消灭时效乃是一种抗辩权:按照《法国民法典》第 2247 条,法官不得依职权(代替当事人)援用消灭时效的方法。它构成给付请求权或损害赔偿请求权的实现障碍,但并不消灭债务。此外,在清偿已过时效的债务后,不得要求返还,这种清偿将自然债务转化为民法上的债务。[2] 这明显表明不发生实体权利消灭的问题,而只是产生某种抗辩权,法国法"与国际上广泛认可的做法一致"。[3]

1/217　新法对时效期间及其计算方式作了重大改变。改革的主要目的是有利于法律制度间的趋同,并进行某些必要的简化。原《法国民法典》第 2262 条曾规定,"一切诉讼,无论是对物诉讼还是对人诉讼,时效期间均为 30 年",该条现被废止。非常长的 30 年期间不再是一般规定了。[4] 按照新的《法国民法典》第 2224 条:"对人诉讼或动产诉讼,时效期间为五年,自权利人知道或应当知道其可以行使权利的事实之日起算。"民法典将这个规则作为一般规定。30 年的时效期间规则现在仅限于不动产物权诉讼。[5] 5 年的时效规则适用于过去依特别规定而适用的一切诉讼,其时效期间也比 30 年要短。

1/218　但是,人们不应梦想某种过分简单的世界。例外仍然存在,有些例外

---

[1] A. M. Leroyer, Législation française, RTD Civ 2008, 563 at 564.
[2] 《法国民法典》第 1235 条。
[3] R. Zimmermann, « Extinctive « Prescription under the Avant-projet, 15 European Review of Private Law 2007, 805 at 812.
[4] 这是构成第二章第一节的唯一条文,标题是"消灭时效期间及其开始时间"。
[5] 《法国民法典》第 2227 条。

对侵权请求权也有影响。30 年的时效期间适用于环境损害，其自造成损害的事件发生时起算。[1] 在针对未成年人实施拷打或野蛮行为、暴力或性侵犯造成损害的情况下，适用 20 年的时效期间。[2] 对身体伤害请求赔偿的诉讼适用 10 年的时效期间。[3]

侵权与合同之间的一切区分都被放弃。新法统一了合同责任与合同外责任的诉讼时效规则。"卡塔拉草案"实际上倾向于将合同责任和合同外责任加以统一。就时效而言，目前存在的基本区分仅在身体伤害与其他损害项目之间。 **1/219**

就身体伤害来说，10 年时效期间自最初的损害或加重的损害得到最后确定之日起算。最终确定意味着身体伤害的后果已经稳定，或者受害人接受医疗照护的状态已经终止：这是在造成永久性能力丧失（残障）的损害事件情形，受害人从某种暂时性的（有时是大范围的）能力丧失转向通常是可能有限的永久性能力丧失的时点。[4] 同样的标准也适用于因针对未成年人实施拷打或野蛮行为、暴力或性侵犯而延长的 20 年时效期间情形。[5] 这些规则比德语国家的那些时效规则更具保护性，因为在德语国家，时效自权利最早能够实行的时间[6]，或者知道请求权存在时[7]，或者知道损害和加害人身份时开始起算。[8] **1/220**

在非属身体伤害或环境损害的其他情形，适用 5 年的普通时效期间规定。[9] 5 年期间自受害人知道或应当知道产生请求权的事实之日起算。"卡塔拉草案"对受害人更为友善，将该标准完全主观化，要求自受害人实际知道致害事实之日起算。[10] 补充的推定知道规定是可赞同的。这使法国法与德国法[11]以及《国际商事合同通则》[12]保持了一致。这接 **1/221**

---

[1]《法国环境法典》第 152-1 条。
[2]《法国民法典》第 2226 条第 2 款。
[3]《法国民法典》第 2226 条第 1 款。
[4] 最终确定的概念借鉴自劳动法和社会福利法：这是在劳工事故情形，从按日赔偿转到永久年金的时点。See Y. *Lambert-Faivre*, Le droit du dommage corporel⁴ (2000).
[5]《法国民法典》第 2226 条。
[6]《奥地利民法典》第 1478 条；《侵权责任法的基本问题（第一卷）》，边码 9/16。
[7]《德国民法典》第 199 条；《侵权责任法的基本问题（第一卷）》，边码 9/18。
[8]《瑞士债务法》第 60 条；《侵权责任法的基本问题（第一卷）》，边码 9/19。
[9]《法国民法典》第 2224 条。
[10] "卡塔拉草案"第 2264 条第 2 款。
[11]《德国民法典》第 199 条第 1 款第 2 项。
[12]《国际商事合同通则》第 10.2 条第 1 款。

近于《欧洲合同法原则》有关合理知晓损害的标准。[1] 主观标准辅以客观标准的补充。《法国民法典》第 2232 条规定了一项"控制性"（long-stop）时效期间（délai butoir-最长时效），使时效期间起算时间的后延，或者时效期间的中止或中断，均不能使时效期间自权利产生之日起超过 20 年。这项创新[2]最先由"卡塔拉草案"提出建议[3]，经由"巧妙的"（slippery）时效期间起算时间规定而被合理化。[4] 这是又一项法国法与德国法及其他欧洲法律制度趋同的规定。"控制性"规则不适用于人身伤害或《法国民法典》第 2232 条列举的其他情形。

1/222　　在"因法律规定、协议约定或者不可抗力引起的障碍而不能行为"时，时效不进行或中止进行。[5] 这是《法国民法典》中的新规定。法国法院曾经有限制地适用"时效不得进行规则"（contra non valentem rule），一些人担心立法的明确规定可能会给法官更加广泛的裁量空间。[6] 对于尚未解除亲权的未成年人或者受监护的成年人[7]，以及配偶或经登记的同居伴侣之间[8]，时效不进行或中止进行。

1/223　　当事人同意诉诸和解或调解会议的，或者在没有这种协议的情况下，自第一次和解或调解会议之日起，时效也中止进行。自一方当事人或者所有当事人，或者调解人或和解人宣告和解或调解结束之日，时效重新开始进行。[9] 同样的规则适用于法官在诉前命令采取调查措施的情形，直到这些措施被执行之日起，时效再重新开始进行。[10] 在所有这些情形下，重新开始进行的时效期间不得少于 6 个月。[11]

1/224　　有 7 个条文规定时效中断事由。[12] 就此没有什么特别之处，值得注

---

[1]　《欧洲合同法原则》第 14:301。
[2]　尽管这项技术在《法国民法典》的其他地方也被使用：参见《法国民法典》第 215 条、第 921 条第 2 款以及第 1386-16 条。
[3]　"卡塔拉草案"建议 10 年的控制性时效期间。
[4]　*Leroyer*, RTD Civ 2008, 564, 569.
[5]　《法国民法典》第 2234 条。
[6]　*Leroyer*, RTD Civ 2008, 564, 570.
[7]　《法国民法典》第 2235 条。
[8]　《法国民法典》第 2236 条。
[9]　《法国民法典》第 2238 条。
[10]　《法国民法典》第 2239 条。
[11]　《法国民法典》第 2238 条第 2 款及第 2239 条第 2 款。
[12]　《法国民法典》第 2240—2246 条。

意的是时效因起诉而中断的有名规定[1],但原告放弃诉讼请求,或者其诉讼请求被终局驳回时,时效不中断。[2] 债务人承认对方的权利,也会中断时效期间。[3]

新法支持当事人对时效作合同安排,允许其享有约定时效期间,以及时效中止和中断事由的自由。[4] 时效期间开始进行时,当事人得明示或默示放弃主张时效的权利。[5] 根据《法国民法典》第2254条:"时效期间得经各方当事人一致同意而缩短或延长。但是,不得将其减少到不满1年,或者延长到超过10年。"

---

[1]《法国民法典》第2241条。
[2]《法国民法典》第2243条。
[3]《法国民法典》第2240条。
[4]《法国民法典》第2254条。
[5]《法国民法典》第2250条、第2251条。

第二章
挪威法视野下侵权责任法的基本问题

Bjarte Askeland

□ 第一节 导论

一、基本立场

2/1   挪威侵权法以"所有者负担"（casum sentit dominus）的基本原则为基础，尽管该领域的法律文献很少引用该原则。[1] 虽然现实中的基本看法是，损害止于损害发生处，但多数注意力仍集中在各种责任基础上。从历史的角度讲，将损害归诸于他人而非受害人的理由，通常系于矫正正义、恢复性正义或报应性正义等思想。在第二次世界大战后挪威侵权法的实用观念中，这种责任的正当化根据在于**修复**相关损害，因此，"恢复目的"的思想开始出现在侵权法教科书与博士论文中。[2] 这是矫正正义的挪威版本，它由两部分思想组成：首先，受害人得到救济或者侵害得到充分赔偿，这是很重要的；其次，造成损害的人（在某种形式上构成责任的法律基础）应当赔偿损害，这也是公平的。强调这两种思想的倾向由那些对国际上有关矫正正义讨论毫无所知的理论家们发展出来。不过，当代的

---

[1] 就此请参见 A. M. Frøseth, Skadelidtes egeneksponering for risiko i erstatningsretten (2013) 46—51.

[2] See eg N. Nygaard, Skade og ansvar (2007) 19 and P. Lødrup (with the assistance of M. Kjelland), Lærebok i erstatningsrett (2009) 108 ff.

理论家们已从国际研讨中引入相关理论见解。[1] 近年来,斯堪的纳维亚的学者们已将注意力转向温里布(Weinrib)和科尔曼(Coleman)等理论家们所发展的矫正正义思想了,他们的争论源自并立基于亚里士多德早先的著作基础上。[2]

不过,在现代侵权法制度的发展中,尤其在人身损害方面,矫正正义的思想发挥了非常重要的作用。在人身伤害情形,损害赔偿问题涉及包容广泛且复杂的规则。侵权法规则构成其基础,但在很大程度上,它们与保险制度和内容丰富的社会保障法交织在一起,后者提供了能够补偿因损害事件所生损失的大量给付。这是斯堪的纳维亚福利制度的特色,在丹麦与瑞典也存在类似的补偿制度。分配正义的解决方案获得了广泛的政治支持。如果人们深入考察反映该制度基本考虑的立法资料(preparatory works),就会发现,受害人应当得到充分赔偿的思想是非常重要的。

2/2

该制度还有防止过度补偿受害人的机制。主流看法是,受害人应当获得充分补偿,但他一般不应得到比这更多的补偿。法律明确规定,公共机构所提供的给付应当从侵权人所支付的损害赔偿中扣除。[3] 侵权人的赔偿额中要扣除社会保障给付部分,这种做法必须被视为挪威法的主要原则。

2/3

该原则与社会保障机构(Rikstrygdeverket)对侵权人无追偿权的事实相配合。社会保障机构的追偿权在1970年被取消[4],仅在故意侵权情形仍予保留[5]。取消追偿权是为了消除人身损害赔偿过低、实际上无法完全补偿受害人所受损失的状况。当社会保障机构赔付了受害人所受大部分实际经济损失,且其对侵权人不享有追偿权时,侵权人就有能力应

2/4

---

[1] 挪威就此所作相关讨论参见 B. Askeland, Tapsfordeling og regress ved erstatningsoppgjør (2006) 21—32; Frøseth, Skadelidtes egeneksponering for risiko i erstatningsretten 49; B. Hagland, Erstatningsbetingende medvirkning (2012) 53—59。也请参见瑞典学者的著作 M. Schultz, Kausalitet (2007).

[2] Aristotle, Nichomachean Ethics〔translated by Tony Irvin〕(1985), among other works; E. Weinrib, The Idea of Private Law (1995) and J. L. Coleman, Risks and Wrongs (1992).

[3] 参见《损害赔偿法》(Skadeserstatninsloven)第3-1条。2011年的草案就这个由法院发展出的原则作有非常明确的规定,参见2011年草案第3—4条。

[4] Om lov om endringer i lov om folketrygd, 19 June 1970 no 67.

[5] 《关于〈国民保险法〉的修正案》(1970年6月19日第67号)第3—7条第1款规定:"社会保障或养老机构不得向应负责任的当事人追偿其所作花费或已承担的损害赔偿责任,除非损害是因应当负责的当事人自己的故意所致。"

对赔偿负担了。该制度也避免了与追偿请求有关的交易成本。该制度实际上向每个作为潜在受害人的公民收取社会保险费以弥补亏损,这是可能被人忽视的问题。其经济效果类似于针对全体公民的强制责任保险。大部分损失并没有由侵权人承担,这本是他对其所致人身伤害的行为应当承担的后果,这样做是否妥当,人们就此可能存在疑虑。这样的制度与法经济学的主要原则相冲突,比如,后者认为,损害应当由那些能够降低侵害风险的人承担。

2/5　　减轻侵权人负担的思想也见之于如下情形,某小镇花费了很大费用为交通事故中遭受严重伤害的市民提供医疗护理和照管服务。该镇对这种情况下的交通事故保险人也没有追偿权。[1] 因此,公共服务实际上补偿了与损害相关的受害人的大部分花费,减轻了侵权人和第三人保险机构的负担。这个原则一般也适用于公立医院提供的医疗服务,这类服务实际上也填补了部分损害[2],但同样不能成为政府向侵权人提起追偿之诉的根据。人们可能会因此认为,通过向社会保障机构支付社会保险费,公民就设立了某种有利于侵权人的责任保险。社会保障给付的资金源自雇主[arbeidsgiveravgift, Folketrygdeloven (ftrl.) §23-2]缴付的某种税金,该制度的每个成员都要按其收入(trygdeavgift, ftrl. §23-3)计算缴付比例。[3] 在此基础上,国家可能对社会保障基金提供某种补助(statstilskott, ftrl. §23-10)。

2/6　　该制度植根于立法资料(preparatory works)、成文法规定以及司法实践中。基本的法律构想是,侵权法只是社会保障制度以及国民医疗服务制度所提供的给付与服务外的"补充形式"。"补充原则"被一再适用于人身损害赔偿案的赔偿额评定中。[4]《侵权责任法的基本问题(第一卷)》[5]关于社会保障法与侵权法之间相互作用的看法,与挪威法还是有些差别,因为,挪威并不存在社会保障机构的追偿之诉。

2/7　　为了确保国民的基本生活水平而提供经济补偿性的"保障网络",这

---

[1] 该案的引用参见 Retstidende (Rt.) 2003, 1603。

[2] *Nygaard*, Skade og ansvar 92.

[3] 雇主须支付工资总额的14%(或者依所处地区有所减低),而目前雇员必须支付其工资收入的7.8%。就营业所得来说,其比例为11%。

[4] See eg Rt. 1993, 1548; Rt. 1996, 958; Rt. 2002, 1436 and Rt. 2009, 425.

[5]《侵权责任法的基本问题(第一卷)》,边码2/76。

个思想在挪威法中实际属于优先级的政治目标。许多保险制度属于强制性的,以保障在意外事故中遭受损害的受害人获得充分补偿。这适用于机动车保险(完全赔偿)与医疗人身伤害保险(由公共基金提供完全补偿),以及部分形式的劳工伤害保险[年收入损失低于 10 个 G(政府保险给付单位),即大约 10 万欧元的赔偿]。[1] 机动车保险是第三者责任保险与自我损害保险的混合形式,而医疗人身伤害保险对于患者而言乃自我损害保险,通过日常税务账单方式加以支付。劳工伤害保险则由雇主支付,因此属于某种形式的责任保险。

公共政策的一个重要因素是,通过制度设计确保受害人在遭受损害后的短时间内获得相应补偿。劳工赔偿制度的设计理念之一即在于此。[2] 医疗人身伤害的特殊补偿制度亦是如此。[3] 为了确保将相关成本分摊给受其保障的适当人群,法律通过某些规定将资金由强制人身伤害保险引向社会保障制度。据此,按照法律的规定,机动车保险单的持有人须向社会保障系统支付一定费用(参见 ftrl. § 23-7 第 1 款)。这部分费用补偿了社会保障系统因交通事故造成人身伤害所作花费(参见 ftrl. § 23-7 第 2 款)。[4] 从 2004 年开始,这部分费用由机动车所有人通过付税方式按年度向政府缴纳。政府再向社会保障基金支付相应数额。[5] 就劳工赔偿保险与社会保障系统之间的关系也存在类似的制度设计:提供工伤事故保险的保险公司必须向社会保障系统缴付一定资金,以补偿社会保障系统因工伤事故所作花费(参见 ftrl. § 23-8)。[6] 这就造成雇主不得不支付较高的保费,以供给向社会保障基金所支付的资金。

---

[1] "G"意指"社会保障给付基本单位"(folketrygdens grunnbeløp)。当前 1 个 G 为 85,245 挪威克朗(约 1 万欧元)。"G"是挪威政府保险制度的"基本计量单位"。为根据通货膨胀情况调整国家保险给付金额,该给付单位由国家按年度确定。

[2] See Yrkesskadeforsikringsloven, 16 June 1989 no 65 with preparatory works; eg Norsk offentlige utredninger (Official Norwegian Reports, NOU) 1988: 6, 76.

[3] See Lov om pasientskader, 15 June 2001 no 53 with preparatory works; eg NOU 1992: 6, chapter 2.3.

[4] 这个费用是适度的,大约相当于每辆车每年 25 欧元。这个费用由政府每年加以确定。

[5] See A. Kjønstad (ed.) Folketrygdloven med kommentarer (2007) 964 f.

[6] 关于该制度,请参见 NOU 2004: 3 Arbeidsskadeforsikring 404 f. 保险公司的缴付比例传统上为保险人对受害雇员制度的保险金的 120%。See Kjønstad, Folketrygdloven 965 f. 人们就此必须认识到,社会保障系统补偿了大部分收入损失,而劳工赔偿机构仅支付某个补充金额而已。

这样，雇主营业的实际成本在某种程度上就由自己承担了，毕竟它们从雇员的工作中获得了利润。于是，机动车事故责任制度和工伤制度的差异在于，前者由机动车所有人通过缴税的方式承担向社会保障基金提供资金的义务，而后者则将这种义务分配给保险公司。

2/9 　　补充原则与相对较高的一般性社会保障给付相配合，产生了某种损失分配效果，理解这一点是非常重要的：实际上，相当部分产生于侵权行为的实际损害和损失，都通过税收形式被分配给全体社会成员。普通民众容忍较高水平税收的事实，只能从前文提到的社会团结思想以及现代社会民主的福利主义中获得解释。

2/10 　　这些思想对保险公司的状况也产生了影响。自我保险的保险人必须按照保险合同支付保险金，且对侵权人无追偿权，除非后者存在故意或重大过失。[1] 根据保险合同，受害人可以同时从自我保险的保险人和侵权人处获得赔偿。如果存在自我保险，法律对减少保险人的赔付额作有专门规定。不过，具有市场支配地位的保险公司不再主张这种减额请求，这或许是因为，它们想让自我保险的投保人觉得自己的保险投资是值得的。因此，减少赔付额的法律基础就处于"沉睡"状态，仅在国家是侵权人时例外，其典型情形是医疗疏失案件，在这种情形下，由 Norsk Pasientskadeerstatning 代表国家向受害人支付赔偿金。只有国家能够以不利于受害人的方式获得规则好处的情况可能会产生某些不利影响。负责就人身损害赔偿拟定新草案的修法委员会已建议废除前述减额规则。[2]

2/11 　　上文介绍的具有显著特征的挪威损害赔偿制度更多与人身损害有关。特殊的挪威做法以及国家福利主义思想对于其他类型的损害则没有以同样的方式产生影响。不过，还是存在一些物之损害的损失转移规则。因而，只要受害人投保了自我损害保险，因单纯过失所致物之损害仍然可以得到保险赔偿。在这种情况下，法律禁止受害人对侵权人直接主张损害赔偿请求权。相应地，自我损害保险的保险人对于侵权人也没有追偿权。这个效果可以直接从《损害赔偿法》（Act on Compensation for Damage）得出来。[3] 这样，国民在私法领域所遭受的物之损害就主要通过自

---

[1] 参见《损害赔偿法》第 3-1 条第 3 款。
[2] See NOU 2011: 16, 56—58.
[3] 该制度的规定见于《损害赔偿法》第 4-2 条、第 4-3 条。

我损害保险获得补偿。但是,要是损害是在接受专业服务过程中遭受的,法律则将损失转嫁给责任保险的保险人,在因单纯过失造成损害或者严格责任情形也是如此。[1]

二、挪威侵权法中的实用主义

(一) 法律渊源与法律适用

斯堪的纳维亚的侵权法在相当程度上立基于宽泛的原则基础上,旨在适用于社会生活的所有领域。同时,只有部分规则表现为法典化的成文法形式。大体而言,有关过错、严格责任、因果关系以及损害的一般规则都未被法典化,它们只以一般原则形式存在,而这些原则由司法实践和长期遵循的习惯所确立。有关雇主责任、对动物和未成年人的责任规则,以及关于人身损害、追偿诉讼、与有过失以及责任减轻等相关规定都被法典化。同样,立法者开放性地为通过司法的法律发展预留了很大空间。最高法院的决定对于下级法院具有约束力,其裁判规则从而在可被适用的范围内通常都得到遵循。侵权法的许多重要领域都取决于最高法院的司法实践。[2]

既然侵权法在传统上仅由很少几项明确规则构成,按照宽泛的原则对个别具体利益加以权衡就成为挪威侵权法推理的显著特征。因此,挪威理论界长久以来就认识到,侵权法必须以不同于物权法或合同法等法律的方式加以理解。关于侵权责任核心标准的表述是较为宽泛的,这要求就法律、司法案例以及其他实证的法律规则采取实用做法。这就有必要将宽泛的原则适用于个别具体案件的处理之中。如前所述,侵权法的指导性原理都是一般性的,从而可以适用于社会生活的所有领域。其典型例证是过错规则,该规则被设计得可为各种案件提供指引,不论是与高度专业技术能力有关的案件,还是只与日常生活中的简单事实有关的案件,如小学教师对从事体育活动的小学生是否尽到了足够细心的照管义

---

[1] 这可以从《损害赔偿法》第 4-2 条第 1 款 b 项推论得出。
[2] 例如,就危险活动承担严格责任的重要判例法制度,参见 Rt. 1939, 766; Rt. 1948, 719 and Rt. 1983, 1052。

务的案件。[1] 规范的一般化本身提出了基于个别具体案件的相关事实作出符合实际的裁量的需要。在挪威学者看来,侵权法是关乎"意外事件的法",因而并非总是能够事先就拟定出明确的应对规则。[2] 在某种程度上,侵权法推理要求结合较宽泛的原则、类似案例以及对案件具体情况所作特殊考虑进行合理权衡。在挪威非常实用化的法律论证以及法律方法传统中,进行这样的调适是极为可能的。特别值得一提的是注重案件"实际考虑因素"(real considerations)的传统,这种做法与注重事物本质(Die Natur der Sache)的思想较为相似。

2/14　　这样的做法与不将极为重要的规则法典化的政府传统相契合。不论是过错规则还是严格责任都没有被成文法化,因此,它们立基于一系列考虑因素及原则之上,必须在相关具体案件中转化为操作性的法律见解。这些考虑因素与原则源自法院的判例法。同时,立法者一直以来采取的策略是,将发展既有原则的任务留给法院。大体而言,只有大约一半的重要规则是以成文法形式存在的。相应地,法院的司法实践对于侵权法规则的发展发挥着极为重要的作用。最高法院的大量司法决定界定了责任的构成以及损害赔偿的认定。这些案例确立了法律论证的基准,受到下级法院的遵从,当新型法律问题被诉诸最高法院时,其始终会引发极大关注。对于侵权法的法律论证来说,这些因素所反映的方法与学者偶尔提及的动态体系思想非常相似。[3]

(二) 全面思考的方法

2/15　　尽管整体情况是复杂的,但人们仍有可能将其理解为一个连贯的体系。人们应当认识到,恰如前述,挪威私法长久以来采取的就只是部分成文化的立场(或政策)。同时,法院对此有明确认识,因而易于通过阐释与发展一般私法原则的方式去解决相关案件。一套松散但合乎功用的私法制度就以这样的方式被建立起来。毫无疑问,实证规则之间存在许多缺

---

[1] B. *Askeland*, Prinsipp og pragmatisme i erstatningsretten, in: G. Holgersen/K. Krüger/K. Lilleholt (eds), Nybrott og odling, Festskrift til Nils Nygaard (2002) 21—34, 23.

[2] B. *Askeland* in: Holgersen/Krüger/Lilleholt (eds), Festskrift til Nils Nygaard 21—34, 23.

[3] See B. *Askeland* in: Holgersen/Krüger/Lilleholt (eds), Festskrift til Nils Nygaard 21—34, 27; S. *Koch*, Der Ersatz frustrierter Aufwendungen im norwegischen Recht (2011) 130.

漏,需要法律家们尽其所能去填补。法律方法为其提供了相应工具或手段,如前文提到的"实际考虑因素"思想。[1] 德沃金(Dworkin)建构性解释的实用版本可以用来说明这种做法。[2] 用 van Dam 的话来说,挪威的做法或许是介于德国的体系化法律与英国更为实用化的案例法之间的做法。[3]

在此背景下,法律家对于挪威侵权法制度就能从总体上有很好的把握。在面对某个案件时,他就能判定如何使其功能获得最佳发挥。他明白,侵权法的主要目标是从经济上补偿受害人,要剥夺加害人因侵权行为所获利益,必须适用其他私法制度。人们原则上可以认为,挪威法在很大程度上使法律规则的构成要件与其法律效果相适应。因此,若当事人一方存在违法行为而非过错,其仅需交出所得利益而非赔偿损失。

(三) 全有全无的方式及其例外

作为少数作出决定时需予留意的基本立场(firm points)之一,全有全无的做法在某种程度上深植于制度中。采取这种做法的一个重要理由与因果关系原理的发展有关。这个原理建基于约翰·斯图尔特·密尔(John Stuart Mill)的理论。[4] 20 世纪早期富有影响力的学者弗里德里克·斯唐(Fredrik Stang)将因果关系理论引入到挪威侵权法原则中。其中,条件等值理论尤其被强调:必要原因即使只是诸多因果要素中的很小部分,它也被视为整个损害的原因,侵权人需就所有损失负责。[5] 一旦跨过了必要原因的门槛,该原因背后的侵权人就要负担全部责任,尽管他有时会与其他侵权人一起承担连带责任。只要因果关系规则受制于这样的看法,其他不同的解决方案就可能会受到限制。这种做法在侵权法实务家们的"前理解"(Vorverständnis)中居于支配地位,因此,想要让他们作出根本改变,如接受部分责任[6],那是非常困难的。

不过,全有全无的原则还是遭到那些规定减少赔偿额的法律机制的

---

[1] 《侵权责任法的基本问题(第一卷)》,边码 2/1 以下。
[2] 关于德沃金的"建构性解释"思想,参见 R. Dworkin, Law's Empire (1986) 225 ff.
[3] C. van Dam, European Tort Law² (2013) 132 f.
[4] J. S. Mill, A System of Logic, London (1898).
[5] F. Stang, Skade voldt av flere (1918) 9.
[6] 关于挪威法中的部分责任,参见《侵权责任法的基本问题(第一卷)》,边码 2/61 以下。

冲击,这使得请求权人必须自担某些损失。比较过失以及基于受害人对损害的促成作用而减少赔偿额的规则即为其例(《损害赔偿法》第 5-1 条)。减额条款(《损害赔偿法》第 5-2 条)在这方面也很重要(参见边码 2/145 以下就该规则所作阐释)。应当提请注意的是,减额条款是有关裁量范围的规定。这种裁量范围在未被法典化的侵权法领域并不存在。因此,全有全无原则通常都受到尊重并被视为是决定性的。

第二节 权利保护体系下的损害赔偿法

一、引言

2/19 受保护权利的思想在挪威法中并不十分明确。不过,理论上仍有关于人身完整、所有权和价值的思想。人们构想出个人依其作为社会和法律秩序之成员身份而享有的利益范围。当他人侵害这种利益范围时,若无法律上的行为根据,则其将遭受损害赔偿责任的制裁。但是,单纯侵害本身尚非足够。一般制度的适用条件是:请求赔偿者应当证明物质损失的存在,或者代之以证明存在非物质损失的法律根据。

2/20 就人身损害而言,相比于侵权法,补偿制度实际上是保护受害人基本需求的更为重要的手段。各种补偿制度,如保险合同或社会保障给付,是政治上更受欢迎的保障受害人的办法。在社会民主的思维方式下,社会成员之间团结的思想深植于政治文化中。这种团结思想如果用 Kaarlo Tuori 的多层次法律制度的看法来说,最好视其为挪威社会法律"深层结构"的组成部分。[1] 在这种社会、文化氛围下,给受害人补偿的社会保障网络就具有极大的正当性。挪威有很好的针对病患(接近于严格责任,完全补偿)、犯罪受害人(赔偿最高限额为 40G,约 40 万欧元),以及机动车事故受害人(严格责任,完全赔偿)的补偿制度。不过,最为重要的是社会保障制度,其旨在给予那些健康极度恶化的受害人以充分补偿。主要的条件是公民在法律上被认为患有"疾病"(sykdom)。若如此,在满足其他

---

[1] K. Tuori, Critical Legal Positivism (2003) 147 ff. 出于理论方面的考虑,该芬兰学者将法律制度区分为三个层次:表面层、法律文化层以及法律深层结构。

条件的情况下将给予社会保障给付。受害人就其收入损失可以从社会保障系统获得 60% 的补偿。在最新修订的社会保障制度下,许多人都能获得 66% 的收入补偿。但是,计算结果通常会使受害人在很多情况下只能获得更少的收入补偿,因为,补偿基础是患病或者残疾发生前五年中受害人收入最高的三年的平均值。[1] 不过,公平地讲,社会对国民提供了很好的照顾,以此为该制度"提供了润滑作用"(oils)。[2] 目前的讨论所关注的是,哪些补偿项目应被用来补充社会保障制度的给付?[3] 在前几年,讨论的中心问题是,受害人是否应就其家用开支能力的损失,如按照父母子女日常生活关系,依一定品质养育未成年子女的能力损失获得补偿。相反,侵权法上的争论则是,较高的给付水平是否与高度文明的社会状况(highly civilized society)相符。再者,人们可能禁不住会认为,有些请求是立基于对所有可想见的情形都要求金钱补偿的不健康心态之上,这从受害人角度看被认为是消极的。不过,在索赔人方面毕竟还存在强烈正义感的支持。对损害一定要尽可能给予补偿。

就与侵权法相关的其他法律领域来说,《侵权责任法的基本问题(第一卷)》第二章关于德国法的分析含有某些反思与评论,如有关侵权法与刑法或保险法相互关系的讨论,对于侵权法而言既是中肯的也是有效的。所提及的保护性规则的其他部分[挪威法]中也存在特别规定,其构成与德国法族相对应的部分。

2/21

二、补充性规则的示例

除典型的侵权法规则外,针对特殊问题挪威法中还存在特别规则。比如,挪威法中存在自卫权的明确规定(参见《损害赔偿法》第 1-4 条第 2 句)。当受害人受到攻击时,他可以进行自卫,无须对侵权人因此所受损害承担赔偿责任。不过,防卫过当的问题在该理论中并未得到讨论。另一个例子与债权人撤销权有关。"保利安诉讼"被规定在《债权人保护法》

2/22

---

[1] 关于社会保障法的新建议,参见 Proposisjon til stortinget(forslag til lovvedtak)(Prop.)150 L (2010—2011)。

[2] 在这里,"oil"一词的使用当然是经过慎重考虑之后的选择。挪威制度运行顺畅的特殊基础在于国家的繁荣,这是通过开发位于北海之下的石油资源而实现的。

[3] 参见上文提及的观点,即侵权法制度是保障国民基本需求的公共融资的补充手段。

(Dekningsloven)第 5-9 条中[1]。该规定就债务人的行为存在数个累加的或替代性的适用条件。例如,如其以不利于其他债权人的方式对某个债权人作出偿付,且其知道或应当知道其他债权人的经济状况将因此而明显恶化,该偿付行为将被宣告无效,相关财产须返还该债务人。同法第 5-12 条规定,与撤销有关的全部财产价值均应偿还,因此,只要取得财产的债权人由其恶意行为中获取了利益,债务人的破产财团就有权主张相关财产损失的赔偿请求权。不过,如果受益的当事人是善意的,请求返还的范围仅限于该债务人所获财产的余存部分。[2] 这样,在适用条件与法律制裁之间就存在某种比例关系。如若不具备前述条件,债权人就始终只能诉诸一般侵权法规则。[3] 债权人撤销权在历史上被归类为一种侵权请求权,并且,并不因为另外颁布了某种确保债权人地位的规定,过错规则就被放弃适用。

2/23　　就强制令(临时处分)而言,挪威私法实际上从未形成某种包容广泛的理论。但是,在相邻关系法或租赁房屋法等不同领域中,仍然存在某些零散规定。[4] 如规定当事人无权开展某些特殊活动,其被强令不做其想做之事以对他人表示尊重。这种情况多属某些类型财产权的反射效果。私法领域存在很多这样的规则,对它们作全面细致的列举并无意义。有关于此的一般制度情况是:针对他人获取强制令的可能性,取决于法律上是否有可资利用的经济制裁措施。有时候,经济制裁措施可能转化为某种强制令。此外,在强制执行法上存在某些程序规则,也有助于使当事人获得类似于强制令的效果。例如:若甲看见乙在临近自己庭院的花园中修建一座不太稳固的围墙,他可以申请"临时禁令"(midlertidig forføyning),也即乙因而负有停止修建的义务,否则,甲可以获得警方帮助以让乙执行禁令。[5] 在普通民事诉讼中,甲可以就当事人的权利或义务请求司法确认(fastsettelsesdom),从而明确乙无权修建该围墙的事实。

---

[1] 1984 年 6 月 8 日第 59 号法律《债权人保护法》(Dekningsloven)。
[2] 参见《债权人保护法》第 5-2 条、第 5-8 条及第 5-11 条。
[3] M. H. Andenæs, Konkurs (2009) 352.
[4] 参见《相邻关系法》(Grannel)(1961 年 6 月 16 日第 15 号法律)第 61 条、第 10 条、第 11 条,以及《租赁房屋法》(Husleieloven)(1999 年 3 月 26 日第 17 号法律)第 9 章。
[5] 参见《强制执行法》(Tvangsfullbyrdelsesloven)(1992 年 6 月 26 日第 86 号法律)第 13 章。

申请临时禁令需要通过优势证据证明,甲享有这种乙必须予以尊重的权利。[1]

据此,若受害人的物权遭受威胁,他可以通过申请"临时禁令"对侵权人的行为加以暂时限制,该"临时禁令"发挥与普通法强制令相同的功能。受害人需要满足的主要条件是要证明极有可能发生对其物权的侵害。[2] 如果这个条件得到满足,法庭就会裁定允许受害人利用法律制度的力量去实现其权利。这意味着,他可以借助警察的帮助取回其物品,或者制止构成妨害的活动。[3] 然后,请求人可能不得不在普通民事诉讼中去证明自己的权利。

三、不当得利法的特殊问题

在挪威法中,侵权法与不当得利法之间并没有严格的界分。不过,学者们长久以来就认识到,侵权法无法发挥与作为特殊规则的不当得利法相同的功能。在 1919 年,颇具影响力的学者弗里德里克·斯唐(Fredrik Stang)就已指出,侵权法不是要求被告返还或交出其因侵害受害人所有权所获利益的法律基础。[4] 侵权法仅仅是请求赔偿物质或某些非物质损失的法律基础。这些洞见在埃里克·蒙森(Erik Monsen)最近的理论著作中得到重申,其对请求返还和交出得利的法律基础作了全面彻底的考察。[5] 蒙森宣称,这类请求必须在"侵权法范式"(paradigm of tort law)外加以确立。[6] 不当得利法的某些原则可以在一些成文法规定中找到依据,但它们并没有规定得利剥夺的明确宽泛的原则。[7]

尽管学者们就侵权法与不当得利法作出了区分,但最高法院并非总是尊重这种区分。最高法院有时将实际上是有关不当得利的请求标记为侵权请求(参见 Rt. 1981,1215, the Trollheimen judgment)。该案的案

---

[1] *E. Monsen*, Forbud og utbedring ved overtredelse av unnlatelsesplikt, Tidsskrift for Rettsvitenskap (TfR) (2011) 478—522.

[2] See Tvisteloven (tvl.) 17 June 2005 no 80 §34-2.

[3] Tvl. §34-4.

[4] *Stang*, Erstatningsansvar (1927) 384 f.

[5] *E. Monsen*, Berikelseskrav (2007).

[6] *Monsen*, Berikelseskrav 27—30.

[7] See on this *Monsen*, Berikelsekrav 337—421.

情是：一群驯鹿的所有权人在他人土地上放养这些动物达数年之久。基于前者不法利用他人财产养鹿的事实而要求返还利益的请求被贴上了侵权请求的标签。同时很清楚的是，该请求的基础在于使用土地的合理费用，而非土地所有权人实际所受损失。由该判决产生了一项特别原则：为了自己的利益而有意利用他人之物或财产的人，原则上应当支付合理的使用费。

2/27　　数个判决与一系列私法性法律规定[1]一起形成了挪威法中不当得利的法律基础，这只是其中的一个判决。蒙森认为，挪威法中许多实证的司法判决和法律规定与驯鹿案一起，构成前述一般原则的基础。这类原则中的另一个与为出售目的而仿制产品有关：蒙森主张，仿制他人产品的人应当被剥夺其因此获得的利益。

2/28　　总体的印象是，返还问题并不真的构成侵权法规则的威胁，反之亦然。请求权是基于不同方式被引起或认定的事实（以及对该事实的认识），对于在这个领域工作的实务家和学者来说，似乎是非常清楚的。[2]

2/29　　侵害他人权利或财产可能会构成侵权行为，因此，受害人有权主张赔偿其损失。有时候，侵害会使侵害人获利，其典型情形是利用他人的艺术品或想法（idea）。在这种情况下，是否存在主张交还所获利益的法律基础是很重要的。特别需要注意的是，侵权法上的损害评估不支持这种请求。但是，在特定情况下，基于保护所有权的某些特别规定而采取这种做法也是可接受的。[3]蒙森要求承认某种一般原则，规定任何利用他人工作或财产谋取利益的人须交出所获利益（disgorgement of profit）。[4]迄今为止，最高法院仍然就此持保留态度，在司法实践中尚无这方面发展的任何迹象。

---

〔1〕 一种重要的规则是《共有法》(Lov om hendelege eigedomshøve, 1969年4月10日第17号法律）第15条，其规定明知利益是源自对他人所有物之利用的人，必须将该利益交还该所有权人。

〔2〕 功能、法律基础以及损害评定规则的区分在前文提及的蒙森的论文中有较全面的讨论。See Monsen, Berikelseskrav.

〔3〕 See eg Lov om hendelege eigedomshøve §15, Sameieloven §9 and Selskapsloven §2-23.

〔4〕 Monsen, Berikelseskrav 339 ff.

四、《侵权责任法的基本问题(第一卷)》所说的连贯性问题

库奇奥教授在《侵权责任法的基本问题(第一卷)》中表示了这样的关注,即制度应当是连贯的,不同的原则和规则不能被用来实现有别于其最初预定的功能,这对于挪威法也是同样重要的。制度的意义、合理区分的必要性以及在适用不同制裁措施时保持谨慎,这对每个公民来说都攸关正义的实现。侵权法理论应当对侵权法的作用有所认识,这种作用表现在侵权法与保护公民财产权及其他权利的规则的相互作用中。不过,就挪威法来说,有些实用主义的做法和侵权法的历史发展都呈现出一种不同于德国法的制度图景。在某种程度上,侵权法既是其他法律救济的起源,也提供某种保障网络,确保具体案件的合理解决。这些建基于其他规则基础上的解决方案是否会抵触或破坏侵权法,就此并不存在被明确表达的担忧。其原因之一或许与挪威私法所采取的特殊做法有关。尽管政府曾一度怀有编纂民法典的雄心,但并未加以实施。仅仅是在不同时间制定了一些零散的实定法,并无有关私法的全面规定。因而,连贯而完整的私法观念的贯彻被保留给法官,同时在一定程度上也获得了一些著名私法理论著作的引导。这样的做法使侵权法成为某种背景性法律(as a sort of background law),一套可用于修正其他法律领域之不足的法律原则。[1] 其部分原因在于,依照私法的历史观念,合同与侵权是金钱债权(money claims)的两个可能的发生根据。[2] 一位通晓私法的受过良好教育的法律人,会以一种明智且适当的方式调整相关法律规范的构成要件和法律效果。若针对未支付适当费用而使用他人财产的案件,他就可以利用不当得利的开放性规则,让物之所有人可以向使用人主张交还所获利益,而无须考虑其是否遭受了依侵权法原则确定的损失。可资利用的方案还包括所有物返还(rei vindicatio),以及偿还因采取预防措施所作花费等。

从私法的发展情况来看,该做法似乎运作良好。当然,这种较为自由而不受限制的做法有时会产生可预见性不足的问题。不过,该制度提供

---

[1] 有关该种做法在方法论方面的更为全面的说明,参见上文边码 2/15 及以下。
[2] *P. Augdahl*, Den norske obligasjonsretts almindelige del[5] (1978) 2.

了针对特定情况而作出相应裁决的可能性。法律家一般不会误用侵权法,他们一般会将其用作进行公平正义裁断的工具。例如,法律家认识到,刑法的目标在于预防,而侵权法中则含有关于自卫的规则。[1] 在未被法典化的私法原则中,存在明确的返还原物(res vindicatio)的原则。因此,无须曲解侵权法就很容易达成公正的结果。库奇奥教授的其他担忧是,完全背离损害赔偿观念而认可惩罚性赔偿,可能会超出侵权法的预定目标或功能。一个重要的观点是,公法应当担负惩罚的职能,而侵权法则无须满足同样的功能。就挪威法来说,这似乎不是一个紧迫的危险。尽管学者近年来建议在侵权法中采取更加政策性的做法,即为了达成各种预防效果而利用经济性制裁措施,但针对物质损失的要件限制几乎从未被违反。[2] 在有关不当得利和知识产权侵权的理论著作中,学者已主张对此加以评估。[3] 不过,最高法院在侵权赔偿案件中从未纳入惩罚性赔偿,也没有采取纯粹任意性的损害评估做法。

第三节 侵权法的任务

侵权法的主要目的在于为补偿受害人提供制度基础。所谓"补偿思想"被认为是意义深远的,并体现在侵权法规则的许多方面。该思想最重要的表达是"完全赔偿"原则。受害人在经济上应恢复到损害未发生时其本来可以处于的状态。斯堪的纳维亚法律对于预防思想抱持某种怀疑态度。[4] 这种态度的一种变体是,认为是别的机制而非经济制裁的威胁促使人们不去侵害他人。[5] 主流学者完全不相信,对经济制裁的担忧会使普通公民行为更加谨慎。毋宁应当认为,普通公民更可能是基于利他或

---

[1] 参见《损害赔偿法》第 1-4 条。
[2] See O. A. Rognstad/A. Stenvik, Hvor mye er immaterialretten verd? in: K. S. Bull/V. Hagstrøm/S. Tjomsland (eds), Festskrift til Peter Lødrup (2002) 512—548 and E. Monsen, Rekkevidden av erstatningsvern for tap og ulempe som følge av formuesskade, Jussens venner (2010) 1—68.
[3] See especially Monsen, Berikelseskrav 303—329.
[4] See especially F. Bladini, Preventionstanken i den skadeståndsrättsliga utvecklingen, in: B. Dufwa et al (eds), Vänbok till Erland Strömbeck (1996) 55—64.
[5] P. Lødrup, Lærebok i erstatningsrett (2009) 113.

伦理等其他方面的原因而不去伤害其同胞。因而,支配性的看法是,侵权法规则本身不具备预防功能。[1]这种立场与对基于保险的解决方案的明确信任正相契合。[2]后者也是在力图为国民提供更多福利的环境下发展起来的。这种思维方式的表现就是,社会保障基金就实际上已补偿侵权人所致损害的社会保障给付,对侵权人不享有追偿权。[3]

与前述观点相伴,还存在某种对"经济预防"思想的信任,它尤其与营业活动中安全系统的组织有关。它认为,如果工厂或其他企业要为其所致损害承担责任,它们就会采取安全措施,从而产生预防效果。就此而论,预防思想部分是受到了法经济学的影响。[4]不过,法经济学的洞见在侵权法思维中只发挥了很小的作用。只有少数学者提出了这方面的问题,侵权法中极少有全面讨论该主题的著作。[5]主流的看法似乎是,法和经济学分析以过度简化和一般化的假定为基础,其使用的理性概念无法把侵权法固有的道德问题纳入考虑范围。尽管在某些领域,经济学的洞见的确是有帮助的;但其不应替代侵权法,而只能作为侵权法推理的补充考虑因素。"权利续存思想"(Rechtsfortsetzungsgedanke)在挪威法中没有确切或直接的对应观念。

第四节 介于侵权与债务不履行之间的领域

依合同与依侵权的赔偿请求权的边界是不清晰的。理论家们过去曾试图明确二者的差异,但现在他们似乎认为区分不那么重要了。[6]区分

---

[1] See Lødrup, Læreboki erstatningsrett 112—115.

[2] 这些思想发端于 20 世纪 50 年代;瑞典研究者在这方面的重要著作,请参见 Ivar Strahl, the public investigation SOU 1950: 16 Förberedande utredning angående lagstiftning på skadeståndsrättens område. 该著作对瑞典和挪威后来的发展产生了影响,就此请参见 J. Hellner/M. Radetzki, Skadeståndsrätt (2006) 49 f.

[3] 此前存在这种追偿权的法律基础,但被 1970 年颁行的法律废除了;see Om lov om endringer I lov om folketrygd av, 19 June 1970 no 67.

[4] Lødrup, Lærebok i erstatningsrett 116—119.

[5] See E. Stavang, Naborettens forurensningsansvar (1999) and T.-L. Wilhelmsen, Årsaksspørsmål i erstatningsretten (2012).

[6] See eg E. Hjelmeng, Revisors erstatningsansvar (2007) 18—22 和 V. Ulfbeck, Erstatningsretslige grænseområder. Profesjonsansvar og produktansvar (2004) XIII.

不太重要也可能是因为,索赔人无论如何都会在依合同还是依侵权主张其赔偿请求的问题上有所选择。索赔人有时会将两者同时作为其请求基础,如主要依合同,附带地依侵权法主张其权利。

2/35　　在某些合同领域中,请求权传统上是依侵权而确立的,典型表现是履行合同义务的过程中造成人身伤害的情形。在其他情形,索赔人订有合同的事实只是和其他因素一起作为确立侵权基础的附加理由。[1] 这在雇主责任情形尤其明显。雇主与索赔人之间存在合同的事实只与责任范围的认定有关。[2] 就此需要在对案件的所有特殊情况作全面考察的基础上进行具体认定。

2/36　　从学理的角度看,中间领域的类型划分很有意思。不过,挪威以及斯堪的纳维亚学理中并无这方面的体系化尝试。中间领域的问题似乎仅发生在有合意因素存在的具体情形中。同时,还有学术著作对中间领域提出有意思的批评。依挪威法,对可能成为未来合同当事人的人造成损失的潜在合同当事人,应负侵权责任,但同时要考虑对可能成立之合同的特殊影响。[3] 为辅助人负责的规则可能会受到本人和受害人之间相邻关系的影响。因此,两个邻人之间的某种合同关系与替代责任的认定是有关联的。[4]

2/37　　挪威学理似乎对中间领域抱持开放态度。由于法院只关注案件的某个方面,所以未考虑案件的其他相关情况的危险是存在的。这方面的一个例子是,法院关于雇主责任的判决因未考虑相关合同,而受到批评。[5]

2/38　　据此,侵权请求权与合同请求权之间的差异大致可表述如下:合同责任更为严格,通常采取过错的证明责任倒置或严格责任,或通常来说是近

---

[1] See eg *Nygaard*, Skade og ansvar (2007) 186;侵权人与受害人之间的合同要求以过错责任为基础。

[2] 这个看法是在最近被提出来的,参见 M. *Strandberg*, see *idem*, Arbeidsgiveransvar for forsettlige skadeforvoldelser, Jussens venner (2012) 33—67, 56 ff. See also B. *Askeland*, Erstatningsrettslig identifikasjon [Identification within Tort Law] (2002) 77 f.

[3] See eg L. *Simonsen*, Prekontraktuelt ansvar [Pre-contractual liability] (1997).

[4] Rettens gang (RG) 1993, 740, see also *Askeland*, Erstatningrettslig identifikasjon (2002) 170 f.

[5] See eg K. *Krüger*, Norsk Kontraktsrett (1989) 208 and 793 and V. *Hagstrøm*, Utstrekningen av arbeidsgiveransvaret ved straffbar skadeforvoldelse (2008)—Høyesteretts dom 28. mai 2008, Nytt i privatretten no 4 (2008) 5—7.

乎严格的责任。[1] 同时,有为辅助人在合同履行中的过错负责的规则,但没有为独立承包人的过错负责的规则。最后,在合同中比在侵权中更容易获得纯粹经济损失的赔偿。合同中存在赔偿可得利益损失的确定规则,这种赔偿在买卖法中也有法律根据,而买卖法对于许多合同关系来说属于某种形式的模范法。[2]

第五节　损害赔偿请求权的基本要件

一、与损害有关的基本判断标准

(一) 序说

挪威法中损害赔偿请求权的基本要件与奥地利非常相似,但它们并没有被明确规定在成文法中。这些责任要件主要源自长期一贯的司法惯例。主要的标准包括:应当存在"与侵权法有关"的损害,必须具备责任基础,构成责任之基础的条件或事实行为与损害之间存在因果关系。

(二) 损害概念

与侵权法有关的损害概念实际上是指称一套规范性的立基于特定价值之准则的用语,依此准则,致害事件或受害人地位的某种改变应予赔偿。基于几个方面的原因,挪威法中损害概念的外延不是很清楚。阅读德语文献的挪威法律人可能会发现,挪威法在这个问题上的认识是何等贫乏。标准教科书对这个问题只有很浅显的说明,依据的是以另一个时代的社会文化条件为背景的较陈旧的理论著作。不过,有些问题在近年已经得到处理,尽管还不够全面。[3]

---

[1] 例如,可以参见许多有关特别合同的法律中的责任条款,比如 Håndverkertjenesteloven 16 June 1963 no 63 §28 and Vegfraktavtaleloven 20 December 1974 no 68 §28。

[2] See Kjøpsloven 13 May 1988 no 27 §67.

[3] *E. Stavang*, Erstatningrettslig analyse (2007); *E. Monsen*, Om rekkevidden av erstatning for tap og ulempe som følge av formuesskade, Jussens venner (2010) 1—68; *B. Askeland*, Erstatning for preventive utgifter, TfR (2010) 1—72; *B. Thorson*, Ren formuesskade (2011); *Koch*, Der Ersatz frustrierter Aufwendungen.

2/41　　　挪威的损害概念以及可赔偿损害的详细判定标准，依循的是与库奇奥教授就奥地利损害概念的说明［参见《侵权责任法的基本问题（第一卷）》］相似的做法，但要更粗糙且更开放些，从而也就不太精确。其出发点是，受害人须受有某种"实际损害"（realskade）。这个概念被界定为某种"消极后果"。[1] 若此后果乃金钱损失，或者可以金钱计量的财产方面的不利后果，则应认定存在物质损失，从而具有无可置疑的关联性与可赔偿性。这也适用于侵权人造成受害人支出相关费用的情形。

2/42　　　一旦某种消极后果难以用金钱加以衡量时，学理以及司法实践就会面临困境。例如，在射杀野鹅这种边界案件（borderline cases）中，政府将不得不向环境中投放新的鹅（RG 1979，715），或者遭受用益损失（loss of use）。[2] 损害是否可以计量，在边界案件中可能是也有可能不是很重要。就此并不存在明确的规则。

2/43　　　不过，在某些领域，最高法院在某种程度上接受欧洲人权法院的指引，已确立了非常具有一贯性的做法。《损害赔偿法》第3-6条的规定为侵害受害人私生活的侵权赔偿提供了法律基础。最近，有一系列案例与私人事务的新闻报道有关，如关于某流行歌手与某女星在某海湾小岛上举行婚礼，狗仔队的摄影师未经允许拍摄庆典照片的案件[3]，以及两个真人秀明星在一间24小时被拍摄的房屋中［电视真人秀节目"Big Brother"（老大哥）］成为夫妻，后来又离婚了，其主张这无关公共事务的案件。[4] 这些案件中的论证遵循了欧洲人权法院有关汉诺威·冯·卡罗琳（Caroline von Hannover）案的判决。在第一个案件中，报社被判无罪，而在真人秀明星案件中，原告获得了5万挪威克朗（6千欧元）的赔偿。

（三）损害概念的"规范性"（或"价值导向性"）

2/44　　　即使损害可以计量，消极后果的认定还可能存在其他问题。解决这类问题的做法在如下案例中可以获得很好的说明：某位妇女因绝育失败

---

[1] *Nygaard*, Skade og ansvar 59.

[2] 就这个问题的阐述，请参见 *Stavang*, Erstatningsrettslig analyse 101—158。

[3] Rt. 2007, 687. The case is referred to in *B. Askeland*, Norway, in: H. Koziol/B. C. Steininger (eds), European Tort Law 2007 (2008) 441 f.

[4] Rt. 2008, 1089.

而生下孩子,她本来是不想要这个孩子的(Rt. 1999,209)。最高法院明确指出,赔偿养育孩子的费用问题是规范性的,具有价值导向性。综合权衡孩子、父母以及社会的利益,法院认为,最佳的做法是对这种费用支出不予赔偿,因为健康子女的生育不应被视为与侵权法有关的损害。[1] 该解决办法值得肯定,但其论证并不清晰或条理化。尽管如此,该案表明,消极后果的判定须以社会一般观念认其有消极性为基础。

规范性地或有些实用主义地对待深层原则的做法,易于达成某种合理结果,因而,挪威法院很少为了将手边的案件纳入既有类型,而采取复杂的建构性论证。这或许就是在不当生育之类的案例中,为何没有提出损益相抵(compensatio lucri cum damno)思想的原因所在。另外,损益相抵原则在挪威法中被认为仅与财产损失有关。不过,将该思想转用于非财产损失,在挪威语境下也是可以理解的,其对于既有的不承认有可赔偿损失的做法,可作为某种补充论证。事实上,育有子女是件好事,因此,从法律角度应当被看作是某种好处,这个认识已经在挪威有关这个主题的讨论中得到承认,但其并未与"损益相抵"原则发生关联。[2]

2/45

但是,对受挫的家庭计划的赔偿在挪威法中没有坚实的基础。这种期望落空既不是某种财产损失,也不构成成文法上具有法律基础的侵害。因此,这种赔偿没有任何法律根据。尽管损害概念以及可赔偿损失的界限等问题最近得到讨论,但对于单纯家庭计划选择的侵害,可能仍然没有赔偿的空间。

2/46

(四) 处于损害概念边缘的非物质损害

除非存在非物质损失赔偿的成文法规定,否则就只有物质损失应当准予赔偿,这个看法长久以来被视为理所当然。[3] 近年来,这个看法受到各种形式的挑战。一些学者建议,损害赔偿应当以合理原则为基础,尽管就什么样的损害可予赔偿或不可赔偿,他们还没能提出连贯或有条理

2/47

---

[1] 这个看法在一个新的类似案例中得到支持(Rt. 2013,1689)。不过,判决是以3:2的多数作出的。

[2] See eg A. Kjønstad, Erstatningsretten i utvikling (2003) 388.

[3] See F. Stang, Erstatningsansvar (1927) 361 f and J. Øvergaard, Norsk erstatningsrett (1951) 285.

的判断准则。[1] 这些主张一经提出,传统的损害概念就面临挑战。

2/48　　实践中存在一些案例,涉及为减轻对非物质法益的消极损害后果所作花费的赔偿问题:一位妇女就其租车费用获得了赔偿,使其能够与家人一起度过计划中的假期。[2] 在这个案件中,最高法院承认,享有假期的价值本身不是某种物质利益。尽管如此,他们还是认为,被剥夺计划中的假期仍然可以构成某种可赔偿的损害。

2/49　　另外,一些土地所有权人想要建造一座隔音墙,以免受公路噪音之扰,他们没能就其所作花费获得任何赔偿。[3] 尽管在第一个案例中存在实物(汽车)之损害,在第二个案例中则只是因噪音而减少了物之享有利益,但很难在侵权法所保护的价值或不予保护的价值之间划出明确的界限。最高法院认为,为了修复损害或防止损害发生而支出的费用应予赔偿,为此它可能会说,现行法的规定过于宽泛了。[4] 该判决实际上依据的是非常具体的论证或者理论,该理论在国际上被称为商品化说或受挫理论(Frustrationslehre)。这种状态的法律的好处是,它可以在具体案件中获得妥当的处理结果。不过,这种做法在该法律领域中只有极低的可预见性。

2/50　　就物质损失和非物质损失的界分,挪威学理还没有找到很好的解决办法。最接近的标准是如下看法,即受到大多数社会成员支持的价值应当通过侵权损害赔偿的方式予以保护。在我看来,这种做法有些简单化,且依赖于法官的自由裁量。这个问题应当由某个法律委员会进行调研,以根据现代发展对损害概念加以重新认识。

(五)关于非物质损害的特别评论

2/51　　既然挪威法中从来没有惩罚性赔偿的法律基础,人们就只能在允许考虑惩罚的法律基础中寻找这种救济因素。这方面首先可以考虑的是有关非物质损失的法律基础。挪威法就非物质损害作有特别规定(参见《损害赔偿法》第3-5条):因故意或重大过失造成的疼痛和精神痛苦由法庭

---

[1] See eg *Stenvik/Rognstad* in: Bull/Hagstrøm/Tjomsland (eds), Festskrift til Peter Lødrup (2002) 512—548.

[2] Rt. 1992,1469.

[3] Rt. 1980,389.

[4] Rt. 1996,1472.

酌情判予赔偿金。不过,最高法院就大多数侵害类型,如杀人、强奸以及各种侵害身体完整性的暴力行为都确定了一贯性的司法惯例。在这些情形下,依司法惯例确定的赔偿在某种程度上都是标准化的。[1]

从历史角度讲,赔偿非物质损失的一个重要理由是经济制裁的惩罚效果。[2] 近年来,有意思的发展是,最高法院将关注点明显由最初的惩罚功能转向更加明确的受害人补偿功能。[3] 对不愉快的经历、恐惧、疼痛以及丧亲之痛给予金钱赔偿的思想逐渐浮现出来。在过去的几十年里,认为某些消极后果是不可能给予赔偿的或者依经济标准加以衡量的看法限制了准予赔偿的意愿。在过去几年作出的许多判决中,人们可以发现对消极的非物质损害后果给予金钱赔偿的趋势。这种认识转变造成的后果是,赔偿额实质上在逐步升高。在最近一个案例中似乎已达到了顶点。在该案中,某人身体被枪击两次,造成其终身严重残疾,并将伴随持续的疼痛。仅非物质损失赔偿额就高达 7 万欧元,明显超出先前的赔偿水平。[4]

然而,这种情况因如下事实而有所弱化,最高法院坚持一项方法论上的原则,即将刑法上的惩罚水平(即刑期长短)作为判给赔偿金的参考标准。主要是出于预防目标的考虑,过去几年的惩罚水平已有实质性提升。惩罚水平是确定非财产损失赔偿的参考因素。这意味着,加害行为的严重性对于赔偿额会间接产生重要影响,这明显与惩罚性赔偿的思想相似。

在这个法律领域中,由在 2011 年"于特岛惨案"(Utøya massacre)中受害的年轻人提起的赔偿诉讼已经产生了影响。管理刑事被害人赔偿基金(the Victims of Crime Compensation Scheme)的政府机关的决定被刑事被害人赔偿委员会(Voldsoffererstatningsnemnda)推翻。该委员会考虑到暴力行为产生的极为特殊的影响(在犯罪现场遭受的严重恐惧和令人毛骨悚然的经历),给予了受害人比先前惯例更高的赔偿额。这或许是明智的决定。不过,其后果是造成一般赔偿水平的升高。最高法院在其

---

[1] E. Monsen, Rekkevidden av det erstatningsrettslige vernet (2010) 66—68.

[2] 这种做法的最新调整参见 Rt. 2010, 1203 (€25,000 for homicide) and Rt. 2011, 743(对于强奸行为判了 1.85 万欧元的赔偿)。

[3] 相关背景情况,参见 B. Askeland, Punitive Damages in Scandinavia, in: H. Koziol/V. Wilcox (eds), Punitive Damages: Common Law and Civil Law Perspectives (2009) 116 f.

[4] See the case Rt. 2012, 1773.

他案例中也注意到了刑事被害人赔偿委员会的实践做法。[1] 因而,"于特岛惨案"的行政决定最终会对最高法院的司法实践产生影响。

(六) 未来前景

2/55　　在我看来,非物质损害现在比以前能够更好地获得赔偿,就此存在某种逻辑。由于西方文化的文明和福利水平已有提升,人们对于更好更舒适的生活有了更高的期待。与早先时代的态度不同,现代福利国家下的民众在某种程度上会将好生活视为理所当然。这种发展状况表现在,对任何预期中好生活的破坏都要给予补偿。当然,这种要求也包括非物质损害在内。受害人可能认为很难理解,为何他应忍受毁灭性的行为或者承受巨大疼痛,而不能获得任何赔偿,或者只能获得象征性赔偿。这种发展的结果就是,民众或立法机构会认为,赔偿水平的提高是正当的。

2/56　　这个效果也部分解释了挪威法中要求增加赔偿项目的情况。法律委员会就人身损害的标准化赔偿正准备一项草案,该草案实际上是依据政府以丹麦法为范本建议的慰抚金(Smerteerstatning)条款拟定的。挪威侵权法中曾有一个富有争议的看法,即在侵权人只存在过失行为,或者承担严格责任的情形下,未能获得赔偿的受害人只能忍受不适或痛苦。2011年草案建议的规定是,受害人就其疾病或痛苦,在第一周内可获得每日0.007G(约75欧元)的赔偿,此后是每日0.0025G(约25欧元)。慰抚金总额不得超过1G(约1万欧元)。

2/57　　依据这些非物质损害赔偿的法律规定,挪威法通过司法惯例确立惩罚性赔偿制度可能没有太大压力,至少对于侵权法来说是这样。在无成文法规定时不允许赔偿非物质损害的制度似乎仍然很稳固,但遭遇到新时代和新思想的挑战。惩罚性赔偿的因素很可能被植入不当得利法。未经同意而利用他人工作的人,无须支付比存在合法协议时更多的费用,这是难以令人满意的。对于违反规则以及侵害他人财产权的行为应当给予惩罚。[2]

---

[1] See Rt. 2011, 743.

[2] 埃里克·蒙森(Erik Monsen)热切期望采取这种做法,参见 *E. Monsen*, Berikelseskrav (2007) 303 ff.

二、因果关系

(一) 引论

挪威的理论以"二阶法"(bifurcated approach)为基础,与德语法族和普通法制度大体相当。[1] 首先,因果关系必须被证明。法院采纳的是"若非—则"标准,更常被称为"必要条件说"。第二步是剔出已通过"若非—则"标准,但对于侵权人的责任构成无实质意义的原因。这是认定原因的规范性条件,有时很难将其与原因是否充分的相当性判定标准加以区分。若具体情况从整体来看只涉及不太重要的原因,则非实质原因的剔出就属于筛选程序。如果问题关乎因不法行为所生的一系列后果,如"电缆案"那样的情况(因电缆毁坏造成许多用电人无电可用),法院更倾向于按相当性理论处理该问题。[2] 教科书通常将实质性判定标准与事实因果关系相关联,而相当性则是更为明显的规范性责任限制因素。这是非常特别的做法,因为实质性标准和相当性标准都建立在严格的规范判断基础上。但是,传统似乎很难改变。

(二) 择一原因

关于择一原因,传统理论强调,赔偿义务仅在因果关系被证明有更大可能存在时成立。这个问题可以举例说明如下:两个人把路上的石块推下山谷,那里有匹马正在吃草。如果无法证明是哪一块石头砸死了那匹马,两个推石人就都不用承担责任。在现代理论中,这样做被认为是不令人满意的,由此提出了其他解决方式。Nygaard 指出,往山谷里推石的行为在道德上是可责难的,从而令其承担连带责任是最佳的处理方式。[3] 这种做法与《侵权责任法的基本问题(第一卷)》边码 5/79 提到的比德林斯基(Bydlinski)的看法相似甚至是一致的:由于不存在被证实的因果关

---

[1] "二阶法"的表达方式为英美学者所用,如 *H. L. A. Hart/T. Honoré*, Causation in the Law (1989) 88—94; *A. Becht/F. Miller*, The Test of Factual Causation in Negligence and in Strict Liability (1961) 2—7.

[2] See Rt. 1973, 1268.

[3] *Nygaard*, Skade og ansvar 346.

系,故而,仅当其他要件(如可责性)获得更强满足时,行为人才应承担责任。最近的理论观点支持《欧洲示范民法典草案》(DCFR)提出的解决方案[1],即基于证明责任倒置的连带责任[2]。这种做法实际上已规定在《污染防治法》(Pollution Act)第56条中了[3]:任何潜在的造成污染者须与其他潜在污染者一起承担连带责任,除非其能够证明自己不是污染的造成者。这种做法之所以见之于环境法而非其他法律领域中,可能是因为,环境保护在挪威具有显著的政治意义。成文法就该种做法存在明确规定的事实,使人可以设想在其他法律领域也能采取同样的做法。不过,这将是对现行有效的侵权法一般规则和原则所作的动态解释。

2/60　　择一因果关系的变体是猎人案件。三个猎人同时射击,无辜者被其中的一颗子弹击中,但不清楚是三颗子弹中的哪一颗实际造成了该损害。依一般规则,这里将不存在责任问题,因为,任何一个猎人都不比其他人更有可能造成该损害。不过,有迹象显示,法院将考虑三个人都实施了危险行为的事实。两位著名学者支持这种看法,至少在涉及两个射击人时是这样。[4]

(三) 按份责任

2/61　　挪威法院不太可能采纳按份责任的建议。[5] 这种做法与思考方式与现行侵权法不相容。这种看法也不能赢得当代学者的支持。[6] 不过,某个法律委员会已在有关人身损害赔偿的新方案中采纳了这种思考方式和特殊原理。该委员会就未成年人受害情形引入一次性赔偿方案,规定了放学后或在假期工作的平均收入损失额。为了查明特定年龄段的青少年从事兼职工作的人数,以及他们的报酬水平,需要参考相关统计数据。当标准化的人身损害赔偿以这些因素为基础时,其论证逻辑实际上就是,

---

[1]《欧洲示范民法典草案》(DCFR)第六卷:造成他人损害的非合同责任(2009)。

[2] A. Stenvik, Erstatningsrettens internasjonalisering, TfE (2005) 33—61, 54.

[3] Forurensningsloven 13 March 1981 no 6.

[4] See Nygaard, Skade og ansvar 346 and P. Lødrup (with the contribution of M. Kjelland), Lærebok i erstatningsrett (2009) 343.

[5] 关于挪威法就按份责任所持立场的介绍,参见 I. Gilead/M. Green/B. A. Koch (eds), Proportional Liability, Analytical and Comparative Perspectives (2013) 249 f。

[6] See eg Nygaard, Skade og ansvar 326 and B. Askeland, Tapsfordeling og regress (2006) 267.

标准赔偿额的多少取决于可能的损失程度。[1] 同时,这又不是通常意义上的按份责任,因为它不是以因果概率,而是以遭受损失的概率为中心。尽管如此,其基本原理仍是相同的:对于个别受害人来说,其所获赔偿要依其从事兼职的可能性加以判定,兼职年龄在 13—20 岁之间。

或可据此推论,广义上的按份责任思想在某种意义上可能与标准化赔偿相吻合。人们一旦抛弃完全赔偿的观念,而代之以各种量化或规范性因素基础上的标准化赔偿,运用统计结果作为判定损害后果的基础就是合乎情理的。然后,人们就可以将这种统计概率作为确定赔偿责任的基础。人们也可以将这种做法看作是机会损失的某种变体:受害人要是未受伤害,其就有机会从事兼职工作。他现在所获赔偿就与这种机会损失相当。

2/62

挪威侵权法中基本上没有发展出机会损失的概念。只有一个叫 Strandberg 的学者对这个问题作了深入考察。[2] 他在挪威法中也只找到了类似的思考方式。迄今为止,机会损失的赔偿请求在挪威法中并无权威性的法律根据。

2/63

(四) 累积原因

就累积原因[《侵权责任法的基本问题(第一卷)》,边码 5/111 及以下]而言,根据过去的一个案例,即 Vestfos, Rt. 1931, 1096,连带责任的解决方式是非常清楚的。两家工厂(甲和乙)与某市(丙)都造成了某河流的污染,使依靠该河流生活的居民的饮水含毒。在诉讼中,被诉的甲工厂声称,自己不是造成污染的损害原因,因为,即使自己停止污染,其他污染者(乙和丙)仍然会对该河流造成污染。最高法院驳回该辩解,认为有其他污染者存在的事实并非免责理由。因此,甲应当对污染负责。其他污染者未被起诉,不过,一旦被起诉,它们可能也会同样对污染负责。据此,它们将合乎逻辑地承担连带责任。

2/64

有意思的是,法官的论证实际上并未偏离必要条件规则。认定连带责任的主要考虑是,如若不然,所有三个可能的致害原因就都会被免责,

2/65

---

[1] See NOU 2011: 16 Standardisert personskadeerstatning 206—208.

[2] See *M. Strandberg*, Skadelidtes hypotetiske inntekt (2005) 105—113. See also the report by *B. Askeland* in: H. Koziol/B. Winiger/B. A. Koch/R. Zimmermann (eds), Digest of European Tort Law I: Essential Cases on Natural Causation (2007) 579.

这在该判决的措辞中有明确表达。假如两家工厂都停止污染,而只有该市在继续污染,就只有后者是引致污染的原因。依这种方式进行考虑,该如何认定就不是特别清楚。不过,尽管它没能直接解决累积原因的经典问题,但在累积原因情形支持采取连带责任方面仍属有力论证。部分由于1931年的判决,有关这个主题的理论开始区分可逆损害与不可逆损害(reversible and irreversible damage)。[1]

2/66 Nygaard使用一种不同于必要条件说的因果关系理论来解决这个问题。他理论为因果关系规定了三个要件:被指称的原因事实必须是实际存在的,它必须具有引致损害后果的潜在可能性,且这种潜在可能性必须已经现实化。依据这个标准,Nygaard更多关注的是,若该原因事实不存在,实际上将会发生什么,而非去推测可能会发生什么。[2] 在前述Vestfos案中,依该标准,可以推导出两家工厂和该市都存在因果关系的结论。

2/67 但是,Vestfos案的特殊推论可能不会被用于超越原因情形,有关后者的经典例子是,被诉侵权人在某匹马已遭汽车致命撞击后开枪射杀了它。如果该马已经死亡,开枪者就无须承担责任。更为复杂些的例子是,甲开枪杀死了乙,而后者已经被丙施毒,无论如何只能活几个小时了。这个问题应当如何解决,人们就此争论了很长时间。[3] Nygaard认为,两个侵权人均须负责。他基于自己的理论认为:两个原因实际上都对受害人产生了积极影响,且都具有致其死亡的潜在可能性。[4] Vestfos案的裁决以及涉及两个以上责任人时成立连带责任的传统,作为可能的实在法可以作为认定两个责任人均应承担责任的支持理由。

(五)超越因果关系

2/68 超越原因的问题在挪威法中讨论了很长时间,该问题似乎目前已得到解决。不过,要是第一个原因归属者已经造成了不可逆的损害,他将对

---

[1] Nygaard, Skade og ansvar 334.
[2] 这个标准在许多方面与R. Wright提出的NESS标准相似,参见R. Wright, Once More into the Bramble Bush: Duty, Causal Contribution, and the Extent of Legal Responsibility (2001) 53 Vanderbilt Law Review 2001, 1071—1077. 不过,该理论观点是完全独立提出的,Nygaard并不知晓Wright的作品。
[3] See eg J. Andenæs, Konkurrerende kausalitet, TfR (1941) 258—268.
[4] Nygaard, Skade og ansvar (2007) 335.

全部损害负责。第二个原因归属者将根本不用承担责任。[1] 教科书上的例子是，第一个原因归属者射杀了一匹将死的马。该问题的变体是，甲给乙下了毒，后者最终会死，但丙在乙毒发身亡之前又射杀了他。在这种情况下，大多数学者都认为，甲和丙均应承担责任。[2]

超越原因的处理原则也被用于人身损害赔偿额的认定。侵权人仅就受害人通常可以获得的收入损失（或其他损害项目）承担赔偿责任。比如，若受害人具有病理体质，在 40 岁之后将不能再工作，则侵权人只需赔偿受害人在 40 岁之前所受相关损害。[3]

（六）数人侵权情形的因果关系

在一个案例中，甲负责放哨，而乙和丙则闯入商店进行破坏，这给挪威侵权法提出了特殊问题。如果无人出现，放哨人（甲）的行为就不是致害行为的必要条件。尽管如此，他仍然要承担责任。传统理论提出了两种处理建议：首先，放哨人甲可能在精神上对乙和丙的行为产生影响，对他们完成加害行为有诱导作用，强化了他们的加害意图。[4] 学者就以这种方式试图构造出一种情景，使被诉侵权人甲的行为最终被认定为必要条件。其次，其他学者和司法实践后来则发展出另一种处理方式，认为尽管被诉侵权人的行为不能被认定为必要条件，但其仍然可能要承担责任。这种推导方式可能是基于某种"共同行为"（common act）的观念，其将甲的行为归诸于乙，因为他们具有共同目标，或者为了达成预定的结果而在更大的行动中彼此分工配合。[5] 著名的 NOKAS 案就凸显了这种论证：几个人进入一座存有大量现金的建筑物中进行盗窃。在这起犯罪活动中，有一个警察被杀害了。有个负责放哨并驾驶用作逃离工具的汽车的人，也被判令对杀害警察的行为负责。他当然不是杀害警察的犯罪行为的事实上或精神上的原因因素。Hagland 在其最近的博士论文中，深入考察了被诉侵权人与损害之间的各种关系形态，其可被用以替代传统必要条件

---

[1] See *Nygaard*, Skade og ansvar 334.

[2] See *Nygaard*, Skade og ansvar 335，参考了其他学者的观点。

[3] "时间限制"原则已完全由 M. Kielland 提出，*M. Kielland*, Særlig sårbarhet i personskadeerstatningsretten (2008) 283—350.

[4] *Stang*, Skade voldt av flere (1918) 48—52.

[5] 关于这个观念，参见 *Askeland*, Tapsfordeling (2006) 250 f; cf also *Nygaard*, Skade og ansvar 350。

说的原因要求。她认为,涉案因素的确认以及因果联系的存在都不必然会被当作原因。[1] 对于涉案因素的确认,论文参考了将两个法人视为一体的社会心理倾向。[2] Hagland 综合先前理论,就那些不满足必要条件说要求的因果联系的具体影响提出了非常有说服力的理论。[3]

第六节 归责要素

一、违法性

(一) 引言

挪威法律理论是从行为关联的角度认识违法性的。[4] 在 20 世纪早期,学者认为可以提出某种区分侵权法中的合法与不法行为,以及适用过错规则的准则。这个主张发端于就违法性(rettstridslæren)问题进行的一场意义深远的北欧论战。[5] 这场论战最终以达成如下共识而告终,即违法性不过是对某种具体审查结果的描述而已,因而可以表述为:在考虑所有相关事实情况后,案涉行为人是否实施了与他本应实施的行为不同的行为?旧理论基本被放弃,只有少数学者仍在坚持。[6] 审查所涉及的问题是,是否有立法或其他成文规则,或者不成文的习惯法被违反。这种违反当然被认为是存在过错(culpability)的明显标志,但并非决定性的。行为关联的违法性理论在很大程度上已解决了违法性与过错的区分问题,因而,两种违法性概念必须被视为广泛的过错认定标准的不同角度或

---

[1] *Hagland*, Erstatningsbetingende medvirkning (2012) 161—206. See especially 199 f and 225 f.

[2] 关于"den psykologiske identifikasjonstendens"(将多个主体视为一体的心理倾向),参见 *J. Andenæs*, Identifikasjonsproblemet i erstatningsretten, TfR (1943) 361—401;*Askeland*, Erstatningsrettslig identifikasjon (2002) 60—64。

[3] 关于她的观点的总结,参见 *Hagland*, Erstatningsbetingende medvirkning 199 f and 225 f.

[4] 关于行为不法与结果不法的二分,参见《侵权责任法的基本问题(第一卷)》,边码 6/15。

[5] 有关该论战的情况,参见 *Nygaard*, Skade og ansvar (2007) 173. 突出的反对者是 F. Stang, A. Ross 以及 W. Lundstedt,他们都是当时斯堪的纳维亚的权威学者。

[6] See eg *V. Hagstrøm*, Culpanormen (1985) 37 f and *Nygaard*, Skade og ansvar 172 f.

第二章　挪威法视野下侵权责任法的基本问题　□□□　123

潜在理由。

上述论战仅与侵权法有关,但"违法性"(rettsstrid)问题牵涉更广。该问题在私法中仍不时作为论证问题被提出来,但目前它仅指行为规范被违反的情形。因此,它在法律论证中已不具有作为实质性问题的重要地位了。

2/72

在现代私法中,方法论上的问题主要是,经济制裁的要件是否已经具备。例如,这适用于不当得利法。当涉及不作为义务时,违法性或不法性就发挥着较为重要的作用,并属于实质性的判定标准。它通常涉及的是这样的问题,即相关行为是否必须被认定为违法。如果是,受害人就享有某种法律救济。

2/73

在某些生活领域,违法性界定了损害概念的边界(参见下文边码 2/75-76)。在其他领域,问题则是被诉侵权人是否逾越了法律允许的行为自由界限(参见下文边码 2/77 以下)。

2/74

（二）违法性作为损害概念的限定因素

鉴于上文提到了违法性的行为取向,因而,通常就不适于将最低损害标准(minimum thresholds)与违法性关联。在挪威法中,这个主题更适合与损害概念的限定关联。不过,造成尚未超过最低损害标准的消极后果并不违法,也不涉及可赔偿的损害问题。这实际上是某种"琐利限制规则"(de minimis rule),尽管评论家和其他法律人很少用这种术语讨论该规则。在相邻关系法中,最低损害标准与互惠原则相关。其一般表述是：每个财产所有权人都应当忍受其邻人造成的某种程度的消极影响,而不能要求赔偿。[1]

2/75

"琐利限制规则"也见于《产品责任法》和《病患损害赔偿法》。[2] 就非物质损害而言,有一些最低损害标准的例子,最为重要的是要求对生活福利的影响须是"重大的"(betydelig),这意味着按"医疗残疾"(medical disability)表格的标准,超过约 15％的残疾标准。在挪威侵权法中,这类

2/76

---

〔1〕 该原则在立法资料中有明确说明,参见 Rådsegn 2 fra Sivillovbokutvalet 18 f。轻微妨害作为邻里关系之部分应予容忍,在立法资料中,容忍标准被称为"容忍限度"(tålegrense)。

〔2〕 参见 1988 年 12 月 23 日第 104 号法律《产品责任法》(Produktansvarsloven)第 2-3 条第 3 款,限额为 4000 挪威克朗(约 500 欧元);2001 年 6 月 15 日第 53 号法律《病患损害赔偿法》(Pasientskadeloven)第 4 条第 1 段,规定的限额是 5000 挪威克朗(约 625 欧元)。

一般性的最低损害标准从未引发争议。恰如后文所述，一般看法是，受害人应当获得充分赔偿。这也包括只能获得小额赔偿的请求在内。

(三) 违法性作为行为自由的限定因素

2/77　　挪威法律制度的确承认，只要某些作为、不作为或情事违反法律制度的规定和原则，就无须考虑对违反规则的行为有无制裁，或行为人有无过错。因此，如果雇主未能遵守为其雇员保留足够休息时间的规定，其行为就可能是违法的；但是，它不一定被视为是有过错的行为。这种看法也同样适用于小孩在红色信号灯亮起时仍穿越车道的情形。其行为本身是违法的，但是不涉及过错问题，因为，小孩不具有法律规定的从事过错行为的能力。

2/78　　就非物质损失来说，违法性与制裁措施之间并无直接关联。例如，在街上行走时撞疼他人的过失行为可能不会产生可赔偿损害，但该行为无疑是违法的。[1]

2/79　　理解违法性的这种方式通常会与过错责任原理发生交叉。原因在于，许多生活领域的过错规则(culpa rule)，依法律秩序的要求，都表现为正当行为与不当行为的界分标准。过错标准被看成是客观的，但在某种意义上仍需加以区分。如果某人未能谨慎行为是因疾病或智力水平所致，则其行为是没有过错的。在后一种情形下，判断过错有无时应当考虑，被诉侵权人是否本来应该避免其无法克服的境况发生。[2] 相应地，一个受过特别训练的侵权人就必须按其所是去对待。一个专业体育教师必须满足体育教师的标准，以辩护律师身份行为的人就不能仅仅因为其年轻无经验而免于就其错误负责。[3] 对于少年儿童来说，他们被视为欠缺责任能力(capacity for blameworthiness)。按照理论与法律实践的看法，他们只有在年满7周岁后才具备该种能力；因而，挪威制度在这一点上与德国法非常相似。

---

〔1〕 只有在侵权人具有重大过失或故意时才允许赔偿精神损害，参见《损害赔偿法》第3-5条。故而，因一般过失或依严格责任规则应负责的行为而遭受痛苦的受害人，不得主张赔偿这种损害。

〔2〕 *Nygaard*, Skade og ansvar 212 f.

〔3〕 相关案例请参见 Rt. 1997, 1011 and Rt. 1994, 1465。

就不作为而言,挪威理论长期以来将其当作责任的法律基础问题。2/80
首先,挪威理论试图同等对待不作为侵权行为与作为侵权行为,其强调,
两种行为类型的可责难性都以如下事实为基础,即被诉侵权人是否应当
从事替代行为,也即应当做**不同的事**。其次,侵权法理论以各种类型的
"危险关联行为"(tilknytning)为中心,它意指与致害危险的"关联"。如
果侵权人与致害危险有某种关联,他就应当采取不同于他实际所为的应
对措施。"危险引致原则"(Ingerenzprinzip)(创设危险者有义务采取措施
避免该危险)与该准则相符。积极创设某种危险的人与危险具有充分联
系,因而有动力去防止这种危险。[1]

有时与受害人的关联也产生危险关联问题。[2] 因此,德国法关注侵 2/81
权人与受害人之间关系的倾向在挪威法中也有对应物:被诉侵权人是否
有行为义务取决于他与受害人之间的关系。这种关联可能以家庭、合同
或者基于职业或地位的特殊义务为基础。若存在家庭关系,这种义务将
会增强,尤其是涉及父母对未成年子女的照顾义务时。这种增强的义务
在家庭法中受到支持并有明确规定。

其他形式的关联则可能是基于纯粹日常性的交往关系(如在假期帮 2/82
忙照看花草的邻里关系),甚或其他更为松散而短暂的联系。不过,联系
须具备最低限度的强度或持续期限。理论上的要求是,侵权人与受害人
之间存在的某种形式的关联使前者**而非其他人**应当承担责任。因而,北
欧有个与深坑案[3]类似的溺水案。单纯旁观者没有救助的义务,也不因
未予救助而被认为负有责任。据此推论,在深坑案中也不存在责任问题。
但是,深坑案与溺水案仍有稍许不同:相比于溺水案中的旁观者需要跳入
水中去抢救溺水之人来说,深坑案中的路人警告那个盲人前面有坑当然
要更为容易些。这个事实结合现代规范性、利他性的态度,尽管存在与溺
水案有关的相反典型看法,也可能作为支持认定责任的理由。不过,要是
法院真的认定旁观者的责任,那也是非常有争议。毕竟,司法实践和理
论都暗示,路人会免受制裁。[4]

---

[1] *Nygaard*, Skade og ansvar 184.
[2] Ibidem 187.
[3] 参见《侵权责任法的基本问题(第一卷)》,边码 6/46。
[4] 参见案例 RG 1984,338;某妇女在其邻居的信箱里发现一把钥匙。她将其取出,随后
又放了回去。后来有小偷用这把钥匙进入邻居公寓中进行盗窃,该妇女被认为无须就此负责。

2/83　　　挪威法不承认家庭关系中任何仁慈的过错标准。过错标准被认为应依具体案件中的特殊关系予以确定并作某种程度的调整。不过,任何基于与受害人的家庭关系而弱化侵权人义务的做法都会与挪威法主流价值相抵触。如果家庭关系对过错标准能够有影响的话,那一定是以相反方式产生影响。由于未成年子女被认为处于弱势地位,相应地更需要法律制度加以保护,因此,父母需要承担特殊的照顾义务。

2/84　　　当适用"汉德公式"(Learned-Hand formula)时,危险性就可能为违法性提供基础,但它也可能构成违法性本身,就此请对比有关危险活动的严格责任理论(参见下文边码 2/101 以下)。还有许多成文法规定确定了某些与危险物有关的严格责任,如《游乐场法》(Act on Funfairs)、《原子能法》(Act on Nuclear Activity)以及《铁路法》(Act on Railways)。[1] 这些法律中的责任条款完全以危险性为基础。危险活动本身当然并非违法,但是,一旦造成了损害,所有权人或其他相关法律主体就要承担责任。

2/85　　　有时候,与行为有关的违法性因素和与损害有关的违法性因素被认为是一个连续统一体。这意味着,行为以及行为方式本身是决定性的,其对于侵权法上的损害概念具有某种消极影响。不合法的市场竞争行为就属于这种情况。为获取利润而造成竞争对手受损本身并不违法,市场份额损失本身亦非与侵权法有关的损害。[2] 然而,如果以不合法的手段、扭曲竞争的行为或其他与公平的商业活动规则相冲突的方式去获取利润,因此而遭受损失的竞争者就可以要求不法行为人赔偿损失。[3]

2/86　　　挪威法上违法性的认识大致情况就是这样,其主要与行为有关,但也可能与损害概念有关。

二、责任人范围内的不当行为

(一) 引言

2/87　　　就如在奥地利法中那样,挪威也有一系列规则规定,本人应对其辅助

---

〔1〕 See Tivoliloven 7 June 1991 no 24 § 7; Atomenergiloven 12 May 1972 no 28, chapter 3; Jernbaneansvarsloven 10 June 1977 no 73 § § 9 and 10.

〔2〕 See the point made in *Hagstrøm*, Culpanormen 56.

〔3〕 这被认为是挪威法中一般性的无争议原则,参见 *T. Lunde*, God forretningsskikk (2000) 36 f.

人实施的侵权行为负责。就此涉及两个主要规则:

首先,《损害赔偿法》第 2-1 条规定,不论其自己的行为如何,雇主要就雇员在其受雇范围内因过错所致损害承担责任。本人承担严格责任的理由在于,雇主与雇员存在某种密切的持续性关系,目的在于谋求本人的利益。因此,该规则只适用于存在法律意义上的工作关系情形,立法资料(preparatory works)对此提供了某些指引。例如,雇主方面的指示权限、按时计酬的协议内容、劳动工具由谁提供等,在决定是否存在《损害赔偿法》第 2-1 条所称的工作关系时,都属于有关的考虑因素。原则上,具有决定性的问题是,合同是否旨在产生特定结果,或者在一定期间内获取某种服务。后一种情况是《损害赔偿法》第 2-1 条所称工作关系的关键特征。[1] 持续时间极短的无偿服务,如为邻居代购面包,就不属于这种关系。

其次,合同法的一般原则是,合同当事人需对帮助自己履行合同债务的个人或组织的行为承担责任。[2] 这项规则的正当性明显与义务性质、对方当事人的期待以及可预见性的需要有关。[3]

2/88

相反,使用个人或组织作为独立承包人(即不是作为受雇人)从事某种工作的本人,只要该种工作不是合同债务的组成部分,则无须就独立承包人的行为承担责任。因而,为了避免就辅助人所致损害承担责任,本人证明损害是在雇佣范围外,或者是在履行合同债务的范围外造成的,就是至关重要的。

2/89

(二)"归责于上"规则:《损害赔偿法》第 2-1 条

就《损害赔偿法》第 2-1 条来说,雇主方面承担严格责任的理由乃是基于如下事实,雇主雇用直接侵权人来追求自己的利益(包括利润)。此外,这个规则的另一个重要理由在于,受害人很难证明雇主在选任或监督雇员方面存在过错。因此,严格责任就同时属于某种推定规则以及具有预防目的的规则。只要雇主知道其将就雇员的任何侵权行为承担责任,他就有动力去选任适当的人去做合适的事,并对其进行适当的指导。雇

2/90

---

[1] 就该准则的进一步讨论,参见 Nygaard, Skade og ansvar 224—227。也请参见《损害赔偿法》立法资料,Innstilling Ⅱ 27 f。
[2] 这相当于德国法中的"履行辅助人"(Erfüllungsgehilfe);参见《德国民法典》第 278 条。
[3] See Askeland, Erstatningsrettslig identifikasjon (2002) 182.

主也会有监督和控制雇员行为的动力。[1]

2/91　　只要无过错责任的重要理由是直接侵权人实际上是被本人长期雇用的,雇员和独立承包人之间的区分就需非常慎重。是否为雇佣关系在很大程度上须依工作性质,以及过错行为是否发生在追求雇主利益的过程中这些问题加以认定。这种论证极大地依赖于对如下问题的回答,即职业功能与所致损害之间是否存在足够的关联性。因此,人们可能会将归责边界的讨论看作有关相当因果关系的问题。这个主题与通常所称的相当性有别,因为其审查的关联性存在于职业活动的功能与实际发生的损害之间。[2]

2/92　　需要特别注意的是这样的情况,即雇员的行为完全是为了追求自己的利益或实现自身的目标,典型表现是盗窃或欺诈与雇主有合同关系的个人或企业的行为。在前文提及的有关雇主责任规则的立法资料中,其强调,雇员的故意行为原则上将否定雇主的责任。尽管如此,本人在几种情形下还是要承担责任。就此提出的解释通常是,蓄意实施犯罪行为的风险本就内含于该交易行为中。比如,在 Rt. 2000,211 案的判决中,一家银行经理滥用职权和地位,造成另一家银行遭受了大约 1700 万挪威克朗(约 200 万欧元)的损失。银行的活动使相关人员可以接触大笔金钱,这使得不同职业地位有可能被滥用。这被认为是银行所有人可以预期的风险,因此,他必须在犯罪行为发生时有进行赔偿的准备。如果犯罪行为只与雇员的职业地位有微弱的联系,本人就根本不用承担责任。例如,在 Rt. 1996,687 案中,某座建筑物的管理员在夜间盗窃了相邻建筑物中的财物,他基于其职业身份而有进入被盗建筑物的权利。在最新审理的一起案件中,最高法院强调了一个新问题,即受害人本来是否可以更加谨慎些(参见 Rt. 2012,1765):雇员在提供租车服务时以大约市场价一半的价格将其中一辆车出售了。车辆买受人本来应当认识到此乃诈欺行为,这个事实是导致租车公司免责的决定性因素。

2/93　　这些情形通常能够满足合同责任的标准,因为,受害人一般会受到本人使用其雇员履行合同义务的明显影响。即使是在雇员以极其出乎意料

---

[1] 关于《损害赔偿法》第 2-1 条的立法目的,可参见 Nygaard, Skade og ansvar 220 f.
[2] 有关雇主责任相当性问题的阐述,参见 Askeland, Erstatningsrettslig identifikasjon 109—113.

或犯罪的方式实施行为的情形(参见下文有关"履行辅助人"的讨论),涉及合同义务的事实也是确定雇主责任的有力根据。不过,这个理由似乎通常都被忽视了,因为最高法院关注的是《损害赔偿法》第 2-1 条有关雇主责任的相当性标准。这种做法的问题在如下案例中表现出来,在该案中,某保安人员放火烧了他有照看义务的建筑物。单从雇主责任的角度看,人们可能会认为,该不法行为处于合理预期之外,或是无论如何都无法考虑到的。因此,雇主应当被免责。相反,合同方法则会明确反对这样的解决办法。依合同负有管理建筑物义务的公司已经做好了防火工作。当作为合同履行之组成部分的保安公司将纵火者带入后,这就明显构成违约,它们应为此承担责任。[1]

(三) 合同中的替代责任

挪威法中的另一个主要规则是,只要辅助人在履行合同义务过程中不法造成合同对方当事人的损害,本人就要承担无过错责任。该种责任的理由明显在于,合同必须履行,且基于预防目的,合同当事人必须对其辅助人或其负责范围内的其他人员的任何错误或过错行为承担责任。   2/94

因此,合同范围通常就界定了责任的边界。典型的问题是,合同当事人方面存在的某些消极后果是否构成违约?如果是,接下来的问题就是,本人负责范围内的人员是否存有过错?如果答案是肯定的,本人就要承担责任。   2/95

当然,这种情况也存在限制,尤其是在涉及并非合同履行的主要标的时如此。就履行辅助人前往订购货物的买方公寓中致其房中物品毁损的典型情形[《侵权责任法的基本问题(第一卷)》,边码 6/108],本人是否应当担责是极不确定的。学者们建议,应首先采纳的标准是,合同是否为所致损害的必要条件。不过,该标准并非足够明确,因而使本人承担较大的责任。于是,有人建议关注所生损害是否是根本性的合同履行要素的结果,如果是,就将涉及本人责任问题;否则,在履行合同次要义务的过程中   2/96

---

[1] 就该主题,请参见 K. Krüger, Pyroman i vekterklær, TfE (2010) 5—28 and M. Strandberg, Arbeidsgivers erstatningsansvar for skader hans arbeidstaker volder med forsett, Jussens venner (2012) 33—68。

发生的不幸就不涉及责任问题。[1] 有学者试图进一步推进这个想法,其提议,应当考虑受损物品是否是被故意置于相关风险中。[2] 追问合同是否增加了风险的荷兰做法并未受到挪威理论的关注。不过,这种做法与相当性等其他领域的问题原则上极为一致[3],雇主责任方面有关相当性的特殊标准在前文已有介绍。[4]

2/97　　当辅助人从事故意行为时,就产生了另一个明显的问题。上文所引纵火案凸显出这方面的许多关键问题。看护建筑物的职责使纵火者处于能够实施不法行为的地位。因此,该案凸显了《侵权责任法的基本问题(第一卷)》,边码 6/110 所述看法:"恰恰是因为被委托,辅助人才获得该机会……"这个看法本身就足以令本人负责,但我还是认为,单纯合同是故意犯罪行为的条件这个理由尚非充分。比方说,当合同当事人的"履行辅助人"(代理律师、水管工或者木工)偶然发现合同对方当事人是其小学时的宿敌,因而无故对其施以身体伤害时,在此情况下令合同当事人承担责任,就明显太过严苛了。[5] 依我看,问题取决于故意致害与合同履行之间的远近关系。因此,纵火案是有启发性的:故意行为毁损了纵火者有义务看护的建筑物。我认为,合同目的与故意行为的一致性是认定责任的决定性标准。[6] 这样的标准与奥地利有关主要义务的论证思路是一致的。[7]

(四) 为家庭成员承担的责任

2/98　　基于家庭关系认定责任的特别规则见于《损害赔偿法》第 1-2 条。该

---

[1] E. Selvig, Husbondansvar (1968) 112; P. Augdahl, Alminnelig obligasjonsrett⁵ (1978) 226.

[2] Askeland, Erstatningsrettslig identifikasjon 218—239.

[3] 就"påregnelighet"标准问题,参见 Nygaard, Skade og ansvar 354 f.

[4] 参见上文边码 2/92,另外请参见案例 Rt. 2000, 211 and Rt. 1997, 786。

[5] Peter Cane 指出,合同必须与损害事件有关,参见 Peter Cane, Tort Law and Economic Interest (1996) 308. 挪威法与德国的立场一致,认为单纯合同为辅助人致害提供了机会是不够的,可参见 S. Mennemeyer, Haftung des Schuldners für Gelegenheitsdelikte seiner Erfüllungsgehilfen (1983) 109.

[6] 就损害是否针对合同的标的这个决定性问题存在明显表征,就此所作具体说明请参见 Askeland, Erstatningsrettslig identifikasjon 222 ff. See also K. Lilleholt, Tingskade og kontrakt, in: G. Holgersen/K. Krüger/K. Lilleholt (eds), Nybrott og odling, Festskrift til Nils Nygaard (2002).

[7] 《侵权责任法的基本问题(第一卷)》,边码 6/111.

规定表明挪威法是如何构建处理家庭关系的责任规则的。父母要就未成年子女的过错行为(包括过失行为)承担无过错责任。这种行为被推定为是违法的,不过,该规定的措辞指涉的则是过错责任。父母的责任存在赔偿限额,低至1万挪威克朗(约1,200欧元)。该规则的支持理由在于预防以及受害人获得赔偿的需要。此外,还涉及所谓的"一般正义感",父母出于体面行为的需要,愿意为其子女所致损害支付赔偿金。[1] 还可以适当补充的是,将子女与父母等同对待的一般倾向也产生了部分影响。挪威法中有一些身份识别规则,其根据即在于"将不同主体加以等同对待的心理倾向"。[2]

(五) 为法人机关负责

上文提及的责任基础包括将本人和或多或少代表本人行为的辅助人加以等同对待的不同形式。在自然人(physical person)代表法人从事行为时,也需要某种等同对待,这在德国法上称为"机关责任"(Organhaftung)。部分受德国法的启发,挪威也确立了同样的法律制度。[3] 某些自然人代表法人或者按其字面含义就**是**法人本身的思想并不见之于任何法律规定,而是表现为前文边码2/1以下所说的不成文规则。这种阐释方式实际限制了该规则的实践意义,因为,受害人在多数情形下依《损害赔偿法》第2-1条规定的"归责于上"规则主张权利将会更好。不过,有些规则规定责任主体仅就自己实施的侵权行为承担责任。非物质损害赔偿(参见《损害赔偿法》第3-5条)就是这种情况。如前所述,该规则要求存在故意或重大过失。受害人在某些情形下必须证明,担当法人(如公司)机关的人实施了具有重大过失的行为。另一个领域是合同法,合同中有时含有免责条款,约定合同当事人不对其雇员的重大过失所致损害负责。不过,支配性的看法是,合同当事人不能有效免除其因自己的重大过失所负责任。因此,合同对方当事人可能需要证明,损害是由缔约公司的机关

---

[1] See Innstilling I (1958) 17 f.
[2] See *Andenæs*, TfR (1943) 361—401, 482 and *Askeland*, Erstatningsrettslig identifikasjon 60—66.
[3] 《损害赔偿法》的立法资料参考了德国法和基尔克(O. von Gierke)的"机关理论",参见 *O. von Gierke*, Die Genossenschaftstheorie und die deutsche Rechtsprechung (1875); see Innstilling II fra komiteen til å utrede spørsmålet om barn og foreldres og arbeidsgiveres erstatningsansvar 1964.

造成的。[1] 就此可以 Rt. 1994, 426 所载案例为例:在货轮穿越大西洋驶往目的地之前,货轮控制人命令将一些很重的纸卷以特殊方式堆放在货舱中。因货物堆放不当,纸卷在海上航行中滑落而产生损害。运输公司抗辩称,合同中有免除因雇员重大过失所负责任的条款,自己无须承担责任。不过,法院认为,货轮控制人应当被看作运输公司的机关,因此,该公司应当承担责任。* 该案表明,处于可对公司归责地位的自然人的行为后果,在某种程度上必须根据案件的具体情况加以判断。

2/100　　不过,能够作为机关的自然人通常是指公司层级结构中的最高层级。因此,公司董事会和总裁的行为能够使公司承担责任。同样,较低层级的公司董事或经理也可能被认定为机关,只要他们属于实施致害行为之部门的负责人即可。有意思的问题是,公司中个人的微小错误或过失累积到足够高的水平后,是否能够构成重大过失,从而使公司负责?这个问题在地区上诉法院审理的一个案例中(RG 1995, 1298)得到了肯定回答。法院认为,公司高层的七个人以叠加过失的方式(cumulatively)造成了某卡车司机的死亡。该司机的遗孀就其丧夫之痛获得赔偿,这种赔偿要求责任人自身须存在重大过失。依我看,叠加性重大过失(cumulative gross negligence)的思想与公司机关思想相冲突。而且,只要公司董事会集体作为公司机关可以实施某项侵权行为,就没有理由基于公司高层另一批人的叠加行为而认定责任。

(六) 危险性

2/101　　危险性在挪威法中可以构成责任基础。十九世纪的规则是,损害赔偿只能以过错为基础。随着人类在工业革命中发明了各种生产机器,越来越明显的是,即使没有人应受责难,意外损害仍然可能发生。仅仅是拥有工厂就可能造成损害,从而,当工人在工作时间遭受伤害时,自然就需要进行赔偿。解决办法是以极为严格的方式解释过错规则。[2] 这是特

---

[1] See particularly V. Hagstrøm, Om grensene for ansvarsfraskrivelse, særlig i næringsforhold, TfR (1996) 421—518.

* 英文版存在翻译错误,其称运输公司成功地基于免责条款而免于承担责任,因为货轮巡查人(cargo inspector)不被认为是运输公司的机关,但德文版的说法是,运输公司试图依据免责条款作免责抗辩,但法院认为,货轮控制人(cargo cotroller)乃公司机关,故公司应当承担责任。翻译时依德文版作了相应调整。——译者注

[2] 可参见案例 Rt. 1866, 735 and Rt. 1874, 175。

定推理方式的产物：相关活动越危险，就要求所有权人或行为人越谨慎。因此，危险性会影响注意义务。所有人的义务变得非常严苛，严苛到离严格责任只差很小一步。

一位学者在1897年声称，对"危险企业"（farlig bedrift）施予严格责任的规则乃挪威法的组成部分。[1] 在随后的数十年里，最高法院作出了数项判决，共同确立了严格责任的一般规则。[2] 某些标准已得到发展：损害应是某种"持续、典型且异常的危险"所导致的结果。这些标准没有得到清楚的界定，它们或许只能被看作是某些考虑因素（variables）。[3] 因而，如果损害是因企业或某物的非常典型的危险所致，该种危险对受害人而言相应地就不被认为是典型的或异乎寻常的，反之亦然。

除了前述这些标准外，法院还将考虑其他方面的问题。受到广泛接受的看法是，总体问题是要判定，"谁最易于承受该风险"，这个问题需要考虑一系列的因素。这些因素包括：谁受益谁担责的思想（"利之所归，风险所在"——"cuius commodum periculum est"）；可否期待被诉人投保的问题；对征收规定的类推适用；技术性瑕疵的存在；最后要考虑的是，根据案件的具体情况，合理的处理方式应当是什么。有意思的观察结论是，挪威有关危险活动的解决办法排除了《侵权责任法的基本问题（第一卷）》就欧洲法在该主题上提出的问题。[4] 依挪威法极不明确的规则，不存在法官可能未予解决的漏洞问题。只要存在进行合理性裁量的相当空间，且相关的符合实际的支持理由清单保持开放，有见识的法官就总有可能作出符合案件具体情况的裁决。挪威法的做法因此可被称为"论题学方法"（topic method）[5]：一套粗略的能够为法官所用的论据。在非常广泛的范围内，法官被要求在考虑所有具体情况基础上作出最佳裁判，为此，他需要就先前有关严格责任的案例加以解释，从而使法律得以最佳方式予以呈现。

2/102

2/103

---

[1] N. Gjelsvik, Om skadeserstatning for retmæssige Handlinger efter norsk Ret (1897). 有关进一步发展情况的介绍，参见 Nygaard, Skade og ansvar 253 f.。

[2] 第一个案例参见 Rt. 1905，715；其后案例参见 Rt. 1909，851；Rt. 1916，9 and Rt. 1931，262。

[3] 实际上，这些标准是需要同时存在的必要条件，还是只是某种指引规则，在主流学者之间长期存在争论。

[4] 《侵权责任法的基本问题（第一卷）》，边码6/146。

[5] Cf T. Viehweg, Topik und Jurisprudenz (1974).

2/104　　　这种方法与挪威私法中支配性的实用方法非常契合。[1] 为了作出符合案件具体情况的妥当裁决,通常都存在论辩空间。人们应当注意到,该法律领域的发展与立法者的态度是一致的。在许多成文法的立法资料中,立法者都有意识地授权法官去推进法律的发展。

2/105　　　不成文的严格责任一般规则运作得非常好,许多案例都基于开放性的经过特别衡量的论证理由得到了公平合理的解决。[2] 尽管这样,该方法的弱点也很明显:该领域的法律欠缺可预见性,容易引发诉讼,并使保险行业的风险估算趋于复杂。

2/106　　　在我看来,该规则最令人烦扰之处在于,它只能依类推方式加以思考:若最高法院就某种典型、持续的危险认定了责任,就始终有可能认为类似危险也应当被认定责任。只要问题是谁应当承担风险,以及具体案件的何种处理方式才是合理的,法官在具体案件中会对受害人抱有同情,这就是完全合乎人性的。人们可能会担心,持续不断的先例判决会导致责任领域不断扩张。不过,最高法院在一些重要案件中显示出令人印象深刻的健全认识(integrity),以及对自己作为该法律领域实际立法者的良好理解。例如,它驳回了一位吸烟者要求赔偿其患癌损害的请求,以及拓荒者潜水员(pioneer divers)就危险潜水多年后发生的疾患要求赔偿的请求。[3]

三、归责基础的相互作用

2/107　　　挪威侵权法在某种程度上承认责任基础之间的相互作用。最为重要的例子是"就不当设施承担的严格责任"(objektivt ansvar for uforsvarlig ordning),这个法律基础在下文将作解释。如前所述,挪威法中的法院有相当大的自由裁量权和发展侵权法的权力。有鉴于此,具体案件就经由规范性要素之间的相互作用而开辟出新的解决之道。例如,证明责任最

---

[1] 参见上文边码2/12以下。
[2] 参见一系列案例,如Rt. 1905, 716; Rt. 1909, 851; Rt. 1916, 9 and Rt. 1917, 202。
[3] See Rt. 2003, 1546 (referred to in B. Askeland, Norway, in: H. Koziol/B. C. Steininger (eds), European Tort Law 2004, 451—461, 453 f) and Rt. 2009, 1237 (referred to in B. Askeland, Norway, in: H. Koziol/B. C. Steininger (eds), European Tort Law 2009, 461—474, 467—469).

初是由原告承担,有时为了获得妥当的结果,会转而由侵权人承担。[1]
还有许多强制保险与严格责任相配合的例子。[2] 这些成文法的目的在于,将已确认的危险与已确认的损失分担需要加以整合。

2/108 挪威的法院过去发展出不成文的严格责任规则,它在多数情形下都被明显视为是过错的替代物(就此请参见上文边码 2/101 以下有关危险企业的严格责任的概述)。不过,在某些特殊案件中,法院会将关注危险和风险分配的论证与认定过错的传统理由结合起来。这些案例意义深远的共同特征在于,某些危险物或设施本身无法满足"持续、典型且异常的危险"标准。它可能是饭店二层地板上的开口(Rt. 1991,1303),或者是囚室中滚烫的火炉(Rt. 1970,1152),或者是精神病院二楼可能为患者自杀提供条件的易于破坏的窗户(Rt. 2000,388)。这些设施本身可能存在时间不够长,或者并非异常危险,从而不足以满足归责要件。不过,要是本来只需采取非常简单的措施就可以避免危险,法院就愿意认定被诉侵权人应负责任。饭店二层地板上的开口可能很容易通过上锁的方式保证安全,精神病院二楼上易于被破坏的窗户本来也可以通过合理花费替换成无法被破坏的窗户。

2/109 最高法院并未明确宣称,存在某种介于过错责任和严格责任之间的责任类型。法官只是将相关理由尽量以具体的方式和案件的特殊情况联系起来。学者将这种类型称为"就不当设施承担的严格责任"。[3] 类型化与对某些案例类型的承认,使法官更易于处理不当行为和危险性之间的相互作用。

2/110 严格责任经由非常严格地适用过错规范而形成的事实,使混合两种责任基础的中间责任类型合乎逻辑与理性。若法院在特定案件中找到了适用严格责任的理由,肯定就能找到结合严格责任和过错责任的理由。

2/111 尽管法院愿将不同责任基础加以结合,但挪威法中仍然没有任何确立企业责任(enterprise liability)的痕迹。鉴于其与合理性、弹性标准和合并责任基础的趋向存在密切关系,故无法排除以这种理由确定责任

---

[1] See Rt. 1960,1201 and Rt. 1972,1350. See also Nygaard, Skade og ansvar 341 f.
[2] See eg Bilansvarslova 3 February 1961(涉及机动车保险)and Yrkesskadeforsikringsloven 16 June 1989 no 65(涉及劳工赔偿).
[3] Nygaard, Skade og ansvar 275—279.

的可能性。[1] 产品责任是由议会鼓动确立的(参见 1988 年《产品责任法》),它是为了遵守欧盟 1985 年产品责任指令而设计的(尽管挪威当时还无义务这样做)。因此,《产品责任法》在挪威加入 1992 年《欧洲经济区协定》(EEA Agreement)以前早就颁布了。欧盟指令的解决方案实际上与建立在司法惯例基础上的产品责任处理原则的发展状况并不一致。针对产品的责任规则是一般的过错规则。[2] 不过,也有一些依严格责任处理的案件,相比于欧盟指令的处理方式,其对侵权人要更为严苛。[3] 有争议的是,依严格责任处理的案件实际上是否与欧盟指令存在冲突,毕竟该指令被认为完全只是为了协调欧盟经济区范围内的产品责任制度。[4]

2/112　　当涉及物之缺陷(defects in things)时,这种缺陷会依不同法律基础而产生不同影响。技术性缺陷本身依不成文法是确定严格责任的理由。事实上,理论上认为,技术性缺陷的存在已经满足了严格责任的严格要件,即存在"典型且持续的危险"。*[5] 损害系因缺陷所致的事实也经由对预防效果的强调而成为严格责任的支持理由:这种损害风险应由对物作适当维护就能避免损害的人承担。[6]

四、受害人促成过失

2/113　　在挪威,受害人促成过失的问题由《损害赔偿法》第 5-1 条调整。学者指出,这是一个真正有关受害人责任(responsibility)的规定。[7] 因而,在旧文献中被强调的是,助成对自己损害的行为不是违法行为。[8] 有鉴

---

[1] See B. Askeland, Principles of European tort law og norsk erstatningsrett, in: T. Frantzen/J. Giertsen/G. Cordero Moss (eds), Rett og tolerance, Festskrift til Helge Johan Thue (2007) 24—37, 31 f.

[2] See Nygaard, Skade og ansvar 467 with reference to cases such as Rt. 1973, 1153.

[3] Rt. 1992, 64 and Rt. 1993, 1201.

[4] 相关争议的概览,参见 Nygaard, Skade og ansvar 456。

* 英译版原文是技术性缺陷降低了典型且持续危险的要求标准。这里根据德文版作了相应调整。——译者注

[5] Nygaard, Skade og ansvar 273.

[6] 参见 Rt. 1972, 109 案的说理,以及就该规则预防目的的阐述(Nygaard, Skade og ansvar 259)。

[7] Stang, Skade voldt av flere (1918) 167 and 218—223; Nygaard, Skade og ansvar 386 f.

[8] Stang, Skade voldt av flere 166 f.

于此，人们不得不将过错或其他法律基础作为认定受害人责任的依据。

学者指出，**侵权人**的过错与**受害人**的过错存在某些差异。最重大的差异是，损害赔偿的目的有时会诱导法官认为，被诉侵权人是有过错的，但在受害人造成自己损害的情形（助成致害行为），它则没有同样的效果。[1] 此外，Nygaard 还认为，社会对受害人施予的采取避免损害之行为要求，要比对侵权人的要求更为温和些。[2] 当损害被证明部分是因受害人领域内的危险物或事件所致时，这种减轻效果也可以被正当化。[3] 它可以被视为是严格责任之反面。 2/114

该规则还规定，受害人或其领域范围内的物必须是损害的**原因**。一旦满足责任构成要件（过错责任或严格责任）的行为或条件促成了损害发生的事实被证明，法官就会相应减少赔偿额。依规则的措辞，法官就此享有自由裁量权，但法院的惯例似乎是，一旦具体案件中存在准则中的上述因素，就会产生减少赔偿额的效果。[4] 2/115

因此，该规则规定，只要受害人有过错地促成了损害，就应当按照促成程度或性质以及过错程度相应减少受害人获得的赔偿额。该规定还允许考虑"其他情况"（forholdene ellers）。至少，法官按规定有权决定是否减少赔偿额。 2/116

尽管有关平等对待原则的因素在 20 世纪初就已出现，但前述规则所规定的具体裁量权似乎消除了确立这种原则的可能性。[5] 这个问题被当作成文法规定的解释问题得到解决。仍需指出的是，赔偿损害的目的并不以同样的方式对潜在侵权人和受害人进行施压。[6] 除此之外，并不存在其他一般性的区分理论痕迹。 2/117

不过，人们应当注意到，成文法规定允许考虑侵权人的投保可能性。[7] 受害人方面的投保可能性则未被提及，司法实践也因而对此抱持谨慎态度。给予充分赔偿以及在无充分理由时不得减少赔偿的重要原 2/118

---

[1] *Nygaard*, Skade og ansvar 315.
[2] *Nygaard*, Skade og ansvar 388.
[3] 参见《损害赔偿法》第 5-1 条第 3 款的措辞"eller forhold"。
[4] Cf *P. Lødrup*, Lærebok i erstatningsrett (2009) 417.
[5] *Stang*, Erstatningsansvar (1927) 156.
[6] *Nygaard*, Skade og ansvar 315.
[7] 参见《损害赔偿法》第 5-1 条第 1 款的措辞"forholdene ellers"，以及相关立法资料，参见 NOU 1977: 33 Om endringer i skadeserstatningsloven 38。

则,在这方面可能会发挥部分作用。还需注意的是,立法资料提到,可以考虑受害人的**社会需要**,"损害程度"以及"其他情况"等措辞都含有此种意蕴。在司法实践中,尤其在涉及年轻受害人的情形,这导致了人身损害赔偿额的适度减少。在这样做时,法院会考虑受害人不佳的经济状况和年纪尚轻的情况。[1] 挪威法院相对"宽容的风气"(kind climate)鼓励法官避免否定对年轻人的充分赔偿,毕竟他们的生活因意外事故而遭到了破坏。这种做法在涉及机动车保险案件中表现得最为明显。不过,侵权律师们似乎具有共识的看法是,这种推理方式在适用一般责任减轻条款(《损害赔偿法》第5-1条)时也会发生。[2] 就此而论,在依过错程度和对损害的促成程度确定当事人应负责任时,其对侵权人和受害人的影响的确有所不同。[3]

五、基于辅助人行为的责任减轻

2/119　　"地位等同说"是指这样一种机制,让甲为乙之行为负责,要么被认为应承担赔偿责任(雇主责任为其典型),要么因后者对他人的侵权行为有促成作用而被减少赔偿额(可归责的促成过失)。在将侵权人方面与受害人方面的这类机制加以对比时,"地位等同"概念就非常有用。

2/120　　依挪威及北欧的理论,同等对待原则是针对可归责促成过失问题的某种理论准则,但无论如何不是决定性的标准。同等对待原则建议,地位等同在侵权人和受害人方面以相同的方式发挥作用。有些学者先前曾建议采纳这样的理论,但该理论的北欧版本则似乎认为,"地位等同说"在请求权人方面的适用至少应与其在侵权人方面的适用一样广泛。[4]

2/121　　同时,可归责促成过失必须通过审查案件具体情况以及相关论证理由加以解决。这样也就给法官保留了创造和裁量空间。

2/122　　因此,本人获得的赔偿额是否应当减少的问题,依《损害赔偿法》第5-

---

〔1〕 例如,在 Rt. 2005,1737 案中,法院指出,受害人的生活因意外事件被"毁掉"了。

〔2〕 See eg *Nygaard*, Skade og ansvar 392 f.

〔3〕 二者的差异最近在一篇论文中得到专门讨论,参见 B. *Askeland*, Rettferdighetsideer i personskadeerstatningsretten, in: A. Syse/K. Lilleholt/F. Zimmer (eds), Festskrift to Asbjørn Kjønstad (2013) 17—34.

〔4〕 See *Stang*, Skade voldt av flere 295 ff; *Askeland*, Erstatningsrettslig identifikasjon 309 with references.

1条第3款的规定就非常开放。按照该文本的措辞,法官可以基于辅助人对致害事件的促成过失而减少赔偿额。该法的立法资料显示,其参考了司法实践和理论所发展的地位等同规则。按照该理论,请求权人方面的地位等同至少应当与本人作为责任人时(雇主责任的典型情形)一样广泛。学者们建议,考虑到本人将自己的物品、人身或财产托付给辅助人的事实,请求权人方面采取更为宽泛的等同效果是能够被正当化的。[1] 为此,他就自愿甘冒丧失托付给辅助人之物品价值的风险。[2] 托付后果是可以预见的。相反,当本人选择某辅助人为其利益而行为时,本人面临的损害以及相应的经济责任是非常大的,几乎是无限的。在本人是请求权人时,根本就没有外在限制,其所获赔偿额可能会因为辅助人的过失而被减少。[3] 这就不支持将受害人与其辅助人无关之情形亦予等同的宽泛认识。

为他人过失行为负责的范围在挪威要比在德国和奥地利更为宽泛一些。雇员要为其在受雇范围内的过失行为所致损害承担严格责任。* 依地位等同而承担的责任不考虑本人与受害人之间是否存在合同或特别关系。相应地,[在没有前述关系情形]仍然存在依可归责促成过失而减轻责任的相当空间。这种等同做法在有关物之损害或纯粹经济损失情形是没有争议的。[4]

不过,在人身伤害情形,地位等同的适用范围非常狭窄。长期以来的传统是,**不**因促成过失而**减少**人身损害赔偿额。[5] 同样,也不因扶养义务人(breadwinner)对自己的死亡有促成过失而减少被扶养人(depend-

---

[1] V. Hagstrøm, Læren om yrkesrisiko og passiv identifikasjon i lys av nyere lovgivning, in: T. Falkanger (ed), Lov, dom og bok, Festskrift til Sjur Brækhus (1988) 191—202, 200.

[2] Askeland, Erstatingsrettslig identifikasjon 310 f and 321 f.

[3] 这在瑞典理论文献中受到特别强调,参见 A. Adlercreutz, Några synspunkter på s. k. passiv identifikation i skadeståndsrätten, in: F. Lejman et al (eds), Festskrift til Karl Olivecrona (1966) 32。结合具体情况的讨论,也请参见 Askeland, Erstatningsrettslig identifikasjon 311 f。

* 原文如此。依上下文,改为"雇主对雇员在其受雇范围内的过失行为承担严格责任",逻辑上会更为顺畅。——译者注

[4] See Askeland, Erstatningsrettslig identifikasjon 305—394.

[5] See Andenæs, TfR (1943) 361 ff; Askeland, Erstatningsrettslig identifikasjon 394—396,414—416.

ents)所获赔偿。这有其社会政策的考量[1]：立法者想要确保原告获得维持体面生活的足够赔偿。当然，社会保障给付将保障未成年子女及受扶养配偶的基本生活需要，但该思想旨在让侵权人首先负担该给付，以使死者的近亲属在死者对损害有促成过失时也能尽可能获得赔付。立法资料甚至强调，主要的规则应当是被扶养人与扶养义务人之间**不存在地位等同的问题**。[2] 就物之损害，等同对待的倾向则更为明显。此时适用的主要规则恰好相反：辅助人的过失行为原则上导致赔偿额减少的效果。就这种损害来说，挪威的立场与德国相似：只要辅助人方面存在促成过失，就予以等同对待。

有意思的是，社会政策的考虑似乎在赔偿额酌减规则的适用中发挥了重要作用。这种权衡反对减少赔偿额。其基本价值与奠定"北欧模式"(the Nordic model)的特殊损害赔偿范围制度之价值相符。这种定位受到分配正义观念的极大影响。面对各种不同情况，其采取的是极为实用的做法：若是某种损害明显受保险保障，就存在避免减少赔偿的明显意愿。[3] 这种态度不仅构成挪威侵权法的特征，也同样属于瑞典法的特征。实际上，瑞典法比挪威法更不愿意减少赔偿，这种倾向也在挪威有关该主题的争论中有所表现。[4]

□ 第七节　归责限制

一、序说

挪威侵权法理论以侵权行为与损害之间的因果关系为中心。像德国法族一样，也需要对侵权人应当承担赔偿责任的因果关系给予某种限制。[5] 一般是采纳"二阶法"，以条件等值说与必要条件说为出发点和第

---

〔1〕 上文提到的政策理由也适用于这里的情形。
〔2〕 See Innstilling til Odelstinget (Innst. O.) no 92 (1984—85) 7.
〔3〕 可参见《损害赔偿法》第 5-1 条第 1-3 款的立法资料，Innst. O. no 4 (1984—85) 7.
〔4〕 B. Askeland, Rettferdighetsideer i norsk personskadeerstatningsrett, in: K. Ketscher/K. Lilleholt/E. Smith/A. Syse (eds), Velferd og rettferd, Festskrift til Asbjørn Kjønstad (2013) 17—34, 29—33.
〔5〕 Nygaard, Skade og ansvar (2007) 352.

一步。第二步被有些学者称为"因果关系的限制",类似于《侵权责任法的基本问题(第一卷)》建议使用的术语。[1] 不过,第二步因为偶尔会将两种不同限制方式混为一体,故而有些含糊不清。第一种方式涉及的问题是,满足必要条件要求的条件是否因其不够重要而不应加以关注。第二种方式提出的问题则是,致害行为所生后果是否过于遥远。两种标准适用于同一案件,且都取决于案件的具体情况,它们有时会以相同的事实情况为基础,造成一种混乱不清的局面。这两种限制方式可以看作是基于因果关系限制责任的可相互替代的理由。

挪威的责任限制模式将责任边界限定在某种规范性的相当武断的基础上。相当性标准需要逐案就不同因素加以考量。它们包括各种价值、效率方面的考虑,以及由行为或活动引致的风险应当如何在侵权人和请求权人之间加以分配的一般观念。

二、相当性要件

在某种程度上,挪威法有关相当性的规则和原则与奥地利法具有相同内容。不过,其欠缺某些重要方面,或者说在司法实践和理论文献中没得到进一步的发展。特别重要的是,为相当因果关系设定边界的**规范保护目的**思想虽然得到关注,但不像在德国法族中那样占据主导地位。[2] 并且,大陆法其他思想在挪威理论中也只有很小的影响,甚至根本就没有对应物。

相当性的基本要求是,实际发生的损害是可以预见的,并且该损害与原告的权益具有足够密切的联系。[3] 后一项要求通常适用于第三人遭受损害的情形,比如电缆案那样的情形。[4] 在这类案件中,关键的问题是,受害人遭受损害的利益是否与受侵害之物有足够"具体且密切的"联系。[5]

---

[1] *Nygaard*, Skade og ansvar 352 ff; cf Basic Questions I, no 7/5.
[2] 关于这个主题,参见 *Koch*, Der Ersatz frustrierter Aufwendungen 115—122 (论"保护目的说"与北欧法)。See also H. *Andersson*, Skyddsändamål och adekvans (1993).
[3] 一个重要的案例见 Rt. 1973, 1268。
[4] 参见下文边码 2/136 与 2/149; Rt. 1955, 842 and Rt. 1973, 1268.
[5] Rt. 1955, 842: 一艘船在放锚时损坏了电缆,造成一家工厂停电,从而不得不暂时停止生产。工厂的利益被认为与电缆损坏之间存在足够具体且密切的联系。

2/130　　　　当损害是因故意所致时,相当性的边界被界定得更宽。在旧的文献中,这个看法得到理论上的支持。[1] 主流学者后来对其表示反对。[2] 不过,司法实践中,该种看法则得到承认。此外,重大过失也构成赔偿更加宽泛之损害的理由。[3] 在严格责任情形,则不存在有关宽泛的相当性的明确理论。不过,Rt. 2006, 690 所载案例非常适于被理解为此种原则的标示:两列火车相撞,造成其中一列火车上的货物泄露,并产生迫在眉睫的爆炸危险。附近利勒斯特罗姆(Lillestrøm)镇上的许多商店和办事机构不得不关门,并被疏散达数日之久。法院强调,损害系因受铁路严格责任调整的典型事件所致,并含蓄地认为,相关责任因而较为宽泛,包括较为遥远的损害后果,如因迫在眉睫的爆炸危险而进行人员疏散所支出的花费。挪威法中的严格责任是经由严格适用过错责任规则而发展起来的事实,使得在严格责任情形比在过错责任情形采纳更为宽泛的相当性标准,可能就是正当的。

三、德国法族与挪威法在相当性问题上的差异

2/131　　　　如前所述,规范保护目的在挪威法中不被视为是一种特殊的损害赔偿限制理论。当然,目的解释是一般成文法规定解释方法的组成部分,但这种解释方法在侵权法领域并不常用。虽然如此,德国和奥地利的深刻法律思想仍不时出现在挪威广泛但有些模糊的相当性理论中。受害人依相关规则必须加以保护的思想,与成文规则影响过错规范的问题有关。主流看法是,只要成文规则具有保护受害人的目的,它就确定了侵权人的注意义务。[4]

2/132　　　　在其他情形,法律的目的在更加准确地界定相当性的边界方面也发挥了作用。在 Rt. 1992, 453 所载案例中,涉及政府当局的责任,其未能对进口鱼类加以控制,引发鱼类疾病,给养鱼场主造成了间接损失,《鱼类疾病防控法》(the Act on Fish Disease Control)的立法目的被纳入考虑范

---

[1] O. Platou, Privatrettens almindelige del (1914) 620 f.
[2] Stang, Erstatningsansvar (1927) 380.
[3] Rt. 1960, 359 and Rt. 1973, 1268.
[4] See Nygaard, Skade og ansvar 203 f, referring to Rt. 1984, 466 and Rt. 1957, 590. See also Hagstrøm, Culpanormen (1985) 54 ff.

围,但不被视为决定性的论点。[1]

由于没有有关保护目的的理论结构或成熟的理论,该思想的具体考虑因素在相当性的讨论中是否提出,完全取决于法官的自由裁量。这与给法官保留较大弹性的基本立场是非常一致的。以这种方式作出妥当决定的可能性就很大,但在适用相当性标准方面可能会丧失可预见性,这已受到学者们的批评。[2]

合法替代行为的思想在挪威侵权法中未能被提升到理论层面加以讨论。有些事例,如醉酒的骑车人[《侵权责任法的基本问题(第一卷)》,边码 7/22],可以运用一般因果关系的权衡方法加以解决。

四、不成比例的重大损害问题

在挪威法中,与相当因果关系有关的一个问题是,当损害不成比例地重大,对于只有有限财产可供赔偿损害的侵权人会造成毁灭性的后果时,应如何评估其影响。这在早先被置于相当性下加以讨论,极为清楚地表现在 Rt. 1955, 1132 所载案例的附带意见中。该案涉及一项博彩行为,博彩业者没有寄出彩票存根,致使彩票购买人丧失了中奖机会,要是博彩业者谨慎行为的话,彩票购买人本来是能够获得中奖收入的。彩票收入不多,大约 3000 挪威克朗(360 欧元),法院认为,他们或许可以作相反推导,假定该案涉及一大笔钱,从而暗示应依相当性理论限制责任范围。

最高法院在 Rt. 1973, 1268 所载的著名电缆案中采纳了一贯做法,该案中,一架飞机撞上供电电缆,造成大量电力用户无电可用。原告是一个养鱼场主,因为断电,鱼塘无法保持足够高的温度,致使大量幼鱼死亡,从而使其遭受了损失。在针对机场所有权人即政府的诉讼中,最高法院认为,在电缆案中存在诉讼泛滥的危险,因而应当限制可赔偿后果的范围。这是支持不对养鱼场主给予赔偿的几个理由之一。

后来,就因大量请求的原因而限制赔偿是否仍然有效的问题引发了争论,因为挪威法中已有一般性责任减轻规定。有些学者主张,在 1973

---

[1] 关于在该案中隐蔽地适用"保护目的说"的问题,参见 Koch, Der Ersatz frustrierter Aufwendungen 77—81。

[2] 相关批评意见,参见 Nygaard, Skade og ansvar 354。

年的案例中,其论证不再有效。[1] 其他学者则认为,相当性的弹性边界具有独立的意义,责任限制不应因为有其他规则也涉及同样的因素而改变。[2] 这个争论将在下文结合责任减轻条款的适用加以阐述。

第八节 损害赔偿

一、"完全赔偿"思想

2/138　　挪威法承认对损害给予"完全赔偿"的规则。该规则为不成文的一般规定,但在某些领域中仍有一些成文规定。[3] 不过,这类成文规定也必须依据完全赔偿的一般规则加以解释。

2/139　　依据过错程度确定赔偿范围或赔偿额的思想,在20世纪早期就在一些重要的理论著作中被提出。[4] 但是,这种思想遭到主流学者的拒绝。[5] 自此之后,挪威法律理论就明确将完全赔偿作为主要规则对待。

2/140　　就物之损害和纯粹经济损失而言,该规则按其文义解释,包括"所受损失"(damnum emergens)与"所失利益"(lucrum cessans)。不过,当涉及损害赔偿的评定与人身损害赔偿时,该规则的解释方式则更为简约。于是,法院提出了包括其他方面的解释方式,如只有"合理且必要的"(rimelig og nødvendig)费用支出应予赔偿。[6] 并且,受伤严重且必须依靠轮椅生活的受害人应当能够过上"尽可能令人满意的"生活(så fullverdig liv som det er mulig)。[7] 因此,法院在判决赔偿时,需要考虑到这些规范性因素。事实上,即使让伤者过上与伤害事件发生前最低相似程度的生活,所需赔偿金额也会极大。故而,"完全赔偿"规则的解释与适用也

---

[1] Nygaard, Skade og ansvar 370.

[2] B. Askeland, Konkret og nærliggende interesse som avgrensingskriterium ved tredjemannsskader, Jussens venner (2001) 303—318, 312 f.

[3] 《损害赔偿法》第4-1条.

[4] O. Platou, Privatrettens almindelige del (1914) 620 f 和 G. Astrup Hoel, Risiko og ansvar (1929) 213—218. 后者与涉及多数侵权人时适用按份责任(从而称为连带责任的替代形式)的思想相应.

[5] Stang, Erstatningsansvar 370—382, 379.

[6] See eg Rt. 1999, 1967.

[7] See eg Rt. 1996, 967.

须在侵权人(以及责任保险业者)与受害人之间做出切实可行的妥协。

二、一次性支付原则

损害赔偿金原则上应当一次性支付。[1]其原因在于了结纠纷的一般目的,使当事人可以开始正常生活。[2]仅当存在特殊情况时(særlige grunner),法官才会准许分期支付。特别是在受害人遭受了存在生命危险的伤害情形,这种做法会是一种很好的选择。分期支付使侵权人可以不用在受害人实际死亡后还继续支付赔偿金。[3]挪威法的规则是,即使是应予负责的侵权人造成了受害人的死亡,他也无须在受害人死后再赔偿其收入损失。[4]

2/141

一次性赔偿的做法可能面临合理质疑,因为损害的评定可能是极不精确的,如果受害人在结案后不久就死亡了,其情况就是如此。不过,挪威的一次性赔偿传统影响很大。立法资料显示,在每次涉及这个问题的讨论中,都存在各种各样的反对看法,且被认为更有说服力。这种观点认为,通过本国货币的汇率换算后,有可能难以确保赔偿的价值;通过年金方式支付赔偿金可能产生管理费用,而一次性支付则可以避免这方面的花费。[5]此外,还存在一种很明显的理由,侵权人在结案后某个时间内也有可能会死亡或丧失偿付能力。回顾先前的这些讨论,可以发现,反对分期支付做法的某些理由在当前时代似乎不再那么有力了。毕竟,大多数人身损害赔偿都有保险公司给予保障。这些机构有办法和能力向金融机构购买年金付款服务。这种制度在瑞典发展得很好,该国在人身损害情形原则上采取分期支付方式。并且,通过广泛使用货币单位G,赔偿价

2/142

---

[1] 参见《损害赔偿法》第3-9条的一般规则。
[2] 这被明确地表述在立法资料中,参见 NOU 1987:4 and Odelsetingsproposisjon (Ot. prp.) no 81 (1987—88) 32. 该规则在新的有关人身损害标准化赔偿规则草案中仍被保持,参见 NOU 2011:16.
[3] 请比较《侵权责任法的基本问题(第一卷)》,边码8/23有关"寿命"的相同看法。
[4] *P. Lødrup*, Personskadekrav hvor skadelidte ikke kan gjøre seg nytte av kompensasjonen pga. død eller andre forhold, in: Rett og rettssal, Festskrift til Rolv Ryssdal (1985) 573—585, 578, 581. See also implicitly Rt. 2006, 684.
[5] See Ot. prp. no 81 (1986—87) 37.

值的问题已经能够得到解决了。[1] 货币单位 G 的数量参照挪威全国的薪酬和价格水平逐年确定。

2/143　　2011年,新的标准化人身损害赔偿草案已经拟定。[2] 起草委员会有很好的机会讨论年金方案。不过,尽管有合理的理由选择年金方案,但委员会仍然选择维持既有的一次性赔付做法。这样做的一个主要理由是,一次性赔付与标准化的思想相符。只要损害赔偿依据的是赔偿清单所确定的固定数额的货币单位 G,逻辑结论就应当是侵权人须一次性全额支付赔偿金。[3]

2/144　　在委任文件中,起草委员会就被鼓励采用丹麦的人身损害赔偿制度,该制度采取的是一次性赔付做法,这也对草案赔付模式的选择产生了部分影响。[4] 此外,一旦赔偿金以年金方式支付,受害人(相应地涉及向受害人赔付相关花费的侵权人)就应当支付相关税金,这也是选择一次性赔付的重要理由。总之,考虑到赔偿的标准化,对起草委员会来说,最好的选择仍是一次性赔付方案。

三、赔偿义务的减轻

2/145　　挪威法中有涉及所有侵权情形的责任减轻规定,即《损害赔偿法》第5-2条。该条规定较为宽泛,只要对原告损失的赔付"不合理",赔偿额就应当相应减少。

2/146　　该规则的主要目的似乎是为侵权人在极为特殊的情况下免除责任提供机会。立法资料提到,对侵权人的关注是制定该规则最重要的考虑因素。立法资料还关注了如下事实,即侵权法的其他领域也存在责任减轻规定。为了确保法律之间的一致性,有必要设计一般责任减轻条款。[5]

2/147　　就责任减轻条款的其他立法理由来看,它们与卡纳利斯(Canaris)与

---

[1] "G"意指(如前所述)"社会保障给付基本单位"(folketrygdens grunnbeløp)。当前 1个 G 为 85245 挪威克朗(约 1 万欧元)。G 是挪威国家保险制度的"基本计量单位"。为根据通货膨胀情况调整国家保险给付金额,该给付单位由国家按年度确定。

[2] NOU 2011: 16 Standardisert personskadeerstatning.

[3] NOU 2011: 16, 76.

[4] NOU 2011: 16, chapter 4.9.4.

[5] See Ot. prp. no 75 (1983—84) 65.

彼得林斯基(Bydlinski)提出的那些理由不同,且更多实践指向性。[1] 社会正义的理由(彼得林斯基)在挪威的立法资料、判例法以及理论评述中有与之相似的思想。当被告方面已经投保或者有投保的可能性时,责任减轻就不尽合理了。[2] 只要侵权人已经投保,完全赔偿对他就不会是"不合理的"。责任减轻主要与被告需要以自己的财产承担其应负责任的情况有关。不过,即使完全赔偿并非是不合理的,该条规定的第2句也允许减轻赔偿责任。反之,如果由原告承担部分损失是合理的,那么,也可以之作为责任减轻的基础。在这种情形下,责任减轻规定也有利于保险公司。[3] 就挪威法上的责任减轻规定来看,并不存在以宪法原则为根据的问题,也与权利滥用之类的原则无关。至于相关执行规定是否会排斥责任减轻规定,或者使之事实上被废弃的问题,在挪威理论上并没有出现。

《损害赔偿法》第5-2条的成文规则含有责任减轻的程序规定。裁判者需要关注侵权人的经济状况、过错的程度或严重性以及其他具体情况。这是侵权法中少数几个将侵权人经济状况作为相关考虑因素的规定之一。在大多数情况下,明确的看法是,经济状况是无关的,是否涉及保险的问题也同样如此。[4] 该规定授予裁判者广泛的裁量权。在1985年发布的有关责任减轻规定的立法资料中,有迹象显示该规定仅应适用于极为例外的情形。不过,最高法院在许多情况下都减少赔偿额。影响最大的裁决是涉及侵权人存在故意甚至犯罪故意的情形。在Rt. 2004, 165所载案例中,一个没有任何财产的年轻人放火烧毁了一间老年公寓。他是故意行为,但法院指出,他当时受到药物的影响。赔偿额减少了50%。还有其他案例可供比较。[5] 不过,法院减少赔偿额的做法也存在限制。当加害行为足够严重时,侵权人是否有财产的问题就无关紧要。抢劫或炸弹袭击的行为都涉及杀戮或试图杀戮,最高法院就此认为无须考虑责任减轻的问题。[6]

---

[1] 参见《侵权责任法的基本问题(第一卷)》,边码8/26。
[2] See Ot. prp. no 75 (1983—84) 66.
[3] See *Nygaard*, Skade og ansvar (2007) 408.
[4] 例如,在Rt. 2003, 433所载案例中就此有明确的评论。
[5] See eg Rt. 1997, 889.
[6] See Rt. 2005, 903 and Rt. 2008, 1353.

2/149　　　但是,如前所述,挪威还存在另一个与相当因果关系限制有关的争论问题。这有其部分历史原因:在 1985 年颁布一般责任减轻条款之前,判例法暗示,相当性规则或许是被告面临毁灭性请求时可资利用的救助手段。[1] 在像 Rt. 1973,1268 所载案例那样著名且重大的涉及第三人利益的赔偿案件中,这种关于毁灭性后果的论证方式据此就成为一种决定性的理由:一架飞机撞上电缆线,导致需要经此电缆为鱼塘供电取暖的养鱼场主遭受损害。养鱼场主就鱼的死亡损失对飞机所有权人即国防部提出要求赔偿的诉讼请求。被告被判免于承担责任,部分是基于对如下后果的考虑,即被告可能会造成多数第三人损害,像在电缆案这种情形,会牵涉大量电力使用者。学者认为,责任减轻条款的成文化替代了判例法,从而,有关毁灭性后果的论证就不再与相当性有关了。[2] 这种看法与《侵权责任法的基本问题(第一卷)》就责任限制提出的建议非常相似。[3] Askeland 对此表示反对,认为在使用相当性限制标准时,有关毁灭性后果的论证仍然具有重要意义。[4] 在 Rt. 2003,338 no 76 所载案例中,最高法院含蓄地承认,在因轻微损害事故引发重大损失时,可以依据欠缺可预见性的理由而限制责任。在上文边码 2/130 提到的 Rt. 2006,690 所载案例中,最高法院认为,毁灭性后果的论证可能与相当性标准有关;不过,它在该案中并未使用这样的论证。[5]

2/150　　　这个问题的关键在于,侵权行为的经济后果是否出乎意料地大,这对于相当性标准是具有决定意义的。相当性标准通常也会考虑可预见行为的实体后果(physical consequences),而不管其经济后果如何。在中欧和挪威理论上有影响的实体后果的例子是冯·图尔(von Tuhr)提到的古老案例:马车驾驶人睡着了,拉车的马改变行进方向,结果车厢遭遇雷击。尽管如此,只要在因果关系限制问题上认为诉讼闸门的理由是有关的,在我看来,就无须对这种限制理由与基于赔偿额的限制理由加以区分。只要这些理由与法律理论和司法实践具有相关性,一旦巨额赔偿的理由被

---

[1]　Rt. 1955,1132.

[2]　Nygaard, Skade og ansvar 370; P. Lødrup, Lærebok i erstatningsrett[5] (2005) 368. See also Rt. 2005,65.

[3]　参见《侵权责任法的基本问题(第一卷)》,边码 7/43。

[4]　See B. Askeland, Konkret og nærliggende interesse som kriterium for tredjemanns tap, Jussens venner (2001) 303—317, 312 f.

[5]　Rt. 2006,690 no 57.

转换成责任减轻的问题,相关规则和制度就会随之改变。人们应当记住,责任减轻的问题是在相当性问题被确定之后才出现的。如果巨额赔偿的理由被转换成责任减轻的问题,就会有较之前更多的案例通过因果关系限制标准的检测。并且,在因侵权人数量很多而使赔偿负担过于沉重的情形,允许很多原告都提起诉讼并获得赔偿的制度将令人奇怪且所费不菲,并因而会将损害赔偿降低到非常低的水平,因为,被告要对所有原告进行完全赔偿将是过于沉重的负担。[1]

上文提到的司法实践表明,挪威法中的责任减轻规定要比欧洲其他地方的适用范围更为广泛,也比软法中的责任减轻条款更为宽泛(参见《欧洲示范民法典草案》第 6:202 条、《欧洲侵权法原则》第 10:401 条[2])。它是一种相当性规则,给法官留下了很大的裁量空间。人们可能不会建议将更多案例依据《损害赔偿法》第 5-2 条的广泛裁量条款加以裁决。关于诉讼闸门理由的合理性也存在疑虑。依我看,最好的方式还是继续遵循 1985 年一般责任减轻条款颁行前的判例法。无论如何,最高法院在这个问题上自相矛盾的做法是难以令人满意的。

第九节 损害赔偿请求权的时效期间

挪威的时效制度与德国法族的做法类似,只是在期间长度以及期间起算方面存在某些差异。时效期间的立法理由是关于案件事实证明可能性的著名看法,以及被告不因很久以前的行为或活动被诉请赔偿而进行正常生活的需要。侵权赔偿请求权的时效期间为 3 年,自原告知道或应当知道损害及责任人之时起算[参见 1979 年《时效法》(Foreldelsesloven)第 9 条]。因此,该规定类似于德国的短期时效规定,但起算时点有别。不过,德国关于时效期间自能够知道请求权的成立情况及责任人的该年年末起算的规定,在有关劳工损害赔偿的法律中得到了采纳。[3]

该领域最大的问题是判定受害人何时具有起诉侵权人的足够信息。

---

[1] 这些观点参见 Askeland, Jussens venner (2001) 312—315。

[2] 相关讨论参见 B. Askeland, Spenninger mellom norsk og europeisk erstatningsrett, Nordisk försäkringstidsskrift (NfT) (2006) 127—137, 135 f。

[3] 参见《劳工损害赔偿保险法》(Yrkesskadeforsikringsloven)第 15 条第 1 段。

一系列的案例表明,这个问题受到类似于过错规范的规则调整。[1] 由于时效规则的主要条件是请求权人应当具有提起诉讼的充分认识,故而,这样的要求也是理所当然的。[2]

2/154　　20 年的长期时效自加害行为结束之日起算。原则上,这种时效期间的起算会早于损害的发生。这在德国法族的时效法中似乎没有类似规定。不过,这种规则特别适用于致害行为长期持续的情形,如污染物排放及其他持续性致害活动情形。

2/155　　但是,在未满 18 周岁的人遭受人身损害,以及侵权人知道或应当知道相关活动可能造成人身损害的情形,则存在例外。这种情形下的赔偿请求权不会因时效届满而消灭。这种例外已被规定在 20 世纪 90 年代颁行的相关法律中,是为了回应对未成年人实施性虐待的案件,这种情形的受害人可能由于害怕,或者别的原因无法在通常的时效期间内提起诉讼。他们在成年前通常都会面临诉讼难题。20 年的时效期间则可能会阻止这些受害人主张自己的权利。

2/156　　以上提到的时效规则仅适用于非合同责任,不过,在与合同履行有关的人身损害情形存在例外(参见《损害赔偿法》第 9 条第 3 段)。

2/157　　在时效期间过半后实行证明责任倒置的想法看起来是一种进步且有意思的解决办法。不过,它迄今并未在挪威引发讨论。相对较短的 3 年时效期间,可能无须采取像时效期间较长的奥地利法那样的相同处理方式。

---

[1] Rt. 1960, 748; Rt. 1977, 1092; Rt. 1982, 588; Rt. 1986, 1019 and Rt. 1997, 1070.

[2] 有关相关要件的进一步讨论,参见 Nygaard, Skade og ansvar 428—430.

第三章
波兰法视野下损害赔偿法的基本问题

Katarzyna Ludwichowska-Redo

□ 第一节 导论

虽然"所有者负担"（casum sentit dominus）规则在《民法典》[1]中没有任何明文规定，但它作为波兰侵权法基本原则的重要价值却不容置疑。这一规则明确表明，除非存在特殊事由证成损害移转的正当性，否则损害必须由受害人本人承担。 3/1

如同在其他许多欧洲国家一样，波兰在过去几十年里加强了对侵权行为受害人的保护[2]；被用来正当化损害转嫁的事由在增加，而且存在将那些已被承认的事由用于它们从未发挥过作用的领域的趋势。有几个例子可被用来说明这种趋势。其中之一是无过错责任的重要性在增加，它最近被引入到公共权力行使责任领域（《民法典》第417条以下，参见下文边码3/96）和产品责任领域（《民法典》第449^{1}条以下）。也可以看到一种过错责任客观化的趋势：如法人对其机关行为承担责任（《民法典》第 3/2

---

〔1〕 Act of 23 April 1964, consolidated text Dziennik Ustaw (Journal of Laws, Dz U) 2014, item 121.

〔2〕 关于这个趋势，参见 M. Nesterowicz, Tendencje rozwojowe odpowiedzialności deliktowej w końcu XX i początkach XXI wieku a ochrona poszkodowanego w prawie polskim, in: M. Nesterowicz (ed), Czyny niedozwolone w prawie polskim i prawie porównawczym (2012).

416条),只需该行为具备违法性即可,无须考虑机关成员的可责性[1];"匿名过错"(anonymous fault)的观念则被用于如下情形,其中损害由一群人中的一人或多人造成,但对所有人适用相同的责任规则,这意味着实际侵权人的个人特征被忽略了。[2] 侵权行为的概念已经扩大到包括对道义性规范(deontological norms)的违反,而提供虚假信息也会引发侵权责任。[3] 在20世纪90年代早期,第446¹条被引入《民法典》,它明确允许子女对其出生前遭受的损害要求赔偿,近年来,波兰判例法已经发展出针对意外生育(unwanted birth)引起的物质和非物质损害承担责任的规则(参见下文边码3/75)。自2008年之后,去世的侵权行为受害者的至亲可以要求精神损害赔偿(《民法典》第446条第4款)。[4]

3/3 下文仅涉及侵权法本身;其他允许转移损害的制度,如社会保障法或保险法,仅在说明侵权法在波兰法律体系中的地位的必要限度内才加以提及。侵权责任也不像损害赔偿法那样仅致力于赔偿受害者,而是同时服务于权益保护的目标。

3/4 用基于保险的解决方案[5]替代责任法的某些领域,具体说就是交通事故责任和医疗责任领域,或以这种方案来补充损害赔偿法的想法,在波兰已经被考虑到了[6],但没有在医疗处置外的其他领域获得更多支持。

---

[1] 这方面更为详细的讨论,参见 P. *Machnikowski* in: A. Olejniczak (ed), System Prawa Prywatnego, vol Ⅵ. Prawo zobowiązań—część ogólna (2009) 418 f。

[2] *Machnikowski* in: Olejniczak, System Prawa Prywatnego 417 f. 关于过错的客观化,也请参见下文边码3/119。

[3] *Nesterowicz* in: Nesterowicz, Czyny niedozwolone 35,以及其引用的文献。

[4] 主要参见 E. *Bagińska*, Roszczenie o zadośćuczynienie na podstawie art 446 §4 kodeksu cywilnego na tle doświadczeń europejskich, in: K. Ludwichowska (ed), Kompensacja szkod komunikacyjnych— nowoczesne rozwiązania ubezpieczeniowe/Traffic Accident Compensation —Modern Insurance Solutions (2011) 149 ff。

[5] 《侵权责任法的基本问题(第一卷)》,边码1/9。

[6] 关于医疗处置,参见 K. *Bączyk-Rozwadowska*, Odpowiedzialność cywilna za szkody wyrządzone przy leczeniu (2007) 381 f,以及其引用的文献;关于交通事故领域的无过错保险方案的正反面理由,参见 K. *Ludwichowska*, Odpowiedzialność cywilna i ubezpieczeniowa za wypadki samochodowe (2008) 367 f; *eadem*, Koncepcja no-fault w kompensacji szkod komunikacyjnych, in: K. Ludwichowska (ed), Kompensacja szkod komunikacyjnych—nowoczesne rozwiązania ubezpieczeniowe/Traffic Accident Compensation—Modern Insurance Solutions (2011) 33 ff。

在 2011 年[1],一个对医疗受害人给予司法外赔偿的新体系被引入[2],尽管它受到无过错的患者保险方案的启发[3],但由于它仅赔偿与当时医疗知识水平不相符的行为(所谓的"医疗事件")[4]也即有过失的行为[5]造成的损害后果,如造成患者感染、身体伤害、健康损害或死亡,所以与无过错的患者保险方案并不相同。同时,新体系并不剥夺受害人依侵权主张赔偿的可能性:患者既可以利用法院外的解决方式,也可以选择损害赔偿法的路径。[6] 最后,医疗事件保险作为该体系的关键因素,本来被设计为强制性的,但考虑到投保义务的执行问题,暂时被规定为非强制性的[7];结果,至少就目前而言,这个方案并不能被看成是"基于保险的"。

正如库奇奥指出的,侵权法和它的"相邻领域"(neighbouring fields)之间的边界可能有些模糊[8];不管怎样,毫无疑问的是,不应该移植那些与侵权法基本目标不相容的概念,如惩罚性赔偿(参见下文边码 3/33)。它无法被正当化。 3/5

"边界模糊"的一个适例是恢复合法状态的请求权和以恢复原状(natural restitution)的方式进行赔偿的请求权之间的中间领域(参见下文边码 3/21 有关所有权保全之诉的评论)。正如库奇奥教授指出的那 3/6

---

[1] Ustawa o zmianie ustawy o prawach pacjenta i Rzeczniku Praw Pacjenta oraz ustawy o ubezpieczeniach obowiązkowych, Ubezpieczeniowym Funduszu Gwarancyjnym i Polskim Biurze Ubezpieczycieli Komunikacyjnych of 28. 4. 2011, Dz U 2011 no 113, item 660, which inter alia introduced chapter 13a to the Act on Patients' Rights and Patients' Ombudsman of 6.11.2008 (Ustawa o prawach pacjenta i Rzeczniku Praw Pacjenta), consolidated text Dz U 2012, item 159 with later amendments.

[2] 关于这一体系,详见 E. Bagińska, The New Extra-Judicial Compensation System for Victims of Medical Malpractice and Accidents in Poland, Journal of European Tort Law (JETL) 2012, 101 f.

[3] 参见 2011 年 4 月 28 日法律草案的理由说明(上注[1]),Druk Sejmowy no 3488。

[4] 医疗事件的准确定义,参见《患者权利与申诉专员法》(Act on Patients' Rights and Patients' Ombudsman)第 67a 条。

[5] See, inter alia, Nesterowicz in: Nesterowicz, Czyny niedozwolone 41; M. Serwach, Charakterystyka i zakres odpowiedzialności za zdarzenia medyczne, Prawo Asekuracyjne (PA) no 3/2011, 12.

[6] 但是,若他选择了新体系,并接受了这一体系提供的补偿,则他就必须放弃对被视为医疗事故的事件所导致的物质和非物质损失索赔的权利(《患者权利与申诉专员法》第 67 条第 6 款)。

[7] M. Serwach, Ubezpieczenia z tytułu zdarzeń medycznych w teorii i praktyce, PA no 4/2012, 4 ff.

[8]《侵权责任法的基本问题(第一卷)》,边码 1/17。

样,在这种情况下,允许这两个领域之间进行"动态过渡"(fluid transition)相比于截然两分要更为明智[1](即在所有权保全之诉中放弃坚守单一的要件—结果模式,允许对它们加以区分[2])。但是,在波兰法中并没有看到这种倾向。相反,关注的焦点仍是两种请求权之间的区分,并让恢复合法状态的请求权适用所有权保全之诉的前提条件,它比侵权请求权的要件更为宽松。

3/7　　库奇奥对动态过渡的支持本身非常清楚地表现在处于责任事故和意外事件之间的替代因果关系领域,他在此强烈批评"全有—全无"原则,支持责任分摊的想法。[3] 然而,波兰侵权法并不承认潜在的因果关系,反对在这些情形下采取这样的解决方案(参见下文边码3/85)。

3/8　　尽管本质上不是一个边界模糊的问题[4],侵权法和不当得利法之间的互动仍然很有意思。侵权人从他的侵权行为中获得利益的事实与赔偿义务的范围无关(就其不会导致赔偿范围超过受害人所受损失而言),在特定情况下,受害人没有不当得利请求权可资利用,这可能会被认为是成问题的(参见下文边码3/27)。[5] 换言之,得利之人应予返还的利益依客观标准予以判定,即使其已不再得利,仍然负有返还义务(参见下文边码3/24)。因此,这可能被认为是得利之人的行为导致他必须承担失利之人的损失。[6]

3/9　　波兰法律明确区分侵权法和合同责任法,并且没有正式承认任何中间领域,这意味着每个案件都要么被分配到合同责任领域,要么被分配到侵权责任领域,或者同时被分配到前述两个领域,且当事人有权选择其中一种责任制度主张权利,但不存在"介于两者之间"的情况。然而,需要简略提及的是,将缔约过失责任作为独立于侵权与合同的特殊领域的建议已经被明确承认(参见下文边码3/52和3/60)。

3/10　　称波兰侵权法采纳的是双轨制似乎是正确的[7],因为它区分了两种

---

[1]《侵权责任法的基本问题(第一卷)》,边码1/18。
[2] 同上书,边码2/24。
[3] 同上书,边码1/27、5/87。
[4] 同上书,边码1/19。
[5] 同上书,边码2/36及以下。
[6] 就此问题以及库奇奥教授关于确立得利剥夺一般请求权的建议,参见下文边码3/31。
[7] 参见《侵权责任法的基本问题(第一卷)》,边码1/21,以及此处引用的文献。

主要的责任基础,即过错责任和严格责任。[1] 也即,必须指出,由于过错的客观化,可以看到过错责任和无过错责任之间的某种相似之处(参见下文边码 3/119)。另外,过错责任和严格责任并非属于同一种责任领域。在后者中,可以发现不同的严格程度[2],而在前者中,注意义务随关系类型而变化(《民法典》第 355 条第 1 款),并且,当侵权人为专业人员时会更为严格(《民法典》第 355 条第 2 款);同时,对过错的举证责任倒置(《民法典》第 527 条、429 条、第 431 条)使过错责任更加严格;最后,"过错"这一术语可能有不止一种含义(参见下文边码 3/123 有关对"选任过错"理解的评论)。

库奇奥在《侵权责任法的基本问题(第一卷)》中考虑并倡导的威尔伯克(Wilburg)的动态体系,对于波兰侵权法来说是陌生的,其基本上坚持清晰明确的规则,并以允许一定程度自由裁量的一般条款为补充。要成立侵权责任,必须满足其全部构成要件;如果该责任的成立要件之一没有被满足,即使其他因素超出了通常要求的分量,责任也不能因此被确认。尽管动态体系支持动态过渡,反对生硬的非此即彼的解决方案,对诸多复杂的问题都提供了合理的解答,并能够"包容所有可能的情况和它们的特殊性"[3],但它也是非常复杂的,其采用将对法律适用的参与者提出很高的要求。要是目前制度中相对"硬性"的规则都引发了很多难题,并留下大量有待解决的问题,我们就能够想象,适用弹性制度将有多么困难和富有挑战性。   3/11

下面的报告将考察波兰法律制度语境下侵权责任法的基本问题。为了突出异同,会涉及库奇奥教授在《侵权责任法的基本问题(第一卷)》一书中提到的德国法族所采取或提倡的解决方案,它们构成本文在结构和内容方面的基础。   3/12

---

〔1〕 公平责任不能被看作是具有同等重要性的责任基础,因为它仅属例外规定。
〔2〕 参见下文边码 3/130。关于严格责任的不同立法解决方案,参见 J. Łopuski, Odpowiedzialność za szkody wyrządzone w związku z użyciem sił przyrody(art 152 k. z.): jej znaczenie i ewolucja w perspektywie minionego 70-lecia, Kwartalnik Prawa Prywatnego (KPP) no 3/2004, 672。
〔3〕《侵权责任法的基本问题(第一卷)》,边码 1/28,以及 W. Wilburg, Die Entwicklung eines beweglichen Systems im bürgerlichen Recht (1950) cited there.

第二节　权益保护体系下的损害赔偿法

一、概说

3/13　损害赔偿请求权对权利和利益提供了广泛的保护,但同时受制于严格的要件。单纯对受保护利益的侵害尚不足以确立这样一种请求权;还必须满足其他要件,如违法性和过错,或因特殊活动所产生的危险。[1] 然而,损害赔偿法只是法律制度为保护权利和利益而提供的救济途径之一。下面的章节将关注其他可利用的工具,以及它们与损害赔偿法之间的相互影响。

二、返还请求权

3/14　正如在德国和奥地利法律中那样,返还所有物之诉(《民法典》第222条第1款)只要求原告(所有者)有权占有某物(或者更确切地说,实际控制某物),而被告无此等权利;目的是交出被占有的物并恢复至请求权成立时的物之状态。[2] 由于受害人可依《民法典》第363条第1款要求恢复原状的损害赔偿(compensation in kind),物之返还或许也会受到损害赔偿法严格要件的影响。但是,依据这些更为严格的条件,原告不仅能够取回原物,而且能够就占有丧失所致附随损害要求赔偿。

3/15　波兰法针对无权占有人也使用所谓的"补充请求权"保护所有权人的利益(即就物之使用的报酬请求权,就物之损耗、损坏与灭失的赔偿请求权,就物之孳息或孳息之价值的返还请求权;《民法典》第224—225条),但是,与所有物返还请求权不同,这些请求权具有客观性,也即,它们取决

---

　[1]　下文有详细论述。
　[2]　T. *Dybowski*, Ochrona własności w polskim prawie cywilnym (rei vindicatio-actio negatoria) (1969) 136 f.

于占有人的善意或恶意,在一定程度上也取决于他有无过错。[1]

《民法典》第224—225条规定的补充请求权,被认为是关于侵权责任和不当得利一般规则的特别法(leges speciales)。[2]

三、不作为请求权

波兰私法中有几个涉及不作为请求权的规定。除下文边码3/18讨论的《民法典》第439条的一般性规定外,还存在限定不作为请求权范围的以下规定:有关危及人格权行为的《民法典》第24条第1款[3];有关危及著作权人人格权行为的《版权法》第78条[4];尤其是调整危及专利权行为的《工业产权法》第285条[5];涉及以不正当竞争行为危及企业利益的《不正当竞争法》第18条第1款[6]。这些"限定性的"不作为请求权并没有形成一贯性的制度,这已挫败了想要重构共同适用于所有这些情形的一般规则的企图。[7]但是,应当注意,和德语国家的法律制度一样,过

---

[1] 使用某物的报酬请求权,某物磨损、变质或灭失的赔偿请求权,不能向善意的占有人主张,善意的占有人也有权取得在其占有期间天然孳息(natural profits)的所有权并保持所获得的法定孳息(civil profit),只要这些孳息在该期间内是可偿付的即可。恶意的占有人则必须支付使用该物的报酬并对该物的磨损、变质和灭失负责,除非变质或灭失即便是由所有人持有时也会发生(他因此对混合原因负责,所以其责任比传统的过错侵权责任更为严格);他也必须返还其没有消耗掉的收益,并支付已经消耗掉的收益的价值,同时要返还因为管理不善导致没能获取的利益。从他知道对其提起返还该物的诉讼之时起,对善意的占有人适用特殊规则:他应当返还其没有消耗掉的收益并支付已经消耗掉的收益的价值,同时要支付使用该物的报酬。他不但要对磨损负责,也要对该物的变质和灭失负责,除非变质或灭失的发生与他的过错无关(因此他的责任是基于过错推定)。

[2] E. Gniewek in: T. Dybowski (ed), System Prawa Prywatnego, vol Ⅲ. Prawo rzeczowe (2007) 515 以及此处所引用的参考文献。

[3] 更准确地说,第24条涉及危及 dobra osobiste 的诉讼,翻译过来更接近于"人身利益"。dobra osobiste 被界定为社会所承认的价值,包括一个人身体和精神的完整、个性、尊严以及他的社会地位和自我实现的条件;see Z. Radwański, Prawo cywilne—część ogólna (2005) 160 f. 在这个报告中,dobra osobiste 被称为人格权——一个在比较法语境下似乎更合适的术语。

[4] Ustawa o prawie autorskim i prawach pokrewnych (Act of 4.2.1994, consolidated text Dz U 2006, no 90, item 631).

[5] Prawo własności przemysłowej (Act of 30.6.2000, consolidated text Dz U 2013, item 1410).

[6] Ustawa o zwalczaniu nieuczciwej konkurencji (Act of 16.4.1993, consolidated text Dz U 2003, no 153, item 1503 with later amendments).

[7] A. Śmieja in: A. Olejniczak (ed), System Prawa Prywatnego, vol Ⅵ. Prawo zobowiązań—część ogólna (2009) 630。

错不被认为是主张这种不作为请求权的成立条件,原则上只要存在不法行为就足够了。危及人格权行为的违法性是被推定的[1],并被宽泛地加以理解[2],也就是说,它是对法律规定或"社会生活原则"(principles of community life)的违反。[3] 基于《不正当竞争法》第 18 条的不作为请求权的前提条件是实施不正当竞争行为,也就是违反法律或善良风俗的行为,其危及或侵害了其他企业的利益(《不正当竞争法》第 3 条)。《工业产权法》第 285 条强调,原告应当证明被告实施了"威胁要侵害具体工业产权"的行为。[4]

关于不作为请求权的一般规定是《民法典》第 439 条,它规定:"因他人行为,尤其是因他人控制的企业或营业缺乏营运的适当监管,或者因其占有的建筑物或其他设施而有遭受损害之直接危险的人,可以要求其采取避免紧迫危险所必要的措施,如有必要,可以要求提供充分的担保。"[5] 相比于上文提到的规定(参见边码 3/17),《民法典》第 439 条虽然在实践中很少被适用[6],但其适用范围更广,不仅包括不作为请求权,而且包括采取积极行为以消除危险的请求权;事实上,前者,也就是我们这里所讨论者,很少被认为有何问题。[7] 关于《民法典》第 439 条确立的不作为请求权的构成要件,存在几种不同意见:(1) 在危险行为和损害的直接威胁之间存在因果关系即已足够;不要求行为具有违法性(这一观点最为古老,但已不再有人主张了);(2) 危险行为须有过错(该理论因为将损害赔偿责任的特有规则移用到其目的并不在于确保赔偿,而在于防止损害发生的制度上而遭到批评[8]);(3) 不作为请求权的构成要件取决于引

---

[1] 至于作者的人身权利,参见 A. Śmieja in: A. Olejniczak (ed), System Prawa Prywatnego, vol Ⅵ. Prawo zobowiązań—część ogólna (2009) 630。

[2] M. Pazdan in: K. Pietrzykowski (ed), Kodeks cywilny, vol I. Komentarz do Art 1-449¹⁰ (2011) 155.

[3] 即社会普遍接受的行为道德规范(也见下文脚注[303])。

[4] A. Tischner in: P. Kostański (ed), Prawo własności przemysłowej (2010) 1144.

[5] Translation by E. Bagińska (E. Bagińska, Poland, in: K. Oliphant/B. C. Steininger [eds], European Tort Law. Basic Texts [2011] 196).

[6] Śmieja even regards it as in principle » dead «; see Śmieja in: Olejniczak, System Prawa Prywatnego 643.

[7] Śmieja in: Olejniczak, System Prawa Prywatnego 638.

[8] Ibid., 631.

发损害的责任基础;(4) 威胁行为必须是不法的。[1]

四、自卫权

为防御对自己或他人利益的直接不法攻击而实施自卫行为的人,无须对因此而给攻击者造成的损害负责(《民法典》第 423 条)。被攻击利益的价值是无关紧要的。[2] 为了免责,自卫行为对于防卫不法攻击来说必须是**必要的,且不存在其他对攻击者受法律保护的利益损害更小的方式**。[3] 如果他采取的方式依其目的(抵抗不法侵害)在具体情境下是合理的,行为人就没有义务赔偿攻击者所遭受的损害。攻击行为的违法性被宽泛地加以理解,即被视为对法律或社会共同生活原则的违反。[4]

3/19

五、妨害排除请求权

《民法典》第 222 条第 2 款调整所有权保全之诉,规定所有权人有权要求以剥夺物之事实支配外的其他方式侵犯所有权的人恢复适法状态并停止侵害。这种请求权有一种客观的特点,即它不取决于过错或者善意/恶意之类的主观要件。其唯一的要件是**对所有权的侵犯**。要提起所有权保全之诉,对所有权的侵犯必须是不法的,但由于所有权的范围非常广,可以肯定地说,除非法律有相反规定,否则,几乎所有侵犯所有权人对物控制范围的行为都是不法的。[5]

3/20

《民法典》第 222 条第 2 款和第 263 条第 1 款之间措辞的不同,清楚地表明了波兰立法者区分恢复适法状态与《民法典》第 363 条涉及损害赔

3/21

---

[1] 关于这些理论,主要见于 M. Safjan in: K. Pietrzykowski (ed), Kodeks cywilny, vol I. Komentarz do Art 1-449¹⁰ (2011) 1694 f; Śmieja in: Olejniczak, System Prawa Prywatnego 625 ff.

[2] Z. Banaszczyk in: K. Pietrzykowski (ed), Kodeks cywilny, vol I. Komentarz do Art 1-449¹⁰ (2011) 1639.

[3] Cf, inter alia, A. Olejniczak in: A. Kidyba (ed), Kodeks cywilny. Komentarz, vol Ⅲ. Zobowiązania—część ogólna (2010) commentary to art 423, no 6.

[4] 最高法院 1965 年 5 月 4 日的判决(Ⅰ CR 5/65, LEX no 5796)。

[5] Dybowski, Ochrona własności 316.

偿的恢复先前状态(参见下文边码 3/160)的意图。[1] 然而,所有权保全之诉和损害赔偿请求权之间的边界并不是完全清晰的。Dybowski 强调,前者针对的是对他人权利领域的现存不法侵害,而损害赔偿请求权则指向的是已经造成的损害,这种损害可能同样源自不法侵害,但非其必然结果。[2] 所有权保全之诉不包括金钱赔偿,尤其是不包括所失利益的赔偿请求权,这通常被认为是没有疑问的。[3] 有观点认为,"恢复适法状态"不仅意味着停止侵害他人财产,也意味着消除这种侵害的后果(如填平非法挖掘的沟渠、拆除非法建造的栅栏)。[4] 若采纳这个看法,就有必要确定以可要求采取积极行为的限度。因所有权保全之诉的适用条件比损害赔偿请求权更为宽松,故所有权保全之诉的适用范围不应像后者那样广泛,这似乎是合理的;换句话说,所有权人无权根据《民法典》第 363 条要求恢复原状(natural restitution)。Dybowski 令人信服地提出,所有权人可以只要求侵犯者退出他的所有权边界,且只需采取退出所必要的行为(也即为恢复所有权人对其物之不受干扰的控制所必要的行为)即可[5];这些行为有时可能会和恢复先前状态的行为相近。[6] 只要责任成立要件被满足,就可以依债法规定提出超出前述范围的请求。

3/22 　　由上可知,依《民法典》第 222 条第 2 款主张恢复适法状态的请求在波兰法中被视为统一的请求权;依侵扰者所承担的后果(即他是仅有排除妨害的容忍义务,还是另外负担排除妨害的积极义务)而进行构成要件的区分,尽管无疑是有意义的[7],但迄今尚未在理论上被提出来。实定法(De lege lata)似乎不能将恢复适法状态的请求权分割为两个具有不同归责事由的独立请求权[不为特定行为的请求权(a claim for non-facere and pati)和采取积极行为排除妨害的请求权]。

3/23 　　排除妨害请求权的其他情形有《民法典》第 24 条第 1 款(请求停止侵

---

[1] 主要参见 S. Rudnicki, Komentarz do kodeksu cywilnego. Księga druga. Własność i inne prawa rzeczowe (2007) 344。

[2] Dybowski, Ochrona własności 311。

[3] Ibid., 339 f。

[4] A. Cisek in: E. Gniewek (ed), Kodeks cywilny. Komentarz (2011) 374; Rudnicki, Komentarz do kodeksu cywilnego 344 f; see also, inter alia, SN judgment of 14.5.2000, V CKN 1021/00, LEX no 55512。

[5] Dybowski, Ochrona własności 350。

[6] Ibid., 352。

[7] 《侵权责任法的基本问题(第一卷)》,边码 2/24。

犯人格权的行为并消除该侵犯行为造成的后果),《版权法》第 78 条(请求停止侵犯作者人格权的行为并消除该侵犯行为造成的后果),《版权法》第 79 条(请求停止侵犯版权的行为同时消除该侵犯行为造成的后果);《不正当竞争法》第 18 条(请求停止违禁行为并消除不正当竞争行为侵害企业主利益的后果);《工业产权法》第 287 条(请求停止侵犯专利权的行为)等。所有这些请求权都不要求有过错[1],只需存在侵害行为即可。

六、侵害型不当得利

(一)不当得利请求权与损害赔偿请求权的关系

正如库奇奥指出的那样,损害赔偿请求权和不当得利请求权在它们都要求侵犯他人受保护利益上是相似的[2],但它们的规范目标和构成要件则是不同的。波兰法也是这样。不当得利请求权(《民法典》第 405 条以下)不要求具备侵权责任通常需要的过错或其他归责事由。它在一个人的得利是以另一个人的利益为代价(使之受损)时发生。[3] 责任人的行为一般与得利返还义务的存在无关,尽管该规则存在一项例外:若得利之人**在消耗或处分所获利益时本应考虑到返还义务**,即使他已经不再得利,也仍然负有返还义务(《民法典》第 409 条)。这表明,在认定得利一方是否预料到负有返还义务时,应当采用客观标准。[4] Czachorski 指出,

---

[1] See *Pazdan* in: Pietrzykowski, Kodeks cywilny 154 (ad art 24 KC); *J. Barta/R. Markiewicz* in: J. Barta/R. Markiewicz (eds), Prawo autorskie i prawa pokrewne. Komentarz (2011) commentary to art 78, no 2 (ad art 78 of the Copyright Act); *J. Błeszyński* in: J. Barta (ed), System Prawa Prywatnego, vol XIII². Prawo autorskie (2007) 633 (ad art 79 of the Copyright Act); *J. Rasiewicz* in: M. Zdyb/M. Sieradzka (eds), Ustawa o zwalczaniu nieuczciwej konkurencji. Komentarz (2011) commentary to art 18, no 14 (ad art 18 of the Unfair Competition Act); *A. Tischner*, Komentarz do zmiany art 287 ustawy—Prawo własności przemysłowej wprowadzonej przez Dz U 2007, no 99, item 662, in: T. Targosz/A. Tischner (eds), Komentarz do ustawy z dnia 9 maja 2007 r. o zmianie ustawy o prawie autorskim i prawach pokrewnych oraz niektórych innych ustaw (2008) no 4 (ad art 287 of Industrial Property Law).

[2]《侵权责任法的基本问题(第一卷)》,边码 2/26。

[3] 一些学者并不将失利作为返还得利义务的前提条件;参见 *P. Mostowik* in: A. Olejniczak (ed), System Prawa Prywatnego, vol VI. Prawo zobowiązań—część ogólna (2009) 246 f。

[4] *W. Czachórski*, Prawo zobowiązań w zarysie (1968) 225; *K. Pietrzykowski* in: K. Pietrzykowski (ed), Kodeks cywilny, vol I. Komentarz do Art 1-449¹⁰ (2011) 1533.

由于《民法典》第 409 条并没有提到过错,所以,将其与过错概念关联就没有理由[1],尽管人们会忍不住联想到对谨慎行为标准的偏离,从而将其与过失联系起来。

3/25　　波兰的法律学者一般将失利定义为与所有权有关的不利益[2],而 Pietrzykowski 则强调其与物质损害的相似性[3]。但是,《民法典》第 405 条规定的请求权目的不在于补偿损失,而是剥夺侵害人所获利益,所以,若无得利,即无返还义务。[4] 相应地,在利益丧失情形,剥夺请求权只有在利益被侵害人获得的情况下才是正当的;仅仅是失利一方丧失利益尚非足够。[5]

3/26　　在两种请求权的构成要件都被满足的情况,失利一方可以选择主张侵权赔偿请求权或者不当得利请求权(《民法典》第 414 条规定:"本题相关规定不影响有关损害赔偿义务规定的适用。")[6]

3/27　　需要强调的是,失利和得利必须具备共同渊源,即同一事件必须是引起前者和后者必要且充分的原因[7]。库奇奥教授所举例子中机器的毁坏[8]就不满足这个要件。这构成失利,但为了让另一方成为因此而获利之人,还必须满足其他条件[9](如顾客必须转而购买行为人的产品,而非同时放弃购买他们之中任何一家生产的产品)。对于导致竞争对手丧失工作能力的情形来说,结果也是一样的。不当得利法在这些情况下是不能适用的。此外,正如库奇奥教授恰当地指出的那样,侵权法存在某些不足[10]:侵权法的目的是损害赔偿,所以,若侵权人获得的利益超过了其造

---

[1] Czachórski, Prawo zobowiązań 225.

[2] E. Łętowska, Bezpodstawne wzbogacenie (2000) 63; Pietrzykowski in: Pietrzykowski, Kodeks cywilny 1524.

[3] Pietrzykowski in: Pietrzykowski, Kodeks cywilny 1524.

[4] Łętowska, Bezpodstawne 73.

[5] Śmieja in: Olejniczak, System Prawa Prywatnego 246.

[6] 最高法院 1983 年 12 月 14 日的判决[Ⅳ CR 450/83, Orzecznictwo Sądów Polskich (OSP) no 12/1984 item 250]。

[7] Cf, inter alia, Łętowska, Bezpodstawne 73.将连接一条河和一个人工湖的大坝打开导致河水上涨、湖面水位下降相比较; Z. Radwański/A. Olejniczak, Zobowiązania—część ogólna (2010) 289.

[8] 《侵权责任法的基本问题(第一卷)》,边码 2/33。

[9] 要重申的是获得得利的可能并不足以引发不当得利请求权(参见 Łętowska, Bezpodstawne 69),这应该和本文是相关的。

[10] 《侵权责任法的基本问题(第一卷)》,边码 2/36—37。

成的损害,则他即便在赔偿了被害人的全部损失后,仍然会有获利。

(二) 知识产权法的解决方案

波兰的《工业产权法》和《版权法》都规定了得利剥夺请求权。《工业产权法》第287条规定,专利被侵害的专利持有人有权要求侵权人返还不当得利,且在侵害是可归责的情况下,损害赔偿既可以依一般原则进行,也可以通过偿付与许可使用费或其他应归专利持有人的适当报酬相当的款项方式进行。得利剥夺请求权无须侵权人具有过错,因而能够和要求侵权人过错的损害赔偿请求权并存,后者依受害人的选择,要么适用《民法典》的一般原则,要么采取"用益请求权"(claim for use)的方式。故而,这种解决方案与奥地利专利法中的规定完全不同。[1] 3/28

波兰《版权法》第79条同样赋予受害人剥夺侵权人所获利益的权利,不管侵权人有无过错。它还赋予他选择依照一般原则要求损害赔偿,或者要求偿付相当于其作品使用费两倍(在侵权行为可归责时可为三倍)款额的权利。与《工业产权法》不同,这里存在惩罚性元素(也请参见边码3/34);适当补偿请求权也因此不是典型的"用益请求权"。 3/29

如前所述,得利剥夺请求权无关侵权人的过错,因此,其构成要件相比于损害赔偿请求权更为宽松。按照大多数人的观点,《版权法》中的得利剥夺请求权不同于《民法典》规定的不当得利请求权。[2] 就《工业产权法》第287条规定的得利剥夺请求权而言,则存在不同看法:有人将其作为不当得利请求权,其他人则将其作为独立的请求权,不适用《民法典》关于不当得利的规定。后一种观点的支持者指出,判例法和有关《版权法》第79条得利剥夺请求权的理论文献也与《工业产权法》第287条规定的请求权关系重大。[3] 3/30

---

[1] 《侵权责任法的基本问题(第一卷)》,边码2/38—39。
[2] *Barta/Markiewicz* in: Barta/Markiewicz, Prawo autorskie, commentary to art 79, no 21, 25; *Błeszyński* in: Barta, System Prawa Prywatnego 659 f; *K. Sarek*, Roszczenie o wydanie uzyskanych korzyści, in: J. Jastrzębski (ed) Odpowiedzialność odszkodowawcza (2007) 234; 也见,在1952年的版权法案的基础上, *A. Kopff*, Roszczenie o wydanie uzyskanych korzyści w prawie autorskim i wynalazczym a roszczenie z tytułu bezpodstawnego wzbogacenia, in: Z. Radwański (ed), Studia z prawa zobowiązań (1979) 24。
[3] 关于这个问题详见 *Tischner* in: Targosz/Tischner, Komentarz do zmiany no 8, 及其引用的文献。

(三) 新的请求权类型？

3/31　　需要强调的是，得利剥夺请求权反映了侵权人不得因不法侵害他人财产权而获利的原则。[1] 将这种请求权引入到知识产权领域，明确显示出立法者已认识到不法获利的问题，但这并不意味在其他法律领域中也当然应承认类似的请求权。库奇奥指出，引入一种新的请求权类型——即剥夺因侵害行为(其非通常意义上之使用)所获利益，融合损害赔偿请求权和不当得利请求权的一般请求权——是很大胆的做法[2]，在没有明确法律规定的波兰是不可能的。即便如此，引入这种请求权的提议仍然值得考虑，库奇奥教授的支持意见非常有说服力。考虑引入得利剥夺请求权的可能性要以调查其是否与知识产权法中既有解决方案一致为前提。库奇奥的提议以财货分配理论为基础，旨在填补损害赔偿法与不当得利法之间的"保护空白"[3]，涉及引入以客观过失为构成要件的请求权。与奥地利《专利法》不同，该法为了让受害人剥夺侵权人的得利，要求存在可归责的侵害行为，且"用益请求权"不考虑侵权人有无过错[4]，波兰知识产权法中的得利剥夺请求权仅以不法侵害为已足，而"用益请求权"作为《民法典》损害赔偿请求权一般规则的替代，要么要求有过错[《工业产权法》第287条；三倍作品使用费的请求权(《版权法》第79条)，因其惩罚性因素而很难被归类为用益请求权]，要么不考虑过错(非典型的"用益请求权"，即《版权法》第79条规定的两倍作品使用费的请求权)。总之，波兰法律制度尽管具有稳定的做法，即得利剥夺请求权仅要求存在**权利侵害**事实，但并非始终一贯。考虑到这一点，引入有着更加严格的构成要件的一般性得利剥夺请求权似乎并不合适，特别是在客观过失的认定具有相当于过错认定效果的情况下(参见下文边码3/118—119)。

---

[1] *Barta/Markiewicz* in: Barta/Markiewicz, Prawo autorskie, commentary to art 79, no 22.

[2]《侵权责任法的基本问题(第一卷)》，边码2/46。

[3] 同上书，边码2/33以下；也见同上书，边码3/27。

[4] 同上书，边码2/38—39。

七、损害赔偿请求权

要将损害从受害人转给其他人,必须具有令人信服的理由。首先,其他人必须造成了损害,或者损害原因处于其应当负责的范围内。其次,还必须满足其他条件,如该人存在过错,或者他应为其担责的人存有过错或不法行为,或者在其控制范围内存在对他人构成危险源的物品或设施。

3/32

尽管侵权责任也被认为具有威慑功能,但侵权法的首要目标仍是补偿受害人。惩罚观念也发挥着某种有限的作用;不过,仍然有必要强调,侵权责任的认定不能导致判予超出所受损害的赔偿。

3/33

八、惩罚性赔偿

惩罚性赔偿并不为波兰法律所接受。考虑到波兰私法的基本原则,这种状况似乎很难改变。《版权法》第 79 条第 1 款第 3b 项或许可以被视为总体上拒绝这类损害赔偿的例外,依据该规定,作者可以向可归责的侵害其经济权利的人主张作品使用费三倍的赔偿(参见上文边码 3/29)。已有相关文献对该规定加以批评。[1] 虽然,库奇奥令人信服地辩称,作者使用费的两倍可以和损害赔偿观念协调一致[2],但在可归责的侵害情形下,则不能采取同样的说法。

3/34

九、保险合同法

在损失补偿保险情形,被保险人不应该得到超出其所受损失的补偿。这是通过目前最常见的方式取得的,也即把受害人的请求权在其所获保险赔付的范围内转移给保险人。如果保险金不能涵盖全部的损失,受害人就剩余部分损失的请求权要优先于保险人对侵权人的追偿请求权(《民

3/35

---

[1] *Barta/Markiewicz* in: Barta/Markiewicz, Prawo autorskie, 对第 78 条的评释, no 18.
[2] 《侵权责任法的基本问题(第一卷)》,边码 2/57.

法典》第 828 条第 1 款）。至于第三方责任保险，则被认为既促进了侵权法的补偿功能，也削弱了它的威慑效果，后者主要通过运用奖惩机制（bonus-malus system）而被减弱。

十、社会保障法

波兰社会保障法在广义上包括社会保险（由老年养老保险、残疾和遗属养老保险、疾病保险和工伤保险组成）、社会援助、国民健康医疗保险、失业救助和家庭福利等。[1]如同其他国家常见的情况那样[2]，它并不取代损害赔偿法，两种制度同时并存。就这两个领域之间的相互作用来看，社会保障法中的社会保险和国民健康医疗保险具有重要意义。与受害人不应就同样的损害得到两次赔偿的看法一致，人们承认，社会保险给付与侵权人所为损害赔偿原则上相互抵销[3]，而且，国民医疗保健制度提供的免费医疗服务在计算损害赔偿的时候也被考虑进来，这意味着，只有没有得到公共健康保险保障的医疗费用[4]才能够获得赔偿。[5]尽管赔偿金中扣除了社会保障给付，但社会保障提供者对负有责任的加害人原则上没有追偿权。最高法院注意到，波兰法律明确授予这种追偿权的唯一

---

〔1〕 关于波兰社会保障体系结构的更多信息参见〈http://www.zus.pl/files/social_insurance.pdf〉。

〔2〕《侵权责任法的基本问题（第一卷）》，边码 2/75。

〔3〕 只要它们服务于赔偿目的即可。因此，依据《民法典》第 444 条第 2 款或第 446 条第 2 款（有关这些规定的详细情况参见下文边码 3/161—162），来自社会保险基金的抚恤金［对比《社会保险基金抚恤金法》第 57—58 条（Ustawa o emeryturach i rentach z Funduszu Ubezpieczeń Społecznych），consolidated text：Dz U 2009，no 153，item 1227 及后来的修正案］应从侵权人应付年金中扣除，而所谓的丧葬补助费（《社会保险基金抚恤金法》第 77 条）不能与依《民法典》第 446 条第 1 款（该条的具体表述参见后注 82）给付的赔偿金抵销，因为，这种补助的功能主要是社会性的而非补偿性的；see SN judgment of 15. 5. 2009，Ⅲ CZP 140/08，Orzecznictwo Sądu Najwyższego (OSN) no 10/2009，item 10（判决的理由）；也见 E. Bagińska, Poland 对该判决的评论，in：H. Koziol/B. C. Steininger（eds），European Tort Law 2009 (2010) 477ff。

〔4〕 以《民法典》第 444 条第 1 款和第 446 条第 1 款为基础。根据《民法典》第 444 条第 1 款，在身体伤害和健康损害情况下，损害赔偿包括所有因此产生的花费。根据《民法典》第 446 条第 1 款，如果受害人因为身体伤害或健康损害而死亡，赔偿义务人还应当偿还他人因此支付的治疗费用和丧葬费用。

〔5〕 最高法院 2007 年 12 月 13 日的判决（Ⅰ CSK 384/07，LEX no 351187）；最高法院 2009 年 5 月 15 日的判决（Ⅲ CZP 140/08，OSN no 10/2009，item 132）（参见判决理由）。

规定[1]——其适用范围非常有限——是1999年6月25日针对疾病和孕妇的《社会保险现金给付法》(Act on cash social insurance benefits in respect of sickness and maternity)第70条[2],该法条授权社会保险机构向因故意犯罪或侵犯导致被保险人丧失工作能力的人主张医疗和康复费用的偿还。正如法院所指出的那样,法律没有授予社会保险机构在其他情况下的追偿权,并不必然意味着这种权利不存在;没有这种规定可能会被视为法律漏洞,可以通过类推方式加以填补。[3] 最高法院承认,由于否认追偿权意味着仅仅因为受害人得到了第三方的补偿就减轻致害人的责任,所以,基于正义的考虑应准予追偿。但是,它最终否定了追偿请求权,理由是:既然立法者只在特定情形下才明确认可这种请求权,由此必然可以推论,在其他情形没有规定追偿权是立法者有意识决定的结果。[4] 在2009年5月15日的判决中[5],法院指出,不能过于轻率地断言在社会保险法中存在漏洞,因为在这个法律领域中,法律的确定性是非常重要的。它强调,社会保险关系被规定得精确而详尽,这意味着,如果存在立法者没有规定的问题,就必须假定这是有意而为的。

波兰的职工意外伤害保险制度属于社会保险制度的组成部分[6],包含2002年关于工伤事故和职业病的社会保障立法中的给付利益[7]。对于职工未获该制度保障的损害,《民法典》有关人身损害赔偿的规定具有

---

[1] SN of 8.10.2010, Ⅲ CZP 35/10, OSN no 2/2011, item 13(见判决书中的裁判理由)。

[2] Ustawa o świadczeniach pieniężnych z ubezpieczenia społecznego w razie choroby i macierzyństwa, consolidated text Dz U 2010, no 77, item 512 with later amendments.

[3] 最高法院2009年5月15日的判决(Ⅲ CZP 140/08, OSN no 10/2009, item 10)。

[4] See SN of 27.4.2001 (Ⅲ CZP 5/01, OSNC no 11/2001, item 161)最高法院认为,医疗基金(kasy chorych;相当于德国的医疗保险基金,后被国民医疗保险基金替代——本章作者注)无权向导致被保险人损害之人要求偿还医疗费用。

[5] Ⅲ CZP 140/08, OSNC no 10/2009, item 132.

[6] 该方案及其与私法的关系详见 D. Dörre-Nowak, Employers' Liability and Workers' Compensation: Poland, in: K. Oliphant/G. Wagner (eds), Employers' Liability and Workers' Compensation (2012) 369 ff.

[7] Act of 30.10.2002, consolidated text Dz U 2009, no 167, item 1322 及后来的修正案。

补充效果。[1] 至于雇员在工作中因意外事故遭受的财产损失,依《劳动法》第 237¹ 条之规定,雇主有义务赔偿某些类型的损失(除机动车和金钱外为完成工作所必要的个人财物和物件的损失)。[2] 其他财产损失的赔偿则适用《民法典》的规定。[3]

十一、对犯罪或灾害受害人的补偿

3/38　　依据 2005 年关于《对某些犯罪受害人的国家赔偿法》[4],当波兰公民或其他欧盟国家的公民因在波兰实施的犯罪而死亡或遭受严重人身伤害时,他们将被判给该法规定的损害赔偿。该赔偿旨在补偿因收入或其他生活来源丧失所受损失以及治疗、康复和丧葬费用的支出,其金额极为有限:它不得超过 1200 波兰兹罗提(约 3000 欧元)(《对某些犯罪受害人的国家赔偿法》第 6 条)。该赔偿仅在索赔者不能从犯罪者、保险人、社会救助机构或其他来源就前述费用或损失取得赔偿时才能获得。若财政机关依据《对某些犯罪受害人的国家赔偿法》的规定给予了赔偿,则权利人的请求权就转移给国家,财政机关因而对侵权人享有追偿权(第 14 条);由此,不法行为人清偿不能的风险被转移给国家。

3/39　　重要的是,依据《对某些犯罪受害人的国家赔偿法》判给赔偿时,无须犯罪者或不法行为人已被确定、被控告或被定罪的事实。例如,该法明确准许在被告死亡的情况下判给赔偿。然而,和奥地利不同[5],在不法行为人因精神疾患而无须负责时,或者在正当防卫和紧急避险情况下,受害人将不能获得前述赔偿。这是因为,所有这些情形都排除了行为的犯罪属性,而《对某些犯罪受害人的国家赔偿法》明确规定,即使刑事诉讼已被启动,只要行为的犯罪属性被依法排除,就不能判给损害赔偿(《对某些犯

---

[1] J. Jończyk, Ubezpieczenie wypadkowe, Państwo i Prawo (PiP) no 6/2003, 7; W. Sanetra, O założeniach nowego systemu świadczeń z tytułu wypadków przy pracy i chorób zawodowych, Praca i Zabezpieczenie Społeczne no 3/2003, 4; Ł. Pisarczyk, Odpowiedzialność pracodawcy za szkodę spowodowaną wypadkiem przy pracy, Studia Iuridica XLVII/2007, 212.

[2] Act of 26 June 1974, consolidated text Dz U 2014, item 1502.

[3] Dörre-Nowak in: Oliphant/Wagner, Employers' Liability 391.

[4] Ustawa o państwowej kompensacie przysługującej ofiarom niektórych przestępstw. Act of 6. 9. 2005, Dz U 2005, no 169, item 1415 及后来的修正案。该法案内容详见 L Mazowiecka, Państwowa kompensata dla ofiar przestępstw (2012).

[5] See Koziol's remarks on §1 of the Austrian VOG in Basic Questions I, no 2/78.

罪受害人的国家赔偿法》第 7 条第 2 款结合《刑事诉讼法》第 17 条第 1 款第 2 项）。[1]

波兰没有类似于奥地利灾害赔偿基金法的制度设置[2]，而偏爱临时性的解决方案（ad-hoc solutions）。这种做法必然引发平等对待问题，并产生了国家救济为何只能在事件影响了很多人时才可指望的疑问。

3/40

十二、得利剥夺请求权

在德语国家的法律制度中，法律后果的两极性正当化原则（the principle of bilateral justification）不仅存在于侵权法中，而且，采取有利于国家而非受害人的得利剥夺，对于波兰不当得利法来说也并不陌生。根据《民法典》第 412 条，若某履行构成法律禁止的行为或者不名誉行为的对待给付，则法院可以判令没收给付标的物，收归国库。必须指出的是，法院没有义务下令没收，而且，不同于不当得利一般规定中的得利返还义务，即使得利人不再有得利，法院仍然可以判予没收。

3/41

与德国法族一样，波兰《刑法典》[3]也规定没收犯罪者通过他的犯罪行为所得财产（《刑法典》第 44 条、第 45 条）。若财产已经返还给受害方或者其他被授权之人，则不再判令没收。《经济刑法典》（Fiscal Offences Code）也规定了应收由犯罪行为所获财物（尤其请参见《经济刑法典》第 22 条第 2 款、第 29 条第 1 项）。[4]

3/42

十三、刑法

众所周知，侵权法和刑法的目的是根本不同的。和侵权法不同，尽管刑法并不用于损害赔偿，但返还的概念对它而言并不陌生，这意味着——如库奇奥所说——两个法律领域之间存在互相依存的情况。[5]

3/43

补偿功能在 1997 年新刑法施行后变得更加重要，其强化了犯罪受害

3/44

---

[1] Act of 6.6.1997, Dz U 1997, no 89, item 555 及后来的修正案。
[2] 《侵权责任法的基本问题（第一卷）》，边码 2/80。
[3] Act of 6.6.1997, Dz U 1997, no 88, item 553 及后来的修正案。
[4] Act of 10.9.1999, consolidated text Dz U 2013, item 186 及后来的修正案。
[5] 《侵权责任法的基本问题（第一卷）》，边码 2/85。

人的受保护地位；这意味着，犯罪不再被认为主要是犯罪人和社会之间的冲突，也开始被认为是不法行为人和受害人之间的冲突。[1] 如 Zoll 和 Wróbel 所指出的，补偿功能和正义功能紧密结合在一起，并在恢复性正义（reparative justice）的背景下得到了最充分的表达。从这个角度来看，刑法的目的是消除犯罪造成的社会紧张状况；为了实现这个目标，犯罪人应当赔偿其犯罪行为所造成的损失。刑法不仅应当惩罚犯罪人，也应让他赔偿其引致的损害。[2] 因此，某些惩罚性措施明显发挥了补偿功能；它们是："obowiązek naprawienia szkody lub zadośćuczynienia za doznaną krzywdę"（赔偿财产损失或者精神损害的义务）（《刑法典》第 46 条第 1 款）和"nawiązka"（补偿金）（《刑法典》第 46 条第 2 款），它属于一种概括性赔偿，可以替代前述义务。[3] 关于《刑法典》第 46 条规定的赔偿义务是否应被犯罪人投保的机动车第三者责任险所涵盖，就此还存在很多争论。[4]

3/45 犯罪人已经赔偿损失的事实可以作为特殊的减轻处罚的事由（《刑法典》第 60 条第 2 款第 1 项），在经济刑法中，犯罪人已经缴付全部应缴税费是消除可罚性的条件（涉及少付应缴税费的违法行为，《经济刑法典》第 16 条第 2 款）。

3/46 侵权法和刑法相互依存的状况还表现在，违法性作为过错责任的构成要件可以存在于对刑法规定的违反中。

---

[1] J. Giezek in: M. Bojarski (ed), Prawo karne materialne. Część ogólna i szczególna (2012) 29.
[2] W. Wróbel/A. Zoll, Polskie prawo karne (2010) 45 f.
[3] A. Marek, Prawo karne (2006) 287 f.
[4] 就此，参见 M. Bączyk/B. Janiszewska, Obowiązkowe ubezpieczenie komunikacyjne a prawnokarny obowiązek naprawienia szkody, Przegląd Sądowy no 110/2006; Ludwichowska, Odpowiedzialność cywilna 300 ff; 最高法院 2006 年 12 月 21 日判决[Ⅲ CZP 129/06, Orzecznictwo Sądu Najwyższego. Izba Cywilna (OSNC) no 10/2007, item 151]，认定犯罪人不得从他的保险公司获得其支付给非受害人的补偿金[更多情况参见 E. Bagińska, Poland, in: H. Koziol/B. C. Steininger (eds), European Tort Law 2007 (2008) 459 ff]；最高法院 2011 年 7 月 13 日判决（Ⅲ CZP 31/11, OSNC no 3/2012, item 29），法院认定，依据波兰《刑法典》第 46 条第 1 款，交通事故的赔偿义务人可以要求他的责任保险承保人返还其支付给受害人的赔偿款。

第三节 侵权法的任务

在波兰法律文献中,赔偿责任被区分为如下三个功能,即补偿功能、威慑功能和惩罚功能。[1]

3/47

一、补偿功能

毫无疑问,侵权法的主要功能是补偿功能。波兰法律坚持完全赔偿原则,根据《民法典》第361条第1款,在法律没有相反规定或合同没有相反约定的情况下,损害赔偿包括受害方所受损失与所失利益(也请参见下文边码3/157)。依据《民法典》363条第2款之规定,损害赔偿的金额按照计算赔偿额之日的价格确定[2],"损益相抵"(compensatio lucri cum damno)原则也是补偿功能的具体体现。当然,"恢复原状"(restitutio in integrum)原则也存在例外。例如,《民法典》第440条(参见下文边码3/164)允许根据案件具体情况减轻赔偿责任,只要在双方当事人均为自然人时,考虑到被侵权人或赔偿责任人的经济状况,依社会共同生活原则(principles of community life)需要进行这种责任减轻即可;《劳动法》第114条以下诸条让雇员仅对雇主的实际损失负责,并将损害赔偿限制在3倍月薪的范围内,以此弱化了雇员对雇主所负责任的补偿功能(也请参见下文边码3/158)。[3] 在非物质损失领域,补偿功能也是

3/48

---

[1] 主要参见 A. Szpunar, Uwagi o funkcjach odpowiedzialności odszkodowawczej, PiP no 1/2003, 17 ff; A. Śmieja in: S. Wójcik (ed), Prace cywilistyczne (1990) 327; T. Pajor, Przemiany w funkcjach odpowiedzialności cywilnej, in: Rozprawy z polskiego i europejskiego prawa prywatnego. Księga pamiątkowa ofiarowana Profesorowi Józefowi Skąpskiemu (1994) 297.

[2] 除非特殊情况(如受害人自己先行修复了损害)需要以不同的时间点作为计算价格的基础;这个规则规定在《民法典》第363条第2款,也服务于补偿目的。

[3] 关于完全赔偿原则例外的更多讨论,参见 B. Lewaszkiewicz-Petrykowska, Zasada pełnego odszkodowania—mity i rzeczywistość, in: L. Ogiegło/W. Popiołek/M. Szpunar (eds), Rozprawy prawnicze: księga pamiątkowa Profesora Maksymiliana Pazdana (2005) 1069 ff。

决定性的。[1] 有些学者主张,慰抚金的补偿功能也包括受害方从法律制度对侵犯他的人身权利的行为所作反应中得到的情感抚慰[2],并坚持认为,受害方的情感抚慰意味着,当依社会目的判给受害方合理数量的金钱时,补偿功能也得以实现[3]。

二、威慑功能与权利延续功能

3/49　　侵权责任的威慑功能[4]仅仅处于次要地位。大多数波兰法律学者在过错责任领域承认这一点,并强调其在严格责任领域是微不足道的(或根本就不存在)。[5] 但是,也有不同观点认为,严格责任也能发挥预防功能。[6]

3/50　　在承认客观—抽象的损害评估范围内,波兰法中也存在权利延续思想(Rechtsfortsetzungsgedanke)(参见下文边码 3/71—72)。

三、惩罚功能

3/51　　人们强调,不法行为人因承担赔偿义务而使其总财产减少,这可以被

---

[1] 主要参见 Szpunar, PiP no 1/2003, 23; idem, Zadośćuczynienie za szkodę niemajątkową (1999) 78 ff; A. Ohanowicz/J. Górski, Zarys prawa zobowiązań (1970) 67; SN judgment of 8. 12. 1973, III CZP 37/73, OSNC no 9/1974, item 145; SN judgment of 30. 1. 2004, I CK 131/03, OSNC no 2/2005, item 40 (对该案的评论见 E. Bagińska, Poland, in: H. Koziol/B. C. Steininger [eds], European Tort Law 2005 [2006] 460 ff).

[2] Szpunar, PiP no 1/2003, 24; idem, Zadośćuczynienie 79; Śmieja in: Olejniczak, System Prawa Prywatnego 703.

[3] Szpunar, PiP no 1/2003, 23; Śmieja in: Olejniczak, System Prawa Prywatnego 702 f; Radwański/Olejniczak, Zobowiązania 266. 依据波兰《民法典》第 448 条,在侵犯人格权的情况下(涉及侵害"人身利益"的条款,关于"人身利益"的概念见本书第 157 页注释[3]),法院可以给予被侵权人适当数目的金钱作为非物质损失的赔偿,或者按照受害人指明的社会目的判决适当数目的金钱,而不考虑其他消除侵害影响的方式。

[4] 这就像被几个学者所强调的那样,可以被理解为特殊威慑,而非一般威慑;主要参见 Szpunar, PiP no 1/2003, 22.

[5] Kaliński in: Olejniczak, System Prawa Prywatnego 73; Szpunar, PiP no 1/2003, 22. Śmieja, 此外,这也凸显出在侵权人有过错的所有情形中,责任都发挥了威慑作用,无论过错是否为责任的必要条件: Śmieja in: Wójcik (ed), Prace cywilistyczne 331 f.

[6] W. Warkałło, Odpowiedzialność odszkodowawcza. Funkcje, rodzaje, granice (1972) 211 f.

视为一种惩罚,但是,侵权责任的惩罚功能仅仅发挥次要作用[1],而且,它在严格责任领域亦被否定[2]。一些学者——其中包括波兰最著名的私法教授之一的 Szpunar——指出,报应思想很难与损害赔偿责任的基本原则协调。Szpunar 同时强调,如果惩罚性因素不是单独存在的,而是和补偿或预防功能相结合,前述困难就不复存在。[3] 因此,或许可以这样说,在波兰私法中,惩罚只能作为补偿的副产品,或者作为侵权责任威慑效果的前提条件而加以接收。[4] 侵权法不得超过补偿目的处以"真正"的罚金,这也表明了惩罚性因素的从属性。[5] 不管过错程度如何,损害赔偿都不能超出所受损失。[6] 非物质损害赔偿被认为具有惩罚功能,但是——恰如前述——这种损害赔偿的目的是补偿所受损失,而不是制裁不法行为人。如果侵权人在存在严重过错时被判处更高的赔偿额,这也不是出于惩罚的目的,而是因为在这类情形下,非物质损失往往会比较大。[7]

第四节 侵权与债务违反之间的领域

一、侵权、违约与中间领域

波兰法律区分侵权(《民法典》第 415 条以下)和违约(《民法典》第

---

[1] T. *Dybowski* in: Z. Radwański (ed), System Prawa Cywilnego, vol Ⅲ, Part 1. Prawo zobowiązań—część ogólna (1981) 210.

[2] *Kaliński* in: Olejniczak, System Prawa Prywatnego 74. Kaliński 指出,惩罚因素在侵权人的行为无过错但违法时也被承认。

[3] *Szpunar*, PiP no 1/2003, 23.

[4] *Śmieja* in: Olejniczak, System Prawa Prywatnego 362; *idem* in: Wójcik, Prace cywilistyczne 330.

[5] 对比《侵权责任法的基本问题(第一卷)》,边码 3/13。

[6] Cf *W. Warkałło*, Gradacja winy a obowiązek naprawienia szkody w świetle przepisów kodeksu cywilnego, Studia Prawnicze (SP) no 26—27/1970, 292.

[7] 主要参见 *Kaliński* in: Olejniczak, System Prawa Prywatnego 70. 相反,Nesterowicz 和 Bagińska 指出,当侵权人存在严重过错,特别是他的行为具有犯罪性质时,对非物质损失的赔偿也应该履行惩罚功能;See E. *Bagińska/M. Nesterowicz*, Poland, in: B. Winiger/H. Koziol/B. A. Koch/R. Zimmermann (eds), Digest of European Tort Law, vol Ⅱ: Essential Cases on Damage (2011) 594 f(关于医疗疏失案件的评论)。

471条以下)。与德国法相似,中间领域没有得到正式承认;与之不同,主流观点将违反前合同注意义务归于侵权领域[1],虽然同时承认缔约过失[2]在某些情况下可能系因违反既存义务[3]。就此,也应注意不同的观点,其认为,缔约过失责任构成一项独立于侵权责任和违约责任的特殊制度。[4]

3/53　　关于因果关系和赔偿方式与范围的规定(《民法典》第361—363条)同时适用于侵权和合同。主流的看法是,《民法典》第355条有关债务人应尽勤勉义务的规定也同时适用于这两个领域(参见下文边码3/117)。

3/54　　依侵权和合同作不同处理的问题主要存在于有关责任的证明负担(过错的证明)、替代责任、诉讼时效以及可赔偿损害等方面。

3/55　　依据《民法典》第471条,债务人有义务赔偿因不履行或不适当履行导致的损失,除非不履行或不适当履行是由于其无须负责的客观情况所致。结合《民法典》第472条,这意味着,只要债务人尽到了应有的勤勉义务,原则上他就不承担责任。[5] 因此,相比于受害人需要证明所有责任构成要件(包括侵权人的过错)的侵权责任来说,证明负担就被倒置了。[6]

3/56　　在合同中,本人对受其委托履行债务的辅助人的行为承担全面责任

---

[1] 主要参见 *Radwański/Olejniczak*, Zobowiązania 138; A. *Szpunar*, Odszkodowanie za szkodę majątkową. Szkoda na mieniu i osobie (1998) 49; SN judgment (panel of 7 judges) of 28.9.1990, Ⅲ CZP 33/90, OSNC no 1/1991, item 3。

[2] 《民法典》涉及"缔约过失"的基本规定是第72条第2款,其规定,发起或进行谈判的一方"违背善良风俗",特别是根本没有缔约意图的,有义务赔偿另一方因信赖合同会缔结所遭受的损失。

[3] 参见 *Radwański/Olejniczak*, Zobowiązania 139,其举了一个违反框架性协议的例子。在《民法典》第721条规定情形也存在该种义务,该条处理的是违反不披露保密信息或不将其告诉第三人的义务的情形;主要参见 *Radwański/Olejniczak*, Zobowiązania 139; M. *Krajewski* in: E. Łetowska (ed), System Prawa Prywatnego, vol V. Prawo zobowiązań—część ogólna (2006) 721。

[4] P. *Sobolewski*, Culpa in contrahendo—odpowiedzialność deliktowa czy kontraktowa? Przegląd Prawa Handlowego no 4/2005, 28; D. *Zawistowski*, Wina w kontraktowaniu (culpa in contrahendo) na tle zmian w kodeksie cywilnym, *Acta Universitatis* Wratislaviensis, Prawo CCLXXXIX (2004) 287.

[5] 依据《民法典》第472条,如果法律或法律行为没有相反规定或约定,债务人应对其未尽到适当注意的行为负责。

[6] 这个规则也可能基于过错推定而存在例外(如《民法典》第427条)。

(参见下文边码 3/122)。[1] 在侵权中,本人为辅助人承担的责任要么基于被推定的**选任过失**(culpa in eligendo)(《民法典》第 429 条),要么属于严格责任,但需辅助人存有过错(《民法典》第 430 条;参见下文边码 3/123 以下)。总之,本人在合同中为辅助人承担的责任比在侵权情形要更为严格。

合同责任的时效期间一般短于侵权责任(关于侵权责任的时效参见本章第 9 节)。 **3/57**

虽然《民法典》没有包含相当于其前身——《债法典》——第 157 条第 3 款的规定[2],但传统且仍然处于主流的观点是,只有在法律有明确规定的情况下才能判予非物质损害赔偿,因而,它仅存在于侵权责任领域。[3] 这个观点在《民法典》体系中找到了依据,因为,关于非物质损害赔偿的规定(参见下文边码 3/64)处于《民法典》中涉及侵权的部分。据此推论,只有当债务不履行或不适当履行同时构成侵权时,在债务不履行或不适当履行情形判予非物质损害赔偿才是可能的[4];加之侵权责任具有更长的时效期间,这导致法院的确倾向于采取这种做法。这种倾向已经遭到批评,批评者将其视为不当扩张,并强调如下显而易见的事实:仅在违反任何人均需遵守的义务时才成立侵权行为,它可以由任何人实施,而不管其与被侵权人之间有无合同关系。[5] 同时,相关理论主张,法律应当加以修订,非物质损害赔偿不应仅限于侵权责任。[6] 这个提议已反映在私法法典编纂委员会(the Commission for the Codification of Private Law)的 **3/58**

---

[1] 《民法典》第 474 条规定,他对他们的作为或不作为像对自己的行为一样负责。

[2] Regulation of 27.10.1933, Dz U no 82/1933, item 598. 依据《债法典》第 157 条第 3 款,在法律规定的情况下,被侵权人可以不考虑物质损害赔偿而主张精神损害赔偿。

[3] 主要参见 A. Szpunar, Ustalenie odszkodowania w prawie cywilnym (1975) 87; idem, Zadośćuczynienie 74; M. Nesterowicz/E. Bagińska, Non-Pecuniary Loss under Polish Law, in: W. V. Horton Rogers (ed), Damages for Non-Pecuniary Loss in a Comparative Perspective (2001) 173. 一个重要的例外就是假期享乐损失的赔偿,其可行性已经被欧盟判例法所推动(参见下文边码 3/69)。

[4] 主要参见最高法院 1986 年 2 月 25 日的判决(III CZP 2/86, OSNC no 1/1987, item 10);对比请求权竞合的评论(下文边码 3/59)。

[5] 主要参见 W. Robaczyński/P. Księżak, Niewykonanie lub nienależyte wykonanie zobowiązania jako czyn niedozwolony, in: M. Nesterowicz (ed), Czyny niedozwolone w prawie polskim i prawie porównawczym (2012) 334 ff.

[6] 主要参见 M. Nesterowicz, Zadośćuczynienie pieniężne in contractu i przy zbiegu z odpowiedzialnością ex delicto, PiP no 1/2007, 30 f.

工作成果中,该委员会正准备起草一部新的民法典。依该委员会的计划,只要债务的目的即在于满足债权人的非物质利益,判予非物质损害赔偿能够依债务的此种性质而被正当化,就可以准许赔偿因不履行或不适当履行债务造成的非物质损失。[1] 一些学者认为,如果债务不履行或不适当履行导致了身体伤害或健康损害,即侵害了《民法典》第 445 条规定的人身权利(参见下文边码 3/64),就可以依现行合同法制度判决非物质损害赔偿。[2] 依据更具扩张性的观点,《民法典》第 445 条和第 448 条[3]经必要修改后(mutatis mutandis)可以适用于合同责任领域,这使得在侵犯所有人身权利的情况下,法院都可以在合同情形判予非物质损害赔偿[4]。值得注意的是,《债法典》第 242 条明确规定,有关侵权损害赔偿的规定经必要修改后也适用于合同,这实际上使之可用以构造合同责任,同时准予非物质损害赔偿。[5] 但是,《民法典》中没有包含相当于《债法典》第 242 条的规定。

二、请求权竞合问题

3/59 　　在波兰法中,合同和侵权请求权被认为是相互独立的。依据《民法典》第 443 条,"导致损害产生的作为或不作为构成对既存债务的不履行或不适当履行,并不排除侵权损害赔偿请求权,除非该债务另有规定"[6]。人们认为,该条授权受侵害方选择责任制度,且主流观点是,这

---

[1] 见最高法院 2010 年 11 月 19 日判决的理由部分(Ⅲ CZP 79/10, OSNC no 4/2011, item 41)。

[2] 主要参见 Robaczyński/Księzak in: Nesterowicz, Czyny niedozwolone 339。法院已经在违反度假合同的案件中采取这种做法,并判决非物质损害赔偿——就此更多讨论,参见 M. Nesterowicz, Odpowiedzialność kontraktowa i deliktowa (uwagi de lege ferenda i o stosowaniu prawa), PiP no 1/1999, 22。

[3] 《民法典》第 448 条的具体内容见本书第 172 页注释[3]。

[4] M. Safjan, Naprawienie krzywdy niemajątkowej w ramach odpowiedzialności ex contractu, in: M. Pyziak-Szafnicka (ed), Odpowiedzialność cywilna. Księga pamiątkowa ku czci Profesora Adama Szpunara (2004) 275 f; on this also E. Łętowska, Zbieg norm w prawie cywilnym (2002) 94。

[5] 主要参见 SN judgment of 6.7.1966, Ⅰ CR 134/64, Orzecznictwo Sądów Polskich i Komisji Arbitrażowych (OSPiKA) no 7—8/1967, item 183。

[6] Bagińska 的译文 in: Oliphant/Steininger, Basic Texts 197。

第三章　波兰法视野下损害赔偿法的基本问题　177

两种责任制度不能"混为一体"[1]。换言之,它要么是侵权责任要么是合同责任,并根据所作选择确定全部相应效果。在这种背景下,Łętowska 指出,虽然创造一个混杂了合同和侵权构成要件的"混合请求权"是不可接受的,但是,在否定以物质或非物质损害赔偿请求权来补充合同损害赔偿请求权时仍需更加谨慎。[2] 还须指出,在 Ohanowicz 看来,可以将不重叠的请求权加以累积,从而,在满足相关损害的侵权赔偿要件情况下,选择依合同主张权利的受害人有权同时要求非物质损害赔偿。[3] 在有关旅游法的案件中,波兰法院并未遵守"责任制度的纯粹性"要求。[4] 例如,在 1968 年 3 月判决的一个案件中,最高法院依据为履行辅助人负责的合同责任规定[5],判令一家波兰旅行社对保加利亚公共卫生机构因过失导致度假者死亡的行为负责,同时依据侵权责任的规定,判给死者近亲属年金,以及他们因生活水平严重下降所受损失的赔偿金。[6]

据此推论,损害赔偿请求权的统一基础这个观念对波兰法律来说是陌生的。[7] 虽然创造一个合并侵权和合同责任原则的整体责任规则,尤其是为中间情形或同时构成违约和侵权的情形设计出这样一套规则来[8],基于这种解决方案的灵活性及对特殊情况的适应性,该想法是非常明智和值得赞赏的,但至少在可以预见的未来,很难想象它能在波兰得到支持。对传统二元责任制度和"硬性规则"(hard and fast rules)而不是

---

[1] 主要参见 W. Czachórski, Odpowiedzialność deliktowa i jej stosunek do odpowiedzialności kontraktowej wg k. c., Nowe Prawo (NP) no 10/1964, 958; Radwański/Olejniczak, Zobowiązania 389; Śmieja in: Olejniczak, System Prawa Prywatnego 659; E. Bagińska, Poland, in: H. Koziol/B. C. Steininger (eds), European Tort Law 2006 (2008) 383; SN judgment of 26.9.2003, Ⅳ CK 8/02, OSNC no 11/2004, item 180[对该判决的评论见 E. Bagińska, Poland, in: H. Koziol/B. C. Steininger (eds), European Tort Law 2004 (2005) 470 ff]。
[2] Łętowska, Zbieg norm 96.
[3] A. Ohanowicz, Zbieg norm w polskim prawie cywilnym (1963) 114.
[4] 就此问题详见 Nesterowicz, PiP no 1/1999, 22 f。
[5] 认为旅行社为事务辅助人承担的合同责任,不能因为履行被委托给专业人士而被免除,要是法院适用《民法典》第 429 条,将为辅助人承担侵权责任作为责任基础,则这种责任或许可以免除。
[6] 最高法院 1968 年 3 月 28 日的判决[Ⅰ CR 64/68, Przegląd Ustawodawstwa Gospodarczego (PUG) no 4/1969, 137]。
[7] 《侵权责任法基本问题》(第一卷),边码 4/19。
[8] 同上书,边码 4/18 以下。

弹性解决方案的依恋是牢固的。用库奇奥的话来说[1],人们可以讨论"中间领域的否定",也即每种情形要么被分配到合同领域,要么被划入侵权范围(或者两者并存,并授予对责任制度的选择权;参见上文边码3/59),但不能说"介乎二者之间"(参见上文边码 3/52)。例如,这会导致——如前所示——把违反先合同注意义务的行为(缔约过失)归类为侵权行为。[2] 恰如前述,在违约行为同时也是侵权行为的情况下,制度的"混搭"(mixing and matching)被认为是不被允许的。与其接受它,学者们更愿意讨论法律的修订或者重新解释现行法,如主张在合同责任领域也引入非物质损害赔偿。对责任制度二分法的坚持最近遭到质疑,但偏离这种模式的提议也没有获得广泛的共鸣;同时,上述提议并未基于不法行为人与受害人之间的紧张关系而整合现有规则,而是引入一元化的制度,并含有针对特殊情形的不同责任规则,这些规则要么立足于侵权人的特点,要么立足于引致损害的具体情形。[3]

□ 第五节 损害赔偿请求权的基本要件

一、损害

(一) 引论

3/61　　像大多数法律制度一样,波兰法没有界定"损害"概念。就此提出的理由是,损害在日常用语中已被充分界定,因而无须专门定义。[4] 然而,相对于损害赔偿法的目的来说,损害的**日常**定义(natural definition)是不充分的,并非受害人遭受的所有类型的损害在法律上都很重要,只有那些被认为可赔偿的损害才是重要的。[5] 还要指出的是,损害在日常用语中

---

[1]《侵权责任法基本问题》(第一卷),边码 4/3。
[2] 参见同上书,边码 3/52。
[3] J. M. Kondek, Jedność czy wielość reżimów odpowiedzialności odszkodowawczej w prawie polskim—przyczynek do dyskusji de lege ferenda, in: Studia Iuridica XLVII/2007, 161 ff.
[4] Czachórski, Prawo zobowiązań 118; Dybowski in: Radwański, System Prawa Cywilnego 213; Ohanowicz/Górski, Zarys 46.
[5] 主要参见 Dybowski in: Radwański, System Prawa Cywilnego 214 f.

不止有一种含义[1],而法律语言则要求精确。法律理论通常将(可赔偿的)损害定义为受法律保护的权利或利益所受损害。[2] 违背某人意愿造成伤害这层含义常常被添加到损害的定义中[3],但对这个元素存在争议[4]。

就破坏作为公共物品之环境这个特殊问题而言[5],这样的概念是被认可的。当不法行为即将造成或已经造成这类损害时,财政机关、地方政府或者环保组织可以要求责任人恢复合法状态并采取预防措施。[6]

(二) 物质与非物质损害

1. 概说

依据被侵害的利益类型,受害人遭受的损失被区分为物质损失和非物质损失,前者是指造成具有经济价值之财产的损害[7],后者是指并不体现为受害总财产减损的侵害形式。[8] 少数观点将非物质损失视为独立于损害的特殊概念,对于该种损失,有关损害的规定仅在作相应变更后(mutatis mutandis)方可适用;就此而论,损害仅指物质损失。[9] 不过,依据法学理论和相关文献中的支配性观点,物质损失和非物质损失都属于损害的次级类型。[10]

---

[1] *Kaliński* in: Olejniczak, System Prawa Prywatnego 77.

[2] *Radwański/Olejniczak*, Zobowiązania 90; *Szpunar*, Ustalenie odszkodowania 41; *Dybowski* in: Radwański, System Prawa Cywilnego 226.

[3] 主要参见 *Szpunar*, Ustalenie odszkodowania 36; *Radwański/Olejniczak*, Zobowiązania 90。

[4] *Banaszczyk* in: Pietrzykowski, Kodeks cywilny 1338; *Dybowski* in: Radwański, System Prawa Cywilnego 216. 最高法院 2007 年 1 月 25 日的判决(V CSK 423/06, LEX no 277311)。

[5] 参见《侵权责任法的基本问题(第一卷)》,边码 5/5。

[6] 参见《环境保护法》第 323 条第 2 款(Prawo ochrony środowiska. Act of 27.4.2001, consolidated text Dz U no 25/2008, item 150 以及后来的修正案)。对此问题详见 *Bagińska/Nesterowicz* in: Winiger/Koziol/Koch/Zimmermann, Digest Ⅱ 54。

[7] 主要参见 *Dybowski* in: Radwański, System Prawa Cywilnego 227。

[8] 最高法院 1977 年 5 月 6 日的判决(Ⅱ CR 150/77, LEX no 7936; *Szpunar*, Ustalenie odszkodowania 27)。

[9] 就此问题详见 *Dybowski* in: Radwański, System Prawa Cywilnego 222 ff。

[10] *Szpunar*, Odszkodowanie za szkodę majątkową 25 ff; Z. *Radwański*, Zadośćuczynienie pieniężne za szkodę niemajątkową. Rozwój i funkcja społeczna (1956) 3 and 166; *Radwański/Olejniczak*, Zobowiązania 92; *Safjan* in: Pietrzykowski, Kodeks cywilny 1732.

2. 非物质损害的特殊性

3/64　恰如所见[1],在涉及非物质损失的赔偿方面,波兰法属于限制赔偿的法律制度类型。《民法典》只允许在受害人遭受身体伤害或健康损害时(不考虑是过错责任还是严格责任)(《民法典》第445条),因过错侵害人格权(《民法典》第448条结合第24条第1款)以及造成"最亲密家庭成员"死亡(丧亲损害赔偿,《民法典》第446条第4款)等情形判给精神损害赔偿。判予非物质损害赔偿属于法院的自由裁量范围,即非强制性的。但是,按照广泛认可的看法,"自由裁量"并不等于完全的自由,只有依据客观可验证的标准才能拒绝赔偿。[2] 如果依据标准,没有发生非物质损失,或者所遭受的损失微不足道,拒绝赔偿就是合理的。[3]

3/65　库奇奥强调,由于本质上很难评估一个人是否以及在何种程度上遭受了非物质损失,因而不得不在损害评定时借助客观评价指标。[4] 波兰法中也存在这种看法。Safjan指出,在评估精神痛苦和消极情绪的程度时,应当采用客观标准,但这与每个案件的具体情况相关。[5] 一些学者着重强调在类似案件中判决相似赔偿额的必要性,这将有助于避免司法裁判上的不一致,并确保有关非物质损失的判例法具有更大的可预测性。[6] 但是,最高法院更多强调精神损害的独特性,在这个问题的处理上极为谨慎。它将类似案件中判决的赔偿额作为"指示性参考因素"(indicatory guidelines)[7],但在该赋予这种考虑因素多大分量方面,却并非始终一致。一方面,它认为参照可比案件是有用的(虽然由于非物质损失的主观性其程度有限)[8];另一方面,它又认为,类似案件中判给的赔偿额不能被视为减少损害赔偿的附加标准,而且,即使其他人也遭受了相似的侵害并处于类似的生活状况,仍然无法评判特定案件中的非物质损失

---

[1] 参见上文边码3/59。

[2] *Szpunar*, Zadośćuczynienie 81 f; *Nesterowicz/Bagińska* in: Rogers, Damages for Non-Pecuniary Loss 173.

[3] 主要参见 *Safjan* in: Pietrzykowski, Kodeks cywilny 1733.

[4] 《侵权责任法基本问题》(第一卷),边码5/14及其引用的文献。

[5] *Safjan* in: Pietrzykowski, Kodeks cywilny 1736 f.

[6] 主要参见 *Szpunar*, Zadośćuczynienie 186; *K. Ludwichowska*, Note on SN judgment of 14. 2. 2008 (Ⅱ CSK 536/07), OSP no 5/2010, item 47.

[7] 主要参见最高法院2004年1月30日的判决(ⅠCK 131/03, OSNC no 2/2005, item 40)(对该判决的评论见 *Bagińska* in: Koziol/Steininger, European Tort Law 2005, 460 ff)。

[8] 参见最高法院2004年1月30日的判决(ⅠCK 131/03)。

是大于还是小于其他人所遭受的损失。[1] 波兰没有关于法院已判决非物质损害赔偿额的数据汇总表[2]，如果有的话，它将便于在裁判其他案件时供作参考。

3. 法人的非物质损害问题

对于法人能否遭受非物质损害并因此获得非物质损害赔偿的问题，在波兰并无一致看法。唯一能够支持这类判决的规定是《民法典》第448条，因为，《民法典》第445条和第446条第4款依其性质仅能适用于自然人。一些学者认为，由于法人不能感受精神痛苦，因而不存在可予赔偿的非物质损害。[3] 其他人则认为，《民法典》第448条也可以适用于侵害法人人格权的案件[4]，并强调，这类组织体的非物质利益——如良好的声誉——应当受到与自然人相同的保护[5]。后一种观点在最高法院的判决中得到支持。[6] 在2007年1月11日的一份判决中[7]，最高法院明确认为，法人的人格权"不应该仅仅和它的机关或创设该法人的自然人相联系"，因为，"法人的本质在于其独立的法律存在"，而且，"法人有权就其声誉和信誉获得保护"。[8]

4. 使用利益丧失问题

波兰对于使用利益丧失问题没有给予太多关注，而且，其中绝大多数的讨论都集中在机动车的使用上。最高法院最近解决了学理和裁判上对租赁替代机动车费用的可赔偿性问题存在的疑问，其裁定，即使因事故受损的车辆不是用作职业或商业的目的，"权宜性的且经济上合理的"租赁

---

[1] 参见最高法院2008年2月14日的判决（Ⅱ CSK 536/07，OSP no 5/2010，item 47）；就后一个问题的批评参见 K. Ludwichowska, Note on SN judgment of 14. 2. 2008（Ⅱ CSK 536/07），OSP no 5/2010，item 47。

[2] Bagińska in: Koziol/Steininger, European Tort Law 2005, 463.

[3] J. Jastrzębski, Kilka uwag o naprawieniu szkody niemajątkowej, Palestra no 3—4/2005, 42 f; Śmieja in: Olejniczak, System Prawa Prywatnego 700 f.

[4] Safjan in: Pietrzykowski, Kodeks cywilny 1761; Radwański/Olejniczak, Zobowiązania 264.

[5] Radwański/Olejniczak, Zobowiązania 264.

[6] 最高法院1975年12月15日的判决（Ⅰ CR 887/75，LEX no 77/80）；最高法院2008年9月24日的判决（Ⅱ CSK 126/08，OSNC no 2/2009，item 58）。

[7] Ⅱ CSK 392/06，OSP 5/2009，item 55。

[8] See Bagińska/Nesterowicz in: Winiger/Koziol/Koch/Zimmermann, Digest Ⅱ 1028 f; Bagińska in: Koziol/Steininger, European Tort Law 2009, 494.

替代车辆的费用仍应给予赔偿。[1] 至于标的物"纯粹的"使用利益损失是否可赔,波兰理论上没有达成共识。Szpunar主张,若受害方没有支出替代物品的租赁费用,则他就没有遭受经济损失[2],这实际上意味着不应给予任何赔偿。他的观点得到其他人的赞同,尤其是Kaliński,后者指出,为了认定存在物质损害,必须有可能按差额说加以证明,并提及在认定某种财产"使用价值"时,将其与被侵权人的主观情感加以分离所面临的困难。[3] 此外,Dybowski则支持相反看法,即无论是否租赁了替代品,受害方都遭受了物质损害,因为,两种情况都导致了"使用价值"的丧失;但是,这个价值必须是"真实的",所以,如果受害人身处国外,他无论如何也无法使用该物,他就没有遭受任何损害。即使涉案标的物被用于私人目的,被侵权人的损害也不仅仅是某种"不便",因为它使具有经济价值的财物丧失了使用可能性;该物被用于满足受害人(在文化、休闲、旅游等领域)重要的社会需求,并且,这类需求本身不能"转化"为金钱,该物的使用价值能够在一段时间内满足他们的这种需求。[4] 这个观点可以依拉伦茨和库奇奥的观点加以反驳,即所有人的使用权是所有权的一项权能,它已经被包含在该物的估价中。故而,因使用丧失所生物质损失已被纳入标的物的价值损失中,不能给予重复赔偿。[5]

3/68 如果采纳这个有说服力的观点,即所有人的使用权不是一项独立的财产,而只是所有权的一项权能,那么,就必然得出如下结论,即需要进行维修是由于被剥夺了使用可能性而导致的便利性的损失,因而属于非物质损害。[6] 这种非物质损害在波兰现行法中是不具有可赔偿性的。尽管如此,在法律应然的意义上(de lege ferenda),对那些和物质损失同样易于评估的非物质损失给予赔偿的提议,当然是值得考虑的。库奇奥指出,便利上的损失满足该标准,因为对受损之物的需求可以通过付费使用

---

[1] 参见最高法院2011年11月17日的判决(七位法官组成的合议庭)(Ⅲ CZP 5/11, OSNC 3/2012, item 28)。当受损车辆被用作商业活动时,租赁替代物的费用具有可赔偿性不存在疑问,据此,判决仅需要在处理私人用途的车辆时回应保险调查专员(Rzecznik Ubezpieczonych)的疑问。

[2] A. Szpunar, Utrata możliwości korzystania z rzeczy, Rejent no 10/1998,11.

[3] M. Kaliński, Szkoda na mieniu i jej naprawienie (2008) 321.

[4] Dybowski in: Radwański, System Prawa Cywilnego 233 f.

[5] 《侵权责任法的基本问题(第一卷)》,边码5/24及脚注[45]引用的文献。

[6] 同上书,边码5/25。

替代物来满足,获得这种满足的必要花费可以发挥参考作用。[1] 这个提议能否在波兰得到贯彻则是另一回事,特别是考虑到在财产损失领域,对非物质损失的损害赔偿被坚决反对这样的事实。

和在德国的情况一样,在波兰,对单纯舒适或休闲时间的损失判给损害赔偿是对法律的规避。[2] 不过,最高法院遵循欧盟判例法,或者更确切地说是遵循 Leitner 案[3]的裁判规则,允许对休闲或度假时间的损失判给损害赔偿[4]。法院认定这种损失构成非物质损失,并认为,它应当依据规定旅行社合同责任的 1997 年《旅游法》(Tourist Services Act)[5]第 11a 条加以赔偿。按照最高法院的观点,因《旅游法》第 11 a 条是对欧盟包价旅游指令[6]第 5 条的具体贯彻,故应以同样的方式予以解释,这意味着,其所称损害应被宽泛地理解为同时包括物质和非物质损失。

(三) 实际可计量的损害

对于实际并可计量的损害,在波兰的文献中存在不同观点。有些学者认为,单纯侵害物品就已经构成损害[7],而其他人则认为,损害仅指这种侵害所引发的后果[8]。

根据波兰法,只有主观——具体的损害可以得到赔偿。[9] 在评定损害时,需要考虑被侵权人的整体情况,而不只是特定受损财产的具体状况;

---

[1] 《侵权责任法的基本问题(第一卷)》,边码 5/25。
[2] 同上书,边码 5/27。
[3] Simone Leitner v. TUI Deutschland GmbH, Case C-168/00 [2002] *European Court Reports* (*ECR*) I-2631.
[4] 最高法院 2010 年 11 月 19 日的判决(Ⅲ CZP 79/10, OSNC no 4/2011, item 41)。
[5] Ustawa o usługach turystycznych. Act of 29.8.1997, consolidated text Dz U 2014, item 196.
[6] Council Directive 90/314/EEC of 13 June 1990 on package travel, package holidays and package tours, Official Journal (OJ) L 158, 23.6.1990, 59—64.
[7] Cf inter alia *Dybowski* in: Radwański, System Prawa Cywilnego 226; *Szpunar*, Ustalenie odszkodowania 41.
[8] 主要参见 J. Panowicz-Lipska, Majątkowa ochrona dóbr osobistych (1975) 34, 37; *Radwański*, Zadośćuczynienie pieniężne za szkodę niemajątkową 173。
[9] 《债法典》第 160 条优先考虑损害评估的客观方法。它规定,物质损害依据该物的市场价值确定,仅在侵权人故意或重大过失的情况下才考虑受害人主张的特殊价值。《民法典》中没有相应规定。

可赔偿损害以被侵权人的个别状况以及相关案件的所有具体情况为基础。[1] 差额说得到司法实践和相关理论的接受,最高法院将损害定义为,若无致害事件被侵权人本来享有的财产状况,与致害事件发生后其所处财产状况之间的差额。[2] 准确地说,比较的对象是受害人实际的财产状态和假定的财产状况,也即若无致害事件这些财产本来处于的状况。[3] 客观损害观念也被认可,客观的方法被很多人视为损害评估的起点,它允许认定可赔偿损害的最低数额。[4] 此外,在核算商业价值损失的赔偿时,事实上会运用客观抽象的评估方法:最高法院在处理这类问题的一份判决中指出[5],"一辆车维修后的价值……是它的**市场价值**(强调为本文作者所加)。由于这个价值……比起该车若未受损坏时的市场价值已经减少了,所以,赔偿金不仅应当包括维修费用,还应包括价值差额"[6]。据此,车辆商业价值的损失要通过它在市场上的价值来衡量,而且,不管该差额是否在出售车辆的价格上得到了反映,它都是可予赔偿的。正如库奇奥指出的那样[7],这是客观抽象评估方法的明确标志。

最后,需要提及波兰私法中的几个规定,即关于承运人责任的规定,它明确将赔偿限于客观损害,因此构成完全赔偿原则的例外。[8] 损害评估的客观方法也可以基于合同的约定而被采用。

---

〔1〕 主要参见 *Szpunar*,Odszkodowanie za szkodę majątkową 59;*Dybowski* in:Radwański,System Prawa Cywilnego 273.

〔2〕 主要参见最高法院1957年7月11日的判决(2 CR 304/57,OSN 1958,item 76);最高法院1963年11月22日的判决[Ⅲ PO 31/63,Orzecznictwo Sądu Najwyższego. Izba Cywilna oraz Izba Pracy i Ubezpieczeń Społecznych (OSNCP) no 7-8/1964,item 128];最高法院1968年7月12日的判决(七位法官组成的合议庭)(Ⅲ PZP 28/68)。

〔3〕 *Radwański/Olejniczak*,Zobowiązania 93.

〔4〕 *Szpunar*,Ustalenie odszkodowania 68;*Ohanowicz/Górski*,Zarys 47;*Dybowski* in:Radwański,System Prawa Cywilnego 273;*Banaszczyk* in:Pietrzykowski,Kodeks cywilny 1341. 这一观点受到 Jastrzębski 的质疑,他认为,"客观损害"的概念和"主观损害"有本质上的不同,这就是为何"客观损害"不能被视为必须得到赔偿的最低数额的原因所在。(J. *Jastrzębski*,O wyprzedzającej przyczynowości,Kwartalnik Prawa Prywatnego [KPP] no 3/2003,628—630)。

〔5〕 最高法院2001年10月12日的判决(Ⅲ CZP 57/01,OSNC no 5/2002,item 57)。该案的情况详见 *Bagińska/Nesterowicz* in:Winiger/Koziol/Koch/Zimmermann,Digest Ⅱ 102。

〔6〕 详见 K. *Ludwichowska-Redo*,Odszkodowanie za ubytek wartości handlowej pojazdu po wypadku komunikacyjnym (na tle prawnoporównawczym),PiP no 11/2012 106 f。

〔7〕《侵权责任法的基本问题(第一卷)》,边码3/10及其引用的文献。

〔8〕 详见 *Szpunar*,Ustalenie odszkodowania 67 ff。

虽然差额说在传统上与物质损害相关,但 Kaliński 指出,它也可以适用于非物质损失,只是这时候不是比较受害人总财产在损害前后的状况,而是要与他在这两个时点上情感状态的差异相应。[1]

(四) 所受损失与所失利益

《民法典》对所受损失(damnum emergens)和所失利益(lucrum cessans)予以区分,但是——如同德国法——依据《民法典》第 361 条第 2 款,这项区分一般而言没有什么重要意义,对损害的赔偿包括受害人实际遭受的损失和他在未受侵害情况下本来可以获得的利益。不过,制定法规定或者合同约定可以引入这项规则的例外。在现行法中,最重要的例外规定是《民法典》第 438 条[2],其规定:"基于义务甚或自愿去避免他人的损害风险或共同危险而遭受财产损失的人,可以就其**所受损失**向因此受益的人主张相应的赔偿。"[3](强调为本文作者所加)《民法典》第 438 条也值得特别提及,因为,赔偿的范围不仅取决于受害人所受损失的大小,还取决于他人所获利益的程度。[4]

(五) 意外生育情形的损害

尽管与意外生育相关的法律问题在波兰司法实践中出现的时间相对较短[5],但法院已经处理了其中的几个重要问题。和其他法律制度一样,波兰已经承认,与意外怀孕或意外生育相关的损害不能与子女本身相联系。[6] 最高法院反复强调,生育子女,包括生育有遗传缺陷的子女,在任何情况下都不能被视为一种损害。[7] 迄今为止被认为是可以赔偿的

---

[1] *Kaliński* in: Olejniczak, System Prawa Prywatnego 92.
[2] See *Bagińska/Nesterowicz* in: Winiger/Koziol/Koch/Zimmermann, Digest Ⅱ 330.
[3] Translation by *Bagińska* in: Oliphant/Steininger, Basic Texts 196.
[4] *Safjan* in: Pietrzykowski, Kodeks cywilny 1692.
[5] 第一个"典型的"不当受孕的案件由最高法院在 2003 年 11 月判决,第一个不当出生的判决在 2005 年 10 月作出(参见下文)。
[6] *Radwański/Olejniczak*, Zobowiązania 274.
[7] 最高法院 2005 年 10 月 13 日的判决(Ⅳ CK 161/05, OSP no 6/2006, item 71)(该案的情况详见 *Bagińska/Nesterowicz* in: Winiger/Koziol/Koch/Zimmermann, Digest Ⅱ 926 f; *Bagińska* in: Koziol/Steininger, *European Tort Law 2006*, 384 ff);最高法院 2006 年 2 月 22 日的判决(Ⅲ CZP 8/06, OSNC no 7-8/2006, item 123)(这个在 2003 年 11 月 21 日首次裁决的案件详情见 *Bagińska/Nesterowicz* in: Winiger/Koziol/Koch/Zimmermann, Digest Ⅱ 927 ff; *Bagińska* in: Koziol/Steininger, *European Tort Law 2006*, 386 ff)。

损害包括与怀孕和生育有关的额外花费,以及母亲因此遭受的收入损失。[1] 子女抚养费用也是可赔偿的。最高法院认定,可赔偿的损害包括**因抚养残疾子女而增加的费用**[2](在夫妻按照生育计划想要终止妊娠的权利因医生的过错而被侵害的案件中)[3],以及**在子女母亲无法满足子女合理需求范围内抚养健康子女的费用**(在被强奸妇女被非法拒绝流产而生下健康子女的案件中)。[4] 在有关因强奸而怀孕的案件中,法院认定不法行为导致积极且被认为具有社会价值的后果(子女的出生)属于罕见的情况,但同时将这个积极后果与该母亲因被迫负担抚养费所遭受的损害明确加以区分。有意思的是,尽管法院持有前述看法,但它并未要求对所有这些费用给予全部赔偿,而只是"在这个母亲无法满足子女正当需求的范围内"判予赔偿。这项限制似乎表明,纵然没有明确规定,法院还是认为,对案件情况作整体评估,并将非物质利益[子女的出生以及(可能)建立的家庭关系]与物质上的不利益予以抵消是适当的,这与奥地利最高法院所倡导的折中解决方案是一致的[5],但是,该限制在相关文献中已经受到质疑[6]。

3/76　　关于因生育计划受挫造成的非物质损害问题,最高法院在 2003 年 11 月 21 日的判决中[7]认定,强制原告将因被强奸而受孕的子女生下来,构成对"包括个人生活的决定权在内的广义自由"的侵犯,后来又数次表示,

---

〔1〕 最高法院 2003 年 11 月 21 日的判决(V CK16/03,OSNC no 6/2004,item 104)。

〔2〕 对这种解决方案的批评参见 T. Justyński, Rozwój orzecznictwa sądów polskich w sprawach wrongful conception, wrongful birth oraz wrongful life, in: M. Nesterowicz (ed), Czyny niedozwolone w prawie polskim i prawie porównawczym (2012) 214,其指出,法院按照差额说评估损害的唯一参考因素是子女不存在,而非健康子女的存在,这和最高法院在其 2005 年 10 月 13 日判决中所持观点相同。因为,如果这个医生的行为合法,这个孩子就不会出生。

〔3〕 最高法院 2005 年 10 月 13 日的判决(Ⅳ CK 161/05,OSP no 6/2006,item 71);最高法院 2010 年 5 月 6 日的判决(Ⅱ CSK 580/09,LEX no 602234)。

〔4〕 最高法院 2006 年 2 月 22 日的判决(Ⅲ CZP 8/06,OSNC no 7-8/2006,item 123)。

〔5〕 《侵权责任法的基本问题(第一卷)》,边码 5/41 以下。

〔6〕 Bagińska/Nesterowicz in: Winiger/Koziol/Koch/Zimmermann, Digest Ⅱ 929 and the note on the judgment of 22.2.2006 (Ⅲ CZP 8/06) by M. Nesterowicz, Prawo i Medycyna no 1/2007; Justyński in: Nesterowicz, Czyny niedozwolone 214. Justyński 批评这个判决,尤其是对赔偿范围取决于受害人的经济状况方面,认为这不符合损害赔偿法的基本原则,而是更为符合社会保障法的原则。

〔7〕 V CK 16/03, OSNC no 6/2004, item 104;详见 Bagińska/Nesterowicz in: Winiger/Koziol/Koch/Zimmermann, Digest Ⅱ 927 ff; Bagińska in: Koziol/Steininger, European Tort Law 2004, 466 ff.

生育计划权——合法流产的权利是其结果——构成一项人格权,侵害该权利得依《民法典》第 448 条并第 24 条第 1 款判给非物质损害赔偿。[1] 在 2008 年 6 月 12 日的一份判决中[2],法院裁决,在胎儿可能存在遗传缺陷的情况下,医生拒绝指示孕妇进行产前检查,且没能提供关于该情况的充分信息的行为,侵犯了该孕妇的生育计划权,以及在充分知情的基础上决定生育残疾子女或终止妊娠的权利,这使其有权主张非物质损害赔偿。

二、因果关系

(一) 概说

因果关系在侵权法中承载了双重功能:它是责任的构成要件,同时又是一个责任的限制因素,即确定须予赔偿的损害范围。[3] 在波兰法中,认定因果关系的第一步完全在意料之中,采取的是必要条件标准,用来"筛选掉"与损害发生没有因果联系的事件。该标准允许在评估被告责任的过程中,决定对可归因于被告的事件是否加以考虑。[4] 第二步是适用相当性标准,其法律根据为《民法典》第 361 条第 1 款,依据该条规定,负有损害赔偿义务的人仅对造成损害的作为或不作为的通常后果负责。[5] 尽管该规定只言及"作为或不作为"的后果,但毋庸置疑的是,通常标准也指涉那些既非作为也非不作为的致害事件。[6] 相当性理论将在下文边码 3/148 以下加以讨论。

---

[1] 最高法院 2005 年 10 月 13 日的判决(Ⅳ CK 161/05, OSP no 6/2006, item 71);最高法院 2008 年 6 月 12 日的判决(Ⅲ CSK 16/08, OSNC no 3/2009, item 48)(该案的更多情况见 *Bagińska/Nesterowicz* in: Winiger/Koziol/Koch/Zimmermann, Digest Ⅱ 596 f; *Bagińska* in: Koziol/Steininger, European Tort Law 2009, 491 f);最高法院 2010 年 6 月 6 日的判决(Ⅱ CSK 580/09, LEX no 602234)。不同观点参见最高法院 2006 年 2 月 22 日的判决(Ⅲ CZP 8/06, OSNC 2006/7-8/123),最高法院在该案中认为,堕胎权不是一项人格权,并质疑其属于生育计划权或自由构成因素的观点。它是妇女"理智地决定终止怀孕的权利"。Justyński 对此的批评见 Nesterowicz, Czyny niedozwolone 204 f。

[2] Ⅲ CSK 16/08, OSNC no 3/2009, item 48。

[3] 主要参见 *Dybowski* in: Radwański, System Prawa Cywilnego 247; *Szpunar*, Ustalenie odszkodowania 9。

[4] *Banaszczyk* in: Pietrzykowski, Kodeks cywilny 1325。

[5] Translation by *Bagińska* (in: Oliphant/Steininger, Basic Texts 192)。

[6] A. *Koch*, Związek przyczynowy jako podstawa odpowiedzialności odszkodowawczej w prawie cywilnym (1975) 166 ff; *Dybowski* in: Radwański, System Prawa Cywilnego 255。

(二) 因所属关系成立的因果关系

3/78　　责任并不必然取决于与责任人自身具有因果关系的致害行为；为辅助人承担的替代责任(《民法典》第 430 条)[1]，以及因各种危险源而承担的严格责任(《民法典》第 433 条、第 434 条、第 435 条、第 436 条)[2]是这方面的典型。恰如被恰当强调的那样[3]，在这类情形中，责任人通常至少间接参与了损害的因果链，因为是他雇用的辅助人或持有的物品，或者经营的危险企业造成了损害。不过，在某些情况下，即使是间接因果关系也无法认定，仅仅是与其所属范围内辅助人、物品或企业存在因果关系，就足以触发责任。

(三) 不作为原因

3/79　　如前所述，波兰法(《民法典》第 361 条第 1 款)明确承认不作为可以成为损害的原因。最高法院在 20 世纪 50 年代的一个判决中指出，当采取行动将消除与损害存在通常因果关系的因素时，有过错的不作为就与损害之间成立因果关系。[4] 在波兰，不作为的因果关系——依照国际上普遍认可的观点——一般与作为义务有关。[5] 责任成立必须以作为义务被认定为前提，同时，应予归责之人还需有作为的可能性，且按照事件发展的通常过程，若采取行动将能防止损害发生。[6]

(四) 因果关系要件的弱化

1. 多数侵权人的责任

3/80　　波兰民法典中没有相当于《奥地利民法典》第 1301 条或者《德国民法

---

〔1〕 参见下文边码 3/124。

〔2〕 参见下文边码 3/127 以下。

〔3〕 《侵权责任法的基本问题(第一卷)》，边码 5/62—63。

〔4〕 最高法院 1952 年 12 月 10 日的判决(C 584/52，PiP no 8/1953，368)，cited after *M. Nesterowicz*, Adekwatny związek przyczynowy jako przesłanka odpowiedzialności cywilnej w świetle orzecznictwa sądowego, in: A. Nowicka (ed), Prawo prywatne czasu przemian. Księga pamiątkowa ku czci Profesora Stanisława Sołtysińskiego (2005) 194。

〔5〕 *Nesterowicz* in: Nowicka, Prawo prywatne czasu przemian 194；*Dybowski* in: Radwański (ed), System Prawa Cywilnego 269；*Kaliński* in: Olejniczak, System Prawa Prywatnego 134。

〔6〕 See *Banaszczyk* in: Pietrzykowski, Kodeks cywilny 1332 f 及其引用的文献。

典》第830条第1款第1句的内容。多数侵权人的责任规定在《民法典》第441条第1款,其相当于《德国民法典》第840条第1款,它规定,如果数人应对侵权行为造成的(同一——本文作者注)损害负责,他们的责任是连带的。这既适用于共同侵权人,也适用于每个侵权人基于不同的侵权法基础(以及不同的责任原则)而担责的情形。[1]《民法典》第441条不允许取消连带责任和损害赔偿的内部分摊比例(pro rata parte)。[2]因此,对损害负连带责任的人不能由于他促成损害的作用比其他连带债务人小,而要求减轻其对被侵权人的责任。[3] 与《债法典》不同,该法典规定连带责任以多数侵权人**共同**致害为必要[4],《民法典》则不要求多个侵权人之间有主观联系[5],只要他们的行为客观上造成了同一损害即为已足[6]。由于《民法典》第441条没有规定故意共同行为的责任,而是规定依侵权法承担责任的多数人就同一损害负连带责任,库奇奥在《侵权责任法的基本问题(第一卷)》,边码5/73和5/74中所分析的问题,对波兰法而言似乎无须加以考虑。

2. 择一因果关系

(1)在多个可能引发责任的事件情形承担连带责任抑或不承担责任

如果受害人遭受的损害要么是由事件1要么是由事件2导致的,两

---

[1] *Safjan* in: Pietrzykowski, Kodeks cywilny 1700; *Dybowski* in: Radwański, System Prawa Cywilnego 328.

[2] 与《债法典》适用相对照。依据《债法典》第137条,如果能够证明谁在何种程度上促成了损害,这种分摊就可以被允许。波兰法由《民法典》第441条引入的改变旨在改善害人的处境。See *M. Nesterowicz/E. Bagińska*, Poland, in: *B. Winiger/H. Koziol/B. A. Koch/R. Zimmermann* (eds), Digest of European Tort Law, vol I: Essential Cases on Natural Causation (2007) 328; *E. Bagińska*, Aggregation and Divisibility of Damage in Poland: Tort Law and Insurance, in: K. Oliphant (ed), Aggregation and Divisibility of Damage (2009) 308; *M. Nesterowicz/E. Bagińska*, Multiple Tortfeasors under Polish Law, in: W. V. Horton Rogers (ed), Unification of Tort Law: Multiple Tortfeasors (2004) 153.

[3] 主要参见最高法院1970年12月2日的判决(Ⅱ CR 542/70, OSNC no 9/1971, item 153)及1978年8月25日的判决(Ⅲ CZP 48/78, OSNC no 4/1979, item 64)。一个侵权人对损害的促成度比另一个侵权人小,这仅对责任人之间的追偿权有意义。依据《民法典》第441条第2款,若损害由数人的作为或不作为引起,赔偿了损害的人可以根据情况,尤其依某人的过错及其对损害发生的促成度,向其他人要求偿还相应的份额。

[4] 参见《债法典》第137条第1款。

[5] 主要参见 *Nesterowicz/Bagińska* in: *Winiger/Koziol/Koch/Zimmermann*, Digest I 331; *E. Bagińska*, Odpowiedzialność deliktowa w razie niepewności związku przyczynowego. Studium prawnoporównawcze (2013) 127 f.

[6] See *Koch*, Związek przyczynowy 210.

个事件分别归因于不同的侵权人,且无法确定哪个事件是事实上的致害原因,有观点主张,此时,两个侵权人应承担连带责任。波兰《民法典》没有相当于《德国民法典》第830条第1款第2句的规定,也没有其他明确规定择一因果关系(或者其他不确定因果关系)的条文,所以,这个问题必须要由学理加以解决。在Lewaszkiewicz-Petrykowska看来,当数人单独或共同行为引致某种致害危险,而第三人所受损害正是该危险所造成时,连带责任就是合理的。[1] 他还强调危险源的创设和致害因素的触发之间的相当因果关系。[2] 据此,因果链表现为:数个侵权人的行为——数个侵权人的行为所导致的危险情境——第三人因该危险的实现而遭受损害。[3] 这种方法受到Kaliński的批评,他指出,在诱致危险和遭受损害之间发生了一个只能归因于单个侵权人的事件,而这个事件是导致损害的真正原因,并认为,在因果联系未被证实的情况下,欠缺责任成立的前提条件。[4] Ohanowicz、Górski和Czachórski也认为,由于单纯存在因果关系的可能性不足以认定责任成立,因此,多个侵权人都无须承担责任。[5] 采纳Lewaszkiewicz-Petrykowska所主张的观点实际上意味着——虽然他没有明确承认但事实就是如此——接受一个弱化了的因果关系要件,并在"危险情境"被创设,也即存在高度的具体风险时,将必要条件意义上的潜在原因视为充分原因。[6]

3/82 迄今为止,最高法院也将择一因果关系适用于严格责任,并认为,在这类案件中,多个潜在侵权人的责任是连带的。[7]

3/83 由此可见,目前只有对择一因果关系采取全有或全无的解决方案在波兰获得了支持。按照每个潜在致害事件造成损害的可能性,让多个侵

---

[1] B. *Lewaszkiewicz-Petrykowska*, Wyrządzenie szkody przez kilka osób (1978) 77 f; 也见 A. *Szpunar*, Wyrządzenie szkody przez kilka osób, PiP no 2/1957, 289 f.

[2] *Lewaszkiewicz-Petrykowska*, Wyrządzenie szkody 78.

[3] *Dybowski* in: Radwański, System Prawa Cywilnego 264.

[4] *Kaliński* in: Olejniczak, System Prawa Prywatnego 138.

[5] *Ohanowicz/Górski*, Zarys 461; *Czachórski*, Prawo zobowiązań 134.

[6] 对比《侵权责任法的基本问题(第一卷)》,边码5/77以下及边码5/124及其引用的文献。

[7] 参见最高法院1985年7月4日的判决(Ⅳ CR 202/85, LEX no 8724),最高法院认为,如果两个人应对损害负严格责任,但无法确定谁的行为实际上导致了损害,除非他们能够证明存在免除自己的责任的情形,否则应当承担连带责任。详见 *Bagińska* in: Oliphant, Aggregation 311 f.

权人按比例承担部分责任,采纳这种观点需要明确接受潜在因果关系的观念,而波兰现行法并非如此。不过,由于立基于潜在因果关系的责任观念获得了私法法典编纂委员会的支持,并被引入到2009年的新民法典草案中,这种状况还有改变的机会。[1]

(2) 可被归责的事件与"意外事件"的竞存

库奇奥指出,讨论中的问题具有实践重要性的例证来自医疗事故领域[2],其中经常发生的情况是,不清楚损害是源自医疗过失行为还是患者易患病的体质。波兰法院对医疗损害案件采取的做法是减轻对因果关系的严格要求。[3] 在这类案件中,因果联系不需要被确定无疑地证明;医生或医院的过错行为有导致损害的高度可能性就足够了。[4] 此外,它强调,若医生一方有过失,那么就算存在其他也可能导致损害的因素,或者治疗带来的风险增加是由于患者的个体情况所致,也并不能导致责任的免除。[5] 而且,依据《民事诉讼法》第231条[6],过失行为和损害之间的相当因果联系可以建立在事实推定基础上。据此,只要可以从其他已知事实推出相关结论,法院就可以将其作为解决案件的重要确定事实。[7]

上面的解决方案是全有或全无的做法:若法院认为因果关系被证明了,受害人将获得赔偿;若没有被证明,将不会判给任何赔偿。[8] 与德国法或奥地利法不同,波兰法中没有规定有关潜在因果关系的责任,甚至不

---

[1] 详见 Bagińska, Odpowiedzialność deliktowa 367. Bagińska对草案的规定表示支持,在与每个有潜在因果联系的事件引起损害的可能性相应的范围内认定因果关系的存在,这种规定(2009年新民法典草案第3条第3款)与欧洲侵权法原则第3:103条相似。

[2] 《侵权责任法的基本问题(第一卷)》,边码5/86。

[3] K. Bączyk-Rozwadowska, Medical Malpractice and Compensation in Poland, Chicago-Kent Law Review, vol 86, no 3, 1239 f.

[4] 最高法院2000年6月13日的判决(V CKN 34/00, LEX no 52689)。也请特别参见最高法院1969年6月17日的判决(Ⅱ CR 165/69, OSP no 7/1970, item 155)("充分的可能性"即为已足)。

[5] Inter alia SN of 17.10.2007, Ⅱ CSK 285/07, LEX no 490418; M. Nesterowicz, Prawo medyczne (2010) 96.

[6] Kodeks postępowania cywilnego. Act of 17 November 1964, consolidated text Dz U 2014, item 101 with later amendments.

[7] Inter alia SN of 11.1.1972, Ⅰ CR 516/71, OSNC no 9/1972, item 159; see also Bączyk-Rozwadowska, Chicago-Kent Law Review, vol 86, no 3, 1243.

[8] 波兰法院曾尝试确立事实上的部分责任,但是它们受到了批评;就此问题参见 Bagińska, Odpowiedzialność deliktowa 188 f.

存在采用与侵权人致害可能性大小成比例的部分责任的出发点。[1] 受害人对损害的促成度也同样如此：根据有关促成责任（contributory responsibility）（参见下文边码3/140以下）的《民法典》第362条，如果存在于受害人一方的情况只是所受损害的**潜在**原因，而无法证明二者之间事实上的因果联系，就不允许将这种情况作为法律上具有重要性的事实，并据此减轻损害赔偿。不适用《民法典》第362条的另一原因是，它只允许在被侵权人的**行为**（即作为或不作为）促成损害时减轻损害赔偿，在被侵权人没有施加影响的情况，如疾病，则没有这种效果。[2]

(3) 机会丧失理论是更好的解决方式吗？

3/86 波兰法原则上不接受机会丧失理论。[3] 人们认为，机会丧失属于"或然损害"（préjudice éventuel），因此不构成可赔偿的损害。[4] 相关文献指出了这个规则的两项例外：一个源自《民法典》第444条第2款，其规定，在因身体伤害或健康损害导致受害人**未来前景恶化**时，就此给予赔偿是正当的[5]；另一项例外的法律基础是《民法典》第446条第3款，其涉及在主要受害人死亡的情况下判给损害赔偿的问题，并允许对从死者那里取得生活费用资助的机会丧失给予赔偿，这种费用资助并不被包含在《民法典》第446条第2款框架内以年金形式支付的损害赔偿中。[6] 尽管机会丧失理论欠缺学说上的支持[7]，法院还是使用了"机会丧失"的术语，并进而判给物质和非物质损害赔偿[8]。这尤其与**康复机会丧失**有关。例如，最高法院在最近的判决中认为，"**损害……可以表现为被治愈**

---

[1] 《侵权责任法的基本问题（第一卷）》，边码5/91。

[2] 主要参见最高法院1997年1月13日的判决（Ⅰ PKN 2/97，OSNP no 18/1997，item 336）。

[3] 波兰就机会丧失理论的采纳情况，参见 *Bagińska*, Odpowiedzialność deliktowa 239 ff.

[4] Instead of many see *Dybowski* in: Radwański, System Prawa Cywilnego 280.

[5] 需要强调的是，只要它造成了对收入能力的限制，未来前景的恶化就构成判决损害赔偿的独立基础。一个常被引用的例子是某演员的脸被毁容；请特别参见 *Safjan* in: Pietrzykowski, Kodeks cywilny 1729.

[6] Thus *Kaliński* in: Olejniczak, System Prawa Prywatnego 104; idem, Szkoda na mieniu 265; similarly E. *Bagińska*, Causal Uncertainty and Proportional Liability in Poland, in: I Gilead/M. D. Green/B. A. Koch (eds), Proportional Liability: Analytical and Comparative Perspectives (2013) 268. 关于《民法典》第444条第2款和第446条第3款，详见下文边码3/162。

[7] E. *Bagińska*, Medical Liability in Poland, in: B. A. Koch (ed), Medical Liability in Europe. A Comparison of Selected Jurisdictions (2011) 424.

[8] *Eadem*, Odpowiedzialność deliktowa 239.

机会的丧失或减小,以及**健康状况改善的机会减少**"[1](强调为本文作者所加),但同时认为,只要这种损害"表现为《民法典》第444条第2款所规定的形式",也即劳动能力的全部或部分丧失、未来需求的增加或前景的减退(参见下文边码3/162),这类损害就可以年金给予赔偿。该案涉及主治医生没能诊断出婴儿的脑瘫和癫痫病症[2],导致必要治疗的延误,治愈可能性被估计为20%。治疗延误和该治疗带来预期效果的概率减小之间的因果关系被认定,并且,最高法院认为,不承认延误与该残疾儿需求的增加有因果联系是前后矛盾的,由于他在这种情况下会需要更多的治疗,就必然(可能)造成更多的花费。

如前所述,波兰法院可能通过判给非物质损害赔偿来处理被它们称为"机会丧失"的情况。[3] 例如,在1978年1月发布的一份判决中,最高法院认为,除其他方面外,原告的非物质损失还包含"极其严重的生活机会限制",尤其是因医疗过失行为造成她无生育能力,从而**丧失生育子女的机会**。[4]

3/87

(4)择一的侵权人与择一的受害人:市场份额责任理论?

我们在此将再次面对潜在因果关系的问题,虽然这次的问题有所不同:在库奇奥教授给出的有关"登山"的假想例子中[5],每个侵权人都确定地导致了损害,但不能证明他们与任何特定的受害人之间存在因果关系。既然每个侵权人都肯定造成了损害,仅仅由于欠缺因果联系便"不承担责任",似乎并不合适(尽管从严格的教条观点看,就此存在有效的理由,因为,要引发责任,需要证明在特定原因和特定结果之间存在必要条件意义上的因果关系。就所讨论的情形而论,我们不能认为,若登山者B1没有造成石块坠落,则K1肯定不会遭受损失)。由于每个侵权人都只造成了**一个**受害者的损害,故而,要求两个侵权人对两个受害者都承担连带责任,看起来并不恰当,并且与《民法典》第441条不一致,该条规定,每个侵害人仅对同一损害(one and the same damage)负责。

3/88

---

[1] 最高法院2009年6月17日的判决(IV CSK 37/09,OSP no 9/2010,item 93)。
[2] 该疾病是自然形成的(不是由于诊疗不当导致的)。
[3] See Bagińska/Nesterowicz in: Winiger/Koziol/Koch/Zimmermann, Digest II 1114; Bagińska, Odpowiedzialność deliktowa 239.
[4] IV CR 510/77, OSNC no 11/1978, item 210.
[5]《侵权责任法的基本问题(第一卷)》,边码5/105。

3/89　　　要是波兰法院需要处理一起类似于安胎剂案(DES-case)的案件，它们似乎不可能否定制造商的责任，但是，同时很难预测它们会采用什么样的解决方案和论证理由。如 Bagińska 指出的那样，市场份额理论可能不会在波兰被采用，因为它违反了《民法典》中处理因果关系的唯一规定，即《民法典》第361条第1款。[1]

　　3. 累积因果关系

3/90　　　像在德国法族中一样，在累积因果关系情形（即两个事件同时发生且各自都可以引发同样的损害的情况），数个侵权人应承担连带责任(《民法典》第441条)。Lewaszkiewicz-Petrykowska 解释说，在这些案件中，每个侵权人都实施了完整的致害行为，且这些行为都属于潜在原因(即都事实上引发了致害风险)。她认为，既然在两种情况下，法院都必然会基于高度盖然性而认定因果联系的存在，从而受害人可以从每个侵权人那里获得赔偿，并且，既然受害人不能就同一损害获得两次赔偿，那么，唯一的解决办法就是连带责任。[2] Kaliński 采取了不同的做法，他认为，在所讨论的情况下，必要条件标准应该加以修正，它应该审查在伴随现存事件的所有情况都不存在的情况下，损害结果是否还会发生。[3] 如果答案是肯定的，该事件就必须被认为与损害结果有因果关系。[4]

　　4. 超越因果关系

3/91　　　依据传统但仍然流行的观点，纵然损害也将被其后发生的事件所引发，就此事实仍无须理会（即第一个侵权人不能因为后续事件将引发相同的损害而被免除责任）[5]；因此，只有实际的因果关系才具有法律相关性[6]。这与奥地利的支配性观点相一致。[7] 然而，Szpunar 指出，人们需要考虑在损害发生之前已经计划好的事件，并以破坏一栋无论如何都会被拆除的房屋为例。[8] 与之不同的观点则区分"直接"损害和"间接"

---

[1] *Bagińska* in: Oliphant, Aggregation 314. *Bagińska* 选择由所有侵权人对每一个受害人承担连带责任。

[2] *Lewaszkiewicz-Petrykowska*, Wyrządzenie szkody 78.

[3] 对比《侵权责任法的基本问题(第一卷)》，边码5/112。

[4] *Kaliński* in: Olejniczak, System Prawa Prywatnego 141.

[5] 主要参见 *Szpunar*, Ustalenie odszkodowania 43. SN judgment of 16.2.1965，OSNC no 11/1965，item 194。

[6] *Jastrzębski*, KPP no 3/2003，614。

[7] 《侵权责任法的基本问题(第一卷)》，边码5/114。

[8] *Szpunar*, Ustalenie odszkodowania 43.

损害，前者是对现存物体的损害，其评估不会由于其后发生的事件而改变；后者包括可得利益的损失（lucrum cessans）或者支出费用的增加。对于后者而言，若后续事件属于因意外事故造成人身损害的情况，则不应对其加以考虑，但在涉及引发他人责任的损害或者财产损害的情况下，则应当加以考虑。[1] 关于涉及人身伤害的意外事故的主流观点反映在最高法院 1965 年 2 月 16 日的判决中[2]，其中，最高法院认为，一个不幸的偶然事件（在该案中受害人染上肺结核），其能够单独造成受害人残疾，并影响到一个已经部分残疾的人，不会使造成部分残疾的事件的影响归于无效。这与彼得林斯基（Bydlinski）所主张的并被库奇奥赞同的观点相反，即，若第二个事件是一个偶然事件，则受害人就必须承担其后果。[3] 在波兰文献中，这个观点被 Kaliński 采纳，其考虑情况是，一个人因侵权行为而失去了两根手指，然后又因中风导致了瘫痪，他认为，中风应该免除侵权人对受害人因失去手指而遭受的劳动能力丧失的损失的赔偿责任。[4]

Jastrzębski 最近对超越因果关系问题进行了较为详尽的讨论，其观点不同于迄今以来的主流观点，即考虑备选原因（Reserveursachen）的可采性——事实上有必要这样去做——是损害核算采差额说的当然结果。[5] 他指出，一方面，基于继发原因（causa superveniens）而减轻侵权人的责任，不过是将受害人无论如何都会遭受的风险转移给了受害人（即不考虑第一个损害事件）。另一方面，如果不考虑备选原因，受害人总财产的假想状态就只能依加重损害的事件来确定，这很难被正当化。[6] 尽管如此，Jastrzębski 还是认为，某些后续事件不应予以考虑：首先是将会

---

[1] *Dybowski* in: Radwański, System Prawa Cywilnego 262. 在这方面，Jastrzębski 反驳说，常识反对仅仅在第一个事件没有发生时，因另一个人也会引发损害，就把引发这个人责任的致害原因视为可以归因于他的事件[对比《侵权责任法的基本问题（第一卷）》，边码 5/116]；尽管这不合逻辑，但如果把这个事件视为真正的原因，所讨论的问题将不再是替代因果关系而是多重因果关系；*Jastrzębski*, KPP no 3/2003, 617。

[2] I PR 330/64, OSNC no 11/1965, item 194.

[3] 《侵权责任法的基本问题（第一卷）》，边码 5/118，以及 F. Bydlinski, Probleme der Schadensverursachung nach deutschem und österreichischem Recht (1964) 78 ff, 95 ff 及其引用的文献。

[4] *Kaliński* in: Olejniczak, System Prawa Prywatnego 142.

[5] 对比《侵权责任法的基本问题（第一卷）》，边码 5/114。

[6] *Jastrzębski*, KPP no 3/2003, 631 f; 645 f.

引发第三人责任的备选原因(否则,由于第三方会主张损害已经发生了,所以他没有引发损害,以此为自己成功辩护,从而使受害人丧失获得损害赔偿的权利)。其次是采用客观方法计算损害情形的后续事件。这里必须提到的是,Jastrzębski拒绝采用**超越因果关系**概念来指称这类后续事件,其实际"施加了影响"并"造成了吸收先前损害的损害"。[1](我给这个表述加引号是因为,在我看来它并不准确:后续损害并不能"吸收"先前的损害,因为,先前的损害已经发生了;认为后续事件随之发生并造成了**本来可能**吸收先前损害的损害将更合适。)库奇奥视之为替代因果关系,但同时追随彼得林斯基,承认它们(作为超越因果关系的全部情形)实际上是累积因果关系在时间序列上的延伸。[2] Jastrzębski将这些情形归类为多重原因,它们要么导致连带责任(若损害是由多数原因导致的不可分后果,每个原因都能单独成立责任),要么免除第一个侵权人对第二个事件所致损害的责任(当后者是新的介入原因时)。[3] 他以法国在20世纪60年代判决的一个案件为例来说明前者,该案涉及两个相继发生的侵权行为导致受害人完全丧失劳动能力的不可分损害,两个侵权行为分别造成受害人失去一只眼睛。[4] Jastrzębski认为,超越因果关系的概念包含由于"被该(最初的——本书作者添加)原因剥夺了发生**或者**(强调为本书作者所加)施加影响的机会",而"没有实际加入到事件发展过程中"的事件,并将其视为"严格意义上的超越因果关系"事件,其纯属假设因果关系,因为它们从未实际**发生**。[5] 他的分类因而与库奇奥不同,后者认为,超越因果关系仅涉及实际发生的事件,[6] 并将合法替代行为(Jastrzębski视之为超越因果关系[7])归类为独立(尽管有关联)的现象。

最后,应当注意,最高法院最近发布了几份判决,其表达的观点偏离了目前为止的主流观点,认为将继发原因(causa superveniens)纳入考虑

---

[1] *Jastrzębski*, KPP no 3/2003, 619.

[2] 《侵权责任法的基本问题(第一卷)》,边码5/115。

[3] *Jastrzębski*, KPP no 3/2003, 619 f.

[4] *Jastrzębski*, KPP no 3/2003, 619 f, and cited there Tribunal correctionnel de la Seine (Tr corr Seine) judgment of 5.5.1965, Juris Classeur Périodique 1965 Ⅲ 14332.

[5] *Jastrzębski*, KPP no 3/2003, 623.

[6] 参见《侵权责任法的基本问题(第一卷)》,边码5/125。

[7] *Jastrzębski*, KPP no 3/2003, 640.

在原则上是被容许的。[1] 在 2006 年 3 月 2 日的判决中[2],备选原因被认为是限制或免除责任的因素,该判决关注了以下情况:原告的在先权利人(legal predecessors)被不法拒绝了对一项不动产的(临时)所有权。几年后,该不动产被移交给一个住宅协会。法院认为,即使原告的在先权利人被依法对待并获得所有权,他们也必然被征收(因为该房屋注定会被移交给房产协会)并获得适当的补偿。因此,原告的损失不在于所有权的损失,而在于没有获得适当的补偿。原告的在先权利人将会被征收的情况因而被视为影响损害赔偿额的因素。在备选原因发生的确定性可能存在重大疑义的情况下,该判决仍然将其纳入考虑,其因而遭到批评。[3] 在 2010 年 4 月 29 日的判决中[4],继发原因也被作为影响损害范围的考虑因素。

另一个值得在此提及的判决发布于 2005 年 1 月[5],它涉及合法替代行为的问题。在该判决中,最高法院对备选原因原则上应当被纳入考虑的观点表示支持,尽管就该规则设置了某些例外[6],其中一个刚好适用于该案件所判决的事实。法院认为,若**侵权人实际实施的行为违反了旨在防止此类损害的规范**[7](参见下文边码 3/152),侵权人就不能依据受害人会因为随后发生的合法替代行为遭受同样损害的事实提出抗辩。从该判决的结论可以推断,若被违反的规范并非**旨在**防止不法行为造成的损害,合法替代行为就**可以**被纳入考虑。[8]

3/94

在 2010 年 4 月 29 日的判决中[9],最高法院列举了将继发原因纳入考虑必须满足的条件:继发原因必须是并行的联系,假想的因果链,独立

3/95

---

[1] 但是,正如 *Baginska* 指出的那样,该案不涉及人身伤害。See *Baginska*, Odpowiedzialność deliktowa 187.

[2] 最高法院 2006 年 3 月 2 日的判决(Ⅰ CSK 90/05, OSNC no 11/2006, item 193)。

[3] *Banaszczyk* in: Pietrzykowski, Kodeks cywilny 1331. See also J. *Jastrzębski*, Note on the judgment of 2.3.2006 (Ⅰ CSK 90/05), Palestra no 3—4/2007, 325 f.

[4] Ⅳ CSK 467/09, LEX no 653781. 对于该案详见 *Baginska*, Poland, in: H. Koziol/B. C. Steininger (eds), European Tort Law 2010 (2011) 459 ff.

[5] 最高法院 2005 年 1 月 14 日的判决(Ⅲ CK 193/04, OSP no 7—8/2006, item 89)。

[6] 也见最高法院 2010 年 4 月 15 日的判决(Ⅱ CSK 544/09, OSNC-ZD no 4/2010, item 113)(对该案的评论见 *Baginska* in: Koziol/Steininger, European Tort Law 2010, 456 ff.)。

[7] 这个观点被最高法院 2010 年 4 月 29 日的判决(Ⅳ CSK 467/09, LEX no 653781)再次重申。

[8] *Banaszczyk* in: Pietrzykowski, Kodeks cywilny 1331.

[9] Ⅳ CSK 467/09, OSNC-ZD no 4/2010, item 116.

于事件发展的实际顺序;致害事件必须没有给假想原因的发生创造机会(因为后者的发生被前者所阻止);被侵权人*必须证明,继发原因的发生在没有致害事件的情况下也几乎是确定的。[1]

第六节 归责要素

一、违法性

(一)违法性的概念

3/96　　在大多数法律制度中,违法性[在波兰法律和学理中使用的是"bezprawność"(字面意思:"不法性")这个术语][2]原则上在过错责任领域具有重要意义[3],尽管它也是行使公共权力责任的构成要件(《民法典》第417条以下),但自2004年起[4]这种责任就属于无过错责任了。[5]在此背景下,一个新的责任原则(即不法行为责任)甚至被区分出来(居于过错责任、危险责任和公平责任之后),但这种区分的必要性遭到质疑。[6]

---

* 原文如此。根据上文所述,继发原因会产生限制或免除责任的效果(参见上文边码3/93),故而,这里的证明责任似应以分配给侵权人为当。

[1] 就此也见 *Bagińska* in: Koziol/Steininger, European Tort Law 2010, 460。

[2] 关于波兰法中违法性的概念,也见 *G. Żmij*, Wrongfulness as a liability's prerequisite in art 415 Polish Civil Code, in: B. Heiderhoff/G. Żmij (eds), Tort Law in Poland, Germany and Europe (2009) 13 ff。

[3] 因此,在严格责任领域,它是不相关的。主要参见 *Kaliński* in: Olejniczak, System Prawa Prywatnego 60; *Olejniczak* in: Kidyba, Kodeks cywilny, commentary to art 435, no 15; SN judgment of 7.4.1970, Ⅲ CZP 17/70, OSP no 9/1971, item 169; SN 28.11.2007, V CSK 282/07, OSNC-ZD no 2/2008, item 54; SN of 9.5.2008, Ⅲ CSK 360/07, LEX no 424387; SN of 12.12.2008, Ⅱ CSK 367/08, LEX no 508805。

[4] 调整公权力行使责任的修正后规则,详见 *Bagińska* in: Koziol/Steininger, European Tort Law 2004, 462 ff。

[5] 必须要提到的是,立法者在《民法典》第417条中没有使用在其他条文(主要是《民法典》第24条、第423条)中使用的**不法的**(*bezprawny*)表述,而是选择了宪法上的表达方式,即**不合法的**(*niezgodny z prawem*)。这导致了对公权力行使责任这个构成要件的两种不同解释(见下文边码3/97)。

[6] *Radwański/Olejniczak*, Zobowiązania 218; *E. Bagińska*, Odpowiedzialność odszkodowawcza za wykonywanie władzy publicznej (2006) 217 ff。

《民法典》第 415 条并没有明确提及违法性,根据该条规定,"任何因其过错导致他人损害的人都负有赔偿义务"[1]。按照传统观点,它包含了过错的客观因素[2],但是很多学者视之为过错的先决条件(参见下文边码 3/110)。[3] 虽然就对违法性的法定条件没有形成一致见解,但需要将其挑出来作为过错责任的一个先决条件是没有疑问的。[4] 违法性的关键是人的行为和法律制度规定的规则之间的关系。[5] 在过错责任领域,"bezprawność"被宽泛地理解[6],即不仅指对某个法律规定的违反,也指对"社会共同生活原则"[7]的违反。不过,在行使公共权力责任的领域,有两种看法被提出来:一个支持"传统的"宽泛理解[8],另一个则支持狭义的违法性的概念(即"bezprawność"是指对法律规定的违反)[9]。

---

[1] Translation by *Bagińska* in: Oliphant/Steininger, Basic Texts 192.

[2] *Czachórski*, Prawo zobowiązań 244; W. *Czachórski/A. Brzozowski/M. Safjan/E. Skowrońska-Bocian*, Zobowiązania. Zarys wykładu (2004) 210.

[3] 主要参见 B. *Lewaszkiewicz-Petrykowska*, Wina jako podstawa odpowiedzialności z tytułu czynów niedozwolonych, in: Studia Prawno-Ekonomiczne (1969) 90. W. Warkałło(Note on the SN judgment of 7.4.1962, 2 CR 546/61, PiP no 12/1963, 970)认为,"违法性(不法性)是过错责任的必要条件,不是过错的独立形式或构成要素"。Warkałło 引用了 R. Longchamps de Berier 提出的陈旧且不再被支持的观点,按照该观点,过错包含了两个元素:客观过错和主观过错,最高法院 1962 年 4 月 7 日的判决采纳了这个观点。

[4] 不法性也被定义为人的行为的"客观不当性";参见 *Machnikowski* in: Olejniczak, System Prawa Prywatnego 375 ff; *Czachórski/Brzozowski/Safjan/Skowrońska-Bocian*, Zobowiązania 210。

[5] *Machnikowski* in: Olejniczak, System Prawa Prywatnego 378; *Lewaszkiewicz-Petrykowska* in: Studia Prawno-Ekonomiczne 90.

[6] 主要参见 M. *Sośniak*, Bezprawność zachowania jako przesłanka odpowiedzialności cywilnej za czyny niedozwolone (1959) 102 f; A. *Szpunar*, Czyny niedozwolone w kodeksie cywilnym, Studia Cywilistyczne (1970) 51; *Radwański/Olejniczak*, Zobowiązania 194 f; 支持狭义地理解违法性的不同观点,参见 K. *Pietrzykowski*, Bezprawność jako przesłanka odpowiedzialności deliktowej a zasady współżycia społecznego i dobre obyczaje, in: M. Pyziak-Szafnicka (ed), Odpowiedzialność cywilna. Księga pamiątkowa ku czci Profesora Adama Szpunara (2004) 179。

[7] "社会共同生活原则"条款是波兰私法中的一般条款之一。通过该条款,社会普遍接受的行为道德规范得到考虑。

[8] 主要参见 *Bagińska*, Odpowiedzialność odszkodowawcza 315 f; *Banaszczyk* in: Pietrzykowski, Kodeks cywilny 1583。

[9] M. *Safjan/K. J. Matuszczyk*, Odpowiedzialność odszkodowawcza władzy publicznej (2009) 47 f. Z. *Radwański*, Odpowiedzialność odszkodowawcza za szkody wyrządzone przy wykonywaniu władzy publicznej w świetle projektowanej nowelizacji kodeksu cywilnego, Ruch Prawniczy, Ekonomiczny i Socjologiczny (RPEiS) no 2/2004, 13; 宪法法院的判决(Trybunał Konstytucyjny), SK 18/00, Orzecznictwo Trybunału Konstytucyjnego no 78/2001, item 256。

3/98　　　　对于避免造成他人损害的必要注意是否应当包含在不法性的概念内的问题,理论上存在某种混淆。这种注意——依据客观标准评估(参见下文边码 3/118)——一般被认为和"严格意义上的"过错存在关联[1],虽然它已被令人信服地证明与违法性有关[2]。

3/99　　　　据此可知,波兰的违法性理论属于行为不法说(Verhaltensunrechtslehre)。[3] 但是,也有人认为,如果某个受绝对保护的权利被特定行为所侵犯,该行为将被认为是违法的,这乍看之下似乎反映的是结果不法说(Erfolgsunrechtslehre),但实际上依据的是行为不法说:人们认为,相关行为违反了针对一般公众的禁止这种侵害的规范[4]。[5] 按照这个观点,只有在存在普遍的作为义务时,侵害受绝对保护的权利的不作为才被认为是违法的。[6] 它强调,不作为仅在违反制定法而非"社会共同生活原则"所规定的作为义务时才是违法的。[7]

3/100　　　　原则上,不法性本身不足以证成损害赔偿责任,但它可以引发不作为请求权、返还请求权以及自卫权。不法但无过错的行为与其他因素结合可以成立责任。例如,只要其行为是违法的,并且在考虑其经济状况后由其承担责任是合理的,未成年人和精神病人就可能要对自己造成的损害负全部或部分责任(参见下文边码 3/136)。再者,事务辅助人和未成年人以及精神病人行为的违法性分别是事务所属人和监管人承担责任的前

---

[1] 主要参见 Machnikowski in: Olejniczak, System Prawa Prywatnego 381; Szpunar, Czyny niedozwolone 50 f; Radwański/Olejniczak, Zobowiązania—część ogólna 200; Bagińska in: Koziol/Steininger, European Tort Law 2005, 465。

[2] J. Dąbrowa, Wina jako przesłanka odpowiedzialności cywilnej (1968) 220 f. M. Krajewski, Niezachowanie należytej staranności—problem bezprawności czy winy, PiP no 10/1997, 32 ff.

[3] 所有致害行为都应当被视为非法的观点受到批评;对此详见 Banaszczyk in: Pietrzykowski, Kodeks cywilny 1559 及其引用的文献。

[4] 虽然如此,恰如库奇奥所指出的,不是所有的侵害都被禁止;轻微的妨碍行为必须被忍受。参见《侵权责任法的基本问题(第一卷)》,边码 6/8。

[5] Machnikowski in: Olejniczak, System Prawa Prywatnego 380。

[6] Machnikowski in: Olejniczak, System Prawa Prywatnego 380,这里引用了最高法院 2004 年 12 月 17 日的判决(Ⅱ CK 300/04, OSP no 2/2006, item 20, note by M. Nesterowicz)(对于该案的评论见 Bagińska in: Koziol/Steininger, European Tort Law 2006, 382 f)。

[7] 因为,社会共同生活原则不能充分指明行为义务或者负有该类义务的人的范围。See Banaszczyk in: Pietrzykowski, Kodeks cywilny 1559. 但是,有人提出不同看法,认为不作为的违法性可能在于违反了社会共同生活原则;更多关于该问题的情况,参见 Pietrzykowski in: Pyziak-Szafnicka, Odpowiedzialność cywilna 171, FN 18。

提条件(参见边码 3/130 和 3/124)。

(二) 针对轻微侵害的保护?

波兰法中没有明确规定不赔偿轻微损害的一般条款,但是,在物质损失和非物质损失领域,重大性限定的观念仍为人熟知。对于非物质损失,如果客观可验证的标准表明损害微小,拒绝赔偿就被认为是合理的(参见上文边码 3/64)。[1] 对于物质损失,这种一般性的重大性限定则不被接受,物质损失无须考虑损害程度,原则上应予完全赔偿。源自欧盟法的调整产品责任的规定可被视为一个例外:《民法典》第 449^7 条第 2 款规定,财产损害的最低限额为 500 欧元。在相邻关系法中,《民法典》第 144 条规定,在行使权利的过程中,"不动产所有人应当依据该不动产的社会和经济目的以及当地的具体情况,避免超出'通常程度'干扰相邻不动产使用的行为"。因此,相邻不动产的所有人必须容忍没有超出所谓"通常程度"的排放物,即这种排放不是违法的。

3/101

(三) 纯粹经济利益的保护

依据 Pajor 的观点,在波兰法中,受法律保护的利益没有层次结构,因此,根据《民法典》第 361 条第 2 款的完全赔偿原则,通常来说,"所有的物质损害都要赔偿,包括纯粹经济损失在内"。[2] 唯一的例外是,侵权法保护的范围限于**人身伤害或者财产损害**[3],它允许赔偿纯粹经济损失,即不是由于对原告自身人身或财产的实际侵害所导致的经济损失[4],只要这种损失仍在相当性范围内,原则上就不能从赔偿范围中予以排除,并应当给予救济(《民法典》第 361 条第 1 款)。[5] 除相当性标准外,这类损失的可赔偿性还受制于另一个原则的限制,该原则被大多数学者所接受,

3/102

---

[1] 参见最高法院 1975 年 1 月 23 日的判决(Ⅱ CR 763/73, OSP no 7—8/1975, item 171),其中,最高法院认为,若受害人遭受的非物质损失仅仅是轻微的身体不适,并且责任人已尽一切可能防止损害并减轻这种不适,则法院应当考虑拒绝赔偿的可能性,因为,在这种情况下,衡平考量不要求通过金钱赔偿的方式弥补损害。

[2] T. *Pajor*, Poland, in: V. V. Palmer/M. Bussani (eds), Pure Economic Loss. New Horizons in Comparative Law (2009) 260.

[3] 这种限制规定在《民法典》第 435 条和第 436 条中(参见边码 3/126)。

[4] *European Group on Tort Law*, Principles of European Tort Law. Text and Commentary (2005) 32.

[5] See *Kaliński* in: Olejniczak, System Prawa Prywatnego 100 f.

并获得了判例法的支持:波兰侵权法只允许赔偿**直接受害人**,即致害事件所指向的人所遭受的损失。[1] 这个原则被认为是我们制度中"保持闸门关闭"(keeping the floodgates shut)的方式。[2]《民法典》第 446 条允许几类"间接受害人"[3]就他们因主要受害人(primary victims)死亡遭受的损失获得赔偿[4],被视为是仅赔偿主要受害人规则的例外规定。不过,认为只有致害事件所指向的人遭受的损失才具有可赔偿性,波兰侵权法的这个观点的正确性已受到令人信服的质疑。[5]

3/103　　Bagińska 和 Nesterowicz 认为,当纯粹经济损失属于可得利益损失的范畴时,它就可以得到赔偿。[6]

3/104　　纯粹经济损失在缔约过失框架内受到保护:过失违反先合同行为规则的行为,将引发由于预期的合同没有订立或归于无效而导致的损失的赔偿义务,这种损失包括期待合同成立的人所支出的费用,以及——虽然这没有得到普遍承认——其损失的可得利益(主要是与他因期待第一个合同生效而没有订立的其他合同有关的可得利益)。[7]

---

[1] 主要参见 *Szpunar*, Odszkodowanie za szkodę majątkową 63, 165; *idem*, Note on SN judgment of 3.3.1956, 2 CR 166/56, OSPiKA no 7—8/1959, item 197, 382. *Radwański/Olejniczak*, Zobowiązania 258 f; *Ohanowicz/Górski*, Zarys 60 f; *Kaliński* in: Olejniczak, System Prawa Prywatnego 38; *Machnikowski* in: Olejniczak, System Prawa Prywatnego 384; SN judgment of 28.12.1972, Ⅰ CR 615/72, OSPiKA no 1/1974, item 7; SN judgment of 13.10.1987, Ⅳ CR 266/87, OSNC no 9/1989, item 142; SN judgment of 11.12.2008, Ⅳ CSK 349/08, LEX no 487548。

[2] *Pajor* in: Palmer/Bussani, Pure Economic Loss 264.

[3] *Bagińska/Nesterowicz* in: Winiger/Koziol/Koch/Zimmermann, Digest Ⅱ 264.

[4] 关于该条的更多资料,主要参见 *K. Ludwichowska-Redo*, Liability for Loss of Housekeeping Capacity in Poland, in: E. Karner/K. Oliphant (eds), Loss of Housekeeping Capacity (2012) 201。

[5] *Łopuski*, KPP no 3/2004, 689; *M. Safjan*, Problematyka tzw. bezprawności względnej oraz związku przyczynowego na tle odpowiedzialności za niezgodne z prawem akty normatywne, in: L. Ogiegło/W. Popiołek/M. Szpunar (eds), Rozprawy prawnicze: księga pamiątkowa Profesora Maksymiliana Pazdana (2005) 1327 ff; *L. Stecki*, Problematyka odpowiedzialności za szkodę pośrednią, in: S. Sołtysiński (ed), Problemy kodyfikacji prawa cywilnego (studia i rozprawy). Księga pamiątkowa ku czci Profesora Zbigniewa Radwańskiego (1990) 300; *B. Lackoroński*, Odpowiedzialność za tzw. szkody pośrednie w polskim prawie cywilnym, in: J. Jastrzębski (ed), Odpowiedzialność odszkodowawcza (2007) 172 f.

[6] *Bagińska/Nesterowicz* in: Winiger/Koziol/Koch/Zimmermann, Digest Ⅱ 331.

[7] 就此详见 *Radwański/Olejniczak*, Zobowiązania 95 f; 139。

就合同的侵权保护而言，合同是一个创设并保护纯粹经济利益的工具[1]，人们普遍认为，第三人侵害合同关系的行为在某些情况下会引发该第三人的侵权责任。也有观点令人信服地提出，这种责任仅在第三人有意造成债权人损害的情况下才成立，由于其违反了"社会共同生活原则"，因此应当被认为是违法的。Grzybowski 则只要求相关行为是有过错的[2]，但 Machnikowski 令人信服地主张，过失地不尊重合同还不够，只有故意违反行为才是重要的。[3]　　3/105

如同在其他许多法律制度中一样，在主要受害人死亡的情况下，幸存的受扶养家属被准予就生活费用损失要求赔偿（《民法典》第 446 条第 2 款）。他们也可以就那些不容易精确计量的损失要求赔偿（《民法典》第 446 条第 3 款）。[4]　　3/106

如果纯粹经济损失是故意造成的，在我看来，认定责任成立就是合理的，这是因为：首先，在这种情况下，相当性标准并没有限制赔偿的范围（参见下文边码 3/114）；其次，由于侵权人的行为是指向遭受损失的人，责任不会因为波兰侵权法只允许赔偿直接受害人所受损失的原则而被排除（参见上文边码 3/102）。　　3/107

二、过错

（一）概念、要件与意义

对于波兰法来说，严格责任多年来取得了重大发展，以至于和过错责任处于同等地位[5]；因此，人们可以讨论责任的双轨性[6]。　　3/108

波兰立法者没有给过错下定义，在学理上对这个概念的讨论受到刑　　3/109

---

[1] P. Cane, Tort Law and Economic Interests (2006) 454 f, cited after: W. H. van Boom, Pure Economic Loss: A Comparative Perspective, in: W. van Boom/H. Koziol/C. A. Witting (eds), Pure Economic Loss (2004) 16.

[2] S. Grzybowski in: Z. Radwański (ed), System Prawa Cywilnego, vol Ⅲ, Part 1. Prawo zobowiązań—część ogólna (1981) 48.

[3] See Machnikowski in: Olejniczak, System Prawa Prywatnego 386 and the literature cited there.

[4] 主要参见 Ludwichowska-Redo in: Karner/Oliphant, Housekeeping Capacity 201。

[5] 主要参见 Nesterowicz in: Nesterowicz, Czyny niedozwolone 42。

[6]《侵权责任法的基本问题（第一卷）》，边码 6/79。

法理论的影响。先前,过错被定义为侵权人对其行为的错误心理态度(所谓"心理学上的概念")[1],但是这个理论在很大程度上被抛弃了。目前流行的是所谓的"规范性概念",按照这个概念,若某人因其引致损害的不当行为而可被非难,则可以宽泛地认定其具有过错。因此,过错被归结为"可非难性"(应受责备性)。[2] 采用规范性概念导致了违法性和过错之间的界限模糊。[3]

3/110 由于《民法典》第415条没有明确提到违法性,传统观点认为,它构成过错的一个客观因素,过错因而包含两个因素:客观的(违法性)和主观的(有时被界定为严格意义上的过错)。[4] 但是,在最近几十年里,另一个区分违法性和过错并认为前者是后者的先决条件的观点取得了众多的支持。例如,按照 Lewaszkiewicz-Petrykowska 的观点,过错是"对一个人行为的否定性评价,乃依其行为和有效规范而对之加以责难的可能性"[5],Radwański 则将它界定为,"某人就其违法行为应受非难的决定"[6]。

3/111 对于过错是仅涉及加害人的行为(即是否只需要行为是有过咎的)[7],还是也涉及损害结果,就此存在不同看法[8]。从受害人的角度看,前者提供的解决方案更为合理:因为,即使侵权人不希望或者没有也无法预见损害的发生,他仍应对其可责难行为导致的损害结果承担责任,这让受害人更易于证明过错。

---

[1] *Ohanowicz/Górski*, Zarys 126;关于过错的心理学的概念见 B. *Lewaszkiewicz-Petrykowska*, Problem definicji winy, jako podstawy odpowiedzialności z tytułu czynów niedozwolonych, Zeszyty Naukowe Uniwersytetu Łódzkiego (ZNUŁ) 1959, no 14, 32 f。

[2] *Lewaszkiewicz-Petrykowska*, ZNUŁ 1959, no 14, 43; SN judgment of 26.9.2003, Ⅳ CK 32/02, LEX no 146462。

[3] See *Banaszczyk* in: Pietrzykowski, Kodeks cywilny 1556 及其引用的文献。

[4] 主要参见 *Czachórski*, Prawo zobowiązań 244; SN judgment of 26.9.2003, Ⅳ CK 32/02, LEX no 146462。

[5] *Lewaszkiewicz-Petrykowska*, ZNUŁ 1959, no 14, 43。

[6] *Radwański/Olejniczak*, Zobowiązania 198。

[7] 主要参见 *Dybowski* in: Radwański, System Prawa Cywilnego 250; *J. Jastrzębski*, Interferencje adekwatnej przyczynowości oraz winy przy odpowiedzialności za szkodę majątkową, Przegląd Sądowy (PS) no 7—8/2004, 28; *Kaliński* in: Olejniczak, System Prawa Prywatnego 53 f; for more on this issue see *Kaliński* in: Olejniczak, System Prawa Prywatnego 52 f。

[8] W. *Czachórski* in: Radwański, System Prawa Cywilnego, vol Ⅲ, Part 1. Prawo zobowiązań—część ogólna (1981) 546 f; *Koch*, Związek przyczynowy 189 ff. *Radwański/Olejniczak*, Zobowiązania 200 (关于故意的过错)。

过错只能被归于精神健全且心智成熟之人。根据波兰侵权法,年满 13 周岁的人才具有过错能力(《民法典》第 426 条)。这属于刚性规定,不允许对未满 13 周岁的人的辨识能力进行审查。已满 13 周岁及 13 周岁以上的人可能会因为精神疾病被认为无责任能力。[1] 依《民法典》第 425 条,"一个人无论出于何种原因处于不能有意识地或自由地作出决定和表达他的意愿状态,都不用对其在这种状态下导致的损害承担责任"(第 1 款);"但是,因饮用酒精饮料或其他类似物质而处于神志紊乱状态的人,仍有赔偿损害的义务,除非这种紊乱状态不是由于他自己的过错造成的"(第 2 款)。[2]

3/112

与德国和奥地利的法律规定相似,没有过错能力的人仍然可能基于公平原则而承担责任(《民法典》第 428 条,参见下文边码 3/136)。

3/113

根据波兰侵权法,任何形式的过错甚至是十分轻微的过错都会引发责任。[3] 责任受过错程度的限制只是特例(如教唆者,有意从他人损害中获益的人,以及——按照通说——帮助者只在有故意时才承担责任[4];《民法典》第 422 条[5])。另一个问题是,过错程度是否会影响责任范围,尤其是重大的过错能否逾越相当性的限制,让侵权人对不属于其行为通常后果的损害也应负责。原则上,侵权人仅对其行为的通常后果负责,而无须考虑其过错程度(《民法典》第 361 条第 1 款)。但是,在故意情况下,偏离该规则的情况也被认可:有人认为,若侵权人的意图中包含了

3/114

---

[1] 对于 13 周岁及以上的未成年人的心智状态存在不同看法;对于是否应该评估个案中未成年人心智成熟度的问题被认为取决于被侵权人[尤其参见最高法院 2001 年 1 月 11 日的判决(Ⅳ CKN 1469/00, OSP no 1—2/2002, item 2)];Z. Banaszczyk, O odpowiedzialności deliktowej osoby małoletniej za czyn własny na zasadzie winy, in: M. Pyziak-Szafnicka (ed), Odpowiedzialność cywilna. Księga pamiątkowa ku czci Profesora Adama Szpunara [2004] 108 f), or that the minor's sanity may be assumed (A. Szpunar, note on the judgment of 11. 1. 2001, OSP no 6/2002, item 81; Radwański/Olejniczak, Zobowiązania 199)。

[2] Translation by Bagińska (in: Oliphant/Steininger, Basic Texts 194)。

[3] 最高法院 1975 年 10 月 10 日法人判决(Ⅰ CR 656/75, LEX no 7759)。

[4] Lewaszkiewicz-Petrykowska, Wyrządzenie szkody 107, 112, 117; Radwański/Olejniczak, Zobowiązania 202。

[5] 《民法典》第 422 条规定:"不仅直接造成损害的人应当承担责任,而且教唆或帮助他人造成损害的人,以及有意地从他人所受损害中获益的人也应承担责任"; translation by Bagińska (in: Oliphant/Steininger, Basic Texts 193)。

异常后果,则其应当对之负责。[1]

3/115　　侵权人的过错程度可能会影响受害人可受赔偿的非物质损失的范围[2],并且在受害人存在促成过失的情况下,会产生减轻赔偿义务的作用(参见下文边码 3/143)。

3/116　　若侵权人要么想要实施不法行为,要么有意接受这种可能性[3],又或者(参见上文边码 3/111 关于过错是与侵权人的行为还是损害结果有关的不同观点),要么希望通过他的不法行为造成损害,要么有意接受这种可能性,则其构成故意。[4]

3/117　　在波兰私法中,非故意过错以过失(niedbalstwo)为中心。[5] 相关文献表明,在《民法典》第 355 条中,可以发现对如何判定过失的规范指引,其规定:"债务人有义务尽到在特定关系类型中通常要求的注意义务(适当注意)。判定债务人在其经济活动领域的适当注意,要考虑活动的职业特点。"虽然上述条款明文规定指称的是**债务人**,但它也适用于非合同关系,这个看法得到法院[6]和学者[7]的认同。

(二) 过错的主观或客观判断?

3/118　　如同在德国和奥地利那样,适当注意要参照客观化的行为模式(适当的,勤勉的,谨慎的)加以判定[8],并且,专业人士的注意程度更高。法院

---

[1] Koch, Związek przyczynowy 190 ff; Jastrzębski, PS no 7—8/2004, 34; T. Dybowski, 相反,T. Dybowski 认为,相当性的边界并未被逾越,因为,有意识的故意行为的后果总是与这种行为具有相当性:Dybowski in: Radwański, System Prawa Cywilnego 271。

[2] 主要参见 Safjan in: Pietrzykowski, Kodeks cywilny 1737 and SN of 19.8.1980, Ⅳ CR 283/80, OSNC no 5/1981, item 181 cited there; Jastrzębski, PS no 7—8/2004, 26, 34; Szpunar, Zadośćuczynienie 183。

[3] Machnikowski in: Olejniczak, System Prawa Prywatnego 412.

[4] Radwański/Olejniczak, Zobowiązania 200.

[5] Radwański/Olejniczak, Zobowiązania 200.

[6] SN judgment of 15.2.1971, Ⅲ CZP 33/70, OSNC no 4/1971, item 59; SN judgment of 12.6.2002, Ⅲ CKN 694/00, OSN no 9/2003, item 24.

[7] 主要参见 Lewaszkiewicz-Petrykowska in: Studia Prawno-Ekonomiczne 98; Radwański/Olejniczak, Zobowiązania 200; Safjan in: Pietrzykowski, Kodeks cywilny 1278. 不同的观点认为,《民法典》第 355 条不适用于侵权责任,参见 Z. Banaszczyk/P. Granecki, O istocie należytej staranności, Palestra no 7—8/2002, 12 f; Krajewski, PiP no 10/1997, 33。

[8] 主要参见 Radwański/Olejniczak, Zobowiązania 200。

会将侵权人的行为与勤勉之人在相同情况或情境下的行为模式相对照[1];这样的评判无疑模糊了过错和违法性之间的界限[2]。一些学者恰当地强调,偏离客观化的行为模式并不等同于有过错[3],只有在侵权人本来能够根据情况行为谨慎时,他才是有过错的[4]。由此可知,除了将侵权人的行为与某种行为标准相对照外,还必须要考虑这种偏离发生的具体情况。[5] 若某人实际上无法遵守这个行为标准,则他就没有过错,而且,如果他被错误告知相关信息或遭到了威胁,那么,他也不能被认为有过失。[6] 对于加害人的个人特征是否以及在何种程度上应被纳入考虑,就此存在争议。[7] Machnikowski 令人信服地主张,只应考虑对侵权人行为有重大影响的个人特征,其同时应当具有稳定性或易于辨识性(年龄、明显的精神或身体上的残疾、明显的疾病等)。[8] 但是,对于专业人士似乎不应考虑其个人特质。恰如库奇奥指出的那样,任何从事需要特殊知识和推理能力的活动的人,不管其是否缺乏相关能力,其行为都会给第三人创设特殊的危险源[9],这为责任的客观化提供了正当理由。

如前所述,违法性和过失之间的界限在波兰侵权法中有点模糊,主要是由于对过失的认定极大地依赖于客观标准;Safjan 讨论了过错"广泛的客观化"现象。[10] 尤其是在涉及专业人士的情况下,法院倾向于仅仅基

---

[1] *Radwański/Olejniczak*, Zobowiązania 200;*Machnikowski* in:Olejniczak, System Prawa Prywatnego 415.

[2] *Lewaszkiewicz-Petrykowska* in:Studia Prawno-Ekonomiczne 100.

[3] *Radwański/Olejniczak*, Zobowiązania 201;*Machnikowski* in:Olejniczak, System Prawa Prywatnego 415. Dąbrowa 指出,仅仅满足于对违反某些适当行为规则的事实认定,而忽略了侵权人行为的心理方面,事实上导致了责任的客观化,这实际上不符合立法者的意图;Dąbrowa, Wina jako przesłanka 212 f.

[4] 主要参见 *Olejniczak* in:Kidyba, Kodeks cywilny, commentary to art 415, no 27。

[5] *Radwański/Olejniczak*, Zobowiązania 201;See *Machnikowski* in:Olejniczak, System Prawa Prywatnego 415.

[6] See *Machnikowski* in:Olejniczak, System Prawa Prywatnego 415;*Olejniczak* in:Kidyba, Kodeks cywilny, commentary to art 415, no 27.

[7] 在其 1971 年 2 月 15 日(Ⅲ CZP 33/70)的判决中,最高法院认为,在判定过失时,侵权人的生理或心理特征不应被纳入考量。

[8] 主要参见 *Machnikowski* in:Olejniczak, System Prawa Prywatnego 416。

[9] 《侵权责任法的基本问题(第一卷)》,边码 6/89。

[10] *Safjan* in:Pietrzykowski, Kodeks cywilny 1767.

于义务违反的事实就认定过失。[1] 然而,毫无疑问的是:(1) 在认定违法性时只有客观标准是重要的;(2) 只有不法行为才能构成过失;(3) 并非所有不法行为都同时构成过失。

三、在加害人自身范围内的其他缺陷

(一) 人的不当行为

3/120　　民法典中包含了调整为辅助人(《民法典》第 429 和第 430 条)与 13 周岁以下未成年人和没有过错能力的成年人(《民法典》第 427 条)承担侵权责任的特别规定。为他人承担的责任要么是基于特定危险(《民法典》第 430 条),要么是基于过错推定[选任过失(culpa in eligendo),《民法典》第 429 条,或者监督过失(culpa in custodiendo),《民法典》第 427 条]。这些责任的共同之处在于,责任不会因为他人并不违法的行为引起;这与受害人对这类行为原则上不受任何保护的规则相一致。[2]

3/121　　与奥地利和德国法的情况一样[3],为未成年人所致损害承担的责任[4],只有在未成年人的父母或其他监护人**自身有过失**时才成立。对于未满 13 周岁的未成年人,《民法典》第 427 条引入推定监督过失规定,同

---

[1] 主要参见关于公证人侵权责任的最高法院 2002 年 6 月 12 日判决(Ⅲ CKN 694/00, OSN no 9/2003, item 124),最高法院在该案中认为,单纯公证人违反义务的事实通常就足以认定过错,至少是过失形式的过错(对于该案详见 E. Bagińska, Poland, in: H. Koziol/B. C. Steininger [eds], European Tort Law 2003 [2004] 324 f);也见最高法院 1958 年 8 月 30 日的判决(2 CR 772/57, OSP no 11/1959, item 291);最高法院 2003 年 12 月 2 日的判决[Ⅲ CK 430/03, OSNC no 1/2005, item 10, note by M. Nesterowicz (OSP no 5/2005, item 21),该案详见 Bagińska in: Koziol/Steininger, European Tort Law 2005, 458 ff];最高法院 2006 年 12 月 1 日的判决(Ⅰ CSK 315/06, OSNC no 11/2007, item 169),与审计师违反职责有关(该案更多情况详见 Bagińska in: Koziol/Steininger, European Tort Law 2007, 459);最高法院 2005 年 10 月 13 日的判决(Ⅳ CK 161/05, OSP no 6/2006, item 71),最高法院在该案中认为,医生违反提升其业务能力的义务至少构成过失形式的过错(该案更多情况详见 Bagińska in: Koziol/Steininger, European Tort Law 2006, 384 ff)。

[2] 《侵权责任法的基本问题(第一卷)》,边码 6/96。

[3] 参见《侵权责任法的基本问题(第一卷)》,边码 6/98 及其引用的文献。

[4] 就此问题详见 M. Nesterowicz/E. Bagińska, Liability for Damage Caused by Others under Polish Law, in: J. Spier (ed), Unification of Tort Law: Liability for Damage Caused by Others (2003) 186 ff。

时推定不当监护行为与所致损害之间存在因果关系。[1] 上文提到,要使监护人的责任成立,未成年人的行为必须是违法的。[2] 若被监护的未成年人已满 13 周岁,其父母(或其他监护人)的责任以《民法典》第 415 条的一般规则为基础,这意味着不存在证明责任倒置的问题,受害人需要证明责任成立的所有要件。因心理或生理状况而无过错能力的成年人导致损害的责任,比照未满 13 周岁的未成年人处理(《民法典》第 427 条)。

3/122　在详细讨论为事务辅助人承担的侵权责任前,应当先行考察为履行辅助人承担的责任。就像在其他法律制度中一样,它是很广泛的。在债务人委托他人帮助其履行债务时,就这些履行辅助人的作为或不作为,《民法典》第 474 条规定了债务人的严格责任。确切地讲,债务人像"对自己的作为或不作为"那样负责,即不考虑他自身的过错。但是,在波兰法中,由于合同责任通常是因为欠缺适当的注意而发生的(《民法典》第 471 条结合《民法典》第 472 条——参见上文边码 3/55),当履行辅助人因没有尽到这种注意义务而具有过错时,原则上会引发《民法典》第 474 条规定的责任。

3/123　为受托从事某项工作之人的行为承担的侵权责任,要么是基于选任过错的推定(《民法典》第 429 条),要么是基于严格责任(《民法典》第 430 条)。虽然《民法典》第 429 条使用的"过错"术语被认为与《民法典》第 415 条具有相同含义[3],但仍有观点认为,作为事务辅助人责任之基础的"选任过错"与《民法典》第 415 条提到的"过错"是不同的,因为,选任在传统意义上不可能是不法的。只有在选任了某个不适于从事某项工作的人的意义上,它才是不当的。因此,选任过错包含两项因素:选任错误和对选任者行为的否定评价(因其在特定情况下作出错误选择而责难他的可能性)。[4]

3/124　要成立《民法典》第 429 条规定的委托人责任,辅助人的行为必须是违法的。[5] 要推翻对选任过错的推定,委托人必须要么证明自己不存在

---

[1] 主要参见 A. *Szpunar*, Odpowiedzialność osób zobowiązanych do nadzoru (1978) 121, 131。

[2] 主要参见 A. *Śmieja*, Odpowiedzialność odszkodowawcza z tytułu nienależytego sprawowania nadzoru nad małoletnim (1982) 11, 21 ff。

[3] 主要参见 *Czachórski* in: Radwański, System Prawa Cywilnego 567。

[4] *Machnikowski* in: Olejniczak, System Prawa Prywatnego 445。

[5] 主要参见 *Safjan* in: Pietrzykowski, Kodeks cywilny 1656。

这种过错(即在任命辅助人时已尽到应有的注意),要么证明自己把工作委托给了专门从事这类活动的专业人士、企业或机构。[1]后一种选择相对容易免除责任。[2]虽然《民法典》第429条的措辞表明,其适用于委托他人从事工作的所有情形,但事实上它仅适用于不被《民法典》第430条包含的情况。[3]与《民法典》第429条不同,《民法典》第430条规定了独立于委托人过错的责任(严格责任),但它仍取决于辅助人的过错。它仅仅适用于"受委托人监管并有义务遵照他的指示"的人(从属的辅助人、下属)导致的损害,并且任务的委托是**为了委托人自身利益**。《民法典》第429条和第430条之间是一般法(lex generalis)与特别法(lex specialis)的关系。这意味着,若后者的全部构成要件都已满足,则前者不应适用,所以,只有在欠缺从属关系或者过错不能归咎于下属的情况下,《民法典》第429条规定的责任才会发生。[4]《民法典》第429条的实践意义主要在于,它适用于他人独立执行任务的情形。[5]《民法典》第430条所规定的解决方案不同于《奥地利民法典》或奥地利民法典修订草案所提的方案,[6]但是,只有在委托人范围内存在严重缺陷才能成立责任的观点,毫无疑问仍应以辅助人有过错为前提。这个前提也意味着,辅助人和委托人要对受害人承担连带责任,尽管在具有重大实践意义的雇员责任领域,已经确立了该规则的例外:依据《劳动法》第120条,如果雇员在执行职务的过程中造成第三人损害,应由**雇主单独**就此承担赔偿责任。[7]此外,除非雇员存在故意,雇主对雇员的追偿权被限制在雇员月薪的3倍范围内(《劳动法》第119条)。由于第430条意义上的从属关系被宽泛地理解

---

[1] 在《民法典》第429条的含义中,专业人员的概念被狭隘地理解为被委托执行某项工作的人,应当对其被委托的工作类别来说是专业人士;*Safjan* in: Pietrzykowski, Kodeks cywilny 1657。

[2] 主要参见 *Czachórski* in: Radwański, System Prawa Cywilnego 569 f. 但是,按照少数观点,仅证明已将工作的执行委托给了专业人员并不能导致责任被免除,而只会导致举证责任的倒置,即受害人需证明"选任过错": *Safjan* in: Pietrzykowski, Kodeks cywilny 1656。

[3] *Machnikowski* in: Olejniczak, System Prawa Prywatnego 430。

[4] Ibid 430; 443。

[5] *Radwański/Olejniczak*, Zobowiązania 208。

[6] 参见《侵权责任法的基本问题(第一卷)》,边码 6/116, 6/122。

[7] 依据该规则,若雇主破产,则雇员不承担责任的规则就不适用;就此详见 *Nesterowicz* in: Nesterowicz, Czyny niedozwolone 44 and the literature and case-law cited there; *Bagińska* in: Koziol/Steininger, European Tort Law 2010, 471。

(即从属关系是一般意义上的,而不是基于实际的指示或指令)[1],《民法典》第 430 条具有广泛的适用范围,并具有重大的实践意义。举例来说,被期望从事创造性的行动并且在很大程度上处于独立地位的专业人士,如医生,也被认为是《民法典》第 430 条含义上的下属。[2] 对从属辅助人的过错行为承担严格责任的观念在波兰已被贯彻了数十年,且没有修改法律的现实前景。委托人的责任一般应基于选任或监督过失,且无过错责任仅在使用**不称职**的辅助人的情况下才是正当的看法[3],不太可能在波兰获得支持。这个看法背后的支持理由是,辅助人能力的欠缺创设了特殊的危险源,因此,无过错责任是合理的。[4] 问题是,是否创设了特殊的危险源就**必定**能够证明委托人严格责任的合理性? 毋庸置疑,单凭某人为了自己的利益而雇用他人的事实,还不能为委托人就[受托人]履行受托任务过程中导致的**所有**损害负责提供充分根据;但是,在我看来,当其范围内存在严重缺陷的条件被满足时,这已足以让他对**因过失**造成的损害负责了。如果某人**为了自己的利益**雇用他人,并使其**处于自己的监督下**,这个人就应当承担受雇人以引发赔偿责任的方式行为的风险,而不管他是不是不称职的(并因此构成危险源),这样做似乎是合理的。重要的是,辅助人是**以可责难的方式**造成损害,即使他可以在一般意义上被视为称职的(合适的)亦然。被侵权人为何要承担能够胜任工作的辅助人的过错行为的风险,而且,如果委托人雇用了辅助人,能够去控制他,并从他的行为中获利,该委托人为何能够不对辅助人有过错的行为承担责任呢? 人们对此可以反驳说,受害人始终能够向辅助人要求赔偿。情况的确是这样,但他为何被剥夺了直接向其他债务人索赔的机会? 是谁发动了辅助人导致损害的执行职务行为,又是谁的经济状况通常更好? 尤其是在

---

〔1〕 主要参见 A. *Szpunar*, Odpowiedzialność za szkodę wyrządzoną przez podwładnego, in: A. Mączyński/M. Pazdan/A. Szpunar, Rozprawy z polskiego i europejskiego prawa prywatnego. Księga pamiątkowa ofiarowana profesorowi Józefowi Skąpskiemu (1994) 468; *Radwański/Olejniczak*, Zobowiązania 209; SN judgment of 2.12.1975, Ⅱ CR 621/75, OSP no 6/1977, item 105。

〔2〕 *Szpunar*, Czyny niedozwolone 65; *Machnikowski* in: Olejniczak, System Prawa Prywatnego 437; *Radwański/Olejniczak*, Zobowiązania 209 f。

〔3〕 《侵权责任法的基本问题(第一卷)》,边码 6/122 以下。

〔4〕 H. *Koziol*/K. *Vogel*, Liability for Damage Caused by Others under Austrian Law in: J. Spier (ed), Unification of Tort Law: Liability for Damage Caused by Others (2003) no 4; Basic Questions I, no 6/116.

委托人赔偿了受害人之后可以向辅助人进行追偿的情况下（波兰采取的就是这种做法），（让受害人可以直接向委托人要求赔偿）似乎是合理的。

3/125　　基于《民法典》第 429 条和第 430 条，仅当损害是**在执行职务的过程中**造成时，委托人才须承担责任。对这个概念的解释遭遇了相当大的困难。需要强调的是，仅仅是损害发生在**执行职务时**还不会产生责任[1]，在执行职务和造成损害之间必须存在功能性的联系（functional connection）[2]，或者说，只有在行为是**为了完成**受托的工作时，它才能引发责任。[3] 不过，尽管运用这些标准，在临界案件（borderline cases）中是承认还是拒绝责任，仍然存在某些疑问。

（二）物之缺陷

3/126　　在严格责任的几种情形中，物之缺陷具有重要意义。除有关产品责任的规定（《民法典》第 449¹ 条以下）外，这方面有另外两个规定值得一提：《民法典》第 434 条规定建筑物倒塌或部分脱落所致损害的责任，《民法典》第 435 条和第 436 条则分别涉及为自己利益经营依靠自然力营运的企业或者营业之人的责任，以及机动车（或者更准确地说，"由自然力驱动的机械运输装置"[4]）所有人的责任。《民法典》第 434 条规定了建筑物所有人对未能将建筑物维护在良好状态以及对**建造缺陷**承担无过错责任，并推定损害是由这些情况导致的。《民法典》第 436 条规定了车辆占有人的严格责任，仅在——依据《民法典》第 436 条参引的第 435 条——损害由不可抗力、受害人单独过错或者车辆占有人不对其负责的第三人导致的情况下才排除损害赔偿责任。就不可抗力而言，波兰采取客观说，不可抗力仅包含**外部事件**[5]；这使得车辆缺陷不能作为免除占有人对受害人责任的事由。得到普遍认可的是，所有这种缺陷都属于占有人风险的组成部分，也就是说，即便这些缺陷由第三人过错所致，也不能因此免

---

[1] 主要参见 Czachórski in: Radwański, System Prawa Cywilnego 568, 575; Radwański/Olejniczak, Zobowiązania 209。

[2] Szpunar, Czyny niedozwolone 67; Radwański/Olejniczak, Zobowiązania 209.

[3] Machnikowski in: Olejniczak, System Prawa Prywatnego 433.

[4] Translation by Bagińska (in: Oliphant/Steininger, Basic Texts 196).

[5] 主要参见 Warkałło, Odpowiedzialność 292; 波兰的不可抗力概念详见 Radwański/Olejniczak, Zobowiązania 84; Ludwichowska, Odpowiedzialność cywilna 144 ff.

除占有人对受害人的责任[1](当然,在这种情况下,占有人有权向应对缺陷负责的人进行追偿)。这些评论也适用于经营依靠自然力运作的企业(包括铁路运输企业)之人所承担的责任:企业的"内在"缺陷,包括机械或设备的缺陷,将不会导致依《民法典》第 435 条确定的责任被免除。[2]

四、危险性

危险性是一个归责的重要标准,尽管它没有被明确反映在任何一个规定严格责任的法律条文中,也不是此类责任的唯一正当标准。波兰法不使用"危险责任"(liability for dangerousness)这个术语。以危险性为归责标准的责任被表述为**基于危险的责任**(liability based on risk)(odpowiedzialność na zasadzie ryzyka),或者**绝对责任**(odpowiedzialność absolutna)。[3]

波兰不存在危险责任的一般规则,而只有个别具体规定,而且,作为无过错责任之基础的"危险"或者"增加的危险性"的含义——或者,更准确地说,对于认定作为责任基础的增加的危险性具有决定性的因素——可能会因责任成立的具体情形而有不同。例如,在适用关于机动车占有人责任的《民法典》第 436 条情形下,增加的危险主要来自遭到损害的可能性[4];《民法典》第 433 条涉及排放物、渗漏物或者自建筑物坠落之物所生责任,这种责任不是基于损害的可能性——毕竟与交通事故不同,自建筑物落下物体的事件并不是每天都会发生——而是物体从一定高度落下可能造成的伤害的严重程度[5];在使用核能造成损害的情况下(《原子能法》第 100 条以下[6]),重要的不是可能性(核事故致害的可能性很

---

[1] 就此问题详见 Ludwichowska, Odpowiedzialność cywilna 158 and the literature cited there。

[2] 主要参见 Safjan in: Pietrzykowski, Kodeks cywilny 1676 f. SN of 3.2.1962, Ⅳ CR 432/61, OSNC no 1/1963, item 25。

[3] Łopuski 恰当地指出,**绝对**(与**基于危险**相对)一词或许仅在责任不可能被免除的情况才可以被接受(Łopuski, KPP no 3/2004, 676);因此,它不能与下文论述的任何严格责任类型一起使用。

[4] Ludwichowska, Odpowiedzialność cywilna 114 f.

[5] 主要参见 Śmieja in: Olejniczak, System Prawa Prywatnego 508。

[6] Prawo atomowe. Act of 29.11.2000, consolidated text Dz U 2012, item 264.

小），而是可能发生之损害的严重程度和范围。[1]

3/129　　波兰法中最接近严格责任一般条款的规定是《民法典》第 435 条[2]，其相当于《债法典》第 152 条[3]，而且，如前所述，它并没有明确将增加的危险作为归责的基础，而是将责任与**自然力**的利用相联系。[4] 基于《民法典》第 435 条的措辞所作宽泛解释导致了严格责任的扩张，使得第 435 条也适用于不是由于增加的危险而导致损害的情形；乘客在站台上滑倒的例子就是这方面的典型。[5] 对以自然力的利用作为无过错责任的正当标准，Łopuski 给予了否定性评价，并指出，当前人类活动创造的危险远远超过《民法典》第 435 条规定的那些情形。[6] 他赞成《民法典》第 435 条直接将危险性，更确切地说，将创设危险的设施或技术作为归责基础。

3/130　　波兰侵权法中已知的对危险责任的抗辩事由是：不可抗力，属于导致损害发生的唯一原因的受害人过错，以及属于导致损害发生的唯一原因的第三人过错。只有这三个是免除《民法典》第 433 条、第 435 条和第 436 条所规定责任的事由。第 434 条规定的责任的免责事由则更宽泛且不明确：由于占有人承担责任只是因为未能将建筑物保持在一个适当状态及建造缺陷（或者换个说法，由于他承担的严格责任仅限于这两种情形），因此，其不仅能够在证明损害是因不可抗力、属于导致损害发生的唯一原因的受害人过错，以及属于导致损害发生的唯一原因的第三人过错的情况下被免责，而且当其能够证明损害是因他无须负责的其他原因导致时也

---

[1] 主要参见 Z. *Gawlik*, Odpowiedzialność cywilna za szkody wyrządzone pokojowym wykorzystaniem energii atomowej, NP no 2—3/1988, 12。

[2] 第 435 条第 1 款规定：为了自己的利益经营依靠自然力（蒸汽、天然气、电力、液体燃料等）营运的企业或营业的人，对因该企业或营业营运导致的人身或财产损害负责，除非损害是由不可抗力、仅由受害人过错或不由其负责的第三人过错所导致。第 2 款规定：前款规定参照适用于生产或使用爆炸物的企业或营业（translation by *Bagińska* in: Oliphant/Steininger, Basic Texts 196）。

[3] 若要责任成立，在损害和企业的整体营运之间须存在因果关系；利用自然力与所致损害之间的直接关系不是必需的；主要参见 *Safjan* in: Pietrzykowski, Kodeks cywilny 1676; *Radwański/Olejniczak*, Zobowiązania 240 f。

[4] *Łopuski*, KPP no 3/2004, 683 f。

[5] *Łopuski*, KPP no 3/2004, 672。Łopuski 强调，增加的危险可能是由第 435 条列举项外的其他物质，以及并非使用自然力（第 683 页）的活动导致的，他还指出，风险的产生取决于使用自然力的方式，这在认定责任时应当被加以考虑（第 692 页）。

[6] 他还指出，这种一般规范可以引导出过错推定或者责任推定，而非严格责任；*Łopuski*, KPP no 3/2004, 694。

会被免责。[1] 核损害的赔偿责任则更加严格，因为，只有在受害人存在故意，或者损害是由特殊类型的不可抗力（如战争或武装冲突）所导致时，这种责任才能被免除。

在危险责任领域，受害人的促成责任也是减少损害赔偿的抗辩事由（参见下文边码 3/140 以下）。　　　　　　　　　　　　　　　　　3/131

受害人的同意并不总会导致危险责任的免除。依据《民法典》第 437 条，《民法典》第 435 条和第 436 条所规定的责任并不能被事先免除或限制。此外，如果侵权人的行为是不法的，则他人不能对人身伤害作出有效的同意；这种同意会被视为违反社会共同生活原则（《民法典》第 58 条第 2 款）。[2]　　　　　　　　　　　　　　　　　　　　　　　　　　　　　3/132

危险性不仅在认定无过错责任时很重要；对于决定其适用范围而言也非常关键。例如，增加的危险对于解释机动车**运行**概念是极为重要的，这是《民法典》第 436 条所规定责任的构成要件之一。通过这个标准的运用，波兰法院已经将"运行"概念扩展到了在物理意义上不运动的机动车。[3]　　　　　　　　　　　　　　　　　　　　　　　　　　　　　3/133

波兰《民法典》对危险责任没有规定赔偿限额。　　　　　　　　　3/134

五、合法干预

法律制度允许侵害第三人的财产但应赔偿因此所受损害的最重要的例子是《民法典》第 142 条，依据该条规定，在他人有必要避免直接危及其自身或第三人人身权利[4]的迫近危险时，禁止所有权人反对他人使用甚至毁坏某物；但是，所有权人可以要求赔偿其因此遭受的损失。这同样适用于危及财产利益的危险情况，除非即将发生的损害明显且不相称地小于所有权人因物之使用、毁坏可能遭受的损失。如库奇奥强调的那样，在这种情况下，所有权人的防卫权被否定，但他的利益仍然通过损害赔偿请　　3/135

---

[1] Safjan in：Pietrzykowski, Kodeks cywilny 1672; Radwański/Olejniczak, Zobowiązania 236.

[2] M. Nesterowicz/E. Bagińska, 波兰法中的严格责任, in: B. A. Koch/H. Koziol (eds), Unification of Tort Law: Strict Liability (2002) 268.

[3] 就此问题详见 Ludwichowska, Odpowiedzialność cywilna 134 ff.

[4] 该条涉及危及"人身利益"的行为，关于"人身利益"的概念见本书第 157 页注释[3]。

求权得到保护。[1]

六、经济负担能力

3/136　　在公平责任以及自然人对自然人负担损害赔偿义务的情况下,波兰侵权法会考虑当事人的经济状况(《民法典》第 440 条)。前者仅在法律有特别规定的情况下作为例外出现。确立这种责任的法律规定是《民法典》第 417^2 条(合法行使公权力导致人身伤害的责任),《民法典》第 428 条(未达责任年龄以及由于心理或生理状况而无过错能力的人,在无人承担监护义务或无法从这些人得到赔偿的情况下所承担的责任),以及《民法典》第 431 条第 2 款(不能归因于动物饲养人或使用人监督过错,从而无法依据《民法典》第 431 条第 1 款确定的责任,在波兰法中,监督过错是动物致害责任的必备条件)。在第一种情形,只要根据案件具体情况,尤其是受害人丧失劳动能力或其经济困难状况,基于公平考虑需要进行赔偿,他就可以对因合法行使公权力造成的损害要求人身损害赔偿(或者,更准确地说,全部或部分物质损失和非物质损害的赔偿)。在后两种情形,**如果根据案件的具体情况,尤其是受害人与侵权人或者饲养或使用动物之人的相对经济状况,社会共同生活原则有此等要求,被侵权人就可以主张全部或部分损害赔偿**。但是,只有在损害是被不法引起时,才可以判决给予赔偿。[2]

3/137　　《民法典》第 440 条规定,存在于**自然人**之间的赔偿义务可以根据案件具体情况加以限制(但不得排除)[3],只要考虑到被侵权人或责任人的经济状况,依社会共同生活原则有必要作这种限制即可。必须强调的是,经济状况并非唯一需要考虑的因素,同时还应关注公平原则,这就是为何在侵权人存在重大过错时,对赔偿的限制将不被允许的原因所在。[4] 按照已

---

[1]《侵权责任法的基本问题(第一卷)》,边码 6/161。

[2] Radwański/Olejniczak, Zobowiązania 207; Safjan in: Pietrzykowski, Kodeks cywilny 1665.

[3] 主要参见最高法院 1970 年 2 月 4 日的判决 SN judgment of 4. 2. 1970,Ⅱ CR 527/69, OSNC no 11/1970, item 202;最高法院 1977 年 7 月 15 日的判决(Ⅳ CR 263/77, OSNC no 4/1978, item 74)。

[4] 主要参见 A. Szpunar, Odszkodowanie za szkodę majątkową, 104; SN of 19. 12. 1977,Ⅱ CR 469/77, OSNCP no 10/1978, item 183。

经确立的判例法,若负有损害赔偿义务的人有第三者责任保险[1],则《民法典》第 440 条就不适用,因为,保险保障的存在影响了他的经济状况。[2]

七、取得利益

确立危险责任的一个观点是,某人由属于危险源的特定物品或活动中谋取利润,也应当承担它们所导致的损害(损益同在,eius damnum cuius commodum)。[3]

八、可投保性与实际的保险保障

可投保性无疑构成无过错责任合理性的考虑因素。[4] 至于实际的保险保障,其仅涉及既有的责任,不能作为认定损害赔偿义务的理由,尽管它被认为会对法官产生心理影响,使他们更容易认定责任或扩大责任范围(如在机动车第三者强制责任保险情形)。[5] 还必须注意的是,在公平责任领域,在评估侵权人的经济状况——这对于确定受害人能否获得赔偿是非常重要的(参见上文边码 3/137)——时,他受责任保险保障的事实应当加以考虑。[6]

3/138

3/139

九、受害人促成过失

《民法典》第 362 条规范受害人促成责任,其规定:"如果被侵权人促

3/140

---

[1] 主要参见最高法院 1968 年 12 月 18 日的判决(Ⅱ CR 409/68,OSP no 11/1969,item 207)。

[2] Szpunar, Odszkodowanie za szkodę majątkową 105; Ludwichowska, Odpowiedzialność cywilna 303.

[3] 主要参见 B. Lewaszkiewicz-Petrykowska, Odpowiedzialność cywilna prowadzącego przedsiębiorstwo wprawiane w ruch za pomocą sił przyrody (art 435 KC) (1965) 31.

[4] 主要参见 E. Kowalewski, Wpływ ubezpieczenia odpowiedzialności cywilnej na odpowiedzialność z tytułu czynów niedozwolonych, Acta Universitatis Nicolai Copernici no 181 (1988) 83; Pajor, Przemiany w funkcjach 307。

[5] Kowalewski, Wpływ 89 f.

[6] Szpunar, Odpowiedzialność osób zobowiązanych do nadzoru 158.

成或加重了损害,对该损害的赔偿义务将依据具体情况,特别是双方的过错程度相应减少。"与《债法典》将受害人的促成行为作为减轻**损害赔偿**的情况不同(《债法典》第 158 条第 2 款),《民法典》谈论的是减轻**赔偿义务**。《民法典》第 362 条引发了不同理解,受害人促成行为的问题在波兰法中依然没有得到完全解决。[1] 关于《民法典》第 362 条,有四种解释被提出。第一种解释认为,若受害人行为与损害之间有因果联系,则他就促成了损害的发生或加重。[2] 第二种解释认为,单纯因果关系尚不充分,还必须要有受害人的客观不当行为[3],前述这两种理论可以被描述为差额说(Differenzierungsthese)的变体。[4] 第三种解释认为,若受害人的行为与损害有因果关联且同时是可责难的,则其具有促成性。[5] 第四种解释在一定程度上涉及同等对待理论(Gleichbehandlungsthese),使得评估结果依赖于侵权人的责任基础:如果责任是基于过错的,要将受害人的行为视为促成性的,则其必须存在过错;如果责任属于危险责任或公平责任,则只要受害人的行为具有客观不当性即为已足。[6] 这里必须强调,在波兰法中,只有受害人的**行为**,而非超出其控制范围的事件,才可以令其承担促成责任。[7]

上述哪种解释对于《民法典》第 362 条更为适当,判例或学说就此未能形成一致看法,但可以发现第二、四种解释的支持者更多。[8] 依据《民法典》第 435 条和第 436 条相关的判例法,如果侵权人承担的是危险责任,即使不能归诸于侵权人的过错,损害赔偿仍可减轻;在这种情形下,只

---

[1] 也见 Bagińska in: Koziol/Steininger, European Tort Law 2009, 486.

[2] 主要参见 S. Garlicki, Odpowiedzialność cywilna za nieszczęśliwe wypadki (1971) 399。

[3] T. Dybowski, Przyczynowość jako przesłanka odpowiedzialności (zagadnienia wybrane), NP no 1/1962, 41; E. Łętowska, Przyczynienie się małoletniego poszkodowanego do wyrządzenia szkody, NP no 2/1965, 135.

[4] 《侵权责任法的基本问题(第一卷)》,边码 6/208。

[5] A. Ohanowicz, Zobowiązania—część ogólna (1965) 98.

[6] A. Szpunar, Wina poszkodowanego w prawie cywilnym (1971) 93 f, 116 ff; J. Senkowski, Pojęcie przyczynienia się poszkodowanego do szkody, NP no 1/1968, 50 ff.

[7] See Kaliński in: Olejniczak, System Prawa Prywatnego 183 and the SN judgment of 13.1.1997(I PKN 2/97, OSNP no 18/1997, item 336) cited there; 也见 SN of 5 May 2011, II PK 280/10, LEX no 1095825.

[8] M. Nesterowicz/E. Bagińska, Contributory Negligence under Polish Law, in: U. Magnus/M. Martín-Casals (eds), Unification of Tort Law: Contributory Negligence (2004) 150.

要存在受害人的客观不当行为即可。[1] 这意味着,在《民法典》第362条的规范文义范围内,未满责任年龄的未成年人以及有精神障碍的人也可能促成损害的发生或加重。

一个虽与《民法典》第362条文义不符[2],但仍得到判例法与相关理论文献越来越多支持的观点认为,受害人促成其所受损害应当被理解为他的行为与所受损害存在相当的因果关联,但这种促成作用不当然使法院有限制赔偿的义务;是否应当给予限制取决于"案件的具体情况"。[3]

3/142

在判定是否进行损害分担时应予考虑的最重要情况,且为《民法典》第362条唯一明确提及的是当事人双方的过错程度。[4] 其他标准是:促成程度;各方违反客观行为规则的程度;受害人实施致害行为的动机(如利他动机)等。[5] 要强调的是,所有这些情况都应当予以考虑,并且需要

3/143

---

[1] SN judgment of 20.1.1970, Ⅱ CR 624/69, OSNC no 9/1970, item 163; SN judgment of 3.6.1974, Ⅱ CR 786/73, LEX no 7509; SN judgment (panel of 7 judges) of 20.9.1975, Ⅲ CZP 8/75, OSNCP no 7/1976, item 151; SN judgment of 18.3.1997, I CKU 25/97, Prokuratura i Prawo no 10/1997, item 32. 对此问题的批判性观点,另见 T Pajor (Uwagi o przyczynieniu się poszkodowanego do powstania szkody, in: M. Pyziak-Szafnicka [ed], Odpowiedzialność cywilna. Księga pamiątkowa ku czci Profesora Adama Szpunara [2004] 162), 其强调,尤其是在过错不能归因于受害人时,交通事故责任不应该被限制。See also M. Nesterowicz/K. Ludwichowska, Odpowiedzialność cywilna za szkodę wyrządzoną przez ruch pojazdu mechanicznego (zasady, przesłanki, granice), in: E. Kowalewski (ed), Odszkodowanie za niemożność korzystania z pojazdu uszkodzonego w wypadku komunikacyjnym (2011) 27 f.

[2] 主要参见 Pajor in: Pyziak-Szafnicka, Odpowiedzialność cywilna 160。

[3] 主要参见 T. Dybowski, W sprawie przyczynienia się poszkodowanego do powstania szkody (przyczynek do dyskusji nad treścią art 362 KC), NP no 6/1977; Banaszczyk in: Pietrzykowski, Kodeks cywilny 1348; M. Owczarek, Zmniejszenie odszkodowania na podstawie art 362 KC, Monitor Prawniczy (MoP) no 4/2003, 160 ff; Kaliński in: Olejniczak, System Prawa Prywatnego 184; SN of 29.10.2008, Ⅳ CSK 228/08, Orzecznictwo Sądu Najwyższego. Izba Cywilna—Zbiór Dodatkowy (OSNC ZD) C/2009, item 66, commented by Bagińska in: Koziol/Steininger, European Tort Law 2009, 483 ff; SN of 19.11.2009, Ⅳ CSK 241/09, LEX no 677896。

[4] 对受害人过错的理解自然不同于侵权人的过错,简而言之,也就是在自己事务中未经适当注意的可责性(主要参见 Szpunar, Wina poszkodowanego 76; Radwański/Olejniczak, Zobowiązania 244)。违法性既不是受害人过错的先决条件,也不是其中的构成因素。在大多数情况中,因无不伤害自己的一般义务,故受害人的行为不会是违法。正如 Koziol 所指出的那样,由于欠缺违法性,受害人过错的实质内容明显少于真正的过错[《侵权责任法的基本问题(第一卷)》,边码6/217]。

[5] Radwański/Olejniczak, Zobowiązania 100; Banaszczyk in: Pietrzykowski, Kodeks cywilny 1350。

具体个别评估。[1] 换句话说,在具体情况下,对于损害分担而言,权衡所有相关因素是决定性的。人们认为,若受害人的促成作用非常大,而侵权人只有轻过失,即使侵权人存在过错,仅凭受害人行为方面的因果关系也可以产生限制赔偿的效果。[2] 反之,若受害人的促成作用较小,而侵权人方面是故意的,则赔偿将不会被限制[3];这同样适用于受害人是过失而侵权人是故意行为的情况[4]。

3/144　　像在德语国家制度中那样,在受害人死亡的情形下,受害人的促成行为也不利于有权主张赔偿之人的索赔。[5]

3/145　　《民法典》第362条也适用于不是受害人自己,而是基于为他人行为负责的规定,他应为其负责的人促成了损害发生的情形。换言之,若受害人需为其负责之人的行为造成了第三人损害,则受害人应承担该行为的后果。[6] Kubas指出,在为受害人的利益而行为之人或者为受害人监督或控制之人的行为促成损害的情况下,侵权人的处境不应该因而变得更差。[7]

▫ 第七节　归责限制

3/146　　毫无疑问,在波兰法中,让责任人对引发责任的事件所造成的全部损害后果负责也是不合理的[8],因此,需要采取某些方式对损害赔偿设置限制。下文将对此进行考察。

---

〔1〕　主要参见 SN of 19.11.2009,Ⅳ CSK 241/09,LEX no 677896。
〔2〕　*Dybowski* in:Radwański,System Prawa Cywilnego 300. *Pajor* 指出,如果侵权人只是因轻微过失担责,受害方的任何"客观上不适当"的行为都会导致对赔偿义务的限制(*Pajor* in:Pyziak-Szafnicka,Odpowiedzialność cywilna 162)。
〔3〕　*Dybowski* in:Radwański,System Prawa Cywilnego 300.
〔4〕　*Szpunar*,Wina poszkodowanego 13;*Pajor* in:Pyziak-Szafnicka,Odpowiedzialność cywilna 162.
〔5〕　主要参见最高法院2012年7月12日的判决(Ⅰ CSK 660/11,LEX no 1228769);*Safjan* in:Pietrzykowski,Kodeks cywilny 1743. Cf Basic Questions I,no 6/220.
〔6〕　*A. Kubas*,Zachowanie osób trzecich jako przyczynienie się poszkodowanego,Studia Cywilistyczne 1976,vol ⅩⅩⅦ,25;*Kaliński* in:Olejniczak,System Prawa Prywatnego 190;*Banaszczyk* in:Pietrzykowski,Kodeks cywilny 1352;*Koch*,Związek przyczynowy 253 f;*Nesterowicz/Bagińska* in:Magnus/Martín-Casals,Unification of Tort Law:Contributory Negligence 157.
〔7〕　*Kubas*,Zachowanie 25.
〔8〕　《侵权责任法的基本问题(第一卷)》,边码7/2。

一、因果联系的中断

波兰法中存在"因果关系中断"的概念,尽管如库奇奥教授援引 Stark 和 Oftinger 指出的那样,这只能在相当性的情况下加以考察。[1] Koch 表示,如果在因果链中出现某事件(新的介入原因-nova causa interveniens),其构成损害发生的必要条件,而非既存原因的通常结果,该事件的后果就不能被归因于既存原因。这意味着,与后者相关的责任仅涉及前述事件出现前的后果。[2] 他承认——同样被最高法院所认同[3]——"因果关系的中断"只是一种隐喻,但它是一种吸引人的表述,很好地反映了相关情况。[4]

二、相当性

相当性理论在波兰法中是一种因果关系理论(参见上文边码 3/77)[5];这里必须再次强调,因果关系具有双重功能:它既是一种责任构成要件,也是一种责任限制因素。在《民法典》第361条中可以发现相当性标准的法律基础,即一个人应当对导致损害的作为或不作为的**通常**后果负赔偿责任。

主流看法是,相当因果关系在《民法典》第361条第1款中是一个客观的范畴,因此,**通常**的后果不能被当作后果的**可预见性**[6],可预见性的判定标准与过错相关[7]。然而,完全抛弃"可预见性"基准是否合适,它是否会导致不公平的结果,这在相关理论文献中已受质疑。[8] 若损害由

---

[1] 《侵权责任法的基本问题(第一卷)》,边码 7/6。
[2] Koch, Związek przyczynowy 272.
[3] 主要参见最高法院1971年2月3日的判决(Ⅲ CRN 450/70, OSNC no 11/1971, item 205)。
[4] Koch, Związek przyczynowy 272 f.
[5] 对比《侵权责任法的基本问题(第一卷)》,边码 7/7。
[6] 它强调可预见性(预见性)和过错要件紧密联系,即使其是凭抽象的(客观的)感觉被认知到,它是一个理性人在一般情况下预见到特定结果的可能性;see Koch, Związek przyczynowy 130; Jastrzębski, PSno 7—8/2004, 37。
[7] 最高法院1952年12月10日的判决(C 584/52, PiP no 8—9/1953, 366)。
[8] Nesterowicz in: Nowicka, Prawo prywatne czasu przemian 192.

致害事件在通常发展过程中造成,则该损害就被认为是该事件的通常结果。[1] 正如 Koch 所强调的,相当性理论的典型特征是,只有那些增加了损害发生可能性的条件才被视为具有法律上的相关性。[2] 因此,通常结果就是经常会发生的结果,一般来说(并不意味着总是如此)[3],它主要是由某个特定事件引发的结果[4]。在确定某个结果是否属于《民法典》第 361 条第 1 款规定意义上的"通常"结果时,法院尤其需要考虑特定领域的知识状况,以及生活经验和科学认识领域的客观标准。[5]

尽管有观点认为,当法律明确列举了特定的免责情形,如不可抗力、仅有第三人或受害人存在过错等(如《民法典》第 433 条、第 435 条、第 436 条),涉及这些情况的事件就是损害发生的必要条件[6],但主流的——也是正确的——观点是,《民法典》第 361 条第 1 款调整**所有**关于损害赔偿责任构成要件的因果关系,不论相关责任是过错责任还是严格责任。[7] 因此,它强调,相当性的例外必须要有法律的明确规定。[8]《民法典》有关混合原因(casus mixtus)责任的规定(《民法典》第 478 条、第 714 条、第 739 条、第 841 条),也即不法行为人对于那些在合法行为时将不会发生的意外结果也要负责的规定就属于这种情况。[9] 在故意的情况下,偏离相当性原则的做法也被接受(参见上文边码 3/114):人们指出,若不法行为人的意图中包含了异常后果,则他的责任也应包含这种后果。

---

〔1〕 主要参见最高法院 2002 年 11 月 27 日的判决(Ⅰ CKN 1215/00, OSP no 11/2004, item 139, note by A. Koch)。

〔2〕 Koch, Związek przyczynowy 136.

〔3〕 最高法院 1952 年 12 月 10 日的判决(C 584/52, PiP no 9/1953, 366)。

〔4〕 Nesterowicz in: Nowicka, Prawo prywatne czasu przemian 191.

〔5〕 主要参见最高法院 2003 年 9 月 11 日的判决(Ⅲ CKN 473/01, MoP no 17/2006, 947)。

〔6〕 Dybowski in: Radwański, System Prawa Cywilnego 269 f; Safjan in: Pietrzykowski, Kodeks cywilny 1676.

〔7〕 Lewaszkiewicz-Petrykowska, Odpowiedzialność cywilna 69; Łopuski, KPP no 3/2004, 687; Czachorski, Prawo zobowiązań 277; Ludwichowska, Odpowiedzialność cywilna 142.

〔8〕 Łopuski, KPP no 3/2004, 687; Radwański/Olejniczak, Zobowiązania 87.

〔9〕 主要参见 Banaszczyk in: Pietrzykowski, Kodeks cywilny 1333。

三、规范保护目的

(一) 概说

在波兰侵权法中,规范的保护目的说与相对违法性有关。[1] 按照 Szpunar 的观点,规范保护的是特定利益,只有侵害这种利益的行为才是违法的。[2] 这种观点得到了 Lewaszkiewicz-Petrykowska 等人的赞同。[3] 不过,因可赔偿损害依相当性理论加以判定,故相对违法性概念的使用被认为会限制赔偿范围[4],其利用价值在相关理论文献中遭到质疑[5]。Safjan 指出,由于相对违法性理论在传统上与合同责任相关,它以债务人违反其对债权人所负义务,而非违反普遍的正当行为规则为前提,故此,它与《法国民法典》第 415 条规定的侵权概念所反映的基本理念恰恰相反。[6] 他还认为,由于它进到了因果关系的领域,更具体地说,它涉及了相当性理论所解决的问题,这似乎导致了和责任构成要件之间的混淆。[7] 人们指出,由相对违法性概念达成的目的,也可以经由因果关系的恰当方式实现,更确切地说,是通过确定在损害和决定致害行为违法性的关键性要素之间是否存在因果关系来实现。[8] 但是,将致害事件加以分割并挑选出其中被认为对确定违法性有决定性的部分,这种处理方式的正确性受到了质疑。[9] 相对违法性概念的批评者还指出,当被违反

---

[1] Koch 强调它是有关违法性而非因果关系的理论,并质疑其在波兰法中的有效性(*Koch*, Związek przyczynowy 114 f)。

[2] *A. Szpunar*, Note on SN judgment of 3.3.1956, 2 CR 166/56, OSPiKA no 7—8/1959, item 197, 382. Szpunar 还认为,只有其利益受规范保护的人才能主张赔偿(同上注)。

[3] *Lewaszkiewicz-Petrykowska* in: Studia Prawno-Ekonomiczne 91. Kasprzyk 也支持规范保护目的的概念,他同时强调人的保护范围和标的物的保护范围: R. *Kasprzyk*, Bezprawność względna, SP no 3/1988, 149 ff.

[4] *Kaliński* in: Olejniczak, System Prawa Prywatnego 58.

[5] 主要参见 *Czachórski/Brzozowski/Safjan/Skowrońska-Bocian*, Zobowiązania 210; M. *Owczarek*, Problem bezprawności względnej w systemie odpowiedzialności deliktowej, Palestra no 5—6/2004, 36 ff.

[6] 对此提出的恰当反驳是,侵权法规定的义务的一般特征仅与潜在的侵权人相关,这并不意味着,特定规范不能只保护某些人的利益。(M. *Kaliński*, Szkoda na mieniu [2008]121).

[7] *Safjan* in: Ogiegło/Popiołek/Szpunar, Rozprawy prawnicze 1325 f.

[8] M. *Owczarek*, Palestra no 5—6/2004, 43ff.

[9] M. *Kaliński*, Szkoda na mieniu (2008) 119.

的规范目的不是足够确定时,前述做法也会引发问题[1],但支持者反驳说,这些困难通常都是可以克服的[2]。

(二) 合法替代行为的特殊问题

3/152　　与德语国家的制度不同,在波兰的文献中,合法替代行为的问题没有得到广泛讨论,在判例法中也没有被深入处理。这种行为要么被视为假想因果关系的问题[3],要么在违法性的语境下予以考虑[4]。在2005年1月14日的判决(参见上文边码3/94)中[5],其涉及不法实施执行程序问题[6],最高法院认为,**若侵权人实际实施的行为违反了旨在防止他应为之负责的损害的规范**,则合法替代行为不能导致责任的免除,否则,该规范的保障功能就会被侵蚀。[7] 该案的事实如下:原告获得了三笔银行贷款,均未偿还。银行因此发出了三个执行令,其中只有一个附有(合乎法律规定的)执行令。执行官不仅执行了后一个执行令,而且也部分执行了另外两笔债务。原告请求返还基于非法实施的执行程序从他那里取得的款项。上诉法院否定了银行的责任,理由是,虽然银行执行针对原告的两笔债务违反了法律规定,但这只减少了他的负债,并没有导致任何损失。然而,最高法院撤销了这项判决,它认为,非法实施的执行程序不能导致原告的债务减少。被告不能基于在合法程序中也会引发同样的损失而主张免责。最高法院没有进一步讨论合法替代行为的问题,也没有对其决定提供更深入的论证,这使得很难对其判决思路作出妥当的分析。若仅凭判决中的表述来理解的话,则它显示出对结果的关注,因为,最高法院提到的是旨在**防止损害**的规则,而非旨在**防止以某种方式/行为导致的损害**。[8] 对两者进行明确区分是否可能,以及违反规范的法律后果在

---

[1] *M. Kaliński*, Szkoda na mieniu (2008) 118.
[2] *M. Kaliński* in: A. Olejniczak (ed), System Prawa Prywatnego 58.
[3] 参见上文边码3/94。
[4] *Kaliński* in: Olejniczak, System Prawa Prywatnego 144.
[5] Ⅲ CK 193/04, OSP no 7—8/2006, item 89.
[6] 该案的更多情况详见 *Bagińska* in: Koziol/Steininger, European Tort Law 2006, 374 ff.
[7] 参见2005年1月14日判决的裁判理由。
[8] 对比《侵权责任法的基本问题(第一卷)》,边码7/25—26。

每种情形下是否会有所不同,则是另外一个问题[1],最高法院似乎并没有对其加以考虑。同时,在目前这个案件中,最高法院拒绝在**程序规范**被违反的情况下接受合法替代行为的抗辩,并认为,承认这种抗辩将"侵蚀对被违反规定的保障功能"。最高法院的推理似乎传达出这样的信息:被违反的规范并非旨在防止如下结果,即把钱从原告转给本来可以获得这笔钱的被告,从而减少原告的债务,这实际上是被希望发生的结果,但这种结果的实现需要遵循保护原告利益的特定程序。尽管如此,判决结论的具体措辞以及最高法院所采取的做法似乎仍与如下看法一致,即若被违反的规范目的并非主要在于防止损害,而在于消除某种类型的不法行为,则合法替代行为就不会导致责任免除。[2]

Kaliński 指出,当没有违反旨在防止特定情形下所致损害的规范时,就不存在**相对违法性**(要是人们接受相对违法性概念的话——本文作者的评论),故此,行为人不承担责任不是因为合法替代行为的抗辩,而是因为违法性的构成要件没有被满足。[3]

四、第三人或者受害人的介入性故意行为

第三人的介入行为将在相当因果关系的背景下予以考察。这种行为的发生可能会被视为**正常因果关系的中断**[4]——这是最高法院在判例法中使用的表述。[5] Dybowsk 尤其强调,如果除了特定原因外还有另一个事件也促成了(损害)后果的发生,而另一个事件不是第一个事件的通常结果,那么,从因果关系的角度看,第二个事件就决定了责任的界限。[6] 这不仅指故意,也包括过失行为。例如,对交通事故中受损的车

---

[1] 对此更为详细的论述参见《侵权责任法的基本问题(第一卷)》,边码 7/25—26 及 7/31。

[2] 《侵权责任法的基本问题(第一卷)》,边码 7/26。Jastrzębski 赞成这种做法,并强调,在认定责任时,人们不应忽视规范的保护目的,以及损害正是以被违反的规范旨在防止的方式造成损害的。他指出,忽视程序保障(即使只在认定损害赔偿责任的过程中)将破坏法律体系的完整性[关于最高法院 2005 年 1 月 14 日判决(Ⅲ CK 193/04, OSP no 7—8/2006, item 989, 423)的评注]。

[3] *Kaliński* in: Olejniczak, System Prawa Prywatnego 144.

[4] 参见上文边码 3/147。

[5] 主要参见 *Nesterowicz* in: Nowicka, Prawo prywatne czasu przemian 198 ff。

[6] *Dybowski* in: Radwański, System Prawa Cywilnego 261.

辆的不当维修导致必须要再次维修,最高法院将不当维修视为中断交通事故和维修后车辆状况之间因果关系的一个因素。[1] 在另一个判决中,最高法院指出,引起火灾的人不对在火灾经过一段时间后,因为消防队过失地未能切断受影响建筑的电力供应所引发的第二场火灾导致的结果负责。最高法院认为,在这个案件中,**正常的因果关系被中断**,第二场火灾**不是应对第一场火灾负责之人的作为或不作为的通常后果**。[2]

3/155　　当损害的发生是因受害人自己的决定所致时,其归责问题将依据《民法典》第 362 条判定,该条涉及被侵权人促成损害的**发生**和**加重**的情形(参见上文边码 3/140)。Banaszczyk 强调,受害人的促成行为不能在任何情况下都是拒绝给予赔偿的理由[3];Granecki 则表达了不同看法,他认为,如果被侵权人**故意**引起损害的发生,就应该拒绝给予赔偿。[4]

五、责任限额

3/156　　在涉及危险性的严格责任领域,波兰侵权法和许多其他法律制度一样,没有损害赔偿额的限制规定。

□ 第八节　损害赔偿

一、赔偿范围

3/157　　损害赔偿的范围依据《民法典》第 361 条第 1 款规定的完全赔偿原则确定,包括所受损害(damnum emergens)和所失利益(lucrum cessans)(参见上文边码 3/48)。为了让后者得到补偿,只要损失的发生有高度盖然性即可;准确地说,可得利益必须能够合理认定实际可得才行。[5]

---

[1] 最高法院 1971 年 2 月 3 日的判决(Ⅲ CRN 450/70, OSNC no 11/1971, item 205)。

[2] 最高法院 1974 年 4 月 23 日的判决(Ⅱ CR 146/74, OSP no 2/1975, item 37)。

[3] *Banaszczyk* in: Pietrzykowski, Kodeks cywilny 1350.

[4] P. *Granecki*, Zasada bezwzględnej odpowiedzialności za szkodę wyrządzoną umyślnie (według kodeksu cywilnego), SP no 3—4/2000, 80.

[5] 特别参见最高法院 2001 年 6 月 21 日的判决(Ⅳ CKN 382/00, LEX no 52543)。

全面赔偿原则在公平责任领域(《民法典》第 417² 条、第 428 条、第 431 条第 2 款)不能适用,在该领域,《民法典》赋予被侵权人获得全部或部分赔偿的权利(参见上文边码 3/136);它也不适用于雇佣关系,因为,除非雇员一方存在故意,雇员对雇主的责任被限制在三倍月薪的范围内(参见上文边码 3/48)。 3/158

完全赔偿原则要受制于上文提到的限制。首先,不是所有的损害都会得到赔偿,只有那些与致害事件存在相当因果关系的损害才能获赔,除非侵权人是因故意而承担责任,因为,在这种情况下,他也需要对自己行为的非正常结果负责(参见上文边码 3/148 以下与边码 3/114)。其他限制侵权法保护范围的方式是**相对违法性**概念,它是规范保护目的理论的具体表现(参见上文边码 3/151),并与得到一般认可的如下原则相关,即法律只允许赔偿直接受害人所遭受的损失(参见上文边码 3/102)。还必须注意有关受害人促成过失责任的规定(《民法典》第 362 条),以及自然人之间减少损害赔偿可能性的规定(《民法典》第 440 条)。产品责任法还规定了琐利限制形式的规则。 3/159

二、损害赔偿的类型

波兰与德语国家的制度不同,被侵权人有权在金钱赔偿和恢复原状之间进行选择。只有当无法恢复原状,或者恢复原状过于艰难或者会产生过高费用时,金钱赔偿才是唯一选择(《民法典》第 363 条第 1 款)。至于两种赔偿方式的结合,正确但并非毫无争议的观点似乎是,当恢复原状不能完全补偿被侵权人所受损害时,则可以要求金钱赔偿。[1] 这个看法已经被肯定,尤其是在最高法院有关机动车交通事故赔偿案件的判决中被肯定,其中,最高法院认为,若修理后受损车辆仍然没有完全恢复到事故发生前的状况,被侵权人有权要求额外的金钱赔偿。此外,最高法院也认可商业价值损失的可赔偿性。[2] 3/160

---

[1] See *Kaliński*, Szkoda na mieniu 517. *Ludwichowska-Redo*, PiP no 11/2012, 108. 相反看法见 E. *Kowalewski*/M. *Nesterowicz*, Note on SN judgment of 12.10.2001(Ⅲ CZP 57/01, OSNC no 5/2002, item 57), Prawo Asekuracyjne (PA) no 3/2003, 73 f; E. *Kowalewski*, Odszkodowanie za ubytek wartości handlowej pojazdu po naprawie, Wiadomości Ubezpieczeniowe (WU) no 3/2011, 36 f; *Olejniczak* in: Kidyba, Kodeks cywilny, comment to art 363, no 3.

[2] 最高法院 2001 年 10 月 12 日的判决(Ⅲ CZP 57/01, OSNC no 5/2002, item 57)。

三、分期支付或一次总付

3/161　　波兰法律规定,在《民法典》第 444 条第 2 款(身体伤害或健康损害)以及第 446 条第 2 款(负有扶养义务或自愿供养他人的人死亡)规定的情形下,损害赔偿金是分期支付而非一次总付。非物质损失不能以年金方式获得赔偿。年金被判决给付后,可以根据情况变化加以调整(《民法典》第 907 条第 2 款)。

3/162　　依据《民法典》第 444 条第 2 款,如果被侵权人全部或部分地失去了劳动能力,他的需求因此而增加或未来前景恶化,其可以向责任人要求支付适当的年金。若损害在判决作出时尚不能被准确评估,则可以判予临时年金(《民法典》第 444 条第 3 款)。《民法典》第 446 条第 2 款规定,死者对其依法负有供养义务之人有权请求损害赔偿义务人支付年金(即所谓强制性年金),年金依据被侵权人的需要与经济状况以及死者在供养义务可能的存续期内的收入能力予以确定。死者生前自愿、持续供给生活费用的与之有密切关系的人,也可以请求支付年金,只要根据具体情况,社会共同生活原则有此等要求即可(所谓非强制性年金)。依据《民法典》第 447 条,应被侵权人的要求,当存在重大事由时,法院可以判决一次总付而非以年金或分期支付方式给予赔偿;这尤其适用于被侵权人残疾,且一次性赔付可以使其易于开始新的职业的情况。根据《民法典》第 447 条的措辞,赔偿方式由被侵权人决定,而不由法院自由裁量。但是,单是受害人的意愿尚非以一次总付替代年金的充分理由:须就此存在重大事由方可。

3/163　　与德语国家的制度相似,未来可能发生的医疗费用也可提前请求赔偿(《民法典》第 44 条第 1 款第 2 句)。

四、赔偿义务的减轻

3/164　　《民法典》中没有减轻损害赔偿的一般条款。在《债法典》中,发挥这种作用的条款是第 158 条第 1 款,其规定,赔偿额的确定应当考虑案件的具体情况,这个规定被法院解释得十分广泛。[1] 在《民法典》中没有相当

---

[1] See *Szpunar*, Ustalenie odszkodowania 172.

于《债法典》第 158 条第 1 款的条文。损害赔偿的减少仅在《民法典》第 440 条之下才有可能[1],且仅允许在几种被明确规定的情况下适用,即受害人和责任人都是自然人,以及基于被侵权人或责任人的经济状况,社会共同生活原则要求减轻赔偿时(参见上文边码 3/137)。人们强调,通过参考**权利滥用**概念修正减轻赔偿的适用条件(《民法典》第 5 条),以及在自然人和法人关系中作出这种减轻,都是不被允许的。[2] Szpunar 指出,《民法典》第 440 条的措辞毫无疑问表达了立法者强化这些适用条件的期望,且《民法典》第 5 条不能被理解为优于私法中的其他条款,并限制依后者确定的赔偿义务。[3] 他进一步指出,《民法典》第 440 条已经规定了减轻赔偿义务的全部情形,这排除了《民法典》第 5 条的适用可能。[4]

第九节　损害赔偿请求权的时效期间

波兰立法者针对侵权请求权选择了将**长期**时效和**短期**时效相结合的时效规则,每种时效有不同的起算时点。短期时效期间为 3 年,从受害人**知道损害和赔偿义务人**之日起开始计算(《民法典》第 442¹ 条第 1 款第 1 句)。长期时效规定在《民法典》第 442¹ 条第 1 款第 2 句,依据其规定,诉讼时效期间从**损害事件发生之日**起最长不得超过 10 年。若损害是由犯罪行为引起的,则适用《民法典》第 442¹ 条第 2 款,依据其规定,赔偿请求权的诉讼时效期间自犯罪实施后 20 年才届满,而无须考虑受害人自何时知道损害和赔偿义务人的情况。

3/165

人身损害赔偿请求权适用特殊的时效规定:这种请求权的诉讼时效期间在被侵权人知道损害和赔偿义务人之日起 3 年内不届满(《民法典》第 442¹ 条第 3 款)。这意味着,无论是通常 10 年的最长时效期间(long-stop period),还是有关犯罪所致损害的 20 年时效期间,都不适用于这种

3/166

---

[1] See also *Kaliński*, Szkoda na mieniu 618, who critically assesses art 440 KC and advocates its removal from the Civil Code (*Kaliński*, Szkoda na mieniu 621, 632).

[2] Inter alia, *Safjan* in: Pietrzykowski, Kodeks cywilny 1697; see, however, SN judgment of 7.1.1972,Ⅰ CR 12/71, OSNC no 7—8/1972, item 135, where the Supreme Court allowed for the assessment of a compensation claim on the basis of art 5 KC.

[3] *Szpunar*, Ustalenie odszkodowania 182; see also *Kaliński*, Szkoda na mieniu 625.

[4] *Szpunar*, Ustalenie odszkodowania 187.

请求权,它实际上仅受短期时效期间的限制。[1] 然而,这个规则存在例外:若人身损害是由犯罪行为引起的,且《民法典》第 442¹ 条第 3 款规定的 3 年期间早于第 442¹ 条第 2 款规定的 20 年期间结束,损害赔偿请求权的诉讼时效期间将由于后者而非前者期间届满而届满。这可以从《民法典》第 442¹ 条第 3 款的表述推而知之("请求权的时效在……之前不届满",据此可知,在此之后时效届满)。[2]

3/167 《民法典》也引入了一项保护未成年受害人的特殊规则:依据《民法典》第 442¹ 条第 4 款,未成年人的人身损害赔偿请求权的诉讼时效期间在其成年后 2 年内不届满。

3/168 现在这种形式的诉讼时效规则是 2007 年 8 月生效的民法典修正案的结果[3],修正案对人身损害赔偿请求权创设了特殊的时效规则,将犯罪行为引发损害赔偿请求权的长期时效期间从 10 年延长到 20 年,并引入了关于未成年人人身损害赔偿请求的特殊规定。修正案遵循了宪法法院于 2006 年 9 月 1 日作出的裁决,该裁决认定,《民法典》关于 10 年最长时效期间自致害事件发生之日起算的规定(《民法典》第 442 条第 1 款第 2 句),因其剥夺了被侵权人就该期间届满后所生人身伤害获得赔偿的可能性,故而违宪。[4]

3/169 据此,长期时效期间不应在损害发生前开始计算的看法[5]在波兰法中没有得到体现;相反,通过将那些涉及最值得保护之利益的请求权即人身损害赔偿请求权排除在外,最长时效期间的适用范围受到限制。

---

[1] 主要参见 *Radwański/Olejniczak*, Zobowiązania 275 f; *Safjan* in: Pietrzykowski, Kodeks cywilny 1705 f。

[2] Thus, rightly *Safjan* in: Pietrzykowski, Kodeks cywilny 1711 f.

[3] Dz U 2007, no 80 item 538;关于修正案的更多情况,参见 *Bagińska* in: Koziol/Steininger, European Tort Law 2007, 451 f。

[4] SK 14/05; Dz U 2006, no 164, item 1166; OTK A 2006, no 8, item 97. 被宪法法院宣布违宪的《民法典》第 442 条第 1 款第 2 句有两种不同的解释:文字解释和功能解释。依据后者,十年的长期时效期间从损害发生之日开始计算,但最终没有被否决[参见最高法院全民事法庭(the Full Civil Chamber of the Supreme Court)2006 年 2 月 17 日的判决(Ⅲ CZP 84/05, OSNC no 7—8/2006, item 114),在该判决中,最高法院选择了文义解释];关于这个问题的更多情况,详见 *Bagińska* in: Koziol/Steininger, European Tort Law 2006, 389 f; *Ludwichowska*, Odpowiedzialność cywilna 198 f。

[5] 《侵权责任法的基本问题(第一卷)》,边码 9/29。

第四章
匈牙利法视野下侵权责任法的基本问题

Attila Menyhárd

□ 第一节 导论

一、受害人自担风险

世界范围内的总体趋势,即似乎总应由他人为社会成员所受损失负责,在匈牙利也能看到。这种回避自承风险的一般态度,不仅存在于因灾害事件或自然原因造成人身损害或重大财产损失情形,存在于大众传媒的反应或期待中,也存在于某些特殊侵权领域的责任扩张趋势中,尤其是涉及职业过失的某些情形。 4/1

尽管存在这样的趋势,但匈牙利私法中风险分配的出发点仍然是如下原则,即:若无其他人应当承担损失,则受害人须自负损害。因此,除非法律有相反规定,否则,损害应由遭受损害者自己承担。"所有者负担"(casum sentit dominus)的基本原则虽被规定为一项物权法规则[1],但亦被用作私法中风险分配的一般规则。它也可能从法律的内在逻辑以及创设主观权利与义务的客观法的功能中推导出来:当不存在设定这种义务的客观法时,就不存在对他人所受损失给予赔偿的义务。将损失转嫁给受害人之外的其他人的风险分配特别规则,见诸于私法的不同部分。对 4/2

---

[1] 关于1959年《匈牙利民法典》第99条的第4号法律。以下简称1959年《民法典》。

因强制购买或征收等合法行为所致损失的制定法补偿制度由特别法加以规定,并归属于物权法。就是否允许政府收购个人财产的问题,以及如果是,是否有义务对权利被剥夺的所有权人给予补偿,还有如何给予补偿之类的问题,也都存在相关法律规定,而补偿标准如何确定,以及何种类型损失不予补偿,则涉及宪法上的所有权保护问题。

4/3　　在避免紧迫危险(紧急避险)或自卫过程中所致损失的风险分配被规定在物权法中。如果所有权人为避免危险后果而遭受了所有物毁损,其依与此相关的特别规定有权获得补偿。[1] 侵权责任、违约责任以及不当得利返还则作为债法的组成部分加以规定。

4/4　　对于不遵守诚实信用及公平交易原则的行为,在特别规范中规定有专门的特殊风险分配方法。该规定为因他人行为引致的损失,或者因他人创设的合理期待落空所受损失,提供了损害赔偿请求权的法律基础。依据该规定,若某人故意引致他人以某种合乎诚信并合理的方式行为,则当后者信赖前者的诱导时,前者须就后者非因自己的过错所受损害承担全部或部分赔偿责任。依1959年《民法典》第6条之规定[2],这种行为责任的构成要件包括:行为人实施了故意行为(无须具备影响受害人行为的目的)[3];受害人的行为合乎诚信;受害人信赖了行为人的行为,且该行为合理地引致了受害人的行为[4];受害人因自己被诱致的行为遭受了损害;以及受害人所受损害非因自己过错所致。

4/5　　1959年《民法典》的前述规定确立了一项不以侵权责任为基础的债务:被告行为的过错与违法性均非其赔偿受害人的前提条件。当事人之间的合同关系会排除该规则的适用。[5] 该规则旨在保护信赖利益——与普通法司法管辖区的**禁反言**相似——并分配了原告就自己行为应承担的风险。[6] 它是有关信赖他人行为所受损害的一般救济规则。在确定这种赔偿受害人部分或全部损害的义务时,过错、注意义务或者是对必要

---

[1] 匈牙利1959年《民法典》第107条第3款。

[2] 同样的规则被规定在2013年有关新匈牙利《民法典》的第5号法律中(尤其是第6:587条),新《民法典》在2014年3月15日生效。

[3] 尚不清楚的是,为了适用1959年《民法典》第6条,行为人的故意范围应如何确定。

[4] 行为人的行为与受害人的行为之间必须存在因果关系。Supreme Court, Legf. Bír. Pfv. V. 22.772/1995 sz. BH 1997 no 275.

[5] Supreme Court, P. törv. I. 20.501/1983 sz. (PJD X. 5.) BH 1984 no 144.

[6] 匈牙利1959年《民法典》第6条。在涉及缔约过失的案件中,通常会适用该规则。

行为标准的遵守等均非所问。该规则将事后的风险分配完全交由法官决定,而与被告行为的法律评价无关。

从理论和实践角度看,该规定是非常特殊的。它将引致受害人做某事的行为带入了某种灰色领域(grey area),即某种介于被法律禁止的行为与从法律评价角度看属于被允许的行为之间的行为领域。立法者的理论出发点是,为既非违法(违法性将导致侵权责任)亦非合法(合法行为不受制裁)的行为后果提供法律救济,因而也不属于违反合同允诺的情形。[1] 据此推论,若行为满足了侵权责任或违约责任的成立要件,则不能适用该规定。此时,受害人有权依侵权或违约主张救济。受害人信赖的行为既不能被禁止,也不能构成产生合同成立后果的要约或承诺。[2] 依据这个风险分配的特别规定,法院**可以**对引致他人行为的人施加义务,令其对受害人所受全部或部分损害给予赔偿。法院在决定是否准予赔偿,以及在准予赔偿时如何确定赔偿范围方面都具有广泛的裁量权。[3] 在过去二十年间,法院似乎不再愿意依该规则判予赔偿了。一般原则是,该规则的适用不应导致将正常的商业风险转嫁给其他市场参与者的后果。法院遵循的主要规则是,企业应当承担其经营活动的风险,即使其因信赖他人陈述而支出相关费用亦然。仅当他人的陈述具体而确定,使受挫当事人可以基于合理确定的信赖而缔约,尤其是当这种信赖导致受挫当事人放弃了另一个替代性的债务,或招致了合理的额外支出时,受挫当事人才有权要求赔偿。[4] 法院的一贯做法是,那些为作出是否发出或接受要约、按照何种内容缔约(包括愿意接受的交易价格),或者选择多个潜在交易对象中的哪一个进行交易等商业决定所必要的支出或花费,应当由当事人自己承担,即使花费是基于受挫的期待而作,也不能将其转嫁给他人。[5]

4/6

保险在风险分配中发挥着越来越重要的作用。不过,它并未终局地将风险予以分配或转嫁。保险法通过法定让与(cessio legis)规则,明确

4/7

---

[1] Official Explanatory Notes for the Civil Code 1959, 38.

[2] Official Explanatory Notes for the Civil Code 1959, 39. T. *Lábady*, A magyar magánjog (polgári jog) általános része (2002) 304.

[3] K. *Benedek*/M. *Világhy*, A Polgári Törvénykönyv a gyakorlatban (1965) 38 f.

[4] Supreme Court, Guideline GK no 14.

[5] Supreme Court, Legf. Bír. Pfv. Ⅳ. 21.606/1993 sz. BH 1994 no 308; Supreme Court, Legf. Bír. Pfv. Ⅲ. 22.883/2001 sz. BH 2005 no 12.

授予保险公司对侵权人的追偿权。保险公司在赔付后,有权对负有损害赔偿义务的责任人主张投保人所享有的权利。[1] 当涉及第三者责任保险时,法定让与在 1959 年《民法典》中[2]适用于保险合同中有明确约定的存在故意或重大过失的不法行为情形,但在 2013 年《民法典》中则没有专门规定。这意味着,依 2013 年《民法典》,其将取决于当事人的约定或者限制保险人权利的特别法规定。

4/8　　对于犯罪受害人[3]以及灾害受害人(基于特别法规定)的赔偿问题,匈牙利也有制定法上的专门规定。

4/9　　创设赔偿受害人因可归责于侵权人的原因所受损失的责任乃是风险分配制度的组成部分,其将不法造成他人损失的风险予以转嫁。是实际不法行为人还是其他人(异常危险活动的实行者、建筑物所有权人、雇主及本人等)应当承担赔偿责任,要依侵权法规则加以判定。就匈牙利侵权法来看,就责任的目的主要在于补偿还是预防的问题并无明确的一致意见。通常来说,它们在侵权法理论中和立法中都受到强调。

4/10　　匈牙利法的基本原则和风险分配方式的结构,似乎与其他司法管辖区的主要结构一致。匈牙利法的特殊性并不会使其风险分配制度与欧洲其他司法管辖区有明显差异。

二、保险解决方案替代责任法?

4/11　　全面保险的制度可以提供一般风险分配机制并替代侵权责任的思想,也见于匈牙利的法律文献中。Sólyom 指出,传统的侵权责任构造正在消逝,并演变为一种新的以保险为基础的风险分配制度。[4] 扩张保险制度的趋势的确见之于某些特殊领域,如机动车第三者责任强制保险。这种机制可能改变相关损失的风险分配,但并不必然改变责任制度的构造。投保侵权人的责任仍然是保险公司对受害人支付赔偿金的债务根据。这始终会将保险和侵权责任牢固联系在一起。此外,依法定让与的

---

[1] 除非该人是与被保险人共同生活的亲属。1959 年《民法典》第 558 条第 1 款,2013 年《民法典》第 6:468 条第 1 款。

[2] 1959 年《民法典》第 559 条第 3 款。

[3] 关于为犯罪受害人提供救助并减轻其所受损失的 2005 年 135 号法律。

[4] L. Sólyom, A polgári jogi felelősség hanyatlása (1977) 29.

后果,保险公司作为受害人的权利受让人,有权向责任人主张损害赔偿。在这种情况下,保险公司请求权的基础仍然是被告应负的侵权责任。因此,结果似乎就是,如果风险分配制度意欲保持预防效果——按照作为责任基础的法律政策,这是侵权法的间接功能[1]——保险法就不能作为替代责任法的解决方案,而只能是风险分散的媒介而已。保险具有确保受害人就其所受损失获得赔偿的效果,但不意味着它可以替代责任制度。

在社会本位的时代(socialist era),广泛的国民医疗保险制度在人身损害情形已经为侵权法提供了替代性的风险分配手段,在目前仍是如此。在人身伤害或健康损害情形,只有未被国民医疗保险赔偿的损害部分,受害人才能依侵权法获得赔偿。这表明,国民医疗保险在这种情形下也是风险分配制度的组成部分。

4/12

三、严格界定与刚性规范抑或动态过渡与弹性规整?

从制度结构、法律政策与法律规整的角度看,侵权、合同与返还之间具有明确的区分,在侵权法中,不同责任构成要件也是如此。不过,这些债务发生根据之间并无清楚的边界划分,在责任构成要件之间同样如此。侵权责任和违约责任基本的共同特征是,二者都是不履行义务之结果(制裁),都涉及损害赔偿的义务。它们之间的主要差异在法律政策权衡与损害赔偿额的核算方面。侵权法的基本法律政策是损害补偿和预防不法行为,而合同法的法律政策则是对他人允诺之信赖的保护。这与如下的情况相符,即合同中的义务是当事人自愿承接的,而侵权法的义务则是由法律强加的。就损害赔偿额的核算来说,侵权法中的受害人应当恢复到损害从未发生时那样的状态;相反,合同法中的受害人应当被置于合同允诺被遵守时其本来可以处于的状态。尽管这些差异可能会被视为是根本性的,但情况并非如此。虽然其中一个的目标是消极的,即"如同未受损失的状态",而另一个是积极的,即"如同合同得到履行的状态",但在大多数情形中,二者是可以互换的,也即合同被履行完全可以说成合同未被违反。合同中的权利和义务也可依法产生,如依诚实信用与公平交易之类的一般条款的解释所确定的合同默示条款,即使在无合同存在的情况下,

4/13

---

[1] Official Explanatory Notes for the Civil Code 1959, 363.

合同义务也可由法律推定。直接或间接的强制缔约,如反歧视法或中世纪"共同使命"(common callings)的现代残留物,都使在自愿承接的义务与法律强加的义务之间作出清晰界分变得不可能了。缔约过失(Culpa in contrahendo)作为当事人不履行前合同阶段的默示义务(尤其是披露义务)而承担责任的法律基础,按司法惯例属于侵权责任,而在2013年《民法典》中,它既可能涉及侵权责任,也可能涉及违约责任,具体要取决于合同是否成立。下文将对此作详细讨论。

4/14 据此,尽管在基本理论和原则层面,侵权责任和违约责任存在显著差异,但是,这不会造成在实践或深入分析方面无条件的清楚界分。

4/15 损害赔偿与不当得利似乎是完全不同的两种法律制度,只有一个共同点,即结果都是向受害人支付一定金额的义务。赔偿责任的出发点是受害人遭受了损失,损害赔偿的计算以该损失为基础;责任法上的主要法律政策目标是赔偿损失与预防不法行为;责任主要以过错为基础,赔偿内容包括可得利益的损失。反之,不当得利关注的是被告以使原告遭受损害的方式获得了利益;返还法的主要法律政策目标是恢复最初的状态,并避免不法得利;返还无须考虑过错,也无须考虑丧失的可得利益。不过,这不意味着损害赔偿与不当得利不可能发生交错。比如,若某公司的一辆卡车被他人用于商业用途,该他人并无任何权利这样做,这种情况就既可以视为侵权,卡车所有权人可以就其财产因不法侵害其所受损失(租用其他卡车的费用或丧失的可得利益)主张赔偿,也可以视为不当得利返还关系,卡车所有权人可以要求无权使用人返还本应由自己获得的使用财产所获利益。在这类情形下,尽管原告所处地位在两种请求权基础中有所不同,但损害赔偿与不当得利之间并无清晰的界分。一方面,原告可以主张的金额未必相同,究竟在何种基础下获得的金额更多,要取决于案件的具体情况。另一方面,原告依损害赔偿主张权利,会面临被告免责抗辩的风险,被告可能因而无须承担责任。

4/16 在匈牙利侵权法中,法律规定和主流学说都不涉及受绝对保护的权利与不受保护之利益的区分问题。不过,确定优先保护顺序的思想仍始终为匈牙利侵权法所固有。对人的固有权利尤其是人格尊严、健康以及身体完整给予最高保护,在匈牙利宪法法院给予死刑违宪的里程碑判决中已经得到明确表达。该判决宣称,人的生命是受绝对保护的价值,由此确立了"隐性宪法"(invisible constitution)学说[1],在涉及非物质损害赔偿的判决中也表达了相同立场[2]。这种对受保护利益的层级区分可能会在接受和适用如下学说的最新趋势中变为现实,即在医疗过失损害案件中[3],同意基于因果关系的理由减少机会损失的赔偿可能性[4],在涉及人身损害赔偿的其他情形,则依循严格责任的形式并扩张其适用范围来确定责任[5]。

通常认为,尽管预防不法行为的主要政策目标乃侵权法和刑法所共有,但它们之间的重大差异表现在,刑法更具弹性,在适用刑罚时要考虑并权衡案件的具体情况和被告人的特殊情况。相反,私法,尤其是侵权法,则依循完全赔偿原则采取"非黑即白"的处理方式。如果某人被认为应当承担赔偿责任,他似乎就不会只承担部分责任,或仅就其所致损害中的部分损害承担责任。这种"全有全无"的做法从纯粹理论角度看或许是正确的,但从来都不属于侵权法的特性。不仅受害人的促成过失会导致赔偿额的减少,而且司法实践还发展出其他理论,如侵权人仅就可归责于他的因果关系相应部分承担责任的部分因果关系理论。按照这种做法,若被告的行为只是受害人所受部分损失的必要条件,其余损失系因其他情况(自然事件与不明情况等)所致,则侵权人只应就其造成的部分损失负责[6]。即使侵权人须就全部损害负责,这也不意味着他有义务赔偿全部损失,因为,基于特别的公平考量,法院可能免除责任人的部分赔偿责任[7]。

4/17

匈牙利侵权法和其他私法管辖区一样,是一种开放的规则系统,允许法院在处理侵权案件时创设和适用适当的裁判规则。这使得匈牙利侵权法的很大部分属于法官法(judge-made law),其运用一套复杂的标准去判断和处理侵权案件,并确定责任类型的界分。侵权法作为行动中的法

4/18

---

[1] Constitutional Court of the Hungarian Republic 23/1990 (X.31.) AB. hat.
[2] Constitutional Court of the Hungarian Republic 34/1992 (Ⅵ.1.) AB. hat.
[3] Supreme Court, Legf. Bír. Pf. Ⅲ. 25.423/2002 sz. BH 2005 no 251.
[4] E. Jójárt, Az esély elvesztése, mint kár? Jogtudományi Közlöny [Hungarian Law Journal] 64 (2009) no 12, 518.
[5] Supreme Court, Legf. Bír. Pf. Ⅲ. 21.046/1992 sz. BH 1993 no 678.
[6] Supreme Court, Legf. Bír. Mfv. I. 10.710/2007 sz. EBH 2008 no 1803.
[7] 1959年《民法典》第339条第2款;2013年《民法典》第6:552条第4款。这种需进行公平考量的情况包括原告与被告的经济状况(考虑到原告的财产状况,其所受损失是重大的还是轻微的;被告是否穷困)。Official Explanatory Notes for the Civil Code 1959, 370.

(law in action),是一种威尔伯克(Wilburg)所构建理论意义上的动态系统[1],法院在处理每个具体侵权案件时需要权衡不同的因素。经由侵权法的开放规则,该系统为达成妥当的风险分配效果提供了手段。Grosschmid 在 20 世纪初就已指出,侵权法上的权衡受许多因素的影响,案件处理结果始终要取决于案件的特殊情况;法官作出裁决不会只考虑单一的裁量因素,而要依赖案件中诸多因素的综合权衡。[2]

4/19 法律规范的结构并不必然导向这样的系统,纸面上的法(written law)* 可能是误导性的,掩盖了私法的真实运作机制和运作模式。纸面上的法的重要性常被高估,就侵权法而言尤其如此。在 1959 年私法法典化以前,就如何妥当描述侵权法、其运作方式及构造模式等问题,存在两种彼此竞争的观念。Marton 认为,过错作为主观要素并非民事责任制度的固有组成部分。他追溯至罗马法,主张过错作为责任的构成要件是因对阿奎利亚法的误解所致。他构建了一个连贯的制度体系,依其确立的法律政策上的基本考虑,侵权法的首要功能是预防不法行为。为此,基本的价值判断是,因不法行为造成的损失须予赔偿。不过,案件的特定情况也可能会修正这个基本判断,并导致责任的减轻或免除。在认定责任时应予权衡并可能修正基本判断的考量因素,是被侵害利益和与致害行为相关的不法行为人利益的相对重要性,被告企业将损害赔偿作为生产成本纳入产品价格以分散损害的能力,以及过错程度和公平衡量等。[3]

4/20 Eörsi 的著作不仅明显影响了社会本位时代的民事责任理论,也影响了 1959 年《民法典》的责任法草案,他承认,预防应当是侵权法的指导性政策。但是,和 Marton 相反,Eörsi 拒绝接受将不法损害须予赔偿作为出发点的看法。他将过错视为责任的核心要素,并将自己的理论建立在如何认识基础上,即若预防不法行为是民事责任的主要目标,则基本的不法行为就应由法律加以明确规定。Eörsi 的理论取代 Marton 构建的体

---

〔1〕 W. Wilburg, Entwicklung eines beweglichen Systems im Bürgerlichen Recht (1950). Also W. Wilburg, Zusammenspiel der Kräfte im Aufbau des Schuldrechts 163, Archiv für die civilistische Praxis (AcP) 163 (1964) 364 ff.

〔2〕 B. Grosschmid, Fejezetek kötelmi jogunk köréből (1932) 679.

* "wriiten law"一般译为"成文法",但"成文法"的中文对应概念通常是非成文法或习惯法等,而"written law"在英文中常与"live law"(活法)对应,故本书在这里根据上下文译为"纸面上的法"。——译者注

〔3〕 G. Marton, A polgári jogi felelősség (1993) 100 ff.

系,界定了应予考虑、权衡和评判的因素,在《民法典》制定过程中获得了支持。结果是形成了规定有主要责任构成要素(损害、违法性、因果关系与过错),但没有确定责任限制因素或评价因素(例外可予公平权衡)的责任概念。Eörsi 后来对其体系进行了修订,并提出了某些可驳回赔偿请求的责任限制标准。[1]

第二节　权益保护体系下的损害赔偿法

一、概说

保护权利与利益的制度体系建立在不同法律部门之上。就此存在两种不同的分类方式。一种是公、私法的区分。按照主流观点,公法是规定政府结构与活动及政府组织的法律[2],而私法是调整实施自治行为的私人之间法律关系的法律。依主流看法,这些法律部门互不相关。在理论、实践和侵权法调整方面,公法与私法之间犹如隔着一道"中国长城"。这座长城在侵权法中被"违法性"与"过错"之类的概念所加固,它们完全独立于公法规制。侵权法建基于独立的违法性概念之上,致害行为**本身**是不法的,仅当法律有相反规定时,它才是合法的。[3] 因此,公法针对个人权益规定的保护措施既独立于私法上的保护措施,亦不对其产生影响。在目前的法律规范和法律理论中,私法和宪法[4]、刑法或其他保护个人权益的特别法之间,并不存在直接的关系。就刑法而言,因犯罪被害人有权在刑事诉讼程序中主张自己的权利,故其与私法仍然可能存在互动。不过,要是这种请求权的处理较为困难,法院通常(尤其)会将其分离出

---

[1] Gy. Eörsi, A közvetett károk határai in Emlékkönyv Beck Salamon születésének 100. évfordulójára (1985) 62. 参见下文边码 4/158 以下"归责限制"。

[2] Lábady, A Magyar magánjog (polgári jog) általános része 22.

[3] T. Lábady in: L. Vékás (ed), A Polgári Törvénykönyv magyarázatokkal (2013) 944.

[4] 按照主流看法,虽然宪法(基本法)创设了政府与社会成员之间的权利义务,但不得将其直接适用于私法关系。L. Vékás, A szerződési szabadság alkotmányos korlátai, Jogtudományi Közlöny 1999, no 2, 59. A. Vincze, Az Alkotmány rendelkezéseinek érvényre juttatása a polgári jogviszonyokban, Polgári Jogi Kodifikáció 2004, no 3, 3 ff.

来,纳入普通民事诉讼程序。

4/22　　另一种区分处于私法内部。各个私法领域都为个人权益的保护提供了不同工具。人格权受一套复杂的请求权体系的保护,受害人可基于不法侵害这些权利的事实而提出保护请求。基于侵害事实本身,被侵权人就有权请求法院确认侵权行为,要求侵权人停止侵害、赔礼道歉或采取其他适当的慰抚措施,并且,在必要时,侵权人还需自负费用就此发布公开声明。被侵权人还可以要求终结不法状态,由侵权人负担费用恢复原状,并可以请求销毁侵害人格权所用之物或除去其不法属性。2013年《民法典》还依不当得利规则,规定了要求返还因不法侵害所获利益的权利。[1]如果物权遭受不法侵害,所有权人享有返还原物请求权,或者主张不动产法上的相应法律救济。这些后果(请求权)不要求过错或其他形式的不法性,而只要具备相关要件事实即可。(损害赔偿)责任被视为对侵害受保护权益的一般制裁措施,不论是财产权益还是人身权益,只要不法侵害受保护权利乃违反法律规定的注意义务之行为所生结果即为已足。

二、恢复请求权*

4/23　　匈牙利私法制度是按照如下原则加以构造的,法律的主要目标是促进法律所要求的状态。为此,债务应当严格履行,禁令应按其内容予以执行。法律不是为主体提供履行义务抑或替代赔偿的选择机会,而是执行已赋予他们的权利及施加的义务。这种方式既适用于合同法,也适用于侵权法,在人格权保护制度中也得到考虑。

4/24　　在人格权保护机制中,非物质损害赔偿只是多种可资利用的制裁措施中的一种,不论是在1959年还是2013年《民法典》中,它都不被当作主要的制裁手段。在合同法中,实际履行乃一般规则[2],仅当原定给付不

---

〔1〕 1959年《民法典》第84条第1款,2013年《民法典》第2:51条。

＊ 这个标题的德文译本是"Herausgabeansprüche"(返还请求权),英译是"claims for recovery"(恢复或取回请求权),"返还请求权"在中文中主要指原物返还或价值返还,但根据这里讨论的内容看,其主要是按照权利本来内容保护权利之意,故译为"恢复请求权"。——译者注

〔2〕 1959年《民法典》第277条第1款规定,合同应当依照规定的时间、地点履行,并应符合约定的数量、质量和范围。该条规定奠定了实际履行(performance in kind)的基本原则。这在2013年《民法典》中也受到肯定,其规定债务应当按照其内容进行履行(第6:34条)。实际履行请求权也被明确规定在1959年《民法典》第300条第1款及2013年《民法典》第6:154条第1款中。

能履行,或者与债权人利益不符时,替代履行的损害赔偿才被允许[1]。在侵权法中,依 1959 年《民法典》之规定,赔偿义务人负有恢复原状(restoring the original state)的义务,若无法恢复原状,或者被侵权人有合理理由拒绝恢复原状,则其应当赔偿受害人相应的物质与非物质损失。[2]因此,损害赔偿是侵权法中责任人负担的首要义务。不过,在实践中,原告通常都会主张损害赔偿,并无要求恢复原状的诉讼请求被提交法院处理。对合同法来讲亦是如此,通常涉及的都是要求赔偿损害或保护人格权,对后者的一般救济是准予非物质损害赔偿。2013 年《民法典》没有维持该制度。它将损害赔偿而非恢复原状(restoration in kind)规定为责任人的首要义务。[3]作出这种改变的主要理由在于,在大多数情形,恢复原状都难以执行。如果不是这种情况,且在具体情形下这样做是合理的,要求恢复原状的损害赔偿(redress in kind)则是妥当的。[4]

三、不作为请求权

1959 年和 2013 年《民法典》都有关于不作为请求权的明确规定。如果某人创设了某种迫近的致害危险,遭受危险的人有权请求法院禁止这种引致危险的行为继续存在,并/或令其采取充分的预防措施,且在必要时提供相应的担保。[5]尽管为了获得这种裁判,迫近的危险应当是不法的,但由于该规则的首要目的在于预防损失的发生,而非制裁不法行为人,所以,违法性并非遭受危险的人主张这种权利的必要条件。[6]责任能力也不是这种不作为裁决的前提条件。因而,虽然欠缺这方面的相关

---

[1] 这在 1959 年《民法典》正式评注第 295 页中有明确阐述。A. Harmathy, The Binding Force of Contract in Hungarian Law, in: A. Harmathy (ed), Binding Force of Contract, Institute for Legal and Administrative Sciences of the Hungarian Academy of Sciences (1991) 29. 强制履行在《民法典》的其他条文中也有支持性规定。

[2] 1959 年《民法典》第 355 条第 1 款。

[3] 2013 年《民法典》第 6:527 条。

[4] Lábady in: Vékás (ed), A Polgári Törvénykönyv magyarázatokkal 947. 恢复原状的损害赔偿(damages in kind)依 1959 年《民法典》和 2013 年《民法典》都是可能的:1959 年《民法典》第 355 条第 2 款,2013 年《民法典》第 6:527 条第 1 款。

[5] 1959 年《民法典》第 341 条第 1 款。根据 2013 年《民法典》第 6:523 条之规定,在有遭受损失之危险情形,面临危险的人可以请求法院根据案件具体情况,要求引致损害危险的人停止危险行为,或者令其采取措施防止损害发生,或者令其提供相应担保。

[6] 1959 年《民法典》官方评注第 371 页。

文献记载，但人们仍然可以推论，从作出这种裁决的角度看，危及他人人身或财产的当事人欠缺侵权行为能力，这是无关紧要的。不作为裁决也被用于这种人。此外，不作为请求权在涉及知识产权保护、反不正当竞争法或消费者保护法等特别法中也有规定。

四、自卫权

自卫属于合法行为，从而也非准予损害赔偿的责任基础。为了防止不法侵害或有造成直接不法侵害的危险而对行为人施以损害，只要防卫人没有为此使用过分手段，就无须给予赔偿。[1] 相比于预防性强制令（不作为请求权），自卫规则假定的前提是，防卫人是对正在实施攻击行为的人造成了损失，而停止侵害判决则不涉及这种事实。这就是为何需要在权衡攻击者和防卫人所处地位后确定紧迫性的原因所在。当然，其适用标准尚不完全清楚。1959年《民法典》的相关规定要求法院对如下事实作出评估，即防卫措施是否超越了保护受威胁权益的必要限度。这不意味着必须对受保护权益加以权衡。但是，这种权衡似乎无可避免，因为，对必要防卫程度的确认需要或至少暗含了某种道德评判，不确定受保护权益的优先性就无法展开这样的工作。在有些案件中，当需要讨论所有权人是否可以针对潜在的盗贼设置致命陷阱以保护其财物时，道德评价和权益位阶的问题就会被提出来。这个极具争议的问题涉及如何权衡保护所有权的利益与保护生命、健康和身体完整的利益的问题。司法实践不承认设置陷阱（如电网）杀死窃贼的行为合法。[2] 法院考虑的一个重要因素是，生命利益的位阶更高，因而需要给予比所有权更高程度的保护。当然，自卫问题也暗含了国家垄断法律执行的思想。如果国家想要保持法律执行的垄断权，除非有其明显的必要性，否则，法院就不太愿意承认自卫权。由此，要判断支持法院采取限制性做法的法律政策是受保护权益的价值位阶，还是国家对法律执行的垄断权，抑或二者兼而有之，是很困难的。

---

〔1〕 1959年《民法典》第343条。与1959年《民法典》一致，2013年《民法典》第6:520条规定，所有造成损害的不当行为都被认为是违法的，但为了防止紧迫的不法攻击或威胁，且不超过防卫的必要限度者除外。

〔2〕 Supreme Court, Legf. Bir. Bf. I. 1539/1998 sz. BH 2000 no 97.

五、排除妨害请求权

由于《民法典》的基本指导思想是,应当实现法律所要求的状态,因此,不论在《民法典》的制裁制度中,还是在其他成文的私法规则中,排除妨害请求权都发挥着重要作用。排除妨害请求权被界定为施予妨害人一种义务,令其采取某种积极行为,如移除妨害源。这种制裁措施构成人身权益和知识产权保护的重要制度内容。和损害赔偿不同,这种措施的基本特征在于,它们具有客观属性,针对没有过错的妨害人也可适用。[1] 这种措施的唯一适用要件是,对原告受保护权益的侵害须属不法。

六、侵害型不当得利

在债法中,责任与不当得利[2]的关系是极为复杂的问题。初看之下,损害赔偿与返还之间并无太多共同之处。不过,常常发生的情况是,不法行为的受害人所丧失的可得利益,可以同样被视为不法行为人以受害人为代价获得的收益。因此,同一事实就既可以为损害赔偿请求权提供基础,亦可以为返还请求权提供基础。由于这种明显的交互关系,在第二次世界大战前,在匈牙利的司法实践中,侵权责任和不当得利返还责任之间存在非常密切的关联。法院认为,不当得利返还是一种最低限度的损害赔偿,即使是在被告以使原告蒙受损害的方式获得了收益,而因被告无过错而无法确立原告对其提出的赔偿请求权的情况下,只要满足了不当得利返还的要件,就当然可以适用该种责任。[3] 目前,匈牙利司法实践的主流看法是,不当得利返还只能作为一种辅助性的制裁措施,但该原则的具体含义如何尚不清楚。法院通常只是简单地援引该项原则作为驳回原告请求的理由,尤其在当事人之间存在合同关系时如此。[4] 在法院看来,不当得利返还的辅助性应当被理解为,若存在损害赔偿的法律基

---

[1] 1959年《民法典》第84条第1款。

[2] 1959年《民法典》第361条以下,2013年《民法典》第6:579条以下。

[3] *Személyi* in: K. Szladits, A Magyar Magánjog. Kötelmi jog különös rész (1942) 747 ff.

[4] Supreme Court, Legf. Bir. Pfv. Ⅵ. 22.261/1993 sz. BH 1996 no 93.

础，就应当排除不当得利返还。[1] 这似乎误解了不当得利返还的法律属性和制度功用，是对不当得利返还的辅助性的过度简化。在不当得利返还请求权也可以构造为损害赔偿请求权的情形，基于原告本来可以提起损害赔偿的理由而驳回其返还不当得利的请求权，乃是没有事实根据和正当理由的不公平做法。

4/29　　1959年《民法典》有关不当得利的规则只给侵害人很少机会免除其返还得利的义务：如果侵权人在被请求返还前又丧失了所得利益，他就无须再负返还义务，除非返还义务非常明显（imminent possibility），且他对得利丧失是可归责的，或者得利的获得违背诚信。如果返还义务人是通过不合法或不道德的行为而获取得利的，法院有权根据公诉人的提议将主要得利收归国家。2013年《民法典》仍然保留了境况改变的豁免事由[2]，但没有维持向国家返还的做法。根据2013年《民法典》之规定，这种制裁不再适用。

4/30　　有时候，侵权人因不法行为的所得超过了受害人所受损失，而且这种情况在某些案件中还非常典型。此时，由于侵权人可以通过损害赔偿来"购买"得利，故而，损害赔偿责任就不能发挥预防效果。在无法适用惩罚性赔偿的法律制度中，在何种情况下基于不当得利返还的方式将得利转移给受害人，或许是一种较好的解决办法。2013年《民法典》在将这种做法作为不法侵害人格权的救济方式时，其基本考虑即在于此。按照该规则，若某人不法侵害他人的人格权，受害人有权依据不当得利返还规则要求不法行为人返还其因此获得的利益。这种请求权不要求过错要件。[3] 该条规定明确参引了不当得利返还的规则，主要是为了对新闻媒体侵害他人隐私或良好声誉的行为提供法律救济，或者防止出版商通过侵害社会成员的人格权而"谋取"利益。这种返还性制裁措施仿效了针对不法侵害知识产权的类似制裁措施，被作为一种客观化（或严格的）制裁予以适用，即使被告对于不法侵害无过错，原告仍然可以请求返还。在匈牙利的法律制度中，类似的做法也见于知识产权和竞争法的规制领域。[4] 在董

---

[1] Supreme Court, Legf. Bír. Pfv. Ⅷ. 20.051/2009 sz. BH 2009 no 296.
[2] 1959年《民法典》第361条第2款，2013年《民法典》第6：579条第2款。
[3] 2013年《民法典》第2：51条第1款第5项。
[4] 1996年第57号法律，即《禁止不公平竞争与反垄断法》第86条第3款。1999年第76号法律，即《版权法》第94条第1款第5项。

事违反忠诚义务,利用公司机会谋取自身利益(如以他们自己的名义为自身利益从事交易)的情形,损害赔偿(责任)也无法提供适当救济。如果公司并非处于无法利用其获利机会的状况(如资金短缺),董事可以无所顾忌地违反其忠实义务,这将是不可容忍的。在这种情况下,妥当的救济方式是允许公司基于不当得利的理由而要求得利的董事交出其所得。

不当得利返还的规则要求返还义务人要以使原告(所有权人或者其他权利人)蒙受损害的方式获得利益。不过,这不当然意味着同样的得利本来也可以由权利人获得。只要得利人无法从依法享有法律权利的人那里取得("购买")财产利用价值即可。如果不当得利不是通过利用他人财物或他人不享有权利的其他地位而获得,而是因侵害他人人格权而获得,结果也是如此。 4/31

在一个连贯的实现矫正正义的法律救济制度中,不当得利返还与损害赔偿责任作为互补性的请求权,也能够被用以建立一种为私法执行提供适宜工具的制度。 4/32

七、债权人撤销权

在匈牙利私法中,只要所有权或其他权利的取得人的行为违反诚信,或者系无偿取得合同利益,就可以利用保利安之诉来排除合同的效力,或者更确切地说,排除财产转让的效力。因这种交易行为而取得所有权或其他可转让权利的人,应当容忍转让人的债权人将该项财产用于清偿自己的债权。这个规则与损害赔偿法的相互关系迄今尚未得到讨论。由于违反诚信的要件独立于过错,所以,转让人有无可归责性或者过错是无关紧要的。不过,违反诚信的认定含有不遵守必需的行为标准之意,后者在过错责任情形肯定会满足过错要件。若财产取得人知道或应当知道该项转让将妨碍转让人之债权人权利的实现,则他就是违反诚信的。财产取得人是否应当知道该项交易将妨碍转让人之债权人权利的实现,要依必需的行为标准加以评判。司法实践按照破产清算作为特别法(lex specialis)应优先适用的方式,解决了破产法与债权人撤销权的相互关系问题。基于保利安之诉从受让人那里成功实现其权利的债权人,有义务将所获金钱利益交出,依破产法规定用作破产财产供债务人之全体债权人 4/33

清偿债权。[1] 但是，若债权人在开始破产清算程序前就已由受让人成功获得了清偿，对此应当如何处理则不清楚。

4/34　　若受让人将标的物（或可转让权利）又再次转移给了他人，而该他人并不违反诚信，且为此支付了对价，则只能考虑他是否应当因此而承担责任的问题了。[2]

八、损害赔偿请求权

4/35　　匈牙利侵权法的基本看法是，损害赔偿具有补偿性。这意味着，受害人原则上应被置于如同损失从未发生的状态。受害人的处境不应比遭受损失前更糟。这就是损害赔偿的目的所在。不过，他的境况也不会因赔偿而变得更好，因为，这将意味着他获得了他本来无权获得的赔付，他以使侵权人受损的方式获得了利益。被认可的一般原则是，受害人不应因受损失而获得额外利益。然而，这项原则并未被明确规定在《民法典》中，尽管它可以明显从损害概念——损害包括实际损失、所失利益与为防止或避免损失发生所作花费——以及有关不当得利返还的规则中推导出来。按照该原则，在计算损害赔偿额时，应付赔偿额应扣减受害人因致害事件而获得的利益或节省的支出，如依国民医疗服务制度而获得的支付[3]，或者受害人财产因致害事件而增加的价值。为了与完全赔偿原则保持一致，原告应当就其所受全部损失获得赔偿，但也不得获得比这更多的赔付。[4]

4/36　　该原则与私法的结构和基本政策相符，但在某些情形下，评定应予赔付的准确赔偿额是无法办到的。在涉及未来损失、非物质损失以及因其他原因而无法确认损失额的情形，情况就是这样。不过，在这些情形下，

---

[1] Supreme Court, Legf. Bír. Pfv. Ⅶ. 21.659/2008 sz. BH 2009 no 178.

[2] 获得财产的次受让人若存在背信或未支付对价的情形，仍应适用"保利安之诉"。这种追索由最高法院 2011 年第 1 号司法意见（Ⅵ. 15.）所确立的司法实践所认可。Supreme Court, Guideline PK no 9.

[3] Supreme Court, Legf. Bír. Mfv. I. 10.244/2002/3. sz. EBH 2002 no 695; Supreme Court, Legf. Bír. Mfv. I. 10.744/2006 sz. BH 2007 no 354; Supreme Court, Legf. Bír. Mfv. I. 10.697/2006 sz. BH 2007 no 274.

[4] G. Gellért, A Polgári Törvénykönyv Magyarázata (2007). 关于 1959 年《民法典》第 355 条第 4 款的评论。Comments on Civil Code 1959, § 355 (4).

完全赔偿原则与防止因受损而得利的原则仍应予以维持。要是涉及的问题是损失因无法确定其数额而不能评定,如涉及将来可能发生的损失,或者因其他原因而无法加以确切证明,则采取总括性损害评估法就是适当的解决办法。法院将依其确信给予适当的赔偿。若损害无法确切计量,法院就将准予这种总括性损害赔偿。在这种情形下,法院会令造成损害的责任人支付某种总括性的补偿金,以使受害人获得充分的金钱赔偿。[1]

如果损失因其非物质性质而无法估值,则损害额的确定就不可能;因这种损害附加了道德价值,故对这种不能在市场上出售之物用金钱去估值就是自相矛盾的。当涉及非物质损害时,有力的看法是,人们不能将受害人所受不利称之为损害,也不能将应付的赔偿金理解为传统意义上的赔偿金。这个被法院采纳[2]的看法的理论出发点是,准予非物质损害赔偿是对不法侵害人格权行为的一种特殊制裁。这就是为何在非物质损害情形,作为责任构成要件的损害被替换为人格权侵害的原因所在。受害人无须证明其实际损害、所支出的费用或所受损失就有权要求非物质损害赔偿,这种证明在传统意义的损害赔偿中则是必要的。[3] 这也是立法者废止非物质损害赔偿,代之以直接赔偿疼痛和痛苦,以之作为对侵害基本人格权的特殊制裁的出发点。支持这种变更的法律思想从一开始就表明,非物质损害赔偿是对侵害基本人格权的特殊制裁,并应代之以直接赔偿的形式,这样就形成了一种更为清晰的制度,避免了将无法以金钱计量的损害作为损害赔偿责任的构成要件所引致的概念上的不连贯问题。[4]

九、惩罚性赔偿?

如果不遵守法律要求的注意义务能够获得的利益超过了因不法行为而应承担的损害赔偿责任,侵权人就会认为值得去造成损害。在这种情

---

[1] 1959年《民法典》第359条第1款,2013年《民法典》第6:531条。

[2] Supreme Court, Legf. Bír. Pf. Ⅲ. 26.339/2001 sz. EBH 2003 no 941.

[3] T. Lábady, A nem vagyoni kártérítés újabb bírói gyakorlata (1992) 31. See also F. Petrik, Kártérítési jog (2002) 74.

[4] Gy. Boytha, A személyiségi jogok megsértésének vagyoni szankcionálása, Polgári Jogi Kodifikáció 2003/1, 3 ff.

形下，损害赔偿义务就不具有预防效果。当不法行为人能够通过对数量众多之人造成损害而获取巨大利益，但每个受害人所受损害则微不足道时，结果就尤其是这样。不法行为被揭露的风险在这种情形下是很小的，受害人诉诸法院的可能性也是很小的。于是，侵权法就难以对潜在不法行为人的行为施加影响了。这种境况指出了侵权法的不足所在。人们据此主张，在这种情形下，应当创设促使受害人诉诸法院的激励措施，以增进私法的执行。若是这些措施与公法因素相结合，法律的执行就会更加有效。这个问题尤其在竞争法与消费者保护法中被提出。有些法律制度通过惩罚性赔偿解决这个问题。在法律允许的范围内，在补偿性损害赔偿不能提供威慑和足够的预防效果时，为了惩罚侵权人，法院可判予惩罚性赔偿。惩罚性赔偿是补偿性损害赔偿外应予支付的损害赔偿金，它给予原告借以惩罚被告的手段。[1] 惩罚性赔偿是**附属性的**，因为它通常在确立被告责任的不法侵权行为外，还需要具备**加重情节**，如存在故意或重大过失等。[2] 惩罚性赔偿力图使侵权人为侵权行为付出比不这样做要更高的代价，以此为预防加害行为提供激励。从而，惩罚性赔偿可以被视为侵权法"社会工程"功能的重要因素。在匈牙利法律理论中，有些评论家将惩罚性赔偿看作是含有补偿效果的非物质损害赔偿的直接而可靠的形式，其在2013年的《民法典》中替代了原来的非物质损害赔偿。[3] 然而，这乃是一种误解。对疼痛和痛苦或者其他人格权侵害后果的非物质损害赔偿或补偿，也可以被视为提供慰抚效果的手段[4]，但这不意味着它含有惩罚效果。

非物质损害赔偿主要具有补偿性[5]，但同时具有恢复效果，它通常

---

[1] R. Cooter/T. Ulen, Law and Economics (2007) 394.

[2] P. Müller, Punitive Damages und deutsches Schadensersatzrecht (2000) 9.

[3] T. Lábady, Az eszmei és büntető kártérítés a common law-ban, Állam- és Jogtudomány 1994, nos 1—2, 69 ff.

[4] Lábady, A nem vagyoni kártérítés újabb bírói gyakorlata 22. Görög, Egyetemes eszmei kártérítési alapok, Jogtudományi Közlöny 2004, no 5, 191. M. Görög, Immaterieller Schadenersatz oder Schmerzensgeld? in: E. Balogh/A. Hegedűs/P. Mezei/Z. Szomora/J. Traser (eds), Legal Transitions. Development of Law in Formerly Socialist States and the Challenges of the European Union—Rechtsentwicklung in den ehemaligen sozialistischen Staaten und die Herausforderung der Europäischen Union (2007) 297.

[5] Constitutional Court of the Hungarian Republic 34/1992 (Ⅵ.1.) AB. hat.

有助于预防将来的不法行为,并防免对其他社会成员人格尊严的侵害。[1] 该功能在最高法院准予对处于昏迷状态的原告给予非物质损害赔偿的判决中得到强调。最高法院认为,即使受害人处于昏迷状态,无法享受非物质损害赔偿可能带给他的任何好处,他仍然有权获得这种赔偿。[2] 这种在2013年《民法典》中替代非物质损害赔偿的针对不法侵害人格权的新的补偿形式,并不会改变非物质损害赔偿的功能。引入这种替代非物质损害赔偿的补偿形式的考虑是,减轻原告证明其因被告不法行为所受损害的负担,以此使补偿变得更为容易。不过,依据作出这种改变的法律政策考量,尽管它肯定会强调其抑制属性,但不会消除该种制裁的补偿功能。

损害概念与损害赔偿概念具有牢固的联系。损害赔偿必须包含对受害人遭受的财产贬值损失以及因侵权行为而丧失的财产利益的赔偿,还应包括对减轻或消除受害人所受物质或非物质损害而支出之必要费用的赔偿。这些规定不仅要求完全赔偿,而且,由于它们将损害赔偿界定为对可赔偿损失的赔偿,从而也划定了责任的边界。因此之故,在匈牙利侵权法中,没有任何可予适用的惩罚性赔偿形式。惩罚性赔偿既非必然与侵权法理论或宪法框架不相容,亦非与侵权法的基本政策考量不相容。不过,存在某些理论公设,主要是受害人不得因其损失而获取额外利益的原则,若在匈牙利侵权法中引入任何形式的惩罚性赔偿,则会与之发生抵触。立法者和法律理论家们似乎不太愿意接受私法中存在具有刑法性质的制裁措施的状况。这种不情愿的主要根源在于,在现行私法中,这种性质的制裁措施(有利于国家的罚款和收缴措施)并没有被正常使用,它们的存在被视为是社会主义国家干预私法关系的历史残余,尽管这种看法可能并不正确。

尽管由于惩罚性赔偿由法院(国家)判决确认,因而不能被当作不当得利,作为一种获利形式可能并非不正当,但它们在概念上似乎仍与该原则不一致。承认惩罚性赔偿必然会在匈牙利侵权法体系中引发观念上的

---

[1] Lábady, A nem vagyoni kártérítés újabb bírói gyakorlata 40.
[2] Supreme Court, P. törv. Ⅲ. 20.703/1989 sz. BH 1990 no 15. 不过,补偿功能在另一个判决中仍被强调,在该案中,最高法院使非物质损害赔偿的抑制和预防功能从属于民事责任的补偿功能。Supreme Court, Legf. Bir. Pfv. Ⅳ. 20.419/2006 sz. BH 2006 no 318, EBH 2006 no 1398.

冲突。若这种赔偿金不是被支付给原告,而是被支付给服务于公共目标的公共团体,则前述冲突就可以避免。[1]然而,这种构造会导致丧失惩罚性赔偿的一个主要优势,即为制裁社会上的不法行为创造私人激励,并可能引发对维持这种损害赔偿之合理根据的怀疑。匈牙利公共罚款的经验显示,这是一种现实的可能。不过,如我们所见,必要时可以结合得利返还请求权来改进通过私人的法律执行。因此,没有必要为了增进效率而打破私法的结构或框架。这种认识与私法的两极性正当结构也是相容的。

4/42　　但是,如果侵权法制度用不当得利或其他剥夺侵权人不法获利的原理加以补充,并将其作为一套连贯性的制度,法律就无须引入惩罚性赔偿也能提供适当的威慑和预防效果。于是,私法的效率就可以在维持传统私法理论框架的情况下得以改善。要获得这样的效果,在匈牙利法律理论中,与损害赔偿法相关的不当得利法的附属性原则应当重新加以考虑。

十、保险合同法

4/43　　保险在匈牙利社会经济中发挥着越来越重要的作用。保险带来的最大好处或许是,它不仅转移风险,而且将其在面临相同风险的社会成员群体中予以分散。由于保险公司基于法定让与[2]而就保险赔付对责任人享有追偿权,故而责任制度的预防效果能够得以维持。在这种制度下,保险并未消除或在相当程度上阻碍侵权法威慑功能的发挥。保险对侵权法预防效果的消极作用并不必然发生,即使在前述追偿权无法执行的情况下亦然。第三者责任保险合同通常由风险承担人缔结,在很多情况下,他们都不是实际侵权人,如机动车驾驶人或者雇主。就机动车第三者强制保险而言,潜在的侵权人在存在疏失时也会面临自身人身伤害的危险,如

---

〔1〕 美国的某些州已引入这种解决方案[政府共享法令(state sharing Acts)]。D. Brockmeier, Punitive damages, multiple damages und deutscher ordre public (1999) 16.

〔2〕 这种法定让与在1959年《民法典》中也适用于自我保险和第三者转让保险:1959年《民法典》第558条第1款及第559条第3款。2013年《民法典》第6:468条针对自我保险有这种权利的明确规定,但对第三者责任保险则没有明确规定。追偿权是原则上可适用于所有基于损失的保险类型(这是更为可取的解释方案),还是仅限于自我保险情形,就此尚不清楚。由于在涉及第三者责任保险情形,这种权利作为保险公司针对被保险人的请求权也可以在保险合同中进行约定,所以法定让与规则的重要性就不是很大。

果他们造成了交通事故,还可能会承担刑事责任。他们在作出参与道路交通或维护车辆的相关决定时,是否会考虑到保险保障的问题,是非常值得怀疑的。

十一、社会保障法

在社会主义时代,全面的社会保障制度被建立起来,尽管为了激励人们尽快重新参加工作,它只对丧失的薪酬给予部分补偿,但至今仍在正常运作。如果受害人所受人身损害由社会保障预算资金得到了部分补偿,法院会相应减少对他的损害赔偿,理由是禁止因损失而获取额外利益。完全赔偿原则意味着,给予的损害赔偿应当因为已由其他来源获得补偿(国民医疗保险给付、伤残抚恤金以及因损失获得的其他补偿性收入等)予以减少。[1] 在这个意义上,社会保障法与侵权法具有相互补充的效果。

一般而言,依公共资金支持的国民医疗保险制度发生的追偿权,由关于强制医疗保险服务体系(Services of the Compulsory Health Insurance System)的1997年第83号法律调整。该法规定的追偿权涉及由国民医疗保险基金支付的服务。一般来说,对公共医疗卫生服务受益人的疾病、劳动能力丧失、人身伤害或死亡负有责任的侵权人,在依侵权责任一般规则被认定责任成立时,就国民医疗保险基金支付的服务费用负有偿还义务。该规定或许不涉及如下情形的追偿问题,即患者在医疗处置过程中遭受了损害,并由其他社会福利机构对其提供了健康或护理服务。不过,如果提供服务的社会福利机构是公共医疗保险体系的组成部分,则没有理由排除该规则的适用。若提供健康或护理服务的社会福利机构不是国民医疗保险体系的组成部分,这种追偿权应依一般私法,尤其是侵权法和不当得利法加以评判。要是这种服务是由私人保险提供的,则应当适用《民法典》有关私保险人之追偿权的一般规则。

4/44

4/45

---

[1] Supreme Court, Legf. Bir. Mfv. I. 10.744/2006 sz. BH 2007 no 354; Supreme Court, Legf. Bir. Mfv. I. 10.332/2000 sz. BH 2002 no 77.

十二、对犯罪或灾害受害人的补偿

4/46　　　设置并维持特殊的补偿体系是一个政策问题:是否应将社会资源用于补偿某些社会成员群体?如果是,它应当防范的风险类型如何?这些问题都需由政府决定。就灾害事故而言,并没有一般性的补偿制度。在一些有关特定自然或工业灾害事故的特别法中[1],规定了部分补偿,多数是以住宅建造或资金支持的形式。就犯罪行为被害人来说,2005年第135号法律规定有正式的补偿制度,其旨在为犯罪被害人提供帮助,并减轻其损失。根据该补偿制度的明确规定,因针对其生命或身体完整的故意犯罪而遭受严重人身伤害或死亡的人,有权由政府预算资金获得补偿。该种补偿随所受损害而逐步减少。

十三、得利剥夺请求权

4/47　　　如果向受害人返还因公共政策的原因而不被允许,则可将不法所得收归国有。例如,若合同无效,则至少已经部分履行的当事人原则上有权要求返还其给付。合同法的一般问题是(不当得利法一般也是如此),若其依合同履行的行为违反公共政策,也即违反法律或者违反善良风俗,是否应当拒绝已履行合同的当事人提出的返还请求。在违法情形,存在反对返还的特殊政策问题。首先,作为私法传统的一般原则,任何人都不被允许由其不法行为中获利。[2] 其次,允许返还对于违反善良风俗的行为将不能产生预防效果,虽然预防或威慑一般不是合同法或不当得利法的基本政策,但被广泛接受的看法是,预防不法或不道德的行为是值得追求的。再次,执行因违法合同的履行所产生的请求权,必然会使法院为判断请求权的法律基础而审查相关证据细节,这可能有损法院尊严。不过,即使拒绝与有过失(in pari delicto)的当事人的返还请求可以保护法院的尊严,并提供足够的威慑与预防效果,但在另一方当事人也具有同样过失的

---

[1] 例如,关于匈牙利赔偿基金的2010年第252号政府指令。它旨在为发生于2010年的工业事故受害人提供补偿,该事故导致奥伊卡(Ajka)附近的村庄被红泥覆盖,引发人员伤亡,并使居民失去家园。

[2] Nemo auditur suam turpitudinem allegans.

情况下仍允许其保有履行利益,也完全不能认为是令人满意的。如果当事人就违法合同的缔结具有同等过错,即使受让人在订立合同时与原告具有相同过错甚至比后者更不正当,仍然让其保有所转让的利益,这样做是极成问题的。1959 年《民法典》通过引入一种新的无效制裁措施而解决了这个问题。按照这个纯粹抑制性的制裁措施,对于那些缔结悖俗合同的人,欺骗或不法威胁合同对方当事人的人,或者是存在其他欺骗行为的人所为履行,法院可以判决将相关给付收归国有。[1] 类似的规则也适用于将依不当得利法应当交出的返还价值收归国家的情况。[2]

这种解决办法的弱点在其程序方面:在双方当事人肯定没有这种意向的情况下,法院如何能够将相关利益判归国有,这是很不清楚的。在不存在诉求的情况下将利益判归国有,与民事诉讼的本质并不相符。通过授予公诉人要求将相关利益收归国家的权利,这个程序问题得以解决。[3] 依据该程序规定,如果在民事诉讼中产生了判决收归国有的可能性,法院应当依职权(ex officio)通知,并告知公诉人适用该种制裁的可能性,以使公诉人介入该诉讼程序。由此,应予返还的利益就可以基于政府代理人(Public Attorney)的请求而判归国有。这种请求是作出前述判决的程序前提。

2013 年《民法典》[4] 废除了这种特殊的收缴措施。其主要理由是认为,这种制裁措施具有惩罚性,与民法的属性和结构不相容,并且很少被适用,其适用也毫无成效。

十四、刑法

刑法在保护个人权益方面发挥了重要作用,保护个人权益乃是所有法律制度所担负的任务。人们通常认为,刑法与私法之间的差别之一是,刑法的基本目标是威慑,而私法的基本目标是在个人受保护权被不法侵

---

〔1〕 1959 年《民法典》第 237 条第 4 款。S. Beck, Turpis causa—követelési jog? Jogtudományi Közlöny 1922, no 7, 52 f; T. Almási, Commenting on the presentation of Schuster Rudolf, Magyar Jogászegyleti Értekezések X. 1914, 23.

〔2〕 1959 年《民法典》第 361 条第 3 款。

〔3〕 1959 年《民法典》第 237 条第 4 款。

〔4〕 官方注释强调,这种抑制性的制裁措施不仅与私法的内在逻辑不相容,而且也欠缺继续维持这种做法的实践或理论上的理由。

害时提供恢复原状或损害赔偿的救济。这种看法在某种意义上是正确的,但是,法律的终极目标在总体上都是要对社会成员的行为施加影响,不论是私法还是刑法都莫不如此。就此而论,私法和刑法的主要目标是相同的,即预防不法行为。刑法和私法在程序法上也密切相关。犯罪被害人可以在刑事诉讼程序中提出赔偿请求,并由刑事法庭判给损害赔偿。尽管刑事法庭不愿意利用这样的机会,更愿意将赔偿请求留给民事法庭解决,但这已引致了欧洲侵权法中新领域的发展,而与美国的《外国人侵权索赔法》(Alien Tort Claims Act)的做法相似。若某个外国公民在其他国家针对当地居民实施了犯罪行为(尤其是侵犯人权的行为),而刑法允许原告将案件诉诸法院裁决,在这类案件中就涉及损害赔偿请求权的裁判问题。[1]

第三节 侵权法的任务

一、补偿功能

侵权法的补偿功能在匈牙利法律理论和实践中始终是确定无疑的。1959年《民法典》的出发点是,提供补偿是民事责任的直接目标,预防不过是侵权法的间接功能。私法主要应当消除侵害结果的不当性,恢复被扰乱的财产关系的平衡,这种设定和私法与市场的结构相符。这明确表现在完全赔偿原则中:损害赔偿应当使受害人处于如同损害从未发生的状态。[2] 侵权法的补偿功能在非物质损害赔偿情形表现得则不太明显。非物质损害赔偿针对的是不可让与且不能以金钱计量之权利所受损失。因而,法律似乎需要用金钱衡量那些本来无法用金钱衡量之物,这使得如何对它们进行计量,甚或这样做是否可能的问题,变得含糊不清。由于非物质损害赔偿这种矛盾性质,人们现在认为,非物质损害不是传统意义上所指的损害,非物质损害赔偿也不是作为赔偿而进行给付,而更多是为了补偿或慰抚。

---

[1] E. Engle, Alien Torts in Europe? (2005) 7.
[2] Official Explanatory Notes for the Civil Code 1959, 365.

二、预防功能与权利延续功能

按照匈牙利侵权法规则所反映的看法,侵权法的主要目的在于提供补偿,预防只是次要目的。但是,这两种目的牢固联系在一起,不能认为彼此完全独立。对受害人的补偿也具有威慑效果,也即防止社会上的其他人实施不法行为。赔偿增进了对社会成员的保护,而威慑则旨在预防不法行为。[1] 匈牙利侵权法中并无权利延续思想或类似理论。在核算损害时,法院及法律理论直接依据完全赔偿原则,以及受害人不得因受损而获取额外利益的原则。法院试图对损害进行客观评定,但它们不会因此而需要诉诸权利延续思想。

4/52

三、制裁功能

匈牙利从未承认侵权法的制裁功能。尽管为了实现预防目标,制裁可以为侵权法提供支援或补充,但制裁本身不具有这样的功能。

4/53

在确定不法侵害人格权的私法效果时,1959年《民法典》规定[2],若被告不法侵害原告的人格权,而给予的损害赔偿与被告违法行为的严重性不成比例,则法院可基于公共目的之考量对被告处以一定金额的罚款。[3] 支持这种抑制性制裁的法律政策考虑是,在严重侵害原告人格权的情形,损害赔偿可能没有适当传达对违法行为的社会评价,从而无法对人格权提供适当的保护并达到相应的预防效果。[4] 由于法院不太愿意使用这种特殊的罚款制裁措施,因而其并未获得预期效果,2013年《民法典》未再保留该规定。

4/54

匈牙利侵权法理论中有观点认为,2013年《民法典》针对不法侵害人格权的行为,将非物质损害赔偿和补偿作为替代损害赔偿的特殊制裁措施,具有一定的惩罚功能。不过,这是一种基于对惩罚性赔偿的误解,而

4/55

---

[1] Official Explanatory Notes for the Civil Code 1959, 365 f.
[2] 1959年《民法典》第84条。
[3] 为了更加有效地保护人格权并提供适当的预防效果,匈牙利在1977年对1959年《民法典》的广泛修订中,采纳了这个针对不法侵害人格权的特别制裁规定。
[4] Official Explanatory Notes for Act no IV of 1977, 455.

将慰抚或补偿当作惩罚的错误认识。2013年《民法典》引入的这种新的制裁方式并非旨在赔偿损害,而是将其作为不法侵害人格权的直接结果。但是,这不表明其因此而具有惩罚性。

4/56　　仅仅用补偿和惩罚来描述损害赔偿的功能可能并不适宜。公平、公正的慰抚或补偿也可以被视为损害赔偿的自主功能(autonomous functions)。提供慰抚并非赔偿,因为它无法回复侵害发生前的原初状态;但它也非惩罚,因为它是为了"补偿"(exchange)损失而给付金钱,且不当然取决于侵权人的过错程度。这在《欧洲人权公约》中得到了很好的反映:对于不遵守公约规定的义务的行为,欧洲人权法院可以判令成员国政府支付公平的慰抚金。这项慰抚金不是为了赔偿原告的损失,因为它无法修复原告所受损害,并使其恢复到未发生人权侵害行为的情况下其本来可以处于的状态,而更多是为了减轻或消除不法侵害受保护权利之后果,并防止成员国政府再次做出类似的侵害行为。因此,妥当的看法或许是,这种规定补充了侵权法可能具有的功能,使之具有补偿、惩罚或(公平)抚慰的效果。在匈牙利侵权法中,替代一般损害赔偿的非物质损害赔偿和补偿的确具有公平慰抚的功能。它们不是赔偿,因为它们不是对所受损失给予等额的金钱赔偿。不过,它们也不是惩罚,因为它们的主要目的不在于对不法行为人施以制裁,而是旨在为消除或减轻受害人所受损害而给予金钱抚慰。

四、经济效用最优化?

4/57　　法律的经济分析可以为考察侵权法的运作及其效果提供重要洞见。法和经济学的理论文献引致了重要的有用效果,司法实践也可以类似的思考方式形成并适用法律解决方案,就如美国著名法官勒尼德·汉德(Learned Hand)在法律的经济学分析兴盛前就确立了"汉德"规则[1]时所做的那样。从效率角度可以推知,预防是侵权法的主要功能,惩罚性赔偿是改善其功能的有用工具,在涉及私人的法律执行时尤然。[2]

---

〔1〕 *United States v. Carroll Towing Co.* 159 Federal Reporter, Second Series (F. 2d) 169 (2d Cir. 1947).

〔2〕 *Cooter/Ulen*, Law and Economics (2007) 394.

匈牙利侵权法的一般原则是,任何人不得因受损害而获取额外利益。 4/58
为了剥夺侵权人由不法行为所获利益(防止得利原则),采取返还性损害
赔偿或要求侵权人向受害人交出侵权得利的方式,能够和侵权法的原则
和政策相容。[1]

不过,尽管法律的经济分析可以作为完善匈牙利侵权法理论的重要 4/59
资源,但其并未在司法实践和法律理论中产生显著影响。基于致害可能
性的增加而认定因果关联的做法(表面因果关系理论),将机会损失作为
损害或自然原因加以考虑,损害尤其是纯粹经济损失的评估,过错的认定
(**汉德公式**),对严格责任的理解以及保险的作用,等等,这些都是侵权法
的重要领域和问题,经济分析可以为改进侵权法理论和实践提供重要
帮助。

□ 第四节 介于侵权与债务不履行之间的领域

一、侵权、违约与中间领域

1959年《民法典》关于损害赔偿规则的法律政策考虑是规定统一的 4/60
责任制度,包括针对侵权和违约的统一责任规范。[2] 它强调,责任的道
德基础是共同的,都涉及义务违反,不论相关义务是以合同允诺为基础,
还是直接依据法律而产生。由于避免了边界划分与归类的必要性问题,
所以,它使得责任制度也更加简洁。这种构造消除了侵权与违约之间的
渐变领域所引发的问题。由于这种制度构造,在匈牙利的司法实践中没
有发生类型界分问题,确定合同成立的严格时间点也不是一个关键问题。

2013年《民法典》没有再维持这种统一制度。在贯彻《联合国国际货 4/61
物销售合同公约》的违约制度时,立法者决定在匈牙利合同法中,针对违
约责任引入可预见性的责任限制规定。[3] 此外,对于免责条件也作了不
同构造。证明自己已遵守了必需的行为标准,尚不足以免除违约方的责

---

〔1〕 Marton, A polgári jogi felelősség (1993) §117.
〔2〕 如果没有相反规定,有关侵权责任的规则也适用于合同责任。1959年《民法典》第
318条第1款。
〔3〕 2013年《民法典》第6:143条。

任。相反,他应当证明违约是因在合同订立时无法预见之情况所致,其无法控制也无法避免该情况,或者预防损失的发生。[1] 这就必然打破统一责任的制度逻辑,并导向不累积制度(non-cumulation)。[2] 引入可预见性限制标准并创设不同的责任制度,其基本考虑是,合同义务是当事人自愿承接的义务。只有在合同当事人得到适当告知而承接义务的情况下,合意结果才能反映市场机制的作用,因为,交易价格只能体现已得到揭示的风险。立法者想要创设一种制度,以促使当事人在进行合同磋商时披露相关风险。各自独立的侵权责任和违约责任制度将会产生责任类型的界分问题。

要是采纳侵权责任和违约责任的统一制度构造,它们是否反映了不同的保护水平,或是否具有不同的内在逻辑或结构,这些问题就都不会产生。新的区分侵权和违约的责任制度将为这样的问题铺平道路。它在制度结构上的假定是,总是可以对当事人之间是否存在合同的问题作出明确肯定的判断。在朝向合同成立的行为链条中,被假定存在一个合同成立的时间点。假定合同是有效的,在该时间点之后,当事人之间存在合同权利和义务,而在那之前,则没有这样的权利和义务。恰如消费者合同与商事合同所显示的那样,这种情况并不总是明确的。不允许请求权累积的司法管辖区的经验也表明,这种判断的作出是很难的。针对大量消费者合同提供的适当范本(proper model)在今天也仍然存在问题(如决定性的合同成立时间,收缩包装许可,等等)。企业并购涉及有着众多交易环节的复杂程序。在有关软件开发合同中,通常需要界定合同的内容与履行,要求当事人之间相互协作。销售方通常在合同缔结前的准备阶段,实际上就已经开始着手履行。在某些商事合同中,如果当事人彼此信赖(deal-is-on-philosophy),同意在尚未就合同价格达成一致前,任何一方都可以开始履行,那么,合同也可以被认定已经成立。另一个问题是,对他方当事人的注意义务也可依法律规定而确立(如不得损害他人财产之义务),其亦可引致侵权责任,这在 2013 年《民法典》的一般规则中得以明确,其规定,不法造成损害之行为应被依法禁止。[3] 包括这里举示之情

---

[1] 2013 年《民法典》第 6:142 条。

[2] 2013 年《民法典》明确规定了不累积规则,其禁止在违约损害赔偿为适当救济手段时,受害人依侵权主张权利。2013 年《民法典》第 6:145 条。

[3] 2013 年《民法典》第 6:518 条。

形在内的事例都表明,在当事人承担的合同债务与法定义务之间划定清晰的界限并非总是可能的。

二、中间领域的案例群

因此,在侵权与违约之间并不存在中间领域。招股说明书责任并非是这种合同法中间领域的特殊案例类型,在迄今为止的匈牙利司法实践和法学理论中,也不存在当事人和法院指定的专家证人之间的关系问题。类似地,也没有提出关于缔约过失的理论问题。不遵守保护合同对方当事人人身、财产以及纯粹经济利益的注意义务,都只引致侵权责任。由于存在合同责任与侵权责任的统一规定,在前合同阶段直接依照法律规定施予当事人的这种义务,并不会对法院的法律适用造成任何区分的必要。

4/63

关于缔约过失并无专门规定。法律明确规定,在合同成立前的缔约磋商中,当事人有义务相互协作并披露所有与合同相关的重要情况。[1] 这是一种一般性的披露义务,将与缔约相关的诚实信用与公平交易原则具体化。不遵守这种义务将承担侵权损害赔偿责任。Eörsi 强调指出,在匈牙利侵权法中,不存在需要用缔约过失原理加以填补的法律漏洞。为了认定在德国法中被归类为缔约过失的案件情形下的责任,他明确将 1959 年《民法典》第 339 条关于诚实信用及公平交易原则的规定以及第 4 条第 2 款的协作义务规定用作基本的责任规范。[2]

4/64

在匈牙利司法实践中,存在一种特殊的案例类型,法院需裁决在招标被取消后,因投标所作花费是否应当给予补偿。问题是,在招标被取消或投标被撤回,或者为招投标作出徒然花费的情况下,招标人或投标人是否有权就其所作花费要求补偿。如果投标邀请或决定是违法的,很明显,按照过错侵权责任的一般规则,这种违法性就确定了受要约人(即招标人)的侵权责任。不过,这种责任仅涉及准备与提交投标文件所花费的费用

4/65

---

[1] 1959 年《民法典》第 205 条第 4 款。

[2] 在 Eörsi 看来,由于《德国民法典》在侵权责任和违约责任之间留下漏洞,所以德国法律理论和实践有必要发展这样一种理论。因 1959 年《民法典》具有关于责任的一般条款,故匈牙利私法中不存在类似的法律漏洞。鉴于这些案例已为 1959 年《民法典》第 339 条所涵盖,故而没有必要发展这种责任原理。Gy. Eörsi, Elhatárolási problémák az anyagi felelősség körében (1962) 181 ff.

（消极利益），而不包括投标人所丧失的可得利益。在这种案件中，与损害有关的因果关系从来都无法得到确证。[1]

4/66　　有一种特殊的案例类型，即信息责任(liability for information)，仍然属于中间领域。信息披露是合同法中最为敏感的问题之一。不知情的当事人所作决定不属于自由选择，这意味着作为合同之外部经济环境的市场是有缺陷的。对自由选择和市场机制的维护，为确保当事人处于适当知情地位的要求提供了正当理由。信息不对称可能被视为某种市场失灵，其应当予以矫正。反之，要求当事人分享其拥有的信息的一般义务，则会挫败产出信息的投入，这将阻碍创新。所有法律制度在某种程度上都明确或隐含地规定了前合同阶段的信息披露义务，但同时为这种义务设定了边界。1959年《民法典》明确要求当事人相互告知与合同缔结有关的所有重要情况，该规则在2013年《民法典》中仍被保留。[2] 不履行这种义务将成为合同因错误或不实陈述而不可强制执行的理由，同时/或者成为侵权损害赔偿的基础，又或者不是合同因错误或不实陈述而不可执行，而是代之以给予违约救济。

4/67　　在当事人（出卖人最为典型）提供有关合同标的物的信息情况下，推定存在信息义务，且构成合同内容的组成部分。[3] 若产品与声称的质量不符，就能够确认该方当事人的合同责任。在这种情形，原告可以选择基于错误、不实陈述或欺诈主张撤销合同，或者主张违约救济。合同被撤销的情况排除违约责任，但不排除基于侵权或者被诱导行为(1959年《民法典》第6条)提出的赔偿请求。

4/68　　2013年《民法典》创设的不同于侵权和违约的新制度也要求对缔约过失作特别规定。根据这种新制度，若当事人在前合同阶段没有遵守必要的协作和披露义务，则其承担的责任取决于合同是否成立的事实。若合同已经成立，则其应承担违约责任；否则，其应承担侵权责任。[4] 在2013年《民法典》中，协作义务与相关重要事实的披露义务被规定为缔约

---

[1] Supreme Court, Legf. Bir. Gf. V. 30 626/1984 sz. BH 1985 no 475; Supreme Court, Legf. Bir. Gf. I. 30.995/1994 BH 1996 no 108; Supreme Court, Legf. Bir. Gfv. IX. 30.030/2005 sz. EBH 2005 no 1220; BH 2005 no 364.

[2] 1959年《民法典》第205条第4款，2013年《民法典》第6:62条第1款。

[3] 1959年《民法典》第277条第1款b项。在没有这种明确规定的情况下，通过合同解释也可以在实践中得出相同的结论。

[4] 2013年《民法典》第6:62条。

当事人的一般义务,且与合同是否最终成立无关。不过,当事人在违反这种义务时,应适用的责任基础规定是不同的。若合同已经成立,则新规定将合同的保护范围扩及于前合同阶段。

三、请求权竞合问题

1959年《民法典》的责任制度允许合同责任与合同外责任同时并存。匈牙利司法实践似乎也接受这种状况。1959年《民法典》第318条规定,关于违约责任的规则也同样适用于侵权责任,仅法院无权基于公平考虑而减轻责任。合同责任与侵权责任的基础是不同的,前者系因违反合同义务,后者则系未遵守默示的禁止侵害他人的一般义务。尽管存在这种差异,应适用的损害赔偿规则仍是相同的。由于存在这种统一的制度设置,对于当事人和法院来说,主要的问题就是如何依违约或侵权来证立自己的诉讼请求或者裁判结论。即使被告的致害行为系属违约,但原告仍可依侵权主张权利。此外,根据匈牙利的判例法,法院不受原告提起诉请时所主张的法律理由约束,即使原告没有要求,甚或原告依被告违约主张权利,法院仍然可以审查侵权赔偿责任的构成要件。[1] 法院早先的做法有些含糊不清,其通常引用一般责任规则进行裁决[2],甚至在合同责任情形,也不适用有关合同责任的具体规则[3]。在20世纪70年代初,可以发现一种明显的倾向,法院在责任基础并存情形更喜欢以合同为基础。[4] 这种倾向逐渐发展为一种明确的立场。当合同责任与合同外责任(侵权责任)并存时,法院在合同案件中既适用合同责任的特别规定,也适用侵权法的一般责任规范,而裁决仍以合同责任为基础。[5] 不过,一种显著且重要的差异仍明显存在于司法实践中。这种差异涉及排除过错的不同标准,由此,在合同案件中,法院在判断特定情况下的行为人是否如一般被期望那样而行为时,会适用更加严格的标准。只有当被告能够

---

[1] A. Menyhárd, A kártérítési jog egyes kérdései, Polgári Jogi Kodifikáció 2004, no 1-2, 47.
[2] 1959年《民法典》第339条。
[3] 1959年《民法典》第318条。
[4] A. Harmathy, Felelősség a közreműködőért (1974) 202.
[5] J. Gyevi-Tóth, A szerződéses és a deliktuális felelősség egymáshoz való viszonya, Jogi Tanulmányok 1997, 178.

证明特定情形下的损害无法避免时,法院才允许免除其责任。[1] 这种倾向与合同当事人关系跟合同外情形之间的明显差异——其涉及不同的责任限制标准(如合同损害赔偿情形下的可预见性规则)——导致匈牙利立法者认为,尽管合同责任与合同外责任在损害赔偿范围上具有一致性,但仍应用责任类型区分制度取代统一责任制度。除了可预见性规则的适用范围存在某些不同外,有关合同损害赔偿与侵权损害赔偿的规则在2013年《民法典》中仍然相同。在1959年《民法典》中,法律不禁止法院在不法行为人的行为满足违约构成时认定合同外责任,即使被告或其他人负有合同义务,其仍然可以被认定为应当承担侵权责任的不法行为。在这种情形下,原告可以选择其请求权基础。[2] 由于存在"不累积"(non-cumulation)原则,在2013年《民法典》中各自独立的侵权责任和违约责任使这种情况不再可能发生。这种制度依循清晰的逻辑,但在适用过程中,实践中有可能产生大量界分问题。[3]

第五节　损害赔偿请求权的基本要件

一、损害

社会主义理论家 Eörsi 强调侵权法的预防功能,并将违法性而非损害作为侵权法制度的中心问题。这或许就是损害在法律理论中从未成为侵权法之主要问题的原因所在。匈牙利侵权法中的损害概念依损害赔偿加以界定。负有赔偿责任的侵权人应当承担恢复原状的责任;若无法恢复原状,或者被侵权人有合理理由拒绝恢复原状,则其应赔偿受害人物质与非物质损害。赔偿范围包括受害人财产的减值损失(所受损失)与受害人因侵权行为所丧失的物质利益(所失利益),以及为减轻或消除受害人所受物质或非物质损失而必须支出的费用补偿。[4] 所失物质利益的概

---

[1] I. Kemenes, A gazdasági szerződések követelményei és az új Ptk., Polgári Jogi Kodifikáció 2001/1, 9.

[2] Eörsi, Elhatárolási problémák az anyagi felelősség körében 33 ff.

[3] 2013年《民法典》第 6:145 条。

[4] 1959年《民法典》第 355 条第 1 款及第 4 款。

念作为一种特殊的损害类型,也暗指损害是一种法律规范性概念,而非有关自然事实的概念(natural concept)。[1] 经济上的界定既未在理论上受到讨论,也未在司法实践中得到适用。尽管可赔偿损失与不可赔偿损失的区分在司法实践或法律理论上同样未得到明确阐释,但其在司法实践中仍有所体现。不过,可得利益的损失被认为在道德上不可接受,故不应准予赔偿,尽管判断某种损失在道德上是否可以接受并不容易。送给医生的小费或礼品[2]是否属于可赔偿的损失尚不明确,但趋势似乎是予以承认。最高法院在一起裁决中拒绝了患者要求赔偿已付给医生小费的请求,但同时认为这种支付行为不应被认为是不合法的。依该判决,这种小费支出不受禁止,只要是患者自愿支付的,就不应被认为构成不法付款。[3]

按照匈牙利的主流看法,非物质损失赔偿不适于纳入损害概念中。1959年立法者的看法与先前的私法理论一致,认为既无接受非物质损害赔偿之必要性,且因不能以金钱计量之价值是不能给予赔偿的,故其本身亦不连贯。由此,非物质损害赔偿概念存在严重的固有矛盾。这种价值应当也适于由公法尤其是刑法提供的保护。人们还认为,侵害非物质利益通常都会涉及对物质利益的侵害。这使得法院得以在非物质利益同时遭受侵害时,以概括性赔偿的方式,对物质损失准予更高的赔付,借此包含对非物质利益的赔偿。前述看法从长远来看无法成立,1959年《民法典》在1977年被修订,修订后的规定包含了非物质损害赔偿。这些规定为了排除对受保护权益轻微侵害的赔偿,要求对权益的侵害需达到一定程度。1992年,匈牙利宪法法院认为,这种对非物质损害赔偿的限制使得对人格权的保护低于必要的水平,从而判定这些规定违宪。[4]

---

[1] H. Koziol, Österreichisches Haftpflichtrecht I (1997) no 2/8.
[2] 医生作为公共医疗卫生服务提供者(医院)的雇员,通常会收到患者的消费或礼品。这种"惯例"的基础是,有必要补偿医生通常较低的薪金收入。这种形式的收入一直饱受质疑,而医生群体内部也存在意见分歧。他们中的有些人期望获得这种额外支付,而其他人则基于伦理考虑而拒绝这样做。医生有义务向患者提供最佳的服务,而不应向患者索取或受领额外费用。在公共医疗保险服务体系下工作的医生,不应向患者要求额外款额、费用或其他物质利益等作为其提供服务的回报,他们也被禁止以这类物质利益作为其提供服务的条件。医生作为医院的雇员,有义务依这种关系的要求从事工作,但是在结束治疗后,他们不被禁止接受这类谢礼。
[3] Supreme Court, Pfv. X. 24.130/1997 sz. EBH 1999 no 18.
[4] Constitutional Court of the Hungarian Republic 34/1992 (Ⅵ.1.) AB. hat.

4/72　　司法实践明显倾向于将不法侵害受害人人格权作为准予非物质损害赔偿的必要前提。这种看法也受到 2013 年《民法典》的支持，后者取消了非物质损害赔偿，代之以直接补偿，以之作为对不法侵害人格权的特殊制裁。人们期望这种直接补偿的方式能够构建一种更为清晰的制度，在言及作为赔偿责任之必要前提的损害时，若损失无法以金钱计量，则能够避免概念上的不连贯问题。[1] 理论和实践均认为，非物质损害赔偿的基础乃是对人格权的不法侵害。问题仅仅在于，是像主流理论和《民法典》(2013) 立法资料所强调的那样，不法侵害人格权本身即可准予非物质损害赔偿，还是像最高法院的某些判决那样强调，须存在额外的明显不利后果。[2] 这种新的补偿形式立基于类似于慰抚金的概念基础上，不要求受害人遭受了明显不利后果。法院在确定赔偿额时要考虑案件的具体情况，尤其是对受害人人格权侵害的严重程度、侵害行为是否反复发生、不法行为的过错程度、对受害人及其所处状况造成的不利影响等。[3]

4/73　　1959 年《民法典》和 2013 年《民法典》都规定了保护人格权的一般条款。为此，认定不法侵害人格权时无须考虑被侵害的具体权利为何。这些权利不论是否在《民法典》或其他法律上具有专门规定，都受到法律的一般保护。这种一般性的保护使得基于人格权不法侵害事实即可确定非物质损害赔偿，而无须再具体确定受保护的权益。不过，由于非物质损害赔偿是针对不法侵害人格权行为的一种特殊制裁，在这个意义上，人身损害与财产损害之间存在差异。

4/74　　就损害赔偿额的评定而言，法院采取的一般做法是要考虑与案件相关的所有情况。在匈牙利司法实践和法律理论中得到认可的看法是，非物质损失无法以金钱计量。

4/75　　对非物质损害的赔偿水平在社会主义时代是非常低的，但目前呈现出稳步增长的趋势。尽管如此，其赔偿额与更高的社会生活水平尚不匹配。这可能会在欧洲层面引发某种紧张关系。法院试图按照社会一般承受水平来调整赔偿额，以避免因保险费过多增加而使服务的成本和价格

---

〔1〕 L. Vékás (ed), Szakértői Javaslat az új Polgári Törvénykönyv tervezetéhez (2007) § 2:121.

〔2〕 Supreme Court, Legf. Bír. Pfv. Ⅳ. 20.419/2006 sz. EBH 2006 no 1398 and BH 2006 no 318; Supreme Court, Legf. Bír. Pfv. Ⅲ. 24.313/1998 sz. BH 2001 no 12.

〔3〕 2013 年《民法典》第 2:52 条第 3 款。

过高。非物质损害赔偿额的确定并不存在赔偿目录,尽管实践中采取的做法与保险理赔仍相类似。法院试图在类似的非物质损害场合判予相似的赔偿额,以与相同情况相同处理的基本结构原则保持一致,但同时也会考虑相关具体情况和特殊性,对被侵害的受更高程度保护的利益判予更高的赔偿。[1] 非物质损害赔偿不存在固定金额,或者建议性的或公开发布的赔偿金额,初级法院的裁判实践存在相当大的差异,裁判结果很难预测。

在所有法律制度中,谁有权主张非物质损害赔偿的问题都是棘手的问题。数十年前,匈牙利法院就此采取的一般做法是,因失去亲人而遭受的悲痛与不幸本身尚非非物质损失赔偿的基础[2],但这种做法正在发生改变。现在,因失去近亲而主张非物质损害赔偿已得到司法实践的认可[3],仅请求权人的范围受到限制。对亲属准予赔偿的根据在于失去所爱之人,也即在完整而健康的家庭中生活乃是一种受保护的利益。有鉴于此,在司法实践中,父母、未成年子女、配偶及兄弟姐妹有权因被害人的死亡而主张损害赔偿。对这些亲属而言,丧亲本身就是主张非物质损失赔偿的基础。[4] 法院不太愿意扩大请求权的主体范围,不支持祖父母以及不再与父母生活在一起的成年子女提出的非物质损害赔偿请求。[5] 如果案件涉及的不是失去近亲,而只是亲属遭受了身体或健康损害,直接受害人就自己所受损害(如残疾子女之出生),可以主张非物质损害赔偿。[6]

由此,在匈牙利的法律理论与实践中,非物质损害赔偿所赔偿的不是精神损害,而是对权利(即人格权)的不法侵害。精神损害如身体疼痛、精

---

[1] Supreme Court, Legf. Bir. Pfv. Ⅲ. 20.991/1994 sz. BH 1997 no 226; Supreme Court, Legf. Bir. Mfv. I. 10.708/1998 sz. BH 2000 no 569.

[2] Supreme Court, Guideline no 16 (no longer in force).

[3] Supreme Court, Legf. Bir. Pfv. Ⅲ. 21.354/1991 sz. BH 1992 no 529(对失去父母的子女判给非物质损害赔偿); Supreme Court, Legf. Bir. Pfv. Ⅲ. 21.795/1998 sz. BH 2001 no 14(对失去子女的父母判给非物质损害赔偿)。

[4] 在司法实践中,因失去兄/弟而要求非物质损害赔偿的请求受到明确支持。Supreme Court, Legf. Bir. Mfv. I. 10.655/2007 sz. BH 2009 no 27.

[5] 2008年1月23—25日高等法院各民事专业委员会以及匈牙利最高法院民事专业委员会全国会议备忘录。

[6] Eg Supreme Court, Legf. Bir. Pfv. Ⅲ. 24.931/2002 sz. BH 2005 no 18; Supreme Court, Legf. Bir. Pfv. Ⅲ. 21.212/2008 sz. BH 2009 no 208; Supreme Court, Unificatory Resolution no 1/2008, 12 March 2008.

神痛苦、心情抑郁、期望受挫以及体验丧失等可能都不足以确立非物质损害赔偿。遭受了心理压力或精神痛苦可以用作支持裁决的理由[1],或者作为认定精神疾病[2]的根据。唯一的例外是针对职工假期及休养体验丧失的非物质损害赔偿。在欧洲法院作出**莱特纳案**(Leitner case)[3]裁决多年以前,匈牙利最高法院就已确立了涵盖该例外的规则。[4] 现在已很难追溯匈牙利法中这个特别原理的起源了。在1977年对《民法典》的修订之前,主流看法拒绝对非物质性的不利后果给予赔偿,这可能是支持这种做法的原因之一。第二个原因可能与所有法律制度都面临的一般性难题有关,即很难界定可赔偿的非物质损失的边界。1977年对《民法典》的修订设定了这些边界,它要求非物质损害赔偿须以存在重大的或永久性的人身伤害或者社会性不利为必要,同时也对可赔偿的非物质损失作出了界定。第三个原因与匈牙利宪法法院的裁决有关[5],它废除了前述界定以及1959年《民法典》所暗含的边界,而提出了另一个替代性标准。宪法法院提出的非物质损害赔偿概念的认识基础是,非物质损害赔偿主要适用于人身伤害、健康损害、名誉毁损及言论自由的侵害等,它们都是《民法典》人法部分规定的受保护人格权。由于在非物质损害赔偿情形,可赔偿的非物质损失因其非物质属性而不能被界定为损害,这使得无法将违法性概念纳入如下一般理论架构中,即纵然没有违反明确的法律规范,引致损害的行为也应被认定为不法,这种看法也有助于使非物质损害赔偿与侵权法的结构相适应。这个新观念也提供了必要的限制,蕴含了一套逻辑结构。很快就被法院和理论界所接受。[6] 据此推论,只有侵害受保护的人格权的行为才是准予非物质损害赔偿的基础。照此逻辑,只有当一个人有权远离烦扰、忧惧、疼痛、痛苦、抑郁生活时,法院才可能就

---

[1] Supreme Court, Legf. Bír. Pf. Ⅲ. 24.737/2002 sz. BH 2005 no 105.

[2] Supreme Court, Legf. Bír. Pfv. Ⅲ. 21.147/2005 sz. BH no 2007 6.

[3] ECJ preliminary ruling 12 March 2002, in case C-168/00, *Simone Leitner v. TUI Deutschland GmbH & Co. KG*.

[4] 在1998年的一份裁决中,因被告旅行社未告知原告到达其租用的位于山上的度假屋远离村庄而极为不便,匈牙利最高法院判给原告非物质损害赔偿。法院认为,既然原告未能在其旅游合同约定的宁静处所度过其假期,既失去了休闲的可能性,也失去了假日体验,以及在国外度假所应有的消遣与放松。Supreme Court, Legf. Bír. Pfv. Ⅷ. 23.243/1996 sz. BH 1998 no 278.

[5] Constitutional Court of the Hungarian Republic 34/1992(Ⅵ.1.) AB. hat.

[6] *Lábady*, A nem vagyoni kártérítés újabb bírói gyakorlata (1992) 32.

其遭受的不幸、惊吓、疼痛、痛苦以及抑郁等判予非物质损害赔偿。由于这些权利尚未在匈牙利法律中得到确认(未来可能会被确认),所以,只有当这些损害造成了涉及受保护人格权的健康损害(精神疾病)时,受害人才能获得非物质损害赔偿。侵害人格权成为非物质损害赔偿的一般构成要件,但是,就是否还需要存在其他明显不利后果,或者不法侵害受保护人格权本身是否就足以确立这种请求权(如宪法法院在表达其对这种权利提供全面保护的意图时所暗示的那样),司法实践并未形成一致做法。立法者以补偿替代非物质损害赔偿的主要目的之一就是要解决这个问题,并明确了如下立场:针对不法侵害受法律保护的人格权的行为,相关补偿无须额外的明显不利后果要件。

由于人格权的保护结构是以一般条款和开放性概念为基础,法院据此可以创设人格权类型。例如,为了支持它们认为适当的非物质损害赔偿请求权,它们就确立了受教育权[1],而当它们不愿判予非物质损害赔偿时,则会基于不存在被侵害的人格权的理由而驳回相关赔偿请求。在一起认定生育健康子女不是要求非物质损害赔偿的理由的案件中[2],最高法院避免将其判决建立在道德评判或者损害概念、生育和生命的伦理价值等理由基础上,而是以原告无法证明其人格权受到了侵害为裁判基础。在最高法院涉及不当生命的统一解决方案中提到了家庭计划权,而生活于完整家庭的权利则是涉及意外事故直接受害人的亲属,或其他侵害人格权情形的赔偿基础。[3] 不过,在涉及旅游合同中遭受不便或丧失休闲时间的赔偿情形,法院并不将人格权侵害作为裁判基础。因而,司法实践仍然存在理论上的不一贯。

4/78

尽管理论上已经证立,在非物质损害赔偿情形,作为责任之前提的损害被不法侵害受害人人格权的要件所取代,被侵权人无须证明存在传统意义上的实际损害、费用或损失就有权主张非物质损害赔偿[4],但这种认识还需得到司法实践的接受。为了对单纯忧惧给予非物质损害赔偿,

4/79

---

[1] Supreme Court, Legf. Bir. Pf. IX. 26.426/2001 sz. BH 2004 no 235.

[2] Supreme Court, Legf. Bir. Pf. III. 26.339/2001 sz. EBH 2003 no 941. and BH 2004 no 143.

[3] Supreme Court, Legf. Bir. Pfv. III. 20.436/2010 sz. BH 2011 no 248; Supreme Court, Legf. Bir. Pfv. III. 20.650/2009 sz. EBH 2009 no 2043.

[4] *Lábady*, A nem vagyoni kártérítés újabb bírói gyakorlata 31, and *Petrik*, Kártérítési jog (2002) 74.

就需要预先假定忧惧是一种对受害人人格权的不法侵害。尽管初级法院的一些判决表现出朝这种方向发展的倾向[1],但司法实践整体上似乎并未接受对人格权或非物质损失概念的这种扩大做法。若忧惧造成了一般性的可赔偿损失,如因相邻土地上建造了移动通信基站,担心存在辐射而导致土地贬值[2],或者引发精神疾病(非物质损失)[3],则这种损失应当给予赔偿,但单纯忧惧本身在匈牙利最高法院的实践中尚未被承认为是一种可赔偿损失。

4/80　　最高法院似乎要求在准予赔偿非物质损失时,要证明因不法侵害人格权而遭受了损害。不过,这个要求的基本考虑似乎是要排除"轻微"损害的赔偿,理论和实践之间的这种冲突的重要性尚不清楚。[4] 在2013年《民法典》的立法资料中,有观点主张规定一个条款,排除替代非物质损害赔偿的**琐利**(de minimis)补偿请求权,但最终未获支持。尽管如此,若是非物质损失没有达到某种最低水平,或者对受害人人格权的侵害不太严重,法院就不太愿意准予非物质损害赔偿。

4/81　　在匈牙利司法实践和法律理论中,从来没有提出法人(包括公司)享有可被侵害的人格权,从而有权主张非物质损害赔偿的问题。[5] 法人只能依其本性享有那些非属自然人专享的权利。

4/82　　对侵害那些因其不可让与性而不能以金钱计量的价值准予损害赔偿,当然意味着法律将那些本来不可以金钱计量之物用金钱加以衡量了。这就是1959年《民法典》之所以拒绝给予非物质损害赔偿的原因之一。不过,这样的趋势并非不可避免。如果法律拒绝对侵害人格权的行为施予非物质损害赔偿,这些权利所受保护就将处于一个较低的水准(刑法不能对所有社会成员或市场主体,尤其是法人提供适当的保护),这不是一个可为社会所接受的结果。除非法律禁止人们达成的不主张人格权的合

---

[1] 因为最高法院的判决参考了该院在如下案件中的第二种情况:Supreme Court, Legf. Bir. Pfv. Ⅲ. 20.911/2007 sz. EBH 2007 no 1691。

[2] Supreme Court, Legf. Bir. Pfv. Ⅲ. 21.543/2007 sz. BH 2008 no 211。

[3] Supreme Court, Legf. Bir. Pfv. Ⅲ. 21.334/2007 sz. EBH 2007 no 1694; Supreme Court, Legf. Bir. Pfv. Ⅲ. 21.147/2005 sz. BH 2007 no 6。

[4] 最高法院考虑到受害人只病了两周,尔后无任何并发症地得到康复,因而驳回了有关非物质损害赔偿的诉讼请求。Supreme Court, Legf. Bir. Pfv. Ⅲ. 24.313/1998 sz. BH 2001 no 12。

[5] Supreme Court, Legf. Bir. Pfv. Ⅳ. 21.127/1999 sz. BH 2001 no 110。

意,这种以金钱加以量化的约款就不可避免。[1] 权利与法益的保护所造成的商品化(commercialisation),看上去乃是法律发展的必然结果。

在同时存在物质损失和人格权侵害的情形,区分物质损害赔偿与非物质损害赔偿是很难的。在匈牙利于 1977 年将非物质损害赔偿引入《民法典》之前,非物质损失被认为始终应当与物质损害赔偿联系在一起,或者隐含在其中。从而,法院应将非物质损害赔偿当作一般损害赔偿的组成部分。

4/83

损害概念暗含社会评价与伦理原则。若法院或立法者是决定可赔偿损失的主体,则存在法律决策正当性的问题。生育子女是否是损害赔偿请求权的根据,在侵权法中是一个极具争议的问题。如果因为医生的疏失,未能提供有关胎儿状况的准确信息,从而阻止了父母作出终止生育的决定,结果导致智障婴儿出生,父母就有权主张物质和非物质损害赔偿(不当生育)。匈牙利最高法院的这种做法与欧洲法律制度的整体趋向保持了一致。[2] 不过,在法律理论中的有力观点表达了一种坚实的道德评价立场,认为应拒绝基于生育而主张赔偿的请求权。[3] 就不当生命案型而言,匈牙利最高法院认为,已出生的先天性残障子女,不得基于其母亲在怀孕期间因未从医疗服务提供者获得准确信息而没有堕胎(这本来是可以被允许的),致其出生即有先天性残障或畸形而主张物质或非物质损害赔偿。这种保持法律一致性的做法仅限于不当生命案型,也即限于非因医疗服务提供者或其雇员之活动的先天性残障或畸形情形。因此,就胎儿期所受侵害要求赔偿的请求权(就孕期里因医生介入所受损害主张赔偿)不在该解决方案内。这种做法排除了子女基于不当生命而提出的赔偿请求,但对父母的相关请求权不生影响。对涉及不当生命的损害赔偿采取这种做法的必要性在于,虽然最高法院依循了承认这种请求权的司法立场,[4] 但其提出的解释与匈牙利一些高等法院的惯常做法并不一

4/84

---

[1] 接受美国法中的形象权的趋势。

[2] Supreme Court, Legf. Bír. Pfv. Ⅲ. 22.193/2004 sz. EBH 2005 no 1206 and BH 2005 no 394. Supreme Court, Legf. Bír. Pf. Ⅲ. 24.931/2002 sz. BH 2005 no 18.

[3] Z. *Navratyil*, Keresztülhúzott családtervezés: a gyermek, mint kár, Jogtudományi Közlöny 64 (2009) no 7—8, 321.

[4] Supreme Court, Legf. Bír. Pfv. Ⅲ. 22.193/2004 sz. EBH 2005 no 1206.

致,这些法院表达并公开了它们拒绝子女提起的这种赔偿请求的看法[1]。高等法院之间不同做法所引发的紧张关系,以及前述做法对欧洲法律制度趋势的明显偏离[2],使得匈牙利最高法院修正了其在这类案件中的司法立场。由此,在显然受到其他欧洲国家司法实践之影响,且旨在使匈牙利司法实践与多数欧洲国家拒绝这类赔偿请求权的趋向保持一致的明确意图指导下,匈牙利最高法院改变了其先前立场,采纳了拒绝基于不当生命而主张赔偿请求权的统一做法。这个决定也得到基于欧洲人权法院的判决及宪法上所述理由的支持。在匈牙利法律中,该决定作为一种权威性解释具有造法效果,其本来是应当经由立法的途径来实现的。在匈牙利法律中,作出这种规定的必要性支持如下看法,即纵然与弹性的侵权法制度有所不合,但这种敏感性议题能够也应当由立法者通过立法程序加以处理。在民主社会中,立法程序作为沟通与协调不同社会价值和利益关系的手段,相比于司法裁判,似乎是确立这种处理原则的更为适宜且正当的方式。

4/85　　可赔偿损害的概念并未见之于匈牙利法律理论中,法院也并不使用或参引不同的损害类别或概念。在第二次世界大战前的私法中,附随损失(consequential loss)曾经是一个独特的损害类别。实际损害(actual harm)与包括可得利益损失在内的附随损失之间的差异,在当时的法律制度中是重要的责任限制因素。仅当侵权人存有故意或重大过失时,他才需就附随损失和可得利益损失承担责任。不过,1959年《民法典》未再保留这种类型构造,区分的意义已不复存在。

4/86　　在匈牙利涉及因果关系问题的侵权法理论中,存在直接损害和间接损害的区分。[3] 其他一些次级类型,如实际损害(real damage)与名义损害(nominal damage),事实性损害(natural damage)与规范性损害(normative damage),或者主观损害与客观损害等[4],并不为匈牙利侵权法所使用,在司法实践和专业讨论中也是如此。不过,那些法院为确定损害而

---

[1] 佩奇地区法院民事专业委员会2006年第1号意见(Ⅵ.2.),以及琼格拉德州法院的意见,其参考了对最高法院一致裁决的阐释性说明。

[2] 明确参考了对最高法院一致裁决的阐释性说明。

[3] Gy. Eörsi, A közvetett károk határai (1981); A. Fuglinszky/A. Menyhárd, Felelősség » közvetett « károkozásért, Magyar Jog 2003, 283.

[4] A. Fuglinszky, Mangelfolgeschäden im deutschen und ungarischen Recht (2007) 118 ff.

委任的司法专业人士仍然可能会使用这些分类方式,除非涉及不法所得之类的可赔偿性问题,它们基本上都被认为属于可由专家确定的具体专业问题,而非应由法院决定的法律问题。合同法中针对瑕疵履行的救济所用的基本损害(primary damage)与附随损害的概念区分,不仅其结构不够清晰[1],而且也未扩用于侵权法。履行利益与信赖利益(或积极利益与消极利益)的区分[2],在匈牙利侵权法中也被使用。在匈牙利私法理论中,其发展也与无效合同的效果相关,并受到德国理论的明显影响。[3] 现在,这些类型的真实属性(合同性或侵权性)及其内容都不再清晰可辨了。在实践中,信赖利益与履行利益之间的区分似乎已被实际获利(actual profit)与所失物质利益的分类所替代。[4]

二、因果关系

一旦确定了可赔偿损失与不法行为之间的因果联系,就将引致责任的承担。这必然涉及因果关系的法律概念。因果关系是责任的核心要素。尽管如此,在匈牙利法律理论和司法实践中,因果关系并不是一个得到了广泛讨论的问题。德国法律文献对匈牙利的法律认识始终发挥着重大影响,这或许就是匈牙利传统理论关注法律因果关系而非事实因果关系,并试图找到一种描述因果关系的一般模式、表述或理论的重要原因。[5] 这些尝试并未产出有用结果。其失败的主要原因在于,他们试图将因果关系的哲学概念用于法律处理和解释之中。[6] 在社会主义法律理论中,责任的预防功能被提到法律理论的显著位置。因果关系在风险分配中的作用也被引入到预防功能之中。因果关系的主要判断标准是,法律是否可以对引致损害的个人决定产生预防效果。

1959 年《民法典》中没有任何规则为因果关系提供规范性描述或者概念框架。2013 年《民法典》除规定了两项判定因果关系的规范外,同样

---

[1] *Fuglinszky*, Mangelfolgeschäden im deutschen und ungarischen Recht 162 ff.

[2] *Gy. Eörsi*, A polgári jogi kártérítési felelősség kézikönyve (1966) 75.

[3] *L. Asztalos*, A polgári jogi szankció (1966) 229.

[4] Supreme Court, Legf. Bir. Gfv. IX. 30.030/2005 EBH 2005 no 1220, BH 2005 no 364.

[5] *J. Szalma*, Okozatosság és polgári jogi felelősség (2000) 9 ff.

[6] *H. L. A. Hart/T. Honoré*, Causation in the Law (1985) 9 ff.

没有关于因果关系的任何细致规定。在涉及多数侵权人情形，2013年《民法典》规定，如果同时发生的任何一项致害行为都足以造成该损害，或者无法确定实际的致害行为，则适用相应的多数侵权人责任规则。[1]该规则解决的是涉及事实因果关系（natural causation）时的择一因果关系问题。另一个重要规则涉及的是侵权法中法律上因果关系的预见可能性问题，其规定，对于侵权人没有也不可能预见的损失，不得认定与侵权行为存在因果关系。[2]

4/89　　在第二次世界大战前的私法中，侵权法上的因果关系就被认为是一个复杂的问题，其仅在满足可归责性（accountability）与损害等责任要件时才加以考虑。Marton将因果关系说成是损害与致害原因之间的逻辑联系。他批评如下传统做法，即将因果关系限于确定相关行为是否属于确定责任的构成要件问题，并试图通过从事实因果关系的复合结构中挑选出某些原因，修改因果关系以掩盖传统过错原理的缺陷。[3]他认为，法律因果关系和事实因果关系没有区别。在他看来，法律因果关系与事实因果关系是同一的，我们在确定责任时应追溯到因果关联的何处，责任概念（或原理）应当就此提供答案。[4]在讨论违法性和可归责性这两个责任要件时，Eörsi也考虑到了因果关系问题。他认为，除在不考虑其结果就可以认定行为违法的场合外，因果关系与每一种责任构成要件都相关，但因果关系本身并非独立的责任构成要件。因果关系不能以抽象形式加以考虑，而只能根据确定责任的相关政策加以确定。[5]

4/90　　因果关系是侵权法"动态体系"的构成因素。它意味着，法院在从因果链中选择相关原因时将不得不进行权衡。因果联系必定存在于（不造成损害的）义务违反与损害之间。仅仅考虑造成损害的客观事件连锁是不够的（必要条件说），法官还须确定造成损害的重要原因为何。这就是某种形式的相当因果关系理论。[6]

---

[1] 2013年《民法典》第6:524条第4款。

[2] 2013年《民法典》第6:521条。

[3] Marton, Kártérítés, in: K. Szladits Károly (ed), Magyar Magánjog Ⅲ. (1941) 358 ff, 362, 365.

[4] Marton in: Szladits Károly (ed), Magyar Magánjog Ⅲ. 370 and Marton, A polgári jogi felelősség (1993) 168.

[5] Gy. Eörsi, A jogi felelősség alapproblémái—a polgári jogi felelősség (1961) 472.

[6] Eörsi, A polgári jogi kártérítési felelősség kézikönyve 263.

在 Petrik 看来,当三个并存的前提条件得到满足时,即无侵权人的行 4/91
为就不会发生损害,行为可归责于侵权人,且法律制裁的运用可以影响侵
权人的行为(或法律制裁具有预防效果),损害与侵权行为之间的因果关
系就可以确定。[1] 这个方法建立在 Eörsi 的理论基础上,并呈现出违法
性和因果关系的明显关联。依这种看法,若法律对相关行为不具有预防
效果,则考察该行为是否为相关损失的重要原因就不合理。探究相关行
为与必需的行为标准是否一致的违法性问题,只有在确定责任能够对相
同情况下其他类似之人的行为发挥影响的情况下才会出现。这种做法模
糊了违法性与因果关系的界分。

理论界没有对事实因果关系和法律因果关系的关系加以分析,而只 4/92
是将因果关系作为责任的构成要素。"若非—则"标准(but-for test)要求
责任的认定须以无侵权人的行为即无损害发生为前提,这是一个在理论
和实践中得到一般认可的确定因果关系的出发点。在匈牙利法律文献
中,尽管就事实因果关系与法律因果关系的区分存在相关讨论,但法院似
乎并未赋予其特殊的重要性或意义。[2]

不论是立法还是实践都没有区分直接因果关系与间接因果关系,理 4/93
论和实践上业已形成的看法是,不作为可被视为损害的原因。如果损害
在义务履行时将不会发生,义务违反就被视作损害原因。若不法行为人
依法律施予他的义务要求而行为就不会引发损害,则其就得为自己的不
作为而承担责任。[3] 在不作为情形,若没有阻止损害之发生,就得承担
相应的责任。如若义务违反不是引发损害的事实原因,就不能认定有因
果关系存在。假若被延请治疗重伤者的医生到得太迟,但能证明伤者在
医生更早到来的情况下仍会死亡,则医生的不作为就不是损害发生的原
因,从而不得基于义务违反的理由而令其承担责任。[4] 这同样适用于医
生未告知患者医疗处置或干预的潜在风险与副作用的情况。若患者在得
到正确告知的情况下仍将会表示同意,而不会作出不同决定,则法院会基
于缺乏因果关系的理由而拒绝就违反告知义务的行为要求赔偿的诉讼请

---

[1] *Petrik*, A kártérítési jog (2002) 27.
[2] *A. Dósa*, Az orvos kártérítési felelőssége (2004) 97.
[3] 对 1959 年《民法典》第 339 条的正式评注。
[4] *Petrik*, A kártérítési jog 27.

求。[1] 要是存在法定的行为义务,而侵权人未按该要求实施行为,且要是其实施行为,损害就不会发生,则不作为也被认定为损害的重要原因。

1959年《民法典》就数人侵权作有专门规定。依该法第344条的规定,若损害是由两个或两个以上的人共同造成,则他们应向受害人承担连带责任。他们彼此之间按照各自应当负责的程度进行责任分担。若无法确定他们的责任大小,则按照同等的份额承担责任。除非会危及或不适当地延迟损害赔偿,或者受害人自己也促成了损害的发生,或者不可原有地迟延主张其权利,否则法院就有权认定连带责任,并按照各责任人对损害发生的作用大小确定其应当分担的责任。[2] 理论和实践中存在争议的是,两个以上的人是否应当具有某种程度的共同故意,或者在各自单独行为时也可以承担连带赔偿责任。理论上有观点认为,共同故意是认定连带责任的必要条件。[3] 不过,这种看法与2013年《民法典》的基本政策取向并不相符,该法明确规定,共同故意不是认定共同侵权或数人侵权的前提条件。更为可信的解释也强调判断的客观性,且共同故意不是共同责任的前提条件,多数侵权人的行为目的是无关紧要的。比如,两辆汽车相撞,造成其中一辆汽车中的乘客受伤,两辆汽车的驾驶人应被认定为多数侵权人,并应承担连带责任。[4] 不过,仅仅是因果关系上彼此依存尚不足以确定共同责任。若某人因过失未履行其义务,致使其他人可能因此而造成损害,则其亦应与直接造成损害之人承担连带责任。采纳连带责任的两项主要原则是预防以及为原告提供更好的获赔机会。数人承担连带责任与按份责任的差异可依因果关系确定:若每个侵权人的行为都是损害发生的**必要条件**(conditio sine qua non),则多数侵权人为连带责任人;如果多个致害行为之间没有原因上的依存关系,或者依存关系极

---

[1] Dósa, Az orvos kártérítési felelőssége 99.

[2] 2013年《民法典》第6:524条保持了同样的规定。若两个或两个以上的人共同造成了损害,则应承担连带责任。如果被侵权人助成了损害的发生,或者存在特殊情况或基于公平考虑,免除侵权人的连带责任是合理的,则法院有权免除其连带责任。如果法院不支持连带责任,则应按照侵权人各自的过错行为确定其责任份额,或者在无法确定其行为范围时,则按照其对损害的作用力确定份额。如果作用力也无法认定,则损害由侵权人依同等份额承担。若损害可能是由同时实施的数个行为中的任何一个造成,或者无法确定实际造成损害的行为,则应当适用数人侵权规则。

[3] B. Kemenes/L. Besenyei, A kártérítés általános szabályai, in: G. Gellért (ed), A Polgári Törvénykönyv Magyarázata (2002) 110 ff, 1120.

[4] Benedek/Világhy, A Polgári Törvénykönyv a gyakorlatban (1965) 349.

为微弱,则数个侵权人不承担连带责任。例如,某人造成了汽车交通事故,受害人遭受了非致命伤,但由于手术医生的过失而死亡,这两个侵权人不承担连带责任。[1] 因此,当每个侵权人的行为都是同一损失的必要条件时,连带责任就可以被认定。就此还需稍做修正,要是损害可以由同时进行的任何一个行为所造成,或者无法判定究竟是其中哪个行为所造成,仍然可以认定连带责任成立。[2] 这意味着,在数人侵权情形,促成风险可以成立因果关系。就数人承担连带责任而论,侵权法关注的是因果关系而非侵权人的意图,损害将致害事件与促成损失的行为整合为一个"共同的"因果链。数个侵权人是否实际在意识、意图或行为上相互影响,那是不重要的。譬如,几个人一致同意实施犯罪行为,其中一人辩称,即使自己没有参与,其他人仍会实施该犯罪行为,纵然这个说法是真实的,该辩解也不会被考虑。心理学上的因果关系在这种案件中根本不会被考虑,这就是其原因所在。[3] 数个侵权人是否知晓彼此的行为,这同样无关紧要。即使责任基础有别,共同因果关系仍然可以成立。例如,若某人未遵守交通规则而因过失驾驶造成交通事故,车辆所有权人作为营运者应依异常危险行为承担严格责任[4],而驾驶人则承担一般过错责任,不过,他们作为多数侵权人,应向交通事故的受害人承担连带责任。

  在认定被告促成了损失的发生时,被告行为与侵害之间因果关系的证明责任由受害人承担。若受害人所受伤害既可能由他人行为所致,也可能因其他致害风险所致,而原告无法证明系所诉之人造成了受害人的伤害或死亡,则其诉请应被驳回。在某些案件中,法院可能会通过判决连带责任的方式解决问题,但只有在该危险是伤害或死亡的间接原因,也即该致害危险满足"若非—则"标准时方可。匈牙利法院对于证明责任要求极为严格。如果致害原因不明,原告就不能依一般责任规则确立被告的

---

 〔1〕 对 1959 年《民法典》第 344 条的正式评注。
 〔2〕 2013 年《民法典》第 6:524 条第 4 款。
 〔3〕 在某个案件中,三个人偷盗一辆汽车,其中一人回了家,另外两个窃贼继续驾驶该车,一段时间后发生了意外事故,汽车遭损坏,回了家的人也被认定应对事故损害负责。在该案中,回到家的人是否随同驾驶,或对于驾驶人的决定、意图或行为有所影响,完全是不重要的。Supreme Court, P. törv. V. 20 883/1979 sz. BH 1980 no 471.
 〔4〕 1959 年《民法典》第 345 条第 1 款和 2013 年《民法典》第 6:535 条第 1 款均规定:异常危险活动的经营者有义务赔偿由此所生的损害。他若能证明损失是因该活动外的不可避免的原因所造成的,则可免于承担责任。

责任。由此，这个问题不仅在理论上不被讨论，而且也不见之于司法实践中。若能证明是受害人的身体或心理状况造成其遭受伤害，但其他事件恶化了这种状况，从而加速了损害的发生，则与这种事件有关的侵权责任也可以被认定。[1]

4/96　　依据理论和实践形成的看法，数人侵权也可基于相继发生的事件而成立：被盗物品的盗窃者与窝赃者属于多数或共同侵权人，即使他们并未共同行为，且窝赃者并非盗窃者的帮助人，仍应承担连带责任。[2] 从共同原因与数人侵权的思考结构可以推论，即使真如窝赃者所称，纵然其不接受被盗物，盗窃者也会将被盗物品交给其他人，这个抗辩也不会被认可。Eörsi 试图用下面的例子来阐述数人侵权。D 对 P 造成了伤害，后者需要住院治疗。若 P 在医院死亡，则死亡的直接原因将决定 D 是承担按份责任还是与医院一起承担连带责任。若 P 系死于医院发生的火灾事故，两种致害原因（身体伤害与火灾）是各自独立的，从而不存在共同原因，D 与医院不是多数侵权人，他们只需就各自造成的损害承担相应的责任。若 P 系因医院治疗中的不当行为而死亡，则 D 与医院构成数人侵权，应当承担连带责任，因为该意外事件是受害人死亡的重要原因。若 P 系因在医院或城市中遭受感染而死亡，则数人侵权的成立取决于 P 所受 D 之伤害是否增加了遭受感染的概率。若答案是肯定的（如身体伤害减弱了 P 的免疫能力），D 与医院构成数人侵权，应当承担连带责任。[3]

4/97　　在某些案件中，可以认定被告参与了致害事件的因果链，但无法确定若无被告的行为，损失是否仍会发生。在这种案件中，因证明责任被分配给受害人，故无法证明加害人为谁，将导致损害不能得到赔偿。在损害与过错很明显，且已知的潜在侵权人范围很小的案件中，证明需要或证明困难（Beweisnotstand）将会使损害得不到赔偿。预防原则也将因驳回诉请而被削弱。反之，减轻受害人在这种案件中对因果关系的证明负担不仅会破坏侵权法的制度构造，而且会产生无根据地认定责任的危险，这将导致不公平的后果。

4/98　　就前述问题，法院在试图坚持侵权法的基本结构和概念框架下，已经

---

[1] Supreme Court, Legf. Bír. Pfv. Ⅳ. 21.910/2001 sz. EBH 2002 no 626.

[2] Supreme Court, Legf. Bír. Pfv. Ⅲ. 21.290/2001 sz. BH 2004/135 sz.

[3] Eörsi, A polgári jogi kártérítési felelősség kézikönyve 332.

找到几种不同的解决办法。第一个办法是,在被告促成了原告的损失但不是该损失的唯一原因时,它们认定存在部分因果关系。在这类案件中,由于存在其他造成受害人损失的促成原因,所以,被告无须就全部损害承担责任。被告不就外部原因(如气候、自然力等)或其他侵权人所致损害承担责任。因而,侵权人仅就与其致害原因相应的可赔偿损失承担责任。尽管法院避免考虑或谈及概率问题,该原则似乎仍然表明,在某些案件中,增加损害发生的可能性将作为促成原因而成立因果关系,侵权人的责任则与其助成损失的比例相应。[1] 法院的论证基础是部分因果关系,但判决实际上暗含有分割损害的效果。有关于此的相关判决并未考虑到损害的可分性问题,但其仍可被认定为确认部分责任的前提。

第二个办法表现在它们对数人侵权规则的利用中。若能认定被告参与了致害行为,则可以将其作为多数侵权人而令其承担责任。但是,在这类案件中,法院并未审查被告行为是否为所生损失的必要条件,因为是被告实际实施了致害行为,还是被告之外的其他侵权人(其中之一实施了实际造成损害的行为)参与致害行为并不重要。在数人涉及致害行为,仅其中一人或数人可能是实际侵权人,而受害人没有足够信息对此作出确认时,由于受害人承担证明责任,这将导致其诉请被驳回,法院试图避免产生如此结果。这样做的逻辑基础在于,致害风险是由包括被告在内的多人造成的。它将致害行为与损害之间的因果关系转换为危险创设与损害发生之间的因果关系。其背后的程序逻辑则是,数个侵权人应就全部损害承担连带责任,但不必将所有潜在侵权人都纳入民事诉讼中。于是,如果只有某个参与了造成损失的致害行为,或者促成引发损失的事件的侵权人被诉,该侵权人就将对全部损害承担责任。损失实际上是由其他一个或多个未遭起诉的侵权人造成的事实无关紧要。重要的只是责任在多个侵权人之间的分配,而非认定被告对受害人的责任。[2] 这个解决方案将导致以一种有限的方式去接受新的因果关系概念。根据这个概念,增加损失发生的概率就成立某种(事实上的)因果关联。这种做法也像法经济分析文献所建议的那样,克服了必要条件标准(该标准在匈牙利也是主

---

[1] Supreme Court, Legf. Bir Pfv. Ⅷ. 20.831/2009 sz. BH 2010 no 64.

[2] Supreme Court, Legf. Bir. Pf. Ⅵ. 21. 525/1993 sz. BH 1995 no 214; Supreme Court, P. törv. V. 20.883/1979 sz. BH 1980 no 471; Supreme Court, Legf. Bir. Pfv. Ⅲ. 21. 290/2001 sz. BH 2004 no 135.

流)的不足,同时为认定市场份额责任、"狩猎"情形下的因果关系*提供了基础,在某行为增加了损害发生的危险,但无法确定受害人是因该种危险的增加还是其他别的原因而遭受损害的情形,它也为责任的认定提供了根据。[1] 这种新的处理因果关系的做法解决了理论和实践所面临的事实因果关系难题,但理论和实践并未将其表述出来。法院在判决中就此给出的论证,总体而言是不清晰的。存在某种可辨识的弹性,其显示出在被告只是增加了损失发生的可能性,但可能并没有实际促成损失发生的情况下,必要条件说会导致驳回对被告的正当诉请时,法院将不再坚持该因果关系认定标准的倾向。

在司法实践中,存在就因果关系实行证明责任倒置的新趋势。匈牙利法院似乎认为,在某些案件中,僵化地适用必要条件标准以及有关因果关系的证明责任规则,可能会产生不公平后果以及不当的风险分配,它们试图设法矫正这样的后果,在信息不对称的情形下,受害人由于其所处地位而无法提供与证明有关的必要信息,而信息不足的风险又可以合理转移给被告时尤其如此。这种发展适用的典型情形为医疗过失案件。在过去几年里,将因果关系不确定的风险转移给医疗服务提供者的倾向非常明显。在这类案型中,法院似乎认为,即使存在像未知伤害或疾病根源之类的不明确未知事实,受害人承担的因果关系证明责任也被免除。在一些涉及不明事实的案件中,当作为被告的医生未尽所要求的注意义务时,法院就将因果关系的证明责任倒置,要求作为被告的医疗服务提供者就因果关系的欠缺提供证据予以证明。[2] 这种将因果关系不确定的风险转移给医疗服务提供者或者其他潜在侵权人的趋势,在人身伤害或医疗过失案件中较为明显,但并未被确认为一般性规则。尽管有观点明确承认机会改变可以成立因果关系,增加损害发生的风险也可以成立因果关系,并认定医疗服务提供者的赔偿责任,但机会丧失理论尚未被匈牙利侵权法所接受,不论是作为可赔偿损失项目,还是作为成立因果关系的充分

---

* 即数人实施可能造成损害的危险行为,但只有其中一人或数人的行为实际造成了损害,而无法确定实际侵权人的情形。——译者注

〔1〕例如,某地区某工厂有废气排放,在该地区生活的一些人遭受健康损害的危险增加了某个百分比,但无法确定受害人是在无排放的情况下也会遭受同样的健康损害,还是仅仅因为废气排放才遭受了该损害。

〔2〕Supreme Court, Legf. Bír. Pfv. III. 21.598/2008 sz. EBH 2009 no 1956.

条件都是如此。就涉及医疗过失责任以及非物质损害赔偿责任的最新发展来看,法院似乎认可受损风险的增加可以导致责任成立。在2006年发布的一个判决中,最高法院认定了医生的责任,理由是其诊疗错误增加了生育残疾子女的风险,判给子女与其父母物质与非物质损害赔偿。[1] 这个趋势在最高法院的另一个判决[2]中得到确认,判予赔偿的理由是,医生在治疗新生儿的过程中,尽管已经认识到患儿面临的罹患脑膜炎的风险,但没有采取措施降低该风险并预防其后果。[3] 在最近的判决[4]中,最高法院明确表示,痊愈机会的丧失可以确立患者的死亡与原告损失之间的因果关系。尽管这些案件被报道为有关机会损失的案例,但其既未涉及固有的不确定性问题,亦未考虑到可能性问题。法院实际只是基于被告医生的过失,采取因果关系证明责任倒置的做法而已。在这些判决中,法院分配了不确定风险,并将其配置给被告。这种倒置证明责任的做法也见于别的案件。在最近有关高速公路运营者责任的判决[5]中,最高法院要求运营者若要免除其对进入高速公路的越野赛中所生损害的赔偿责任,就得要么提供防护栏设置在交通事故发生时无缺陷的证据,要么提供由于防护栏有缺陷,比赛不能到公路上进行的证据。

不过,这些趋势并未扩及到人身伤害和医疗过失之外的其他案型。机会丧失原理尚未成为主流。在这类案件中可能性并未得到核算,法院在涉及专家责任(如律师责任)的其他领域中也迟迟不愿采取这种做法。对于这个新发展还有另一个重要限制是,在法院承认治愈机会降低是一种损害的案件中,原告能够获得非物质损害赔偿。因此,法院不愿面对一方面要计算损害或部分赔偿,另一方面又涉及受高度保护的权益被侵害的问题。没有迹象显示,这种做法会扩及于仅涉及受较低保护的权益的请求权,或者要求物质损害赔偿的请求权。

法院似乎不愿依据教义性基础(如机会丧失、市场份额责任)去解决事实因果关系的问题,而试图在涉及非物质损害赔偿的医疗过失案件中,

---

[1] Supreme Court, Legf. Bír. Pfv. III. 20.028/2006 sz. BH 2006 no 360.
[2] Supreme Court, Legf. Bír. III. 21.191/2007 sz. BH 2008 no 184.
[3] *Jójárt Eszter*, Az esély elvesztése, mint kár? Jogtudományi Közlöny 64 (2009) no 12, 518.
[4] Supreme Court, Legf. Bír. Pfv. III. 22.188/2010 sz. BH 2012 no 10.
[5] Supreme Court, Legf. Bír. Pfv. III. 21.682/2008 sz. BH 2010 no 7.

运用证明责任转移、认定部分因果关系,以及将可能性改变当作因果关系等解决办法。

4/103　　因果关系在法学理论中更多被看作责任限制因素,而非责任成立要素。其更多关注的是,纵然已满足必要条件标准,仍不应认定责任成立的具体情况是什么,而非侵权法作为一种规则体,为了达成最优水平的预防效果,并在威慑与自我负责之间实现平衡,应当如何运用因果关系的问题。

第六节　归责要素

一、违法性

4/104　　在匈牙利侵权法中,违法性被认为是一个在结构上和理论上明显不同于过错要件的独立责任构成要素。在匈牙利法律理论中,造成他人损害的行为原则上是违法的。[1] 违法性概念的理论基础在于,除非法律另有规定,造成损害的行为应被认定为违法。在特殊情形下,若侵权人能够证明,损害的造成明确为法律所允许,则其无须承担责任。[2] 其基本考虑是,如果违反了被一般接受的行为要求,在认定造成他人损失的行为应负的责任,或认定受法律保护的权益被侵害时,就无须再去寻求侵权人未遵守的特别规范。但是,司法实践并未在这方面保持一贯做法。即使在认定责任时并无相关需要,法院还是经常会试图寻找侵权人违反的某种法律规范。法院的这种做法常常被批评为是不正确的,与违法性观念是不一致的。不过也应看到,目前的理论对未遵守社会一般价值观念的行为所暗含的要求作了过度简单化的理解。这个最初思想从未表明造成损害的行为本身就是违法的。违法性作为必要的责任构成要件,应当像过错或因果关系那样被当作一个复杂的类型。司法实践——其已经这样做

---

〔1〕 任何不法造成他人损害的人应当就该损害承担赔偿责任。若其能够证明自己的行为并不违法,则可免于承担责任。2013年《民法典》第6:519条。

〔2〕 Eörsi, A polgári jogi kártérítési felelősség kézikönyve no 221. The defences are, for example, the consent of the aggrieved person, necessity, the authorised exercise of rights, etc.

了[1]——并非不正确,而恰恰反映出过度简化的传统理论站不住脚。对违法性观念像过错和因果关系那样保持弹性,更能契合侵权法的动态体系,并授予法院在风险分配与风险分散方面更大的裁量权。很明显,前述关于违法性的最初理论概念应予修正。

但是,匈牙利的立法者没有考虑到,不仅违法性与过错是相互关联与交错的责任要素,而且将它们加以分离也会招致异议:如果行为是违法的,为何仅因不存在过错就不予制裁?反之亦然。未遵守必要行为标准的行为是如何能够被认定为违法的?2013年《民法典》的立法者不是去考虑违法性(unlawfulness)与过错,并试图提供一个适当的概念以同时涵及二者(wrongfulness,违法性),而是强调违法性(unlawfulness)概念的独立地位,为其规定专门的认定标准,该标准可以消除制度结构上的冲突。依该规则,所有引致损害的不当行为都应被认定为违法,除非:(1)它已获得受害人的同意;(2)它是在防卫不法攻击或紧迫的不法攻击之威胁过程中对攻击者造成的,且该行为未超越防卫的必要限度;(3)它是在紧急情况下造成的,且是合乎比例的;或(4)它是法律允许的行为,且该行为未侵害他人受法律保护的权益,或者是法律规定需对受害人所受侵害给予补偿的行为。[2]

4/105

于是,在此结构下,首先需要考察的是,引致损害的行为是否合法。若法律没有规定在给定的案件事实情况下造成损害的行为是合法的,则该行为应被认定为违法。如果是这样,接下来要考察的是,侵权人的行为是否遵守了必需的行为标准(如未遵守,将被认定为有过错),或是否存在其他可免除责任的情况。若存在这样的情况,则应免除其责任。这是判定违法性的一般标准。就违法性来看,匈牙利侵权法似乎采纳了某种结果导向的做法。这种倾向也被过错概念所强化,后者也被认为是一种客观化概念。

4/106

匈牙利侵权法中尚未出现作为证人或专家参与司法程序的人的责任这样的敏感问题。不过,法院似乎对进入司法程序赋予公共利益上的优先性,对这些参与司法程序者给予某种责任豁免。刑事法庭明确认为,当事人或证人就其在诉讼中所作陈述享有豁免权,要是没有这种豁免,这些

4/107

---

[1] Pécs High Court of Justice, Pécsi Ítélőtábla Pf. Ⅲ. 20.356/2004 sz. BH 2005 no 17.
[2] 2013年《民法典》第6:520条。

陈述将构成对他人名誉和人格尊严的侵害。[1] 此外,尽管没有"专家证人豁免"原则,法院仍然不愿认可针对司法专家在诉讼程序中所提供的意见而提出的损害赔偿请求。[2] 在这类案件中,法院不会认定被告作为其他诉讼程序的当事人、证人或其他参与人作出陈述或发表意见的行为是违法的。

4/108　　尽管在涉及非物质损害赔偿时,如果不存在对受法律保护之利益的明显侵害,法院将不会准予非物质损害赔偿,但是,不论在理论上还是实践中,都不存在任何形式的琐利限制规则(de minimis rule)。

4/109　　当欠缺行为人在民事关系中行使权利或履行义务的行为标准时,由一般条款设定的必需的注意义务就是一般要求。该规则作为一项总括性的原则,被规定在1959年和2013年《民法典》的引导条款规定中。必需的注意义务是在具体案件情况下一般被期待的行为。[3] 由于该规则同时界定了不遵守必需的行为标准的行为,它也是认定过错的考虑因素。既然在认定过错和违法性时使用同一法律规则,这个责任要素就突破了区分违法性和过错的内在逻辑,并造成了内在的冲突。[4] 依照这种形式的规定,妥当的看法将是把违法性(wrongfulness)看作是同时包含违法性(unlawfulness)和过错的概念。不论是在立法、司法实践还是理论上,都没有关于不作为的专门规则或原则。因而,即使在具体情况下存在行为义务,它也应依照该一般条款加以判定。其基本考虑是:在多数情形下,区分作为与不作为是不可能的,或者是无意义的,因为它们常常可以彼此互换(如汽车驾驶人把车开得太快,他违反了限速规定的行为是作为,但是,该行为同时也是不作为,因为他没有遵守有关最高限速的制定法规定)。中心问题始终是,行为人是否遵守了社会所要求的必需的行为标准。

4/110　　尽管理解法院对保护纯粹经济利益的诉讼请求的反映乃是侵权法的重要内容,但匈牙利并不存在有关纯粹经济损失的专门理论。纯粹经济损失作为某种独立的损害类型或者对某种受保护利益的描述,并不见之

---

〔1〕 Supreme Court, Legf. Bír. Bfv. Ⅲ. 326/2004 sz. EBH 2004 no 1011.
〔2〕 Pécs High Court of Justice, Pécsi Ítélőtábla Pf. Ⅲ. 20.356/2004 sz. BH 2005 no 17.
〔3〕 1959年《民法典》第4条第4款;2013年《民法典》第1:4条第1款。
〔4〕 因为,在应当担责的情况下,遵守了必需的注意义务的行为可能是违法的,或者违法的行为可能仍然与必需的行为标准相符,此即冲突之所在。

于匈牙利法律制度。纯粹经济损失的主要概念特征是,它是一种原告的人身或财产事先都未受到侵害情形下发生的损失,既与财产遭受毁损时的附随损害不同,也与人身伤害时引发的财产损害有别。[1] 纯粹经济损失是一种"不附随于(生命、身体、健康、自由或其他人格权利等)人身侵害或(有形或无形财产的)财产侵害的损害"。[2] 匈牙利判例法极少涉及侵权法的这个领域。原因之一是,长期以来,纯粹经济损失概念本身与社会主义的社会经济现实不相符,其并不尊重利润和收益机会。另一个相关事实是,法院通常灵活适用侵权法制度,而无须参考有关纯粹经济损失的相关理论。纯粹经济损失的问题是一个责任限制问题,在判例法和法律理论上,它通常被当作有关法律上因果关系的问题。

在一个案件中,一位销售代表因某汽车驾驶人的过失所引发的交通事故而受伤,由于该销售代表无法到达缔约地点,因而使其雇主与他人之间的合同未能缔结,匈牙利最高法院认为,要是合同不是因为交通事故而受挫,该销售代表的雇主本来可以由该合同的履行获得纯收益,这种未实现的收益属于可赔偿的损失。肇致交通事故的驾驶人造成了该经济损失。据此,法院认定汽车驾驶人应对该雇主所受经济损失承担赔偿责任,并判令被告(驾驶人的保险人)向原告赔付其丧失的纯收入。[3] 值得注意的是,该案中的被告是侵权人的责任保险人,而司法实践中似乎有一种倾向,即法院在能够将风险转嫁给保险公司时,更愿意准予赔偿。此外再无其他判决与纯粹经济损失的典型情况(如反射损失,转移损失,公共市场、道路交通或其他公共基础设施的关闭,或者因信赖有瑕疵的数据、咨询建议或专业服务所受损失等)有关,这些情况本来可用以强化法院在前述案例中的立场。由于该案的特殊事实背景以及缺乏一般性的理论概念,所以,无法预测该判决是否并非仅属无指导性的个例,而是可以作为这方面发展的起点。

在匈牙利侵权法理论与实践中,大量的典型纯粹经济损失案件似乎被当作因果关系的组成部分,纳入"间接损失或间接因果关系"的标题下。间接因果关系的问题在当今的专业讨论中走到了前台。典型案例是,某

---

[1] M. Bussani/V. Palmer (eds), Pure Economic Loss in Europe (2003) 5.
[2] H. Koziol, Compensation for Pure Economic Loss from a Continental Lawyer's Perspective, in: W. van Boom/H. Koziol/C. A. Witting (eds), Pure Economic Loss (2003) 141 ff.
[3] Supreme Court, Legf. Bir. Pfv. Ⅷ. 20.295/1999 sz. BH 2001 no 273.

公司(作为主要受害人)遭受了损失,从而公司成员(作为次级受害人)所持有股份的价值随之降低。问题是,公司成员(股东)是否可以针对侵权人成功地提起诉讼,就其股份贬值损失要求赔偿。得到法律实务家(包括律师与法官)和学者共同认可的一般看法是,公司成员提出的这种诉请应当被驳回,这种损失不能得到赔偿,尽管就此问题尚无清晰的理论解答。在侵权法的动态体系中,这个问题的解决办法似乎也可以主要从因果关系中寻得。最高法院对此作出的部分应对是,要评估公司股东所受损失,须首先确定公司针对侵权人的赔偿请求。公司赔偿请求的实现是股东主张赔偿的必要前提。要是公司未主张其请求权,或者其赔偿请求被驳回,公司股东也就不享有自己的请求权。[1]

4/113 　　规定有关过错的基本责任规则,乃是匈牙利侵权法处理的中心问题。依据该规则,若某人不法造成他人损害,则侵权人应当赔偿该损害,除非其能够证明在案件具体情况下,他已经按照社会一般期望那样去行为了。在过错责任理论的影响下,1959年及2013年《民法典》规定了"在特定情况下一般被期望的行为"的特殊标准,将归责基础置于主观责任和客观责任之间的某个位置。

4/114 　　有关损害及侵权行为与损害之间因果关系的证明责任被分配给原告,就遵守了一般必需的行为标准("在特定情况下一般被期望的行为"),也即无过错的证明责任被分配给侵权人。在匈牙利侵权法中,行为的违法性是指引发了损害。因而,行为是否合法的判定标准是,造成损害的行为在特定情况下是否是被允许的。引致损害的行为的违法性是被推定的,侵权人要免于承担责任,就需证明,在特定情况下,造成损害的行为是被法律所允许的。基本责任规范规定了责任的一般规则,还存在涉及不同情形的特殊责任形式,其有必要与一般规则有所差异,或责任的认定不应适用一般规范。确立这种结构的基本思想存在于两个方面。首先,某些案件中的责任不是由实际侵权人承担的(责任人自己并未参与致害行为)。其次,对责任人需要适用不同的责任判定标准或构成要件,否则其就会免于承担责任,如用更为严格的归责标准(如行为范围外的不可避免的原因)替代过错要件。

---

〔1〕 *Fuglinszky/Menyhárd*, Felelősség » közvetett « károkozásért, Magyar Jog 2003, 286. Supreme Court, Legf. Bír. Gfv. IX. 30.252/2005 sz. BH 2006 no 117.

二、过错

尽管过错在匈牙利理论中,是相对于损害更为核心的侵权法概念,它强调在影响社会成员预防不当行为方面的功能,但不存在一般的准则或理论(如美国法官勒尼德·汉德所提出,并受到法经济学文献支持的汉德公式)。如侵权法理论所阐释的那样,若预防是侵权法的首要功能,则在认定责任时,只有那些能够受法律影响的行为才是重要的。于是,如果能够引发责任的行为可以归责于某人,令其承担损害赔偿责任就是合理的。要确定将行为归责于被告的条件或情况,并判断被告的行为是否满足这样的条件或情况,涉及行为的社会评价问题。最弱的标准是主观责任,即根据侵权人的主观认识确定责任(这是刑事责任采取的立场),最强的标准则是绝对的严格责任,行为人根本没有免责之可能。

4/115

匈牙利侵权法的一个重要特质在于,它承认推定过错的责任。这意味着,若受害人证明了损害及损害与侵权人违法行为之间的因果关系,则侵权人只有在证明不存在过错的情况下才能免于承担责任。在匈牙利侵权法中,要求过错的基本责任规范将评价基准设定在最弱与最严格标准之间的某处。与刑事责任不同,侵权人的心理状态与个体技能及认知水平等,对于过错的认定是不重要的。侵权人不能因为其已尽最大努力去避免(不造成)损失,而被免除侵权责任。他要免于承担责任就应当证明,其行为与特定情况下的必需的行为标准相符。一般行为要求是一种客观化的判断标准,其表现为被告在案件具体情况下应当实施的行为。因此,意愿、意图或其他主观标准对于过错的认定都不重要。认定过错要根据社会评价对特定情况下的被告行为加以评判。特殊责任形式包括异常危险活动的责任、动物致害责任、替代责任、产品责任、环境污染责任、原子能致害责任等,其在规定责任人免责条件方面,将判断标准向更加严格的责任一端作出不同程度的偏向。

4/116

侵权法被界定为有关违反法定义务、而非合同义务的责任。如果义务是合同性的,违反该义务的制裁就涉及违约责任而非侵权责任。在理论和私法结构上,侵权责任与合同责任存在严格一贯的区分。不过,这不意味着这种区分在立法层面也有所反映。此外,若一个人将责任看作是违反民事义务的私法制裁,则将二者一体处理并设置共同规则似乎就是

4/117

可行的。但问题是,差异是源自被违反义务的合同属性还是非合同属性,也即责任基础是违反自愿的允诺还是法律规范(预防损害的一般义务,或者一般性禁止对他人造成损害的规定),以及不可避免的差异是否要求进行不同规制并能够为其提供正当理由。

4/118　但是,侵权责任和违约责任之间的一个明显且重要的差异已在司法实践中明确形成,此即不同的排除过错标准:在合同案件中,法院在评判行为人是否在具体情况下按照社会一般期望而行为时适用更为严格的标准,被告只有在证明损害在特定情况下不可避免时才能排除过错的存在。于是,必需的行为标准在合同责任中比侵权责任情形更高。[1] 这种趋势以及当事人关系在合同和非合同案件中的明显差异,涉及不同的责任限制标准(如违约责任中的可预见性规则),使匈牙利立法者形成如下确信,统一的责任制度应被区分合同与合同外责任的制度取代,尽管它们在损害赔偿标准上是基本一致的。除违约损害赔偿情形的可预见性限制外,有关损害赔偿额的确定规则以及赔偿方式本身,在2013年《民法典》中,对于侵权责任和违约责任都是相同的。

4/119　因此,2013年《民法典》在保留侵权责任中的过错概念的情况下,就违约责任引入了严格责任制度,这与司法实践的发展相一致。合同当事人只有在证明引发违约的情况非其所能控制,且在订立合同时无法预见,也无法期待其避免该情况或防止损失之发生时,才能免予承担责任。[2] 这个有关合同责任的一般规则是按照商业交易的需要,尤其是针对货物买卖而设计的。对于长期关系、信赖关系以及诸如医生或律师责任之类的专家责任来说,该规则的适用可能会引发许多问题。目前的司法实践[3]针对商事合同适用严格责任,但对医生或律师责任则否,尽管他们与客户之间也存在合同关系。很难对严格的合同责任如何在这些关系类型中运作作出评价,对于可预见性限制规则而言也是如此。

4/120　一般责任规则和建基于必需的注意义务上的过错概念,反映了对特定情况下的侵权人行为的客观社会评价,它们极具弹性,足以应对有关职业过失的案型。就专家或专业人士的责任来说,并无专门的原理、评判标

---

[1] Kemenes, A gazdasági szerződések követelményei és az új, Polgári Törvénykönyv Polgári Jogi Kodifikáció 2001/1, no 9 ff.
[2] 2013年《民法典》第6:142条。
[3] Supreme Court, Legf. Bír. Pfv. Ⅲ. 20.956/2006 sz. BH 2007 no 47.

准或方法可资使用。公司董事的责任也适用这种一般规则,律师、医生等亦复如此。尚不清楚的是,法院在这类案件中是否会考虑特殊情况,或适用特殊的评判方法。仍有一些报道得并不充分的案例显示,法院就此主要依循那些明确的规范指引。从相关案例法的情况看,交易惯例(market practices)对专业人员的义务和责任的认定发挥了何种作用,就此亦非清楚。在其他专家责任领域(尤其是在医疗过失案件中),法院倾向于将那些被证明适当的程序、常规及要求作为认定专业人士应当遵循的必需行为标准的考虑因素,但不会仅仅因为它们遵循了这样的要求就免除其责任。因此,法院可能会根据具体情况确定更为严格或附加的标准。

特别是在医疗过失案件中,法院似乎正在向严格责任制度转移,其不仅在某些案件中使用有关异常危险活动的责任规则,而且实行因果关系的证明责任倒置,将必要的医疗记录的缺失作为推定医生过失的依据,在极少数案件中,甚至免除原告就因果关系的证明负担。在医疗过失案件中,认定过错的关键因素之一是医疗常规的作用。在司法实践中始终不清楚的是,如果被告医生或医疗服务提供者已经证明其遵守了相关的职业规范,这是否必然表明其遵守了必需的一般注意义务,从而不成立过错,应当免于承担责任。一些判决认为,遵守职业规范即尽到了必需的注意义务,从而不成立过错[1];另一些判决则认为,未违反职业规范、标准或行为指南,并不排除过错。[2] 遵守职业标准或常规本身并不妨碍法院认定侵权人的过错,并进而认定医生或医院的责任。[3] 职业标准或常规可以由卫生部、专业协会发布,也可能属于共同的一般性专业知识,如包含在大学医科的专业学习材料[4]、发布的行为指南或被一般认可的专业文献中[5]。未遵守这些标准必定被认为有过错,但遵守了这些标准则未必意味着已尽到了必需的注意义务。[6]

医生或公司的责任被包含在损害赔偿的一般规则中。公司董事若未遵守法律施予他的义务,就构成义务违反。若董事未遵守成文法规定、社

---

[1] Dósa, Az orvos kártérítési felelőssége (2004) 91.
[2] Supreme Court, Legf. Bir. Pfv. Ⅲ. 22.090/2005 sz. BH 2006 no 400.
[3] Supreme Court, Legf. Bir. Pfv. Ⅲ. 20.956/2006 sz. BH 2007 no 47.
[4] Supreme Court, Legf. Bir. Pfv. Ⅲ. 24.330/1998 sz. BH 1999 no 363.
[5] Act no CLⅣ of 1997 on Public Health Care §119 (3) b.
[6] Supreme Court, Legf. Bir. Pfv. Ⅲ. 20.761/2008 sz. EBH 2008 no 1867.

团契约、公司最高决策机关的决议或其管理职责所要求的义务,情况就是这样。[1] 董事责任适用侵权法的一般过错规定。法律适用方面似乎也不存在如下形式的差异,如将注意义务及违反忠实义务作为特别的考虑因素或者责任构成要件等。

4/123　若公司董事遵守了必需的行为标准,即在从事公司管理事务时,满足了履行其职务的行为要求,尽到了处于这种职位的人一般需要尽到的适当注意与勤勉义务,则其无须承担责任,除非法律基于公司利益的优先考虑而有相反规定。由于必需的注意义务是一种独立于侵权人个人技能的客观化评判标准,所以,法院要求被告达到处于类似其职位的"通常董事"应达到的客观注意水平。

4/124　完全不清楚的是,必需的注意义务与公司利益优先性考虑的关系如何。因匈牙利的司法实践没有明确区分违反忠实义务的行为与过错,故其对前述两种要求也未作出清晰界分。不过,法院并未单纯因为董事的错误决定使公司遭受了损失,就认定其应当承担责任,这一点是很清楚的。就这个敏感而关键性的责任要素,匈牙利司法实践只有极少被报道的案例,不过,有一个判决能够由以洞察法院的思考方式。在该案中,医生在某个董事与其他合作伙伴订立合同,并承担在交付货物前先行付款的义务。货物最终未被交付,而所付款项也无法收回。法院驳回了针对该董事的赔偿请求,认为他在承办该交易时已尽到了必需的注意义务,尽管他的决定被证明是错误的,但仍处于通常的商业风险范围之内。[2]

4/125　尽管在匈牙利司法实践中并未阐述或确立某种明确的商业判断规则,但是,只要董事的行为(决定)处于通常的商业风险范围内,则法院将不会认定董事责任。因此,法院不愿将商业决定的风险转嫁给公司董事。[3] 若某董事没有保护公司财产(把钱款放在安全处所)[4],或者缔结明显超出正常商业风险的交易(购买非洲的钻石矿场)[5],则其行为就有过失,并应承担损害赔偿责任。

---

〔1〕2006年《公司法》第30条第2款。2013年《民法典》没有规定这种特别规则,但可能仍应维持相同的处理方式。

〔2〕Regional Court of Budapest, Fővárosi Ítélőtábla 13. Gf. 40003/2003 sz. BH 2004 no 372.

〔3〕A. Kisfaludi, A gazdasági társaságok nagy kézikönyve (2008) 369.

〔4〕Kisfaludi, A gazdasági társaságok nagy kézikönyve 370.

〔5〕Regional Court of Szeged, Szegedi Ítélőtábla Pf. I. 20.079/2003 BDT 2004 no 959.

2013年《民法典》设置了专门的合同责任制度,这引出了专家责任的属性认定问题。专业人士的不当行为既可能造成客户的损失,也可能造成第三人的损失。他们对其客户的责任可以由违约责任制度调整,而其对于第三人的责任则应由侵权法调整。合同责任属于严格责任且具有严格的可预见性限制,而侵权法制度在这方面则没有明显的变化。 4/126

法院不愿意为过错认定提供一般性的评判标准。它们通常只是认定在特定情况下,案涉行为是否尽到了必需的注意义务,而不会就处于类似地位的人应当如何行为作出进一步的判断。 4/127

三、致害当事人自己领域内的其他缺陷

"归责于上"(respondeat superior)的原则本身非常古老,可以溯源至远古的刑事和民事责任思想,当时,作为一家之长的家父(pater familias)应当就妻子、子女及其他家庭成员所实施的错误行为承担责任。不过,在匈牙利侵权法中,对子女或其他无法预见其行为后果之人的行为所承担的责任不被视为替代责任,而被看作监管者自己(父母或其他监管人)的责任,因为,在监管过程中,责任人未尽到必需的注意义务。据此,他们因未尽养育并看管未成年人或其他精神失常者的职责所承担的责任,乃是就自身过失所承担的责任。这项基本原则虽然仍被维持,但已根据不断发展的经济社会状况作出了相应调整[1],并具有重要性程度各异的不同理论基础。冯·凯默雷尔(von Caemmerer)写道,支持主人对仆人实施的侵权行为承担责任的观念,始终被认为是公平的,且从社会的角度看是必要的。[2] 雇主对雇员责任的根源可以追溯至这种古老的、且在法律制度中始终以某种形式存在的原则,但就其目前的形式而言,则是侵权法现代发展的产物。在现代私法制度中,对雇员在受雇过程中所致损害承担的责任,照目前的情况看,乃是一种相对较新的发展形式。它并非某种制度的逻辑产物,也不以当前侵权法制度的任何固有原则为基础。雇主就雇员在雇佣过程中所致损害承担的责任,乃是组织体商业支配行为以及 4/128

---

[1] 2013年《民法典》第6:544条第3款。
[2] *E. von Caemmerer*, Reformprobleme der Haftung für Hilfspersonen, in: Gesammelte Schriften, vol 3 (1983) 286.

为生产或提供服务所构造的复杂精良的制度所生后果,这种制度亦属劳动分工的结果,并利用其他人为自身经济利益而提供服务。

4/129 在"因雇员、合作社成员、代理商及代理人所致损害"的标题下,1959年《民法典》规定了三种特殊形式的责任,即雇主为雇员承担的责任、本人为其代理人承担的责任以及国家(政府)为其公务人员承担的责任。2013年《民法典》增加了一种特殊责任,即法律组织体的管理责任。[1] 就雇主的替代责任来说,若雇员造成了与其受雇职业有关的第三人的损害,除非法律另有规定,则只要雇员自己可被认定责任,雇主就须对被侵权人承担责任。若致害行为处于受雇职责范围内,雇主就应为雇员的不当行为承担责任。这项规定也适用于合作社成员造成与其成员身份有关的第三人损害情形。依据有关行政责任的规定,因政府行政管辖范围内的行为所生损害的赔偿责任,只有在受害人穷尽了通常的救济措施而不能获得保护,或者没有可以减轻损害的通常法律救济可资利用时才能确定。除非法律另有规定,这些条款也适用于因法院或检察机关管辖范围内的行为所致损害的赔偿责任。就本人为其代理人所承担的责任而言,本人与其代理人应当就后者的代理行为造成的第三人所有损害承担连带责任。若本人能够证明其在选任、指示及监管代理人方面并无过失,则将免于承担责任。这个规定不适用于从事高度危险活动的人应承担责任的情形。此外,在涉及长期代理关系(permanent agency)的情形,若本人和代理人属于经济组织,则法院有权适用调整雇员在受害人与本人关系中所致损害的责任规则。顾客不就其代理商所致损害承担责任。受托人应就其造成的任何损害向委托人承担责任,而代理商并非其顾客的雇主,所以要向该顾客承担责任。本人或顾客有权要求代理人或代理商补偿其向第三人支付的赔偿金。《劳动法》及其他单行管制条例的规定也可以适用于雇主与雇员之间、合作社与其成员之间的这类请求。如果雇员系故意造成损害,则其应与雇主承担连带责任。[2]

4/130 采取这种解决方案的基本政策考虑是,代理人与雇员通常是为了雇主,而非其自身的利益而行为。雇主及本人的责任即以此种考虑为基础。

---

[1] 1959年《民法典》第348—350条。2013年《民法典》第6:540—6:549条,尤其是第6:541条。

[2] 2013年《民法典》第6:540条第3款。

雇主/雇员与本人/代理人之间的不同在于,前者涉及的雇佣关系具有长期性(permanent character),而后者仅具有临时性(temporary nature)。这主要是按照合同关系的内容确定法律属性所引发的问题。那就是为何法律规定具有长期属性的代理关系适用有关雇主责任规则的原因所在。雇员造成的损害可以被看作是其所属组织体本身造成的损害,从而,雇员的行为就可以归责于其所属法人组织。因而,这个问题就可以从法人人格角度加以看待。它使得雇主替代责任的问题在理论和法律构造方面更趋复杂。

这种特殊形式的替代责任存在一个重要的资格认定问题,这也是其理论界限之一,即谁可以被认定为雇员。就此,在区分雇员与独立承包人的司法管辖区,雇员概念发挥了非常重要的作用。雇主要为其雇员所致损害承担替代责任,而无须就其独立承包人所致损害承担责任。这也含有某种类型化的限制因素,因为一个人要么是这种人,要么是那种人。从替代责任角度看,不存在第三种可能性。很明显,在相关案件中,雇员与独立承包人之间非常重要的区分无法按照某种僵化的概念界定予以判定。如果雇员或独立承包人的资格直接依雇主和直接致害人之间的合同加以认定,这将无法准确反映替代责任赖以确立的基本政策考量。 4/131

在匈牙利侵权法中,关键因素是雇主与雇员之间合同关系的认定。认定的基础是划分由独立承包人提供服务的合同(如代理合同)与服务合同(如雇佣合同或劳动合同)的通常标准,后一种合同在匈牙利法律中存在多种不同的具体类型。主要的区分因素包括当事人的权利、控制和发布指令的程度、从事相关活动所需工具的所有权归属、工作的管理以及定价或支付报酬的方式等。适用的主要规则是,雇员仅仅是雇佣合同的当事人,对雇员可以适用连带责任规则,而独立承包人不能被当作雇员对待。在一些案件中,法院也将雇主替代责任规则适用于不属于雇佣合同的合同关系[1],情况似乎是,要是不存在合同关系,一个人就不可能被视为是另一个人的雇主。 4/132

雇主责任所受另一个限制是,只有当致害行为处于受雇范围内,雇主才应就其雇员对第三人所致损害承担责任。这表明,在雇佣关系和造成他人损害之间必须存在某种关联。有时候,这似乎很明显,但也有一些非 4/133

---

[1] Supreme Court, Legf. Bir. Pf. Ⅲ. 20.854/1990 sz. BH 1991 no 314.

典型案件表明,并非总是可能依清晰的逻辑推论方式对某些情况在理论上形成确定的认识。有时候,这个问题在司法实践中造成了不一致的情况。

4/134　　在判断雇员是否在受雇范围内从事行为方面,某些趋势是很明显的。这个问题非常重要,因为,它划定了雇主责任的范围,决定了应当转嫁给他的风险。趋势之一是放弃了简单化的做法,采用更为精细的考虑多种相关因素的处理方式。法律试图考虑案件所有相关因素,将那些不能被视为是受雇范围的行为也纳入其中,这些行为依公平和现实性的考虑,无法与受雇范围完全分割,如实施犯罪、点燃香烟或滥用职权等。这些行为风险被转嫁给雇主。同时,法院始终要求雇员的行为与雇佣关系之间应有关联。它可以被视为纯粹的事实问题,但也必然涉及法律判断问题。

4/135　　"与受雇范围有关"的间接表述是相对宽泛的,因为,它还包括某些处于雇员被严格限定的行为范围之外的行为,或雇主控制范围外的工作。[1] 比如,若雇员超越其授权范围,其作为无权代理人(false procurator),本没有权利以雇主的名义行为,却使用虚假文件实施犯罪并订购货物,则雇主仍应向与之并无合同但对无代理权事实毫不知情的对方当事人承担替代赔偿责任。[2] 相反,若某医生于假期在其执业范围外的地方从事不领取报酬的行为,则其雇主无须承担替代责任,因为,他的行为与其受雇范围无关。[3] 雇主替代责任的基础在于,雇员实施了依侵权法应当承担责任的行为,而他可以通过证明自己作为雇员,不应就此负责,从而免除自己的责任。

4/136　　在构造替代责任制度时,一个关键问题是,雇员是否仍应负责,或者雇主替代责任是否排除雇员对被侵权人的责任。这似乎是一个政策问题。若强调被侵权人的利益,并认为替代责任的主要目标是赔偿损害,则最佳方案可能就是雇主与雇员承担连带责任。在这种情况下,债权人可以起诉他选定的任何人,并由其获得更快且更确定的赔偿。

4/137　　若强调应将雇员的行为当作雇主行为的看法,或者考虑责任的社会风险分配功能,则应认为只有雇主而非雇员须承担责任。这是匈牙利现

---

[1] Gy. Eörsi, Kötelmi jog, általános rész (1981) 298.
[2] Supreme Court, Legf. Bír. Gf. I. 31.500/1993 sz. BH 1994 no 96.
[3] Supreme Court, Legf. Bír. Pf. V. 20.063/1995 sz. BH 1996 no 89.

行规则所奉行的观念,据此,被侵权人只能起诉雇主[1],而雇主可依劳动法规则向雇员追偿,但劳动法对雇员的责任有很大限制。在这种制度下,只有雇主直接向受害人承担责任,他只能依劳动法向雇员进行有限的追偿。

最弱的替代责任制度是,在认定为他人行为承担的责任时,决定性的因素是对合同关系的定性。在认定替代责任的相关性以及进行适当的风险分配方面,这种制度没有为法院预留足够的裁量空间。从侵权法动态体系来看,只有弹性的替代责任概念才是适宜的,它可以让法院在判断替代责任是否成立时,权衡所有相关因素。 4/138

2013年《民法典》在某些方面有所改善,如在雇员故意行为时,令其与雇主一起承担连带责任,但没有在结构上有所改变。该制度对一个有关辅助人的规则作了修订,其规定,其他合同的当事人,除非其指明了实际的侵权人,否则应对与其存在法律关系的债务人在履行该合同过程中所致损害承担责任。[2] 公司对其管理人员的不当行为承担的责任也被归为替代责任。在2013年《民法典》颁行前,《公司法》规定,公司应为其董事在执行职务过程中所致损害承担责任。[3] 但是,2013年《民法典》针对公司董事引入了一套新的风险分配制度,其规定,若法人的执行官造成了与其职位相关的第三人损害,则该执行官应与法人一起向受害人承担连带责任。[4] 这些新规则的适用范围极不清楚。它们让经理人承担了很高的潜在风险,而司法实践的态度仍无法预测。 4/139

匈牙利侵权法中除动物致害责任外,没有关于物品致害责任的其他专门规定。法律区分饲养动物和野生动物。对于饲养动物所致损害,其所有权人应依一般责任规则承担责任,而野生动物所致损失则由替代责任的特别规则予以调整。 4/140

四、高度危险

一般责任规则包含有弹性因素并附有过错证明责任倒置规则,这或 4/141

---

[1] Eörsi, Kötelmi jog, általános rész 299.
[2] 2013年《民法典》第6:543条。
[3] 1997年关于商业公司的第144号法律,第29条第3款。
[4] 2013年《民法典》第6:541条。

许足以减轻受害人的证明负担,并适当分配与危险活动有关的风险。在某些情况下,该规则被法院用以创设严格责任,而这类案件通常并不属于这种责任类型。[1] 在某些医疗过失案件中,也可以明显看到将风险分配给医院的情况。

不过,匈牙利侵权法就异常危险活动的责任作有专门规定。依其规定,从事高度危险活动的人应就该活动所致任何损害承担责任。[2] 若经营者能够证明,损害是因高度危险活动外的不可避免的原因所致,或者是因受害人的不当行为所致,则其可被免除责任。不论是高度危险活动的范围,还是该活动的经营人,在立法上都未得到界定,对此亦无任何规范指引。司法实践就此提供了裁判指引。在认定某项活动系属高度危险活动时,法院要考虑案件所有相关情况。有些活动在某些情况下被认定为应承担严格责任的高度危险活动,而在其他情况下则不被认为属于这种活动。在司法实践中,机动车或工业机械、化学品、爆炸物、酸性物及其他危险物质的经营,要求采取特殊预防措施的活动(如采矿、打井等),都被规定为可引致严格责任的高度危险活动。对野生动物以及传统环境污染致害所承担的责任,也适用针对高度危险活动的严格责任规定。建筑活动也可被认定为具有高度危险,而某些活动,如使用家用机械、用火(如点烟),通常则不被认为属于这种活动,尽管它们实际上可能是危险的。应承担严格责任的异常危险活动是一个开放性的类型概念,其留给法院广泛的裁量空间。即使有些典型活动形式属于这种类型,法院有时仍会利用该概念的开放性与抽象性,以在它们认为适宜的情形通过严格责任进

---

[1] 通过适用侵权法一般规则,法院可以达成与产品责任相同的后果。在一起依《产品责任法》颁行前的法律判决的案件中,一个孩子应其母亲要求,在一家商店购买盐酸。由于装盐酸的瓶子存在缺陷,盐酸溅到她的脸上并弄瞎了她的眼睛。原告同时起诉了商店和可能的制造商。法院驳回了针对制造商的诉讼请求,因为,审理中发现被告商店向两家制造商购买了盐酸,无法确定究竟是哪一家制造了有缺陷的产品。法院依异常危险活动的责任规定认定了商店的严格责任。要是商店作为销售者能够证明该缺陷产品的制造商,制造商将承担责任。法院本来可能得出与1993年《产品责任法》规定相同的结果。Supreme Court, Legf. Bir. Pf. Ⅲ. 21. 046/1992 sz. BH 1993 no 678.

[2] 1959年《民法典》第345条。依2013年《民法典》第6:535条及以下规定,异常危险活动的经营者应当赔偿由此所生损失。他可以通过证明损失是因其活动范围外的不可避免的原因所致而免责。关于异常危险活动的规定应适用于那些危及人类生活环境并造成损害的行为。任何对高度危险活动的责任加以排除或限制的行为都是无效的;但这个限制规定不适用于物品致害责任。为其利益而实施该活动的人,应被认为是异常危险活动的经营者。若异常危险活动的经营者有多人,则它们应被认定为多数侵权人。

行风险分配。尽管医疗服务提供者承担的责任通常是过错责任,但外科手术也可能被认定属于异常危险的活动,从而令医院承担严格责任。[1]

异常危险活动的特殊性不仅在于将必需的注意义务转变为绝对的或客观化的责任,也在于不是将风险分配给直接侵权人,而是分配给异常危险活动的经营者。经营者的概念和异常危险活动的概念一样,都是弹性化的。对活动具有控制权的人,或者活动是直接服务于其利益的人,如命令喷洒化学品的土地所有人,将被认定为该活动的经营者,并应承担严格责任。[2] 2013年《民法典》将活动所追求的利益所属作为考虑因素,其规定,为其利益而实施该活动的人,应被认定为异常危险活动的经营者。[3] 尚不清楚的是,这个简化概念在司法实践中会被如何解释。不过,由于"利益"是一个足够宽泛的概念,可以涵括各种复杂的解释,所以,法院的现行做法可能不会有所改变。

在持有危险物品和从事危险活动之间不存在区别;持有危险物品可以是一种危险活动,要按照通常标准适用有关异常危险活动的责任规定。匈牙利侵权法中没有关于企业责任的专门规定。

异常危险活动的严格责任含有两项重要特征,它们改善了受害人的状况。首先,责任由活动的经营者承担,而非仅由实际造成损害的人承担。在许多案件中,这产生了数人侵权的效果,因为,行为人(如汽车驾驶人)要依一般责任规则承担责任,而经营者要依有关异常危险活动的责任规定承担责任。鉴于这种活动中涉及的风险通常都是可投保的,并实际上有保险,受害人就其所受损失获得赔偿的机会因而就更大。其次,如果经营者不能证明致害原因处于其活动范围外,且不可避免,他就将承担责任,故其免责机会是极为有限的。法院将这种特殊责任形式成功地适用于产品责任案件。[4]

在某种程度上,这种特殊责任形式比产品责任更有利于受害人,比如,不存在产品缺陷依科学和技术发展水平而明显无法预见时免除责任

---

[1] Supreme Court, Legf. Bír. Pf. Ⅲ. 25.423/2002 sz. BH 2005 no 251. 在该案中,医生在外科手术中用了一把电切刀,为患者皮肤消毒的液体因电切刀发出的火花而起火。结果患者被烧伤,然后死亡。

[2] Supreme Court, Legf. Bír. Gfv. Ⅺ. 30.293/2006 sz. BH 2007 no 301.

[3] 2013年《民法典》第6:536条。

[4] Supreme Court, Legf. Bír. Pf. Ⅲ. 21.046/1992 sz. BH 1993 no 678.

的可能。尽管匈牙利法院似乎尚未贯彻欧洲法院的解释,将《产品责任指令》视为尽量一体化的领域[1],但是,在涉及产品责任时,针对异常危险活动的责任规则仍不得适用。[2]

五、合法干预

4/147 匈牙利侵权法中没有关于合法干预的专门规定或原理。若当事人同意对其受保护权益的侵害行为,则属于排除违法性的情况,但仅限于当事人有效协议所涉范围内的侵害行为。如若不然,在司法实践中也找不到就这个责任问题作不同处理的情况。

六、经济负担能力

4/148 在理论和实践上,损失负担能力或许是一个重要因素。在理论层面上,雇主替代责任的基本政策考虑是,雇主能够也应当将风险内在化,且可以通过将这些风险成本纳入产品成本中处理而将其分散。因此,避免风险的成本就可以通过保险形式加以优化。保护受害人的目标为雇主责任提供了正当根据,雇主通常具有更强的经济能力,没有理由让被侵权人去追究经济能力更弱的雇员(深口袋规则)。雇主能够将施予他的替代责任成本在其商业伙伴及消费者中予以分担,因为,他可以将这种成本纳入产品或服务的价格中。[3] 在实践层面上,它可以作为一种动态体系因素,就像 Marton 所建议的那样,也可以作为一种责任减轻规则,就如1959年和2013年《民法典》所规定的那样。该规定可以使法院基于衡平考虑,减少责任人应承担的赔偿额。[4] 尽管法院并未对其明确加以考

---

[1] Supreme Court, Legf. Bír. Pfv. Ⅲ. 20.288/2008 sz. EBH 2008 no 1781.
[2] ECJ 25 April 2002—C-183/00, *Maria Victoria González Sánchez v. Medicina Asturiana SA* [2002] European Court Reports (ECR) I-3901; ECJ 25 April 2002—C-52/00, *EC Commission v. French Republic* [2002] ECR I-3827; and ECJ 25 April 2002—C-154/00, *EC Commission v. Hellenic Republic* [2002] ECR I-3879.
[3] *Von Caemmerer*, Reformprobleme der Haftung für Hilfspersonen 290 f.
[4] 1959年《民法典》第339条第2款,2013年《民法典》第6:522条第4款。

虑，但当事人的经济状况仍属一种明显的风险分配因素。[1]

七、谋取利益

风险与收益相随，这是一个风险分配的一般原则，也是确立替代责任的基础。然而，这个看法似乎不会变成匈牙利侵权法所认可的原理。尽管这可能是判决中暗含的考虑因素，但至少法院未明确对其加以考虑。这肯定是必需的行为标准的考虑因素，但由于法院在这方面给出的判决理由通常并不是非常清楚而详细，所以，很难判断相关案件的裁判基础。这也可能是引入企业责任的好理由，但在2013年《民法典》立法过程中并未得到考虑。

八、可投保性与已投保范围

如果最终的风险承担者不是被告而是保险公司，法院是否更易于认可损害赔偿，就此并没有可供比较的统计资料（实际上也根本没有这种统计资料）。不过，似乎仍可发现这种趋势，即当被告是保险公司时，原告更易得到赔偿。若被告是保险人，或者被告可以利用第三者责任保险，则法院会倾向于准予赔偿。但是，要证明这一点非常困难，虽然第三者责任险并非认定责任成立的基础，在潜在被告可以利用保险工具的职业责任领域，这似乎仍然是一个扩张责任的因素。在保险公司可以直接被诉的案件中，这种趋势因如下事实而可能被强化，即保险公司通常都试图依据保险合同的约定来摆脱赔付义务，很少能够以引发责任的事实本身而确立其抗辩理由。

九、风险社会观念

保险创设了一种机制，不仅转移风险，而且将其在风险共同体的成员

---

[1] Supreme Court, Legf. Bir. Pfv. Ⅲ. 22.064/2004 sz. EBH 2005 no 1207. 在该案中，法院对死者的遗孀和遗孤判了了损害赔偿，死者是在救助其他司机及其汽车的过程中死亡。被告是高速公路的经营者。

之间加以分散。这种风险分散不仅是投保人与保险公司之间的合同性风险分配,而且也是一种整体性的风险分配模式。若是承担约定或法定义务的当事人,可将与风险相关的成本在其合同相对人(消费者)之间予以分散,则产品责任与合同担保制度或其他违约救济方式通常都可以仿效这种机制加以构造。为大量消费者提供服务的公司,如汽车租赁公司,也可以在其客户之间创设风险共同体,将损失计入其租赁价格中。它们也可以利用合同模式,尤其是在控制两种结构性保险问题,即道德风险和逆向选择方面去这样做。保险作为一种风险分散方式,在产品责任、法定担保、消费者权利等规制方面,是创设风险共同体的重要考虑因素。

十、责任要件之间的相互关系

4/152　　在理论上,存在四个彼此独立的责任构成要件,即损害、违法性、因果关系与过错。匈牙利侵权法是实行证明责任倒置的制度:被告行为与损害之间的因果关系应由原告负担证明责任,而违法性则被推定。要想不承担责任,被告*应当证明,其行为是合法的,或者他已尽到了必需的注意义务,或者存在其他抗辩事由(在特殊侵权责任情形)。不过,侵权法动态体系下的责任要件从来都不是以这种方式运作的。

4/153　　由于就异常危险活动已有严格责任的专门规定,所以,过错内容与活动危险性之间的相互关系业已在制定法中有所表现。当在过错责任制度下实行严格责任时,就像在医疗过失案件中那样,这样做是因为相关危险,还是因为受保护权益(生命、健康、身体完整性等)的更高价值位阶,就不是太清楚。在匈牙利法律结构中,这种相互关系似乎适于用有关异常危险活动的特殊责任形式加以调整,这种责任形式本身就是一种弹性制度,让法官去决定应将哪些案件纳入其中,并实行证明责任倒置,且采用弹性的客观化过错概念。

4/154　　不过,这种相互作用也存在于制度结构层面。不仅过错与违法性概念作为风险分配因素,无法在实践中加以清晰地区分,而且过错和因果关系也是相互交错的类型。法院针对纯粹经济损失问题,或者机会损失问题的反应既可以被看作或者当作损害问题,也可以被看作或当作因果关

---

* 英译本原文为"原告",显有错误,这里依德译本予以更改。

系问题。匈牙利理论和实践倾向于将它们作为因果关系问题。

十一、受害人促成过失

受害人促成过失的构造可用多种方式加以理解。这或许就是关于这个问题为何有不同的理论构造的原因所在。没有疑问的是,在侵权责任中,只有他人造成的损失才能向其转嫁,受害人必须承担自己造成的损失,这些不同理论构造似乎都达致了相同的结果。《民法典》本身也为促成性的过失责任(contributory responsibility)提供了不同构造方式。

4/155

在没有特别规定的情况下,促成性的过失责任可被看作是数人侵权,其中受害人与其他侵权人共同造成了损害。在他们的内部关系中,他们一般应当作为多数侵权人承担按份责任,受害人应当承担相应的损失份额。同时,1959年《民法典》明确规定了受害人防止损失发生与避免不法行为之结果的义务,其规定,为了防止或减轻损害,受害人有义务根据具体情况实施通常可期待的行为。该规则完全反映了过错责任制度的思想,遵循了平等对待的原则。因未履行这种义务而发生的损害不能获得赔偿。该规则也为辅助人行为的责任提供了解决方案,其规定,受害人应为其应予负责之人的不作为行为承担责任。2013年《民法典》保留了这种做法,并对其加以完善,规定损害应当依不当行为在多个侵权人之间按比例分担,当前述标准不能适用时,则按照他们的作用大小予以分担。若不当行为的比例或作用大小无法确定时,则多个侵权人按照同等比例承担赔偿责任。[1] 促成过失不能免除侵权人应当承担的责任。

4/156

此外,在"异常危险活动的责任"标题下,法律规定对因受害人过失所生损害不予赔偿[2],但活动的危险性必须归于活动经营者,这通常产生对经营者适用比受害人更为严格的责任标准的效果。[3] 法院在决定当事人之间的风险分配比例时,在权衡案件具体情况,评价当事人的行为,

4/157

---

[1] 1959年《民法典》第340条,2013年《民法典》第6:525条。被侵权人有义务防止或减轻损害。因不当违反该义务所生损害不能获得赔偿。损害应当依不当行为在侵权人和被侵权人之间按比例分担,如该标准无法适用,则按照他们的作用大小进行分摊。如果也无法确定各自的作用大小,损害由侵权人和被侵权人按相同份额分担。被侵权人应对其应予负责之人的不作为行为承担责任。

[2] 1959年《民法典》第345条第2款。

[3] Supreme Court, Guideline PK no 38.

以及考虑动态体系的其他因素等方面享有广泛的裁量权。在适用这个特殊规定时,该如何考虑无行为能力人对损失发生的作用大小,就此还不太清楚。司法实践的做法是,认为这种人的作用大小是无关的,它不是减轻或限制经营者责任的恰当理由。[1] 2013年《民法典》作了更加明确的规定,经营者没有义务赔偿受害人促成过失所引发的损害。在分担损害时,异常危险属性应当以不利于经营者的方式加以考虑。若受害人无法预见其行为将产生损害后果,则经营者应当对其负全部赔偿责任。经营者有权对这种人的监管人进行追偿。[2] 尽管在涉及异常危险活动的情形,存在促成过失的特别规定,其在司法实践中得到了精炼和准确描述,但确立该制度的基本思想似乎仍然是数人侵权规定,只是作出了如下调整,即要是经营者与受害人都遭受了损害,则损失不能依一般规则在他们之间加以分摊,而应当将活动的异常危险性所生后果分配给侵权人。

第七节　归责限制

一、过度归责的基本问题

4/158　　责任限制像责任本身一样是侵权法的固有问题。对匈牙利侵权法来说,"侵权法既是关于有责任的法,也是关于无责任的法"[3]的看法是正确的。从侵权法的弹性结构可以发现,在有责性与因果关系这两个侵权责任的重要方面,立法者为司法实践保留了最大限度的弹性空间,使法官可以对其处理的案件整体情况作通盘考虑。这表明,如果人们想要找寻责任限制因素,他们在司法实践中也能找到。制定法授权法院基于衡平考虑可以减少赔偿金,这算是一个例外。

4/159　　从侵权法的弹性属性可以推知,立法本身并未设定责任限制规定,而主要将其留给司法实践决定,且没有为这种限制提供任何规范指引。这部分是对先前私法的偏离,部分是法律发展的结果。第二次世界大战前

---

〔1〕 Supreme Court, Guideline PK no 39.
〔2〕 依最高法院第38—39号指导性意见,该规则在司法实践中是以这种方式加以适用的。2013年《民法典》第6:537条。
〔3〕 *C. von Bar*, Gemeineuropäisches Deliktsrecht, vol 2 (1999) in FN 1.

的匈牙利私法提出了两项重要的责任限制规则。其中之一涉及经济损失,用现代的术语说,就是无论其是否是"纯粹的",都只有在责任人存在故意或重大过失时才能得到赔偿。在一般过失情形,唯实际损失(也称"所受损失"—damnum emergens)能够获赔,经济损失则否。[1] 另一个重要限制是,虽然侵权法没有将可预见性作为一般性的限制标准[2],但法院仍然在大量案件中使用并明确参考该标准。第一个限制,即仅在存有故意或重大过失的情形才赔偿经济损失,其适用范围已被限缩。1928年的《民法典草案》[3]规定:"非常损害,系因侵权人无法预见的情况而偶发的侵害之结果,仅当侵权人存在故意或重大过失时才应给予赔偿。"[4] 第二个限制,即可预见性限制,在 1959 年《民法典》中已不再有特别规定。完全不清楚放弃该限制的原因,有关侵权法的理论解释认为:一方面,是因为引致损害的可预见性已包含在有责性标准之中[5];另一方面,立法者可能不愿将法官束缚在这种限制手段上,使之也可以利用因果关系或损害过于遥远等理论工具解决该问题。2013 年《民法典》就此并无改变。不过,为了给法院在因果关系上限制责任提供规范工具,有关因果关系的规则被修订,附加了可预见性的限制标准[6],但这并未改变司法实践中的既有法律状况[7]。

二、因果联系的中断?

Eörsi 的责任理论对 1959 年《民法典》中的侵权法制度有很大影响,在 1985 年一篇有关间接因果关系的限制的论文中[8],他试图列举在因果关系问题上可能的限制手段。他的出发点是,完全赔偿与因果关系是侵权法的两极。不过,因果关系是一个链条,它从过去发展到未来,同时

---

[1] *Grosschmid*, Fejezetek kötelmi jogunk köréből I (1932) 671.
[2] *Grosschmid*, Fejezetek kötelmi jogunk köréből I 658.
[3] 1928 年《民法典草案》第 1111 条。
[4] 可预见性限制在司法实践中得到承认,但就何种损失应被视为是过于遥远的损失问题,并未形成统一的一贯性做法。A. Almási, A kötelmi jog kézikönyve (1929) 172.
[5] *Eörsi*, A jogi felelősség—a polgári jogi felelősség (1961) 102.
[6] 若侵权人没有也不应预见到相关损失,则不得认定因果关系成立。2013 年《民法典》第 6:521 条。
[7] *Lábady* in: Vékás (ed), A Polgári Törvénykönyv magyarázatokkal (2013) 945.
[8] *Eörsi*, A közvetett károk határai (1981) 59.

发展出不同的分支,创设新的因果链。在很多情况下,完全赔偿会形成一种"法之极、恶之极"(summum ius, summa iniuria)的现象。很明显,侵权法必须避免发生这种情况,为此采取的主要方式是责任限制,即使无法在间接原因或间接损害之间作出确切的界分,亦应如此。

4/161　按照 Eörsi 的看法,可能的责任限制手段有:
(1) 将责任限制在可预见的损害范围内;
(2) 相当因果关系说;
(3) 通常后果说;
(4) 损害遥远性标准;
(5) 有机因果联系说;
(6) 风险分配视角;
(7) 比例原则;
(8) 损害与威胁之间合理关联说。

4/162　这些是主要的限制责任的理论手段,它们为匈牙利法律实践提供了适当的指引。Eörsi 认为,可预见性不仅限制效果有限,而且会引发过度限制的问题。一方面,抽象的可预见性的效果有限,因为,只有实际存在的可预见性才能确立责任;但另一方面,实际的可预见性在无法预见到致害事件的具体发展时也能被认定。[1]

4/163　人们可以将这些理论对匈牙利司法实践的影响概括如下:法院可以限制责任,并以驳回赔偿请求的方式拒绝给予完全赔偿,只要损害是:
——侵权人无法预见的(可预见性理论);
——超过了合理可能的、不典型的或罕见的(相当因果关系说);
——不寻常的后果,且过于出乎预料[2];
——侵权人行为过于遥远的后果[3];
——至少部分因因果关系进行中不可预料的原因介入而造成,这种

---

[1] Eörsi, A közvetett károk határai 62.
[2] 那就是一起针对医院提出的赔偿请求案件被驳回的原因所在,在该案中,一位精神病人从医院逃出,无票登上列车,当列车员要求其出示车票时,该病人跳下火车自杀。Eörsi, A közvetett károk határai 62.
[3] 例如,某人在使用机械从事挖掘工作时弄断了地下通信电缆,使成千上万的人(包括工厂)无法使用电话,由于电缆损坏,而无法呼叫警察、消防队或救护车。在该案中,侵权人不对所有这些进一步发生的附随损失承担责任,因为它们过于遥远了。Eörsi, A közvetett károk határai 63.

介入改变了通常可预见的后果[1];

——可归之于被侵权人正常的风险范围[2],或者在考虑损害金额和过错程度的情况下,完全赔偿会不成比例[3]。

这些理论和准则可作为某种动态体系的因素,其通过侵权法的开放性规则,为适当的风险分配提供所需工具。为了在有责性的复杂概念以及因果关系的框架下,而非采用纯粹经济损失或类似理论优化风险分配效果,司法实践已经找到了这些限制手段。匈牙利法院倾向于切断被其认为过于遥远的损失的因果联系,利用有责性概念将侵权人的责任限制在可预见损失范围内,或干脆使用将因果关系与可赔偿损害额的证明责任倒置的方式解决该问题。证明责任对于风险分配是一个非常有效的手段,对于经济损失来说也是如此:原告应当证明,要是侵权人没有实施侵权行为,自己肯定就不会遭受损失,或者绝对肯定地会获得某种可得利益。

三、相当性

法律因果关系似乎是一种限制责任的合理手段,大量的研究文献都以不同的相当性理论为基础。不过,司法实践似乎并未使用这些理论,就这些理论如何以可预测的方式发挥作用,也从未有过适当的描述。相当性理论似乎走入了死胡同,它表现出对法律因果关系的一般性误解,以及将哲学上的因果关系概念用于法律上因果关系的尝试所遭遇的挫败。

四、规范保护目的

尽管规范保护目的是一种重要的责任限制因素,但司法实践和理论

---

[1] 若侵权人引诱未成年人实施犯罪,该未成年人的母亲因而自杀,这就可以作为责任限制因素。侵权人对于那位母亲的死亡不应负责。Eörsi, A közvetett károk határai 63.

[2] 这种责任限制基础的示例如:某人破坏了一座桥梁,或者造成了一起交通事故,被侵权人由此需要绕行很远的路程。绕行可能因多种原因而发生,即使(且通常)不存在他人的过错亦然。这就是这种事件为何是每个人都必须考虑到的原因,其本身是一种常见的生活风险。每个人都必须自己应对这种风险,其他人无须就此负责。Eörsi, A közvetett károk határai 64.

[3] 若在所谓的电缆案中,整个地区都因侵权人并非重大过失的行为而无电可用,侵权人仅承担修复费用和电力经营者的经济损失赔偿责任,而不包括失去电力供应的当地居民及商业所受损害及损失。Eörsi, A közvetett károk határai 65.

上都没有确立这样的原理。目的解释也为匈牙利私法所接受,尽管因为在判决中并未有所涉及,很难对其范围和内容加以评估。在匈牙利司法实践或法律理论中,并未发展出像德国与奥地利那种形式的规范保护目的理论。尽管如此,包括立法者意图和规范目的在内的法律制度功能,仍然发挥了重要的风险分配作用。不过,这经常是通过以欠缺因果关联的理由驳回原告的请求,而非诉诸前述理论的方式实现的。规范保护目的理论似乎在有关合同与合同外责任的专业讨论中开始形成,但进一步的完善尚待时日。迄今有关间接因果关系的专业争论集中关注的问题是,公司所受损害能否同时作为公司股东要求赔偿的基础,因为它也使股东蒙受了股份价值的损失。法律理论和司法实践都不认为,侵权人承担的多数合同义务应仅限于保护公司的利益,而不包括公司股东的利益在内。但是,正在形成的一种做法是,若原告以对他自己或第三人的合同义务违反行为为请求基础,在未就合同请求权作出认定前,不得认定侵权请求权。在这案件中,认定违约赔偿请求权,也即确认违约责任,是决定侵权请求是否成立的前置性问题,法院应当考虑合同相对性,也即合同仅创设当事人之间的义务,而不创设对其他第三人的义务。[1] 后来,最高法院在一份判决中指出,合法终止与公司之间的借款合同,不成立股东对终止贷款的银行的赔偿请求权。不过,最高法院并未进一步认为,股东基于公司所受损失而就间接损害主张赔偿的请求权(如主张赔偿股份贬值损失)也**当然**应予排除(to be excluded per se)。[2]

第八节 损害赔偿

一、赔偿范围

4/167 　　作为一项主要规则,责任人有义务恢复[侵害发生前的]原初状态,若不侵犯受害人的利益就无法恢复原状,则其应当承担损害赔偿的责任。2013年《民法典》未再规定恢复原状的首要义务,但未改变匈牙利侵权法

---

[1] Fuglinszky/Menyhárd, Felelősség » közvetett « károkozásért (2003) 283 ff.
[2] Supreme Court, Legf. Bír. Gfv. IX. 30.252/2005 sz. BH 2006 no 117.

坚持完全赔偿的基本立场。

二、赔偿类型

应承担赔偿责任的侵权人应负恢复原状的义务,或者在无法恢复原状时,或者在被侵权人有正当理由拒绝恢复原状时,赔偿其物质与非物质损失。赔偿应包括被侵权人财产价值的贬值损失、因侵权人的行为而丧失的物质利益,以及为减轻或消除受害人物质与非物质损失而支出的必要费用。物质损失包括积极损失或实际损失(所受损失)、丧失的物质利益(所失利益),以及为减轻或消除受害人物质或非物质损失所作必要花费。积极损失是指受害人财产因物之损毁所受损失,或者修理后仍残留的贬值损失,或者因侵权人的行为而向他人支付的费用,如罚金、补偿金等。丧失的物质利益是指有关薪金、利润或扶养费,其中扶养费是被无偿(as a gratuity)给予的,只要这种利益是合法的,在道德上可接受即可。为减轻或消除物质损失所作必要花费,是指为避免或减轻损失或其后果所合理支出的费用,包括因死亡(像丧葬费)或人身伤害(医疗护理费、医疗植入物费用、住院费、交通费等)所生费用、修理费、实现权利的费用等。可赔偿的物质损失始终是一种净值,即因侵权人行为所受损失减去所获利益的损失余额。[1]

4/168

这种做法蕴含了完全赔偿原则,得到匈牙利司法实践的严格遵循,并设定了责任的边界,因为,其假定赔偿乃是针对可赔偿损失的。对积极财产损失的赔偿额通常为其市场价值。依匈牙利侵权法的主流理论,民事责任的主要功能是补偿和预防。这也是当前侵权法制度奉行的基本政策。匈牙利侵权法的一般原则是,受害人不能因受损而获取额外利益。返还性损害赔偿,或者要求将所得利益由侵权人转移给受害人的请求权(目的是为了剥夺侵权人从不当行为中获得的利益),似乎与匈牙利侵权法的基本原则和政策是相符的。[2] 因此,在计算应予赔偿的损害额时,赔偿额应减去受害人获得的或者因损害而节省的金额,如国民医疗服务

4/169

---

[1] *Eörsi*, A polgári jogi kártérítési felelősség kézikönyve (1966) 123 ff especially 193.
[2] *Marton*, A polgári jogi felelősség (1993) 117.

制度所为费用支付[1]，或者受害人财产因损害事件而增加的价值。根据完全赔偿原则，原告应当就其所受全部损失获得赔偿，但不能获得额外收入。[2]

4/170　　损害赔偿还涉及将来因不法行为所生损失，包括收入损失。在匈牙利侵权法中，丧失工作能力本身（至少不被假定为收入损失）似乎不被认为是一种可赔偿的损失类型。虽然法院在损害赔偿情形谈到了工作能力丧失，但它们是将其理解为收入损失。受害人能够就其因侵害所受收入损失获得赔偿。[3] 收入能力的损失以收入损失的方式予以赔偿，其以受害人未来的可预期收入为计算依据。但是，在计算收入损失时，受害人的实际状况并非当然具有决定性。损害赔偿的计算基础是受害人实际丧失的收入[4]，尽管计算时会参考其他人在从事与受害人因侵害而丧失的工作相同或类似的工作情形的平均收入水平。在增加先前作为损害赔偿而确定的年金给付时，也是如此。[5]

4/171　　理论和实践中提出的这些原则在 2013 年《民法典》的规定中也得到强调。

三、分期支付或者一次总付

4/172　　完全赔偿原则要求，对受害人因侵权人不法行为所致全部损失都给予赔偿。赔偿金是一次总付还是分期支付最为适当，由法院决定。[6] 要是损失在将来才会发生，或者受害人虽然已经遭受了损失，且损失的存在已被证明，但其数额却无法证明，这种损失属不确定损失，赔偿这种损失的方式主要有两种。

4/173　　赔偿不确定损失的一种可能方式是给予一般损害赔偿金。若损害（至少部分）不可准确计量，则给予一般损害赔偿（作为一次总付的赔偿

---

[1] Supreme Court, Legf. Bír. Mfv. I. 10.244/2002/3 sz. EBH 2002 no 695; Supreme Court, Legf. Bír. Mfv. I. 10.744/2006 sz. BH 2007 no 354; Supreme Court, Legf. Bír. Mfv. I. 10.697/2006 sz. BH 2007 no 274.
[2] Gellért (ed), A Polgári Törvénykönyv Magyarázata (2007) comments to §355 no 4.
[3] Supreme Court, Guideline no PK 45.
[4] Supreme Court, Guidelines nos PK 45 and 46.
[5] Supreme Court, Legf. Bír. Pf. III. 21.218/1998 sz. BH 2001 no 15.
[6] Supreme Court, Guideline no PK 48.

金)。在这种情况下,法院可以迫使侵权人一次性支付一般赔偿金,其足以使受害人获得完全的经济补偿。一般损害赔偿被视为是完全且终局的补偿,侵权人不能再基于随后实际发生的损失少于一般损害赔偿金的理由而要求返还。不过,若以年金方式支付一般损害赔偿,则其有权请求减少年金支付额,或者依相关情况的变化而要求变更年金支付期限。法院通常会尽量避免支持一次性支付赔偿金的请求,仅当遭受了可赔偿损失的事实被证明,而无法证明其金额时(证明所受损失的金额有可能本身不是给予这种赔偿的充分理由),法院才会这样做。[1]

赔偿将来损失的另一种可能方式是以年金方式分期支付赔偿金。若赔偿金是用作被侵权人或者受被侵权人供养的亲属的生活扶养费或生活补助费,则通常以年金方式支付。 **4/174**

在立法或司法实践中,如需赔偿将来损失,年金支付方式要优先于一次总付方式。这或许受到社会主义时代的实践影响,但也许是因为年金能够适应未来的情况变化,其作为一种公平且恰当的赔偿方式乃属理所当然。对将来损失给予一次性赔偿,必然需要考虑未来损失的现值折算问题。不过,这与市场经济是相符的,且具有了解请求事项的好处。因欠缺匈牙利法院对将来损失实际给予一次性赔付的实践做法,故不清楚这种赔付是如何计算和折现的。 **4/175**

四、赔偿义务的减轻

制定法上通常没有最高赔偿限额或最低赔偿额的规定,司法实践中也没有这种限额规定。法院遵循的是完全赔偿原则,这意味着它们只会因损害已由其他途径获得赔偿而减少赔偿额,如受害人已经获得了国民医疗保险赔付、伤残补助金或者因受损而获得收益补偿等。一般而言,制定法和司法实践都未规定合同外责任的责任限额。[2] 最高赔偿额的立 **4/176**

---

[1] Supreme Court, Guideline no PK 49, Legf. Bir. Gf. Ⅵ. 30.036/2002 sz. BH 2003 no 249.

[2] 针对合同责任的某些情形(主要涉及旅客或货物运输合同、酒店或旅馆住宿合同等)存在制度法规定的责任限额,但是,考虑到本报告的主题限制,笔者在此将不作讨论。

法限额规定仅见于少数特殊情形。[1] 在其他方面,制定法责任限额规定并非是匈牙利侵权法解决责任限制的典型方式。尽管在某些情形下,法院会将赔偿额仅限于实际损害,不支持可得利益损失的赔偿请求(如针对违法招标的损害赔偿),但司法实践中并无肯定赔偿限额的做法。制定法赔偿限额规定似乎将侵权人的全部责任都纳入最高限额之下,而对主要损失和附随损失以及复数的独立损失项目都不作区分。

第九节　损害赔偿请求权的时效期间

一、时效法的基本原则

4/177　尽管对从事法律实务的人来说,似乎通常都会遇到请求权在某个期间后届期的问题,但是,若债权人因此而不能执行其由法律赋予的权利,并自动丧失该权利,则远非不言自明之事。虽然就这种结果是否与财产权保护的宪法立场,或者与保护作为基本人权的财产权观念相符,可能还存在许多关注和争议,但保护他方当事人对权利人将不行使权利的信赖,可能仍是立法者或法院以这种方式平衡当事人之间利益的恰当理由。消灭相关请求权,或者阻止债权人诉请法院执行其请求权,主要有三种技术手段。

4/178　第一种是消灭时效,它使债权人不能通过司法程序实现其请求权,也即他被禁止要求法院强制实现其请求权。消灭时效的问题是,法律制度通常承认这种期间既可以中断并重新起算,也可以"暂时停止"然后再继续计算。这使债务人处于一种不确定状态,其无法确知债权人是否将会对其行使权利。第二种是规定期限届满后请求权消灭。这种固定期间的好处是,它们使当事人所处状态明确;其坏处是,它会对债权人产生极为

---

[1] 例如,1996年有关核能的116号法律第52条规定,核电站、核供热厂以及生产、处理或存储核燃料的经营者因每起事故的最高赔偿限额不超过1亿特别提款权(SDR)。其他核设施的经营者的责任,以及在运输、存储核燃料过程中发生损害的赔偿责任,每起事故最高不超过500万特别提款权。匈牙利政府有义务对超过该限额的损害给予赔偿,但全部赔偿额不超过3亿特别提款权。针对航空运输承运人或酒店与旅馆的经营者等承担的合同责任,也存在特殊的责任限额规定。

严厉的后果,即使非因其所能控制的原因导致其未能及时主张权利,也将被剥夺权利。第三种是法院通过解释诚实信用原则或交往中必要的注意义务等私法一般条款,确定与请求权实行有关的行为义务,以之影响对方当事人的地位。在涉及财产权转让侵害原告优先购买权的情形,匈牙利的司法实践认为,诚实信用原则和必要注意义务的一般条款含有规定诉诸法院的最后期限的效果。法院在有些情形下认定,若优先购买权人在发现不法侵害其权利的事实后未在合理期限内提起诉讼,则其权利应予剥夺。[1]

二、目前的法律状况

除非法律另有规定,匈牙利法律中请求权的一般期限限制是5年。侵权法中主要有两项例外。该期间自损害发生时起算,因为这是对受害人所负赔偿义务的到期时间。[2] 例外之一是,因异常危险活动所生损害的赔偿请求权的时效期间为3年;另一项例外是,若损害系因犯罪行为所致,损害赔偿的时效期间不得短于刑事责任的追诉期间。在时效期间届满后,请求权不得通过法院强制实现。时效期间开始于请求权的到期日。若债权人有合理理由而不能行使权利,在该原因事实消除之日起1年内,请求权不受影响,或者在时效期间仅为1年或短于1年时,在该原因事实消除后3个月内,请求权仍然有效,即使时效期间业已届满,或者剩余时效期间已不满1年或3个月,结果亦然。若债权人在时效届满后同意履行,该规定亦可适用。这说明,在当今的匈牙利债法制度中,请求权的"停止状态"(standstill)属于一种额外的时效截止期间,在此期间,时效期间不继续计算。

时效期间可因书面的履行通知、司法执行、协议变更(包括和解)以及债务人对债务的承认而中断。时效期间在中止后,或者有关中止程序的司法决定发生既判力后继续计算。若法院在中止程序过程中发出了执行

---

[1] Supreme Court, Legf. Bír. Pfv. Ⅵ. 20.040/2010 sz. BH 2010 no 296.
[2] 1959年《民法典》第360条第1款,2013年《民法典》第6:532条。损害赔偿自损害发生之日立即到期。

命令,则时效仅可因执行行为而中止。前述时效中断的制度在 2013 年《民法典》中仍保持了类似的结构,尽管书面通知本身并非中断时效的充分理由。原则上,法律要求债权人应在时效期间内以提起诉讼的方式主张其权利,以免丧失要求执行该请求权的权利。

4/181　　时效期间仅在债务到期时才开始起算。只有在损害发生时,损害赔偿责任才可能到期,即使具体损害无法预见亦然。若受害人因侵权人的行为遭受了损害,但因同一行为引发的损害分别发生于不同时间,则损害赔偿请求权的时效起算时间依各损害事件的发生时间分别确定。[1]

三、时效规则体系化与价值判断一贯性的尝试

4/182　　要确定某种适宜的时效期间可能是无法办到的。不同地位当事人之间的利益平衡无法在抽象层面加以解决。执行准备所需花费的时间存在极大差异。特别是在人身伤害情形,受害人必须要确定其所受伤害以及由此所生损失。若治疗需持续数年,未来收入损失亦须确定,这可能要耗费数年,而在不涉及人身伤害的简单撞车事故中,受害人则能够在数月内提起诉讼。

4/183　　最佳的解决方案可能是,要求债权人在合理期间内提起诉讼,并借助一般条款允许法院根据具体情况确定合理期间[2],同时对开放性请求权规定制度法上的消灭时效期间。不过,这种解决方案似乎不可能被要求具体确定规则的法律实践所接受,这种要求在制定 2013 年《民法典》时曾被多次提出。

---

　　[1] Supreme Court, Legf. Bír. M. törv. II. 10.106/1976 sz. BH 1977 no 167.
　　[2] 匈牙利法院在基于诚实信用原则与必要注意的一般条款去执行优先购买权时,就是这样做的。Supreme Court, Legf. Bir. Pfv. VI. 20.040/2010 sz. BH 2010 no 296.

附录：2013年关于民法典的第五号法律

第四分编　合同外的损害赔偿责任

第二十六题　责任的一般规则和共同规则

第6:518条　[致害行为的一般禁止]
不法造成损害的行为应被依法禁止。

第6:519条　[责任的一般规则]
不法造成他人损害的人应当赔偿该损害。他能够证明自己的行为并非不法的，不承担责任。

第6:520条　[违法性]
所有造成损害的不当行为均应被认定为违法，除非：
a) 该行为取得了受害人的同意；
b) 它是在防止不法攻击或即将发生的不法攻击之威胁时造成攻击者的损害的，且该行为未超过防卫所必要的限度；
c) 它是在紧迫情况下造成损害的，且符合比例要求；或者
d) 它是为法律所允许的行为，且该行为未侵害他人受法律保护的权益，或者法律未规定应向被侵权人予以赔偿。

第6:521条　[可预见性]
侵权人没有也不应当预见到相关损失的，不得认定因果关系成立。

第6:522条　[损害赔偿义务的范围]
(1) 侵权人应赔偿受害人的全部损失。
(2) 在前款规定情况下，侵权人应当赔偿如下损失：
a) 受害人的财产贬值损失；
b) 因损害而丧失的任何物质利益；以及
c) 为消除受害人所受物质损失而必须支出的费用。
(3) 损害赔偿应扣除受害人因遭受损失而获取的利益，除非根据具体情况，扣减没有正当理由。
(4) 法院可以基于公平考虑，判给少于所受损失的损害赔偿。

第 6:523. 条　[受损危险]

在有遭受损失的危险情况下,处于危险之人可以请求法院根据具体情况,

A) 禁止造成损害危险的人实施危险行为;

B) 强制其采取措施防止损害发生;

C) 命令其提供相应担保。

第 6:524 条　[多数侵权人]

(1) 两个或两个以上的人共同造成损害的,应承担连带责任。

(2) 被侵权人也促成了损害发生的,或者基于特殊、衡平情况的考虑这样做乃属合理时,法院有权免除侵权人的连带责任。法院在未认定连带责任时,应当按照侵权人不当行为确定各侵权人应承担的责任份额,或者在无法按前述标准确定责任份额时,按照各侵权人的作用大小确定其份额。若作用大小亦不能确定时,各侵权人按照相同比例承担赔偿责任。

(3) 损害应当由数个侵权人按其不当行为的比例承担;不当行为的比例无法确定的,按照各自的作用大小承担;作用大小亦无法确定的,各侵权人按照相同比例承担赔偿责任。

(4) 当损害可能是由同时实施的数个行为中的一个所造成,或者无法确定实际造成损害的行为时,应适用多数侵权人的相关规定。

第 6:525 条　[被侵权人的促成作用]

(1) 被侵权人有义务防止和减轻损害。因违反该义务所生损害不予赔偿。

(2) 损害应当由侵权人和被侵权人按照其不当行为的比例分担,若欠缺该比例,则按照各自的作用大小分担。无法确定其作用大小的,按照相同比例分担。

(3) 被侵权人应对其应予负责之人的不作为承担责任。

第 6:526 条　[限制与排除责任的可能性]

排除或限制因蓄意行为所致损害或侵害生命、身体、健康的责任的合同条款,无效。

第 6:527 条　[赔偿方式]

(1) 只要根据具体情况更属合理,侵权人就应当以金钱赔偿或者恢复原状。

(2) 在赔偿将来定期损害时,法院有权判决以年金方式定期提前

支付。

（3）在确定赔偿方式时，法院不受被侵权人请求的约束，但不应采用各方当事人都不赞同的赔偿方式。

第 6:528 条　［补充收入的年金］

（1）劳动能力因损害事故而降低的人，只要其收入在损害发生后非因其控制范围内的原因而减少，即有权要求给付年金。

（2）在确定补充收入的年金时，法院应当考虑劳动能力的降低以及收入损失程度。

（3）被侵权人的收入损失应当依前一年的平均月收入加以确定。若当年收入发生了永久性改变，则应考虑发生改变后的平均收入情况。

（4）若收入损失不能依第 3 款确定，则应考虑从事相同或类似行为的人的月平均收入水平。

（5）在确定收入损失时，应当考虑到任何可预期的未来情况变化。

（6）在确定收入损失时，雇员在劳动能力降低情况下因异常工作绩效而获取的收入不应加以考虑。

第 6:529 条　［补充扶养费的年金］

（1）在致人死亡的情况下，应向依靠死者生活之人支付补充扶养费的年金。即使前述行为结果无法预见，亦然。

（2）即使死者违反相关规定未支付扶养费，或者申请人基于合理原因未执行其请求权，侵权人仍有义务支付补充扶养费的年金。

（3）在确定补充扶养费的年金范围时，应考虑丧失的扶养费以及申请人的收入状况。

（4）若申请人系因不当原因而无充足收入，而且其有权向其他处于相同扶养地位的人执行其扶养请求权，在确定年金范围时应当考虑这些因素。

（5）在其他情形，应考虑有关确定补充收入的年金的规定。

第 6:530 条　［年金的变更或终止］

当确定年金时考虑的相关情况发生重大改变时，当事人任何　方均有权要求变更年金数额及支付期间，或者要求终止年金支付义务。

第 6:531 条　［总括性赔偿］

若损害范围无法确定，侵权人的赔偿应当足以补偿被侵权人。

第 6:532 条　［损害赔偿责任的到期］

损害赔偿责任自损害发生之日立即到期。

第 6:533 条 ［时效］

（1）损害赔偿适用时效规定，但因犯罪行为所致损害的赔偿请求权，只要犯罪行为仍应受制裁，其时效期间在五年后亦不届满。

（2）整个年金请求权的时效期间自确立请求权的损害首次发生时起算。

第 6:534 条 ［认定损害范围的生活水平改变］

（1）若在造成损害时与判决作出期间生活水平发生了重大改变，法院有权依照最新的生活情况确定损害赔偿的范围。在这种情况下，侵权人有义务自损害赔偿额确定之日起支付迟延利息。

（2）被侵权人无正当理由迟延主张其赔偿请求权的，应承担价格和价值改变的风险。

第二十七题　特殊责任

第六十八章　异常危险活动的责任

第 6:535 条 ［异常危险活动的责任］

（1）异常危险活动的经营者有义务赔偿由此造成的损失。他能够证明损失系因处于其活动范围外的不可避免的原因所致的，不承担责任。

（2）异常危险活动的规定适用于危及人类环境并造成损害的行为。

（3）对异常危险活动责任的任何排除或限制均属无效；这项规定不适用于物之损害。

第 6:536 条 ［经营者］

（1）活动是为其利益而实施的人，应被认定为异常危险活动的经营者。

（2）异常危险活动的经营者为数人的，应被认定为多数侵权人。

第 6:537 条 ［被侵权人促成作用的规则］

（1）经营者无须赔偿因受害人促成过失所生的损害。在分担损害时，异常危险性应当作不利于经营者的考虑。

（2）不能预见自己行为后果的人促成损害的，经营者应对该人负责。经营者有权向第 1 款所述之人的监管人行使追偿权。

第 6:538 条 ［时效］

因异常危险活动所生损害赔偿的时效期间为三年。

第6:539条 [异常危险活动与作为多数侵权人的经营者的冲突]

（1）若损害系由两个或两个以上的人的异常危险活动所造成,则他们应当依其不当行为按比例承担赔偿责任。经营者不是实际侵权人的,经营者仍有义务因实际侵权人的不当行为承担赔偿责任。

（2）但是,若任何一方当事人都不应因过错而承担责任,而损害处于一方当事人的异常危险活动范围内,则该方当事人应对此承担赔偿责任。

（3）若造成各方当事人损害的原因同时处于双方当事人的行为范围内,或者不处于任何一方的行为范围内,当事人在不存在违法性的情况下应各自承担自己的损失。

（4）在因多个异常危险活动共同造成损害时,本条规定应适用于有关经营者,但在没有不当行为且不扰乱他们的行为范围情况下,他们有义务按照相同比例承担赔偿责任。

第六十九章 因他人行为所致损害的责任

第6:540条 [因雇员与法人成员所致损害的责任]

（1）雇员在其受雇过程中造成第三人损害的,雇主应对受害人承担责任。

（2）法人成员在与其成员身份有关的事务中造成第三人损害的,法人应对被侵权人承担责任。

（3）若损害是因故意所致,雇员或法人成员应和雇主或法人承担连带责任。

第6:541条 [法人经理所致损害的责任]

法人经理在执行职务过程中造成第三人损害的,经理与法人承担连带责任。

第6:542条 [代理人所致损害的责任]

（1）本人应与其代理人就后者在职责范围内所致第三人任何损害承担连带责任。本人能够证明在选任、指示与监督代理人方面无过失的,不承担责任。

（2）在长期代理关系情形,被侵权人可依雇员致害的有关规定行使其要求赔偿的权利。

第6:543条 [其他合同的债务人所致损害的责任]

其他合同的债权人应对其债务人在履行合同义务过程中所致损害承担责任,但债权人能够指明实际侵权人者除外。

第七十章　无识别能力或仅有限制识别能力之人所致损害的责任

第6:544条　[因不能预见自己行为后果之人所致损害的责任]

(1) 因精神紊乱而不能预见自己行为后果的人,不就自己造成的损害承担责任。

(2) 侵权人的监护人应替代侵权人依法承担责任。在造成损失时对侵权人负有监管职责的人是监护人。

(3) 监护人能够证明在看护或监管方面无过失的,不承担责任。

(4) 监护人为数人的,应适用多数侵权人的相关规定。

第6:545条　[公平补偿]

侵权人没有监护人或者监护人不应承担责任的,侵权人有义务赔偿全部或部分损害,只要依具体情况或者按照当事人的经济能力这样做是合理的。

第6:546条　[自己过错]

侵权人因自己的不当行为造成精神紊乱状态的,不考虑该状态。

第6:547条　[不能预见自己行为后果的未成年人所致损害的责任]

损害由不能预见自己行为的未成年人造成,且被侵权人能够证明监护人不当违反其对未成年人所负监管义务的,未成年人与监护人对该损害承担连带责任。

第七十一章　行使公共权力过程中所致损害的责任

第6:548条　[在执行公共行政权力过程中所致损害的责任]

(1) 仅当损害是由政府当局的作为或不作为所致,且不能经由通常的法律救济以及对行政决定的司法审查途径予以防止时,在执行公共行政权力过程中所致损害的责任才能被认定。

(2) 行使公共行政权力的法人应对管理过程中所致损害承担责任。行使公共行政权力的人不是法人的,有监管职责的法人应对执行公共权力的行为所致损害承担责任。

第6:549条　[法院、检察官、公证人与公力执行机构在执行权力过程所致损害的责任]

(1) 法院与检察官在执行职权过程中造成损害的,应适用执行公共行政权力过程中所致损害责任的相关规定,但赔偿请求权应向法院或最高检察官提出。造成损害的法院不是法人的,请求权应向具有法人资格且在致害法院领域内运作的法院提出。这种请求权以已经提出的通常救济不成功为必要前提。

(2) 公证人与公力执行机构在执行权力的过程中造成损害的,应适用执行公共行政权力过程中所致损害责任的相关规定。这种请求权以已经提出的通常救济不成功为必要前提。

第七十二章　缺陷产品责任

第 6:550 条　［因缺陷产品所致损害的责任］
生产者应对其产品缺陷所致损害承担责任。

第 6:551 条　［产品］
产品是指所有动产,即使已置入其他动产或不动产中,亦然。

第 6:552 条　［因缺陷产品所致损害］
缺陷产品所致损害是指:

a) 因缺陷产品造成死亡、人身伤害或健康侵害所生损害;且

b) 缺陷产品本身以外的其他财物损害;若受损财物属通常用于私人用途或消费的类型,且被侵权人亦主要将其用于自己的个人用途或消费,则损失额按照损害发生时匈牙利国家银行发布的匈牙利福林(HUF)兑欧元的官方汇率折算应超过 500 欧元。

第 6:553 条　［生产者］
(1) 本章所称生产者是指制成品的制造商,部件或原材料的制造商,或者将其名称、商标或其他区分标记载于其产品上并显示自己为生产者的人。

(2) 任何进口产品到欧洲经济区域内用于销售或其他经济目的的人,应被认定为生产者。这项规则不影响进口商对生产者的追偿权。

(3) 生产者无法确定的,所有产品的供应者应被视为生产者,除非供应者向被侵权人指明生产者或者向其供给该产品的人。在进口产品情形,产品未标明进口商的,即使标明了生产者,应同样适用前述规定。

(4) 自被侵权人以书面形式要求确定生产者之时起,供应者应在三十日内作出相关陈述。

第 6:554 条 ［产品缺陷］

（1）在考虑到产品的功能、产品可被合理期待的用途、产品说明、产品投入流通的时间以及科技水平等情况下，产品不能达到被侵权人有权期待的安全状况的，产品即有缺陷。

（2）产品不得因为随后投入流通的产品更为安全而被认为存在缺陷。

（3）被侵权人应证明产品存在缺陷。

第 6:555 条 ［责任免除］

（1）生产者不能被免除责任，除非其能够证明：

a）其未将产品投入流通；

b）产品既不是为了销售或其他类似经济目的而被制造，也不是在其营业过程中被制造或销售的；

c）在其将产品投入流通时缺陷尚不存在，缺陷是在此后才形成的；

d）在其将产品投入流通时，按照当时的科技水平无法发现缺陷的存在；或者

e）产品缺陷系因适用法律或公共权力机构发布的强制性管制规定所致。

（2）部件或原材料的制造商能够证明以下情况的，不承担责任：

a）缺陷归因于部件被置入其中的制成品的构造或成分；或者

b）缺陷归因于制成品的制造商的指示。

（3）损害是因依其说明使用药品所致的，不得援引本条第 1 款 d 项免除生产者的责任。

第 6:556 条 ［第三人促成损害］

即使损害是由产品缺陷和第三人的作为或不作为所致，生产者也不得被免除责任。本规定不影响进口商对第三人的追偿权。

第 6:557 条 ［责任排除或限制］

排除或限制生产者对被侵权人所负产品责任的，无效。

第 6:558 条 ［损害赔偿请求权的时效期间］

（1）由缺陷产品所生损害的赔偿请求权的时效期间为三年。

（2）时效期间自被侵权人知道或应当知道损害发生、产品缺陷及生产者身份之日起算。

（3）生产者应当自产品投入流通之日起十年内依本章规定承担责

任。在前述期限届满后,被侵权人不得对生产者主张赔偿请求权。

第 6:559 条 ［不同规定间的关系］

(1) 适用本章规定不得降低总体的损害赔偿额,即使存在特殊合理情况亦然。

(2) 本章规定不适用于核能法确定的损害,或由匈牙利批准的国际条约调整的核能事故所生损害。

第七十三章　建筑物责任

第 6:560 条 ［建筑物所有权人的责任］

(1) 建筑物的所有权人对因建筑物部分坠落或建筑物缺陷所致损害承担责任。他能够证明未违反建造或维护规则,且在建造或维护期间无防止损害方面的不当行为的,不承担责任。

(2) 前款规定亦适用于因建筑物外部设置物坠落所致损害,该物系为其利益而设置之人与建筑物所有权人承担连带责任。

(3) 前述规定不影响责任人对侵权人的追偿权。

第 6:561 条 ［抛掷、坠落、泼洒之物致害的责任］

(1) 从房间或其他处所被抛掷、掉落或泼洒之物造成损害的,房间或其他处所的承租人或其他使用人应向被侵权人承担责任。

(2) 承租人或使用人指明实际侵权人的,则仅作为担保人承担责任。承租人或使用人能够证明侵权人不法出现在该处所的,免除其责任。

(3) 从供公众使用的建筑物中被抛掷、坠落或泼洒之物造成损害的,建筑物的所有权人向被侵权人承担责任。他指明实际侵权人的,则仅作为担保人承担责任。

(4) 除此之外,责任人有权向其他对损害负有责任的人行使追偿权。

第七十四章　动物致害责任

第 6:562 条 ［动物所致损害的责任］

(1) 饲养动物的人应对动物所致损害承担责任,除非其能够证明自己在饲养动物时无不当行为。

(2) 异常危险活动责任的相关规定应适用于饲养危险动物的人。

第 6:563 条 ［野生动物所致损害的责任］

(1) 对野生动物所致损害,在损害发生时享有该土地上狩猎权的人应承担赔偿责任。损害未发生在狩猎范围内的,野生动物从其所出的土地上的狩猎权人应承担责任。

(2) 狩猎权人能够证明损害是因其控制范围外的不可避免的原因所致的,不承担赔偿义务。

(3) 时效期间为三年。

第二十八题　合法致害的补偿

第 6:564 条　[对合法致害的补偿]

法律规定对合法行为所致损害应予补偿的,补偿的方式和范围应适用有关损害赔偿的相关规定。

第五章
英国及英联邦法视角下侵权责任法的基本问题

肯·奥利芬特(Ken Oliphant)

□ 预备性评论

一、概说

本章的目的是就海尔姆特·库奇奥教授在《侵权责任法的基本问题（第一卷）》中所阐述的基本思想，从英国及（一定范围内）英联邦的角度加以观察。该书立论如此丰富，仅仅拣选其中某些观点作为"基本思想"，难免会冒遗漏其他同等重要甚至更加重要思想的危险。然而，我所设定的任务要求我迎难而上，尽管稍有缓和，但我所选观点仍重在展现我认为最有可能在英国及英联邦法律人中引起共鸣的部分。

二、《侵权责任法的基本问题（第一卷）》的基本思想

用我自己的话来讲，《侵权责任法的基本问题（第一卷）》表达的基本思想如下：

（1）侵权法[1]应被视为对"法益"(legal goods)进行保护的综合系统的组成部分。这套系统不仅包括各类私法分支（侵权、合同、不当得利，等等），还包括各种公法机制，如刑法和社会保障法。

（2）这种整体性的保护机制应当在以下方面表现出一致性[2]：其基础应是一套连贯而显明的价值；各构成机制所发挥的作用与其在该系统中所处地位相符；应当承认，不同机制具有不同的功能，受不同的基本原则支配，不能扭曲它们以满足异质功能或本不相容的原则；并且，在引起法律后果的诸因素与其导致的后果之间，应当遵守比例原则（"更严重的法律后果需要更严格的构成要件"）。[3]

（3）私法规定的保护机制和公法规定的保护机制之间存在根本性差异。前者不应被赋予与其本质相斥的公法任务。私法的独特性在于它以"两极性"正当结构原则为基础，这种正当性要求，对当事人一方施予义务的理由与赋予另一方当事人以相应权利的理由应当恰相匹配。私法的原则不应诉诸"单极化"的考量加以证成。[4]

（4）当法律被构建成一种承认不同利益具有不同价值、避免截然两分以支持渐进转换的动态体系时，它就能最好地发挥其功能。[5]

三、它们对英国及英联邦法的适用性

5/3　　对这些命题所标示的处理侵权法的基本立场，大部分英国和英联邦法律人多少都会感到熟悉，一些人甚至可能会热切地表示支持，尽管另一些人会断然拒绝接受。因而，在报告的一开始，就主要争点（主要是在英国及英联邦）预先给予提示，将有所裨益。

5/4　　**侵权法作为法益保护之综合系统的一部分**。就侵权责任在法益保护体系中的位置而言，虽然我现在想不到侵权责任受制于如此持久、严格分析的理由，但是，我猜大部分英国及英联邦法律人还是会同意：使用那种

---

[1] 使用这个术语很方便，虽然英语中的"tort law"和德语中的"Schadenersatzrecht"并不严格对应。参见《侵权责任法的基本问题（第一卷）》第五章。在必要时如果能更精确地传达限定的主题，下文将会使用"损害赔偿法(the law of damages)"的概念。

[2] 参见《侵权责任法的基本问题（第一卷）》，边码2/90—91。

[3] 同上书，边码2/95。

[4] 同上书，边码2/92。

[5] 同上书，边码1/17—18及2/98。

方式看待侵权法是有益的，当然，在特定情形下，将侵权法与其他保护机制（包括公法机制在内）加以对立（例如，侵权法 VS 管制规范，侵权法 VS "无过错"），也会存在不同看法。

整体系统的一致性。尽管有一些倾心于法律中不一致性的"批判"法学者[1]，但绝大多数英国及英联邦法律人都会认为，"连贯性"是值得追求的。近几十年来，在加拿大法学者恩内斯特·温里布（Ernest Weinrib）及其追随者（宽泛意义上的门徒）的作品中[2]，侵权法的连贯性都是一个特殊的主题。不过，即使那些原则上认为法律应保持所述意义上的连贯性的学者，有时也承认，在普通法制度下，实现一致性的途径存在各种限制：某些改革可能会被认为超出了司法裁判的正当职能，唯有立法者才堪当此任。由于立法者很少能意识到其在侵权立法中的政治优势，即便能意识到，也不能指望其能发动一贯性的改革，因而，这就成了法律共同体内遭受重大挫败的根源所在。

5/5

私法的独特性。温里布还在其作品中宽泛地认为，私法的独特性源自其两极结构，因而不能前后一贯地去追求"公共"目标。如确有必要，这些目标应当通过替代性法律机制达成。这个看法也被那些并不完全接受温里布整体立场的学者所支持。不过，仍然有大量观点赞成，工具性目标能借助私法手段被正当地实现。例如，在某些特定情形下，决定一方是否对他方负有注意义务时，将政策因素纳入考量范围是很常见的。相信这样做具有正当性的大部分学者都会强烈否认他们想把公、私法合二为一。

5/6

灵活性 VS 确定性。在这点上，可能会有更多人反对《侵权责任法的基本问题（第一卷）》所阐释的主题。或许从很久以前，法律的灵活性和确定性之间就一直存在紧张关系，而普通法制度之本质——法官而非立法者是法律发展的主要推动者——意味着，法官们在创造、适用及发展"判例法"时，对法律确定性赋予了极大的重要性。先例原则（stare decisis）

5/7

---

[1] 可参见由 I. Englard 发展的"互补性"理论：The Philosophy of Tort Law (1992); idem, The Idea of Complementarity as a Philosophical Basis for Pluralism in Tort Law, in: D. G. Owen (ed), The Philosophy of Tort Law (1997).

[2] 关于温里布，特别请参见 E. Weinrib, The Idea of Private Law (revised edn, 2012); idem, Corrective Justice (2012). 关于其"门徒"，参见诸如 A. Beever, Rediscovering the Law of Negligence (2007); J.W. Neyers, A Theory of Vicarious Liability (2005) 43 Alberta Law Review 287; J.W. Neyers, The Economic Torts as Corrective Justice (2009) 17 Torts Law Journal (TLJ) 162.

可能是这种哲学立场最显著的产品。但是,在侵权法原则的司法发展过程中,还存在另外一个特别明显的特征,即我们经常将某种程度的独断性看作恪守法律确定性原则的必要代价。

第一节 导论

一、所有权与风险转移

5/8 　　上述认识的基本含义反映了库奇奥在《侵权责任法的基本问题(第一卷)》中所表达思想的逻辑起点,即:"某人遭受了损害时,原则上应当由其本人承担此种损害。"[1]按照克劳斯·威廉·卡纳里斯(Claus-Wilhelm Canaris)的观点,这是一种("不证自明的")"一般生活风险"。从私法的视角来看,该结论似乎遵循了两极性正当原则,因为仅仅是某人遭受损失,其本身并没有提供任何让他人承担该项损失的理由。把风险转移给他人需要有指向该他人的独立正当理由。该观点内含于拉丁格言"所有人自负损害"(casum sentit dominus)之中,库奇奥在其著作开篇中就予以援引。

5/9 　　可能所有的法律制度都将这种观点当作逻辑起点。英国人对拉丁习语本身可能并不是很熟悉——用 Westlaw 数据库对联合王国的判例进行检索未产生任何命中——但是,正如库奇奥所述,存在另外一种广为人知的英语式表达:让损失留在其发生处(let the loss lie where it falls)。合同领域似乎比侵权领域更常明确地引用这个表达[2],但其在后一领域也显属通用。美国卓越的大法官、法学家奥利弗·温德尔·霍姆斯(Oliver Wendell Holmes)在其代表作《普通法》中曾论述道:"我们法律的一般原则是,意外事件所生损失必须止于其发生处,这项原则不应受人是灾祸之工具的事实所影响。"[3]最近的司法意见进一步提炼了该思想:"出

---

[1] 《侵权责任法的基本问题(第一卷)》,边码 1/1。

[2] 特别是与随后发生的导致合同履行不能的事件相关的情形:See eg *Fibrosa Spolka Akcyjna v. Fairbairn Lawson Combe Barbour Ltd*. [1943] Law Reports, Appeal Cases (AC) 32.

[3] *O.W. Holmes*, The Common Law (1881, republished 1991) 94.

发点必须是,损失原则上(prima facie)应留于其发生处。对于普通法而言,必须有令人信服的充分理由,法院才能判令他人承担损失。同时,法官还必须考虑到,在现实世界中,普通法不能过度扩张其保护范围。"[1]

普通法中广泛使用的另一个拉丁习语蕴含了大体相同的观念:无不当行为之损害(damnum absque iniuria)[2]。它表达的理念是,并非所有的损害(damage)都构成法律上应由他人负责的不法侵害(injury)。进一步的讨论请参见本章边码5/117以下。 5/10

毫无疑问,对于库奇奥开篇为之惋惜的"流着奶与蜜之地"(land of milk and honey)的幻觉,英国律师们同样感到熟悉。[3] 因而,一位资深法官曾明确批评过这种倾向,即认为"对易出事故的世界中发生的所有不幸,都必须要由某位具有偿付能力的人来承担损害赔偿责任"[4]。相似地,法院也一直敦促"不要去促成某种专注于诉讼的社会,将其建立在所有的不幸都有救济的错误观念之上"[5]。无论是在判决意见还是一般公共话语中,通常被称之为"赔偿文化"的观念对社会造成的负面影响都始终受到强调。伴随这种担忧,人们认为,"让人害怕的,不是去学会应对生活中不可避免的烦心事和不幸,而是对于所有的灾难,人们都指望他人给予赔偿,进而使后者被迫过度防御或自我保护"[6]。与此同时,也已有人表达了对因侵权法过度扩张而不当限制个人自治的担忧,不止于此,要是那些时刻面临责任威胁的人们以一种有害的防御性方式作出回应,潜在受害人的行为选择也可能会受到限制。 5/11

受美国侵权法改革运动的鼓舞,这些关切已在澳大利亚促成了侵权 5/12

---

[1] *White v. Jones* [1995] 2 AC 205, 236 per Steyn LJ (CA). 同样参见 *Stovin v. Wise* [1996] AC 923, 933 per Lord Nicholls("让损失留在其发生处并不总是一种可接受的结果"),关于船舶碰撞的情形,参见 *Cayzer, Irvine & Co. (Owners of the Steamship »Clan Sinclair«) v. Carron Co. (Owners of the Steamship »Margaret«)* (1884) 9 Law Reports, Appeal Cases (Second Series) (App Cas) 873, 881 per Lord Blackburn.

[2] See eg *Halsbury's Laws of England*, vol 97, Tort, § 412 ff (K. Oliphant).

[3] 《侵权责任法的基本问题(第一卷)》,边码1/2。

[4] *CBS Songs Ltd. v. Amstrad Consumer Electronics plc* [1988] AC 1013, 1059 per Lord Templeman.

[5] *Gorringe v. Calderdale Metropolitan Borough Council* [2004] 1 Weekly Law Reports (WLR) 1057 at [2], per Lord Stein.

[6] *Majrowski v. Guy's and St Thomas's NHS Trust* [2007] 1 AC 224 at [69], per Baroness Hale.

法的实质性立法改革[1],在英国则是颇为表面化的制定法改革[2]。但是,这类改革的必要性已经引起了普遍的学术质疑[3],尽管这并非因为学者们认为,法律应该规定对人们遭受的所有损失都应给予补偿;相反,有一种广泛共享的看法认为,针对侵权法制度的公开敌意,可能会造成扭曲基本正义原则的改革,即使在有充分理由支持他人担责时,仍然阻止向受害人支付赔偿。

二、侵权法在整个法律体系中的位置

5/13　　更为根本的是,对于侵权法能否满足当今社会赋予它的各种需求,人们一直抱持怀疑态度。而且,该怀疑已经导致了各式各样替代机制的引入,以更好地满足社会需要,有时甚至限制依侵权法本属可用的救济措施。[4]

(一) 劳工赔偿[5]

5/14　　无过错劳工赔偿制度通过 1897 年的《劳工赔偿法案》引入到英国,继

---

[1] 参见 2002 年"Ipp 的报告": Review of the Law of Negligence: Final Report, 2002, ⟨www.revofneg.treasury.gov.au/content/Report2/PDF/Law_Neg_Final.pdf⟩。

[2] 《2006 年损害赔偿法》。民事诉讼基金制度改革 (reforms of the funding regime) 在 2013 年 4 月开始施行,可归为类似的关切,但可能产生更大的影响。

[3] 在英国:参见 K. Williams, State of Fear: Britain's » Compensation Culture « Reviewed (2005) 25 Legal Studies (LS) 499; R. Lewis/A. Morris/K. Oliphant, Tort Personal Injury Claims Statistics: Is There a Compensation Culture in the United Kingdom? (2006) 14 TLJ 158; A. Morris, Spiralling or Stabilising? The Compensation Culture and Our Propensity to Claim Damages for Personal Injury (2007) 70 Modern Law Review (MLR) 349; see generally Better Regulation Task Force, Better Routes to Redress (2004). 在澳大利亚:参见 E. W. Wright, National Trends in Personal Injury Litigation: Before and After » Ipp « (2006) 14 TLJ 233; D. Ipp JA, Themes in the Law of Tort (2007) 81 Australian Law Journal (ALJ) 609; J. F. Keeler, Personal Responsibility and the Reforms Recommended by the Ipp Report: » Time Future Contained in Time Past « (2006) 14 TLJ 48; B. McDonald, The Impact of the Civil Liability Legislation on Fundamental Policies and Principles on the Common Law of Negligence (2006) 14 TLJ 268.

[4] 综述参见 K. Oliphant, Landmarks of No-Fault in the Common Law, in: W. van Boom/M. Faure (eds), Shifts in Compensation between Private and Public Systems (2007).

[5] Oliphant in: van Boom/Faure, Shifts in Compensation no 5 ff; R. Lewis, Employers' Liability and Workers' Compensation: England and Wales, in: K. Oliphant/G. Wagner (eds), Employers' Liability and Workers' Compensation (2012).

而迅速被新西兰和南澳大利亚效仿(1900年),其后又被澳大利亚的其他州和地区追随。加拿大安大略省最早在1915年引入劳工赔偿制度,其他主要大省在1931年之前都施行了该制度。新的赔偿制度和私法既有救济措施之间存在不同的关联方式。在英国,《劳工赔偿法案》对劳工提起侵权诉讼的权利不设置任何限制。就工作相关的伤害起诉雇主,并依侵权法主张赔偿仍被允许。相比之下,澳大利亚的部分州取消了针对雇主的侵权赔偿请求权,部分州在受到限制的条件下允许,剩余其他州则无条件允许。限制依侵权法诉请赔偿的权利具有不同形式,包括以金额或比例限制规定设定最高赔偿额及最低损害额,对整个赔偿请求权给予概括限制,或者仅对其中的经济或非经济损失加以特别限制。根据时间和地点的不同,被侵权人可能会被要求就其行使的请求权作出不可更改的选择,如决定通过侵权诉讼来主张劳工赔偿制度下的损失,或者允许受害人同时主张两项赔偿请求,直到实际获得侵权损害赔偿为止。

与澳大利亚、加拿大不同,在英国和新西兰,劳工赔偿不再是独立的制度形式。英国在战后不久就将劳工赔偿归入一般社会福利系统,继而演变为《工伤赔偿制度》(Industrial Injuries Scheme)[1]。工伤赔偿制度极大降低了劳工赔偿所得,其赔偿金依固定比率支付,而非与事故发生前的实际收入相关。直到1990年,工伤赔偿制度(此时赔偿与事故前实际收入无关的状况被打破)才被实质上并入到一般社会保障体系,尽管所支付的补偿金和与工作无关的疾病、健康社会保障给付有别。 5/15

在新西兰,劳工赔偿被1974年建立的综合性《事故赔偿法案》所取代(参见下文边码5/22以下)。 5/16

(二) 社会福利制度

英国在第二次世界大战后的数年内引入社会福利制度。该制度提供了各种各样的社会保障形式,包括疾病补贴、丧失工作能力补贴、失业津贴等,以及全民性的国民医疗保健制度(National Health Service)。起初,就同一侵害而言,社会保障金要从侵权赔偿中进行不完全的扣减,这 5/17

---

[1] National Insurance (Industrial Injuries) Act 1946. See generally *R. Lewis*, Compensation for Industrial Injury: A Guide to the Revised Scheme of Benefits for Work Accidents and Diseases (1987).

就意味着,赔偿权利人方面存在某种双重获赔的因素,但是,自 1989 年以后,法定扣减方案开始施行,允许政府就同一侵害所支付的社会保障给付予以"追回"。具体操作方式是,直接从支付给赔偿权利人的赔偿金中扣减,而非向被告提起独立的追偿诉讼。[1] 扣减只针对与社会保障给付已补偿损失相应的赔偿项目,这就意味着,没有相应社会保障给付的精神损害赔偿被有效地隔离出来。很长一段时间,对于扣减国民医疗保健制度对被侵权人支出的治疗费用只有非常有限的规定,但是,从 2007 年开始,法定扣减方案效力开始扩张,允许卫生署追回依国民医疗保健制度所支出的相关费用(包括救护车服务所产生的费用)[2]。

5/18　　一些学者认为,社会保障制度是比侵权法更好的人身伤害赔偿基础,并建议限制侵权赔偿请求权,完全依赖社会保障制度。[3] 但是,目前的社会保障给付标准太低,让人不得不怀疑这是否是个合适的交易,而且,为维持高标准的给付而不得不增税,公众对此很难有热情。

(三) 以无过错为目标

5/19　　侵权法与社会保障都没有对意外伤害的社会问题进行充分回应,因而,改革努力的焦点已转向在某些领域引入基于保险的无过错赔偿制度。在英国,主要的例子是 1964 年首次引入刑事犯罪受害人赔偿制度。[4] 在 2001 年以前,刑事赔偿额是按照普通法中的损害赔偿规则加以评定的,然而,自此以后,却出现了细分为 25 个不同级别的法定赔偿标准,最高赔付额可达 25 万英镑。根据该方案,(超过前 28 周后的)收入损失和"特别开支"都可以得到赔偿;在 2012 年之前,这些赔偿的计算规则相比于普通法上的规则相对严格一些,但在 2012 年以后,收入损失已经依照与社会保障给付(法定疾病补贴)处于同等水平的固定费率予以补偿。单个致害事件的最高赔付额可达 50 万英镑。[5] 尽管有人认为,建立政府基金(State fund)之所以正当,是因为国家限制个人自我保护的权利,却

---

[1] See now Social Security (Recovery of Benefits) Act 1997.
[2] Health and Social Care (Community Health and Standards) Act 2003; Health and Social Care (Community Health and Standards) Act 2003 (Commencement) (No 11) Order 2006.
[3] See eg J. Smillie, The Future of Negligence (2007) 15 TLJ 300.
[4] 新西兰在 1964 年引入刑事损害赔偿,稍早于英国,随后引入的是澳大利亚和加拿大。
[5] See Ministry of Justice, The Criminal Injuries Compensation Scheme 2012 (2012).

未能保护国民免受犯罪之害,故负有责任,但这种观点却被专门调查委员会(the working party)贴上了"荒谬且危险"的标签,后者提出的报告则为引入该赔偿方案铺平了道路。[1] 改革的正当性纯粹是出于对受害人处境的同情,以及社会保障制度提供的补贴不足的认识。

也有人提议,针对道路交通事故引发的人身伤害,英国应创设一种特殊的无过错赔偿制度,但至今尚无此类法律颁行。与之相对,加拿大的萨斯喀彻温省于1946年首次引入了机动车事故无过错赔偿制度,随后在其他几个省份被效仿。[2] 澳大利亚的一些州也引入了机动车无过错赔偿制度。[3]

医疗损害中的无过错赔偿也不时被提出,但同样未见任何成效。例如,卫生署在2003年的咨询报告中曾记载过一个因出生时受伤导致严重神经损害而适用无过错赔偿的案例[4],但未被随后的法案所采纳,咨询文件中的其他建议则被采用[5]。

(四) 普遍的无过失赔偿

一种更为彻底的改革模式是新西兰在1974年引入的无过错事故赔偿方案。它贯彻了欧文·伍德豪斯(Sir Owen Woodhouse)法官在其标志性官方报告中提出的建议。[6] 伍德豪斯发现"过失诉讼全靠碰运气",同时批判了整个赔偿制度——包括劳工赔偿和社会保障在内——的零散性:"社会问题迫切需要进行协同、综合性的处理,但目前这种碎片化、随意性的回应明显不够。"[7] 该报告提出两项"基本原则":"第一,除非立基于社会责任(community responsibility),否则无法构建令人满意的损害保险制度;第二,理智、逻辑和正义要求将每个受损的公民都纳入其中,且

---

[1] *Home Office Working Party on Compensation for Victims of Crimes of Violence*, Compensation for Victims of Crimes of Violence, Report, Cmnd 1406 (1961); and see generally *Oliphant* in: van Boom/Faure, Shifts in Compensation no 36 ff.

[2] *Oliphant* in: van Boom/Faure, Shifts in Compensation nos 22 and 32 ff.

[3] Ibidem no 70.

[4] *Chief Medical Officer*, Making Amends: A consultation paper setting out proposals for reforming the approach to clinical negligence in the NHS (Department of Health, 2003).

[5] NHS Redress Act 2006.

[6] *Royal Commission of Inquiry (Chairman: The Honourable Mr Justice Woodhouse)*, Compensation for Personal Injury in New Zealand (1967) [*Woodhouse Report*].

[7] Ibidem §1.

同样的损失必须同等对待。一定要有某种受全面保护的权利。"[1]

建议框架还进一步指出,应恪守完全恢复和实际赔偿(可能不是"完全"赔偿)的原则,同时承认行政效率的需要。

《事故损失赔偿方案》采纳了伍德豪斯的大部分提议,在1974年开始施行。其基本内容可概括如下[2]:

- 赔偿方案的覆盖范围涉及人身伤害的各种具体类别,包括因意外事故、职业病、传染病与疾病防治引发的人身伤害以及医疗损害等。损害是否由他人过错引起无关紧要。对于疾病、传染病——除与职业相关或者医疗所致损害外——以及老龄症等,方案具体规定了几种例外情形。

- 所规定的赔偿是"实际的",而不是"完全的"。其覆盖经济性和非经济性的损失,依具体情况包括:周薪赔偿(按事故前收入的80%赔付,最高可达在职者平均周薪的2.5倍左右)、一次性非经济损失赔偿(永久性损伤概率在10%及以上即可获赔偿,赔付标准在2500美元到10万美元之间)、医疗及康复费用(具体包括公共医疗服务费用、住宅或交通工具调整损失、家庭护理费以及轮椅购置费等)。

- 赔偿资金源于对雇主、个体经营者以及机动车持有人的征税,自1992年后,也开始对雇员("获得收入者")征税。部分燃油税也被用于该方案,此外,常规税收也对方案的资金进行公共补贴。

- 在该方案的保障范围内,禁止对同一损害再提起民事索赔之诉。

2004年出版的一本纪念该方案施行30周年的手册将其描述为"世界上最合理、最人道的赔偿法"[3]。尽管在某些情况下仍不时存在对其具体操作的抱怨,但该赔偿方案的基本原则在国内赢得了很大的支持。[4] 不过,许多学者(主要来自国外)仍对其有所批评。[5] 首先,他们认为,将过错侵权的受害人所获赔偿限制在民事诉讼胜诉后其本可获得

---

[1] Ibidem §1.

[2] *Oliphant* in: van Boom/Faure, Shifts in Compensation no 60 ff.

[3] *Accident Compensation Corporation*, Thirty Years of Kiwis Helping Kiwis, 1974—2004,(2004) 3.

[4] *G. Wilson*, ACC and Community Responsibility (2004) 35 Victoria University of Wellington Law Review (VUWLR) 969, 970.

[5] 关于批判观点的概观,参见 *J. Henderson*, The New Zealand Accident Compensation Reform (1981) 48 University of Chicago Law Review (U Chi L Rev) 781.

的赔偿标准以下,有失公平。[1] 矫正正义要求对可归因于不当行为的损失给予全部赔偿。该原则无疑在直觉上具有吸引力,但是,侵权法真的实现了想象中的矫正正义吗?在伍德豪斯看来,结论显然是"否"。法律上的过错(未能达到理性人的注意标准)乃是一种"法律拟制",当然不意味着道德上的可责难性。[2] 此外,在可获完全赔偿的侵害与受害人可寻求其他支持源的侵害之间,并不存在实质性的区分基础。过失诉讼实际上是"靠碰运气"。[3] 无论如何,侵权行为人几乎总是因保险而免于承担直接责任成本。于是,是否在对所有因意外事故所受人身损害已享有无过错赔偿权利外,还要维持(或保留)受害人既有的提起过失侵权诉讼的权利呢?这种建议虽不时地被评论者们提出[4],但"新西兰法律委员会"已经对其表示了怀疑:"补充性侵权责任的方案会使损害赔偿的成本翻倍"[5]。事实上,伍德豪斯的建议就明确以现行赔偿体系(侵权、劳工赔偿以及犯罪受害人赔偿)的财政支出改为新的无过错赔偿方案的成本核算为前提。

其次,受到批评的是,无过错赔偿方案不能对疏忽大意的行为形成威慑,如果该方案的引入伴随着对侵权赔偿诉讼之威慑功能的废除,必定造成事故率的上升。[6] 但是,不得不说,这个批评并无确凿的证据支持。被用来支持该观点的证据过度依赖传闻及个人观察。[7] 与此看法相反,

---

[1] See eg R. Mahoney, New Zealand's Accident Compensation Scheme: A Reassessment, (1992) American Journal of Comparative Law (Am J Comp L) 159.

[2] Woodhouse Report (FN 33) §88.

[3] Woodhouse Report (FN 33) §1.

[4] See eg L. Klar, New Zealand's Accident Compensation Scheme: A Tort Lawyer's Perspective [1983] University of Toronto Law Journal (UTLJ) 33; R. Miller, The Future of New Zealand's Accident Compensation Scheme (1989) 11 University of Hawaii Law Review (U Hawaii L Rev) 1; Mahoney (1992) Am J Comp L 159.

[5] New Zealand Law Commission, Comment on » The Future of New Zealand's Accident Compensation Scheme « by R. S. Miller (1990) 12 U Hawaii L Rev 339, 342.

[6] See eg Mahoney (1992) Am J Comp L 159; Miller (1989) 11 U Hawaii L Rev 1; B. Howell, Medical Misadventure and Accident Compensation in New Zealand: An Incentives-Based Analysis (2004) 35 VUWLR 857.

[7] See eg Miller (1989) 11 U Hawaii L Rev 1, 37—8. 他将"不光彩的冒险行为变得更具地方性"视为意外事故赔偿制度改革的结果,这个结论依据的是他作为海外访问学者访问新西兰期间的某些观察,例如,英式橄榄球运动员不戴头盔或者不用美式橄榄球中使用的衬垫。

已有的统计数据并不支持引入无过错责任会增加事故率的结论。[1] 还必须记住的是,至少在一定程度上,该赔偿方案的许多工具可被用来替代发挥侵权法所生的激励效果,如依经验费率定税,以及依安全管理实践的审计结果调整税额。[2]

5/26 　　最后,无过错赔偿方案还受到批评的是,它给政府开支及全体民众造成了过重负担。[3] 确实,该赔偿方案有时会面临财政困难,但这似乎并非因为基本理念内在可行性的任何欠缺,而更可能源于执行过程中的具体缺陷。

5/27 　　即使人们承认这些批评具有一定的有效性,仍然应当将其与该方案的三项主要成就加以权衡。第一,该方案扩大了赔偿权利的主体范围,包含了非因他人过错而遭受侵害的人群,从而相较于侵权索赔,它使获得由意外事故所生损害的赔偿较少靠碰运气(侵权只赔偿很少一部分事故受害人,依"英国皇家委员会"的估计约为 6.5%)[4]。第二,相比于侵权诉讼制度,为实现这种更加全面的保障,所需资源能够得到更为有效的配置。侵权制度的运行费用(在英国)约为损害赔偿总额的 85%[5],相比之下,新西兰赔偿法案的运行费用只有 12%(也即为赔偿或恢复而支付的每 1 美元中,只有 12 美分属于杂项开支)[6]。第三,无过错赔偿方案明确承认了意外伤害的产生及救济方面的社会责任。意外事故是社会鼓励之活动不可避免的副产品,社会总体上亦从中获益,从而理应因事故发生

---

[1] See generally *New Zealand Law Commission* (1990) 12 U Hawaii L Rev 339. C. Brown, Deterrence in Tort and No-Fault: the New Zealand Experience (1985) 73 California Law Review (Cal L Rev) 976. 例如,已有证据证实,始自 1974 年之前,交通事故造成的人员伤亡显著下降的趋势一直在持续,甚至在 1974 年之后还有加速的迹象。

[2] 对于后者,参见 Accident Compensation Act 2001, sec 175 and Accident Compensation (Employer Levy) Regulations 2004 (SR 2004/23). 1992 年引入了雇主经验费率,但在 1999—2000 年进行短期的私有化试验后却未被恢复。早期的安全激励制度在 19 世纪 80 年代被废除,因为,未有证据证明该制度有助于改善事故预防。

[3] See eg *P. S. Atiyah*, The Damages Lottery (1997) 183—4[其补充道,这种国家赔偿方案也促生了一种事与愿违的"归责文化(blame culture)"]。该著作中,阿蒂亚(Atiyah)改变其先前对无过错赔偿的支持[尤其是其著作《事故、赔偿和法律》(Accidents, Compensation and the Law),初版于 1869 年,现在由 P. Cane 编辑(7th edn 2006)],宣称他更偏爱用第一方责任保险解决意外伤害的社会问题。

[4] *Royal Commission on Civil Liability and Compensation for Personal Injury* (Chairman: Lord *Pearson*), Report (1978) [*Pearson Report*] vol 1, §78.

[5] *Pearson Report*, vol 1, §83.

[6] *Accident Compensation Corporation*, Annual Report 2005 (2005) 74.

而承担责任。[1]

(五) 自我保险

更为激进的提议是,废除人身损害方面的侵权责任——也无须其他 5/28
制度取而代之,而交由私人第一人保险在个体自由选择的范围内填补缺
漏。[2] 这种观点认为,这样做是为了避免侵权法的过度扩张和固有缺
陷,同时允许个体根据自身需要购买相应的保险保障。尽管该提议的主
要支持者因其在事故责任与损害赔偿方面的工作而赢得极大尊重,但其
提议仍几乎无人支持。[3]

三、确定性与灵活性

在普通法甚至可能所有的法律制度中,确定性与灵活性之间的张力 5/29
都是侵权法持久的特征。举例说明这两种趋势可凸显该项法律特色。一
方面,人们可能会想到的有,对"某种潜在责任的不确定范围乃否认整个
案件类型中存在注意义务的绝好理由"[4]的普遍接受,对其效果具有某
种任意性的"鲜明界线"规则的容忍[5],对原则规定实用性的偏爱[6],以
及经常以会引致不确定性之类的理由而拒绝法律中的创新[7]。另一方

---

[1] See further R. Gaskins, Environmental Accidents (1990).
[2] Atiyah, The Damages Lottery.
[3] 关于批判观点,参见 A. Ripstein, Some Recent Obituaries of Tort Law (1998) 48 UTLJ 561; J. Conaghan/W. Mansell, From the Permissive to the Dismissive Society: Patrick Atiyah's Accidents, Compensation and the Market (1998) 25 Journal of Law and Society 284.
[4] 这种情况超出了被认可的"义务情形"范围:see Clerk & Lindsell on Torts[20] (2010) §8.05 ff.
[5] 例如,在精神损害赔偿责任领域:See eg Alcock v. Chief Constable of South Yorkshire [1992] 1 AC 310; Page v. Smith [1996] AC 155; White v. Chief Constable South Yorkshire Police [1999] 2 AC 455. 在后面的案例中,在第 500 页,斯泰恩大法官(Lord Steyn)评论道:"纯粹精神损害的赔偿规则是不同规定的东拼西凑,很难证明其正当",但又不够自信地推论说,所需要的激进改革已超山了法院的能力范围,需留待立法机关解决。
[6] Caparo Industries plc v. Dickman [1990] 2 AC 605, 618 per Lord Bridge and 628 per Lord Roskill.
[7] See eg D. v. East Berkshire Community Health NHS Trust [2005] United Kingdom House of Lords (UKHL) 23, [2005] 2 AC 373 at [94] per Lord Nicholls, 该案拒绝在义务设定与义务违反问题上进行不那么严格的区分,因为它"在如此重要的法律领域可能导致漫长且不必要的不确定期"。

面,人们也会看到一种更具灵活性的做法,如在促成过失情形下承认责任分担[1],在因果关系不确定的情形下(在一定范围内)认可比例责任[2],在决定注意义务范围是否应当超出先例确定的范围时明确考量政策因素[3],以及在侵权法其他许多方面也是如此。在更深层次上,人们还可能认为,普通法已经通过允许惩罚性赔偿,承认了侵权法与刑法的渐进过渡。[4]当然,这个问题已经引发了激烈的争论,双方都给出了有力的理由。

5/30　　从更加广泛的角度看,瓦达姆[5](Waddams)已经对英美私法的复杂性能够顺利融入严格界分的类型化结构的观点发起了持续攻击。如他所说,当基本概念累积性地发挥作用,且阻止将法律问题纳入单个理论类型时,关键性的法律发展通常就会出现。不过,瓦达姆之类的学者所批判的"类型化"(pigeonholing)趋势很可能仍是法院的支配性看法。

第二节　权益保护体系下的损害赔偿法

一、概说

(一) 基本思想

5/31　　库奇奥的一个基本观点是,损害赔偿法必须被看作是"法益"(权利和利益)保护综合系统的一部分。[6]该总体系统的构成要素或多或少涉及被告所负担的结果,且为了保持内在一致性,每种法律效果的构成要件应当与[侵害行为造成的]具体后果相适应。

---

[1] 参见下文边码5/139—140。

[2] 参见下文边码5/108以下。

[3] 第三层次中注意义务的处理方法来源于 *Caparo Industries plc v. Dickman* [1990] 2 AC 605。

[4] 参见下文边码5/48。比较《侵权责任法的基本问题(第一卷)》,边码1/22—23及2/55以下。

[5] S. Waddams, Dimensions of Private Law: Categories and Concepts in Anglo-American Legal Reasoning (Cambridge University Press, 2003) [*K. Oliphant* in: H. Koziol/B. C. Steininger (eds), European Tort Law 2003 (2004) 113]。

[6] 《侵权责任法的基本问题(第一卷)》,第二章。

(二)英国及英联邦法对该基本观点的适用

在我看来,该基本观点直观上具有吸引力,而且,能被英国及英联邦法律传统下的普通法律师接受。还可发现的是,现行法同样(至少近似地)采纳了库奇奥构想的那类方案——可能最为明显的是,刑法比民法的责任要件更为严格,前者的证明标准也更高(参见下文边码 5/52)。应当承认,库奇奥论述的某些方面对于普通法律师而言显得难以接受(如将强制令从责任中独立出来,在英国法中,它们都被视为救济措施),但我并不认为这会削弱其基本论点。

5/32

一些具体保护机制的简短说明具体如下。

5/33

二、返还财产

(一)绪论

可能让外部观察者感到吃惊的是,当占有丧失时,侵权法竟然是英国法下返还财产的主要救济机制,并排除其他法律的适用。在过去——实行土地登记以前——侵权法还发挥确认财产所有权的作用。这些规定同时适用于动产和不动产,并同等适用于(pari passu)人格权(rights in the person)。

5/34

(二)返还土地

占有人可利用非法侵入土地的侵权之诉来拒绝他人进入土地,并在丧失占有时通过土地返还之诉来重新获得占有——这是收回不动产之诉的当代表现形式,本身也是非法侵入的责任形式。该请求权也被称为占有请求权,并适用改进的诉讼程序。[1] 这种诉讼既保护土地所有权或用益权(estate in the land),也保护对土地的占有。

5/35

(三)返还动产

对于动产返还,普通法没有发展出独特的财产法上的救济措施。[2]

5/36

---

[1] Civil Procedure Rules 1998, Part 55.
[2] A. Kiralfy, The Problem of a Law of Property in Goods (1949) 12 MLR 424, 424.

在普通法中,对于侵占行为(conversion),损害赔偿是唯一的救济方式,并且是纯粹的对人诉讼(personal action),因而判决不会授予原告在恢复占有方面获得法院帮助的权利。[1] 以前的"非法占有型侵权"(tort of detinue)与之不同:"若取回被非法占有的动产之诉胜诉,它会导致法院判决被告交出动产,或偿付其评估价值,并赔偿非法占有期间所生损失。这实际上授予被告选择权:要么返还动产,要么偿还其价值。如果原告想请求返还特定动产,他就只能求助于衡平法院。"[2] 直到1854年,《普通法诉讼程序法》第78条才赋予法院权力,使其得以判令被告交还动产,而非允许其选择偿还动产的评估价值。

5/37   先前只用于取回被非法占有之动产的救济措施,在1977年依制定法被扩及于所有涉及不法占有的情形;同时,不法侵占不再被作为独立的侵权类型,而实际上被吸收到扩充的侵占法(law of conversion)中。当扣留动产的行为构成违反《1977年侵权行为(侵害动产)法》的不法侵害时,法院就可以经自由裁量,作出一项由被告向原告返还动产的指令。[3] 这表明,该项动产返还指令是否可用,取决于是否成立(侵占动产的)侵权责任。在这方面,英国法与其欧洲大陆邻国适相对照,后者的返还请求权(vindicatio,返还原物之诉)独立于侵权责任。

5/38   采用侵权方法处理动产返还问题的后果是,已将财产转让而不再占有财产的无过错被告,仍可能要就财产价值及任何附随损失向原告承担责任。经典案例是 Fowler v. Hollins 案。[4] 一个骗子从 Fowler 手中骗得了一些棉花。Hollins 的正常业务是棉花经纪人,他从该骗子手中买了这些棉花,并相信他的某位普通客户会购买该棉花,随后他将棉花卖给了客户;最终他只获得了买卖佣金。虽然 Hollins 对于欺诈一无所知,但仍需对侵占行为担责。他让自己成了买卖合同的当事人,并将棉花转让

---

[1] General & Finance Facilities Ltd. v. Cooks Cars (Romford) Ltd. [1963] 1 WLR 644 at 649 f, per Diplock LJ; M. Lunney, Wrongful Interference with Goods, in: K. Oliphant (ed), The Law of Tort² (2007) § 11-102.

[2] General & Finance Facilities Ltd. v. Cooks Cars (Romford) Ltd. [1963] 1 WLR 644 at 649 f, per Diplock LJ; Lunney in: Oliphant, The Law of Tort² § 11-102.

[3] Secs 3(2), (3)(a).

[4] (1872) Law Reports (LR) 7 Queen's Bench (QB) 616; affd (1875) LR 7 House of Lords (HL) 757.

给了他的客户,这是一种与所有权不一致的行为。[1] 鉴于该规则的严苛性,法院不得不对该种责任进行限制或承认例外,借此保护无过错的交易方。例如,拍卖商接受财产进行拍卖,在拍卖未果后将财产返还给委托人,却发现委托人是骗子,此时,拍卖商对真正的占有权人不负侵占责任。[2]

三、禁令[3]

1981年《高级法院法》第37条第1款规定:"高等法院可以指令的形式(无论是中间裁判还是终局裁判)颁布禁令……只要在法院看来这样做公平且方便即可。"[4]一般而言,该项权力的行使以法院对实际的或者潜在的请求权享有给予实质性救济的裁判权为先决条件[5],当前的支配性观点是,法院的权力仅限于这种及其他特定类别[6]。在 Spain v. Christie, Manson & Woods Ltd. 案[7]中,Nicholas Browne-Wilkinson V-C 先生提出了更加宽泛的建议,认为存在"一般性的司法裁判权,即通过禁令限制对原告造成或意欲造成损害的故意行为"。但是,这与长期存在的权限限制相悖,并被认为是无法成立的[8]:"单纯基于损害而提出请求是不够的。在我们的法律中,侵害与实际损害必须同时存在。"[9]

通常,只要发生侵权行为[10],且其具有继续存在或者重复发生的风

---

[1] *Lunney* in: Oliphant, The Law of Tort² § 11-6 ff.
[2] *Marcq v. Christie, Manson & Woods Ltd.* [2004] QB 286.
[3] See generally K. *Oliphant*, Injunctions and Other Remedies, in: idem, The Law of Tort² (2007) 373.
[4] 根据1984年《地方法院法》第38条的规定(修订版),地方法院被赋予了同等权力。
[5] *Siskina (Cargo Owners) v. Distos Compania Naviera S. A., The Siskina* [1979] AC 210, 254 per Lord Diplock.
[6] *South Carolina Assurance Co. v. Assurance Maatschappij de Zeven Provincien N. V.* [1987] AC 24, 40 per Lord Brandon.
[7] [1986] WLR 1120, 1130.
[8] *Associated Newspapers Group plc v. Insert Media Ltd.* [1988] 1 WLR 509, 513 per Hoffmann J.
[9] *Day v. Brownrigg* (1878) 10 Law Reports, Chancery Division (2nd Series) (Ch D) 294, 304 per Jessel MR.
[10] 禁令通常被用于预防侵权行为发生方面,能否适用于某些特定的侵权责任类型,包括过失责任,却有争议。See *Oliphant* in: idem, The Law of Tort² § 8.6.

险,即可颁发禁令。但是,若侵权行为无继续存在或重复发生之虞,禁令请求将会被拒绝。[1]如果侵权行为可被预见,但尚未实际发生,法院就可以颁发预先禁令(a quia timet injunction)以防止其发生。[2]不过,应当说明的是,禁令是法院酌情决定的救济措施,不能仅仅因为已经或者将要发生侵权行为而当然享有相应的权利。[3]一般来说,当损害赔偿足可提供充分救济,或者原告默许被告对其权益的侵害,或者在寻求禁令救济方面过分延迟,再或者其本身"亦有可责之处"[4](dirty hands,"不洁之手")时,法院都不会颁发禁令。如果法院认为颁发禁令不合适,它将会选择以损害赔偿判决替代之。[5]

5/41　　禁令形式上既可以是积极的,也可以是消极的:禁令可强制被告履行某些特定行为(强制性禁令),也可禁止被告从事某些特定行为(禁止性禁令)。因强制性禁令施加了积极义务,通常在效果上也比禁止性禁令更加严厉,故作出该种判决的裁判权应"有节制且谨慎地行使"[6]。就此存在四项要求:原告必须证明自己有遭受重大损害的极大可能性;一旦发生某种损害,损害赔偿将无法提供足够充分的救济;必须权衡原告可能遭受的损害与被告为防止致害行为发生或减少其发生可能性所需花费的成本;禁令内容的表述需明确,以使被告能够确切知晓其当为何事。[7]

四、自助行为

5/42　　人们可就对他人人身或财产使用强力的行为提出正当防卫或紧急避险的抗辩。同样,土地的所有人或有权直接占有的人可依强力驱逐非法侵入者,只要强力的使用合理即可。[8]但是,根据2003年颁布的法案,

---

[1] *Quartz Hill Consolidated Gold Mining Co. v. Beall* (1882) 20 Ch D 501; *Proctor v. Bayley* (1889) 42 Ch D 390.
[2] *Hooper v. Rogers* [1975] Law Reports, Chancery Division (3rd Series) (Ch) 43.
[3] *Armstrong v. Sheppard & Short Ltd.* [1959] 2 QB 384, 396 per Lord Evershed MR.
[4] *Oliphant* in: idem, The Law of Tort² § 8.12 ff.
[5] Senior Court Act 1981, sec 50.
[6] *Redland Bricks Ltd. v. Morris* [1970] AC 652, 665 per Lord Upjohn.
[7] *Redland Bricks Ltd. v. Morris* [1970] AC 652, 665 f per Lord Upjohn.
[8] *Hemmings v. Stoke Poges Golf Club Ltd.* [1920] 1 Law Reports, King's Bench (KB) 720. 自住房与租赁房分别适用法定限制。

在被告如此行为只是因为他相信这样做对于恢复财产是必要的情形下，就其行为是否"显不适当"的判断采用更为宽容的标准。[1] 此外，自行排除妨害的救济（remedy of abatement）只适用于妨害或非法侵入领域，如剪除邻居家越界的树枝，或者进入相邻土地清除妨害源，只要这类行为能够和平地完成且不会引起过分的麻烦即可。一般而言，自行排除妨害者从事前述行为前应给予通知。当受害人请求颁发除去妨害物的强制性禁令之诉未获胜诉时，其无权自行排除妨害。因为，遭受妨害或非法侵入的受害人一般不应自行执行法律，自行排除妨害的权利受到严格限制，仅限于基于成本考虑而无须法律程序介入的简单案件和需要立即救济的紧急案件。[2]

五、不当得利

近几十年来，伴随不当得利一般理论的发展，返还法得以在英国及英联邦迅速发展，其取代了之前在准合同或准侵权题下被组合在一起的被认为最多只有极少联系的混合规则。[3] 人们承认，有时被称为"恢复性损害赔偿"（restitutionary damages）的救济偶尔也可在侵权情形适用，尽管它们并非侵权法中的一般救济方式。的确，关于它们**是否**为侵权的救济方式——与碰巧同时构成侵权的不当得利相反——可能存有争议。[4] 无论如何，毋庸置疑的是，在不存在侵权行为时，不当得利亦可成立——例如，因错误付款而受领款项的人被推定为（prima facie）负有价值返还义务，即便其对于款项受领或保留没有过错或无可指责。

---

[1] Criminal Justice Act 2003，sec 329.

[2] *Oliphant* in: idem, The Law of Tort² § 8.62 ff.

[3] 请特别参见 C. Mitchell/P. Mitchell/S. Watterson, Goff & Jones: The Law of Unjust Enrichment⁸ (2011); P. Birks, An Introduction to the Law of Restitution (revised edn, 1989).

[4] See generally *Law Commission*, Aggravated, Exemplary and Restitutionary Damages (Law Com. No 247, 1997); J. Edelman, Gain-Based Damages (2002); C. Rotherham, The Conceptual Structure of Restitution for Wrongs [2007] Cambridge Law Journal (CLJ) 172.

六、撤销合同

5/44　　英国破产法就债务撤销作有几项特别规定。无论是否已启动破产程序,若公司为了将资产转移至已经或可能在一定时期内对其提出追诉的债权人控制范围外,或者资产转让会损害这类追诉债权人的利益,则低价交易行为(包括赠与)可被撤销。在这种情形下,为了恢复至交易未发生时的状态,并保护该交易受害人的利益,法院在认为合适时,会作出相应的撤销指令。[1] 例如,法院可以要求将已转让财产之全部或依受害债权人的权利范围移交给特定债权人,或者要求遵照法院的指令,就其从债务人获得的利益向特定债权人偿付相应金额。[2] 该指令可以针对任何人作出,但不会损害从债务人之外的其他人处善意、有偿且对相关情况并不知情的情况下所取得的财产上利益。[3] 据此,从债务人处获得财产的人即便是善意、有偿且不知情,仍有可能要受该指令限制。因而,这类人即使在不成立侵权责任(如欠缺过错要件)的情况下,仍可能被指令交出财产或者偿付相应款项。

七、损害赔偿

5/45　　损害赔偿是侵权、违约及其他普通法上不当行为的主要救济措施。它们有以下几种形式:补偿性损害赔偿、恢复性损害赔偿、惩罚性赔偿、加重的损害赔偿、名义赔偿和象征性赔偿(contemptuous damages)。

---

[1] 1986 年《破产法》(Insolvency Act 1986)第 423 条。该规定在英国法上有着"悠久的历史",可追溯至 1571 年《欺诈性转让法》(Fraudulent Conveyances Act 1571):G. Miller, Transactions Prejudicing Creditors [1998] Conveyancer and Property Law (Conv) 362, 363. 其根源于罗马法中的"保罗诉讼":A. Keay, Transactions defrauding creditors: the problem of purpose under section 423 of the Insolvency Act [2003] Conv 272, 274. 关于撤销低价交易与允许破产程序开始前的优先权的特别权力,参见 1986 年《破产法》第 288 条及第 289 条。关于被判决破产的个人,参见 1986 年《破产法》第 284 条。

[2] Insolvency Act 1986, secs 424(2) and 425.

[3] Insolvency Act 1986, sec 425(2).

(一) 补偿性损害赔偿

在所有普通法制度中,补偿都是损害赔偿的主要目标。其目标有时用拉丁语"恢复原状"(restitutio in integrum)来表达。基本规则是:"赔偿应尽可能使遭受损害的当事人恢复到无不当行为时他本应处于的状态。"[1]

5/46

(二) 恢复性损害赔偿

上文边码 5/43 对此已有论及。

5/47

(三) 惩罚性赔偿

英国法承认惩罚性赔偿(Punitive damages,多数人更喜欢称之为 exemplary damages),但普通法将其限于以下两种类型的行为:政府雇员之压迫性、专断性或违宪性的行为,以及被告为谋取可能超过向原告所付赔偿金的利润而实施的不法行为。[2] 尚不明确的是,惩罚性赔偿是适用于全部侵权行为,还是只适用于特定诉因。[3] 在某些联邦司法辖区内,较为广泛的惩罚性赔偿权利得到认可。

5/48

(四) 加重的损害赔偿

加重损害赔偿的目的在于补偿,但补偿的是那些不属于通常可归于侵权行为所致非物质损害[4]的非物质损害(如审判中怀有敌意的交叉盘问所引致的精神痛苦)。人们注意到,区分基本的和加重的损害赔偿很有必要,因为,就某些无形后果——如屈辱、伤及自尊或尊严以及被告心存恶意地蓄意侮辱或傲慢行为所引致的痛苦等——要求赔偿的权利仅与某

5/49

---

[1] *Lim v. Camden & Islington Area Health Authority* [1980] AC 174, 187 per Lord Scarman.

[2] *Rookes v. Barnard* [1964] AC 1129. See further V. Wilcox, Punitive Damages in England, in: H. Koziol/V. Wilcox (eds), Punitive Damages: Common Law and Civil Law Perspectives (2009).

[3] See K. Oliphant, England, in: H. Koziol/B. C. Steininger (eds), European Tort Law 2001 (2002) no 45, discussing *Kuddus v. Chief Constable of Leicestershire* [2001] UKHL 29, [2002] 2 AC 122.

[4] See no 5/76 ff.

些诉因相关,而其他则否。[1] 但是,因传统上要求被告对某些特殊行为需具有可谴责性,加重的损害赔偿就显示出某些惩罚性特征。1997 年,法律委员会曾建议在立法上澄清加重损害赔偿的作用[2],但政府后来认为,现在已经足够明确,加重损害赔偿的目的是补偿而非惩罚,没必要为此通过立法予以界定[3]。

(五) 名义赔偿

5/50 　　判给名义赔偿意味着,原告的权利受到了被告不法行为的侵害,但未造成原告任何损失。因此,其实践意义在于侵权行为本身的可诉性。虽然胜诉的原告所得赔偿不过几英镑,但其通常会得到有利的费用偿还指令,即使他们同时提出的申请禁令之类的请求被驳回亦然。此外,这种判决还发挥着证明原告权利正当的重要作用。英国法中不存在单独确认不法行为的确认性损害赔偿(vindicatory damage)。尽管在严重侵害原告权利的情况下,作出实质性确权判决已经得到一些官方机构的支持[4],但最高法院在 2011 年对此做法予以全面否定[5],并得到大多数学者的赞同[6]。

(六) 象征性赔偿

5/51 　　如果法院希望对在法律技术上胜诉的原告的行为表示不满,它可以只判给象征性金额(如 1 英镑)的损害赔偿。实践中,这类判决只限于诽谤诉讼,经常伴随原告负担诉讼费用的裁决,尽管一般规则是"败诉者承

---

[1] *Rowlands v. Chief Constable of Merseyside Police* [2006] Court of Appeal (Civil Division) (EWCA Civ) 1773, [2007] 1 WLR 1065 at [27].

[2] Aggravated, Exemplary and Restitutionary Damages (Law Com. No 247, 1997).

[3] Department of Constitutional Affairs, The Law of Damages (CP 9/07, 2007) para 205. 关于英国法上加重损害赔偿的一般概述,参见 A. J. Sebok/V. Wilcox, Aggravated Damages, in: H. Koziol/V. Wilcox (eds), Punitive Damages: Common Law and Civil Law Perspectives (2009) 257 ff。

[4] *Ashley v. Chief Constable of Sussex Police* [2008] 1 AC 962 at [22]—[23] and [29] per Lord Scott.

[5] *R (on the application of Lumba) v. Secretary of State for the Home Department* [2011] United Kingdom Supreme Court (UKSC) 12, [2012] 1 AC 245.

[6] See V. Wilcox, Vindicatory Damages: The Farewell (2012) 3 Journal of European Tort Law (JETL) 390, with further references.

担费用"。[1]

八、刑事责任

刑事责任是对犯罪人的惩罚性制裁,其包括剥夺自由。刑事责任的课处要么是酌定性的(discretionary),要么是强制性的(mandatory)。因其后果——以及因定罪所致污名——比民事责任更为严重,故其科处条件通常也更加严格。对于大多数针对他人人身的犯罪行为以及因犯罪行为所致损害来说,公诉人必须证明存在犯意(mens rea),即对特定后果的故意或轻率。轻率被解释为应对相关风险有明确认识,因而其与过失有质的区别,而非只是程度差异。过失通常不足以施予刑事责任,纵然是重大过失,它也只对某些犯罪(其中之一是过失杀人)是充分的。刑事审判的证明标准比民事案件更高,前者需要排除合理怀疑,后者只需进行概率权衡。

九、其他机制

有关保险、社会保障或特殊赔偿基金等问题,在本章其他地方已有讨论,在此无须赘述。

第三节 侵权法的任务

一、序说

侵权法体现了矫正正义的原则:不法造成他人损害之人应当通过损害赔偿来矫正不义。[2] 用矫正正义解读侵权法的学者中,特别有影响力的一位是温里布(Weinrib),他进一步解释道:"私法最显著的特征是,通

---

[1] *Grobbelaar v. News Group Newspapers Ltd.* [2002] 1 WLR 3024.
[2] 用矫正正义分析英国法中的过失的尝试可参见 Beever, Rediscovering the Law of Negligence.

过责任将两个特定的当事人直接关联起来。法律程序和原理都表达了这种关联。从程序上讲,私法诉讼所采取的形式是特定的原告起诉特定的被告以申索权利。从原理上看,像致害因果关系之类的构成要件需要证明,原告的请求依赖于被告的不当行为。在挑选出双方当事人并将他们放到一起的过程中,私法既不个别关注诉讼当事人,也不将社会利益作为一个整体看待,而是只关注责任的两极关系。"[1]

5/55　　按照温里布的解释,"只有将原告和被告连接到一种单一、连贯的正当结构中,才能理解从败诉的被告向胜诉的原告直接转移资源的做法"[2]。因此,只有放弃一切实现工具性目标的努力,侵权法才能发挥其合理的功能。侵权律师们也应当放弃以外部性目标(社会目标而非法律目标)评价侵权法,而以矫正正义的观念寻求对侵权法的"内在"理解。更具体地说:如果追求的是"公共"目标,如对事故的有效威慑,或者提供事故赔偿,那么,侵权法就会面临不连贯的危险,因为这种目标与诉讼程序的两极性本质不符。

5/56　　大部分法院和评论者即便接受温里布的出发点,也不会接受他的最终结论,以及他设定侵权法的目标、主旨、任务、功能等的苦行演绎(asceticism)。事实上,侵权法中相当数量的目标已被认定[3],包括权利确认[4]、对被告不法行为的谴责、对人们适当行为为标准的普遍教育以及对意外伤害所生争端的和平解决(平息纠纷的功能)[5]等。不过,侵权法中被最经常提及的两项目标是补偿和威慑。

二、补偿

5/57　　"补偿"经常被援引为是侵权法的一项目标,但是,在两种不同观念之间却存在些许偏差:首先,侵权法应依据其对所有**损害**的补偿能力予以评估;其次,侵权法是作为矫正正义的制度形式进行补偿。第一种观念是规

---

[1] *E. Weinrib*, The Idea of Private Law (1995) 1.

[2] Ibidem 2.

[3] See generally *G. Williams*, The Aims of the Law of Tort [1951] Current Legal Problems (CLP) 137.

[4] *R. Stevens*, Torts and Rights (2007).

[5] *Williams* [1951] CLP 137, 138 (其评论说,该项功能在现代法律中处于从属地位)。

范性主张,显然没有道理:人们不能指望侵权法对所有损害都作出赔偿,即便侵权法有这种能力,其实施费用也将异常巨大。第二种观念更多是一种描述性主张:侵权法——在 A 理应负责时,通过 A 对 B 的损害赔偿——矫正了 A 行为所导致的不义。现在,人们通常以后一种形式看待赔偿,但对于一个人在何时、就何种损害应承担侵权责任的关键问题,显然尚未解决。

三、威慑

在英国,侵权法的威慑功能据说是被杰里米·边沁[1](Jeremy Bentham,1748—1832)首次提出的,但是,其变得特别突出却源于美国学者们的著述,他们用经济学术语分析侵权法,并将经济效率设定为侵权法的最终目标。虽然巴伦·布拉姆维尔(Baron Bramwell)在其 19 世纪晚期的判决及学术作品中,已经预见到法律经济分析的许多重要洞见[2],但是,现代法与经济学在英国及英联邦的侵权律师中仍未获得太多支持。威慑通常被视为民事责任的有益副产品,而不是其高于一切的首要目标。

四、惩罚

从历史视角看,惩罚对于侵权而言并不陌生。例如,据亨利·梅因爵士(Sir Henry Maine)所见,"古代社会的刑法并不是关于犯罪的法律,而是关于不法行为的法律(law of wrongs),或者用英国的术语来说,是有关侵权行为(torts)的法律"[3]。尽管英国及英联邦的司法机关在特定情形会判给惩罚性或惩戒性的损害赔偿[4],但这样的惩罚如今已不被视为侵权法的功能。

---

[1] *Williams* [1951] CLP 137,144.

[2] See K. Oliphant, *Rylands v Fletcher* and the Emergence of Enterprise Liability in the Common Law, in: H. Koziol/B. C. Steininger (eds), European Tort Law 2004 (2005) 81, no 47 ff.

[3] Ancient Law (1861) 328.

[4] 参见上文边码 5/48。

五、混合解释

5/60　　或许英国及英联邦的大部分侵权律师们都会认为,侵权法追求的是多种目标的混合体[1],但是,基于对当事人公平以及行政效率的考虑,必须存在相关限制。对于这种特性,托尼·奥诺尔(Tony Honoré)提出了一种特别引人注目的解释。[2] 在他看来,就制度整体寻求单一的正当基础(如补偿或者威慑),抑或追求复合性目标(如补偿、威慑与矫正正义的混合体)的做法是错误的。那会将本应区别对待的问题混到一起。就当前的目的来看,只需强调以下三点即已足够:(1)国家维持侵权法制度的一般性正当目标是什么?(2)权利受侵害之人向不法行为人主张赔偿的正当根据何在? 以及(3)其行为侵害他人权利之人被要求支付损害赔偿需满足哪些条件?

(一) 一般性正当目标

5/61　　根据奥诺尔的解释,侵权法的一般性正当目标是,通过将行为界定为不正当(相比于刑法,其方式没那么不名誉)、对其加以禁止或至少警示不法行为人可能会招致责任,来降低不合期望之行为的数量。在这种意义上,侵权法可被视为社会控制的方式。但同时,通过创设侵权行为而非犯罪,并为人们提供权利保护机制,确保其权利在遭受侵害时获得赔偿,法律界定并赋予了人们所享有权利的内涵。

(二) 侵权责任分担的正当性

5/62　　不过,在追求这些一般性目标的过程中,法律也需发展出侵权责任分担的原则。在此,奥诺尔强调了矫正正义(加害人的不法行为必须侵犯了受害人的权利)、他自己的"结果责任"理论[3](假定被告具有控制自己行为的完全能力)和分配正义(包括风险的公平分配及与所获利益相应的负

---

[1] 试比较 I. Englard 提出的适用于侵权法的"互补性"理论,*I. Englard* in: D. G. Owen (ed), The Philosophical Foundations of Tort Law (1997).

[2] *T. Honoré*, The Morality of Tort Law: Questions and Answers, in: idem, Responsibility and Fault (1999).

[3] 参见下文边码 5/129。

担分配)。

(三) 侵权责任的成立要件

然而,即使决定侵权责任初步分配的正义原则须作适当修正,对其不加限制地予以适用也可能会造成不义。为此,奥诺尔建议,通过引入报应正义(retributive justice)来限制该原则的适用:只有在被告从事了法律禁止的行为或行为有过错时,才能令其支付赔偿,除非因有保险可用而减轻他的负担;同时,施加的侵权责任应当与行为的严重程度相当。一般性地免除对不可预见之结果的责任也是这种机制,法律借此可在行为与责任之间形成一种大体上的比例关系,虽然所提供的责任限制可能有些专断。

第四节 侵权与债务不履行中间的领域

一、序说

毋庸置疑,有一些民事不法行为很难排他性地归入侵权法,从而与其他债务范畴截然相反。其中一个例子存在于寄托法(law of bailment)中。依据普通法,受托人负有尽合理注意保管财物、避免财物被挪用的义务。就此而言,任何因寄托而生的责任都会与侵权责任同时发生。但是,受托人的某些义务在本质上既非合同义务,也非侵权法义务,例如,赔偿损失或损害的严格责任源于受托人违反了保管合同,但是,该责任同样适用于无偿保管情形下的受托人(因无约因存在,双方不成立合同关系)。[1] 这种责任最好被视为自成一类。针对无权代理人的赔偿请求可以归入此种类型,针对不实陈述的赔偿请求亦同。涉及公共承运人和旅店主人的义务也应在这种视角下加以考虑。

---

[1] Mitchell v. Ealing London Borough Council [1979] QB 1,[1978] 2 All England Law Reports (All ER) 779.

二、侵权、违约与中间领域

5/65　　侵权与合同的中间领域——或如某评论人那样意带讥讽地称之为"合同性侵权"（contorts）——已经引起了特别关注。[1]在 Hedley Byrne & Co. v. Heller & Partners Ltd. 案[2]中，上议院不再坚持其长期将纯粹经济损失一般性地排除在非合同责任之外的做法，而原则上承认，在"相当于合同"的特殊关系下，若当事人自愿对他人负责，该责任就可以成立。这项新的责任原则被认为属于侵权法原则，但与通常理解的侵权法有所不同。其突出特征是：它以被告自愿承担的义务为基础，而与侵权法义务一般由法律强加不同，从而要求当事人之间事先存在某种关系；当然，所遭受的损失应是纯经济性的，这种损失通常属于合同法而非侵权法的领域。虽然该理论的发展通常都受到赞同，但也要承认，其具有"阻断"（short-circuit）执行合同义务通常所需满足之要件的潜在可能，比如，它可能会给予原告无偿允诺的利益[3]，或者给予原告合同允诺的利益，原告对该利益[因非当事人而]不满足相关关系（privy）要求，从而不能由其直接要求执行。[4]因此，Hedley Byrne 案的责任规则的进一步发展已变得极为谨慎，在英国尤其如此。

□ 第五节　损害赔偿请求权的基本要件

一、损害

5/66　　英国侵权法中并无"损害"的一般概念，关于损害主题的学术讨论也极其少见，但是，在大部分英国法认可的侵权行为中，损害概念的确发挥

---

〔1〕S. Hedley, Negligence—Pure Economic Loss—Goodbye Privity, Hello Contorts [1995] CLJ 27.

〔2〕[1964] AC 465.

〔3〕在英国法中，无偿允诺并非合同义务，因为（依定义）就没有作为交换条件（quid pro quo）的对价。

〔4〕Cf Contracts (Rights of Third Parties) Act 1999.

着重要作用。据估计,英国法承认的侵权行为有 70 余种之多[1],可以说,英国侵权法中实际上有 70 余种甚至更多的损害概念。这多少有点夸张,却显示出英国律师们在该问题上所面对的困难。无论如何不能认为,在 A 侵权行为中被认可的损害,在 B 侵权行为中也需同样被承认。

英国法中关于损害概念的阐释都会从存续至 1875 年的令状制度中所认可的两种主要"诉讼形式"开始,即非法侵入和类案诉讼(或简称"类案")。[2] 英国现代侵权法的大部分都可以直接追溯至这两种诉讼形式。就当前目的来看,区分这两种诉讼的要点在于,当有证据证明(对人身、动产或土地的)特定侵犯时,即使原告未遭受任何损害,非法侵入也是可诉的;而在类案诉讼中,损害却是诉因的主要依据。令状制度下非法侵入的三种形式——非法侵犯人身(可细分为企图伤害、殴击以及非法监禁)、非法侵占动产、非法侵入土地——在英国现代侵权法中得以保留。相反,类案诉讼本身已不再被认可,但是,当代很多诉讼仍可被认定为其后裔,并在要求损害存在的证明上一脉相承。到目前为止,在这类诉讼中,实用性与概念上最重要的一种是过失侵权诉讼。在该类侵权中,当判定被告是否对原告负有注意义务——如果要施加责任,必须证明有此种义务存在——时,损害概念发挥着决定性(虽有点隐蔽)的作用。此时,原告所受损害的**类型**(如损害是人身损害、纯粹经济损失还是精神损害)被赋予了特殊意义。不过,这种分类确实会转到"责任范围"而非此处的损害问题,详细的讨论请参见边码 5/141 以下。

5/67

(一) 本身可诉的侵权行为

对于某些侵权行为,无须证明实际损害或损失就可成立诉因[3],在这种情形下,对原告所属领域实施被禁止的侵害本身就构成侵权。法院可判予名义赔偿,且在适当的情形下,还可颁发禁令;但是,若要就特定损失主张赔偿,则需证明侵权行为与所诉损失之间存在因果关系。

5/68

---

〔1〕 *B. Rudden*, Torticles (1991—1992) 6/7 Tulane Civil Law Forum (Tul Civ LF) 105.
〔2〕 有关历史发展的解释,参见 *J. H. Baker*, An Introduction to English Legal History (2005).
〔3〕 如非法侵犯人身、非法侵占动产、非法侵入土地以及自身可诉的文字或口头诽谤等行为。Cf *Watkins v. Secretary of State for the Home Department* [2006] UKHL 17, [2006] 2 AC 395,该案认定,损害是公职机构滥用职权的侵权行为的构成要件,侵害宪法权利本身不会引发侵权责任。

(二) 不同的损害类型:受保护权益的层级关系

5/69　　人们通常认为,普通法依据受保护权益的潜在层级关系,会对特定损害类型赋予或大或小的重要性。人身利益(interests in the person)及所有权被给予最高程度的保护;人格利益(personality interests)(名誉除外)及纯经济性利益受到的保护程度则较低。因而,不存在侵犯隐私的一般侵权类型[1],尽管某些侵权类型也对这种权利的个别方面(如隐私信息)提供保护[2]。

5/70　　对某些人来说,这种价值层级关系是不言自明的,但在解释该关系的某些方面,仍存在一些有意思的尝试。例如,威廷(Witting)试图解释,为何在过失侵权中纯粹经济损失不可赔,而与所有物损害相关的损失却可赔。[3] 为此,他提出了自己命名的"人格理论":"鉴于个人的人格部分由他所拥有之物构成,因而物得视为个体构成或确定身份之根本,仅就抽象的财产价值尚不能提出该种权利主张"[4]。在他看来,这种理论比其他解释——如认为纯粹经济损失难以证明或本质上不够确定——为法律在所有物损害与纯粹经济损害之间所作区分的合理性提供了更好的证明。不过,在过失侵权中完全限制纯粹经济损失的赔偿是没有必要的。

(三) 具体侵权类型中的损害

1. 公妨害

5/71　　公妨害或妨害公众的行为被界定为"法律不允许的作为或未履行法定义务的不作为,这种作为或不作为妨碍了公众对女王陛下之臣民所共享之权利的行使,或对其造成不便或损害"[5]。公妨害通常为刑事犯罪行为,但是,它如果使原告遭受了"特别的损害",也会引致民事责任,这意味着此时的损害不仅仅是数额更大,而是在种类上不同于人们通常所受的损害。

---

[1] Wainwright v. Home Office [2003] UKHL 53, [2004] 2 AC 406.

[2] See Campbell v. MGN Ltd. [2004] UKHL 22, [2004] 2 AC 457.

[3] C. Witting, Distinguishing between Property Damage and Pure Economic Loss in Negligence: A Personality Thesis (2001) 21 LS 481.

[4] Ibidem.

[5] J. Stephen, A Digest of the Criminal Law (1877) 108 approved by Lord Bingham in R v. Rimmington [2006] 1 AC 459 at [36].

2. 私妨害

私妨害是对原告使用或享用土地的不合理干扰。因其为一种"土地侵权行为",并不能普遍适用,故仅在与土地相关的利益受到影响时才能提起该诉讼。[1] 它不要求原告证明自己遭受了有形损害;干扰到原告的舒适利益即为已足。但是,干扰必须是实质性的。[2] 若源自被告之物侵入原告的土地,纵无有形损害,其行为同样可诉,尽管在这种情形下,原告可能只能得到名义赔偿。在此情形下,原告起诉的目的可能是想获得一项禁令。但应注意的是,若原告的损失数额小,且能以金钱形式作价,通过小额金钱赔付即可获得充分补偿,而颁发禁令对于被告而言太过沉重,则法院只会就原告将来的损失判给赔偿,而不会颁发禁令。[3]

3. 诽谤(书面诽谤与口头诽谤)

诽谤一直被认为是一种具有某种独特性的侵权责任基础,且书面诽谤(以永久的形式进行诽谤)与口头诽谤(以短暂的形式进行诽谤)之间有着非常精细的区分,前者的损害是推定的,后者一般须证明存在"特别的损害"。但是,依据1952年《诽谤法》第3条,在下列情形下,无须宣称或证明有特别损害存在:(1)作为诉讼基础的诽谤性言辞的目的是对原告造成物质损害,并以书面或其他永久性的形式发布;或者(2)相关言辞涉及发表时原告所担任或从事的职位、专业、职业、交易或营业,目的是对原告造成物质损害。尽管证明实际损失存在困难,但立法的目的是为了向原告提供救济,故依据该条起诉的原告并不限于只获得名义赔偿,要是依该条提起的赔偿请求只能获得名义赔偿,其规范目的就无法实现。[4] 因而,对于原告因口头诽谤在将来可能遭受的物质损失,通常会判给一般损害赔偿。

(四)原发损害与间接损害

英国侵权法中并无"间接损害"的正式分类,对其赔偿也不存在特别

---

[1] *Hunter v. Canary Wharf Ltd*. [1997] AC 655.

[2] *Salvin v. North Brancepeth Coal Co*. [1873] Law Reports (LR) 9 Chancery Appeal Cases (Ch App) 705.

[3] Supreme Court Act 1981, sec 50; *Shelfer v. City of London Electric Lighting Co*. [1895] 1 Ch 287.

[4] *Joyce v. Sengupta* [1993] 1 WLR 337.

的障碍。例如,木匠的工具被侵夺后,其不仅就工具本身的价值有权要求赔偿,还可就任何得证明的交易中断所生损失要求赔偿。[1] 不过,许多学者已经出于阐释目的而接受间接损害的分类。[2] 而且,在涉及财物损害的侵权行为时,需要区分对原告所有物本身利益的侵害与因这种侵害所受间接损害。对于后者,适用远因规则——以及介入行为(novus actus interveniens)的一般规则——但是,就侵害本身的责任却不受制于相同要件,不因被告控制范围外的意外因素的介入而被否定或者减轻。[3] 最后,就此还需提及某些案例类型,英国法限制其中的"间接"(secondary)受害人要求赔偿的能力,这类受害人因"主要"(primary)受害人所受损害或威胁而遭受了损害,最为显著的是间接受害人罹患精神病的情形。[4] 在这种情形中,只有在间接受害人与主要受害人之间存在爱恋或情感关系,且间接受害人身处事故现场或突然面对事故的直接后果时,[被告]对其才负有注意义务。[5]

(五)利润损失

在过失侵权中,利润损失原则上可赔,但是,当其并非附随于原告财产或人身所受实际损害时,则构成纯粹经济损失,其通常不会引发注意义务。[6] 值得注意的是,在英国法中被赋予重要性的是"纯粹经济损失",而不是这种"利润损失"。

(六)物质损害与非物质损害

"物质损害"和"非物质损害"的概念主要在人身损害赔偿的评定中发挥作用。将其作为"损害"而非"损害赔偿"的分类概念,英国律师会感到奇怪:究竟有无损害的问题先于所生损害是物质性的还是非物质性的问

---

〔1〕 *Bodley v. Reynolds* (1846) 8 QB 779, 115 English Reports (ER) 1066.

〔2〕 See, eg, H. McGregor, McGregor on Damages[18] (2009) §1—36, and generally K. Oliphant, Aggregation and Divisibility of Damage in England and Wales: Tort Law, in: idem (ed), Aggregation and Divisibility of Damage (2009) 95 ff, no 9 ff.

〔3〕 *Kuwait Airways Corporation v. Iraqi Airways Co*. [2002] UKHL 19, [2002] 2 AC 883. 相似的区分同样存在于诈欺侵权中。

〔4〕 但是,救助者案例表明,该因素并不总是阻碍责任的成立。

〔5〕 *Alcock v. Chief Constable of South Yorkshire* [1992] 1 AC 310.

〔6〕 *Spartan Steel & Alloys Ltd. v. Martin & Co. (Contractors) Ltd.* [1973] QB 27.

题[进行判断]。尽管如此,英国侵权法中赔偿非物质损害并无任何障碍。实际上,人们认为,相比于合同法,侵权法中"非物质损害更为常见"。[1] 非物质损害主要分为五种类别:(1) 身体疼痛、精神痛苦与舒适生活的丧失;(2) 身体的不便与不适[2];(3) 社会信用的丧失(主要限于诽谤);(4) 精神抑郁;(5) 失去亲属(依1976年《死亡事故法》第1A条享有的请求权)。

1. 身体疼痛、精神痛苦与舒适生活的丧失

非物质损害的不同形式中,实践中最多见的就是身体疼痛、精神痛苦与舒适生活的丧失了。侵权行为导致原告人身损害时,身体疼痛、精神痛苦与舒适生活的丧失是损害赔偿的基本项目之一。该项损害的两个部分——一个是身体疼痛与精神痛苦,另一个是舒适生活的丧失——尽管在实践中是判给总括性赔偿金,但被认为是存在区别的。[3] 疼痛与痛苦应进行主观评定,反应的是原告经历的身体疼痛与精神折磨,而舒适生活的丧失则应进行客观评定,反应的是不管原告是否知晓的损害事实。[4] 这意味着,即便原告未曾意识到,法院也可能会判给丧失舒适生活的实质性损害赔偿。[5] 损害赔偿的目的是赔偿那些已经实际发生的后果。据此推论,一般而言,原告[对侵害后果]的无意识可阻止任何对身体疼痛或与之相随的烦恼与焦虑的金钱赔偿,因为他可能根本就没有遭受任何这类损害(或人们可以如此认为)。无意识之人幸免于疼痛与痛苦,也无法体验因知晓自己舒适生活丧失或生命缩减所生的精神痛苦。但是,无意识的事实并不消除受害人丧失舒适生活的事实。由于上述两项损失在一般损害赔偿判决中会被合并,因而该情形下的常规做法是,法院将参照相关侵害的通常赔偿类别,在因受害人无意识而需降低或排除有关疼痛和

---

[1] *McGregor*, McGregor on Damages[18] § 3-002.
[2] 对身体不便与不适的赔偿通常包含在对疼痛、痛苦及丧失舒适生活的赔偿中,但在不存在身体伤害的情况下,不可能存在这种赔偿,而且,在前述情形下,身体不便与不适构成单独的损害赔偿项目。See eg *Mafo v. Adams* [1970] 1 QB 548, CA (deceit). 与McGregord的看法(*McGregor*, McGregor on Damages[18] § 3-009)相反,个人的不便与烦恼在私妨害侵权中并非具有可诉性的损害,因为,私妨害针对的是土地侵权行为,而非人身侵权行为:*Hunter v. Canary Wharf Ltd.* [1997] AC 655. 不过,在造成原告不便的干涉行为已经对原告的土地价值产生不利影响时,应在相应范围内判给损害赔偿。
[3] 这些是以司法研究委员会(Judicial Studies Board)发布的赔付指南确定赔偿额的。
[4] *Lim Poh Choo v. Camden and Islingto Area Health Authority* [1980] AC 174.
[5] *H. West & Son Ltd. v. Shephard* [1964] AC 326.

痛苦的损失部分时,直接选取较低等级的赔偿金额即可。[1] 应注意的是,所判决的赔偿款将会或可能会作何用途,则根本就不重要。

2. 精神损害

5/78 恰如杰出的教科书所见,"精神损害单独不足以成为损害赔偿的诉因……但是,一旦责任确立,某些侵权行为中的情感伤害赔偿就可被纳入总体损害赔偿中……"[2]。可判给精神损害赔偿的侵权行为包括企图伤害与殴击、诽谤、诈欺以及立法规定的性别、种族与残疾歧视等。[3] 在加重的损害赔偿情形,可判给精神损害赔偿的侵权类型更为广泛,包括财产侵权行为。[4] 不适用精神损害赔偿的侵权行为包括私妨害[5]与共谋侵权。[6]

5/79 普通法是否承认"独立的"精神损害——与附随于其他被认可之侵害的精神损害相对——是个有意思的问题。有人依据 Wilkinson v. Downton 案提出,故意施加精神损害应承担责任。[7] 案件中被告恶作剧地告诉原告其丈夫在交通事故中严重受伤。原告因此遭受了严重且持久的身心伤害,并提出损害赔偿之诉。莱特法官(Wright J)支持了她的请求,并阐述了如下裁判规则:"我暂且设定,被告有意实施了一项旨在导致原告人身伤害的行为——也即,侵害了原告的人身安全法定权利,并在事实上造成了对原告的人身伤害。在我看来,该主张足以提供适当的诉因,在被诉行为毫无正当性的情况下尤然。"[8]

5/80 不过,该案例中的"精神打击"造成了人身伤害,而非只是精神损害,所以严格而言[对说明前述问题]并不恰当。有司法附带意见承认,只要对故意要素作严格限定[9],将致害故意作为偏离通常要件——即须存在

---

[1] Judicial Studies Board.

[2] *McGregor*, McGregor on Damages¹⁸ § 3-011.

[3] Sex Discrimination Act 1975, sec 66(4); Race Relations Act 1976, sec 57(4); Disability Discrimination Act 1995, sec 25(2).

[4] 参见上文边码5/49。关于对非法侵入土地及非法侵害动产的侵权行为适用加重损害赔偿的判决,参见 P. Giliker, A » new « head of damages: damages for mental distress in the English law of torts (2000) 20 LS 19.

[5] *Hunter v. Canary Wharf Ltd*. [1997] AC 655.

[6] *Lonhro v. Fayed (No 5)* [1993] 1 WLR 1489.

[7] [1897] 2 QB 57.

[8] [1897] 2 QB 57, 58 f.

[9] *Hunter v. Canary Wharf Ltd*. [1997] AC 655, 707 per Lord Hoffmann; *Wainwright v. Home Office* [2004] 2 AC 406 at [44] per Lord Hoffmann.

人身伤害或至少已罹患精神疾病——的正当理由就很充分,尽管这个意见于 2001 年在上诉法院提出时遭到明确拒绝。[1]

但是,独立的精神损害依制定法是可诉的损害类型:如果烦恼、惊恐或痛苦系由"某种行为方式"所引起,即可依据 1997 年《防止骚扰法》主张法定的损害赔偿救济(无论对受害人造成的后果是否有意为之,均无不同)。[2]

(七) 非物质损失与法人[3]

英国法在形式上并未排除对法人判给非物质损失赔偿的可能。公司诚然无法遭受"疼痛""痛苦"之类的损失[4],但可能会遭受"信誉损害"。因此,法院长期以来都承认商事公司可就名誉损害获得赔偿。虽然《2013 年诽谤法》第 1 条将责任限于名誉损害造成或可能造成公司严重经济损失的情形,但其已然修正了评定因诽谤所生损害赔偿的基础。公司的良好声誉具有经济价值,法律没理由不加保护。[5] 但是,这种极为简洁的表述——即便并非所有的"价值"都是经济性的——引发的问题是,公司名誉所蕴含的利益是否真的应归类为非物质损失。实际上,有观点认为它不是,故不应该受诽谤法的保护。[6] 无论如何,作为一般规则的例外,法人可因名誉侵权而起诉,但民主选举的政府机构[包括地方政府的代表机构(local authority corporations)]无权因诽谤提起损害赔偿之诉。[7] 此外,工会虽然具有准法人机构的地位,也能以自己名义进行侵权诉讼[8],但因缺乏真正的法律资格而无法提起诽谤之诉:它不具有可被诽谤的独立法律资格[9]。因此,可以认为,无确切证据显示英国法事实上

5/81

5/82

---

[1] Wong v. Parkside Health NHS Trust [2001] EWCA Civ 1721, [2003] 3 All ER 932.

[2] Protection from Harassment Act 1997, sec 1(1), (2).

[3] V. Wilcox 目前正在进行的博士研究可能需要在适当时候对下文的分析进行重新评价。

[4] 因此,公司并非《1997 年防止骚扰法》(Prevention of Harassment Act 1997)为可受"骚扰"之人: Daiichi UK Ltd. v. Stop Huntingdon Animal Cruelty [2004] 1 WLR 1503.

[5] Jameel v. Wall Street Journal Europe SPRL [2006] UKHL 44, [2007] 1 AC 359.

[6] Howarth (2011) 74 MLR 845.

[7] Derbyshire County Council v. Times Newspapers [1993] AC 534.

[8] Trade Union and Labour Relations (Consolidation) Act 1992, sec 10.

[9] Electrical, Electronic, Telecommunication and Plumbing Union v. Times Newspapers Ltd. [1980] QB 585.

对法人所受非物质损失准予损害赔偿。

(八) 假期愉悦的丧失

5/83 　　假期愉悦的丧失属于可赔偿的损害——至少在其源于人身伤害[1]或其他独立可诉的损害时如此。一般认为,**若无独立可诉的损害,假期愉悦的丧失不可单独起诉**。[2] 所判决的赔偿通常归于一般损害赔偿项下(即作为非物质损失)。[3] 但是,如果原告在付款后被完全阻止享受假期,这种分析是否站得住脚就存在疑问。

(九) 财产用益的损失

5/84 　　即便能够利用备用品得到服务,但原告依然有权就动产损坏造成的"使用可能性损失"(loss of use)要求赔偿。在一起先例性案件中[4],霍尔斯伯里伯爵(Earl of Halsbury)提出如下例证:"假设某人从我的房间中拿走了一把椅子,并占有了 12 个月,难道有人可以通过证明我不经常坐那把椅子,或者房间里还有其他许多椅子来主张减少损害赔偿吗?这样不加掩饰的主张在我看来是极为荒谬的……"不过,法律实际上能否走到这一步仍然不无可疑。在 Alexander v. Rolls Royce Motor Cars 案[5]中,上诉法院驳回了原告要求就使用可能性损失要求赔偿的请求,因为他极少使用其被损坏的私人摩托车。真实的原则似乎是,仅当经济损失或不便可被认定,或者在正常使用的物品被损坏后,为使用替代品而付出了维护费用,原告才可主张使用可能性丧失的损害赔偿。

5/85 　　在运输案件中,法院判决的赔偿额通常相当于船舶在无法使用期间

---

〔1〕 See eg *Ichard v. Frangoulis* [1977] 1 WLR 556; *Graham v. Kelly & East Surrey NHS Trust*(*No 2*)[1997] Current Law Yearbook (CLY) 1818; *Bastow v. Mann* [2008] CLY 2851.

〔2〕 *Jackson v. Horizon Holidays Ltd.* [1975] 1 WLR 1468.

〔3〕 对假期愉悦损失和一般损害赔偿可能要分别确定赔偿额(see eg *McMullen v. Lynton Lasers Ltd.* [2006] CLY 3186; *Campbell v. Meyer* [2007] CLY 3129),但是,该损失似乎仍然被当作非物质损失。在 *Borton v. First Choice Holidays & Flights Ltd.* [2007] CLY 3253 案中,假期愉悦之损失被判给了很高的赔偿(4000 英镑);在该案中,原告正准备结婚,却发生食物中毒,从而无法参加在海滨举办的婚礼仪式,在婚礼宴会上也无法吃喝任何东西,随后的蜜月之旅也被毁了。不过,McMullen 案(原告未能前去迪士尼乐园游玩)判决的 850 英镑赔偿额更具典型性。

〔4〕 *The Mediana* [1900] AC 113, 117.

〔5〕 [1996] Road Traffic Reports (RTR) 95.

其折旧价值部分相应的利息[1],但是,如果受损财物容易快速贬值,如此判决可能就不太恰当。依据涉案财产的使用年限来确定赔偿,可能会导致赔偿金额存在相当大的不一贯性。例如,因其他驾驶人的过失碰撞行为,城市交通公司有69天不能使用其公交车,维修受损车辆期间,公司使用了另外一辆紧急备用车,此时,该公司被剥夺了有价值的动产,有权参照备用车的每日维持成本而主张实质性损害赔偿。[2] 这可被认为提出了一种大致接近动产所有人主观价值的赔偿金额,其优点在于确定了一种合理稳定的、对每一方都尽可能公平的计算标准。这种方法的风险是,因维护费用越高,损害赔偿额也就越大,从而可能被看作是创设了"无效率的奖赏"[3]。但是,在财产易迅速贬值的情形下,其优点大于缺点。该分析无须以被告的侵权行为"造成"原告花费了备用公共汽车的维护费用为前提:该花费只作为原告因未能使用受损公共汽车所受损失的最佳近似值。

(十) 不当受孕、错误生命与不当生育

与其他许多法律制度一样,近几十年来,英国法在处理有关不当受孕、错误生命与不当生育的权利主张方面也遭遇很大困难。 5/86

1. 不当受孕

不当受孕是指女性因他人的侵权行为而怀孕。最常见的情形是对女方或其伴侣实施绝育手术时存在过失。在这种情形下,怀孕的母亲可就与怀孕和分娩相关的(物质或非物质)不利后果要求赔偿,但不能就"意外"出生之子女的抚养费用主张赔偿经济损失。[4] 关于子女父母的经济损失是纯粹的还是间接的,存在模棱两可的看法,但似乎清楚的是,这个问题无关紧要。[5] 5/87

---

[1] *The Chekiang* [1926] AC 637; *The Hebridean Coast* [1961] AC 545.
[2] *Birmingham Corporation v. Sowsbery* [1970] RTR 84.
[3] [1970] RTR 84, 86 f.
[4] *McFarlane v. Tayside Health Board* [2000] 2 AC 59; *Rees v. Darlington Memorial Hospital NHS Trust* [2003] UKHL 52, [2004] 1 AC 309.
[5] 在 *McFarlane* 案(at [79])中,斯泰恩法官(Lord Steyn)和霍普法官(Lord Hope)认为其中的损失是纯经济性的,而霍普法官在 *Rees* 案(at [52])中则再次坚持这种观点,但是,斯泰恩法官(*McFarlane*, at [79])和米利特法官(Lord Millett)(*McFarlane*, at [109])都认为,经济损失是纯粹的(pure)还是间接的(consequential)根本就不重要。

5/88　　在承认父母的自治权受到侵害的情况下,除母亲可就怀孕和分娩有关的不利后果获得赔偿外,还将判给常规性的法定赔偿(conventional award)。此处的"常规性"是指赔偿判决不受父母意外获得子女之实际效果的影响,是一个定额。该赔偿额看起来被推定为非物质损失,故可认为是补偿性的。[1] 判决的赔偿额(1.5万英镑[2])比子女被他人杀害后父母所获得的法定赔偿额(1.18万英镑)[3]要高。该赔偿额似乎针对的是受害父母双方,因而可以预见,如果父母双方在子女出生时已经不在一起生活,或者根本就没有"一起生活"过,谁该获得赔偿款及获得多少的难题就会产生。

5/89　　上述原则不仅适用于健康父母生育健康子女的情形,同时也适用于残疾父母生育健康子女的情形。尚未得到最终解决的问题是,若所生**子女**的先天残疾极大地增加了抚养成本,上述原则是否还同样适用。在这种情形下,上诉法院准许赔偿"额外"的抚养费用(物质损害)[4],但就该判决的正确性,上议院(附带意见)[5]在后来发生了意见分歧,迄无定论。

2. 错误生命

5/90　　英国法不承认"错误生命"之诉,其由已出生子女提起,诉称其母亲的医师或医疗保健机构本应基于胎儿的严重畸形而令其母亲终止妊娠,[却未尽职责]而让先天畸形的子女出生。[6] 该种索赔有违公共政策,因为,基于孩子可能有残疾而对医师施加建议终止妊娠的义务,"会进一步侵蚀人之生命的神圣性……[同时]不仅意味着将残障儿童的生命价值看得比

---

[1] 在指导性判例中,这是米利特法官明确表达的观点,但宾汉法官(Lord Bingham)——基于难以理解的理由——却认为它不是补偿性的。

[2] Following *Rees v. Darlington Memorial Hospital NHS Trust* [2003] UKHL 52, [2004] 1 AC 309.

[3] Fatal Accidents Act 1976, sec 1A. 只有孩子死亡时未满18周岁,才适用该赔偿判决。

[4] *Parkinson v. St James and Seacroft University Hospital NHS Trust* [2001] EWCA Civ 530 [2002] QB 266. See H. Koziol/B. C. Steininger (eds), *European Tort Law* 2001 (2002) 131, nos 47—53.

[5] 在 *Rees v. Darlington Memorial Hospital NHS Trust* [2003] UKHL 52,[2004] 1 AC 309 案中,上议院中正、反双方意见势均力敌,一方认为允许赔偿因子女残疾而发生的额外抚养费用是正确的,另一方则认为是错误的;此外,有一位法官拒绝发表意见。See K. Oliphant, England and Wales, in: H. Koziol/B. C. Steininger (eds), European Tort Law 2003 (2004) 113, no 39 ff.

[6] *McKay v. Essex Area Health Authority* [1982] QB 1166.

正常儿童低,而且低到根本不值得保护的地步"[1]。此外,绝对不能赋予该情形下子女所受损失以价值,那需要将孩子目前的状况与根本未出生的状况进行比较[2];也不能认定子女的残疾程度,那会令其有权提起这类诉讼[3]。

该处理方式与两份官方报告的建议相符。两份官方报告都提及如下担忧,即错误生命之诉会置医师于无法忍受的压力之下,使其为免于被索赔而在不确定情形下建议终止妊娠[4]。不过,法院的推理引起了相当多的学术批评[5],一些评论员甚至呼吁在英国法中承认错误生命的诉因[6]。错误生命的先例判决出现在1976年《先天残障(民事责任)法》施行前,该法案取代了之前调整涉及未成年人先天残疾责任的所有有效法律规定[7],其通过也有效地排除了自1976年法案生效后有关错误生命的索赔请求[8]。然而,有人主张[9],在残疾是因为错误选择了被损坏的胚胎植入母体,或错误选择了被损坏的配子来培育胚胎所致的限定情形

---

[1] [1982] QB 1166,1180 per Stephenson LJ(Stephenson法官承认,医师或许对母亲负有容许其有机会终止妊娠的义务)。See also [1982] QB 1166,1188 per Ackner LJ(生命的神圣性)。

[2] [1982] QB 1166,1181 f per Stephenson LJ, 1189 per Ackner LJ, and 1192 f per Griffiths LJ.

[3] [1982] QB 1166,1193 per Griffiths LJ. Cf 1180 f per Stephenson LJ and 1188 per Ackner LJ.

[4] *Law Commission*, Report on Injuries to Unborn Children (Law Com. No 60,1974) § 89; *Royal Commission on Civil Liability and Compensation for Personal Injury*, Report Cmnd 7054, vol 1, § 1485 f. 在 *McKay v. Essex Area Health Authority* [1982] QB 1166,1192 案中,Griffiths法官对这种观点表示怀疑,认为最终的决定始终取决于怀孕的妇女,医生只负有说明利弊的义务。

[5] See eg *T. Weir*, Wrongful Life—Nipped in the Bud [1982] CLJ 225; *A. Grubb*, »Wrongful Life« and Pre-Natal Injuries (1993) 1 Medical Law Review (Med L Rev) 261,263—265; *A. Grubb*, Problems of Medical Law, in: S. Deakin/A. Johnston/B. Markesinis, Markesinis and Deakin's Tort Law⁵ (2003) 308 f. Cf *T. Weir*, Tort Law (2002) 186 (认为判决是正确的)。

[6] *H. Teff*, The Action for Wrongful Life « in England and the United States (1985) 34 International and Comparative Law Quarterly (ICLQ) 423; *A. Morris/S. Saintier*, To Be or Not to Be: Is That The Question? Wrongful Life and Misconceptions (2003) 11 Med L Rev 167.

[7] Sec 4(5).

[8] [1982] QB 1166,1178 per Stephenson LJ, 1187 per Ackner LJ, and 1192 per Griffiths LJ.

[9] *Grubb* (1993) 1 Med L Rev 264 f.

下,该法案后来关于不孕不育治疗的特别规定[1]为错误生命的赔偿请求留下了余地,但这个观点至今未经司法检验。

3. 不当生育

5/92　在英国法律文献中,不当生育之诉的基础被认为是母亲因被告的过失(如未能发现胎儿的畸形)而被剥夺了终止妊娠的机会。这种诉讼很大程度上与错误生命之诉重合,因而提出了政策考量问题。不过,如同在不当受孕的情形那样,法院准许母亲获得损害赔偿,包括精神损害赔偿、因分娩而直接产生的费用,以及生育自主权受侵害的常规性法定赔偿金,尽管其并非抚养孩子的通常费用。[2] 这种做法遭到了一些批判[3],在堕胎本就非法的情形也未得到遵从:在这种情形下,公共政策排除损害赔偿的适用。[4]

5/93　原则上,不当生育之诉与"不当受孕"之诉不同,后者是因被告的过失导致不想怀孕的妇女受孕。但是,该区分并非无懈可击,因为,在不当受孕之诉中,不当生育可构成原告诉请的一部分,此时被告的过失意味着原告无须顾虑怀孕的风险(她要是知道实情本应有所警觉),同时还剥夺了原告(本应享有的)终止妊娠的机会。[5]

二、因果关系

(一)侵权法中因果关系的规范特征

5/94　因果关系是侵权责任的一般构成要件。不过,无须证明被告自己引致了损害,因为被告在其他情形下仍可能要承担责任:如授权他人实施的行为造成了损害,或者与他人实施共同行为,或者与他人存在雇佣关系

---

[1] Congenital Disabilities (Civil Liability) Act 1976, sec 1A, introduced by the Human Fertilisation and Embryology Act 1990, sec 44.

[2] *Groom v. Selby* [2001] EWCA Civ 1522, [2002] Personal Injuries and Quantum Reports (PIQR) P18. 若有关不当受孕的处理方式在该案中也得到认可,则因子女残疾而发生的额外费用似乎也是可赔的: see *Parkinson v. St James and Seacroft University Hospital NHS Trust* [2001] EWCA Civ 530, [2002] QB 266 (不当受孕)。

[3] For example by P. Glazebrook, Unseemliness Compounded by Injustice [1992] CLJ 226.

[4] *Rance v. Mid-Downs Health Authority* [1991] 1 QB 587.

[5] See eg *Thake v. Maurice* [1986] QB 644, 680—681.

等,被告都要作为共同侵权人而承担责任。在上述情形下,尽管损害后果须可归因于其他共同侵权人的行为,但责任的承担不依赖于被告行为与损害结果之间的因果关系。以下涉及的"被告行为"应被解读为包括共同侵权人的行为。

在普通法系中,代表性的看法是因果关系包含两个方面:事实的和法律的。事实因果关系通常用广为人知的"若非—则"标准加以表达,它要求被告的行为应当是原告所受损害的必要条件。法律因果关系则是适用于许多进一步法律规则的概念,这些法律规则将可归责的原因(causal responsibility)限于"事实"原因的某个部分,被认为是避免出现"无限倒推式因果关系"(Adam-and-Eve causation)的必要手段。[1] 这些规则包括介入行为(novus actus interveniens)与损害远隔(近因)的规则。有些学者认为,法律因果关系规则根本就不属于因果关系规则,而是基于政策考量的责任限制规则,并认为,只有事实的(或历史的)因果关系才是真正的因果关系。[2]

(二) 作为必要条件的原因

事实因果关系一般通过"若非—则"标准判定,对其解释如下:"如果你认为若非存在特定的过错,则损害就不会发生,该过错事实上就是致害原因;但是,如果你认为无论有无过错,损害同样都会发生,该过错就不是致害原因。"[3]

尽管"若非—则"标准通常被视为实用的经验法则,但它并非总能得出正确的答案。[4] 在某些案例类型中,法院会求助于其他替代性规则。[5] 事实因果关系的一般替代理论是,致害原因只需是总体上足以引致特定后果的系列条件中的一个必要因素即可。[6] 这与"若非—则"标

5/95

5/96

5/97

---

[1] G. Williams, Causation in the Law [1961] CLJ 62, 64.

[2] See eg J. Stapleton, Legal Cause: Cause-in-Fact and the Scope of Liability for Consequences (2001) 54 Vanderbilt Law Review 941.

[3] Cork v. Kirby Maclean Ltd. [1952] 2 All ER 402, 407 per Denning LJ.

[4] Smith New Court Securities Ltd. v. Citibank NA [1997] AC 254, 285 per Lord Steyn; H. L. A. Hart/T. Honoré, Causation in the Law² (1985) 113. See also Fairchild v. Glenhaven Funeral Services Ltd. [2003] 1 AC 32, 69 per Lord Nicholls (» over-exclusionary «).

[5] See nos 5/100 f, 102 ff and 106 ff below.

[6] Hart/Honoré, op cit; R. Wright, Causation in Tort Law (1985) 73 Cal L Rev 1735,发展了"充分必要条件"标准。

准的不同之处在于,存在其他足以引发后果的系列条件并不排除因果关系的成立。

5/98　　　传统的"若非—则"标准要求进行模拟推理,即假定被告未从事侵权行为时会发生何种状况,吊诡的是,这意味着"事实"因果关系实际要求我们考虑事实上未发生的事情。[1]需要考虑的不仅仅是**被告**应当何为,同时还有**原告**对假定的被告行为的反应——例如,在医事案件中,假定原告被恰当地告知了相关风险,其是否仍会接受治疗[2],或者提供的医疗要是适当,原告对此将作何反应。[3]与之类似,当被告作为雇主不当地未向雇员提供安全带,导致雇员从脚手架上跌落致死时,需要证明若雇主提供安全带,雇员会佩带该安全带。[4]

(三) 作为致害原因的不作为

5/99　　　认为只有积极行为("让事情发生")才构成致害原因,进而引致责任,"什么都没做"不会引发任何后果,这种看法是错误的。事实上,"作为"和"不作为"的概念无非是一种标签,它们可对人的每一种行为互换使用;就将人类行为在本质上划分为两种类型而言,该区分并未反映出任何深刻的、哲理性的细分原理。哈特(Hart)和奥诺尔(Honoré)很好地阐述了这个看法:"人的行为可以分别使用作为或不作为加以描述。'将麻疹病诊断成猩红热的医生可以说成是没有作出正确的诊断;同样也可以说成是作出了错误的诊断。'(Harnett v. Bond [1924] 2 KB 517, 541 per Bankes LJ)。有时候,将行为描述成不作为更恰当一些;如果主体负有法定义务去做某行为,却没有去做,法律上适当的描述会是没有实施相关行为的不作为。不过,将行为描述为不作为,可能并不含有行为人身体方面的任何运动:例如,描述的方式是:'被告未能检查电线'。因此,那些因对'开启运动'印象深刻而将其作为因果关系主要实例的法院及学者们,以及那些进一步推断说只有通过我们的身体运动才能使事情运作的人,发

---

[1] W. P. Keeton (ed), Prosser and Keaton on Torts⁵ (1984) 265.

[2] Chatterton v. Gerson [1981] QB 432. 但是,请比较值得关注的 Chester v. Afshar [2004] UKHL 41, [2005] 1 AC 134 案,在该案中,尽管承认原告在将来的某个时候(而非立即)会作所建议的治疗,法院仍然判给了损害赔偿。

[3] Barnett v. Chelsea and Kensington Hospital Management [1969] 1 QB 428.

[4] McWilliams v. Sir William Arrol & Co. [1962] 1 WLR 295 (死者的遗孀未能证明这项事实)。

现很难理解不作为如何能够否定因果关系。至少目前在英国的看法是，理解不作为并无任何特别的困难……事实上，作为和不作为原因之间无法作出合理的区分。"[1]

(四) 累积因果关系

在因被告1和被告2排放的毒物致害或其他类似情形下，不论是除去被告1还是被告2的排放行为，受害人总会受害，这样的事实是不重要的。也即，没有必要证明被告1和被告2中任何一方都构成"若非—则"意义上的原因。只需证明，被告1和被告2中的一方或双方都排放了相当数量的有毒物，并可据此推断其对受害人的损害存在重大影响即可。[2] 因而，当受害人在单独受雇于被告1和被告2期间均接触了硅尘，因硅尘在肺中累积最终致患尘肺病，即使没有在被告2那里的接触，在被告1处接触的硅尘也可能引发尘肺病时，被告2并不成立"若非—则"意义上的原因。不过，由于被告2并非微不足道的累积排放量已实质上促成了损害，故被告2仍应承担责任。[3] 当受害人在交通事故中因被告1的过失而遭受了严重损害，由此而处于虚弱状态，随后被告2的医疗过失行为又加重了损害；因为处于虚弱状态，受害人吸入了自己的呕吐物，从而造成缺氧性脑损伤。此时，被告1与被告2均实质性地促成了损害，即使不能证明被告2对该结果产生了何种影响[亦无不同]。[4]

在这种情形下，责任分担取决于受害人遭受的损害是可分的还是不可分的。若损害可分(如损害是渐进的，与受害人接触的毒物量成比例)，每个被告只需依各自对毒物总量的贡献比例承担责任。[5] 若损害不可分，则每个被告都要对受害人的全部损失承担连带责任。[6]

---

[1] Hart/Honoré, Causation in the Law² 138 f.
[2] Bonnington Castings Ltd. v. Wardlaw [1956] AC 613; Bailey v. Ministry of Defence [2008] EWCA Civ 883, [2009] 1 WLR 1052.
[3] 事实改编自 Bonnington Castings Ltd. v. Wardlaw [1956] AC 613。
[4] 事实改编自 Bailey v. Ministry of Defence [2008] EWCA Civ 883, [2009] 1 WLR 1052。
[5] See eg Holtby v. Brigham & Cowan (Hull) Ltd. [2000] 3 All ER 421 (石棉肺；损害依"接触时间"认定)。
[6] Bailey v. Ministry of Defence, above.

(五) 重合因果关系

5/102　　被告 1 和被告 2 各自单独、连续地侵害了受害人,且两次侵害的后果部分重合。因此,就重合部分("重叠损害")而言,被告 1 和被告 2 均不满足"若非—则"标准。假设它们中任何一方被排除,另一方仍然会造成重合范围内的损害。此时,英国法的处理方式需满足三项原则,损害事件发生的顺序在每一个原则中都具有意义。为提供全观视角,不仅需要考虑数人侵权的情况,也需要考虑侵权致害和非侵权致害重合时的情况。

5/103　　首先,在侵权损害效果与随后发生的非侵权损害效果重叠的情况下,自非侵权损害会引致相同效果时起,侵权人的损害赔偿责任就已消灭。所判决的损害赔偿不会将受害人置于比侵权行为未发生时更好的境地。[1] 请考虑以下示例。受害人在工作中因意外事故导致背部受伤,其雇主即被告需对此负责。受害人此后只适合从事轻量的工作,他的收入因而减少。随后,受害人患上了脊椎病,这导致他完全不能工作(纵然没有当初的损害他也一样会患上脊椎病)。在脊椎病引起同样的伤残程度前,被告无疑要对收入减少负责,但是,被告的责任能否延伸至[受害人]患上脊椎病后的时期呢?适用前述原则的结果是,在脊椎病产生与工伤事故同样的效果时,被告的责任即终止,不再延伸到之后的时期。[2]

5/104　　其次,当被告 1 的侵权损害效果与被告 2 随后引致的侵权损害效果叠合时,被告 1 的责任不因被告 2 的致害行为而消灭。[3] 否则,受害人可能"受困于两个侵权人之间"(fall between two tortfeasors),其从被告 1 和被告 2 得到的赔偿总额可能低于其遭受的全部损失。[4] 举例说明:若受害人被被告 1 的汽车撞倒,腿部受伤,并且失去了部分活动能力。一段时间后,他在被告 2 持枪抢劫的过程中被再次击中该腿,以至于不得不截肢。受害人因此进一步丧失了活动能力,这显然是被告 2 的责任。在枪击事件出现前,被告 1 无疑需要赔偿最初活动能力丧失的相应损失。但是,对于枪击事件后与最初活动能力丧失相应的损失,是由被告 1 赔偿,还是由被告 2 赔偿,抑或两者均不赔偿?在适用前述原则的情况下,

---

[1] *Jobling v. Associated Dairies* [1982] AC 794.
[2] Ibid.
[3] *Baker v. Willoughby* [1970] AC 467.
[4] *Jobling v. Associated Dairies* [1982] AC 794, 815 per Lord Keith.

被告 1(而非被告 2)仍应赔偿枪击事件发生后最初活动能力丧失部分的损失。[1]

到目前为止,只解决了第一个侵权人(被告 1)的责任问题。有关第二个侵权人(被告 2)的地位是,他有权"将受害人作为他遇见时的状态对待"(take his victim as he finds him),因而,只需要对其造成的额外损害(如果有的话)承担责任。[2] 据此,当受害人的汽车在前后相隔数周的时间里分别因被告 1 和被告 2 造成的事故被撞坏,且其中任何一次碰撞都有必要对汽车重新喷漆时,重新喷漆的费用由被告 1 承担,被告 2 无须赔偿受害人已经需要处理的损害。[3]

(六) 择一因果关系

当被告 1 或被告 2 中之一人侵害了受害人,但不清楚他们中谁应实际负责时,受害人一般需证明,他选择起诉的被告更可能是实际造成损害者。英国法上的一个经典实例是,受害人喝了所在工作场所茶壶中的茶,他不知道茶壶中已经被不明之人投放了砒霜。在持久呕吐后,受害人来到被告医院的急症室。值班医生拒绝看病,受害人因此死于砷中毒。医生拒绝为受害人看病的事实上并不是其死亡的原因,因为几乎没有机会及时实施有效治疗,所以被告不承担责任。[4]

在不同普通法辖区,法院在替代因果关系情形已逐渐承认了大量"若非—则"标准的例外。在加拿大的猎人案[5]以及英国因石棉泄露致患间皮瘤案[6]中,被告均被判担责。在受害人分别受雇于被告 1 和被告 2 的期间内,因职业性接触石棉尘而患上了间皮瘤,但不清楚间皮瘤是在单个

---

[1] *Baker v. Willoughby* [1970] AC 467.

[2] *Performance Cars v. Abraham* [1962] 1 QB 33.

[3] Ibid.

[4] *Barnett v. Chelsea and Kensington Hospital Management* [1969] 1 QB 428. 基于已有事实,被告 1 无法确定,诉讼只针对被告 2。

[5] *Cook v. Lewis* [1951] Supreme Court Reports (SCR) 830 (Supreme Court of Canada); see also *Summers v. Tice* (1948) 33 California Reports, Second Series (Cal 2d) 80, 199 Pacific Reporter (P) 2d 1 (California Supreme Court).

[6] *Fairchild v. Glenhaven Funeral Services Ltd.* [2002] UKHL 22, [2003] 1 AC 32; *Barker v. Corus (UK) plc* [2006] UKHL 20, [2006] 2 AC 572. 英国上议院明确追随了加利福尼亚州最高法院在 *Rutherford v. Owens-Illinois Inc.* (1997) 67 California Reporter (Cal Rptr) 2d 16 案中的做法,尽管该案的赔偿请求针对的是石棉生产商而非雇主。

场所内因接触石棉而引发的,还是长期接触逐渐累积而引发的情形下,被告1和被告2依各自对总体风险的贡献程度承担按份赔偿责任。在2002年的 *Fairchild v. Glenhaven Funeral Services Ltd.* 案中,法院首次明确承认了这种"实质上促成风险"的责任。这不限于间皮瘤案或所有可能的致害原因均属侵权性的情形("被告不明"的情形),即使在可能的致害原因包括非侵权性因素,含受害人自身行为[引致损害的情形],也同样可以适用该规则。[1] 但是,法院一再强调,这种责任必须被当作例外。[2] 遗憾的是,这种例外的具体限定尚不明确,尽管避免损害的机会与遭受损害的风险恰相反对[3],但对于该责任如何与英国法一贯拒绝赔偿机会损失的做法相符,至今缺乏清楚的解释[4]。

就责任范围而言,猎人案适用传统的连带责任规则,但在间皮瘤案中法院更愿意采纳比例责任的处理方式。[5] 在英国指导性判例中,上议院解释说,间皮瘤乃不可分之损害的事实并不重要,因为在这类情形下,责任的基础是不当创设了罹患间皮瘤的风险或机会。[6] 处理方法的一致性要求,各被告的损害赔偿责任应与其制造的风险相称。基于公平的考量同样指向这种结论,因为,通过承认有利于原告的"若非—则"标准的例外,会对被告产生潜在的不公,在将责任限于全部损失的一定比例情况下,这种不公就得到"缓解"。[7]

2006年《损害赔偿法》第3条将间皮瘤案中的责任恢复为连带责任,但不适用于其他符合"Fairchild例外"情形*的责任。新规定未曾预料到

---

　　[1] See *McGhee v. National Coal Board* [1973] 1 WLR 1(在与侵权无关的工作场所接触到有毒砖灰)and *Barker v. Corus*, above(在自主从业期间接触了石棉),Hoffmann法官在判决第13段中将 *McGhee* 案看作是 *Fairchild* 案所确立之责任的"前序"(» avant la lettre «)。

　　[2] See eg *Barker v. Corus*, at [1] per Lord Hoffman, and [57] per Lord Scott.

　　[3] GO Robinson, Probabilistic Causation and Compensation for Tortious Risk (1985) 14 Journal of Legal Studies (J Legal Stud) 779, 793.

　　[4] *Hotson v. East Berkshire Area Health Authority* [1987] AC 750; *Gregg v. Scott* [2005] UKHL 2, [2005] 2 AC 176.

　　[5] *Rutherford v. Owens-Illinois Inc* (1997) 67 Cal Rptr 2d 16 (California Supreme Court); *Barker v. Corus* (House of Lords).

　　[6] *Barker v. Corus*, at [35] ff per Lord Hoffmann. 斯科特法官(Lord Scott)和沃克法官(Lord Walker)明确赞成霍夫曼法官的分析。试比较黑尔女男爵(Baroness Hale)在判决第120段的观点,她明确否定了这种分析。

　　[7] *Barker v. Corus*, at [43] per Lord Hoffmann.

　　* 即由 *Fairchild v. Glenhaven Funeral Services Ltd.* ([2002] UKHL 22, [2003] 1 AC 32)案确立的比例责任。——译者注

的结果是,雇主可能要对原告的全部损失承担赔偿责任,即便应当归责于原告的石棉量比应归之于总体环境的石棉量小得多,结果也仍然如此。[1]

迄今为止,"市场份额责任"只被美国的少数州承认,在英格兰及其他英联邦国家并未获得司法支持。

最近,笔者做了一项关于英国和奥地利在处理替代因果关系方面有何差异的调查,得到以下结论。[2] 在(某些)替代因果关系不确定的案件中,两国的法律制度都准备放弃因果关系一般要件的证明要求——不仅包括可替代选择被告的情形,还包括偶然事件导致因果关系可替代选择的情形。在其中一些案件中,两国的法律制度都诉诸于比例责任。但是,二者之间也存在某些显著差异。特别是,奥地利处理替代因果关系的方法依赖一般理论(潜在因果关系)[3],而英国的做法却是在一般规则之外构造大量未经理论化的(un-theorised)例外情形。与奥地利相反,英格兰和威尔士采纳比例责任更为广泛,因为其不仅适用于被告无法确定的情形,而且适用于可能的替代原因中有一种或多种为非侵权性致害原因的情形。进一步的差异在于构造责任的方式:奥地利法是弱化**必要条件**因果关系的一般要求;英国法则是依据风险而非后果重新界定损害。已经确立的证明标准——盖然性原则——对理解英国法在该领域构造原则性做法方面所面临的困难非常重要——如果适用比例责任,该证明标准就被会取代;若适用(极)高盖然性或近乎确定的标准,比例责任就可在证据规则规定的框架下适用。因为,在举证责任倒置时,在证立因果关系的盖然性与否证因果关系的盖然性之间存在中间领域。此时,采纳比例责任是可以想象得到的——其无须修改一般证明标准。证明标准若采优势证据规则,则不存在类似的中间领域,所以,承认比例责任将会取代——至少是某类案件中——一般的证明标准。[4]

---

〔1〕 *Sienkiewicz v. Greif (UK) Ltd.* [2011] UKSC 10,该案中总污染量的15%源自侵权行为,其余85%均源自周边环境。

〔2〕 K. *Oliphant*, Alternative Causation: A Comparative Analysis of Austrian and English Law, in: Festschrift für Helmut Koziol (2010) 810 ff.

〔3〕 《侵权责任法的基本问题(第一卷)》,边码1/27、5/78以下。

〔4〕 *Oliphant* in: Koziol-FS 811 f.

(七) 机会丧失的损害赔偿[1]

5/112　为理解英国法在判决机会损失赔偿方面的做法,首先要区分的是诉因的证立及与诉因相关的赔偿额的量定。在赔偿额量定阶段,法院会常规性地就机会百分比作出恰当的判定。于是,当一个19岁的学生在交通事故中遭受脑损害并被判决获得收入损失之赔偿时,上诉法院假定她在其偏爱的职业(戏剧教学)中有50%的概率取得从业资格并顺利就业,并据此对其判给该机会损失的赔偿。[2] 不过,该情形并非"狭义的机会损失",因为它们涉及的是损害赔偿的量化处理,而非机会丧失本身是否可诉的问题。[3]

5/113　总体来说,英国侵权法反对这种真正意义上的机会丧失赔偿。对机会丧失理论的依赖被视为是,以不被允许的方式规避对侵权责任范围的正常限制以及通常应适用的证明要求。为了确立诉因,通常需要基于概率权衡来证明该诉因下的各项要素。一旦突破概率平衡点,法律就视为已解决了证据方面的不确定性,并不会对损害赔偿进行折扣,以反映相反事实可能发生的概率。如果法院发现甲有75%的概率过失伤害到乙,乙就有权获得全额赔偿,而不会被扣减25%的赔偿额。相反,如果原告未能突破概率平衡点,他就无法确立诉因,其请求会被全部驳回。所以,如果甲只有25%的机会过失伤害到乙,乙就无权获得任何赔偿,而不是获得假定全部赔偿的25%。

5/114　由于英国法主要关注人身损害赔偿责任,非人身损害(如纯粹经济损失)赔偿责任属于例外,故原告通常需要证明人身损害是源自被告的不当行为,并且不允许原告将其诉讼请求变更为不涉及人身损害的机会丧失

---

[1] K. Oliphant, Loss of Chance in English Law (2008) 16 *European Review of Private Law* (ERPL) 1061, especially at 1068 ff. For other analyses, see A. Burrows, Uncertainty: Damages for Loss of a Chance [2008] *Journal of Personal Injury Litigation* (JPIL) 31; H. McGregor, Loss of chance: where has it come from and where is it going? (2008) 24 *Professional Negligence* (PN) 2; J. Stapleton Cause in fact and the scope of liability for consequences (2003) 119 *Law Quarterly Review* (LQR) 388, 389—411.

[2] *Doyle v. Wallace* [1998] PIQR Q146. See also *Langford v. Hebran* [2001] EWCA Civ 361, [2001] PIQR Q13 (丧失职业搏击生涯的机会 loss of chance of career in professional kick-boxing).

[3] 进一步参见 McGregor (2008) 24 PN 2, 5—6, 但需注意 Burrows [2008] JPIL 31, 42—43 对诉因和损害量化区分观点的批评。

之赔偿请求。[1] 不过,当纯粹经济损失例外地足以确立诉因时,机会丧失之赔偿责任被认可,因为,失去能够获取经济利益的机会本身就是一种经济损失。[2] 在依概率权衡证明其所失机会是因被告的不当行为所致后,原告即可确立其诉因。然后,法院会量化赔偿额,据此(依通常原则)反映出若无侵权行为,损失发生的机会百分比。所以,起诉其律师因过失致其赔偿请求权时效届满的原告,在请求权罹于时效之际遭受了可诉的损失,其可得的损害赔偿也会与他在已过时效的诉讼中纯粹假想的胜诉概率成比例。

在与人身损害相关的真实机会丧失情形中,若要认定加害人的责任,则必须借助前述基本原则之例外途径达成。事实上,该例外已被布里奇(Bridge)法官在 Hotson 案中予以承认,但是,上议院在 *Gregg v. Scott* 案中对此却发生分歧,其中(似乎是)两票赞成,两票反对,一票持保留意见。不过,要是依上述两个指导性判例中的事实情况,机会损失的主张均被驳回,那么,机会丧失的主张能够在何种类型的案件中得到支持呢? 要回答这个问题,有必要区分三种不同的情形。在第一种情形下,原告的状况在被告的过失发生时已经确定(resolved),但不能确定他在那个阶段是否有机会避免遭受损害。这是 Hotson 案存在的情形。不确定性是纯粹基于证据而言的,和原告本身的状况无关。在这种情形下,原告必须依概率权衡证明,在相关时间内他有机会避免损害。在第二种情形下,过错发生时原告的状况虽然可知,但不确定他的状况随后会如何发展,以及/或者不知其对所受治疗将如何反应。这种不确定性一直持续到审判时。这是 *Gregg v. Scott* 案存在的情形。因为损害风险尚未形成,可能永远也不会形成,原告的索赔将无法胜诉。最后,我们要谈论有待大法官们决定的第三种情形。正如在第二种情形中那样,原告的状况在他人过失发生时虽可得而知之,但就其状况本身及所受治疗却存在不确定性。和第二种情形不同,伤害风险已经形成,不确定性也随之消除。要是原告在审判前死亡,那么该情形就与 *Gregg v. Scott* 案中的情形相同。有人主张,在

---

〔1〕 这实际上就是英国上议院在 *Hotson* 案中的裁决。
〔2〕 See eg *Gregg v. Scott* [2005] 2 AC 176 at [220], per Baroness Hale. Cf [83], per Lord Hoffmann (在涉及机会的经济性损失案件中,"机会本身似乎可以被定性为一项财产,就像彩票一样")。See further B. Coote, Chance and the Burden of Proof in Contract and Tort (1988) 62 ALJ 761.

这种非常狭窄的案例类型中,英国法仍然保留了承认机会丧失之赔偿责任的余地,尽管我们还无法确定法院在碰到该问题时是否会迈出这一步。不过,法院最近在其他场合已经显示出愿意接纳不确定因果关系问题的创新性解决方案的意向[1],且进一步创新的可能性不能被彻底排除。

□ 第六节 责任要素

一、序说

5/116　　与库奇奥使用的术语稍有不同,我将本节称为"责任基础",这种表述表明,这里探究的问题是一个人对他人所受损害承担责任的可选择基础。因此,更受偏爱的表述是"责任要素",它暗示了构成请求权的系列要素清单。下文讨论的要素不属于这种情形。

二、违法性

(一) 无不当行为之损害(Damnum sine iniuria)

5/117　　"世界上满是法律不予救济的损害。"[2]一个人可能遭受了损失或损害,却不享有任何侵权法上的救济,因为,其法律权利并未遭受法律视之为不法的侵害,从而无法律上的损害。[3] 该原理体现在拉丁习语"无不当行为之损害"中。一个企业家可以在法律限度内与竞争对手自由竞争,即便他的策略会迫使竞争对手破产。[4] 在普通法中,土地所有权人可以在自己土地上建造任何会破坏邻居悦享风光的建筑物,而不会招致任何责任。[5] 勾引他人的丈夫、妻子或伴侣也不会招致任何责任。关于此点

---

[1] 请特别参见 Fairchild v. Glenhaven Funeral Services Ltd. [2003] 1 AC 32.

[2] D v. East Berkshire Community Health NHS Trust [2005] UKHL 23, [2005] 2 AC 37, at [100] per Lord Rodger of Earlsferry.

[3] See also Day v. Brownrigg (1878) 10 Ch D 294, 304 per Jessel MR; Mayor of Bradford v. Pickles [1895] AC 587, 601 per Lord Macnaghten.

[4] Mogul Steamship Co. Ltd. v. McGregor, Gow & Co. [1892] AC 25.

[5] Bland v. Moseley (unreported, 1587).

仍需注意的是,英国法对人之死亡本身[1],或者某人因人身伤害而即将死亡(这和知晓预期寿命减少所引发的精神痛苦与折磨相反)[2]也不会判给损害赔偿。

(二) 损害何以具备不法性

在英国法中,对于施加损害何以不法的问题,并无一般性答案,人们只能(同义反复式地)说,[违法的]损害必须发生在具备侵权诉因构成要素的情形下。就此来看,过错被视为违法性的一个方面,英国律师们通常都认为二者是可以互换的。不过,确切地讲,违法性的某些方面已经超出了有无过错的问题。例如,在经济侵权领域,原告只证明被告故意造成其经济损失还不够,因为被告只有在侵害到原告独享(如依合同享有的)权利,或单独使用非法手段(如威胁恐吓)造成原告损失时,才会承担责任。[3] 要成立一般过失责任,必须证明损害是在被告违反了对原告所负注意义务的情况下造成的。这在一定程度上只需关注被告的行为,考察其是否构成对原告的过失,但是,在判定被告是否对原告负有注意义务,以及原告所受损害是否在[被告]负担的义务范围内时,仍需考虑案件所有相关情况,包括[原告]实际所受损害在内。最后,法院还需判断,依据损害的可预见性以及当事人之间关系的密切性,对被告施加注意义务是否公正、公平、合理。[4]

(三) 琐利限制规则(A de minimis rule)

此外,英国法适用琐利限制规则,依据该规则,原告的人身或财产所生意外改变只有达到了某个临界值时才构成可诉的损害。例如,一群原告因接触石棉而患上了胸膜斑(肺膜上的纤维组织),现有判决认为,该症状并非可诉的损害。尽管胸膜斑表明未来患上其他与石棉相关疾病的风险增大,但胸膜斑本身并非有害,不会导致原告患上其他疾病。[5]

---

[1] *Admiralty Commissioners v. Owners of Steamship Amerika* [1917] AC 38.
[2] Administration of Justice Act 1982, sec 1.
[3] See generally K. Oliphant, Economic Torts, in: idem, The Law of Tort^2 (2007) 1533.
[4] *Caparo Industries plc v. Dickman* [1990] 2 AC 605.
[5] *Rothwell v. Chemical & Insulating Co. Ltd. Re Pleural Plaques Litigation* [2007] UKHL 39, [2008] 1 AC 281.

(四) 不作为

5/120　　普通法的基本看法是,不作为一般不引致责任承担,换言之,不存在阻止他人损害发生的积极作为义务。纵然被告可轻易防止他人遭受严重损害之危险,甚或这样做有利于普遍共同利益[1],也均不足以引发前述义务。与大部分欧洲法律制度所采纳的做法相比[2],该做法看似狭隘,却是支持个人行为自由最大化的最有效方式,若对行为人施以沉重的作为义务,必将危及其行为自由[3]。支持无责任之一般规则的另一种理由源自实用性的关切:让任何特定的被告对他本能避免的损害担责,而非让所有其他能够干预的人承担责任,可能无法就此找到适当的理由。[4]

5/121　　不过,作为一般规则之例外,在特定事实情况下仍有可能会承认作为义务。就引发该义务的情形而论,并不存在明确的清单,但以下类别在法律文献中已被认可:被告事先制造了危险源(即便完全无过错)[5];被告对原告的利益安全负有责任;被告处于应予负责的职位或地位(如原告的父母或雇主)[6];以及土地所有或占有关系[7]。

(五) 纯粹经济损失

5/122　　对纯粹经济损失,英国法采纳了一般"不赔偿"或"排除赔偿"的规则。

---

[1] *Sutradhar v. National Environment Research Council* [2006] 4 All ER 490. 在该案中,上议院裁决,英国政府赞助的一项在孟加拉国针对饮用水质量的调查,不能产生相关科学家承担对该国民众的注意义务,从而不能令其在涉及饮用水砷污染的重大环境灾难事件中承担责任。该污染事件导致数以百万的孟加拉人处于危险之中。

[2] 《侵权责任法的基本问题(第一卷)》,边码6/45。

[3] J.C. Smith/P. Burns, *Donoghue v. Stevenson*—The Not So Golden Anniversary (1983) 46 MLR 147.

[4] *Stovin v. Wise* [1996] AC 923, 944 per Lord Hoffmann.

[5] See eg *Kent v. Griffiths* [2001] QB 36 (急救车服务). 但是,接听了紧急呼叫电话的消防队不会对财产失火的报警人承担任何义务,因为,这可能与消防队对公众通常承担的职责相冲突: *Capital & Counties plc v. Hampshire County Council* [1997] QB 1004. 实际上,仅仅**接听**了电话的消防队甚至都不用承担任何义务(同前注)。

[6] See eg *Barnes v. Hampshire County Council* [1969] 1 WLR 1563 (school teacher's duty to small child under her supervision).

[7] 依照法律规定,土地占有人对土地上因**作为**或**不作为**所生风险负有注意义务: Occupiers' Liability Act 1957 (visitors); Occupiers' Liability Act 1984 (non-visitors).

该做法可归因于以下不同原因[1]:担心责任扩大会导致原告的范围及数量无法确定,从而会对被告产生过度的负担[2];经济利益相比于人身权益和财产权价值较低[3];许多纯粹经济损失并非社会成本,只涉及财富从一方当事人到另一方当事人的转移[4];让损失留在其发生处而非将其转嫁给被告,能够在全社会更加有效地分配经济损失[5];让相关当事人自行协商风险分配,能够在全社会更加有效地分配经济风险[6];以及在被告[因承担责任而]遭受经济损失的情况下,缺乏权利基础而获得经济利益亦可被视为侵权[7]。

该做法不仅适用于经济损失完全独立于人身伤害或财产损害的情形,而且适用于经济损失仅源于他人人身损害[8]或财产损害[9]("关联性经济损失")的情形。1976年《死亡事故法》例外准许因他人死亡而丧失生活来源之人的赔偿请求权,尽管该请求权只针对立法规定的受扶养亲属,包括被赡养人、被抚养人、配偶以及(满足一定条件的)未婚伴侣等。

不那么激进的做法是对故意造成经济损失的行为施予责任,尽管法律还没有将责任仅仅建立在故意造成经济损失的行为的不正当性基础上。法律要求必须证明损失源于原告的权利(合同权利或其他权利)遭到

---

[1] 关于批评看法的概观,参见 *Canadian National Railway Co. v. Norsk Pacific Steamship Co.* [1992] 1 SCR 1021, 1147 ff per McLachlan J.

[2] *Hedley Byrne & Co. v. Heller & Partners Ltd.* [1964] AC 465, 536 f per Lord Pearce; *Spartan Steel and Alloys Ltd. v. Martin & Co. Ltd.* [1973] QB 27, 38 per Lord Denning.

[3] *Canadian National Railway Co. v. Norsk Pacific Steamship Co.* [1992] 1 SCR 1021, 1158 ff per McLachlan J (*dubitante*).

[4] W. *Bishop*, Economic Loss in Tort (1982) 2 Oxford Journal of Legal Studies (OJLS) 1.

[5] *Spartan Steel and Alloys Ltd. v. Martin & Co. Ltd.* [1973] QB 27, 38 per Lord Denning.

[6] C. *Witting*, Distinguishing between Property Damage and Pure Economic Loss in Negligence: A Personality Thesis (2001) 21 LS 481.

[7] *Beever*, Rediscovering the Law of Negligence 232 f; R. *Stevens*, Torts and Rights 21.

[8] *West Bromwich Albion FC Ltd. v. El Safty* [2006] EWCA Civ 1299, [2007] PIQR P7.

[9] *Spartan Steel & Alloys Ltd. v. Martin & Co. (Contractors) Ltd.* [1973] QB 27.

了侵害[1],或者被告使用了单独的不法手段造成损害[2]。

5/125 　　过失造成纯粹经济损失的责任可能产生于被告对原告已承担的(合同外)责任[3],以及以此为核心的其他限定情形中[4]。英联邦的某些司法辖区采纳了更为扩张性的做法,特别是在涉及关联性经济损失[5]以及所取得财物的缺陷造成额外花费[6]的情形。

5/126 　　尤其是在纯粹经济损失领域,英国法院的处理方式一直被指责为无原则性,因为它是基于类推来确立责任类型,而不是基于令人信服的法律论证。因此,斯特普尔顿(Stapleton)在一系列文章中已经建议,法院应明确通过以下政策考量来取代"类型化"方式(» pockets « approach):(1) 不存在无法确定的责任或者责任范围可以控制;(2) 可替代的保护手段不充分;(3) 该领域不属于更适合由国会采取行动的领域;(4) 存在某种不允许规避原告已明确接受的风险分配约定的义务。[7] 其推荐的做法看起来与库奇奥在《侵权责任法的基本问题(第一卷)》中提出的"纯粹经济损失责任的十项基本规则"具有某种相似性。[8]

---

[1] *Lumley v. Gye* (1853) 2 Ellis & Blackburn's Queen's Bench Reports (E & B) 216.

[2] *OBG Ltd. v. Allan* [2008] 1 AC 1.

[3] *Hedley Byrne & Co. v. Heller & Partners Ltd.* [1964] AC 465.

[4] See eg *Smith v. Eric S. Bush* [1990] AC 831 (为互助建房而实施的评估;对购房者承担的责任); *Spring v. Guardian Assurance* [1995] 2 AC 296 (不利的就业参考); *White v. Jones* [1995] 2 AC 207 (准备遗赠时存在过失;对意向受益人的责任).

[5] Australia: *Perre v. Apand Pty Ltd.* (1999) 198 Commonwealth Law Reports (CLR) 180. Canada: *Canadian National Railway Co. v. Norsk Pacific Steamship Co.* [1992] 1 SCR 1021.

[6] Australia: *Bryan v. Maloney* (1995) 182 CLR 609; New Zealand: *Invercargill C. C. v. Hamlin* [1994] 3 New Zealand Law Reports (NZLR) 13; Canada: *Winnipeg Condominium Corp. No. 36 v. Bird Construction Co.* (1995) 121 Dominion Law Reports (DLR) (4th) 193 (责任限于为补救危险缺陷而支出的费用). Cf the English cases of *D. & F. Estates v. Church Comrs* [1989] AC 177; *Murphy v. Brentwood D.C.* [1991] 1 AC 398.

[7] J. *Stapleton*, Duty of Care and Economic Loss: A Wider Agenda (1991) 107 LQR 249; J. *Stapleton*, Duty of Care: Peripheral Parties and Alternative Opportunities for Deterrence (1995) 111 LQR 301; J. *Stapleton*, Duty of Care Factors: A Selection from the Judicial Menus, in: P. Cane/J. Stapleton (eds), The Law of Obligations: Essays in Celebration of John Fleming (1998). See also P. *Giliker*, Revisiting Pure Economic Loss: Lessons to be Learnt from the Supreme Court of Canada (2005) 25 LS 49.

[8] 《侵权责任法的基本问题(第一卷)》,边码 6/62 以下。

三、过错

(一) 过错概说

除故意侵权行为需要证明外,英国法中的"过错"通常等同于过失,使用这类术语用以指代侵权行为的实施方式,而非以之冠名的独立侵权行为类型。1856年奥尔德森男爵(Baron Alderson)在 *Blyth v. Birmingham Waterworks Co.* 案中给出的经典定义是:"过失是未为理智之人依人类一般行为规范应为之事,或竟为谨慎、理智之人不应为之事。"[1]

从奥尔德森提到的理智之人叫可清晰地看出,英国法采纳的是客观过失概念。它"消除了个体差异,独立于行为人之特性"[2]。它不考虑被告欠缺从事相关行为者应具有之技巧、能力、认知及专业知识的情况,纵然被告是个初学者[3],每项技能均需一定时间的学习和实践才能获得亦然。相反,需要权衡的是:(依通常表述)在考虑其发生概率的情况下,将风险归于被告是否不合理;可能发生之损害的严重程度;被告采取预防措施消除或减轻风险的成本,以及其[被告]所从事活动(如果有的话)的社会价值。所有这些因素都应从与被告处于相同境况的理性人立场加以评判[4]。因此,当其他考量因素相同,在从事那些极可能造成损害,或致害风险虽然不太可能发生,但该风险可能会造成极大损害的行为时,必须尽更多的注意。

正如奥诺尔所言,当被告身体上或心理上无法达到理性人的标准时,上述做法相当于施加严格责任,即不考虑(道德)过错的责任。[5] 不过,奥诺尔通过引入"结果责任"(outcome responsibility)理论来为这种结果辩护,他认为,不考虑道德过错而施加责任可被视为强化个体对自己的行为及其后果承担道德责任的一种方式;将缺乏技能或经验接受为抗辩事由,将会破坏法律主体作为道德上负责任之人的地位,因为它意味着,对

5/127

5/128

5/129

---

[1] (1856) 11 Exchequer Reports (Ex) 781, 784.
[2] *Glasgow Corporation v. Muir* [1943] AC 448, 457, per Lord Macmillan.
[3] *Nettleship v. Weston* [1971] 2 QB 691 (learner driver).
[4] M. Lunney/K. Oliphant, Tort Law: Text & Materials⁵ (2013) chapter 4.
[5] T. Honoré, Responsibility and Luck (1988) 104 LQR 530.

他人权益尽合理注意的能力不再被视为法律人格的本质方面。按照他的解释,只有那些通常不可能期待其达到这种基本行为标准的人才应被排除在外。

(二) 未成年人[1]

5/130　英国法中不存在未成年人承担侵权责任的固定的最小年龄[2],但被告"自愿"行为却是侵权责任的一般要求[3],它似乎要求应具有某种自愿行为的能力,年龄很小的儿童不太可能具有这种能力[4]。这和其他法律制度就过错认定要求行为人具有必要的识别能力有相似之处[5],但应当指出的是,被告非自愿的行为可排除一切侵权责任,包括严格侵权责任在内,而非仅对过错侵权才是如此,因为,侵权责任的认定至少应以被告自己的行为为基础。

5/131　对于年龄较大的未成年人,问题仅仅是被告行为是否满足了侵权构成要件,而不论其年龄大小——如未成年人是否追求或预见到其行为后果,或者他是否满足了所要求的注意标准。它是处于被告年龄的一般谨慎、理智的未成年人能够达到的标准。[6]因此,在判断原告所受损害是否为被告行为可以预见的"真实风险"[7],以及判定被告为防止损害风险能够被合理期待采取何种预防措施时,未成年人的年龄发挥着重要作用[8]。

5/132　未成年人在从事"成人活动"时,并不存在让其承担较高注意标准的

---

[1] See generally K. Oliphant, Children as Tortfeasors under English Law, in: M. Martín-Casals (ed), Children in Tort Law, vol 1: Children as Tortfeasors (2006). 原则上,针对未成年人采取的做法同样也适用于高龄人群,虽然我并不了解关于这个问题的实质法理或学术讨论。

[2] 试比较美国大多数法院采纳的相反做法: See Prosser on Torts[5] 180.

[3] Smith v. Stone (1647) Style's King's Bench Reports (Style) 65, 82 ER 533; Public Transport Commission v. Perry (1977) 137 CLR 107.

[4] Tillander v. Gosselin [1967] 1 The Ontario Reports (OR) 203, Ontario High Court (three-year-old boy). 英国既有判例中似乎还未出现这个问题。

[5] 《侵权责任法的基本问题(第一卷)》,边码 6/76 以下。

[6] Mullin v. Richards [1998] 1 WLR 1304. See also Staley v. Suffolk County Council, 26 November 1985, unreported. Gorely v. Codd [1967] 1 WLR 19 是涉及过失枪击的另外一个案件,在该案中,Nield 法官认定,存在学习能力障碍的 16 岁的被告应承担责任,对何为适当的注意标准未作考虑。

[7] Ibidem.

[8] Cf Goldman v. Hargrave [1967] 1 AC 645 (成年人的身体机能被纳入考量范围)。

正式规则。[1]但是,在某些未成年人从事成人活动的情形下,要求其尽到的注意义务实际上与成人相同。17周岁的未成年机动车驾驶人无疑负有与成年驾驶人一样的注意义务[2],并且有观点认为,由于年龄原因而无法在公共道路上驾驶的年龄低于17周岁的未成年人,若选择驾驶(是否在公共道路上在所不问),且充分理解所需注意义务,则仍需满足相同的注意标准。[3]应当注意的是,注意标准仍是处于被告年龄的一般谨慎、理智的未成年人标准,仅履行义务的必要步骤与成人相同。若未成年人因情势所迫而从事成人活动,结果可能有所不同——例如,某未成年人被留在手刹失灵的汽车中,车子随后朝下坡滑动,在汽车停下之前,该未成年人试图控制车辆以避免危险却未获成功。

四、为他人负责与对物负责

为他人负责及对物负责通常以被告的个人过错为基础——如未能看管好年幼的未成年人[4]或者未能看护好马匹[5]。替代责任使雇主对雇员在工作范围内的侵权行为承担责任:这种责任不依赖雇主的任何个人过错,但(通常情形下)要求雇员一方存在过错。这种责任的正当性一直存在很大争议,但受到普遍接受的是,其正当性混合了不同的考量因素,包括有效分摊损失,为避免受害人求偿不能而提供一种公平、实用的救济方式,以及雇主可通过雇员的选任及对其工作内容的控制来阻止将来的损害。[6]但是,替代责任不适用于父母为子女侵权行为负责的情形,也不适用于委任他人帮助自己完成特定任务的情形,有偿与否在所不

---

[1] 美国法院已经采纳了相反的做法:See Prosser on Torts⁵ 181—2.
[2] See *Tauranga Electric-Power Board v. Karora Kohu* [1939] NZLR 1040 (New Zealand Court of Appeal); seventeen-year-old cyclist.
[3] A. *Mullis*/K. *Oliphant*,Torts⁴(2011) 110 (15岁的莽撞少年改装了汽车并将车开走)。See also *McEllistrum v. Etches* (1956) 6 DLR (2d) 1 and *McErlean v. Sarel* (1987) 61 OR (2d) 396 (both Ontario Court of Appeal).
[4] *Carmarthenshire C.C. v. Lewis* [1955] AC 549.
[5] *Haynes v. Harwood* [1935] 1 KB 146.
[6] G. *Williams*, Vicarious Liability and the Master's Indemnity (1957) 20 MLR 220; P.S. *Atiyah*, Vicarious Liability (1967); *Bazley v. Curry* (1999) 174 DLR (4th) 45 (加拿大最高法院。在该情形下,"公平"建立在企业责任观念基础上[同上注])。

问。[1] 不过,当被告授权他人从事侵权行为,或者被告联合他人追求共同目的,该他人为达成该目的而实施侵权行为时,即使他对具体侵权行为无过错,或者并未实际造成损害后果,被告仍然可能要作为共同侵权人而承担责任。

5/134　　除危险动物(动物危险责任如今已由制定法规定)外[2],普通法中并不存在对处于某人控制下的物的无过错责任。1987年《消费者保护法》依照《欧盟指令》规定,缺陷产品的生产商及(一定范围内的)销售商须承担法定严格责任。

五、危险活动的严格责任

5/135　　依据 Rylands v. Fletcher[3] 案确立的著名规则,在其土地上从事异常危险活动的人,若危险脱逸致邻居财产损害,需向后者承担侵权责任。该规则受到很多限制[4]——其中的大部分明显是为了利用各种可能的手段来限制无过错责任的范围——以至于该规则已变得没有什么实际重要性了。英国法院至今仍拒绝废除该规则[5],但在澳大利亚,它作为"不可转托的义务"(non-delegable duty)之一种,被并入到一般过失法中[6]。

5/136　　在欧洲范围内,对道路交通事故采用过错责任的英国法几乎是独一无二的。虽然适用很高的注意标准产生了几乎等同于严格责任的效果[7],但我个人并不这样认为,尽管很难想出某种必要的证据可对此作出科学评判。

六、被允许的侵害

5/137　　普通法不承认因法定授权行为所生损害的赔偿责任。[8] 不过,单纯

---

[1] Morgans v. Launchberry [1973] AC 127.
[2] Animals Act 1971.
[3] (1866) LR 1 Exch 265,(1868) LR 3 HL 330.
[4] See Oliphant, Enterprise Liability.
[5] See Transco plc v. Stockport Metropolitan B.C. [2004] 2 AC 1.
[6] Burnie Port Authority v. General Jones Pty Ltd. (1994) 179 CLR 520.
[7] 《侵权责任法的基本问题(第一卷)》,边码6/145。
[8] London, Brighton and South Coast Rly v. Truman (1886) 11 AC 45.

的规划许可并不具有相同效果,不能作为侵权责任的抗辩事由,尽管在判定一般侵权构成要件是否具备时,该许可会发挥作用。[1] 如前所述(参见边码 5/39 以下),若法院基于自由裁量权未以禁令形式禁止侵权行为,则行为人可以继续从事该侵权行为。在这种情况下,受害人依法有权就将来遭受的损害获得损害赔偿。但是,这是对被容忍的不法行为所规定的责任,而非对实际上被许可的行为所施加的责任。

七、其他考虑

可能是因为英国法中(真正的)严格责任范围很小,经济负担能力、利润的变现、保险赔付的可得性以及风险社会观念等其他因素在法律话语中并未发挥重要作用。有关它们的讨论主要限于替代责任[2]和产品责任[3]等情形。

5/138

八、受害人的促成行为

直到 1945 年,受害人的促成过失都是侵权责任的完全抗辩事由。这个规则被认为太过严厉,法院以各种方式来缓和其效果,最终在 1945 年通过制定法实现了革新。[4] 依据《法律改革法(促成过失)》,若原告[5]具有促成过失,法院在考虑原告对损害应负的责任份额(share in the responsibility)后,在其认为公平合理的范围内可以酌情减少损害赔偿。法案中使用"份额"一词避免了原告被认定负 100% 促成过失的可能,但是,全然不顾自身安全的原告可能被视为自甘风险,以至于会被剥夺损害赔偿请求权:**对意欲者不生侵害**(volenti non fit iniuria)[6]。

5/139

---

[1] Gillingham B.C. v. Medway (Chatham) Dock Co. Ltd. [1993] QB 343; Wheeler v. J.J. Saunders Ltd. [1996] Ch 19.

[2] See eg D. Brodie, Enterprise Liability and the Common Law (2010).

[3] See eg J. Stapleton, Product Liability (1994).

[4] Law Reform (Contributory Negligence) Act 1945.

[5] 或者,对损害具有促成过失的人也可被归入到原告中,如在他人遭受损害时,原告应承担替代责任的情形: C. Sappideen/P. Vines, Fleming's The Law of Torts10 (2011) paras 12.220 and 12.230。

[6] Morris v. Murray [1991] 2 QB 6.

5/140　　　原则上,同样的做法也适用于未成年人。正如不存在未成年人固定的法定最低责任年龄一样,法律上也不存在未成年人具有促成过失的法定最低年龄。年龄很小的未成年人是否存在促成过失,是一个需要在个案具体情况中认定的事实问题。[1] 尽管如此,在实践中,"年龄很小的未成年人不可能有促成过失"[2]的判断无疑是正确的。皇家专门调查委员会在1978年提议法律规定,不满12周岁的未成年人在机动车事故中受害的,法院绝不能因其具有促成过失而减少损害赔偿,并表示该提议充分反映了司法实践现状[3],但它并未成为法律规则。

第七节　责任限制

一、过度归责的基本问题

5/141　　　对过度归责的担忧——对著名的"闸门理论"的频繁援引证实了这种担忧——已成为英国侵权法中持续数个世纪的心病。[4] 在特定情形中,法院明确将其作为拒绝认定注意义务的理由——精神损害是其中最引人注目的情形。[5] 不过,怀疑论者争辩道,闸门理论的效果被过度夸大了。[6]

5/142　　　除特别依赖政策考量来限制注意义务的范围外,法院还拥有大量其他可用的说辞来限制侵权责任的范围。尽管广泛使用比喻有时掩盖了责任限制的做法,但普通法限制过度归责的方式仍与大多数法律制度通过额外的责任限制来补强"必要条件"之基本要求的模式相似,而且,部分(而非全部)责任限制传统上被认为属于因果关系范畴。普通法上这种限制的主要实例存在于介入行为(novus actus interveniens)和损害远隔性

---

[1] *Speirs v. Gorman* [1966] NZLR 897, 902 per Hardie Boys J.

[2] *Gough v. Thorne* [1966] 1 WLR 1387, 1390 per Lord Denning.

[3] *Pearson Report* (FN 50) vol 1, §1077.

[4] See eg *Winterbottom v. Wright* (1842) 10 Meeson & Welsby's Exchequer Reports (M & W) 109, 115 per Alderson B. ("如果我们能够向前迈进一步,就没有理由不迈出五十步")。

[5] See eg *McLoughlin v. O'Brian* [1983] AC 410, 421 f per Lord Wilberforce.

[6] See eg *McLoughlin v. O'Brian* [1983] AC 410, 442 per Lord Bridge.

(remoteness of damage)规则中,其作用(大体上)相当于其他制度中的相当因果关系规则。[1] 普通法的规则(或者如其他制度中的相当性规则)具有宽泛的结构(broad-textured),允许法院在事实认定方面享有相当大的自由裁量权。在一些案件中,它们决定了责任是由一个侵权人承担,还是由两个或两个以上的侵权人承担,从而在某种程度上反映了法律制度的一般定位,要么关注矫正正义(在普通法系国家如至少在英格兰是这样),要么关注损失分担(在其他一些法律制度中,它被赋予了更重分量)。

二、因果关系的中断

当被告1和被告2都是受害人所受损害的事实原因时,若被告2的介入否定了被告1与损害之间的法律因果关系,即它"打断了因果链",因此构成介入行为(novus actus interveniens),则被告1对损害不承担责任。在这种情况下,只有被告2须对损害承担责任。就此可以提供两个示例。首先,被告1失水淹了受害人的住宅,在维修期间房屋不得不腾空;被告2(擅入者)进入空置的房屋中,并造成其他损害。由于被告2的行为构成"介入行为",所以,被告1不能被认为造成了该其他损害,从而无须对其负责。[2] 其次,受害人是一个骑摩托车的警察,在隧道的出口处因被告1造成的交通事故而受伤,现场负责指挥的警官命令受害人骑车逆行去封闭隧道入口,结果又被迎面而来的摩托车驾驶人撞到,后者无过失。尽管没有被告1的行为受害人不会再次受伤,但其所受损害的唯一法律原因仍是被告2的行为。[3]

按照哈特和奥诺尔富有影响力的论点[4],这种从有关联性的相关因素中挑选原因的程序应被恰当地称之为"因果关系的"(causal),因为它反映了一直认可的"单纯条件"和"原因"之间的区分,不论是在法律中还是其他语言情境中,包括日常语言中都是如此。因而,责任(Responsibility)

---

[1] 与此相关的一般分析,参见 J. *Spier*/O. A. *Haazen*, Comparative Conclusions on Causation, in: J. Spier (ed), Unification of Tort Law: Causation (2000) 127 ff, 130 ff.

[2] *Lamb v. Camden London Borough Council* [1981] QB 625. 与之不同,被告1有控制被告2的义务:see eg *Home Office v. Dorset Yacht Co. Ltd.* [1970] AC 1004 (少年管教所的逃跑者造成了损害)。

[3] *Knightly v. Johns* [1982] 1 WLR 349.

[4] See *idem*, Causation in the Law^2.

(当然并非总是且并非排他性地)被归于有因果联系的原因事实。"打断"因果关系的比喻表明介入因素进入到事件通常的进程中。哈特和奥诺尔在经过深入细致的分析后认为,若损害由故意实施的介入行为引起,且介入行为本身就旨在造成该损害,或者其构成异常的意外事件或非常事件,则损害的事实原因和损害本身之间的法律因果关系就可能被否定。正如前文所述,该观点由于将法律政策考量引入到纯粹事实描述性的概念中而遭到抨击。[1] 不过,它已赢得英国法院一定程度上的支持,被认为反映了"普通法的个人主义哲学观"。[2]

三、损害的远隔性

5/145　　在枢密院就 Wagon Mound[3] 案所作判决确立的规则中,责任被进一步限制在被告的侵权行为可以合理预见的损害后果范围内。最有说服力的限制理由是,需要有某种机制——即使有些粗糙而简陋——将责任保持在合理界限内,而非只是简单地将其纳入过错及赔偿范围中,可预见性作为认定前者的关键因素,亦被用作确定后者的标准。[4] 该限制规则适用于大多数侵权赔偿请求权,但不适用于故意不法行为,被告要对其故意行为直接引发的所有损失承担责任。[5]

5/146　　有时候,损害远隔性原则被认为只是为了掩饰法官的政策选择,但大多数评论家不接受这种看法,尽管他们被迫接受传统的风险理论,即探询与损害类型相应的风险是否可被合理预见,这为法官在认定相关风险时留下了很大裁量空间。为使认定程序更加透明,施陶赫(Stauch)令人信服地指出,与其像传统做法那样用**所受损害**(what)去界定风险,倒不如用**损害发生的方式**(how)去界定风险("修正的风险理论")。他关注的是损害发生所必要的一组原因性事实,尤其是那些与被告行为关联且完成因果链的重要原因事实。因而,法院要处理的问题是,可能已被完成的因

---

[1] 参见上文边码 5/95。

[2] Reeves v. Commissioner of Police for the Metropolis [2000] 1 AC 360, 368 per Lord Hoffmann.

[3] Overseas Tankship (UK) Ltd. v. Morts Dock & Engineering Co. Ltd., The Wagon Mound [1961] AC 388.

[4] Fleming's The Law of Torts[10] para 9.160.

[5] Smith New Court Securities Ltd. v. Citibank NA [1997] AC 254.

果链是否构成将被告行为视作义务违反的理由。如果不是,损害就被初步认定为过于远隔。施陶赫宣称,他的理论能够避免远隔性认定是完全主观的或政策导向的指责。不过,他也承认,出于政策考虑[如在"薄头骨"(thin-skull)情形]而偏离一般标准也可能是正当的,只要根据具体情况,这被允许作为例外而存在且被限定在适用范围内即可。[1]

四、被违反规范的保护目的

在认定违反制定法的行为是否授予因此而受害之人以诉因时,必须依原告所受损害类型,确定原告属于被违反法律规则旨在保护的人员范围。

首先要考察的是,制定法想要防止的"不幸"为何。在指导性判例中,原告要求被告赔偿其依约运送的若干绵羊丢失的损失,这些绵羊因遇恶劣天气而被从船上冲入到海里。他依据《1869年(动物)传染病法》关于绵羊应装在牢固的围栏中进行运输的规定,主张被告没有遵守该法的命令。但是,法庭认为,前述法案不是为了保护牲畜的所有权人免于遭受牲畜被冲入海里的损失,而仅仅是出于卫生管理的目的,防止患病的动物将疾病传染给可能与之接触的其他动物。由于诉称的损害不在制定法的目的范围内,故其请求不能得到支持。[2]

其次需说明原告属于制定法试图保护的人员范围。例如,法院认定,旨在确保工作场所安全的行政法规,不能为被召唤到该工作场所的消防人员提供诉因[3];关于平交道口的通行栅栏应处于恰当位置之义务的规定,其目的在于保护社会公众使用道路,而非保护火车司机[免受损害][4]。

在确定被告注意义务涉及的人员范围及损害类型时,在普通法过失侵权案件中也采用类似的推理方式。比如,法院裁决,房地产估价师须注意提供准确的信息,要对信息的准确性负责,但不承担保护房地产买受人

---

[1] M. Stauch, Risk and Remoteness of Damage in Negligence (2001) 64 MLR 191 [K. Oliphant in: H. Koziol/B. C. Steininger (eds), European Tort Law 2001 (2002) 131, no 103].

[2] Gorris v. Scott (1874) LR 9 Exch 125. 较新的案例,参见 Fytche v. Wincanton Logistics plc [2004] UKHL 31, [2004] 4 All ER 221(铁头靴足以实现防护滚落的重物这样的预定目的,尽管它们不能防止被冻伤)。

[3] Hartley v. Mayoh & Co. [1954] 1 QB 383.

[4] Knapp v. Railway Executive [1949] 2 All ER 508.

免受市场价值波动的义务,因此,就其在因错误估价而缔结之交易中所受损失,被告不对因房地产市场价格普遍下跌所增加的损失承担责任。[1] 同样,医师施行绝育手术时应尽的注意义务是保护妇女免于受孕,而非保护家庭财产不被用作因意外受孕所生子女的扶养费用。[2] 由于后者显然是前者可预见的后果,因而,政策考量明显在此发挥了重要作用。

第八节 损害赔偿

一、损害赔偿概说

5/150　　在英国法中,损害赔偿以金钱负担。尽管强制性禁令实际上具有恢复原告在侵权行为发生前之状态的效果,但并没有恢复原状的观念。不过,在金钱赔付的范围内,法院试图将原告置于在没有侵权行为发生时其本可处于的地位。一般而言,原告有权就其全部损失——包括物质损失和非物质损失——获得充分补偿,虽然就后一种损失,法律最多只能判给公平补偿,而非真的将其消除。赔偿额通常由法官参考先前案例所确定的标准决定,但是,在未成年人因侵权行为而被杀害的情形,作为丧亲之痛的慰抚金而向父母支付的赔偿额由制定法规定(目前是1.18万英镑)。[3]

5/151　　在财物毁损的情况下,基本的损害赔偿通常是参照市场价格,按照减少的物之价值计算赔偿额。虽然修理费在通常情形可以很好地显示所减少的物之价值,但是,若这种花费明显超出受损物品的价值,进行修理因而是不合理的,则原告不能主张赔偿全部的修理费。[4] 在例外情形,尽管修理费明显超出了被修理物品的价值,但修理仍可能被认为是合理的。[5] 例如,在没有相关市场可资参照来评定物品的价值,或者存在的唯一市场(如废品市场)会极大地低估物品对其所有者具有的使用价值

---

[1] *South Australia Asset Management Corp. v. York Montague Ltd.* [1997] AC 191.
[2] *McFarlane v. Tayside Health Board* [2000] 2 AC 59.
[3] Fatal Accidents Act 1976, sec 1A.
[4] *Darbishire v. Warran* [1963] 1 WLR 1067.
[5] *O'Grady v. Westminster Scaffolding Ltd.* [1962] 2 Lloyd's Law Reports (Lloyd's Rep) 238 (涉及不可替代的独一无二的汽车)。

时,物品的主观价值就可能需要加以考虑。[1]

制定法可能例外规定可得赔偿的最高限额[2],或者像执行欧盟《产品责任指令》的立法那样规定请求赔偿的最低损害额。[3]但是,在英国法中没有减轻赔偿的一般规定,就我所知,在任何其他普通法制度中也没有。[4]即使是在替代责任情形,英国法也没有(全部或部分)免除雇员责任的规定[5];相反,在严格的法律中,雇主甚至有权向因其侵权行为而使之负担替代赔偿责任的雇员进行追偿[6]。不过,在绝大多数情况下,集体劳动合同(industry-wide agreements)都事实上排除了这种做法。[7]

5/152

损害赔偿通常包括利息在内,旨在补偿原告在被侵害时至和解或判决确定期间被剥夺的金钱使用利益。特别损害赔偿通常以短期投资收益率的一半计算利息,自事故发生时起息。涉及非物质损失的一般损害赔偿则执行2%的利率,自法律文书送达(service of the writ)时起息。[8]对于将来的物质损失,则根本没有依一般损害赔偿规则计算利息的问题。

5/153

二、分期支付或一次总付

在普通法中,损害赔偿习惯上只能要求一次性赔偿且应一次总付。这种做法在历史上存在以下正当理由:纠纷一次性解决的需要;让原告自由选择如何使用赔偿款的可取性;以及避免分期支付所需管理费用。[9]一次总付意味着,当原告的损失还在继续发生时,法院必须预见到未来可能发生的所有情况,并相应调整赔偿额。在人身损害情形,这种做法被认为产生了"无法克服的问题":"根据我们的法律,判决的赔偿额涵盖了过

5/154

---

[1] See eg *The Harmonides* [1903] Law Reports Probate (P) 1; A. Tettenborn (ed), The Law of Damages (2003) §14.30.

[2] See eg Carriage by Air Act 1961, sec 4 (参照《华沙公约》和《蒙特利尔公约》规定的数额对承运人的责任加以限制); Nuclear Installations Act 1965, sec 16(1)(依该法案所生严格责任的限额为1.4亿英镑)。

[3] Consumer Protection Act 1987, sec 5(4)(涉及财产损害的最低金额为275英镑)。

[4] 比较《侵权责任法的基本问题(第一卷)》,边码8/24以下。

[5] 比较《侵权责任法的基本问题(第一卷)》,边码8/6。

[6] *Lister v. Romford Ice and Cold Storage Co. Ltd.* [1957] AC 555.

[7] R. Lewis, Insurers' Agreements not to Enforce Strict Legal Rights: Bargaining with Government and in the Shadow of the Law (1985) 48 MLR 275.

[8] See *Birkett v. Hayes* [1982] 1 WLR 816.

[9] *Pearson Report* (FN 50) vol 1, §560 ff.

去、现在和未来的所有伤害和损失,它必须在法律程序终结时一次性确定。该项判决是终局性的,不会依未来的情况进行调整,是以估算结论替代客观事实。人类无法预知未来,所以,许多针对未来的损失和痛苦(在很多情况下属于赔偿的主要部分)的损害赔偿判决肯定是不适当的。只有一样是真正确定的:未来会证明判决的赔偿额不是过高就是过低。"[1]

5/155　　为解决这些问题最先进行的尝试是在1982年引入了"临时赔偿"制度(provisional damages),依据该制度,最初判给的损害赔偿是在假定受害人健康状况不会恶化的基础上作出的,如果事实上发生了恶化情况,原告就被准许诉请更多的损害赔偿。[2] 不过,这种做法的效果有限,它仍然需要与一次总付的做法进行关联,通过发展出渐为人知的所谓"结构性和解"方案(structured settlements),当事人开始尝试非正式地向受害原告提供定期收入。最后,最近引入了一种名为"分期支付命令"的司法权力,尽管这可能令人感到吃惊。[3] 分期支付据信能够更好地反映原告的实际需要和实际损失,消除与一次总付相关的许多风险,同时减轻原告管理重大投资的负担。[4] 分期支付还有一个好处是,它们能够更加准确地与受害人的实际损失相符,这种损失通常为定期收入损失。

□ 第九节　损害赔偿请求权的时效期间

一、现行法

5/156　　人身损害的普通时效期间(英国律师如此称呼)为3年[5],其他侵权诉讼则为6年(有相反规定的除外)[6]。人身损害赔偿请求权的时效期

---

[1] *Lim Poh Choo v. Camden & Islington Area Health Authority* [1980] AC 174, 182—3, per Lord Scarman.

[2] Senior Courts Act 1981, sec 32A (as amended by Administration of Justice Act 1982, sec 6).

[3] Courts Act 2003.

[4] *Lord Chancellor's Department*, Consultation Paper. Damages for Future Loss: Giving the Courts the Power to Order Periodical Payments for Future Loss and Care Costs in Personal Injury Cases (2002).

[5] Limitation Act 1980, sec 11(4).

[6] Limitation Act 1980, sec 2.

间相对更短反映的看法是,对这类诉讼尽快审判存在特殊需要,即确保当事人和证人对相关证据具有清晰的记忆。[1] 时效期间自侵害、损害或损失发生时,或者其可以合理发现时起算。[2] 在不涉及人身伤害的潜在损害情形,最长时效期限为 15 年,自过失或损害发生时(以最晚者为准)起算。[3] 在涉及人身伤害或死亡的情形,法庭有权允许请求权延期至时效届满之后[4],其他情形则否。在涉及缺陷产品的诉讼中,若原告主张的损害赔偿限于财产损失或损害[5],或者(无论如何)自被告向他人提供产品之时(或其他相关时间)起已满 10 年最长时效期限[6],法庭必须遵守法定时效限制。还需注意的是,有关诽谤及恶意诋毁的诉讼,通常适用 1 年的特殊时效期间。[7]

二、时效期间的起算

时效期间通常自诉因成立时起算。对于那些无须证明损害即可起诉的侵权行为,如不法侵害与书面诽谤,则自侵权行为发生时起算。若侵权行为仅在证明有损害时才成立,如过失侵权,诉因自损害发生时成立。[8]

在过失侵权诉讼中,若与诉因相关的事实在诉因成立时尚不可知,则可选择适用 3 年时效期间。[9] 该期间自原告同时知道提起赔偿诉讼所必要的相关损害及提起这种诉讼的权利时起算。"知道"包括当事人由可察觉或可查明的事实中可被合理期待知道的情形。[10] 人身损害赔偿请求权适用不同的规定,依该规定,"知道"(尤其)是指知晓相关侵害是重大的,且可全部或部分归因于构成过失、妨害或义务违反的作为或不作为,

---

[1] Report of the Committee on The Limitation of Actions (1949) Cmd 7740, para 22.
[2] Limitation Act 1980, secs 11(4), 14 and 14A.
[3] Limitation Act 1980, sec 14B.
[4] Limitation Act 1980, sec 33.
[5] Limitation Act 1980, sec 33(1A)(b).
[6] Limitation Act 1980, secs 11A(3), 33(1A)(a).
[7] Limitation Act 1980, secs 4A, 32A. 特别规则也适用于涉及持续侵占(第 3 条)和防止骚扰(第 11 条第 1 款 A 项)的侵权请求。
[8] *Pirelli General Cable Works Ltd. v. Oscar Faber & Partners* [1983] 2 AC 1.
[9] Limitation Act 1980 sec 14A (added by Latent Damage Act 1986, sec 1).
[10] Limitation Act 1980, sec 14A(10).

以及知道被告的身份。[1]"重大"是指,原告是否可以合理地认为侵害已足够严重,其有理由对被告提他无法抗拒的索赔之诉,从而能够获得胜诉判决。在更加常见的涉及未成年人因性侵而索赔的情形中,重大与否不能单纯根据儿童期所受性侵的直接后果加以评估,而应考虑诉讼所有相关情况,包括长期存续的受伤后的精神伤害。[2]

5/159　　在侵害未成年人的案件中,时效期间自原告成年时(18周岁)起算。[3]当被告故意掩盖与原告诉权相关的事实时,在原告发现该掩盖事实前,时效期间不起算。[4]

三、改革建议

5/160　　在2001年发布的一份报告中,法律委员会认为,目前的时效制度过于复杂,有时也不太清晰,会产生不公平后果。[5]它推荐了一个简化版,基本的时效期间为3年,自原告知道或应当知道如下事实时起算:(1)引发诉因的事实;(2)被告的身份;(3)原告所受侵害、损失或损害,或者被告获得了重大利益。还有一种为期10年的"最长"时效("long-stop" limitation),自引发诉因的作为或不作为发生时起算。法律委员会明确承认,这可能会使原告在诉因成立前就丧失诉权,但认为这对于保护被告免受事后很久才提起的诉讼之扰是必要的(被告此时针对相关请求可能已无法进行适当辩护了),在对他们因诉讼时效自原告知晓相关事实时起算所遭受的确定性丧失提供补偿的同时,对其避免承担责任的需求加以限制也是必要的。[6]对于那些损失不是诉因成立之要素的侵权行为,诉因成立时即为最长时效的起算时间。对于涉及人身损害的赔偿请求权,法庭有权决定不适用基本的时效期间规定,除依欧盟指令提起的产品责任赔偿请求外,也不适用最长时效期间的规定。

5/161　　这些立法改革建议尚未变成法律。

---

〔1〕 Limitation Act 1980, sec 14(1).
〔2〕 *KR v. Bryn Alyn Community (Holdings) Ltd.* [2003] QB 1441.
〔3〕 Limitation Act 1980, secs 28 and 38(2).
〔4〕 Limitation Act 1980, sec 32(1).
〔5〕 *Law Commission*, Limitation of Actions (Law Com. No 270, 2001).
〔6〕 Ibidem para 3.99 ff.

第六章
美国法视野下损害赔偿法的基本问题

迈克尔·D. 格林/W. 乔纳森·卡迪

□ 预备性评论

一、概说

(一) 美国侵权法的渊源

美国法律制度源于英国法。因此,美国侵权法基本属于由法官创制、发展和改革法律的法律领域。美国法一开始就受英国实体法的影响,在美国法院建立并运作后的19世纪后半叶,其大部分的侵权法规则得以发展成形。[1] 美国的侵权法主要形成于司法意见,法院依遵从先例原则而把这些司法意见作为法律渊源对待。法官"造法"采取的方式是通过个案中的司法判决形成先例,并在后续的案例中加以适用。法官仅就呈交审理的案件事实作出裁决,并不像立法者那样进行一般性和前瞻性的法律创制。因而,当某个法院拒绝采纳促成过失,而是运用比较过失进行裁决时,并不意味着一旦采纳比较过失,许多附随问题就都由此得到解决。那

---

〔1〕 例如,美国法院并没有将 *Rylands v. Fletcher* 案([1868] Law Reports (L. R.) 3 House of Lords (H. L.) 330.)确立的先例规则当作宽泛的严格责任加以遵循,该规则保护土地所有权人免受从相邻土地中泄漏的物质的侵害。See *Losee v. Buchanan*, 51 New York Reports (N. Y.) (1873) 476.(拒绝适用严格责任处理因锅炉爆炸导致邻居伤害的诉讼请求。)

些问题将留待未来在个案中出现并被提交法院审理时再行解决。同样,法院也并不会设置被侵权人在主张权利时必须达到最低可赔偿损害额的要求——这种脱离具体事实场景的法律创制被认为属于立法者而非法官的任务。

6/2　　尽管法院主导了美国侵权法的发展,但是,自20世纪60年代后期以来,立法机关已颁布系列"侵权法改革"法令,以应对侵权法施行过程中出现的各种问题。损害赔偿方面的主要立法改革包括以下内容:对非物质损失设置最高赔偿限额,对惩罚性赔偿予以限制,改变了"平行来源规则"(collateral source rule)*。连带责任被大幅调整,它已不再是美国多数州所采纳的规则。[1]

(二) 陪审团的角色

6/3　　同时,美国的陪审团在民事案件中也扮演了重要角色。民事案件中陪审团享有的权利被规定在联邦宪法第七修正案中[2],事实上,所有各州都有适用于本州法院的相似规定。因此,侵权诉讼的任何一方都享有由陪审团判定案件事实的宪法性权利。陪审团不仅对有争议的历史性事实进行裁判,而且还要对事实和法律混合的问题进行裁决,例如过失[3]、故意和责任范围[4]。陪审团的存在和对陪审团的依赖对美国侵权法的

---

*　"平行来源规则"是指不允许侵权人从其应付赔偿额中扣除被侵权人因侵权行为而从其他"平行"途径获得的利益(如保险赔付)。该规则涉及的问题与大陆法上的损益相抵规则有关。——译者注

〔1〕各州更全面的侵权法改革进程,参见 http://www.atra.org/legislation/states。

〔2〕在普通法诉讼中,若争执金额超过20美元,由陪审团审判的权利就应受到保护。由陪审团裁决的事实,合众国的任何法院除非按照普通法规则,不得重新审查。美国宪法第七修正案;另参见 C. W. Wolfram, The Constitutional History of the Seventh Amendment, 57 Minnesota Law Review (1973) 639, 653 (阐释并记录了美国民事陪审团在18世纪晚期出现的整个过程)。

〔3〕不像欧洲的法律制度,在美国,尽管过失是从客观角度予以认定的,但过错、不当行为和过失被叠放在一起不加区分。这只是美国侵权法中众多实用特色中的一个。

〔4〕法院在一个世纪以来都把这种构成要素作为近因看待。因为混淆了"proximate(最近的)"和"cause(原因)"的用法,所以《第三次侵权法重述》采用了"责任范围"的用法,我们在本报告中也采取这种用法。

第六章　美国法视野下损害赔偿法的基本问题　391

发展具有重大影响。[1]

陪审团的使用对美国侵权法的发展已经造成了问题。小奥利弗·温德尔·霍姆斯（Oliver Wendell Holmes）在《普通法》[2]——通常被称赞为侵权法学说史上最重要的作品——中，提出了划分法官与陪审团工作的四条标准：　　6/4

（1）行为标准由法官设定，案件历史事实由陪审团认定；

（2）不过，过失或义务违反交由陪审团处理，即使涉及的问题与适当注意标准而非案件事实有关，亦然；

（3）尽管如此，并不要求向陪审团提出动议，并且，如果"（某种）事态通常在实务中反复出现"，法官就应当确定适当的注意标准，仅将事实问题留给陪审团处理；

（4）确定那些具体的注意标准将有助于法律实现一项重要功能：缩小不确定性的范围。[3]

霍姆斯提出的这种侵权法观点在 1927 年的 Baltimore & Ohio Railroad v. Goodman[4] 案中得到采纳。原告古德曼在驾车横穿铁轨时，因与被告的火车相撞而受害。被告主张，原告横穿铁轨存在促成过失。尽管这个案子看起来适用前述准则（2），即涉及陪审团决定的事项，霍姆斯却援引了准则（3）："当一个人踏上铁轨时，他显然知道，在这个地方如遇火车突然而至，他会被撞死"[5]，因而，他如果不能确定是否有火车驶来，就应当采取预防措施，如停车并下车察看。采纳由法官提供法律规则的明确标准而非由陪审团作出不具有先例约束力的裁决，不仅降低了不确定性，而且明确的法律标准还界定了法官和陪审团各自的角色，就如在古德曼案中一样，由法官替代陪审团就责任问题作出裁决。要求停车并下车察看的狭窄规则，将相关事实限于案件事实及法律标准是否被满足均　　6/5

---

[1] See *M. D. Green*, The Impact of the Civil Jury on American Tort Law, 38 Pepperdine Law Review (Pepp. L. Rev.)（2011）337；see also *M. D. Green*, The Impact of the Jury on American Tort Law, in: H. Koziol/B. C. Steininger（eds）, European Tort Law 2005（2006）55. 接下来就美国侵权制度中法官和陪审团各自角色的讨论即依据这些论文展开。

[2] *O. W. Holmes*, The Common Law（1881）.

[3] See *G. E. White*, Justice Oliver Wendell Holmes（1993）161 ff（citing *Holmes*, Common Law 123—128）.

[4] 275 United States Supreme Court Reports（U. S.）（1927）66.

[5] 275 U. S.（1927）69 f.

无争议的情况。要是法官经常认定某种事态系反复出现,并援引霍姆斯的意见确定明确的法律规则,古德曼案的裁决就可能会极大弱化陪审团在侵权诉讼中的作用。

6/6 　　7年后,本杰明·卡多佐(Benjamin Cardozo)接任了霍姆斯在最高法院的位置(其他两位法官也被替换),而且,在另外一起横穿铁路案件,即Pokora v. Wabash Railway Co.案[1]中,最高法院事实上推翻了古德曼案,并宣称,司机在横穿铁路时,并非在任何情况下都必须停车并进行察看。古德曼案确定的规则不仅偏离了普通人的行为方式(卡多佐本来可以加上这样的表述:任何陪审团都会如此理解),而且在横穿铁路时,不同的情况需要采取不同的预防措施。[2] 这样,卡多佐植入了认定过失的考量因素,《第三次侵权法重述》将其描述为"一种特殊的伦理标准(an ethics of particularism),(……)它要求基于个案的具体情形作出事实上的道德判断"[3]。

6/7 　　在运用针对所有人的一般"合理注意"标准情况下,陪审团被赋予裁判案件的权力,在确定适当的行为标准时不受法官规范性意见的约束。一般认为,卡多佐赋予陪审团主导权的意见最终胜出,美国侵权法制度也反映了这种意见。[4] 因而,美国著名法官和前法学教授理查德·波斯纳(Richard Posner)评论说,尽管合同法对陪审团的权力施加了许多限制,但"侵权法并没用来应对陪审团的反复无常的这类屏障"[5]。

6/8 　　但是,美国侵权法并没有按该种方式发展。相反,大量的学说与原则被构建出来,使美国侵权法免于成为一种不受控制的由陪审团支配的侵

---

[1] 292 U.S. (1934) 98.

[2] See 292 U.S. (1934) 105 f.

[3] Restatement (Third) of Torts: Liability for Physical and Emotional Harm (2010) § 8, cmt c.

[4] See J. *Fleming*, *Jr*., Functions of Judge and Jury in Negligence Cases, 58 The *Yale Law Journal* (Yale L.J.) (1949) 667, 676 (就意外事故法规则总体来看,其为陪审团在具体个案中判定当事人应为之行为,以及他们实际所为之行为提供了相当大的裁量空间。基本的思考结构是合理谨慎之人在该情形下应……); *R.M. Nixon*, Changing Rules of Liability in Automobile Accident Litigation, 3 *Law & Contemporary Problems* (Law & Contemp. Probs.) (1936) 476, 479.

[5] *All Tech. Telecom. Inc. v. Amway Corp.*, 174 Federal Reporter, Third Series (F. 3d) 862, 866 (7th Cir. 1999).

权制度。[1]

反映法官和陪审团权力之间紧张关系的最重要的学说是富有活力的义务理论,它使法院有机会在其基于特殊个案事实认为不应施加责任时,频频利用该理论对具体案件进行筛查。[2] 相比而言,欧洲大陆法律制度在侵权法方面的义务观念却非常薄弱[3],而英国的义务理论则是民事陪审团制度出现后的产物。[4] 美国法中大量的其他因素也都反映了法官和陪审团之间决定权分配的这种紧张关系,它与德国和其他欧陆国家的侵权法没有关系。[5]

(三) 联邦立法系统

在美国,虽然联邦立法机关在其职权范围内享有最高立法权,但侵权法(同时还有合同法和财产法)则由州立法机关制定——并无一般性的联邦立法来统领各州侵权法。因此,各州的侵权法并不统一。[6] 虽然各州侵权法有一些显著不同,如连带责任和专业救助者规则,但在许多基本原则甚至具体问题上仍存在共同核心(common core)。建立于1923年的美

---

[1] See *J. Stapleton*, Benefits of Comparative Tort Reasoning: Lost in Translation, 1 Journal of Tort Law (2007) 6, 14.

[2] See *W. J. Cardi/M. D. Green*, Duty Wars, 81 *Southern* California *Law Review* (S. Cal. L. Rev.) (2008) 671; *D. A. Esper/G. C. Keating*, Abusing »Duty«, 79 S. Cal. L. Rev. (2006) 265; *J. C. P. Goldberg/B. Zipursky*, The Restatement (Third) and the Place of Duty in Negligence Law, 54 Vanderbilt Law Review (Vand. L. Rev.) (2001) 657.

[3] 《欧洲侵权法原则》在人身损害赔偿请求权方面并未提及义务问题。但是,请参见欧洲侵权法小组:《欧洲侵权法原则:文本与评注》第4:103条(将积极的保护义务规定为"作为义务")。《侵权责任法的基本问题(第一卷)》第五章解释说,"损害赔偿请求权的基本构成要件"不包含"义务"因素(《侵权责任法的基本问题(第一卷)》,边码5/1以下)。

[4] 英国的确在少数侵权诉讼中弹性化地保留了陪审团审判,其中包括诽谤、恶意控告和非法监禁案件。See *Lord Scott of Foscote/Justice R. J. Holland/C. D. Varner*, The Role of »Extra-compensatory« Damages for Violations of Fundamental Human Rights in the United Kingdom & the United States, 46 Virginia Journal of International Law (2006) 475, 490 f.

[5] See *Green*, 38 Pepp. L. Rev. (2011) 337.

[6] 联邦国会的确颁布了许多影响各州侵权法的法律,不时补充甚至取代州侵权法。例如,在阿拉斯加海岸的一次重大石油泄漏事故后,美国国会就在1990年颁布了《石油污染法》[33 United States Code (U.S.C.) § 2701 ff],它界定了石油污染者的责任,包括漏油事故中对私人受害人的责任。在过去的20年中,美国联邦最高法院一再明示或默示地确认了联邦立法对于州侵权法的优先适用性。这些优先规则从香烟警示到杀菌剂与除草剂,再到通用药警示等,不一而足。若联邦规则应当优先适用,则州法律就会被禁止适用,致使被侵权的受害人在侵权法上无法获得救济。

国法律协会致力于解决美国普通法中的不确定与混乱状况[1],业已通过法律重述促进了普通法领域共同核心的形成。我们试图在此次报告中,尽可能地反映美国法律的一般状况,并于适当时指出偏离一般规则之处。

(四)本报告的结构和目标

6/11　我们仔细阅读并考虑了《侵权责任法的基本问题(第一卷)》提出的全部问题。在本报告中,我们对该书提出的许多问题都作出了回应,尤其是在我们认为读者在考虑不同国家处理该书所涉问题的共性和差异时,美国侵权法可能会对其有所帮助的情况下。这份报告的选题和内容也因此不可避免地受到作者观点的影响。同时,我们时常也表达自己的观点,以回应《侵权责任法的基本问题(第一卷)》中涉及的理论和争议,而据我们所知,这些问题并不见诸于美国侵权法。对那些有学术讨论(也经常有学术分歧)的领域,我们只支持了我们认为更有说服力的一方,而没有在报告中对所有观点包罗无遗。读者会发现,本报告主要依赖《第三次侵权法重述》,不仅因为它是反映当下美国侵权法的集大成作品,而且因为本报告的其中一位作者是该重述实质部分的合作报告人。

6/12　我们希望预先对本报告撰写中的一个情况表示歉意。由于我们不谙德文(或其他欧洲大陆语言),所以,我们不能对《侵权责任法的基本问题(第一卷)》提出的问题经由其所引文献作更深入的探究。在很多情况下,若不是因为语言障碍,我们将能更好地理解该书涉及的原则、理论和分析。

二、结构安排问题

6/13　美国侵权法律师会对《侵权责任法的基本问题(第一卷)》的结构安排感到困惑。在美国,侵权法倾向于按照以下两种方式中的一种来加以组织:(1)依引致责任的行为类型(如过失、严格责任或故意);以及(2)受保护的利益(如身体伤害或名誉)。因此,当代最具代表性的美国侵权法著

---

[1] See *American Law Institute*, About A. L. I.—A. L. I. Overview〈http://ali.org/index.cfm?fuseaction=about.creation〉(last visited 11.10.2012).

作一般都以涉及身体伤害、动产和不动产故意侵权的几章作为开篇,紧接着是涉及相同权益的过失侵权部分。[1] 类似地,主流的案例汇编从过失造成人身伤害的赔偿请求权开始,随后以专章分别处理严格责任和故意侵权的赔偿请求权,以及对单纯经济的、精神的及其他非人身损害的赔偿请求权。[2]

与之相对,《侵权责任法的基本问题(第一卷)》在导论后以法律救济开篇。[3] 这包罗广泛的一章对不作为请求权——这种救济在美国侵权法中极为罕见——关注很多,既协调只涉及被保险人人身或财产的第一人保险和社会保险与侵权损害赔偿的关系,也协调不同但部分交叉的侵权法和刑法的功能。第五章是处理损害赔偿请求权构成要素的核心章节,它并没有对不同权益侵害及由其所生的赔偿请求权加以区分,而是提出可适用于所有请求权类型的一般问题。尽管侵权法中一些特别重要的概念,如因果关系、责任范围和作为义务等在最近的《第三次侵权法重述》中得到了使用,但"重述"仅限于涉及人身和财产损害的侵权赔偿,这间接表明,在主张涉及不同权益的请求权时,那些原则可能需要加以相应调整。[4]

6/14

我们也注意到,相比于德国法传统国家,美国更加明确地区分了侵权法和合同法。美国法中并无"债权法"的称谓,学生们在不同的课程上分别学习侵权法和合同法,使用不同的教材,并由不同的老师授课。在美国,尽管侵权和合同也存在交叉、竞合的情况[5],但从美国法的角度来看,承认这种紧张关系并不减损二者的独立性。

6/15

---

[1] D. B. Dobbs/P. T. Hayden/E. M. Bublick, The Law of Torts² (2011).

[2] See M. A. Franklin/R. L. Rabin/M. D. Green, Tort Law and Alternatives: Cases and Materials⁹ (2011).

[3] 《侵权责任法的基本问题(第一卷)》,边码2/1—2。

[4] 例如,即使涉及的是相同利益,《侵权法第三次重述》还是依据权利主张是基于过失侵权还是故意侵权,对责任范围作有不同规定。See Restatement (Third) of Torts: Liability for Physical and Emotional Harm (2010) §§ 29, 33.

[5] 例如,在产品责任和明示的责任免除领域。See M. A. Geistfeld, Principles of Products Liability (2005) 29—40 (解释了部分产品责任的索赔由产品购买者或消费者提起、部分索赔由第三人提起所产生的理论困境)。

第一节　导论

一、受害人自担风险

本节的核心原则[1]——除非有充分理由将其转嫁,否则损失应由受害人自己承担——其理由乃霍姆斯在《普通法》中所作的解释:"我们法律的一般原则是,意外损失须留于其发生处,这项原则不因不幸可归之于人的行为而改变……若非如此,则任何行为,不管其多么遥远,只要其启动了一系列引发损害的物理性事件或为此打开了大门,就已足以成立责任了;如骑马时马突然失控,甚或某人由于无意识地痉挛而打中了原告。不仅如此,为什么责任成立需要被告已有所为?为什么被告的存在本身就已使原告遭受不利这个事实尚非足够?行为的前提条件也就是被告作出选择的前提条件。而引入这种道德因素唯一可能的目的是,让避免不幸后果的能力成为责任的条件。若不存在这样的能力,不幸就不可能被预见到。……的确,一个人不需要为这一行为或那一行为——'行为'这个术语含有选择之意——但是,他必须得有所行为。而且,公众一般会从个人的活动(activity)中获益。由于作为(action)不可避免,并趋向于公众之善,因而,显然不存在一项政策,把既值得追求又不可避免的事物之风险加诸于行为人身上。可以设想,国家可以使自己成为防范意外的互助保险公司,并将其公民的不幸负担在全体成员中加以分配。或许可以设置针对瘫痪病人的养老金,以及针对因恶劣气候或野兽侵害而遭受人身或财产损害之人的国家救助。在个人之间,也可以力所能及地(pro tanto)采取互助保险的原则;在双方都有过错时共同分担损害,就如海事法院的简单公正裁决(rusticum judicium)一样;或者将全部损失加给某个行为人,而不管其有无过错。但是,国家并没有采取其中任何一种做法,主流的观点是,除非从扰乱现状中可以得到某些明显的利益,否则就不应启动烦琐且成本高昂的机制。在不能被证明为善时,国家的介入就是一种恶。普遍的保险,如果有人需要的话,由私营企业来提供会更好,也更

---

[1]《侵权责任法的基本问题(第一卷)》,边码 1/1—8。

廉价。仅仅因为损失系因被告的行为所致而试图对其加以再分配,不仅会招来这些反对,而且如前述讨论期望表明的那样,尤其会严重地冒犯正义感。除非我的行为就其性质而言威胁到他人,除非在那种情形下,一个合理谨慎的人可以预见到伤害的可能性,否则,让我就其后果对邻居给予赔偿,就一点也不比让我因在痉挛发作时倒在他身上而要赔偿更有道理,也不比强迫我担保他不遭遇闪电更为正当。"[1]

《侵权责任法的基本问题(第一卷)》确定了转嫁损失的理由,其目标是"预防损害"。[2] 侵权法的这种正当性在美国侵权法学者中是有争议的。有些人回避侵权法的任何工具性目标,而坚持认为,它是且应当是一种矫正不当行为人施加给受害者损害的机制。这种非工具论学派的杰出代表是朱尔斯·科尔曼(Jules Coleman)和厄尼·温里布(Ernie Weinrib),当然还有许多其他人是这种观点的支持者。[3] 以有效威慑形式呈现的预防理念,已经随着圭多·卡拉布雷西(Guido Calabresi)和理查德·波斯纳(Richard Posner)等人对法经济分析方法的运用而获得了很大关注,他们最先在侵权法中采用这种分析方法。[4] 侵权法"混合视角"的主要代表是加里·施瓦茨(Gary Schwartz),他摒弃了在一元论视角下描述或证成侵权法的做法。[5]

6/17

我们同时注意到转嫁损失的另外一种理由,它随严格的产品责任的出现而在美国产生了重大影响。许多学者和法律家都承认了"损失分散"的重要性。其构想是,尽管损失转移并不使损失消失,正如在《侵权责任

6/18

---

[1] *Holmes*, Common Law 94—96.

[2] "重要的是,不能忽视法律制度的**基本**目标,即损害预防。"《侵权责任法的基本问题(第一卷)》,边码 1/7。

[3] *J. L. Coleman*, Risks and Wrongs (1992); *E. J. Weinrib*, The Idea of Private Law (1995) 187. 最近,*John Goldberg* 和 *Ben Zipursky* 又精心构思了一种非工具性的民事权益救济理论,并赢得了支持(当然也有反对)。See *J. C. P. Goldberg/B. Zipursky*, Civil Recourse Revisited, 39 Florida State University Law Review (2011) 341.

[4] See *G. Calabresi*, The Costs of Accidents (1970); *W. M. Landes/R. A. Posner*, The Economic Structure of Tort Law (1987); *R. A. Posner*, A Theory of Negligence, 1 Journal of Legal Studies (J. Legal Stud.) (1972) 29.

[5] see *G. T. Schwartz*, Mixed Theories of Tort Law: Affirming Both Deterrence and Corrective Justice, 75 *Texas Law Review* (Tex. L. Rev.) (1997) 1801; see also *C. J. Robinette*, Can There Be a Unified Theory of Torts? A Pluralist Suggestion from History and Doctrine, 43 Brandeis Law Journal (2005) 369.

法的基本问题（第一卷）》中看到的那样[1]，但是，将灾难性损失在很多人之间分配，至少在与保险原则相应的效用意义上降低了损害的严重性，并且通过对被侵害的受害人提供恢复正常生活的手段而可能有助于减轻损失。[2]

二、替代责任法的保险解决方案？

6/19　　美国法已经采纳了无过错赔偿。与德国和奥地利法一样，职业性损伤通过一种不考虑雇主和雇员过错的赔偿制度来解决。[3] 紧随"9·11"事件而颁布的立法规定对世贸中心遇袭事件中的受害人及其家人给予赔偿。一些州也颁布了机动车无过错责任的法令，但那些法令通常无法完全取代侵权法。[4]

6/20　　《侵权责任法的基本问题（第一卷）》提到了意外伤害无过错赔偿制度的一项不足，即：若不考虑过错，关心自身安全的激励就会被减弱，这将会"造成对个人事务粗心大意"[5]。这也是侵权法经济分析中保留促成过失规则的标准理由。[6] 不过，迄今为止，这是一个经验性而非逻辑性的问题。此外，有充分的理由认为，包括个人行为制造了自我人身伤害风险情形在内的非法律性激励，极大地减弱了侵权法对涉及自身的适度冒险行为所提供的激励。[7]

---

[1] 《侵权责任法的基本问题（第一卷）》，边码 1/2。

[2] See *Calabresi*, Accidents 39—45; *Escola v. Coca Cola Bottling Co. of Fresno*, 150 Pacific Reporter, Second Series (P. 2d) 436, 461, 462 (California 1944) (*Traynor, J.*, concurring).

[3] See *O. Kramer/R. Briffault*, Workers' Compensation: Strengthening the Social Compact (1991); *M. D. Green/D. Murdock*, Employers' Liability and Workers' Compensation in the United States, in: K. Oliphant (ed), Employers' Liability and Workers' Compensation (2012) 437 ff.

[4] See *Franklin/Rabin/Green*, Tort Law and Alternatives⁹ 852—857.

[5] 《侵权责任法的基本问题（第一卷）》，边码 1/11。

[6] See *Landes/Posner*, Economic Structure 75 f; *J. P. Brown*, Toward an Economic Theory of Liability, 2 J. Legal Stud. (1973) 323, 323 f; *R. A. Epstein*, Products Liability as an Insurance Market, 14 J. Legal Stud. (1985) 645, 653 f; *D. Haddock/C. Curran*, An Economic Theory of Comparative Negligence, 14 J. Legal Stud. (1985) 49, 52—54.

[7] See *G. T. Schwartz*, Contributory and Comparative Negligence: A Reappraisal, 87 Yale L. J. (1978) 697, 713—19. 在 Schwartz 看来，有充分理由认为这种效果是"有限的且易变的"，他据此得出有关促成过失在影响受害人行为方面的作用的分析结论。*Idem* at 718.

三、严格界定与刚性规范抑或动态过渡与弹性规整?

对普通法的法律人来说,很难理解有关界分不同请求权及比德林斯基(F. Bydlinski)法律动态系统的讨论。[1] 的确,普通法中不同法律领域之间存在很多交叉的情况。所有法律分类都是不自然的,且仅在它们有助于法律适用的一致性和公平性时才有价值。

6/21

美国侵权法曾经采取过《侵权责任法的基本问题(第一卷)》所称的"全有—全无"思考方式。[2]因此,促成过失完全排除了任何赔偿,受害人要么得到全部赔偿,要么什么也得不到。负连带责任的侵权行为人分摊损失是不被允许的,"最后的违法者(last wrongdoer)"是损害的近因,应承担全部责任。[3] 现在,那种"全有—全无"的做法已被抛弃,导致了美国侵权法贯穿于整个20世纪的重大变革。[4]

6/22

□ 第二节 权益保护体系下的损害赔偿法

尽管法院会偶尔使用禁止性或宣告性的救济,依被告所获得利的不当性确定损害赔偿、象征性赔偿或惩罚性赔偿,但补偿性损害赔偿依然是侵权案件中标准的救济形式。尽管威慑或预防功能有时也会被提及,但在美国法院看来,补偿性损害赔偿的功能主要在于使受害人恢复到如同没有损害发生时的状态。

6/23

---

[1]《侵权责任法的基本问题(第一卷)》,边码1/28—31。

[2] 同上书,边码1/25—27。

[3] See *L. H. Eldredge*, Culpable Intervention as Superseding Cause, 86 University of Pennsylvania Law Review (U. Pa. L. Rev.) (1937) 121, 124 f(描述了"最后的违法者规则"在因果关系方面的演进及其在20世纪早期消失的历史)。

[4] 卡拉布雷西(Calabresi)法官把责任的分担视为自从责任保险出现后侵权法最重要的发展,后者出现于20世纪初。*G. Calabresi/J. O. Cooper*, New Directions in Tort Law, 30 Valparaiso University Law Review (Val. U. L. Rev.) (1996) 859, 868. 同样,另外一位著名的美国侵权法学者拉宾(R. Rabin)也把对侵权法中"全有—全无"规则的放弃看作是20世纪侵权法五项最重要的发展之一。See *R. L. Rabin*, Past as Prelude: The Legacy of Five Landmarks of Twentieth-Century Injury Law for the Future of Torts, in: M. S. Madden (ed), Exploring Tort Law (2005) 52.

6/24　　侵权案件中的补偿性损害赔偿涉及三种形式的损害,即"一般的""特殊的"和"附带的"损害。* 一般损害——传统上认为是原告诉讼请求的核心——是非物质损害,包括身体疼痛和心理创伤、配偶权的丧失、精神痛苦、生活享乐的丧失或对人格尊严的侵害等。特殊损害是财产损害——主要是薪酬损失、医疗费用或财物损害。附带损害是减轻损失的费用,如在机动车事故案件中,原告因自己受损车辆还在修理时所支出的租车费。对于遭受了人身、财产损害的原告来说,上述损害中的每一种类型都是可赔偿的。不过,正如在其他章节中所解释的那样,在原告遭受的唯一侵害是纯情感性或纯经济性的损害时,他可能得不到赔偿。尽管这些规则往往借助"义务"概念加以表述,但它们本身属于对原告可主张赔偿的损害类型的限制。

6/25　　美国的救济制度和欧洲之间最显著的差异或许是,美国的损害赔偿额由陪审团确定,法官几乎不提供指导。尽管存在对陪审团"狂野西部式(Wild West**)"做法的普遍担忧,但针对陪审团裁决的相关研究并未支持这种担忧。例如,2005年全国范围内在州法院胜诉的侵权案原告所获赔偿金的中值是2.4万美元。这仅比法官判决的赔偿金均值(2.1万美元)略高一点。此外,自1992年以来,侵权赔偿额普遍下降了50%。这一趋势的主要动因是机动车事故案件中陪审团裁决的赔偿额急剧下降。相比而言,同一时期的产品责任和医疗纠纷索赔案件的中值赔偿额却有所上升。

6/26　　侵权案件中法官对陪审团在赔偿额的确定方面很少给予指导,可以说几乎没有具体指导。相反,立法机关在过去30年里却对陪审团施加了越来越多的控制,如作为侵权法改革运动组成部分的最高限额规定(参见上文边码6/2以下)。赔偿上限通常限于一般(即非财产)损害赔偿,以及特定的请求权类型,最典型的是医疗责任。不清楚的是,这些规定的目的是为了控制与不法行为或侵害不成比例的损害赔偿额,还是仅仅为了减

---

* 一般损害(general damages)是依法由被诉不法行为类型推定的损害,它可以从侵权行为中合理预见并无须专门主张或证明;特殊损害(special damages)是在具体侵权情形下所遭受的损害,这种损害需要专门主张且加以证明后才能获得赔偿;附带损害(incidental damages)是与实际损害有合理关联的损失。——译者注

** "Wild West"《狂野西部》是一款角色扮演游戏,游戏者扮演内心燃烧着熊熊复仇之火的执法者去消灭罪犯。作者在这里借其指称陪审团基于严惩加害人的观念,不受控制地确定高额赔偿金的行事方式。

少侵权赔偿之诉的总量。

一、损害赔偿请求权

《侵权责任法的基本问题(第一卷)》认为,威慑是刑法的主要功能,特别是在那些侵权赔偿不能够提供足够威慑的领域,刑法填补了其空缺。[1] 我们不太熟悉欧洲刑法的实施情况[2],但对于那些由法人不端行为引起的大规模侵权案件,如石棉案、万络案(Vioxx)[3]和DES案[4],刑法能否在美国提供足够的威慑效果,我们对此深表怀疑。

6/27

首先,针对法人的刑事指控在美国极为罕见。[5] 在联邦层面对其刑事指控成功的公司数量,在过去10年里一直在下降。1999年有255起被定罪的案件。[6] 在2011年这个财政年度中,只有160家商业组织或机构被成功起诉。[7] 当然,那些指控涵盖了当前存在的所有公司不端行为,包括金融诈骗、垄断行为和环境犯罪。

6/28

---

[1]《侵权责任法的基本问题(第一卷)》,边码2/51。

[2] 虽然我们也注意到,《侵权责任法的基本问题(第一卷)》非常简略地提及了刑法实施方面的不足(参见《侵权责任法的基本问题(第一卷)》,边码2/62)。

[3] 万络(Vioxx)是一种处方类非类固醇抗炎药,用于治疗急性疼痛和关节炎。当它被发现会导致不良心血管病后,它被从市场上撤出。See *McDarby v. Merck & Co.*, *Inc.*, 949 Atlantic Reporter (A.) 2d 223 (New Jersey App. 2008)。

[4] "DES"是"Diethylstilbestrol(己烯雌酚)"的缩写,它是由许多厂商生产的用来防止流产的药物,但它却对胎儿造成了伤害。它是在 Sindell v. Abbott Laboratories[607 P. 2d 924 (California 1980)]案中首次采用市场份额责任的事实基础。

[5] *V. S. Khanna*, Corporate Crime Legislation: A Political Economy Analysis, *University of Michigan John M. Olin Center for Law & Economics*, Discussion Paper No. 03-012, 12 (2003), available at ⟨http://www.law.umich.edu/centersandprograms/lawandeconomics/abstracts/2003/Documents/khanna%2003-12.pdf⟩.

[6] U. S. Sentencing Comm'n, Overview of Federal Criminal Cases Fiscal Year 2010, (2010) at 10, available at ⟨http://www.ussc.gov/Research/Research_Publications/2012/FY10_Overview_Federal_Criminal_Cases.pdf⟩.

[7] U. S. Sentencing Comm'n, 2011 Sourcebook of Federal Sentencing Statistics, tbl. 51 (2011), available at ⟨http://www.ussc.gov/Data_and_Statistics/Annual_Reports_and_Sourcebooks/2011/Table51.pdf⟩. 存在更多可诉行为的两个与侵权法有关的领域分别是环境领域和工作场所领域。然而,环境刑事诉讼主要集中在环境损害而非人身伤害领域。因此,罗克韦尔国际公司(Rockwell International)就其把废料丢弃在Rocky Flat核工厂方面被认定有罪,并支付1850万美元罚款。在刑事诉讼中,陪审团判令(但上诉后被推翻)罗克韦尔承担约1.77亿美元的损害赔偿和1.11亿的惩罚性赔偿金。See *Cook v. Rockwell Intern. Corp.*, 618 F. 3d 1127 (10th Cir. 2010).

6/29　　　从另一个角度看,在过去 30 年里,美国主要的大规模侵权行为已经很少导致刑事追诉。就石棉案来说,早些年针对企业恶名昭彰的不端行为而提起的诉讼,有许多判予惩罚性赔偿的案件。[1] 但是,美国至今没有一起对石棉公司定罪的刑事案件。事实上,就我们所知,美国只出现过一起针对企业提起的刑事案件,且被告被宣告无罪。[2] 世界范围内第一个刑事定罪案件出现于 2012 年意大利的都灵。[3]

6/30　　　在道尔盾避孕器大规模侵权案中,宫内节育器(IUD)在放置过程中会把病菌带入使用者的子宫中,导致败血症、流产和死亡。制造商察觉了这些问题,但进行了隐瞒和否认,直到足够的信息被披露出来,它被迫从市场上回收产品。侵权诉讼迫使该公司破产。但是,该大规模侵权事件并未引起任何刑事追诉。[4]

6/31　　　在另一起大规模侵权案中,出于对生产厂家虚假陈述和精心密谋掩盖危险的愤怒,法院使用了惩罚性赔偿,但烟草行业也未遭遇刑事指控。[5]

6/32　　　在明确表明立场的侵权案件中,有一些涉及刑事追诉,但无法由此得出刑法能对大规模的企业不端行为产生足够威慑的结论。在 20 世纪 60 年代,迈乐公司(Wm. S. Merrell Co.)和它的三名执行主管,就一种早期的抗胆固醇药物向政府提供了虚假信息,那种药物会令用药者患上白内障,并因此成为美国历史上第一起大规模侵权诉讼,三被告提出"不争辩"答辩(pleaded nolo contendere*)。[6] 还有一个著名的但未成功的针对

――――――――――

　　[1]　P. Broduer, Outrageous Misconduct: The Asbestos Industry on Trial (1985); Fischer v. Johns-Manville Corp., 512 A. 2d 466, 469 f (New Jersey 1986).
　　[2]　〈http://scienceblogs. com/thepumphandle/2012/02/16/asbestos-company-owners-convic-1/〉.
　　[3]　〈http://switchboard. nrdc. org/blogs/jsass/first_ever_criminal_trial_of_a. html〉.
　　[4]　R. Sobol, Bending the Law (1991) 67 FN 17. 还有针对生产商和公司管理人员的大陪审团调查,但最终决定不予刑事指控。Wall Street Journal (12 January 1990) at B2, 3.
　　[5]　这可以从克鲁格(R. Kluger)的著作 Ashes to Ashes (1996) 的索引中推知,它列明了犯罪行为,但没有针对烟草公司的任何刑事指控。
　　*　"nolo contendere"指"不辩护也不认罪的答辩",是刑事诉讼中被告人针对起诉书的指控可作的三种答辩之一,被告人须经允许才可以采取此种答辩,在法律效果上接近于有罪答辩,差异在于,这种答辩在以后基于同一行为对该被告人提起的民事诉讼中不能作为对其不利的证据使用。参见薛波主编:《元照英美法词典》,法律出版社 2003 年版,第 967 页,"nolo contendere"词条。——译者注
　　[6]　See M. D. Green, Bendectin and Birth Defects: The Challenges of Mass Toxic Substances Litigation (1996) 83—86.

福特公司 Pinto 汽车门事件的刑事追诉案*，该公司因在汽车设计中拿生命与侵权责任作交易而遭受谴责。[1]

默克(Merck)制药公司就其在万络事件中的不端行为认罪并支付了 3.21 亿美元罚金，在分析报告显示这种用于治疗关节疼痛的药物可能增加心脏病发作的危险后，该公司将该药撤出市场。 6/33

然而，默克公司被指控的罪行和药物可能引发心脏病几乎没有关系，而是默克公司越过监督环节，在经药物监管部门许可之前，就开始销售这种治疗关节炎的药物。默克公司支付了将近 50 亿美元来了结相关民事案件，而为此支付的刑事罚款不到侵权赔偿的 10%。 6/34

近年来，在某些尤其应受谴责的、范围广泛且广为人知的大规模侵权中实质性缺乏刑事制裁的背景下，上述例外会使美国的观察者怀疑，对那些有造成侵权法所防免之损害的臭名昭著的公司的不当行为，刑法是否足以提供遏制效果。 6/35

二、惩罚性赔偿

《侵权责任法的基本问题(第一卷)》[2]反映了欧洲大陆对待惩罚性赔偿的态度：简言之，侵权损害赔偿的目的是补偿，而惩罚是刑法的目的。目前被接受的观点，即侵权法应该把惩罚留给刑法，但仍有适用惩罚性赔 6/36

---

* 该案涉及的基本情况是：福特公司于 20 世纪 70 年代推出新型小汽车 Pinto 车，但该车型存在设计缺陷，在追尾事故中可能造成位于后座下的油箱发生爆炸，在推出该车型后的 7 年间发生了大约 50 起汽车油箱爆炸事件。在 1978 年发生的一起 Pinto 车油箱爆炸事故引发的侵权诉讼中，人们发现，福特公司早已知晓该设计缺陷，由于当时并无相关联邦安全标准，故其在经过成本—收益核算后决定对该缺陷不采取补救措施。因为，依其估算，该设计缺陷可能导致 180 人死亡和 180 人烧伤，外加 2100 辆车烧毁。按照当时的赔偿标准，福特公司需要平均赔付每个死亡者 20 万美元，每个烧伤者 6.7 万美元，再加上烧毁的 Pinto 车(每辆约 700 美元)，福特公司预计需要付出 4950 万美元。但是，如果将 1250 万辆 Pinto 车全部召回并增加安全装置，每辆车需花费 11 美元，总计花费为 1.375 亿美元。两相比较，福特放弃了召回计划。经此事件，Pinto 车声誉严重受损，在 1981 年永远退出了市场。——译者注

[1] 认为福特公司是为了利润而拿生命作交易的通俗理解是不正确的。See G. T. Schwartz, The Myth of the Ford Pinto Case, 43 *Rutgers Law Review* (1991) 1013.

[2]《侵权责任法的基本问题(第一卷)》，边码 2/55—61。

偿的余地——撇开名字不谈——来促进对反社会行为的威慑。[1] 我们可以把它们称为"增强激励的损害赔偿"[2]，而不是"惩罚性赔偿"。当反复侵权的行为人知道受害人提出诉讼的概率小于100%时，补偿性赔偿并不足以提供足够的威慑力。受害人可能基于多种原因而未提起诉讼：如他们不知道侵权人是谁，或者不知道本应被采取的预防措施为何，或因考虑到诉讼引起的不愉快而决定放弃，或者侵权法执业律师太少，有些受害人担心败诉后承担被告方面的律师费，或者赔偿额太少而不值得诉讼等。在这些情况下，补偿性赔偿将不能阻止该公司继续侵权。相反，课处惩罚性赔偿则为公司遵循法定标准提供了激励，并创设了相应的威慑效果。[3] 我们注意到，甚至在欧洲，当标准的损害赔偿不足以保护相关权益时，开始越来越多地使用非补偿性损害赔偿(extra-compensatory damages)。[4]

因而，我们将提及著名的摩纳哥卡罗琳公主案。被告邦特杂志(Bunte)发表了一篇对卡罗琳公主的采访稿，事实上该采访从未发生。该文章是个骗局。但是，德国联邦最高法院认为，在确定适当的赔偿额时，

---

[1] 我们注意到《欧洲侵权法原则》承认了侵权法的威慑作用，尽管很勉强。参见《欧洲侵权法原则》第10:101条("损害赔偿也服务于预防损害的目的")。See *European Group on Tort Law*, Principles of European Tort Law.

[2] 因而，瓦格纳就此有着类似的看法，参见 G. Wagner in: MünchKomm, BGB V[5] Vor § 823 no 2 f.

[3] Dan Dobbs恰恰是倡导惩罚性损害赔偿的这种正当作用。See *D. B. Dobbs*, Ending Punishment in » Punitive « Damages: Deterrence-Measured Remedies, 40 Alabama Law Review (1988) 831. 凯瑟琳·夏基(Catherine Sharkey)提议将惩罚性赔偿视为社会性损害的反映，其为原告提供意外所得。她提到，一些法院针对惩罚性赔偿采取"分割赔偿"的做法(split-recover schemes)，把一部分赔偿金判给原告，以鼓励其提出这种索赔请求，剩余部分则上缴国家，以使原告的意外所得最小化。*C. M. Sharkey*, Punitive Damages as Societal Damages, Yale L. J. (2003) 113. 分割赔偿方案的困难在于，它们引发了案件和解的巨大激励，因为，在双方和解时，判决本来会归国家的惩罚性赔偿部分能够被当事人双方攫取，并且，确定应付的惩罚性赔偿金的基础也不存在。

[4] 在2009年，欧洲侵权法研究所公布了一份关于普通法和大陆法中惩罚性赔偿的比较评估报告，反映出欧洲国家拦阻惩罚性损害赔偿的大坝至少存在一些裂缝。*H. Koziol/V. Wilcox* (eds), Punitive Damages: Common Law and Civil Law Perspectives (2009). 在2010年，荷兰的共同法研究院(Ius Common Research School)举办了一次主题为"惩罚性赔偿的力量"的会议。那次研讨会论文集[*L. Meurkens/E. Nordin* (eds), "The Power of Punitive Damages (2012)]有一个挑衅性的副标题：欧洲错过了吗？

应当考虑被告因此获得的收入,以防止将来再次侵犯公主的人格权。[1]事实上,德国的法律学者沃尔克·贝尔(Volker Behr)曾对德国法中的非补偿性损害赔偿作出过如下评论:

> 尽管[纯粹补偿性赔偿之例外]的增长源于多种多样的事实情况,但这表明了一种系统性的尝试,以贯彻任何人不得由不法行为获利的原则。[2]

6/38

贝尔援引了包括侵犯人格权在内的几个案例,以支持他的结论。

6/39

在结束惩罚性赔偿这个话题之前,我们希望认同《侵权责任法的基本问题(第一卷)》中的一个评价,即惩罚性赔偿在美国是一个富有争议的问题。[3]曾经有一段时期,惩罚性赔偿金额的增长令人不安,并且,惩罚性赔偿所带来的威胁也阻碍了生产活动,因为,企业管理者们担心这种损害赔偿,高估了赔偿发生的频率和金额,从而主动规避风险。[4]

6/40

1982年,戴维·欧文(David Owen)在给产品责任案件中不断增高的惩罚性赔偿额制作完清单后写道:"这样的判决[5]原则上已被充分接受,我现在担心的是,这种类型的高额赔偿正变得极为常见。"[6]自那时起,

6/41

---

[1] See T.U. Amelung, Damage Awards for Infringement of Privacy—The German Approach, 14 Tulane European and Civil Law Forum (1999) 15, 21—24. 我们由海尔姆特·库奇奥(Helmut Koziol)处得知,许多德国学者建议,联邦最高法院可以通过不当得利而非侵权来正当化超额损害赔偿。See P. Schlechtriem, Bereicherung aus fremdem Persönlichkeitsrecht, Hefermehl-FS (1976) 445; C.-W. Canaris, Gewinnabschöpfung bei Verletzung des allgemeinen Persönlichkeitsrechts, Deutsch-FS (1999) 87 ff; M. Schrewe, Haftung für die unerlaubte Nutzung fremder Sachen und Rechte (1998) 28 ff, 188 ff, 357 ff.

[2] V. Behr, Punitive Damages in American and German Law—Tendencies Towards Approximation of Apparently Irreconcilable Concepts, 78 Chicago-Kent Law Review (2003) 105, 147.

[3] 《侵权责任法的基本问题(第一卷)》,边码2/58。

[4] See eg S. Garber, Product Liability and the Economics of Pharmaceutical and Medical Devices (1993) 72—74 (解释了"可得性启发法"如何导致公司作出高估被判处高额损害赔偿风险的决策)。

[5] 欧文(Owen)提到臭名昭著的福特平托案(Ford Pinto case),在该案中,一名少年因为燃料箱的质量缺陷而被严重烧伤,在2012年获得了3.29亿英镑的惩罚性损害赔偿。See Grimshaw v. Ford Motor Co., 174 California Reporter (Cal. Rptr.) 348 (App. 1981).

[6] D. Owen, Problems in Assessing Punitive Damages Against Manufacturers of Defective Products, 49 University of Chicago Law Review (1982) 1, 6; see also Moore v. Remington Arms Co., 427 North Eastern Reporter (N.E.) 2d 608, 616 f (Illinois Ct. App. 1981) ("浪潮已经……掀起;现在,惩罚性赔偿金的判决在全国范围内已经很常见,判处的金额也令人吃惊")。

美国掀起了一股限制惩罚性赔偿额的法律改革风潮。其中一些改革是美国联邦最高法院依据正当程序的宪法原则[1]而限定惩罚性赔偿的成果，其他则是州立法机关通过的各种限制惩罚性赔偿改革方案的产物。[2]

6/42　　这些法律变革以及态度转变的结果是，美国今日已很少判给惩罚性赔偿，尤其是在涉及人身伤害的侵权法核心领域。最近的一项研究发现，2005年，在原告胜诉的案件中，惩罚性赔偿的适用率在5%左右。[3] 由于所有判决中原告胜诉的比率大概只有一半，因此，只有2.5%的案件适用惩罚性赔偿。考虑到只有很少案件是通过诉讼解决的，它事实上只占所有侵权赔偿案件的0.04%左右。[4]

6/43　　此外，人身损害侵权中惩罚性赔偿的适用率只有商事侵权的20%。因而，如果我们对人身损害侵权中惩罚性赔偿的适用频率感兴趣，会发现它不到诉讼案件的1%，占所有侵权类案件的0.01%左右。2005年700例惩罚性赔偿的中值额是5万欧元，尽管由于存在异常高的裁定额，它们的平均值高达34万欧元。在各种不同种类的侵权案件中，干扰合同关系的商事侵权诉讼的中值最高，达到540万欧元。

三、预防性损害赔偿

6/44　　的确，如《侵权责任法的基本问题（第一卷）》所说[5]，侵权法不承认纯粹预防性的损害赔偿之诉。《侵权责任法的基本问题（第一卷）》据此推论：首先，预防（或威慑）不是侵权法的唯一目的；其次，威慑没有补偿重要，后者是侵权法的"首要任务"[6]；最后，瓦格纳（G. Wagner）赞成预防性损害赔偿的观点并不是"很有说服力"。美国侵权法的观察者肯定承

---

[1] See eg *State Farm Mutual Automobile Insurance Co. v. Campbell*, 538 U. S. 408 (2003).

[2] 对于所有惩罚性赔偿立法改革的全部编目，参见⟨http://www.atra.org/issues/punitive-damages-reform⟩（last visited 15.1.2013）.

[3] L. Langton/T. H. Cohen, Bureau of Justice Statistics Special Report, Civil Bench and Jury Trials in State Courts, 2005 (2008) 6, available at ⟨http://bjs.ojp.usdoj.gov/content/pub/pdf/cbjtsc05.pdf⟩.

[4] M. Galanter, The Vanishing Trial: An Examination of Trials and Related Matters in Federal and State Courts, 1 Journal of Empirical Legal Studies (2004) 459, 459.

[5] 《侵权责任法的基本问题（第一卷）》，边码2/63—67。

[6] 同上书，边码3/1。

认,威慑不是侵权法的唯一目的。但同样可以肯定,补偿也不是侵权法的唯一目的,否则,被侵权人将能够从"任何深口袋"(any deep pocket)那里获得损害赔偿。

正如《侵权责任法的基本问题(第一卷)》开篇承认的那样,对已发生损害的一般规则是,受害人自担损失。[1] 侵权法需要有超出补偿需要的某种东西去激活其缓慢复杂的机制。[2] 我们由此相信,无论是补偿还是威慑都不是侵权法的唯一目的。美国观察者可能还想补充的是,侵权法中补偿和威慑的相对平衡不是静态的,而是动态的。威慑作用在20世纪后期被显著加强,法院开始认真对待学者提出的侵权法的社会政治效果。[3] Westlaw数据库的一项检索发现,在各州审理的过失案件中,法院在讨论义务问题(美国法院进行政策考量时的核心要素)时,有数百次使用了"威慑"一词。[4] "现代产品责任的司法裁判——无论是基于过失还是严格责任——充满了工具主义的考量。"[5]

---

[1]《侵权责任法的基本问题(第一卷)》,边码 1/1—3("因此,必定有一些**特别的理由**允许受害者把损害赔偿转嫁给他人")。

[2] See *Schwartz*,75 Tex. L. Rev.(1997)1801.

[3] See *G. L. Priest*,The Invention of Enterprise Liability: A Critical History of the Intellectual Foundations of Modern Tort Law,14 J. Legal Stud.(1985)461.

[4] 以下是所得案例的样本,括号里的说明表示各个法院在分析义务时的手段性考虑:*Grafitti-Valenzuela v. City of Phoenix*,167 P. 3d 711,714(Arizona 2007)("公共政策支持对注意义务的承认");*Bartley v. Sweetser*,890 South Western Reporter(S. W.)2d 250,254(Arkansas 1994)(拒绝对出租人施以保护承租人免受犯罪行为侵害的义务,其依据的政策考量是"强加义务的经济后果,以及与保护公民免受犯罪行为侵害的义务分配给政府而非私人的公共政策相冲突");*Shin v. Ahn*,165 P. 3d 581,587(California 2007)(认为主要的风险负担应适用于高尔夫运动,因此被告不负有义务,这部分是因为"支持(高尔夫运动的)参与者对击偏的后果担责只会鼓励滥诉,使参与者无法享受这项运动")(引用有删节);*Century Sur Co. v. Crosby Ins.*,21 Cal. Rptr. 3d 115,125(California 2004)(保险经纪人对投保申请表中的错误陈述负有义务,部分是因为这样做"对防止将来的损害起威慑作用");*Monk v. Temple George Assocs*,869 A. 2d 179,187(Connecticut 2005)(认为义务分析应当包含以下公共政策方面的考虑,如:"(1)参与者在涉案活动中的正常预期;(2)鼓励参与活动,同时考虑参与者安全的公共政策;(3)避免增加诉讼;(4)其他法院的裁决");*Trenwick Am. Litig. Trust v. Ernst & Young*,L. L. P.,906 A. 2d 168,218(Delaware Chancery Court[Del. Ch.]2006)(拒绝对诉讼信托的负责人和顾问施加义务,部分是因为"对正常商业风险的威慑将会破坏资本家创造财富的潜力");*NCP Litig. Trust v. KPMG L. L. P.*,901 A. 2d 871,883(New Jersey 2006)(认为可以代表公司对怀疑存在过失行为的外部审计人提起过失侵权之诉,部分是因为"审计人责任将对审计人员产生激励,使其'在将来更加勤勉和诚实'")。此外,在一些案件中,法院明确使用工具性推理判定责任是否成立,而没有明确提及"义务"的问题。例如,*Dalury v. S-K-I, Ltd.*,670 A. 2d 795(New Hampshire 1995)(出于保持滑雪场事故率最小化的考虑,认为免责条款不可执行)。

[5] *Cardi/Green*,81 S. Cal. L. Rev.(2008)671,706 f.

6/46　　事实上,自在20世纪70年代末期和80年代,"损失分散"观念得到广泛接受时起,美国侵权法已经有了很大发展并认识到,通过侵权制度的补偿既昂贵又迟滞。[1] 对当前侵权目的理论更具重大意义的是基于道德哲学的矫正正义理念。不当引起他人损害的不公平性是判给损害赔偿、把损失从受害人向不法行为人转移的正当理由。[2]

6/47　　因此,我们并不认为补偿是侵权法的首要目标,在损害赔偿不足以实现威慑功能时,它当然也不能取代威慑。我们由此发现预防性损害赔偿的想法具有一定的吸引力。[3] 同时,我们也承认,在侵权诉讼中运用这个概念面临操作难题。

四、刑法

6/48　　与《侵权责任法的基本问题(第一卷)》的观察一致,美国法律承认刑法和侵权法之间存在交叉。[4] 犯罪受害人赔偿计划在美国非常广泛,几乎是普遍存在[5],它由联邦政府提供的激励措施所推动[6]。相比于一般的"合理"(reasonableness)要求[7],侵权法经常使用刑事法律规定的更为具体的注意标准。有时候,同一行为既是刑事追诉的对象也是侵权

---

[1] A. M. Polinsky/S. Shavell, The Uneasy Case for Products Liability, 123 Harvard Law Review (Harv. L. Rev.) (2010) 1437; see Schwartz, 75 Tex. L. Rev. (1997) 1801, 1818 FN 128("此外,侵权制度对责任要素如过失、缺陷等证明问题的强调,使其只有在引发重大迟延和极度争议后才给予赔偿救济。这些特征看起来与侵权法的损失分配原则不尽一致")。

[2] 参见上文边码6/17。

[3] 我们还发现,使用预防性损害赔偿不像不作为请求权那样烦琐,这与《侵权责任法的基本问题(第一卷)》,边码2/7所述相反。不作为请求权直接要求实施某种行为,并且因为它们在损害发生之前就可采用,所以更便于实行。与之不同,预防性损害赔偿只能在行为人从事了实际上造成损害的行为后才能被准许,它和不作为请求权一样是为了避免将来对受保护权利的侵犯。M. F. Grady, Counterpoint: Torts: The Best Defense Against Regulation, The Wall Street Journal, 3 September 1992, at A11.

[4] 《侵权责任法的基本问题(第一卷)》,边码2/85。

[5] See W. G. Foote, State Compensation for Victims of Crime 1992, Military Law Review (1992) 51, 53 FN 32.["截至1990年,44个州、美属维京群岛和哥伦比亚特区有资格从刑事犯罪受害人基金(Crime Victims Fund)处获得联邦资金援助。5个州——密西西比州、乔治亚州、佛蒙特州、南达科他州和新罕布什尔州——有新的项目,并在不久的将来也有资格获得联邦刑事犯罪被害人基金。缅因州是唯一一个没有刑事犯罪被害人赔偿项目的州。"]

[6] See The Victims' Rights and Restitution Act of 1990, 42 U. S. C. §10.606 f.

[7] See Restatement (Third) of Torts: Liability for Physical and Emotional Harm (2010) §§14 and 16.

诉讼的根据。例如,在著名的妮可·布朗·辛普森(Nicole Brown Simpson)死亡案中,死者的丈夫辛普森(O.J. Simpson)就既被控杀人罪,亦遭民事起诉。[1]

五、恢复原状与侵权法之间的关系

在美国,恢复原状(或返还)救济属于独立的诉因,效果是剥夺不当得利。所以,尽管有其他的诉因(如侵权)同时可用,请求恢复原状仍然是可行的。例如,若被告偷走原告的洗蛋机,并用它制作鸡蛋进行商业销售,则原告既可以单独提起侵权之诉或恢复原状之诉,也可以同时提起这两种诉讼。[2] 6/49

要在恢复原状之诉中获胜,原告必须证明:(1) 被告人获得了利益;(2) [该获利是]以原告的损失为代价;(3) 被告保留利益是不正当的。[3] 恢复原状的构成要素和大多数侵权诉讼之间最显著的区别是,原告无须证明被告存在不法行为。换句话说,纵然被告只是一个完全无辜的受益人,他仍可能要受恢复原状救济的约束。例如,在被告不知道自己的丈夫挪用了原告的钱款,并用这笔钱购买了人寿保险的情况下,原告仍然有权要求得到了保单的无辜被告返还不当利益。[4] 相反,原告在针对被告的侵权诉讼中将不会获胜,因为,被告并未实施不当行为(案件事实也不符合任何严格责任的侵权类型)。 6/50

恢复原状和侵权法之间的第二个区别在于可用的救济方式:侵权行为的救济方式是补偿性损害赔偿——赔偿足以使原告恢复到侵权之前的状态。恢复原状的救济方式是返还不当得利——剥夺被告以原告的损失为代价所获得的一切利益。对于前述洗蛋机的所有人来说,针对侵害他人动产的救济是赔偿机器的租金价值,加上无权使用过程中对洗蛋机造成的任何损害。与之不同,与不当得利返还相关的损害则可能会按照被 6/51

---

[1] See L. *Deutsch*, Simpson to File for Retrial, Claims Legal Errors Made, *South Florida Sun-Sentinel* (26 March 1997).

[2] *Olwell v. Nye & Nissen Co.*, 173 P.2d 652 (Washington 1946).

[3] Eg *Walpole Woodworkers, Inc. v. Manning*, 57 A.3d 730, 735 (Connecticut 2012).

[4] *G&M Motor Co. v. Thompson*, 567 P.2d 80 (Oklahoma 1977).

告因洗蛋机的使用所获得的收益加以计算。当然,在某些情形下,与不当得利返还相关的损害看起来可能和侵权中的损害非常相似。[1] 比如,如果被告将洗蛋机用于个人目的,无论诉因是恢复原状还是侵权,损害赔偿都会按照公允的租金价值加以计量。同样,虽然过错在恢复原状之诉中没有明确的作用,但被告的不当行为通常会在法院选择以哪种方式来计量被告的不当得利时发挥作用。例如,在前述挪用资金的情形下,由于被告是无辜的,法院不会判决向原告返还人寿保险的收益,而会将损害赔偿限定在被挪用的金额范围内。[2]

6/52 恢复原状和大多数侵权行为之间的第三个区别是执行损害赔偿判决的机制。胜诉的侵权损害赔偿请求将获得扣押执行令,即由法院向行政司法官作出扣押并拍卖被告财产以执行判决的命令。返还性损害赔偿请求权的执行既可以是"法律上的(legal)"——即通过扣押执行令来执行——也可以是"衡平法上的(equitable)"——法院作出针对个人的命令,并依蔑视法庭罪加以执行(enforced by contempt)。衡平法方式的优点是:(1)衡平法上的恢复原状允许原告通过财产形式的转换追踪不当得利——例如,若被告用销售盗赃物的钱购买了新物,就用新物变现获得的款项来返还;(2)衡平法上的恢复原状命令使原告在破产程序中享有优先于无担保债权人和顺位在后的有担保债权人的权利。

6/53 尽管存在这些差异,但原告有时可能会在恢复原状和侵权赔偿两种诉讼中都胜诉,并依据二者获得赔偿。再次回到被盗的洗蛋机的例子,原告可以通过侵害动产之诉就机器本身的损害获得赔偿,同时在恢复原状之诉中获得被告洗鸡蛋得到的利益。在具体损害项目发生交叉的情形(如洗蛋机的公允租金价值),原告当然不能获得双重赔偿。

---

[1]《第三次返还和不当得利法重述》(2011)列举了可能的不当得利评估方式:"(1)所得利益的价值体现在被告的意图中;(2)在给予利益时原告的花费;(3)所得利益的市场价值;或者(4)被告曾明确表示愿意支付的价格,只要被告就价格问题表示的同意能够被认定为有效即可。"《第三次返还和不当得利法重述》(2011)第49条。

[2] *G&M Motor Co. v. Thompson*, 567 P. 2d 85.

第三节 侵权法的任务

一、过错责任和严格责任的威慑效果

《侵权责任法的基本问题(第一卷)》认为,严格责任和过错责任都服务于威慑功能。[1] 美国学者会表示赞同,但有一点细微不同,就是认为二者都有助于实现威慑效果。至少在理论上,应承担严格责任的潜在加害人会比只需承担过错责任的加害人尽更多的注意。在这里,我们使用著名法官勒尼德·汉德(Learned Hand)的风险估算公式,它表明,只要行为人的行为可能引致的损害依其发生大小作出折扣后仍比预防成本大,行为人就是有过失的。[2] 由此,行为人应采取一切合理的预防措施,只要采取这些措施所作花费比没有采取这些措施可能造成的意外事故花费更少即可。

6/54

严格责任将引致更多的注意义务。一个理性的行为人在预防措施上的花费,不会比其在避免责任方面所节省的花费更多。过错责任与严格责任之间的唯一区别在于分配性后果:在严格责任制度下,行为人将承担那些不值得避免的事故成本,而在过失责任制度下,受害人将承担那些损失。

6/55

严格责任通过影响行为人的行为而有助于保障安全的方式至少表现在三个方面:(1) 减少了活动量(level of activity);(2) 将活动转移至更安全的地方;(3) 在研究和开发方面进行投入,以产出新的安全技术。有人可能想知道,为何过错责任没有这些功能。就前两个方面而言,答案是过失很少被适用,而且,像使用卡车运输货物那样,过失可能也不适合用来决定适当的活动量。陆地货运、海运或空运的适当搭配是一个复杂的问

6/56

---

[1]《侵权责任法的基本问题(第一卷)》,边码 3/6。
[2] 这个理论的代数公式为汉德法官在 United States v. Carroll Towing [159 F. 2d 169 (2d. Cir. 1947)]案中采用:P(事故发生的概率)×L(损失大小)>B(预防成本)。

题,法律制度不能就此很好地作出决定。[1] 对第三个问题的答案是,作为证据和证明问题,重建过去某一时间点本应具有的最优或合理的投入水平是非常困难的。

6/57 正如《侵权责任法的基本问题(第一卷)》所述[2],第三者责任险的确减弱了侵权法的威慑功能。[3] 法律对这种合同的承认反映了侵权法补偿功能的重要性。[4] 事实上,只是在责任险历经20世纪早期的发展之后,侵权法才得以在美国发展壮大,并成为私法上更加重要的力量。[5]

6/58 然而,至少在美国,有很多力量和发展状况减轻了责任保险在威慑功能上的消极影响。许多规模庞大的公司通过针对侵权责任的自我保险,利用自身的规模消化掉意外后果的影响。那些不这样做的公司,通常有较大的免赔额,从而仅就非常巨大的损害赔偿投保。即使就大额赔偿来看,美国的责任保险也限制了赔付范围。尤其是,机动车责任保险通常只保障驾驶员可能引起的损害中的一部分。而且,机动车责任保险和其他责任险一样,要考虑受损概率(loss rated),这样个人的损失记录(loss experience)将影响未来应付的保险费。[6]

二、惩罚功能

6/59 《侵权责任法的基本问题(第一卷)》描述了依被告的过错程度判给不同赔偿的方案。这个问题在美国有着极为对立的看法。损害赔偿理论基于合理确定赔偿额的考虑,对过错程度不加区分。更确切地说,损害赔偿额只按照受害者的损失大小来确定。惩罚性赔偿是例外,当被告的行为

---

[1] See *W. M. Landes/R. A. Posner*, The Positive Economic Theory of Tort Law, 15 *Georgia Law Review* (Ga. L. Rev.) (1981) 851, 875—878; *S. Shavell*, Strict Liability versus Negligence, 9 J. Legal Stud. (1980) 1. 认为过失不应用来决定生产活动量的主张已经引起争议。See *S. G. Gilles*, Rule-Based Negligence and the Regulation of Activity Levels, 21 J. Legal Stud. (1992) 319.

[2] 《侵权责任法的基本问题(第一卷)》,边码2/70。

[3] See *G. T. Schwartz*, The Ethics and the Economics of Tort Liability Insurance, 75 Cornell Law Review (Cornell L. Rev.) (1990) 313, 313 FN 4.

[4] *Breeden v. Frankford Marine Plate Accident & Glass Ins. Co.*, 119 S. W. 576 (Montana 1909),在该案中,法官的投票结果是5:2,该案被认为是解决责任保险合同合法性问题的先例。Ibidem at 314.

[5] See *Calabresi/Cooper*, 30 Val. U. L. Rev. (1996) 859, 868.

[6] See *Schwartz*, 75 Cornell L. Rev. (1990) 313, 316 f.

超出了过错归责的极限而应适用惩罚性赔偿时,将对其处以额外的赔偿额。[1]

尽管有确定损害赔偿的法律标准,但实际的赔偿额仍由陪审团决定。非物质损害赔偿没有客观的测量标准,陪审团在裁定赔偿额时享有相当大的自由裁量权。众所周知的是,原告律师会认为,即使在适用严格责任时,向陪审团证明被告存在严重的过错,对自己也是有利的。这些律师相信,损害赔偿额受过错程度的影响,并且有经验证据支持这个直觉。[2]因此,尽管法律规定了同等的赔偿额,但在裁定赔偿额方面,陪审团仍有相当大的空间,就自己对被告不法行为严重程度的直觉作出回应。 6/60

《侵权责任法的基本问题(第一卷)》批判了法经济学的极端主张,即认为效率是或应该是侵权法(或一般法律)的唯一目标。[3] 目前在美国法经济学领域中已极少有人持那种主张了。相反,法律的经济分析倾向于采取如下进路:"如果我们考虑效率问题,法律可能就应如此建构。"[4] 很多法律的经济分析也涉及公平问题。[5] 事实上,圭多·卡拉布雷西(Guido Calabresi)是致力于侵权法经济分析的早期学者之一,他承认,对于任何旨在增进侵权法促进经济效率的改革方案来说,公平是一种否决性的制约因素。[6] 6/61

其他许多人都已加入到批评经济学者与人类行为不符的僵化模型的 6/62

---

〔1〕 陪审团实际上被赋予无限制的自由裁量权去拒绝惩罚性损害赔偿,而无须考虑被告可责难的程度。

〔2〕 See E. Greene, On Juries and Damage Awards: The Process of Decisionmaking, 52 Law & Contemp. Probs. (1989) 225, 233 f.

〔3〕 《侵权责任法的基本问题(第一卷)》,边码3/16。

〔4〕 例如,S. Garber, Products Liability and the Economics of Pharmaceuticals and Medical Devices (1993) 2 ("而且,把改革的努力全部集中在经济目标上并不能让人满意,其他的考虑,如损害赔偿,也被很多人认为是非常重要的")。

〔5〕 See eg A. Porat, Misalignments in Tort Law, 121 Yale L. J. (2011) 82.

〔6〕 See Calabresi, Accidents 24—26 (将正义或者公平作为侵权法的主要目标之一)。《侵权责任法的基本问题(第一卷)》不赞成卡拉布雷西(Calabresi)在《意外事故》中提出的方案。由于行为人事先判定自己是否能够以最小成本避免损害问题的复杂性及模糊性,因而存在困难,《侵权责任法的基本问题(第一卷)》就此批判了卡拉布雷西的方案。[《侵权责任法的基本问题(第一卷)》,边码3/18。]不过,卡拉布雷西意识到了这种困难,曾建议依据类型化的方式来判定最小成本的规避者,而那些类别应该在行为发生前就已确定。不管卡拉布雷西的制度设计中存在哪些困境和缺陷,相比于目前侵权法制度采取的事后个案判定的做法,它为认定当事人的责任提供了更好的指引。(这可能同欧洲法有些不同:注意义务据说是被预先确定的——至少在一定程度上看起来是如此。)

阵营中。我们或许还应当指出，经济学者们未能对其分析所推导出的主张进行实证检验，这是另一个问题。实际预见到或能够解释行为的模型建构，即使在某些方面未能充分考虑到人类行为的复杂性，它也是有价值的。但是，那种价值必须通过与真实世界的现象相联系来加以证实。

6/63　　法律的经济分析已经发展了数十年，这方面的一个重大改进是行为经济学的发展和运用。这门学科将心理学家和经济学家联合起来，就人们如何作出决定，这些决定偏离经济学理性假定的方式，以及那些"偏见和启发(biases and heuristics)"在法律制度上的意义等，提供了一套更加丰富的解释。[1]

6/64　　《侵权责任法的基本问题(第一卷)》在其对法经济学的批判中注意到如下观点："每个人都会遵守对社会最优的注意标准，因为，经验表明，社会成员通常都会优先考虑自身利益。"[2]不过，经济学家会完全同意这种看法。然后，他们会解释说，他们的努力是为了运用责任来调和自利，并在鼓励人们在从事可能导致他人损害的行为时，对他人利益加以考虑。事实上，勒尼德·汉德在卡罗尔拖船案(Carroll Towing)[3]中提出的判断过失与评估风险的著名公式本来就应该有这种效果，即要求行为人要顾及他人的利益，否则，行为人在加于他人的风险大于他如此行为的收益时就要承担责任。[4]

6/65　　《侵权责任法的基本问题(第一卷)》对严格的功利主义表示担忧，因为它可能允许剥夺他人财产甚至是生命，只要接受者的利益大于财产所有人或者被剥夺生命之人的损失即可。[5]圭多·卡拉布雷西(Guido Calabresi)和道格拉斯·梅拉米德(Douglas Melamed)探究了这个问题，他们区分了财产规则(property rules)和责任规则(liability rules)，前者

---

[1] See F. *Heukelom*, Kahneman and Tversky and the Origin of Behavioral Economics (Tinbergen Institute Discussion Paper No. 07-003/1, Jan 2007), available at 〈http://papers.ssrn.com/sol3/papers.cfm? abstract_Id. =956887〉; *D. Laibson/R. Zeckhauser*, Amos Tversky and the Ascent of Behavioral Economics, 16 Journal of *Risk* and *Uncertainty* (1998) 7.

[2]《侵权责任法的基本问题(第一卷)》，边码 3/19。

[3] *United States v. Carroll Towing Co.*, 159 F. 2d 169 (2d Cir. 1947).

[4] 毫不奇怪，这就是法经济学派接受卡罗尔拖船案及其风险计算方式的原因所在，它实际上认为，其并非新创，而是存在了很久的侵权法规则。*Landes/Posner*, The Economic Structure of Tort Law 85—87. 对于这个看法的批评，参见 *M. D. Green*, Negligence = Economic Efficiency: Doubts, 75 Tex. L. Rev. (1997) 1605。

[5]《侵权责任法的基本问题(第一卷)》，边码 3/22—23。

赋予所有人受国家保护的权利,而后者只赋予所有权人在损害发生时获得赔偿的权利。[1] 财产权利不受他人侵害,其他人只能与权利人磋商并达成购买权利的协议。其他权利,如避免相邻财产噪音干扰的权利,则只能依责任规则获得保护。但是,侵权法并不确定财产权利,而是从财产权利的既存状况出发,利用责任规则对那些权利提供保护。未取得所有人转让权利的同意而侵占他人财产的行为,不受非故意侵害财产规则的约束,而是受故意侵权规则的调整,对此没有适用于责任认定的功利性归责标准。

第四节 侵权和债务不履行之间的领域

《侵权责任法的基本问题(第一卷)》[2]关于侵权与违约的关联性与相似性的观点会让美国读者感到困惑。侵权法与合同法在美国法上被视为不同的科目。合同法的一个重要领域——货物买卖——已退出普通法领域,成为在49个州颁行的统一制定法。[3] 在美国法学院,侵权与合同分开授课,专题论文要么与侵权有关,要么与合同有关,而不会两者同时讨论。"债权法"(law of obligations)对美国法律制度来说是陌生的。美国律师不会像《侵权责任法的基本问题(第一卷)》那样比较因侵权和合同所产生的债务。[4] 相反,美国的法律制度认为,侵权债务是法律为处理陌生人之间关系而强加的义务。与之不同,合同债务则是依双方自愿达成的协议而产生的义务。

《侵权责任法的基本问题(第一卷)》论及"第三条道路"[5],美国与之类似的是允诺禁反言(promissary estoppel),这被认为是合同法而非侵权法的附属规则。不过,允诺可以是侵权法中作为义务的根据,在未被合理履行时,会引致侵权责任。[6]

---

[1] See G. Calabresi/A. D. Melamed, Property Rules, Liability Rules, and Inalienability: One View of the Cathedral, 85 Harv. L. Rev. (1972) 1089.
[2] 《侵权责任法的基本问题(第一卷)》,边码4/2—8。
[3] See J. J. White/R. S. Summers, Uniform Commercial Code⁵ (2006).
[4] 《侵权责任法的基本问题(第一卷)》,边码4/4。
[5] 同上书,边码4/7。
[6] See Restatement (Third) of Torts: Liability for Physical and Emotional Harm (2010) §§ 42 and 43.

6/68　　美国法律也会遇到侵权法与合同法可以同时适用的案件。产品责任和医疗失职一样是这方面的重要领域。但是,这两种领域仅限于身体完整和个人财产利益的保护。当经济利益因合同违反而被损害时,侵权请求权也可以被主张。

6/69　　由于历史的原因,在美国,专业人员的失职行为受侵权法而非合同法的调整。不过,在产品责任中,受害人既可依侵权索赔,也可以依保证允诺提出索赔,只要二者在法律上都能成立即可。[1] 在经济利益方面,合同法通常被置于首要地位,尽管欺诈可能会破坏该种地位。即使在人身伤害领域,合同法常常还是被置于首位。因而,合同中过失责任的免责声明原则上都会被执行,但在弃权方除了同意弃权外别无选择的情况下,这种免责声明可能会被推翻。[2] 在涉及产品责任的严格责任领域,合同约定的免责条款当然无效。[3]

第五节　赔偿请求权的基本要件

一、损害赔偿

(一) 可赔偿的损害及其定义

6/70　　《侵权责任法的基本问题(第一卷)》中有关损害(damage)、可赔偿损害以及物质和非物质损害的一般描述,多数都与美国法律一致,尽管在描述这些不利后果(detriments)时通常使用"损害(harm)"概念。[4] 美国侵

---

[1] 一些法院禁止向陪审团提出双重的索赔请求,要求原告作出选择。但是,若索赔请求仅仅是交叉而非重叠,则二者可以同时交由陪审团裁决。

[2] See eg *Tunkl v. Regents of the University of California*, 383 P. 2d 441 (California 1963).

[3] 《第三次侵权法重述:产品责任》(1998)第 18 条。

[4] 《第三次侵权法重述》规定:"实际损害(Physical harm)"是指人的身体所受损伤("人身伤害")或者不动产及有形动产的实际损害("财产损害")。人身伤害包括物理伤害、疾病、传染病、身体机能的损伤和死亡。Restatement (Third) of Torts: Liability for Physical and Emotional Harm (2010) §4. 精神损害被定义为:"'精神损害'意指个人精神宁静的妨害或损害。" Ibidem §45.

权法也只允许赔偿法律承认的损害。[1] 因此,一些美国法院裁定,"胸膜斑"(因吸入石棉而在肺上形成的一种结疤)虽可通过 X 光透视而客观确定,但没有临床症状——至少在它发展为石棉肺之前是这样——因而不是法律上承认的损害。[2] 显而易见,美国的法律也支持《侵权责任法的基本问题(第一卷)》的结论:"损害的相关定义是以法律为依据的。"[3]

(二) 非物质损害

与其他法律制度一样,美国在允许非物质损害——更经常地被称为精神损害——赔偿方面有很多限制。[4] 精神损害是更准确的术语,因为这方面的赔偿限制只与单纯的精神损害有关,若非物质损害是身体伤害的附随后果,则其不受限制。当非物质损失是因身体伤害所引起时,赔偿可包括身体疼痛与精神损害,尽管两者之间的区别可能极为细微难辨。

6/71

美国法律对单纯精神损害的赔偿限制,正如《侵权责任法的基本问题(第一卷)》所解释的那样[5],不仅是因为认定这种损害的存在面临困难[6],而且是因为评估非物质损害也有难度[7]。其他被认为合理的限制赔偿精神损害的理由包括:(1) 评估损害程度的不确定性和与之相伴的作价难度;(2) 精神损害分布的广泛性,特别是在面对像 2001 年美国的"9·11"事件和戴安娜王妃在法国因车祸死亡等公共悲剧时;(3) 担心法律承认精神损害会增加其赔偿范围。[8]

6/72

---

[1] D. B. Dobbs, The Law of Torts (2000) § 114, at 269.

[2] See eg In re Hawaii Fed. Asbestos Cases, 734 Federal Supplement (F. Supp.) 1563 (U. S. District Court for the District of Hawaii 1990)(胸膜疤痕并不构成可赔偿的身体伤害)。

[3] 《侵权责任法的基本问题(第一卷)》,边码 5/6。

[4] 企图伤害这种故意侵权行为是一个明显的例外。这种侵权行为存在的目的是为了承认在面对即将发生的身体攻击时出现的情感痛苦。

[5] 《侵权责任法的基本问题(第一卷)》,边码 5/10—12。

[6] 很多时候,精神损害的存在没有太多疑义。请考虑下乘坐波音 787 飞机的乘客们的反应:因为飞行中的各种问题,飞机起飞后很快就不得不紧急降落。

[7] 在美国,这是一个特殊的问题,因为,陪审团裁决非物质损失不仅没有任何可参照的市场价值,在类似案件中也没有有关裁定的任何信息。这导致不同案件存在明显差异,尽管法官有权发回重审或减少赔偿额,或者在某些司法辖区内增加赔偿额以平衡差异。美国学者提出了许多解决方案以规范非物质损害赔偿的裁定。See Franklin/Rabin/Green, Tort Law and Alternatives[9] 724—726.

[8] See Dobbs, The Law of Torts § 302, at 823 f; Restatement (Third) of Torts: Liability for Physical and Emotional Harm (2010) § 45 scope note.

6/73　近年来，一些美国法院承认了一种稍有不同的非物质损失，即各种各样被认定为享乐损害（hedonic damage）或生活享乐损失（loss of enjoyment of life）的非物质损失。[1] 这种损害反映了受害者因身体伤害而被剥夺了生活的乐趣，与英国法中的"愉悦损失（loss of amenities）"非常相似。[2] 与身体疼痛和精神痛苦不同，在一些司法管辖区内，即使受害者处于昏迷状态或已非正常死亡，这种类型的损害赔偿仍然是能够得到赔偿的。[3] 虽然裁定给这种类型的受害者的损害赔偿并非"补偿性的"，但它们确实反映了被告不当行为所引起的真实损失。法经济学者基于威慑的考虑，支持赔偿"生活享乐损失"，同时也支持更传统的对身体疼痛和精神痛苦的赔偿，这并不出乎人们的意料。[4]

6/74　不过，近来的行为研究提供了审慎对待精神损害赔偿的附加理由。这项研究工作表明，那些遭受了重大损失的人有着很强的调适能力，他们的幸福感受到不利影响的程度比人们通常预想的要小。因此，一些法律学者建议，不应承认生活享乐损失[5]，或者对处理这类索赔请求的陪审员提供这方面的指导[6]。

(三) 法人的非物质损害

6/75　公司或其他法人可能无法获得非物质损害赔偿，至少在公司不是

---

〔1〕 See eg *Fantozzi v. Sandusky Cement Prods Co.*, 597 N. E. 2d 474 (Ohio 1992). See generally *E. A. O'Hara*, Hedonic Damages for Wrongful Death: Are Tortfeasors Getting Away with Murder? 78 Georgetown Law Journal (1990) 1687.

〔2〕 See *W. V. H. Rogers*, Winfield & Jolowicz on Torts[18] (2010) §§ 22-19 to 22-22, at 1027—1037 (2010).

〔3〕 比较 *Holston v. Sisters of The Third Order of St Francis*[618 N. E. 2d 334 (Ⅲ. App. 1993)]案(允许了这种赔偿)与 *McDougald v. Garber*[536 N. E. 2d 372 (N. Y. 1989)]案(不允许赔偿)。

〔4〕 例如 Jutzi-Johnson v. U. S.案[263 F. 3d 753, 758 (7th Cir. 2001)](波斯纳法官)：对身体疼痛和精神痛苦判予赔偿早已备受批评，因为它需要认定事实的法官去量化一项不能用金钱计量的损失。我们不赞同这种批评。身体疼痛和精神痛苦被视为人们所经历之苦难的代价，是一种人们愿意用金钱来加以免除的负面情感。除非侵权行为人被要求承担这些代价，否则疏忽的代价就会降低，会有更多的事故发生，并因而引发更多的身体疼痛和精神痛苦。

〔5〕 See *C. Sunstein*, Illusory Losses, 37 J. Legal Stud. (2008) 157.

〔6〕 See *S. R. Bagenstos/M. Schlanger*, Hedonic Damages, Hedonic Adaptation, and Disability, 60 Vand. L. Rev. (2007) 745.

"人"这个意义上是这样。[1]

(四) 物质损害赔偿和非物质损害赔偿的区分

正如《侵权责任法的基本问题(第一卷)》所说[2],这种困难在美国尤其突出。在美国,侵权法的立法改革频繁地对非物质损害赔偿施加"最高赔偿限额"的限制,而对财产损害则允许完全赔偿。[3] 这使得原告总试图把传统上被视为非物质损害的赔偿转换为财产损害赔偿,而被告律师则反其道而为之。[4] 于是,约瑟夫·金(Joseph King)教授就经济损害赔偿提出:"受害者过去和将来遭受的经济损失都应给予赔偿,而那些经济损失应作宽泛理解,以包含足够的金钱帮助原告依其现状成为健全完整的人,或者换句话说,让他今天成为一个完整的人。"[5]

美国法院不承认《侵权责任法的基本问题(第一卷)》中讨论的"徒然费用(frustrated expenses)"的概念。[6] 原告必须证明她所受侵害事实上是因被告的不法行为所致,这种规则在美国法上一直得到坚守。[7]

(五) 真实且可计量的损害赔偿

美国法院并不使用"真实的(real)"和"可计量的"损害这样的术语。法院的确会受困于是按修复/重置成本还是按市价价格的减低来计算损害赔偿之类的选择问题。例如,假设一家公司向地下泄漏了有毒化学物质,污染了邻近的土地。对侵害行为的损害赔偿是恢复土地先前状况的花费呢,还是土地市价的降低,抑或是恢复费用加残留的贬值损失?在这

---

[1] See eg *A. T. & T. Corp. v. Columbia Gulf Transmission, Co.*, Civ. A. No. 07—1544, 2008 WL 4585439 (U. S. District Court for the Western District of Louisiana 2008)("在路易斯安那州,很明显,一个公司不能因遭遇不便或精神痛苦而获得损害赔偿")。

[2] 《侵权责任法的基本问题(第一卷)》,边码5/23—31。

[3] See ⟨http://www.atra.org/issues/noneconomic-damages-reform⟩ (last visited 19.1.2013).

[4] 夏基教授描述过这个现象,参见 C. Sharkey, Unintended Consequences of Medical Malpractice Damages Caps, 80 New York University Law Review (2005) 391, 429—443.

[5] J. H. King, Jr., Pain and Suffering, Noneconomic Damages, and the Goals of Tort Law, 57 SMU Law Review (2004) 163, 205.

[6] 《侵权责任法的基本问题(第一卷)》,边码5/29—30。

[7] 当然,这并不意味着,一个原告可能无法提供因果关系的证据,且那种因果关系仅仅是推断性的。但是,若被告可以肯定地证明原告声称的损失或花费不是由被告的不当行为造成的,则原告就无法获得费用的赔偿。

些选择中,不同的司法管辖区采取了各种各样的分类和附属规则,有时会依相关赔偿请求权的类型来决定。[1]

(六) 积极损害和可得利益损失

6/79　　在美国,经济损失规则禁止赔偿纯粹经济损失,但也有一些例外。[2] 作为单纯的损害,可得利益损失通常是不可赔偿的。但是,当其与人身或财产损害,或者各种商事侵权行为——如干扰合同关系的侵权、欺诈性审计等——一并主张时,可得利益损失则是可赔的。与德国一样,美国法院并未在"所失利益"和"实际损失"之间进行正式的区分。但是,就可得利益损失来说,确定/推测(certainty/speculation)的问题通常是很重要的。一般规则是,虽然允许陪审团基于证据推断和评估损害程度,但就损害是否存在的事实则不得推测。在可得利益损失情形,这意味着,原告必须证明他极有可能遭受了可得利益的损失,而且需提供证据让陪审团能够合理推断和估量损失额。

(七) 意外生育情形的损害赔偿

6/80　　这种一般类型下包含三种相关的赔偿请求权。"不当受孕"(wrongful pregnancy)案件是因医师未能适当施行绝育手术,父母在子女出生后对其提起的诉讼。"不当生育"(wrongful birth)案件是医师在孕检阶段未能诊断出相关缺陷,父母因有先天残障的子女出生而提起的诉讼。最后,"不当生命"(wrongful life)索赔则是由子女就出生损害提出的请求,主要是认为,要是医师对他们的父母适当施行了绝育手术,或诊断出子女具有先天残障,他们的父母本来能够终止妊娠。

6/81　　法院就是否允许"不当生命"的索赔存在严重分歧。[3] 一些法院拒绝这种索赔,理由是,任何状态下活着都比没有出生好。其他法院则允许这种索赔,但把赔偿限制在与先天残疾有关的特殊花费范围内。[4] 尽管

---

〔1〕 See eg Terra-Products v. Kraft Gen. Foods, Inc., 653 N. E. 2d 89 (Indiana Ct. App. 1995)(认为在环境污染案件中,必须判令赔偿恢复费用,即使在经济上无效率亦然)。

〔2〕 See generally Aikens v. Debow, 541 South Eastern Reporter (S. E.) 2d 576 (West Virginia 2000)(讨论了经济损失规则及其例外)。

〔3〕 See eg Berman v. Allan, 404 A. 2d 8 (New Jersey 1979).

〔4〕 See eg Turpin v. Sortini, 643 P. 2d 954 (California 1982).

多数法院都支持基于"不当受孕"和"不当生育"而提出的索赔,但在损害赔偿额的评定上却显著对立。[1] 有几个司法辖区在这种案件中适用"利益规则(benefits rule)",即允许赔付,但需减去孩子"给父母带来的陪伴、安慰和帮助所值"。[2] 也有为数不多的司法管辖区允许全额赔付子女的抚养费用。[3] 但是,大多数法院只允许赔偿与怀孕和生育相关的费用,以及与子女残疾有关的特别养育费用。[4]

值得注意的是,尽管在"不当受孕/生育/生命"案件中适用"利益规则"有很大的问题,但这的确是一个具有广泛适用性的普通法损害赔偿规则。这条规则被纳入《第二次侵权法重述》第920条,即:"当被告的侵权行为对原告或其财产造成损害,但同时又授予受害原告以特殊利益时,该项利益的价值应在公平范围内计入损害赔偿。"[5]

二、因果关系

(一) 因果关系的必要性

与《侵权责任法的基本问题(第一卷)》阐明的具有普遍性的因果关系相一致,美国法也要求被告的侵权行为与原告的损害之间存在因果联系。实际上,很难想见某个法律制度会不要求侵权行为和损害之间存在事实上的因果关系。[6] 然而,考虑到证明困难和其他法律政策上的正当理由,在原告的证明负担方面也作出了相应调整。

---

[1] But see *Szekeres v. Robinson*,715 P. 2d 1076 (Nevada 1986)(在一起不当怀孕的案件中,孩子健康出生,赔偿请求被驳回)。

[2] *Johnson v. Univ. Hosp. of Cleveland*,540 N. E. 2d 1370,1378 (Ohio 1989)(citing *Jones v. Malinowski*,473 A. 2d 429 [Maryland 1984])。

[3] *Johnson v. Univ. Hosp. of Cleveland*,540 N. E. 2d 1370,1380 (Ohio 1989)。

[4] *Johnson v. Univ. Hosp. of Cleveland*,540 N. E. 2d 1370,1379 (Ohio 1989)。

[5] Restatement (Second) of Torts (1979) § 920 at 509.

[6] 有关本报告中所用术语的说明。我们用"cause(原因)"或"connection(联系,关系)"指称导致某种损害的行为的实际后果。像《欧洲侵权法原则》第3条、《第三次侵权法重述》和《侵权责任法的基本问题(第一卷)》边码5/56的表述一样,我们将原因与那种即使满足所有其他责任成立要件,被告可能仍然无须承担责任的情况加以区分。再一次,我们使用了《欧洲侵权法原则》和《第三次侵权法重述》的术语,将这个责任因素表述为"责任范围(scope of liability)"。我们注意到,美国的代表性著作也同样区别对待"事实上的原因"和"责任范围"。See Dobbs/Hayden/Bublick,The Law of Torts² § 17 f.

(二) 因果关系的规范性

6/84　　关于法律上因果关系的规范性,我们的看法与《侵权责任法的基本问题(第一卷)》所表达的观点稍有不同。[1] 我们发现,在确定侵权法上有意义的不利后果时也存在规范性问题。因此,在确定法律上可追责的损害时[2],侵权法需就可赔偿的损害作出规范性选择。当法院把"错失机会(lost chance)"视为侵权法应该承认的损害时,就是在作规范性决断。同样,在界定侵权法上相关的行为范围时,也需要作规范性选择。被告的侵权行为,而非被告的行为,才是某种规范性选择。然而,一旦这两个框架性也即规范性的问题得到解决,接下来关于损害和行为之间是否存在"若非—则"关系或必要条件关系的审查,就不再是规范性的,而是客观的[3],因为,因果关系不是一种可以直接感知的现象,它始终应当通过间接证据(circumstantial evidence)推论确定。但是,那种判定方法并没有涉及因果关系的客观性。法律经常因缺乏有证明力的证据而放宽证明标准,甚至转移证明责任。应当承认,这些都是对证据可得性的规范性回应,而不会影响到因果关系的客观性。

6/85　　我们赞同《侵权责任法的基本问题(第一卷)》提出的如下看法,即评定应向受害人支付的赔偿额的过程,并不是一个客观问题。[4] 不过,美国法认为,确定某种损害应得赔偿额的问题,不同于判定该种损害是否实际上由被告造成的问题。

(三) 必要条件

6/86　　《侵权责任法的基本问题(第一卷)》在这方面几乎所有的论述[5]都将获得美国读者的赞同。我们可能需要对多个充分原因(或者多因素决

---

[1] 《侵权责任法的基本问题(第一卷)》,边码5/54。
[2] 同上书,边码6/70。
[3] 事实上,我们会进一步认为,一旦架构问题解决了,法律上的因果关系就其他诸多领域(包括自然科学在内)探讨的因果关系是完全一样的。See eg K. J. Rothman, Modern Epidemiology (1986) 11 ("我们可以将一种疾病的起因界定为一个事件、条件或特性,它在引发该疾病的过程中起到了主要作用")。
[4] 《侵权责任法的基本问题(第一卷)》,边码5/34。
[5] 同上书,边码5/57—61。

定的结果)添加一个明确的限制[1],因为,在这种情况下,并不是没有被告的侵权行为,就能够避免损害。但是,那无疑是一种诡辩。我们同时也赞赏《侵权责任法的基本问题(第一卷)》对那些怀疑者们所作的冷静解释,他们抱怨因果关系的这种定义不具有包容性。其他侵权行为构成要件则限制了导致受害人损害的必要因果链条上的因素,这种因素总是可以列出一个长长的清单。[2]

我们还应该对美国长久存在的与另一种不同的因果关系表述方式令人遗憾地纠缠不清的现象作出解释。被告的行为是造成原告损害的"实质因素",这种看法最早被一位美国学者用来处理责任范围问题。[3] 在美国第一次使用该术语处理多因素引发的结果问题的司法判决中,任何一种因素都不是必要条件。[4] 1934年的《第一次侵权法重述》采纳了这个术语,并将因果关系与责任范围合并到"法律原因"这个单一要素下,就又造成了该"因素"是与事实原因还是责任范围有关的进一步混淆。[5] 用实质因素指代因果关系,导致美国很多法院都用其判案,法官对陪审团的指示以及上诉法院意见中也充斥着对该标准的援引,它既被用于事实因果关系,也被用于责任范围。

《第三次侵权法重述》在处理因果关系和责任范围问题时删除了"实质因素"标准,并评述说,该标准不足以指引事实认定者分析因果关系,且可能具有误导性,原文如下:"除非存在多个充分原因这种唯一例外,[否则]'实质因素'对于判定事实原因的存在没有任何用处……两次《侵权法重述》都认可的基本要求是,当事人的侵权行为是原告损害发生的必要条件;若无被告的行为,损害就不会发生。替代'若非一则'标准的实质因素标准存在不受欢迎的模棱两可。就此而言,它可能会诱导案件事实认定者认为,实质因素比必要条件意义上的原因标准要求更低,或者相反,建议事实认定者区分不同的事实原因,将其中的某些认定为'实质因素',另一些则否。由此,实质因素标准的运用可能不公平地允许因果关系的证

---

[1] 参见下文边码6/107—108。
[2] 《侵权责任法的基本问题(第一卷)》,边码5/59。
[3] See J. Smith, Legal Cause in Actions of Tort, 25 Harv. L. Rev. (1911) 103.
[4] See Anderson v. Minneapolis, St. Paul & Sault Ste. Marie Ry. Co., 179 North Western Reporter (N. W.) 45 (Minnesota 1920).
[5] See Restatement of Torts (1934) §431.

明采取低于必要条件的标准，或者不公平地要求高于必要条件的因果关系证明标准。"[1]

(四) 不作为

6/89　　美国的读者会再次高度认同《侵权责任法的基本问题(第一卷)》关于认定不作为情况下的因果关系的讨论。[2] 在不作为情形，只有积极作为义务才是认定因果关系的必要标准。美国司法裁判中特别令人困扰的不作为问题涉及的情形是，多个不作为中的每一个都是损害发生的充分原因。[3]

(五) 因果关系要件的修正

6/90　　与奥地利法、德国法一样，当原告不能合理取得因果关系的相关证据时，美国法也作出了种种相应的调整。长期以来，这些调整建立在如下基础上，即在应受责难的被告和无辜的原告之间，不法行为人应承担举证不能的风险。[4] 不过，随着比较过错理论的出现，原告可能不再是完全无辜的，这种修正因果关系证明要求的原理也已经失去了说服力。

6/91　　同样和奥地利法、德国法类似，高度应受责难的行为可能会导致因果关系的认定更为宽松。在美国法上，如《侵权责任法的基本问题(第一卷)》所说，[5] 通谋共同行为是所有参与该共同行为的人对每个人的行为所致损害承担责任的根据。[6] 事实上，相比于行为受责难程度较小的被

---

〔1〕 See Restatement (Third) of Torts: Liability for Physical and Emotional Harm (2010) § 26 reporters note to cmt j. Commentators are in accord. See eg *D. A. Fischer*, Insufficient Causes, 94 *Kentucky Law Journal* (2005) 277, 277 ("多年来，法院也针对越来越多的事务适用实质因素标准，它之前从来没有想过这样去做，而且，这样做本身也是不恰当的。这个标准现在在法律上造成了不必要的混淆，且不再有用"); *J. Stapleton*, Legal Cause: Cause-in-Fact and the Scope of Liability for Consequences, 54 Vand. L. Rev. (2001) 941, 945, 978 ("法律原因、近因和实质原因等引致混淆的用语应该被取代……")。
〔2〕《侵权责任法的基本问题(第一卷)》，边码 5/64—67。
〔3〕 See *D. A. Fischer*, Causation in Fact in Omission Cases, 1992 Utah Law Review 1335.
〔4〕 也请参见《侵权责任法的基本问题(第一卷)》，边码 5/80。
〔5〕《侵权责任法的基本问题(第一卷)》，边码 5/73。
〔6〕 See *F. V. Harper/F. James/O. S. Gray*, Harper, James and Gray on Torts³ (2007) § 10.1, at 2 FN 4.

告而言,陪审团无疑更可能对高度应受责难的被告作出有因果关系的推断。[1]

本报告人认可《侵权责任法的基本问题(第一卷)》有关替代因果关系下的责任(alternative liability)的描述[2],且相关认识在美国也已被广泛接受。[3] 不过,我们对《侵权责任法的基本问题(第一卷)》有关证明责任的分析则不太赞同。该书认为,在替代因果关系情形,"由于每个行为都引致了高度具体的危险,在单独看待各个原因时,与每个行为因素相关的因果关系就应当认为已被证明"[4]。在美国,两个侵权人都对原告创设了同等致害危险的证据,并不足以满足原告所负证明责任的要求。美国的证明标准是优势证据规则(相当于"很有可能(more likely than not)"),仅仅证明同等可能性不足以满足该证明标准。[5]

(六) 比例责任

《侵权责任法的基本问题(第一卷)》解释说,在替代因果关系情形,是施予连带责任还是个别责任,在被告之一无偿付能力时会很重要。相比于个别责任,连带责任的主要作用是:无偿付能力的风险在连带责任情形由被告承担,在个别责任情形由原告承担。[6] 我们还注意到,在美国,在两种责任形式中进行选择的另外一个效果是,即使两个侵权行为人都有偿付能力,原告或被告(们)是否还必须起诉其他侵权行为人。在个别责任情况下,原告获得的赔偿只限于参加诉讼的被告应当承担的(比较过错

---

[1] See R. A. Nagareda, Outrageous Fortune and the Criminalization of Mass Torts, 96 Michigan Law Review (1998) 1121, 1168—1170.

[2] 《侵权责任法的基本问题(第一卷)》,边码5/75。

[3] See Restatement (Third) of Torts: Liability for Physical and Emotional Harm § 28 reporters note to cmt f (2010). 若并存原因之一是无辜的,正如《侵权责任法的基本问题(第一卷)》(边码5/86)所述,美国法不会施加责任,因为,所有的潜在原因都必须是侵权性的。See Garcia v. Joseph Vince Co., 148 Cal. Rptr. 843 (App. 1978).

[4] 《侵权责任法的基本问题(第一卷)》,边码5/78。

[5] 我们也赞同《侵权责任法的基本问题(第一卷)》(边码5/81)对盖斯特菲尔德(Geistfeld)所提建议的批评。我们注意到,在集团侵权行为是否引致了受害人的损害问题上,盖斯特菲尔德重构了因果关系问题。按照《侵权责任法的基本问题(第一卷)》所确定的原则,那种重构采取了一种需要正当性的规范步骤,责任从个体而非集团角度进行评价。

[6] 《侵权责任法的基本问题(第一卷)》,边码5/84。

下的)"份额"。[1] 相反，在连带责任情况下，原告可以从任何一个侵权行为人那里获得全额损害赔偿。这就要求被告积极寻求其他的潜在责任人以分摊损害或进行补偿。[2] 然而，在两个猎人误射伤人或登山者受害的情形下，若原告想利用替代因果关系理论，美国法律会要求原告把所有可能是其所受损害原因的人都列为被告。[3]

6/94　　我们注意到，《欧洲侵权法原则》采比例(或部分)责任规定的基础是，对各方致害风险贡献度进行比较评估。[4] 因此，如果两个猎人同时有过失地开枪射击，而只有一颗子弹击中了第三个猎人，且没有其他的证据表明开枪者中何人应对此负责，那么，我们就会评定每个人的风险分摊比例都是50%。[5] 我们认为，在这种情况下，不论与"风险分摊"相关的责任是连带责任还是个别责任，这种解决方案都没有任何特别之处。人们仍然可能会认为，两个被告都是不当行为人，而原告却不是，因此，无偿付能力的风险应由被告承担。当然，若原告对风险也有促成过失，则适用连带责任的理由就明显较弱。[6]

6/95　　风险分摊理论在美国只得到有限的接受，且主要(如果不是唯一的话)用于石棉诉讼。[7] 由于劳工赔偿制度不允许受害雇员对雇主提起诉讼，因而，患石棉肺的工人必须起诉相关石棉产品的制造商。这种被告通常数量较多，如果这种疾病不是一种进行性疾病(如癌症)，按照当前的科

---

〔1〕 这就需要将过错分配给不是被告但也应对原告所受损害负责的侵权行为人。See Restatement (Third) of Torts: Apportionment of Liability (2000) § B18 and cmt c.

〔2〕 See Restatement (Third) of Torts: Apportionment of Liability (2000) § 10 cmts a and b.

〔3〕 See Restatement (Third) of Torts: Liability for Physical and Emotional Harm (2010) § 28(b) ("当原告起诉了**所有**的侵权行为人时……就事实因果关系所负证明责任[包括提供证据和说明的责任]就都转移给了被告")。

〔4〕 我们注意到，在按份责任中，基于事前风险份额和事后因果关系可能性的评估而作出的责任分摊之间存在差别。See I. Gilead/M. Green/B. Koch (eds), Proportional Liability: Analytical and Comparative Perspectives (2013) 2 and FN 6.

〔5〕 关于可能采用按份责任的不同情况分类，以及在因果关系证据不足以认定满足必要责任标准的因果关系时，对广泛采用按份责任的利弊考量，请参见 Gilead/Green/Koch, Proportional Liability.

〔6〕 在引入比较责任的情况下，采用纯粹的连带责任或者单独责任的理由都不充分。See Restatement (Third) of Torts: Apportionment of Liability (2000) § 10 cmt a. 在前述重述的第C18-E19条中提出了各种各样的混合制度。

〔7〕 这种方法在美国的使用情况及其优点，详见 M. D. Green, Second Thoughts on Asbestos Apportionment, 37 Southwestern University Law Review (2008) 531.

学认识和方法,要确定是哪个被告的产品造成了原告的损害也是不可能的。为此,加州最高法院在 *Rutherford v. Owens-Illinois, Inc*[1] 案中拒绝采纳替代因果关系理论,而是精心构建了一种风险分摊理论。原告无须直接证明因果关系,而只需证明:暴露于被告的石棉产品下,"是原告(……)吸入或摄取的石棉量累积,并因此面临罹患石棉癌风险(……)的实质性因素"[2]。

美国法会区分病人因医疗过失或非侵权性的原因而患病的情况与 *Hotson v. East Berkshire Area Health Authority*[3] 案所涉类似情况,后者在《侵权责任法的基本问题(第一卷)》中被讨论过。[4] 前者涉及替代因果关系问题,尽管其中一个原因产生于受害人负责的范围内。后者则涉及所谓"机会丧失"(lost chance)或"错失机遇"(lost opportunity)的问题。与英国拒绝采纳机会丧失理论的做法不同,美国法院在原告无法合理获得必要证据的情形下,对原告需证明因果关系的要求作出了更富同情心的调整。[5] 因此,美国侵权法对机会丧失作出了不同的处理,尽管它将其限于医疗过失案件以及替代原因中涉及不可归责之竞存原因的情形。[6]

6/96

美国法律这样做恰恰是基于《侵权责任法的基本问题(第一卷)》所述的理由[7],否则,医疗专业人员在其过失不太可能(美国的民事证明标准)是不良后果的原因时,就总是可以免于承担责任。[8] 这主要是通过将法律上承认的损害重新界定为丧失了更好结果的机会或机遇而实现责

6/97

---

[1] 941 P. 2d 1203 (California 1997).
[2] 941 P. 2d 1219.
[3] [1987] Appeal Cases (A. C.) 750.
[4] 《侵权责任法的基本问题(第一卷)》,边码 5/86。
[5] See *Matsuyama v. Birnbaum*, 890 N. E. 2d 819, 828 FN 23 (Massachusetts 2008)(援引了 20 个州和哥伦比亚特区以某种形式认可机会丧失和 10 个州拒绝认可的情况。最新的案例表明,将机会丧失作为法律认可的损害形式正成为一种明显的趋势。See *Matsuyama v. Birnbaum*, 890 N. E. 2d at 832.
[6] 《侵权责任法的基本问题(第一卷)》,边码 5/87。
[7] 同上书,边码 5/88—89。
[8] 对于美国法在哪些领域承认和不承认比例责任的说明,参见 M. D. Green, United States Report on Proportional Liability, in: I. Gilead/M. Green/B. Koch (eds), Proportional Liability: Analytical and Comparative Perspectives (2013) 343 ff.

任施加的目的。[1] 因此,一个更好结果的机会当然是有价值的,而当受害人被剥夺了这种机会时,他就有权对这种损失要求赔偿。不过,美国法院严格地限制了这项改革,把它限定在造成患者丧失更好结果的医疗过失情形,以及错失的机会低于所要求的证明标准情形。[2] 通常未予言明但颇有影响的是汉斯·斯托尔(Hans Stoll)所提出的担忧,《侵权责任法的基本问题(第一卷)》对此解释说[3]:若医疗差错不成比例地导致了低于证明标准的机会丧失,应负的责任就相应地小于典型情形。这种不足更令那些持威慑论的学者们忧虑。[4] 我们注意到该理论受到的另外一个限制,即就所失机会的范围需存在明确可用的证据。美国法院进而推论认为,该条件在医疗过失背景下更容易得到满足,从而提供了限制机会丧失之适用的另一种政策工具。

恰如《侵权责任法的基本问题(第一卷)》[5]所述,国际学术同仁支持比例责任的处理模式,美国也是如此。特别是在涉及有毒物质的侵权领域,当可用的科学证据不能使原告对因果关系的证明满足证明标准的要求时,许多学者已经建议采取一种稍作修正的比例责任。[6] 不过,法院明显抵制接受这些建议。本报告的作者之一支持这种抵制,主要是因为,

---

〔1〕 与将机会错失本身当作可赔偿损害不一致的是,大多数法院虽然承认机会损失可予赔偿,但把赔偿限制在不利后果已实际发生的情形。See Franklin/Rabin/Green, Tort Law and Alternatives⁹ 363.

〔2〕 如果它不被限定得如此狭窄,这个理论本可以完全取代因果关系证明的要求。See V. Black, Not a Chance: Comments on Waddams, The Valuation of Chances, 30 Canadian Business Law Journal (1998) 96,98 ("通过这种对损害概念的重新表述,因果关系不确定的所有案件都有可能转换成关于机会损失的案件")。本报告人难以理解《侵权责任法的基本问题(第一卷)》对这个问题的看法(参见边码 5/90)。机会丧失只限定在"两种具有极高风险并因此存在潜在因果关系的特别事件中",这个建议包含了对这个理论的自我限制。并且,该限制并未确切地描述机会丧失理论,其中,医疗失误可能只增加了不太多甚至是微小的引发不利后果的风险。的确只存在两个可能的原因,但那也只是发生机会丧失这种偶发结果的特定背景而已,在其中,竞存的原因业已存在。然而,即便潜在的原因不具有高度盖然性,但它仍将出现在机会丧失案件中,在这种情形中,因医疗过失而获得良好结果的可能性从 90% 降低到了 80%。

〔3〕《侵权责任法的基本问题(第一卷)》,边码 5/88。

〔4〕 See Doll v. Brown, 75 F.3d 1200, 1206 (7th Cir. 1996) (Posner J.) (主张不论盖然性是证明标准之下还是之上,在机会丧失的案件中都采取比例责任,而以防止出现"过度补偿和过度威慑两种对立的弊端"); S. Levmore, Probabilistic Recoveries, Restitution, and Recurring Wrongs, 19 J. Legal Stud. (1990) 691.

〔5〕《侵权责任法的基本问题(第一卷)》,边码 5/92。

〔6〕 对这些学者和他们建议的讨论,请参见 Green in: Gilead/Green/Koch, Proportional Liability 344 ff.

与有毒物质造成损害相关的统计意义上的科学证据——它是根据观察而非实验得到的——容易出错,从而极有可能得出风险似乎有所增加,并能够据此认定比例责任的[错误]结论。[1]

(七) 补充评论

《侵权责任法的基本问题(第一卷)》在对有限适用的机会丧失理论的难点和矛盾之处进行详细讨论之后,得出结论说:"为了鼓吹一个尚不充分的部分解决方案,而心甘情愿地接受各种教义难题、理论歪曲和矛盾,这实在令人震惊(……);并且,在现有规则被认为是首尾一贯的情况下,这种做法也是不值得赞同的。"[2]

6/99

在这个批评中,《侵权责任法的基本问题(第一卷)》表露出一种追求侵权法理论纯粹性的愿望。为了实现这种纯粹性,单一的元理论将被采用,所有的规则也都将反映这一理论。虽然就如何构造这套元理论所需规则可能存在不同看法,但只要某个规则没有反映这种理论,或者与其他规则相冲突,服务于其他目标(至少没有反映该元理论),抑或没有尽可能服务于该理论的最终目标,它就肯定应受批判。

6/100

相反,本报告人认为,美国法具有多面性,而且,考虑到普通法渊源和多个司法管辖区在其发展中所发挥的作用,它并不反映任何单一的元理论。事实上,除服务于各种并无权衡标准的不同目标外,某个侵权规则常常表现为偶然的创造(serendipity),或者是法庭裁判理由中某个措辞巧妙的表述被其后的普通法发扬光大的结果。[3] 法律的发展有时候会很缓慢,在实现特定目标的前行道路上踯躅不前;有时候人们会进行法律尝试,而基于相关经验和经过审慎思考,这些尝试可能被证明存在错误[4],

6/101

---

[1] See M. D. Green, The Future of Proportional Liability, in: M. S. Madden (ed), Exploring Tort Law (2005) 352.

[2] 《侵权责任法的基本问题(第一卷)》,边码5/104。

[3] See M. D. Green, Apportionment, Victim Reliance, and Fraud: A Commentary, 48 Arizona Law Review (Ariz. L. Rev.) (2006) 1027, 1042—1044; A. Calnan, The Distorted Reality of Civil Recourse Theory, 60 Cleveland State Law Review (2012) 159.

[4] 正如在采纳产品严格责任后,对产品设计和警示缺陷也采用严格责任时所发生的那样。《第三次侵权法重述》表明,法院从20世纪80年代开始就不再采用原先的做法,今天在设计和警示错误方面极少适用严格责任。See Restatement (Third) of Torts: Products Liability (1998) §2; D. Vetri, Order out of Chaos: Products Liability Design-Defect Law, 43 University of Richmond Law Review (2009) 1373.

或者需要进行修正[1]。另外,社会的需要会发生改变,法律需要进行相应的调整以适应这些社会变迁。[2]

6/102　　就医疗过失情形的机会丧失而言,专业医护人员执业的明确目标是改善病人的疾患状况,这个事实可能是将机会丧失限于专业医护人员的公平理由。适用机会损失赔偿理论所必要的统计证据,对于保持行政效率和司法立场的一贯性相当重要,并且为适用于特定人群的限制规定提供了额外理由。涉及机会丧失的医疗过失行为通常都不满足证明标准的要求,若这种直觉——我们知道尚无实证依据——属实,那将有助于实现威慑目的。我们承认,如果机会丧失是作为可赔偿损害而确立其赔偿的正当性的,将所失机会的赔偿仅限于患者实际遭受了不利后果的情形,就很难找到合理理由。然而,这不过是在法官尝试逐步改良法律的过程中,普通法制度中所发生的众多异常现象之一。美国侵权法是自下而上形成的,而非依循某个元理论的指导自上而下发展形成。

(八) 市场份额责任

6/103　　在我们看来,《侵权责任法的基本问题(第一卷)》尽管指出了市场份额责任适用中的许多困难,但仍然对其表示支持,这正好印证了我们在上文中提及的法律面对新需求进行调适的观点。[3]

6/104　　如果《侵权责任法的基本问题(第一卷)》描述的登山者案[4]发生在美国,市场份额责任是否会被适用,我们无法给出肯定的回答。该书解释说[5],市场份额若要反映每个被告所造成的损害,相关产品或行为的风险就必须相同。DES案涉及的就是这种情况,涉案企业都有同样的药品配方,但我们怀疑,作为被告的两位登山者所创设的风险很可能是不同的。我们知道他们中的每个人都造成了同样的损害,这只是因为受害人和行为人的数量很少,且每个行为人的单独行为肯定造成了损害而已。在DES案中,许多妇女都接触过这种药物,但并没有遭受不利影响。在

---

[1] 参见下文边码6/104以下。
[2] 有些人将过失的发展而不是严格责任当作责任的核心基础,它是在19世纪后半叶工业革命开始时,被促进新兴工业发展的重要性推动形成的。See *M. Horwitz*, The Transformation of American Law 1780—1860 (1977) 67—108.
[3]《侵权责任法的基本问题(第一卷)》,边码5/108。
[4] 同上书,边码5/105。
[5] 同上书,边码5/108。

美国,市场份额责任仍被限定在具有同类风险的产品领域。比如,它没有被适用于石棉产品制造商,因为,不同石棉产品存在不同的致害风险,具体取决于石棉纤维分解(break free)的难易程度与产品中石棉所占比例及所用石棉纤维类型(这项因素尚存争议)。[1] 如果相关行为或产品没有制造同等的风险,市场份额就不是准确测量所致损害的适当方式。[2]

需要补充的是,自1980年第一次采用市场份额责任的判决后,大约有15个美国法院已就是否采用市场份额理论作出了明确结论。[3] 这些法院中接受或拒绝该理论的数量大体相当。[4] 拒绝接受该理论的法院中多数都援引了如下制度化的权威看法,即在侵权法上能够作出如此大胆变革的机构只能是立法机关而非法院。但是,据我们所知,自市场份额责任在美国侵权法领域出现后30年以来,还没有哪个州的立法机关颁布过这样的法律。

《侵权责任法的基本问题(第一卷)》还预见到了采用市场份额法会面临的现实难题和管理费用(administrative costs)。[5] 从美国经验来看,我们还需予以补充。一些涉及市场份额的判决优先选用本地市场(the most local market)来确定市场份额,它可能是原告母亲获得处方药的那家药店,或者是其母亲获得DES药方时所居住的市镇或地区。[6] 采用市场份额的意愿与侵权法对个别正义的关注不谋而合——本地市场份额将应当担责的制造商造成原告损害的可能性放到最大。然而,本地市场份额的取证难度和取证成本过高,导致后来一些法院转而采取全国市场份额标准。事实上,纽约州高等法院不仅采用全国市场份额标准,而且认为,DES制造商不能通过证明其未在原告母亲得到DES处方的地区分销DES来开脱责任。[7] 通过拒绝接受这种无责抗辩,纽约州法院就让那些

6/105

6/106

---

[1] Franklin/Rabin/Green, Tort Law and Alternatives⁹ 382 f.

[2] See In re Methyl Tertiary Butyl Ether (MTBE) Prods Liab. Litig., 379 F. Supp. 2d 348 (S.D.N.Y. 2005).

[3] See Sindell v. Abbott Labs, 607 P.2d 924 (California 1980).

[4] See Restatement (Third) of Torts: Liability for Physical and Emotional Harm (2010) § 28 reporters note to cmt p.

[5] 《侵权责任法的基本问题(第一卷)》,边码5/109—110。

[6] See eg Conley v. Boyle Drug Co., 570 Southern Reporter (So.) 2d 275, 284 (Florida 1990)(认为市场"应被狭义地界定,只要特定案件中的证据允许这么做。因此,如果可以确定母亲摄入的DES是从一个特定的药店购买的,那么,该药店就应被当作相关市场")。

[7] See Hymowitz v. Eli Lilly & Co., 539 N.E.2d 1069 (N.Y. 1989).

可能并没有造成受害人损害的 DES 制造商也向其承担责任。对这种方案的采用又朝着侵权制度的补偿目标迈进了一大步。

(九) 累积因果关系或多个充分原因并存[1]

6/107　在这个问题上，美国法与《侵权责任法的基本问题(第一卷)》所述一致——B1 和 B2 都将被认定为是 K 死亡的原因。[2] 我们提到过[3]，美国大多数司法管辖区由于采纳了比较过失理论(comparative responsibility)而不再使用连带责任。因此，其行为共同引发损害后果的累积因果关系情形下的数个侵权人均须承担责任，不管是连带责任、混合责任还是个别责任，具体要视该司法管辖区在多数侵权人的行为各自都是原告损害之充分原因的其他场合所采用的处理模式而定。

6/108　在考虑下文即将讨论的超越原因时，我们已注意到多个充分原因并存情形下的一种变体。具体来说，我们所处理的数个充分原因是指，一个原因是侵权人行为的结果，而另一个则是不能归之于他人的受害人范围内的原因这种情况。尽管原因的来源(source of the force)不改变其作为原因的地位，但在这种情况下是否要课以损害赔偿责任则属于完全不同的问题。在超越原因情形，当不可归责的原因也可能引发同样的损害时，损害赔偿法并不课处责任。因而，在不当致人死亡的情形下，损害赔偿止于死者本来会因自然原因而死亡之处。这种情形下的损害赔偿不会无限扩张。正如《侵权责任法的基本问题(第一卷)》提及的彼得林斯基(F. Bydlinski)的分析所示[4]，在足以引发损害的超越原因发生时，超越因果关系就等同于累积因果关系。若损害赔偿法将责任限制在不可归责的原因出现前的时期，则在侵权人的行为与另一个不可归责的充分原因并存时作类似处理，就有很强的理由。[5]

---

〔1〕 后一术语在《第三次侵权法重述》中被采用。
〔2〕 《侵权责任法的基本问题(第一卷)》，边码 5/112。
〔3〕 参见同上书，边码 6/2。
〔4〕 《侵权责任法的基本问题(第一卷)》，边码 5/115。
〔5〕 See Restatement (Third) of Torts: Liability for Physical and Emotional Harm (2010) § 27 cmt d. 这个问题有着悠久而富有争议的历史。See *M. D. Green*, The Intersection of Factual Causation and Damages, 55 DePaul Law Review (2006) 671, 684—687.

(十) 超越因果关系或"重叠的损害"[1]

这个问题在美国法中没有受到太多关注。在一个侵权人造成损害后的一段时间内，另一个侵权人的行为本来也将造成同样的损害，对于这种情形，我们只找到一个与此问题并不完全相关的案例(one obscure case)。[2] 然而，英国和加拿大的法律都对第一个侵权人课以全部责任。[3] 相反，如上文所述，当不可归责的或受害人领域内的某种因素是重叠原因(duplicating cause)时[4]，这种情况在美国的损害赔偿法层面已得到解决，即最初侵权人的责任止于第二个不可归责之原因本来会造成相同损害之处。

6/109

对于两个侵权人就相同损害承担赔偿责任的情形，彼得林斯基的分析引人注目。[5] 不过，他也认识到，这与原因在先(preemption)的因果关系概念难以相容。如果某个后果已经发生，其后发生的事件就不可能再是已发生后果的原因。[6]

6/110

《侵权责任法的基本问题(第一卷)》把这种情况下第二个侵权人不承担责任的原因归结为其没有义务或者没有可归责的违反义务的行为。[7] 与之不同，美国法对所负义务持一种更加宽泛的概念，至少在造成人身伤害或财产损害时是这样。因此，当一个人的行为给他人造成某种风险时，

6/111

---

[1] 从美国视角来看，"重叠的损害"是一个更为可取的术语，因为，"超越原因"旨在表明是否可以基于责任范围方面的理由而限制责任。

[2] See *Spose v. Ragu Foods*, *Inc.*, 537 New York Supplement (N. Y. S.) 2d 739 (N. Y. Sup. Ct. 1989).

[3] See *Stene v. Evans*, [1958] 14 Dominion Law Reports (D. L. R.) 2d 73 (Alb. Sup. Ct. App. Div.); *Long v. Thiessen & Laliberte*, 65 Western Weekly Reports (W. W. R.) 577 (B. C. Ct. App. 1968); *Dingle v. Associated Newspapers Ltd.*, [1961] 2 Queen's Bench (Q. B.) 162 (dicta), aff'd, [1964] A. C. 371 (1962); *Baker v. Willoughby*, [1970] A. C. 467 (H. L. 1969); *H. L. A. Hart/T. Honoré*, Causation in the Law² (1985) 247. ("若二者行为均为不当，则受害人可从第一个不当行为人那里获得其损失的全部赔偿。")

[4]《侵权责任法的基本问题(第一卷)》，边码 5/114。

[5] 同上书，边码 5/119。

[6] See Restatement (Third) of Torts: Liability for Physical and Emotional Harm (2010) §27 cmt h.

[7]《侵权责任法的基本问题(第一卷)》，边码 5/116。

就存在尽合理注意的行为义务。[1] 在这种制度下,如《侵权责任法的基本问题(第一卷)》所述,义务不会被狭隘地限定于特定财产上。

6/112　《侵权责任法的基本问题(第一卷)》提出了一个理论,为第二个侵权人承担责任提供正当理由。[2] 在第二个侵权人毁坏财物前,其所创设的风险已经减少了财物的价值。因此,两个侵权人都应承担责任。很多年前有位美国学者提出过同样的理论,许多侵权法学者也都赞同这种"价值"理论。[3]《侵权责任法的基本问题(第一卷)》提到了该理论中的一个困难。[4] 也即,要是第二个侵权人并没有在损害发生前创设风险,这个理论就行不通。故而,这种理论不仅只是对这个问题的局部解决方案,而且需要根据多个侵权人造成被害人损害的侵权行为发生时间上的偶然顺序,依具体情况作不同处理。另一个困难是,若该理论成立,则受害者在其财产未遭受实际损害,或者价值贬损风险未造成实际损失的情况下,也可以向第二个侵权人就所失价值要求赔偿。[5]

6/113　本报告人认为,《侵权责任法的基本问题(第一卷)》就重叠损害难题所建议的解决方案颇具吸引力和合理性。[6] 不过,我们也认为,一种源自中国法的责任形式,即补充责任,可能是最合适的。因而,若应首先负责的侵权人无偿付能力,则负补充责任的侵权人就要承担责任。我们建议采取这种责任形式是因为,我们没有发现有足够说服力的理由来增加诉讼,使本来应该对损害负全部责任的第一个侵权人,仅仅因为后来偶然发生的他人行为而有所依靠。我们建议的这种追索请求权如果得到认可,通常会导致单独分开的诉讼,因为对第一个侵权人的索赔在那时已经得到解决。

---

[1] See Restatement (Third) of Torts: Liability for Physical and Emotional Harm (2010) §7. 尽管《第三次侵权法重述》有如此规定,但美国法院还是经常采用狭义的、受限制的义务概念,借此将相关事项作为法律问题处理,阻止陪审团就其加以裁决。

[2]《侵权责任法的基本问题(第一卷)》,边码5/119。

[3] See R. J. Peaslee, Multiple Causation and Damage, 47 Harv. L. Rev. (1934) 1127.

[4]《侵权责任法的基本问题(第一卷)》,边码5/119。

[5] See D. B. Dobbs, The Law of Remedies² (1993) §3.3(3) at 234.

[6]《侵权责任法的基本问题(第一卷)》,边码5/123。

□ 第六节 归责要素

一、违法性

(一) 行为不法或结果不法

与奥地利法一样,美国法只承认行为而非结果的可归责性(违法性概念很少被使用[1])。《侵权责任法的基本问题(第一卷)》介绍的违法性的德国概念[2],对美国人而言是完全陌生的。可归责性或过错的判定采纳客观标准。[3] 客观标准的运用也反映出,在采取管理成本低廉、不太复杂的审查模式与需要判定当事人是否实际实施了道德上不当的行为这种难以证明的事实之间,美国法作出了某种调和(trade-off)。在整个美国报告中,我们都将"过错"或"过失"作为可互换的概念加以使用,以体现不当行为的客观标准,而不当行为是美国有关意外伤害的法律中关键的责任构成要件。当客观标准在涉及未成年人、身体残障者等情形而被修正时,我们在下文中会明确将其与纯粹客观标准加以区分。

6/114

(二) 最小损害的限制

美国法上鲜有关于人身或财产损害最小损害的限制规定。因而,与欧洲国家在严格的产品责任中利用欧盟指令设定最小损害限制不同,美国法上既无此等限制规定,亦无针对"琐事"(bagatelles)的限制。可能是因为身体完整非常重要,受害者只要遭受身体伤害即可主张救济。实际上,除我们下面要讨论的例外之外,缺少该种限制并未引起任何问题。原因在于,提起索赔之诉的成本如此之高,没有人会为了微不足道的损害而起诉。不要忘记,美国允许律师按胜诉分成收费(这在侵权赔偿中被广泛

6/115

---

[1] Dobbs关于侵权法的论著是当代极具影响力的文献,在其索引中就没有"wrongfulness"(违法性)这个词。See Dobbs/Hayden/Bublick, The Law of Torts² Index 84.
[2] 《侵权责任法的基本问题(第一卷)》,边码6/4。
[3] Dobbs/Hayden/Bublick, The Law of Torts² § 127, at 398. 也存在少数例外,如对未成年人或有生理缺陷的人归责时,会采用一种主客观混合的标准;按照案件具体情况,一个智力正常且与被诉儿童具有同等能力的12周岁儿童该如何行为?

使用),且胜诉方的律师费也不能转嫁给败诉方。由于提起诉讼的花费高于预期赔偿额,致使许多索赔诉讼在经济上可能会产生亏损,从而不会被诉至法院。例如,在医疗事故领域,除非赔偿额按美元计算均值在六位数以上(in the mid-to upper-six figure American dollars),否则最优秀的医疗事故律师将不会受理案件。

6/116　　在涉及某些利益侵害的情形,美国侵权法的确设置了最小损害限制。近年来随着对精神安宁的扩张保护,允许某些针对纯粹精神损害的过失侵权之诉,但要求受害人须遭受了严重的精神损害。[1] 这种限制据说服务于以下双重目的:一是排除就"日常焦虑(其构成现代社会生活的组成部分)"提出的索赔请求,二是保证赔偿请求是"真实的"[2],这与《侵权责任法的基本问题(第一卷)》所述政策非常类似[3]。最小损害限制的另一个领域是妨害行为。妨害他人享用不动产的侵权行为必须造成了"重大损害"[4],其理由同样在于,轻微侵入他人土地在现代社会较为普遍,为方便生活,让他人在实现目标的过程中能够自由行动,权利人必须容忍不予赔偿的后果。尽管诉讼中存在前述费用方面的实际障碍,但可能仍然需要有这种限制规定,因为,这些请求常会与其他存在实质损害的索赔请求一并提出。[5]

6/117　　人身伤害中可被采纳了"最小损害限制"的领域存在于石棉诉讼中,如前所述[6],在该类诉讼中,有些法院拒绝承认胸膜斑是法律上认可的损害。这项裁判规则实际上创设了某种形式的最小损害限制,即要求石棉肺需发展到能引起临床症候的程度。设定该限制的理由具有很强的说服力。因为,数百万美国人曾暴露于石棉产品下,石棉受害人的赔偿请求

---

〔1〕 See Restatement (Third) of Torts: Liability for Physical and Emotional Harm (2012) §§47 and 48.《第三次侵权法重述》所依据的理由与《侵权责任法的基本问题(第一卷)》相同。对精神安宁轻微侵扰的法律承认会造成这种损害程度的加剧。

〔2〕 See Restatement (Third) of Torts: Liability for Physical and Emotional Harm (2012) §47 cmt l.

〔3〕《侵权责任法的基本问题(第一卷)》,边码6/24—25。

〔4〕 See Restatement (Second) of Torts (1979) §821F.

〔5〕 故意施予精神痛苦的行为无疑属于这种情况,这种索赔通常在涉及雇佣和民权侵害的诉讼请求中被附带提出。Restatement (Third) of Torts: Liability for Physical and Emotional Harm (2012) §46 reporters note to cmt g. ("众多案件所反映的趋势是,在诉请的真正目的是其他侵权行为或某种制定法权利的情况下,[原告]会附加某种小额或价值不大的针对故意造成精神损害的行为的赔偿请求。")

〔6〕 参见《侵权责任法的基本问题(第一卷)》,边码6/76。

也致使美国 75 家以上的公司破产。[1] 绝大部分这类诉讼是由胸膜斑患者提起的,他们的诉请被其律师们合并处理(bundled),并与全体石棉生产商达成总体和解(settled on a global basis)。这种处理方式排除了遭受最坏结果的受害人另外主张赔偿的可能性:受害人所患间皮瘤是一种绝对致命的癌症。彼得·斯库特(Peter Schuck)提出一个引人注目的观点,即推迟解决一般胸膜斑的赔偿请求,让受害最严重的原告排在最前面。[2] 否定胸膜斑的可赔偿地位也是应对该问题的方式之一。

《侵权责任法的基本问题(第一卷)》注意到,除最小损害限制外,义务违反的要求对小额诉讼也构成限制。该书论证说,不存在避免他人极其微小损害的义务。[3] 这个看法须依如下认识加以限制,即行为人所致损害程度既是风险引致行为的作用结果,也是偶然因素的作用结果。例如,驾驶人所驾车辆与行人发生触碰,仅仅碰到了行人的两根手指,大多数情况下,损害都将是轻微的。不过,要是该行人是一位世界级的钢琴演奏家,那损害赔偿可能就相当可观。相反,以制造了重大危险的方式行为——如在人群聚集的广场打靶——也可能只造成轻微伤害,甚至没有任何伤害。偶然性通常表现为轻微损害与重大损害之间的差异,而被告的可责性并非损害大小的决定因素。有鉴于此,美国法对合理注意义务并不设置最低风险程度的限制。《侵权责任法的基本问题(第一卷)》补充说,若致害风险较小,危险引致行为的价值超过了那些风险,则不成立义务违反行为,我们赞同这个观点。[4]

(三) 注意标准

关于美国法中注意义务的标准,我们可以借用《第三次侵权法重述》对此问题的解释,极好地证明美国法与《侵权责任法的基本问题(第一

---

[1] See S. J. Carroll/D. Hensler/J. Gross/E. M. Sloss/M. Schonlau/A. Abrahamse/J. S. Ashwood, Asbestos Litigation (2005) 92—97.

[2] See P. H. Schuck, The Worst Should Go First: Deferral Registries in Asbestos Litigation, 15 Harvard Journal of Law & Technology (1992) 541.

[3] 《侵权责任法的基本问题(第一卷)》,边码 6/35。

[4] 也许,《侵权责任法的基本问题(第一卷)》中不成立义务违反行为的建议是大陆法国家相当随意地处理义务概念的结果。在美国,义务是意外伤害赔偿请求权的明确构成要件,并在法院决定何种赔偿请求应由陪审团审查、何种请求应予驳回方面发挥重要作用。See Cardi/Green, 81 S. Cal. L. Rev. (2008) 671.

卷)》所述[1]之间的一致性：

6/120 　　任何人在考虑所有相关情况时未尽合理注意，其行为即有过失。在判断行为人是否欠缺合理注意时，考虑的主要因素是行为会导致损害的预见可能性、致害后果严重程度的可预见性，以及消除或减少损害风险的预防负担。[2]

6/121 　　《第三次侵权法重述》详细说明了该基本规则，判断方法依据并体现了如下简单理念：若行为弊大于利，则行为就有过失；反之，若行为利大于弊，则行为无过失。所谓的弊是指行为引发的风险大小；如上所述，"风险大小"同时包括对损害的预见可能性和对致害后果严重程度的可预见性。行为之利涉及的是行为人拒绝采取预防措施时所避免的负担。若风险超过预防该风险的负担，行为人的行为就有过失。预防风险的负担可以表现为多种不同的形式。在许多情形下，它表现为最初由行为人承担的经济负担，尽管有可能在很大程度上被转嫁给行为人的顾客。在高速公路的情形下，负担可表现为行车缓慢，且需驾驶员始终保持更高的注意水平。在枪支所有权人由于枪支保管不当，致使那些可能不当使用枪支的人接触到枪支而因此担责的情形中，负担是所有权人以更为安全的方式保管枪支所遭遇的更多不便。[3]

（四）不作为

6/122 　　在将美国法同《侵权责任法的基本问题（第一卷）》的观点[4]进行比较前，我们希望先就这个经常困扰美国法院的问题作出澄清。事实上，如果行为人的行为整体上创设了危及他人的风险，其无所作为就可能要受一般注意义务的约束。因而，汽车驾驶人在红灯亮起时未踩刹车的行为不会被认为与不作为有关。[5] 驾驶人的驾驶行为对他人制造了风险，从而需要就那些风险尽合理注意，无所作为将构成对该义务的违反。同样，

---

[1]《侵权责任法的基本问题（第一卷）》，边码6/39—44。
[2] Restatement (Third) of Torts: Liability for Physical and Emotional Harm (2010) §3.
[3] Restatement (Third) of Torts: Liability for Physical and Emotional Harm (2010) §3 cmt e.
[4]《侵权责任法的基本问题（第一卷）》，边码6/45—46。
[5] See *Satterfield v. Breeding Insulation Co.*, 266 S. W. 3d 347 (Tennessee 2008); *Dobbs/Hayden/Bublick*, The Law of Torts² §405, at 658 f.

建造或取得危险建筑物的行为[1]也会使行为人承担一般的合理注意义务,并不会被当作积极作为的义务。

在明显个人主义的文化背景下,美国不愿意承认救助义务(或降低他人面临的并非由救助者引发之风险的义务)。《侵权责任法的基本问题(第一卷)》引用的例子是[2],一位盲人毫无所知地走向了一个未设防护的地坑,一位目击者有机会轻易施救[而未施救],尽管该目击者的行为极不道德,但是,在美国,这并不会引致责任。虽然有许多北美学者都谴责这种结果,并提出设置轻易救助义务(a duty of easy rescue)的解决方案[3],但美国法并没有接受这些主张。自由、救助义务发展到极端所导致的自我牺牲、轻易救助和其他救助的界分困难、存在多个潜在救助者时如何施加义务,以及承认自愿无私救助行为的意义等,都被用来为美国法的做法提供正当理由,自由主义倾向的学者理查德·爱泼斯坦(Richard Epstein)对此作过列举。[4]

不过,美国无救助义务的局面已经开始被打破。一些具体的作为义务已被确认,其中有些源自特殊的关系,其他则源自所承担的义务(undertakings)。那些关系的范围随时间推移而趋于扩张。[5] 在一起著名的怠于救助案发生后,美国人对此问题作出有力回应的历史已经很长了。实际上,有几个这类事件已导致立法确定了类似情形下的特定救助义务。[6] 不过,这方面之所以缺乏进一步的改革动力可能是因为,非法律因素的影响如此之大,以至于很少发生不予救助的情况。[7]

---

[1]《侵权责任法的基本问题(第一卷)》,边码6/46。

[2] 同上书,边码6/47。

[3] See eg *E. J. Weinrib*, The Case for a Duty to Rescue, 90 Yale L. J. (1980) 247.

[4] See *R. A. Epstein*, A Theory of Strict Liability, 2 J. Legal Stud. (1973) 151, 197—204.

[5] 《第三次侵权法重述》在2012年确认了几种新的关系类型。Restatement (Third) of Torts: Liability for Physical and Emotional Harm (2012) §§40(b)(5)—(6) and 41(b)(4).

[6] 因此,在1997年,一个名叫Sherrice Iverson的7周岁儿童在浴室隔间遭性侵后被杀害。加害人最好的朋友知道将会发生犯罪行为却未采取任何阻止措施。事后在公众的呼吁下,内华达州和加利福尼亚州就此问题通过了一项刑事法案,规定非加害人亲属的目击者对儿童被性侵负有报告义务。See Sherrice Iverson Child Victim Protection Act, Cal. Penal Code §152.3; Nev. Rev. Stat. Ann. §202.882.

[7] See *D. Hyman*, Rescue Without Law: An Empirical Perspective on the Duty to Rescue, 84 Tex. L. Rev. (2006) 653, 656 (实证研究指出"已经证实了不予救助的情形极其少见,而实施救助的情形却非常普遍——且经常是在危险情形下,这也是起初的案件不适用救助义务的原因")。

二、过错

6/125　与德国法、瑞士法一样[1]，美国法中的注意标准也是客观化的，不考虑个体缺陷。奥利弗·温德尔·霍姆斯（Oliver Wendell Holmes）就该标准所给出的理由，并不关注对行为不可归责之人施加责任的道德属性，而是关注对他人所生之后果，以及判定每个被告特殊能力所面临的成本：

6/126　法律适用的标准是一般标准。法律不考虑气质、智力、教育等无穷无尽的差异，它们使得特定行为的内在特性在不同人身上大相径庭。基于不止一个的充分理由，法律看待人时并不试图像上帝那样看待他们。首先，不可能恰如其分地衡量某人的能力和局限，这一点远比确定这个人对法律的了解更加清楚，一般认为，后者为"每个人都知晓法律"的推定提供了解释。其次，一个更令人满意的解释是，人们在社会中生活，牺牲超出某个点之外的个人特性而取平均的行为标准，这对公共福祉而言是必要的。例如，若某人生性草率而笨拙，总是搞出些意外，伤害自己或邻居，无疑，在天堂的法院里，他的先天缺陷能得到宽恕，但他的小差小错给邻居所造成的麻烦，并不比有过咎的疏忽所造成的麻烦更少。因而，他的邻居会要求他自担风险，达到他们的标准，他们所建立的法院也会拒绝考虑他个人能力的不足。[2]

（一）未成年人

6/127　认定过错的客观标准在许多情形下都被修正。正如《侵权责任法的基本问题（第一卷）》所述[3]，注意标准针对未成年人已有调整。美国存在两种不同的处理方式：一是依规则性规定（rule-like provisions）处理，二是依标准处理。依规则处理的做法免除了7周岁以下未成年人的过失侵权责任，而对7周岁至14周岁的未成年人，则规定了可反驳的无过失能力的推定。反之，对14周岁以上的未成年人推定其有过失能力，但该推定同样可以反驳。大多数州采用了更为灵活的做法，对未成年人侵权

---

[1]《侵权责任法的基本问题（第一卷）》，边码6/83。
[2] *Holmes*, Common Law 108—110.
[3]《侵权责任法的基本问题（第一卷）》，边码6/86。

使用主客观混合标准。未成年人须尽到具有同等智力、技能和经验的正常未成年人所能尽到的注意。即使这种灵活的处理方式也要援引与某个年龄有关的规则,如《第三次侵权法重述》关于5周岁以下未成年人无过失能力的规定。[1]

当未成年人从事成年人的活动时,如驾驶汽车或使用枪支,那么,则例外不适用针对未成年人的特殊规则。从事成年人活动的未成年人应受成年人的合理注意标准约束。 **6/128**

(二) 身体和精神残疾者

在美国,患有客观可证实的重大身体缺陷之人,适用像未成年人一样的主客观混合注意标准。盲人不能被期待尽到与视力正常之人相同的注意,而仅需像其他正常理智的盲人那样去行为。此外,身体残疾之人决定从事某种活动时,必须考虑自身的残疾。盲人驾驶汽车撞到行人时之所以有过失,不是因为他未能避免与行人相撞,而是因为他试图操控汽车。[2] **6/129**

《侵权责任法的基本问题(第一卷)》将自愿行为作为过错责任的先决条件。[3] 美国法与之相似:某人突然丧失行为能力,变得毫无意识,若其对此种情况无法合理预见,且系出于身体状况的原因,则不能被认为有过失。[4] **6/130**

与身体残疾者不同,精神或心智残疾之人仍应适用未经修正的合理注意标准。这种区别对待的正当性主要是基于管理成本的考量:考虑到个体差异很大,要准确认定精神或心智残疾之人的行为能力,对于双方当事人和可用的司法资源来说,都极为困难且代价高昂。即使这种状况能被认定,要进一步确定精神或心智残疾和不当行为之间具有因果关系也有问题。最后,很多不太严重的精神残障并不影响个体尽合理注意的能力。 **6/131**

---

[1] See Restatement (Third) of Torts: Liability for Physical and Emotional Harm (2010) §10.

[2] See Restatement (Third) of Torts: Liability for Physical and Emotional Harm (2010) §11(a).

[3] 《侵权责任法的基本问题(第一卷)》,边码6/81。

[4] 但是,当突然失能是因情绪或精神状况所引发时,该规则不适用。See Restatement (Third) of Torts: Liability for Physical and Emotional Harm (2010) §11(b) and cmt d.

(三) 更高能力

6/132　有更高能力和知识的行为人必须利用这些特质。该标准同样是一种混合标准,它需要考虑被告的能力,并要审查拥有这种更高能力的正常理智之人应有的注意水平。因而,拥有卓越驾驶能力的赛车手能在紧急情况下避免事故,普通驾驶人虽未能运用与赛车手一样的高超驾驶技能来避免事故发生,却不可能就因此而有过失。[1]

6/133　需要注意的是,该标准也适用于专业人员外的其他人。对于专业人员,他们被期待运用其更高的技能和经验,但是,对专业人员做出该要求的方式,却不同于从事日常活动但也有更高能力的非专业人员。因其具有专业性,人们认为,陪审团无法判定专业领域内合理注意的构成因素,因而,专业人员的注意标准被调整为与相似领域内其他专业人员通常应尽的注意水平相同。具有重大影响的 *Robbins v. Footer* 案[2]对前述标准和专家证言的证明要求作出了解释:

6/134　作为初步证明(prima facie)的一部分,医疗过失案的原告必须明确证明其他医师应尽的得到公认的医疗注意标准,以及被告在治疗原告时未满足该标准的事实。由于事实和争议面临的技术难度常常使陪审团既不能判定何为适当的注意标准,也不能判定被告的行为是否符合那种标准,故而,在几乎所有案件中,原告都必须请专家作证。在这种情况下,若无专家证言支持,根本就无法认定过失。

6/135　美国司法判决不太关注专业人员的差错及对其采用客观注意标准的正当性问题。[3] 首先,许多专业人员的疏失行为不是因为他们不具备执业资格,而是因为他们作为人总会犯错这个不幸事实,这与他们所受训练和能力没有关系。其次,在确保不能胜任之人不得提供专业服务方面,职业许可标准发挥了重要作用。但不可避免的是,有些不能始终尽到充分专业注意的人仍可能会得到许可,比如,有位爱荷华州的神经外科医生就

---

〔1〕 See Restatement (Third) of Torts: Liability for Physical and Emotional Harm (2010) § 12.

〔2〕 553 F. 2d 123, 126—27 (D. C. Cir. 1977) (引述省略).

〔3〕 《侵权责任法的基本问题(第一卷)》,边码 6/89.

多次搞错病人应施行手术的大脑一侧。[1]当职业惩戒程序不足以处理这类专业人员时,侵权法的威慑功能就有了用武之地。

三、替代责任

(一) 引论

我们首先对术语和规则的正当性给予初步评论。在美国,"辅助人"(auxiliary)并不是一个通用术语。相反,在美国法中,"代理人"(agents)是指受雇于本人并以本人名义行事的人。依据代理人是"雇员"还是"独立承包人"(independent contractors)[2],他们又可分为两小类。依据我们的理解,"Erfüllungsgehilfen"(履行辅助人)相当于代理人,而"Besorgungsgehilfe"(事务辅助人)则适用于本人和受害人之间无合同关系的情形。[3]尽管"在本人(或者其他相关行为人)范围内"的风险概念所表达的观念极为常用,但它并不为美国司法裁判所用。

接下来是对《侵权责任法的基本问题(第一卷)》所提下述原则的初步评论,即:"替代责任不能建立在比其他类型的责任更少实质理由的基础上"。[4]本报告人将提出另外一种标准:当施加责任比不施加责任理由更强时,替代责任就应被认可。我们不太明白,在应当施予责任时,为何归责的基本原则是采纳最低限度标准(rock-bottom standard)。在美国历史上,只要当时的社会、文化、经济和技术力量能够提供正当理由,就可以扩张(或者限制)责任。尽管替代责任有着悠久的历史[5],但只要让本人承担责任比不让其承担责任更好,那就应当采用替代责任。

---

[1] See *Locksley v. Anesthesiologists of Cedar Rapids*, PC, 333 N.W. 2d 451 (Iowa 1983).

[2] 独立承包人并非被雇请来完成雇主分派的某项任务(通常是具体任务)的雇员。有些独立承包人是代理人,可被授权在特定方面以本人的名义实施行为,有些则只是非代理人的服务提供者。See Restatement (Third) of Agency (2006) §1.01.

[3] 自从开创性的 MacPherson v. Buick Motor Co. 案[111 N.E. 1050 (N.Y. 1916)]判决后,合同相对性在侵权案件中不再发挥作用。

[4]《侵权责任法的基本问题(第一卷)》,边码 6/96。

[5] 替代责任制度自 18 世纪就在英国得到确立,随后输出到采纳英国普通法制度的美国。See *W.P. Keeton/D.B. Dobbs/R.E. Keeton/D.G. Owen*, Prosser and Keeton on the Law of Torts[5] (1984) 500.

(二) 辅助人的自己责任

6/138　　就如在德国和奥地利一样，即使本人要对辅助人的侵权行为承担替代责任，辅助人也仍需承担个人责任。[1] 虽然法律如此规定，但辅助人很少被提起赔偿之诉。[2] 对这种现象的经典解释是，雇员多半无偿付能力，对他们提起诉讼也不会有成效。加里·施瓦茨（Gary Schwartz）还指出其他几个原因，包括雇主想得到雇员的合作以防免侵权赔偿，因而也很少针对雇员提出追偿之诉。[3]

6/139　　《侵权责任法的基本问题（第一卷）》还表达了如下担忧：在雇主无偿付能力时，雇员可能被迫承担不成比例的并可能是毁灭性的责任。[4] 对于侵权责任，美国存在一种能避免出现这种情况的重要控制措施。依胜诉分成方式收取报酬的原告律师，不喜欢对不受责任保险保障的个人提起诉讼。[5] 恰如贝克（Baker）所说："这种实用性的免疫方式并不见之于书本上的侵权法中。"[6] 贝克还解释说，责任保险的范围事实上限定了责任的范围。[7] 虽然针对雇员的索赔通常是由雇主的责任保险人而非某个受害人提起，但要是雇主丧失偿付能力，受害人可能就会对雇员提出《侵权责任法的基本问题（第一卷）》所考虑到的索赔。

6/140　　尽管如此，《侵权责任法的基本问题（第一卷）》仍然赞成在雇主无力偿付时的雇员责任，其理由是，在无辜受害者和实施不当行为的雇员之

---

[1] 基于责任分配的理由，美国法承认替代责任和连带责任之间的差异：承担替代责任的当事人是否对分配给代理人的相应损害份额承担责任，经常被说成是承担替代责任的当事人是否应与代理人承担连带责任。这是误导性的，而且不准确，当连带责任的纯粹形式被取消或更改时尤其如此。承担替代责任的当事人对原告并未实施任何违反义务的行为，仅仅是因为对他人侵权行为的法定归责而需承担责任。Restatement (Third) of Torts: Apportionment of Liability (2000) § 13 cmt c.

[2] See G. T. Schwartz, The Hidden and Fundamental Issue of Employer Vicarious Liability, 69 S. Cal. L. Rev. (1996) 1739, 1753.

[3] Schwartz, 69 S. Cal. L. Rev. (1996) 1739, 1764—1767. 施瓦茨提出的其他解释是：雇主想与雇员保持良好关系；对于雇员疏忽所致之过失，雇主拥有更高的风险负担能力；雇员在为雇主长远利益考虑的过程中作出错误判断，雇主对此予以怜悯和支持。

[4] 《侵权责任法的基本问题（第一卷）》，边码 6/101。

[5] T. Baker, Liability Insurance as Tort Regulation: Six Ways That Liability Insurance Shapes Tort Law in Action 12 Connecticut Insurance Law Journal (Conn. Ins. L. J.) (2005) 1, 4—6.

[6] Baker, 12 Conn. Ins. L. J. (2005) 6.

[7] Ibid.

间,雇主无力偿付的风险应由后者承担。[1]这种论证虽有说服力,但在比较过失取代促成过失后,它便不再有效。伴随美国20世纪后期的侵权法改革,依据原告无辜的原则而发展出来的很多理论都受到质疑,并需重新审视。[2]

在其他几个方面,包括将替代责任限定在雇员从事受雇范围内的行为情形,将替代责任适用于故意侵权行为所引发的问题,以及其他归责界限问题等,美国法与《侵权责任法的基本问题(第一卷)》所描述的德国法、奥地利法都类似。[3]

(三) 归责于上(respondeat superior)

我们希望在此解决两个问题:(1)雇主承担替代责任的范围;(2)给无过错的雇主施加责任的正当性。

美国法赞成《侵权责任法的基本问题(第一卷)》有关归责于上的总体看法。[4]雇主应对雇员在受雇范围内造成的侵权损害承担替代责任。[5]因而,雇主责任属于严格责任,但这种责任要求雇员方面存在过错。此外,雇主也可能要为自己的不当行为承担责任——最常见的形式就是在选择雇员方面存在过失。

替代责任的关键是雇主对雇员的潜在控制能力。雇主实际上并不能控制雇员的所有行为——就此可以考虑一下某位长途货运卡车司机的情况。事实上,在美国,即便雇主事前为雇员确定了行为规则,他还是需要为违反该规则的雇员承担替代责任。因此,如果受雇的卡车司机违反公司规定超速行驶,并引致车祸,雇主仍将承担替代责任。[6]

本报告人赞同如下看法,即不能基于雇主因雇佣行为而增加了致害风险的理由来证立替代责任。[7]我们还需补充说明的是,风险增加一般

---

[1]《侵权责任法的基本问题(第一卷)》,边码6/100。
[2] See M. D. Green, The Unanticipated Ripples of Comparative Negligence: Superseding Cause in Products Liability and Beyond, 53 South Carolina Law Review (2002) 1103.
[3]《侵权责任法的基本问题(第一卷)》,边码6/107—114。
[4] 同上书,边码6/117。
[5] 更多涉及受雇范围边界的问题,详见 Restatement (Third) of Agency (2006) § 7.07 (2)。
[6] See Warner Trucking, Inc. v. Carolina Casualty Ins. Co., 686 N. E. 2d 102 (Indiana 1997).
[7]《侵权责任法的基本问题(第一卷)》,边码6/119。

不是施加责任的理由。只有在增加风险的行为不合理,也即存在过失的情况下,行为人才应就增加的风险承担责任。因此,风险增加的归责原理需要雇主在雇用雇员方面存在过失,而这不能为雇主无过错责任提供正当根据。

6/146　　不过,我们还是认为替代责任具有正当性,其正当基础在美国法中已被牢固地确立。加里·施瓦茨在有关替代责任的评论中,给出了三种基于威慑的正当理由:

6/147　　第一,替代责任给雇主提供了强有力的激励,促其精明地挑选雇员并实施有效监督,明智而精明的雇主行为当能减少雇员出现过失的概率。第二,替代责任能激励雇主去惩戒犯有过失并因而使雇主面临责任的雇员。惩戒既可采取降级降薪的方式,也可采用直接解雇的方式;有效的惩戒既可以辞退将来会引致损害的雇员,又可以给雇员提供避免过失的持续激励。第三,雇员的过失并不能通过对其加以精心选拔、培训、监督和惩戒而完全消除,替代责任可以激励雇主去考虑其他替代方案。该方案可以是特定工作程序的机械化,也可以是单纯减少雇主生产活动的总体规模。[1]

6/148　　我们将在施瓦茨提出的理由后增加一条:替代责任之所以具有正当性,是因为证明雇主存在过失非常困难。在大型、复杂的商业企业中,受害人很少能证明,用人单位本应采取相关风险防范措施,以避免或减轻人们(雇员)不可避免的犯错风险。我们再次引用那个屡次在病人头上动错手术的神经外科医生的例子来说明[2],毋庸置疑,医院可以采用某种制度来避免这种虽极罕见但仍可预见的人之失误。但是,我们怀疑原告律师是否真能发现这种机制,并证明因未采用该机制而构成过失。

四、物之缺陷

6/149　　缺陷物责任[3]的观念在美国并不为人所知。就缺陷物品而言,美国侵权法早先提出的问题是,谁应对物品在设计、建造、维护以及控制等方

---

[1] 施瓦茨得出的结论是,这些以经济分析为基础的正当性分析"虽有前景,但不完善"。*Schwartz*, 69 S. Cal. L. Rev. (1996) 1739, 1758.
[2] 参见上文边码6/135。
[3] 《侵权责任法的基本问题(第一卷)》,边码6/129—135。

面的缺陷负责。这种审查要求确定,行为人是否在相关方面存在过失。美国法也未就此确认任何特殊的标准,如"客观上的疏忽大意"或"严重过错"等。

美国在20世纪60年代采用了针对缺陷产品的严格责任。不过,这种就产品缺陷承担责任的观念源自合同法而非侵权法。买卖合同中的担保条款要求,产品应合理地适合其预期的通常用途,产品欠缺此种用途就将挫败或侵害消费者订立买卖合同时的预期,从而得适用适销性的默示担保理论[即商品应具备通常品质并适合通常用途]。

五、危险性

我们再次重申,危险性不是独立的责任基础。行为人的过失必须得到证明。

不过,在有一个领域内,美国法已发展出针对高度危险活动的严格责任类型。该规则受到了英国 *Rylands v. Fletcher*[1]案的影响,在该案中,所有权人雇用一位独立承包人修建水库,由于所有权人未察觉到其土地上有座废弃的矿井,导致水库的水[从该矿井流出]淹没了邻居的土地。对这种非自然利用行为适用严格责任纯粹是基于公平考虑。被告为了自己的利益而将某物带入其土地,就应当承担该物泄漏对邻居土地造成的损失。

在美国现行法上,针对异常危险活动的严格责任的正当性源自侵权法的威慑功能。美国法上对该理论的表述与《欧洲侵权法原则》相同[2],最终被纳入《第三次侵权法重述》中[3]。20世纪后期,众多法经济学者都致力于解决这种严格责任的正当性问题,其最终由理查德·波斯纳法官在 *Indiana Harbor Belt Railroad Co. v. American Cyanamid Co*[4]案中表达出来。过失侵权已对安全行为提供了充分的激励。但是,由于法院在裁定这类问题时所面临的困难,例如,若可以选择用船运货,则使用

---

[1] [1868] L. R. 3 H. L. 330.

[2] 欧洲侵权法小组:《欧洲侵权法原则》第5:101条。

[3] See Restatement (Third) of Torts: Liability for Physical and Emotional Harm (2010) § 20.

[4] 916 F. 2d 1174 (7th Cir. 1990).

卡车运货是否具有过失就有疑问,因此,过失侵权就不能很好地处理这类企业活动的致害问题。为了管控危险活动的总量,同时激励企业为使经营活动更为安全而开发新技术,或者将生产活动迁到更为安全的地点,严格责任由此得以采用。

6/154　　在美国,针对高度危险活动的严格责任相当受限。认定异常危险的活动的权力被配置给法院而非陪审团。目前已经被确定为异常危险的活动数量很少。在某些司法管辖区,它仅限于爆破(blasting)活动。在另一些司法管辖区,则通过立法将其限于爆破和建筑打桩(pile driving)活动。危险废弃物的处理、核能发电和放射性物质的处理是另外三个被部分法院列为异常危险活动的领域。[1]

6/155　　关于第三人侵权行为引起或者促成了异常危险活动致害时的责任分配[2],美国法以比较责任作为损害分摊的依据。然而,我们的感觉是,第三方过失与异常危险活动同时发生的情况相当罕见。同样,受害人基于比较过错(更好的称谓是比较责任)的促成过错也构成[被告的]部分抗辩。虽然促成过失不是严格责任的有效抗辩,但比较责任的采纳已改变了这种局面。[3]

六、经济负担能力

6/156　　关于适用于未成年人或因紧迫需要而行为者的经济负担能力规则,美国法中并没有任何相似的规定。[4] 美国法通常认为,被告的财产状况并非具有相关性的考虑因素。[5]

---

〔1〕 See Restatement (Third) of Torts: Liability for Physical and Emotional Harm (2010) § 20 reporters note to cmt e.

〔2〕《侵权责任法的基本问题(第一卷)》,边码 6/53—55。

〔3〕 See Restatement (Third) of Torts: Apportionment of Liability (2000) § 1.

〔4〕《侵权责任法的基本问题(第一卷)》,边码 6/164。

〔5〕 本报告人所知的一个例外与惩罚性赔偿有关。被告的财产虽然对责任没有影响,但往往是确定适当赔偿额的一个参考标准。See Dobbs, The Law of Remedies² § 3.11(5) at 331—333。

七、保险

与被告的财产状况一样,在确定赔偿责任或适当的赔偿金额时,传统上也认为责任保险的存在与否乃不相关的考虑因素(许多司法管辖区都不允许对惩罚性赔偿进行保险)。[1] 事实上,在审判中不允许提及被告的责任保险,以避免不相关的法律问题影响到陪审团的裁定。[2]   6/157

尽管如此,在20世纪中叶,因受詹姆斯·弗莱明(Fleming James)等学者的影响,一些法院开始采用"损失分散"理论来合理化严格的产品责任。[3] 依据这种理论,赔偿遭受灾难性损失的受害者,会将损害的社会成本降到最低,而其他产品使用者实际上将负担赔偿成本。这种观念立基于保险原理,但在法律上被强制要求。[4] 从这种解释中可以看出,被告是否投保或本应投保的问题就成了施加严格的产品责任之准据。[5]   6/158

责任保险起决定性作用的另一个领域是对家庭成员豁免权的废除。最初,完整家庭中的一位成员起诉另一名成员看起来毫无意义。多年以来,美国法都基于家庭和谐的考虑,采用家庭成员豁免理论来避免这类诉讼(无论它们是否有道理)。但是,近年来,因受(机动车或房主)责任保险普遍化的影响,其可以覆盖家庭成员之间的责任,故许多法院已经废除了这项豁免。最后,我们也注意到了《德国民法典》第829条和《奥地利民法典》第1310条的规定[6],它们将责任保险纳入考虑范围,但是,这类规定可能会事与愿违地让未成年人或者精神病患者避免为自己购买保险。我   6/159

---

[1] See C. M. Sharkey, Revisiting the Noninsurable Costs of Accidents, 64 Maryland Law Review (2005) 409, 454 and FN 224.

[2] See Federal Rules of Evidence (Fed. R. Evid.) 411(一个人是否投保责任险,并不能证明其行为是否有过失或不正当。但是,法院可以允许将这些证据用于其他目的,如证实证人的偏见或成见,或者证明代理、所有权或者控制关系的存在)。

[3] See J. Fleming, Jr., Products Liability, 34 Tex. L. Rev. (1956) 44. 同样,主多·卡拉布雷西也主张以分散损失的方式降低社会成本。See Calabresi, Accidents 51—54.

[4] 用侵权法来分散损失一直受到相当多的学术批评。See Polinsky/Shavell, 123 Harv. L. Rev. (2010) 1437, 1465—1469.

[5] See Escola v. Coca Cola Bottling Co. of Fresno, 150 P. 2d 436, 440, 441 (California 1944)(Traynor, J., concurring)("侵害引致的成本、时间或健康的损失对于被侵权人而言是一场巨大的灾难,也是没有必要的,因为,致害风险可以由生产商投保,并将其作为一种经营成本分摊给社会公众")。

[6] 《侵权责任法的基本问题(第一卷)》,边码6/177。

们还注意到,许多大型企业都选择自我保险,而其他企业则会购买超过特定金额的责任险,对该金额以下的责任才实行自我保险。

八、风险社会

6/160　　基于风险社会观念的考虑,我们将机动车事故区别于产品事故加以讨论。产品往往存在市场区分,有些人会购买更安全的产品,而其他人则会购买不那么安全的同类产品。汽车就是这方面极好的例子,相比于小型经济车,大型高档汽车配置了更多的保护及更好的安全技术。因此,威德默尔(Widmer)关于风险社会的看法[1]在某些产品市场上并不具有实践操作性。即使在同等风险的同类产品市场上,每个消费者也都要为防止缺陷所致损害而支付同样的费用。不过,那些高收入者会比那些低收入者、退休者或失业者得到更多的保护。因此,在产品市场贯彻风险社会观念,会使不那么富裕者补贴富裕者。相反,私人保险就不会产生这样的补贴效果。

6/161　　就机动车事故来看,第三方责任保险存在交叉补贴的担忧。虽然富人遭受损害时会比穷人获得更多的赔偿,但他们并未因此而支付更多的保险费。另外,就提供补偿而言,即使适用严格责任,责任保险仍是一种昂贵的方式。[2]相反,强制第一人保险在提供补偿方面会更有效率,更能满足每个投保人就其因伤丧失的收入进行充分保险的需要。此外,第一人保险对驾驶人也具吸引力,因为,在不良驾驶行为不仅对他人造成风险、也对驾驶人自己造成风险的情形下,威慑功能将发挥弱化风险的作用。规定无过错的机动车保险的立法努力,在20世纪70年代的美国虽取得一定成效,但在随后的岁月里,却主要因来自出庭律师的政治上的反对而停滞不前。[3]

---

[1]《侵权责任法的基本问题(第一卷)》,边码6/181。

[2] 第三者责任保险曾被多次评估,其管理成本大概是第一方责任的三到五倍。See J. Fleming, Jr., Limitations on Liability for Economic Loss Caused by Negligence: A Pragmatic Appraisal, 25 Vand. L. Rev. (1972) 43, 52 (责任保险的管理成本占到了56%,第一方责任险的管理成本则被限制在18%); G. Priest, The Current Insurance Crisis and Modern Tort Law, 96 Yale L. J. (1987) 1521, 1588 (责任保险的管理成本是第一方健康险的五倍)。

[3] See J. M. Anderson/P. Heaton/S. J. Carroll, The U.S. Experience with No-Fault Automobile Insurance: A Retrospective (2010).

九、证明负担转移与更重的责任

我们将明确回答《侵权责任法的基本问题(第一卷)》有关证明负担转移的讨论中[1]未言明的问题。证明负担转移并不是为了施加更高的责任标准,而是为了从被告那里获取与其过错有关的证据,否则,被告不会有将其控制的相关证据予以提交的动力。此外,出于相同目的,或者将不能举证的风险加于有过咎的被告要比加于无辜的受害者更公平时,证明负担转移还可用于过错之外的其他责任构成要素方面。[2]

十、混合标准

我们认为,大多数美国观察者都会赞同约翰·尼特林(Johann Neethling)[3]的观点,并主张过错责任与涉及异常危险活动的严格责任具有截然不同的责任基础。如上所述,异常危险活动只是美国侵权法中相对较小的部分。我们很难确定这两种责任基础的中间状态。并且,我们也倾向于反对如下观点,即认为"风险越大注意程度就越高"的认识偏离了过错责任。注意标准是一种合理性标准,当风险较大时,合理标准所要求尽到的注意义务的程度就较高。同样,依据汉德公式,在损害不变的情况下,若引致的风险增大,则需尽更高程度的注意义务。这是过错责任,而非介于过错责任和严格责任之间的混合责任,大多数美国法院都会持这种看法。[4]

---

[1] 《侵权责任法的基本问题(第一卷)》,边码6/184及186。
[2] See eg *Haft v. Lone Palm Hotel*, 478 P. 2d 465 (California 1970).
[3] J. *Neethling*, South Africa, in: B. A. Koch/H. Koziol (eds), Unification of Tort Law: Strict Liability (2002) 269 (转引自《侵权责任法的基本问题(第一卷)》,边码6/188。
[4] See *Bethel v. New York City Transit Auth.*, 703 N. E. 2d 1214, 1216 (N. Y. 1998) ("但是,在基本的传统过失理论中,客观、理性人标准必须考虑到事故发生时行为人面对的现实情况,包括合理可感知的风险、对他人损害的严重性,以及受害人和行为人之间的特殊依赖关系")。

十一、企业责任

6/164　　除产品责任外,美国几乎没有其他企业责任。[1]因建筑物或企业缺陷而承担责任的观念,在美国并不为人所熟知。著名的美国侵权法学者格雷格·基廷(Greg Keating)是企业责任的有力倡导者,并声称在现代侵权法中发现了企业责任的重要衍生类型,但他在持有那种观点的人中明显属于少数。[2]

十二、产品责任

6/165　　20世纪60年代的美国,正处于一个进步的时代,社会期望政府提供更强有力的安全保障体系,以改善人民生活中的风险状况,严格的产品责任借此得以发展。此外,因法院不愿意对产品生产商不加选择地采用过失责任标准(a full-throated negligence standard),故严格的产品责任在发展中并没有取代过错责任,而是取代了原本无责任的部分领域(sub-

---

[1]　因此,我们不赞同《侵权责任法的基本问题(第一卷)》中的表述:美国成为"对企业适用更严厉的损害赔偿责任"的时代潮流的一部分(边码6/192)。加里·施瓦茨在《侵权责任法的基本问题(第一卷)》援引的一篇论文中,有力地驳斥了乔治·普利斯特(George Priest)关于企业责任的主张。See G. T. Schwartz, The Beginning and the Possible End of the Rise of Modern American Tort Law, 26 Ga. L. Rev. (1992) 601. 自施瓦茨的论文发表后,废除严格产品责任的主张一直存在,以至于在产品责任中几乎没有严格性可言了。参见边码6/166以下; G. G. Howells/M. Mildred, Is European Products Liability More Protective than the Restatement (Third) of Torts: Products Liability? 65 Tennessee Law Review (1998) 985; A. Awad, The Concept of Defect in American and English Products Liability Discourse: Despite Strict Liability Linguistics, Negligence Is Back with a Vengeance! 10 Pace International Law Review (1997) 275.

[2]　正如基廷(Keating)承认的那样,"企业责任理论在《第三次侵权法重述:一般原则》[自从更名为身体和精神损害的责任后]中根本就没再出现过"。G. C. Keating, The Theory of Enterprise Liability and Common Law Strict Liability, 54 Vand. L. Rev. (2001) 1285, 1288. 对企业责任的其他理论支持,参见V. E. Nolan/E. Ursin, Understanding Enterprise Liability: Rethinking Tort Reform for the Twenty-first Century (1995).

第六章　美国法视野下损害赔偿法的基本问题　453

stantial pockets of no liability)。[1] 不承担责任或只承担部分责任更好地反映了这个时代的需要,因为,受害人会面临证明销售者存在过错的困难,同时也会遭遇担保责任的适用障碍。[2] 此外,严格的产品责任关注的焦点是在正常使用过程中显然不符合要求的产品:如爆炸的苏打水饮料瓶[3],固定装置不结实的机床[4]以及切断用户手指的具有锋利隐藏部件的割草机[5]等。的确,得到认可的严格产品责任部分立基于损失分摊和企业责任原理,但是,支持这种发展的还有许多其他政策考量。严格产品责任的"严格性"借自买卖法及其关于适销性的默示担保规定,而非源自任何支持严格责任的侵权法原理。

尽管法院想要找到某种可适用于设计缺陷和警示瑕疵的严格成分,但是,美国法律目前在认定是否存在这种缺陷时仍主要采用过失标准。[6] 既然严格责任确实存在于制造缺陷与产品通常使用中有重大安全隐患的情形,基于受害者面临难以证明生产者过失的情形的理由,在这

---

〔1〕See eg *Sawyer v. Pine Oil Sales Co.*, 155 F. 2d 855, 856 (5th Cir. 1946)(适用了路易斯安那州法)(清洗剂溅入原告的眼睛,造成了永久损伤,但法院拒绝了过失赔偿请求,部分原因是"清洁剂不是用来在眼部使用的"); *Simmons v. Rhodes & Jamieson, Ltd.*, 293 P. 2d 26 (California 1956), *Dalton v. Pioneer Sand & Gravel Co.*, 227 P. 2d 173 (Washington 1951)(在Simmons和Dalton两个案件中,法院拒绝将该案提交陪审团裁决,因为,原告为水泥工,本应了解混凝土腐蚀剂的特性); *Imperial v. Central Concrete, Inc.*, 146 N. Y. S. 2d 307 (App. Div. 1955)(认为潮湿的水泥不是危险物质), aff'd, 142 N. E. 2d 209 (N. Y. 1957) 151 A. 2d 731 (1959)(湿水泥明显对水泥工人有危险性); *Frank v. Crescent Truck Co.*, 244 F. 2d 101 (3d Cir. 1957)(适用了新泽西州法)(发明了一种不寻常的使用方法后,叉车操作员没有把脚放在操作平台上,其声称是因为空间太狭窄,结果导致脚与墙挤压受伤,法院认定这种使用操作平台的方式是不寻常的,操作行为与损害不成立近因关系); see generally *D. Noel*, Manufacturer's Negligence of Design or Directions for Use of a Product, 71 Yale L. J. (1961) 816.

〔2〕See *M. D. Green*, The Unappreciated Congruity of the Second and Third Restatements on Design Defects, 74 Brooklyn Law Review (2009) 807, 815 ("大部分学术研究都涉及责任施加过程中的种种障碍,如相对性障碍及其他担保法上的限制")。

〔3〕See *Escola v. Coca Cola Bottling Co. of Fresno*, 150 P. 2d 436 (California 1944).

〔4〕See *Greenman v. Yuba Power Prod., Inc.*, 377 P. 2d 897 (California 1963).

〔5〕See *Matthews v. Lawnlite Co.*, 88 So. 2d 299 (Florida 1956).

〔6〕这种纠缠不清的极端状况出现在 *Beshada v. Johns-Manville Products Corp.*, [447 A. 2d 539 (New Jersey 1982)]案中。被告主张石棉危险在其产品制造出来时尚不可预见,但新泽西州最高法院表示该主张与案件无关。法院裁定,风险的可预见性与严格的产品责任不具相关性。18个月后,法院改变了立场,认为药品制造商可以使用现有技术水平的抗辩,声称在原告使用药物时,药品的风险尚不为人所知。See *Feldman v. Lederle Labs*, 479 A. 2d 374 (New Jersey 1984)。《第三次侵权法重述》要求,对于警示与设计缺陷,风险都应是可预见的(且应由原告证明)。See Restatement (Third) of Torts: Products Liability (1998) §2(b)—(c).

两个领域适用严格责任即属正当。

十三、比较责任

6/167 《侵权责任法的基本问题(第一卷)》认为,比较责任"在当下几乎所有的法律制度中都有规定",美国法即属其例。[1] 我们要补充的是,接受比较责任方案的大多数州都做出了某种"改动",如禁止过错比例超过50%的原告得到赔偿。[2]

6/168 法经济学者常常认为,比较责任服务于威慑目的,《侵权责任法的基本问题(第一卷)》也表达了相同看法,我们对该观点深表怀疑。[3] 根据这种观点,侵权法必须为潜在的受害人提供激励,以避免从事危及自身的风险行为。如前所述,已经有相当多的激励来威慑对自身造成致害风险的行为,在人身伤害方面尤其如此。[4] 事实上,在许多涉及个人一时疏忽的案件中,法律并不能对这种情况产生多少影响,因而,我们倾向于认为,让有过失的加害人(尤其是企业)承担全部责任,其威慑效果远胜于让受害人承担部分责任。由此,我们的观点是,因受害人过失而减少损害赔偿的理由与公平原则和如下认识有关:若双方在造成损害方面都有过失,责任应由双方共同承担,而不是把全部责任施加于其中一方。

6/169 对于《侵权责任法的基本问题(第一卷)》中就与原告过错有关的责任原则之适用的讨论,我们有点困惑。[5] 它主张,只有会使其向第三人承担责任的受害人行为才能成立比较责任。[6] 然而,可能构成受害人过错的多数情形都只对受害人自己而非第三人造成危险。比如,爬梯子不小心的房主就只对自己造成了风险。如果损害分摊仅限于受害人的不合理行为对第三人造成危险的情形,这会比美国实际的做法狭窄得多。的确,

---

〔1〕《侵权责任法的基本问题(第一卷)》,边码6/204。虽然比较责任是各州中的绝对优势规则,不过目前仍有五个州坚持以促成过失完全排除对损害的赔偿。参见 Restatement (Third) of Torts: Apportionment of Liability (2000) §7 reporters note to cmt a.

〔2〕See Restatement (Third) of Torts: Apportionment of Liability (2000) §7 reporters note to cmt a.

〔3〕《侵权责任法的基本问题(第一卷)》,边码6/204。

〔4〕参见上文边码6/20。

〔5〕《侵权责任法的基本问题(第一卷)》,边码2/204、边码6/206。

〔6〕《侵权责任法的基本问题(第一卷)》,边码6/216针对另一种观点认为,比较责任涉及的是只对行为人自己造成风险的行为。

有些过错行为(如驾驶时疏忽大意)对自己和他人都会造成威胁,在这种情况下,让原告承担更重的比较责任就是合理的。[1]

我们对区分理论更感困惑[2],美国没有类似的理论。如果我们的理解无误,坚持这种理论似乎没有意义,因为原告始终是损害引致者,纵然其行为不具有可责难性,他也必须承担部分责任。我们无法理解,对于加害人非属侵权的行为不应施加责任,为何对受害人却要区别对待。的确,侵权法拒绝转嫁非侵权行为造成的损失,但是,这样做的原因,并不是为了将损失加诸于受害人,而是因为没有适当的理由来转嫁损失。[3]侵权法并未涉及受害人可用的其他赔偿来源,如残疾险或健康险,它们也具有转嫁受害人损失的效果。

6/170

我们赞同,只对自己造成危险的行为,不属于侵权法的调整范围,不具有可责难性。[4]与自己事务相关的自由支持这种判断。不过,当只对自己有危险的行为与他人的侵权行为同时发生时,他人就有理由要求,在确定责任时应考虑受害人自己的危险行为。这种要求不仅建立在公平原则基础上,而且,在法经济学者看来,它还立基于威慑的考虑。[5]在其他方面都相同的情况下,只对自己造成危险的行为比对他人造成危险的行为应受责难的程度相对较轻。不过,美国法采取的推理方式与《侵权责任法的基本问题(第一卷)》所述的奥地利—德国法采取的方式有很大不同。[6]若受害人的行为达到了不合理引致风险的最低标准(同时假定这种讨论只涉及受害人),则受害人较少的可责难性将会反映在对其过错程度(及对损害应负之责任)的认定上,相应地会对被告施以相对更重的比较责任(和损害赔偿责任)。

6/171

在比较责任出现前,受害人行为是否合理的认定要更为宽松些。采取不同标准的理由在于促成过失的不公平性,它将意外损害全部加诸于

6/172

---

[1] See Restatement (Third) of Torts: Apportionment of Liability (2000) § 3 cmt a.
[2] 《侵权责任法的基本问题(第一卷)》,边码 6/209。
[3] 因此,我们不赞同存在某种"受害人承担风险的一般规则"的观点,《侵权责任法的基本问题(第一卷)》,边码 6/213。我们毋宁认为,存在某种"除非加害人满足了侵权责任成立要件,否则就不得对其施加责任的规则"。
[4] 我们注意到,经常发生某行为同时对行为人自己和他人都造成风险的情况。
[5] 关于威慑对自身造成伤害风险之行为的观点,我们已经表达了质疑,参见上文边码 6/168。
[6] 《侵权责任法的基本问题(第一卷)》,边码 6/218。

均有过错行为的双方之中的一方。在比较责任被接受后,那种原则已经被替换为如下规则,即"原告的过失要依适用于被告的过失标准加以界定"[1]。那些经过改良的理论,如最后明显机会说(last clear chance),即当加害人有最后的明显机会避免事故时就否定受害人的过错,亦遭废弃。[2]

□ 第七节 归责限制

一、近因或责任范围

6/173　　从美国法的角度来看,我们由衷地赞同,为解决采用朴素的"必要条件标准"所产生的侵权责任范围问题,有必要引入其他限制因素。我们也同意,这项限制与事实因果关系不同,属于法律判断。美国侵权法曾用"法律上的原因"概念同时包含事实因果关系和责任限制因素,我们对由此引致的混淆深感遗憾。[3] 事实上,更为常用的"近因"概念有时同时指称原因和责任限制因素,有时则仅指事实原因或责任限制因素,这在美国侵权法中引致了更多混淆。[4] 这种混淆不仅缘于用同一术语指称不同事物,也缘于未能清楚区分基本上客观的事实因果关系之认定因素与涉及被告责任范围的规范性评价因素。[5]

6/174　　我们也真诚地希望《第三次侵权法重述》能够消除这种混淆。就像《欧洲侵权法原则》一样,本次重述有意识地区分了事实因果关系与责任

---

[1] See Restatement (Third) of Torts: Apportionment of Liability (2000) § 3 cmt a.

[2] See Restatement (Third) of Torts: Apportionment of Liability (2000) § 3.

[3] 前两次侵权法重述使用的都是"法律上的原因",要求"行为人的过失应是他人损害的法律上的原因"。《第二次侵权法重述》(1965)第 430 条,《侵权法重述》(1934)第 430 条。重述的用语从来未得到广泛的支持,相反,"近因"概念却经常被使用,有时还同时表示事实上的原因和责任范围两种含义。See Dobbs, The Law of Torts § 167, at 408 ("在'近因'的概念下,法院经常将这两个问题合并在一起")。

[4] See Restatement (Third) of Torts: Liability for Physical and Emotional Harm (2010) § 26 cmt a.

[5] Restatement (Third) of Torts: Liability for Physical and Emotional Harm (2010) § 29 cmt g; see also Eldredge, 86 U. Pa. L. Rev. (1937) 121, 123 ("将两个单独的问题当成一个问题加以讨论,这种概念使用极为经常地只会使真正的问题更加模糊不清……")。

限制因素。[1] 并且,它还采用了全新的用语,用事实原因和责任范围来描述上述两种要素,不再使用法律上的原因、近因等术语。《第三次侵权法重述》能否在美国法中肃清根深蒂固的传统用法,现在尚难断言。[2]

关于责任限制,我们最后应该解释一下美国法中的一项例外。《侵权责任法的基本问题(第一卷)》反映了一种传统观点,即一旦发生某种违反义务的过失行为,"违反行为就无须与进一步发生的后果相关联"[3]。在 Palsgraf v. Long Island Railroad Co.[4] 案——这可能是美国历史上最为有名的侵权法案例——中,卡多佐法官坚持认为,义务与过失应该受到过失行为发生时可预见的损害限制。"打个比方,悬在空中的过失就不会造成损害。"[5] 因此,被告铁路公司不应对原告的损害担责,因为原告一直站在站台上,与铁轨还有一定距离。被告的两名雇员为一位着急上车的乘客提供帮助。在此期间,该乘客掉落了一个用报纸包着的装有烟火的小包裹。包裹掉地时烟火发生爆炸。爆炸产生的冲击波导致旁边的杆秤砸中原告使其受伤。

根据卡多佐的意见,即使对正在上车的乘客或周围的其他人有致害风险的事实能够支持认定被告的义务,且被告的雇员违反了这种义务,该行为也并非与原告(所受伤害)有关的不法行为。因此,卡多佐宣称,因无对原告的注意义务,故"法律上的因果关系,无论远近"[6]均与此案无关。在卡多佐看来,义务而非行为才与责任相关。

就此而言,Palsgraf 案在两个方面具有重要意义。首先,它把很多过去被当作责任范围的问题——如对原告的可预见性问题——转换成了对义务违反的认定问题,要求判定被告行为发生时能够预见到的处于受害风险下的人员范围。当然,可预见性是限制责任范围的常用标准之一。该变化对美国的实践意义在于,它把责任范围的确定从陪审团(过去它被

---

[1] 请比较《第三次侵权法重述:身体和精神损害的责任》(2010)第 26—36 条(使用了两章来处理事实上的原因和责任范围的问题)与《欧洲侵权法原则》第 3:101—201 条(尽管都在同一章中,但采用了不同的节来处理这两个问题)。

[2] 令人振奋的一项证据是,爱荷华州高等法院在 Thompson v. Kaczinski 案[774 N. W. 2d 829 (Iowa 2009)]中采纳了"责任范围"的用语,这甚至是发生在《第三次侵权法重述》最终公布之前。

[3] 《侵权责任法的基本问题(第一卷)》,边码 7/3。

[4] 162 N.E. 99 (N.Y. 1928).

[5] 162 N.E. 99 (N.Y. 1928) (quoting F. Pollock, Torts¹¹ [1920] 455).

[6] 162 N.E. 99, 101 (N.Y. 1928).

当作事实问题[1],因而由陪审团决定)转到了法院,义务被作为法律上的问题来处理。

6/178　　相反,安德鲁斯(Andrews)法官不同意卡多佐的看法,认为义务源于制造风险的行为,该义务是一种"对世的义务"。[2] 这种扩张性的义务观给责任范围(当时采近因说)留下了一个问题,即责任究竟能扩张到多远。

6/179　　当代许多美国观察家认为,Palsgraf 案的影响力已经大大减弱,它虽然曾是一个重要的历史性问题,但在当下已无实质意义。相比于前述观察者,最近的一篇论文对该案则评价更高一些。该文作者写道:"就原告可预见性的妥当理论基础(doctrinal home)而言,卡多佐无疑更胜一筹……明显占多数的法院都赞成,义务才是原告可预见性的适当基础……"[3]

二、"因果链的中断"

6/180　　就个人而言,我们由衷地赞成《侵权责任法的基本问题(第一卷)》对如下看法的评判,即介入行为可以中断被告侵权行为与原告损害之间的因果关系。[4] 不过,我们必须指出的是,有很多语言表达被伪饰成了美国法院判决中的分析论证。恰如《侵权责任法的基本问题(第一卷)》所述:因果链中断的观念与事实上的因果关系无关,它处理的是责任范围问题。因此,介入行为应被描述为并被当作是责任限制理论,而非借助"因果链的中断"这种形而上概念。[5]

---

[1] 显而易见,责任范围并非事实问题,相反,它要求进行某种规范评价,来判断责任范围应当有多大,即便责任范围的法定标准会限制这种评价。因为,作出这种评价所需的事实在个案中都是特定的,判定这种事实要素是法律赋予陪审团的任务,而义务却是法院要解决的法律问题。

[2] 162 N.E. 99, 105 (N.Y. 1928).

[3] W. J. Cardi, The Hidden Legacy of Palsgraf: Modern Duty Law in Microcosm, 91 Boston University Law Review (2011) 1873, 1913.

[4] 《侵权责任法的基本问题(第一卷)》,边码 7/6。

[5] See Restatement (Third) of Torts: Liability for Physical and Emotional Harm (2010) § 34 and cmt b.

三、确定责任范围的标准

我们无法评判《侵权责任法的基本问题(第一卷)》论及的相当性理论。[1] 可能是因为不熟悉,或者是因为该理论的多种变体妨碍了就其内容作更具体的解释,我们无法理解该理论。认为远隔的损害(remote damage)系因不受行为人控制而被排除,这种解释从美国法来看不具有说服力。未能充分保障危险枪支安全的人,在第三人利用保管疏漏而取得占有时,就失去了对该枪支的控制,但是,失去控制本身并不能作为排除枪支所有人责任的理由。同样,威慑论也无法说服我们。如果行为人因过失造成某种可预见的危险,另外也引发了不可预见的损害,此时,威慑论赞同行为人需承担责任。事实上,对威慑论的高调支持将不再需要对责任范围的限制,因为,一旦认定行为人制造了过多的危险,那么,不管随后发生的损害与之是否有关,施加责任总是恰当的。[2]

6/181

我们认为,《侵权责任法的基本问题(第一卷)》所称的规范保护目的理论[3]与美国法中的"风险内的损害"(harm-within-the-risk)规则相当。该规则作为责任限制规则,是美国司法裁判中得到采用的几个现有规则之一。[4] 它提出的问题是,导致原告受损的特定危险是否处于被告应对其担责的风险范围内。[5] 该限制既可用于过失侵权,也可用于严格责任侵权,因为,其关注的是风险而非过错行为。故而,若对储存炸药的行为适用严格责任,则从事这种行为的行为人就不应对炸药包掉落砸断他人脚趾的后果承担[严格]责任。因为,炸药砸伤他人并不是一种让存储炸药者负担严格责任的危险。

6/182

用不同术语表达的这个规则,也被用于限制违反制定法上安全保护规定致损时的赔偿责任。因而,在认定责任时,损害须为该保护规定旨在

6/183

---

[1] 《侵权责任法的基本问题(第一卷)》,边码 7/7—14。
[2] See S. Shavell, Economic Analysis of Accident Law (1987) 113. 波斯纳和兰德斯(Landes)基于管理成本的理由证成了责任范围规定的正当性。See Landes/Posner, Economic Structure 246—248.
[3] 《侵权责任法的基本问题(第一卷)》,边码 7/15—21。
[4] See J. A. Page, Torts: Proximate Cause (2003).
[5] See Restatement (Third) of Torts: Liability for Physical and Emotional Harm (2010) §29.

防免的损害,而受害人须属该保护规定所保护的主体范围。[1] 鉴于过失侵权诉因可能包括所有存在致害他人之危险的行为,而保护法规关注的范围相对较窄,故与特定保护法规相关的法律适用就明显更加容易。

四、合法替代行为:事实原因抑或责任范围?

6/184　　对汽车驾驶人超越自行车骑行者的假想案例[2],我们看不出用事实因果关系处理有何困难。通过事实反拟的方式——"若无侵权行为[3],结果有无不同?"——来认定事实原因,答案显然是否定的。既然侵权行为是未留够避让空间,且即使留够避让空间仍会发生相同损害,则该驾驶人的侵权行为就不是损害发生的事实原因。故而,因欠缺事实原因,即损害无论如何都会发生,该驾驶人无须担责。对于《侵权责任法的基本问题(第一卷)》同时提及的知情同意情形,结果亦同。[4]

6/185　　尽管的确如《侵权责任法的基本问题(第一卷)》所说[5],在上述两种案型及类似情形中,其他事件都不过是假想的事实情境,并未实际发生,但我们认为这并不重要。对任何事实原因的判定都必定是一种事实反拟的认识过程:若被告没有从事侵权行为,到底会发生什么后果?[6] 因此,替代事件同样会引致相同损害仅属假定的事实,仅对因果关系的判定具有意义,而不构成对无原因存在之结论的反对理由。因此,美国法律及理论可与《侵权责任法的基本问题(第一卷)》所称的"绝大多数"保持一

---

[1] Restatement (Third) of Torts: Liability for Physical and Emotional Harm (2010) §14.

[2] 《侵权责任法的基本问题(第一卷)》,边码7/22。

[3] 我们须作解释的是,在从事事实反拟的审查时,需要移除的是行为人的侵权行为而非全部行为。"就归责而言,侵权行为必须是损害发生的事实原因"。Restatement (Third) of Torts: Liability for Physical and Emotional Harm (2010) §26.

[4] See *Rinaldo v. McGovern*, 587 N. E. 2d 264 (New York 1991) (高尔夫球手在击球前未喊"让开"不能成为受害人被球击中而受伤的致损原因,因为,这种警示"根本不会有什么用处"); *Tollison v. State of Washington*, 950 P. 2d 461 (Washington 1998) (收养机构对未能依法提供预期被收养人信息的行为无须承担责任,因为,即便其提供了信息,收养人仍会进行收养)。

[5] 《侵权责任法的基本问题(第一卷)》,边码7/23。

[6] See *D. W. Robertson*, The Common Sense of Cause in Fact, 75 Tex. L. Rev. (1997) 1765, 1769—1771.

致。[1]事实上,美国法律人在理解"毫无疑问仍属通行的观点"时仍然会面临困难。[2]

在涉及知情同意的情形时,《侵权责任法的基本问题(第一卷)》表达了对威慑论的担忧,相比于让医师对并非由其引起的损害承担责任的做法,存在一种理论上更加令人满意的替代解决办法。正如《侵权责任法的基本问题(第一卷)》所言[3],患者被剥夺的是在知情后决定是否同意医疗介入的自主决定利益。如果法院认为该利益可赔,被告就应承担责任,而且,赔偿额是依已经发生的损害、而非其他尚未发生的损害加以确定。[4]

按照上述学者的看法,在合法替代原因情形,同样没有理由采纳比例责任方案。侵权法的一个基本原则是,侵权人不对非其所致的损害承担责任。合法替代原因仅仅是分析事实因果关系的另一种方式,并非放弃该项基本原则的理由。

五、介入行为

当第三人的故意介入行为也是损害发生的事实原因时,美国侵权法中也有很多免除侵权人责任的规定。其中大部分规定是源自对"超越原因"(superseding cause)或"因果关系中断"理论的推导。《第二次侵权法重述》中的规定也经常被法院援引:

行为人不负有控制第三人的行为以防止其给他人造成人身伤害的义务,除非:

(1) 行为人与该第三人之间存在特殊关系,该关系使行为人负有控制第三人行为的义务;或者

(2) 行为人与他人之间存在特殊关系,该关系赋予他人得到保护的权利。[5]

---

[1]《侵权责任法的基本问题(第一卷)》,边码7/25。
[2] 同上书,边码7/26。
[3] 同上书,边码7/33。
[4] See A. D. Twerski/N. B. Cohen, Informed Decision Making and the Law of Torts: The Myth of Justiciable Causation, *University* of Illinois *Law Review* (1988) 607.
[5] Restatement (Second) of Torts (1965) §315.

6/190 但是,援引该规定的法院并未意识到,他们处理的是作为义务的问题,即保护他人免受第三人单独引致之危险的义务,并未处理侵权人也促成了受害人受损风险的情形。《第三次侵权法重述》试图纠正对第315条的误用:"如果被告的行为可以预见地会与原告或第三人的不当行为相结合或使之成为可能,则该行为得被认定为缺乏合理注意。"[1]

6/191 因此,我们不太赞同《侵权责任法的基本问题(第一卷)》中的如下观点,即认为因系第三人的独立决定造成了损害,故行为人不应承担责任。[2] 首先,我们注意到,尽管可归因于第三人的独立决定,但行为人的不法行为也同时引致了损害。其次,基于公平考虑,我们无法理解,行为人过失地把枪支交给一个无持枪资格的人,此人又在不适当的情形下开枪,为什么行为人可被免除责任,而把损害留给受害人承担。

6/192 为此,我们同意《侵权责任法的基本问题(第一卷)》的如下建议,即行为人必须注意到"所违反行为的规范保护目的"。[3] 在上述假设案例中,如果枪支所有人的过失在于无持枪资格的人可能滥用枪支的风险,在这种风险刚好发生时,免除枪支所有人的责任就不具正当性。《第三次侵权法重述》在处理责任范围时反映了这些观点,其规定,当独立行为也是致害原因时,"行为人的责任仅限于使行为人的行为具有不当性的风险所造成的那些损害"。[4] 该"重述"还注意到,在具有更好的责任分配工具的情况下,也即在比较责任的基础上,采取先前那种占支配地位的"全有—全无"做法的必要性降低了。它同时承认,针对介入行为的责任范围规则与一般的责任范围规则是相同的,由此亦表明,第三人的介入并无任何特殊意义。[5]

六、责任限额

6/193 美国法上并无对严格责任的最高限额规定。有学者提出了与《侵权

---

[1] Restatement (Third) of Torts: Liability for Physical and Emotional Harm (2010) §19.
[2] 《侵权责任法的基本问题(第一卷)》,边码7/35。
[3] 同上书,边码7/37。
[4] Restatement (Third) of Torts: Liability for Physical and Emotional Harm (2010) §34.
[5] Ibid.

责任法的基本问题(第一卷)》[1]相似的支持这种限额的理由,他们援引无过失劳工赔偿限额规定以资例证。[2] 美国法院虽然可能仍然持守普通法法院职权边界的观点,但至今并未回应这类诉求。

不过,在美国,侵权法改革的立法努力已经导致了对损害赔偿额的限制。该项立法确立责任限制的基础并非在于理论上所说的责任标准较低,而在于避免责任保险费用过高的实际考虑。在这类立法中最为常见的是限制医疗过失案件中的非物质损害赔偿。[3]

6/194

损害赔偿额的限制是否会使责任保险花费更趋合理,以及在何种程度上会降低保险费,这些问题均尚待观察。对于损害赔偿改革是否缓解了医疗事故保险费过高的问题,在美国存在众多研究。针对有关该问题的 16 项研究成果的一份评论认为,鉴于所用方法不同、研究设计存在缺陷以及研究结论相异,就赔偿限额和医疗事故保险费之间的关系,无法得出有力的结论。[4]

6/195

第八节 损害赔偿[5]

美国在赔偿方面的理论与《侵权责任法的基本问题(第一卷)》中的描述一致[6],侵权人应当使受害人恢复到损害发生前的状态[7]。该理论的不确定性及其实践操作难题,在美国侵权赔偿方面引发了大量疑难而

6/196

---

[1]《侵权责任法的基本问题(第一卷)》,边码 7/41。

[2] See V. E. Nolan/E. Ursin, An Enterprise (No-Fault) Liability Suitable for Judicial Adoption—with a »Draft Judicial Opinion«, 41 San Diego Law Review (2004) 1211, 1226 f. 其他支持损失分散及企业责任的人则表示赞同,认为损害赔偿不应像这种扩张性的责任形态一样如此宽泛。See eg J. Fleming, Jr., Damages in Accident Cases, 41 Cornell Law Quarterly (1956) 582.

[3] See ⟨http://www.atra.org/issues/noneconomic-damages-reform⟩ (last visited 2.2.2013).

[4] See K. Zeiler/L. E. Hardcastle, Do Damages Caps Reduce Medical Malpractice Insurance Premiums?: A Systematic Review of Estimates and the Methods Used to Produce Them, in: J. Arlen (ed), Research Handbook on the Economics of Torts (2013).

[5] 在美国侵权法用语中,"损害赔偿"即指对受害人提供的金钱救济。"损害"(damage)很少被用于指称"伤害或侵害"(harm and injury)。See eg Restatement (Third) of Torts: Liability for Physical and Emotional Harm (2010) §4 ("physical harm(身体伤害)"的定义)。

[6]《侵权责任法的基本问题(第一卷)》,边码 8/1。

[7] See Franklin/Rabin/Green, Tort Law and Alternatives⁹ 710.

有趣的问题。[1]另外,损害赔偿也因人身伤害、名誉损害、经济损失等损害类型的不同而有区别。[2]

一、一次总付或分期支付

6/197　　在美国,将来的损失会以一次性支付的方式进行赔付,这样既提高了管理效率,还能鼓励受害人继续自己的正常生活。[3]对于将来可能遭受额外损害之风险的受害人来说,情况也是如此,他们必须在最初的诉讼中就能获得可预期损害的赔偿。[4]当然,这样做的缺点是,确定未来的损失可能存在困难。就所失利益而言,法院通常会基于对证明困难的考虑,允许陪审团依据不够充分的证据认定原告未来的收入损失。另外,美国少数法院明确禁止新办企业就其未来的利润损失要求赔偿,其原因在于,这类新办企业的发展前景具有不确定性。[5]

6/198　　美国法上的明确态度是"单一判决规则"(single-judgment rule),其要求与某个侵权行为有关的全部损害赔偿问题应当在一个诉讼中加以解决。不过,在20世纪70年代,少数司法管辖区制定了分期偿付法,其规定赔偿金可在一定期限内分期偿付,当赔付需要不再存在——如受害人死亡——时,侵权人亦可停止赔付。这类制定法因受医疗责任保险危机的影响,仅限于医疗过失案件,而未扩及于其他侵权领域或更多司法管辖区。[6]

---

[1] 随便举个例子:非法入境且一直在非法提供劳务的外国人,如果因侵权行为而无法工作,其可否请求赔偿薪资损失?

[2] See Dobbs, The Law of Remedies² § 3.3(1), at 220.

[3] See Dobbs, The Law of Remedies² § 3.1, at 216; see also R. C. Henderson, Designing a Responsible Periodic-Payment System for Tort Awards: Arizona Enacts a Prototype, 32 Ariz. L. Rev. (1990) 21 (讨论分期支付方案的有利和不利之处).

[4] 大多数法院要求原告依据优势证据规则证明将来会发生损害。值得注意的例外表现在 Dillon v. Evanston Hosp. 案[771 N.E.2d 357 (Illinois 2002)]中。在该案中,尽管未来损害发生的可能性低于优势证据标准的最低要求,但法院仍然依据其发生可能性,准许就将来损害主张赔偿。

[5] T. R. Smyth, Recovery of Anticipated Lost Profits of New Business: Post-1965 Cases, 55 American Law Reports (A. L. R.) 4th 507.

[6] See eg Smith v. Myers, 887 P. 2d 541 (Arizona 1994)(认为州颁布的定期支付法违宪).

二、损害赔偿额的减少

美国没有与《侵权责任法的基本问题(第一卷)》所讨论的责任减轻条款对应的规定。[1] 由于不存在这种规定,据我们所知,侵权法理论上也无相关讨论。除故意侵权责任外,无力赔付的被告可以向破产法院寻求救济[即通过破产程序免除责任]。如前所述,对于那些没有购买保险,或者其责任保险不足以覆盖全部侵权责任的个人,原告律师很少会对其提出赔偿请求。[2]

或许是因为美国法中存在对过重责任的实际限制,我们找不到接受责任减轻条款的有说服力的理由。虽然有很多判决对有过错的被告是毁灭性的,但在遭受重大损害后不能得到赔偿,也对受害人造成极大伤害。《侵权责任法的基本问题(第一卷)》认为,责任减轻"能够为侵权人提供高于最低生存水平的保障,从而允许他有继续发展的可能性"[3]。对我们来说,这种观点是一种朴素的财富转移观点——把钱留给那些穷人比留给富人效用更大。若接受这样的观点,遭受了灾难性损失的受害人将有权向不负有侵权赔偿责任的人索赔。

□ 第九节　损害赔偿请求权的时效期间

美国律师会赞同《侵权责任法的基本问题(第一卷)》中对请求权时效期间(消灭时效法)的许多引导性说明。[4] 但是,美国律师们可能会反对时效制度是为了防止无事实依据的请求的观点,因为,据我们所知,并没有证据显示迟延主张权利和诉讼成败(merits of the action)有关。时效期间的确具有以下双重目的:一是防止在没有证据或证据不足情况下提起诉讼;二是让潜在的被告在时效期间届满后免于被诉。一旦错过时效期间,施加在受害人身上的惩罚就特别严厉——赔偿请求权丧失。这种

---

[1]《侵权责任法的基本问题(第一卷)》,边码8/24—29。
[2] 参见同上书,边码6/139。
[3] 同上书,边码8/27。
[4] 同上书,边码9/1—3。

惩罚的正当性既是基于威慑目的——对行为人产生及时起诉的激励,同时也降低了事务处理成本,否则,这种成本将与懈怠起诉的规则(a laches rule)并存,后者要求,在每一个案件中都需查明涉案证据是否因原告迟延起诉而受到妨碍。若时效规则的激励是有效的,则与这些激励相悖的惩罚措施就不会被经常使用。与《侵权责任法的基本问题(第一卷)》涉及公共利益的看法不同[1],在美国,时效基本上被认为是平衡私人权利与管理成本的一种措施。

6/202　　我们想要补充的是,尽管人们一般认为,迟延起诉会因证据丧失或损毁而陷被告于不利,进而成为被告的抗辩理由,但这并非普遍存在的情形。在美国近几十年里的数起大规模毒物侵权案件中,争议的核心一直都是因果关系问题,即被告的药品或医疗设备是否是造成某些人类疾病的致害原因。在两个值得注意的案件中,起诉时因果关系方面的证据都非常弱。在诉讼早期阶段,凭借已有的药物或医疗设备能引发疾病的证据,原告的诉讼请求在一定程度上取得了成功。不过,诉讼却"驱动了科学发展",辅助调查又发掘出因果关系方面更多的有力证据,其中就包括大量的流行病学研究。在这两个案件中,一个涉及引起孕妇晨吐的某种药物[2],另一个涉及作为丰胸植入物的硅凝胶[3],已有证据倾向于排除可疑物质的有害性,最终导致法院判决驳回原告的请求。这些案件的要点可概括如下:有时候,涉及赔偿请求的证据,特别是科学证据,会随着时间的推移而得以改善。[4]

6/203　　在美国,通过限制针对被继承人财产的赔偿请求,并在完成清算并向继承人分配完遗产后禁止所有未提出的赔偿请求,解决了让继承人承担长期未被主张的请求权所生负担引发的不公平问题。[5]时效届满的请求权不限于以诉讼形式行使的请求权,还包括被继承人的其他债务或义务。遗嘱认证程序的设计目的是,在分配被继承人剩余部分的遗产前,及时解决这些索赔请求。类似的程序也存在于公司清算资产并将其分配给

---

[1]《侵权责任法的基本问题(第一卷)》,边码8/3。
[2] See *Green*, Bendectin and Birth Defects 314—316.
[3] See *R. K. Craig/A. Klein/M. Green/J. Sanders*, Toxic and Environmental Torts (2011) 336—340.
[4] See *M. D. Green*, The Paradox of Statutes of Limitations in Insidious Disease Litigation, 76 Cal. L. Rev. (1989) 965.
[5]《侵权责任法的基本问题(第一卷)》,边码9/8。

股东后解散之际。[1]

一、时效期间

美国法不像奥地利法那样有一套完整（和冗长的）时效制度[2]，它更像德国法和瑞士法，尽管在美国有着不同的请求权发生机制。时效期间因请求权类型的不同而有差异，过失侵权赔偿请求权的时效期间通常为两年，但在不同的司法管辖区内，也可能为1—3年不等。[3] 一般情况下，就如在奥地利那样[4]，请求权发生，时效就从使受害人能够起诉的最后事件发生时开始起算，这在侵权案件中，具体就表现为人身伤害或财产损害发生时。[5] 被告的侵权行为必须先于原告的损害发生，因为，一个行为不可能是先于其发生之损害的原因。

6/204

由于在某些案件中，特别是在某些疾病案件中，在疾病出现临床表现前，原告可能都不知道损害的存在，或者疾病的原因，或者被告与病因的相关性，故而，美国大多数法院或州立法机关都采纳了延迟时效起算的"发现规则"[6]，其类似于德国法和瑞士法中的时效起算规则[7]。在美国，"发现规则"规定了受害人应当知道（或可合理期待知道）的几个不同事实情况：(1) 知道患有疾病；(2) 被告的侵权行为；及(3) 被告侵权行为和疾病之间存在因果关系。[8]

6/205

除了消灭时效法，美国许多司法管辖区还规定了针对特定请求权类型的除诉期间法。[9] 像德国法和瑞士法中规定的长期时效期间一样，除诉期间并非自受害人实际受到损害时，而是自致害行为发生时——通常

6/206

---

[1] See eg Model Business Corporation Act §14.07 (1984).
[2] 《侵权责任法的基本问题（第一卷）》，边码9/11—13。
[3] 因此，在北卡罗来纳州，消灭时效法对几乎所有侵权请求权都规定了3年的时效期间，包括故意侵权在内。See eg North Carolina General Statutes (N.C.G.S.) §1-52(16) (过失人身伤害诉讼); N.C.G.S. §1-52(19) (企图伤害和非法侵犯). See generally Dobbs/Hayden/Bublick, The Law of Torts² §241, at 87.
[4] 《侵权责任法的基本问题（第一卷）》，边码9/16—17。
[5] See Dobbs/Hayden/Bublick, The Law of Torts² §242, at 876.
[6] Dobbs/Hayden/Bublick, The Law of Torts² §243, at 877—884.
[7] 《侵权责任法的基本问题（第一卷）》，边码9/18—19。
[8] See eg Berardi v. Johns-Manville Corp., 482 A.2d 1067, 1070—1071 (Pa Super Ct. 1984).
[9] See Dobbs/Hayden/Bublick, The Law of Torts² §244, at 884—890.

为被告的侵权行为完成时——开始起算。因而,产品责任诉讼的除诉期间是从被告首次卖出产品时开始起算。通常情况下,除诉期间法规定的期间比奥地利的长期时效期间短得多:通常为 8—12 年,和瑞士的规定相当。除诉期间在因过失建造不动产的赔偿请求中被使用得相当普遍。这种除诉期间的规定能够在受害人受到因被告行为而产生的实际损害之前,并因而在原告能够提起诉讼的请求权发生前就排除其侵权赔偿请求。[1]

二、排除尚未发生的请求权

6/207　　虽然我们不熟悉奥地利法律,以及与长期时效有关的请求权的具体细节,但我们仍认为《侵权责任法的基本问题(第一卷)》中的政策分析令人信服。[2] 在请求权发生前就依时效规定将其排除,这种做法遭到了严厉的批评,最有意思的批评莫过于 Frank 法官在 *Dincher v. Marlin Firearms Co.* 案中的说法[3]:

6/208　　"除非是在一个完全颠倒的世界里,否则,你不能在出生前就死亡,没结婚就离婚,不播种就收割庄稼,烧掉一间从未建造过的房子,或者错过一辆不在铁轨上行驶的火车。基于实质上相似的原因,作为某种法律上的'公理',迄今一直被广为接受的是,在诉因存在之前,也即原告可以利用司法救济之前,消灭时效法并不具有排除诉因的效果。"

6/209　　不过,在我们看来,州立法机构颁布除诉期间法,是受到了利益群体——如产品制造商、房地产开发商以及医师等——的鼓动,因而反映了如下认识:施加在该群体身上的责任,以及由此需要其支付的保险费,都是过度的。正如《侵权责任法的基本问题(第一卷)》注意到的一样,这样的立法是"偏袒性的,因而是不适当的"。[4]

---

〔1〕 See eg *Montgomery v. Wyeth*, 580 F.3d 455 (6th Cir. 2009).
〔2〕《侵权责任法的基本问题(第一卷)》,边码 9/21—24。
〔3〕 198 F.2d 821, 823 (2d Cir. 1952) (*Frank*, J., 不同意)。
〔4〕《侵权责任法的基本问题(第一卷)》,边码 9/23。

第七章
日本法视野下损害赔偿法的基本问题

山本敬三(Keizô Yamamoto) *

□ 第一节 权益保护体系下的损害赔偿法

一、概说

日本法律制度中规定了对主观权利的保护,如财产权或人格权。然而,"提供法律保护"究竟意味着什么却是成问题的。特别是当某种权利受到侵害时,这个问题就会产生。

7/1

(一) 因权利人自己原因致害

第一种要考虑的情形是某人侵害了自己的法益(legal goods)。在这种情形下,权利人必须承担由自己造成的损害后果。每个人都必须对这种因自己行为而发生的损害预作安排,如储蓄或购买保险,后者将风险在很多人之间加以分散。

7/2

(二) 因意外事件致损

第二种要考虑的情形是导致权利受损的外部事件,如自然灾害。在

7/3

---

* 由 Fiona Salter Townshend 女士基于 Gabriele Koziol 的德文译本而把日语原稿翻译成英语。

这种情形下,权利人也必须自己承担所受损害;原则上,每个人都必须通过储蓄或购买保险的方式为这种损害预作安排。然而,损害作为这些事件的后果,本身就是在社会中经常可能会发生的不幸事件。社会连带思想也意味着,社会有义务去帮助那些遭受了不幸事件的社会成员。各种各样的社会资助也致力于这个目标。

(三) 因他人原因侵害权利

7/4 第三种要考虑的情形是权利被他人侵害。在这个方面,权利的保护有两种可能的选择:

1. 通过惩罚不法行为人以保护权利

7/5 第一种选择是通过惩罚不法行为人来保护权利。当然,对不法行为人的惩罚并不能恢复被害人受损的权利。不过,法律制度中既然规定了侵害他人权利者将会受到惩罚,这种事实就意味着,权利侵害应予防止。日本法承认这种与其他功能并列的刑法上的威慑功能。

2. 通过授予请求权以保护权利

7/6 第二种选择通过授予受害人赔偿请求权来提供法律保护。在此情形下,区分引起权利侵害的行为类型就非常重要:

(1) 对合法行为所致损害的保护:补偿

7/7 首先,权利可能被相关法律所许可的行为(如征用)侵害。然而,即使在这些情形下,受侵害的权利本身不仅被承认,而且对所受损害后果给予补偿也是最低限度的要求。这种认识的依据是《日本宪法》第29条第3款[1],依据该规定,"私有财产(可以)为了公共利益而被征用,同时给予公平补偿"。据此,受害人有权从国家获得损失补偿。

(2) 对违法行为所致损害的保护:私法救济

7/8 但是,权利也可能被他人的违法行为所侵害。在这种情形下,私法上的救济就可以加以利用。私法救济可作如下分类:

A. 权利侵害的防止和排除

7/9 第一种类型包括旨在排除权利侵害的法律救济形式。它意在确保权利在现在和将来都不会再遭到侵害。这些救济形式包括旨在保护物权(如所有权)的请求权,特别是返还原物请求权、妨害排除与妨害防止请求

---

[1] *Nihon-koku kenpô* of 3.11.1946.

权。在《日本民法典》里[1]，这些物权请求权并没有被明确规定，而被认为是不证自明的。其他情形下是否同样存在不作为请求权，就此还有争议；我们将在本节第二部分对此作更加详细的讨论。

B. 返还受损和被侵占的利益：不当得利行为的介入

第二种类型包括恢复被侵害与被侵占的权利原状的私法救济形式。如果某权利曾被侵害，且该权利的享用也被侵夺，那么，这些法律救济手段就旨在恢复权利或其价值。侵害型不当得利可以被看作是这种救济形式。

7/10

C. 因权利侵害导致的损害赔偿金

第三种类型包括补偿因权利被侵害所生损害的法律救济形式。若某个权利已被侵害，且受害人也遭受了损害，则法律应尽可能使其恢复到损害未发生时他本来可以处于的状态。侵权赔偿请求权就是这种形式的法律救济。

7/11

二、妨害排除与妨害防止请求权

《日本民法典》中没有妨害防止请求权的明确规定。因此，妨害防止请求权的根据就是需要解决的问题。

7/12

（一）当前的争议状况

1. 权利的排他效力说

有观点认为，当一项排他性的主观权利被侵害时，受害人可以要求排除侵害和停止侵害行为——这是为了防止在将来可能发生的侵害。这也意味着，如果侵害了下述排他性权利，妨害排除或妨害防止请求权就会被认可。首先，当存在物权侵害时，妨害排除或妨害防止请求权就作为物权请求权而被认可（actio negatoria-所有权保全之诉）。其次，生命、身体完整、名誉及隐私等人身利益是重要的受法律保护的利益，它们也被当作与物权一样的排他性主观权利。[2]

7/13

---

[1] Minpô, Law no 89/1896 and no 91/1898 in the version of Law no 74/2011.
[2] OGH of 11.6.1986, Minshû 40—44, 872.

2. 侵权行为说

7/14 相比而言,是否承认妨害排除或妨害防止请求为侵权行为的一种后果,至今仍存在争论,因为,即便被侵害的权利或法律上的利益不具有排他性,但在其受到实质性持续侵害的情况下,仍然有必要基于侵权而对受不利影响的当事人提供妨害排除或妨害防止请求权的保护。尽管人们过去曾认为,在《日本民法典》第709条规定的构成要件,尤其是故意或过失要件被满足时,是否总是应认可妨害排除或妨害防止请求权,但现在,只有当损害超过了某种在日常社会生活中必须忍受的限度,这种救济才能被允许。[1]

3. 不法侵害说

7/15 此外,还有人主张,若值得保护的法益遭到不法侵害,则应准予妨害排除或妨害防止请求权的救济。这种观点源自这样一种认识:如果法律制度的功能遭到损害,且法律秩序的维护或修复又有其必要时,基于法律制度的整体考虑,妨害排除或妨害防止请求权就应当被认可。[2] 相应地,如果排他性的主观权利遭受侵害,这本身就被认为是违法的,妨害排除或妨害防止请求权就无须考虑其他情况即应被认可。反之,在其他法益受到侵害时,只有在权衡相关利益冲突后认定这种侵害违法时,妨害排除或妨害防止请求权才会被认可。

4. 双重基础说

7/16 不过,与上述观点相对,有观点认为,权利排他效力说与侵权行为说或不法侵害说可以并存。

(1) 权利排他效力说与不法侵害说的结合

7/17 有观点认为,权利排他效力说和不法侵害说应当相互结合。[3] 在涉及物权或人格权等排他性主观权利时,只要这些权利被客观侵害,就不需

---

[1] Nomura, Kôhi, kashitsu oyobi ihô-sei(《故意、过失与违法性》), in: Katô (ed), Kôgai-hô no seisei to tenkai(《环境损害法的产生与发展》)(1968) 404 ff。

[2] Nemoto, Sashidome seikyû-ken no riron(《论妨害防止请求权》)(2011) 349 ff, 373 ff。

[3] See eg Sawai, Tekisutobukku jimu kanri, futô ritoku, fuhô kôi(《无因管理・不当得利・侵权行为讲义》)³(2001) 123, 124 ff; Shinomiya, Jimu kanri, futô ritoku, fuhô kôi (jô) [《无因管理・不当得利・侵权行为》(第一卷)] (1981) 470 ff; Yoshimura, Fuhô kôi(《无权行为》)⁴(2010) 122 ff, 类似见解见 Hirai, Saiken kakuron II Fuhô kôi(《债法分论II 侵权行为》)(1992) 107 ff。

要再作利益权衡,始终应准予妨害排除或妨害防止请求权的救济。当其他法益被侵害时,尽管其保护是有限的,但在考虑其他相关的冲突利益后,只要这种侵害应被认定为违法,妨害防止请求权也应予以认可。

(2) 权利排他效力说与侵权行为说的结合

此外,也有人主张应将权利排他效力说与侵权行为说相互结合。[1] 按照这种观点,当排他性的主观权利被侵害时,原则上应认定妨害排除或妨害防止请求权。不过,当不像排他性权利那样受保护的利益遭到侵害时,只要存在过错或与加害人行为相关的义务被违反,从而能够认定侵权成立时,仍然应当准予妨害排除或妨害防止请求权的救济。

7/18

5. 与前述学说相关的问题

如前所述,关于妨害排除与妨害防止请求权的理论基础有关的见解分歧很大。但是,每种学说都存在特殊的问题。

7/19

(1) 权利排他效力说的问题

首先,就权利排他效力说而言,认为必须认可妨害排除或妨害防止请求权的理由恰恰是因为存在排他性的主观权利,这样的结论是纯粹的套套逻辑(tautology)。抽象地认定某项权利是否具有排他性是不可能的,因为,这不可避免地会牵涉该权利的保护是否包括排除侵害的问题。因此,问题的关键就在于,是否有理由授予这种权利以广泛的保护。

7/20

(2) 侵权行为说的问题

侵权行为说的困境在于,当存在侵权行为时,为何应当认可妨害排除或妨害防止请求权的原因并不清楚。《日本民法典》第709条规定损害赔偿请求权为其唯一的法律后果,因而,准予妨害排除或妨害防止请求权就需要有特别的理由。

7/21

(3) 不法侵害说的问题

反之,就不法侵害说而言,从法律制度的规则和原则中推导出违法性的方式也是成问题的。即使侵害排他性的主观权利本身被认为是违法的,并据此直接认可妨害排除或妨害防止请求权,这仍然没有回答为何这

7/22

---

[1] Ôtsuka, Seikatsu bôgai no sashidome ni kansuru kisoteki kôsatsu (8)[《在妨害情形妨害防止请求权的基本考虑》(8)], Hôgaku Kyôkai Zasshi 107-4 (1990) 1 ff; idem, Jinkaku-ken ni motozuku sashidome seikyû(《基于人格权的妨害防止请求权》), Minshô-hô Zasshi 116-4/5 (1997) 1 ff; idem, Kankô soshô to sashidome no hôri(《环境诉讼与妨害防止请求权的法律原则》), in: Hirai Yoshio sensei koki kinen(《平井宜雄七十华诞纪念文集》)(2007) 701。

种权利能得到如此广泛的保护,以及在法律制度中规定这种保护的根据到底何在的问题。另外,在其他法益被侵害的事件中,为何必须要衡量与之冲突的利益,以及如何评判利益侵害是否违法的问题,也同样是不清楚的。

(4) 双重基础说的问题

7/23　双重基础说同样不能解决上述各种问题。

(二) 基本权利保护义务说

7/24　与上述看法不同,有观点认为,即使没有明确的规定,不作为请求权仍然可以基于保护基本权利的国家义务予以认可。[1]

1. 妨害排除或妨害防止请求权的正当基础

7/25　因而,下述观点可以支持妨害排除或妨害防止请求权的救济:

(1) 国家保护基本权利的义务

7/26　采纳这种观点的前提是,国家有保护个人基本权利免受他人侵害的义务。如果人们认为,即使某人的基本权利被他人侵害时,如谋杀、盗窃、强奸或纵火等,仍然可以容许国家消极观望,那么,国家将丧失它存在的价值。此外,现代国家原则上禁止私力救济,从而,个人将无法对抗他人的侵害。据此,国家有义务保护每个人的基本权利免受他人侵害就变得理所当然。[2]

(2) 法院续造法律的义务

7/27　如果基本权利被侵害的人无法获得立法者提供的保护机制(基于《日本民法典》第 709 条的赔偿)的有效保护,法院作为国家机关,就有义务填补立法漏洞,至少给予最低限度的保护。若拒绝妨害排除或妨害防止请求权的救济,则无法实现对基本权利的充分保护,因此,即使没有明确的规则可资适用,法院也有义务依据宪法认定这种法律救济。

2. 权利保护的前提要件

7/28　相应地,基本权利已经遭受侵害或者有遭受侵害之虞是前提要件。

---

[1] *Yamamoto*, Hanrei hihyô: Saihan shôwa 61-nen 6-gatsu 11-nichi(评论了最高法院 1986 年 6 月 11 日的裁判), in: Nakata et al (ed), Minpô hanrei hyakusen I [《民法百案选》(第一辑)]⁶(2009) 10 f.

[2] *Yamamoto*, Gendai shakai ni okeru riberarizumu to shiteki jichi (1) [《当今社会中的自由主义与私法自治》(第一册)], Hôgaku Ronsô 133—134 (1993) 16 ff. 这个观点以德国判例法与理论为基础。就此请特别参见 *Canaris*, Grundrechte und Privatrecht, AcP 184 (1984) 201, 225 ff; *idem*, Grundrechte und Privatrecht—eine Zwischenbilanz (1999) 37 ff, 71 ff.

就此而论,基本权利不应被理解为只包括排他性权利,如物权、财产支配权或身体完整权(bodily personality rights-身体人格权)。

3. 限制不法行为人权利的理由

如果受害人被赋予前述形式的妨害排除或妨害防止请求权,这就必然会导致对不法行为人权利的限制。因为,不法行为人也同样享有(基本)权利,国家不应对其过分限制。当不法行为人的权利与受害人的权利冲突时,有必要像下文所解释的那样,对不同权利提前加以权衡。[1] 7/29

通过赋予受害人妨害排除或妨害防止请求权的救济而对不法行为人的权利限制越多,这种限制所需实质理由也就越强。对受害人权利保护的必要性越大,就此所需理由也可能就越多。在就此进行利益权衡时,下列两个因素将发挥作用: 7/30

一方面,被侵害权利的位阶具有重要意义。不动产物权和人格权必须被置于高位阶,因此,此类权利也更易于为妨害排除或妨害防止请求权提供正当理由。 7/31

另一方面,侵害行为的严重性也发挥了作用。例如,即使在物权或人格权被侵害时,如果侵害轻微,就没有必要准予妨害排除或妨害防止。对于其他权利而言,仅在侵害是实质性的,且除了妨害排除或妨害防止外,没有其他有效可用的救济措施时,这种救济方式才应得到认定。 7/32

三、得利剥夺

(一)问题的提出

若某人未经他人同意就利用他人法益而获得利益,由此产生的问题是,权利人能否要求此人返还所获得的利益。这种得利剥夺请求权是否应予准许,在日本是一个存在争论的问题。 7/33

1. 针对权利侵害的保护限度

未经他人同意而利用他人法益被视为对他人权利的侵害。然而,在权利侵害情形,要依现行法规定的救济手段剥夺侵权人因此获得的利益, 7/34

---

[1] 在这种情况下,应适用狭义的比例原则。这与动态系统下的比较原则一致。Cf Otte, Zur Anwendung komparativer Sätze im Recht, in: F. Bydlinski et al (eds), Das bewegliche System im geltenden und künftigen Recht (1986) 271 f.

在理由构成上是很难的。

7/35　　　侵权法的目标是补偿权利人遭受的损害。然而,无权使用人获得的利益却不能被看作损害。

7/36　　　反之,不当得利法旨在返还本应属于权利人享有的被侵占的利益。然而,无权使用人获得的利益却不能被认定为权利人的损失,而按照传统观点,损失是这种请求权的基础。

2. 问题之提出

7/37　　　对于无权使用他人的法益而获得利益的行为,可以从两个不同的角度来考察。依据强调的重点不同,两种不同的视角都是可能的。

(1) 因无权利用他人法益而获益

7/38　　　一种观点认为,无权使用人获得的利益恰恰来自对他人权利的侵害。这又有两重意义。

7/39　　　首先,因无权使用而获得的利益事实上是一种只能由权利人获得的利益。因此,这种利益必须分配给权利人,无权使用人不得保留该利益。

7/40　　　其次,无权使用人获得的利益是一种因非法利用不被允许利用的权利而获得的利益。因此,无权使用人不被允许保留该利益。

(2) 因自己的能力或劳动而获益

7/41　　　另一种观点强调,以不当方式获取的利益是无权使用人自己的能力和劳动的结果。如果因此获得的所有利益都被剥夺,这就意味着权利人不需要劳动就可以获得利益。

(二) 私法中的各种观点

1. 反对交出利益的观点

7/42　　　有些观点认为,根据现行民法,权利人没有权利要求无权使用人交出所获全部利益。[1] 只有获得的利益与权利人遭受的损失有关,也即不当得利的返还或损害赔偿可以追溯至某种侵权行为时,得利剥夺请求权才能被准许。

7/43　　　就此而言,没有必要在个案中证明具体损失的存在,而只需证明无权利用行为通常会产生相应的得利,从而能够推定权利人遭受了相应损失

---

[1] Wagatsuma, Saiken kakuron gekan(《债法分论Ⅱ》)(1972) 927 ff; Matsuzaka, Jimu kanri, futô ritoku(《无因管理与不当得利》)²(1973) 49。

即为已足。如果无权使用人是利用了他自身的特殊能力或者特别的机会,并因此而获得了超出通常可预见的利益,这不表现为权利人的任何损失,在这种情形下,任何要求交出利益的请求都不应被支持。

2. 赞同交出利益的观点

相反观点则认为,在这种情形下,权利人有权请求交出该利益。不过,与此相关的理由却有争议: 7/44

(1) 利益归于权利人;不真正无因管理

另一种观点认为,因无权使用获得的利益事实上应归属于权利人,故利益返还请求权必须被授予权利人。其理由是,为自我目的而管理他人事务与无因管理相似,因此,相关的规则也应当被类推适用。[1] 7/45

A. 不真正无因管理的效果

据此,不当使用人必须交还从管理他人事务中获得的一切利益(类推适用《日本民法典》第701条)[2]。另外,权利人在所获利益的范围内,须就无权使用人支出的有益费用予以补偿(类推适用《日本民法典》第702条)。 7/46

B. 批评

然而,这种不真正无因管理的类型化受到了批判,因为,无因管理事实上要求行为本身是利他的,将为了自己目的的使用与利他行为等同对待,会与无因管理的本质相冲突。 7/47

(2) 制裁无权利用行为

另外的观点认为,权利人请求交还利益的主张应该被认可,因为,不应当允许无权利用他人法益的人保有因此所获利益。[3] 7/48

A. 正当理由

如果利益被分配给通过故意不法行为而获得该利益的人,尽管他也 7/49

---

[1] See eg *Hatoyama*, Nihon saiken-hô kakuron (ge) [《日本债法分论 II》] (expanded version 1927) 777 ff; *Suekawa*, Jun-jimu kanri [《不真正无因管理》], in: idem, Saiken [《债法》] (1936) 482. 这个观点参考了《德国民法典》第687条第1款以及德国法学界就此进行的相关讨论。

[2] Imperial Court of 19.12.1918, Minroku 24, 2367.

[3] *Yoshimi*, Jun-jimu kanri no sai-hyôka—futô ritoku-hô tô no kentô o tsûjite [《重估不真正无因管理:主要基于不当得利法的考察》], in: Taniguchi Tomohei kyôju kanreki kinen (3) [《谷口知平六秩华诞纪念文集》(3)] (1972) 425 ff; *Hironaka*, Saiken kakuron kôgi [《债法分论讲义》]6 (1994) 388 ff; *Shinomiya*, Jimu kanri, futô ritoku, fuhô kôi (jô) [《无因管理·不当得利·侵权行为1》] 43 ff; *Sawai*, Tekisutobukku jimu kanri, futô ritoku, fuhô kôi [《无因管理·不当得利·侵权行为讲义》]3 22; *Fujiwara*, Futô ritoku [《不当得利》] (2002) 272.

利用了自己的能力或者劳动,但这会是非正义的。因而,剥夺无权使用人的利益应被视作对不法行为人的制裁。

B. 批评

7/50　然而,亦有批评者认为,这种对惩罚功能的强调与民法典的基本原则难以协调。

(三) 应然法(de lege ferenda)上的解决方案

7/51　如上所述,既然在现行法上承认权利人的得利剥夺请求权比较困难,应然法上的解决方案就值得考虑。特别法中已经制定了相应的规则,如在无权利用他人知识产权时,侵权人所获利益推定为专利权人所受损害(比如《专利法》第102条、《实用新型法》第29条、《外观设计法》第39条、《商标法》第28条、《半导体集成电路布图设计法》第25条、《版权法》第114条和《反不正当竞争法》第5条)。

四、受害人可用的其他法律救济

(一) 损害赔偿法的限制

7/52　如果关注受害人所受保护,人们可以发现损害赔偿法存在如下几种限制:

1. 因赔偿要件所生限制

7/53　由于损害赔偿法对加害人课以责任,所以,也有必要顾及加害人的权利,这就是为何必须要具备某种构成要件——最低要求是加害人须侵害了受害人的权利——以对归责提供正当根据的原因所在。

2. 因加害人无经济负担能力所生限制

7/54　损害赔偿法对加害人课以责任,若加害人没有足够的经济负担能力,则受害人最终仍不能获得损害赔偿。

3. 因法律程序所生限制

7/55　再者,损害赔偿法规定赔偿责任需通过司法程序加以执行,这就产生了时间和金钱负担问题。

(二) 补充损害赔偿法的制度——第三者责任险

7/56　责任保险制度以损害赔偿法为基础,它要求加害人对权利侵害负责,确保赔偿责任的可执行性。

1. 意义

责任保险意味着,当加害人承担赔偿义务时,保险人必须依该保险事故支付保险金。其前提条件是,加害人事先购买了相应保险且支付了保险费。 7/57

2. 功能

责任保险发挥两项功能:其一,它确保加害人具备足够的经济能力,使受害人索赔更易执行。其二,它使赔偿负担在多个可能的加害人之间被分散。 7/58

(三) 独立于损害赔偿法的制度

以侵权为基础的法律救济会面临多种限制:首先是与不同法律救济相应的构成要件的限制,其次是它们都受制于法院的最终裁断。因而,问题就是有无更加简单、快捷的救济方式。就此,下列几种救济制度不以侵权为必要。 7/59

1. 潜在致害人群体提供的救济:意外事故险

在这种保险中,可能引起损害的当事人群体集聚资金,向受害人支付一定数额的赔偿,而不管是否存在侵权行为。 7/60

(1) 具体实例

根据1947年的《劳工意外事故赔偿法》[1],发生工伤事故时应给予劳工赔偿。1973年的《公害健康损害赔偿法》[2]规定了因环境污染导致公众健康损害的赔偿。此外,《药物不良反应被害救济和研发促进基金法》[3]——该法现在还涉及一个叫"药品和医疗器械管理局"(2002)的自治组织——规定了因药物不良反应导致损害的救助办法。 7/61

(2) 制度特色

不同保险制度都具有下列特色: 7/62

首先,赔付资金由全部或部分潜在致害人(如雇主、污染物排放人或 7/63

---

[1] *Rôdô-sha saigai hoshô hoken-hô*, Act no 50/1947 in the version of Act no 63/2012.

[2] *Kôgai kenkô higai no hoshô-tô ni kansuru hôritsu*, Act no 111/1973 in the version of Act no 44/2013.

[3] *Iyaku-hin fuku-sayô higai kyûsai, kenkyû shinkô chôsa kikô-hô*, Act no 55/1979(被2002年第192号法律废止)。

制药企业)按份额筹集。

7/64　　其次,赔付依某种定型化的标准核算。因此,实际损失并不一定都能得到赔偿。

　　2. 政府救助——社会保险

7/65　　此外,社会保障制度为遭受意外伤害的人提供政府救助,而不管是否存在侵权行为。

　　(1) 对犯罪被害人的补偿

7/66　　还有针对犯罪被害人的补偿计划,例如,根据1980年的《犯罪被害人救助法》对犯罪被害人进行赔付。[1] 这项计划的受益人是那些因犯罪而丧亲的人,以及因犯罪而遭受严重身体残疾的受害人。赔付依某种定型化的标准核算。因此,所受实际损失并不一定都能得到赔偿。

　　(2) 社会救助

7/67　　此外,根据1950年的《生计援助法》[2],陷入困境的受害人可能获得医疗和福利方面的救助。

第二节　侵权法的任务

一、损害赔偿

7/68　　损害赔偿法面临的一个问题是,保护受害人权利的目标和不过分限制加害人权利的目标之间如何协调。

　　(一) 损害赔偿——保护受害人的权利

7/69　　首先,对因他人侵害所致损害给予赔偿是法益保护的最低标准。反之,任何超过所受损害的赔偿都不再与权利保护观念相符。

　　(二) 通过保护受害人限制加害人的权利:从加害人权利角度观察

7/70　　其次,为受害人提供的保护可能并未过分限制加害人的权利。因此,

---

[1] *Hanzai higai-sha tô ky fu-kin no shikyû-tô ni yoru hanzai higai-sha tô no shien ni kansuru hôritsu*, Act no 36/1980 in the version of Act no 15/2008.

[2] *Seikatsu hogo-hô*, Act no 144/1950 in the version of Act no 72/2012.

随之出现的问题是,为保护受害人的权利,在何种程度内限制加害人权利才是正当的。

二、威慑和制裁功能

刑罚和行政处罚都可以作为威慑不法行为、且对不法行为人进行惩罚的手段。问题是,相比于刑法和行政法,民事领域的侵权法是否也能作为实现上述目标的手段。 7/71

（一）实际功能

一般认为,在实践中,侵权法同刑法、行政法一样,也服务于威慑不法行为人并/或制裁其行为的目的。 7/72

1. 威慑功能

首先,存在这样的一种可能性,即侵权法对潜在加害人产生一种激励,促其谨慎行为,并停止危险行为,以避免承担赔偿义务。 7/73

2. 制裁功能

其次,对加害人施以责任,可以满足受害人或者社会的报复并惩罚加害人的欲望。 7/74

（二）威慑和/或制裁功能

随之出现的问题是,就威慑并/或惩罚加害人而言,是否应该判处超出实际损失的赔偿(惩罚性赔偿),抑或判处所受损害两倍或三倍的赔偿(多倍赔偿)。 7/75

1. 威慑与制裁功能肯定论

有些学者基于如下考虑,赞成为威慑或惩罚的目的而判处超过实际损害的赔偿[1]： 7/76

首先,在民法和刑法、行政法之间并无明晰的界限,相反,这种界分却因国家而异,随时间而变。无论如何,威慑和惩罚在民事法律规则中应被完全排除的论断太过片面,这意味着民法和刑法、行政法之间有着明确 7/77

---

[1] *Tanaka/Takeuchi*, Hô no jitsugen ni okeru shijin no yakuwari(《个人在法实现中的作用》)(1987) 156 ff.

界分。

7/78　其次,如果从功能分析即如何更好地执行法律的角度来认识这个问题,那么,当超过实际损害的赔偿能够吓阻潜在不法者实施致害行为,并更加有效地执行法律时,人们就不得不承认侵权法的这种惩罚功能。

7/79　最后,最近有人反对法律的经济分析,这种分析方法认为,现行侵权法在很多情形下并不能合理解释对受害人的赔偿,因此,侵权法的主要目的最好被看作是更好地预防不法行为。[1]

2. 威胁和制裁功能否定论

7/80　不过,与上述看法不同,日本的主流意见认为,不应给予超出实际损害的赔偿。[2] 其理由如下:

7/81　《日本民法典》只规定了依所受损害进行赔偿的义务,这表现在《日本民法典》第709条的措辞中:加害人有义务"赔偿因此造成的损害"。并且,受害人的权利已经通过实际损失的赔偿得到了保护,在获得超出该范围的赔偿方面并无正当利益。仅仅基于这样做可以制裁或威慑致害行为的事实,并不能为任何超出损害范围的赔偿提供正当理由。加害人同样享有权利,过度限制这些权利是不被允许的。

第三节　侵权法的结构

一、日本侵权行为法体系概观

7/82　首先,让我们对日本侵权行为法的结构加以概观。

---

[1] *Morita/Kozuka*, Fuhô kôi-hô no mokuteki (Aims of the law of torts), NBL 874 (2008) 10.

[2] Supreme Court of 11.7.1997, Minshû 51—6, 2573. See further *Shinomiya*, Fuhô kôi (Tort) (1987) 267; *Sawai*, Tekisutobukku jimu kanri, futô ritoku, fuhô kôi (Textbook on negotiorum gestio, unjust enrichment and tort)[3] 85 ff; *Shiomi*, Fuhô kôi-hô I (《侵权法 I》)[2] (2009) 50 ff (which, however, wants to recognise a function of penance and/or satisfaction). On the other hand, *Kubota*, Fuhô kôi to seisai (《侵权行为和制裁》), in: Ishida Kikuo sensei koreki kinen (《石田喜久夫七秩华诞纪念文集》) (2000) 667; *idem*, Songai baishô (《损害赔偿》), Jurisuto 1228 (2002) 62, 其立论基础是侵权法具有惩罚功能,并建议在日本法中通过损害评估实现这个目的。

(一) 一般规则

1. 责任成立要件

(1) 基本要件

《日本民法典》在第709条中规定了侵权责任的基本构成要件:"故意或过失侵害他人权利或法律所保护的利益者,对因此造成的损害负赔偿责任。"

因而,日本法更像法国法而不像德国法,其对侵权责任有统一的规定。不过,法国法要求"损害"已经发生,而日本法只要求侵害到某种"权利或法律所保护的利益"。不同于《德国民法典》第823条第1款,《日本民法典》第709条中的权利和法律所保护的利益并不限于绝对权。

(2) 责任免除——抗辩事由

即使满足了上述基本构成要件,但《日本民法典》还规定了如下免除侵权责任的事由:

① 欠缺过错能力

第一种情形是欠缺过错能力。在这方面,对两种不同情形存在具体规则。根据《日本民法典》第712条,当未成年人对其行为的可责性不具有辨识能力时,其不承担赔偿责任。当精神病人因精神障碍而对自己的行为可能引发责任的事实欠缺辨识能力时,《日本民法典》第713条也免除了其赔偿义务。就此而论,特定不法行为人对其行为所生责任的主观能力被作为承担责任的基础;不过,责任并不取决于他与这种认知能力保持一致的行为能力。

② 正当防卫和紧急避险

此外,正当防卫和紧急避险也会导致责任免除(《日本民法典》第720条)。

2. 法律后果

(1) 损害赔偿

《日本民法典》将损害赔偿规定为侵权行为的法定后果。

① 请求权人

在涉及谁有资格主张损害赔偿请求权时,有两个特殊的规则。第一个是《日本民法典》第721条,其规定:在涉及未出生胎儿的赔偿请求权时,胎儿被视为已经出生。第二个特殊规则是《日本民法典》第711条,其规定:当受害人死亡时,某些近亲属也可以要求精神损害赔偿。

② 赔偿内容

7/90 关于赔偿内容,存在如下规则:

A. 赔偿类型

7/91 赔偿以金钱形式确定(《日本民法典》第722条第1款结合第417条)。

B. 损害

7/92 《日本民法典》第709条的一般条款仅仅规定了赔偿的标的为"损害"。不过,《日本民法典》第710条则明确规定了非金钱损害赔偿。

C. 损害赔偿的范围和评定

7/93 关于损害赔偿的范围和认定,《日本民法典》第709条的一般规则只规定了"因此造成的损害"必须得到赔偿。不过,《日本民法典》第722条第2款则规定,当受害人也有过失时(促成过失),应减少损害赔偿额。

③ 时效

7/94 赔偿请求权自知道损害和加害人之日起3年内不行使,或自侵权行为发生之时起20年不行使的,将因时效而消灭(《日本民法典》第724条)。

(2) 其他法律救济

7/95 除金钱损害赔偿外,《日本民法典》第723条还在涉及名誉侵害时,规定了作为例外的恢复原状救济,也即恢复名誉。

(二) 特殊规则

7/96 此外,《日本民法典》针对特定情形,规定了一些特殊规则,以补充第709条中的基本规定。

1. 涉及数人的侵权行为

7/97 首先,《日本民法典》中有涉及数人侵权的规定。就此,必须区分两种情形:

(1) 因他人行为而承担的责任

7/98 第一种是直接加害人外的其他人承担赔偿责任的情形。

A. 民法典

7/99 《日本民法典》规定了此种责任类型下的三种形式。第一,依《日本民法典》第714条,在无过错能力的人造成损害时,负有监管义务的人可能要承担责任。第二,依《日本民法典》第715条,雇主要对雇员的致害行为承担责任。第三,依《日本民法典》第716条,定作人可能会因承揽人的致害行为而承担责任。

B. 特别法

此外，特别法中还规定了以下两种类型的责任：首先，根据《国家赔偿法》第1条[1]，公务人员在履行职务行使公权力的过程中，因故意或过失而违法给他人造成损害的，国家或公共团体应承担赔偿责任（public liability-公众责任）。

7/100

其次，为自己利益而将机动车交付他人使用的人，就机动车运行对他人生命或身体造成的损害负赔偿责任（机动车保有人责任，《机动车损害赔偿保障法》第3条）。[2]

7/101

（2）多个加害人的责任

第二种是多个行为人依侵权行为法承担责任的情况。《日本民法典》第719条规定，当数人共同实施侵权行为时，这些共同侵权人应就损害赔偿负连带责任。

7/102

2. 物件致害

另外，对与物有关的损害也有一些规定。

7/103

（1）日本民法典

日本民法典规定了如下两种情形的责任。

7/104

其一，依《日本民法典》第717条，因建筑物的设置或维护瑕疵而致他人损害时，建筑物的占有人或所有权人负害赔偿责任。

7/105

其二，《日本民法典》第718条规定，在动物致他人损害时，动物的所有人或管理人负损害赔偿责任（动物饲养人责任）。

7/106

（2）特别法

在特别法中，下面两种责任尤其重要：第一，因道路、河流及其他公共设施的设置或者维护瑕疵而给他人造成损害时，国家或公共团体负有损害赔偿责任（《国家赔偿法》第2条）。第二，因产品缺陷致他人生命、身体或财产损害时，生产者负损害赔偿责任（《产品责任法》第3条）。[3]

7/107

二、损害赔偿责任的一般构成要件：权利侵害、违法性和过错

自《日本民法典》生效以来，关于一般侵权责任的构成要件一直存在

7/108

---

[1] *Kokka baishô-hô*，Law no 125/1947.

[2] *Jidô-sha songai baisho hoshô-hô*，Law no 97/1955 in the version of Law no 53/2013.

[3] *Seizô-butsu sekinin-hô*，Law no 85/1994.

激烈的争论,尤其是关于"权利"侵害和"过错"的讨论;学界观点就此存在根本分歧。由于这种讨论对于理解日本侵权行为法非常重要,因此有必要就对争论的发展史加以概观。[1]

(一) 出发点

1. 《日本民法典》第 709 条的规定

7/109　《日本民法典》刚生效时第 709 条最初的规定是:"因故意或过失侵害他人权利者,对因此造成的损害负赔偿责任。"从这个规定中可以推出以下的责任构成要件:一是要求他人的**主观权利**已被**侵害**;二是加害人需有**故意或过失**;三是权利侵害是**源于**加害人的故意或过失行为,也就是加害人的行为和受害人的权利侵害之间存在因果关系。

2. 《日本民法典》起草者的解释

7/110　根据《日本民法典》起草者的解释,《日本民法典》第 709 条规定的要件需作如下理解。[2]

(1) 权利侵害作为责任构成要件的意义

7/111　我们所称的旧民法典,也就是现行民法典之前,由法国学者保阿索那德(Gustave E. Boissonade)起草,但从未生效的那个版本,它像《法国民法典》那样要求需对他人造成损害[3],而新生效的民法典则要求"权利侵害"这一要件。这建立在如下认识基础上:若仅凭发生"**损害**"就满足责任构成要件,则侵权责任将会被过度扩张,侵权责任法的范围也会变得模糊,因为它还包括了非因权利侵害而导致的损害。

7/112　在这个意义上,"权利"的概念应作广泛理解,它既包括请求权在内的财产权,也包括生命、荣誉及名誉等人身利益。

(2) 过错作为责任构成要件的意义

7/113　此外,《日本民法典》把过错原则作为责任基础,并要求存在故意或过失。这是基于如下考虑:若某人已经谨慎、适当地行为,且尽到了充分的

---

[1] Cf *Yamamoto*, Fuhô kôi hôgaku no sai-kentô to aratana tenkai—kenri-ron no shiten kara(《反思侵权法教义和新发展:以权利理论为视角》), Hôgaku Ronsô 154-4/5/6 (2004) 292.

[2] 关于《日本民法典》第 709 条的立法史,参见 *Segawa*, Minpô 709-jô (fuhô kôi no ippan seiritsu yôken)[《日本民法典》第 709 条(侵权责任一般要件)], in: Hironaka/Hoshino (eds), Minpô-ten no hyakunen Ⅲ (100 Years of Civil Code Ⅲ) (1998) 559.

[3] 旧《日本民法典》第 370 条第 1 款采用了法国式基于过错与过失的表述:"因过失或过错造成他人损害者,对该损害负赔偿责任。"

注意义务,仍然让他承担损害赔偿责任,将会使个人自由的边界变得模糊不清。

不过,在《日本民法典》的起草期间,出现了两种不同的关于过错的观点。一种观点认为,过错应被理解成"不做某人应该做的"或者"做了某人不应该做的",换句话说,这种观点把过错理解成一种对客观义务的违反。另一种观点则认为,过错还应该被当作加害人精神状态的问题对待,即作为行为人主观的心理状态来看待。

7/114

(二) 传统观点的出现

上述两个责任构成要件,即权利侵害和故意或过失,在后来被全面修正。首先被修正的是权利侵害要件。

7/115

1. 判例法的转折点

(1) 最初的司法裁判

开始,判例法对"权利"概念只作狭义解释,也即,只有在法律制度承认的权利遭到侵害时才产生赔偿责任。[1]

7/116

(2) 司法裁判的转变

不过,随着时间的推移,与社会发展相伴,社会中值得损害赔偿法保护的利益数量不断增加。因此,判例法适应新的情况,采取了一种不同于以往的做法。首先,只要"受法律保护的利益"被侵害,就足以构成侵权。[2] 后来,相当于侵权的不法行为被理解为"违反法律强制或禁止规定的行为",而"**权利**"侵害这个要件则被重新解释为"**以不法行为**"侵害他人。

7/117

2. 主流理论的发展:从权利侵害到违法性

(1) 违法性理论的出现

与判例法一致,法学理论也主张,侵权责任的构成要件不应是权利侵害,而应是违法性。[3] 具体推理如下:

7/118

① 法律制度的理解

这个新理论对法律制度作如下理解:法律制度被看作具体实证法规

7/119

---

[1] 帝国法院 1914 年 7 月 4 日的判决,Keiroku 20, 1360 (Tôchûken Kumoemon case)。
[2] 帝国法院 1925 年 11 月 28 日的判决, Minshû 4, 670 (Daigaku-yû case)。
[3] *Suekawa*, Kenri shingai-ron(《权利侵害原理》)(1949, first edition 1930)。

则的集合,特别是制定法和习惯法的集合。这种观点在法律要求做某事和法律许可做某事之间进行区分。法律要求做某事是有关强制性作为或不作为的规定,而法律许可做某事则不只是强制性或禁止性规定,而是明确允许某种行为。这种明确的法律规范仍然存在漏洞,应当加以填补,以与作为整个法律制度之基本原则的公共秩序与善良风俗协调一致。

② 权利侵害的意义

7/120　　基于上述发展,主观权利曾被理解为法律制度的具体化(法律允许做某事的规范)。因此,侵害权利因为违反了这种法律制度,就当然被看作是违法的。

③ 从权利侵害到违法性

7/121　　既然如上所述,侵害权利本身通常就被看作是违法的,理论上就据此主张,权利侵害作为《日本民法典》规定的责任构成要件必须被理解为,造成他人损害的行为一定是违法的。按照这种观点,"权利侵害"仅仅是对不被法律所接受的行为的另一种表达,也即因其违反了法律制度,一定会被评价为不法的行为。

7/122　　由此,即使没有侵害权利,但加害人的行为仍被认为违法时,责任也应成立。如此一来,违反制定法强制性或禁止性规定,或者违反公序良俗的行为就都有违法性,即使不存在权利侵害,赔偿责任也仍然成立。

(2) 违法性的评价

7/123　　随着时间的推移,支持违法性作为责任构成要件的观点开始流行。同时它还主张,必须依据受侵害的利益及侵权行为的实施方式来综合评价违法性的程度,并且,还要考虑二者之间的联系以判定是否具备违法性。[1]

① 基于受侵害利益的违法性程度

7/124　　就受侵害利益而言,在被明确界定的权利和正在发展中的权利之间,存在渐进式层次结构。相比于尚未发展成熟的权利,侵害更加重要的权利的行为违法性就更大。

A. 与财产有关的支配权

7/125　　在涉及作为绝对权的物权情形,由于物的直接支配相对于其他任何

---

[1] Cf *Wagatsuma*, Jimu kanri, futô ritoku, fuhô kôi(《无因管理・不当得利・侵权行为》)(1937) 100 f, 125 f; *Katô*, Fuhô kôi(Tort)(1974) 35 ff, 106 ff.

人都受保护,所以,侵害这种权利的违法性程度就非常高。著作权、专利权、实用新型或者商标权等同样具有对世效力,侵害这些权利的违法性程度也很高。

B. 债权与营业权

相比而言,债权因其并无排他效力,对其侵害的违法性只能依据行为类型和性质(如利用不公平手段)来判定。至于侵害已设立并运作的企业,其违法性要根据侵害的类型和性质来决定。虽然企业有独立的财产价值,但并无像所有权那样被明确界定的权利,因此,侵害的类型和性质是非常重要的。 7/126

C. 人格权

i. 生命与身体完整

侵害生命和身体完整当然是违法的。 7/127

ii. 自由和名誉

相比而言,对自由的侵犯并不当然是违法的,而需要根据造成侵犯的具体行为予以确定。只有考虑到侵害行为的类型和性质后,认定违法性才是充分的。对名誉的侵害也应采取同样的处理方式。 7/128

iii. 对姓名、肖像和名誉的权利

对姓名、肖像和名誉等的权利虽被法律所认可,但并非绝对权。因而,其违法性需根据侵害行为的类型和性质来判定,只有违反法律或者公序良俗时才有违法性可言。 7/129

② 与侵害行为类型和性质相关的违法性程度

在行使权利和违反法律之间的领域,依据侵害行为的类型和性质,违法性程度逐渐升高。如果造成他人损害的行为构成犯罪,致害行为确定无疑地具有违法性。如果是违反了行政法中的禁止性规定,那么,只有当行政法中的禁止性规定的目的在于保护个人利益时,才存在侵权法意义上的违法性。如果行政法中的禁止性规定旨在保护个人利益,且违反这项规定导致了其意欲保护的个人遭受损害,此时就存在违法性。另外,即使没有直接地违反具体法律规定,但违反了公序良俗或"公共道德",违法性也能得到认定。就权利行使而言,在合理的范围内行使并不会导致违法,但在权利被滥用时,行为就会被认定为违法。 7/130

③ 相互关系中的违法程度评价

在相互关系中基于被侵害利益与侵害行为的种类和性质进行违法性 7/131

评价应当依据下列指导原则进行[1]:在绝对权遭到不法行为侵害时,违法性最高;相反,尚在发展中的权利因其他权利的行使而被侵害时,其违法性最弱。据此推演,若被侵害的权利只有较弱的绝对效力,或者其权利内容尚不明确,则违法性应当根据致害行为的类型和性质加以判定。

3. 过错

7/132　按照早先通行的理论,过错要件被作出如下理解[2]:

(1) 过错概念的主观方面

7/133　过失被理解为欠缺注意,其要求加害人有能力预见到行为的后果。这意味着,过错被看作责任的主观要件。

(2) 过错概念的客观方面

7/134　然而,足够谨慎的标准却是法律要求每个社会成员都应尽到的注意程度。因此,某人若尽到了社会成员应尽的注意,本来能够预见到这种后果,却没有尽到这种程度的注意,其行为就是有过失的。这反映出对过错的客观理解。

(三) 侵权法理论中的混淆之处

7/135　在20世纪60年代和70年代侵权诉讼不断增多的背景下,上述传统理论遭到了质疑。在主张抛弃或改变违法性理论的学者和支持保留违法性理论、并使其适用更加严格的学者之间存在严重对立。[3]

1. 统一的过错概念

7/136　主张抛弃或者改变违法性理论的观点拒绝把违法性作为责任构成要件,并认为违法性已经包含在过错之中。[4]

(1) 支持统一的观点

① 对违法性概念的拒绝

7/137　上述观点认为,现在适用违法性概念没有任何意义,并给出如下理

---

[1] *Wagatsuma*, Jimu kanri, futô ritoku, fuhô kôi(《无因管理·不当得利·侵权行为》) 126.这里可以看出与动态系统论的相似性。

[2] Cf *Wagatsuma*, Jimu kanri, futô ritoku, fuhô kôi(《无因管理·不当得利·侵权行为》)103 ff; *Katô*, Fuhô kôi(Tort)64 ff。

[3] *Sawai*, Fuhô kôi hôgaku no konmei to tenbô—ihô-sei to kashitsu(《侵权行为教义混淆与展望:违法性与过错》), Hôgaku Seminâ 296 (1979) 72。

[4] *Hirai*, Saiken kakuron Ⅱ Fuhô kôi(《债法分论Ⅱ 侵权行为》)21 ff. 更有针对性的讨论, see *idem*, Songai baishô-hô no riron(《损害赔偿法原理》)(1971) 307 ff.

由:(提出违法性概念的)最初目的是为了扩大《日本民法典》第709条中"权利"的含义。不过,在从"权利侵害"到"违法性"作为构成要件的发展过程中,违法性已经丧失了这方面的功能。依据这种观点,通常无须借助权利侵害要件来限制侵权责任,只需过错即可达成目的。

前述观点进一步认为,判例法的考察表明,违法性并不能脱离过错要件而发挥其功能。事实上,许多判决甚至都不把违法性作为前提条件。即使用到违法性,也只是为了确定是否存在侵权行为,而不是为了与作为主观要件的过错相对。 7/138

② 与过错的重叠

基于这些原因,统一过错的支持者认为,现在没有理由再保持客观违法性要件和主观过错要件的区分,相反,人们应当持取如下立场,即在判断是否存在侵权行为时,将客观化的过错作为核心评价标准。该认识源于以下考虑: 7/139

以违反法定行为义务意义上的过错为基础的判决数量急剧增多。这被认为反映了过错与违法性的一致。 7/140

争论焦点是,这种现象是否源于对社会变迁的必要考虑。当今社会已发生了质的改变,这导致了权利侵害风险的不断增加:例如,不仅高速运输工具(如火车和汽车)快速发展,并伴随着使用危险机械生产危险物质(如电力、天然气)的企业数量增多,社会成员间的社会接触也变得更加频繁。 7/141

这就意味着,保护需求也已相应提高,为了应对这些新的挑战,统一过错概念的支持者认为,有必要首先关注某人是否没做他本来应该做的事,或者做了他本来不应该做的事,而不是关注他是否足够谨慎地去避免损害的发生。因此,这种观点不可避免地把过错理解成一种行为义务的违反。 7/142

(2) 过错的认定标准

据此观点,这个意义上的过错应依下列标准判定: 7/143

① 过错的含义

过错意指责任是可以预见的,因而,必定存在某种可辨识的避免致害危险的行为义务之违反。 7/144

② 需考虑的因素——汉德公式

关于是否存在这种行为义务及其程度如何的问题,就应当权衡下列 7/145

因素,依循源自美国法的汉德公式进行评价。首先,是损害发生的可能性也即危险性(不利后果发生的可能性是由可归责的行为引起的)与受害利益的分量(可能受侵害利益的重要性);其次,是在履行行为义务过程中受损的利益。若前两个因素之积超过了第三个,则行为义务就应当被确认。

2. 违法性和过错理论更加严格的适用

7/146　　其他人则认为,应该保留传统有关违法性和过错学说的理论框架,但应更严格、恰当地加以适用。

(1) 加害人的可责难性

7/147　　按照这种观点,侵权责任以加害人的应受责难性为归责基础。因而,下列两个层次的可责难性对于确定赔偿义务是必要的。[1] 一是与行为有关的一般、客观的可责难性。这与违法性一致。二是与行为人有关的具体、主观的可责难性。这与过错一致。

(2) 违法性和过错的概念

7/148　　即便是持这种观点,其内部也有关于如何理解违法性和过错的争论。

7/149　　尤其具有争议的是,违法性的认定是以行为还是其结果为基础的问题。

① 结果不法

7/150　　依结果不法说,若权利或受法律保护之利益遭受侵害的结果已发生或有发生的危险,则应认定违法。人们一般认为,受法律保护之利益仅限于特定人员范围内,这可以从保护权利免受侵害或威胁的传统观点推而知之。

② 行为不法

7/151　　反之,行为不法说则认为,违法性应建立在违反法律制度所规定的行为义务基础上。因与现代社会中存在"被允许的危险"相悖,结果不法说已经不再被坚持,行为不法说开始获得支持。

A. 有用但危险之活动的增加

7/152　　当今社会,伴随科技发展与人们之间的社会接触变得复杂多样,我们对他人造成伤害的潜在可能性显著增加了。然而,例如,若因疾病诊治、机械化交通的使用、工厂的经营等存在危险而将其认定为违法行为,并因

---

〔1〕 *Shinomiya*, Fuhô kôi〔Tort〕276 ff; *Sawai*, Tekisutobukku jimu kanri, futô ritoku, fuhô kôi(《无因管理・不当得利・侵权行为讲义》)³ 102 ff.

此认定广泛的责任,这将会导致整个社会陷于瘫痪。

　　B. 责任限制——行为义务的违反

　　行为虽具危险性,但因其对公众有益而必须被允许,其仅在不符合交往过程中必要的注意,也即违反行为义务时,才引致责任。 7/153

　　3. 对违法性和过错结构的偏离

　　不过,和上述观点相比,还存在一种理论,其试图偏离对违法性和过错加以区分的德国模式。按照这种观点,没有必要从《日本民法典》第709条中解读出违法性的构成要件,这种要件最初就不为民法典所包含。相反,把故意和/或过失以及权利侵害作为责任基础就已足够,这也与该条措辞相符。[1] 7/154

　　(1) 权利侵害

　　根据这种观点,权利侵害是一项与致害行为的后果相关的构成要件。这涉及如何界定利益侵害的问题,也即何种利益值得法律保护。 7/155

　　(2) 故意与过失

　　另外,根据这种理论,故意和/或过失也是一项构成要件,它与致害行为本身有关。因此,这涉及致害行为,即违反行为义务之行为的种类和性质。 7/156

(四) 回归不严格的权利论

　　把主观权利作为认定侵权责任构成要件之出发点的观点(权利论),近年来也受到了支持。[2] 7/157

　　这种观点意图根据宪法对基本权利的保障来重构侵权行为法。这种观念乃基于如下认识。 7/158

　　1. 法律保护的必要性

　　(1) 作为侵权行为法目标的权利和受法律保护的利益

　　这种观点的基本看法是,权利和受法律保护的利益是侵权法的目标, 7/159

―――――――――

〔1〕 *Hoshino*, Koi, kashitsu, kenri shingai, ihô-sei [《故意/过失·权利侵害·违法性》], in: idem, Minpô ronshû dai-6-kann 《私法精选文集》(第6卷)](1986) 307; *Ikuyo/Tokumoto*, Fuhô kôi-hô 《侵权行为法》(1993) 114 ff; *Morishima*, Fuhô kôi-hô kôgi 《侵权法讲义》(1987) 251 ff.

〔2〕 *Yamamoto*, Kôjo ryôzoku-ron no sai-kôsei 《公序良俗理论的新观念》(2000) 270 ff; *idem*, Kihon-ken no hogo to fuhô kôi-hô no yakuwari 《基本权利的保护与侵权法的任务》, Minpô kenkyû 5 (2008) 77; *Shiomi*, Fuhô kôi-hô I 《侵权行为法I》^{2} 25 f.

并等同于宪法中的基本权利。因此,如所有权及其他物权、知识产权以及债权等与宪法所保护的财产权利相符(《日本宪法》第 29 条)。生命、身体完整、健康、荣誉和名誉以及与隐私、姓名、肖像等有关的权利与宪法保护的人格权及追求幸福的权利相应(《日本宪法》第 13 条)。不同种类的自由权则和宪法保护下的精神自由、经济自由、一般的行动自由以及追求幸福的权利等相匹配(《日本宪法》第 13 条)。

(2) 侵权法作为保护基本权利的制度

7/160　侵权法被理解成保护上述个人基本权利免受他人侵犯的一种制度。[1]

2. 通过保护权利来限制权利

7/161　然而,若如所言,承认侵权责任是为了保护受害人的权利,这将导致对加害人权利的限制。

(1) 禁止过度

7/162　就此而言,不仅加害人的权利得到认可,而且也禁止国家过度限制权利。尽管如此,只要过度禁止未被违反,保护受害人的基本权利就是必要的。

(2) 过错原则的意义

7/163　作为当前侵权法构成要件的故意和过失也被理解成侵权责任的构成要件,其蕴含了不过度限制加害人权利的特定目标。如果加害人无故意或过失时仍对其施以侵权责任,那就是对其权利的过度限制。因此,过错原则就被看作是防止加害人过度负担的方式。

第四节　合同责任与侵权责任

一、损害赔偿[2]

(一) 民法典的规则

1. 合同责任的成立要件

7/164　债务不履行赔偿请求权的成立要件被规定在《日本民法典》第 415

---

[1] *Yamamoto*, Hôgaku Ronsô 133—4 (1993) 16.

[2] See *Yamamoto*, Vertragsrecht, in: Baum/Bälz (eds), Handbuch Japanisches Handels- und Wirtschaftsrecht (2011) 502 ff.

条。根据此条规定,当债务人未完全按照其所负债务履行时,债权人可以请求赔偿由此所生损害。因可归责于债务人的事由致履行不能时,亦同。

(1) 不履行

《日本民法典》第415条第1句规定了债务不履行,第2句规定了履行不能。不过,起草者并非有意区分此二者。理由毋宁是,"债务不履行"包括履行不能会导致表意不明,民法典的起草者担心该概念被误解,所以才添加了第2句。   7/165

(2) 可归责于债务人

此外,债务人的可归责性既涉及履行不能也涉及一般的债务不履行,也即债务人可归责被视为责任的必备要件。[1] 因此,没有争议的是,债务不履行所致损害的赔偿请求权的成立要件,同时包括不履行债务本身和可归责于债务人两个方面。   7/166

2. 问题

不过,当涉及细节时,两项要件各自的规范意义则是有疑问的。这一直是日本法学理论中争论的焦点,偶尔也会受到国外法律制度的影响。在合同责任和侵权责任的关系中,债务不履行概念的讨论尤具意义。   7/167

(二) 债务不履行的概念

1. 依债务不履行类型的区分

(1) 基本观点

传统理论[2]以债务不履行的类型为基础,认为《日本民法典》第415条规定了债务不履行的三种类型,即履行迟延、履行不能以及不完全履行。在这种意义上,不完全履行被理解为包括了给付标的瑕疵、履行方式不当以及履行时欠缺必要的注意等情形。   7/168

(2) 德国理论的继受

上述分类理论显而易见受到了德国法的强烈影响。但是,《日本民法   7/169

---

[1] 关于《日本民法典》第415条的立法史,参见 Nakata, Minpô 415-jô, 416-jô (Saimu furikô ni yoru sôngai baishô) [《日本民法典》第415条、第416条(债务不履行的损害赔偿)], in: Hironaka/Hoshino (eds), Minpô-ten no hyaku-nen Ⅲ [《民法典百年Ⅲ》] (1998) 1 ff. Cf also Kitagawa, Rezeption und Fortbildung des europäischen Rechts in Japan (1970) 37 ff.

[2] Cf Wagatsuma, Shintei saiken sôron—Minpô kôgi Ⅳ (《债法总则:私法讲义Ⅳ》)² (1964) 98 ff, 143 ff, 150 ff.

典》本身对这三种债务不履行形式并不加以区分,而是设定了债务不履行的统一构成要件。尽管如此,传统理论无视这种不加区分的状况,把《日本民法典》解释得如同其包含了与《德国民法典》一样的规则。就 20 世纪初期至 30 年代之间的日本法学来看,这是一种普遍现象,被称为理论继受时期。[1]

2. 作为前提的债务关系结构

(1) 基本观点

7/170　相比之下,自 20 世纪 60 年代开始,更新的理论在阐述债务不履行的构成要件时不再凭据债务不履行的类型,而是通过分析所负债务的类型来进行。[2] 例如,依据义务指向的客体,区分给付义务和保护义务,前者涉及履行利益,后者则指向完整利益(Integritätsinteresse)。前者又可进一步细分为提出履行的义务、实现履行效果的义务以及从义务。

(2) 德国法的影响

7/171　这种理论明显地受到了德国在第二次世界大战后发展形成的履行障碍理论的有力影响。该理论把作为违约形态的"积极侵害债权"(违反合同当事人之间的注意义务,不同于履行迟延或者嗣后不能)和不履行及履行不能(《德国民法典》中都有规定)都看作是履行障碍。这就意味着,债务人在债务关系中承诺了哪些内容将是问题的关键。这种对义务违反的分析虽源自德国法,但也融入了《日本民法典》第 415 条债务不履行的阐释中。

3. 从统一的债务不履行理论到违约理论

(1) 统一的不履行理论

7/172　不过,在 20 世纪 70—80 年代间,认为《日本民法典》第 415 条依据的是不同于《德国民法典》规定的概念,且没有必要按照德国法加以阐释的观点逐渐获得了支持。[3] 在涉及债务人不按照债务本旨履行义务时,《日本民法典》第 415 条被认为规定了债务不履行外部因素的统一要件。该观点认为,没有任何理由对此作不同解释,进而在履行迟延、履行不能

---

[1] Cf *Kitagawa*, Rezeption und Fortbildung 23 ff, 68 ff; *idem*, Nihon hôgaku no rekishi to riron《日本法学的历史与理论》)(1968).

[2] Cf *Kitagawa*, Keiyaku sekinin no kenkyû(《合同责任研究》)(1963) 349 ff; *Okuda*, Saiken sôron(《债法总则》)(1992) 15 ff; *Maeda*, Kôjutsu saiken sôron(《债法总则讲稿》)³ (1993) 120 ff; *Shiomi*, Keiyaku kihan no kôzô to tenkai(《合同规则的结构及其发展》)(1991).

[3] Cf *Hoshino*, Minpô gairon Ⅲ(《民法概要Ⅲ》)(1978) 45 f; *Hirai*, Saiken sôron(《债法总则》)²(1994) 47 ff.

和不完全履行之间进行区分。毋宁应当认为,《日本民法典》第 415 条显然包括了履行不符合约定以及"积极侵害债权"的情形,所以不存在需要填补的法律漏洞。因此,结论是,没有必要讨论,在给付义务外,是否有必要将保护义务看作是独立的合同义务范畴。要想适用《日本民法典》第 415 条,只需考察债务人是否合乎债务目的地履行了债务即已足够。

(2) 违约理论

因此,决定性的问题是:合乎债务目的是什么意思? 在合同关系中,它由合同本身来决定。如果依据这种思路进行下去,那么,《日本民法典》第 415 条规定的作为赔偿请求权构成要件的债务不履行必须从违约的意义上进行理解。[1]

二、合同义务客体范围的扩张:"完整利益"的保护[2]

(一) 问题的提出

1. 合同关系中对"完整利益"的侵害

在合同关系中,一方当事人的"完整利益"可能被另一方侵害。就此而言,问题就是,在这种情形下受害方是否可以向另一方主张违反合同义务的损害赔偿请求权。其关键点在于,保护合同当事人"完整利益"的义务,也即所谓的保护义务,是否能被认为是合同义务。

2. 合同责任与侵权责任的差异

如果某人的"完整利益"受到侵害,可能也会被视为应承担侵权责任的情形。根据侵权行为法的规定,自受害人知悉损害及加害人起 3 年内不行使,损害赔偿请求权即因时效而消灭(《日本民法典》第 724 条第 1 句)。这与合同责任之间存在显著差异,根据后者,损害赔偿请求权的消灭时效为债务不履行发生后的 10 年(第 167 条第 1 项)。因为这个原因,在实践中,保护义务是否被认定为合同义务,换言之,违反此种义务是否

---

[1] Cf *Shiomi*, Saiken sôron I(《债法总论 I》)² (2003) 22 ff; *idem*, Sôron—Keiyaku sekinin-ron no genjo to kadai(《总论:合同责任的现状与任务》), Jurisuto 1318 (2006) 82 ff; *Yamamoto*, Keiyaku no kosoku-ryoku to keiyaku sekinn-ron no tenkai(《合同的约束力与合同责任理论的发展》), Jurisuto 1318 (2006) 92 ff.

[2] See *Yamamoto*, Vertragsrecht, in: Baum/Bälz (eds), Handbuch Japanisches Handels- und Wirtschaftsrecht 507 ff.

成立合同责任,就变得非常重要。此外,在合同关系中为辅助人承担的责任也有别于侵权关系情形。

(二) 支持合同责任的理由

1. 合同债务关系的结构分析

(1) 作为合同义务的保护义务

7/176　在日本,那些对债务关系作结构分析的人首先认为,保护义务必须被视为合同义务。[1] 在这方面,他们受到了德国"积极侵害债权"理论的影响。

(2) 保护义务的认定

7/177　保护义务的观点来自所谓特别约束关系或社会接触关系理论。其推理过程是,在这种特殊关系中,每个当事人都把自己的"完整利益"暴露于他人的影响之下。为使这种关系顺利进行,各方都必须信赖他方会顾及这种"完整利益"。基于这个原因,这种关系中的当事人就相互负有顾及他方"完整利益"的一般义务,它已经超出了侵权法所确定的行为义务范围。因此,合同当事人就必然负有这里称为保护义务的合同义务。

2. 法官对法律的发展:顾及合同当事人安全的义务

7/178　在这种理论的影响下,判例法也将这种保护合同当事人安全的义务承认为合同义务。

(1) 雇主顾及雇员安全的义务

7/179　这种义务首先在雇佣关系中得到肯定。[2] 根据这种看法,雇主理应负有保护雇员使之免于生命、健康危险的义务,以便雇员能够安全地工作。

① 这种义务的正当根据

7/180　判例法诉诸前述"社会接触关系"来支持这种观点,认为顾及他人安全的义务是一种从诚实守信原则中衍生出来的一般义务,它适用于和他人发生债务关系的当事人。这种保护义务之所以适用于雇佣关系中,是因为雇主承担并履行此种义务,可以让雇员无后顾之忧地从事工作。

---

[1] Cf *Kitagawa*, Keiyaku sekinin no kenkyū(《合同责任研究》)357,379 ff; *Okuda*, Saiken sōron(《债法总则》)18 ff; *Maeda*, Kōjutsu saiken sōron(《债法总则讲稿》)³ 122 f.

[2] Cf Supreme Court of 25.2.1975, Minshū 29,143 (自卫队中发生的意外事故)。

② 义务范围

不过,根据判例规则,这种义务仅限于避免处于雇主控制下的人员或设备所引起的风险,并不包括保护雇员生命和健康的一般注意义务。[1]

(2) 其他合同关系的扩张

随后,顾及合同当事人安全的义务也适用于施工合同情形发包人和分包人的雇员之间的关系[2],以及教育合同(school contract)中学校和学生之间的关系[3]。在下级法院的判例规则中,在游泳训练合同[4]、住宿合同[5]以及照管合同(contract on caretaking)[6]中也都承认了此种义务。

3. 违约理论

(1) 合同内容的确定

依据违约责任理论,关键是要确定,对"完整利益"的保护是已经成为合同的组成部分[7]还是相反[8]。

① 明示约定

例如,如果对"完整利益"的保护已经被明确约定为合同给付内容(如受托看护某物的合同),那么,这种保护义务就已成为当事人一方需履行的给付义务的组成部分。

② 默示同意及合同的补充解释

这同样适用于双方虽无保护"完整利益"的明确约定,但其构成合同给付必备条件的情形。例如,雇佣合同中雇员在工作场所工作时免遭危险,或者教育合同中学生在校学习时不被暴露于危险之下,就是合同的必备条件。因此,在这些情况下,合同应该被解释为:雇员在工作场所工作时以及学生在上学时应免受危险,这已经被默认为合同给付的组成部分。

---

[1] Cf Supreme Court of 27.5.1983, Minshû 37, 477 (自卫队中发生的意外事故)。

[2] Cf Supreme Court of 11.4.1991, Hanrei Jihô 1391 (1991) 3.

[3] Cf Supreme Court of 13.3.2006, Hanrei Jihô 1929 (2006) 41.

[4] Cf District Court Tokyo of 30.7.2004, Hanrei Taimuzu 1198 (2006) 193.

[5] Cf District Court Tokyo of 27.9.1995, Hanrei Jihô 1564 (1996) 34.

[6] Cf High Court Tokyo of 29.9.2003, Hanrei Jihô 1843 (2004) 173; District Court Yokohama of 22.3.2005, Hanrei Jihô 1895 (2005) 91.

[7] 判例法肯定会要求存在有效合同,就如在缔约过失情形一样(参见下文"三"),它在没有合同的情况下只推荐适用侵权法(参见最高法院 2011 年 4 月 22 日的判决,Minshû 65-3, 1405)。

[8] Cf *Shiomi*, Saiken sôron I (《债法总论 I》)² 102 ff.

除此之外，客运合同的目的并不仅仅在于运送乘客至目的地，还包括把乘客免受危险地送至目的地。在这个意义上，认为承运人提供运输服务时，已经允诺将旅客安全送达目的地的义务，这种对旅客运送合同的解释同样也是可能的。

(2) 合同责任的扩张

7/186　相应地，若当事人并不处在直接的合同关系中，则有必要依据诚实信用原则，把保护义务或安全照护义务认定为法定合同责任的基础。例如，施工合同中发包人和分包人的雇员之间的关系就属于这种情况。在其他情形中，问题则可以被简化为，对"完整利益"的保护是否已经成为合同约定的组成部分。

三、合同义务在时间序列上的扩张——缔约过失责任[1]

(一) 责任性质

1. 缔约过失

7/187　当一方当事人在合同磋商过程中因可归因于另一方当事人的行为而遭受损失时，基于诚实信用原则，须给予与合同责任一致的法律保护，这种观点在日本被称为"缔约过失责任"理论。[2]

2. 缔约过失在日本法上的必要性

(1) 将其归类为侵权责任的可能性

7/188　尽管如此，在日本法上几乎没有必要将缔约过失解释成合同责任。在《日本民法典》中，因为侵权责任受第709条规定的一般、统一责任要件的调整，所以，把缔约过失责任归类为侵权责任并无任何障碍。[3]

(2) 不同时效期间的实践意义

7/189　基于侵权行为的非合同责任与合同责任的时效期间存在差异，前者

---

[1] Yamamoto, Vertragsrecht, in: Baum/Bälz (eds), Handbuch Japanisches Handels- und Wirtschaftsrecht 472 ff.

[2] Kitagawa, Keiyaku sekinin no kenkyû (《合同责任研究》) 194 ff, 339 ff; Shiomi, Saiken sôron I [《债法总论》(一)]² 529 ff.

[3] 在最高法院裁决的一个案件(2011年4月22日判决，Minshû 65-3, 1405)中，对于决定是否缔约所必要的信息未在缔约前被告知缔约方，该方当事人因合同缔结而遭受损害的，最高法院依据侵权法而非合同义务不履行认定赔偿义务。

为自知道损害和加害人之日起3年(《日本民法典》第724条),而后者为自权利可以行使之日起10年(《日本民法典》第166条第1款和第167条第1款)。然而,在商事关系中,责任通常能被迅速地主张,也能被合理地预见。因此,至少在这个方面,并无任何实际的需要,要将缔约过失责任定性为合同责任以扩张其时效期间。唯有在为辅助人负责方面,这种定性可能会引起重大差异。

(二) 合同不成立时的案例群

缔约过失责任首先是在合同不成立的情形下被提出来。在这种情形下,有两种案例群需要加以区分: 7/190

1. 中断合同磋商

第一个案例群涉及的情况是,合同磋商已经开始,但随后中断。 7/191

(1) 判例规则

根据判例法[1],即使在合同磋商阶段,一方当事人对另一方的人身和财产安全就已负有注意义务,这些义务源自诚实信用原则。若一方当事人违反了这些义务,并且导致他人遭受损害,则其应承担赔偿义务。相应地,若一方当事人因其行为引起另一方的信赖,且由此导致该方当事人作出不必要的花费或法律上的财产处分(make legal dispositions),则其必须赔偿另一方因信赖受挫而遭受的损害,也即信赖损害赔偿。 7/192

(2) "合同成熟度"理论

不过,新近的理论主张,中断合同磋商情形下的责任应当被看作是广义上的约定后果。[2] 准此以观,至少在缔结重大经济合同情形,最终合同由合同磋商过程中就个别问题所达成的一系列协议所组成的情况是很常见的。因而,在合同磋商中断时,当事人的责任就被看作是违反这种中间协议(interim agreements)的结果。从而,责任范围依照累积的中间协议的相关内容而定,这就是所谓的"合同成熟度"理论。举例而言,若合同的全部内容经过磋商阶段业已确定,仅剩合同文本尚未草拟,则完全可以 7/193

---

[1] Cf Supreme Court of 18.9.1984, Hanrei Jihô 1137 (1985) 51; Supreme Court of 30.8.2004, Minshû 58, 1763.

[2] Cf *Kamata*, Fu-dôsan baibai keiyaku no seihi(《不动产协议的成立》),Hanrei Taimuzu 484 (1983) 21; *Kawakami*, »Keiyaku no Seiritsu« o megutte (1)(2)[《论"合同成立"》(1)(2)],Hanrei Taimuzu 655 (1988) 11; 657 (1988) 14.

请求期待利益的损害赔偿。

2. 合同缔结过程中的意外事件

7/194　第二个案例群涉及的情况是,在合同缔结过程中,一方当事人的权利因某种致害事件被侵害。然而,这不过是侵权的一种类型,没有理由不适用《日本民法典》第 709 条。

(三) 合同成立时的案例群

7/195　缔约过失责任在合同成立时也可以存在。这里也应区分两种案例群:

1. 合同不生效

7/196　第一种案例群包括合同已经成立但不生效的情形。

(1) 责任认定

7/197　在这种情形中,主流观点同样是,其行为使他人信赖合同有效的当事人必须对由此所生损害进行赔偿。其认识基础是,依据诚实信用原则,在签订合同的过程中,每一方当事人都负有谨慎行事的注意义务,以确保另一方不会遭受所订立的合同不生效造成的损害。[1]

(2) 责任范围

7/198　在这种情形下,一方当事人因对合同生效的信赖受挫而遭受的损害,也即信赖损害,必须得到赔偿。这包括徒然支出的费用或因拒绝其他更加有利的要约而遭受的损害。

2. 不当地促成合同缔结

7/199　第二种案例群包括以下情形:在合同签订过程中,合同当事人受他人不当引诱,订立了他本来不会愿意缔结的合同。这种情形下的缔约过失特别是指如下情形:他方当事人被不充分或者不恰当的信息误导,从而缔结了与其真实意图不符的合同。

(1) 问题的提出

① 告知义务

7/200　在这种情形下。认定所谓的告知义务,也即缔结合同时向对方披露必要信息的义务,是承担责任的前提。这种告知义务通常是从诚信信用

---

〔1〕 Cf *Wagatsuma*, Shintei saiken sōron—Minpō kôgi Ⅳ(《债法总则:民法讲义Ⅳ》)² 40.

原则中推导出来的。[1] 在这方面,人们认为,进行合同磋商的当事人处于一种密切关系中,对其应适用诚实信用原则。

② 告知义务的依据

不过,若对这种义务作宽泛理解,则可能会违反自我负责的合同法原则。在商事关系中,原则上各方都必须自行保护其自身利益,独立获取信息并避免不利境况。于是,问题就是,在何种情形下以及基于何种理由,合同当事人提供的不恰当信息能够被视为对诚实信用原则的违反。就此而论,有两个方面需加区分,即没有提供虚假信息和传达了必要信息。[2]

(2) 不作为形态的告知义务

一方面,存在一方当事人给另一方提供不实信息的情形。以下两种考虑为不提供虚假信息的义务提供了支持理由:

① 虚假信息引致的危险

首先,当决定是根据虚假信息作出时,即便相关当事人正确理解了所提供的信息,它也当然是不恰当的。虚假信息制造了实质性风险,它会诱导对方当事人作出错误的决定。

② 可归责性

其次,自然而然的是,提供信息的当事人应当对其提供虚假信息的行为负责。

(3) 作为形态的告知义务

另一方面,也存在一方当事人未提供必要信息的情形。就此而论,有两种考虑支持认定向对方提供必要缔约信息的义务:

① 禁止损害他人

一种考虑与涉及危险的信息告知有关。若能预见到对方当事人将面临法益受损的风险,特别是涉及其身体、生命或者财产方面的权益时,则必须认定一方当事人对另一方当事人负有告知该危险的义务。在其他情况下,若缔结合同欠缺必要信息时,合同当事人的法律地位也将受到损害。

7/201

7/202

7/203

7/204

7/205

7/206

---

[1] Cf *Wagatsuma*, Shintei saiken sôron—Minpô kôgi Ⅳ [《债法总则:民法讲义(四)》]² 41.

[2] Cf *Yamamoto*, Minpô kôgi Ⅳ-1(《民法讲义Ⅳ-1》)(2005) 53; further *idem*, Shôhisha keiyaku-hô to jôhô teikyô hôri no tenkai(《消费者合同与信息模式的发展》), Kin'yû Hômu Jijô 1596 (2000) 9 ff. Going further *Shiomi*, Saiken sôron I (《债法总论 I》)² 565 ff.

② 专家责任

7/207　此外,当涉及专家和非专业人士之间的关系时,基于以下几个理由,必须认定他们的告知义务。

A. 事实上合同自由的恢复

7/208　首先,当专家和非专业人士进行交易时,由于双方存在信息方面的差距,非专业人士会面临无意中缔结一项不利交易的巨大风险。这意味着,非专业人士在某种意义上实际丧失了合同自由。为了使非专业人士一方享有事实上的合同自由,就有必要对专家一方施予告知义务。

B. 与社会对其信赖相符的专家责任

7/209　其次,只有社会对专家专业能力的信任才能促进这些专家从事商业活动。专家们不仅能从中得到好处,也应相应承担更高程度的责任,这无疑是正确且适当的。

(4) 从侵权责任向基于法律行为的责任发展

① 侵权法的解决方案

7/210　如上所述,如果承认告知义务,当这种义务被违反时,就同时存在违法性和过错,这意味着侵权责任可被认定。事实上,在有关消费者权益纠纷——20世纪80、90年代经常发生——以及投资交易纠纷的判决中,下级法院通常就认定成立侵权责任。

A. 责任范围

7/211　这方面判给的赔偿包括因虚假信息而诱导当事人缔结了事与愿违的合同所引发的费用支出。赔偿这种损害意在使当事人恢复到合同未缔结时他本应处于的状态。它经常被称为具有恢复效果的赔偿。[1] 人们也可以认为,这种赔偿义务本质上否定了合同的效力。

B. 相关法律行为规则的不足

7/212　之所以采取这种做法,是因为民法典对法律行为规定了严格的规则,合同无效或被撤销的要件在这些类型的案件中似乎很难被满足。

② 法律行为层面上的解决方案

A. 理论上的解决方案

7/213　不过,如果一方面合同被视为有效,但另一方面在处理赔偿的过程中

---

[1] Cf *Shiomi*, Keiyaku-hô to songai baishô-hô no kôsaku(《合同法与损害赔偿的交错》), in: idem, Keiyaku ôri no gendai-ka(《合同法的现代化》)(2004) 9。

合同又好像被视为无效,这就存在评价矛盾。这就是理论上主张在因欺诈、错误而撤销合同的案件中放宽要件的要求,并且/或者通过对公序良俗概念的扩张解释以认定合同无效的理由。[1]

B. 立法者提供的解决方案

依循判例法和理论的发展,2000年颁布的《消费者合同法》规定[2],若消费者被商家特定的积极行为所误导,则消费者有撤销合同的权利(《消费者合同法》第4条)。不过,在违反作为形态的告知义务情形下,《消费者合同法》并没有规定消费者的撤销权。[3] 目前,《消费者合同法》正在修订,是否承认这种义务将会被重新讨论。

7/214

第五节 侵权责任的基本要件

一、损害

(一) 损害概念

在日本,损害的大小以金钱来衡量,原则上并没有恢复原状的救济。

7/215

1. 可计算的损害:差额法

传统上,损害被看作受害人在没有侵权行为时本应处于的利益状态,与现在因侵权行为所处于的不利益状态之间的财产差异。[4] 因此,损害被视为受害人遭受的物质损害。

7/216

因而,问题就是,两种状态之间的财产差异如何计量。

7/217

---

[1] Cf Yamamoto, Minpô ni okeru »Gôi no kashi«-ron no tenkai to sono kentô(《民法中"欠缺合意"理论的发展及其意义研究》), in: Tanase (ed), Keiyaku hôri to keiyaku kankô(《合同理论与交易习惯》)(1999) 149 ff.

[2] Shôhi-sha keiyaku-hô, Law no 61/2000 in the version of Law no 70/2013.

[3] 《消费者合同法》只规定了企业的说明义务。该条相关的问题,参见 Yamamoto, Das Verbraucherschutzgesetz in Japan und die Modernisierung des Zivilrechts, in: FS Rehbinder (2002) 823 f, 831 ff.

[4] 在差额说的支持者中,一些人将相关权益的状况差异视为损害(与实际状况相比),另一些人则将相关财产的价值差异视为损害(金钱价值的比较)。不过,在日本,这两种立场并非总是存在清晰的区分。

(1) 个别损害项目的累加

7/128　即便差异涉及整体资产,实践中也只能通过单个具体的赔偿项目来计算差额,然后将这些差额加总。这方面最重要的赔偿项目如下：

① 物质损害

7/129　首先是因侵权行为导致的金钱性(物质性)的不利益。它们可以被进一步划分为积极损害(实际损失)和消极损害(所失利益)。

A. 积极损害(实际损失)

7/220　当受害人现有财产因侵权行为而被积极减少时,会发生实际损害。如果某人的生命或身体完整受到了伤害,这种损害就包括医药费(如治疗、住院、护理、康复等费用)的支出以及受害人必要的住房改造费用；当财物遭受损害时,这种损害就可能包括维修费用或者获得替代品的支出。受损物品价值上的贬损也应加以考虑。

B. 消极损害(所失利益)

7/221　消极损害是能够合理期待受害人财产增加却因侵权行为而没有增加时的损失。所失利益就属于此种损害。

② 非物质损害

7/222　除物质损害外,非物质损害同样能够因侵权行为而发生。

(2) 损害估算

7/223　就单个的损害赔偿项目,适用以下的损害计算方法。

① 物质损害

7/224　关于物质损害,差额依每个损害项目中实际累积的费用和/或实际丧失的金额来评定。其基本原则是赔偿实际损害。

② 非物质损害

7/225　就非物质损害而言,则没有实际上的支出或收入可作为计量根据。这需要法官在考虑所有相关情况,包括侵害的严重性基础上,根据自由裁量来认定。

(3) 相关问题

7/226　下面的批评已经被以不同的方式排除了。

① 方法上的模糊不清

7/227　批评者认为,该学说混淆了以金钱形式的损害估算和损害的认定及可赔偿性,从而使得被认定的对象与方式含混不清。

② 与恢复原状目的不一致

A. 损害不能以金钱计量

若损害被单纯理解为金钱计量形式的差额,则任何不能以金钱计量的损害都会被无视。比如,当受害人因侵权行为受到了伤害,但未遭受任何实际收入损失时,即属此类情况。 7/228

B. 并未包括在损害项目内的损害

如果损害是由单个损害项目累加来确定的,特别是在损害项目清单固定时,可能就会存在损害未被包含的情况。虽然差额计算法的基础是损害能被完全认定,但全面评估事实上无法做到。 7/229

2. 实际损害

不过,当下一种有影响力的观点区分了损害和损害估算,其使用的"损害"概念只针对现实状况,并不涉及对所受侵害的金钱估算。据此,已发生的损害及其可赔偿性(需考虑保护范围)的认定与损害的金钱估算这两个方面被区分开来,并作为两个独立步骤分别考察。[1] 7/230

(1) 具体损害

在这方面,首先可以想到的是,对受害人利益事实上的具体妨害就被视为损害。[2] 7/231

① 损害的概念

A. 人身损害

按照这种观点,如下事实就可以被视为人身伤害情形的损害:受害人因住院治疗而必须支付的住院费和治疗费;受害人出院后还得进行3个月的康复治疗,从而需要支付的康复治疗费;受害人当下只能通过轮椅活动,因此需要改建住房并需向建筑公司支付的改建费用;自主经营的受害人因侵权行为而在3个月内无法工作,由此丧失的相应收入。 7/232

B. 财产损害

在财产损害情形,下列事实可以看作是典型的损害:受害人的摩托车因侵权行为(交通事故)需要送交修理厂修理,受害人因此不得不支付修理费;或者,受害人因侵权行为而失去了摩托车,不得不从经销商那里买一辆新车。 7/233

---

[1] *Hirai*, Saiken kakuron Ⅱ Fuhô kôi(《债法分论Ⅱ 侵权行为》) 76。
[2] *Maeda*, Minpô Ⅳ-2 (Fuhô kôi-hô)(《私法Ⅳ-2 侵权行为法》) (1980) 302 f.。

② 损害估算

7/234　采用这种方法,损害额的估算如下:

A. 损害的确定

7/235　首先,需要依前述方式确定损害的构成情况。因而,依差额法构成(累积的)损害项目的事实就被认定为损害。

B. 赔偿范围

7/236　其次,还需评估前述事实是否能够被视为是因权利侵害所导致的损害。这也和差额法中对损害和权利侵害之间相当因果关系的审查相符。

C. 金钱计量

7/237　最后,属于可赔偿范围的损害事实必须以金钱形式进行估价。这和差额法中对差额的计算也是一致的。

③ 批评

7/238　然而,如果只有与损害项目相符的具体事实才被认定为损害,那些不能确定为损害的不利后果就可能不被考虑。除受害人因侵权行为受到侵害却并未遭受收入损失的情形外,还必须考虑如下情形,如在事故中遭受精神创伤的受害人事实上放弃了骑摩托车的行为。

(2) 总括性损害的概念

7/239　尽管如此,在拥护实际损害概念的阵营中,强调以恢复原状为目的——与上述具体损害的观点相对——且把侵权行为引起的所有不利后果都总括性地归为损害的观点,正变得富有影响力。

(二) 权利侵害与损害之间的关系

7/240　依据这种观点,如果所有由侵权行为引起的不利后果都被概括性地认定为损害,随之而来的问题就是,这种损害和(主观)权利侵害之间是否必须进行区分?

1. 权利侵害等同于损害

7/241　一种观点认为,没必要区分权利侵害和损害。按照这种观点,审查责任成立的因果关系和判断可赔偿损害的范围是结合在一起的。在这方面,关于损害是否必须被视为对某种利益或价值的侵害,认识上就存在分歧。

(1) 利益妨害说

① 损害的概念

首先能够想到的是,因侵害权利导致的对任何利益的妨害都将被认定为损害。[1]

② 损害的认定和计算

损害的认定和计算如下:

A. 基本规则

i. 损害的认定——将个别损害项目加总

既然损害整体上无法确定,那么,不利后果就依每个具体的损害项目加以认定,然后将其加总以确定全部损害。

ii. 损害的估算

据此,与每个损害项目相应的具体利益妨害就按照实际收入和费用支出等加以计算。

B. 例外

然而,要是部分损害在个别损害项目中不能被考虑到,这就需要通过自由裁量以精神损害赔偿的方式加以确定。

(2) 价值损失

反之,人们认为,因权利侵害造成的权利价值降低也构成损害。就此提出的问题是,应当在何种层面对主观权利的价值加以评估,即应当采取抽象评估还是具体评估。

① 抽象价值——死亡和身体伤害

被采纳的一种观点是,在人身伤害情形,死亡和身体伤害本身即构成损害,并应被作为标准的损害类型依固定金额加以评估。其基础主要是人的平等与人格尊严,以及不能将人视为经济利益的来源,而只能当作具有固有平等价值之存在的原则。[2]

A. 对损害的理解

这种观点把人的身体伤害和死亡理解成(非财产性)损害。如果在致害行为和身体伤害、死亡之间存在因果关系(与责任成立的因果关系相

---

[1] *Hirai*, Saiken kakuron Ⅱ Fuhô kôi(《债法分论Ⅱ 侵权行为》)125 ff。

[2] See ia *Nishihara*, Songai baishô no hôri(《损害赔偿法原理》), Jurisuto 381 (1967) 148。

当),那么,就可以认为身体伤害和死亡构成了可赔偿的损害。

B. 损害的估算

7/250　因身体伤害或死亡丧失的价值,即生命或身体的价值,在每个案件中都以固定金额来评估。因而,这意味着差额法遭到了拒绝,因为其依赖的是事实上发生的费用;而对生命和身体完整价值的客观侵害而言,则代之以一种与之相符的标准化的定额赔偿。

② 具体价值——收入能力的降低

7/251　相反,受害人一方任何收入能力的损失都应当被视为损害且需单独评估,也即需考虑特定受害人的具体情形。[1]

A. 对损害的理解

7/252　这种观点将因身体伤害导致的收入能力降低看作损害。即使不存在事实上的收入和支出方面的差异,但收入能力的降低仍被当作损害。

B. 损害的估算

7/253　因此,失去收入能力的价值就需要用金钱来计量。在这方面任何标准化的概括赔偿都会遭到拒绝,因为,每个受害人的收入能力是不一样的。

2. 权利侵害和损害的区分:规范性损害的概念

7/254　相反观点则主张,权利侵害和损害必须加以区分。按照这种观点,权利侵害引起哪些损害,以及这些损害的赔偿范围应如何确定,这个问题应独立于责任成立的因果关系作单独考察。[2]

(1) 规范性损害的概念

① 对损害的理解:规范情形的比较

7/255　按照这种观点,损害是受害人在侵权行为未发生的情形本应处于的境况(A)和受害人因侵权行为的发生而事实上处于的境况(B)之间的差异。

② 损害的认定与估算同时发生

7/256　A 和 B 都不是一种自然事实,而是一种基于法律评价的规范性事实。因此,认定没有侵权行为时他们本应处于的状况和实际的状况之间的差异,即认定损害,同时也决定了赔偿的范围。

---

[1] *Kusumoto*, Isshitsu rieki no santei no shotoku-gaku(《可得利益和收入损失的计算》), in: Ariizumi (ed), Gendai songai baishô-hô kôza 7 [《现代损害赔偿法讲稿(7)》](1974) 133。

[2] *Shiomi*, Fuhô kôi-hô(《侵权行为法》)219 ff。

(2) 损害概念的层次

不过,问题是如何评估受害人在没有致害行为时本应处于的状况。 7/257

① 最低限度的损害:价值损失

被侵犯权利的价值通常构成最低限度的可赔偿损害。 7/258

A. 理由:损害赔偿的权利延续功能

因权利侵害引发的赔偿请求权导致对现实权利的价值补偿。因而, 7/259 如果权利价值未受侵害时本应存在的状况应该和 A 情形(如果没有侵权行为受害人本应处于的状况)保持一致。

B. 损害的认定:损害的抽象计算

在这种情况下,损害的认定需抛开现实的具体事实,对所失权利的价 7/260 值,也即生命或身体完整或财产权的价值,以客观抽象的货币形式进行估算。

② 额外损害:个别利益的妨害

然而,当涉及某项视受害人个别情况而定的利益损害,且按照上述原 7/261 则不应进行任何赔偿时,在最低限度的损害外准予额外补偿。

A. 损害的认定和损害范围的认定等同说

在这种情形下,在将单个损害项目加总的意义上,损害就被视为单个 7/262 损害项目的总和。例如,就因侵权行为而使受害人被迫付出的费用而言,这些损害是否可赔需要根据费用支出的必要性加以评定。就侵权行为未发生时受害人本可赚取的收入而言,损害是否可赔需视获取这些收入的可能性而定。

B. 损害的认定:损害的具体计算

按照上述方法认定的利益侵害,应结合具体情况以金钱形式进行 7/263 估算。

(三) 非金钱损害与精神损害赔偿

日本侵权行为法对可赔偿损害的类型并未设置任何限制。非物质损 7/264 害理所当然地被认定为是可赔的。这通常以精神损害赔偿的形式出现。

1. 精神损害赔偿的目的

尽管如此,关于精神损害赔偿的目的仍然存在争议。 7/265

(1) 原初状态恢复说

一般而言,精神损害赔偿的目的被认为是补偿受害人遭受的损害,使 7/266

其尽可能恢复到与原初状态一样的状况。

① 实际功能

7/267　不过,在这种案件中,人们对于损害的构成或者恢复原初状态的具体认识仍然存在不同看法。

A. 非物质损害(痛苦)的补偿

7/268　传统的看法是,精神损害赔偿的目的是补偿身心痛苦。但是,就精神损害赔偿如何发挥痛苦补偿功能又存在不同认识。

i. 损害赔偿

7/269　一方面,有人主张,非物质损害通过精神损害赔偿以金钱形式得到了补偿。[1]

ii. 精神抚慰

7/270　另一方面,也有人主张,金钱赔偿具有抚慰效果,它能带来精神平衡。[2] 非物质损害(痛苦)不能以金钱进行衡量。因而,人们认为,不能说这种不利后果是可赔偿的。唯一可能的是把损害赔偿视为提供情感抚慰和修复情感失衡的方式。

B. 非金钱价值的损害

7/271　此外,还有人主张,精神损害赔偿具有补偿受害人所受非金钱价值损害的目的。就此而言,被认为遭受了侵害的价值需作区分。

i. 对情感价值的侵害

7/272　一方面,有人主张,人的情感具有客观价值,损害这种价值应以金钱加以补偿。[3] 这也解释了对无法感觉疼痛的人(如婴儿)仍需补偿,且对精神损害采取标准化概括补偿的原因。

ii. 对生活安宁权的侵害

7/273　另一方面,理论上也可以承认一种生活安宁权,并把精神损害赔偿视为对这种价值所受侵害的金线补偿。如果人们从追求幸福的权利推导出生活安宁权,那么,当个人的日常生活和人生计划被迫改变时,对其进行赔偿就是必要的。不过,即便在针对受害人的侵权行为已经结束后,对生活安宁权的侵害仍有持续的可能。因此,在评估精神损害赔偿额时,侵权

---

[1] Katô, Fuhô kôi(《侵权行为》)228 ff.

[2] Shinomiya, Fuhô kôi(《侵权行为》)595, 268; Shiomi, Fuhô kôi-hô(《侵权行为法》)263 ff.

[3] Shinomiya, Fuhô kôi(《侵权行为》)595.

人在事实上的加害行为完成后的行为也必须予以考虑。

② 补充功能

并且,在实践中,当很难证明物质损害时,精神损害赔偿常以补充方式加以适用。以下几个原因发挥了作用。　　　　　　　　　　　　7/274

A. 必然性

若损害是通过单个损害项目加总,并基于具体的损害额来计算的,则举证问题必定出现且需解决。　　　　　　　　　　　　　　　　　　7/275

B. 程序原因

此外,由于物质损害和非物质损害的赔偿请求在一个诉讼中解决,只要赔偿的数额保持在请求的范围内,作为受害人的请求权人并没有义务拆分各个损害赔偿项目。因而,精神损害赔偿就可以被用作对物质损害赔偿的补充。　　　　　　　　　　　　　　　　　　　　　　　　　7/276

(2) 制裁与威慑说

相反,有观点主张,精神损害赔偿发挥了制裁与威慑的功能。[1]　　7/277

① 理由

按照这种观点,施以惩罚本身并不能提供充分的制裁和威慑效用。相反,为了这种目的而对受害人判予高额赔偿会更为有效。　　　　　　7/278

② 批评

不过,针对这种观点,有以下批评被提出来。[2]　　　　　　　　7/279

A. 严格区分民法和刑法

日本法律体系是以民事赔偿法和刑法、行政法的区分为基础的。[3]　7/280
因此,公开承认民事赔偿法的制裁和威慑功能会与日本法律体系产生冲突。

---

〔1〕 *Mishima*, Isha-ryō no honshitsu(《精神损害赔偿的本质》), Kanazawa Hōgaku 51-1 (1959) 1; *Goto*, Gendai songai baishō-ron(《现代损害赔偿法原理》)(1982) 255 ff; *Awaji*, Fuhō kôi-hô ni okeru kenri hoshō to songai no hyōka(《不法行为法的法律保护与损害评估》)(1984) 156 f; *Higuchi*, Seisaiteki isha-ryō ron ni tsuite—Minkei shunbestu no »risô« to genjitsu(《作为制裁的精神损害赔偿原理:民法与刑法严格区分的"理想"与现状》), Jurisuto 911 (1988) 19。

〔2〕 *Shiomi*, Fuhō kôi-hô(《侵权行为法》)263 ff。

〔3〕 Supreme Court of 11.7.1998, Minshû 51—56, 2573.

B. 干扰利益平衡

i. 过度保护受害人

7/281　对实际损害的赔偿已经保护了受害人的权利,受害人再无超出这个范围获取额外赔偿的正当利益。若损害赔偿法被用于制裁和威慑目的,这将意味着受害人可以获得超过其所受损害的赔偿。

ii. 过度干涉加害人

7/282　此外,赔偿义务不能因制裁和威慑致害行为的目的而被随意正当化,因为,加害人也享有不受过度限制的权利。

2. 精神损害赔偿的计算

(1) 具体估算

① 程序

7/283　法官就精神损害赔偿的认定享有自由裁量权,在口头审理中已经得到确认的情形必须予以考量。法官没有义务就此陈述估算理由。[1] 此外,受害人就精神损害赔偿额也不负任何证明义务。[2]

② 必须要考虑的因素

7/284　在估算精神损害赔偿时,需要考虑下列因素。

A. 与不法行为相关的因素

7/285　首先,与不法行为有关的情形必须予以考量。对受害人而言,这些因素包括受害人的行为、受害人是否存在过错以及该种过错的严重性等。对加害人而言,这涉及不法行为的目的和动机,以及行为是否存在故意、过失等。

B. 关于双方当事人的因素

7/286　其次,双方当事人的情况也需加以考虑。除受害人和加害人的年龄、职业和社会地位外,还包括经济状况和加害人的行为等情况。

(2) 标准赔偿:精神损害的固定金额赔偿

7/287　对于一些典型的侵权行为,如道路交通事故侵权,都存在标准情形下(也即不存在特殊情况)认定精神损害赔偿额的裁判指引。[3] 例如,当家庭中主要负担家计的人死亡时,精神损害赔偿额在 2700 万到 3100 万日

---

[1] Cf ia Imperial Court of 5.4.1910, Minroku 16, 273; Imperial Court of 10.6.1914, Keiroku 20, 1157.

[2] Cf ia Imperial Court of 20.12.1901, Keiroku 7—11, 105.

[3] 负担家计的人死亡时赔偿额极高的原因在于,其包含了丧亲者扶养费的赔偿因素。

元之间;当一个相当于家庭经济支柱的人遭到杀害时,赔偿额在2400万到2700万日元之间;其他情形下在2000万到2400万日元之间。

(四) 意外生育子女的损害

在日本,意外生育子女的损害问题在实践中尚未出现。因此,这个问题并没有被单独讨论,目前还只涉及国外对该问题讨论的介绍。 7/288

二、因果关系

(一) 因果关系的概念

1. 因果关系的一般含义

因果关系意味着事实A和事实B之间存在原因和结果之间的关系。 7/289

2. 原因和结果的关系

不过,就侵权行为的因果关系而言,有疑问的是如何解释原因和结果的关系。 7/290

(1) 因果关系和责任限制的差异

① 相当因果关系

根据传统的学说[1]及判例法[2]——如德国法一样——加害行为和损害结果之间存在相当因果关系是侵权责任的构成要件。 7/291

② 三步模式

这就意味着,在判定相当因果关系时,责任限制和损害归算的问题也被一并解决。不过,主要的反对观点同时也认为,这会使因果关系的认定不清晰,进而主张以三步模式来分别考察这些不同的问题。[3] 7/292

A. 事实上因果关系

第一步需确定的是,加害行为是否实际上引起了待决的损害后果(权 7/293

---

[1] *Wagatsuma*, Jimu kanri, futô ritoku, fuhô kôi(《无因管理・不当得利・侵权行为》)154; *Katô*, Fuhô kôi(《侵权行为》)152 ff.

[2] Imperial Court of 22.5.1926, Minshû 5, 386。

[3] See *Hirai*, Saiken kakuron II Fuhô kôi(《债法分论II 侵权行为》)110. Thus, also *Maeda*, Minpô IV-2 (Fuhô kôi-hô)(《民法》IV-2 侵权行为法)126; *Ikuyo/Tokumoto*, Fuhô kôi-hô(《侵权行为法》)116 ff; *Shinomiya*, Fuhô kôi(《侵权行为》)407; *Shiomi*, Fuhô kôi-hô I (《侵权行为法 I》)² 362 f, 386 f.

利侵害或损害),并具有事实上的因果关系。

B. 保护范围

7/294　第二步是进行法律评估,考察与加害行为具有事实关联性的损害后果(权利侵害或损害)是否能够归责于加害人。

C. 金钱估算

7/295　第三步是对保护范围内的损害以金钱形式加以评估。

(2) 因果关系考察的本质

7/296　这将因果关系的考察限于是否存在事实上因果联系的问题。

① 评价性认定

7/297　一般认为,因果关系的判定并非自然科学意义上的事实问题,而必定包含价值评价的因素。是否存在因果关系依常规性(Gesetzmäßigkeit)认定,而这种常规性则通过其能否适用于某种事实现象来评价。在这种情况下,评价性因素是不可避免的。

② 考察的事实方面

7/298　尽管如此,其最终仍是关于是否存在事实因果关系的判定问题,因而,必须将该法律评价与保护范围区别开来。

(二) 因果关系的判断标准

7/299　因果关系通常意味着在事实 A 和事实 B 之间存在原因和结果的关系。

1. 判定标准

7/300　如何认定加害行为和损害后果(权利侵害或损害)之间有因果关系,理论上尚存争议。

(1) 必要条件

7/301　传统观点认为,若一个事实是另外一个事实的必要条件(conditio sine qua non),则二者之间存在事实上的因果关系。[1] 其依据是,如果特定的权利侵害结果存在数个原因,只要加害人的行为是前述结果发生的必要条件,加害人就负有责任。

(2) 常规性

7/302　然而,一派很有影响的观点认为,事实上因果关系的存在,必须依通

---

[1] Hirai, Saiken kakuron II Fuhô kôi(《债法分论 II 侵权行为》)83。

常被认可的常规性,根据能否认定 A 是 B 的原因来加以评价。[1] 其基本认识是,只要就结果 B 的原因存在一般可信的认识(general persuasion),也就是说存在常规性,就足可依此判定事实 A 是否结果 B 的原因了。

2. 因果关系的出发点:原因和结果

无论人们采纳哪一派的观点,要认定是否存在因果关系,二者都要求必须存在原因事实 A 和结果事实 B。 7/303

(1) 原因:加害人的行为

作为因果关系认定的出发点,加害人的故意或过失行为需作讨论。[2] 7/304

① 作为

在作为的情况下,其作用机制如下: 7/305

A. 因果关系的出发点

因果关系的出发点是违反作为义务("不要做 A")的行为 A。例如,出发点可以是违反"在医疗处置中不要犯错"这种行为义务的某种作为,即加害人方面构成医疗差错的行为。 7/306

B. 因果关系的意义

在这种情况下,因果关系必须依照必要条件标准予以认定:若 A 没有发生,则 B 不会出现。例如,在上述例子中,若没有医疗过失,受害人将不会有残疾,则二者的因果关系就可以被认定。 7/307

② 不作为

但是,在不作为情形,是否必须满足因果关系要件却存在争议。 7/308

A. 因果关系非必要说

一方面,有观点主张,在不作为情形,并无任何因果关系是可想见的,因此,认定侵权行为时无须考虑因果关系。[3] 这是因为,在不作为情形下,加害人事实上什么都没做,因此,不存在任何能作为因果关系起点的 A 行为。他们认为,这也是为何只有违反行为义务才是实质性判断的原因。但是,这是有关过错的问题。这意味着一旦存在过错,责任就应该被 7/309

---

[1] See Shiomi, Fuhô kôi-hô(《侵权行为法》)128;idem, Fuhô kôi-hô I(《侵权行为法 I》)² 350,364. 这个看法立基于德国刑法理论,请特别参见 Engisch, Die Kausalität als Merkmal der strafrechtlichen Tatbestände (1931).

[2] Shinomiya, Fuhô kôi(《侵权行为》)412 ff.

[3] Hirai, Saiken kakuron II Fuhô kôi(《债法分论II 侵权行为》)83.

认定。

B. 因果关系必要说

7/310 另一方面,也有人主张,即便是在不作为情形,也必定可以想见,因果关系应当是存在的,且侵权责任只有在存在因果关系时才能被认定。[1]

i. 因果关系的出发点

7/311 按照这种观点,违反了行为义务("做 A")的不作为 A 是因果关系的出发点。例如,在违反"为了诊断肝癌病人而实施有效检查"的行为义务,也即并未实施有效检查行为来确诊肝癌病人时,这种不作为就属于因果关系判定的出发点。

ii. 因果关系的意义

7/312 因此,按照必要条件说,若做了 A 行为,B 结果将不会发生时,则应当认定二者之间存在因果关系。举例而言,若受害人经过有效检查确诊了肝癌,他就不会死去,则因果关系就应该被认定。[2]

(2) 结果:权利侵害

7/313 作为因果关系之一端的结果是对受害人权利的侵害。但是,在受害人遭杀害的情形,存在一系列的权利侵害,每种侵害都会提出因果关系的问题。

① 死亡:生命权的侵害

7/314 如果受害人死亡,这就可以看作是对生命权的侵犯。

A. 存在因果关系

7/315 例如,若受害人患了肝硬化,且能够确定,经过适当的医疗处置(诊断肝癌的有效检查)能够避免其死亡,则存在因果关系。

B. 不存在因果关系

7/316 如果受害人患了心绞痛,且不能确定合适的医疗介入(给其服用治疗心绞痛的硝化甘油)能否保住其性命,那么就不能认定因果关系的存在。

② 过早死亡:预期寿命的减少

7/317 受害人的死亡还可以被视为预期寿命的减少。

---

[1] Shinomiya, Fuhô kôi(《侵权行为》)414;Sawai, Tekisutobukku jimu kanri, futô ritoku, fuhô kôi(《无因管理・不当得利・侵权行为讲义》)³ 223;Shiomi, Fuhô kôi-hô I(《侵权行为法 I》)² 347 f.

[2] Supreme Court of 25.2.1999, Minshû 53-2, 235.

A. 预期寿命作为受保护的法益

人最根本的利益是维持生命,其构成法律所保护的利益(法益或权利)。[1] 因此,如果存在更长生命的预期,而这种预期却遭医疗疏失所毁,此时就可以将其视为权利侵害,并构成侵权。

B. 存在因果关系

因而,如果能够确定,合适的医疗处置(如服用硝化甘油来治疗心绞痛)至少能够在当时挽救受害人的生命,那就必须认定因果关系成立[2],且应赔偿预期寿命的减少[3]。

(三) 并存原因

不过,当数个原因引起同一结果时,问题就变得棘手了,如下两种情形尤其如此。

1. 并存原因是自然力

(1) 问题的提出

一种情形是侵权人的不法行为和自然力并存。比如,在如下情形就会产生这种问题:由于连续的暴雨,(由国家修建并管理的)公共街道发生滑坡。因为国家没有及时通知,受害人 X 乘坐的一辆旅游大巴在不知道塌陷的情况下继续沿街向前行驶,并且当它到达塌陷地点时不得不紧急停车。暴雨造成又一次滑坡,旅游大巴被冲走,X 也遭遇不幸。

① 责任基础

在这种情形下,因加害人(国家)并没有足够及时地传递信息并封锁街道,可以认为在"公共建筑物的建造和管理"方面存在缺陷,从而可以适用《国家赔偿法》第 2 条第 1 款规定的建筑物责任。

② 法律解释

不过,在这种情形下,并不仅仅是因为加害人(国家)在建筑物的建造和管理方面存在缺陷,自然力(暴雨导致的滑坡)也促成了相关结果(权利侵害或损害)的发生。这里的问题是,就责任构成和法定责任后果而言,该如何考虑这些因素。

---

[1] Supreme Court of 22.9.2000, Minshû 54-7, 2574.

[2] Supreme Court of 22.9.2000, Minshû 54-7, 2574; Supreme Court of 11.11.2003, Minshû 57-10, 1466.

[3] 不过,这种情形下获得的赔偿额要比生命丧失情形少得多。

(2) 因果关系

7/324　人们就这是否能被看作是因果关系的问题存在不同看法。

① 因果关系的定量理解：比例因果关系

7/325　一种观点认为,当数个原因共同促成某个结果发生时,因果关系的认定必须考虑到每个独立的原因对结果的贡献程度。[1]因此,因果关系就被当成一个定量的问题,也即每个原因对结果的促成度。扣除自然力对结果发生的促成比例(如 40%)后,街道建造和管理中的缺陷和损害后果之间的因果关系就在余下的份额内被认定。[2]

② 因果关系的定性理解

7/326　然而,一般来说,若非因为 A,B 就不会发生,则二者之间的因果关系就可以被认定,所以,因果关系只能被认定为存在或不存在。[3]

(3) 非因果关系的问题

7/327　如果是在第二种意义上理解因果关系,问题的处理需选取某种截然不同的进路。[4]可用的选择有以下几种。

① 责任成立要件：存在过失或缺陷

7/328　一方面,当认定加害人是否有过失,或者公共建筑物的建造或管理是否存在缺陷时,可能会考虑到这个问题。在前文所举事例中,问题就是加害人是否有义务去阻止这种由自然力引起的结果(权利侵害和损害),并且/或者针对自然力引起的这种严重后果(权利侵害和损害)采取防范措施。

② 责任后果：损害赔偿数额的确定

7/329　另一方面,当涉及赔偿数额的确定时,这个问题也可能被考虑到。这方面的问题是,既然自然力发挥了作用,那么赔偿数额是否应该减少。

---

[1] *Nomura*, Inga kankei no honshitsu—kiyo-do no motozuku waraiteki inga kankei-ron 《因果关系的本质：独立于份额的比例因果关系理论》), in: idem, Kôtsû jiko songai baishô no hôri to jitsumu(《道路交通事故赔偿的理论与实践》)(1984) 62 ff.

[2] District Court Nagoya of 30. 3. 1973, Hanrei Jihô 700, 3.

[3] 关于比例因果关系,详见 *Kubota*, Kashitsu sôsai no hôri(《促成过失法律原理》)(1994) 87; *Yoshimura*, Kôgai, kankyô shihô no tenkai to konnichiteki kadai(《环境私法与环境损害法的发展与当前的任务》)(2002) 316 f.

[4] *Hirai*, Saiken kakuron Ⅱ Fuhô kôi(《债法分论Ⅱ 侵权行为》)85 ff; *Sawai*, Tekisutobukku jimu kanri, futô ritoku, fuhô kôi(《无因管理·不当得利·侵权行为讲义》)³ 224 f; *Yoshimura*, Fuhô kôi(《侵权行为》)⁴ 101 f; *Shiomi*, Fuhô kôi-hô Ⅰ(《侵权行为法Ⅰ》)² 370 f.

2. 作为并存原因的其他加害行为

另外一种情形是,除加害人的侵权行为外,还存在其他作为结果(权利侵害和损害)发生原因的侵权行为。比如,工厂 Y1 和 Y2 都向河流排污,结果导致下游 X 的渔场遭破坏。

在这方面,必须进一步区分下列两种情形[1]:

(1) 累积因果关系

首先,数个原因可能并存,每个原因都有单独引起损害后果的潜在可能性。在前举事例中,可能发生的情况是,无论 Y1 排出的污染物,还是 Y2 排出的污染物,单独都足以杀死 X 的鱼。

① 必要条件

如果在"必要条件"的意义上理解因果关系,结果就会如下。[2]

A. 必要条件

如果直接适用必要条件说,由于在 Y1 不向河里排污的情形下鱼同样会死,因此,二者之间不存在因果关系。

B. 例外

然而,本应独自承担责任的某人,仅仅碰巧因为另一加害行为的发生,就从责任负担中解脱,这种结果是不公平的。因此,人们能够接受的是,把这种情形视为"必要条件"说适用的例外,从而认定责任成立。

② 常规意义上的因果关系

不过,如果从常规性的意义上理解因果关系,只要污染物在水中达到一定水平时,鱼肯定会死亡,因果关系就必须予以认定,从而可以说,工厂 Y1 和 Y2 排出的污染物都是致鱼死亡的原因。[3]

(2) 多个原因必要的相互作用

其次,进一步的情形是,数个原因相互作用引致了结果,其中任何一个都不足以单独引起损害。例如,工厂 Y1 和 Y2 各自的排污均不足以使鱼死亡,鱼的死亡是两种污染物相互作用的结果。

① 必要条件

如果从必要条件的意义上理解因果关系,那么,在这种情形下就存在

---

[1] 由于下面引述的两种情形都存在因果联系,赔偿范围的问题也随之产生。

[2] *Hirai*, Saiken kakuron Ⅱ Fuhô kôi(《债法分论Ⅱ 侵权行为》)84; *Yoshimura*, Fuhô kôi(《侵权行为》)⁴ 102。

[3] See eg *Shiomi*, Fuhô kôi-hô Ⅰ(《侵权行为法Ⅰ》)² 368。

因果关系,因为,要是 Y2 的污染物没有排放到河流中,鱼就不会死亡。[1]

② 常规意义上的因果关系

7/339　如果从常规的意义上理解因果关系,只要污染物达到一定水平,鱼就会死亡,因果关系同样会被认定,Y1 和 Y2 排放的污染物都可以看作是鱼死亡的原因。

(四) 因果关系的证明

1. 证明标准

7/340　因果关系的证明自然涉及证明标准问题,也即在考虑证据时,需达到何种证明程度才能使法官信服。相关的看法如下[2]:

(1) 高度盖然性

7/341　为了认定因果关系,某个事实能够引起某种结果的高度盖然性必须得到证实。

① 自然科学性质的证明非必要说

7/342　按照这种观点,不需要提供自然科学意义上绝对排除任何怀疑的证明。

② 单纯可能性并不充足

7/343　但是,单纯有可能尚非足够。若法院的观点以单纯的可能性为依据,则可能会损害公众对法院在事实认定方面的信任。

(2) 评估盖然性的标准

7/344　如果能够使普通人确信相关事实的真实性,就成立高度盖然性。要求每一个人都能毋庸置疑地被说服,对法院和当事人来说显然过于苛刻。

2. 证明负担

7/345　进一步需要讨论的问题是,谁应对因果关系负担举证责任,也即谁应当承担因果关系证明不能(*non liquet*-事实真伪不明)的风险。

(1) 基本规则

7/346　原则上,受害人承担因果关系的证明负担,理由如下:

7/347　一般适用的原则是,权利所有人必须证明自己权利被侵害的事实。

---

[1] *Hirai*, Saiken kakuron Ⅱ Fuhô kôi(《债法分论Ⅱ 侵权行为》)84 ff; *Shinomiya*, Fuhô kôi(《侵权行为》)423 ff.

[2] Supreme Court of 24. 10. 1975, Minshû 29-9, 1417; Supreme Court of 16. 6. 2006, Minshû 60-5, 1997.

不过,侵权行为法可以将其转移给加害人。因此,这方面的前提条件必须由权利人(即受害人)证明。

(2) 例外

不过,在证明困难时,受害人可以通过以下方式得到帮助。

① 证明负担的倒置

首先,没有因果关系的证明义务可能会被转移给加害人。其情形如下:

A. 使用人责任

在为被使用人承担责任的情形下,若被使用人为本人执行工作时对第三人造成了损害,本人就应当承担责任。仅在证明即便自己在选任或监督被使用人方面尽到了适当注意,损害仍不免发生,也即证明了不存在因果关系时,本人才能免于承担责任(《日本民法典》第715条第1款第2句)。

B. 择一因果关系

如果数个事件中的一个导致了损害结果,但无法确定具体是哪个,那么,所有的债务人应当承担连带责任(《日本民法典》第719条第1款第2句)。[1] 不法行为人可以通过证明其行为与损害结果之间无因果关系而免除自己的责任。

② 表见证明

其次,在不改变证明负担的分配情况下,可以通过表见证明来使证明变得更容易些。表见证明主要适用于环境损害或食品、药品侵权情形。

A. 概念

表见证明是指,若存在某种经验法则,根据该法则,只要某种其他事实(间接事实)被确认,就可以推断存在待证的主要事实,则在承担证明责任的当事人能够证明间接事实的范围内,推定待证的主要事实存在。

i. 证明责任

在这种情况下,证明责任仍由受害人承担,其必须证明待证的主要事

---

〔1〕《日本民法典》第719条第1款规定:"数人因共同侵权行为造成他人损害时,各自对该损害负连带赔偿责任。在不知道共同侵权人中何人造成损害时,亦同。"尽管第2句提到"共同侵权人",但按照目前的通行看法,不需要所有侵权人之间存在任何特殊关联,因为,在存在这种关联时,第1句已可适用。See eg Shinomiya, Fuhô kôi(Tort)792 ff; Hirai, Saiken kakuron Ⅱ Fuhô kôi(Law of obligations Particular part Ⅱ Tort)199.

实存在。如果因果关系未能被证实，就意味着因果关系不存在。

ii. 表见证明的实践意义

7/355　如果受害人证明了间接事实，加害人必须通过证明存在该经验法则无法适用的特定情况，来使与待证的主要事实相关的因果关系不被证明。不过，它和举证责任的倒置不同，加害人不承担因果关系不存在的证明责任。

B. 实践中的案例

7/356　在下列案例中，表见证明已经被允许：

i. 当污染已经"抵达门口"

7/357　在环境损害的案例中，当疾病的原因或者原因物质（A）和污染的方式（B）已经被证明，如果污染源已经延伸到"企业的门口"，在企业主无法证明其工厂为何不是污染源的情况下，就推定有毒物质和排放物（C）是源自该企业。[1] 这就涉及经验法则基础上的表见证据，即：若存在 A 和 B，通常就能推定 C。

ii. 疫学因果关系

7/358　此外，如果能够找到某个人群发病的原因并作出解释，就可以据此认定每个病患及其疾病的具体因果关系。这被称为疫学因果关系。[2]

③ 适用条件

7/359　认定疫学因果关系通常需要满足四个条件。首先，在疾病暴发前，某个因素已发挥作用达一定期间了；其次，该因素作用越强，患病人群的比率就越高；再次，疾病发展的特性能够由该因素的传播得到无矛盾的解释；最后，该因素的作用机制能够在无任何生物学矛盾的情况下被解释为疾病发生的原因。

④ 意义

7/360　疫学因果关系实际上是涉及整个受害人群的因果关系。它不确保该群体中个别受害人能适用这种因果关系。不过，疫学因果关系被理解为某种经验法则，根据该法则，当受害人属于特定群体（A）时，通常就能推

---

[1] District Court Niigata of 29.9.1971, Hanrei Jihô 642, 96（新潟水俣病案）.

[2] District Court Tsu, branch Yotsukaichi of 24.7.1972, Hanrei Jihô 672, 30（四日市哮喘案）. 相关细节，参见 *Yoshimura*, Fuhô kôi（《侵权行为》）⁴ 106 f；*Shiomi*, Fuhô kôi-hô I（《侵权行为法 I》）² 377.

定存在因果关系(B)。[1] 因此,只要受害人证明了 A,就轮到加害人通过证明特殊情形,说明疫学因果关系不适用于该特定受害人,以此来确定因果关系的不可证明性(non liquet—事实真伪不明)。疫学因果关系的现实意义即在于此。

第六节 归责要素

一、归责正当化的必要性

(一) 当事人之间的权利平衡

侵权法的问题是,如何平衡受害人的权利保护需要与加害人的权利不受过度限制的利益。 7/361

1. 损害补偿:受害人权利的保护

如果某人侵犯了他人的权利,对损害准予赔偿就代表了对受害人权利最低必要限度的保护。不过,反之亦然,任何超过所受损害的补偿都不能再依权利保护的原则而被正当化。 7/362

2. 通过保护受害人来限制加害人的权利:加害人权利视角

加害人的权利不能因保护受害人而被过度限制。因此,问题就是在什么样的情况下,对受害人权利的保护能够使对加害人权利的限制被正当化。 7/363

(二) 归责原则

下面三个基本概念能使对加害人权利的限制得以正当化,因此,它们代表了使加害人担责的归责原则。 7/364

1. 因果关系

首先,与权利侵害或损害相关的因果关系构成归责的基础。谁造成了相关损害结果,谁就可能对损害承担责任。 7/365

---

[1] *Shinomiya*, Fuhô kôi(《侵权行为》)410 ff; *Hirai*, Saiken kakuron Ⅱ Fuhô kôi(《债法分论Ⅱ 侵权行为》)89 f; *Yoshimura*, Fuhô kôi(《侵权行为》)⁴ 108。

2. 过错

7/366　其次,过错可能以双重方式作为归责的基础。

(1) 责任基础:行为人的可责难性

7/367　因自身过失导致他人权利受损的人负有赔偿义务。其依据是,未按其本来应该采取的方式行事的人必须承担责任。因此,归责的基础是行为人的可责难性。

(2) 免除责任的根据:保护行为人的行为自由

7/368　相反,尽管侵害了权利,但若加害人行为无过失,则不会承担责任。其依据是,如果某人已经按照他应该采取的方式去行事,就不应该承担责任。这样就保护了加害人的行为自由。

3. 无过错责任:严格责任

7/369　再次,事故若是由被社会认可的危险源引起,危险源的占有人可能仍要承担责任,这种责任根本不考虑其是否具有过错。

(1) 无过错责任的必要性

7/370　无过错责任的正当化事由如下:若某种活动或物品对社会而言是绝对必要的,则纵然这种活动的存在或者物品的占有具有危险性,它们也不能被禁止。进而言之,即便危险源的管理人尽到了必要注意,也不可能完全防止这类危险活动或危险物造成损害。如果将过错原则适用到这种情形中,受害人的权利就将不受保护。

(2) 无过错责任的归责原则

7/371　一般而言,下列两项原则被用作无过错责任的基础。

① 危险源的控制人承担责任

7/372　首先,损害会被归之于危险源的控制人。这就意味着,有权控制危险活动或危险物的人将会对危险实现造成的损害承担责任。

② 从危险源受益的人承担责任

7/373　其次,损害会被归之于危险源的受益人。这就意味着,有权控制危险活动或危险物且从中获取利益的人,应对危险源造成的损害承担责任。

二、权利侵害与违法性

(一) 构成要件

《日本民法典》第 709 条规定了侵权行为的一般要件,即"故意或过失侵害他人权利或受法律保护利益者,对于因此所发生的损害负赔偿责任"。正如本章第三节"二"所述,在权利侵害与故意、过失问题上,理论界有过激烈争论。如果把上述观点作为前提,也即首要的实质问题是权利(权利论),那么,责任的构成要件就表现如下: 7/374

1. 权利侵害:受害人权利的保护

若受害人的权利被侵犯,则加害人至少应赔偿因此所导致的损害。在这个意义上,权利侵害被理解成保护受害人权利的前提条件。 7/375

2. 故意或过失:对加害人权利的限制

不过,如果加害人在行为无故意或过失时仍要承担责任,这将会过度限制加害人的权利。因此,故意或过失要件发挥着对加害人权利限制提供正当依据的功能。 7/376

(二) 不同表现形式

然而,权利侵害与故意、过失之间的关系还受制于各种不同的解释,随被侵害权利的类型和侵害方式而有别。[1] 7/377

1. 权利类型

如下两种权利类型被加以区分。 7/378

(1) 支配权

① 意义

第一种权利类型是通常被称为支配权的权利。这种权利有明确的界定,即支配某种法益。 7/379

---

[1] *Yamamoto*, Kihon-ken no hogo to fuhô kôi no yakuwari(《基本权利的保护与侵权法的任务》), Minpô Kenkyû 5 (2008) 136 ff; *Segawa*, Minpô 709-jô (fuhô kôi no ippan seiritsu yôken)[《日本民法典》第 709 条(侵权责任一般构成要件)], in: Hironaka/Hoshino (eds), Minpô-ten no hyakunen Ⅲ (《民法典百年Ⅲ》)568 f; 624 f.

A. 支配财产利益的权利

7/380　这种类型的例子包括物权,特别是所有权,以及地役权、担保权益和其他财产权利,如受绝对保护的永佃权(tenant rights to immovables)。

B. 与人相关的支配权:"人格权"

7/381　这些权利与生命权、身体完整权相同,被称之为"人格权"。

② 构成要件:权利侵害与故意、过失

7/382　由于这类权利被明确界定,相对来说较容易确定权利是否被侵害,是否存在故意和过失需单独认定。

(2) "关联性权利"(Correlative rights)

① 意义

7/383　第二种权利类型是在确定保护范围前需要进行利益权衡的权利:关联性权利的保护范围视与其并列的其他权利而定,其他权利反过来也会受限于关联性权利。因此,需要对权利位阶与关联性权利遭受侵害的严重性,与为保护关联性权利而对并列权利限制的严重性之间的关系加以审查。

A. 关联性财产权

i. 相对性财产权(Relative pecuniary rights)

7/384　在财产权中,与其他人相关的权利,如合同地位、债权请求权或财产取得权等,被归类为相对权。

ii. 共有财产权

7/385　此外,关联性财产权还包括对公共物品(公共财产),如对信息、矿藏或环境等享有的权利。与信息有关的知识产权就是这方面的例证,这种信息自身并不能像有体物一样进行排他性地占有,而只能人为界分;其他还有采矿权、渔业权、水域使用权、温泉权、日光权、清洁空气权、通风权、安宁权、表达权以及享受自然权等。

B. 关联性人格权

i. 无形人格权

7/386　人格权也包括涉及个体精神—情感状态的权利,如宗教信仰自由,其保护范围涉及他人的行为自由,故属关联性权利。

ii. 相对性人格权

7/387　此外,关乎和他人关系如何建立的权利必须与上述权利等视同观,特别是在涉及家庭关系的建立时更是如此。

iii. 社会性人格权

关乎某人生活景象—如某人如何表现或展现自己—的权利与社会有关,与姓名、肖像、名誉、信用以及隐私(如控制相关信息的权利)等有关的权利都属关联性权利。 7/388

② 构成要件:权利侵害等同于违法性

涉及这类权利时,通常都不够清晰的是,受害人的权利范围到底有多大。因此,评判权利是否被侵害的同时,也是在判断另一方(加害人)是否有权这样做以及是否存在过错。在这种情形下,权利侵害和过错通常不会被分开审查,相反,问题通常只是有无违法性。 7/389

经常举到的例子是:在第二次世界大战后一直为美国占领的冲绳县,X 伤害了某个美国士兵,继而因伤害行为被判 3 年监禁。刑满释放后,X 移居东京,过着平静的生活。但是,他隐瞒了他的犯罪记录。10 年后,曾经作为陪审员参与指控 X 的诉讼的 Y,出版了一本以 X 的真实事件为蓝本的小说,在小说中,其未经 X 的同意使用了 X 的全名,这意味着 X 的犯罪记录在其周围又广为人知。[1] 7/390

A. 受害人的权利:隐私领域

在该案中,问题在于受害人 X 是否有权不公开其犯罪记录。这也与信息公开者享有何种权利的问题存在交叉。 7/391

B. 加害人的权利:表达自由

我们终究必须追问,加害人 Y 是否有权出版涉及他人犯罪记录的纪实小说,或者换句话说,若 Y 被施予赔偿义务,Y 的言论自由权是否会受到过度限制。 7/392

2. 侵害类型

此外,还应区分如下两种侵害类型。 7/393

(1) 实体侵害(Physical inteference)

第一种类型包括各种实体侵害。在这种类型中,权利的行使在未经权利人同意的情况下被妨碍。 7/394

(2) 侵害决定自由:多因素共同影响

第二种类型由以下案型构成,即遭受的损害源自对受害人自由意志 7/395

---

[1] 这个案例以最高法院如下判决为基础(Supreme Court of 8.2.1994,Minshû 48-2,149)。

的影响,如因错误信息的影响。这种类型的典型事例是,受害人受虚假信息的引诱而缔结了对自己不利的合同,或者受害人同意实施某种治疗,但若事先得到充分告知时将不会接受这种治疗。当涉及这类损害时,两方面都发挥了作用。

① 侵害支配权

7/396　　一方面是受害人的人身权或者财产权,也即前述支配权受到侵害。在这种情况下,认定权利是否被侵害相对较为容易。除此之外,故意或过失也得到考查。

② 侵害关联性权利

7/397　　另一方面是受害人的自我决定权(属于关联性权利)遭受侵害的情形。在这种情形下,在审查是否存在权利侵害的问题时,对于加害人本应如何行为及是否具有过错的问题也一并被审查。

(三) 侵害相对性财产权:干扰合同关系

7/398　　为了更详细地讨论上述内容,本部分和接下来的部分将会考察一些典型案例群。本部分主要关注侵害相对权案件中干扰合同关系的案型。

1. 问题的提出

7/399　　债权是针对债务人的权利。如果侵害这种权利的侵权责任被认定,就会出现以下问题。

(1) 介入债务人的地位

7/400　　首先,债权的实现取决于债务人是否履行其债务。不同于物权或者"物质性人格权",这种权利是否被侵害要视债务人的行为而定。因此,问题在于怎样把债务人的自由纳入考虑范围。

(2) 可辨识性

7/401　　其次,因为没有公示机制,要是并未参与的第三人不主动查明,债权或合同的存在就不可辨识。如果基于权利侵害而认定侵权责任,就会引发使加害人受制于对他而言并无可预见性的义务约束的风险。

2. 传统观点:违法性程度的判定

7/402　　传统上,在判定违法性程度时,干扰合同关系的问题被置于违法性的框架下处理。[1]

---

[1] 关于违法性程度的评估参见上文边码 7/123。

(1) 违法性的判定

这种观点的基础是：在审查是否存在违法性的问题时，需要综合考虑涉及被侵害权益和加害行为性质与类型的违法性程度，以及二者的相互关系。[1]

(2) 干扰合同关系

因为债权是一种以债务人自由意志为媒介的权利，它的效力要比物权弱得多。由于干扰合同关系被视为是违法的，所以加害行为的违法性程度必须特别地高。[2] 在这方面，应区分以下几种干扰合同关系的类型。

① 侵害债权的归属

侵害债权的一种类型是侵害债权的归属。

A. 利益侵害的程度

由于在这种情形中债权人丧失了债权，因而这是一种极为直接的侵害形式。例如，如果债务人向债权的准占有人付款，只要债务人善意且无过失，这种付款就构成有效的债务清偿（《日本民法典》第478条）。这种债务清偿意味着债权人的债权已被剥夺。

B. 加害行为的性质和类型

因与侵害财产权并无差异，故与普通的侵权案件一样，行为人在有故意或过失的情形下需承担侵权责任。

② 对债务履行的干扰

债权受到损害的另一种类型是对债务履行的干扰，债权的实现因此被阻碍。同样，就此应区分两种不同的形式。

A. 债权消灭

第一种情形是履行受到阻碍，如毁坏拟交付之物或伤害债务人等，由此造成债权消灭。

7/403

7/404

7/405

7/406

7/407

7/408

7/409

---

[1] *Wagatsuma*, Jimu kanri, futô ritoku, fuhô kôi(《无因管理·不当得利·侵权行为》)125 f, 127 f, 142 f；*Katô*, Fuhô kôi(《侵权行为》)106 f, 131 f.

[2] *Wagatsuma*, Shintei saiken sôron—Minpô kôgi Ⅳ(《债法总则：私法讲义Ⅳ》)² 77 f. Cf further *Okuda*, Saiken sôron(《债法总则》)231 f; *Maeda*, Kôjutsu saiken sôron(《债法总则讲稿》)³ 231 ff; as well as *Katô*, Fuhô kôi(《侵权行为》)118 f；*Ikuyo/Tokumoto*, Fuhô kôi-hô(《侵权行为法》)68 ff；*Shinomiya*, Fuhô kôi(《侵权行为》)320 ff.

i. 利益侵害的程度

7/410 在这种情形中,由于债权人的债权最终归于消灭,故而与侵害债权归属作相同处理。

ii. 加害行为的性质和类型

7/411 关于加害人的侵害行为是否必须具备违法性,理论上存在争议。早期的主流观点是,与普通侵权一样,只要存在故意或过失就足以成立侵权,因为这与财产侵害别无二致。[1]

7/412 不过,现在有影响力的观点则认为,加害人必须认识到并承认债权侵害的事实[2],因为,若仅凭过失就成立侵权,就有使加害人承担无限制责任的危险。

B. 债权继续存在

7/413 第二种情形是,由于加害人和债务人缔结了类似合同,债权人无法得到债务人的履行。

i. 利益侵害的程度

7/414 在这种情形下,对债权侵害的违法性程度要求相对要低些,原因如下:

a. 债权仍然存在

7/415 在这种情形中,即使债权人无法获得债务的实际履行,他也仍享有请求赔偿的权利。如果加害人和债务人缔结了相同的合同,并且因加害人或由加害人取得标的物或权利的第三人满足了财产权取得的对抗第三人效力要件,从而发生权利的确定取得效果[3],债务人对债权人的原初履行义务将因履行不能而消灭。但是,若履行不能可归责于债务人,则债权人对债务人享有损害赔偿请求权。

b. 民法典采纳的方法

7/416 在双重买卖的情况下,《日本民法典》第177条确定的规则是,不动产物权的丧失、变更,非经登记不得对抗第三人,据此可以推断如下:

---

[1] *Wagatsuma*, Jimu kanri, futô ritoku, fuhô kôi(《无因管理·不当得利·侵权行为》)78.

[2] *Ikuyo/Tokumoto*, Fuhô kôi-hô(《侵权行为法》)70; *Shinomiya*, Fuhô kôi(《侵权行为》)320 f.

[3] 依据日本法,当事人之间的权利随确定债务关系的合同成立就发生转移(《日本民法典》第178条)。在动产情形,权利取得人要对抗第三人还需完成交付(《日本民法典》第178条);在不动产情形,需在不动产登记处完成登记(《日本民法典》第177条);在涉及债权时,需要作出过通知或登记。

aa. 自由竞争的原则

现代社会以自由竞争为基础,因而,通过向前权利人提供更优厚的条件,与已经取得不动产物权(但未满足对抗第三人的效力条件)的人竞争而取得权利是被容许的。 7/417

bb. 权利人的自己责任

如果最先获得不动产物权的人未能立即进行登记以保障自己的法律地位,那么,在自由竞争的社会中,其将无可避免地丧失权利。 7/418

i. 加害行为的性质和类型

加害人缔结的合同与债权人缔结的合同形成竞争关系,这通常并不违法。因此,与加害行为的性质和类型相关联的违法性程度必须特别强。 7/419

a. 客观方面

有鉴于此,一方面,加害人的行为须如此应受责难(blameworthy),即使在自由竞争的社会中也不能被宽恕。比如:采取了欺诈、威胁等不公平行为,或者不正当地谋求自身利益,完全置他人利益于不顾。 7/420

b. 主观方面

另一方面,加害人须属故意行为。就此而论,不仅加害人需要知道债权存在及其侵害了债权的事实,而且要求加害人诱导了债务人或者与其通谋行事。[1] 债权人对债务人履行债务的信赖必须是因加害人的积极介入而受挫。 7/421

(3) 批评

针对上述干扰合同关系的传统观点,即通过评估与受害利益及加害行为的性质和类型相关的违法性程度,在二者相互作用的情况下来认定违法性,已经受到批判。[2] 7/422

① 类型化

上述分类引发了如下问题: 7/423

A. 侵害债权归属类型的问题

一方面,把侵害债权归属作为单独的类型没有意义,因为,这种侵害毫无疑问是一种普通的侵权行为。 7/424

---

[1] *Wagatsuma*, Jimu kanri, futô ritoku, fuhô kôi(《无因管理·不当得利·侵权行为》)78 f.

[2] *Yoshida*, Saiken shingai-ron saikô(《侵害债权理论再思考》)(1991) in particular 144 f; *Hirai*, Saiken sôron(《债法总则》)² 118。

B. 干扰履行类型的问题

7/425　另一方面,如果人们考虑到实践中会出现的问题,结果将会表明,干扰履行的类型会包括各种差异极大的情形。这些各式各样的问题并不能被所列举的类型充分解决——无论是侵害债权归属还是干扰履行,是债权继续存在还是债权已消灭,莫不如此。

② 法律手段的不足

7/426　关于干扰合同关系的传统观点进一步要求,在债权继续存在的分类中,如果存在对履行的干扰,行为必须要存在特别严重的违法性,在这种情形下,单纯故意尚非足够,还须存在诱使或通谋行为。不过,如果债权人因为加害人的行为而不能获取合同约定的给付,那么,侵权责任为何要作如此严格的限制的问题就必然会出现。这最终将意味着,不顾及他人已缔结合同的行为实际上是被允许的。[1]

3. 违约理论

7/427　新近有一种日益流行的观点,它从尊重合同(favor contractus)的视角来看待对债权的侵害。[2]

(1) 新方法的考虑因素

7/428　按照这种观点,应区分下列两种不同形式。[3].

① 事实行为:因事实行为而违约

7/429　第一种类型是合同权利因事实行为被侵害的情形,如毁坏或取走合同标的物,或者把债务人锁在房间里。

② 法律行为:因签订其他合同而违约

7/430　第二种类型涉及合同权利因法律行为而被侵害的情形,如签订和原合同构成竞争的第二份合同。在这方面,合同相对性是核心问题。

(2) 类型化的理由

7/431　这两种类型区分的必要性在于,受限制的加害人权利在这两种情形中有所不同。

---

[1] *Yoshida*, Saiken shingai-ron saikô(《侵害债权理论再思考》)673; *Isomura*, Nijû babai to saiken shingai—》Jiyû kyôsô« ron no shinwa (1) [《双重买卖与侵害债权:"自由竞争"理论的神话(1)》], Kôbe Hôgaku Zasshi 35-2, 391 ff。

[2] *Yoshida*, Saiken shingai-ron saikô(《侵害债权理论再思考》)667 f; *Isomura*, Kôbe Hôgaku Zasshi 35-2, 392 f; *Hirai*, Saiken sôron(《债法总则》)² 119 f; *Shiomi*, Fuhô kôi-hô (Law of tort) 108 ff。

[3] *Yoshida*, Saiken shingai-ron saikô(《侵害债权理论再思考》)670 f。

① 事实行为：一般行为自由

在通过事实行为侵害债权的情况下，如果这种行为被看作侵权行为，这就意味着该行为从一开始就不被允许。因此，加害人的一般行为自由就受到了限制。 7/432

② 法律行为：合同自由

但是，在通过缔结其他合同来侵害债权的情形下，把合同归类为侵权行为意味着不准许缔结这种合同。因此，加害人订立合同的自由遭到了限制。这不仅与合同自由原则冲突，也与自由竞争原则相悖，并引致了非常棘手的问题。 7/433

（3）事实行为：因事实行为而干扰合同

在因事实行为干扰合同的情形中，问题是，对合同债权的保护在多大范围内能够使对加害人行为自由的限制正当化。 7/434

① 故意干扰

若加害人知道债权的存在，仍然从事侵害行为，则将其认定为侵权行为不存在任何问题，因为，这是对**禁止伤害他人原则**（harm principle）的重大违反。在故意侵害他人权利方面无自由可言。 7/435

A. 引诱、通谋

引诱债务人使其不能履行债务显然是一种故意侵害行为。 7/436

B. 毁坏或取走合同标的物、关押债务人

如果加害人知道债权人享有合同债权，且明知这将导致债权不能实现，毁坏或取走合同标的物或者关押债务人就构成侵权行为。 7/437

② 非故意干扰：间接损害或者企业遭受的损害

相反，当加害人主观并无故意时，是否成立侵权就有疑问。比如，雇员因交通事故遭受身体损害，结果导致他的雇主也就是企业遭受了损失。不过，这和限制归责的问题密切相关，第七节会讨论这个问题。 7/438

（4）法律行为：因合同而违约

当涉及因法律行为而违约时，依竞争合同的类型，以下两种类型必须加以区分。 7/439

① 双重买卖：不允许剥夺依合同取得的财产利益

第一种类型涉及两个竞合的合同把同一资产作为其合同标的的情形。这里的问题是，债权人已经通过与债务人的合同取得了某项财产，但这项财产却因与同一债务人缔结的第二份合同而被转移给第三人，从而 7/440

使第一份合同中的债权人最终无法取得这项财产。

A. 侵害受害人权利

7/441　由此而生的第一个问题是，人们是否可以认为，债权人依第一份合同取得的权利因第二份合同的缔结而遭到了侵害。

i. 对自由竞争的理解

7/442　《日本民法典》以自由竞争为基础，但它允许的涉及缔约条件的自由竞争止于合同订立时，在第三人已经缔结合同时将不再适用。

ii. 尊重合同

7/443　如果一个合同已经订立，其理应受到第三人的尊重。但是，如果第二份合同仍继续签订，这就必须被视为对债权人先前合同权利的侵犯。

B. 对加害人权利的限制

7/444　但是，为了保护债权人先前合同权利，对第三人合同自由的限制在多大范围内能够被正当化仍成问题。这方面起重要影响的是第三人加害行为的性质和类型，特别是第三人的主观方面。

i. 故意要件

7/445　有观点认为，当第三人知道先前合同的存在仍然故意侵害时，必须认定侵权成立。[1] 相关考虑因素如下：

ii. 故意缔结双重合同

7/446　即使不允许行为人在明知先前合同存在的情况下仍然订立竞争性的合同，这也不会导致对第三人合同自由的任何不合理限制。

a. 非故意缔结双重合同

7/447　不过，即使在缔约当事人并不知晓先前合同时也不允许缔结第二份合同，这将会造成对合同自由的不合理限制。毕竟，缔约当事人并无义务就此进行相关调查。这是以尽可能尊重合同自由的认识为基础的。

b. 故意或过失

7/448　但是，在这个方面，也有人认为，若第三人在违反先前合同方面存在故意（或不诚信）或过失，则应成立侵权行为。[2] 其依据是，如果对先前合同当事人权利的侵害是可以认识到的，不允许第三人签订合同的限制

---

〔1〕 *Yoshida*, Saiken shingai-ron saikō（《侵害债权理论再思考》）674 f. 不过，按照矶村的看法（Isomura, Kôbe Hôgaku Zasshi 35-2, 392 f），这种知晓先前合同的存在仍故意侵害的行为原则上已超出合同自由的范围。

〔2〕 *Hirai*, Saiken sōron（《债法总则》）² 120 f.

就不属于对其合同自由的不合理限制。这是以尽可能贯彻尊重合同原则为依据的。

② 劝诱劳动者:通过合同不公平地挫败劳动合同的履行

第二种类型涉及几种提供劳务的合同——如雇佣合同或者劳动合同——相互竞争的情形。这里的问题是,提供劳务一方可能因另一个合同而被诱走,导致第一个合同的债权人无法获得其服务。 7/449

A. 基本情形:单纯教唆

i. 侵害受害人的权利

关于受害人被侵害的权利,存在如下特点: 7/450

a. 受害人权利

先前合同的债权人享有获得雇员服务的合同权利,也即有权请求雇员提供劳务。 7/451

b. 终止雇佣关系的自由及其归责

然而,雇员有选择职业的自由,且通常有终止雇佣关系的自由(《日本民法典》第 627 条)。因此,请求雇员提供劳务并非绝对的权利,也并非有绝对保障的权利,以至于无论发生什么情况雇主都可以要求雇员提供劳务。 7/452

ii. 对加害人权利的限制

问题是,对债权人依先前合同所享有的权利的保护,在多大程度上能够正当化对加害人合同自由的限制。 7/453

a. 基本规则:合同自由占优

在这种情形下,原则上是合同自由优先,从而不成立侵权行为。[1] 其基本考虑如下: 7/454

aa. 招募员工的自由,等等

如果第三人提供了更加优厚的条件,进而诱走了雇员(债务人),债权人就只能容忍。 7/455

bb. 更换工作的自由

此外,雇员(债务人)有权自由选择职业,因而,不能阻止其终止雇佣关系和选择另外的工作。 7/456

b. 例外:禁止不适当的行为

不过,既然先前合同的债权人也享有请求权,从而可以适用禁止侵害 7/457

---

[1] District Court Tokyo of 25.8.1993, Hanrei Jihô 1497, 86.

他人权利的原则。因此,如果禁止侵害他人的原则被严重违反,如雇员不仅被鼓动更换工作,而且还被以不适当的方式给诱走,这种行为就构成侵权。[1]

B. 与特别权利同时存在

7/458　但是,如果受害人有其他值得保护的特别权利,这就会使限制雇员结束雇佣关系的自由与第三人的竞争自由被正当化。如下两种情形就与这类特别权利相关。

i. 侵犯商业秘密或专有技术

7/459　首先能想到的是,受害人拥有值得保护的商业秘密或者专有技术。

a. 侵害受害人的权利

7/460　专有技术或者商业秘密是受害人的无形资产。若它们被泄露给竞争对手,这将是对这些无形利益的侵害。基于这个原因,雇员即便是在离职后仍负有保守秘密的义务,以及在一定期间内不为竞争企业工作的义务。

b. 限制加害人的权利

7/461　为了保护受害人的权利,只要加害人存在故意或过失,就适用与普通侵权相同的责任认定程序。[2]

ii. 违反排他性或唯一性合同

7/462　其次能想得到的是,受害人签订的是具有排他性或者唯一性的合同。

a. 对受害人权利的侵害:排他性或唯一性合同

7/463　在这种情形下,受害人被侵犯的权利表现出如下特征:

aa. 强化受害人的权利

7/464　在此情形下,受害人有权要求债务人不得为他人工作。

bb. 限制债务人的自由

7/465　此外,债务人与他人订立合同的自由被排他性或唯一性的合同所限制。因此,他自己放弃了无理由终止劳动关系的自由。

b. 对加害人权利的限制

7/466　为了保护受害人,只要加害人存在故意或过失,就适用与其他侵权相同的责任认定程序。在具有排他性或唯一性的合同中,第三人也不被允

---

[1] Yoshida, Saiken shingai-ron saikô(《侵害债权理论再思考》)675; see also Supreme Court of 25.3.2010, Minshû 64-2, 562。

[2] 依据《反不公平竞争法》第4条,任何通过不公平行为而故意或过失侵害他人营业利益的人,应该赔偿因此所生的损害。

许侵犯该合同。在这种情形下,对合同的尊重表现得尤其明显。

(四)侵害公共财产权:对邻居和环境的妨害行为

1. 问题的提出

关于权利侵害和违法性之间关系的具体例子是侵害公共财产权尤其是环境的情形。

(1) 权利的特征

因为人们"享受环境"的权利不可避免地被邻居的行为以多种方式加以影响,因此有必要实现邻居间权利的平衡。

(2) 侵害的性质及类型

在这种情形下,侵害的性质和类型有以下两种形式。[1]

① 积极侵害:排放行为

侵害"享受环境"的一种形式是进行外部排放,如排放烟雾、噪声等。在此情形下,它和物理攻击具有某种相似性。

② 消极侵害

另一种形式是外部改变,如阻碍他人的视野、采光或者破坏景观以致"享受环境"变得不可能。

(3) 侵害的客体

关于侵害的客体有两种可能性。

① 侵害财产或者受害人的身体

一方面,财产或者身体(健康)有可能因环境恶化而受到侵害。

② 侵害对环境的实际享受

另一方面,对环境的享受本身就能被侵害。在这方面,问题在于是否必须认定每一个人享受环境的权利,如果是,范围是多大。

2. 积极损害:因噪声而损害健康和生活方式

随着城市化的增长,这种对他人生活的干扰正在变成严重的问题。噪声、气味或者烟雾造成的损害即其典型。以下以噪音为例说明相关基本考虑。

(1) 容忍限度

在这种情形下,侵害行为的违法性依据是否超出日常社会生活必须

---

[1] Supreme Court of 27. 6. 1972, Minshū 26-5, 1067.

忍受的限度加以评估。[1]

① 在容忍限度内

7/477　如果损害没有超出忍受限度,受害人的权利就没有被不法侵害,加害人的行为也因此是合法的。

② 超出容忍限度

7/478　相反,如果损害超出了容忍限度,就意味着受害人的权利遭到了不法侵害,因此,加害人的行为是违法的。

(2) 评判容忍限度的标准

① 保护受害人权利的必要性

7/479　关于容忍限度,出现的第一个问题是,保护受害人权利的必要性如何。

A. 被侵害利益的法律性质与内容、侵害程度

7/480　保护必要性取决于 a. 被侵害利益的法律性质与内容以及 b. 损害的程度。

i. 身体完整、健康

7/481　如果身体完整和健康遭到侵害,这通常就为损害赔偿提供了正当理由。

ii. 安宁生活

7/482　如果损害并不足以对生活方式造成妨害,问题的关键就在于是否存在严重侵害。

B. 地区差别

7/483　此外,c. 受害人权利受保护的程度取决于其生活的地区及周边环境。

i. 对权利的社会影响

7/484　首先,我们必须追问,在相关地区被认定为权利的是什么? 享受环境的权利从城市到乡村各有不同,并取决于相关区域是居住区、商业区还是工业区。

ii. 知晓并接受改变

7/485　还须审查的是,受害人在取得并享有权利时,是否将该区域的某种状

---

[1] Supreme Court of 16.12.1981, Minshū 35-10, 1369; Supreme Court of 24.3.1994, Hanrei Jihō 1501, 96.

况作为其必要条件。至少在他知道相关地区的情况下,不能认为其享有超出这种状况享受环境的权利。

② 加害人适当行使权利

其次,在评判容忍限度时,存在加害人行使权利的行为是否适当的问题。仅当权利人适当行使权利时,受害人才需容忍。

A. 违反禁止伤害他人原则的程度

在这里,禁止损害他人权利的原则也同样适用。如果这种禁止原则被严重违反,就不能认为权利人行使权利是适当的,也意味着受害人无须容忍。

i. 侵害行为的性质和类型

违反禁止伤害他人原则的程度取决于 d. 侵害行为的性质和类型。在这方面,有必要审查加害人是否知道其行为已构成侵害,是否有意冒险甚至故意为之。

ii. 侵害行为的开始和继续

违反禁止伤害他人原则的程度还取决于 e. 侵害行为的开始和持续。

B. 避免损害的措施及其范围和效果

除此之外,在存在致害行为的情况下,对禁止伤害他人原则的违反程度还取决于 f. 加害人是否采取了预防损害的措施,以及采取何种措施,其效果如何。

C. 对行政法规定的遵守

此外,违反禁止伤害他人原则的程度还取决于 g. 是否遵守了行政法规定。不过,这种情形只适用于相关行政法规则的目的旨在保护受害人权利的情形。因而,不能因法律规定被违反,就不考虑任何其他情况而直接认定存在**不法权利侵害**的事实。[1]

D. 公共利益和社区福利的必要性

此外,在确定容忍限度时,在多大程度上必须考虑 h. 加害行为对公共利益的影响方式与范围,以及社区福利对这些因素的依赖程度,就此还存在争议。

i. 肯定观点

依据肯定观点,如果加害行为内含的公共利益较高,则它是正当的,

---

[1] Supreme Court of 24.3.1994, Hanrei Jihô 1501, 96.

受害人就必须忍受。

ii. 否定观点

7/494　依据反对观点,公共利益或者社区福利要求并没有提供充分的理由来迫使受害人容忍权利侵害。[1] 其具体考量如下:

a. 基本规则

7/495　在这种情形下,如果不准予赔偿,受害人的权利就完全得不到保护。受害人所受最低限度的保护都被剥夺,公共利益不能以这种方式使之变得正当。[2]

b. 例外:互惠性要求

7/496　但是,如果不仅公共利益和社区福利的必要性是巨大的,而且受害人也将获得相应的好处,这就可被看作是要求受害人容忍的附加理由。[3]

(五)关联性人格权:隐私

7/497　最后,侵害关联性人格权,特别是隐私权,在这里应该被作为有关权利侵害和违法性之间关系的例子加以讨论。

1. 隐私的概念

7/498　应当如何理解隐私概念,就此存在争论。

(1)私生活秘密权

7/499　按照这种观点,如果有其需要,就存在"不被打扰"的权利,以及未经允许,不得将一个人的私生活公之于众的权利。[4]

(2)这方面的信息控制权

7/500　按照另外一种观点,隐私是一个人对与自身相关的信息的控制权。[5] 这里的中心问题不是个人秘密的维护,而是对披露范围与对象的积极、自主的决定权。

---

[1] *Awaji*, Kôgai baishô no hôri(《环境损害责任法律原理》)(1978) 239; *Shinomiya*, Fuhô kôi (Tort) 366; *Sawai*, Tekisutobukku jimu kanri, futô ritoku, fuhô kôi(《无因管理·不当得利·侵权行为讲义》)³ 150。

[2] 这可以从《日本宪法》第29条第3款推导出来,它规定为公共用途而征收时应给予公平补偿。

[3] Supreme Court of 16.12.1981, Minshû 35-10, 1369.

[4] District Court Tokyo of 28.9.1964, Ka-Minshû 15-9, 2317.

[5] *Satô*, Kenpô(《宪法》)³(1995) 453 f. Cf also Supreme Court of 12.9.2003, Minshû 57-8, 973.

2. 侵害隐私的审查

(1) 保护受害人权利的条件：侵害隐私

首先，必须存在对受害人隐私的侵害。 7/501

① 公共事务

公共事务是指社会对之拥有正当权益的事务，它原则上不属于私人领域。例如，若无相反情况，与犯罪或司法裁判有关的事项会影响公共安全、公民的法律保护以及国家机关依法正常运作，因此，其通常不被纳入私人领域。 7/502

② 犯罪记录

在这一点上，问题在于公民是否有权要求未经同意不得将其犯罪记录公之于众。这涉及如下考虑因素： 7/503

A. 持续时间

如果在经过一段时间后，某种事件已被一般人忘记，这时就不再存在知情方面的正当公共利益，犯罪记录也因此成为隐私的组成部分。但是，如果涉及历史性犯罪之类的事件，即便过了一段时间，其仍然存在于公众视野中，那么，单纯的时间流逝很难被看作决定性因素。 7/504

B. 犯罪人重新社会化

按照这种观点，若某人已经过审判并承担了刑罚制裁，他就享有重新融入社会并过平静生活的权利。[1] 7/505

(2) 限制加害人权利的条件

在这种情形下，对受害人权利的保护导致必须限制加害人表达观点的自由。困难在于确定这种限制的恰当范围。 7/506

就犯罪记录的公开，评判时须考虑如下因素[2]： 7/507

① 加害人权利被限制的程度

A. 支持言论自由的理由

如果与该事件的历史和社会意义、相关人员的重要性，或者受害人的社会活动或影响等相关的社会利益被认为是不重要的，就没有任何理由支持表达观点的自由。 7/508

---

[1] Supreme Court of 8.2.1994, Minshū 48-2, 149.
[2] Ibid.

B. 表达自由受限制的程度

7/509　如果对于加害人从事的工作目的和性质而言,使用相关人员的准确姓名的重要性和必要性都很小,禁止使用真实姓名对于表达自由的损害就微不足道。

②保护受害人权利的必要性

7/510　如果不将受害人的犯罪记录公之于众对其未来生活具有决定性意义,对加害人自由表达权利的限制就是正当的。

三、过错

(一) 过错概念

7/511　关于过错,第一个问题是过错的概念实际上是被如何理解的。

1. 主观过错

7/512　早先有影响力的观点认为,过错是指行为人具有可责难性。

(1) 含义

7/513　按照这种观点,过错(过失)意味着因意志运用不当而缺乏注意,未能认识到损害的出现。[1]

(2) 目的

7/514　其认识基础在于,未能适当运用其意志的人无论如何都要对损害负责。

2. 客观过错

7/515　不过,现在的通行观点则认为,过错是对加害人施予损害赔偿责任的某种正当根据。

(1) 该术语的含义

7/516　于是,过错(过失)被看作是对避免损害结果之必要注意的行为义务

---

[1] Wagatsuma, Jimu kanri, futō ritoku, fuhō kôi(《无因管理·不当得利·侵权行为》)105; Katô, Fuhô kôi(《侵权行为》)64. 不过,将社会一般注意水平作为判断标准[Wagatsuma, Jimu kanri, futō ritoku, fuhō kôi(《无因管理·不当得利·侵权行为》)105; Katô, Fuhô kôi(《侵权行为》)68 f],这已经引入了客观要素。

的违反。[1]

（2）目的

其基本认识是，只要加害人未为该为之事，就足以向其施加损害赔偿责任。具体考虑如下： 7/517

① 社会变迁：增加的风险

基本前提是认为当今社会已发生质的变化，权利侵害的风险增加。火车、汽车等高速交通工具以及使用危险机械生产危险物质（如电力、汽油等）的企业的发展，社会成员之间社会交往的增强，就是这方面的重要情形。 7/518

② 增长的保护需求及其对过错概念的影响

在这些发展背景下，对保护的需求也随之增长。为了满足这种需求，关键是确定，某人是否未为其当为，或者为其所不当为，以及他是否未尽力去避免损害。 7/519

（二）客观过错

1. 问题的提出

第二个问题是，何种作为或不作为才构成过错。 7/520

（1）过错的对象

一般而言，未能避免损害后果就被认为存在过错。如果人们认为不应允许侵害他人权利，至少必须认定存在损害结果（即权利侵害）的回避义务。 7/521

（2）结果回避义务

结果回避义务是基于以下考量。 7/522

① 义务基础：回避可能性

若不把加害人的意志作为前提条件，且假定存在义务违反，从而施予责任亦属正当，就要求加害人须未为其可为。如果要求加害人去做其不可能做到的事，将会过度限制被控违反义务者的自由与权利。 7/523

---

[1] Maeda, Minpô Ⅳ-2 (Fuhô kôi-hô)(《民法Ⅳ-2 侵权行为法》)35 ff；Hirai, Saiken kakuron Ⅱ Fuhô kôi(《债法分论Ⅱ 侵权行为》)27 ff；Shinomiya, Fuhô kôi(《侵权行为》)303 ff；Morishima, Fuhô kôi-hô kôgi(《侵权法讲义》)178；Sawai, Tekisutobukku jimu kanri, futô ritoku, fuhô kôi(《无因管理·不当得利·侵权行为讲义》)³ 178。

② 评估可能性的重要考虑因素

7/524　加害人本来可做某事的要件涉及以下两个方面：

A. 可避免性

7/525　其一，加害人没有避免其本来能够避免的损害后果。

B. 可预见性

7/526　其二，加害人没能预见到其本来能够预见并阻止其发生的损害后果。

2. 可避免性

7/527　可避免性是否应该和可预见性分开来单独进行评判，理论上存在争议。

(1) 可避免性作为结果回避义务中的单独要件

7/528　这种观点认为，如果后果是可预见的，就必须认定结果回避义务。其理由是，如果结果是可预见的，就不允许实施损害行为，因而，只要不为相关行为，损害后果就能被避免。这种观点要求通过停止致害行为来避免损害后果的发生。[1]

(2) 可避免性作为可预见性外的额外要件

7/529　另一种占主要地位的学说则认为，结果的可预见性不能当然引起回避义务，相反，必须根据具体情况下的现实可避免性来判定是否存在这种义务。就此而论，问题在于加害人为避免结果发生可采取何种措施。

① 合理的回避措施

7/530　判例法仅要求采取合理措施，就如行为人通常从事这类行为或活动时一样。[2]

A. 理由

7/531　超出合理限度的措施表明要求加害人做他"不可能做到的事情"。由此，即使结果是可预见的，仍然只能要求其采取合理措施。只要加害人采取了合理措施，他就可以继续从事相关的行为或活动。

B. 问题

7/532　这可以以两种不同的方式来理解，但没有一种解释是没有疑问的。

---

〔1〕 Appellate Court Osaka of 29.7.1915, Shinbun 1047, 25〔下级法院依据帝国法院1916年12月22日判决（见下注）作出的判决〕。

〔2〕 Imperial Court of 22.12.1916, Minroku 22, 2474（大阪碱案）。

i. 维护加害人的现状

一种可能的解释是,可以要求加害人采取避免损害的适当措施,因为相比于加害人的当前状况,这些措施对其更为有利。这意味着,为保护受害人的权利而对加害人的权利加以限制的问题,可在如下意义上理解:在不损害加害人权利的情况下,可以对其提出的合理要求是什么?这种解释虽然优先考虑了加害人的现状,但远非不证自明的正确解释。

7/533

ii. 强调社会价值

按照第二种可能的解释,只要行为人的行为或活动对社会有一般价值,就无须采取避免损害的合理措施外的更多预防措施。其基本认识是,社会不应在避免损害结果的过程中造成过多的不利状况。但是,把一般公众的利益作为拒绝为受害人事实上已面临受损危险的权利提供保护的根据,这是有问题的。[1]

7/534

② 其他可能

除此之外,可能想到的还有如下观点。

7/535

A. 最佳回避措施

例如,在涉及相关行为或活动时,判断标准可能是要求采取最为适当的措施。[2]

7/536

B. 完全避免

反之,甚至也可以要求停止相关行为或活动,以此作为应对措施。[3] 如果在已采取最佳回避措施的情况下,结果仍然会发生,剩下的唯一选择就只能是完全停止相关行为或活动。

7/537

3. 可预见性

(1) 可预见性的必要性

可预见性是否是过错的一个要件,就此存在争议。

7/538

① 可预见性非必要说

一种观点认为,无论是否可预见,只要加害人的行为造成损害后果超

7/539

---

[1] *Sawai*, Tekisutobukku jimu kanri, futô ritoku, fuhô kôi(《无因管理·不当得利·侵权行为讲义》)³ 176 f; *Shiomi*, Fuhô kôi-hô [Law of tort] 158。

[2] 大阪上诉法院可能是以此为裁判基础的(Appellation Court Osaka of 27.12.1919, Shinbun 1659, 11)(自帝国法院裁判撤回后在大阪碱案中作出的新判决)。

[3] District Court Niigata of 29.9.1971, Ka-minshû 22-9/10 Bessatsu, 1(新潟水俣病)。

过了受害人的忍受限度,其就应承担责任。[1] 理由是,把可预见性当作必要条件,就意味着受害人需要承担不可预见的损害,而享有危险活动利益的加害人却可以免于承担责任,这样的损害分担不公平。

② 可预见性必要说

7/540　不过,大多数人认为,可预见性是确立行为义务的一个必要条件。[2]

A. 理由

7/541　这是基于以下几个理由。

i. 行为义务的先决条件

7/542　首先,要是加害人根本就无法预见到损害后果,就不可能认为他应当避免其本来能够避免的损害。

ii. 伪装成过错责任的无过错责任

7/543　其次,如果在这种情形下认为存在行为义务,继而认定过错,那等于承认一种披着过错责任外衣的无过错责任。[3]

B. 预见的内容

7/544　此外,关于可预见的对象,即可预见的是什么,也存在争论。

i. 具体危险

7/545　一种观点认为,具体的损害后果一定要被预见到。[4] 如果加害人只是预见到了抽象的、不明确的后果,他就不知道应采取何种措施来避免该后果;因而,此时不能认为他本来能够避免该后果。

ii. 抽象危险

7/546　按照另一种观点,只要抽象预见到某种不利后果的出现即为已足。[5] 因为,至少到目前为止已经涉及未知的危险,如在环境损害或药物损害的情形下,毋害他人的原则要求,一旦有权利被侵害的危险,就应搜集信息或者采取科学调查以避免损害。

---

[1] *Awaji*, Kôgai baishô no hôri(《环境损害责任法律原理》)45 f, 95 f。

[2] *Hirai*, Saiken kakuron Ⅱ Fuhô kôi(《债法分论Ⅱ 侵权行为》)27 f; *Morishima*, Fuhô kôi-hô kôgi(《侵权法讲义》)182 f; *Sawai*, Tekisutobukku jimu kanri, futô ritoku, fuhô kôi(《无因管理、不当得利与侵权行为讲义》)³ 174 f; *Shiomi*, Fuhô kôi-hô Ⅰ(《侵权行为法Ⅰ》)² 294 f。

[3] *Morishima*, Fuhô kôi-hô kôgi(《侵权法讲义》)185 f; *Shinomiya*, Fuhô kôi(《侵权行为》)332 ff。

[4] See *Morishima*, Fuhô kôi-hô kôgi(《侵权法讲义》)190 f. Similar also *Hirai*, Saiken kakuron Ⅱ Fuhô kôi(《债法分论Ⅱ 侵权行为》)27 f。

[5] *Sawai*, Kôgai no shihôteki kenkyû(《环境损害的私法探究》)(1969) 176; *Shiomi*, Fuhô kôi-hô Ⅰ(《侵权行为法Ⅰ》)² 294 f。

(2) 尽力预见损害的严格义务

为了帮助受害人获得损害赔偿,判例法经常采取的做法是,让加害人承担尽力识别损害风险的义务。如果违反这种义务,就认定存在可预见性,因而,在涉及这种识别义务时采纳了更加严格的标准。

① 典型化的行为规则

如果存在典型化的行为规则,且这些规则已遭到违反,就没必要再以具体的可预见性作为判断依据。

A. 典型事故

不管是否存在具体结果的可预见性,当典型化的注意义务被违反时,如违反交通规则,就推定其存在过错。[1]

B. 特殊情形

不过,若出现特殊情形,在无法预见到具体危险时,则不能合理期待加害人采取任何防止或避免损害后果的措施。在交通运行中,信赖其他驾驶人会遵守行为规则,并采取合理行为以避免撞车事故,这是被允许的,可以看作是对信赖原则的适用。[2]

② 调查义务的引入

另外,在涉及关乎生命健康的高度抽象危险时,行为人要承担调查特定行为危险性的义务。如果行为人没有履行这项义务,危险就会被看作是可预见的,行为人当然就有过错。

A. 医疗差错

就医疗差错而言,医生负有收集信息、进行调查、检验、观察的义务,以认定存在特定危险。[3]

i. 医师的注意义务

依据一般原理,照顾他人生命、健康的人员(医师)应尽最大可能的注意义务以避免危险。[4]

---

[1] *Shinomiya*,Fuhô kôi(《侵权行为》) 362;*Sawai*, Tekisutobukku jimu kanri, futô ritoku, fuhô kôi(《无因管理・不当得利・侵权行为讲义》)³ 176 f, 180 f;*Yoshimura*,Fuhô kôi (《侵权行为》)⁴ 73; *Shiomi*, Fuhô kôi-hô I(《侵权行为法 I》)² 326 f.

[2] Supreme Court of 20.12.1966, Keishû 20-10, 1212(这是在刑事案件情形)。

[3] *Shinomiya*,Fuhô kôi(《侵权行为》)360;*Shiomi*,Fuhô kôi-hô I(《侵权行为法 I》)² 332 f.

[4] Supreme Court of 16.2.1961, Minshû 15-2, 244.

ii. 询问义务

7/554 这使医生负有以某种恰当方式向患者询问的义务。如果他违反了这种义务,他就存在过错。[1]

a. 条件

7/555 这种询问义务的负担首先要求存在某种抽象危险。而且,询问必须是一种有助于避免危险的有效方式。

b. 效果

7/556 相应地,如果医生恰当地询问,该损害后果本来能够被预见,但他却没有这样做,在相关损害后果实际发生后,就可以认定医生违反了注意义务,具有过错。

iii. 更为严格的询问义务

7/557 这种询问义务在下列情形中会更为严格。

a. 义务的基础与范围

7/558 例如,如果接种流感疫苗可能会产生不寻常的副作用,进而可能因患者的易患病体质而产生严重的后果(如死亡、脑炎等),为避免这种危险,医生必须履行以下义务[2]:

aa. 尽力确定禁忌证的义务

7/559 关于疫苗对患者是否有必要,医生应尽勤勉义务,认真进行初步检查。若有必要,还需准确判定其禁忌证。

bb. 更严格的询问义务

7/560 在这种情况下,医师仅仅询问有关健康状况的一般抽象问题尚不足够,他有义务在必要时询问具体问题以确定禁忌证。[3] 如果是在很大范围内实施相关行动,如大规模接种,在所有个别行为中都履行这种义务的确很难;所以,在这种情况下,很难说有更严格的义务存在。

b. 违反义务的后果

7/561 若这种义务被违反,则推定负有责任的医师系因过失未能预见其本来能够预见到的损害后果。[4]

---

[1] Supreme Court of 16.2.1961, Minshû 15-2, 244.
[2] Supreme Court of 30.9.1976, Minshû 30-8, 816.
[3] Ibid.
[4] Ibid.

B. 环境损害、药物损害

在涉及环境损害和药物损害的情形,法院有时会对相关企业施加调查研究、收集信息的义务,以便能够认定具体危险。[1]

i. 环境损害

a. 义务的基础和范围

例如,如果某化工厂不了解化学知识的最新发展,制造了大量的化学产品,在这个过程中,作为副产品的某些物质也被生产出来,其中可能含有对人类及其他生物具有高度危险性的有毒物质,为避免这种危险,企业就应承担以下的义务[2]:

aa. 企业管理义务

企业必须对工厂进行常态化管理,以确保工厂中不会泄漏有毒物质。

bb. 更严格的调研义务

此外,当企业想从工厂向河流排污时,它必须应用最先进的技术进行分析,并检测污水中是否存在有毒物质,其特征和数量如何,并据此采取充分的安全措施以防止危害他人及其他生物。[3]

b. 违反义务的后果

如果企业违反了上述调查义务,就可以认定损害结果的可预见性,在此基础上企业应承担结果回避义务。

ii. 药物损害

a. 义务的基础和范围

举例来说,如果一家制药企业生产了一种被人体直接吸收的药物,众多服用这种药物的人就可能面临受害的高度危险。为了避免这种风险,必须让制药企业承担如下义务[4]:

aa. 新药

当开发出新药时,在药品投放市场之前,企业有义务以最高技术标准进行体外试验、动物试验以及临床研究。

bb. 已在市场流通的药品

在药品已经在市场流通的情况下,企业有继续收集药品资料和信息

---

[1] *Shiomi*, Fuhô kôi-hô I (The law of tort I)² 330 f.
[2] District Court Niigata of 29.9.1971, Ka-minshû 22-9/10 Bessatsu, 1.
[3] Ibid.
[4] District Court Tokyo of 3.8.1978, Hanrei Jihô 899, 48.

的义务。如果这些信息引起了对副作用的质疑,根据所引起质疑的严重程度,企业有尽快确认相关药物副作用存在与否及作用程度的义务,如实施动物试验,检查相关药品的医疗记录,或者实施后续的调查。

b. 违反义务的后果

7/570 　　上述义务与采取一切合理措施来预见危险的义务相符;如果制药公司违反了这种义务,就推定该结果具有可预见性,从而存在结果回避义务。[1]

(3) 调研义务的归类

7/571 　　如上所述,在公司运营涉及高度抽象危险时,经常会认定其负有调查研究的义务。不过,关于这种义务的归类,存在两种不同看法。

① 预见损害的义务

7/572 　　根据其中的一种观点,这种义务在于采取一切合理措施以便能够预见到损害后果。[2]

A. 可预见性

7/573 　　这种观点认为,只要违反调研的义务就能认定可预见性。这意味着,调研义务已经扩及于有可能预见到损害后果的其他案件中。

B. 可避免性

7/574 　　它还需进一步审查可预见的危险是否能被避免。

② 结果避免的义务

7/575 　　按照另外一种观点,违反调查义务意味着存在过错。[3] 其推理如下:

A. 保护受害人权利

7/576 　　如果存在严重侵害权利的高风险,那么,从一开始就可以认定存在避免其发生的义务。这也是一种调查义务。

B. 限制加害人权利

7/577 　　尽管结果有可能发生,但行为人并未实施必要的调查,一旦有权利遭到侵害,加害人就应担责。

――――――――――

〔1〕 District Court Tokyo of 3.8.1978, Hanrei Jihô 899, 48.

〔2〕 See eg District Court Niigata of 29.9.1971, Ka-minshû 22-9/10 Bessatsu, 1; District Court Tokyo of 3.8.1978, Hanrei Jihô 899, 48.

〔3〕 在预见到损害后果就可以轻易避免时,情况就尤其如此。Supreme Court of 16.2.1961, Minshû 15-2, 244 is an example of such a case.

(三) 过错认定标准

1. 判定过失的方法

关于过错标准,首要的问题是,行为义务如何被认定为过失的要件。 7/578

(1) 汉德公式

有影响力的观点是勒尼德·汉德提出的判断方法。[1] 7/579

① 判定标准

根据汉德公式,必须在受害利益的重要性、损害发生的可能性(A)与施予行为义务所损害的利益(B)之间进行权衡。若 A 大于 B,则应该认定行为义务。这意味着,如果适用这些源于美国法的功利性考量因素,在判定过错时,下列两种利益必须相互结合加以权衡。 7/580

A. 受害人从行为义务的界定中获得的利益

首先是受害人能够从行为义务的确定中取得的利益(A)。这包括两个要素。 7/581

i. 被侵害利益的重要性

一个要素是被侵害利益的重要性。必须考虑的因素包括:(1) 生命、身体完整、自由;(2) 所有权及其他物权;(3) 债权;(4) 其他利益(如采光、通风、意见表达、名誉、隐私等)。 7/582

ii. 结果发生的可能性

另一个要素是结果发生的可能性。在这方面,如 a. 危险行为与 b. 危险源的形成、继续、控制或监管等都需要考虑。 7/583

B. 因行为义务的界定丧失的价值

其次是因行为义务的确定而丧失的价值(B)。在这方面,需要考虑以下不利情况。 7/584

i. 加害人方面的不利益

一方面,加害人会遭受不利益(B1),如采取预防措施所花费的成本。 7/585

ii. 受害人方面的不利益

另一方面,受害人也可能面临不利益(B2),例如,受害人失去了本来能够从加害人的行为中获得的利益,这也需要被纳入考量范围(如在疾病 7/586

---

[1] *Hirai*, Songai baishô-hô no riron (《损害赔偿法原理》)402 f; *idem*, Saiken kakuron Ⅱ Fuhô kôi (《债法分论Ⅱ侵权行为》)30.

治疗或服用药物情形)。

iii. 社会方面的不利益

7/587　此外,还须考虑一般公众面临的不利(B3);在这方面,涉及加害人的活动对社会的有用性(如汽车的使用,或者药物在预防疾病方面的作用等)。

② 问题

7/588　但是,汉德公式也引起了如下问题。

A. 缺乏正当性

7/589　首先,在考虑日本法的相关问题时,为何要把美国法中的这些因素纳入考量范围,就此没有提出清楚的说明。

B. 涉及利益衡量时的问题

7/590　其次,用汉德公式进行利益衡量会牵涉到以下问题。[1]

i. 预防成本

7/591　由于预防成本是唯一的衡量因素,因而存在未考虑受害人保护的重大风险。

ii. 社会价值

7/592　此外,还存在另一种较大风险,即为一般公众提供价值的企业利益会优先于受害人的权利。不同于不作为请求权的情形,在这里,要是不给予赔偿,受害人将完全得不到保护。

(2) 利益衡量法

7/593　为了判定是否存在侵权行为,有必要权衡受害人和加害人各自的利益。汉德公式可以被改变成一种利益衡量的方法。[2]

① 过错要件的意义

7/594　侵权行为法旨在保护受害人的权利免遭加害人的侵害。不过,如果为保护受害人权利而认定侵权责任,这就会导致对加害人权利的限制。于是,与过错要件相关的问题就是,为保护受害人权利而限制加害人权利并施予行为义务,这是否正当。

---

[1] *Awaji*, Kôgai baishô no hôri (《环境损害责任法律原理》)99; *Shiomi*, Fuhô kôi-hô I (《侵权行为法 I》)² 36.

[2] See *Yamamoto*, Kôjo ryôzoku-ron no sai-kôsei (《公序良俗理论重构》) 272 f. This is also argued by *Shiomi*, Fuhô kôi-hô I (《侵权行为法 I》)² 292 f.

② 加害人权利受限制的程度

在这方面,第一个问题是,加害人的权利因行为义务的承担而受到何种程度的限制? 7/595

A. 利益衡量的指导原则

加害人的权利因施加行为义务所受限制越大,这种限制的理由就必须越强。这和汉德公式中的 B1 要素一致。 7/596

B. 过错责任原则的意义

依据过错责任的基本原则,可预见性和可避免性是施加结果回避义务的基本原理。具体可作如下分类: 7/597

i. 可预见性

如果结果不具有可预见性,仍然施加结果回避义务,这会对加害人权利造成重大限制。 7/598

ii. 可避免性

此外,即便在结果无法避免时仍施加结果回避义务,并认定存在义务违反,这同样也会对加害人权利造成重大限制。 7/599

③ 限制加害人权利的正当性

尽管限制了加害人的权利,仍然要对其施加结果回避义务,就此需要有充足的理由。 7/600

A. 保护受害人权利必要说

如果受害人权利有可能遭受重大侵害且权利侵害的可能性较高,对加害人权利给予相应限制就是正当的,受害人的权利只有在认定这种行为义务的范围内才能得到保护。这和汉德公式中的要素 A 相符。尤其在涉及严重侵害他人生命、身体完整或健康等高度危险的行为时(如环境损害或者药物损害的情形),即便可避免性甚或可预见性很低,对加害人施予结果回避义务也是正当的。 7/601

B. 受害人的利益

如果受害人自己从加害人的行为中获得了利益(如在药物损害的情形中),保护受害人权利的需要会相应降低。这与汉德公式中的 B2 要素一致。就此而论,必须评估与受侵害利益相对的获益程度。 7/602

2. 与人相关的标准

第二个问题是,在确定行为义务时,个人方面的行为标准应该是什么? 7/603

(1) 具体过失与抽象过失

7/604　就此存在两种观点。

① 以行为人为标准:具体过失

7/605　按照这种观点,必须以特定行为人的能力作为判断标准。[1] 相应地,如果行为人违反了其能力范围内的行为义务,他就存在过错。

② 以普通人为标准:抽象过失

7/606　按照另一种观点,应当以普通人的能力作为判断标准。[2] 据此,如果行为人违反了社会群体中普通人所承担的行为义务,他就是有过错的。这包括两个方面的问题。

A. 可归责性

7/607　首先,不允许以不具有普通人的能力为借口。在社会生活中,每个人有义务按照以普通人被期待的能力标准去行为。这种要求不会对加害人的权利造成过度限制。

B. 责任免除

7/608　其次,如果加害人以普通人被期待的合理方式行为,他就不承担责任。如果必要行为超出了对普通人的要求,这会对加害人权利造成过度限制。

(2) 抽象过失的类型:以医疗责任为例

7/609　问题是,能够期待普通人做什么？既然这取决于行为人所属社会群体的具体特点,如知识水平、专业、社会地位、处境以及经验等,就有必要进行类型化。[3]

① 确定义务的标准:医疗标准

7/610　例如,医生有义务按照医疗标准采取适当的医疗处置。

A. 医疗标准的意义

7/611　医疗标准是指临床医疗实践中能直接适用的那些标准。

---

[1] Ishida, Songai baishô-hô no sai-kôsei（《损害赔偿法重构》）(1977) 11。

[2] See eg Wagatsuma, Jimu kanri, futô ritoku, fuhô kôi（《无因管理・不当得利・侵权行为》）105 f; Katô, Fuhô kôi（《侵权行为》）69 f; Ikuyo/Tokumoto, Fuhô kôi-hô（《侵权行为法》）40 ff; Shinomiya, Fuhô kôi（《侵权行为》）337。

[3] Shinomiya, Fuhô kôi（《侵权行为》）337 f; Hirai, Saiken kakuron II Fuhô kôi（《债法分论 II 侵权行为》）57 f; Sawai, Tekisutobukku jimu kanri, futô ritoku, fuhô kôi（《无因管理・不当得利・侵权行为讲义》）³ 184; Shiomi, Fuhô kôi-hô I（《侵权行为法 I》）² 282 f。

i. 与科学标准的差别

因此,使用的治疗方法尚未被广泛运用并经过临床医疗测试,并非必定违反行为义务(过错)。[1]

7/612

ii. 与实际操作的差别

普通医生实际如何操作也不重要。相反,判断标准是其应该遵守的规范。[2]

7/613

B. 医疗标准的规范意义

实践中,医疗标准具有如下意义:

7/614

i. 探究义务和进修义务

医师不能以不知医疗标准为借口。因此,医师有义务探究具体的医疗标准,并获取必要的知识。

7/615

ii. 指导患者的义务

若医生自己不能按照医疗标准采取医疗措施,他必须指导患者到合适的医疗机构就医。[3]

7/616

② 医疗标准的相对性

A. 行为人的个人能力

如果行为人碰巧拥有超出医疗标准的知识和能力,这并不当然意味着要承担更严格的行为义务。[4]

7/617

B. 可期待行为人的标准

医疗标准并非不统一,需要按照对相关医疗机构的合理期待确定,尤其是医疗机构的类型、当地医疗的具体状况等必须加以考虑。[5]

7/618

---

[1] Supreme Court of 30.3.1982, Hanrei Jihô 1039, 66; Supreme Court of 26.3.1985, Minshu 39-2, 124.

[2] Supreme Court of 23.1.1996, Minshû 50-1, 1.

[3] Cf Supreme Court of 26.3.1985, Minshû 39-2, 124 as well as Supreme Court of 11.11.2003, Minshû 57-10, 1387; Supreme Court of 8.12.2005, Hanrei Jihô 1923, 26 and Supreme Court of 3.4.2007, Hanrei Jihô 1969, 57.

[4] Cf Supreme Court of 31.3.1988, Hanrei Jihô 1296, 46.

[5] Cf Supreme Court of 9.6.2005, Minshû 49-6, 1499.

四、加害人范围内的其他缺陷

(一) 人的不当行为

1. 与被使用人相关的责任规则

7/619 《日本民法典》规定了如下与被使用人相关的责任规则。

(1) 使用人责任

7/620 使用他人从事事务者,对被使用人在其事务的执行中对第三人造成的损害负赔偿责任(《日本民法典》第715条第1款)。[1]

(2) 使用人免责的可能性

7/621 使用人在下列情形下免责(《日本民法典》第715条第1款第2句)。

① 对选任及监督的适当注意

7/622 首先,若使用人对被使用人的选任及事务执行中的监督已尽适当注意,则其不承担责任。

② 无因果关系

7/623 其次,即便使用人尽到了适当注意,损害仍不免发生,其也不承担责任。

2. 使用人责任的性质

7/624 关于被使用人责任的责任原理,理论上存在不同看法。[2]

(1) 立法程序

7/625 在起草《日本民法典》的过程中,使用人责任的规则经历了以下变迁[3]:

---

[1] 《日本民法典》第715条第1款规定:"为某事业使用他人的人,对于被使用人在在执行事务过程中对第三人造成的损害负赔偿责任。但是,如果使用人对被使用人的选任或事务执行的监督已尽到合理注意,或者尽到合理注意,损害仍不免发生时,不在此限。"

[2] See Morishima, Fuhô kôi-hô kôgi (《侵权行为法讲义》) 22 f; Sawai, Tekisutobukku jimu kanri, futô ritoku, fuhô kôi (《无因管理・不当得利・侵权行为讲义》)³ 291 f; Yoshimura, Fuhô kôi (Tort)⁴ 202 f. 进一步详细讨论,参见 Tanoue, Shiyô-sha sekinin (《使用人责任》), in: Hoshino et al (eds), Minpô kôza dai-6-kann (《民法讲义6》) (1985) 459; Ôtsuka, Minpô 715-jô, 717-jô (Shiyô-sha sekinin, Kôsaku-butsu sekinin) (《日本民法典》第715条、第717条:使用人责任与建筑物占有人责任), in: Hironaka/Hoshino et al (eds), Minpô-ten no hyakunen Ⅲ (《民法典百年Ⅲ》) 673.

[3] Tanoue, Shiyô-sha sekinin (《使用人责任》), in: Hoshino et al (eds), Minpô kôza dai-6-kan (《民法讲义6》) 460 f; Ôtsuka, Minpô 715-jô, 717-jô (Shiyô-sha sekinin, Kôsaku-butsu sekinin) (《日本民法典》第715条、第717条:使用人责任与建筑物占有人责任), in: Hironaka/Hoshino et al (eds), Minpô-ten no hyakunen Ⅲ (《民法典百年Ⅲ》) 674 f.

① 旧《日本民法典》

在旧《日本民法典》中(《物权法》第 373 条),使用人责任被理解为:

　A. 使用人为自己的行为担责

按照这种规定,使用人承担责任的原因是其对被使用人的选任或者监督存在过失。

　B. 无免责理由

不过,使用人的过失是被推定的。此外,旧民法典中没有关于通过证明使用人事实上无过失来推翻这种推定的规定。

　C. 被使用人的侵权行为

因为使用责任是一种针对被使用人的替代责任,所以,被使用人存在侵权行为是这种责任的一个条件。

② 现行《日本民法典》

相反,当前《日本民法典》的起草者对使用人责任的理解如下：

　A. 使用人为自己的行为担责

按照这种观点,使用人承担责任的原因是使用人自己在选任或监督被使用人方面存在过失。

　B. 引入使用人免责规定

和旧《日本民法典》不同,现在的《日本民法典》明确规定,若使用人在选任和监督被使用人方面已尽到适当注意,则无须承担责任。如果使用人始终应为被使用人的行为而担责,对于那些经常需要使用他人执行事务的人来说,在签约时就没有办法不过分担忧。

　C. 被使用人的侵权行为

关于被使用人自己的侵权行为是否为构成要件,目前还没有确定的答案。

(2) 为被使用人的侵权行为担责

主流观点认为,使用人是为**被使用人**的侵权行为而向受害人承担责任。[1] 这意味着,使用人责任被理解成为他人的侵权行为而承担的责任。不过,除使用人承担责任外,被使用人自己的侵权责任仍继续存在。

---

[1] *Wagatsuma*, Jimu kanri, futô ritoku, fuhô kôi (《无因管理·不当得利·侵权行为》) 161 f; *Katô*, Fuhô kôi (《侵权行为》) 165; *Maeda*, Minpô Ⅳ-2 (Fuhô kôi-hô) (《民法Ⅳ-2 侵权行为法》) 141. See further also *Shinomiya*, Fuhô kôi (《侵权行为》) 682.

① 被使用人的侵权行为

7/635　按照这种观点,被使用人的行为本身必定满足侵权行为的所有构成要件(权利侵害、故意或者过失、损害)。

② 使用人为被使用人的侵权行为承担责任

A. 理由

7/636　相比于《日本民法典》第709条,使用人承担的这种更重负担依如下理由被正当化[1]:

i. 因获得利益而承担责任

7/637　使用人因利用被使用人完成某项活动而获益,故其须对在此过程中发生的侵权行为负责。

ii. 因制造风险而承担责任

7/638　由于使用人因利用被使用人而制造或增加了风险,其理应对此种风险的实现承担责任。不过,无须就特定情形中是否事实上存在风险的引致或增加予以审查。

B. 使用人免责规则的意义

7/639　使用人的免责与《日本民法典》第709条中规定的过错没有任何关系,相反,其更多依据的是政策考量。不过,因为使用人责任的依据在于获取利益和为危险活动承担责任,即便是在选任或者监督被使用人无过错的情况下,仍有可能不能被免责,故而,这种责任实际上是一种无过错责任。[2]

③ 批评

7/640　将使用人责任理解为替代被使用人承担的责任,意味着被使用人实施了侵权行为是这种责任的构成要件,如下问题由此被凸现出来[3]:

---

[1] Maeda, Minpô Ⅳ-2 (Fuhô kôi-hô)(《民法Ⅳ-2 侵权行为法》) 141; Shinomiya, Fuhô kôi (《侵权行为》) 680 f; Sawai, Tekisutobukku jimu kanri, futô ritoku, fuhô kôi (《无因管理·不当得利·侵权行为讲义》)³ 299 f. Wagatsuma, Jimu kanri, futô ritoku, fuhô kôi (《无因管理·不当得利·侵权行为》) 162 and Katô, Fuhô kôi (《侵权行为》) 165,其仅仅引用了基于得利的责任。

[2] Wagatsuma, Jimu kanri, futô ritoku, fuhô kôi (《无因管理·不当得利·侵权行为》) 163 f already stated this explicitly.

[3] Tanoue, Shiyô-sha sekinin (《使用人责任》), in: Hoshino et al (eds), Minpô kôza dai-6-kann (《民法讲义6》) 502; Morishima, Fuhô kôi-hô kôgi (《侵权法讲义》) 25 f.

A. 有关受害人保护的问题

i. 确定被使用人及证明过错的困难

如果损害是在企业经营中发生的,对于企业外部的受害人而言,就很难确定企业内部实施致害行为的被使用人是谁,也很难证明该被使用人的过错。 **7/641**

ii. 无行为能力人侵权时的免责问题

此外,若被使用人无侵权能力,要是使用人在这种情况下总是可以免于承担责任,这将会与使用人因获得利益或增加风险而负责的原则相矛盾。 **7/642**

B. 被使用人承担过度责任的危险

在判例法中,为了让使用人责任更易被认定,存在为被使用人设置非常高的行为义务的趋势。但是,没有理由让被使用人承担比其他人更为严格的行为义务,其只不过执行了使用人的指示而已。 **7/643**

(3) 为自己行为负责:对自己侵权行为的责任

为解决这个问题,已发展出如下解决方法。 **7/644**

① 直接责任

有观点认为,《日本民法典》第715条规定了使用人的直接责任。[1] **7/645**

A. 使用人责任

其基本看法是,如果使用人责任的基础是获取了利益及制造了风险,事实上的责任主体就是使用人而非被使用人。 **7/646**

B. 被使用人的侵权行为

i. 被使用人的过错

根据这种观点,不仅被使用人免于承担责任,而且不要求其行为具有可归责的过失或者故意。 **7/647**

ii. 致害行为的违法性

根据这种观点,只要被使用人的加害行为具有客观违法性即为已足。 **7/648**

② 企业责任

此外,还有人认为,企业本身也存在侵权行为,因此,根据《日本民法 **7/649**

---

[1] Tanoue, Hiyô-sha no yûseki-sei to minpô 715-jô (1), (2) [《被使用人的过错与民法典第715条》(1)(2)], Kagoshima Daigaku Hôgaku Ronshû 8-2 (1973) 59; 9-2 (1974) 51.

典》第709条，企业对被使用人的行为承担直接责任。[1]

A. 企业责任的原则

7/650　　正当理由如下：

i. 外部视角

7/651　　如果损害源自企业的正常经营过程，侵权行为涉及何人的问题只是企业内部的问题；对于企业外部的受害人而言，企业本身才是加害人。

ii. 企业的行为义务

7/652　　此外，还有可能认定与企业相关的行为义务，即运行、组织义务。[2]

B. 企业责任与使用人责任同时适用

7/653　　按照这种观点，使用人责任被理解成代替被使用人承担的责任，而企业责任则可以单独适用。[3]

(二) 物之缺陷

1. 建筑物占有人的责任

(1) 意义

7/654　　他人因建筑物的建造或维护缺陷而遭受损害时，适用如下责任规则：

① 占有人的首要责任

7/655　　首先，当存在建筑物的占有人时，由该占有人承担损害赔偿责任（《日本民法典》第717条第1款第1句）。

② 所有人的补充责任

7/656　　其次，如果没有建筑物占有人，或者占有人为避免损害已尽必要之注意，建筑物的所有人就要承担赔偿责任（《日本民法典》第717条第1款第2句）。

---

[1] Kanda, Fuhô kôi sekinin no kenkyû (《侵权责任探究》) (1988) 38 f, 56; Morishima, Fuhô kôi-hô kôgi (《侵权法讲义》) 33 f. The District Court Kumamoto of 20. 3. 1973, Hanrei Jihô 696, 15; District Court Fukuoka of 4. 10. 1977, Hanrei Jihô 866, 21, 以同样的考虑作为裁判基础。

[2] Shiomi, Fuhô kôi-hô I (《侵权行为法 I》)² 309 f。

[3] See Kanda, Fuhô kôi sekinin no kenkyû (《侵权责任探究》) 46 f as well as Sawai, Tekisutobukku jimu kanri, futô ritoku, fuhô kôi (《无因管理·不当得利·侵权行为讲义》)³ 297, 315 f; Yoshimura, Fuhô kôi (Tort)⁴ 206 f; Shiomi, Fuhô kôi-hô I (《侵权行为法 I》)² 312 f.

(2) 目的

① 责任性质

建筑物责任具有以下特征： 7/657

A. 占有人的责任

占有人责任是过错责任和无过错责任之间的中间责任。 7/658

i. 责任基础：过错责任

占有人责任建立在如下推定基础上，即被占有的建筑物在建造或者 7/659
维护方面存在缺陷，且占有人没有采取避免损害的必要措施。

ii. 举证责任倒置

与《日本民法典》第709条不同，占有人只有在证明其已采取避免损 7/660
害的必要措施的情况下才可免责。

B. 所有人的责任

但是，所有人并没有免责事由。所有人要承担责任，是因为建筑物的 7/661
建造或维护存在缺陷，而不论缺陷的原因、缺陷产生的时点以及是否已采
取相关应对措施。

② 适用更加严格的责任之基础：基于危险性的严格责任原理

就此采取的认识前提是，控制、管理有缺陷的危险建筑物的人必须承 7/662
担此种危险实现所生损害。[1]

A. 占有人的责任

建筑物的占有人不仅负有采取避免损害的必要措施的义务，而且还 7/663
承担证明自己行为正当，也即证明自己行为无过错的举证责任。

B. 所有人的责任

危险建筑物的所有人要承担赔偿他人因这种危险所受损害的义务。 7/664

2. 产品责任

(1) 意义

产品责任是生产者及其他人对因产品缺陷遭受生命、身体完整或财 7/665
产损害的人——可以是产品买受人或其他人——承担的损害赔偿责任
(《产品责任法》第1条、第3条)。[2]《产品责任法》作为调整产品责任的

---

[1] Shinomiya, Fuhô kôi (《侵权行为》) 730. Sawai, Tekisutobukku jimu kanri, futô ritoku, fuhô kôi (《无因管理・不当得利・侵权行为讲义》)³ 320, 还将谋取利益作为责任要素。

[2] Seizô-butsu sekinin-hô, Law no 85/1994.

特别法,颁行于1994年。

(2) 特点

7/666　相比于一般侵权行为法,《产品责任法》具有如下特点:

① 从过错责任到产品缺陷责任

7/667　若他人因产品缺陷遭受损害,生产者无论有无过错均须承担责任。

A. 过错证明问题的补救

7/668　尽管证明复杂的产品生产过程中有无过错通常很难,但要证明产品存在缺陷则相对容易。这意味着,受害人可用的法律救济更易执行。

B. 受害人的证明责任

7/669　尽管如此,按照一般规则,受害人仍就产品缺陷和因果关系负有证明责任。

② 生产者的免责事由

7/670　生产者只有在证明依当时的科学技术水平,在产品交付流通时无法发现该缺陷的情况下,才能免除责任。其饱受批评的基本考虑是,若不允许这种抗辩,会出现如下的难题:

A. 消费者的利益

7/671　首先,生产者将不愿提供新的、尤其是具有危险性的产品,消费者因此也不会从中获益(如迅速获得新药)。

B. 生产者的利益

7/672　其次,生产者将失去开发新产品的兴趣。

五、危险性

(一) 针对危险的严格责任的意义

7/673　危险责任是指在因社会必要的危险源引起事故时,无论有无过错,危险源的管理人都要承担责任。在单行的特别法中,没有赔偿限额的规定。

1. 危险责任的必要性

7/674　据称,无过错责任的必要性如下:

(1) 危险源的社会必要性

7/675　首先,存在这样一些情形,虽然相关活动或物品具有危险性,但因其对社会而言必不可少,故这些危险活动或者对危险物的占有不可能被禁止。

（2）无过错的意外事件

此外，还存在另外一些常见情形，即便危险源的管理人尽到了适当注意，危险活动或危险物品导致的事故仍然无法避免。如果此时适用过错责任，其权利遭受侵害的人将完全得不到保护。

2. 无过错责任的归责基础

下列两项原则通常被用作无过错责任的基础。

（1）针对危险的责任原则

首先，危险源的可控制性被作为归责基础。其基本考虑是，控制危险活动或危险物品的人对由此所生的损害结果负赔偿责任。

（2）基于获益的责任原则

其次，可基于危险源所生利益进行归责。其基本考虑是，被允许实施危险活动或者占有危险物品的人获得了利益，从而应对由此所生的损害结果负赔偿责任。

（二）有关严格的危险责任的制定法规定

在日本，基于危险的严格责任被规定在各种单行法中，并被禁止类推适用。现在，人们已经不再讨论危险责任的一般规则了。这些责任如：

		包括的活动或物	赔偿的对象	责任人	责任类型
《机动车损害赔偿保障法》第3条（1955年第97号法令）	1955	机动车的运行（不包括铁道）	生命、身体伤害	机动车的管理人	中间责任：过错的举证责任倒置
《矿业法》第109条（1950年第289号法令，2011年第84号法令修订）	1950	为开采矿物而挖掘土地，矿坑水或污水的排放；矿石或矿渣的堆放；冶炼中所生气体的排放	没有限制	矿区采矿权的持有人	无过错责任
《大气污染防治法》第25条（1968年第97号法令，2013年第60号法令修订）	1968	向大气中排放生产过程中所产生的有害健康的物质	生命、身体伤害	企业	无过错责任

(续表)

	包括的活动或物	赔偿的对象	责任人	责任类型
《水污染防治法》第19条（1970年第138号法令，2013年第60号法令修订） 1970	排放生产过程中所产生的含有有害物质的废水或污水，包括向地下排放前述废水或污水	生命、身体伤害	企业	无过错责任
《原子能损害赔偿法》第3条（1988年第147号法令，2012年第47号法令修订） 1960	核反应堆的运行	核能损害（不限于人身损害）	核工厂营运者	无过错责任（仅在异常重大的自然灾害和社会动乱情形才能免责）

第七节 归责限制

一、与因果关系相关的限制

7/681　　正如上文第五节之"二（一）"（边码7/289）所述，因果关系的概念及其界限一直存在争论。

（一）相当因果关系

7/682　　按照传统的支配性学说[1]和判例法[2]，侵权责任的一个要件是致害行为和损害后果之间存在相当因果关系。

1. 相当因果关系的定义

（1）概念

7/683　　相当因果关系是指无致害行为则无损害，且损害为此行为的通常

---

[1] Wagatsuma, Jimu kanri, futô ritoku, fuhô kôi（《无因管理·不当得利·侵权行为》）154 f; Katô, Fuhô kôi（《侵权行为》）152 f.

[2] Imperial Court of 22.5.1926, Minshû 5, 386.

后果。[1]

(2) 目的

其基本认识是,只应考虑潜在的无限制因果链中与法律相关的部分。除此之外,不应认定存在法律上的因果关系,由此将对加害人归责的领域限制在合理范围内。

2. 类推适用《日本民法典》第 416 条

(1) 对《日本民法典》第 416 条的解释

① 通常损害

一般认为,《日本民法典》第 416 条第 1 款设定了相当因果关系原则。根据这款规定,债务不履行通常所生损害,也即与债务不履行存在相当因果关系的损害,必须予以赔偿。

② 特殊损害

《日本民法典》第 416 条第 2 款进一步规定了判定相当因果关系时应当考虑的因素。根据该规定,在判定债务不履行与损害之间是否存在相当因果关系时,当事人已经预见到的或本来能够预见到的特殊情形也应纳入考量。

(2) 对侵权行为的类推适用

有人认为,《日本民法典》第 416 条包含了侵权行为的一般原则,因而,它自然不仅适用于债务不履行情形,也适用于侵权行为。[2]

3. 相当性理论的问题

不过,关于相当性理论也面临如下批判:

(1) 在日本法上的可适用性

批评者指出,相当性理论源自德国法,它所依据的前提条件不同,故不适用于日本法。[3]

① 德国法

德国法以完全赔偿原则为前提,按照该原则,在满足损害赔偿请求权要件的前提下,与债务不履行相关的所有损害都须予以赔偿。相当性理

---

[1] *Wagatsuma*, Jimu kanri, futô ritoku, fuhô kôi (《无因管理·不当得利·侵权行为》) 154 f.

[2] Imperial Court of 22.5.1926, Minshû 5, 386.

[3] *Hirai*, Songai baishô-hô no riron (《损害赔偿法原理》) 90 ff; *idem*, Saiken kakuron II Fuhô kôi (《债法分论 II 侵权行为》) 81 f, 109 f.

论旨在把责任限制在合理范围内。

② 日本法

A. 赔偿原则的差异

7/691　相反,《日本民法典》第 416 条继受自英国法,也即继受的是 Hadley v. Baxendale 案所确立的规则,因而,其遵循的是限制损害赔偿的原则。按照这个原则,只有通常情况出现的损害才会得到赔偿,因特殊情形发生的损害,在其不能被预见的范围内则不予赔偿。不过,这恰恰意味着,即使是与债务不履行存在因果联系的损害也是不可赔偿的,也即可赔偿损害的范围自始就受到限制。因此,日本法中不存在适用相当性理论的前提条件。

B. 第 416 条的适用条件:违约

6/692　《日本民法典》第 416 条的规范目的是,对当事人因债务不履行而受挫的本可获得的合同利益进行赔偿。这并非侵权行为面临的情况。

(2) 模糊的标准

6/693　第二点批评意见是,相当因果关系的判定标准是不清楚的。

① 欠缺清晰性

6/694　首先,无法清楚地阐明相当因果关系的构成。因而,结果往往只能用其他词语加以描述。

② 多种判定因素

6/695　事实上,判定因果关系是否相当涉及多方面的不同因素。虽然人们始终使用"相当因果关系"这个术语,但实际上有非常多的不同因素都可能是决定性的。

(二) 三步法

7/696　现在,把相当因果关系分割为三个步骤加以审查的做法[1]很有影响。

1. 事实上的因果关系

7/697　第一步,审查是否存在事实上的因果关系,也即致害行为是否事实上

[1] Cf *Hirai*, Songai baishô-hô no riron (《损害赔偿法原理》) 135 f; *idem*, Saiken kaku-ron II Fuhô kôi (《债法分论 II 侵权行为》) 110 as well as *Maeda*, Minpô IV-2 (Fuhô kôi-hô) (《民法 IV-2 侵权行为法》) 126; *Ikuyo/Tokumoto*, Fuhô kôi-hô (《侵权行为法》) 116 ff; *Shinomiya*, Fuhô kôi (《侵权行为》) 407; *Shiomi*, Fuhô kôi-hô I (《侵权行为法 I》)² 362 f, 386 f.

引起了该损害结果。

2. 保护范围

第二步,对存在事实上因果关系的损害后果中哪些可以归责于加害人进行法律评价。 7/698

3. 损害的评定

第三步,对属于保护范围内的损害以金钱形式加以衡量。 7/699

二、确定保护范围的标准

在确定保护范围时应该采用何种标准,理论上存在争议。这方面,有如下两种不同观点,它们的分歧在于是否区分直接侵害和间接侵害。 7/700

(一) 统一标准

传统看法是不区分直接侵害和间接侵害;相反,保护范围依据统一标准加以确定。 7/701

1. 相当性理论

根据上述传统的支配性学说和判例法,保护范围依相当性理论加以确定。不过,已经有人指出这种标准并不是足够清晰和明确。 7/702

2. 义务的保护目的

(1) 意义

相比而言,也有观点认为,加害人应对与其违反的行为义务相关的所有损害负赔偿责任。因而,加害人是否承担责任取决于权利侵害是否处于加害人违反的行为规则的保护目的范围内。 7/703

(2) 判定标准

按照这种方法,是否承担责任取决于以下因素: 7/704

① 后果的发生

首先,发生相关后果(权利侵害或损害)是前提要件。 7/705

② 事实上的因果关系

并且,损害后果与加害人的行为之间须存在事实上的因果关系。 7/706

③ 确定行为义务

除此之外,还须确定加害人是否有防止损害后果发生的义务。如第六节"二"所述,对此须运用汉德公式加以审查。这意味着,必须权衡受侵 7/707

害利益的重要性和损害后果发生的可能性(A)与施予行为义务所牺牲的利益(B),若 A 大于 B,则存在行为义务。

④义务保护目的的判定

7/708　如果得出加害人负有行为义务的结论,接下来就必须确定权利侵害或损害是否处于加害人行为义务的保护范围内。

(二) 直接侵害与间接侵害的区分

7/709　相反,也存在一种很有影响力的观点,认为必须区分直接侵害和间接侵害,这意味着必须从两个方面审查加害人的可归责性。[1]

1. 直接侵害:义务的保护目的

7/710　按照这种观点,直接侵害是否处于相关保护目的范围内的问题,必须依据创设行为义务的规范的目的范围来回答。这与客观过错的判定一致。

2. 间接侵害:与违法性相关

7/711　与之不同,间接侵害是否在保护范围内的问题,必须在违法性的背景下审查。

(1) 违法性背后的观念

7/712　违法性背后的观念是,当直接侵害引起的特殊危险出现时,对直接侵害负责的加害人同样也应对这种间接后果负责。

(2) 基本观念

7/713　其考虑如下:

① 一般生活风险:受害人自负

7/714　原则上,权利人(受害人)必须自担日常生活的风险。

② 特殊危险

7/715　但是,如果加害人因故意或过失造成直接侵害的同时,又引起了超出一般生活风险的某种危险,他同样应对这种危险实现的后果承担赔偿责任。这在下述意义上具有重要性。

---

[1] See on this, eg, *Maeda*, Minpô Ⅳ-2 (Fuhô kôi-hô)(《民法Ⅳ-2 侵权行为法》) 130 ff, 302 ff; *Shinomiya*, Fuhô kôi (《侵权行为》) 431 f, 449 f; *Shiomi*, Fuhô kôi-hô (《侵权行为法》) 178 f; *derselbe*, Fuhô kôi-hô I (《侵权行为法 I》)² 390 f, 不过,它们之间的确存在细微差别。

A. 要求故意或过失

如果加害人因故意或过失而造成直接损害,他对间接侵害也就负有赔偿责任,即便他在间接侵害方面并无故意或过失。

B. 对特殊危险实现的限制

但是,如果损害结果并非源于直接侵害引发的特殊危险的实现,这种损害本身就必须被视同为直接侵害,(加害人要对其承担责任)需再次认定故意或过失。

三、间接侵害的类型

接下来考察与间接侵害有关的某些问题。

(一) 间接侵害与同一受害人

一类案例涉及间接侵害的受害人与初始损害的受害人相同的情况。依据引起间接侵害的主体不同,这类案例可区分为以下两种类型:

1. 第三人引致的损害

第一种是间接侵害由第三人,而非由造成直接侵害的加害人引起的情形。例如,在受害人因第一个加害人引发的交通事故而遭受身体伤害后,随后因治疗医师(第二个加害人)的医疗过失而死亡。

(1) 统一说

① 相当性理论

根据相当性理论,首要的问题是,每个加害人对于最终出现的结果(即受害人的死亡)是否创设了法律上的相当性条件。在这方面,每个行为单独引发结果的可能性是否很高的问题就非常重要。[1]

② 义务的保护范围

按照把义务的保护范围作为其前提的观点,问题在于,第一个加害人是否有义务去避免受害人因交通事故被送往医院且因医疗过失而死亡的后果。依据汉德公式,关键是判断,受害人死亡作为第一个加害人的行为之后果,其发生的可能性是否特别高,也即这种情况下的责任取决于交通事故后进行医疗处置的必要性,以及受害人因此而死亡的可能性有多高。

---

[1] OGH of 13.3.2001, Minshū 55-2, 328.

(2) 直接侵害与间接侵害的区分:违法性方面

7/723　另外,根据违法性关联理论,涉及间接侵害的唯一问题是,直接侵害引致的特殊危险是否已经实现;相比而言,故意或过失对间接侵害来说则不重要。[1]

① 特殊危险的创设

7/724　第一个加害人造成的直接侵害(受害人的身体伤害)创设了一种特殊危险,即医疗干预,也即因其表现为对身体的侵害,干预本身就是危险行为。

② 特殊危险的实现

A. 基本规则

7/725　因医疗差错导致的侵害实现了医疗处置所固有的风险,因此,间接侵害,也即受害人的死亡,可以归责于第一个加害人。

B. 例外

7/726　不过,如果作为医疗差错之后果的间接侵害是源于第二个加害人的故意或重大过失,这就不属于第一个加害人创设的特殊危险的实现。因此,这种情形下的间接侵害,也即受害人的死亡,不能被归责于第一个加害人。

2. 受害人自己引致的损害

7/727　另一种类型涉及受害人自己或其责任范围的其他人的行为引发间接侵害的情形,比如,受害人自己造成身体伤害或其他损害。进一步的例子是:受害人因加害人造成的交通事故而身患残疾,并随之陷入抑郁,最终导致其自杀。

(1) 统一说

① 相当性理论

7/728　依据相当性理论,需要考察的问题是,加害人的行为是不是结果发生(受害人死亡)在法律上相关的条件。涉及相当性的实质问题是下列情况出现的概率高低:某人 A. 无促成过失而在事故中遭受伤害,他是否会因此 B. 患上事故性神经症,并进一步发展为 C. 抑郁,最终导致其 D. 自杀。[2]

---

[1] *Shinomiya*, Fuhō kōi(《侵权行为》)450 ff。
[2] Supreme Court of 9.9.1993, Hanrei Jihō 1477, 42。

② 义务的保护范围

根据这种立基于义务范围的观点,问题在于是否有可能对加害人课以结果回避义务,避免受害人因交通事故患上抑郁症进而自杀。依据汉德公式,关键是因加害人的行为导致相关后果发生(即受害人自杀)的可能性是否特别高。这和前述标号 A 到 D 的考虑因素一致。

(2) 直接侵害与间接侵害的区分:违法性方面

反之,按照德国法中的违法性关联理论,直接侵害具有可归责性即已足够,剩下的唯一问题是第一个加害人引起的特殊危险是否实现。[1]

① 特殊危险的创设

加害人的行为,也即驾驶机动车导致受害人受伤的过错行为,引起了受害人因身体残疾而罹患事故性神经症的特殊危险。

② 特殊危险的实现

此外,问题是,受害人的自杀是否就表明受害人因身体残疾而患上事故性神经症的特殊危险的实现。在这个意义上,最终还是要考虑上述标号 A 到 D 的实质因素。

(二) 与他人相关的间接侵害:间接受害人

除直接侵害的受害人外,可能还有其他人受到间接侵害的影响。在这种情形下,问题是,当直接受害人因加害人而遭受初始侵害,第三人因此又遭受间接侵害时,该第三人(间接受害人)能否请求加害人赔偿。[2] 在这种情况下,必须区分两种案件类型。

1. 近亲属遭受的损害

在第一种类型中,相关第三人是受害人的近亲属。在这种情形下,需区分两个小类。

(1) 损害的转承

首先是第三人承担了本应由受害人遭受的损失,从而替代了受害人。例如,受害人的近亲属(如监护人)为受害人支付了医疗费用。

---

[1] *Shinomiya*, Fuhô kôi(《侵权行为》) 450 f, 455 f.

[2] *Shinomiya*, Fuhô kôi(《侵权行为》) 493 f; *Shiomi*, Fuhô kôi-hô(《侵权行为法》) 182 f; *idem*, Fuhô kôi-hô I(《侵权行为法 I》)² 392 f.

① 受害人的赔偿请求权

7/736 在这种情形下,所受损害是治疗费用,除非近亲属代其承担,否则,这种费用通常应由受害人支付。这意味着,直接受害人对加害人享有赔偿请求权。[1]

② 近亲属的赔偿请求权

7/737 一般而言,代受害人支付费用的近亲属对加害人享有赔偿请求权。[2] 但是,这项请求权的发生根据却是有疑问的。

A. 赔偿范围

7/738 早先通说的出发点是加害人对受害人实施了侵权行为,进而把近亲属所受损失是否属于可赔偿损害的范围作为推论前提。依据相当性理论,关键是判断,近亲属因侵权人的加害行为而代付医疗费的情况能否被预见。

B. 代为赔付人的代位求偿权

7/739 如今,受到众多支持的观点是,受害人对加害人享有赔偿请求权,通过《日本民法典》第422条的类推适用[3],为受害人代付费用的近亲属可以代位受害人行使这项请求权[4]。

(2) 自己的损害

7/740 此外,对直接受害人权利的侵害还可能导致近亲属自己遭受损失。例如,近亲属从国外回来以照顾受害人。

① 统一说

A. 相当性理论

7/741 依据相当性理论,问题是,一般来看,结果的发生(近亲属从国外回来照顾受害人)与加害人的行为或受害人所受损害(因加害人的错误驾驶导致受害人遭受身体伤害)之间是否相当。[5]

B. 义务的保护目的

7/742 根据立基于义务范围的观点,必须分析加害人是否应该预见到近亲

---

[1] Supreme Court of 20.6.1957, Minshû 11-6, 1093.

[2] Imperial Court of 12.2.1937, Minshû 16, 46.

[3] 《日本民法典》第422条规定:如果债权人基于损害赔偿获得了其债权标的物或权利的全部价额偿付,债务人就该物或权利依法代位债权人。

[4] *Shinomiya*, Fuhô kôi [Tort] 497; *Hirai*, Saiken kakuron II Fuhô kôi (《债法分论II 侵权行为》) 184 f; *Shiomi*, Fuhô kôi-hô (Law of tort) 183.

[5] Supreme Court of 25.4.1974, Minshû 28-3, 447.

属的损害,以及其是否有义务避免这种损害。[1]

② 直接侵害与间接侵害的区分:违法性方面

依据违法性理论,问题在于,近亲属遭受的损害是否表明受害人所受初始伤害引起的特殊危险已经实现。[2]   7/743

A. 特殊危险的创设

加害人的行为创设了特殊危险(受害人因加害人错误驾驶受到身体伤害),尤其是受害人现在需要照顾的危险。   7/744

B. 特殊危险的实现

问题是,近亲属从国外回来照顾受害人是否不可避免,即是否表明相关的特殊危险(受害人需要这种照顾)已实现。如果这些可以被认定成立,加害人就应对近亲属进行赔偿,不管他对此有无过错。   7/745

2. 企业主遭受的损害

间接侵害的第二种类型是,雇主对雇员的履行劳务请求权遭到挫败。例如,雇员在交通事故中被加害人伤害,因此不能完成工作,这就意味着其雇主会遭受损失。在这种情况下,关于这种挫败是该被视为与直接受害人权利侵害相关的保护范围(赔偿范围)问题,还是该被视为对雇主权利的间接侵害问题,理论上存在争议。   7/746

(1) 保护范围

显而易见,问题在于,是否只要直接受害人的权利受到侵害,其因侵权行为遭受的损害就必须予以赔偿。   7/747

① 统一说

A. 相当性理论

根据相当性理论,这可通过如下方式解决。   7/748

i. 基本规则

由于根据加害人的行为(因加害人的驾驶错误导致受害人遭受身体伤害),损害的发生(间接受害人遭受营业利润损失)一般不能被预见,因而不存在相当因果关系。   7/749

ii. 例外

但是,如果间接受害人和直接受害人构成一个经济单位,针对直接受   7/750

---

[1] *Hirai*, Saiken kakuron Ⅱ Fuhô kôi(《债法分论Ⅱ 侵权行为》) 185 f。
[2] *Shiomi*, Fuhô kôi-hô(《侵权行为法》) 184。

害人的加害行为与间接受害人所受损害之间就有可能建立相当性因果关系。[1]

B. 义务的保护目的

7/751　根据立基于义务范围的观点,需要审查的问题是,间接受害人所受损害能否被义务范围所涵盖。[2]

i. 基本规则

7/752　通常,直接受害人被间接受害人雇用,以及间接受害人在直接受害人不能从事工作时会遭受损害,都是不可预见的。因而,加害人没有义务预见并避免间接受害人的损害,从而也不承担赔偿这种损害的责任。

ii. 例外

7/753　不过,要是直接受害人和间接受害人构成一个经济单位,间接受害人的赔偿请求权事实上也就是直接受害人的请求权。因此,不管对外的法律人格如何,间接受害人都必须被授予请求赔偿的权利。

② 直接侵害和间接侵害的区分:违法性方面

7/754　按照德国法中的违法性关联理论,问题在于,对间接受害人的间接侵害是否表明直接受害人所受直接损害引起的特殊危险已经实现。

A. 对直接受害人的直接侵害

7/755　间接受害人所受财产损害不能被视为直接受害人所受直接侵害(身体伤害)引起的特殊危险的实现。直接受害人的身体伤害与其雇主所受损害之间并无典型的紧密联系。

B. 对间接受害人的直接侵害

7/756　就间接受害人的损害赔偿请求权需要审查的是,间接受害人所受财产侵害本身是否构成单独的侵权行为,能否被视为直接侵害。

(2) 请求权人

7/757　但是,受广泛支持的观点认为,有必要审查间接受害人自己是否有权主张因侵犯其权利所产生的赔偿请求权。[3] 按照这种观点,加害人的故意或过失对于间接受害人的权利侵害而言是必要的。

---

[1] Supreme Court of 15.11.1968, Minshû 23-12, 2614.
[2] *Hirai*, Saiken kakuron II Fuhô kôi (《债法分论 II 侵权行为》) 185 f.
[3] *Shinomiya*, Fuhô kôi (《侵权行为》) 528 f; *Shiomi*, Fuhô kôi-hô (《侵权行为法》) 185 f.

① 基本规则

由于加害人只侵害了直接受害人的权利,故而,一般来说,其并不能预见到这方面有间接受害人及其赔偿请求权的存在。关于间接受害人的权利侵害,不可能认为加害人有任何故意或过失,也即加害人原则上无赔偿责任。其理由如下:

A. 企业风险

首先,雇员因交通事故而无法工作是一种极为普遍的风险,间接受害人自己得就这种情况预作准备。

B. 可预见性的要求

其次,让加害人对不可预见的损害承担责任,将过度限制加害人的行为自由。

② 例外

如果直接受害人和间接受害人构成一个经济单位,对直接受害人的致害行为就等同于对间接受害人的侵害。

第八节 损害赔偿

一、赔偿类型

(一) 损害赔偿

侵权行为的法律后果原则上是判予损害赔偿(《日本民法典》第709条)。

1. 损害赔偿的原则

赔偿原则上采取金钱赔偿形式,即损害必须以金钱计量,该金钱数额就是应予偿付的赔偿额(《日本民法典》第722条第1款结合《日本民法典》第417条)。其基本认识是,金钱赔付便捷可行。

2. 损害赔偿的类型

金钱赔偿的类型有两种。

(1) 一次性总付

一种可能是一次性支付全部赔偿金。

① 优点

7/766　一般而言,这种方法有如下优点:首先,可以一次性彻底解决法律纠纷;其次,受害人获得了确定的赔偿,不受未来不确定情况的影响;最后,可以直接满足损害发生后受害人的金钱需要。

② 不足

7/767　但是,这种方法也存在如下不足:第一,如果尚未确定的未来事件以不可预知的方式发展,这种方式就无法对其作出回应;第二,存在受害人将数额巨大的一次性赔偿款挥霍一空,不能将其用于规划未来的生活的情况;第三,如果让加害人立即支付大笔款项,他可能会陷入财务困难。

(2) 分期赔付

7/768　另一种可能是在一定期间内定期不间断支付赔偿金。

① 优点

7/769　一般来说,这种方法有如下优点:首先,它有助于对未来不确定的因素作出回应;其次,它保证了受害人或丧亲家属的长期生存;最后,这种方法对加害人而言也更可行,因为其不用一次性支付一大笔钱。

② 不足

7/770　但是,这种方法也存在如下不足:首先,存在较长的付款期内到期的赔偿最终因加害人经济状况恶化、不知加害人居住地或者加害人不愿再继续支付等原因而不能得到偿付的风险;其次,如果加害人搬家或发生继承的情况,获取赔偿金会变得非常麻烦;最后,由于当事人之间的关系要长期维持,这会给他们带来心理压力。

(3) 司法实践

7/771　司法实践的情况如下:

① 一次性总付原则

7/772　在绝大部分案件中,法院都判决一次性全额赔偿,只在极少情况下才判决按年支付。[1]

② 当事人有约束力的意见

7/773　此外,按照判例法,如果当事人申请一次性总付,法院就不会判决按

---

〔1〕 帝国法院1916年9月16日的判决(Imperial Court of 16.9.1916, Minroku 22, 1796)例外裁定按年支付赔偿款(年金)。

年支付。[1]

(4) 民事诉讼法中采取的做法

民事诉讼法[2]承认按年支付的赔偿形式,并在其规定中部分消除了前述不足。

① 情事变更

由于法院按年支付赔偿的判决是以口头审理结束时的情况——健康受损的严重性或薪酬水平等——为基础进行损害评估的,如果在口头审理结束后这些情况发生了重大改变,当事人可以重新起诉要求变更原判决(《民事诉讼法》第117条第1款第1句)。

② 确保赔偿得到履行

如何保证加害人在未来能够按年支付赔偿金以履行其债务,民事诉讼法仍未解决该问题。

(二) 恢复原状

除金钱损害赔偿外,还可以对侵害引起的状态进行补救,将其恢复到侵害前的状态。

1. 基本规则

不过,在日本法中,损害赔偿原则上被限制于金钱给付。基本上仅在涉及物权请求权以及不当得利请求权时,才有恢复原状的问题。

2. 例外

《日本民法典》就这项规则规定了一项例外,即在涉及受害人的名誉或荣誉侵害时允许恢复原状。根据《日本民法典》第723条,应受害人请求,法院可以命令加害人采取适当措施恢复受害人的名誉或荣誉,以此代替金钱赔偿或者与之并用。

二、损害赔偿额的评定

(一) 评定方法

损害赔偿额的评定有两种不同的方法。

---

[1] Supreme Court of 6.2.1987, Hanrei Jihô 1232, 100.
[2] *Minji soshô-hô*, Law no 109/1996 as amended by Law no 30/2012.

1. 个别损害项目的累加

7/781　一种方法是确定损害项目及各个损害项目所受损害的金额(如治疗费、住院费、可得利益的丧失),最后将它们相加确定损害总额。

2. 损害的概括评定

7/782　另一种方法是概括评估全部损害事实,进而计算损害总额。

(二) 评定损害时应考虑的情况

1. 收入和花费的实际变化

7/783　依是否考虑受害人收入和花费的实际变化,损害评定可采取两种不同做法。

(1) 损害的具体评定

7/784　首先,可以依据受害人收入和花费出现的具体变化来计算损害。这与累加损害赔偿项目的方法一致。

(2) 损害的抽象评定

7/785　其次,还有可能根据受害人随后发生的收入和花费的变化进行推断,进而依市价计算损害。

① 损害的概括评定

7/786　概括评定损害时,损害的计算依据是"市价",如因身体伤害被侵害的价值或者利益。

② 个别赔偿项目的累加

7/787　在累加个别损害项目计算损害时,具体情况如下:

A. 积极损害

7/788　例如,积极损害包括治疗受害人身体伤害通常所必要的花费。

B. 消极损害

7/789　消极损害是因身体伤害所造成的正常收入的减少。

2. 考虑受害人的个体特征

7/790　此外,依是否考虑受害人的个体特征,可区分以下两种不同的评定方法:

(1) 个别评定

7/791　一种方法是按照受害人实际的个体特质确定损害。

(2) 标准化的抽象评定

7/792　另一种方法是从特定受害人的个体特质进行推断,以便按标准数额确定损害。在这方面,事先针对不同伤害类型规定了固定的赔付额,损害依与受害人所受伤害相匹配的伤害类型来评定。

① 标准化理论

标准化理论的支持者主张,在涉及死亡和身体伤害的情况下,人的生命和身体的价值应该以标准价格进行评估。[1]

② 实践中的道路交通事故

实践中,标准价格适用于非常典型的事故,如道路交通事故,存在相关的评估指南。[2]

三、损害赔偿的减轻

(一) 损益相抵

1. 概念

如果受害人因侵权行为而获益,这项利益必须从损害额中扣除,这被称为损益相抵。

2. 根据

损益相抵的根据存在争议。

(1) 差额法

首先,损益相抵以损害的差额计算法为基础,按照该计算法,所获利益不言自明应予扣减。[3]

① 理由

差额法的基本考虑是,当受害人的财产减少时,其遭受的损害被视为财产减少的具体金额。如果受害人既受损失,也获利益,那么,实际损害应将损失和利益合并计算。

---

[1] *Nishihara*, Jurisuto 381 (1967) 148.

[2] Sanchô kyôdô teigen (东京地区法院第 27 民事庭、大阪地区法院第 15 民事庭、名古屋地区法院第三民事庭共同建议), see Kôtsû jiko ni yoru menshitsu rieki no santei hôshiki ni tsuite no kyôdo teigen (《关于道路交通事故中收益损失评估法的共同建议》), Hanrei Jihô 1692 (2000) 162.

[3] *Wagatsuma*, Jimu kanri, futô ritoku, fuhô kôi (《无因管理・不当得利・侵权行为》) 204; *Katô*, Fuhô kôi (《侵权行为》) 245。

② 问题

7/799　但是,若损害的评定限于简单的数学计算,则受害人应扣减其因继承或受赠所获得的利益。

(2) 禁止得利原则

7/800　不过,现在有观点认为,损益相抵主要的依据是禁止得利的原则。依据这种观点,受害人通过赔偿应恢复到先前的状态,但不能获得超出侵权赔偿外的利益。因此,既然禁止得利可以从侵权法恢复原状的原则中推断出来,获益的扣减就必须被视为禁止得利的衍生原则。[1]

3. 何种利益?

7/801　争论集中在何种利益应受损益相抵的限制。

(1) 差额法

① 基本认识

7/802　按照差额法,损益相抵中的利益范围也依相当性理论认定。因此,只有与致害行为有相当因果关系的利益才能抵扣。[2]

② 问题

7/803　但是,这方面的问题是,何种利益具有相当性的认定标准却是不清楚的。

(2) 禁止得利

7/804　根据禁止得利的原则,对如何恢复原状以及何种利益超出该范围进而不被允许的问题,也需进行审查。在这方面,重要的是,获得的利益和赔偿的损害之间能够相互调和;这经常被称为"利益和损害本质相似"的问题。[3]

① 消极利益

7/805　除非考虑到作出的花费是不必要的事实,否则,只要受害人因侵权行为而免却某种花费,如果(可得利益损失)得到赔偿会使其获得超出恢复原状的利益,那么,这项利益(节省的花费)就应当予以抵扣。就此具有决

---

[1] *Shinomiya*, Fuhô kôi (《侵权行为》) 601; *Yoshimura*, Fuhô kôi (《侵权行为》)⁴ 171; *Shiomi*, Fuhô kôi-hô (《侵权行为法》) 326。

[2] Cf for instance *Wagatsuma*, Jimu kanri, futô ritoku, fuhô kôi (《无因管理·不当得利·侵权行为》) 204; *Katô*, Fuhô kôi (《侵权行为》) 245。

[3] *Sawai*, Tekisutobukku jimu kanri, futô ritoku, fuhô kôi (《无因管理·不当得利·侵权行为讲义》)³ 248 f; *Shinomiya*, Fuhô kôi (《侵权行为》) 602; *Yoshimura*, Fuhô kôi (《侵权行为》)⁴ 171 f; *Shiomi*, Fuhô kôi-hô (《侵权行为法》) 327。

定性的是,不考虑节省的花费而赔偿可得利益的损失能否被允许。

② 积极利益

如果受害人因侵权行为获得了收入,且在不考虑该情况而进行赔偿时会使其获得超出恢复原状的利益,这种利益就应当予以抵扣。就此具有决定性的是,这项收入是否旨在平衡损害(与赔偿的目的相同)。 7/806

(二) 促成过失

1. 概说

《日本民法典》第 722 条第 2 款规定,在确定损害赔偿的数额时,法院可以考虑受害人是否对损害也有过错的因素。 7/807

(1) 考虑过错

① 是否考虑过错的自由裁量

如果受害人也有过失,法院有权自由裁量是否考虑这种促成过失,以及作出考虑后,决定其减少赔偿的程度。[1] 7/808

② 依职权考量

如果法院基于庭审中提交的文书材料认定受害人存在促成过失,无论责任人在这方面是否提出申请,法官都必须依职权考量受害人的过失。[2] 7/809

(2) 赔偿额的减少

根据《日本民法典》第 722 条第 2 款,法官只能减少赔偿额,但不能完全免除责任。这可以从债务不履行规定的措辞中明显看出。《日本民法典》第 418 条规定:"债权人就债务不履行有过失时,法院在确定其赔偿责任及其金额时应考虑这一因素。"不过,这种差异是否有其客观理由仍有疑问。 7/810

2. 受害人"过错"的意义(《民事诉讼法》第 117 条第 1 款第 1 句)

关于《日本民法典》第 722 条第 2 款意义上过失的确切含义,理论上存在争论。这与如何将引发责任的促成过失进行归类的基本问题密切相关。 7/811

(1) 将损害回转给受害人

绝大部分观点认为,促成过失是转移侵权行为所生损害的法律构造, 7/812

---

[1] Imperial Court of 26.11.1920, Minroku 26, 1911.

[2] Imperial Court of 1.8.1928, Minshū 7-9, 648; Supreme Court of 21.6.1966, Minshū 20-5, 1052.

加害人原则上必须赔偿损害,但要按"有过失"的受害人促成过失的比例将其回转给他。

① 促成过失的分类

7/813　相应地,促成过失分类如下:

A. 侵权行为:可归责于加害人

7/814　如果满足了侵权责任的构成要件(故意或过失侵害他人权利以及因果关系),加害人就负有损害赔偿责任。这将原本由权利人(受害人)承担的损害转嫁给了加害人。

B. 促成过失:可归责于受害人

7/815　但是,在受害人"过错"的促成范围内,受害人就需要承担相应比例的损害。因此,基于促成过失,开始被转嫁给加害人的损害再次被回转给受害人。

② 回转给受害人的正当根据

7/816　问题是,如何将这种重新回转损害给受害人的做法合理化?

A. 真正的过错

7/817　有观点认为,此时也应该适用过错原则,受害人必须对自己的过错导致的损害承担责任。[1]

Ⅰ. "过错"的意义

7/818　这里的"过错"应与《日本民法典》第709条规定的过错以同样的方式加以认定。

Ⅱ. 受害人的侵权行为能力

7/819　和加害人一样,受害人也必须具有侵权行为能力。[2]

B. 无真正的过错

7/820　不过,当下主流观点认为,在促成过失情形不能直接适用过错原则,有必要对其加以修正。

Ⅰ. 欠缺适当注意

7/821　根据普遍的看法,促成过失不在于认定受害人的责任,而在于依公平原则减少赔偿额。因此,本来意义上的受害人过错是没有必要的,只要受

---

[1] Wagatsuma, Jimu kanri, futô ritoku, fuhô kôi(《无因管理・不当得利・侵权行为》)209。

[2] Wagatsuma, Jimu kanri, futô ritoku, fuhô kôi(《无因管理・不当得利・侵权行为》)210。

害人存在可归责性,使得依公平原则可以适当减少赔偿额,这就足够了。[1]

a. "过错"的意义

按照这种解释,"过错"意味着或多或少欠缺必要注意。 7/822

b. 受害人的侵权行为能力

这不必然意味着受害人必须有侵权行为能力,即有能力认识到其行为牵涉责任问题;只要受害人的认知能力使其能够尽到避免损害的必要注意即已足够(这与6岁左右儿童的认知能力大体相当)。 7/823

Ⅱ. 减轻损害的义务

另一种有影响力的观点主张,促成过失规则的依据是减轻损害的义务。虽然加害人可能没有侵害他人的权利,但相关权利的持有人并没有被禁止侵害自己的权利,因为他在自认合适时就可以这样做。不过,由于侵权责任是把损害从一方当事人转移到另一方当事人(即加害人),为了不加重侵权行为人的负担,受害人显然有避免或减轻损害的义务。[2] 7/824

a. "过错"的意义

按照这种观点,过错是指受害人没有满足对其给予的合理期待,也即实施合理行为以避免或者减少损害。[3] 7/825

b. 受害人的侵权行为能力

这要求受害人具有一定的认知能力,但限于其能够为避免损害而运用必要的注意。在这种情形下,受害人必须有能力认识到其正处于风险中,且能够避免或减少损害。[4] 7/826

(2) 加害人责任范围的限制

依据另一种观点,并不存在责任的重新转嫁,相反,加害人的自认自始就没有延及于可归之于受害人"过错"的部分;因而,受害人的认知能力无关紧要。这种观点有如下两种理由: 7/827

---

[1] Katô, Fuhô kôi (《侵权行为》) 247. Cf also Supreme Court of 24.6.1964, Minshû 18-5, 854。

[2] Cf Kubota, Kashitsu sôsai no hôri (《促成过失法律原理》) 192 ff, in particular 198 f, 205 f. Also Shiomi, Fuhô kôi-hô (《侵权行为法》) 305, 310 f, 基本上主张这个观点。

[3] Kubota, Kashitsu sôsai no hôri (《促成过失法律原理》) 205 f。

[4] Kubota, Kashitsu sôsai no hôri (《促成过失法律原理》) 201 f。

① 基于因果关系的理由

7/828　一种可能的看法是,责任范围是由加害人行为与损害结果的发生有无因果关系以及有何种程度的因果关系来决定的。

A. 部分(按比例的)因果关系

7/829　在数个致害原因竞存的情况下,这种观点认为,每个致害原因都在各自的因果效应范围内对全部损害产生影响,但每个原因与全部损害都只有部分因果关系,故责任范围也应限定在这个范围内。因此,按照这种观点,促成过失就不过是指加害人与受害人的行为与全部损害之间都具有部分因果关系,加害人的责任范围必须依其因果关系的份额加以认定。[1]

B. 批评

7/830　但是,这种因果关系的解释也引出如下问题[2]:

Ⅰ. 因果关系的解释

7/831　根据科学或者一般生活经验,由于每种结果都可以追溯至无数起因,因此,大多数法律制度都采用"必要条件说"来判定法律上的因果关系。然而,如果把因果关系中各自的份额作为基础,其恰恰会与因果关系的这种理解相矛盾。此外,也不可能基于提交的证据就能客观认定因果关系的份额。

Ⅱ. 法律评价

7/832　而且,这种观点对法定责任范围需取决于事实因果关系的理由也未置一词。

② 基于违法性的理由

7/833　另一种观点试图从加害人行为的违法性程度,而非因果关系上寻求限制加害人责任的理由。

A. 违法性的降低

7/834　有些人将其看作是因受害人的"过错"而降低了加害人行为的违法

---

[1] *Hamagami*, Songai baishô-hô ni okeru » hoshô riron « to » bubunteki inga kankei no riron «(《赔偿原理与损害赔偿法中的部分因果关系理论》), Minshô-hô Zasshi 66-4（1972）14 ff.

[2] *Hirai*, Saiken kakuron Ⅱ Fuhô kôi（《债法分论Ⅱ 侵权行为》）147; *Shiomi*, Fuhô kôi-hô（Law of tort）309.

性。[1] 就促成过失而言,关键问题是判定加害人在受害人引致的情况下应当何为,以及加害人实际上在何种程度上未能如此行为,即加害人的责任是由违法性程度决定的。

B. 双方违法性的冲抵

但是,其他人则把这个问题看作是为了确定加害人承担责任的范围,而冲抵加害人和受害人的违法性。[2] 7/835

Ⅰ. 冲抵

其基本认识是,在双方当事人都违反行为义务,且该义务涉及受害人受法律保护的同一项利益时,双方的违法性必须相互"冲抵",因而降低加害人方面的违法性。[3] 7/836

a. 加害人方面

就加害人而言,其违反了不侵害受害人法益的行为义务。 7/837

b. 受害人方面

就受害人而言,其同样违反了行为义务,即未能避免本来能够避免的受损风险。 7/838

Ⅱ. 受害人应该承担损害的理由:对所属范围的损害负责的原则

这种情况下降低加害人违法性的基本考虑是,受害人必须自担其所属范围内产生的损害。[4] 7/839

(三) 促成过失的扩张:受害人体质

如果受害人的身体、心理特点或者某种疾病是损害发生或加重的原因,就应当考虑是否将其作为减少赔偿额的理由。 7/840

1. 赞成考虑受害人特质的观点

根据判例法,在确定赔偿额时,如果让加害人承担全部损害肯定不公平,任何促成损害发生或加重的受害人特质都将类推《日本民法典》第 7/841

---

[1] Kawai, Kashitsu sôsai no honshitsu(《促成过失的本质》), Hanrei Taimuzu 240 (1970) 10。

[2] Hashimoto, Kashitsu sôsai hôri no kôzô to shatei (1)—(5)[《促成过失原则的结构与范围》(1)—(5)], Hôgaku Ronsô 137-2, 16; 137-4, 1; 137-5, 1; 137-6, 1; 139-3, 1; in particular 137-6, 31。

[3] Hashimoto, Hôgaku Ronsô 137-6, 32 ff.。

[4] Hashimoto, Hôgaku Ronsô 137-6, 36 ff. 因此,所属范围责任是依据致害原因(损害风险)所属范围(运行或影响责任)进行责任分配的规则。

722条第2款加以考虑。[1]

(1) 应当考虑的对象

7/842　在这方面,问题是应当考虑受害人的哪些特质。

① 心理因素

7/843　对心理因素的考虑已经被认可。[2]

② 生理因素

7/844　关于生理因素,必须区分如下两种情形:

A. 疾病

7/845　如果受害人患病,就必须考虑疾病的类型及严重性。[3]

B. 不寻常的身体特征

7/846　但是,当受害人没有达到正常身高或体格时,这种情况不同于疾病,需要按照如下规则进行考虑[4]:

Ⅰ. 基本规则

7/847　这些因素原则上不予考虑。所有个体的身高和体格都是不同的,所以,在个体差异范围内,很多特殊性必须被看作是理所当然的。有鉴于此,赔偿额不可能减少。

Ⅱ. 例外

7/848　如果某人有着与普通人平均值迥然有别的身体特点,尽管存在被严重伤害的风险,他却没有像一般人那样小心行事,这就可能需要例外考虑了。

(2) 前述考虑的正当理由

7/849　但是,如何通过个人特质的考虑促进更加公平的损害分担,就此仍有疑问。以下两种做法试图对此作出解释。

① 依对损害的促成度减少赔偿额

7/850　这种观点试图将其解释成个体特质对损害促成度的考虑。

A. 基本认识

7/851　按照这种看法,加害人仅需就其致害行为促成范围内产生的损害承

---

[1] Supreme Court of 21.4.1988, Minshû 42-4, 243.
[2] Ibid.
[3] Supreme Court of 25.6.1992, Minshû 46-4, 400; Supreme Court of 27.3.2008, Hanrei Jihô 2003, 155.
[4] Supreme Court of 29.10.1996, Minshû 50-9, 2474.

担责任。[1]

B. 批评

对这种观点的批评如下: 7/852

Ⅰ. 因果关系的解释

因果关系方面的问题已如前述。   7/853

Ⅱ. 考虑个人特质进行限制的不可能性

按照这种观点,所有对损害结果有促成作用的不寻常生理特征都必   7/854
须加以考虑。

② 影响范围或责任范围理论

按照另外一种观点,这个问题可通过适用影响范围或责任范围理论   7/855
加以解决。

A. 受害人承担损害的正当性:影响范围或者责任范围理论

因为个人特质属于受害人负责范围内的因素,因而也应该由受害人   7/856
承担这种风险。[2]

B. 考虑个人特质进行限制的可能性

问题是何种风险应该分配给受害人。   7/857

Ⅰ. 一般风险

如果实现的是一般生活风险,因可归责行为造成该风险的加害人必   7/858
须承担全部损害结果。

Ⅱ. 特殊风险

相反,如果实现的是在一般社会生活中不会发生的风险,受害人就只   7/859
承担自己法律领域内的风险所生后果。

C. 问题

不过,一般生活风险很难加以判定。[3]   7/860

2. 不赞成考虑受害人特质的观点

另一种有影响力的观点认为,对损害的发生或加重有促成作用的受   7/861

---

[1] *Nomura*, Inga kankei no honshitsu(《因果关系的本质》),in: Kôtsû jiko funsô shori sentâ seiritsu 10 shunen kinen ronbun-shû(《交通事故纠纷处理中心10周年纪念文集》)(1984) 62。

[2] *Hashimoto*, Hôgaku Ronsô 139-3, 21 ff。

[3] *Hashimoto*, Hanhi: Saihan Heisei 8-nen 10-gatsu 29-nichi(《关于最高法院1996年10月29日判决的评析》),Minshô-hô Zasshi 117-1(1997)100,试图将立论基础建立在某种特质是否超出普通个体差异范围上。

害人特质不应作为减少赔偿额的理由。[1]

(1) 理由

7/862　其论证如下：

① 个体特质因加害人的侵权行为而发挥作用

7/863　如果没有加害人的侵权行为，个体特质就不会发生作用，损害自始不会发生或加重。[2]

② 受害人承担损害不公平

7/864　但是，如果将损害风险分配给受害人，讨论谁的行为导致受害人特质固有的损害风险发挥作用就会变得没有意义。因而，这种观点也提出特殊的理由，认为把风险分配给受害人是不公平的。

A. 对受害人自由的过度限制

7/865　若将个体特质纳入考虑范围，就会限制具有该种特质之人的行为自由，同时还会使他们参与社会生活变得更加困难，因为，他们被赋予了更强的义务以避免成为侵权行为的受害人。

B. 社会连带观念

7/866　此外，根据社会连带观念，就如侵权行为能力一样，考虑个体特质也是必要的。

Ⅰ. 侵权行为能力

7/867　为了使那些无侵权行为能力的人能够参与公众生活，受害人必须接受并自己承担这些无侵权行为能力之人所造成的损害。

Ⅱ. 受害人的个体特质

7/868　类似地，实施加害行为的人必须承担因受害人具有特殊体质而使损害发生或加重的增加风险，以便具有该体质的人参与社会生活。

(2) 在促成过失的框架内考虑

7/869　如果受害人违反了减损义务，通常也就具有促成过失。若能合理期待受害人认识到其个体特质并能控制自己的行为，但他未能控制本来能够控制的行为，就将对其产生不利后果，应减少赔偿额。

---

〔1〕 *Kubota*, Kashitsu sôsai no hôri（《促成过失法律理论》）70 f；*Hirai*, Saiken kakuron Ⅱ Fuhô kôi（《债法分论Ⅱ侵权行为》）159 f；*Yoshimura*, Fuhô kôi（《侵权行为》）⁴ 180；*Shiomi*, Fuhô kôi-hô（《侵权行为法》）322 f.

〔2〕 这是依据常被提及的源自英国法的认识，"侵权行为人须接受受害人的全部状况"。

(四)赔偿义务的减轻

在日本法中,并没有依衡平考虑而减轻赔偿义务的规定。理论文献和判例法也没有提及这种规定的必要性。这可能是因为这方面并未发生重大问题的缘故,毕竟存在依日本破产法(《破产法》第248条以下)而免于承担责任的可能性。[1]

第九节 损害赔偿请求权的时效期间

《日本民法典》第724条规定:"因侵权行为发生的损害赔偿请求权,自受害人或其法定代理人知道其损害及加害人时起3年内不行使时,因时效而消灭。自侵权行为发生时起经过20年,亦同。"

一、《日本民法典》第724条第1句规定的短期时效期间

(一)短期时效期间的意义

1. 短期时效期间的性质

(1)债权的时效期间

债权的一般时效期间为10年(《日本民法典》第167条第1款),自权利可得主张时起算(《日本民法典》第166条第1款)。

(2)侵权损害赔偿请求权的短期时效期间

相反,《日本民法典》第724条第1句被认为规定了3年短期时效期间,自受害人知道损害和加害人时起算。

2. 规定短期时效期间的理由

就引入短期时效期间的理由,理论上存在争论。[2]

(1)避免举证困难

根据其中的一种观点,规定短期时效期间的理由是为了避免举证

---

[1] Hasan-hô, Law no 75/2004 as amended by Law no 45/2013.
[2] Matsuhisa, Jikô seido no kôzô to kaishaku(《消灭时效法的结构与解释》)(2011) 452 ff.

困难。[1]

① 理由

这种观点认为,既然侵权行为的发生无法预知,相比于合同请求权,与侵权请求权有关的证据会随时间流逝而丧失,举证也变得更加困难。因此,这种观点主张,民法典引入短期时效期间,目的是为了防止不公正的索赔请求,并/或避免加害人在提供抗辩证据时面临困难。[2]

② 批评看法

依据这种看法,已经提出的问题如下:

A. 如何与20年长期时效保持一致?

首先,为避免举证困难而有必要规定短期时效的理由,无法解释为何还有自侵权行为发生时起20年的长期时效期间与之并存的问题。[3]

B. 如何与时效起算规定保持一致?

并且,要是理由在于保护加害人免于证明自己无责的举证困难,为何这种时效期间不从侵权行为发生时起算,而要从受害人知道加害行为与加害人时才开始计算?[4]

(2) 受伤害情感随时间而淡化

另一种观点认为,短期时效是对受害人受伤害情感随时间而淡化的制度反应。[5]

① 论据

这种观点的支持者认为,由于受伤害的情感随时间流逝而淡化,在情感平复后再重新开启讼争实际上是不合情理的。故而,自受害人或其法定代理人知道损害和加害人时起经过某段时间后,就可以认为受害人的情感已经平复了;赔偿请求权因此而消灭也是妥当的。

---

[1] *Shinomiya*, Fuhô kôi (Tort) 646; *Morishima*, Fuhô kôi-hô kôgi (《侵权法讲义》) 429 f; *Shiomi*, Fuhô kôi-hô (《侵权行为法》) 285 f.

[2] *Matsuhisa*, Jikô seido no kôzô to kaishaku (《消灭时效法的结构与解释》) 452 f.

[3] *Suekawa*, Kenri shingai to kenri ran'yô (《权利侵害与权利滥用》) (1970) 647; *Uchiike*, Fuhô kôi sekinin no shômetsu jikô (《侵权责任的消灭时效》) (1993) 32 f.

[4] *Matsuhisa*, Jikô seido no kôzô to kaishaku (《消灭时效法的结构与解释》) 456.

[5] *Suekawa*, Kenri shingai to kenri ran'yô (《权利侵害与权利滥用》) 634, 648 f. *Wagatsuma*, Jimu kanri, futô ritoku, fuhô kôi (《无因管理・不当得利・侵权行为》) 214; *Katô*, Fuhô kôi (Tort) 263; *Maeda*, Minpô IV-2 (Fuhô kôi-hô) (《民法 IV-2 侵权行为法》) 388; *Ikuyo/Tokumoto*, Fuhô kôi-hô (《侵权行为法》) 347 ff, 同时引用举证困难与受伤害情感淡化作为理由。

② 批评

这种观点在如下方面被认为存在问题。 7/882

A. 与请求权产生原因之间的关系

首先,一般认为,赔偿请求权本身完全独立于受害人的认知和情感而发生。因而,受害人的认知或情感减退的事实并不足以构成权利消灭的正当理由。[1] 7/883

B. 与侵权法目的之间的冲突

单纯以受害人的情感为理由是与侵权法赔偿损失的主要目的相矛盾的。[2] 7/884

(3) 保障赔偿义务人的合理期待

第三种观点认为,短期时效的理由是保护赔偿义务人的合理期待。[3] 7/885

① 论据

按照这种观点,可以理所当然地认为,如果受害人在合理期限内没有主张其权利,责任人(加害人)就会期待赔偿请求权人(受害人)已经原谅了自己,且不会再主张自己的赔偿请求权。如果请求权人在很长时期内都没有主张权利,随后却突然主张赔偿,责任人的期待就会遭到挫败;该观点的支持者认为,这是不应被允许的,从而,时效期间才被缩短。 7/886

② 批评

批评者主张,实施侵权行为并引发损害的责任人,仅仅因为受害人还没有行使权利就认为受害人已经原谅自己,这并非正当的期待。[4] 7/887

(二) 时效期间的起算

短期时效自受害人或其法定代理人知道损害与加害人时起算。 7/888

1. 意义

其基本考虑是,时效期间应该从可能主张赔偿请求权时起算,因为在这之前,不能认为权利人怠于主张权利。仅当侵权行为所致损害已经发 7/889

---

[1] Uchiike, Fuhô kôi sekinin no shômetsu jikô (《侵权责任的消灭时效》) 34。
[2] Morishima, Fuhô kôi-hô kôgi (《侵权行为法讲义》) 429; Shiomi, Fuhô kôi-hô (《侵权行为法》) 285。
[3] Uchiike, Fuhô kôi sekinin no shômetsu jikô (《侵权责任的消灭时效》) 34 ff。
[4] Morishima, Fuhô kôi-hô kôgi (《侵权法讲义》) 427。

生,且加害人已经确定时,受害人才有可能向加害人主张赔偿请求权,因此,时效只应从该时点才起算。

2. 知道侵权行为

7/890　受害人或其合法继承人必须要知道侵权行为存在。[1] 因为,只要其不知晓侵权,他就无法主张任何赔偿请求权。

3. 知道加害人

7/891　而且,受害人也必须要知道加害人为谁。这里的"加害人"是指负有赔偿义务的人。

4. 知道损害

7/892　最后,受害人还必须知道损害。

(1) 意义

7/893　在这种情况下,受害人知道损害的时点意味着受害人在该时间点已经获得了向加害人索赔的足够信息,且事实上也能够这样做。[2]

① 受害人必须知道什么?

7/894　受害人知道损害已经发生就已足够,他没有必要知道损害的范围或性质。[3]

② 知道的范围

7/895　受害人是否必须事实上知道损害已经发生,就此存在争议。根据判例法,时效期间从受害人事实上知道损害已经发生时起算。[4] 这是基于以下考虑:

A. 主张赔偿请求权的期待

7/896　如果受害人不知道损害已经发生,就不能指望他向加害人主张赔偿请求权。

B. 保护受害人的需要

7/897　此外,如果只要求损害发生是可确定的,这就意味着受害人不得不调查损害是否已经发生。但是,把这种证明负担施加给遭受侵权损害的当

---

[1] Imperial Court of 15. 3. 1918, Minroku 24, 498; Supreme Court of 27. 6. 1968, Shômu Geppô 14-9, 1003.

[2] Supreme Court of 16. 11. 1973, Minshû 27-10, 1374; Supreme Court of 22. 4. 2011, Kin'yû Hômu Jijô 1928, 119.

[3] Imperial Court of 10. 3. 1920, Minroku 26, 280.

[4] Supreme Court of 29. 1. 2002, Minshû 56-1, 218; Supreme Court of 21. 11. 2005, Minshû 59-9, 2258.

事人是没有正当根据的。

(2) 继续侵权

如果侵权行为继续存在,时效期间的起算又会发生问题。在这方面,必须区分以下两种情形的损害[1]: 7/898

① 持续发生的损害

一种情形是,持续发生的损害可以被分割成不同部分,如在不法占有土地或者采光被遮挡的情形。在这种情形下,可以单独就各个部分请求损害赔偿,从而每天都会产生新的赔偿请求权,新赔偿请求权的时效期间也相应地从知道损害时起算。[2] 7/899

② 累积损害

另一种情形是,持续的加害行为导致了损害的积累,而这些损害必须被看作统一的单个侵害,如因环境污染(噪音、震动、空气污染或水污染等)造成人身伤害。在这种情形下,会发生总括性的单个赔偿请求权,所以,时效期间自持续加害行为结束时或受害人死亡时起算。[3] 7/900

(3) 继发病

如果受害人在因侵权遭受身体伤害后,又患上继发病,时效期间的起算也成问题。在这方面,必须区分以下两种情形: 7/901

① 持续的继发病

第一种案例类型是,继发病从受害人遭受侵害时开始持续,在经过相当长的时间后仍未改善。在这种情况下,疾病确诊之时就是受害人知道损害发生时。受害人在这个时点事实上已经知道了继发病的存在,其已充分知晓损害的发生,并能够向加害人主张赔偿请求权。[4] 7/902

② 继发病嗣后发生

第二种案例类型是,在侵权损害发生相当长的时间后才出现继发病。 7/903

---

[1] See *Fujioka*, Fuhô kôi ni yoru songai baishô seikyû-ken no shômetsu jikô (《侵权赔偿请求权的消灭时效》), Hokudai Hôgaku Ronshû 27-2 (1976) 33, as well as further *Shinomiya*, Fuhô kôi (《侵权行为》) 650; *Morishima*, Fuhô kôi-hô kôgi (《侵权法讲义》) 446 f; *Yoshimura*, Fuhô kôi (《侵权行为》)4 185 f; *Shiomi*, Fuhô kôi-hô (《侵权行为法》) 290 f.

[2] Imperial Court of 14.12.1940, Minshû 19, 2325.

[3] *Maeda*, Minpô Ⅳ-2 (Fuhô kôi-hô) (《民法Ⅳ-2 侵权行为法》) 390; *Morishima*, Fuhô kôi-hô kôgi (《侵权法讲义》) 446 f; *Shiomi*, Fuhô kôi-hô (《侵权行为法》) 290; *Yoshimura*, Fuhô kôi (《侵权行为》)4 185 f.

[4] Supreme Court of 24.12.2004, Hanrei Jihô 1887, 52.

A. 疾病的统一性

7/904 如果这种损害与先前出现的侵权损害一起构成统一的损害类型,甚至是可预见的,就不应将其视为单独的损害。在这种情形下,时效期间也从受害人知道初始损害时起算。[1]

B. 可分割的继发病

7/905 但是,如果继发病在初始损害出现时不可预见,它就属于单独的损害。

i. 基本规则

7/906 依据判例法,继发病一旦出现,就推定受害人知道损害,时效期间亦从这时开始计算。[2] 当继发病出现时,由此引发的损害也可预见,受害人因而可以主张损害赔偿请求权;时效期间就从这时起算。

ii. 例外

7/907 不过,如果有必要实施侵害发生时或继发病出现时通常不能预见的治疗,且由此会支出相关费用,与这种必要治疗费用有关的时效期间在受害人实际接受治疗前不开始计算。[3] 在这种情形下,在实际接受治疗前,不能期待受害人主张赔偿请求权。

二、《日本民法典》第724条第2句规定的长期时效期间

(一)长期时效期间的目的

1. 长期时效期间的性质

7/908 关于《日本民法典》第724条第2句规定的长期间属于时效期间还是除斥期间,理论上存在争议。

(1)问题

7/909 依是否将其当作时效期间或者除斥期间,存在以下差异:

① 时效期间

A. 解释

7/910 若为时效期间,该期间就可以中断。

---

[1] Supreme Court of 18.7.1967, Minshû 21-6, 1559.
[2] Supreme Court of 26.9.1974, Kôtsû Jiko Minji Saiban Reishû 7-5, 1233.
[3] Supreme Court of 18.7.1967, Minshû 21-6, 1559.

B. 援引时效抗辩

当事人可以援引时效抗辩。但是,如果违反诚实信用原则或者权利不得滥用原则,这种抗辩将不被认可。 7/911

② 除斥期间

A. 解释

若为除斥期间情形,该期间不可中断。 7/912

B. 援引除斥期间的抗辩

另外,不存在除斥期间的主张问题,因为除斥期间一旦届满,权利自动消灭。 7/913

(2) 时效

在学术著作中,一种有影响力的学派认为,《日本民法典》第724条第2句规定的长期间是时效期间。这建立在以下认识基础上。[1] 7/914

① 规定的用语

《日本民法典》第724条第1句明确使用了请求权的"时效期间"。在第2句中,其规定"亦同"。因此,这种观点认为,第2句同样也指的是时效期间。 7/915

② 该规定的由来

在民法典起草时,20年的长期时效期间适用于除所有权外的所有权利。《日本民法典》第724条早先版本中规定的长期间是以这条规定的类推适用为基础的。这也表明,20年的期间是标准的时效期间。[2] 7/916

(3) 除斥期间

相反,判例法把《日本民法典》第724条第2句的长期间看作除斥期间。[3] 7/917

① 理由

这是基于如下理由: 7/918

A. 《日本民法典》第724条的规范目的

---

[1] Uchiike, Fuhô kôi sekinin no shômetsu jikô (《侵权责任的消灭时效》) 128。Miyazaki branch of Fukuoka High Court of 28.9.1984, Hanrei Jihô 1159, 108 (preliminary instance before the Supreme Court of 21.12.1989 see under FN 269) is also based on these ideas.

[2] Tokumoto, Songai baishô sekyû-ken no jikô (《赔偿请求权的消灭时效》), in: Hoshino (ed), Minpô kôza 6 (《民法讲义6》) 705 ff.

[3] Supreme Court of 21.12.1989, Minshû 43-12, 2209.

7/919　　既然《日本民法典》第724条第1句规定的3年时效期间把受害人知道损害和加害人作为其前提条件，那么，只要受害人不知道这些情况，时效期间就不开始计算。因此，《日本民法典》第724条第2句的规范目的是，自侵权行为发生时起20年后，快速全面地澄清与侵权行为相关的法律关系。

B. 不要求其提出请求

7/920　　这个目的意味着侵权赔偿请求权必须消灭，无论当事人在20年后是否主张该权利。

② 批评

7/921　　不过，判例法采纳的这种观点遭到了严厉批评。[1] 最重要的批评意见有如下三点：

A. 对快速全面澄清必要性的质疑

7/922　　第一点批评与《日本民法典》第724条是为了快速全面澄清法律关系的认识有关。至少就20年长期间而言，几乎不可能认为该规定的目的是为了**快速**澄清法律关系。

B. 中断的可能性

7/923　　第二，有人指出，该期间绝对存在中断的可能性。一般来说，3年期间在这方面没有问题，因为，当存在中断理由时，3年的期间就可以被中断。但是，如果20年的期间被视为除斥期间时，权利就会在20年后消灭，尽管3年时效期间在此时已因请求权的承认而中断。

C. 违反诚实信用和权利不得滥用原则

7/924　　第三，认为长期间属于除斥期间会引发违反诚实信用和权利不得滥用原则的问题。在除斥期间的情形下，当事人不能主张违反上述原则的抗辩，却肯定可以主张除斥期间已届满的抗辩。可想而知，将《日本民法典》第724条解释为请求权因除斥期间届满而消灭会违反诚实信用原则，因而不能被接受。没有理由排除该期间为时效期间的可能性，尤其是在关于快速全面澄清法律关系方面已被质疑的情况下。[2]

2. 期间停止计算的可能性

（1）问题

7/925　　如果存在阻碍权利人从事中断时效期间行为的事由，即便时效期间

---

[1] Matsumoto, Jikō to seigi（《时效与正义》）(2002) 387。

[2] Shiomi, Fuhō kôi-hô（《侵权行为法》）296 f.

届满,也不能主张时效届满的效果;相反,只有在这种障碍消灭一段时间后,时效期间才会届满(《日本民法典》第 158-162 条)。不过,有疑问的是,这种停止计算是否也适用于除斥期间。

(2)反对停止计算

按照这种观点,由于除斥期间全面限制了权利的行使期间,因此不可能停止计算。 7/926

(3)支持停止计算

相反,判例法赞成除斥期间可以停止计算。[1] 其理由如下: 7/927

① 不可能行使权利

尽管受害人还不能行使权利,但仅仅因为届满 20 年时效就不允许其行使权利[这对受害人是不公平的]。 7/928

② 对加害人的不当救济

此外,如果是因加害人的原因使受害人不能行使权利,仍然使其在 20 年期满后免于承担赔偿责任,这将是对正义原则的粗暴违反。 7/929

③ 等同于时效期间

因此,正如时效期间一样,受害人必须得到保护,以便《日本民法典》第 724 条第 2 句规定的限制效果满足公正的要求。 7/930

(二)长期时效期间的起算

长期时效期间自侵权行为发生时起算。不过,该条规定的确切含义却存在争议。 7/931

1. 致害行为发生时

如果以规定的用语为前提,"侵权行为时"就是指致害行为发生时。[2] 7/932

2. 损害发生时

但是,判例法认为,如果损害是在加害行为完成后经过合理期间才发 7/933

---

[1] Supreme Court of 6. 12. 1998, Minshû 52-4, 1087; Supreme Court of 28. 4. 2009, Hanrei Jihô 2046, 70.

[2] *Suekawa*, Kenri shingai to kenri ran'yô(《权利侵害与权利滥用》)665 f.

生,起算点就是该损害全部或部分发生时。[1]

(1) 示例

7/934 如果损害是由体内的有害物质引起,或者损害是由经过一定潜伏期后才发生的疾病所致,这种起算点的确定就很重要。

(2) 理由

7/935 其论证如下:

① 行使权利的不可能性

7/936 在这种情形下,如果在损害出现前就允许期间届满,这就意味着受害人可能在其事实上能够行使权利前就被禁止行使权利。

② 加害人方面的可预见性

7/937 此外,加害人肯定会认为,鉴于这种类型的损害是由其行为引起,受害人只有在经过合理期间后才会主张损害赔偿。

---

[1] Supreme Court of 27. 4. 2004, Minshû 58-4, 1032; Supreme Court of 27. 4. 2004, Hanrei Jihô 1860, 152; Supreme Court of 15. 10. 2004, 58-7, 1802; Supreme Court of 16. 6. 2006, Minshû 60-5, 1997. *Shinomiya*, Fuhô kôi (《侵权行为》) 651; *Hirai*, Saiken kakuron Ⅱ Fuhô kôi (《债法分论Ⅱ 侵权行为法》) 170; *Shiomi*, Fuhô kôi-hô (《侵权行为法》) 299,也以损害发生时为基础。

第八章
比较法结论

海尔姆特·库奇奥[*]

□ 绪论

在《侵权责任法的基本问题(第一卷)》的序言中,我解释说,对于我撰写整个研究的结论来说,代表性法律制度的全面回应是非常重要的。我还指出,本结论将基于比较研究,力求对侵权法的基本问题提供实质性答案,并借此在促进富有成果的世界性讨论外,对欧洲侵权法的未来发展提供指引。 8/1

这种影响可以是针对国内的立法者、法官以及学者的[1],尤其针对的是开展欧洲侵权法一体化甚至是统一工作的欧洲联盟。如此便又提出了那个老问题,即我们是否需要这种一体化,且欧洲侵权法的一体化是否真的可能?其他代表性国家法律制度的报告提供了有意义的启示,它们对于回答前述问题可能有参考价值。因此,详细探讨这些问题并借以证明本研究项目的价值,这样做将是适宜的。 8/2

---

[*] 将德文译为英文的翻译工作由 Fiona Salter Townshend 完成。
[1] 通过影响国内的立法者、法官以及学者而实现"软的一体化"(soft harmonisation),对这种可能性的强调请参见 G. Wagner, The Project of Harmonizing European Tort Law, in: Koziol/B. C. Steininger (eds), European Tort Law 2005 (2006) 651, 670 ff.

一、欧洲侵权法一体化的必要性？[1]

8/3 　　人们常常听到呼吁实现包括侵权法在内的私法一体化的声音,有几个学者群体已经着手编制作为民法典组成部分[2]或者是独立草案[3]的未来侵权法了。但是,你或许想要问的是,一体化是否真的必要,或者它至少能够带来某种好处吗？[4] 当我们观察美国的情况时,这种疑虑看上去似乎是合理的：美国是单一的民族国家,而不像欧盟那样是由很多民族国家构成的多少有些松散的联合体,但它却存在50个不同的法律制度。不过,人们还是应当认识到,欧盟成员国法律制度之间的差异要远远大于美国各州法律制度之间的差异。不仅在英格兰和爱尔兰等普通法传统与欧洲大陆民法传统之间存在根本性的差异,在民法传统内部,各法律制度之间也有分歧,如过错与违法性的观念、严格责任与替代责任、可赔偿的非物质损失以及时效期间等方面的不同。欧盟各成员国都是存在了数世纪的独立国家,因此,尽管它们的法律文化最初都部分建立在罗马法的传统上[5],但还是走上了不同的发展道路。对于像德国、斯堪的纳维亚以及罗马法族(legal families)这类"法族"来说,情况无疑就是这样。甚至在德语国家法律制度之间,也存在重大的差异。

8/4 　　认识到这些问题,主张一体化的主要理由就变得可以理解了,即不同

---

〔1〕 以下请参见 *Wagner* in: Koziol/Steininger, European Tort Law 2005, 651 ff; *Koziol*, Harmonizing Tort Law in the European Union: Advantages and Difficulties, ELTE Law Journal 2013, 73 ff.

〔2〕 *von Bar/Clive/Schulte-Nölke* (eds), Principles, Definitions and Model Rules of European Private Law. Draft Common Frame of Reference (2009).

〔3〕 *European Group on Tort Law* (ed), Principles of European Tort Law. Text and Commentary (2005), hereinafter *EGTL*, Principles.

〔4〕 这个问题已经被经常提及,尤其是侵权法方面,例如：*Magnus*, Europa und sein Deliktsrecht—Gründe für und wider die Vereinheitlichung des ausservertraglichen Haftungsrechts, in: Liber Amicorum Pierre Widmer (2003) 221; *Wagner* in: Koziol/Steininger, European Tort Law 2005, 651 ff.

〔5〕 Cf *Zimmermann*, The Law of Obligations. Roman Foundations of the Civilian Tradition (1996); *idem*, Savignys Vermächtnis. Rechtsgeschichte, Rechtsvergleichung und die Begründung einer Europäischen Rechtswissenschaft, Juristische Blätter (JBl) 1998, 273; *idem*, Europa und das römische Recht, Archiv für die civilistische Praxis (AcP) 202 (2002) 243 ff.

法律制度之间的差异会阻碍欧洲跨国界商业交易的开展[1];相比于那些仅仅活跃在国内市场的竞争者们,来自其他成员国的提供货物或服务的企业主将处于不利境地。具体来说,国内货物或服务的提供方只需了解他们自己国家的相关法律信息,而国外提供方则需要去了解与自己国家不同的法律制度并遵守之。这产生了可能会阻碍市场交易的成本,对于那些中小商业企业尤其如此。此外,由于交易所在国的责任规则会影响成本的核算,所以,责任规则的宽严差异不仅使市场进入更为困难,而且具有扭曲竞争的效果。在那些不那么商业化的领域——如父母对于未成年子女的责任,或者是动物饲养人对于动物的责任——则不会造成类似问题。尽管如此,经由责任保险制度,这些方面仍会对单一市场体系的确立产生间接影响。

然而,即使仅仅是在损害赔偿法领域内,不同法律制度之间的差异也对日常生活产生了重要影响。举例来说,假设在德国与奥地利交界处发生了一起交通事故,涉及两对夫妇,一对来自比利时,一对来自德国。两辆车的驾驶人都受了伤,而其配偶则遇难身亡。确定事故发生地是在奥地利还是德国一边是非常重要的,因为[纠纷]原则上应适用事故发生地所在国的法律[2],损害赔偿请求权的构成要件及其内容与范围都取决于该准据法。这可能是至关重要的,恰如我们在后文将会看到的那样(参见下文边码8/266),一些法律制度并未规定机动车一方不以过错为基础的严格责任,在最高损害赔偿额以及可赔偿性损害的认定方面也存在差异。不同国家法律制度就涉及人身伤害或死亡情形所生损害——如医疗费用、收入损失以及其他附随损失(consequential losses)——规定的损害赔偿请求权,以及更大范围内的受害人或遗属非物质损害赔偿请求权,彼此差异很大。[3] 在许多欧洲国家(如奥地利、比利时、法国),在交通事故中失去近亲的人对因近亲亡故所受精神痛苦享有单独的精神损害赔偿请求权,该损害独立于亡故者本人曾遭受的任何健康损害(如听到近亲亡故时所受精神震惊)。反之,在其他一些欧盟成员国(如德国和荷兰),亲属们

8/5

---

[1] Cf *von Bar*, Untersuchung der Privatrechtsordnungen der EU im Hinblick auf Diskriminierungen und die Schaffung eines Europäischen Zivilgesetzbuchs, in: Europäisches Parlament PE 168.511, available at ⟨http://www.europarl.europa.eu/workingpapers/juri/pdf/103_de.pdf⟩.

[2] 关于交通事故准据法选择的《海牙公约》第3条;《罗马条例Ⅱ》第4条。

[3] 详见 *W. V. H. Rogers* (ed), Damages for Non-Pecuniary Loss in a Comparative Perspective (2001); *B. A. Koch/Koziol* (eds), Compensation for Personal Injury in a Comparative Perspective (2003).

的这种精神损害赔偿请求权则不被承认。这既可能造成受害人就自己所受伤害获得非常不同的精神损害赔偿额,也可能造成失去配偶的遗属获得依其本国法本来不可能获得的赔偿,或者相反,其无法获得依其本国法本来被视为当然的损害赔偿。

8/6 不仅在像交通事故这种日常生活领域,不同法律制度之间存在引人注目的差异,而且,欧盟范围内经济、职业、私人联系等方面一体化程度的加剧也意味着,某一成员国的居民或公司不得不遵守另一成员国法律规则的情况将越来越常见,因为他(它)们在那儿逗留、在那儿工作,或者因货物交付、持有财产或大众传媒等原因而被认为在该国从事活动。根据另一套法律制度进行侵害后果的评估,很可能会造成难以预期的法律后果,就如在不同法律制度的国别报告中所显示的情况那样,相关请求权的构成要件及其相应法律后果存在很大的不同,这些不同可能既源于损害赔偿法方面价值判断的基本差异,也源于侵权法与其他法律规则(如保险法和社会保障法)之间互动方式的差异。

8/7 由于在损害赔偿涉及其他国家法律规则时,准据法的问题始终具有很大的重要性,国际私法连接点方面常见的不同看法常常对纠纷的友好解决造成阻碍,并产生相当大的法律成本。欧洲责任法的一体化将因此显著减少纠纷,并降低跨国损害赔偿案件的附带花费。最后但并非最不重要的是,不能指望那些被鼓励在欧盟范围内自由迁移的欧洲国家公民们能够理解并接受如下结果:在发生意外事故的情况下,仅仅因为可适用的法律制度不同,他们就应受到极不相同的对待。

8/8 考虑到与跨国损害赔偿案件相关的涉及不同法律制度之间差异的所有那些负面评价,在欧盟范围内统一法律自然就成为一个梦想。[1] 这在

---

[1] 关于该主题,请参见 *Faure/Koziol/Puntscher-Riekmann*, Vereintes Europa—Vereinheitlichtes Recht. Die Rechtsvereinheitlichung aus politikwissenschaftlicher, rechtsökonomischer und privatrechtlicher Sicht (2008) (部分英文,部分德文); further *Spier*, The European Group on Tort Law, in: Koziol/B. C. Steininger (eds), European Tort Law 2002 (2003) 541; *Faure*, How Law and Economics may Contribute to the Harmonisation of Tort Law in Europe, in: Zimmermann (ed), Grundstrukturen des Europäischen Deliktsrechts (2003) 31. 关于法律一体化,尤其是合同法一体化的重要性及其不同进路,请参见如下论文:*Kadner*, Die Zukunft der Zivilrechtskodifikation in Europa—Harmonisierung der alten Gesetzbücher oder Schaffung eines neuen? Zeitschrift für Europäisches Privatrecht (ZEuP) 2005, 523; *Grundmann*, The Future of Contract Law, European Review of Contract Law (ERCL) 2011, 490; *Magnus*, Harmonization and Unification of Law by the Means of General Principles, in: Fogt (ed), Unification and Harmonization of International Commercial Law (2012) 161; *Gomez/Ganuza*, An Economic Analysis of Harmonization Regimes: Full Harmonization, Minimum Harmonization or Optional Instrument? ERCL 2011, 275.

目前毫无疑问仍然是一个梦想,它至少看起来在一定程度上是可行的,尤其是对于合同法而言[1],对于损害赔偿法也可能是这样[2]。不过,就它究竟是个美梦还是噩梦的问题,仍然存有不同的看法。

二、当前的状况

欧盟业已通过**指令**和**管制规定**的方式,提出了成员国私法统一,或至少是一体化的问题。不但在合同法领域[3],而且某种程度上在侵权法领域都反映了这种情况,后一领域最为重要的例子是有关产品责任的欧盟指令[4]。 8/9

此外,欧洲法院的裁决也有助于一体化,它有时像立法者一样创造全新的规则。最具轰动性的例子表现在政府责任的发展方面:比如,如果由于政府未正确执行具有保护消费者目的的欧盟指令,致消费者遭受了损失,消费者对政府就享有赔偿请求权。结果,政府甚至要为其议会的立法行为承担责任,而这种责任以前在欧盟成员国中几乎闻所未闻。[5] 8/10

最后但同样重要的是,近年来,学术界和司法界也以不那么显眼的方式推动着欧盟私法的一体化。[6] 8/11

因此,作为现实主义者,我们不得不接受的是,问题不再是我们想不想要欧盟范围内的法律一体化,因为它已经成为事实了,我们对其无法予以否认,并且必须接受这样的发展。于是,当下需要处理的事情不是欧盟 8/12

---

[1] 从欧盟委员会和欧盟理事会与欧洲议会就 2001 年 7 月 11 日的欧洲合同法最终方案的交流中尤其可以看出这一点,参见 COM (2001) 398 final, Official Journal (OJ) C 255 of 13.09.2001, 1—44.

[2] 为将来草拟欧洲损害赔偿法,已有两个方案被提出,一个是由欧洲侵权法小组(EGTL)与欧洲侵权法与保险法中心(ECTIL)、奥地利科学院欧洲侵权法研究所(ETL)共同提出的方案,另一个是由欧洲民法典研究小组(SGECC)提出的方案。

[3] 如有关欧洲共同买卖法条例的最新提议,参见 COM (2011) 635 final;其他例子,参见 Directive 2011/83/EU of the EP and the Council of 25 October 2011 on consumer rights [2011] OJ L 304/64.

[4] Directive 85/374/EEC.

[5] 有关这个主题的详细介绍,参见 Tichý (ed), Odpovědnost státu za legislativní újmu. Staatshaftung für legislatives Unrecht (2012).

[6] L. Miller, The Notion of a European Private Law and a Softer Side to Harmonisation, in: Lobban/Moses (eds), The Impact of Ideas on Legal Development (2012) 265 ff.

各国法律该不该一体化,而是如何进行一体化的问题。[1]

8/13　　就一体化的质量来说,应当认为,在寻求平衡方面,欧盟就私法一体化所作尝试不幸地只产生了极为消极的结果:欧盟相关指令与管制规定被限定在狭窄的适用领域内。[2] 这种严格限定的一体化(selective harmonisation)造成了**法律的双重分裂**[3]:一方面,国内法律制度渗入了异质的规定;另一方面,欧盟指令与条例又非建立在一个连贯的整体观念(overall concept)之上,并因而彼此之间常常相互抵触。欧盟的每一项指令都是不同国家立场的调和,结果取决于各成员国自身利益以及委员会成员的国籍和人格魅力,以使一国法律制度在与他国法律制度的竞争中获胜。所有这些都未能顾及整体连贯的制度架构,这种架构并不存在,但对于构建一个贯彻平等对待理念并因而符合正义的法律制度来说则是绝对必要的。这种对法律制度一体化采取极不合适的逐项尝试的做法,可能是受普通法的影响而形成的。在普通法下,人们习惯于逐案裁决,裁决前对其他案件并不作充分考虑,因此也不会想到整体连贯的制度构建问题。[4] 格雷(Green)和卡迪(Cardi)在其报告引论部分所作评论就具有这种思考方法的特征[5]:"法官'造法'采取的方式是通过个案中的司法判决形成先例,并在后续的案例中加以适用。法官仅就呈交审理的案件事实作出裁决,并不像立法者那样进行一般性和前瞻性的法律创制。因而,当某个法院拒绝采纳促成过失,而是运用比较过失进行裁决时,并不意味着一旦采纳比较过失,许多附随问题就都由此得到解决。那些问题

---

[1] 就这个问题以及随后问题更为详细的讨论,请参见 *Koziol*, Comparative Law—A Must in the European Union: Demonstrated by Tort Law as an Example, Journal of Tort Law 2007, 4 ff.

[2] 例如,由库奇奥和舒尔策(Schulze)进行的相关调查表明,欧盟层面的侵权法规则在观念层次上(conceptual level)没有多少共同之处,只是在个别领域中,为实现联盟的有效运行而创设了救济措施。参见 *Koziol/Schulze*, Conclusio, in: Koziol/Schulze (eds), Tort Law of the European Community (2008) no 23/39 ff.

[3] Cf eg, *Hommelhoff*, Zivilrecht unter dem Einfluss europäischer Rechtsangleichung, AcP 192 (1992) 102; *Koziol*, Ein europäisches Schadensersatzrecht—Wirklichkeit und Traum, JBl 2001, 29; *Schwartz*, Perspektiven der Angleichung des Privatrechts in der Europäischen Gemeinschaft, ZEuP 1994, 570; *Smits/Letto-Vanamo*, Introduction, in: Letto-Vanamo/Smits (eds), Coherence and Fragmentation in European Private Law (2012) 3 ff; *Zimmermann*, Die Europäisierung des Privatrechts und die Rechtsvergleichung (2006) 13.

[4] 就此也请参见下文边码 8/108—8/109 以及 8/140 的相关分析。

[5] *Green/Cardi*, USA no 6/1.

将留待未来在个案中出现并被提交法院审理时再行解决。"如果不仅法院采取个案裁决的做法,立法机构也采取同样的做法,就很难形成一个公平的整体连贯的制度,在对具有不同法律传统,且对相关基本问题采取不同解决方案的法律制度进行一体化时,情况尤其如此。

这个批评很容易以欧盟有关产品责任的指令为例得到客观说明。该指令是侵权法领域一体化最重要的例证,它对因缺陷产品造成损害的企业施加了严格的不以过失为必要的赔偿责任。但是,确立这种责任的理由尚不明确,并且,就该规定是否与企业责任领域的总体构想相符,也存在不同的看法。例如,为何与提供服务有关的责任不被包括在内?这种责任与其他类型的严格责任是何关系?此外,当某个木匠所造的楼梯断裂时,仅仅因为楼梯是动产就施予该木匠以严格责任,而当某个企业设计的桥梁断裂时,仅仅因为桥梁不是动产,该企业就不承担严格责任,这样做真的合理吗? 8/14

除欧盟指令及条例所涉领域外,人们也可以在欧盟法院的案例法中看到基础性概念的欠缺。在侵权法中令人印象深刻的例子是有关成员国违反欧盟指令的国家责任的司法裁决。[1] 欧盟法院确立了一种类似于结果责任的责任类型,该种责任不取决于国家的任何不当行为。如前所述,这种责任对几乎所有成员国法律制度来说都是全新的。并且,法院就因果关系也持有非常奇怪的观点,它无法与大多数国家法律制度就该问题所采取的做法相适应。 8/15

还必须指出的是,不仅设计欧盟指令及条例的那些人,而且欧盟法院,对其所用法律措施的基本功能、前提条件、目标与法律后果,以及这些法律措施的相互作用,都严重缺乏认知。就此而言,某种**法律效果**应与特定要件适当联系的必要性认识似乎正在减退。比如,根据欧盟有关支付服务的 2007/64 号指令第 75 条之规定,在付款方的支付服务提供者应当承担责任的情形,其应将与未执行的支付交易相应的金额退还给付款方。 8/16

---

[1] 更多细节,参见 *Koziol*, Staatshaftung für die Nichtbeachtung von EU-Recht. Einige kritische Punkte, in: Tichý (ed), Staatshaftung für legislatives Unrecht 150 ff; *Schoisswohl*, Staatshaftung wegen Gemeinschaftsrechtsverletzung (2002) 273 ff; *Tietjen*, Das System des gemeinschaftsrechtlichen Staatshaftungsrechts: Eine Darstellung der Haftungsdogmatik vor dem Hintergrund der dynamischen Rechtsprechung des Europäischen Gerichtshofes (2010); *Dörr* (ed), Staatshaftung in Europa. Nationales und Unionsrecht (2013).

尽管该条规定的用语给人的印象是，问题的关键在于依损害赔偿法所承担的责任，但令人惊讶的是，过错却不是该种责任的构成要件。因服务提供者的义务实质上是依不当得利法被认定的，故该规定能够被合理化。但是，如果人们接受这样的理解，前述指令第78条有关支付服务提供者在超出其控制的异常和不可预见的情形根本不承担责任的规则，看上去就极不合理。如果依侵权法或者违约责任规则，可归责的损害赔偿是重要的，但根据不当得利法则相反，这种免责事由是可接受的：不考虑交易未执行的原因，准许支付服务提供者保有他本应进行转移支付的金额就根本没有理由。

8/17　　　另一个例子与欧盟法院有关：最近就 Gebr. Weber and Putz 案作出裁决后，在交付的货物有缺陷情形，不以过错为必要的消费者瑕疵担保请求权既包括有缺陷部件的拆卸成本，也包括所交付的替换部件的组装成本；但是，购买者因产品缺陷所遭受的其他间接损失，在欧盟法院看来，则不包括在担保请求权中。既然缺陷部件的拆卸成本与替换部件的组装成本都不再是平等关系中的义务履行部分，当瑕疵担保请求的目的在于恢复当事人通过履行和对待履行所追求的利益平衡，允许将这种成本纳入其中，原则上就是错误的。[1] 问题不在于提供所允诺的给付本身，而是谁应当承担因为瑕疵履行所产生的附随成本，因此，不考虑任何归责事由，尤其是过错，而将这种成本施加给出卖方，就没有充分的理由。必须强调的是，对拆卸和组装费用，也即瑕疵所致间接损害，准予无过错损害赔偿，极大地无视了我们法律制度所关注的根本问题，具体来说就是，法律效果与侵害事实要素相应的前提条件必须成比例：这是建构整体一贯的法律制度的必要条件之一，以使之与平等对待并因而符合基础性正义观念的原则一致。[2] 欧盟法院的判例法在价值判断上也存在自相矛盾之处，它仅仅对于拆卸和组装费用施予无过错责任，而对瑕疵产品造成的其他附随损害，如在缺陷被消除前，所交付的货物或者安装了缺陷产品的物品因无法使用所生不利益，则不施予相同的责任，这样的做法彼此之间难以调和。在造成重大不利益的瑕疵所生不同类型的附随损害之间进行

---

〔1〕有关这个问题，参见 F. Bydlinski, System und Prinzipien des Privatrechts (Nachdruck 2013) 181 f; cf also Hassemer, Heteronomie und Relativität in Schuldverhältnissen (2007) 271 ff.

〔2〕See Koziol, Basic Questions I no 2/95.

区分,无法找到具有说服力的理由去支持这种做法。

除了这些不足之外,还必须强调的是,相关的欧盟指令或条例以及欧盟法院的司法判决[1]的质量也经常是糟糕的,有些规定并没有建立在令人信服的构想之上,所使用的概念也无法理解。这可以再一次用有关产品责任的欧盟指令加以说明。对这项指令所给出的理由是,企业责任仅涉及工业化生产的缺陷产品。其背后的考虑是,工业化的大规模生产造成了特殊的危险,也即不可避免的交付有缺陷产品的危险,这就是所谓的偏差问题。即使尽最大的注意,也不可能只生产没有瑕疵的产品,或至少从流通中回收所有的有瑕疵的产品。但是,这种看法并不能为确立产品设计缺陷所致损害的责任提供正当理由。然而,更糟的是,指令的最终版本未能考虑对严格责任所给出的前述理由,将工匠、土地所有者、农场主以及艺术家所提供的瑕疵产品也包括在内。看上去极成问题的是,该指令的相当部分规定与起草该指令时一开始就明确表达的前述唯一有效的支持理由之间存在明显冲突。此外,立法者甚至从未尝试对广泛使用的严格责任加以正当化,似乎也很难找到令人信服的理由去支持这种广泛而极为严格的责任,至少目前还没有人能够提出这样的理由。

所有这些不足意味着,欧洲法律制度正在偏离依据平等对待思想所建立的深思熟虑、前后一贯的制度。皮埃尔·威德梅尔(Pierre Widmer)据此正确地断言[2],在侵权法领域,欧盟的规定要比内国法的规定更不连贯,并且缺乏可认知的整体观念,欧盟的侵权法仅仅是一个框架。因此,法律制度与根本性的正义观念,也即平等对待原则的相符程度越来越弱。

三、怎么做?

当然,若花更多的时间并且更加谨慎地去设计指令与条例或拟定判决,绝大多数的不足都是可以避免的。不过,法律的统一或一体化毫无疑

---

[1] *Lorenz*, Ein- und Ausbauverpflichtung des Verkäufers bei der kaufrechtlichen Nacherfüllung, Neue Juristische Wochenschrift (NJW) 2011, 2042, referred to the quality of the decision CJEU 16.6.2011, joined cases C-65/09 (*Gebr. Weber*) and C-87/09 (*Putz*) as terrible.

[2] *P. Widmer*, Die Vereinheitlichung des europäischen Schadenersatzrechts aus der Sicht eines Kontinentaleuropäers, Revue Hellénique de Droit International 99 (1999) 52.

问是很棘手的,会遇到更难应付的根本性难题[1]:各国法律制度是相关国家传统文化的组成部分,影响着各相关国家的社会生活。尽管如前所述,欧洲法律制度的某些部分,尤其是债法,因受罗马法的影响,在某种程度上是彼此相似的,欧洲范围内的一般法典化,甚或只是某些领域的法律统一或一体化,仍然可能对这种传统造成影响深远的破坏。而且,由于很多欧洲国家的法律制度彼此独立发展了数个世纪,对差异极大的法律文化和习惯性的思考方法也不得不加以调和。因此,要形成欧洲私法一体化所需的一般性无矛盾的概念体系,可能是费时费力且艰苦的,甚至常常是令人沮丧的。这种概念是不可或缺的,因为每个社会都需要某种公平且运行正常的法律制度。不过,人们不应因为前述不足而从整体上指责欧洲联盟,或者仅仅是抱怨所面临的困境或难题,而应尽力去推进欧洲联盟,去影响一体化的进程,并克服障碍。因此,决定性的问题是,我们该如何去提升成员国法律制度一体化的品质。

我确信,我们只需首先拟定出一套新的且逻辑一贯的、对于所有或至少绝大部分成员国可接受的概念体系,就可以实现令人满意的侵权法统一或一体化的目标。[2] 幸运的是,恰如已经提到的那样,两个工作小组业已编制出这种侵权法概念体系:欧洲侵权法小组在2005年公布了《欧洲侵权法原则》[3],欧洲民法典研究小组与欧盟现行私法研究小组[艾奎斯(Acquis)小组]一起编制了《共同框架参考指引草案》,并于2008年公布。[4] 尽管通过拟定这些概念已经迈出了极为重要的一步,似乎仍然有必要就侵权法的某些基本问题加以处理。在拟定最初的概念时,当然没有可能对所有基础性问题进行令人满意的深入讨论。不过,由于这些问

---

[1] 对这个问题的分析,参见 *Wagner* in: Koziol/Steininger, European Tort Law 2005, 656 ff; *Koziol*, Rechtsvereinheitlichung auf europäischer Ebene aus privatrechtlicher Sicht, in: Faure/Koziol/Puntscher-Riekmann, Vereintes Europa—Vereinheitlichtes Recht 50 ff; *Grigoleit*, Der Verbraucheracquis und die Entwicklung des Europäischen Privatrechts, AcP 210 (2010) 363 ff. W. *Doralt*, Strukturelle Schwächen in der Europäisierung des Privatrechts, Eine Prozessanalyse der jüngeren Entwicklungen, Rabels Zeitschrift für ausländisches und internationales Privatrecht (RabelsZ) 75 (2011) 260.

[2] *Koziol/Schulze*, Conclusio, in: Koziol/Schulze (eds), Tort Law of the European Community (2008) no 23/67 ff.

[3] *EGTL*, Principles.

[4] *von Bar/Clive/Schulte-Nölke* (eds), Principles, Definitions and Model Rules of European Private Law. Draft Common Frame of Reference (2009).

题决定了法律制度之间的关键性差异,因此有必要对侵权法制度的基础进行总括性的评价。

我确信,只要在法律比较的基础上更为彻底地展开工作,一体化的目标就会实现[1]:首先,为了更好地理解其他法律制度,并考察其他国家的法律文化和思考方法,我们应当知道更多有关这些法律制度的基本思想。为此,我们可以认识到不同法律制度的共同基础,获得更多有价值的激励,对不同观念的态度更具开放性,并对基础性方面增进了解;我们将认识到那些必须加以考虑的法律文化差异,以及必须加以调和的迥异的惯常思考方法。按照这样的方式,我们还将认识到可接受的一体化的边界所在。

8/22

但是,就比较法而言,必须指出的是,不同法律制度之间的差异越大,从这些制度中获取启示的风险就越大。当我说"不同"时,我不仅是指私法的某些部分(如侵权法),甚至是整个私法的差异,也是指包括社会保险制度或刑法在内的整个法律制度之间的根本差异[2],因为这些法律制度的组成部分对侵权法也发挥着极大的影响。

8/23

四、不同法律文化[3]

(一) 法律制度之间的一般差异

首先,人们应当考虑到英国普通法制度与大陆民法制度之间的差异:大陆法律制度的典型特征是法典化,与英国的判例法适相对照。更为重要的是,民法典概念的前提是,人类智力能够掌握法律的基础结构,并将

8/24

---

[1] 关于这个建议,参见 Markesinis, Comparative Law in the Courtroom and Classroom (2003) 157 ff. 另见 Markesinis et al, Concerns and Ideas about the Developing English Law of Privacy (And How Knowledge of Foreign Law Might Be of Help), American Journal of Comparative Law (Am J Comp L) 52 (2004) 133.

[2] Cf Markesinis, Comparative Law 167 ff.

[3] 《欧洲侵权法杂志》(JETL)就"欧洲的侵权法文化"组织过专题讨论,相关文献请参见 Oliphant, Culture of Tort Law in Europe, JETL 2012, 147; Borghetti, The Culture of Tort Law in France, JETL 2012, 158; Fedtke, The Culture of German Tort Law, JETL 2012, 183; Andersson, The Tort Law Culture(s) of Scandinavia, JETL 2012, 210; Lewis/Morris, Tort Law Culture in the United Kingdom: Image and Reality in Personal injury Compensation, JETL 2012, 230.

其以体系化和整体性的方式呈现出来。

8/25 由于普通法制度与法典化制度并存于欧盟范围内,法官造法也就与立法者造法同时存在。然而,任何法律的统一或一体化最终只能经由成文化的方式实现,因此,英国法将不得不作根本性的改变。尽管在普通法领域,主要是因为欧盟条例和欧盟指令的转化,成文法在不断增加,这仍将是非常值得关注的事情。也就是说,这将是立法程序的根本改变。但是,这种差异将基于如下原因而被缓和:一方面,即使在普通法中,制定法也越来越常见了;另一方面,更多因为在损害赔偿法这种特殊领域中,由于问题的多样化,科技与社会的发展,以及欧洲大陆法制度的制定法基础不令人满意,法官法发挥着极为重要的作用。[1]

8/26 然而,恰如之前提到的那样,在民法法系的不同"法族",如德国法族、罗马法族以及斯堪的纳维亚法族之间,也存在非常重大的差异,甚至在同一法族内部的各国法律制度之间,都显示出根本性的差异。兹以两个德语国家为例就此加以说明:《奥地利民法典》和《德国民法典》颁行时间有别,分别是 1811 年和 1900 年,因此,《奥地利民法典》是"启蒙时代"的成果,而《德国民法典》则被建基于罗马法之上的潘德克吞理论所支配。这些基础性观念对两个法律制度在整体上产生了持续性的影响。

8/27 在立法机构与法院的职能分配方面,不仅在法院创制的判例法占支配地位的普通法国家与欧洲大陆民法传统的国家之间,而且在大陆法系民法传统内各法律制度之间,也存在重大差异。例如,一方面,《法国民法典》《奥地利民法典》以及《荷兰民法典》更加偏好弹性化的一般原则,而非细致的、决疑式的规定,因而授权法官在具体案件中去适用这些规定;另一方面,《德国民法典》则倾向于严格详细的规则,因而(法院)缺少足够的发挥空间。

8/28 不过,我不打算就这些为人熟知的法律文化的一般特征作更详细的讨论,而更愿意关注那些对**侵权法**建构与发展具有决定性意义的法律文化方面的差异。

---

〔1〕 *Hopf*, Das Reformvorhaben, in: Griss/Kathrein/Koziol (eds), Entwurf eines neuen österreichischen Schadenersatzrechts (2006) 18; *Jansen*, Codifications, Commentators and Courts in Tort Law: the Perception and Application of the Civil Code and the Constitution by the German Legal Profession, in: Lobban/Moses (eds), The Impact of Ideas on Legal Development (2012) 201 f.

(二) 侵权法观念

但是,即使设定这样的目标,它仍然会使我们面临一个非常基础性的问题,也就是我们首先要讨论的法律领域的问题。德语"Schadenersatzrecht"(损害赔偿法)及在其他法律制度中的相应术语,和普通法通常使用的"law of torts"(侵权法)是极为不同的,并引致基础概念方面的根本差异。在之后的讨论中必须一再地考虑到这个问题[1],在这里需要指出的是:大陆法上的损害赔偿法指的是基本相同的法律领域,它们建立在相关基本要件及相应法律效果,也即损害赔偿请求权基础上。与之不同,普通法上的侵权法则是在众多——几乎70种[2]——具体的"侵权行为"基础上发展而成的,这些"侵权行为"有着极为不同的构成要件和完全不同的法律效果。对我们这里的讨论极具重要性的是,所有这些侵权行为都不当然要求发生损害赔偿请求权,尽管"损害赔偿"通常被作为(侵权行为的)一种法律后果,但并不总是如此,因为侵权法同样与返还财产、强制停止侵害以及得利剥夺等请求权相关。最后,损害赔偿还有多种不同类型,并不总是针对实际损害的赔偿。这种针对实际损害的损害赔偿仅适用于"补偿性损害赔偿"情形,而不适用于恢复原状的损害赔偿、惩罚性赔偿、名义赔偿等情形。因而,普通法上的侵权法是极为异质的法律领域,它仅在一定范围内服务于赔偿损害的目的,尽管这个部分非常重要。所以,仅仅是与那些给予补偿性损害赔偿的侵权行为相关的侵权法规则,才与德语国家以及其他大陆法国家的损害赔偿法大体相当。只有在这样的背景下,才可以论及它们的相似性,并接受它们呈现的基本思想。这里所作的强调尚非充分,在接下来的讨论中还应尽可能广泛地加以考虑。

(三) "所有者负担"规则与社会保障体系

文化方面进一步的差异:我在《侵权责任法的基本问题(第一卷)》

---

[1] 就此问题,参见边码 8/118 以下各段及边码 146;更为详细的讨论,参见 Koziol, Schadenersatzrecht und Law of Torts. Unterschiedliche Begriffe und unterschiedliche Denkweisen, Magnus-FS (2014) 61 ff.

[2] See Oliphant, General Overview, England and Wales, in: Winiger/Koziol/B. A. Koch/Zimmermann (eds), Digest of European Tort Law Ⅱ: Essential Cases on Damage (2011) 1/12 no 1.

中[1]，从"所有者负担"（casum sentit dominus）规则开始讨论，该规则发源于罗马法，所表达的思想是，遭受损害者原则上应当自负损害。受害人要将损害转嫁给他人，必须有特殊的正当理由。因此，重点更多是矫正正义而非分配正义。至少在大不列颠联合王国是这样。[2] 不过，法国与其他欧洲大陆国家不同，它在侵权法中强调以受害人为中心的思考方法[3]，从"勿害他人"（neminem laedere）的原则出发[4]，因而是以分配正义为基础。按照Askeland的看法[5]，分配正义的解决办法在斯堪的纳维亚法族中也受到广泛支持。遭受损害的人应当得到赔偿，这被认为是公平的。

8/31　　侵权法上的这些差异在人身损害领域不再重要，它们被社会保障法减弱。几乎所有欧盟成员国都是这样，至少在德语国家[6]，以及法国[7]、匈牙利[8]、波兰[9]、斯堪的纳维亚诸国[10]和大不列颠联合王国[11]是这样，与社会保障体系覆盖面相对较小的美国适相对照。尽管依侵权法所作损害赔偿在不同文化中都因社会保障法而受到某种程度的调整，各个社会保障体系之间的不同在加害人责任方面还是造成了惊人的差异。在斯堪的纳维亚国家，人身损害领域广泛的受害人补偿制度，使侵权法与保险法、社会保障制度在相当程度上重叠。最令人印象深刻的是，立法者还取消了社会保障机构的追偿权。[12] 由此，在涉及人身损害方面，斯堪的纳维亚法律制度将广泛的受害人补偿与广泛的加害人免责结合起来了。

8/32　　通过社会保障体系对受害人因人身侵害所受损失提供广泛的补偿，

---

[1] 出版于2012年。

[2] Oliphant, JETL 2012, 156.

[3] Moréteau, France no 1/1; see also Borghetti, JETL 2012, 158 f; Quézel-Ambrunaz, Fault, Damage and the Equivalence Principle in French Law, JETL 2012, 26 ff.

[4] Brun/Quézel-Ambrunaz, French Tort Law Facing Reform, JETL 2013, 80 ff.

[5] Askeland, Norway no 2/2, 125. See also Andersson, JETL 2012, 216 ff.

[6]《侵权责任法的基本问题（第一卷）》，边码2/74以下。

[7] Moréteau, France no 1/53 ff; Borghetti, JETL 2012, 164 f.

[8] Menyhárd, Hungary no 4/44 f.

[9] Ludwichowska-Redo, Poland no 3/36 f.

[10] Askeland, Norway no 2/2 ff; Andersson, JETL 2012, 219 f.

[11] Oliphant, England and the Commonwealth no 5/17 f; Lewis/Morris, JETL 2012, 232 ff.

[12] Askeland, Norway no 2/32; Andersson, JETL 2012, 220.

减弱了根据侵权法进行全面赔偿的迫切性。因此,认为侵权法对价值最高的受保护利益应给予最全面的保护,这种流行看法不再被坚持了,因为其他一些法律措施已经能够确保这种保护,它们更容易为受害人所利用。在这方面,从受害人角度看,仅在社会保障体系无法提供充分保护时才需要依侵权法进行强化保护。这种保护漏洞与受害人最重大的利益应受最高程度的保护需要可能是无关的。从而,从损害赔偿的角度讲,我们认为"价值最高的利益应受最高程度的保护"这样的结论是不具有说服力的。我们或许更应该认为,若考虑到其他法律保护机制,相反的说法才是可接受的。

从侵权法的预防功能——这在大多数国家都得到广泛认可——来看[1],只要社会保障制度认可对不当行为人的追偿权,就不会有什么问题。从加害人的角度看,仅仅是债权人的替代(因请求权由受害人转移至社会保险机构)便没有差异。但是,在斯堪的纳维亚法律制度中,这种追偿权被取消了,这样就产生了如下问题,即为了达到必要的威慑效果,是否应当借助其他法律措施——比如刑法——去强化这样的效果。 8/33

这些例子表明,在构建侵权法的规定时,关注侵权法与社会保障法之间的关系是极其重要的。这样的认识在评估欧盟有关产品责任的法律规则方面是有意义的,这些法律规则是欧盟在侵权法领域方面所做的主要工作。在财产损害方面,由于只有附随损失被纳入赔偿范围,且只有在财产被主要用于私人目的时才适用,因而,人身损害成为产品责任指令最重要的适用领域。但是,如前所见,这正是受害人受社会保障体系广泛保护的领域,并没有要由侵权法提供补偿性保护的紧迫需要。因而,人们可以认为,生产者的严格责任只不过对那些有权追偿的社会保险机构提供了好处。不过,在那些取消了这种追偿权的法律制度中,甚至这样的好处也不存在。此外,在这样的法律制度下,产品责任规定的预防功能也丧失了。虑及所有这些方面,关于何种理由,或者,换句话说,何种责任要素可以对这种极为严格的生产者责任提供正当理由的问题就很重要,人们开始怀疑,对生产者施加严格责任是否真的有那么紧迫? 8/34

---

[1] 参见《侵权责任法的基本问题(第一卷)》,边码 3/4 以下;Koziol, Prevention under Tort Law from a Traditional Point of View, in: Tichý/Hrádek (eds), Prevention in Law (2013) 135.

(四) 过错责任与严格责任

8/35　　在侵权法的某些领域,如不基于过错的严格责任,人们可以看到彼此迥异的法律文化。由于侵权法与强制保险制度的相互作用,严格责任是很耐人寻味的领域。在严格责任领域,相比于侵权法的其他领域,欧洲法律制度呈现出更大的多样性。[1] 一方面,有着极为广泛严格责任规定的法国法是一个极端,它规定了物之持有人和监管人(gardien)的严格责任。这种严格责任并不建基于设施或物品的特殊危险性,它与此种观念根本无关。这造成了令人惊异的后果:一个4岁的小孩坐在房屋高层的窗沿上用铅笔在纸上画画。很不幸,这个小孩在往下看的时候,由于失去平衡而摔下屋去,小手里还握着他的铅笔。幸运的是,这个小孩掉在一个行人身上,而非人行道上,但他的铅笔刺伤了那个行人。法国法院认定,这个小孩是他的铅笔的监管人,因此应对其所致损害承担严格责任。德国法或许处在中间位置,它对保有各种危险物品的人通过特别法规定了严格责任。英国法则处于另一个极端,它极不乐意承认严格责任。

8/36　　就机动车未作任何严格责任的规定,可能是英国法与大多数欧洲国家法律最显著的区别。欧洲多数国家在这个领域都引入了严格责任,重要的是,它们同时将这种严格责任与强制保险和强制设立赔偿基金结合。从而,在这些法律制度中,那些(高速运动且会造成重大损害的)物品所致危险就被立法者考虑到了,总体上看,Israel Gilead 的如下说法不仅对以色列,而且对欧洲大陆国家都是适当的[2]:"与机动车有关的绝对责任被构造为将道路交通事故的负担引向保险机构的工具,它实际上也发挥了这样的功能。"据此,在那些国家,由参与交通的受益者分担损失的观念至少为严格责任提供了正当理由。必须指出的是,就严格责任而言,共同核心仅存在于非常小的领域中,如原子能领域,这方面存在国际条约法。

(五) 惩罚性赔偿与侵权法的目标

8/37　　在普通法和欧洲大陆法之间还存在另一个重大差异:普通法国家,尤

---

[1] 更为详细的介绍,参见 B. A. Koch/Koziol, Comparative Conclusions, in: B. A. Koch/Koziol (eds), Unification of Tort Law: Strict Liability (2002) 395 ff.

[2] *Gilead*, Israel, in: Koch/Koziol (eds), Unification: Strict Liability no 45.

其是美国,程度弱一点的还有英格兰、苏格兰[1]和以色列[2],支持惩罚性赔偿,而欧洲大陆国家则予以拒绝[3]。这种差异源于根本不同的思考方法,以及对不同侵权法目的的关注。如前所述(边码8/29),普通法中的侵权法是一个非常异质的法律领域,数量繁多的侵权行为有着不同的构成要素和差异极大的法律效果,它们并非总是以赔偿所致损害为目标。由此,在侵权法中,除损害赔偿外,其同时还用于实现其他各种目的。从这个角度讲,普通法肯定侵权法的预防功能,并支持达到受害人所受实际损失数倍的惩罚性赔偿,似乎就没有什么问题。不过,这种惩罚性赔偿与矫正正义思想并不相符,因为它并非旨在恢复受害人所受损失,而是给予他一项意外所得,根本无视私法两极性正当理由构成的根本原则。[4] 此外,通过在侵权法中接受惩罚性赔偿,就越过了私法与刑法的边界,忽视了刑法的基本原则,即罪刑法定和证明负担规则。[5]

令人惊奇的是,相比于美国和英国的同行们,大多数欧洲大陆的法律人都似乎觉得,较少有需要去承认惩罚性赔偿,因而也无须过多违反根本性的法律思想。这种现象可能源自不同法律制度之间的特定差异。[6] 或许是因为,美国法中依刑法给予的惩罚不像在欧洲大陆国家那么重要[7],在行政处罚法领域或许更是如此。因此,美国比欧洲大陆对惩罚性赔偿有更大的需要。不过,还有其他一些可能的理由,在这里我无法细述。[8]

---

[1] *Quill*,Torts in Ireland³(2009) 569 ff.

[2] 但是,英拉德(Englard)支持对惩罚性赔偿采取更多限制的做法:"利用惩罚性赔偿将再分配与预防思想引入损害赔偿程序,应当仅在例外情况下使用,且应限制在有限的范围内。"参见 *Englard*,Punitive Damages—A Modern Conundrum of Ancient Origin, JETL 2012, 18 ff.

[3] 由国别报告所展现的概观,参见 *Koziol/Wilcox* (eds), Punitive Damages: Common Law and Civil Law Perspectives (2009); *Meurkens/Nordin* (eds), The Power of Punitive Damages: Is Europe Missing Out? (2012).

[4] 《侵权责任法的基本问题(第一卷)》,边码2/59 附有补充参考文献。该原则也受到温里布的赞同,参见 *Weinrib*,Corrective Justice (2012), in particular 2 ff, 15 ff, 35 f.

[5] 这方面的观点,参见 *Weinrib*,Corrective Justice 96 ff, and below no 8/157 f.

[6] 有关一般差别的讨论,参见 *Magnus*,Why is US Tort Law so Different? JETL 2010, 102.

[7] Cf *Sonntag*,Entwicklungstendenzen der Privatstrafe (2005) 348 ff.

[8] 更加详细的讨论,参见 *Koziol*,Comparative Report and Conclusions, in: Koziol/Wilcox (eds), Punitive Damages 54 ff.

五、不同的思考方法

8/39　　当试图对欧洲法律制度进行一体化时,有必要认识到各种思考方法所造成的困难,这些思考方法彼此相异,在各法族中的发展亦有不同。[1]这种思考方法的不同可以从阅读本研究项目的相关国别报告看出,如英国、法国和德国。[2]

8/40　　英国私法包括损害赔偿法在内主要是判例法,这也影响了它的法律适用:英国法院和其他机构在适用私法规则时,会首先去寻找其他纠纷事实相同或至少相似案件的在先判决,并会将注意力集中在个案裁决上。与之不同,欧洲大陆的法律人则会从某个一般性的抽象规则入手,这种规则由立法者所制定。但是,这种差别的重要性不应被夸大,毕竟,在欧洲大陆的法律制度中,损害赔偿法在很大程度上也属于法官法。

8/41　　这方面还伴随如下后果:普通法似乎只是过多强调,如何逐案作出裁决,而非绘制一幅整体画卷。仅需就损害赔偿法的整体情况稍作考察就可以发现,即使单就个案裁决而言,这种印象也只在有限范围内是真实的。重要的是,如果裁决要以连贯且可理解的方式作出,并符合相同情况相同处理、类似情况类似处理的公平原则,这种逐案裁决的看法在现实中最终也无法维持。就此而论,在其他地方已得到细致讨论的如下看法是有意义的[3]:如果适用法律的机构,尤其是法院,必须就某个案件作出裁决,一开始就很清楚的是,先前的裁判规则仅在案件事实相同的情况下才能予以适用。争议事实的任何偏离都必定提出如下问题,即在先裁决所确立的先例规则,因受限于特定的案件事实,是否仍然可以适用?因为,只有实质性的事实要素是相同的,且相异事实是非实质性的,先例规则才

---

[1] See *Ranieri*, Europäisches Obligationenrecht³(2009) 2 f.

[2] See *Markesinis*, Judicial Style and Judicial Reasoning in England and Germany, Cambridge Law Journal 59 (2000) 294; *Markesinis*, French System Builders and English Problem Solvers: Missed and Emerging Opportunities for Convergence of French and English Law, Texas International Law Journal (Tex Int'l LJ) 40 (2005) 663. Cf further *Lundmark*, Legal Science and European Harmonisation, The Law Quarterly Review 2014, 68; *Perry*, Relational Economic Loss: An Integrated Economic Justification for the Exclusionary Rule, Rutgers Law Review 56 (2004) 719,他在该文中提供了纯粹经济损失领域中一个有意思的例子。

[3] See *McGrath/Koziol*, Is Style of Reasoning a Fundamental Difference Between the Common Law and the Civil Law? RabelsZ 78 (2014) 709 ff.

可以适用。或者,实质性要素虽然不同,但仍可视作相同案件? 又或者,对相异事实须作不同评价,也即,即使运用类推,先前的裁判规则也无法适用? 仅当在先裁决中所使用的评价标准是相同的,且已认定仅非实质性要素存在偏离,从而应作相同裁决时,法律决定才能以客观且可理解的方式作出。但是,如果是某些并非明显不重要的事实要素存在差异,那就必须考虑待决案件是否应当以相同的方式加以处理。仅当在先案例的裁判规则也涵盖了当前争议的事实要素,并可以类推适用于该事实,从而能够从中抽绎出更为一般性的规则时,才能得出客观的结论。如果不是这种情况,案件事实的差异就要求作出不同评价。如果是后一种情况,由于欠缺可予适用的先例规则,可供选择的做法就是,依据一般性的评价标准,由判例法整体推演出相关规则,然后将其适用于争议事实。

这表明,即使在普通法中,要使裁判保持客观一贯,与平等对待的原则相符,且与法律制度整体一致,更为一般性甚至非常抽象的规则阐释就无可避免。从而,这种程序就与欧洲大陆法的做法相同,只是在普通法中,需要更经常地在裁决前就对更为一般性的规则加以阐述,而在大陆法中,这类规则已经被规定在法典中了。 8/42

因此,普通法司法管辖区的法院早已自然地履践了这项无法避免的职责,尽管并非完全是有意识地这样去做,唯一要做的只是去加强这方面的认识,公开地揭示这个程序并全面发展它。由于在原则方面并无差异,从而在特定领域转向法典法,不用担心会面临根本性的障碍。真正的差异或许是,在普通法中,更为一般性的规则在某种程度上易于被忽视,而在欧洲大陆法制度中,一般性的规则非常受关注,单个案件的个别化特征有时则被忽视。 8/43

但是,如前所述,在欧洲大陆的法律制度之间也存在极为重大的差异[1]:德国法族倾向于采纳非常体系化的思考方法,并通常试图为司法和立法决定提供令人信服的理由。法国的立法者和最高法院几乎从不提供充分的理由,因而,人们无法知道为什么某个案件要以某种特殊的方式解决,也无法预先判断下一个案件将会如何解决。 8/44

不过,在欧洲层面,我们需要一套整体一贯的概念,它可以作为未来 8/45

---

[1] See *Borghetti*, JETL 2012, 179 f; *Griss*, How Judges Think: Judicial Reasoning in Tort Cases from a Comparative Perspective, JETL 2013, 247.

指令的某种标识,以彰显欧盟是如何将相关指令纳入一个无矛盾的制度体系中的。这种概念能够在各国立法者构建他们国内的法律制度时给予启发,甚或最终为未来欧洲共同侵权法提供基础。[1]既然我们需要这套概念,就应当克服一切困难。这可能不容易,需要更多的信息、时间和耐心,对我们所熟悉的观念保持开放,愿意妥协,最后但仍属重要的是,首先需要在比较的基础上进行艰苦的工作。如果所有人都怀抱良好的愿望,并以理性的方式进行合作,我们将达成目标,而不是仅仅停留在某种理想化的观念上,至少能够为将来的进一步改进奠定基础。

六、拟订草案的方法

8/46　　当设计这样一套概念并起草相关规定时,有多种进路可供选取。欧盟立法者通常是在两种进路中进行选择[2]:一种是确定、详密的规则,另一种是一般、弹性化的规则,后一种规则须由法院进行具体化。[3]

8/47　　侵权法的基础规范是说明上述两种进路差异的适例。如前所述,《德国民法典》明显偏向第一种确定、详密规则的进路:

8/48　　《德国民法典》第823条第1款规定:"因故意或过失不法侵害他人生命、身体、健康、自由、财产或其他权利的人,负有向他人赔偿其因此所受损害的义务。"[4]

8/49　　与之不同,比《德国民法典》差不多早100年的《法国民法典》和《奥地利民法典》,其规则所采取的则是一种更为一般、弹性化的方式:

8/50　　《法国民法典》第1382条规定:"人的任何行为造成他人损害时,因其

---

[1] 有关欧洲法的统一或一体化的不同方式,参见 Taupitz, Europäische Privatrechtsvereinheitlichung heute und morgen (1993)。

[2] 诺兰(Nolan)指出,普通法制度可以理解为两种进路的结合,一种是众所周知的"具体列举的侵权行为",另一种是过失责任的一般原则。参见 Nolan, Damage in the English Law of Negligence, JETL 2013, 260。

[3] 参见 Koziol, Tort Liability in the French 'Code Civil' and the Austrian 'Allgemeines Bürgerliches Gesetzbuch', in: Fairgrieve (ed), The Influence of the French Civil Code on the Common Law and Beyond (2007) 261 ff; idem, Begrenzte Gestaltungskraft von Kodifikationen? Am Beispiel des Schadenersatzrechts von ABGB, Code civil und BGB, in: Festschrift 200 Jahre ABGB I (2011) 469 ff.

[4] Translation by Fedtke/von Papp in: Oliphant/B. C. Steininger (eds), European Tort Law: Basic Texts (2011) 93.

过错致该行为发生之人应当赔偿损害。"[1]

《奥地利民法典》第 1295 条第 1 款规定与之类似:"因加害人的过错而遭受损害的任何人,有权要求前者赔偿损害;损害或者因违反合同义务所致,或者与合同无关……"[2]

8/51

相比于《法国民法典》第 1382 条与《奥地利民法典》第 1295 条第 1 款内容极为抽象的一般条款,《德国民法典》第 823 条第 1 款具体列举的受保护权益包含了更多信息。然而,《德国民法典》的立法者采取详密规则的事实意味着,因规则僵硬,立法者的任何错误决定就可能具有显著的负面效果,除此之外,制定法规则本身也可能会基于社会、技术或经济变迁而变得不适宜,而《法国民法典》和《奥地利民法典》的不确定保护范围的做法则允许法院尽力与前述变迁保持一致。

8/52

还须注意的是,德国进路不会导向法律适用的确定性,就此可以纯粹经济损失为例说明之。纯粹经济利益根本不在《德国民法典》第 823 条第 1 款的适用范围内。德国法学家认为,这个规定限制过度了[3],因此转而诉诸第 826 条,即行为违反善良风俗的责任规则,扩张该条的适用范围。比如,故意干扰合同关系总是被认为违反公共政策;因而,合同关系本质上受禁止故意干扰的一般保护。此外,尽管第 826 条要求满足故意要件,但法院和学界采取了更加开放的做法,将重大过失等同于故意。

8/53

德国法律实践还通过扩张合同关系这种保护纯粹经济损失的领域,为纯粹经济损失的损害赔偿开启新的道路。从而,缔约过失和"积极侵害债权"(positive Forderungsverletzungen)(违反合同当事人之间的注意义务,即使合同是无效的)被认为属于合同责任的领域,尽管相关义务并非基于当事人之间的协议。德国的法律人还利用某些像变戏法似的技巧,通过确立"交往安全义务"(Verkehrssicherungspflichten)[4]为纯粹经济利益提供保护。

8/54

由于自初学法律(legal childhood)时就被灌输了这套教义,德国的法

8/55

---

[1] Translation by Moréteau in: Oliphant/B. C. Steininger (eds), Basic Texts 85.
[2] Translation by B. C. Steininger in: Oliphant/B. C. Steininger (eds), Basic Texts 3.
[3] G. Wagner in MünchKomm, BGB V⁶ (2013) § 823 no 249.
[4] 马克西尼斯(Markesinis)和昂伯拉什(Unberath)对"交往安全义务"作了如下描述:"任何人当其活动或财产成为日常生活中影响他人权益的潜在致害源时,有义务确保他人不受其创设的这种危险损害。"See Markesinis/Unberath, The German Law of Torts⁴ (2002) 86.

律人似乎已经对所有这些可疑的做法习以为常了。[1] 不过,德国法外的观察者对此却印象深刻,由于法典是如此严格,德国同行们要么通过绕开制定法的规定,要么通过著名的"向一般条款逃避"(评注者们就《德国民法典》第 242 条和第 826 条的一般条款已经作出了充分说明),最终试图以极不合法的方式去规避法典的规定。这种宽泛意义上不合法的做法是一种培养坏习惯的毒药(a habit-forming drug),它们使德国法院和学界对违反立法者所作的根本性的价值判断和决定习以为常,毫无羞耻感。所有这些产生了一种令人难以置信的后果:那些宽容大度甚或有些散漫的奥地利人,相比于更爱条理的德国人,对自己的民法典更为尊重。

8/56　　据此可以获得一项法律政策上的教训:如果立法者试图用确定、详密的规则不合理地限制法院的裁量空间,最终得到的可能是事与愿违的效果,法律的确定性比之于更为弹性化的规则是更少而非更多。[2]

8/57　　但是,我们现在还必须对《奥地利民法典》第 1295 条作简要考察,将其与《德国民法典》处理纯粹经济损失的相关规则进行比较。初看之下,该条规定根本未言及纯粹经济利益。人们只能推论说,根据该条文义,似乎可以请求纯粹经济损失的损害赔偿,因为,第 1295 条规定,任何人有权向因过错造成其损害的人要求赔偿。不过,就纯粹经济利益应当受到何种程度的保护,以及如何认定造成纯粹经济损失的行为违反了注意义务,这些决定性问题的答案尚非明确。

8/58　　法国侵权法实践显示了像《奥地利民法典》那样的一般规定可以具有的发展空间:尽管《法国民法典》的侵权法规定与《奥地利民法典》基本相同,但是,现今的法国侵权法不仅与现今的奥地利侵权法完全不同,而且与有着相同法律基础的 19 世纪法国侵权法也极为不同。

8/59　　这种开放性的规定业已在国内法律体系内引发了很多问题,而在应予统一的欧洲私法规则内则引发了更多的问题,因为,鉴于各国的法律传统彼此相差很大,它们在各成员国内被以极不相同的方式作出不同解释。

8/60　　我认为,采取某种中间道路将是合理的。为此,瓦尔特·威尔伯克

---

[1] Cf on the following *Koziol*, Glanz und Elend der deutschen Dogmatik, AcP 212 (2012) 9 ff, 60.

[2] See F. *Bydlinski*, Juristische Methodenlehre und Rechtsbegriff² (1991) 533 f.

(Walter Wilburg)基于比较而构建的动态系统(flexible system)[1]能够提供有价值的支持[2],并指出了协调不同法典起草模式(如德国模式与法国和奥地利模式)的方式,这种不同模式的选择似乎已成为欧洲侵权法一体化进程中一个难以克服的障碍。[3]

威尔伯克提出了两项基本观点[4]:首先,他认识到,在较大的法律领域中,存在多项相互独立的评价和目标。因此,法律不应从某个单一的指导性思想角度加以理解、阐释或适用。但是,这肯定不允许导向某种自由法学,认为在个别决定程序中,存在无以数计的事先无法预料的随机观点,它们可被任意选择或被忽视。相反,特定法律领域的基本指导思想,应当根据它们在具体案件类型也即案件总体情况中的相互作用加以考虑。威尔伯克称其为相互独立的基本价值"要素"(elements)或"力量"(forces);我们也可以称之为"决定性因素"(factors)或者"体系构成原则"(system-forming principles)。[5] 威尔伯克有关原则的多元化和独立价值的理论,将其与其他所有试图基于单个基本思想对重要法律领域加以解释和运用的学说区别开来。这些学说总是过分强调某些基本价值和目的,或者通过拟制扩张其适用范围,或者通过贬低其他价值或目的,而无视其无可否认的重要性。因此,威尔伯克反对任何基于排他性原则(如过错)对侵权法作单一因果解释的理论。[6] 这种看法在今天已受到广泛接受,比如,人们认识到,除过错之外,源于物件或行为的高度致害危险也具有决定性的意义;此外,经济状况、利益的获得以及可投保性也可能发挥

---

[1] *Wilburg*, Die Entwicklung eines beweglichen Systems im bürgerlichen Recht (1950); *idem*, Zusammenspiel der Kräfte im Aufbau des Schuldrechts, AcP 163 (1964) 346 ff.

[2] 这在匈牙利是明显占主导性的观点,参见 *Menyhárd*, Ungarn no 4/18。

[3] 相关保留性意见,参见 *Brun/Quézel-Ambrunaz*, French Tort Law Facing Reform, JETL 2013, 80 ff。

[4] *F. Bydlinski*, A » Flexible System « Approach for Contract Law, in: Hausmaninger/Koziol/Rabello/Gilead (eds), Developments in Austrian and Israeli Law (1999) 10.

[5] 有关威尔伯格的系统与原则理论之间的关系,参见 *F. Bydlinski*, Die Suche nach der Mitte als Daueraufgabe der Privatrechtswissenschaft, AcP 204 (2004) 329 ff, as well as *idem*, Die » Elemente des beweglichen Systems «: Beschaffenheit, Verwendung und Ermittlung, in: Schilcher/Koller/Funk (eds), Prinzipien und Elemente im System des Rechts (2000) 9 ff.

[6] 英拉德提出过类似的观点,他指出:"在规范情形相互补充的概念的重要性,存在于不同价值的彼此限制效果中。"See *England*, Punitive Damages—A Modern Conundrum of Ancient Origin, JETL 2012, 1, 19.

作用。[1]

8/62　在重要的法律领域除存在复数原则外,动态系统还强调它们的层级性,换言之,这些"要素"的"相对"特征。特定案件的法律效果决定于这些要素在相互作用中的相对分量。于是,这些要素就呈现出某种清晰的、差异化的"或多或少"的结构。当原则之间发生冲突时,应当通过确定它们的优先顺序的方式加以调和。

8/63　需要着重指出的是,不仅在确定法律效果时要考虑相关要素的层级性,对法律效果本身也要考虑到可能的层级性。

8/64　就相关方法还需要精炼,理论的运用还需改进而言,对动态系统的批评无疑是正确的。但是,这种批评常常建基于某种误解之上,认为动态系统旨在尽可能使规则弹性化、不确定或模棱两可。然而,根本就不是这么回事,甚至于近乎诋毁。动态系统论最重要的学者弗朗茨·比德林斯基(Franz Bydlinski)提出了一种非常不同的基本观点[2],兹引述如下:"只要案件事实与相关规则的法律效果清晰完全,法律确定性和实用性的要求,也即法律的可预期性和简明易用性,以及公平或平等,就支持在立法技术上采纳固定规则的体系。在法律具有追求确定性的特殊目的情形,也不存在'动态化'的空间(或最多存在极小的空间)。就流通票据、不动产法、程序法或刑法来说,规则的动态化也肯定是不行的。"

8/65　鉴于不同案件所涉问题复杂且事实多样,要在私法中建构严格规则无疑并非总是可能的。[3]不过,即使威尔伯克也不赞同仅仅构造出一套裁量规则,它们在裁决程序中随意地被遵守或被忽视;相反做法亦非可取。但是,动态系统选取了一条中间道路,介乎于固定而严格的要件模式与含糊的一般条款模式之间;通过描述裁判者必须考虑的关键性要素,立法者就能够实现较高程度的具体化,并在相当程度上限制裁判者的裁量权。如此一来,一方面,法院的裁决变得可以预见和易于理解,另一方面,

---

[1] Cf *Koziol*, Basic Questions I no 6/1 ff.

[2] *Bydlinski*, Juristische Methodenlehre und Rechtsbegriff 534.

[3] 这一点并不总是被动态系统以及欧洲侵权法原则的批评者们考虑到,如 *Wagner* in: Koziol/Steininger, European Tort Law 2005, 666 ff. 使用极为概略的术语,如"违法性",而不列举相关的考量因素,只会导致更少的确定性或更多的不确定性。迄今为止,还没有人能够就纯粹经济利益的损害赔偿拟定出一套明确、固定的法律规则。当然,认为根本不应有赔偿纯粹经济损失的规则,或者应一般性地给予赔偿,都是不合适的。因此,只要批评者们不能同时提出更好的解决方案——至少目前还没有——批评意见就无所助益。

它也允许法官顾及不同案件中必须予以考虑的案件事实方面的差异。不同裁判要素所呈现的强度不同的相互作用,对于法律效果具有决定意义。

结论性评论:很明显,动态系统不仅对于国内法的发展具有特殊价值,而且在法律一体化方面尤具价值,它为最大限度满足两种对立诉求提供了适当的解决方案,也即,它不是要么仅仅设置亟须具体化的一般条款,要么设置一套无法妥当应对具体案件多样性、并成为适应情势变化障碍的僵硬规则。[1] 通过描述裁判者应予考虑的关键性要素,动态系统达到了相当高程度的具体化,对裁判者的裁量权作出了决定性的限制,以使裁判结果可以预见,并允许裁判者以受控制的方式对可能存在的案件事实的多样性加以考虑。因此,动态系统对欧洲法律的一体化或统一非常适合,它在德国法典模式与法国/奥地利法典模式之间提供了一种调和方案,那些在不同法律制度中被认为重要的因素都能够被纳入其中,并尽可能顾及重要性程度各异的各种评价。[2]

□ 第一节 导论

一、受害人自担风险、损害转嫁与基于保险的解决方案

(一)比较法述评

在《侵权责任法的基本问题(第一卷)》中(边码 1/1 以下),我讨论过在德国法族中,遭受损害的人须自负损害,除非存在特别的理由,可以正当地将损害转嫁给他人。不过,我也指出,在当今社会,越来越多的人认为,个人应当尽可能地免受任何风险。这个目标当然不可能通过扩大损害赔偿法的适用范围(不论适用要件如何宽松)来达到,因为,让某人免受风险总是要求——尽管有时包容广泛——归责理由,以使将损害由受害

---

〔1〕 就此问题,参见 On this *Koziol*, Das niederländische BW und der Schweizer Entwurf als Vorbilder für ein künftiges europäisches Schadensersatzrecht, ZEuP 1996, 587.

〔2〕 就此处所论问题更为详细的讨论,参见 *Koziol*, Rechtswidrigkeit, bewegliches System und Rechtsangleichung, JBl 1998, 619; *idem*, Diskussionsbeitrag: Rechtsvereinheitlichung und Bewegliches System, in: Schilcher/Koller/Funk (eds), Regeln, Prinzipien und Elemente im System des Rechts (2000) 311 ff.

人转嫁给其他人的做法能够被正当化。不过,在人身伤害情形,社会保障制度已经极大地消化了风险,而无须任何归责理由。这些保障制度的运作成本并非由投保的受益人全部负担,而是在很大程度上由政府或雇主负担。然而,这些社会保障给付通常并不改变依损害赔偿法应当承担的赔偿责任,因为,社会保障机构对于责任人享有追偿权。不过,根据工伤保护法,当造成雇员损害的雇主仅有轻微过失时,追偿的可能性将例外地被排除。支持这种例外的主要理由是,雇主为其雇员支付了全部或部分的社会保障费用。[1] 还值得注意的是,尽管将法律制度的首要目标设定为阻止损害的发生是明显合理的,但将所受损害的补偿范围增至最大方面进行的巨大努力却似乎成了主要的关注点。

8/68　　在匈牙利法律中,出发点也是受害人原则上应自负损害。不过,如Menyhárd描述的那样,匈牙利的情况表现出扩张赔偿责任的相同倾向。[2] 但是,与德国法族存在的一个差别是,匈牙利的法律在赔偿原则之外更加强调损害预防思想。在健康领域的社会保障给付,如同在德国法族一样,并不替代损害赔偿法,加害人的赔偿责任仍然存在,社会保险机构对加害人享有追偿权。

8/69　　再就日本法的情况来看,法律的出发点也是每个人应当自负因自己的行为或意外事件所生损害。[3] 像在其他很多法律制度中一样,通过大范围的过失客观化,赔偿责任也被扩大了。[4] 由于保险人对责任人享有追偿权,加害人也不能因社会保障给付而免除责任,但支付了保险费的仅具过失的雇主除外。[5]

8/70　　奥利芬特(Oliphant)在其提出的英国法国别报告中[6],也没有对任

---

[1] 参见《侵权责任法的基本问题(第一卷)》,边码2/75。更详细的讨论,参见 *Karner/Kernbichler*, Employers' Liability and Workers' Compensation: Austria, in: Oliphant/G. Wagner (eds), Employers' Liability and Workers' Compensation (2012) 63 ff, 95 f; *Waltermann*, Employers' Liability and Workers' Compensation: Germany, in: Oliphant/Wagner (eds), Employers' Liability 274, 276 ff; *G. Wagner*, New Perspectives on Employers' Liability——Basic Policy Issues, in: Oliphant/Wagner (eds), Employers' Liability 567 f.

[2] *Menyhárd*, Hungary no 4/1 f. 作者详细描述的基于误导性信息或建议的无过错责任在新法中明显被废除了。

[3] *Yamamoto*, Japan no 7/2 f.

[4] *Yamamoto*, Japan no 7/515 ff.

[5] See *Yamamoto/Yoshimasa*, Employers' Liability and Workers' Compensation: Japan, in: Oliphant/Wagner (eds), Employers' Liability 339 f.

[6] *Oliphant*, England and the Commonwealth no 5/8 ff.

何法律制度都以"所有者负担"(casum sentit dominus)原则为出发点提出质疑,该报告提到了普通法中"让损害留于损害发生处"的著名规则,这与格林(Green)和卡迪(Cardi)就美国法提出的报告是一致的。[1] 不过,奥利芬特还报告了扩大赔偿义务的趋势。在普通法中,对前述规则的考虑导致在健康领域确立了社会福利制度[2],以及基于保险的解决方案[3],这最先主要是在工伤领域展开[4],尽管在该领域中,基于保险的解决方案部分与损害赔偿法并存,部分替代了损害赔偿法;后来,这些规则发展成为适用范围更加广泛的社会福利制度。社会保障给付的可获得性不意味着加害人被免除责任,毋宁是在相关社会保障给付方面,或者在确立追偿权时,考虑到了加害人应当承担的赔偿义务。[5] 在一些普通法制度中,如英国的犯罪受害人[6],以及加拿大和澳大利亚的道路交通事故受害人,还享有损害赔偿法外的补偿给付。新西兰一般性的无过错损害赔偿制度非常有名,我们将在后文予以讨论。

Moréteau[7]明确指出,在法国法中,损害赔偿法虽未显示其以受害人应自负损害的原则为出发点,但同时认为,事实上,这似乎是共同的前提。他随后讨论了前面提到的使受害人免受任何风险的趋势,以及我就此所作的批评,即这种做法忽视了一个无可辩驳的事实:对受害人的赔偿给付没有消除业已发生的损失,只是将其转嫁给了其他人,也即,仅仅发生了损害的转移,其他人由于必须负担该损失而遭受了不利。Moréteau赞同这个看法,只是将其限于纯粹的损害赔偿法领域,并指出这种境况如何通过商业保险政策以及社会保险制度予以改变:以这种方式使受害人自负损害成为例外,据此由交换正义转向矫正正义。这与另一个广为接

---

[1] *Green/Cardi*,USA no 6/16.

[2] *Oliphant*,England and the Commonwealth no 5/17.

[3] *Oliphant*,England and the Commonwealth no 5/13 ff.

[4] *Oliphant*,England and the Commonwealth no 5/14 ff; *Oliphant*,Landmarks of No-Fault in the Common Law, in: van Boom/Faure (eds), Shifts in Compensation Between Private and Public Systems (2007) 44 ff; further *Lewis*, Employers' Liability and Workers' Compensation: England and Wales, in: Oliphant/Wagner (eds), Employers' Liability 137 ff. For the USA in this respect *Green/Cardi*, USA no 6/19 ff.

[5] 就此提出的批评意见,参见 *Wagner* in: Oliphant/Wagner (eds), Employers' Liability 570 ff.

[6] *Oliphant*,England and the Commonwealth no 5/19.

[7] *Moréteau*,France no 1/1.

受的观点是一致的,这种观点认为,依循社会连带思想,让所有社会成员共同承担风险,对社会来说是更好的选择。在他看来,这样的政治决断已被证明是可行的。但是,Moréteau也指出,这不能使法国免受过度扩张责任领域的责难。

8/72　　Moréteau的前述看法指出了法国法的两个重要方面:一方面,如其最后所言,是损害赔偿法的过度扩张;另一方面,强调社会连带思想,通过损害赔偿法外的制度设置预防风险。后者由商业保险和社会保险所组成,除雇主造成雇员人身伤害的情形外[1],社会保险制度规定了对负有责任的加害人的追偿权[2],加害人因此不能免于赔偿义务。为了理解法国的(损害分担)制度,如下的看法是很重要的:"至少就法律实践而言,法国法中的民事责任不再是中心,毋宁只是边缘化的法律机制。"[3]如下的评论也很重要[4],它指出,在法国,损害预防的任务不再主要分配给损害赔偿法,而是越来越多地与刑法相关。这涉及损害赔偿法的基本功能定位,以及它与其他法律部门之间的互动,在这方面,人们可以发现法国法与德国法族存在相当大的差异。

8/73　　相反,在法国法与斯堪的纳维亚法律之间则没有如此大的差异,当后者逐渐关注受害人利益时,它甚至超过了法国法。如Askeland强调的那样[5],尽管挪威的损害赔偿法也立基于"所有者负担"原则,但分配正义观念还是获得了广泛支持,交换正义观念则受到更多限制:首先,让受害人获得充分补偿被认为很重要;其次,在多数人看来,让造成损害的人赔偿该损害是正当的,这自然而然导致了广泛的归责,尤其是扩张无过错责任的适用范围。

8/74　　在更近的时期,斯堪的纳维亚国家基于保险的解决方案和社会保障网络与损害赔偿法一起,在人身损害情形确保受害人获得极为广泛的补偿,但这不及于其他损害类型。此外,通过扩大强制保险的范围,受害人的境况得到了进一步的改善,它在很大程度上消除了损害赔偿请求权无

---

[1] See G'sell/Veillard, Employers' Liability and Workers' Compensation: France, in: Oliphant/Wagner (eds), Employers' Liability 224 ff, 229 f: 仅当雇主的过错是不可原宥的或者属于故意时,劳工补偿机构(Workers' compensation institutions)才对其享有追偿权。

[2] Moréteau, France no 1/54.

[3] Moréteau, France no 1/13.

[4] Moréteau, France nos 1/7 and 68.

[5] Askeland, Norway no 2/2.

法实现的风险。[1]值得注意的是,在斯堪的纳维亚国家,对补偿观念的关注导致加害人的责任被极大地免除,至少在人身损害领域是如此:社会保障机构未被授予对加害人的追偿权,除非加害人的行为属于故意。[2]这种做法消除了损害赔偿法的预防功能,但并未引起重大的争议,因为损害预防根本就不被认为属于损害赔偿法的功能。此外,通过在所获社会保障利益的同等限度内减少对加害人的赔偿请求权,这项制度避免了对受害人的过度补偿。这意味着,社会保障在相当程度上免除了加害人的赔偿责任,并相应减少了人身损害情形通常极高的实现损害赔偿请求权的费用。当相关领域存在责任保险时,社会保障通过发挥替代功能,最终也减轻了责任保险保险人的花费。不过,那些责任保险的投保人至少也享受到了一项好处,有时候他们将不用支付保险费,这些成本被转移给为社会保障体系提供来源资金的一般社会公众。[3]因而,在挪威法中,损害赔偿法已被部分排除于人身损害领域,最终处在相对于社会保障给付的补充地位。[4]

波兰法仅在次要方面与挪威的做法有别:如 Ludwichowska-Redo 在其报告中所述[5],"所有者负担"原则并未在立法中被明确提及。不过,在她看来,该原则毫无疑问是波兰损害赔偿法的基础。但是,波兰也追随了扩张受害人保护的一般倾向:一方面,该报告谈到了责任的扩张,尤其是通过如下方式的责任扩张,如过失的客观化、单纯以违法性为基础确认损害赔偿请求权、扩大无过错责任以及非物质损害的可赔偿范围等。[6]另一方面,社会保障制度也适用于人身损害情形。尤其值得注意的是,在波兰,社会保障机构对于加害人也没有追偿权[7],仅在因故意致害造成他人丧失劳动能力的情形,就由此发生的特别社会保障给付例外享有追

---

[1] *Beck*, Das patchworkartige System der Haftpflicht-Versicherungsobligatorien, in: Fuhrer/Chappuis (eds), Liber amicorum Roland Brehm (2012) 1 f; *Merkin/Steele*, Insurance and the Law of Obligations (2013) 256.

[2] *Askeland*, Norway no 2/4, at FN 7.

[3] *Askeland*, Norway no 2/5.

[4] *Askeland*, Norway nos 2/2 f and 6.

[5] *Ludwichowska-Redo*, Poland no 3/1 ff.

[6] *Ludwichowska-Redo*, Poland no 3/2.

[7] 仅在故意致害情形,理论上对加害人有追偿权。See *Bagińska*, Medical Liability in Poland, in: B. A. Koch (ed), Medical Liability in Europe: A Comparison of Selected Jurisdictions (2011) 413 f; *Ludwichowska-Redo*, Poland no 3/36, at FN 77.

偿权。[1] 因而，如同在斯堪的纳维亚法律制度中一样，波兰法也通过社会保障制度部分地排除了损害赔偿法。而且，在医疗事故致害情形，可由患者选择的法庭外损害补偿体系[2]，确保患者在一定金额范围内快速获赔，因患者需在由该体系所获金额范围内放弃依损害赔偿法所享有的一切请求权[3]，故具有排除损害赔偿法的效果；相应地，这些赔偿请求权也未转移给补偿体系的运行管理机构。

（二）结论

1. 依据损害赔偿法的责任扩张

8/76 在所有国别报告中，依据损害赔偿法扩张责任的倾向都受到强调。通过令加害人承担赔偿责任的方式对受害人提供尽可能周到的保护，毫无疑问是值得赞同的。不过，有时也令人产生如下印象，即加害人的正当利益可能被忽视了。必须考虑的是，每一项对受害人额外或增加的赔偿支付，都会给其他人施加额外的补偿义务；每一次对一方当事人保护水平的提升都必定对另一方当事人的行动自由带来更多的限制。[4] 而且，依损害赔偿法对受害人的受损利益加以补偿，只有在受害人相比于加害人更值得给予保护的情况下才能被正当化，也即存在充足的归责理由。要是超出前述范围，损害只能通过其他方式，尤其是损害负担的分散去解决。借助政府补偿，或者利用保险制度将损害在数量众多的人员之间分摊，能够将损害负担转移给一般公众，从而达成损害分散的目的。

8/77 此外，当试图对已经遭受的损害扩大赔偿时，就法律制度的首要任务，即应否先通过安全保障措施预防损害发生，似乎很快引发了争论。[5]

---

[1] *Ludwichowska-Redo*, Poland no 3/36 f. Cf further *Dörre-Nowak*, Employers' Liability and Workers' Compensation: Poland, in: Oliphant/Wagner (eds), Employers' Liability 387.

[2] *Ludwichowska-Redo*, Poland no 3/4; *Bagińska*, The New Extra-Judicial Compensation System for Victims of Medical Malpractice and Accidents in Poland, JETL 2012, 101 ff.

[3] *Bagińska*, JETL 2012, 103.

[4] 就这个问题，请参见 *Picker*, Vertragliche und deliktische Schadenshaftung, Juristenzeitung (JZ) 1987, 1052；也请参见 *Yamamoto*, Japan nos 7/68 ff, 361 ff and 600 ff.

[5] 这显然不适用于法国的情况，参见 *Moréteau* 所作法国国别报告，边码 1/7。也请参见 *Schamps*, The Precautionary Principle versus a General Principle for Compensation of Victims of Dangerous Activities in Belgian Law, in: Koziol/B. C. Steininger (eds), European Tort Law 2004 (2005) 121 ff.

赔偿不会消灭损害,而只是将其转嫁给他人。Van Boom 及 Pinna[1]就此正确地强调说:"就社会整体而言,对那些可以较低成本加以避免的侵害给予赔偿,始终是次优的解决办法。"因此,不仅要利用损害赔偿法的威慑效果,甚至不限于私法措施,还要利用其他法律尤其是行政法的措施以预防损害,就此应当予以特别注意。[2]

通过承认无过错责任[3],尤其是危险物保有者的无过错责任以扩张赔偿义务(英国例外),在今天已经非常引人注目了。由于这种责任立基于被接受的基本观念之上,且一般被认为会产生合理的效果,所以,这方面的发展原则上不会引人质疑。不过,不要求任何违法行为的责任扩展则是成问题的。由于这种责任没有被明文规定[4],致使相关裁决无所依凭,未来的裁判结果无法预见,案件事实与责任要件被操控,裁判基础无法追溯至有效的法律规范,仅仅建立在主观评价基础之上。此外,要是规范创制者忽视了基础性的考虑因素,对加害人施加不再被认为正当的负担,责任制度的开放性发展也同样是令人担忧的。这种危险在何种程度上业已表现出来,或者已成为一种明显的威胁,在涉及损害赔偿法基本问题的回答时,这个问题将会一再被提及。在欠缺归责的充足理由时,对加害人施予的无法被客观正当化的负担始终应予避免,并且,亦应尽力实现对遭受不利的受害人的更多补偿,这种补偿被认为有必要利用保险制度或者通过政府等损害分担方式来实现,如法国大体上所采取的做法那样。

2. 责任法与社会福利制度

现在,我们可以更加细致地考察一个更具一般性的问题了,即用社会福利制度去补充甚至替代损害赔偿法是否值得,以及在何种程度上是值

---

[1] *Van Boom/Pinna*, Shifts from Liability to Solidarity: The Example of Compensation of Birth Defects, in: van Boom/Faure (eds), Shifts in Compensation Between Private and Public Systems (2007) 180.

[2] 就此问题,也请参见 van Boom/Lukas/Kıssling (eds), Tort and Regulatory Law (2007), in particular *Faure*, Economic Analysis of Tort and Regulatory Law 400 ff, 422 ff; and *Lukas*, The Function of Regulatory Law in the Context of Tort Law—Conclusions 452 ff.

[3] 对此特别加以强调的观点,主要见于 Moréteau 所作法国国别报告,边码 1/4。也请参见 *Gilead*, On the Justification of Strict Liability, in: Koziol/Steininger, European Tort Law 2004, 28 ff.

[4] 参见《侵权责任法的基本问题(第一卷)》,边码 6/145。

得的。在涉及人身损害情形,欧洲法律制度和美国不同[1],损害赔偿法在实质上已受到社会福利制度的补充,甚至——尤其在劳工赔偿领域[2]——被其替代,这的确已经成为事实;在医疗领域,有关采用无过错损害赔偿制度的讨论则再次趋于平静。[3]

8/80 这种保护扩张限于人身损害领域的事实,其正当化的根据一方面与人身权益处于最高位阶的情况有关,另一方面与受害人的生计(因伤害)经常受到威胁有关。因此,当涉及人身损害时,不管造成损害的原因是什么,受害人在所有情形下都应当获得损害赔偿。取消审查责任构成要件的必要性,也极大地有助于实现第二个方面的目标,即及时支付损害赔偿金。但是,一般而言,这仅涉及足以满足基本需求范围内的赔偿金,而不会扩及于全部损害赔偿金。

8/81 在财产损害赔偿情形,法律保护则没有以同等程度扩张;此外,财产损害与保护需要也因个案而有区别,因此,让潜在的受害人自己采取措施防御受害风险就更为合理。尽管在此所讨论的法律制度之间存在基本一致的认识,但在人身损害情形,就社会福利的保障程度,即哪些费用应当纳入保障范围,以及人身损害赔偿金的支付额度等问题,它们之间仍然有所不同。

8/82 然而,与损害赔偿法相关的更大差异则似乎表现在社会福利给付机构对加害人进行追索的可能性方面。至少在乍看之下,就此似乎存在基本问题上截然相反的观点,很难看出各欧盟成员国如何能够形成协调一致的看法。

8/83 反对一般性排除追偿权的观点主要是认为,这会造成在社会福利给付范围内,人身损害领域的损害赔偿法的功能被替代,从而在实质上弱化

---

[1] See *Green/Cardi*, USA no 6/19; *Hyman/Silver*, Medical Malpractice and Compensation in Global Perspective: How does the U. S. Do it? in: Oliphant/Wright (eds), Medical Malpractice and Compensation in Global Perspective (2013) 475.

[2] 就此问题请参见 *Klosse/Hartlief* (eds), Shifts in Compensating Work-Related Injuries and Dis-eases (2007); *Oliphant*, The Changing Landscape of Work Injury Claims: Challenges for Employers' Liability and Workers' Compensation, in: Oliphant/Wagner (eds), Employers' Liability 524 ff, 556 ff; *Wagner*, New Perspectives on Employers' Liabil-ity—Basic Policy Issues, in: Oliphant/Wagner (eds), Employers' Liability 567 f.

[3] 就采用这种制度的提议及其落实,参见 *Dute/Faure/Koziol* (eds), No-Fault Compensation in the Health Care Sector (2004); *Koch*, Medical Lia-bility in Europe: Comparative A-nalysis, in: B. A. Koch (ed), Medical Liability in Eu-rope 650 ff.

其预防功能。这种看法只受到很弱的反驳:排除社会保障机构对加害人的追偿权,只会节约很少的执行费用,因为加害人通常都具有第三者责任保险(覆盖了绝大多数道路交通事故造成的人身损害),由于存在预先订立的一次性补偿协议,社会保障机构与第三者责任保险人之间的追偿请求权能够以花费不多的方式予以实施。[1]

不过,这恰恰反映出一个实质性削弱反对排除追偿权观点的方面:由于绝大多数加害人都有第三者责任保险——再次请记住道路交通事故的例子——因此,即使社会保障机构享有追偿权,这类加害人最终也不必自己承担损害后果,这意味着威慑效果早就已经丧失了。在责任保险人承担了损害时,仍然可能残留某种威慑效果,这种效果——如果有的话——表现在,致害事件的频率将影响责任保险的保险费率的确定,如果追偿权被排除,这种残留的威慑效果也将会丧失。而且,还必须考虑到,加害人可能要对某些社会保障给付未能覆盖部分的人身损害,以及通常伴随发生的财产损害承担责任[2],因此,在确定责任保险的保险费率时,在考虑致害事件的频率时仍然可能要顾及这种残留效果。此外,还需提及的是,未被社会保障所覆盖的损害仍将保留威慑效果,在不存在社会保障时,这种威慑效果最为充分。最后,支持者一方也必须记住,就排除追偿可能性而言,损害赔偿法的威慑效果——无论如何,在某些时候它是有疑问的[3]——只是该法律领域的辅助性功能。威慑功能主要通过刑法以及行政处罚措施来发挥,前者通常也适用于人身损害,尤其是在道路交通事故情形,而后者完全与追偿权之要否问题无关。

---

[1] See in *Basedow/Fock* (eds),Europäisches Versicherungsvertragsrecht (2002),the country reports Fock,Belgium 289; *idem*,Netherlands 892; Scherpe,Nordland (Denmark,Sweden) 998; *Rühl*,United Kingdom and Ireland 1503; *Lemmel*,Austria 1106;有关德国的进一步情况参见 *Deutsch*,Das neue Versicherungsvertragsrecht6 (2008) no 289 ff;奥地利的情况参见 *Schauer*,Das Österreichische Versicherungsvertragsrecht³ (1995) 331 f.

[2] 不过,这种社会保障与补充性损害赔偿请求的双层制度设计是较为复杂的,实际上并未得到推荐。参见 *Wagner*,New Per-spectives on Employers' Liability—Basic Policy Issues,in: Oliphant/Wagner (eds),Employers' Liability 597 f.

[3] 参见上文边码 8/67 以下关于德语国家以及匈牙利、英格兰和日本情况的说明。有关比较法情况的介绍也请参见 *Magnus*,Impact of Social Security Law on Tort Law Concerning Compensation of Personal In-juries—Comparative Report,in: Magnus (ed),The Impact of Social Security Law on Tort Law (2003) 280 ff.

8/85   然而,在绝大多数情形,欧洲各国[1]与日本的社会保障制度甚至在人身损害领域都没有完全排除损害赔偿法。不过,在一个特殊领域存在例外,尤其是雇主侵害雇员情形,其主要是考虑到,雇主为雇员支付了全部或部分社会保障费,因此应当解除其责任,至少对于轻过失致害情形是这样。[2] 即使在对加害人进行追偿——如斯堪的纳维亚与波兰法律制度中那样[3]——被排除的情形,它也只是在社会保障给付的限度内部分替代了损害赔偿法,超过社会保障给付的损害赔偿义务仍然不受影响。没有哪个法律制度会认为,一般化的以保险为基础的解决方案要么完全取代了责任法,要么仅在人身损害领域取代了责任法,也没有哪个法律制度在认真着手实施这种方案,即使在人身损害领域也是如此。[4] 在美国,基于保险的解决方案遭遇了极为强烈的抵制[5],分配正义观念在其中似乎发挥了重要作用。

8/86   当Moréteau[6]强调基于保险的解决方案的好处时[7],他实际上想到的也是一种未全面取消威慑功能的典型保险解决方案,一方面是因为存在超出保险范围的损害赔偿请求权,另一方面则利用保险费率的确定和保险免赔额发挥作用。这基本上与当前欧洲制度在相当程度上保持了一致。

8/87   只有新西兰在人身损害情形采纳了一种全面且无须过错的国家赔偿制度[8],除了这个领域的损害赔偿法被完全排除掉外,偶尔对超出保险给付的损害也同样排除。奥利芬特(Oliphant)提到的那些坏处,如赔偿

---

[1] 这也适用于法国法,该国法律在受害人赔偿方面表现得尤其大度。参见 Moréteau, France no 1/11.

[2] 参见《侵权责任法的基本问题(第一卷)》,边码 2/75;也请参见上文边码 8/69。

[3] 参见同上书,第 8/74 以下。

[4] See Oliphant, England and the Commonwealth no 5/18.

[5] Green/Cardi, USA no 6/16;对政府干预的根本反感清晰反映在如下表述中:"政府干预是一种恶,它不可能被当作善。"

[6] Moréteau, France no 1/8 ff.

[7] Moréteau 在《法国国别报告》边码 1/9 还提到一项好处,即基于保险的解决方案相比于损害赔偿法而言,损害的完全赔偿目标不会因应付的律师费用而受挫。不过,这与损害赔偿法的不足无关,毋宁是承担法律程序花费的制度方案不够妥当,实际上只有美国是这种情况,并且无须对整个赔偿制度作根本性改变就很容易地消除这个问题。此外,还需记住的是,即使是针对保险机构的请求权,通常也有必要雇请律师处理。

[8] Oliphant, England and the Commonwealth no 5/22 ff; Oliphant, Landmarks of No-Fault in the Common Law, in: van Boom/Faure (eds), Shifts in Compensation Be-tween Private and Public Systems (2007) 68 ff.

限额、预防功能的丧失[1]以及政府承担的重大负担(由于不法行为人被免除了责任,政府对其不享有追偿权),相比于该制度的好处,即独立于致害原因的损害赔偿、低廉的执行费用以及受到强调的社群观念(notion of community),在新西兰过去是、将来仍将是不重要的。

8/88　新西兰的例子迄今为止在激发其他国家效仿方面并没有充分的说服力。这是可以理解的[2]:对人身损害予以限额赔偿,从而无法对评价最高的权益给予充分保护,这应当看作是该制度的一个严重不足。当考虑到财产损害常常会伴随人身损害而发生,按照损害赔偿法的规则,对于财产损害的赔偿仍然必须利用通常的法律手段单独进行,故而关于(该制度的)实施成本不高的主张也只是相对而言。欧洲多数国家所采纳的结合损害赔偿法与保险制度的方案,看起来就更具优势,它利用了社会保障制度的长处,同时又避免了与完全抛弃损害赔偿法相关的短处。不过,在人身损害情形排除对加害人追偿之可能性的做法,造成损害赔偿法部分被(社会保障制度)所替代,前述后一种优势就不再具备了。

3. 在人身损害情形结合损害赔偿法与社会保障法的中间解决方案?

8/89　在人身损害情形,如何结合社会法与损害赔偿法,使相关损害最终按照损害赔偿法的原则予以承担? 法国将**损害赔偿社会化**的倾向与斯堪的纳维亚国家和波兰通过排除对加害人追偿的可能性而替代损害赔偿法的做法[3],和其他法律制度形成鲜明对照。这样两种制度,完全替代与彼此结合的做法,看上去和谐并存。不过,似乎可能的是,通过进一步发展斯堪的纳维亚模式,同时又发展有关雇主致害雇员的既有解决办法,就可以开发出一种中间解决方案,以尽可能保留两种制度的好处,又尽量避免

---

[1] 格林(Green)与卡迪(Cardi)以及奥利芬特对此抱有极大的怀疑态度(参见 *Green/Cardi*, USA no 6/20, and Oliphant, England and the Commonwealth no 5/25),他们指出:"必须认识到,这种制度已经被采用,有许多方式可供重塑——至少在某种程度上——与侵权程序相同的激励效果,例如,以过往致害事件为基础的经验费率,以及依据安全管理措施评估结果的浮动费率等。"

[2] 参见《侵权责任法的基本问题(第一卷)》,边码 1/10 以下。

[3] 在加害人仅有轻过失的情形,对投保人及社会保险机构追偿权的一般性反对观点,参见 *von Goldbeck*, Grenzen des Versichererregresses, ZEuP 2013, 283。他的提议不具有说服力,因为,这将造成第三者责任险的被保险人通过保险费的支付将加害人也纳入保险范围。反对前述看法,并提出通过令加害人赔偿部分保险费的方式来避免消除赔偿义务的威慑效果的尝试也不太妥当,因为,这会让受害人为获得小额的保险费补偿而承担相关的风险、精力与花费。而且,轻过失与重过失的分界也不是很清晰,受害人权利的实现将取决于这样一个难以评估却具有重要意义的因素。

其不足。对此应当予以深入讨论,以期能够在欧洲获得接受;由于美国[1]对政府管制性的干预存在根本性的反感,在其法律制度中是不大可能接受这种解决方案的。

8/90　　一方面,结合社会保障与损害赔偿法的传统制度实现了对受害人快速赔偿的首要目标,这种赔偿基于社会保障且不考虑造成损害的原因为何;但是,这种给付通常是有限额的,因而不能实现充分赔偿。另一方面,社会保险机构对加害人追偿的可能性意味着,相关花费必须由按照一般归责规则负有责任的人承担。这表明,受害人获得快速赔偿的利益并不取决于社会保障制度框架内严格限制条件的满足,交换正义观念与威慑观念也完全相容。

8/91　　然而,必须考虑的是,在多数情形下,加害人的赔偿义务都会被自愿或强制的责任保险所涵盖,因此,社会保险机构的追偿权只能发挥很小的威慑效果,其取决于考虑致害风险的相关保险费计费基础。不过,损害赔偿的非难观念仍然可以发挥作用,因为应当负责的加害人必须支付保险费,从而须承担相应的责任保险的投保成本。

8/92　　反面来看,由于社会保障机构与加害人方面的责任保险人之间存在追偿关系,相关的程序费用将会产生两次。不过,鉴于社会保险机构对向有责任保险的加害人主张赔偿的受害人,通常采用年度一次性费用支付方式,这方面的花费就很低,因而没有(对现行制度)加以简化的迫切需要。

8/93　　斯堪的纳维亚—波兰模式,当然也对受害人提供了与传统制度相同的好处,还可以带来更多的好处,其排除追偿的基本观念业已消除了支付两次程序费用的需要。不过,由于排除了社会保险机构对加害人或其责任保险人的追偿权,该种解决方案的问题在于完全舍弃了损害赔偿法的威慑效果,只是通过基于风险的保险费率调整而最低限度地间接保留了这种效果。令人担忧的是,有些加害人——和某些法律制度中劳工意外伤害保险领域的雇主不同[2]——甚至不必负担向保险人支付的与损害

---

[1] See *Green/Cardi*, USA no 6/16.

[2] See *Engelhard*, Shifts of Work-Related Injury Compensation. Background Analysis: The Concurrence of Compensation Schemes, in: Klosse/Hartlief (eds), Shifts in Com-pensating Work-Related Injuries and Diseases (2007) 74; *Wagner*, in: Oliphant/Wagner (eds), Employers' Liability 567 f.

相关的保险费花费,而是将这类花费转嫁给一般公众;由于社会保障是一种损害保险,因此,相关花费被转嫁给了潜在的受害人全体。[1]

就斯堪的纳维亚—波兰模式欠缺威慑效果的担忧而言,也可以从反面指出,不管怎样,损害赔偿法是否真的具有这样的效果,也是常被质疑的[2],况且,实际存在的威慑效果也会因自愿或强制的责任保险的利用而受到实质性地削弱。最后,还可以主张,在人身伤害情形,如下因素也会对加害人构成威胁:他很有可能要就不被社会保障给付涵盖的受害人所受财产损失支付赔偿金,更多是要就不在社会保障给付范围内的非物质损害承担赔偿责任,甚至可能遭受具有明确威慑效果的刑事制裁。这些看法当然是有道理的,但仍然要认识到,刑法并不总是可以适用,即使在存在责任保险的情况下,损害赔偿法仍然需要发挥某种威慑效果,保险费制度需要进行相应的设计,加害人因此也必须预料到,除刑事制裁外,其因加害行为还将面临经济上的明显不利。 8/94

然而,最重要的是,有关威慑效果的这些看法无法否定反对排除追偿权,从而反对免除加害人责任的一个主要理由:排除追偿权将让社会保障来最终防护损害,使负有责任的加害人甚至都不用负担与责任风险相应的责任保险花费。就事实上享受责任保险保障的加害人而言,当应付保费既已核定,他就无须再顾及实际发生的损害,因为该损害最终将由社会保险机构承担,也即不存在对加害人或责任保险人追偿的问题,从而也就不存在前述意义上的责任风险。反之,[在核定社会保险的缴费额时,]特别关注社会保险机构在前述情形没有追偿权,从而必须最终承担人身伤害之全部花费的事实,看起来也极为可疑。无论如何,社会保险费的缴付并不遵循适用于责任保险的相关规则,而是遵循社会保险的相关原则,故而,社会保险的缴费人无须像责任保险那样依损害风险按比例缴付社会保险费。 8/95

要构建出一个妥当的解决方案,负有责任的加害人就至少应像劳工意外事故保险情形的雇主那样,必须负担与其现实化的责任风险相关的保费支出。有必要记住社会保险机构的功能,它们对加害人或责任保险 8/96

---

[1] Askeland 也强调了这一点,参见 Askeland, Norway no 2/5.
[2] 参见《侵权责任法的基本问题(第一卷)》,边码 3/5.

人的追偿权都被排除了：恰如Askeland[1]所强调者，亦如在劳工意外事故保险情形业已指出者[2]，以这种方式构造的社会保险，实际上是一种有利于加害人的涉及人身损害的一般性强制责任保险。然而，它无法获得实质上的正当化，每一项或至少与风险相应的每一项责任保险负担，都由应当对损害负责的加害人转移到一般公众，因为社会保障资金来源于雇主的缴费，以及按所得核定的被保险人的缴费和政府补贴。[3]这种解决方案也未能在更加广阔的范围内虑及交换正义观念。

8/97 因此，有必要对涉及可归责损害的社会保险的第二种功能——即设置排除故意情形外之追偿可能性的强制性责任保险——给予特别考虑及相应处置；原则上，只要事实上发生了有利于应负责任之加害人的强制责任保险效果，加害人就须负担与风险相应的保费成本。这肯定不能通过对所有社会保险的被保险人（insurance-holders）、雇主以及政府提高社会保障缴费额的方式实现目的，因为这意味着——与责任保险不同——对具有完全不同责任风险的各种危险活动及具体的责任基础不加区分。不过，在挪威，机动车所有人和雇主必须向社会保险机构缴纳相关的费用，这至少是朝正确的方向迈出了一步[4]；但是，这还不够，因为它没有包括所有受益于"社会责任保险"的潜在责任人，而只挑选了两个重要的群体。尽管如此，这部分"社会责任保险"还是有其意义的，作为一种合同性的责任保险，通过让应付保费与致害风险挂钩，能够确保依损害赔偿法应负责任的人必须支付与其所致责任风险相应的费用。这样就可以像传统制度那样维持部分威慑效果。

8/98 换言之，必须认识到社会保险机构事实上发挥着两种功能：一方面，是有利于病患与遭受伤害者的传统损害保险；另一方面，是有利于那些以可归责方式造成他人人身伤害者的责任保险。为了妥当应对不同风险，这两种不同的保险功能有必要与不同保费核算基础相匹配。两种功能由一项制度承担的事实，不应对此有任何改变，因为，这只是在一项制度中

---

[1] *Askeland*, Norway no 2/7.
[2] *Deinert*, Privatrechtsgestaltung durch Sozialrecht (2007) 267 ff；与之保持一致的看法，参见 Basic Questions I no 2/75；日本的类似观点参见 *Yamamoto/Yoshimasa* in: Oliphant/Wagner (eds), Employers' Liability 340.
[3] *Askeland*, Norway no 2/5.
[4] *Askeland*, Norway no 2/7.

结合了不同任务而已。

据此,排除社会保险机构对加害人以及其他责任保险所保障者的追偿权,就不再有任何问题,而能够获得避免两次程序费用的好处。当然,对社会保障的提供者来说,核算相关的缴费额将变得更为复杂。 **8/99**

为了减轻社会保障提供者的负担,将"社会责任保险"托付给保险公司,最终结果是否更不切实际且更加低效,就此还应当加以考虑。为了真正实现社会保险统一承保(blanket coverage),针对每个人的合同性责任保险必须变为强制性的。广泛的负担分散意味着它可以被低廉地提供。社会保障提供者对责任保险人的追偿也可以采取按年度一次总付的方式,这方面业已开展的测试程序可为示范。 **8/100**

由于该制度并未抛弃依损害赔偿法进行归责的一般规则,而只是设置了一般性的责任保险,因此,在就引入"社会责任保险"涉及的相关争论中,还有一些重要问题需要加以考虑。责任保险的保障范围应当确定在何种范围内的问题应予特别关注。现在,社会保险不再对人身损害提供完全赔偿;反之,合同性的责任保险始终受最高赔偿限额的限制。如果该制度被保留,它将有助于发挥威慑效果,因为,当损害赔偿额较大时,加害人的责任将会再次被关注,但这也意味着,如果发生了特别巨大的损害,加害人将以自己的财产支付赔偿金,于是,在极为严重的损害情形,受害人可能将不得不承担赔偿金的支付风险,很可能无法获得完全赔偿。因而,这表明,在加害人和受害人都能够受到完全保障的较不严重的损害情形,可以维持现有的不够一贯的制度,但在他们都受到特别严重影响的情形,则不应维持现有制度。此外,还必须注意到,保险的赔偿限额及可赔偿损害的规定意味着,受害人为了获得完全赔偿,还须依损害赔偿法提出附带的权利主张。这不是一个值得赞同的制度,恰如 G. 瓦格纳(G. Wagner)[1]就劳工意外伤害保险的这种设计所正确强调的那样:"劳工赔偿制度旨在通过给付额相对更少的特别规则(rather parsimonious quantum rules)与管理费用的节省以平衡给付额更为慷慨仁慈的责任规则(more generous liability rule)。如果受害人被允许在民事法庭就补充性的损害赔偿问题提起诉讼,这些成本平衡就被扰乱了,相关管理费用的节省就被浪费掉了。实际上,这种双层制度设计是最差劲的,它使整个社 **8/101**

---

[1] *Wagner*, in: Oliphant/Wagner (eds), Employers' Liability 597 f.

会不是承担一套而是两套补偿机制的花费。"只有至少在所有人身损害（甚至包括非物质损害）情形都采取强制性责任保险，这种昂贵的——对受害人亦如此——保险保障与损害赔偿请求权并存的局面才可能在很大程度上被避免；而财产损害方面仍然可能会存在单独起诉的情况。不过，尽管参加责任保险的一般义务意味着，即使对数额巨大的责任也至少可以获得成本极为低廉的保险保障，但无限制的保险保障也肯定是有问题的；除此之外，只有那些保险额更高的自愿保险才会被保留下来。于是，有必要考虑的是，提供无限制保障是否可能，或至少可以将保险额上限提到如此之高，使之足以保障任何可预见的损害。

8/102　　还应当考虑的是，如果保费依致害风险核算，该如何保持损害赔偿法特有的避免损害的激励。[1] 最后，也不应忽视如下的选择，即当加害人不再值得保护，尤其是在因故意或严重疏忽造成损害时，以及加害人因致害行为而获得利益时，准予部分或全部追偿。

二、严格限定与刚性规范抑或渐进转换与弹性规则？

（一）比较法述评

8/103　　并非所有的国别报告都全面讨论了请求权基础的严格界分、受绝对保护的权益和不受保护的利益，以及"全有—全无"原则或弹性规则的好处等问题。这可能是因为欠缺基本规则方面的相关讨论之故。不过，至少某些重要方面还是得到了探讨，且在讨论某些具体问题时也的确涉及了相关论题，并进行相应的讨论。

8/104　　Menyhárd[2] 就匈牙利的情况强调指出，该国法律存在一种规则更加开放的倾向，允许法院享有裁量空间，从而认可一种富有弹性的制度。他主张区别对待两个问题，一是对具体法律概念作清晰界分的必要性，二是承认［概念间］的渐进转化与层次性加以区别对待。他同时还强调，严格区分受绝对保护的权益与不受保护的利益的做法不为匈牙利法律所接受，尽管在评估相关法益时也会对此有所考虑。"全有—全无"原则在理

---

[1] 就这个问题请参见 G. Wagner, Tort law and liability insurance, in: Faure (ed), Tort Law and Economics (2009) 389 ff.

[2] Menyhárd, Hungary no 4/13 ff.

论上被承认,但在实践中并未得到贯彻,尤其是在承认部分因果关系,也即承认整个损害中的某些部分时如此。

不过,就法国的情况来看,Moréteau[1]指出,在有关损害赔偿的范围,不愿意在诸如违约与侵权,或者受绝对保护的权益与不受保护的利益之间作严格界分,反对"全有—全无"的解决方式(这造成对责任减轻条款的更多支持[2])等方面,都反映出弹性化处理的制度倾向。这种弹性化处理的开放特征尽管的确存在,但有别于外部观察者所获得的印象——和别的法律制度不同——法国法本就欠缺弹性化处理所必要的区别对待意愿。这尤其适用于所谓同等对待原则(principe d'équivalence),它要求同等对待不同的过错形态,以及所致损害或受保护权益。由此,"法国法认为,任何合法的利益都值得给予保护,并且,所有这类利益都值得给予同等保护"[3]。这的确呈现出一种拒绝严格区分受绝对保护的权益与不受保护的利益的相反立场,但是,它却像区分立场一样严格。

8/105

如 Askeland[4]所述,挪威损害赔偿法主要建立在成文法规定的很少几项原则基础上。立法者有意授予法院很大的裁量空间,因为损害赔偿法乃是"针对不可预期事件之法",并非总能事先制定出清晰明确的规则来。于是,大部分领域都由最高法院的判例法确立框架,并对下级法院具有约束力。如下的看法是重要的:"原则上,人们可以说,在相当程度上,挪威[损害赔偿法]制度在其规范构成要件与效果之间具有形成比例特征的广泛可能性。"令人惊讶的是,Askeland[5]发现了作为因果关系理论不可避免之结果的"全有—全无"原则,且其在挪威法中得到稳固的坚持。但是,这会与责任减轻规定以及承认引致部分损害的促成过失认识发生冲突。[6]

8/106

Ludwichowska-Redo[7]强调,波兰法固守"全有—全无"原则,在择一因果关系情形也不认可部分责任。并且,不仅具体法律领域之间的严

8/107

---

[1] *Moréteau*, France no 1/14 ff.
[2] *Moréteau*, France no 1/11.
[3] 就此请参见 *Quézel-Ambrunaz*, Fault, Damage and the Equivalence Principle in French Law, JETL 2012, 21, 39。该作者建议缓和这个原则。
[4] *Askeland*, Norway no 2/12.
[5] *Askeland*, Norway no 2/17.
[6] *Askeland*, Norway no 2/18.
[7] *Ludwichowska-Redo*, Poland no 3/81 ff.

格界分得到广泛认可,而且在合同与侵权之间、过失责任与危险责任之间亦是如此。不过,Ludwichowska-Redo 也指出,在这方面还是可以发现一些中间层次(interim gradation),比如缔约过失,或至少在如下情形存在这种情况,即过失责任和严格责任各自都具有不同的层级划分,且通过过失客观化之类的方式而彼此接近。但是,尽管波兰法更加偏爱清晰明确的规则,却像德国法一样,这些规则又被一些非常一般化因而不够确定的一般条款所补充。无论如何,弹性化的制度不被承认,同时引起执行方面的困难,接受这种制度似乎面临相当大的障碍。

8/108　　外部观察者可能会认为,普通法很自然地会固有一种弹性化特色,毕竟具体的裁判并不创设一套严格的一般化规则。但是,奥利芬特(Oliphant)[1]强调指出:"普通法制度之本质——法官而非立法者是法律发展的主要推动者——意味着,法官们在创造、适用及发展'判例法'时,对法律确定性赋予了极大的重要性。先例原则(stare decisis)可能是这种哲学立场最显著的产品。"不过,这也仅仅表明,与具体情形相关的规则必须尽可能清晰地加以表述。因为,这些先例规则不会形成一个封闭、整全的制度,为了阐释不同案例之间的差异,以及确定先例规则的适用范围并发展出不同的裁判规则,就必须保留足够的裁量空间。此外,奥利芬特指出,为了创设或多或少不够确定的规则,一定程度的专断常常是必须被接受的,而且也可以辨识出某种弹性化的处理方式,例如,在促成过失责任或不确定因果关系,以及确定注意义务时作"政策考量"等情形,承认部分责任。

8/109　　就美国法律制度来说,相关规则的特征当然也决定于具体情形下的规则基础。格林和卡迪(Green/Cardi)[2]明确解释了,为何不同法律领域之间的差异及其相互作用几乎不被讨论的原因:"'债法'在美国法中不是一种习惯用语,学生由不同教授在不同课程中单独讲授合同法与侵权法。"为了平等对待而发展出一套整体一贯的制度当然是有益的,因而美国模式不应成为统一欧洲法律效仿的范本。他们还指出,"全有—全无"原则逐渐从美国法中消失了。[3]

---

[1] *Oliphant*, England and the Commonwealth no 5/7; however, cf also no 5/29.
[2] *Green/Cardi*, USA no 6/15.
[3] *Green/Cardi*, USA no 6/22.

(二) 结论

就不同请求权基础之间的界分而论,有两种对立观点:一是它们必须被严格加以区分,二是它们之间存在渐进转换的情况,诚如 Menyhárd 所言,是可以很好地加以调和的。[1] 初看之下,这个观点有些让人费解,但它们之所以是可调和的,恰恰在于它们表达了[同一事物的]不同方面。[2] 不可否认,具体法律领域或法律手段的部分目的在于满足不同的规范任务,部分在于厘定不同的法律后果,相应设置不同的构成要件。为此,明确的区分既是有意义的,对于将法律制度理解为一个逻辑整体也是必要的。在这个意义上,刑法、损害赔偿法以及不当得利法都具有保护法益(legal goods)的共同目的。不同在于,刑法通过刑罚制裁而贯彻威慑观念,损害赔偿法通过施加对所致损害的赔偿义务来达成目的,不当得利法则通过强令返还所获不当得利来实现目的。[3] 前述法律的严酷性在逐次减弱[4],相应的构成要件则逐渐放宽,从精确规定的侵害受保护法益的主观可责难性,放宽到对他人法益的客观侵害,而无须考虑相关过错甚或注意义务。同样,在损害赔偿法领域,基于不当行为的过错责任与因利用被允许的高度危险致害源而承担的严格责任可予清楚区分。[5] 因此,归责的基础是极为不同的,过失责任服从交换正义,而危险责任则服从分配正义。但是,这种必要的区分不应让人看不到中间形式的责任形态业已形成[6],并且还在进一步发展的事实,尽管这也的确产生了一个问题,即为了构造整体一贯的法律制度,不同法律领域之间混合形式的责任规则是否能够以及如何加以调和。混合形式的存在可以在多数法律制

8/110

---

[1] 参见上文边码 8/103 以下。

[2] 这在《侵权责任法的基本问题(第一卷)》中没有得到充分强调,但至少在其边码 1/22 中已将其表达出来了。

[3] 参见《侵权责任法的基本问题(第一卷)》,边码 2/84、2/49 与 2/25。

[4] 交出不被允许获取的利益是这些法律的最低要求,就此请参见《侵权责任法的基本问题(第一卷)》,边码 2/27。

[5] 《侵权责任法的基本问题(第一卷)》,边码 1/21。

[6] 关于过错责任与危险责任之间的中间领域,请参见《侵权责任法的基本问题(第一卷)》,边码 6/188;就违约与侵权之间的中间领域,则请参见《侵权责任法的基本问题(第一卷)》,边码 4/1 以下。

度中被证实,在过错责任—严格责任领域也被承认。[1] 就此而言,人们是可以达成共识的。

8/111　　德国法对受绝对保护的权益与不受保护的利益所作的严格区分[2],在法国法[3]以及其他一些法律制度[4]中不受支持,这是可以理解的,因为,事实上并不存在完全不受限制地得到保护的权益,也不存在一种在法律上得到承认却绝对不受保护的利益,甚至在故意或悖俗致害的情形都不受保护;即使是纯粹经济利益或非财产利益都可以在事实上获得保护。反之,法国法的平等对待原则(principe d'équivalence)在别的法律制度中也受到极大怀疑。很显然,所有法律制度都存在一种法律上承认并保护的利益层级结构。[5] 不同位阶的利益表现在如下事实中,即基础性权利(basic rights)植根于国际人权公约和宪法,且所有国家实际上都规定了人民的基本权利(fundamental rights)。此外,刑法清楚地表明法益受到不同层次的保护,而私法至少在涉及抗辩权的授予时通常都会加以区别对待。这一点在法国也受到越来越多的认可——有时是公开地,有时则是隐晦地——这可以从该国相关的改革提议中发现。[6] 几乎在所有法律制度中,关于不同位阶的受保护利益需作不同对待,相关的注意义务可能更高或更低的认识,几乎不再受到更多反对。

8/112　　就是否应当适用"全有—全无原则",则更难形成一致看法。在法国法与挪威法之间似乎存在无法消除的对立,但实际上并非如此。比如,在受害人对损害也负有责任时,按比例分配损害的原则目前大概已被所有法律制度所采纳。[7] 尽管挪威法奉行全有全无原则,但其同时存在责任减轻规定。最后,还须指出,广泛接受的由[因果关系]相当性和规范保护目的所确立的归责界限,可以对损害赔偿的数额加以调整,以使赔偿范围

---

[1] See *Ludwichowska-Redo*, Poland nos 3/10 and 119; further *B. A. Koch/Koziol* (eds), Comparative Conclusions, in: B. A. Koch/Koziol (eds), Unification of Tort Law: Strict Liability (2002) 395 ff, 432 ff.

[2] 参见《侵权责任法的基本问题(第一卷)》,边码1/24。

[3] *Moréteau*, France no 1/16.

[4] 比如,可参见 *Menyhárd*, Hungary no 4/16; *Yamamoto*, Japan nos 7/20 and 84.

[5] 《欧洲侵权法原则》第2:102条基于比较法的考察规定了受保护利益的位阶,对该规则的相关解释请参见 *European Group on Tort Law* (ed), Principles of European Tort Law: Text and Commentary (2005) 30 ff。

[6] 有关这个问题,参见 *Quézel-Ambrunaz*, JETL 2012, 24 ff.

[7] 《侵权责任法的基本问题(第一卷)》,边码6/204,也见 *Yamamoto*, Japan no 7/807 ff.

更加广泛或更为狭窄。相反,在奥地利,依过错程度调整赔偿范围的做法在现行法上已被拒绝,在改革草案中也找不到了。于是,人们可以说,责任要件得到全部满足时原则上可以获得完全赔偿,但限于相当性[因果关系]和规范保护目的容许范围内,并要考虑受害人促成性责任,通常还受制于责任减轻规定;几乎没有疑问的是,"全有—全无"原则已被实质性地偏离了。

因此,正确的提问方式不是简单询问"全有—全无"原则是否得到承认,而是该原则应在何种范围内适用,相关偏离是否妥当。答案取决于法律制度的基本考虑与其最佳贯彻之间的权衡关系:一方面是法律的确定性,另一方面是特定案件的具体妥当性。如果由于可予赔偿的范围取决于大量不尽明确的构成要件,以致其肯定或否定在相当程度上听任法官自由裁量,从而无法预见,法的安定性就必定遭受损害。如果制度边界过于僵硬,微小的差异都将决定是对损害给予完全赔偿还是根本不予赔偿,则特定案件中的具体妥当性又将遭受损害。还需强调的是,如果对法院会将案件的实质部分置于边界的这边还是那边难以预见,法的安定性也会受到损害。这种不确定性在普通法中因其适用的证明规则而更加常见[1],它让相关裁决取决于不可准确评定的概率是49%还是51%这样一种概率权衡;不过,这属于证明负担的一般问题,而非特定的损害赔偿法实体问题。

8/113

存在争议的是,除了前面提到且被广泛认可的对"全有—全无"原则的偏离,即促成过失,由[因果关系]相当性与规范保护目的设定的边界,以及作为例外适用的责任减轻规定外,对该原则的其他偏离是否也应当加以接受。关于"全有—全无"原则的争论核心似乎主要与不确定因果关系有关。不论是某种调和方案,还是"对立观点"的充分说服力,目前还都没有产生;在后文中将就此作进一步细致的讨论(参见下文边码8/244以下)。部分赔偿方案在潜在因果关系领域几乎是唯一被接受的方案,但它在违法性或过错领域则不被接受。这可能是因为,在因果关系情形,不法行为人无论如何以某种可归责于他们的方式——即违反注意义务或有过错地——实施了高度确定的具体危险行为,从而至少要对致害原因的不

8/114

---

[1] 就此请参见 *R.W. Wright*, Proving Facts: Belief versus Probability, in: Koziol/B. C. Steininger (eds), European Tort Law 2008 (2009) 79 ff.

明确承担责任。然而，在认定违反注意义务或过错时，被告应否受责难甚至都不肯定，因此，其不能被要求对这方面的不明确负责。

8/115   就严格确定还是弹性化的规则更优的问题，还存在相当大的分歧，比如，在法国、挪威、波兰以及奥地利与德国之间就是如此。不过，首先达成中间形式的一致性似乎的确是可能的。这不是指我所赞同的弹性化制度[1]，这种制度在实施方面的相关困难引发了很大疑虑，有大量的说服工作需要去做。

8/116   恰如在预备性评论中业已指出的那样（参见上文边码8/46以下），严格规则几乎不可避免地——如德国的情况所示——造成无法适应变化的情境，法院被迫逃向一般条款，以绕开僵硬固定的规则，这明显无助于实现预期的法律确定性目标，反而造成司法裁决不可预见且无法解释。与之相反，如法国和奥地利所采纳的一般规范，因其过于模糊而无法对法院给予充分指示。就这两种极端形式之间的中间形式至少是可以形成一致看法的，它既设置了更具弹性的规则，同时也就那些对规则的具体化非常重要的要素加以界定。这尽可能地顾及了彼此对立的基本考虑因素，也即法律的确定性——表现为法律的明确性和具体性，以及具体案件的妥当裁决所需要的足够弹性。至少，这种中间形式对于构造旨在实现一体化或统一的法律规则可能是必要的，否则，如果采纳开放性的、未加界定的规则形式，就必定会引人担忧，由于不同国家的法律文化彼此相异，这些规则在其中会得到非常不同的适用。

8/117   不过，下面这个难题也必须提及，它常常被作为支持采纳严格而非弹性化规则的理由：设置弹性化的更为一般性的规定，意味着在规则适用范围内，立法者事先就必须弄清楚，哪些基本思想和价值是重要的；唯其如此，应当加以考虑的因素才能得到规定，并能够对规则的具体化提供指示。欧洲大陆的立法者回避这项工作，将他们的注意力主要集中于某些当前特殊问题的规范，而非建构一套整体一贯的法律制度。在普通法中，这个问题更为严重，因为法官们的任务实际上仅在决定提请他们解决的特定案件，而非发展一套一般性的规则或制度，尽管他们在作出相关裁决时，应当对这些基本思想加以考虑。

---

[1] 上文边码8/60以下及《侵权责任法的基本问题（第一卷）》，边码1/28以下。

第二节　权益保护体系下的损害赔偿法

一、"损害赔偿法"的概念

在《侵权责任法的基本问题（第一卷）》的德文版中，第二章标题所称"损害赔偿法"（Schadensersatzrecht）处于受保护法益的框架之下（» im Gefüge des Rechtsgüterschutzes «）。尽管"损害赔偿法"这个概念具有很多含混之处[1]，但清楚的是，它是指所有那些受害人就其所受损害要求赔偿的条件与范围的法律规则总体。不过，它是仅指合同外的损害赔偿，还是包括合同损害赔偿在内，仍然存有疑问。

在《侵权责任法的基本问题（第一卷）》的英文版中，第二章的标题是"受保护权利和利益体系下的损害赔偿法"；这与该书标题形成对照，其所指并非限于"侵权法"。这是针对该书"序论"提及的翻译困难所作的尝试，并尽可能清楚地表明，所讨论的规则在德国法中被称为"损害赔偿法"，从而与所受损害的赔偿有关。当相关的法律领域实质上涵盖更宽，"侵权法"对于清楚界定主题——与损害补偿相关的问题——不再有用时，我们将避免使用"侵权法"概念：在普通法中，侵权法既包括以"损害赔偿"为其法律后果的"真正意义上的侵权行为"[2]，也包括不要求损害的存在，从而不涉及赔偿问题的侵权行为，以及产生返还所有物、停止侵害或得利剥夺等请求权的侵权行为。此外，就"损害赔偿"而言，其仅指"补偿性的损害赔偿"（乃"损害赔偿"的重点）[3]，目的在于赔偿所受损害；其他赔偿形式，如以得利为基础的赔偿[4]、返还性赔偿、惩罚性赔偿、名义

---

[1]　更为详细的说明参见 *Koziol*, Schadensersatzrecht und Law of Torts: Unterschiedliche Begriffe und unterschiedliche Denkweisen, Magnus-FS (2014) 61 ff and above no 8/29.

[2]　*Heuston/Buckley*, Salmond and Heuston on the Law of Torts²¹ (1996) 8.

[3]　See *Green/Cardi*, USA no 6/23.

[4]　就此请参见 *Weinrib*, Corrective Justice (2012) 117 ff.

赔偿等,则无此等目的。[1] 因此,只有那些涉及补偿性损害赔偿的侵权行为规则,才与德语国家及其他欧洲大陆法律制度所称的损害赔偿法相应。

8/120 　　本章讨论责任法的定位问题,责任法涉及在保护权利与利益的整体法律框架内所受损害的赔偿问题,也与其他法律后果相关,如预防性强制令、恢复性强制令[排除妨害请求权]、返还不当得利或剥夺得利的请求权,社会保障法以及(特别是)在大规模灾害事故[2]或恐怖袭击[3]情形针对赔偿基金的请求权。[4] 这个问题是很重要的,它旨在揭示法律后果与请求权构成要件之间的关系。

二、比较法述评

8/121 　　一方面,在普通法范围内,前文已经提到的侵权法的独立(isolation)(参见上文边码 8/29)与该法律领域理论研究的专门化,都明显忽视了周边法律保护机制,以及有着不同救济手段的不同法律领域之间在功能上的相互作用。另一方面,在一个主题下将具有不同构成要件与法律后果差异极大的不同侵权行为集结在一起,必然无助于阐明大约 70 余种不同侵权行为的共同要素。[5]

8/122 　　然而,基于任何别的理由而集中关注损害赔偿法,也会丧失对受保护权益作整体关照的视角。这或许是在卡罗琳公主案中,德国联邦最高法

---

[1] 就此请参见 *Oliphant*, England and the Commonwealth no 5/45 ff; *Green/Cardi*, USA no 6/23; *Magnus*, Comparative Report on the Law of Damages, in: Magnus (ed), Unification of Tort Law: Damages (2001) 185; *W. V. H. Rogers*, Winfield and Jolowicz on Tort[18] (2010) no 1.2; 亦请参见 *Koziol*, Magnus-FS 68 f.

[2] 就此问题请参见 *Faure*, Financial Compensation in Case of Catastrophes: A European Law and Economics Perspective, in: Koziol/B. C. Steininger (eds), European Tort Law 2004 (2005) 2, as well as reports in: *Faure/Hartlief* (eds), Financial Compensation for Victims of Catastrophes: A Comparative Legal Approach (2006).

[3] 就此问题可参见 *B. A. Koch/Strahwald*, Compensation Schemes for Victims of Terrorism, in: B. A. Koch (ed), Terrorism, Tort Law and Insurance. A Comparative Survey (2004) 260 ff.

[4] 就这个问题,细致而详尽的系统性洞见请参见 *Knetsch*, Haftungsrecht und Entschädigungsfonds (2012);该文结合德国法和法国法进行讨论。

[5] *Oliphant*, General Overview, England and Wales, in: Winiger/Koziol/B. A. Koch/Zimmermann (eds), Digest of European Tort Law Ⅱ: Essential Cases on Damage (2011) 1/12 no 1; cf further *Koziol*, Magnus-FS 74 f.

院损害赔偿法专门审判庭为何没有考虑侵害型不当得利法,而是不当适用了损害赔偿法的原因之一。对所获利益的剥夺来说,这样做没能顾及损害赔偿法的真正功能所在。除法国[1]外的各国别报告也表明,在普通法之外的法律制度中,不同法律救济手段之间的相互作用也都遭到一般性的忽视,这些救济手段有着不同的功能,并因而具有不同的构成要件和彼此相异的法律后果。这不仅明显忽视了不同请求权的差异,以及它们应如何适切地相互作用,也会造成不公平后果,因为,不同案件受到相同处理,而相似案件受到不同处理,最终导致不恰当的裁决。

一个实际上被认为从公平角度看来自然而然的基本看法是[2],应当在请求权构成要件与其法律后果之间进行权衡,以使法律后果越重大,其构成要件就越严格,但它令人惊讶地没有考虑到,在有关受保护权益的整个英国法律制度中,它强调的一项基本原则——尽管其本身是针对损害赔偿法而言的——是,"施予的责任应当与行为的严重性成比例"。[3] 因此,奥利芬特[4]恰当地预言,欧洲大陆将会惊讶地发现,按照英国法,正是侵权法为恢复失去的物之占有提供了最为重要的工具。普通法没有发展出一套所有物返还之诉(rei vindicatio)的法律工具,而只是利用"侵占动产"(conversion)侵权行为中的事实要素,为所有权遭受侵害的人创设出一种恢复原状请求权。[5] 由于大陆法上的所有物返还请求权除要求请求人须是所有权人,且被告没有占有的客观权利外,没有更多的其他要件,似乎与英国法上基于侵占动产侵权类型的请求权存在实质性的差异。但是,差异并不像乍看之下那么大,因为,"侵占动产"的侵权类型并不要求过错,只要满足被告的行为侵害了原告的所有权意义上的违法性即可。不过,这又造成与大陆法的另一个明显对照,没有过错的被告一方面要像物之丧失的保险人那样去承担责任[6],另一方面又要对产生于被侵害所有权的附随损害承担责任。于是,按照"侵权法"处理恢复原状的请求权问题——在欧洲大陆法律人看来是不适当的——意味着,对单纯返还请

---

[1] *Moréteau*, France nos 1/3 ff and 21 ff.
[2] 《侵权责任法的基本问题(第一卷)》,边码 2/95。
[3] *Oliphant*, England and the Commonwealth no 5/63.
[4] *Oliphant*, England and the Commonwealth no 5/34 ff.
[5] 更为详细的讨论,请参见 *Rogers*, Winfield and Jolowicz on Tort[18] no 17.6 ff.
[6] *Rogers*, Winfield and Jolowicz on Tort[18] no 17.8.

求来说,其构成要件显得设置过高,而就物之丧失以及附随损害的赔偿责任来说,其构成要件又显得过低。

8/124　　作为对照,预防性或恢复性强制令[妨害防止或妨害排除请求权]在普通法中也被归类为"侵权法"[1],相比于损害赔偿请求权而言,它们通常被认为在法律后果上负担更轻:主流观点是,授予强制令不要求过错。[2] 它们与侵害型不当得利请求权——后者也表现为负担较轻的救济手段——的关系及相互作用,在英国并未获得充分认识。[3]

8/125　　构成要件通常较为严格的英国侵权法规定的负担极轻的法律后果是名义赔偿[4]:这类赔偿仅仅是为了确认原告的权利受到侵害的事实,他并未遭受实际的财产损害。因而,它们可以被看作是在单纯遭受非物质损害情形的恢复原状(natural restitution)形式。[5] 另外,侵权法还规定了惩罚性赔偿以及其他一些法律后果,它们实际上已超出赔偿损害之外,具有一定的惩罚性[6],因此似乎跨越了和刑法的边界。首先值得注意的是,这涉及惩罚,因而是非常重大的法律后果[7],但无须满足刑法与刑事诉讼法所规定的构成要件,比如罪刑法定原则(nulla poena sine lege)或证明负担规则;甚至有人暗示,这种损害赔偿请求权实际上可能是一种旨在规避刑法严格标准的幌子。而且,将这种后果引入到私法之中,让相关罚金归属原告而非国家,致使这种无法依私法加以正当化的所得变成一种意外之财,因为其明显超出了原告所受损失。

8/126　　为了理解普通法的整个制度,特别是它将惩罚功能转移到私法的方面,重要的是要认识到,刑法的适用范围相对有限[8],它不适用于轻微甚至重大过失的不法行为;并且,行政处罚法也完全不像在欧洲大陆法中那么重要。

---

[1] 就此问题请参见 *Oliphant*, England and the Commonwealth no 5/39 ff.
[2] See *Lunney/Oliphant*, Tort Law. Text and Materials[5] (2013) 637.
[3] 就此问题请参见 *Oliphant*, England and the Commonwealth no 5/39 ff.
[4] *Oliphant*, England and the Commonwealth no 5/50.
[5] 就此问题请参见 *Koziol*, Concluding Remarks on Compensatory and Non-Compensatory Remedies, in: Fenyves/Karner/Koziol/Steiner (eds), Tort Law in the Jurisprudence of the European Court of Human Rights (2011) no 22/19 ff.
[6] *Oliphant*, England and the Commonwealth no 5/45 ff.
[7] 就此请参见 *Oliphant*, England and the Commonwealth no 5/52.
[8] *Oliphant*, England and the Commonwealth no 5/52.

就英国及英联邦国家的社会保障给付而言,奥利芬特[1]指出,尤其 8/127
是在大不列颠,侵权法通过与劳工赔偿制度的相互作用已发展出一种一
般性的社会福利制度。自1989年起,那里已经不再有双重给付;这更多
是通过将社会保障给付从损害赔偿中扣减,而非通过确立对加害人的独
立追偿权的方式实现的。

就美国来看,格林和卡迪(Grenn/Cardi)[2]对刑法能够充分执行威 8/128
慑效果的看法表示怀疑,尤其在大规模损害情形是这样。相应地,格林和
卡迪[3]像G.瓦格纳(G. Wagner)[4]一样,提倡一种修正的惩罚性损害
赔偿,他们称之为"增进激励的损害赔偿",至少是在救济损害的赔偿请求
权不发生效果的情形下予以适用。但是,他们引用著名的卡罗琳公主案
的事实表明,格林和卡迪也像德国联邦最高法院一样,并非总是考虑到损
害赔偿法与不当得利法之间相互作用的适当功能。不过,他们的确强调
指出,剥夺不当得利的"返还"请求权与侵权法不同,不要求存在不法行
为[5];因而,还应考虑法律后果与构成要件之间的均衡。相反,他们没有
考虑《侵权责任法的基本问题(第一卷)》中提到的更合体系的惩罚性赔偿
变体[6],即任何超出原告所受损害的赔偿金应当上缴国家或者社会机
构,并应在相关程序中充分考虑刑法原则。格林和卡迪就保护漏洞所作
的合理暗示,仍然无法证成原告在有关损害赔偿请求权的程序中可以获
得惩罚性赔偿金的看法。[7]

因为挪威法只有部分成文法规则,故其明显介于普通法和完全法典 8/129
化的法律制度之间。引人注目的是,挪威法院以极不同于其普通法同行
的方式看待自己所担负的任务:如 Askeland[8]所强调的那样,法院"倾
向于构造并发展一般私法原则"。这与格林和卡迪所强调的显著个案特
色形成鲜明对比。Askeland 指出,挪威法院竭力发展出整体一贯的法律

---

[1] *Oliphant*, England and the Commonwealth no 5/13 ff.
[2] *Green/Cardi*, USA no 6/27.
[3] *Green/Cardi*, USA no 6/36.
[4] *G. Wagner*, Prävention und Verhaltenssteuerung durch Privatrecht—Anmaßung oder legitimeAufgabe? AcP 206 (2006) 451 ff; *idem*, Präventivschadensersatz im Kontinental-Europäischen Privatrecht, Koziol-FS (2010) 951 ff.
[5] *Green/Cardi*, USA no 6/50.
[6] 《侵权责任法的基本问题(第一卷)》,边码2/62。
[7] 格林和卡迪也简要指出了这个问题,参见 *Green/Cardi*, USA no 6/27 ff.
[8] *Askeland*, Norway no 2/15.

制度；为此，它们通过注重平等对待原则而增进公平，同时提高裁决的可预见性与透明度。据此，Askeland[1]适切地认为："依范·达姆（van Dam）的看法，挪威的方式大概应被置于德国'金字塔式的'的法典法与英国实用性的案例法之间的某个地方。"

8/130　　相应地，Askeland[2]还报告说，在挪威还可以看到一种尝试，就是对不同法律领域与救济手段予以区分，按照它们的功能加以利用，依据法律后果的重大性对请求权构成要件作分层处理。[3]比如，在损害赔偿法之外，所有物返还请求权、预防性禁令以及保利安之诉（action Pauliana）[债权人撤销权]均获承认。并且，在依损害赔偿法获得赔偿的损害与应予剥夺之不当获取的利益间也进行区分，尽管不当得利法尚未得到明确完整的发展。特别值得注意的是，挪威法在考虑威慑观念的基础上发展出如下原则[4]，该原则主要是由威尔伯克（Wilburg）[5]就奥地利和德国不当得利法的继续发展所提出来的：任何人为了自身利益，未经授权而蓄意利用他人财产，应就此支付适当的费用。《奥地利民法典》更基于威慑观念补充规定，应按照市场最高价格支付费用（《奥地利民法典》第417条）。

8/131　　挪威法[6]也考虑到损害赔偿法的首要目标是补偿（在非物质损害领域也越来越多地持有这种看法），而刑法的首要功能则是威慑，公法和私法在规范功能方面的根本差异也会发挥作用；相应地，挪威最高法院从未判予惩罚性赔偿。

8/132　　如前所述（边码8/74），在人身伤害情形，团结观念（notion of solidarity）在挪威也发挥了关键性作用。在这样的背景下，它促成了慷慨的社会保障给付，以及损害赔偿法的退却。

8/133　　就法国法来看，Moréteau[7]认识到，有必要明确公法和私法的不同规范目的，以及与之相关的具体任务和构成要件。对确保受害人获得赔

---

[1] *Askeland*, Norway no 2/15.
[2] *Askeland*, Norway no 2/20.
[3] 因此，预防性禁令仅要求原告有受保护的权利且该权利受到侵害威胁。*Askeland*, Norway no 2/24.
[4] *Askeland*, Noway no 2/19.
[5] 参见《侵权责任法的基本问题（第一卷）》，边码2/31.
[6] *Askeland*, Norway no 2/32.
[7] *Moréteau*, France no 1/20 ff.

偿之目的的特别强调[1],说明了为何应将威慑功能保留给其他法律领域。[2] 这也表明,第三者责任保险造成的威慑效果减弱并未遭遇抱怨,而其对受害人所具有的好处则受到强调。对补偿功能的强调最终合乎逻辑地造成惩罚性赔偿被拒绝。应予特别指出的是,惩罚性赔偿在欧洲法律制度中比在美国更少需要,它在损害预防方面存在很大的缺陷。[3] 法国采用国家赔偿的方式确保几乎所有人免受灾害损失,就此有很多可谈之处[4];它极好地避免了在个别灾害情形国家赔偿决定常见的任意性,以及在没有灾害发生时受害人单纯因为受害而获得赔偿的问题[5],它还意味着受害人共同承担保险成本。

Moréteau还指出,法律后果与构成要件之间的比例原则也以多种方式得到考虑,不仅在损害赔偿法中[6],而且在排除妨害请求权与不当得利返还请求权、损害赔偿请求权的相关关系中[7],或者在仅给予"名义赔偿"或"消除影响"(the publication of a correction)救济的轻微人身侵害情形[8],都是这样。不过,Moréteau认为,比例原则"在大多数人类和社会互动由传统'民法典'机制所调控时,或许有其意义。但是,在公、私法因素不断融合,增进团结被视为公共福祉(public good)的关键要素的复杂社会中,实用性的观点就优于教条性的看法"[9]。对此看法的回应是,这正是法律科学的任务所在:妥当权衡权益侵害行为的后果,以及如何按照基本价值对其加以处理,从而有助于达成根本性的公平。此外,常常在普通法中[10]被强调的实用性与教条性解决方法的对立须予否弃:一方

---

[1] *Moréteau*, France nos 1/1 ff and 20.

[2] *Moréteau*, France nos 1/7 and 51.

[3] *Moréteau*, France no 1/46 ff.

[4] *Moréteau*, France no 1/56 ff; see also *Moréteau*, Policing the Compensation of Victims of Catastrophes: Combining Solidarity and Self-Responsibility, in: van Boom/Faure (eds), Shifts in Compensation Between Private and Public Systems (2007) 210 ff.

[5] 在灾害救助情形,灾害与个别或少数人受害之间的区分问题,可参见 *Faure/Hartlief*, Introduction, in: Faure/Hartlief (eds), Financial Compensation for Victims of Catastrophes. A Comparative Legal Approach (2006) 1, and *Moréteau* in: van Boom/Faure (eds), Shifts in Compensation Between Private and Public Systems 200 ff.

[6] *Moréteau*, France no 1/197 ff.

[7] *Moréteau*, France no 1/29 ff.

[8] See *Moréteau*, France no 1/169.

[9] *Moréteau*, France no 1/62.

[10] See *McGrath/Koziol*, Is Style of Reasoning a Fundamental Difference between the Common Law and the Civil Law? RabelsZ 78 (2014) 727 ff.

面,它恰切地强调,只有实用的理论才是好理论;另一方面,它根本没有回答,如果不诉诸教义,应当使用何种标准去判断实用品质。

8/135　　紧接其饱含怀疑的表述之后,Moréteau 还作出了一项非常重要的评论,表明他的观点核心所在:比例原则不应仅从损害赔偿的构成要件与法律后果的角度考察,还应当从法律制度整体考虑。他具体阐述说:"到目前为止,法国法的情况似乎是,严格责任通常伴随着保险,这使得不法行为人更容易被认定责任,但通过强制保险[责任负担]得以减轻,而过错责任在高度危险领域则在继续发展,它们可能未被保险或不可参保。[在这两种情形下都]可以认为,构成要件与法律后果相符,尽管还需作进一步考察,情况是否总是如此。"于是,他恰当地指出,在判定合比例性时,可保险性与强制保险等因素都发挥了作用,因为,在认定最终由加害人以赔偿义务形式承担的负担时,这些因素是决定性的。

8/136　　在匈牙利[1],按照任务的不同,法律救济相应区分为公法救济与私法救济。在私法中,物权法上的所有物返还之诉完全独立于损害赔偿法,不需要过错要件;在其他侵害情形,法律则规定了从单纯确认侵权到损害的完全赔偿等多种救济手段。法律还考虑了法律后果与其构成要件之间的成比例性:因此,妨害防止请求权和排除妨害请求权无须过错;在自卫情形,受威胁的利益要与自卫行为所损害的利益进行权衡。Menyhárd 恰当地批评了法院的如下看法,即认为不当得利请求权从属于损害赔偿请求权,因为,这个看法未能把握它们的不同功能设置。与法律后果的不同权衡相应,不当得利请求权当然不需要过错,而仅仅要求对第三人权益的不法侵害。对于损害赔偿法,Menyhárd 也指出,原则上应首先要求恢复原状,金钱赔偿处于次级地位[2];在非物质损害赔偿情形,应强调其与财产损害赔偿的差异[3]。迄今被认可的有利于政府的得利剥夺,在新法典中未再规定;这是令人吃惊的,因为在其他法律制度中,这一法律救济手段正获得更多的接纳。不过,这一变化仅仅适用于民事诉讼中有利于政府的得利剥夺,因为它无法与民事诉讼程序原则相协调。该国别报告没有表明,得利剥夺是否还继续适用于公法尤其是刑事诉讼程序。

---

[1] *Menyhárd*, Hungary no 4/5.

[2] *Menyhárd*, Hungary no 4/24.

[3] *Menyhárd*, Hungary no 4/44 f.

Ludwichowska-Redo[1]在其关于波兰的国别报告的第二部分以如下表述开头:"损害赔偿请求权对权利和利益提供了广泛的保护,但同时受制于严格的要件。单纯对受保护利益的侵害尚不足以确立这样一种请求权;还必须满足其他要件,如违法性和过错,或因特殊活动所产生的危险。然而,损害赔偿法只是法律制度为保护权利和利益而提供的救济途径之一。"波兰法明确关注了法律后果与构成要件之间的比例关系。相应地,它规定了与大陆法一致的所有物返还请求权,仅仅要求原告对物享有权利,而被告则没有权利;其他请求权,如使用费用或损害赔偿请求权,还要求进一步的要件——就如在德国法中一样——这些要件在损害赔偿法和不当得利法中有专门规定。[2]妨害防止请求权在波兰法中也不要求过错,仅仅要求未被允许的权利侵害。[3]同样,妨害排除请求权以及给予不当得利的请求权的构成要件,都比损害赔偿请求权的构成要件更加宽松。[4]Ludwichowska-Redo[5]在涉及不法侵害第三人知识产权情形提及得利剥夺请求权;她建议将这种请求权扩张适用于知识产权法之外。波兰的看法是,损害赔偿法主要具有补偿功能,但预防功能也得到承认[6];不过,惩罚性赔偿被拒绝了[7]。前已提及,按照波兰法,社会保障给付会减少受害人的损害赔偿请求权,社会保障机构对加害人也没有追偿权(参见上文边码8/75)。如果犯罪行为的受害人不能从犯罪人那里获得赔偿,他就可以从政府获得赔偿;同时,他对犯罪人的请求权转移给政府。[8]灾害受害人可以依据特别规定而获得赔偿。[9]有利于政府的得利剥夺也被认可。[10]值得注意的是,波兰还承认了刑法的补偿功能,它施予犯罪人赔偿义务。[11]

8/137

---

[1] *Ludwichowska-Redo*,Poland no 3/13.
[2] *Ludwichowska-Redo*,Poland no 3/14 f.
[3] *Ludwichowska-Redo*,Poland no 3/17 f.
[4] *Ludwichowska-Redo*,Poland nos 3/20 ff, 24 ff.
[5] *Ludwichowska-Redo*,Poland no 3/28 ff.
[6] *Ludwichowska-Redo*,Poland no 3/33.
[7] *Ludwichowska-Redo*,Poland no 3/34.
[8] *Ludwichowska-Redo*,Poland no 3/38 f.
[9] *Ludwichowska-Redo*,Poland no 3/40.
[10] *Ludwichowska-Redo*,Poland no 3/41 f.
[11] *Ludwichowska-Redo*,Poland no 3/43 ff.

8/138　在有关日本的国别报告中[1],受保护权益的整体制度权衡也得到考虑,通过授予对加害人的救济请求权以及对后者给予惩罚,使受害人得到了法律保护,其威慑效果也得到强调。在涉及救济请求权时,针对因合法行为所致损害(因行政法许可的侵害而造成的侵占、损害或风险[2])的保护与针对因违法行为所致损害的保护(有关妨害防止或妨害排除、返还不当得利以及请求赔偿之诉)被进一步区分,社会保障法的保护机制也得到阐述。[3] 构成要件按照法律后果的重要性进行分层处理的问题明显没有得到详细讨论。

三、结论

8/139　需要注意的是,大陆法中以赔偿损害为目标的损害赔偿法,只与普通法中规定补偿性赔偿救济方式的侵权法部分相当。因而,规整损害赔偿问题的损害赔偿法在法律制度整体框架中的地位,在大陆法中和在英美法中是不同的:在大陆法中,需要处理的是损害赔偿法和其他法律领域之间的平衡;然而,在普通法中,以补偿性损害赔偿为目的的侵权法,需要先和侵权法内的其他部分进行平衡,后者规定了补偿性损害赔偿外的其他救济措施,且由此才与侵权法外的其他法律领域发生关系。然而,阐释法律救济措施不同功能的任务,与如何权衡它们之间的关系是同等重要的。应当注意,不要从范围宽广的侵权法仓促地推导出与更为狭窄的损害赔偿法相关的结论;只有那些规定补偿性赔偿的侵权法才与大陆民法制度中的损害赔偿法相当。

8/140　在英国和美国,尝试建构整体一贯的法律制度的情况极为少见;这主要是因为,负责法律之发展的法院仅仅裁决具体个案,而不关注一般性问题。这也意味着,任何有关不同法律救济手段之间的协调、有关法律后果与构成要件之间比例原则的考虑、不同法律救济手段之间的适切关系等都无从措手。这和挪威的情况适成对照,挪威法也主要通过法院发展,这和欧洲大陆的其他法律制度不同。对此仍需留意的是,即使在法典化的

---

[1] *Yamamoto*, Japan no 7/4 ff.
[2] 就此进行的相关讨论,也请参见 *Yamamoto*, Japan no 7/6 ff.
[3] 就此也请参见 *Yamamoto/Yoshimasa*, Employers' Liability and Workers' Compensation: Japan, in: Oliphant/G. Wagner (eds), Employers' Liability and Workers' Compensation (2012) 333 ff.

法律制度中，由于涉及问题的多样性、技术与社会的发展以及法律框架的不完整，损害赔偿法也是一个法官法在其中发挥了显著作用的领域，但整体制度无疑仍受到了更多关注。

然而，就不同法律部门之间的边界及相互作用而言，还存在其他重要问题需予澄清。必须明确的是，公法和私法之间的区分不是一个纯粹概念问题，而是立基于它们所发挥的不同规范功能及相关的基本价值[1]：就个人权益的保护而言，个人与政府之间的关系具有不同于处于平等地位的个人之间关系的基本价值，这种差异发挥了重要作用。因此，每个人的基本权利和公民自由应确保个人的人格自由发展，而平等者之间的人格权界分则是关键，其范围及保护应尽可能善加协调。私法中主体地位原则平等，这对两极性原则的贯彻发挥了关键作用[2]；因而也与私法是否适于规定无法在私法框架内被正当化的惩罚性赔偿问题相关。

8/141

还需要深入讨论的问题是法律效果与构成要件之间的比例原则，就此肯定有很多说服性的工作需要去做。前文对相关国别报告的概观也表明，在涉及妨害排除和妨害防止请求权时，比例原则的确得到了考虑，即因它们的法律效果更轻，故不像损害赔偿法那样要求过错要件。欧盟指令也注意到了这项原则。[3] 不过，令人吃惊的是，《欧洲示范民法典草案》却忽略了这个必要的区分，其第 6-1:102 条明确要求行使自卫权要满足与损害赔偿请求权相同的归责标准。

8/142

尽管不当得利返还请求权基于不同的法律效果应与损害赔偿请求权区分的看法越来越多地被接受[4]，但是，在有些法律制度中，阐明返还请求权的构成要件似乎仍然面临很大困难[5]。不过，在其他国家，如法国[6]、波

8/143

---

[1] 就这个问题，可参见 F. Bydlinski, Kriterien und Sinn der Unterscheidung von Privatrecht und öffentlichem Recht, AcP 194 (1994) 319.

[2] 《侵权责任法的基本问题（第一卷）》，边码 2/59 对此有更多说明。两极性原则也为温里布(Weinrib)所倡导，参见 Weinrib, Corrective Justice (2012), in particular 2 ff, 15 ff, 35 f.

[3] 比如，欧盟于 2005 年 5 月 11 日发布之《关于内部市场中针对消费者的不正当商业竞争行为的指令》(Directive 2005/29/EC)第 11 条第 2 款，以及 2006 年 12 月 12 日发布之《关于误导性与对比性广告的指令》(2006/114/EC)第 5 条第 3 款的明确规则。

[4] 当然，扬森(Jansen)也适切地强调指出，不能无视不同法律义务之间的共同要素。Jansen, The Concept of Non-Contractual Obligations: Rethinking the Divisions of Tort, Unjustified Enrichment and Contract Law, JETL 2010, 16 ff.

[5] Askeland, Norway no 2/25 ff.

[6] Moréteau, France no 1/36 ff.

兰[1]和匈牙利[2],不同请求权的构成要件差异则受到强调,认为不同请求权的目的和构成要件是存在差别的,不当得利返还请求权不要求过错或其他归责事由,只要求[返还义务人]获得了本该归属于他人的好处。这也同样适用于普通法。在美国[3],[返还请求权]只需满足如下条件:"(1)被告获得了利益;(2)以原告受损为代价;及(3)被告保留得利将是不公平。返还请求权的构成要素与多数侵权责任的构成要素之间最为显著的区别是,原告无须证明被告实施了不当行为。"美国法不要求存在不当行为,也即不要求过错或注意义务之违反的事实,与相关法律效果更轻这个关键因素保持了一致:对于返还义务人来说,剥夺不被允许的得利要比要求责任人用自己的财产去救济他人所受损失负担更轻。[4]

8/144　　完全与调研目的一致的国别报告并没有提供充分基础,以针对危及受保护权益或已造成其侵害的情形,勾画出关于所有可适用的法律救济手段的整体制度。不过,就部分特殊的请求权类型,如得利剥夺请求权(参见下文边码 8/172)或惩罚性赔偿(参见下文边码 8/174),接下来将专门加以讨论。

8/145　　就此需要明确的是,观念转换不是意图以欧洲大陆民法典观念去取代普通法观念,即不是采取单方面输出—接收的形式。不能不注意到,整体制度的法典化仍然欠缺说服力,迄今还未能提出一个真正一贯且均衡的整体制度。另外,如前所述,还必须承认,在法典化的法律制度中,对一般规则关注太多,对个案的具体特性则关注不够。因此,有必要考虑普通法的代表者们就目前整体制度的批评性评估意见,并尽力去证明整体一贯的法律制度不仅对于实现公正是必要的,而且是可行的。反之,这也需要普通法的法律人对自身制度的不足保持开放态度。[5]如果双方都愿意学习,并作出足够的妥协,我相信这个任务是实际可行的,对双方现有的制度模式都是有好处的。理想的模式将是这样一种混合体,它既有关涉实质性价值评判标准的一般弹性化规则,同时又为法院贯彻这些一般指示保留足够的裁量空间。[6]

---

[1] *Ludwichowska-Redo*, Poland no 3/24 ff.

[2] *Menyhárd*, Hungary nos 4/15 and 30.

[3] *Green/Cardi*, USA no 6/50; cf also *Oliphant*, England and the Commonwealth no 5/43.

[4] 《侵权责任法的基本问题(第一卷)》,边码 2/27。

[5] 有关这个主题值得关注的讨论,请参见 *Picker*, Richterrecht und Rechtsdogmatik, in: Bumke (ed), Richterrecht zwischen Gesetzesrecht und Rechtsgestaltung (2012) 85 ff.

[6] 参见《侵权责任法的基本问题(第一卷)》,边码 1/28 以下。

第三节 侵权法的任务

一、补偿功能与预防功能

(一)比较法述评

1. 欧洲大陆法传统与日本法

欧洲大陆的损害赔偿法主要具有**补偿功能**,这是没有争议的事实,德国、法国[1]、挪威[2]、波兰[3]、匈牙利[4]及其他国家[5]都是如此;日本也是如此[6]。这通常明显表现在涉及责任人应赔偿所致损害的成文法规定中。此外,温里布(Weinrib)[7]也指出,限制损害赔偿的法律后果能够与交换正义原则保持一致。不过,在涉及非物质损害赔偿时,在一些法律制度中,慰抚观念[8]将发挥作用,比如,德国就大致如此[9]。

相反,在欧洲大陆国家,**威慑观念**[10]作为损害赔偿法的目标[11]则不

---

[1] *Moréteau*, France no 1/64.
[2] *Askeland*, Norway nos 2/1 ff and 33.
[3] *Ludwichowska-Redo*, Poland nos 3/33, 48.
[4] *Menyhárd*, Hungary no 4/51.
[5] 就此更加详细的讨论,请参见 *Koziol*, Prevention under Tort Law from a Traditional Point of View, in: Tichý/Hrádek (eds), Prevention in Law (2013) 133.
[6] *Yamamoto*, Japan nos 7/69, 362.
[7] *Weinrib*, Corrective Justice (2012) 91 f.
[8] 在挪威,对完全赔偿观念的偏离被强调,参见 *Askeland*, Norway no 2/51 f;关于慰抚观念,请参见 *Menyhárd*, Hungary no 4/55;也请参见 *Yamamoto*, Japan no 7/270。在波兰(*Ludwichowska-Redo*, Poland no 3/48),与赔偿观念适相对照,主流看法也认可精神损害赔偿。
[9] *Schubert*, Die Wiedergutmachung immaterieller Schäden im Privatrecht (2013) 150 ff, 180 ff, 218 ff. 在其最近出版的全面调研报告中强调了非物质性的补偿功能,并认为关于慰抚功能的争论过时了。
[10] 关于威慑的概念和类型,参见 *Tichý*, On Prevention in Law: Special Focus on Tort Law, in: Tichý/Hrádek (eds), Prevention 9.
[11] 当笔者在《侵权责任法的基本问题(第一卷)》边码 1/7 中强调,"不应忽视法律制度的首要目的,即预防损害"时,并非认为损害赔偿法的首要功能是威慑,而是认为法律制度应主要致力于损害的预防,并因此需要适用损害赔偿法;当预防失败时,赔偿业已发生的损害多少只是一种损害管理方式(也请参见上文边码 8/77)。格林和卡迪在美国国别报告(参见上文边码 6/17)中,从这些表述中试图推导出损害赔偿法的首要功能是威慑的结论,就纯属误解,与《侵权责任法的基本问题(第一卷)》,边码 3/1 以下的论述完全相反。

被重视[1],只赋予其次要意义,只是通过赔偿的威胁发挥一般威慑效果[2];日本的主流看法也是这样[3]。威慑观念主要由公法,尤其是刑法加以贯彻;因此,依损害赔偿法进行的赔偿仅限于补偿[受害人]所受全部损害。[4] 可被理解为威慑观念之表达形式,且导向按市场价值(客观价值)作最低限度赔偿的权利续存观念(Rechtsfortsetzungsgedanke)[5],有时被含蓄地接受[6],有时则被明确认可[7]。

2. 普通法与欧洲大陆法律制度的基本差异

8/148　　奥利芬特[8]将补偿作为损害赔偿法公认的目的,并补充说道:"不过,在两种不同观念之间还是存在某些差异:首先,侵权法应当依据其赔偿所有侵害的能力来加以评估;其次,侵权法将赔偿作为矫正正义之组成部分而以之为目的。"奥利芬特然后强调说:"今天,赔偿通常是从后一角度来看待的,它明显没有解决一个人依侵权法应在何时并对何种损害向他人公平地负责的关键问题。"相反,格林和卡迪[9]则明显关注的是前一个角度,他们写道:"美国侵权法的观察者肯定会认为,威慑不是侵权法的唯一目的。不过,赔偿肯定也不是侵权法的唯一目的,否则,受害人就可以从其能够找到的任何具有赔偿能力的人那里获得赔偿。"

8/149　　如果后一种看法是针对欧洲大陆法典化制度来说的,那会是一种误解。我目前还没有尝试尽力就此作出澄清,而先前的尝试也徒劳无功[10];如果关于赔偿观念之实质的批评是建立在如下认识基础上,即损害无论如何都是可获赔偿的,而在回答必须作出的赔偿应当满足何种条

---

[1] *Askeland*, Norway no 2/32.

[2] See *Moréteau*, France nos 1/7 and 68 ff and the references in *Koziol* in: Tichý/Hrádek (eds), Prevention 135.

[3] *Yamamoto*, Japan nos 7/71 ff, 277 ff.

[4] *Askeland*, Norway no 2/31; *Ludwichowska-Redo*, Poland no 3/49 ff; *Menyhárd*, Hungary no 4/52; *Yamamoto*, Japan nos 7/80 f, 280 ff.

[5] 有关于此的相关文献,请参见《侵权责任法的基本问题(第一卷)》,边码 3/8 以下,以及 *Koziol* in: Tichý/Hrádek (eds), Prevention 155 ff;另请参见 *Weinrib*, Corrective Justice 88 ff, 93 f.

[6] *Ludwichowska-Redo*, Poland no 3/49; *Menyhárd*, Hungary no 4/52.

[7] *Yamamoto*, Japan no 7/259 f.

[8] *Oliphant*, England and the Commonwealth no 5/57.

[9] *Green/Cardi*, USA no 6/44.

[10] 参见《侵权责任法的基本问题(第一卷)》,边码 3/2,那里所作的讨论与克茨(*Kötz*)及G. 瓦格纳(G. Wagner)的相关看法有关。

件的问题时,赔偿原则几乎无法提供什么帮助,则至少对于欧洲大陆法律制度来说,赔偿观念就被强加了完全不适当的任务。补偿功能的认识并不意在洞察归责的基础,而仅仅是确认,当存在归责基础时,赔偿请求权需要满足何种目标。不管怎样,赔偿观念表达了欧洲大陆损害赔偿法的目的所在,从而能够确定赔偿请求权的内容(即恢复原状或金钱赔偿),也至少能够为赔偿请求权的范围确定提供指示,进而排除在损害赔偿法的框架内剥夺得利或强加罚金的可能性。赔偿应当满足的条件,只能在考虑交换正义和分配正义原则[1]的基础上加以判定,因而也需要考虑可归责程度。

不过,还须指出的是,交换正义的基本观念指向了赔偿,这也为奥利芬特[2]所强调,他写道:"侵权法将矫正正义原则具体化:不当造成他人损害的人,应当通过支付赔偿金来矫正该不义。"

8/150

对此,格林和卡迪从普通法角度提出了异议[3]:欧洲大陆损害赔偿法在基本构成要件和法律后果方面是一个均质化的领域,它包括涉及损害赔偿请求权的构成要件和权利内容的所有规则,而普通法则从有着不同构成要件的大量"侵权行为"类型出发,而且始终需要追问的是,如果具体侵权的外部要素得到了满足,将产生何种法律后果。需要记住的是——如边码8/29业已提及的那样——不是所有侵权行为都要求有损害发生,它们也不建立在统一的"损害"概念基础上,而是存在大约70种"损害概念"(conception of damage)。[4] 此外,尽管通常的法律后果是"损害赔偿",但并非总是如此,且与欧洲大陆损害赔偿法再次形成对照的是,不同类型的损害赔偿也不总是旨在补偿所受损害,从而相关法律后果可能是差异极大的。因此,"侵权行为法"不是一个同质性的法律

8/151

---

[1] 关于这些术语的使用,也请参见 *Weinrib*, Corrective Justice.

[2] *Oliphant*, England and the Commonwealth no 5/54.

[3] 更为详细的讨论,参见 *Koziol*, Schadenersatzrecht und Law of Torts. Unterschiedliche Begriffe und unterschiedliche Denkweisen, Magnus-FS (2014) 64 f.

[4] 奥利芬特强调说:"据估计,普通法中大约有70种或更多被认可的侵权行为,因此,可以认为,在英国侵权法中,事实上存在70种或更多的不同损害概念。"*Oliphant* in: Winiger/Koziol/B. A. Koch/Zimmermann, Digest of European Tort Law Ⅱ: Essential Cases on Damage (2011) 1/12 no 1.

领域。[1]

8/152 　　如果是本身可诉的侵权行为,请求权的发生就无须具备损害要件,这也表明,侵权法并非总是旨在赔偿损害,而补偿功能也并不总是可以归之于侵权法。还须补充的是,侵权法还规定了防止损害发生的停止侵害禁令,它也不满足赔偿损害的目的,而仅仅是禁止侵权行为。侵权法并非始终建立在赔偿观念基础上,这可以从观察不同赔偿类型推论而知。[2] 罗格斯(Rogers)[3]强调指出,有时候[侵权法对责任人]施加"得利剥夺"的义务,而这类义务本来属于不当得利法的调整范围,他进一步指出,在"补偿性赔偿"之外附加惩罚性赔偿,就完全偏离了赔偿观念,而具有惩罚功能。最后,他认为,在某些侵权类型中,如"侵入他人土地",只有"一种获取权利宣示的方法"是关键所在,也即对法律上侵害的司法确认,就此他提到了侵权法的"巡查员功能"*(Ombudsman function)。因此,仅补偿性赔偿才旨在赔偿所受损害。

8/153 　　因此,仅规定补偿性赔偿的侵权法部分才与欧洲大陆损害赔偿法相当;当然,这是其实质性的部分。对于这个部分,实际上可以认为,其首要功能也是损害赔偿。但是,除此之外,一般威慑效果也被强调,尽管通说提到的不是威慑,而是"社会控制"。[4]

8/154 　　相反,就惩罚性赔偿而论,其主要与威慑相关;而对其他的赔偿形式而言,别的功能则具有优先性。

(二) 结论

1. 损害赔偿法的比较法界限

8/155 　　因此,恰如所见,争论源自不同的认识前提。在讨论欧洲大陆法律制度中的损害赔偿法时,它所指的是如下规则体:当因果关系以及其他或多

---

[1] Weir, An Introduction to Tort Law^2 (2006). 其序言第 9 页以肯定的方式写道:"侵权行为是侵权法教科书所写的东西,将不同侵权行为集结到一起的唯一纽带是它们的法律约束力。"

[2] See *Oliphant*, England and the Commonwealth no 5/45 ff.

[3] W. V. H *Rogers*, Winfield and Jolowicz on Tort^{18} (2010) no 1.2.

* Ombudsman(政府巡查员),是指议会任命的、调查公民对行政部门或官吏的不胜任、不公正但不违法的行为提出的申诉的人。(见〔英〕戴维·M. 沃克:《牛津法律大辞典》,李双元等译,法律出版社 2003 年版,"Ombudsman"词条。)因而,作者用"巡查员功能"借指侵权法单纯宣示被侵权人权利,但并不对侵权人给予除停止侵害之外的其他制裁的状况。——译者注

[4] *Oliphant*, England and the Commonwealth no 5/61.

或少被一般确定的归责事由,尤其是过错责任、替代责任以及严格责任等基本要件被满足时,某种法律效果,也即损害赔偿即被确认(参见《德国民法典》第823条第1款)。就此而言,这是一个关涉基本要件和法律效果的同质化的法律领域:损害赔偿法包括所有规定赔偿损害请求权的构成要件和内容的法律规则。

反之,在普通法中,其出发点是具有不同构成要件及相应法律后果——并非总是损害赔偿——的大量"侵权行为"(参见上文边码8/29及8/121以下)。它塑造了一种和其他法律领域颇为隔离的"侵权行为法",其不追求改善与公法、刑法以及损害赔偿法等其他法律领域的相互关系与功能差异的整体状况。而且,在普通法国家,通过刑法满足威慑需要的明显不足、不当得利法发展得不够充分、对于精神损害赔偿的游移不定、胜诉的原告获得完全赔偿的障碍以及其他一些原因表明,"侵权行为法"又复归为一种权宜之策,欲清楚界定其任务以及确立法律后果与相关构成要件之间的比例关系,看上去几乎是不可能的。

8/156

2. 与"惩罚性赔偿"相关的后果

在比较欧洲大陆中的损害赔偿法与普通法中的侵权法时,民法传统和普通法传统在出发点上的差异有必要给予更多关注。民法司法管辖区的损害赔偿法只能与普通法中规定补偿性赔偿的侵权法部分——也是其实质部分——进行比较和加以一体化。不过,对于那些旨在发挥预防功能的救济措施,原则上则不能纳入为欧洲大陆损害赔偿法的同样类型。

8/157

但是,必须强调,即使在普通法中,当涉及基本原则时,惩罚性赔偿也被拒绝。因此,温里布(Weinrib)[1]指出,惩罚性赔偿与矫正正义冲突,尽管其观点在相当程度上是为了与证成两极性的看法保持一致。[2] 温里布认为,惩罚性赔偿在结构上和内容上都与矫正正义不一致。就结构而论,他强调说,矫正正义要求适用于原告和被告关系的规范性考虑,应当反映当事人作为同一非正义的遭受者和实施者的相关地位。因此,它排除只与一方当事人有关,而不涉及另一方当事人相关情况的那些考虑因素。"支持惩罚性赔偿的标准理由——威慑和惩罚——是一种片面的考虑方式,它未能关注当事人作为同一非正义的遭受者和实施者的关系,

8/158

---

[1] *Weinrib*, Corrective Justice 96 ff, see also 169 ff.
[2] 就此问题,请参见《侵权责任法的基本问题(第一卷)》,边码2/59。

而只是考虑了被告……作为实施者的一面。这种考虑不应存在于私法，而应存在于刑法，因为，刑法不关注被指控者是否侵害了他人的具体权利，而是关注被指控者的行为是否与一般权利制度的规定不一致。"就内容而论，温里布阐述说："惩罚性赔偿与矫正正义中的权利角色不相符。惩罚性赔偿不是使原告得其所当得，而是给了他们意外之财。"在温里布看来，立基于威慑和惩罚基础上的惩罚性赔偿，违反了救济只应恢复原告的权利原状，而不应给予超出他应有之权利或其等价物的更多东西这个限制标准。[1]

3. 与私法的行为控制作用相关的后果

最近，将私法用作规则执行手段的主张受到越来越多的支持[2]，为此需要更多利用损害赔偿法的预防功能。首先，讨论关注了私法在反不正当竞争与反垄断等法律领域中对市场产生的影响，其从欧盟获得了明显的启示。[3] 其基本思想是，在公司实施不当行为的情形，通过授予公民尤其是消费者私法上的请求权，调动他们去执行相关规则。大量民众主张权利所产生的成本将成为一种调控机制，在商业环境下尤其有效。问题的关键在于，不仅由一般规定所生请求权的附带效果得到了利用，而且为公共利益另外创设了一种请求权基础，它不主要或者说不仅仅是为了保护提出请求者的个别利益。

这尤其意味着，不公平竞争或垄断行为的受害者遭受的纯粹经济损失可以得到更多保护。理由是，对加害人来说，使其免于纯粹经济利益之损害赔偿义务，看上去不再适当或者合理了：潜在的加害人没有承担为避免侵害他人而需以某种方式行为的额外义务；相反，赔偿受害人的义务与违反业已存在的义务相关，其要求以某种方式行为以保护他人并维护市

---

[1] Cf also *Yamamoto*, Japan no 7/804.

[2] 有关于此的德语文献可参见 Poezig 令人印象深刻的著作，*Poelzig*, Normdurchsetzung durch Privatrecht (2012).

[3] 就此问题请参见 *Basedow*, Entwicklungslinien des europäischen Rechts der Wettbewerbsbeschränkungen. Von der Dezentralisierung über die Ökonomisierung zur privaten Durchsetzung, in: Augenhofer (ed), Die Europäisierung des Kartell- und Lauterkeitsrechts (2009) 1; *Becker*, Schadenersatzklagen bei Verstoß gegen das Kartell- und Missbrauchsverbot: Europäische Vorgaben und Vorhaben, in: Augenhofer, Europäisierung des Kartell- und Lauterkeitsrechts 15; *Poelzig*, Normdurchsetzung durch Privatrecht 87 ff, 141 ff; *G. Wagner*, Prävention und Verhaltenssteuerung durch Privatrecht—Anmaßung oder legitime Aufgabe? AcP 206 (2006) 389 ff.

场秩序。而且,加害人也只是在相对狭窄的范围内负担赔偿纯粹经济损失的义务,也即给予赔偿具有实质性的公共利益。必须强调的是,为实现公共利益而提高个人利益的保护程度,无论如何都不与私法请求的两极性标准存在原则上的冲突:一方面,享有赔偿权利的人的确遭受了损害,对这种损害给予赔偿客观上是完全正当的,因为被法律制度所认可的利益遭受了侵害;另一方面,使加害人免于赔偿纯粹经济利益的损害不再是适当的,因为他们毕竟实施了不法行为,公共利益在利益权衡中也将发挥辅助效果。

不过,要是因为存在"分散损害"(广泛的微额损害)而常使规范执行不力,就推论说,为了矫正相关行为而必须作超额赔偿,对此就应当表示怀疑了。[1] 必须强调,准予对个别权利人作超出其所受损害的超额赔偿,将突破两极性原则。[2] 正如超出补偿范围的惩罚性赔偿在私法中不能被正当化一样,准予超额赔偿也不能依威慑观念而被正当化。请求人无权获得这种超额赔偿。由于无法预见总共会有多少人提出请求,以及规范最终执行不力的程度如何,即使去猜想第一个提出请求的人依威慑理由可主张的支付金额,那也是不可能做到的。此外,必须记住,如果最先提出请求的人获得了较高金额,而随后提出请求的人则无法获得同样金额,结果上也是不合逻辑的。

因此,为避免任何不加区分的"一元文化"(monoculture),即不计代价地通过损害赔偿法去实现所有目标,必须保持足够谨慎;所以,对规范执行不力的补救,也必须另寻办法,比如通过得利剥夺[3],或者通过集团诉讼(Verbandsklagen)提出请求[4]。另外还要记住,就妨害防止或排除妨害请求权而言,则没有这方面的顾虑,因为,它们并未授予请求人任何

---

[1] See Poelzig, Normdurchsetzung durch Privatrecht 433 ff, in particular 477 ff.

[2] 尽管 Poezig 接受这个原则(Poelzig, Normdurchsetzung durch Privatrecht 28 f),但他在涉及超额赔偿问题时未能对其加以充分考虑,《侵权法基本原则》(第一卷)边码 2/59 就此有补充说明。另请参见 Weinrib, Corrective Justice, in particular 2 ff, 15 ff, 35 f.

[3] 就此问题请参见 Poelzig, Normdurchsetzung durch Privatrecht 494 ff; Stadler, Der Gewinnabschöpfungsanspruch: eine Variante des private enforcement? in: Augenhofer (ed), Die Europäisierung des Kartell- und Lauterkeitsrechts 117; Wagner, AcP 206, 374 ff; see on this also below no 8/171 ff.

[4] Augenhofer, Private enforcement: Anforderungen an die österreichische und deutsche Rechtsordnung, in: Augenhofer (ed), Die Europäisierung des Kartell- und Lauterkeitsrechts 39; Wagner, AcP 206, 407 ff; see on this also no 8/172 f.

未被正当化的利益。

4. 通过损害赔偿进行威慑

8/163　　须加强调的是,所有反对欧洲大陆法意义上的"损害赔偿法"的预防功能的看法,都只是反对将威慑观念作为[损害赔偿法的]首要或者唯一功能,而非反对其可为次级功能[1]:如前所述,被广泛接受的看法是,侵权法也具有作为其辅助效果的预防功能。在造成损害时应承担赔偿义务的威胁,无疑提供了避免致害的一般激励。对于因造成损害而被判令承担赔偿责任的人来说,它提供了尽可能避免在将来再发生致害行为的动因。

8/164　　预防功能乃建立在权利或受保护利益的存续或续存效果思想基础上[2],这种思想被认为确立了对损害作客观抽象评估的可行性。具体而言,权利续存观念把受害权益看作是在损害赔偿请求权中继续存在:针对加害人的请求权替代了被毁掉的利益。由于法律制度对权利和法益的保护以法律共同体的一般认同为基础,权利续存观念就得出按"通常价值",也即市场价格赔偿的观点,而无须考虑遭受损失的权利人具体利益如何。因而,只要其他相关归责标准得到满足,权利续存观念就确保了赔偿义务的发生[3],也由此实现了预防目的:即使主观损害更低,或者损害发生了转移,加害人也必须以客观抽象的价值损失[即市场价格]作为最低赔偿额,至少当被毁损的利益受到一般认同时是如此。这种对赔偿义务的确保就强化了避免造成损害的激励。

8/165　　我认为,这些思想应当被未来一体化的讨论者加以考虑。欧洲侵权法小组已经这样做了,具体表现在《欧洲侵权法原则》第10:201条中:"这种损害通常应当尽可能具体地确定,但在适当情况下也可以抽象确定,如参照市场价格确定。"

---

〔1〕　See Moréteau, France no 1/7; Koziol, Prevention under Tort Law from a Traditional Point of View, in: Tichý/Hrádek (eds), Prevention in Law (2013) 135 ff.

〔2〕　更为详细的讨论请参见《侵权责任法的基本问题(第一卷)》,边码 3/8 以下,以及 Koziol, Prevention under Tort Law from a Traditional Point of View, in: Tichý/Hrádek (eds), Prevention in Law 155 ff.

〔3〕　与 Moréteau 所使用的含义相同,参见 Moréteau, France no 1/70.

5. 侵权法的威慑效果与责任保险

从侵权法的角度看,强制或自愿的第三者责任保险具有两面性。[1] 第三者责任险有一个不太令人满意的后果是,在责任保险涵盖的赔偿范围内,它至少在相当程度上削弱了侵权法辅助性预防功能的发挥,甚至可能消除该功能[2];可以认为,在加害人应承担损害赔偿的范围内,避免造成损害的激励被减弱了。在过失责任或严格责任情形,如果某人享有第三者责任保险,赔偿责任对他在经济上就几乎不会产生影响。

但是,这些看法不应被视为是要求尽可能禁止第三者责任保险。必须考虑到,即使在不存在第三者责任保险的情形,也可能没有预防效果。比如,因为致害人富有,赔偿义务对其完全不构成负担;或者相反,其根本没有财产,无论如何都无力赔偿。并且,人们也不应忽视第三者责任保险对受害人的积极保障效果[3]:第三者责任保险确保了赔偿款的偿付,故其有利于受害人利益的保障;从而,它也有助于实现侵权法首要的补偿功能。[4] 因此,第三者责任保险是值得肯定的,在很多情形尤其是机动车事故责任情形中,它甚至因为这方面的原因而被规定为强制性的。[5] 再者,第三者责任保险对于企业应对责任风险也是绝对必要的。

因此,可以说,第三者责任保险提升了作为侵权法首要功能的补偿功能,而削弱了其辅助性的预防功能。不过,这种消极效果能够也应当予以

---

[1] 令人印象深刻的分析参见 Cousy, Tort Liability and Liability Insurance: A Difficult Relationship, in: Koziol/B. C. Steininger, European Tort Law 2001 (2002) 18 ff. See further Hinteregger, Die Pflichthaftpflichtversicherung im Schadensrecht—eine funktionelle Analyse, Reischauer-FS (2010) 513 f; G. Wagner, Comparative Report and Final Conclusions, in: G. Wagner (ed), Tort Law and Liability Insurance (2005) 338 ff.

[2] Cf Moréteau, France no 1/51; in more detail von Bar, Das » Trennungsprinzip « und die Geschichte des Wandels der Haftpflichtversicherung, AcP 181 (1981) 311 ff; van Boom, Compensating and Preventing Damage: Is there any Future Left for Tort Law? in: Essays on Tort, Insurance, Law and Society in Honour of Bill W. Dufwa (2006) 288 f; Scheel, Versicherbarkeit und Prävention (1999) 181 ff, 270; Schlobach, Das Präventionsprinzip im Recht des Schadensersatzes (2004) 318 ff, 413 f.

[3] Cf on this Baker, The View of an American Insurance Law Scholar: Six Ways that Liability Insurance Shapes Tort Law, in: Wagner (ed), Tort Law and Liability Insurance 297 f; Hinteregger, Reischauer-FS 511 ff; Lewis, The Relationship Between Tort Law and Insurance in England and Wales, in: Wagner (ed), Tort Law and Liability Insurance 48 f, 51 f.

[4] Cf F. Bydlinski, System und Prinzipien des Privatrechts (Nachdruck 2013) 113 f.

[5] 进一步详细的讨论,参见 Faure, The View from Law and Economics, in: Wagner (ed), Tort Law and Liability Insurance 240 ff; Hinteregger, Reischauer-FS 507 ff.

减轻,通过尽可能完善其制度构造,使之不致削弱侵权法的预防功能。除其他方面外,这可以通过增减保费的奖惩制度来实现。[1]

6. 需要附加的预防手段吗?

8/169　　人们常常抱怨说,侵权法不能充分发挥预防效果,因为,即使完成赔付后,侵权人仍然保留有其不法行为所生利益。尤其是在侵害知识产权情形[2],损害范围的证明面临困难,赔偿请求权的实现不充分,侵权法的这些不足都遭到了批评。[3] 在"分散化"损害或者微额损害情形,受害人并无充分激励去提出赔偿请求,导致侵权人在相当程度上逃避了赔偿义务,侵权法的预防功能也因此而丧失。[4] 最后,赔偿义务的预防效果因第三者责任保险而实质上被减弱的问题[5]也被指出。

8/170　　侵权法常常无法满足所有正当期待——尤其是强有力的预防效果——的看法是不能被完全否定的。然而,人们也必须认识到,有些期待远远超出了侵权法依其基本观念和目的要满足或能满足的范围,在损害赔偿法外,欧洲大陆法律制度还存在大量其他的法律工具,它们具有不同功能且发挥着补充性的预防功能。[6] 因此,我们在谈论法律规制方面的不足之前,应当首先考虑损害赔偿法固有的规制限度,其次要考虑到它与其他法律制度之间的互动。毕竟,损害赔偿法只是我们整个法律制度框架中众多保护机制里的一个,从而,它应当也只能保护部分应受保障的利益。尤其是在普通法中,对于整体视角之重要性明显缺乏足够的认识,结果造成对侵权法的孤立分析;但是,即使在欧洲大陆,这种认识也常常被

---

[1] Cf *Rodopoulos*, Kritische Studie der Reflexwirkungen der Haftpflichtversicherung auf die Haftung (1981) 45; *Faure* in: Wagner (ed), Tort Law and Liability Insurance 265 ff; *Schlobach*, Präventionsprinzip 318 f, 415; *Hinteregger*, Reischauer-FS 517 f; *Wagner*, Tort Law and Liability Insurance, in: Faure (ed), Tort Law and Economics (2009) 391.

[2] 在未经允许使用大众运输工具情形,也存在类似问题。因此,奥地利2013年颁行之《铁路运输与旅客权利法》(*Eisenbahnbeförderungs- und Fahrgastrechtegesetz*)规定,无票旅客须支付"相应的运费"作为赔偿金。就此,参见 Reiter, Das EisbBFG: Strafschadensersatz, Fahrgastrechte und die neue Verwaltungsgerichtsbarkeit, wirtschaftsrechtliche blätter (wbl) 2014, 76 f.

[3] 《侵权责任法的基本问题(第一卷)》,边码2/56。

[4] 就此请参见 G. *Wagner*, Neue Perspektiven im Schadensersatzrecht—Kommerzialisierung, Strafschadensersatz, Kollektivschaden, Gutachten A zum 66. Deutschen Juristentag 2006 (2006) 100 ff.

[5] 《侵权责任法的基本问题(第一卷)》,边码2/70。

[6] 关于在私法中开发其他预防手段的尝试,参见 *van Boom*, Prevention through Enforcement in Private Law, in: Tichý/Hrádek (eds), Prevention in Law (2013) 31.

忽视。

实际上，在私法、行政法与刑法中，法律制度有一整座可资利用的由 8/171
各式兵器组成的武器库，它们以不同方式保护着权利和利益：防范迫近的
威胁，赔偿所受损失，返还不当得利，进行有利于公共机构的得利剥夺，或
者对试图或已经实施的侵害行为施加惩罚。[1] 就预防来说，特别需要提
及的是：妨害防止请求权[2]、自卫权以及妨害排除请求权，也都有助于防
止损害再次发生。[3] 最后但同样重要的是，独立于赔偿观念的威慑目的
主要通过刑法实现，因而，私法手段从来都不应被孤立地加以看待。例
如，当法经济学的支持者们[4]抱怨说，杀人者在侵权法上不承担任何后
果[5]，除非有死者生前承担扶养义务的遗属存在；事实上，如果从法律制
度整体加以考虑，在保护方面并无漏洞可言，因为刑法已全面保护了人的
生命安全。[6]

就"分散化"或微额损害情形的威慑不足问题来说，在一些法律制度 8/172
中已经创设出有效的应对工具了，至少在损害赔偿法的缺陷表现得很明
显的特别领域中是这样。这些应对办法建立在一些一般观念基础之上，
它们可以超出既存情形而适用于其他场合。尤其值得一提的是德国
2004 年发布的《不公平竞争法》(UWG)，该法第 10 条引入了为剥夺得利

---

〔1〕 就一些问题更为详细的讨论，参见 *Koziol*, Gedanken zum privatrechtlichen System des Rechtsgüterschutzes, Canaris-FS I (2007) 631. See further the detailed comparative analysis in *von Bar*, The Common European Law of Torts I (1998) no 411 ff.

〔2〕 就此问题的最新讨论，参见 *Picker*, Prävention durch negatorischen Schutz, in: Tichý/Hrádek (eds), Prevention 61。

〔3〕 详细讨论请参见 *Dreier*, Kompensation und Prävention (2002) 20 ff。

〔4〕 See, eg, *Schäfer/Ott*, The Economic Analysis of Civil Law (2004) 235 ff.

〔5〕 无论如何，这适用于德国、奥地利和瑞士法，参见 *Koziol*, Die Tötung im Schadenersatzrecht, in: Koziol/Spier (eds), Liber Amicorum Pierre Widmer (2003) 203 ff。但是，根据日本法，情况有所不同，其承认死者的赔偿请求权可以转移给他的继承人，就此参见 *Marutschke*, Einführung in das japanische Recht[2] (2010) 171 f; *Nitta*, Die Berechnung des Schadens beim Unfalltod eines minderjährigen Kindes, in: von Caemmerer/Müller-Freienfels/Stoll (eds), Recht in Japan: Berichte über Entwicklungen und Tendenzen im japanischen Recht (1998) 77 ff.

〔6〕 *Koziol* in: Koziol/Spier (eds), Liber Amicorum Pierre Widmer 206; thus also *B. A. Koch*, Der Preis des Tötens, in: Ganner (ed), Die soziale Funktion des Privatrechts, Barta-FS (2009) 189; *Kötz/G. Wagner*, Deliktsrecht[12] (2013) no 742.

的集团诉讼[1];这一开创性的规定随后也被德国《反限制竞争法》(GWB)第34a条所采纳[2]。根据这些规定,某些消费者保护团体就可以起诉那些故意从事不被允许的交易行为,借此以损害多数消费者方式获取利益的人,令其将所获利润上交联邦预算基金。需加注意的是,立法者通过这些请求权并不旨在确保个人利益,而是发挥服务社会整体的规制效果[3],因而,被剥夺的得利不允许为个人所有。鉴此,为了与两极性原则协调一致,私法不能让个人取得客观上无法正当化的意外得利,而只能确保他们所受损害获得赔偿。

8/173　　为了使规则更具一般性,明显需要作出某些修正。[4] 比如,就得利剥夺请求权来看,将其限于故意行为是没有根据的,毋宁应适用于任何侵害受全面保护的利益,至少是那些不受某些类型行为侵害的利益的行为。集团诉讼应扩大适用于"分散化"或微额损害外的其他情形,以与一般规则保持一致。它还应适用于过失责任或严格责任情形。还可以考虑为提起诉讼的团体提供更大激励,如在获得的赔偿额中分配更大的份额以便其采取进一步的相关行动。

8/174　　如果除此之外仍然需要加以进一步的制裁,鉴于私法的两极性原则所限,首先应考虑利用刑法与行政处罚法的措施。考虑到刑事和行政法院负担过重的问题,可以设想构造一种介于私法和刑法之间的中间解决方案,并兼顾二者的结构性原则。像德国《不公平竞争法》(UWG)第10条和《反限制竞争法》(GWB)第34a条关于剥夺得利的集团诉讼规定那样,通过授予私人团体提起诉讼的法律地位,并与欧洲其他模式保持一致[5],将所获罚金上交政府、社会机构[6]或者消费者保护团体,这样的解决方案就能够避免违反私法的两极性原则,从而不会发生原告获取不

---

[1] 有关于此的最新论文,参见 *Alexander*, Schadensersatz und Abschöpfung im Lauterkeits- und Kartellrecht, Privatrechtliche Sanktionsinstrumente zum Schutz individueller und überindividueller Interessen im Wettbewerb (2012) 501 ff; *Herzberg*, Die Gewinnabschöpfung nach §10 UWG (2013).

[2] 就此问题请参见 *Alexander*, Schadensersatz und Abschöpfung 578 ff.

[3] 就此问题请参见 *Alexander*, Schadensersatz und Abschöpfung 478 ff.

[4] 就此可参见 *Herzberg*, Gewinnabschöpfung 547 ff.

[5] 进一步的详细阐述,参见 *van Boom*, Efficacious Enforcement in Contract and Tort (2006) 29, 33.

[6] 参见 *Ben-Shahar*, Causation and Foreseeability, in: Faure (ed), Tort Law and Economics 99 f,他明确地想要在赔偿金超出实际损害的案件中,就此作出极为一般化的规定。

当利益的问题。[1] 不过,由于这种罚金是真正意义上的罚金,不是赔偿金或被剥夺的利润,因此,有必要确保相关程序遵守保护被告人的刑事诉讼程序的规定;并且,还须与罪刑法定原则保持协调,只有在法律有明确规定时才能施予制裁,从而,任何诉诸类推的惩罚都是成问题的。

二、经济效益最大化

各国别报告均未赋予法经济分析以决定性意义,至多将相关结论与其他因素结合一起加以考虑。在法国被强调的是:"数字不能说明任何问题,社会现实不能被减缩为某种数学公式,是法国怀疑主义的最佳映照:人类行为受财富最大化动机驱动的法经济学信条过于简化了,不能解释任何东西。大多数学者对这种信条要么不加理会,要么明确表示拒绝。"[2] 再就挪威的情况来看,人们认为:"主流的看法似乎是,法和经济学分析以过度简化和一般化的假定为基础,理性无法把侵权法固有的道德问题纳入考虑范围。尽管在某些领域,经济学的洞见的确是有帮助的;但其不应替代侵权法,而只能作为侵权法推理的补充考虑因素。"[3] 这与匈牙利的立场基本一致。[4] 最后,奥利芬特也持几乎相同的看法[5]:"现代法经济学在英格兰或英联邦其他地区的侵权法律师中只有很小的影响。"

格林和卡迪[6]指出,法经济分析的决定性影响在他们国家也已荣光不再了。"经济分析现在持取的是如下立场:'如果我们希望关注效率,法律就应当如此建构。'"不过,在论及预防观念时,他们则强调了经济分析的重要性。此外,格林和卡迪还认为:"法经济分析在过去几十年中的重

---

[1] 这种方案的深化形式,参见 *Jansen* in: Schmoeckel/Rückert/Zimmermann (eds), Historisch-kritischer Kommentar zum BGB Ⅱ (2007) §§ 249—253, 255 nos 17 f, 21, 61. 关于德国联邦最高法院的判例法情况,参见 *Dressler*, Schadensausgleich und Bereicherungsverbot, G. Müller-FS (2009) 11 ff.

[2] *Moréteau*, France no 1/68.

[3] *Askeland*, Norway no 2/33.

[4] *Menyhárd*, Hungary no 4/59.

[5] *Oliphant*, England and the Commonwealth no 5/58; see also *Lobban*, English jurisprudence and tort theory, in: Lobban/Moses (eds), The Impact of Ideas on Legal Development (2012) 145 ff.

[6] *Green/Cardi*, USA nos 6/61 and 63.

要完善是行为经济学的发展和运用。"

8/177　　结论：除了德国少数坚定的学者外，似乎所有我们讨论的法律制度都支持一并考虑经济因素的温和立场，只是拒绝将其作为唯一的决定因素。避免采取一元化(monocultures)的进路[1]，这似乎是非常妥当的做法，并能够得到普遍的赞同。

□ 第四节　侵权与债务违反之间的领域

一、比较法概观

8/178　　侵权责任常常与合同责任相对。该区分在这里讨论的所有法律制度中都很常见，并且具有极为重要的意义[2]：合同责任比侵权责任更加严格，因为，它规定过错的举证责任倒置，甚至干脆不要求过错要件；很多法律制度在合同领域比在侵权领域规定了更加宽泛的辅助人责任规则，使合同责任通常能够提供对纯粹经济损失的救济。不过，两种责任不同结构背后的基本理由以及它们的边界确定问题，则很少受到特别关注。[3]

8/179　　比较法的概观显示，缔约过失(culpa in contrahendo)，即违反先合同保护义务的行为，通常被认为具有特殊地位[4]，并旨在赔偿纯粹经济损失；但是，在大多数法律制度中，违反先合同义务的行为都被看作是侵权行为[5]，其他中间层次或过渡领域的属性则未能得以阐明，仅仅是针对特定的案例群依合同法或侵权法加以解决，并未考虑它们之间更多的关

---

[1] 参见《侵权责任法的基本问题（第一卷）》，边码3/29；也见 Koziol in：Tichý/Hrádek (eds)，Prevention in Law (2013) 138 ff.

[2] 部分国家的情况，参见 Moréteau，France no 1/72 ff；Askeland，Norway no 2/38.

[3] Askeland，Norway no 2/38；Ludwichowska-Redo，Poland no 3/52 ff；Menyhárd，Hungary nos 4/13 and 61 f.

[4] Ludwichowska-Redo，Poland no 3/52；Menyhárd，Hungary no 4/68. 也请参见 Oliphant，England and the Commonwealth no 5/65.

[5] Moréteau，France no 1/84 (distinguishing)；Askeland，Norway no 2/36；Ludwichowska-Redo，Poland nos 3/52 and 60；Yamamoto，Japan no 7/187 ff. 按照 Menyhárd 的说法，它是指合同最终没能成功缔结的那些情形，参见 Menyhárd，Hungary no 4/68.

联性问题。[1] 在那些允许原告选择依合同法或侵权法提起诉讼的法律制度中[2]——尤其在法国,任何请求权的累积都是被拒绝的[3]——依合同法还是侵权法处理是存在效果差异的。波兰的情况与德国法族相似,在证明责任的分配、可赔偿损害的范围以及辅助人责任甚至诉讼时效等方面,两种类型的请求权都极为不同。[4]

美国的情况则非如此:格林和卡迪[5]指出,侵权法和合同法在美国被作为各自独立的法律领域,美国法律人不会对依合同或侵权行为所产生的义务加以比较。"相反,美国法律制度将与侵权行为相关的义务(tort obligation)看作是旨在调整陌生人之间关系的法定义务。反之,合同义务则是产生于自愿协议的义务。"在这样说时,美国法报告人并没有认识到,对合同当事人施加赔偿他人所受损害的义务,原则上不是依据当事人之间的具体约定,而是依据法律规定;仅在少数情形,当事人才约定相关责任条款。 8/180

格林和卡迪进一步指出,美国法中也会遇到侵权法与合同法可以同时适用的情况。产品责任和医疗过失责任就是其中的重要领域。在美国,基于历史的原因,专业人员失职行为由侵权法调整,与合同法无关。相反,在产品责任情形,受害人既可以依侵权主张权利,也可以依合同担保(warranty)提出请求。 8/181

二、一点看法

为了更好地理解合同责任与侵权责任之间的关系,有必要对两种责任类型的核心区域、边界确定、决定性的基本思想,以及区分两种责任领 8/182

---

[1] *Askeland*, Norway no 2/34 ff; cf also *Moréteau*, France no 1/80 ff. 与之不同,介于合同与侵权之间的中间领域属性则被扬森(Jansen)所强调,参见 *Jansen*, The Concept of Non-Contractual Obligations: Rethinking the Divisions of Tort, Unjustified Enrichment and Contract Law, JETL 2010, 40 ff.

[2] *Askeland*, Norway no 2/34; *Ludwichowska-Redo*, Poland no 3/59; *Menyhárd*, Hungary no 4/69.

[3] *Moréteau*, France no 1/86; *Menyhárd*, Hungary no 4/61 f.

[4] *Ludwichowska-Redo*, Poland no 3/54.

[5] *Green/Cardi*, USA no 6/66.

域的意义等问题作更加深入的考察。[1]

8/183　　　很明显,合同责任的核心部分由违反给付义务的行为组成。在这类情形,发挥作用的是担保观念(notions of guarantee)[2],它在普通法中得到了极大的发展[3],而在法国法中则采取了"结果债务"的形式[4],在《联合会国际货物销售合同公约》(CISG)中表现得更为突出[5]:如果债务人负担了提出某种给付的义务,即使在不以担保约定为基础的法律制度中,这也被看作是对履行能力的认可,它虽然不具有引发无过错担保责任的效力,但确立了一项将不履行归责于债务人不当行为的推定;负有提出约定给付义务的债务人因而必须证明,其没有违反任何注意义务。就此而论,合同责任要比侵权责任更为严格。除此而外,还应当注意到,在合同关系中,每一方当事人都将自己的事务领域向对方作出更大的开放,使之更可能受到对方的影响,从而致其人身和财产面临更大的受损风险。一些法律制度认为,受损风险的增加可以强化责任施予,这通过引入过错推定来实现。

8/184　　　并且,在旨在实现交换目的的合同关系中,向相对方施予的致害风险发生在各方当事人追求自身交易利益的过程中。如果一方当事人是为了对方当事人的交易利益而面临更大的受损风险,注意义务的提高就是合理的,借此以尽可能减少损害也符合双方的利益。因而,首先是提高的注意标准,其次是主动作为的义务,再次是顾及对方纯粹经济利益的义务,这些都同时施予合同当事人双方。[6] 实践中,更为广泛的针对纯粹经济损失的合同责任尤其具有极为重要的意义。

8/185　　　在那些侵权法中没有规定本人对辅助人行为全面承担替代责任的法

---

[1] 也请参见 Moréteau, Revisiting the Grey Zone between Contract and Tort: The Role of Estoppel and Reliance in Mapping out the Law of Obligation, in: Koziol/B. C. Steininger (eds), European Tort Law 2004 (2005) 60 ff.

[2] See Larenz, Lehrbuch des Schuldrechts[14] I (1987) 278.

[3] Beale in: Beale (ed), Chitty on Contracts I[31] (2012) para 26-001 ff; McKendrick in: Burrows (ed), English Private Law[3] (2013) no 8.407 ff.

[4] Moréteau, France no 1/74.

[5] Köhler, Die Haftung nach UN-Kaufrecht im Spannungsverhältnis zwischen Vertrag und Delikt (2003) 122 ff.

[6] 参见《侵权责任法的基本问题(第一卷)》,边码 4/5 及 4/53。

律制度中[1],这种责任在合同关系中相比于在侵权法中也更加严格:任何使用辅助人以增加其经济利益或获利机会的人,应当承担与此相关的所有损失。还须注意的是,如果债务人仅对选任或监督辅助人过错负责,债权人受保护地位在债务人使用辅助人情形就会在相当程度上被弱化。那些不受合同义务约束的辅助人,只能依一般侵权责任规定而负责。[2]

在有些法律制度中,合同责任与侵权责任的区分具有明显的实践价值,因为,它们要适用不同的诉讼时效规则。[3] 8/186

严格而言,如果履行义务没有被协商解除,就只存在违约行为,即使关涉的是当事人完整利益(Integritätsinteressen)的保护,也存在适用更加有利于受害人的合同规范的明显趋势,这在德语司法管辖区尤其如此,但法国在某种程度上也是如此。[4] 这方面的一个适例是缔约过失,也即违反先合同保护义务或注意义务的行为。尽管合同尚未缔结,但缔约当事人仍要承担广泛的注意义务,并在这些义务被违反时适用合同责任规则加以处理,尤其是涉及宽泛的辅助人责任以及针对纯粹经济损失的责任之时。如前所述,在大多数法律制度中,有关缔约过失的案件被纳入侵权法领域,但被赋予特别的法律地位。将这类案件作为合同责任还是侵权责任或者中间领域加以讨论,更多是一个术语使用的问题。事实上,问题涉及的是这样一种认识,即:只要支持更加严格的合同责任的那些重要因素也得到同等或部分考虑,赔偿完整利益之侵害的一般侵权责任[5]就可与合同责任具有同等或者相似效果。 8/187

实践中的另一个例子是招股说明书责任,涉及招股说明书的发布者对使用者承担的责任,后者与前者通常都没有合同关系。不过,针对纯粹经济损失的宽泛责任以及对辅助人负责的合同规则的适用都受到肯定。支持这种做法的理由是,对说明书负责的人在相关事务中系以专家身份行事,并为了自己的利益作出陈述,以获取第三人的信任和信赖,进而对 8/188

---

[1] 参见《侵权责任法的基本问题(第一卷)》,边码 4/4;*Yamamoto*, Japan no 7/175。也请参见最近出版的著作 Ondreasova, Die Gehilfenhaftung (2013) 47 ff, 97 ff.

[2] 参见《侵权责任法的基本问题(第一卷)》,边码 6/105 及以下。

[3] 这在日本法中特别突出,参见 *Yamamoto*, Japan no 7/189.

[4] *Moréteau*, France no 1/80 f.

[5] 强调在特别关系中及该关系外,维持利益(Erhaltungsinteressen)所受保护应当一致的看法,参见 *Katzenstein*, Haftungsbeschränkungen zugunsten und zulasten Dritter (2004) 161 ff.

他们的行为施加影响。因此,招股说明书责任就是所谓信赖责任的一种次类型,其所涉利益状况与合同已缔结的状况相似。[1]

8/189 在我看来,上面描述的合同责任与侵权责任的中间领域,或者换一种说法,侵权责任可与合同责任作相似处理的某些情形,将不同地位同化处理的正当性并不会面临不可克服的障碍,至少在欧洲是这样。一方面,在大多数法律制度中,迄今尚未有真正全面的讨论,从而没能确立明确稳固的立场。另一方面,针对中间领域客观上令人满意的解决方式一般应具有足够的灵活性:无论如何,法律制度通常都已考虑到了上面提到的那些因素,它们支持强化的合同责任而非普通侵权责任。例如,在确定注意义务时,其基础通常是特别密切的关系以及致害风险的强度;在准予赔偿纯粹经济损失时,除了考虑各种不同的因素外,相关表示所引发的信赖则对于决定的作出是非常重要的;通常允许偏离基本的举证责任规则,并允许采纳表面证据规则。只是在某些法律制度中,针对辅助人的责任在合同领域和在侵权领域才是有差别的,因而在这方面也不存在一般性的问题;不过,在那些坚持这种区分的法律制度中,则有必要作例外处理。

第五节 损害赔偿请求权的基本要件

一、损害

(一)比较法述评

8/190 当言及德语国家法律制度中的**损害赔偿法**时,其明显意味着,那些规定对所受损害给予赔偿的法律规则的基本构成要件得到了满足,这些要件包括致害的因果关系,以及或多或少得到一般界定的归责基础,尤其是过错责任、替代责任以及严格责任的相关要件(参见《德国民法典》第823

---

[1] Canaris, Schutzgesetz—Verkehrspflichten—Schutzpflichten, Larenz-FS (1983) 91 ff; Kalss, Die rechtliche Grundlage kapitalmarktbezogener Haftungsansprüche, Österreichisches Bank Archiv (ÖBA) 2000, 648 ff.

条第 1 款、《奥地利民法典》第 1295 条第 1 款、《瑞士债法典》第 41 条第 1 款）。[1] 这与这些国家对赔偿观念的强调相符。[2] 由于这个领域始终涉及以赔偿所致损害为内容的统一法律后果，从其基本构成要件（即损害的因果关系）和法律后果（即赔偿该损害）来看，这是一个非常同质化的法律领域：损害赔偿法包括所有规定损害赔偿请求权的构成要件和内容的法律规范。其他欧洲大陆国家的法律制度也同样如此，它们都将损害赔偿法构建为一个旨在赔偿所受损害的独立法律制度。[3] 因此，在所有这些法律制度中，司法判决和相关学说自然会对损害概念及不同损害类型作至少概要性的阐释。它基本上是从一个规范性概念出发，将损害理解为对受保护利益造成法律上相关的不利改变，其主要分类是物质损害与非物质损害。[4] 最后，还值得提及的是，《欧洲侵权法原则》（PETL）第 2:101 条将损害宽泛地界定为，"对法律所保护的利益造成的物质损害或非物质损害"。《欧洲示范民法典草案》（DCFR）第 6-2:101 条将其描述为"具有法律相关性的损害"。就此值得注意的是，当不存在明确规定时，根据同条第 2 款，"仅当存在赔偿请求权或预防请求权是公平合理的情况下，损失或伤害才构成具有法律相关性的损害"。因此，该规定不是追问哪些损害是可赔偿的损害，而是从整个归责要件审查结果的角度，将相关"损失或伤害"规定为损害。

在格林和卡迪看来，美国的情况也没有很大的不同[5]："《侵权责任法的基本问题（第一卷）》中有关损害（damage）、可赔偿损害以及物质和非物质损害的一般描述，多数都与美国法律一致，尽管在描述这些不利后果（detriments）时通常使用'损害'（harm）概念。"

---

[1] See also *Koziol*, Schadenersatzrecht und Law of Torts. Unterschiedliche Begriffe und unterschiedliche Denkweisen, Magnus-FS (2014) 64 on this.

[2] 对此请参见上文边码 8/146 以下。

[3] 补偿观念在法国受到强调，请特别参见 *Moréteau*, France nos 1/64 ff, 107。相关国别报告提供的概要情况，请参见如下文献的第一章"概观"：Winiger/Koziol/Koch/Zimmermann (eds), Digest of European Tort Law Ⅱ：Essential Cases on Damage (2011).

[4] *Moréteau*, France nos 1/65 ff and 91 ff; *Askeland*, Norway no 2/40 ff; *Ludwichowska-Redo*, Poland no 3/61; *Menyhárd*, Hungary no 4/70 ff. On further legal systems see the country reports in：Winiger/Koziol/B. A. Koch/Zimmermann (eds), Digest Ⅱ：Damage.

[5] *Green/Cardi*, USA no 6/70.

8/192　但是,就英国法来看,奥利芬特[1]则指出了重要的差别:"在英国侵权法中没有一般性的'损害'(damage)概念,有关这个主题的学术讨论也极为罕见,但损害在英国法确认的大多数侵权行为类型中的确发挥了重要作用。由于据估计普通法承认的侵权行为有大约70种左右,因此可以说,在英国侵权法中,事实上有大约70种(或更多)的不同损害(damage)概念。[2] 这样说或许有些夸张,但它表明了英国律师在该领域所面临的困难。不能因为在甲侵权行为中某种情形被认定为损害,就认为在乙侵权行为中也会如此。"这无疑也与如下事实有关,那些本身可诉的侵权行为[如侵入(trespass)]不要求有损害,只要求有侵害(interference),因此也不以赔偿损害为目标;此外,尽管妨害防止和妨害排除请求权不要求有损害的发生,也不指向损害赔偿,而只是为了预防或排除某些妨害,但它们仍属于侵权法的组成部分。由于未能区分不同法律救济形式的规范功能、构成要件和法律后果,损害在侵权法中就不能被作为一般构成要件,并成为讨论其类型、差异及共同特征的障碍。

8/193　这再次说明[3],绝不能将普通法涵盖广阔且多样化的侵权法领域与欧洲大陆的损害赔偿法等视同观。仅侵权法中要求以损害的发生为构成要件,且将赔偿规定为法律后果的部分——尽管是其最重要的部分——才与合同外的损害赔偿领域相当。从而,仅该领域可以纳入本书的讨论范围,并阐述其共同特征与差异。就侵权法指向损害赔偿的这个部分而言,对英国法也必定可以发现损害的一般构造,并阐释其不同类型。

8/194　在这里所讨论的一些法律制度中,需要强调的是,可赔偿的财产损失原则上同时包括实际损失(damnum emergens,所受损失)与利润损失(lucrum cessans,所失利益)。[4] 不过,由于采纳完全赔偿原则,这一区分除涉及纯粹经济损失是否可获赔偿的问题外,通常没有什么特别价值。[5] "真实损害"(real damage)概念也偶被提及[6],它尤其与恢复原

---

[1] *Oliphant*, England and the Commonwealth no 5/66 f; likewise *Oliphant*, General Overview, England and Wales, in: Winiger/Koziol/Koch/Zimmermann (eds), Digest Ⅱ: Damage 1/12 no 1; see also *Nolan*, Damage in the English Law of Negligence, JETL 2013, 259.
[2] B. *Rudden*, Torticles (1991—1992) 6/7 Tulane Civil Law Forum (Tul Civ LF) 105.
[3] 参见上文边码 8/29;另请参见 *Koziol*, Magnus-FS 64 ff.
[4] *Ludwichowska-Redo*, Poland no 3/74; *Menyhárd*, Hungary no 4/70.
[5] See *Oliphant*, England and the Commonwealth no 5/75.
[6] *Askeland*, Norway no 2/41.

状有关。相反,物质损害与非物质损害的区分则为所有法律制度所熟知,其中精神损害的特殊性得到一般性的强调,并提示法院在准予对其给予赔偿时应当谨慎行事[1],在法国也存在将精神痛苦转化为金钱的担忧。在有些法律制度中,人们认为,这种救济不单纯是赔偿损害,而是一种不同类型的补偿。[2]

(二) 结论

必须再一次强调,只有将损害赔偿作为其法律效果的那部分侵权法,相当于欧洲大陆处理所受损害的赔偿问题的损害赔偿法,才属于本书调研的范围。 8/195

财产损害的理解问题属于讨论的范围,就此几乎不存在不可克服的障碍;只是在作更加清晰的阐述时会面临困难。但是,就精神损害而言,则会遭遇更为根本性的问题。 8/196

首先,仅是精神损害所指为何的问题甚至就会面临障碍。不过,似乎有必要对财产损害和精神损害加以区分,因为——下文将更加详细地讨论——相比于对物质损害的赔偿,可以发现精神损害赔偿受到了更多的限制。由于存在不同的法律后果,有必要划定两种损害类型的边界并明确其区分根据。仅当就此问题作出澄清后,才可能避免贴标签的骗局,填补精神损害方面假想的或真实存在的保护漏洞,并确保产生与相关价值判断相符的结果。尤其是在德国法中——有时也见于其他法律制度中——可以发现,为了满足所欲求的可赔偿性(recoverability),将精神损害说成是财产损害的情况也并非罕见。[3] 但是,单纯对相关损害重贴标签的做法并非是令人信服的解决办法;毋宁应当探明的是,尽管在这些情形下依一般法律规则不能获得赔偿,是否仍有充足的理由准予精神损害赔偿。就此而论,将这项评估建立在成文法或法院创制的规则所奠定的价值基础之上,显然是妥当的。例如,如果某种形式的精神损害通常可依 8/197

---

[1] *Moréteau*, France nos 1/65 and 96 ff; *Askeland*, Norway no 2/50; *Ludwichowska-Redo*, Poland no 3/64; *Menyhárd*, Hungary no 4/71; *Green/Cardi*, USA no 6/71 ff.

[2] *Menyhárd*, Hungary no 4/71 f. In French law too, there are voices that echo this idea; cf *Moréteau*, France nos 1/65 and 97.

[3] 《侵权责任法的基本问题(第一卷)》,边码 5/23 以下;也见 *Askeland*, Norway no 2/48; *Ludwichowska-Redo*, Poland no 3/67 f; *Green/Cardi*, USA no 6/76. Cf *Oliphant*, England and the Commonwealth no 5/84.

客观标准加以评估,扩张其可赔偿性就能够被正当化。[1]

8/198　　其次,精神损害赔偿是为了赔偿所受损害还是另有其他目的,这也是一个问题。恰如德国法早先强调精神损害赔偿的慰抚功能一样[2],今天的匈牙利法也从单纯主张赔偿转向使用补偿概念[3]。精神损害赔偿肯定与财产损害赔偿有明显不同,因为,后者可以金钱加以评估,并以金钱直接给予赔偿,而对精神损害来说,这从概念上就存在矛盾。因而,对精神损害来说,金钱赔付仅在通过赔付,能够大体上使受害人获得非物质利益时才成其为一种救济。人们是认为这种金钱赔付本身不再是赔偿而是补偿,或者兼而有之,还是认为精神损害具有某些特殊性,这多少是一个概念使用问题,以及如何清楚地表达它们之间差异的问题。实际上,这两种看法并没有真正的冲突。

8/199　　再次,尽管所有法律制度对于精神损害的可赔偿性都有所保留,但相关限制并不相同,有时还是不确定的。同时,明显存在分歧的价值评判问题是,如何认识支持这种保留态度的相关理由,以及如何判定精神利益的保护必要性。严格清晰的界定标准是很难找到的。从国际范围来看,无疑存在一种扩大[精神损害]可赔偿性的一般趋势,但迄今尚无明确的限制标准。不过,对于提醒不要过度扩张[精神损害]赔偿的观点也应当引起更多注意,尤其是因为赔付负担已经对行动自由施加了令人忧虑的重压;格林和卡迪[4]正确地将重量级学者所表达的担忧表述为,"对精神损害的法律认可将导致其范围的扩张"。这与奥地利常见的一种观点是一致的。[5] 精神损害是否存在的不可确定性,以及客观判定标准的欠缺业已被人提及。[6] 因此,精神损害只有在人格权被侵害情形才能获得赔偿的匈牙利观点[7]无疑是值得讨论的,而在故意致害时加以扩张也是值得考虑的。无论如何,这些问题涉及基本的价值判断,在法律一体化的过程中找到某种折中方案应该是可能的。

---

〔1〕《侵权责任法的基本问题(第一卷)》,边码5/25、5/30。
〔2〕同上书,边码3/3。
〔3〕 *Menyhárd*, Hungary no 4/72.
〔4〕 *Green/Cardi*, USA no 6/72.
〔5〕 See *F. Bydlinski*, Der Ersatz ideellen Schadens als sachliches und methodisches Problem, JBl 1965, 243.
〔6〕《侵权责任法的基本问题(第一卷)》,边码5/10以下。
〔7〕 *Menyhárd*, Hungary no 4/77.

最后,在受害人昏迷不醒的情形下也产生了根本性的问题;不过,在 8/200
本书调研的法律制度中,该问题极为一致地得到了解决:在法国[1],昏
迷中的患者依客观评定的数额加以赔偿;在匈牙利,精神损害赔偿请求权以
不法侵害人格权为已足[2];在美国,昏迷中的患者也以类似的方式就"生
活愉悦的丧失"获得赔偿。[3] 这和更加广泛的比较法研究结果是一致
的[4],且其正当性在于,只有人格权被侵害这个客观事实被纳入评判范
围,纯粹主观的情感因素则非判断基础。

在法人情形也会产生类似问题,毕竟法人不可能具有情感体验。这 8/201
就是为何在英格兰,法人人格权受侵害时的赔偿问题会面临越来越多的
障碍的原因所在。[5] 相反,法国的情况则与之不同:尽管仍然没有承认
法人人格权的意愿,但拒绝给予法人精神损害赔偿的做法则逐渐被放
弃[6]。Moréteau[7]不仅激烈反对授予法人人格权,也不赞成对法人准
予精神损害赔偿,理由是法人不会有任何情感体验。与之不同,在匈牙
利,当法人的人格权受侵害时,其有权获得赔偿。[8] 在波兰[9],部分观
点认为,法人不可能体验任何情感痛苦,从而应否定对其给予精神损害赔
偿;相反的观点则依循波兰最高法院的做法,相信可以对人格权的侵害准
予精神损害赔偿。目前,在大多数法律制度中,对法人人格权侵害的客观
评定也可能获得赞同;不过,这对于法国而言尚非确定。考虑到法人和自
然人的不同,如果在授予法人人格权时给予较大保留,仅在为公共利益所
需时才授予法人人格权,而非像对自然人那样意在保护其人格尊严,或许
就可能形成一致看法。例如,可以对法人名称加以保护,因为组织体的身
份识别对于公众也是很重要的;再就是表达自由,因为,媒体通常受控于

---

[1] *Moréteau*, France no 1/98.
[2] *Menyhárd*, Hungary nos 4/39 and 72 ff.
[3] *Green/Cardi*, USA no 6/73.
[4] *W. V. H. Rogers*, Comparative Report, in: W. V. H. Rogers (ed), Damages for Non-Pecuniary Loss in a Comparative Perspective (2001) 257,该文参引了相关的国别报告。
[5] *Oliphant*, England and the Commonwealth no 5/82. See also *Oster*, The Criticism of Trading Corporations and their Right to Sue for Defamation, JETL 2011, 255.
[6] *Moréteau*, France nos 1/66 and 104.
[7] *Moréteau*, France no 1/103.
[8] *Menyhárd*, Hungary no 4/81.
[9] *Ludwichowska-Redo*, Poland no 3/66.

法人,故这种自由对于社会具有重要意义。[1] 就法人人格权的承认来说,它对依损害赔偿法保护主观权利也是必要的。

8/202   此外,还有一个问题既涉及精神损害也涉及物质损害,即父母是否有权在意外生育情形(不当怀孕和不当生育)主张损害赔偿。[2] 英格兰在前述情形下,只对怀孕和生育过程中遭受的物质和非物质损害以及侵害自我决定权给予赔偿,不包括子女抚养费在内。[3] 在挪威,父母不能获得抚养费用的赔偿,也不能就自我决定权的侵害获得任何赔偿。[4] 在法国[5],赔偿因侵害自我决定权所生的精神损害似乎没有问题,但在其他损害情形,如强奸、乱伦、残疾子女的生育,以及责任人*经济特别困难等,则只能作为例外而获得赔偿。这类请求权在波兰范围更广一些[1]:除了怀孕和生育所产生的损害外,因子女残疾而增加的抚养费用,甚至在母亲无力扶养时,无残疾子女的通常抚养费用都可以获得赔偿。而且,因家庭计划受挫所生的精神损害也是可获赔偿的。匈牙利甚至走得更远,在出生的子女有残疾时,所有的物质损害与非物质损害都可以获得赔偿。[2] 多样化的观点也揭示了更加广泛的比较法概观。[3] 几乎无法想象如何才能达成可行的协调方案。鉴于国家间的争论与国际讨论相呼应,在任何地方都需要保持足够的开放以就相关解决方案形成共识。无论如何,为作出决定进行的权衡论证工作已经做好了充分准备。[4]

8/203   值得注意的是,针对德语国家的法律制度已提出一项协调方案[5]:

---

[1] 因而,Moréteau 恰恰拒绝这种人格权是令人惊讶的。See *Moréteau*, France no 1/103.

[2] 参见《侵权责任法的基本问题(第一卷)》,边码 5/39 以下。

[3] *Oliphant*, England and the Commonwealth no 5/86 ff.

[4] *Askeland*, Norway no 2/44 ff.

[5] *Moréteau*, France no 1/108 f.

* 德文版没有指明限于经济困境的主体为谁,英译版明确为"受害人",于此逻辑显然不通,故本译文更正为"责任人"。

[1] *Ludwichowska-Redo*, Poland no 3/75 f.

[2] *Menyhárd*, Hungary no 4/84.

[3] 有关这个问题,请参见《侵权责任法的基本问题(第一卷)》,边码 5/39 的相关介绍,以及如下著作的第 21 章,Winiger/Koziol/Koch/Zimmermann (eds), Digest of European Tort Law Ⅱ: Essential Cases on Damage (2011)。

[4] 这也适用于损害赔偿法外的其他任何解决方案。就此问题也请参见 *van Boom/Pinna*, Shifts from Liability to Solidarity: The Example of Compensation of Birth Defects, in: van Boom/Faure (eds), Shifts in Compensation Between Private and Public Systems (2007) 143 ff.

[5] 参见《侵权责任法的基本问题(第一卷)》,边码 5/41。

在子女抚养费用方面遭受的不利不构成可赔偿的损害,这主要是因为,加害人并非是引发抚养义务的唯一原因,内容广泛的家庭关系也是产生该义务的原因,这种关系同时包括物质性和非物质性的权利和义务。由于物质性和非物质性的因素交织在一起,前述观点就认为,不应孤立地关注单独一项义务,而应结合整体关系加以考虑,从后者来看,子女的抚养原则上不应被视为损害;相反应当认为,物质上的不利(尤其是基于抚养义务而生的经济负担)通常可以从非物质方面的好处(由子女获得的愉悦)中得到补偿。[1] 但是,当父母的抚养义务成为异常沉重的负担时,情况就不再是这样;为此,超出通常负担的花费必须给予赔偿。这似乎与波兰所持立场大体上是一致的。

二、因果关系

(一) 比较法述评

一般认为,只有当可能引发责任的行为与所受损害之间存在联系时,才会考虑法律责任问题。[2] 这项要件的审查以必要条件标准(the conditio sine qua non formula)或"若非—则"标准(but-for test)为基础。[3] 尽管存在不确定性,但其仍然适用于法国[4],就此被强调的看法是,"只要能够证明,没有所指控的行为,损害仍会发生,法国法院就会就排除责任"。

---

[1] 总体上看,这意味着非物质利益抵消了物质损害。好处和不利以这种方式相抵消的看法还存在争议。不过,在最近一项广泛、全面而深入的调查中,这个看法得以正当化:*Erm*, Vorteilsanrechnung beim Schmerzensgeld—ein Beitrag zur Fortentwicklung des Schadens(ersatz) rechts (2013) 313 ff, in particular 385 ff. 一些美国法院也赞成这种好处与不利相抵消的看法,参见 *Green/Cardi*, USA no 6/81.

[2] *Zimmermann*, Comparative Report, in: Winiger/Koziol/B. A. Koch/Zimmermann (eds), Digest of European Tort Law I: Essential Cases on Natural Causation (2007) 1/29; *F. Bydlinski*, Causation as a Legal Phenomenon, in: Tichý (ed), Causation in Law (2007) 7.

[3] *Askeland*, Norway no 2/58; *Ludwichowska-Redo*, Poland no 3/77; *Oliphant*, England and the Commonwealth no 5/96 f (see also the theory of the »necessary element« in the same reference); *Green/Cardi*, USA no 6/86 ff; *Yamamoto*, Japan no 7/301; as well as the country reports in *Winiger/Koziol/Koch/Zimmermann* (eds), Digest I: Natural Causation section 1. 另请参见《欧洲侵权法原则》(PETL)第 3:101 条。《欧洲示范民法典草案》(DCFR)第 6-4:101 条明显以之为基础,因为该条要求损害必须是"结果"。

[4] *Moréteau*, France no 1/118.

8/205　迄今尚未解决的问题是,因果关系和归责限制标准之间在概念和观念上尚不充分的区分。因果关系只是划定了可以归责的最大边界,而归责限制则是基于价值判断,如诉诸于相当性标准或者规范保护目的,这些标准通常被置于"法律上因果关系"的标题下加以讨论。[1] 尽管相关的讨论也涉及法律方面[2],主要是不作为是否得被视作原因[3],但中心问题仍是所谓"自然的"或"事实上的"因果关系。尽管自然因果关系和法律上因果关系的区分也见于法国的讨论中[4],涉及立基于"近因"(proximité des causes)或"相当性因果关系"(causalité adequate)的"条件等同"(équivalence des conditions),但最终不仅对各种含义的因果关系未作明确区分,而且对过错和/或违法性亦复如此,导致裁决的理由晦暗未明。这种消极面还见于受到法国报告激赏的"源于普通法的实用方法"[5]:一种实用方法仅当其结果与正义原则——主要是平等对待和事理公平(Sachgerechtigkeit)(适当顾及所有相关利益的需要)——相符时,它才是具有说服力的。为了确定这些原则是否事实上得到了遵守,明确可寻的裁决理由以及对当事人利益的适当权衡都是必要的。然而,当各种不同的归责标准不加区分地合为一体,权衡标准及其评估亦无所依循时,所有这些实际上都是不可能达到的。这种未经反思的教条化处理方式不应被接受为法律一体化的模式。

8/206　当数人各自独立地作为同一损害之必要条件而均需负责时,他们应负连带责任而非按份责任,这使得全部损害得归责于每一个责任人,尽管

---

[1] See *Askeland*, Norway no 2/58; *Menyhárd*, Hungary no 4/89; *Oliphant*, England and the Commonwealth no 5/95; *Green/Cardi*, USA no 6/87 f; see further *van Dam*, European Tort Law² (2013) 307 ff; *Hamer*, »Factual causation « and » scope of liability «: What's the difference? Modern Law Review 77 (2014) 155; *Koziol*, Natural and Legal Causation, in: Tichý (ed), Causation in Law 53; *Spier/Haazen*, Comparative Conclusion on Causation, in: Spier (ed), Unification of Tort Law: Causation (2000) 127 ff.

[2] *Menyhárd*, Hungary no 4/87; diverging somewhat *Green/Cardi*, USA no 6/87 f.

[3] 就此问题可参见 *Ludwichowska-Redo*, Poland no 3/79; *Menyhárd*, Hungary no 4/93; *Oliphant*, England and the Commonwealth no 5/99; *Green/Cardi*, USA no 6/89; *Yamamoto*, Japan no 7/310 ff.

[4] *Moréteau*, France no 1/112 ff.

[5] *Moréteau*, France nos 1/112 and 116 ff.

这样的解决方法在相关法律制度中广泛可见[1],但并非理所当然[2]:如果所负债务是可分的,尤其在金钱债务情形,就可以像《奥地利民法典》第889条之一般规定那样考虑按份责任。不过,要是每一个加害人都应对全部损害负责,则其应承担连带责任,因为这种责任对每个责任人不会构成不成比例的额外负担,而只是让其无法享受按份责任的好处。一方面,某个加害人无偿付能力的风险将由其他加害人而非无辜的受害人承担,另一方面,由于前述情形下受害人通常不知道具体加害人所承担的内部责任份额,按份责任就会使受害人请求权的实现面临相当大的困难,有鉴于此,连带责任看上去就是合理的。

在所有法律制度中,真正的难题和观点分歧存在于多数不法行为人实施了共同加害行为,以及存在累积、择一或超越因果关系的情形。[3]   8/207

当有数个共同行为人时[4],常见的问题是,要证明每个行为人在因果关系中的作用几乎是不可能的,因为,即使没有这个人,其他人通常还是可能实施该加害行为。按照一般规则,只有当——通常是纯粹心理上的——每个具体不法行为人的因果关系都能够被证明时,才能令其承担连带责任。有鉴于此,在法国法中,各共同行为人只需承担按份责任。[5]不过,在匈牙利法律中,数个共同行为人要承担连带责任,即使某个共同行为人抗辩说,没有他的参与,其他人还是会实施该行为,也不会被[法院]所接受。[6] 德国和奥地利法原则上也认为,无须要求每个人的因果   8/208

---

[1] 参见 *Moréteau*, France nos 1/119 f and 124; *Ludwichowska-Redo*, Poland no 3/80;就匈牙利法律中的不确定性,参见 *Menyhárd*, Hungary no 4/94。另请参见《欧洲侵权法原则》第 9:101 条第 1 款 b 项;《欧洲民法典框架草案》第 6-6:105 条; *Brüggemeier*, Haftungsrecht: Struktur, Prinzipien, Schutzbereich (2006) 187 (他甚至写成"必要结果")。就这个问题领域,也请参见 *Koziol*, Österreichisches Haftpflichtrecht I³ (1997) no 14/11; *Winiger*, Multiple Tortfeasors, in: Tichý (ed), Causation in Law 79.

[2] W. V. H. *Rogers*, Comparative Report on Multiple Tortfeasors, in: W. V. H. Rogers (ed), Unification of Tort Law: Multiple Tortfeasors (2004) 274 ff; W. V. H. *Rogers*, Multiple Tortfeasors, in: European Group on Tort Law (ed), Principles of European Tort Law: Text and Commentary (2005) 143 f; *Koziol*, Haftpflichtrecht I³ no 14/11 with additional references.

[3] 参见如下文献中的国别报告:*Winiger/Koziol/Koch/Zimmermann* (eds), Digest I: Natural Causation sections 5 to 8.

[4] 参见如下文献中的国别报告:*Rogers* (ed), Unification: Multiple Tortfeasors;其他比较法报告,请参见 *Winiger* in: Winiger/Koziol/Koch/Zimmermann (eds), Digest I: Natural Causation 5/29.

[5] *Moréteau*, France no 1/129.

[6] Cf *Menyhárd*, Hungary no 4/94.

关系都被证明。[1] 这立基于如下认识,即共同行为的本质允许推定,所有参与人的行为都是损害的心理上或其他形式的原因。尽管如此,和匈牙利法的情况不同,德国法和奥地利法允许每个参与人通过证明其不是损害发生的必要条件而免于承担连带责任。在波兰法中,这个问题并没有产出任何特别规定,即使是在共同行为情形,因果关系也必须被证明[2];其国别报告并未表明,实践中的情况是否真是如此。

8/209　累积因果关系是指两个现实的致害事件同时发生,且每个事件都足以单独造成全部损害。[3] 不论是依必要条件说还是"若非—则"标准,两个事件都不构成损害发生的必要条件,因为,在每一种情形下,另一个致害事件总能单独地造成全部损害。[4] 尽管缺乏自然的因果关联,人们一般还是认为,两个不法行为人都应当承担责任,且通常应承担连带责任[5];不过,按照英国法,行为人明显只承担按份责任[6]。然而,在美国,如果其中一个致害事件属于受害人风险范围内的意外事故,那么有过错的行为人的责任就会完全被否定。[7] 这很难被证明为是正当的,因为,即使在受害人与有过失情形,一般被认可的归责也是分担损害,而不是令不法行为人完全免责。将这个思想在此也加以考虑看上去是妥当的。

8/210　在超越因果关系情形,可能引致责任的两个致害事件先后发生。[8] 尽管可以将这种因果关系看作是先后发生的累积原因,但其处理方式却非常不同:在挪威[9],理论上讨论的一个假想案例是,甲在一起交通事故中造成一匹马遭受致命伤害,在马因此即将死亡前,乙枪杀了它。如果将处理累积因果关系的方式扩用于此,甲和乙应当承担连带责任。但是,如果在乙枪杀之前,这匹马事实上已经死亡了,则只有甲应当负责。就此而

---

〔1〕《侵权责任法的基本问题(第一卷)》,边码 5/73 及后段。

〔2〕 See *Ludwichowska-Redo*, Poland no 3/80.

〔3〕 See *Ludwichowska-Redo*, Poland no 3/80.

〔4〕 这在日本国别报告中被强调,参见 *Yamamoto*, Japan no 7/332 ff。相反,在英格兰,通过将两个事件都解释为一种"实质性作用"(*Oliphant*, England and the Commonwealth no 5/100 f),这个问题就被遮蔽了。

〔5〕 *Askeland*, Norway no 2/54 ff; *Ludwichowska-Redo*, Poland no 3/90; *Green/Cardi*, USA no 6/107.

〔6〕 *Oliphant*, England and the Commonwealth no 5/101.

〔7〕 *Green/Cardi*, USA no 6/108.

〔8〕 相关比较法报告,请参见 B. A. *Koch* in: Winiger/Koziol/Koch/Zimmermann (eds), Digest I: Natural Causation 8a/29.

〔9〕 *Askeland*, Norway no 2/67.

言,这样的结果是令人吃惊的,既然乙将枪杀这匹马,则甲的行为就不是马死亡的原因,不过这里的事实情况与累积因果关系涉及的情况是相同的[即每个加害行为都是损害发生的充分原因]。差异在于,在这匹马已经死亡后,枪击行为不再能够危及其生命,因此,就没有违法性存在,无须再考虑乙的责任问题。[1] 反之,也值得考虑的是,在第一种案例变体中,当乙枪杀尚未死亡的受伤之马时,其行为当然具有违法性,仅因这匹马已遭受致命伤害,其只有很低的价值;这可以看作是反对连带责任的观点,且应同等对待两个不法行为人的理由。在波兰[2],与挪威的情况不同,但与奥地利的主流看法一致,对第二个致害事件不予考虑,只有第一个不法行为人应单独承担全部责任。此外,也存在不同的看法,尤其是波兰最高法院倾向于同时考虑第二个致害事件。[3] 在奥利芬特看来[4],在英格兰,第一个不法行为人的责任不因第二个不法行为人引起了相同损害而受影响;第二个不法行为人将不承担责任。反之,如果第二个致害事件处于受害人的风险范围内,与处理两个负有责任的不法行为人的解决方案所依据的价值判断极为矛盾的是,第一个不法行为人将免于承担责任,从而受害人必须独自负担全部损害;这与累积因果关系的处理方式是一致的。这种做法也与美国法的做法一致[5],但格林和卡迪表达了他们对两个应当负责的不法行为人为何应当承担连带责任的看法[6],同时提出了一个有趣的不同见解,他们认为,仅当第一个不法行为人无偿付能力时,第二个不法行为人才需对受害人承担责任。[7]

最具实践意义的是择一因果关系:受害人所受损害要么确定地是由违法且可责的事件1,要么是由同样违法且可责的(第一种变体)或者纯

---

〔1〕 但是,格林和卡迪反对这种看法(*Green/Cardi*, USA no 6/111):"相反,美国法持有更加宽泛的义务观念,至少就造成人身伤害或财产损害的情形是这样。因而,当某人的行为对他人造成了危险时,其就负有尽合理注意的法律义务。在这方面,与特定财产相关的义务范围不能限制得很窄。"

〔2〕 *Ludwichowska-Redo*, Poland no 3/91.

〔3〕 *Ludwichowska-Redo*, Poland no 3/93 ff.

〔4〕 *Oliphant*, England and the Commonwealth no 5/102 ff.

〔5〕 *Green/Cardi*, USA no 6/108 ff.

〔6〕 《侵权责任法的基本问题(第一卷)》,边码 5/123。

〔7〕 如下的补充是适当的:"或者当其责任基于其他原因不可执行。"问题是,这项提议是否会真的产生减少诉讼的效果,因为,肯定应承担责任的首要责任人无偿付能力的事实,通常只有在诉讼程序中才会被查明,于是针对第二个可能担责的责任人的诉讼就必定被提起;相反,在连带责任情形,两个不法行为人会在同一诉讼中被起诉。

属意外的(第二种变体)事件2所造成,但无法确定二者之中究竟哪个才是真实的致害原因。[1] 英国[2]和挪威[3]的情况与瑞士[4]一样,两个潜在的不法行为人都不用承担责任。但是,即使在普通法中,也存在不同看法;Askeland也认为,按比例分担责任与挪威现行法无法保持一致。在法国[5],如果不法行为人组成一个团体实施行为,他们似乎应当承担连带责任。相反,波兰[6]、匈牙利[7]和日本[8]走得更远,多个潜在不法行为人的连带责任是被推定的;不过,要是两个致害事件中有一个属于意外事件,受害人则不享有赔偿请求权。无论如何,按份责任是被否定的。在美国,二者择一的不法行为人的责任似乎遭遇了困难,因为无法权衡相关概率,且确立按份责任的"风险分担"(risk contribution)也不是特别受欢迎[9];不过,通过运用机会损失理论[10],通常也可以确立按份责任。该

---

[1] 相关比较法报告请参见 *Koziol* in: Winiger/Koziol/Koch/Zimmermann (eds), Digest I: Natural Causation 6a/29 and 6b/29;另请参见最近出版的著作 *Gilead/Green/B. A. Koch* (eds) on Proportional Liability: Analytical and Comparative Perspectives (2013),更多小类区分及不同解决方案,参见 *Gilead/Green/Koch*, General Report: Causal Uncertainty and Proportional Liability: Analytical and Comparative Report 1 ff,其中涉及很多国别报告。有关医疗责任领域的情况,请参见 *B. A. Koch*, Medical Liability in Europe: Comparative Analysis, in: B. A. Koch (ed), Medical Liability in Europe: A Comparison of Selected Jurisdictions (2011) 634 ff,含有国别报告的相关内容。

[2] *Oliphant*, England and the Commonwealth no 5/106 ff; further *Oliphant*, Causal Uncertainty and Proportional Liability in England and Wales, in: Gilead/Green/Koch (eds), Proportional Liability 123.

[3] *Askeland*, Norway no 2/59; further *Askeland*, Causal Uncertainty and Proportional Liability in Norway, in: Gilead/Green/Koch (eds), Proportional Liability 249 ff.

[4] 《侵权责任法的基本问题(第一卷)》,边码5/83。另请参见 *P. Widmer/Winiger*, Causal Uncertainty and Proportional Liability in Switzerland, in: Gilead/Green/Koch (eds), Proportional Liability 323 ff.

[5] *Moréteau*, France no 1/124.

[6] *Ludwichowska-Redo*, Poland no 3/81 ff; cf further *Bagińska*, Causal Uncertainty and Proportional Liability in Poland, in: Gilead/Green/Koch (eds), Proportional Liability 253 ff.

[7] *Menyhárd*, Hungary nos 4/88 and 94.

[8] *Yamamoto*, Japan no 7/351.

[9] *Green/Cardi*, USA no 6/92 ff; in more detail see *Green*, Causal Uncertainty and Proportional Liability in the US, in: Gilead/Green/Koch (eds), Proportional Liability 343 ff.

[10] *Green/Cardi*, USA no 6/96 ff; further *Green* in: Gilead/Green/Koch (eds), Proportional Liability 362 ff.

理论在其发源国即法国[1]经常被使用,但在英格兰和波兰则否[2];在匈牙利,它被适用于医疗责任[3]。

尽管《欧洲示范民法典草案》(DCFR)采纳了择一的不法行为人承担连带责任的更加传统的做法(第6-4:103条),欧洲侵权法小组还是在《欧洲侵权法原则》第3:103条第1款中建议了一个更加现代的方案:"当存在多个活动时,如任一项活动都足以单独造成损害,而不能确定何者实际造成该损害,则每一项活动在其可能造成受害人损害的范围内,应视为损害之原因。"另外,《欧洲侵权法原则》针对更加困难的情形,即可能产生责任的事件和意外事件是择一原因,也提出了规则建议。利用第3:103条第1款的逻辑扩展,它也规定了按份责任,从而令潜在的加害人须承担部分损害赔偿责任。

8/212

就市场份额责任而言,法国[4]可能会接受,但波兰和匈牙利则否[5]。在美国[6],市场份额责任仅限于产品一般风险;因此,它不能类推适用于具有不同风险形态的石棉产品。

8/213

(二) 结论

在因果关系不确定,尤其是可能产生责任的致害事件与意外事件作为择一原因的情形,还存在重大的争议。在我看来,机会丧失说不仅在理论上欠缺说服力,因为未遵循类似情况类似处理的原则,而且从结果看也不令人信服。[7] 基于潜在因果关系对择一的不法行为人施予按份责任,并在可能产生责任的致害事件与意外事件竞存时,令可能的不法行为人和受害人分担损害,对此存在明显疑虑是可以理解的,因为这偏离了因果关系应当被证实的要求。此外,这种疑虑也存在于普通法中,因为,对普通法来说,最大限度的盖然性(predominance of probabilities)而非法官确

8/214

---

[1] *Moréteau*,France no 1/131 ff.
[2] *Oliphant*,England and the Commonwealth nos 5/107 and 113;*Ludwichowska-Redo*,Poland no 3/86 f.
[3] *Menyhárd*,Hungary no 4/100.
[4] *Moréteau*,France no 1/125.
[5] *Ludwichowska-Redo*,Poland no 3/89;*Menyhárd*,Hungary no 4/102.
[6] *Green* in:Gilead/Green/Koch (eds),Proportional Liability 357.
[7] 参见《侵权责任法的基本问题(第一卷)》,边码5/93。

信或者高度盖然性[1]才是责任的决定性基础[2]。不过,当不能确定都实施了违法可责行为的两个当事人中究竟是谁造成了损害,或者处于受害人风险范围内的意外事件与违法可责行为具有大致相同的致害可能性时,让受害人单独负担全部风险似乎也很难令人满意。这样做一方面会造成僵硬的"全有—全无"的处理结果,另一方面,在致害可能性大致相当时,实施了违法可责行为且造成因果关系不确定的人完全免于承担责任,而无辜的受害人不得不承担所有风险,看上去也是不合理的。[3]

8/215　基于以上考虑,按份责任从客观上看的确是值得认可的,而且,尽管存在重要的反对意见,它在理论上也是能够被证成的,因为这个方案绝不会与既存原则相冲突,且的确存在按份责任方案的理论基点:当归责要素在加害人和受害人方面都同时满足,也即受害人存在与有过失时,通常被接受的做法是分担损害。依据相关的价值判断,这里讨论的情形与之类似:如果不考虑因果关系的证明问题,引致潜在加害人责任的行为与处于受害人风险范围的事件相对抗。至少在致害可能性大致相当的情形下,没有理由让可责难的不法行为人完全免予承担责任。

8/216　另外,也必须注意到,在认定累积因果关系情形的责任时,所有法律制度都偏离了必要条件说和"若非—则"标准;于此情形,仅仅是潜在的因果关系即为已足。在共同加害人情形,也存在一种倾向,即只要可能存在因果关系,就足以认定责任。

8/217　因此,为了在择一因果关系情形找到协调一致的解决方案,就应当运用按份责任的办法,以继续发展前述重要思想。[4]

---

[1] 例如,日本的情况就是如此,参见 *Yamamoto*, Japan no 7/341 ff.

[2] *Oliphant*, England and the Commonwealth no 5/111.

[3] 有关这个问题,也请参见 *Gilead/Green/Koch*, General Report, in: Gilead/Green/Koch (eds), Proportional Liability 1 ff. 他们依据损害赔偿法的目的去寻求解决方案,并如此论证说(第7页及以下):"侵权法的主要目标是促进公平和正义。在分配风险与损害时,基于公平和正义的考虑,增进社会的福利总量(效率)也是侵权法值得追求的次级目标。通过引导潜在的行为人[采取措施]避免那些可用比损害更低的成本加以防止的损害(威慑),并降低被认定对实际发生的事故应负担成本之人所需花费(管理效率),这个目标力图借此增进总体福利水平。如果如此,问题就只是何种规则最有利于侵权法目标的实现。"不过,用这种极一般且不确定的侵权法目标的陈述,很难达成具体的结果。

[4] 参见《侵权责任法的基本问题(第一卷)》,边码5/75以下。

第六节 归责要素

一、引言

乍看之下,人们可能产生在损害归责的理由方面存在广泛一致性的印象:过错作为责任要素已有数个世纪;对辅助人的不当行为负责也见于所有法律制度中;不依赖过错尤其是针对特别危险的物品或活动的严格责任也在发展中(普通法司法管辖区例外)。但是,当我们更进一步观察时,发现即使对于过错的理解也存在相当大的差异,这也给欧洲侵权法小组带来了很大的困难。[1] 违法性作为独立的归责理由通常被认为具有根本性的意义,它也被视为过错的前提条件,但在有些法律制度中,它并未得到讨论;此外,它也被证明是一个极为含糊不清的概念。[2] 辅助人责任也存在不同的构造,作为其基础的原则仍富有争议。[3] 在许多法律制度中,危险责任被视为与过错责任处于同等地位,但在其他法律制度中,它几乎不为人知。[4] 其他归责理由仍隐晦不明,人们对于不同责任要件之间相互作用的问题通常毫无所知,更别说对其加以讨论了。

二、不当行为

(一) 比较法述评

1. 违法性与过错

有关挪威的国别报告[5]极好地表明了在德国法族以及其他法律制

---

[1] See P. Widmer, Liability Based on Fault, in: EGTL, Principles 64 ff; P. Widmer (ed), Unification of Tort Law: Fault (2005); Koziol, The Concept of Wrongfulness under the Principles of European Tort Law, in: Koziol/B. C. Steininger (eds), European Tort Law 2002 (2003) 552.

[2] 就此请参见 Koziol (ed), Unification of Tort Law: Wrongfulness (1998);日本就此存在的不同讨论,参见 Yamamoto, Japan no 7/118 ff.

[3] 就此请参见 Spier (ed), Unification of Tort Law: Liability for Damage Caused by Others (2003).

[4] 相关国别报告,请参见 B. A. Koch/Koziol (eds), Unification of Tort Law: Strict Liability (2002).

[5] Askeland, Norway no 2/71 ff.

度中存在的难题:统一但不精确的违法性概念遮蔽了如下事实,即它用这个概念去指称极不相同的事物,且将其与过错的关系也弄得不清不楚。Askeland[1]自我批评式的表述是:"人们可以说挪威理解的违法性的大致特征是,它主要与行为相关,但也可能涉及损害概念。"不过,这仅仅涉及德国法中讨论的结果不法(Erfolgsunrecht)[2]和行为不法(Verhaltensunrecht)[3]的合理区分问题,它在其他法律制度中也引发了困难。[4]

8/220　　两种违法性概念都是有根据的,它们处理不同方面的问题:存在一种高度抽象的界定,即因受保护利益被侵害,发生了法律制度所不希望的不利改变[5];这种类型的结果不法涉及损害概念[6],因为它涉及法律上相关损害的发生问题。在我看来,这种违法性概念最好被看作是事实构成符合性(Tatbestandsmäßigkeit)的满足,它在损害赔偿法外,如妨害防止与妨害排除请求权[7]以及不当得利返还请求权[8]情形也很重要,因为这涉及利益的保护及其范围。受保护利益遭受侵害的事实本身并未揭示任何东西,以表明其是某个能够作为过错责任之基础的具体可责的不当行为造成的结果。

8/221　　这个结论要求确认加害人的行为违反了客观的注意标准[9],即他的行为至少是有过失的,因而其行为是不当的[10]。在这个意义上,《欧洲示范民法典草案》(DCFR)第 6-3:102 条将"过失"规定为未满足"注意标准";《欧洲侵权法原则》(PETL)则诉诸"行为标准"。

---

[1] Askeland, Norway no 2/86.
[2] 这不仅在德国被提倡(《侵权责任法的基本问题(第一卷)》,边码 6/4),也明显受到匈牙利学术界的极大肯定。但是,这种情况在判例法中尚未发现(Menyhárd, Hungary no 4/104)。
[3] 《侵权责任法的基本问题(第一卷)》,边码 6/3。
[4] See Ludwichowska-Redo, Poland no 3/99; Menyhárd, Hungary no 4/104; Yamamoto, Japan nos 7/148 ff and 374 ff.
[5] 日本和德国一样,当涉及受绝对保护的支配权(Herrschaftsrechten)时,首先诉诸结果不法;而在涉及"相对权"(correlative rights)时,相关的行为义务则基于广泛的利益衡量加以评判。See Yamamoto, Japan no 7/379 ff.
[6] Oliphant, England and the Commonwealth no 5/67,在这方面,它也涉及损害和注意义务的关联性以及责任范围问题。
[7] See Moréteau, France no 1/165; Ludwichowska-Redo, Poland no 3/100.
[8] Cf Askeland, Norway no 2/73.
[9] 这仅适用于美国,参见 Green/Cardi, USA no 6/114.
[10] Cf Moréteau, France no 1/167. 必须指出,在日本法中(See Yamamoto, Japan no 7/147),存在强调违法性层次的观点。在奥地利,也有观点支持对违法性赋予不同分量(Koziol, Haftpflichtrecht I³ no 4/18,并附有补充说明)。

几乎所有的法律制度都将这种客观的注意义务之违反与过错加以区别[1],后者尽管程度差异极大,但通常都与行为的主观可责难性有关,同时考虑加害人的个人能力与认知水平,至少应考虑年龄和精神疾患的情况。[2] 不过,某些法律制度用针对未成年人或精神障碍者作适当调整的客观注意义务把这个问题给掩盖了[3];《欧洲侵权法原则》(PETL)第4:102条第2款以及《欧洲示范民法典草案》第6-3:103条第1款也采用了这个做法。为了避免发生在认定过错时不愿考虑主观情况的情形——在证明困难时尤其如此——匈牙利使用的证明责任倒置的做法[4]能够提供某种借鉴。

事实构成符合性、注意义务之违反以及主观可责难性的三层区分在实践中是必不可少的,即使对那些责任认定仅以过错为基础,不公开认可违法性观念的法律制度(如法国)也具有重要意义[5];仅当相关行为不为法律制度允许且可责难时,称过错为归责的基础才当然是合理的。[6] 因而,违法性无疑是过错固有的客观因素,或者是其前提条件。[7] 这两种说法实际上并没有太大不同,但后一种说法更为可取,因为,违法性经常是

---

[1] 匈牙利新民法典是最明显的例子,参见 *Menyhárd*, Ungarn no 4/105;也请参见 *Ludwichowska-Redo*, Poland no 3/118,以及日本国别报告中的相关讨论:*Yamamoto*, Japan no 7/132 ff. 法国法尽管不是很明确,但也区分违法性和过错:*Moréteau*, France no 1/141 ff; *Galand-Carval*, Fault under French Law, in: Widmer (ed), Unification: Fault 92 f. 更为全面的介绍,请参见 *P. Widmer*, Comparative Report on Fault as a Basis of Liability and Criterion of Imputation (Attribution), in: Widmer (ed), Unification: Fault 336 f.

[2] See *Askeland*, Norway no 2/79. 但是,在法国,未成年人和精神病人仍应承担责任,不考虑他们有无过错能力的情况;参见 *Moréteau*, France no 1/153。

[3] *Oliphant*, England and the Commonwealth no 5/129 ff; *Green/Cardi*, USA no 6/114. Likewise PETL in art 4:102 para 2.

[4] *Menyhárd*, Hungary nos 4/114 and 116. On the earlier dissemination of this idea in the Communist countries of Eastern Europe see *Will/Vodinelic*, Generelle Verschuldensvermutung—das unbekannte Wesen. Osteuropäische Angebote zum Gemeineuropäischen Deliktsrecht? in: Magnus/Spier (eds), European Tort Law. Liber amicorum for Helmut Koziol (2000) 302.

[5] *Moréteau*, France no 1/141 ff.

[6] 这个意义上的过错也请参见 *Ludwichowska-Redo*, Poland no 3/119。按照奥利芬特就英国法提出的相关看法,将过错理解为违法性的一个方面是让人吃惊的(*Oliphant*, England and the Commonwealth no 5/118)。

[7] See *Moréteau*, France no 1/143; *Ludwichowska-Redo*, Poland nos 3/97 f and 110; *Quézel-Ambrunaz*, Fault, Damage and the Equivalence Principle in French Law, JETL 2012, 31 ff; *Zmij*, Wrongfulness as a liability's prerequisite in Art. 415 Polish Civil Code, in: Heiderhoff/Zmij (eds), Tort Law in Poland, Germany and Europe (2009) 16 f. Cf also *Yamamoto*, Japan no 7/139 ff.

归责的独立标准,即使在欠缺主观可责难性时,它和其他标准一起——如针对未成年人或精神病人的经济负担能力——也能够提供归责的基础。[1]

8/224　　如果不当行为的三个层次——它们对于不同目标的满足都是实质性的——能够被清晰地区分,并用不同的概念加以表述,使相关争论集中在术语背后真实问题的解决,则巴别塔式*的语言歧异、目标离散以及众多误解就都能够避免。完全避免违法性的含混表述,事实构成符合性(侵害受保护利益)以结果为基础,过失(违反客观注意义务)和过错(主观可责难性)皆与行为关联,这无疑是最好了。[2]

2. 琐利限制规则(De minimis rule)

8/225　　《欧洲示范民法典草案》(DCFR)在第 6-6:102 条大胆地设定了"琐利限制规则":"微不足道的损害不予考虑。"在这种一般化的层面,该规则肯定与欧洲既有的法律规定不一致。不过,在欧盟国家[3]执行《产品责任指令》过程中,至少有承认这个概念的征兆,《产品责任指令》规定了 500 欧元的入门标准;这也适用于挪威[4],但不适用于美国[5]。在挪威[6],琐利不计规则也适用于人身伤害情形,尤其是非物质损害情形,还适用于父母对未成年子女承担监护责任的情形。[7] 相反,在匈牙利,则找不出更多例子。[8] 在波兰,土地临近的邻居间应容忍通常程度的不利影响,无权就此要求赔偿[9];因而,明显不存在不法造成损害的问题。在法国[10],对他人通常造成的不利影响也不被认为是不当的,日本与之相

---

[1] See *Ludwichowska-Redo*, Poland no 3/100;德国法族的情况,参见《侵权责任法的基本问题(第一卷)》,边码 6/10。

* 见于《圣经・旧约・创世记》第 11 章第 1-9 节;人类最初的口音语言都是一样的,他们东迁到示拿地(古巴比伦附近)后,准备联合起来建造一座城和一座顶可通天的塔(通天塔);为了阻止人类的计划,耶和华变乱人类的口音,使他们的言语彼此不通,人类前述计划因而失败,分散而居。"巴别"就是"变乱"的意思,那城叫"巴别城",那塔就叫"巴别塔"。——译者注

[2] 有关这些问题的全面讨论,参见《侵权责任法的基本问题(第一卷)》,边码 6/6 以下。

[3] See *Ludwichowska-Redo*, Poland no 3/101.

[4] *Askeland*, Norway no 2/76.

[5] *Green/Cardi*, USA no 6/115 ff.

[6] *Askeland*, Norway no 2/76.

[7] *Askeland*, Norway no 2/98; *Ludwichowska-Redo*, Poland no 3/101;在美国,在"精神损害"情形也要求应是严重的损害:*Green/Cardi*, USA no 6/116.

[8] *Menyhárd*, Hungary no 4/108.

[9] *Ludwichowska-Redo*, Poland no 3/101.

[10] See *Moréteau*, France no 1/171.

同。[1] 英格兰和美国作为明显的例外,为了确保不够充足的赔偿资金能够流向最终的受害者,琐利限制的门槛规则在石棉案中被确立。[2] 琐利限制规则既排除细微损害的可赔偿性[3],也排除只创设了微小致害风险的行为的违法性[4],但仍有必要辨明究竟是构成要件符合性被否定,还是注意义务的违反被否定。若仅遭受了微小损害,对法益符合事实构成的保护范围通常又以此为限,则不仅损害赔偿请求权,而且妨害防止请求权都将被排除[5];换言之,某些妨害必须被容忍。相反,如果只是注意义务受到限制,则只有对微小损害的赔偿义务被排除,保护范围并不受限制,迫近的损害危险通过妨害防止请求权予以防免。[6]

3. 客观的注意义务

在某些法律制度中,在认定客观注意义务时,必须关注如下事实要素:在挪威要考虑的因素包括加害人与受害人之间的关系性质[7],此外还包括致害的可预见性[8],期待加害人以不同方式行为的合理性[9],以及行动自由所涉利益[10]。日本法也以非常相似的方式关注损害发生的可能性、受害人及加害人相关利益的重要性等。[11] 在美国[12],应考虑的因素与《欧洲侵权法原则》(PETL)和奥地利新损害赔偿法草案也非常类似。

4. 不作为

就不作为而言[13],兹对所知事项作如下确认:帮助他人使之免受损

---

[1] *Yamamoto*, Japan no 7/476.
[2] *Oliphant*, England and the Commonwealth no 5/119; *Green/Cardi*, USA no 6/117.
[3] 挪威即是如此,参见 *Askeland*, Norway nos 2/74 and 77。
[4] Askelan 指出了这一点,参见 *Askeland*, Norway no 2/75 f,也请对照 *Green/Cardi*, USA no 6/118; *Yamamoto*, Japan no 7/476.
[5] Cf *Moréteau*, France no 1/171.
[6] 参见《侵权责任法的基本问题(第一卷)》,边码 6/37。
[7] *Askeland*, Norway no 2/81; *Oliphant*, England and the Commonwealth no 5/118.
[8] *Oliphant*, England and the Commonwealth no 5/118.
[9] *Askeland*, Norway no 2/81.
[10] *Askeland*, Norway no 2/81.
[11] *Yamamoto*, Japan no 7/145; cf also no 7/580.
[12] *Green/Cardi*, USA no 6/119 ff.
[13] 就此也请参见 *Koziol*, Liability for Omissions—Basic Questions, JETL 2011, 127; *P. Widmer*, Ex nihilo responsabilitas fit, or the Miracles of legal Metaphysics, JETL 2011, 135; *Quill*, Affirmative Duties of Care in the Common Law, JETL 2011, 151; *Faure*, Liability for Omissions in Tort Law: Economic Analysis, JETL 2011, 184; further *van Dam*, European Tort Law^2 (2013) 246 ff.

害的作为义务不为英格兰和美国法律所认可。[1] 不过,当某人创设了某种危险源,或者对他人福祸负有责任,抑或因其地位而负担此种责任时,英格兰也例外认可作为义务。挪威法院也不会认定未尽救助的赔偿责任[2];这与那些对受害人准予赔偿的慷慨做法形成强烈对照。与之相对,在匈牙利,提供救助的义务原则上是被否定的。[3]

5. 纯粹经济损失

2/228 　　法国[4]和波兰[5]与奥地利的情况相似,原则上不拒绝保护经济利益,但所获赔偿受到各种形式的限制,尤其要求只有"直接受害人"——这是一个不够明确的概念——能够获得赔偿,另外还需满足相当性的特殊考虑;如果加害人方面存在故意,更加广泛的请求权将被认可[6],在干涉第三人法律关系情形尤其如此[7]。此外,纯粹经济损失在缔约过失情形也能够获得完全赔偿[8];在造成抚养义务人死亡情形,尚生存的受抚养人也能得到赔偿[9]。在匈牙利,明显没有对此作详细的讨论,其似乎是从因果关系要件寻求解决之道。[10] 英格兰极不愿意对纯粹经济损失给予赔偿,但在一些案例类型中,相关损害赔偿也被认可。[11]

6. 主观过错与客观过错

8/229 　　当前主流趋势大体上是支持客观过失概念[12]:在法国,即使是对精神病人也不考虑其无责任能力的情况,而是基于客观过错对其施予责任。[13] 此外,当行为的违法性被确认后,过错即被推定。[14]

---

[1] *Oliphant*, England and the Commonwealth no 5/120 f; *Green/Cardi*, USA no 6/123 f.

[2] *Askeland*, Norway no 2/77.

[3] *Menyhárd*, Hungary no 4/109.

[4] See *Moréteau*, France no 1/174.

[5] *Ludwichowska-Redo*, Poland no 3/102 ff.

[6] *Ludwichowska-Redo*, Poland no 3/107.

[7] *Ludwichowska-Redo*, Poland nos 3/105 and 107.

[8] *Ludwichowska-Redo*, Poland no 3/104.

[9] *Ludwichowska-Redo*, Poland no 3/106.

[10] *Menyhárd*, Hungary no 4/112.

[11] *Oliphant*, England and the Commonwealth no 5/122 ff.

[12] 就此也请参见 *van Dam*, Tort Law² 263 ff, 269 ff; *Widmer*, Comparative Report on Fault as a Basis of Liability and Criterion of Imputation (Attribution), in: Widmer (ed), Unification: Fault 347 ff,参考了相关国别报告。

[13] *Moréteau*, France no 1/152 f.

[14] *Moréteau*, France nos 1/155 and 168.

在波兰[1],"规范性的"过错概念具有明显的客观化特征,使其与违法性难以区分。责任能力始于年满 13 周岁,且精神健康状况正常。不过,易于确认的或长期存在的重要个人特征将予以考虑,如年龄、身体或精神残障以及疾病等。[2]

8/230

在匈牙利[3],过错客观化同样广泛;加害人的认知水平、技能和个人能力均不被考虑。而且,违约标准要比侵权法的标准严格得多。

8/231

与之相似,英格兰就"过失"和"过错"都采纳客观标准;奥利芬特援引的经典表述是[4]:"过失是未做一个通情达理的人依照通常调整人们交往行为的那些考虑因素将会去做的事,或者做了一个谨慎理智的人将不会去做的事。"技能、认知水平以及个人能力等都不在考虑范围之内。不过,对于尚且年幼的未成年人仍有例外,因为他们还欠缺控制自己行为的能力;对于年龄较大的未成年人来说,需要考虑的是,他们是否满足了对其所处年龄的人而言通常是合理的行为标准。但是,如果未成年人从事了本属成年人才能从事的活动,对其将适用成年人的标准。

8/232

在美国[5],考虑到确定主观能力的难度,以及加害人是否具有必要的能力对受害人不会产生任何不同影响的事实,客观过错标准也被采纳。不过,这是非常不全面的看法;这意味着意外事件也能够引起赔偿请求权,也不允许对未成年人或精神病人作例外处理。事实上,客观注意义务对于未成年人会降低要求,5 周岁或 7 周岁以下的未成年人通常无论如何都免予承担责任;在接下来的年龄段——即 7 至 14 周岁之间——存在未成年人不具有过失能力的可推翻的推定,适用于 14 周岁以上未成年人的规则是其具有过失能力的可推翻的推定。[6] 弹性规则也适用于身体残障者,注意义务被调整到与其能力相应的水平。不过,认识能力障碍则不被考虑[7],那些认识能力天生低于常人但尚非"精神残障者"的人,将

8/233

---

[1] *Ludwichowska-Redo*, Poland nos 3/109,112 and 119; *Habdas*, Tortious liability in Polish law for damage caused by minors, in: Heiderhoff/Zmij (eds), Tort Law in Poland, Germany and Europe (2009) 109 ff.

[2] 就此请参见 *Ludwichowska-Redo*, Poland no 3/118;也请对照 *Habdas* in: Heiderhoff/Zmij (eds), Tort Law in Poland, Germany and Europe 116 ff.

[3] *Menyhárd*, Hungary no 4/116.

[4] *Oliphant*, England and the Commonwealth no 5/127.

[5] *Green/Cardi*, USA no 6/128.

[6] *Green/Cardi*, USA no 6/127.

[7] *Green/Cardi*, USA no 6/131.

面临他们无法避免的行为风险,从而其日常生活免不了要遭遇赔偿义务。与此形成鲜明对照的是,高于常人的能力则被考虑,并适用更为严格的注意义务标准。[1]

8/234　　日本法也适用客观过错标准,仅在确定未成年人或精神病人的行为责任时考虑个体的主观辨识能力。[2] 不过,客观化也因如下事实而弱化,即针对加害人的标准是其所属群体的普通人标准。[3] 这种群体类型标准介于主观过错和客观过错之间。

8/235　　未成年人对自己不当行为之责任的规则的多样化令人难以置信:有时候责任能力与特定年龄有关,有时候则不是这样;就年龄划分来说,也具有不同的意义,有的表现为严格的界限规定,有的则只产生可推翻的推定效果;未成年人通常与其父母一起承担责任,但他们的责任也可能只是从属性的;它既可能完全遵从一般责任规则,也可能只表现为主要根据加害人和受害人的经济状况确定的公平责任。有些法律制度规定了未成年人的公平责任,但这并非是多数法律制度的做法。[4] 不过,几乎在所有地方,在评估过错或相应减轻客观注意义务时,通常都会考虑判断能力的欠缺或者弱化情况。

8/236　　相反,法国的情况[5]与其他法律制度则完全不同,未成年人的责任不是被弱化,而是被强化:在1968年的法律宣布精神病人应承担责任之后,法院在1984年依循此例认定,未成年人应当承担完全责任,而无须考虑其判断能力。但是,承担责任的前提仍是客观注意义务的违反,尽管为使责任严格化,总是可以找到偏离这项要求的表述方式。需强调的是,未成年人的责任通常由父母的家庭财产保险给予保障。[6]

---

[1]　*Green/Cardi*, USA no 6/132 ff.

[2]　*Yamamoto*, Japan nos 7/86 and 139 ff.

[3]　*Yamamoto*, Japan no 7/603 ff.

[4]　就上述所有这些情况,参见 *Martín-Casals*, Comparative Report, in: Martín-Casals (eg), Children in Tort Law I: Children as Tortfeasors (2006) 425 ff. 在日本法中,不存在针对未成年人或精神病人的公平责任。

[5]　*Moréteau*, France no 1/152 f; Francoz-Terminal/Lafay/Moréteau/Pellerin-Rugliano, Children as Tortfeasors under French Law, in: Martín-Casals (eg), Children in Tort Law I 170 ff.

[6]　*Moréteau*, France no 1/153; Francoz-Terminal/Lafay/Moréteau/Pellerin-Rugliano in: Martín-Casals (ed), Children in Tort Law I 185.

(二) 结论

1. 不当行为的分层

国别报告再次显示出当前在术语使用方面的不确定性,以及对各种层次的不当行为类型的不同功能欠缺清晰的认识。面对持续不断的误解,对不同功能的清晰阐述和各种不当行为类型的概念区分所受一般性的消极抵制状况是令人震惊的。特别是针对国际性讨论的目的来说,为了能够有效沟通,亟须达成[功能阐述和概念区分的]清晰性。实际上,就此并不存在真正的障碍,因为,在几乎所有的法律制度中,不当行为的不同类型不仅为人所知,且亦属所需。因此,在极为抽象的受保护利益的侵害(事实构成符合性)、违反以某种方式行为的客观义务(违反注意义务)和某种程度上须作主观评价的过错之间,有必要加以区分。

2. 过错的主观标准

就重新将**主观过错**作为认定不当行为责任的基本归责要素而言,必须强调如下的基本认识[1]:无论如何,人类作为有尊严的存在,需要参加一般社会生活,如果个人因为天生低于一般人的能力而最终被认定要承担责任,就将与人权相违。承认一个人是社会中的一员,同时又令其因精神或身体残障而承担严格责任,使之在参与日常生活时无法避免这种责任,仅仅因为他的现实状况就需经常担负特别沉重的负担,这是没有道理的。如果将个人无法避免的缺陷作为认定责任的基础,迫使其在作为有尊严之人类存在而参与日常生活时承担无可规避的责任与逃离生活之间作出选择,那将难以与其基本权利保持一致。还需注意,尽管多数法律制度考虑了未成年人和精神病人的个体特征,但在涉及不太显著的认知或生理缺陷情形,仍然对其施予责任,就此并不存在客观的正当理由。通过创设群体类型,如盲人,也不会产生更多的说服力:除了不能针对所有存

---

[1] 就此更加详细的讨论,参见《侵权责任法的基本问题(第一卷)》,边码 6/81 以下;另请参见 *Koziol*,Objektivierung des Fahrlässigkeitsmaßstabes im Schadenersatzrecht? AcP 196 (1996) 593 ff; *Koziol*, Liability based on Fault: Subjective or Objective Yardstick? Maastricht Journal of European and Comparative Law 1998, 111 ff; *P. Widmer*, Reform und Vereinheitlichung des Haftpflichtrechts auf schweizerischer und europäischer Ebene, in: Zimmermann (ed), Grundstrukturen des Europäischen Deliktsrechts (2003) 175 f. 关于这个问题,也请对照 *Graziadei*, What went wrong? Tort law, personal responsibility, expectations of proper care and compensation, in: Koziol/B. C. Steininger (eds), European Tort Law 2008 (2009) 2 ff.

在认知或生理缺陷的群体类型单独设置注意标准外,在相关群体类型内,仍然存在过错客观化的问题。

8/239　　但是,对认知或身体缺陷的考虑应受限制的看法也须再作强调:如果某人可以不去参与那些其欠缺必要能力的活动,他就必须合理地避免参与这类活动;如果他没有这样做,他就对未能遵守客观注意义务负有责任。反对将明显存在证明困难的主观能力纳入考虑范围的看法是没有说服力的,因为,这些问题通过有关过错的证明负担规则是可以加以解决的;看起来合乎逻辑的是,如果某人达到了具有过错能力的相关年龄,但尚未具备这种能力,他必须就此提供证明。此外,他还必须证明,由于欠缺所需能力,他在主观是不可责难的;这种关于过错的证明责任倒置对于很多——主要是中、东欧——法律制度都是为人熟知的。[1] 主观能力的考虑在很多法律制度中也可以引入到未成年人责任认定中:如果某行为客观上违反了注意义务,但由于欠缺相关能力,加害人在主观上不可责难,则在特别考虑加害人因违反注意义务而获得利益,以及双方当事人的经济状况的情况下,可令其承担全部或部分责任。此外,社会保障在相当程度上已涵盖了人身伤害领域的损害。

8/240　　考虑到不依赖主观因素的无过错或严格责任不断增加的情况,主观过错观念的重新确立也就更易理解了。

3. 涉及未成年人与无责任能力人之责任的特殊问题

8/241　　未成年人对其致害行为的责任将在这里作深入考察:可供选择的方案包括完全不承担责任、从属于父母的责任、不考虑父母责任的个人过错责任、公平责任(即使欠缺主观过错,但根据未成年人和受害人双方的经济状况承担责任),以及纵使欠缺判断能力仍应承担的严格责任。在考察比较法研究中涉及的各国解决方案时,必须始终牢记相关的法律环境。[2]

8/242　　让我们从最极端的法国方案开始:对于未成年人严格责任的担忧可能基于其较低的实际意义而缓解,因为父母的责任要更为严格(参见下文

---

〔1〕 Will/Vodinelic, Generelle Verschuldensvermutung—das unbekannte Wesen. Osteuropäische Angebote zum Gemeineuropäischen Deliktsrecht? in:Magnus/Spier(eds), Liber amicorum for Helmut Koziol 302.

〔2〕 就这个问题及后述相关看法,请参见 Koziol, Kinder als Täter und Opfer:Kernfragen rechtsvergleichend betrachtet, Haftung und Versicherung (HAVE) 2014, 89 ff.

边码8/260以下),受害人只会倾向于向父母主张赔偿;这个看法还被如下事实所强化,即父母通常有相关的保险保障,他们也更有经济能力去满足赔偿请求。不过,不要忘记,在那些全部或部分损害没有保险保障(这的确很罕见),且父母也无力赔偿的情形,未成年人就可能要承担严格责任;这尤其在那些非常严重的损害情形较为常见,这会对未成年人造成特别沉重的负担。除此之外,尽管未成年人和精神病人一样特别值得保护,但他们仍被置于非常严格的责任规则之下,这个根本性的忧虑仍然没有被消除。

不过,当人们一方面认识到法国的做法会使受害人尽可能获得赔偿,另一方面也注意到未成年人是一种特殊危险源的事实时,前述规则的基础就变得可以理解了。尽管一般公众对未成年人存有重大利益,但让个别受害人单独承受这种危险源所施予他们的损害,实际上也是不合理的。而且,也必须考虑到,未成年人广泛的责任风险通常都受到责任保险的保障。 8/243

尽管如此,当不存在责任保险,或者保险未能涵盖所有损害时(这在赔偿金额很高时就可能发生),让未成年人承担全部责任也是不妥当的。即使未成年人客观不当的行为造成了极为严重的损害,基于社会理由将其转移给社会一般公众,由全面的"社会责任保险"保障,且保险费构成不取决于被保险的风险范围,而是像社会保险金那样,由全体社会成员按照其收入水平共同负担,这样的解决方案是值得赞同的。这与如下看法也是一致的,未成年人的存在是有利于公共利益的,因他们的不当行为所造成的损害,也应当由社会公众而非个别受害人或者未成年人的父母来承担。 8/244

要是将未成年人所造成的损害一般性地转移给社会的做法不被采纳,那么,在损害赔偿法领域,原则上就应当优先选取过错责任的解决方案。在这样做时,虽然依法律确定性的观念可能会主张使用严格的年龄界限规定,但相反的看法更值得赞同:这涉及主观归责问题,且因未成年人的个体发育程度差异极大,在不同情形要求具备极不相同的判断能力,严格依年龄确认的结果在具体案件中就可能无法在客观上被正当化。不确定性问题无论如何不像考虑精神障碍以判断行为人的责任能力那样重大。而且,通过某种折中方案,即引入与未成年人年龄相关的可推翻的推定,而这种年龄界限又与其典型发育状况相适应,则法律确定性和具体个 8/245

案公平就能够得以实现。

8/246　是让未成年人与其父母一起承担责任,还是让其在受害人无法由其父母获得赔偿时才承担补充责任,这个问题可从两个角度加以分析:一方面,基于威慑的考虑,坚持按一般责任规则处理,在未成年人的行为有过错时让其承担责任,这似乎是可行的;如果未成年人只承担补充责任,由于承担赔偿责任的父母不能向未成年人追偿,威慑效果将遭忽视。[1] 另一方面,也须注意,受害人通常会起诉明显更有经济能力作出赔偿的父母,这一般都会使未成年人免于实际履行赔偿义务。此外,当父母应当负责时,他们就忽视了自己对未成年子女的义务,其中包括使未成年子女免于赔偿的义务,从而,仅让父母承担责任似乎就是合理的。这样也会促使父母更好地履行培养和监督未成年子女的义务。就此而言,两种解决方案都是持之有据的。

8/247　就那些不是为自己的行为而负责的人而言,也会产生类似的根本问题。再一次,法国采取的让精神病人承担严格责任的做法引发了需要加以深入思考的基本问题。那些在数量上居多数的法律制度,强调对精神病人的保护需要,并据此否定他们的责任,它们将很难理解,正是这种高度的受保护需要导致责任被强化。尽管如此,就如在未成年人情形一样,这里也存在支持采纳法国做法的实质理由。尽管社会层面对于精神病人的存在的确没有特殊的重大利益——这与未成年人情形恰好相反——但仍然必须考虑到精神病人的一般基本人权,让他们能够——尽管肯定应限制在某种范围内——参与社会生活。这样将会产生不可避免的致害风险,因社会不得不确保精神病人能够以与人权相符的方式参与生活,这种风险就最终嵌含于社会利益之中,让个别受害人单独承担这种风险所致损害后果也同样是不合理的。相关解决方案既要考虑保护精神病人免于赔偿义务的需要,也要考虑避免让受害人独自承受存在于社会一般利益之中的致害风险,从而在必要时不可归责之人的客观不当行为也能引发损害赔偿责任,这再次需要通过让全社会承担相关风险的方式来实现。这个想法还是要考虑利用由一般公众提供经济支持的"社会责任保险"。

---

〔1〕从奥地利法角度就此问题所作分析,参见 Hirsch, Children as Tortfeasors under Austrian Law, in: Martín-Casals (ed), Children in Tort Law I 48 f.

4. 琐利限制规则

就所谓琐利限制规则来说，在我看来[1]，无论如何，在财产损害领域不应设置入门限制，因为这是一项过于严格的限制，意味着不能考虑受害人的具体情况。不过，当然可以利用在相邻关系中被广泛采纳的做法，认为每个社会成员都应当容忍那些在日常生活中难以避免的轻微损害[2]；在这种范围内，法律权益的保护通常就要受到限制。但是，任何特殊的规则都只有很小的实践价值，因为就微不足道的损害提起诉讼所花费的精力和成本，都多少会对这种行为产生阻止效果。

不过，当涉及精神损害时，则应当有明确的限制：要是涉及的赔偿额很小，如某人在拥挤的车站被人踩到了脚趾而主张慰抚金，这在实践中将很难发生，但还是应当有更多的限制，就如大多数法律制度已经采取的做法那样。将赔偿限于明显的精神损害情形，看上去是公平的。在此适用显著性限制的理由在于，赔偿给付并不旨在补偿受害人遭受的可能影响其生活境况的财产损失，而是为了抚慰其精神上所受不利，这种不利是无法以金钱计量的。当然，这种限制也引发了如下疑虑，精神利益尤其是人格权，其位阶甚至高于财产利益，因而值得更高程度的保护。然而，应当考虑到，精神损害赔偿会面临非常多的困难，因为很难对其加以客观认定，而损害赔偿的评定也极为困难。并且，还应注意到，作为社会共存的组成部分，某些精神上的妨害必须予以容忍，否则，这种社会共存将面临赔偿义务的沉重负担。另外，对精神损害的赔偿可能实际上增加了这方面的敏感性，这会加重而非缓解精神损害后果，从而与损害赔偿的目标相违，这种风险也需要加以考虑。至少在轻微精神损害情形，由法国做法得到的启发是，由法院单纯宣告不法侵害的事实，而无须施予任何赔偿义务，这样做是值得考虑的。[3] 琐利限制规则有必要保持足够的弹性，尤其是应关注受侵害利益的价值位阶、损害是否可客观认定，以及损害的程度有无客观依据等。

---

[1] 参见《侵权责任法的基本问题（第一卷）》，边码 6/32 及以下。
[2] 在地铁中，一位乘客不小心踩了另一位乘客的鞋，后者的鞋出现了擦痕；一座建筑物产生的尘土弄脏了行人的衣服。
[3] *Moréteau*, France no 1/169; on this below no 8/320.

三、因自己责任范围内的其他缺陷所生责任

(一) 使用人的不当行为

1. 比较法述评

8/250　　德国法极不乐意承认合同外的使用人责任：本人在证明其对选任监督使用人尽到了必要注意时，就可以免于就后者的不当行为承担责任。它毕竟还是明确承认了本人的选任监督义务——一种交往义务（Verkehrspflichten）（安全义务）类型。波兰和匈牙利法[1]则采纳如下做法：本人就选任监督承担推定过错责任。[2] 在奥地利法中[3]，当本人使用不称职的使用人时，即使其没有过错，他也要承担责任；这是一种建立在创设特殊危险源基础上的严格责任。

8/251　　其他法律制度则更进一步，将本人的不当行为作为归责要件：《法国民法典》第 1384 条规定，任何人要对**应由其负责之人的客观不当行为**承担赔偿责任。[4] 在挪威[5]，本人"必须负责，只要其雇佣人在雇佣范围内有过咎地造成了损害。对本人施予严格责任的理由在于，雇主和雇员之间存在密切而持续的关系，并具有谋求本人利益之目的"。"极为短暂且未付报酬的服务，如帮邻居买一块面包"不产生这种严格责任。在日本，重点关注的是本人的过错，但这种过错是被推定的，由于证明不存在过错的标准如此之高，以致这种责任最终成为一种独立于过错的责任。[6]

---

〔1〕 *Ludwichowska-Redo*, Poland no 3/123 (on independent auxiliaries); *Menyhárd*, Hungary no 4/129.

〔2〕 不存在任何疑问的是，由于选任行为不可能是违法的，故这不是一种严格意义上的过错；就如在德国法语境下一样，这实际上是一种选任辅助人的"交往安全义务"（*Verkehrssicherungspflicht*）（保护他人免受其行为或财产引致的危险的义务），从而不存在针对第三人的危险。

〔3〕 最近出版的详细讨论这个问题的著作，参见 *Ondreasova*, Die Gehilfenhaftung (2013) 97 ff.

〔4〕 *Moréteau*, France no 1/180.

〔5〕 *Askeland*, Norway no 2/87；根据波兰法律的规定，在非独立辅助人情形也同样如此，参见 *Ludwichowska-Redo*, Poland no 3/124.

〔6〕 *Yamamoto*, Japan no 7/630 ff.

本人的责任在英国也是严格的。[1] 奥利芬特对此解释说:"这种责任的根据是饱受争议的,但一般认为,它们依赖于一些不同的考虑因素,包括有效地分配损失,提供公平且实际可行的救济,以防止加害人不承担任何赔偿责任,以及雇主在选择雇用某人时,对所为事务可以控制,以防免将来造成损害。"同样,美国[2]也采纳了"归责于上"(respondeat superior)的原则:"雇主要为雇员在其雇佣范围内造成的侵权性损害承担替代责任。因而,雇主的责任是严格责任,但要求雇员方面存在过错。"责任的基本根据在于抽象的控制可能性。此外,还会考虑到威慑观念:本人被要求在选任监督方面特别深入细致,他也被激励在雇员实施不当行为后对其加以规训,甚至鼓励其用机器去替代使用人的工作。　　8/252

　　这些看法不能被认为是令人信服的:第一个目标也可以通过过错责任尤其是过错推定达到;第二个目标不过是第一个目标的变体;第三个目标利用严格责任规则使雇员成为多余,鼓励本人用机器去替代他们,这也与我们社会的一般目的不符,特别是在目前这样的高失业时代。　　8/253

　　尽管欠缺充足的理由,《欧洲侵权法原则》(第 6:102 条)与《欧洲示范民法典草案》(第 6-3:201 条)还是追随了国际趋势,规定了对使用人(Besorgungsgehilfen)[间接代理人(vicarious agents)]不当行为的全面责任。　　8/254

　　法国国别报告[3]中提到了卡塔拉草案(draft Catala)中的一个规则(《法国民法典》第 1360 条),涉及一个在实践中具有重要意义但很少被讨论的问题,即母公司为子公司承担的责任;这与不是母公司而是个人时面临的问题应当是同样的。尽管子公司在法律上是独立的法律主体,如果它受到了母公司的明显影响,仍有理由依使用人责任规则不将其作为独立主体对待。还须注意的是,任何别的解决方案将意味着,为了规避可能造成损害的活动,并尽量将风险从母公司转移,就需要充分利用资合公司的有限责任性质。　　8/255

　　2. 结论

　　不同法律制度在处理对使用人不当行为的归责方面存在很大的差　　8/256

---

[1] *Oliphant*, England and the Commonwealth no 5/133.
[2] *Green/Cardi*, USA no 6/143 ff.
[3] *Moréteau*, France no 1/188.

异。一般认为,一个人原则上不对第三人的行为负责,如《奥地利民法典》第 1313 条就此有明文规定,在使用人情形明显偏离该原则需要进行充分论证:只有在整体连贯的法律制度中,存在归责的重大事由,就如在为自己的过错行为负责或对危险物负责的情形那样,为第三人行为负责才是正当的。[1] 对于归责事由必须作整体考虑,为他人承担的责任必须建立在不比其他责任类型更弱的基础之上。称某人系为自己的利益而利用他人,并不能成为让其对工作中造成的所有损害负责的充足理由。当然,指出如下问题也是适当的,即无论如何,人们通常认为,[本人负责的]前提是使用人对其不当行为应受责难,且将某人责任范围内存在的严重缺陷所致损害归责于该人是正当的。不过,问题的关键是,当某人可被视为他人责任范围内的人员时,后者就前者的不当行为承担责任看上去就是妥当的。不应当忘记,每个人(包括使用人在内)原则上都应为自己的行为负责,任何人不得被无故强令为他人负责。

很明显,这方面的国际争论还需更加深入且细致分辨。[2] 不过,某些法律制度就此已经有了进展,其认为极为短暂的无偿服务不能满足归责要件。但是,某人差使他人有偿为病中的友人送药是否就满足了责任要件呢?这种帮助友人的完全利他行为能够为施予其使用人责任提供正当根据吗?它是否不取决于使用人被并入本人所属范围的程度,[3] 尤其是像本人对使用人路途中的行为施加影响的可能性这种情况?当某人由于自己欠缺相关能力,而雇用了一个他明显无法指示其如何行事的专业人士时,其影响力是否充分?[4] 是不是不应该考虑,他通过雇用专业人士,实际上降低了第三人遭受侵害的风险?[5]

因此,我还没有发现足以让我信服的观点,认为在合同外的领域应当确立一般严格责任[参见《侵权责任法的基本问题(第一卷)》,边码 6/96];在我看来,在选任监督方面采取推定过错的更窄责任,大体而言是更好的解决方案。不过,像奥地利法那样,当因使用人不称职而创设了特殊

---

[1] 这方面的全面讨论,请参见《侵权责任法的基本问题(第一卷)》,边码 6/95 以下。

[2] 就此也请参见 Giliker, Vicarious Liability or Liability for the Acts of Others in Tort: A Comparative Perspective, JETL 2011, 31, 54 ff.

[3] 就此请参见 Ondreasova, Gehilfenhaftung 103 ff.

[4] 这种情况在法国(Moréteau, France no 1/188)和波兰(Ludwichowska-Redo, Poland no 3/124)也得到了考虑。

[5] 这一点也在法国国别报告中被指出,参见 Moréteau, France no 1/184.

的危险源时,采纳严格的无过错责任,借此向宽泛的反对立场作一定让步则是可以的。此外,还可以客观地认为,企业应当对其使用人承担更加宽泛的责任。毕竟,在涉及企业范围内的严重缺陷,即使用人在为企业从事活动中实施了不当行为时,也可以提出与支持更加严格的企业责任观点相同的主张。而且,根据义务的性质与目的,考虑本人是否在使用辅助人履行其义务时应当承担最终责任,似乎也是适当的。[1] 相应地,当介于合同与侵权间的中间领域的义务——如使他人免受其行为或财产所生之危险的义务(交往安全义务)——被违反时,对辅助人的行为施予更加宽泛的责任就是正当的。无论如何,在我看来,在私法领域规定对使用人(Besorgungsgehilfen)[间接代理人(vicarious agents)]的一般严格责任是完全不合理的。

(二) 未成年人的不当行为

1. 比较法述评

大多数法律制度只有在父母自己存在不当行为,主要是违反监管义务或至少是抚养义务时,才令其对未成年人子女所致损害承担客观过失责任[2],尽管这方面还存在某些差异,如多数法律制度利用证明责任的倒置而使这种责任规则更为严格[3]。《欧洲侵权法原则》(第 6:101 条)与《欧洲民法典框架草案》(第 6-3:104 条)都选择了证明责任倒置的方案。西班牙和荷兰也存在类似的规则,但在下列情形还同时规定了父母的严格责任:在西班牙,涉及未成年人实施了犯罪行为的情形[4];在荷兰,则是针对 14 周岁以下未成年人致害的更加宽泛的情形[5]。这两种

---

[1] See *Ondreasova*, Gehilfenhaftung 119 ff.

[2] 这个前提在如下文献中得到强调,参见 *Brüggemeier*, Haftungsrecht: Struktur, Prinzipien, Schutzbereich (2006) 528.

[3] 参见 *Ludwichowska-Redo*, Poland no 3/121;*Menyhárd*, Hungary no 4/114;*Oliphant*, England and the Commonwealth no 5/133;德语国家的情况,请看《侵权责任法的基本问题(第一卷)》,边码 6/98;此外,还请参见如下文献中的相关国别报告和比较报告:*Martín-Casals* (ed), Children in Tort Law I: Children as Tortfeasors (2006), Children in Tort Law II: Children as Victims (2007);*Spier* (ed), Unification of Tort Law: Liability for Damage Caused by Others (2003);*van Dam*, Tort Law² 493 ff; and finally *Koziol*, HAVE 2014, 96 ff.

[4] *Martín-Casals/Ribot/Solé Feliu*, Children as Tortfeasors under Spanish Law, in: Martín-Casals (ed), Children in Tort Law I 369 ff, 387 ff.

[5] *van Boom*, Children as Tortfeasors under Dutch Law, in: Martín-Casals (ed), Children in Tort Law I 293 ff, 296.

制度代表了一种向挪威法[1]和法国法[2]发展的中间立场。在挪威,父母要为未成年人的不当行为承担无过错责任。法国法则走得更远:按照目前的解释,《法国民法典》第1384条第4款规定,不仅父母要对未成年子女所致损害承担严格责任,只有在证明存在不可抗力时才能免于承担赔偿责任,而且法院引人注目地将这个规则适用于每一起未成年人侵权案件,也即,即使未成年人的行为客观上并无过失,纵然成年人实施了同样的行为也不会承担责任,其父母仍需担责。

2. 结论[3]

8/260 父母通常都承担过错责任的事实表明,家庭法上的监管义务具有外向性,即具有保护第三人的特征。[4]这可依交往安全义务思想加以正当化[5]:由于未成年人还不能认识相关危险并适当行为,所以他们会引致特殊的危险。那些在其应当负责的范围内存在增强的危险源,并因而对他人负担避免或减轻前述危险义务的人,应当在合理限度内采取积极措施尽可能避免损害的发生。[6]

8/261 但是,对于法国法所采取的父母承担严格的无过错责任(《法国民法典》第1384条第4款),仅在不可抗力情形免除他们责任的做法,能够找到何种正当理由呢? G. 瓦格纳(G. Wagner)[7]恰当地强调指出,明显不能把未成年人与异常危险之物(如机动车和原子能工厂)相提并论,因此,让父母承担严格责任原则上是错误的。这个反对看法对于其他法律制度

---

[1] *Askeland*, Norway no 2/98.

[2] *Moréteau*, France no 1/180 at FN 433; further *Francoz-Terminal/Lafay/Moréteau/Pellerin-Rugliano*, Children as Tortfeasors under French Law, in: Martín-Casals (ed), Children in Tort Law I 169 ff, 193 ff.

[3] 更加详细的讨论,参见 *Koziol*, HAVE 2014, 93 ff.

[4] *G. Wagner* in MünchKomm, BGB V⁶ (2013) §832 no 2. Cf also *von Bar*, Gemeineuropäisches Deliktsrecht I (1996) nos 100, 140.

[5] 在这个方面,也请参见 *Hirsch*, Children as Tortfeasors under Austrian Law, in: Martín-Casals (ed), Children in Tort Law I 40, and *Wagner* in MünchKomm, BGB V⁶ §832 no 2 in combination with §823 no 320 ff.

[6] Cf *Brand*, Die Haftung des Aufsichtspflichtigen nach §832 BGB, JuS 2012, 673; *Larenz/Canaris*, Lehrbuch des Schuldrechts¹³ II/2 (1994) §76 III 4c; *Jaun*, Haftung für Sorgfaltspflichtverletzung. Von der Willensschuld zum Schutz legitimer Integritätserwartungen (2007) §10, 455 f.

[7] Final Conclusions: Policy Issues and Tentative Answers, in: Martín-Casals (ed), Children in Tort Law II 299 f.

是有效的,但对于法国法却是成问题的:《法国民法典》第1384条第1款目前被解释为是指,物品的照管人应当对该物所致损害承担严格责任,而无须考虑该物是否存在瑕疵或者致害危险。[1] 因而,父母对未成年子女的严格责任与法国法的其他责任规则并无矛盾。原则上,这里涉及的问题是,父母承担的这种严格责任如何能够被客观证成,就此需要考虑的是,除了异常危险外,还存在其他无过错责任的根据,如产品责任方面的理由。[2] 因此,有必要深入考察法国法在规定父母严格责任方面所持的理由。首先,这种做法与主要关注受害人赔偿的一般倾向一致,在这个意义上,责任构成要件方面就表现得非常慷慨仁慈。[3] 此外,未成年人造成的损害风险也被用作论据。[4] 但是,特别被强调的是,几乎所有家庭都有涉及父母和未成年子女的责任保险;尽管这种保险不是强制性的,但受到强力推荐,以致几乎所有居民都有这种保险,且保险费也极为低廉。

G. 瓦格纳[5]强调对受害人的完全赔偿、风险分散以及低廉的诉讼成本,就像法国做法具有的那些优点一样。但是,他也指出了其不利所在:在监管与抚养未成年子女方面,由于存在广泛的责任保险,且保费不取决于相关风险程度,导致对谨慎行为的激励不足[6];家庭承担了与范围广泛的责任有关的(尽管低廉)保险成本;相比于成人造成损害的受害人而言,[法国做法]更偏向于未成年人造成损害的受害人,因为,在某些由未成年人造成损害的情形,即使成年人实施相同行为会因欠缺违法性而无须承担责任,未成年人的父母仍被认为应当负责。因此,瓦格纳不赞同法国的做法。我同意他的看法,尤其是当人们认识到,更加严格的责任与低廉的责任保险相互平衡的情况并非总能存在,因为,这种保险不是强制性的,也不是每个家庭都有这种保险,且保险公司无疑也会将保险赔付限制在某个限额内。无论如何,当不存在保险保障时,未成年人的父母将被迫

---

[1] *Moréteau*, France no 1/180; *Galand-Carval*, Strict Liability under French Law, in: B. A. Koch/Koziol (eds), Unification of Tort Law: Strict Liability (2002) 132.

[2] 参见《侵权责任法的基本问题(第一卷)》,边码 6/202。

[3] France no 1/153; further *Francoz-Terminal/Lafay/Moréteau/Pellerin-Rugliano* in: Martin-Casals (ed), Children in Tort Law I 193.

[4] *Francoz-Terminal/Lafay/Moréteau/Pellerin-Rugliano* in: Martin-Casals (ed), Children in Tort Law I 194.

[5] In: Martín-Casals (ed), Children in Tort Law II 294 ff.

[6] *Francoz-Terminal/Lafay/Moréteau/Pellerin-Rugliano* in: Martin-Casals (ed), Children in Tort Law I 185 f.

承担非常严格且过于沉重的完全赔偿的负担。

8/263　　不过,法国的做法可以为另一种新型解决方案提供启示:通过促进为父母责任提供保障的保险合同的缔结,未成年人造成的损害在相当程度上就可以转移给整个社会。今天还不是这种情况,因为相关保险不是强制性的,且家庭保险的花费由家庭而非一般公众承担。然而,一种可经由逻辑推论得出的看法是,社会整体对于父母养育子女存在利益,从而,一般公众就应当承担未成年子女造成损害的责任成本。这是可以实现的,比如,以针对未成年人所致损害的无限制**社会责任保险**形式,相关资金由社会一般公众承担。就像所有那些业已存在的强制性社会保险一样,相关花费不只是由那些未来可能承担责任的人全部负担,而是不考虑被保障者可能成为一种致害危险的情况,由所有应当缴纳社会保险费用的公众负担。当然,要是致害风险由此转由社会全体承担,就不再有父母在监管抚育未成年子女方面的任何责任法上的激励了。

(三) 物之缺陷

8/264　　在德国法族中,当涉及建筑物、道路以及机动车等情形时,被告所负责任范围内的缺陷之物发挥着重要作用。由于与物之具体危险相关的过错证明责任倒置,或者干脆取消作为归责要件的主观过错,物之缺陷导致归责更加严格;它在危险责任方面也造成同样的效果。波兰和挪威法也就物之缺陷规定了更加严格的责任[1];日本法在缺陷建筑所致损害情形同样如此[2]。法国的做法更为极端[3],通过对《法国民法典》第1384条作宽泛解释,让缺陷之物的照管人承担无过错责任。如Moréteau所述,这个看法某种程度上建立在不太有说服力的违法性观念基础上,也即照管人未能妥当地维护该物。相反,在匈牙利、英格兰和美国,这方面更加严格的责任规则不为人知。[4]

8/264　　**结论**:在所有那些危险性对注意义务的确定发挥了作用的法律制度中,当涉及有缺陷之物时,它也可能甚或实际上发挥了作用,因为物之缺

---

[1] *Ludwichowska-Redo*, Poland no 3/126 f; *Askeland*, Norway no 2/112.

[2] *Yamamoto*, Japan no 7/654 ff.

[3] *Moréteau*, France no 1/156.

[4] *Menyhárd*, Hungary no 4/140; *Oliphant*, England and the Commonwealth no 5/134; *Green/Cardi*, USA no 6/149.

陷通常会增强物的危险性，从而支持提升注意义务。

四、危险性

（一）比较法述评

在德语国家[1]，特殊危险被认为是除过错外的重要归责基础，因而存在所谓的双层责任体系；不过，立法者尚未大胆地引入这种一般条款。欧洲法律制度的多样性在《侵权责任法的基本问题（第一卷）》中业已提及，并在相关国别报告中得以更加详细的展现：在法国，民法典第1384条被解释为"照管人"（gardien）应承担无过错责任，但这种责任并非取决于特殊危险，至多是考虑到某些缺陷增强了致害危险而已。[2] 反之，在波兰，其做法则与德语国家的做法一致[3]；日本也是如此[4]。而匈牙利的立法者则规定了危险责任的一般规则。[5] 在挪威，法院发展了一般的危险责任规则。[6] 美国法则承认了针对"异常危险活动"的责任[7]；英格兰在此问题上则极为保守。[8]

欧洲侵权法小组仅仅是承认了"异常危险活动"的一般规则（《欧洲侵权法原则》第5:101条），无论如何，它不能适用于"通常危险"（common usage），比如，驾驶机动车就不在其内。《欧洲民法典框架草案》则依循某些国家的法律规定，为设立一般规则，而指示列举了某些具体的危险源（第6-3:210条以下）。

（二）结论

危险责任的基本原则可以描述如下[9]：首先，损害应归之于那些在

---

[1] 《侵权责任法的基本问题（第一卷）》，边码6/139以下。
[2] *Moréteau*, France no 1/157.
[3] *Ludwichowska-Redo*, Poland no 3/127 ff.
[4] *Yamamoto*, Japan nos 7/369 ff and 673 ff.
[5] *Menyhárd*, Hungary no 4/141.
[6] *Askeland*, Norway no 2/102.
[7] *Green/Cardi*, USA no 6/153 ff.
[8] *Oliphant*, England and the Commonwealth no 5/135.
[9] 参见《侵权责任法的基本问题（第一卷）》，边码6/139；另请参见 further *Yamamoto*, Japan nos 7/369 ff and 673 ff.

特殊的但被允许的危险源中存有利益的人;其次,让那些对危险源能够施以影响(危险控制)的人承担责任更为合理。如果承认特殊危险是正当化无过错责任的一般考虑因素,将其用一般规则加以调整就与平等对待原则相符合;对个别危险源设置特殊规定无疑会在整体法律制度中引发冲突。对危险责任所持立场之间的实质差异似乎或多或少是无法克服的,因为,在普通法中,严格责任仅针对异常危险活动才被承认,而不适用于道路交通事故那样的通常危险情形。就此而论,在欧洲侵权法小组内部也存在不可调和的意见分歧。为了达成至少是最低限度的一致意见,更加深入全面的讨论仍然是必要的。

8/269　　但是,这种差异也可能只是存在于明确的称谓和责任的归类方面。有理由相信,尽管没有规定危险责任,但责任在事实上仍然是无过错的,因为,可能因机动车参与交通引发了极大的致害危险,相关注意义务被提升到如此程度[1],以致通常的道路交通参与者无法遵守这种要求,从而实际上适用的是以危险性为基础的严格责任,即使名义上不是这样。[2]在挪威,危险责任就明显是以这种方式得以发展的。[3] 只有对英国法院的判决作准确分析之后,才可以确定英国是否也是这种情况;不过,这不仅需要做大量工作,而且由于判决中的事实描述并未使相关重要情况的认定变得容易,这种分析判断也会很困难,有时候甚至是不可能的。如果存在这种隐蔽的危险责任,由于实际上存在规范的一致性,主要的问题就只是公开承认这种责任而已,这样做不仅从体系的角度看是值得赞同的,而且还可以矫正过错责任内部的扭曲现象。

五、经济负担能力

8/270　　波兰法在因政府权力的合法执行而遭受人身伤害的赔偿责任,未成年人、存在精神障碍的人以及动物饲养人侵权责任等情形,都对经济负担

---

[1] 就基于潜在危险的责任,请参见 van Dam, Tort Law² 302 ff; Wagner in MünchKomm, BGB V⁶ Vor § 823 no 25; P. Widmer, Standortbestimmung im Haftpflichtrecht, Zeitschrift des Bernischen Juristenvereins 110 (1974) 289; P. Widmer, Fonction et évolution de la responsabilité pour risque, Zeitschrift für Schweizerisches Recht 96 (1977) 421 f; Widmer in: Zimmermann (ed) Grundstrukturen des Europäischen Deliktsrechts (2003) 168.

[2] See Gilead, Israel, in: Koch/Koziol (eds), Unification: Strict Liability 184.

[3] Askeland, Norway no 2/108.

能力赋予了相对重要的意义[1];而且,在赔偿金减少条款的适用中尤其要考虑这一因素。在匈牙利[2],在本人对辅助人负责的情形,经济负担能力的思想也发挥了作用;在适用赔偿金减少条款时也要将这个标准结合其他因素一并考虑。

相反,在英格兰[3]和美国,这个标准则不被作为影响责任承担的考虑因素。[4] 不过,依据美国国别报告给出的解释,应当指出,这个因素并不单纯取决于侵权人的财产状况,而必须同时权衡双方的经济负担能力,而且,主流看法是,不应当只关注财产状况,而更应关注每个人承担损害后果的一般能力,这可能会受他们是否存在保险保障的影响。

8/271

结论:在欧洲大陆,经济负担能力在临界案例(borderline cases)中被认为是一种决定性的考虑因素。在普通法中是否可以为这种"辅助功能"找到一致看法,则是存在疑问的。如果经由对判例法的调研,能够得出结论说,今天的法院实际上以隐蔽的方式在使用这个标准,那就具有说服力了。

8/272

六、谋取利益

波兰国别报告强调,谋取利益构成以风险为基础之责任,也即危险责任的实质理由。[5] 在匈牙利,这也被看作是风险分配的一般原则,尤其是在辅助人责任方面具有重要意义。[6] 在英格兰,这个标准则没有什么大的作用;它仅在辅助人责任和产品责任情形才被提及。[7]

8/273

结论:尽管这个标准没有系统地在教义上渗透到英国的判例法中,并由此阻碍了对其作进一步的讨论,但是,在确立某些责任类型时,它仍然可以作为一种基本思想而发挥作用,对此不太可能存在反对看法。

8/274

---

[1] *Ludwichowska-Redo*, Poland no 3/136.
[2] *Menyhárd*, Hungary no 4/148.
[3] *Oliphant*, England and the Commonwealth no 5/138.
[4] *Green/Cardi*, USA no 6/156.
[5] *Ludwichowska-Redo*, Poland no 3/138.
[6] *Menyhárd*, Hungary no 4/148.
[7] *Oliphant*, England and the Commonwealth no 5/138.

七、可投保性与已有保险

8/275　在法国,为了确立父母对未成年子女所致损害的严格无过错责任,花费不多的责任风险可投保性(insuability)发挥了关键作用。[1] 在波兰[2],可投保性在引入无过错责任时也被视为有价值的考虑因素。不过,在具体个案中,实际上是否已有保险,在确定责任时不被认为具有意义,仅仅在公平责任情形会考虑相关经济状况。与之相对,匈牙利[3]更愿意在存在责任保险时准予赔偿。在英格兰[4],是否已有保险则没有评价意义;法院根本就不考虑可投保性问题。在美国[5],可投保性在确立产品责任时发挥了作用,在废除"家庭成员免责"(family immunity)方面也是如此,因为,家庭成员之间的请求权通常都会有保险保障。

8/276　**结论**:当损害受到保险保障时,法院更愿意准予赔偿,这可能是一种常见的现象。但是,原则上应当注意,责任保险本身不得导致赔偿请求权的认定,而只是确保独立于保险的赔偿义务的实现。不过,特别是在责任有无存在疑问的情形,将很难防止已有保险的因素被作为认定责任的考虑因素。

8/277　在确立无过错责任时,将可投保性[6]以及"损失分散"思想作为有意义的考虑因素,看起来是合理的,因为它会影响到责任的合理性。

八、风险社会

8/278　风险社会思想在匈牙利产生了影响,它在产品责任方面具有重要意

---

[1] *Moréteau*, France no 1/153.
[2] *Ludwichowska-Redo*, Poland no 3/139.
[3] *Menyhárd*, Hungary no 4/150.
[4] *Oliphant*, England and the Commonwealth no 5/138.
[5] *Green/Cardi*, USA no 6/158 f.
[6] 关于可投保性问题,参见 *Faure/Grimeaud*, Financial Assurance Issues of Environmental Liability, in: Faure (ed), Deterrence, Insurability, and Compensation in Environmental Liability (2003) 207 ff; G. *Wagner*, (Un)insurability and the Choice between Market Insurance and Public Compensation System, in: van Boom/Faure (eds), Shifts in Compensation Between Private and Public Systems (2007) 87 ff.

义。[1] 相反,在英国法中,这个思想一般不被考虑。[2]

在美国国别报告中[3],格林和卡迪集中关注了产品责任和道路交通事故责任,他们指出:一方面,由于有些消费者只购买安全的产品,而另一些消费者则会购买不那么安全的产品,所以,市场通常是被分割的,从而不存在风险社会;另一方面,收入更高的人常常会因侵害而遭受更大的收入损失,也因此会获得更高的赔偿,结果造成社会上的较贫穷人群为较富裕的人群提供经济支持,因为,他们支付了同样的价格,但在遭受侵害时几乎得不到任何赔偿。通过产品责任的这种再分配看起来就很不公平或可取。但是,我不太肯定格林和卡迪的质疑是否合理:只有在单独考虑某一种产品时,他们的看法才是有说服力的;然而,富人通常会购买更加昂贵的产品,他们由此也向企业的"责任基金"支付了更大的份额。因此,我认为,这是一个至少大体上公平的风险社会。

但是,格林和卡迪就产品责任提出的最终不太令人信服的质疑仍然提醒我们注意到,在欧洲,我们拥有不同的赔偿制度,它们旨在赔偿相同的损害,但涉及的却是不同的风险社会,因此也产生了不同的再分配效果。而且,各种追偿权(recourse rights)又将再分配引向了别的方向。这可以从道路交通事故所致损害得到最为清楚的说明:人身伤害很大程度上受到社会保障制度的保护,根据该制度,收入更高的人应支付更多的费用,这些人也是遭受更大收入损失的同一人群。再者,这里还存在受强制责任保险保障的严格责任,在这种保险中,那些持有更大更贵重机动车的人也要支付更多的保险费,从而也不存在格林和卡迪抱怨的穷人向富人的财富再分配问题。此外,当事故是由机动车的缺陷造成时,存在一种生产者发挥保险中心功能的严格责任(尽管可能同时存在责任保险),这里的价格结构和责任总额的再分配效果将难以理解。不过,或许可以认为,更贵重机动车的购买者也向责任基金支付了更多的费用,再者,格林和卡迪所担心的从低收入者向高收入者进行的财富再分配不会发生。当然,无论如何存在三种不同的风险社会,它们具有不同的费用负担规则,并产生不

---

[1] *Menyhárd*, Hungary no 4/151.

[2] 就此问题也请参见 *Oliphant*, *Rylands v Fletcher* and the Emergence of Enterprise Liability in the Common Law, in: Koziol/B. C. Steininger (eds), European Tort Law 2004 (2005) 81 ff.

[3] *Green/Cardi*, USA no 6/160 f.

同的再分配效果,这种效果或许会被可能存在的追偿权再次改变。

8/281　　这的确不是一个令人满意的、经济上合算的、总体成本低廉的,且始终如一地贯彻了风险社会思想的制度。因此,有必要考虑如何使彼此竞争的赔偿制度保持一致,就此而言,前文提到的(边码 8/74 及以下)斯堪的纳维亚做法值得注意。

九、归责要素之间的相互作用

8/282　　在那些更多关注整体制度效果的法律制度中,无论如何应当更多注意归责要素之间的相互作用;这对于普通法国家来说是不太可能的。不过,在欧洲大陆的国别报告中,不同归责要素之间的交织状况并未得到非常深入的讨论,但至少在挪威和匈牙利已得到了考虑。[1]

8/283　　美国报告甚至给人如下印象,即承认相互作用是很难的[2];很明显,证明责任倒置不仅可用于过错,也可以用于实现其他不同目的,就此无论如何是没有争议的。不过,在《侵权责任法的基本问题(第一卷)》中[3],正好讨论的就是过错要素和危险性要素之间的相互作用。如果某些法律基于危险增加的考虑而规定了过错的证明责任倒置,这就意味着,被推定而非被证明的过错满足了责任基础,这无疑是一种更加严格的过错责任,其依据的恰恰是增高的危险。[4] 并且,认为危险情境增强了注意义务,并不意味着责任不再依赖不当行为,而只是表明,即使在过错责任情形,危险因素也已通过增强注意义务的方式发挥了作用,并在某种程度上强化了责任。如果坚持"合理性"(reasonableness)是注意义务的决定标准,借此试图消除这个事实,这种内容空洞的术语实际上就相当于什么也没有说。当指明了增强的危险正是提升"合理的"注意义务的原因所在时,将有助于认识并理解相关裁决的实质性决定因素。在普通法中,当通过

---

[1] *Askeland*, Norway no 2/107 ff; *Menyhárd*, Hungary no 4/152 ff.
[2] *Green/Cardi*, USA no 6/162.
[3] 《侵权责任法的基本问题(第一卷)》,边码 6/189。
[4] 关于通过证明责任倒置强化责任的问题,参见 B. C. *Steininger*, Verschärfung der Verschuldenshaftung (2007) 72 ff; *Karner*, The Function of the Burden of Proof in Tort Law, in: Koziol/B. C. Steininger (eds), European Tort Law 2008 (2009) 68 ff; cf also *Ulfbeck/Holle*, Tort Law and Burden of Proof—Comparative Aspects. A Special Case for Enterprise Liability? in: Koziol/B. C. Steininger (eds), European Tort Law 2008, 26 ff.

逐案检索的方式发现,企业责任思想仅在产品责任领域发挥了作用时,也反映出同样的结果,但是,为了与平等对待原则保持一致,前述思想的适用范围是否应当更大一些,就此尚未得到更多的考虑。当过错证明的困难最终被用作严格责任的正当化理由时,通常会与典型严格责任并不涉及过错问题的情况适相反对,除此之外,证明困难并不能为严格责任提供正当基础,而仅仅是通过证明责任倒置,也即过错推定的方式强化了责任。另外,当缺陷产品的特殊危险被用作严格责任的正当理由时,的确表明了增加的危险这个决定性思想;在这种情形下,无过错责任才是正当的。最后,在我看来,美国法当然也能为反思欧洲处理产品责任的做法提供有价值的基点。

结论:人们长久以来就认识到,将损害由受害人转嫁给加害人并不依赖于单一的要素,单一因果关系理论必须予以拒绝。为了建构一个整体一贯且公平的法律制度,在说明确定责任的所有相关因素时,对责任基础应当赋予更大的分量。不过,对这些因素之间的相互作用也需要给予更多关注。关于多数责任要素之间相互作用的创新思想当然能够在法律制度中被找到,但迄今为止它们尚未塑造出连贯的制度体系。例如,人们应当记住产品责任的正当基础是如下思想,即利益与风险应当归属于同一个人,同时结合产品缺陷所引致的危险因素(尽管较小)和风险社会观念;这似乎是一种值得加以一般化的认识。在法国,父母为未成年子女承担的严格责任就建立在未成年人引致的增加危险基础上,同时也考虑了这种责任风险较为低廉的可投保性。

十、受害人促成过失

(一) 比较法述评

受害人的促成过失导致损害分担的后果,这个看法在今天已被普遍接受。[1] 在美国,被长期坚持的受害人促成过失将致其丧失全部赔偿请

---

[1] 参见 *Askeland*,Norway no 2/113 ff;*Ludwichowska-Redo*,Poland no 3/140;*Menyhárd*,Hungary no 4/155 ff;*Oliphant*,England and the Commonwealth no 5/139;*Yamamoto*,Japan no 7/807 ff (含有在考虑促成过失方面有时是非常独特的建构的描述)。关于更加广泛的比较法基础的讨论,参见 *Magnus/Martín-Casals*,Comparative Conclusions,in:Magnus/Martín-Casals (eds),Unification of Tort Law:Contributory Negligence (2004) 259 f.

求权的规则,今天仍然具有影响,这明显表现在,当受害人"具有超过50%的过错"时,就将适用前述规则。[1] 但是,这个说法究竟何指并不完全清楚,因为,在这种情形下,侵权人和受害人都有过错,也不存在某种明确的过错比例;此外,由于他们都是整个损害发生的必要条件,也不可能将相关的因果关系按照比例加以切分。这可能像德国法对待无法确定的优势因果关系时的做法一样,意味着归责基础的整体分量,尤其是过错程度和因果关系的相当性是实质性的决定因素。[2]

8/286　　有时候,人们清楚地认识到,受害人的促成过失原则上与加害人的过错具有不同性质,因为,受害人在涉及自身利益方面[3]并未实施作为过失之基础的不法行为。[4] 同样,不仅受害人的过错,而且在其他人遭受损害时也会引致责任的其他因素,如处于某人责任范围内的物的危险性[5]或特殊致害风险(如有造成损害的极大危险倾向[6]),也必须加以考虑。

8/287　　尽管就促成过失[7],尤其是与"所有者负担"原则相关的基本问题,以及受害人通常都没有实施危及自身利益的违法行为[8]等尚无更加深入的分析,但在处理加害人和受害人的方式上仍可以发现某些差异[9]。就那些仅对辅助人行为归责的法律制度来说,这些基本问题的讨论可能对其具有意义:由于致害风险处于受害人应当负责的范围内,就可以令其对所使用的辅助人在从事相关受雇活动中的所有不当行为负责,且辅助

---

[1] Green/Cardi, USA no 6/167.

[2] Cf Askeland, Norway no 2/116; Ludwichowska-Redo, Poland nos 3/140 and 143; Menyhárd, Hungary no 4/155 ff.

[3] See Askeland, Norway no 2/114; Green/Cardi, USA no 6/171 f; Yamamoto, Japan no 7/813 ff. 英格兰的情况与之明显不同(Oliphant, England and the Commonwealth no 5/139 f)。

[4] 美国国别报告(本书边码6/169)称,《侵权责任法的基本问题(第一卷)》(该书边码6/204)主张受害人促成过失需要其行为对第三人也应负责,这乃是一种误解。其引用的观点意在说明,受害人的疏忽行为必须具有如下的属性,即,如其涉及第三人利益,也将引致责任。

[5] Askeland, Norway no 2/114.

[6] 日本就此问题的相关讨论,参见Yamamoto, Japan no 7/840.

[7] 参见《侵权责任法的基本问题(第一卷)》,边码6/204以下。

[8] 相反情况参见Ludwichowska-Redo, Poland nos 3/140 and 143; Menyhárd, Hungary no 4/155.

[9] Askeland, Norway nos 2/114 and 117; Yamamoto, Japan no 7/813 ff.

人在造成第三人损害情形的归责限制也不能适用于此。[1]

值得注意的是,在某些法律制度中,价值位阶最高的法益(生命与健康)和其他法益(如所有权)之间的差异被承认:为了保护受害人的利益,在涉及身体伤害的情形,[受害人促成过失]不会减少或只会稍微减少其所获赔偿额。[2] 当人身伤害在相当程度上已受到社会保障制度的保障(就如在挪威的情况那样),从而在事实上只有更少的保护受害人的需要时,前述做法就特别令人吃惊。

(二)结论

由于在基本问题方面欠缺足够清晰的认识,故而,尽管已有原则上的一致性,但仍然存在极大的差异。我们应当关注受害人的行为通常并非不法的事实,以及所有者负担原则所发挥的作用。在对辅助人行为或者处于受害人范围内的特殊危险源进行归责时,这个问题尤其重要。就危险责任以及促成过失之间的关系也需予以澄清。在《侵权责任法的基本问题(第一卷)》(边码6/210以下)中,我详细阐述了我个人的看法,即需要考虑每个人应当自负其责任范围内的风险的原则。

第七节 责任限制

一、比较法述评

在所有法律制度中[3](包括有所保留的法国在内[4]),不论是就过

---

[1] 参见《侵权责任法的基本问题(第一卷)》,边码6/221以下。相关考虑因素,请参见 *Askeland*, Norway no 2/122 f and *Menyhárd*, Hungary no 4/156。相反,在波兰,损害的归责与第三人遭受损害时相同:*Ludwichowska-Redo*, Poland no 3/145。

[2] *Askeland*, Norway no 2/124。

[3] 非常明显的是:*Green/Cardi*, USA no 6/173 ff; *Yamamoto*, Japan no 7/291 ff;也请对照 *Menyhárd*, Hungary no 4/158 f。另外,请查看如下文献的"序论"以及国别报告 *Spier* (ed), The Limits of Liability. Keeping the Floodgates Shut (1996)以及 *Spier* (ed), The Limits of Expanding Liability: Eight Fundamental Cases in a Comparative Perspective (1998)。

[4] See *Moréteau*, France no 1/189 ff; *Quézel-Ambrunaz*, Fault, Damage and the Equivalence Principle in French Law, JETL 2012, 24 ff。

错责任还是严格责任而言[1],将所有在必要条件说或"若非—则"标准意义上造成的损害均予归责的做法都被认为是过于宽泛了,因而需要适用价值评判基础上的附加限制标准。这些标准常常以非常含混的方式被整合到因果关系的判定之中[2],尽管有时为了和"自然的"因果关系相区分,而使用"法律上的"或者"规范性的"因果关系称谓。有些法律制度——和德国法族的做法相似——采纳了相当性标准[3];在另一些法律制度中,这个问题被单独处理[4],或者在某种程度上与被违反行为规范的保护目的相结合[5],后者不过是目的论的解释结果。在普通法中,法院通常会考察损害是否过于"遥远",这个标准与相当性标准大体相当[6],尽管"风险范围内的损害规则"也被使用,其与保护目的思想也大体一致。[7]

虽然相当性主要以损害的可预见性为基础[8][在波兰则以"损害的常态性"(normality of the damage)为基础[9]],但通常还要使用附加的标准。因而,在挪威[10],法院将会考察,损害是否与原告受法律保护之利

---

[1] See *Ludwichowska-Redo*, Poland no 3/150.

[2] See *Moréteau*, France no 1/189; *Ludwichowska-Redo*, Poland no 3/148; *Oliphant*, England and the Commonwealth no 5/144.

[3] *Askeland*, Norway no 2/126;匈牙利报告使用了可预见性概念(*Menyhárd*, Hungary nos 4/161 and 165),但同时强调相当性理论毫无意义。

[4] *Ludwichowska-Redo*, Poland no 3/151; *Zmij*, Wrongfulness as a liability's prerequisite in Art. 415 Polish Civil Code, in: Heiderhoff/Zmij (eds), Tort Law in Poland, Germany and Europe (2009) 20 ff. *Oliphant*, England and the Commonwealth no 5/147 ff. 这个标准似乎未被匈牙利法采纳,参见 Hungary; see *Menyhárd*, Hungary no 4/165.

[5] 参见 *Askeland*, Norway no 2/128. 另请参见 *Yamamoto*, Japan no 7/703 ff.

[6] *Oliphant*, England and the Commonwealth no 5/142.

[7] *Green/Cardi*, USA no 6/182. *Hamer*, » Factual causation « and » scope of liability «: What's the difference? Modern Law Review 77(2014)155. 日本的情况也部分相似,参见 *Yamamoto*, Japan no 7/703.

[8] 《侵权责任法的基本问题(第一卷)》,边码 7/7 称之为风险可控性的基本思想,它尤其被拉伦茨所强调;如果危险非常遥远且不典型,则行为人不被要求采取相应的应对措施。在美国报告中,据推断(*Green/Cardi*, USA no 6/181),保有枪械的某人如有疏忽,致枪械落入未被允许的人之手,该人无须就未受允许的枪械使用人造成的损害负责,因为,一旦武器脱离了所有权人的占有,枪击行为就不再能够为其控制。但是,这明显是对相当性的误解:问题之关键当然不是枪械的所有权人是否能够防止枪击行为,而首先是其本来可以防止枪械未经允许的使用,并明显可以预见到未加妥善保管的武器将会造成的危险境况。

[9] *Ludwichowska-Redo*, Poland no 3/149. 除别的因素外,这在匈牙利也被当作一种基础,参见 *Menyhárd*, Hungary no 4/163.

[10] *Askeland*, Norway no 2/129.

益存在足够密切的关联,这在涉及第三人的损害时尤其重要。

还值得注意的是,可归责性的边界被看作是弹性的,它可以在涉及非常严重的责任基础时(如故意)加以扩展。[1]

8/292

尽管讨论因果关系的中断现象还较为常见[2],但它越来越被认为是有关限制归责的价值判断,而非与因果关系相关的问题[3]。实际上,这通常涉及那些第三人未被请求的意外介入情形。[4]

8/293

责任限额的限制方式在德国法族外并不常见。[5] 不过,在美国[6],考虑到责任保险的花费,在必要时,它们越来越多地得到承认;在医疗责任情形,就非物质损害的赔偿尤其如此。然而,目前还无法证明,这是否是降低保险成本的有效方式。

8/294

因此,可以将现有情况概括为,在限制可归责损害方面,实际上存在广泛一致的认识,但也存在术语使用及制度上的差异,这造成了交流障碍。不过,消除这些障碍并在主要问题上形成一致看法并不会太难。

8/295

二、合法替代行为的特殊问题

保护目的说适用的情形之一是合法替代行为的特殊问题。在《侵权责任法的基本问题(第一卷)》(边码 7/22)中,为说明该问题而提到了一些为人熟知的例子:一位轿车司机在驶越一位骑车人时,由于没有留下足够空间而致后者被撞伤,但即使他留下足够的空间,后者还是会受伤,因为骑车人喝醉了,在道路上明显左摇右晃。更经常被讨论的情形是,一位医师给病人做手术,虽无医疗过失,但没有向其作充分的手术风险告知,结果发生了不良后果,医师针对病人的赔偿请求权抗辩说,即使病人得到

8/296

---

[1] *Moréteau*, France no 1/191; *Askeland*, Norway no 2/130; *Menyhárd*, Hungary no 4/159; *Oliphant*, England and the Commonwealth no 5/145; see further *van Dam*, Tort Law² 308 with additional references.

[2] *Moréteau*, France no 1/190.

[3] *Ludwichowska-Redo*, Poland no 3/147; *Menyhárd*, Hungary no 4/160 ff; *Green/Cardi*, USA no 6/180.

[4] 就此问题请参见 Ludwichowska-Redo, Poland no 3/154; *Green/Cardi*, USA no 6/188 ff; 也请对照 *Hamer*, Modern Law Review 77 (2014) 167 ff.

[5] 例如,波兰就根本没有这方面的规定(*Ludwichowska-Redo*, Poland no 3/156);匈牙利的情况也与之类似(*Menyhárd*, Hungary no 4/176)。

[6] *Green/Cardi*, USA no 6/194 f.

妥当的告知,他无论如何还是会同意手术,并会发生相同的不良后果。还有一个案子在德国引起了极大的关注,某工会没有遵守等待五天的磋商期限规定就开始罢工,工会就针对它的赔偿请求权抗辩说,相关磋商注定会失败。另外一个例子是,一位警察未取得逮捕令就逮捕了一名嫌疑人,在国家赔偿责任诉讼中,政府抗辩说,称职的法官无论如何都会批准这项逮捕。

8/297　　只有少数人承认,这涉及保护目的或者违法性与损害结果的关联问题,也即普通法所称的法律上因果关系问题[1];前述情形通常被当作自然因果关系问题处理[2]。在论及轿车司机驶越骑车人的假想案例时,格林和卡迪认为:"用事实因果关系处理没有任何困难。通过事实反拟的方式——若无侵权行为,结果有无不同?——来认定事实原因,答案显然是否定的。既然侵权行为是未留够避让空间,且即使留够空间仍会发生相同损害,该驾驶人的侵权行为就不是损害发生的事实原因。故而,因欠缺事实原因,即损害无论如何都会发生,该驾驶人无须担责。"不过,这样的结果是令人惊讶的:骑车人无缘无故地突然倒在大街上而严重受伤!认为驾驶人撞倒了骑车人,成立了无论在必要条件说还是"若非一则"标准意义上都是伤害的事实原因,似乎更加合乎逻辑:他的确事实上撞倒了骑车人。并且,如果驾驶人——如其极可能进行的选择那样——要么不从骑车人身旁驶越,要么留下比交通规则要求的还更多的避让空间,或者非常缓慢地驶越,损害就可能不会发生。

8/298　　实际撞倒骑车人的行为不是造成其损害的原因,得出这样的结论是因为,对于因果关系,格林和卡迪不仅审查被告的行为是否实际上造成了相关损害,而且通过比较事实上的不法行为与特定的合法替代行为,将前述判断与违法性的审查相结合。他们如此强调说:"反事实的假设对事实原因的认定是必要的:如果被告没有实施侵权行为,那究竟会发生什么结果呢?"因而,最终需要考察的是,撞人行为是否与实际发生的行为的违法性有关。不过,实际上很清楚,这仍然是违法性与损害结果的关联性问题;仅仅表现为概念框架和术语使用的差别。但是,为了确定真正的问题所在以及相关问题的多样性,要是在术语使用上也可以澄清,这里涉及的

---

[1] 例如,*Ludwichowska-Redo*, Poland no 3/153 f.
[2] *Askeland*, Norway no 2/134;*Green/Cardi*, USA no 6/184 ff.

问题是损害结果与违法性——以及规范目的——之间的关联,而非事实因果关系问题,那肯定是有益的;果真如此的话,不同责任构成要件也就可以得到准确的界分。

这个目标在德国法族中受到支持;当依据必要条件说审查"自然的"因果关系时,只是将相关积极行为作假想性排除,而不涉及其他假想的事实情况[1];如果将轿车司机的驶越行为作假想性排除,而不考虑存在其他替代行为,骑车人本来就不会摔倒在地。

8/299

然而,当重新考虑因果关系问题时,格林和卡迪仍然为我认识他们的论证思路提供了极有价值的启发。我就此提出的问题是,仅仅将涉案的损害事件作假想性排除,而不同时假想有其他替代事实,就如在德国法族以及其他地方通常所做的那样[2],这是否妥当。反对这种认识的观点是,在考察因果关系时,必须将实际发生的事实与假想的事实加以对照,看这种假想的事实是否仍会造成同样的损害结果。就这种假想情形而论,必须牢记,如果某个事件没有发生,审查过程可能并未就此止步,替代性的其他事件仍然有可能发生。在我们所举的例子中,轿车司机仍可能会驶越骑车人,但留下了法律要求的甚或更多的避让空间;他可能降低了车速,以使骑车人不再处于被撞的危险状态;他也可能警示了骑车人,并敦促他停止骑行,抑或停车等待,直到骑车人骑行至道路安全地带再行驶越。不过,很难准确判定相反的事实会是怎样的。似乎无论如何都有问题的是,格林和卡迪在考察因果关系时,只考虑了一种特殊的情形,即在保留法律要求的避让空间情况下驶越,把这作为唯一确定的可能性,而未虑及数量众多的其他可能性。[3] 就这些可以想象的假想情形而言,有些还是会造成同样的损害,另一些则会造成较小的损害,还有一些将不会造成任何损害。考虑到这种替代选择的丰富多样性,当然不应恰好选择那种对被告最为有利的否定因果关系存在的假想情形,并以之作为判断前提。同样可以想见的是,轿车司机仍然驶越了骑车人,甚至留下的避让空

8/300

---

〔1〕 就这里及随后讨论的相关问题,参见《侵权责任法的基本问题(第一卷)》,边码 5/60 及 7/24。

〔2〕 就此请参见 Zimmermann,Comparative Report,in:Winiger/Koziol/Koch/Zimmermann(eds),Digest of European Tort Law I:Essential Cases on Natural Causation (2007) 29/3 no 2。

〔3〕 也请参见 Hamer,Modern Law Review 77 (2014) 168 f。

间更窄;这样将导致该轿车司机根本无从脱责。更应该提出的具有决定性的问题是,骑车人的伤害在抽象意义上是不是不可避免,也即该损害无论以这种或那种方式都会发生。因此,只有在所有其他可能性都将造成相同损害,也即损害不可避免时,在考虑所有可能的假想情形后否定因果关系才是重要的。当且仅当在这种情况下,被告的责任才不成其为问题,因为损害在抽象意义上不是可以避免的,从而将损害归责于他不再是正当的。[1] 由于损害归责的决定标准是,被告是否可以避免该损害,当在其他情况下,理论上都不可能造成同样的损害,也即若损害是可以避免的,则确认因果关系并将损害予以归责就有充足理由。循此推论,不挑选或多或少是随机的其他可能行为作为比对的相关假想事件,并作为判定损害是否无论如何都会发生的决定因素,也是合乎逻辑的。反之,应当注意到,在评判某具体行为时,不能仅仅因为可以想见的其他纯粹假想事实情况也会造成相同损害,就据此否定因果关系;如果这是决定性的,对积极行为的归责将实际上变得根本不可能,因为,总是可以想象有其他事实在同样的时间或者较近或较远的将来会造成相同损害。在我们的例子中,也可以构想一种如前所述的假想事实,即被告以更小避让空间从骑车人身旁驶越,或者紧接其后的另一辆汽车将这位醉酒的骑车人撞倒,并造成了相同损害。如果要使自然因果关系的要件仍属可控的话,纯粹理论上的无穷无尽的假想情况就应被视作无关之事实,只有实际发生的事实才是决定性的。[2] 因而,我们可以持取如下立场:真实的损害原因结合相关损害乃可避免之认定——通过将被告行为作假想性排除的方式判定——才是决定性的。纯粹理论上假想的事实不能否定事实上引致本可避免之损害的自然因果关系;纯粹假想的行为事实不能被当作实际发生之事。[3] 其他建立在价值判断基础上的责任限制考虑不再处于自然因果关系范围内,而属于其他归责方法。因此,合法替代行为不属于自然因

---

〔1〕 参见 F. Bydlinski, Causation as a Legal Phenomenon, in: Tichý (ed), Causation in Law (2007) 8 f, 14 ff;另请参见《侵权责任法的基本问题(第一卷)》,边码 5/58。

〔2〕 这也是《侵权责任法的基本问题(第一卷)》,边码 7/23 及 7/29 对其与假想因果关系之区别给予更多强调之所在,在假想因果关系情形,始终涉及后来真实发生的其他事件,需要考察的事件是确定无疑的。相反,在合法替代行为情形,讨论的则是从未实际发生的纯粹假想事实,可能发生的替代事实根本无法确定。

〔3〕 Thus, Koziol, Wegdenken und Hinzudenken bei der Kausalitätsprüfung, Österreichisches Recht der Wirtschaft (RdW) 2007, 12 f.

果关系问题,而是派生于被违反规范之保护目的的价值判断基础上的其他归责标准,也即普通法中所谓的法律上因果关系问题。

格林和卡迪所给予的启示让我改变了对不作为行为的看法,尽管它 8/301
与格林和卡迪所主张的观点适相反对:迄止目前,就如格林和卡迪那样,
我认为,在不作为情形,合法替代行为导致对基于自然因果关系的责任的
否定。我从这个前提出发[1],只有在采取某种行动将会防止损害结果的
发生,且采取这种行动是可能的情况下,不作为才能被作为损害原因。我
由此推论出与通常看法一致的认识,即在不作为情形,如果"他纵然采取
了与其所负义务相符的行动,但还是会发生同样的损害",赔偿责任就因
欠缺因果关系而必须被否定。不过,即使是在不作为情形,如果在因果关
系和违法性之间作更加严格的区分,如下的看法实际上会更为妥当:要是
采取行动能够防止损害,不采取这种行动就是损害发生的原因,即使在采
取合法行为,也即采取与法律义务要求一致的救助措施时,同样的损害仍
会发生。不作为是否违反相关法律义务,以及与这种义务要求相符的行
为将适于防止损害的发生,这再次属于与违法性的关联问题,而与所谓责
任因果关系无关。

于是,格林和卡迪让我认识到,在合法替代行为情形,就作为和不作 8/302
为而言,问题不像通常认为的那样,因欠缺必要的因果关系而免于责任承
担,而仅在于基于价值判断方面的其他理由排除责任。恰如所述[2],问
题基本上只与违法性关联有关,或者更宽泛地说,是与被违反的规范保护
目的相关。相比于基于自然因果关系的做法,这在利用更加弹性化的标
准方面也具有明显的好处。

主流观点认为[3],基于可能的合法替代行为所作抗辩是相当重要 8/303
的,它使加害人完全免于承担责任,在很多情形下,即使我们仍然采取这
种做法,这个看法也是非常正确的:如果法律禁止某种行为,它通常就具
有防止这种行为可能造成的损害之目的。然而,若同样的损害无论如何
也会因合法行为而发生,且该损害亦为法律所许,则防止损害的目的将无

---

[1]《侵权责任法的基本问题(第一卷)》,边码 7/24;Thus, Koziol, Wegdenken und Hinzudenken bei der Kausalitätsprüfung, Österreichisches Recht der Wirtschaft (RdW) 2007, 13 f.
[2]《侵权责任法的基本问题(第一卷)》,边码 7/24。
[3] 就这里以及接下来讨论的问题,参见《侵权责任法的基本问题(第一卷)》,边码 7/25
及以下,其中提供了更多信息。

从实现。据此,应当认为,由于法律制度的确事实上允许这种损害发生,故其不在被违反规范的保护目的范围之内。

8/304 但是,Moréteau[1] 报告了拒绝免除责任的相反判决,并指出:"认为相关规范更多并非旨在防止损害,而在禁止某类行为,这种解释是合理的。"Ludwichowska-Redo[2] 的看法尽管与此极为一致,但也认为有些规则的目的就在于防止以某种方式或某类行为造成损害。这与德国法族中的通常认识也非常一致[3],其认为,若相关行为规范并非主要是为了防止损害,而更多在于阻止某类行为,或者引导某种行为的实施,则合法替代行为就不能排除责任。在此,对于合法替代行为的抗辩,人们也可以认为,这意味着任何人都可以规避法律制度规定的保障措施,或者像在涉及医疗介入的情形那样,规避受害人知情后再作决定的规定。这个看法将预防功能置于特别重要的地位。

8/305 在这种情况下,若拒绝基于合法替代行为的免责抗辩,对受害人准予就其实际所受全部损失获得赔偿,将与基于因果关系的考量相冲突,也与格林和卡迪及 Moréteau 的看法矛盾。例如,他们指出,在医疗责任情形,若在给予充分且适当的告知后,患者仍然会同意相关手术,损害也将以这种或那种方式发生,则健康损害就不是由不充分的告知造成的。就原告在警察未获得逮捕令而予逮捕的情形而言,如果原告无论如何都会被逮捕,也可以得出同样的结论。因此,前面提到的例子将在接下来的讨论中从新的相反角度加以分析。

8/306 在骑车人的案例中,肯定存在可以避免伤害骑车人的替代行为;因此,根据前述考虑,可以确定是轿车司机造成了骑车人的损害。不过,要是该损害在合法行为时无论如何也会发生,则没有理由偏离一般看法,应认为实际发生的损害不在被违反规范的保护目的范围内。

8/307 在医疗责任情形中,在告知义务的违反与因欠缺充分信息而实施不被允许的手术之间,必须有比目前为止更为严格的区分。在手术过程中发生的并非源自医师不当行为的损害,在相关讨论中始终具有重要意义,但从实践的角度看,只能被认作意外事件。不过,没有争议的是,若患者

---

[1] *Moréteau*, France no 1/194.
[2] *Ludwichowska-Redo*, Poland no 3/152.
[3] 相关信息请参见《侵权责任法的基本问题(第一卷)》,边码 7/26。

在得到充分告知时将拒绝接受手术治疗,从而与手术相关的损害将不会发生,则应认为是医师造成了该损害;基于未经有效同意而施行手术行为的违法性,医师毫无疑问应当承担责任。然而,若患者在获得适当告知情况下仍会赞同施行手术,且同样发生了相关损害,则会产生问题。根据前述讨论,或许可以认为,施行手术的医师因为实施不被允许的手术而意外地造成了消极后果。并且,要是法律制度也并非旨在制裁那些不会产生比合法行为有更高风险的行为,根据保护目的方面的考虑,如若被允许施行的手术也会使患者面临相同风险,不被允许的手术就不会引致对意外发生的消极后果负全部责任。[1]

不过,必须注意,在医疗责任情形,未对患者作充分且准确的告知也侵害了患者的知情同意权。因而,在法国[2],在涉及医师不充分告知的情形,某类行为应被所违反规则禁止的认识受到强调,从而,即使患者被适当告知后仍会同意相关治疗行为,且仍会遭受健康损害,精神损害无论如何仍是可获赔偿的;这种做法的前提是侵害了获得充分信息基础上予以同意的自我决定的人格权。格林和卡迪[3]也赞同以自我决定权的侵害作为前提,并应赔偿由此所生损害。[4] 但是,该损害与健康损害也即因侵害自我决定权所生的精神损害非常不同。这看起来是有说服力的做法,但仍然需要审查的是,违反告知义务是否不会引致对无过错施行的手术的消极后果负责。不过,还须注意,若患者仍会选择施行手术,则仍会存在同样的意外损害风险。此外,还应考虑到,充分告知情形下的同意要求并不意在避免额外风险;这种风险无疑最好由医师而非患者来予以评估。获得同意的要求目的不在维护自我决定权,而在于方便作出接受还是拒绝某种风险的决定。然而,要是患者即使在得到充分告知后仍会接受手术风险,对自我决定权的侵害就没有造成其额外的意料之外的风险。因此,要是患者没有因不当行为遭受更大风险,且其纵然在受到适当告知情况下仍会遭受并承担同样的损害,那就应当认为,法律制度不欲令医师

---

[1] 给予损害分担是否适当的具体问题,参见《侵权责任法的基本问题(第一卷)》,边码7/29以下。这里将不会对此问题作更多讨论。

[2] *Moréteau*, France no 1/194.

[3] *Green/Cardi*, USA no 6/186.

[4] *Karner*, Der Ersatz ideeller Schäden bei Körperverletzung (1999) 108 ff, 119 ff, 其强调区分完整利益(以保护合同当事人法律权益为目的)与对相关信息的信赖(以及这种信赖依损害赔偿法所产生的后果)。

负担全部责任。[1] 不过,正如格林和卡迪以及Moréteau所指出的那样[2],仍然存在这样的情况,即损害恰好是因为自我决定权的侵害所生,且这种损害在患者得到适当告知时本来不会发生:这就是因侵害基本人格权所生的精神损害。因此,如果告知义务的违反是可责难的,这种损害就无论如何都是可赔偿的。[3]

8/309　　最后,我们再来看警察在无逮捕令的情况下违法逮捕嫌犯的例子。这是违法不以防止损害为目标,更多是为了制止某类行为或确保遵守某种程序的行为规则的经典例子,因此,诉诸合法替代行为的抗辩就可能无法免于承担责任。思考的出发点是,尽管将嫌犯置于看管之下是被允许的,但在一定期间内必须获得法院的命令才可以对其继续扣押,否则就应当将其释放。继续扣押是可以避免的,并且事实上是因为警察不被允许的扣押行为造成的。为了支持赔偿义务,且不接受合同替代行为的抗辩理由,人们可以主张,法律为了保障被扣押者的利益而规定了特别的程序,不遵守这种程序当然就增加了不被允许的扣押风险,这是一种非常重要的损害。即使可以认为,由于所有法定条件都已满足,法院肯定会批准继续扣押;不过,如下的考虑是更加适当的,即法律并非旨在避免扣押本身,而仅在避免在没有法院命令情况下不被延长扣押期限,以及因未在适当时间内获得法院命令所生的所有不利后果。例如,这种不利后果可能是自由被剥夺期限的延长,以及未遵守保护嫌疑人的程序规定所产生的精神损害。不过,对于有法院命令时会发生的收入损失则是不可赔偿的,至少不能获得完全赔偿。[4] 不可否认,由于法律的目的在于避免任何这类未经授权的扣押行为,当规定的程序未被遵守,扣押因而违法时,由此产生的全部损害就是可赔偿的。但是,在这种情形下,还应当考虑的是,由于不再需要法院命令的继续扣押可以被看作是一种利益,由此产生的节省是否最终还是能够引致相同的后果。

8/310　　就"合法替代行为"经常被讨论的一个问题是,要是受害人必须证明

---

[1] 如前所述,就具体情形下如何分担损害才是适当的问题,这里将不会作更多讨论,具体请参见《侵权责任法的基本问题(第一卷)》,边码7/29以下。

[2] Green/Cardi, USA no 6/186; Moréteau, France no 1/194.

[3] 这个看法已经在理论上被提出,参见 Karner, Ideelle Schäden bei Körperverletzung 121 f.

[4] 必须指出的是,就具体情形下如何分担损害才是适当的问题,这里将不会作更多讨论,具体请参见《侵权责任法的基本问题(第一卷)》,边码7/29以下。

可能存在的假想事实情况,他就有可能会面临证明上的困难。比如,患者如何证明,要是医师对其作了适当告知,他本来就不会同意施行手术呢?当涉及对过去决定的证明时(很多情况下是难以做到的),这尤其会引发证明难题。尽管这里提出的解决方案不能消除证明难题,但它至少意味着证明负担应主要由被告承担,从而使受害人的赔偿请求权可获实现:如果问题是损害处于被违反规范的保护目的范围外,被告就会以此提出不承担责任的抗辩理由,并因而需要证明在存在合法替代行为时,损害仍会发生。因此,被告需要面对证明假想的替代事实情况的困难。Karollus令人信服的观点支持了这种方案,他认为,以不法行为方式增加了损害危险的人必须承担全部的证明风险,也即证明负担由其承担,他必须证明危险的增加在讼争情形并未产生任何效果。[1] 由不法行为人承担证明负担的做法可以依据惩罚与预防思想加以正当化:由于危险且存在证明困难的行为应当被防止,故而,无法证明的风险最好由不法行为人而非受害人来承担。

第八节 损害赔偿

一、比较法述评

前文已经强调过(参见上文边码 8/29),欧洲大陆法意义上的损害赔偿法不能与普通法中的侵权法全部规范相提并论,只涉及其中要求有损害发生,且以损害赔偿为目标的规范内容。其他侵权行为,要么不要求有损害存在,要么不规定补偿性损害赔偿,而是规定强制令或者惩罚措施,因而,它们在构成要件或法律后果方面,进而在主要功能方面,与欧洲大陆法上的损害赔偿不具有可比性,在此对其将不予讨论。 8/311

就损害赔偿法以及普通法上服务于补偿功能的侵权法部分而言, 8/312

---

[1] Karollus, Funktion und Dogmatik der Haftung aus Schutzgesetzverletzung (1992) 399 ff. 这个观点也得到其他学者的赞同,参见 Moréteau, France no 1/195.

完全赔偿原则在所有地方都受到强调[1](仅在有些法律制度中不再被强调了[2]),对该原则的偏离涉及基于公平原则的责任领域。[3]《欧洲侵权法原则》(第10:101条)也强调了赔偿的目标是:"即在金钱赔偿的可行范围内,使受害人回复到如同没有发生不法行为的状态。"《欧洲示范民法典草案》第6-6:101条也使用了类似的表述方式。

8/313　就法国法来看,Moréteau[4]认为,完全赔偿原则虽然受到强调,但在实践中并非总是得到遵守,赔偿的范围最终取决于相关归责理由的强度。损害赔偿的范围与归责理由的强度相关联似乎是极为妥当的。[5]不过,使损害赔偿的范围仅仅取决于过错程度,就如《奥地利民法典》的规定那样,这似乎是不适当的。即使在奥地利,这也受到越来越多的批评[6],在其他国家则遭到拒绝[7]:将过错作为唯一标准,而不虑及归责的整体理由以及相关利益关系,是片面而僵化的。另外,基于全面的价值判断和规范性评估而对损害赔偿作出相应调整的做法是妥当的。[8]

8/314　在德国法族中,恢复原状具有法律适用上的优先性;这也同样适用于匈牙利法。[9]在波兰,受害人享有选择权,但这并没产生多少实际差异,因为,即使在德国法族中,恢复原状也被认为应服从受害人的利益,因而也可以寻求替代性金钱赔偿,除非这对加害人构成不合理的负担。[10]《欧洲侵权法原则》第10:104条也与波兰模式一致。在法国法中,恢复原状并未被给予任何优先性,但它常常被法院所认可。[11]这似乎与《欧洲示范民法典草案》(第6-6:101条第2款)的规则是一致的:只要在考虑具体情况后被认为是妥当的,损害赔偿也可以采取相关形式。在英国法中,

---

[1] *Moréteau*, France no 1/197; *Askeland*, Norway no 2/138; *Ludwichowska-Redo*, Poland no 3/157; *Menyhárd*, Hungary nos 4/167 and 169; *Oliphant*, England and the Commonwealth no 5/150, *Yamamoto*, Japan nos 7/69 and 806.

[2] 这主要是针对日本法而言的:*Yamamoto*, Japan no 7/805。

[3] *Ludwichowska-Redo*, Poland no 3/158. 相反,在日本法中,则不存在基于公平原则的责任问题,参见 *Yamamoto*, Japan no 7/870。

[4] *Moréteau*, France no 1/197 ff.

[5] 参见《侵权责任法的基本问题(第一卷)》,边码8/8。

[6] 参见《侵权责任法的基本问题(第一卷)》,边码8/2。

[7] *Askeland*, Norway no 2/139.

[8] *Askeland*, Norway no 2/140.

[9] *Menyhárd*, Hungary no 4/168.

[10] 参见《侵权责任法的基本问题(第一卷)》,边码8/11以下。

[11] *Moréteau*, France no 1/210.

恢复原状并不为人所知[1]，这与合同法中给予债权人单纯金钱赔偿请求权的一般趋势是一致的[2]。除了恢复名誉这种极为令人惊奇的例外，日本法也未规定恢复原状的赔偿形式。[3]

客观赔偿概念在奥地利受到支持[4]，但在波兰也得到承认[5]，日本法在某些情形也予认可[6]，这为最低赔偿额的认定提供了便利。在英国法中，基于市场价格的客观评估方法通常也被采用。[7]

8/315

就永久性损害而言，挪威、英格兰、美国以及日本更加偏爱一次性赔付(one-off lump-sum payment)。[8] 相反，在波兰除非物质损害外，通常采取年金支付方式[9]，在匈牙利，赔偿方式由法院裁决[10]，但主要采取年金方式。

8/316

在挪威和波兰[11]，赔偿额可基于非常特殊的理由被减少，《欧洲侵权法原则》(第10:401条)和《欧洲民法典框架草案》(第6-6:202条)也支持这种做法，规定主要应考虑双方的经济状况；在法国，就此存在越来越多的支持看法。[12] 相反，在英格兰、美国和日本，则未论及赔偿金减少规定，其考虑的是清偿不能规则。[13]

8/317

二、结论

应负责任的加害人原则上必须赔偿全部损害，既不少也不多，人们对

8/318

---

[1] *Oliphant*, England and the Commonwealth no 5/150.
[2] See *Beale* (ed), Chitty on Contracts³¹ (2012) para 27-005.
[3] *Yamamoto*, Japan nos 7/95, 763 and 779.
[4] 《侵权责任法的基本问题(第一卷)》，边码 3/8 以下及 8/10；最近的情况，参见 *Karner*, Fragen der objektiv-abstrakten Schadensberechnung, Fenyves-FS (2013) 189.
[5] *Ludwichowska-Redo*, Poland no 3/71.
[6] *Yamamoto*, Japan nos 7/260 and 785.
[7] *Oliphant*, England and the Commonwealth no 5/151.
[8] *Askeland*, Norway no 2/141; *Oliphant*, England and the Commonwealth no 5/154 f; *Green/Cardi*, USA no 6/197 f; *Yamamoto*, Japan no 7/764 ff.
[9] *Ludwichowska-Redo*, Poland no 3/161.
[10] *Menyhárd*, Hungary no 4/172.
[11] *Askeland*, Norway no 2/145 ff; *Ludwichowska-Redo*, Poland no 3/164. 就责任减免条款和利用相当性理论限制归责之间的关系，Askeland 作了极有意义的深入考察。
[12] *Moréteau*, France nos 1/11 and 212 ff.
[13] *Oliphant*, England and the Commonwealth no 5/152; *Green/Cardi*, USA no 6/199 f; *Yamamoto*, Japan no 7/870.

于这个根本性问题存在一致看法。

8/319　就恢复原状而言,欧洲侵权法小组能够取得一致的看法是,原则上应在适当考虑受害人利益的框架下规定恢复原状(《欧洲侵权法原则》第10:104条)。[1] 这种平衡方案可能更易于获得一般性的赞同。

8/320　Moréteau[2]在讨论微额损害赔偿时,提及了一种特殊的精神损害赔偿方式。他写道:"许多受害人寻求发表意见的机会,意图让公众认识到其遭受了不法侵害。当涉及名誉、隐私或肖像等人格权侵害时,在给予名义赔偿的同时,又在媒体上对权利侵害事实予以公告,很多受害人都对此感到满意。赔偿不单纯是一个经济问题,在涉及非财产权利的保护时尤其如此。"这与欧洲人权法院的判决宣称"通过确认侵害加以抚慰"的做法是一致的。[3] 通过判决确认侵害事实本身就是一种正当的抚慰方式,该思想由弗朗茨·比德林斯基(Franz Bydlinski)证成[4],他将这种宣示性判决作为一种特殊的恢复原状的赔偿形式:"就且仅就侵害行为造成的不利心理影响也即对正义感的侵害而言,在涉及个人事务时,其无疑是极为敏感的,受害人获得了严格意义上的'抚慰'(satisfaction),因被权威性地宣告为正确,而对方则被认为是不当的,这对受害人消除因侵害所生的消极沮丧情绪必然产生积极效果,或尽可能地产生这样的效果。"我认为,轻微的精神损害是否一般只需通过宣告侵权的方式加以补偿,对于这个问题的讨论,将是非常有用的思想:一方面,受害人通过这种抚慰方式获得了恢复原状的损害赔偿;另一方面,无须为不重要的精神损害花费不菲的赔偿金,将有助于以比目前更令人满意的方式对重大损失予以赔偿,并减少在责任保险上的保费支出。

8/321　最后,承认客观抽象的损害评估不应有太大问题,这在贯彻权利续存思想(Rechtsfortwirkungsgedanken)方面受到支持,尤其是在按照物之市

---

[1] 就此请参见 Magnus, Damages, in: European Group on Tort Law (ed), Principles of European Tort Law: Text and Commentary (2005) 159 f.

[2] Moréteau, France no 1/169; see also Menyhárd, Ungarn no 4/22.

[3] 就此请参见 Józon, Satisfaction by Finding a Violation, in: Fenyves/Karner/Koziol/Steiner (eds), Tort Law in the Jurisprudence of the European Court of Human Rights (2011) 741 ff.

[4] 欧洲人权法院在侵权法方面采取的原则性做法,参见 Fenyves/Karner/Koziol/Steiner (eds), Jurisprudence of the European Court of Human Rights no 2/257;赞同库奇奥的意见,以及就补偿性和非补偿性救济措施的评论,请参见 Fenyves/Karner/Koziol/Steiner, Jurisprudence of the European Court of Human Rights 869 ff.

场价格给予最低限度的损害赔偿时如此。欧洲侵权法小组在经过详细研讨后已经采纳了这个概念(《欧洲侵权法原则》第 10:201 条)[1],从而也有利于激发损害赔偿法的预防功能。[2]

就考虑受害人的利益而采取分期支付或一次总付(《欧洲侵权法原则》第 10:102 条)[3]而言,采纳弹性规定的做法也能够获得一致意见。 **8/322**

即使在欧洲侵权法小组内部,赔偿金减少规定也遭遇强烈的抵制[4],并可能再次引起全球范围内的争论,其结果无法预料。我为何相信损害赔偿法在例外情形恰恰需要这种弹性化的义务减轻可能性,在《侵权责任法的基本问题(第一卷)》(边码 8/24 以下)中,已尝试对其作出解释。还需再加说明的仅仅是,国别报告中就经济负担能力的考虑所描述的可怕看法并无根据,因而亦非符合实际的认识。这尤其适用于美国法报告中所表达的担忧[5]:"对我们来说,这种观点是一种朴素的财富转移观点——把钱留给那些穷人比留给富人效用更大。若接受这样的观点,遭受了灾难性损失的受害人将有权向不负有侵权赔偿责任的人索赔。"赔偿金减少规定明显不会变成一种责任基础,仅仅因为被告的财产状况就令其承担责任,而更多是在极少数情况下,通过慎重权衡当事人双方的受保护利益,减少被告依一般责任规则所负担的赔偿额。 **8/323**

第九节　损害赔偿请求权的时效期间

一、比较法述评

各国在时效期间规则方面表现出极大的多样性。由于在确定这类期间时无法准确权衡相关利益,故而,这种情况并不太让人吃惊。于是,在确定时效期间时,就存在很大的自由空间,它们需要适合于极端不同的生 **8/324**

---

[1] 就此请参见 Magnus in: EGTL, Principles 161 f.
[2] 将损害赔偿法的预防功能作为客观损害评估概念之基础,请参见《侵权责任法的基本问题(第一卷)》,边码 3/8 以下。
[3] 就此请参见 Magnus in: EGTL, Principles 153 f.
[4] 就《欧洲侵权法原则》第 10:401 条请参见 Moréteau in: EGTL, Principles 179 f.
[5] Green/Cardi, USA no 6/200.

活情况。[1] 由于在这方面不存在深层的说服问题需要解决,要在国际范围内就某个似乎适当的期间达成一致意见几乎是不可能的。

8/325 不过,对于是否有必要规定非常长或非常短的时效期间,结合基本问题作出粗略的评估当然还是有可能,尽管迄今尚无可能就此达成任何一致看法。就时效期间的起算以及时效期间的长短这种非常重要(且具有实践意义)的专门问题而言,这种联系实际上是存在的,这类问题被依不同的价值判断以不同的方式加以解决。时效期间应于何时起算的问题,实际上被证明是损害赔偿法中时效问题的核心。因此,有必要对其作更加详细的讨论,并通过阐明相关基本考虑因素,以尝试提出具有说服力且可接受的解决方案。

8/326 短期的主观时效期间概念通常与受害人对损害的认知以及加害人的身份相关,因此,就时效期间的起算不存在疑问。[2] 相反,就长期客观时效期间而言,对时效期间何时开始计算的问题则没有一致看法:有时候,致害事件被认为对于诉讼期间的起算是重要的;有时候,损害的发生则被视为前提。[3] 如果时效期间从损害事件发生时就开始起算,特别是在放射性、化学品以及病原体致害情形,就可能出现损害尚未发生而时效期间已届满的情况,受害人根本没有机会就事后遭受的损害获得赔偿。

8/327 这类案件中明显出现的问题在好几个国别报告中都得到反映[4];不过,它们所使用的价值判断和采取的解决办法则存在很大差异。匈牙利报告首先详述了一个原则问题:它正确地指出了所有权受基本法保护与请求权的时效限制之间的冲突。[5] 就此而论,匈牙利法对受害人给予充

---

[1] 匈牙利报告正确地强调了这一点(*Menyhárd*, Hungary no 4/182)。从法经济学角度为适当的时效期间提出看法的尝试,参见 *Gilead*, Economic Analysis of Prescription in Tort Law, in: Koziol/B. C. Steininger (eds), European Tort Law 2007 (2008) 112 ff.

[2] See *Ludwichowska-Redo*, Poland no 3/165 ff; *Yamamoto*, Japan nos 7/872 ff and 888 ff; further *Zimmermann*, Comparative Foundations of a European Law of Set-Off and Prescription (2002) 92 f, 96 ff.

[3] 关于德国法族所持立场,参见《侵权责任法的基本问题(第一卷)》,边码 9/16 以下;日本法的情况,参见 *Yamamoto*, Japan no 7/931 ff. 更加广泛的比较法概观,可参见 *Zimmermann*, Comparative Foundations of a European Law of Set-Off and Prescription; *Zimmermann/Kleinschmidt*, Prescription: General Framework and Special Problems Concerning Damages Claims, in: Koziol/B. C. Steininger (eds), European Tort Law 2007 (2008) 37; *idem*, Verjährung: Grundgedanken und Besonderheiten bei Ansprüchen auf Schadensersatz, Bucher-FS (2009) 861.

[4] See, for example, *Yamamoto*, Japan no 7/931 ff.

[5] *Menyhárd*, Hungary no 4/177 f.

分关注是很自然的。相应地,在匈牙利,在损害发生前,时效期间是不会开始计算的,因为在此之前,请求权尚未届期;从而,即使损害在很长一段时间之后才发生,受害人也总是可以确保其主张赔偿请求权的可能性。基于同样的理由,即使对于可以预见的未来损害,时效期间的这种起算方式也仍然得到支持。法国法也将受害人的怠惰作为时效起算的前提,规定时效的起算必须以损害已经发生为必要,由此使赔偿请求权的主张成为可能。在涉及人身伤害情形,它甚至走得更远,要求损害业已"固定"(consolidation),也即损害结果已完全出现。[1]

波兰法[2]除规定受害人一旦知道了损害及确定了加害人身份之后,即开始计算短期时效外,还规定了长期时效期间,其自"损害事件发生时"开始起算。这个规定意味着损害事件而非损害的发生对于时效期间的起算是决定性的[3];尽管一般条款明确规定,时效期间自请求权发生之日才开始起算,结果仍是如此。波兰宪法法院[4]明确裁定该规定违宪,因为它剥夺了受害人的赔偿请求权。立法者通过于2007年引入一个补充规定,在一定程度上执行了这个判决,根据该规定,在人身伤害情形,受害人在知道损害及加害人身份后3年内,时效期间不届满。[5]

英国法也认为,如果请求权要求证明损害的存在,损害的发生就是时效期间起算的必要条件;只有在那些不要求有损害的"侵权行为"情形,如非法侵入和书面诽谤,侵权行为才是决定性的。[6] 同样,在美国[7],时效期间也只有在请求权已发生时才开始起算,从而要求损害已发生。在

---

[1] 就此请参见 Moréteau, France no 1/216 ff; Moréteau, France, in: Koziol/B. C. Steininger (eds), European Tort Law 2008 (2009) 264 ff.

[2] Ludwichowska-Redo, Poland no 3/164 ff.

[3] 波兰最高法院的判决请参见 17. 2. 2006, Ⅲ CZP 84/05, in: Koziol/B. C. Steininger (eds), European Tort Law 2006 (2008) 389 f.

[4] TK of 1. 9. 2006, SK 14/05, published in Koziol/Steininger (eds), European Tort Law 2006, 390 ff.

[5] See Bagińska in: Koziol/Steininger (eds), European Tort Law 2007, 451.

[6] Oliphant, England and the Commonwealth no 5/156.

[7] Green/Cardi, USA no 6/204; see further Dobbs/Hayden/Bublik, The Law of Torts I² (2011) § 242.

"诉讼时效法"(statutes of limitation)外,还有"除诉期间法"(statutes of repose*)[1],除诉期间自某个事件发生(如将产品投入市场流通)后一定期间届满,不考虑损害何时发生。不过,相关批评意见正好是就此提出的。例如,弗兰克法官(J. Frank)在 Dincher v. Marlin Firearms Co[2] 案的"不同意见"中指出:"除非是在一个颠倒的世界里,你在降生前不可能死去,在结婚前不可能离婚,在种植前不可能收割作物,在建造出房屋前不可能拆除它,也不可能错过一辆根本不在铁轨上行驶的列车。基于类似的实质理由,始终作为一种法律'公理'被认可的是,在诉因存在前,也即在原告可以利用司法救济前,诉讼时效法不能用于限制诉因。"

8/330　　需要提及的是[3],《奥地利民法典》第1478条强调,时效期间起算的前提是已经可能行使权利了。这个原则必然意味着,损害赔偿请求权的时效期间,只有在受害人所受损害发生时才开始计算:在损害发生前,赔偿请求尚未产生,受害人不可能主张该权利。这个效果通常也适用于长期时效;不过,这方面的某些文献以及判例法无视这一基本规则,认为长期时效自应当担责的行为实施之日起就已经开始计算了。与此相对,在日本[4],尽管有成文法规则将不被允许的行为发生时作为时效期间的起算点,但损害的发生仍被认为是决定性的标准。

8/331　　值得注意的是,《德国民法典》第199条第2款以及第3款第2项不顾众多有影响力意见的反对,明确规定损害赔偿请求权的30年最长时效期间的起算无须考虑请求权自何时产生。该期间自行为实施时、义务违反时或引起损害的其他事件发生时起算;也即,甚至在损害发生前即开始计算时效期间。[5]同样,瑞士法也将10年最长时效期间的起算点规定

---

* 原书德文版和英文版均写为"statutes on repose",应属有误。除诉期间法包括诉讼时效法,其差别在于:除诉期间与诉因的形成无关,其从某一特定事件发生之日起算,而不管诉因是否已经发生或者是否已经造成损害,该期间可能在原告遭受实际侵害之前就已届满了。——译者注

〔1〕 Green/Cardi, USA no 6/206; Dobbs/Hayden/Bublik, The Law of Torts I² § 244.

〔2〕 198 Federal Reporter, Second Series (F. 2d) 821, 823 (2d Cir. 1952) (Frank, J, dissenting); 对这个判决的引用, 参见 Dobbs/Hayden/Bublik, The Law of Torts I² § 244 FN 28.

〔3〕 参见《侵权责任法的基本问题(第一卷)》,边码9/16。

〔4〕 例如,请参见 Yamamoto, Japan no 7/933。

〔5〕 就此请参见《侵权责任法的基本问题(第一卷)》,边码9/18; Grothe in MünchKomm, BGB I⁶(2012) § 199 no 46.

为致害行为发生时,而非损害发生时。[1]

在德国,时效期间在请求权尚未发生时起算的问题,引发了宪法上的关注。[2] 不过,齐默尔曼(Zimmermann)在其调研报告中,为损害发生的不相关性以及损害事件的决定性的观点作了辩护,他认为,前引规定建立在广泛的比较法调研报告,以及社会保障法与损害赔偿法的相互作用基础上。他甚至依循《欧洲合同法原则》的规定提出,短期时效期间也应以损害事件的发生为起算点,损害以及加害人不明的问题只能被视为时效中止的理由。这样就能够消除存在两套具有不同起算和消灭时间点的独立时效期间所引发的问题,构建一部同质化的诉讼时效法。

这无疑是一个吸引人的方案。不过,我认为,在得出最终结论前,有必要重新考虑相关的基本价值,这些价值似乎已退隐不显了。

二、结论[3]

我在《侵权责任法的基本问题(第一卷)》中(边码 9/1)已经指出,仅仅因为时间经过,或至少因为不可行使就导致权利丧失,这对权利保护、自由原则和正义理论构成严重损害。[4] 由于财产价值的丧失违反权利人的意志,故诉讼时效通常被认为是征收(dispossession)的一种类型[5];就此必须特别强调的是,征收必须服务于"社会公共利益"(明确规定在《奥地利民法典》第 365 条中),而诉讼时效仅使特定债务人获得无须作出补偿的好处,并不服务于社会公共利益。[6] 因此,仅仅从这些基本原则推论,恰如弗朗茨·比德林斯基强调的那样[7],诉讼时效制度就应被认为违反了法律伦理。不过,诉讼时效制度建立在受害人已有相对较长时间主张权利的事实基础上,且已长期得到广泛认可,它也可以依据别的基

---

[1] 《侵权责任法的基本问题(第一卷)》,边码 9/19。
[2] *Grothe* in MünchKomm, BGB I⁶ Vor § 194 no 9.
[3] 以下内容基本上已发表于我在埃贡·洛伦次纪念文集的论文中了,参见 Koziol, » Der Beginn schadenersatzrechtlicher Verjährungsfristen «, Egon Lorenz-FS (2014) 653.
[4] *F. Bydlinski*, System und Prinzipien des Privatrechts (Reprint 2013) 167 f.
[5] 更为详细的说明请参见《侵权责任法的基本问题(第一卷)》,边码 9/1 脚注[3]。
[6] *Zimmermann*, »… ut sit finis litium «; Grundlinien eines modernen Verjährungsrechts auf rechtsvergleichender Grundlage, JZ 2000, 857.
[7] System und Prinzipien 167 ff.

本原则加以解释,特别是法律确定性的一般要求[1]以及实用性和经济效率方面的考虑。[2]

8/335　　B. A. Koch[3]正确地阐释道,任何请求权一旦发生,原则上只有基于其他更大利益的考虑才能因时效而消灭。齐默尔曼[4]强调说,何时应适用诉讼时效规定,取决于对立利益的精致平衡;"原则上,只有当债权人有实现权利的公平机会时",诉讼时效形式的征收效果才能够被正当化。[5]除被告的利益,尤其是权利保护方面越来越多的证明困难、不可预期的诉讼以及处分安全外,在及时主张权利方面的社会一般利益、法律和平、法律确定性,以及减轻法院负担等也很重要;但是,原告在获得充分机会以实现其权利方面的利益当然将发挥决定作用。[6]弗朗茨·比德林斯基[7]将最后一个方面看作是一项法律原则,只有在权利人实际上可以主张其相关权利时,诉讼时效期间才能开始计算。[8]

8/336　　在 Grothe[9]看来,这个思想对于因时间经过而取消权利的做法,在宪法上的容许性是根本性的,因为,请求权也具有《德国基本法》第 14 条意义上的所有权属性,立法者因此也应以适当的方式关注债权人提起的诉讼。他认为,这意味着,债权人必须享有主张权利的公平机会。他必须有机会确认其请求权的存在,判断其有效性,搜集证据并准备以诉讼方式予以实现。这项先决条件要么通过将[对损害及加害人]实际或可能的确认作为起算点予以满足,要么通过规定足够长的客观期间达到。最后,他

---

[1] *Grothe* in MünchKomm, BGB I^6 Vor § 194 no 7; *Patti*, Rechtssicherheit und Gerechtigkeit im Verjährungsrecht des DCFR, ZEuP 2010, 58; *Piekenbrock*, Befristung, Verjährung, Verschweigung und Verwirkung (2006) 317 f.

[2] Cf also *Peters/Zimmermann*, Verjährungsfristen, in: Bundesminister der Justiz (ed), Gutachten und Vorschläge zur Überarbeitung des Schuldrechts I (1981) 187 ff; *Gilead*, Economic Analysis of Prescription in Tort Law, in: Koziol/Steininger (eds), European Tort Law 2007, 112 ff.

[3] Verjährung im österreichischen Schadenersatzrecht de lege lata und de lege ferenda, Liber Amicorum Pierre Widmer (2003) 174.

[4] *Zimmermann*, JZ 2000, 857; *idem*, Comparative Foundations of a European Law of Set-Off and Prescription 76 ff.

[5] *Zimmermann/Kleinschmidt* in: Koziol/Steininger, European Tort Law 2007, 31.

[6] 最近有关于此的讨论,参见 *Vollmaier*, Verjährung und Verfall (2009) 50 ff.

[7] System und Prinzipien 169.

[8] 这个看法现在也受到欧洲人权法院如下判决的支持:*Howald Moor et autres c. Suisse*, 11. 3. 2014, nos 52067/10 and 41072/11, §§ 71 and 74.

[9] MünchKomm, BGB I^6 Vor § 194 no 9.

强调说,请求权的时效期间在其产生前就起算,无论如何与宪法原则是不可调和的。

这个看法也可以依私法特别是损害赔偿法上的价值评判加以支持。那些赞同时效期间可以在请求权产生前就开始计算的人,通常给人造成如下印象:不是有权获得赔偿的受害人,而是负有责任的加害人的保护处于优先地位。他们援引的理由包括:保护债务人免于证明困难的必要性,保护他们结束法律争议的合理预期,尽快解决法律纠纷的公共利益以及通过诉讼时效防止法律纠纷的目的等;最后才提及债权人正当诉讼利益的需要。[1] 同样的倾向也见于如下看法中,即只有在保护债权人所绝对必要的限度内,法律才应干预诉讼时效期间的进程。[2]

8/337

无论如何无法否认的是,这个看法引入了非常重要的考虑因素;不过,在我看来,它没有考虑到实践中一个极为根本性的认识:如我在《侵权责任法的基本问题(第一卷)》中所说[3],讨论的出发点应当是,诉讼时效建立在债权人未能及时行使可行使权利的懈怠行为基础上。不过,赔偿请求权人未及时作出行为,且存在应受责难的不当行为可能性,只有在损害发生后才是可能的,因为,在此之前,他是无法主张赔偿的。如果受害人方面不存在这种可予责难的情况,甚至客观上没有不主张权利的懈怠情况,那就没有客观上的正当理由,仅仅因为时间的经过以及免除加害人责任的考虑,就剥夺受害人的赔偿请求权。

8/338

解决诉讼时效问题的出发点应当是,在满足归责要件的前提下,由加害人最终承担损害负担更为合理,也即受害人比加害人更值得保护,此乃授予赔偿请求权的正当性所在。不过,在诸如缓慢释放的化学品或放射性物质污染情形,损害在加害人实施可归责行为后超过 30 年才发生,为何受害人更不值得保护,要拒绝其赔偿请求权,就此并无任何理由。为何这种受害人就其收入损失、医疗花费以及身体疼痛不应受赔偿呢?即使考虑到加害人期望在某一时点结束过去事件之影响的利益,也必须注意到法律制度业已确立的基本价值判断,即在满足所有归责要件的情况下,受害人被认为比加害人更值得保护。在诉讼时效问题上,只考虑应当负

8/339

---

[1] See Zimmermann/Kleinschmidt in: Koziol/Steininger, European Tort Law 2007, 31.
[2] Ibid., 32 f.
[3] 《侵权责任法的基本问题(第一卷)》,边码 9/21。

责的加害人的利益是极端片面的,它颠倒了损害赔偿法就此确立的价值判断,显得极不合理。毕竟,就某致害事件可能承担赔偿责任的人不能主张,在经过某个时间后,就不允许[受害人]再就相关损害要求赔偿,因为,他必须被允许以此种方式了结过往。事物之本质不允许任意确定损害出现的时间。但是,为何应当负责的加害人提前计划的能力无条件地得到肯定,而受害人在损害发生前却不能获得同样的保障呢?特别是,要是加害人通常更有可能认识到,其应对自己的违法且可责难的行为负责,也比受害人更有可能预见到损害的发生,加害人的期待由此就比受害人更不值得保护,为何结果仍然如此呢?不过,重要的是:既然是加害人应当对其造成的麻烦情况负责,为何违法可责的加害人或者因危险责任而应负责的责任人的安全利益,要比受害人的安全利益更具优先性呢?这个基本的权衡因素至少被德国立法者在2013年加以承认,尽管其范围极为有限。《德国民法典》第197条第1款第1项及第200条规定,故意侵害生命、身体、健康、自由或性的自主决定的,诉讼时效自请求权发生之日起,也即损害发生后30年才完成。遗憾的是,它仍未涉及加害人存在重大或轻微过失的情形,为何在这些情形下,加害人的利益要优先于无辜受害人的利益,仍然明显欠缺正当理由。

8/340 认为负有责任之加害人有保护需要的主张,实际上不可能发生颠倒损害赔偿法所确立之价值的不合逻辑问题。尽管加害人在较长时间之后,的确会面临证明负担的加重,但不应忘记,这种问题仍应主要归责于加害人自己,因为是他实施了引致责任的行为,并因此而应对损害负责。此外,还必须认识到,受害人在长时间之后也会同样面临证明困难,因为在那种情况下,致害事件的后果通常难以证明。无论如何,有关证明困难的主张无法推论出,加害人要比受害人更加值得保护。再者,尤其是在缓慢引致损害的行为情形,科学上的发展使加害人更易于为自己辩护。[1]

8/341 特别是在损害存在非常长的潜伏期的情况下,人们很难认为,时间的经过就使加害人有权期望结束过去发生的致害事件。恰如前述,人们应当考虑到,毕竟是加害人以可归责的方式引发了可能长期潜伏的损害原因,也更有可能预料到损害的发生,并承担相应的损害赔偿义务,而受害人可能根本不知道发生了什么事情,或至少不知道自己因这种事件遭受

---

[1] 相关情况请参见 Green/Cardi, USA no 6/202.

了损害。因此,相关的价值判断是非常清楚的,相比于加害人,受害人更应当被保护免受其完全无法预料的损害,毕竟加害人是知道致害事件的。

的确,毫不迟延地处理掉法律纠纷是符合公共利益的。但是,这是加害人以可归责的方式造成了这种境况,使纠纷的及时解决在损害长期潜伏的情况下不再可能。由此,为何要让对自己未来所受损害毫无所知的受害人承受不利,其理未明。通过宣称希望得到安全保障的加害人应承担可归责于他的致害事件所生损害的赔偿责任,也可以得出同样的看法。对致害事件或自己的损害毫无所知的未来受害人,是没有办法防止未来出现意料之外的损害的。

8/342

不过,就诉讼时效开始于损害发生或赔偿请求权产生前的问题,齐默尔曼和克莱恩施密特(Zimmermann/Kleinschmidt)[1]提出了一项极有意思的观点,认为至少在某些法律制度中,在人身损害情形,让受害人承受不利是不合理的:他们正确地指出,在那些存在慷慨的社会保险法的国家(如很多欧洲国家)中,潜伏期很长的损害问题只具有很小的意义。当然,这种替代性的补偿制度,无疑也更易于承受因赔偿请求权的时效届满所生损失;在这种情况下,请求权的丧失最终对受害人不生影响,仅会影响到社会保障机构的追偿权。不过,必须指出,尽管社会保险法无疑将完全补偿赔偿请求权因诉讼时效届满所生损失,但在其他方面并不减轻受害人的负担,因为,社会保险法并不保障所有类型的损害,尤其是不保障精神损害和物之损害。就社会保障制度未予保障的损害而言,赞成更值得保护受害人而非加害人的观点仍然是有效的。因此,只有当社会保障法完全排除损害赔偿法时,前述看法才具有完全的说服力。就物之损害而言,在可预见的将来不可能纳入社会保障范围,此外,为何应由一般社会公众而非应当负责的加害人最终承担社会保障机构追偿权时效届满的损失,对此也会引发问题。就此而论,诉讼时效问题仍然未能被完全解决。

8/343

更加妥当的是采纳像法国和意大利那样的做法,完全放弃长期客观时效,代之以统一规定诉讼时效自受害人知道加害人及损害时起算。[2]

8/344

还需讨论的是,诉讼时效期间的长度与诉讼时效期间的起算之间的

8/345

---

[1] In: Koziol/Steininger, European Tort Law 2007, 53 ff.

[2] *Zimmermann/Kleinschmidt*, Prescription: General Framework and Special Problems Concerning Damages Claims, in: Koziol/Steininger, European Tort Law 2007, 55 f.

关系问题。《德国民法典》**按照受害权益的层级规定**了长短不同的诉讼时效期间;这似乎具有很大的说服力[1],因为它考虑了法律制度所确认的基本价值。因此,这种思想在英国法中也获得很大重视就毫不令人奇怪了:英国法律委员会在 2001 年的立法建议中提出,人身损害赔偿请求权的主张不受任何特定的长期诉讼时效期间的限制,而只受制于通常的短期时效期间,该期间始于[受害人对相关事实的]认知。[2] 荷兰法也有类似的发展。[3] 在奥地利相关法律改革的论争中,这个思想也被纳入讨论中:《奥地利民法典修订草案》第 1489 条第 1 款将纯粹经济损失排除于 30 年诉讼时效期间外,并适用 10 年诉讼时效期间的规定。

8/346　　《德国民法典》规定 10 年诉讼时效期间始于损害发生时,同时规定 30 年诉讼时效期间自损害事件发生时起算,这表明,诉讼时效期间的长度与**关键性的起算时点有关**。如果时效期间始于损害发生时,至少存在受害人可以主张其赔偿请求权的抽象可能。相反,如果以损害事件的发生为起算点,就可能存在时效期间在请求权产生前就届满的风险,并因而剥夺了受害人主张赔偿请求权的可能机会。为了将这种风险尽可能保持在可接受的范围内,就需要规定足够长的时效期间:时效期间越短,受害人的利益就更可能受到损害,因为,在这种情况下,其主张赔偿请求权(哪怕是抽象的)的机会也随之减少了。

8/347　　反之亦然:如果诉讼时效期间设定得越长,赔偿请求权因时间经过而被不当限制的风险也就越小。尤其是,这种风险可以通过有利于受害人*的证明责任倒置而降低,就如《奥地利民法典》第 933a 条第 3 款就物之瑕疵及其附随损害的赔偿请求权所作规定一样,《奥地利民法典修订草案》第 1489 条第 2 款也作有一般规定。

---

[1] 赞同差别规定的观点,也请参见 Loser-Krogh, Kritische Überlegungen zur Reform des privaten Haftpflichtrechts——Haftung aus Treu und Glauben, Verursachung und Verjährung, Zeitschrift für Schweizerisches Recht NF 122 Ⅱ (2003) 204; Mansel, Die Reform des Verjährungsrechts, in: Ernst/Zimmermann (eds) Zivilrechtswissenschaft und Schuldrechtsreform (2001) 384; Zimmermann/Kleinschmidt in: Koziol/Steiniger, European Tort Law 2007, 51 ff.

[2] Zimmermann/Kleinschmidt in: Koziol/Steiniger, European Tort Law 2007, 53 f; cf also B. A. Koch, Liber Amicorum Pierre Widmer 197 ff.

[3] Zimmermann/Kleinschmidt in: Koziol/Steiniger, European Tort Law 2007, 54 f.

* 英文版为"加害人"(injuring party),明显有误,故根据德文版改为"受害人"(Geschädigten)。——译者注

据此可以推论出规范如下问题的方法:相对较短的诉讼时效期间自知道或应当知道损害以及责任人时起算,就此基本上没有争议,并应当予以坚持。如果损害已经发生,且受害人知道损害和加害人的身份,也即请求权的主要构成要件具备的,未及时主张权利(即怠惰)所生不利后果至少在客观上就可以归咎于他。未及时主张权利越是可以归咎于受害人,他就越不值得给予保护,相应考虑加害人的利益就越是适当的,因此,短期诉讼时效期间是妥当的。 8/348

按照欧洲法律制度所表达的价值判断,客观**长期诉讼时效期间**也应作同样的建构。与流行的看法不同,根据诉讼时效法的基本原则,长期诉讼时效期间**在损害发生前不起算**:如果请求权尚未产生,未主张权利的结果即使在抽象意义上也无法归咎于受害人。因此,**无论如何没有理由**对受害人施加请求权丧失的制裁效果,而让以可归责方式造成损害的加害人因免于承担赔偿义务而受益。就此而论,利益平衡的结果似乎应当不利于负有责任的加害人。 8/349

若诉讼时效期间在损害发生前不起算,则短于30年的客观时效期间就是适当的。但是,根据相关价值判断,就受害权益的**值得保护性**,还需要有更多考虑。当价值位阶最高的法益遭受侵害时,可以维持30年的长期客观时效期间,或者作为替代选择,规定相对短期的主观时效期间;仅在侵害不太重要的法益(主要是纯粹经济利益)情形,才应规定较短的10年客观时效期间。 8/350

最后,通过在诉讼时效期间经过一半后,采取不利于原告的**证明负担倒置**的方式,潜在加害人将不会因时间经过而遭遇无法解决的证明困难或者面临不当诉讼。同时,这也将合乎通常期望地对原告产生尽快主张权利的激励。 8/351

译后记

本书之翻译缘起于 2014 年我与北京航空航天大学李昊教授的一次谈话,我向他说有翻译库奇奥[1]教授的《损害赔偿法的基本问题:德语国家的视角》的意向,他告诉我那本书库奇奥教授已经授权给中国人民大学的朱岩教授翻译了,并说该书有第二卷,我可以请求授权。于是,在当年年底库奇奥教授应邀到四川大学作学术讲座时,我向其提出翻译本书的愿望,他亦非常高兴地答复同意,并问我该书有 900 多页,是否仍愿翻译?我一时豪情充溢/冲动,当即应允 1 年内完成翻译。本书英译本电子版大约在 2015 年 4 月全部交付于我,我也增加了两位学生共同翻译,但最终因为本书容量稍大,且因个人懈惰,竟一直拖到了今天。

就本书翻译,有以下几点感想或认识向读者诸君交代:

其一,本书译本问题。本书译自英译本,而本书国别报告参引的第一卷亦为英文本,但该卷中译本(《侵权责任法的基本问题(第一卷):德语国家的视角》,朱岩译,北京大学出版社 2017 年版)则译自德文本,故而本书译文所参引的第一卷边码可能与中译本有出入,尽管只是少数情形,在此略作提示仍属必要。此外,本书虽基于英文本翻译,但遇英文本表达不清楚或有错漏处,仍依德文本有所矫正,从而出现少数中文译文与英文本原文有别之处。

其二,关于本书题名翻译问题。就本书书名,虽英文本译为 Basic Questions of Tort Law:from a Comparative Perspective(《侵权法的基本问题:比较法的视角》),但是,其所依德文本书名原为 Grundfragen des Schadenersatzrechts aus rechtsvergleichender Sicht(《损害赔偿法的基本

---

[1] 我一直遵从多数学者译为"考茨欧"(如本人翻译的《侵权法的统一:违法性》,法律出版社 2009 年版),但考虑到与第一卷译名的统一,故本书改译为"库奇奥"。

问题:比较法的视角》)。朱岩教授或是基于中国立法已有侵权责任法而无损害赔偿法之故,采取了与英译本相同的处理方式,将书名译为《侵权责任法的基本问题(第一卷):德语国家的视角》。对此译名,我极不赞同。理由在于:本书在于讨论库奇奥教授所设定的主题,虽采比较法视角,仍无改于主题的大陆法问题意识。恰如库奇奥教授所言,英美法侵权法中只有涉及补偿性损害赔偿责任部分的侵权规则才与大陆法的损害赔偿法大体相应,这表明,"侵权法"与"损害赔偿法"并不完全对应。同样,纵然考虑我国有侵权责任法而无损害赔偿法的事实,将本书译为《侵权责任法的基本问题(第二卷):比较法的视角》,也会引发类似于英译名的同样问题,即因我国侵权责任形式的多样化,只有侵权责任法中涉及损害赔偿责任的内容才与本书主题相应!更为重要的是,在我国学术理论上,尤其是衡诸中华民国及今日我国台湾地区之民法理论传统,损害赔偿法乃属民法学界之常识,其所涉问题并不限于侵权责任法一端,而系一般债法的规范内容,采"损害赔偿法"而非"侵权责任法"译名,不会引发任何问题。相反,硬要将侵权责任法和本书之损害赔偿法建立"想象的意义联结",除了引致误解外,我看不出有更大的好处(尽管本书的确多数问题都涉及侵权法本身)。

其三,关于本书主题思想的说明。本书作为国别报告合集,与其他市面可见之国别报告稍有不同,其不是对特定制度主题的国别报告,而是对库奇奥教授在《损害赔偿法的基本问题:德语国家的视角》中所提出之理论思考与制度建议,从各调研国家的理论与制度角度加以检视,最终由库奇奥教授根据报告得出比较法结论。那么,需要检视的库奇奥教授的基本思想是什么呢?我认为,英国报告者奥利芬特教授的概括基本是准确的,即:"(1)损害赔偿法应被视为对'法益'(legal goods)进行保护的综合系统的组成部分。这套系统不仅包括各类私法分支(侵权、合同、不当得利,等等),还包括各种公法机制,如刑法和社会保障法。(2)这种整体性的保护机制应当在以下方面表现出一致性:其基础应是一套连贯而显明的价值;各构成机制所发挥的作用与其在该系统中所处地位相符;应当承认,不同机制具有不同的功能,受不同的基本原则支配,不能扭曲它们以满足异质功能或本不相容的原则;并且,在引起法律后果的诸因素与其导致的后果之间,应当遵守比例原则('更严重的法律后果需要更严格的构成要件')。(3)私法规定的保护机制和公法规定的保护机制之间存在根本性差异。前者不应被赋予与其本质相斥的公法任务。私法的独特性在于它以'两极性'正当结构原则为基础,这种正当性要求,对当事人一方施予义务的理由与对另一方当事人赋予相应权利的理由应当恰相匹配。私法的原则不应诉诸'单极化'的考量加以证成。(4)当法律被构建成一种承认不同利益具有不同价值、避免截然两分以支持渐进转换的动态体系时,它就能最好地发挥其功能。"在读者阅读本书各国别报告时,把握这样的对话基础或目的,对于理解本书的主旨将不无裨益。

其四,关于翻译原则的简述。我一贯坚持的翻译原则是"信、达、雅",三者中应最重"信"与"达"二者,若不能信、达,译得再"雅",也悖于翻译目标在于传达知识与思想之本旨!考虑到本人的文字难致"雅"境,故给自己确定的翻译目标是"信、达、顺",所谓"顺"者,文通意顺是也!

本书第一、二、四、八章由我独自翻译完成;第三章由周奥杰博士完成初译,第五、六、七章由博士生昝强龙完成初译,均由我校改完成。可以说,本书尽管是合作翻译作品,但全书基本反映的仍是我个人的翻译理念及表达风格。因此,所有错讹,不论是否由我初译,我都应担其责。

译事不易,精力亦不如前,错谬难免。曾发誓本书译后10年内不再翻译,话虽如此,怎能料定,某一天见着好书,不会再一次冲动呢?

张家勇

二〇二〇年六月十五日